オットー・ランク

文学作品と伝説における近親相姦モチーフ

文学的創作活動の心理学の基本的特徴

前野光弘 訳

詩人の病める最も深い内面は，なによりも
彼の作中の主人公を通して現れてくる．詩人
はその主人公に心ならずも自分の本性の隠れた
欠陥をまとわせてしまうのが常である．

ジャン・パウロー

中央大学学術図書
63

中央大学出版部

装幀　道吉　剛

初版のまえがき

この研究は、その基本的な内容と解釈上の主要な観点についてならば、既に一九〇六年の秋には完成していた。その頃、この研究はある小さなサークル――これはその後『ウィーン精神分析学協会』へと発展していった――で報告されたのである。それが今日に至ってようやく刊行されることとなったについては、外的な状況の困難よりはむしろ内的な障害の方が大きかったと言わねばならない。つまり、この研究の結論はほとんど終始一貫して精神分析学の豊かで確実な経験を踏まえてはいるが、しかししばしば極めて意想外な、かつまた部分的には奇異の念を呼び起こすようなものであったから、この研究の広範な心理学的基礎付けのために一連の予備作業をやっておくことが望ましいのではないかと思われたのである。精神的創造のさまざまな領域に応用された精神分析学がそれ以後示してきたところの、あらゆる期待を上回る実り豊かな進歩発展は――その記録は種々の精神分析の研究機関誌に留められている――既に現在では、ここで試みられた論証を充分に援護し、また他方では解釈の本質的な諸点においてこの論証によってその正しさを証明されるものとなっているように思われる。この研究全体をわれわれの今日の洞察の水準にまで引き上げることはとうてい不可能であると考えられた。特に神話と現代の文学を取り扱った若干の章ではより立ち入った肉付けが試みられたが、これは必ずしも統一的な構成にとってプラスになったとは言えないかもしれない。しかし、以後急激に増えてきた文献、少なくとも注目すべき文献については充分な顧慮が払われている。

一九一二年春　ウィーンにて

著　者

第二版のまえがき

いつかお前に年老いた父親が息子の義務
について語ることがあっても、息子よ、
その言葉には従うな、従ってはならぬ！

デーメル

本書の初版は、新しい仕事に忙殺されながらも私がやっとのことでこの厄介な第二版の改訂を決意した時には既に数年来絶版になっていた。この遅延については、再びそれを外的困難よりは内的な障害のためであったとしなければならない。そしてまたその結果は、今回は初回の時とは別の理由からではあるが、またしても私にとっては意に満たぬものとなってしまった。

当時私には、起稿と最終的なかたちでの出版との間の長い期間（一九〇六年から一九一二年まで）においてなされた精神分析の進歩を完全に考慮に入れることが形式上不可能であるように思われたのであるが、今度はこの課題が——前よりは多くの分析材料をくり込むことは出来たにもかかわらず——はるかに複雑な問題、即ち当時からすればより成熟の度合いを増した私自身の見解とこの研究テーマを統一させるという問題に直面して、全くと言っていいほどに行き詰まってしまったのである。

ニーチェの先例に従い、自分自身の発展というこの問題を導入部的に展開して、そして本書の枠を破るような事柄についてはこれを放置しておくというやり方をするのも確かに誘惑的ではある。けれどもそれは、私にはこの研究と読者に対する、また恐らくは私自身に対する、一種の不当行為であるように思われる。それゆえ、私はここでのテーマに関するより一般的な所見を若干述べて、例外のすべては今後の刊行物に譲ることにしよう。

ひとつの主要な方向として私は、いささか平面的かつ図式的な叙述にもう少し多くの遠近法を取り入れようと試み、母親―子供関係が父親―子供関係あるいは兄弟姉妹間の関係とは本質的に異なるものであることを指摘した。前者は純粋に生物学的に基礎付けられているのに対し、後者はより多く社会的な前提の上に立っている。それにまた、フロイトも最近認めたように、女の子のオイディプスコンプレックスは男の子のそれとは基本的に別のものである。この事実は、父親―娘関係を新しい光のなかに浮かび上がらせ、また近親相姦的傾向において充足されるナルシズム的、サディズム的な諸要素をよりよく評価させることになる。

これに対して、近親相姦空想の根源は男女いずれの場合にも母性愛のなかにある。一般にこの母性愛は、これまた両性にとって等しくすべての愛の源泉、すべての愛の幸福への憧れを形成するものである。私が初めて『誕生の外傷《トラウマ》』(一九二四年)で論述した母親関係の生物学的優位というこの観点は、人間社会の性的な組織形態に関して言えば、母権制の上に成り立つ原初的な兄弟姉妹集団婚という民族学者たちの学説を裏付けるにも有用なものでもある。この観点に立つならば、オイディプスコンプレックスを歴史的な過去へ投射することで立てられたフロイトの原始群《ウーアホルト》仮説では説明されなかった人間の社会生活、家庭生活、性生活のある種の現象形態が、無理なく解明されることになる。母親コンプレックスの内にある子供の前オイディプス的段階の成長過程を正しく評価することによって、文学において悲劇的罪過として描かれる罪の感情はオイディプスコンプレックスではなく、それ以前の成長段階に源を発しているのであって、オイディプス段階においてそれがただ明瞭なかたちで現われてくるにすぎないということもまた明らかになるのである。

　これと似た観点の遠近法的移動は文学的創造の心理学についても生じている。創造活動へと人を駆り立てるものはすべての人間に生物学的に共通な近親相姦空想や近親相姦願望であるのではなく、それは葛藤に満ちた自我の表現強迫に呼応するものであって、オイディプス的素材において補償作用的に表明され、充足されるのである。私が既に『第二の自我《ドッペルゲンガー》』（一九一四年）で示し、『ドン・ジュアン形姿』（一九二二年）で更に詳しく述べたように、芸術家の問題は自我の問題である。私は芸術家――半神《ヘーロス》――自我を比較し、この自我の問題の解決は社会的な行為として明らかにされることを指摘した。詩人の場合、その解決は一種の直観的な解釈のなかにある。つまり、彼は原初的、近親相姦的な衝動を、われわれがもはやわれわれの社会環境のなかでは見ていないようなところに提示してみせるのである。詩人はこれらの衝動の悲劇的な結果を描き、これによってわれわれに現実の充足を拒みもするが、同時にそれを免除してくれもする。われわれの材料も示しているように、詩人は近親相姦的なものを――われわれの言い方をすれば、彼自身のコンプレックスの中から――まず材料のなかへ持ち込み、それをいわば解釈するのであって、詩人こそが、基本的に神話的寓話に合致するオイディプスコンプレックスの正統の継承者なのであり、心理学者がそうであるのではない。心理学上の問題はこの神話的寓話の彼岸において初めて生じてくるわけである。二千年来オイディプスコンプレックスの意味における愛の葛藤と悲劇的罪過を解決すべく努力している詩的な空想は、現実に充足不可能な事態を補償するための願望上の代替物であるというよりは、むしろわれわれの内部にそのような衝動が存在することの否認であるのかもしれない。歴史的ないしは神話的な衣裳をまとって登場するこの詩的な空想は、かつてはそうであったと明言している。精神分析の業績は、このそうであったを、現にそうであるへと評価し直すことであった。未来に眼を向けて、それがどうなるのかと問い、またかくも長きにわたって否認され、ようやく承認されるに至ったオイディプスコンプレックスを現実においても克服することが可能でないのかどうかを問う、そういう時が間もなくやってくるのかもしれない。

一九二六年春　パリにて

著　者

目次

初版のまえがき
第二版のまえがき
序章 …… 1
第一章 近親相姦空想の根源 …… 49
第二章 近親相姦劇のタイプ——オイディプス、ハムレット、ドン・カルロス …… 77
劇作品のメカニズム 88
同一化 95
第三章 シラーにおける近親相姦空想——草案と断片の心理学のために …… 111
体験と文学の関係 136

体験典型のモチーフ形成　150
第四章　継母のテーマ――素材選択の心理学のために……187
A　カルロス型　197
一　カルロス・ドラマの数々　197
二　バイロンの『パリジーナ』　206
三　許嫁横奪と許嫁譲渡のモチーフ　213
B　フェードラ型――原典改作の心理学のために　222
第五章　父親と息子の戦い……247
血縁者殺人の心理学のために　274
第六章　シェイクスピアの父親コンプレックス――演劇行為の心理学のために……309
第七章　世界文学におけるオイディプス劇……351
青年期に書かれた文学作品の
心理学のために（レッシング、ヘッベル）　367

第 八 章　オイディプス伝説の解釈のために……385
第 九 章　神話的伝承……409
一　世界創造親の神話　413
二　去勢のモチーフ　420
三　切り刻みとよみがえり　430
四　タンタロス一族の伝説とこれを主題としたドラマ作品　438
五　聖書の伝承　458
第一〇章　中世の寓話とキリスト教聖徒伝……481
第一一章　神話、童話、伝説、文学作品、人生そして神経症にみられる父親と娘の関係……521
第一二章　諸民族の風俗、習慣、法における近親相姦……599
第一三章　きょうだいコンプレックスの意味……629

第一四章　姉に対するシラーの愛――感情転移のメカニズム……677
第一五章　兄弟憎悪のモチーフ――ソポクレスからシラーまで……707
A　ギリシャの悲劇作家とその模倣者たち　708
B　シラーの先駆者たち――シュトゥルム・ウント・ドラングの作家　725
第一六章　ゲーテのきょうだいコンプレックス……735
第一七章　きょうだい近親相姦の防衛と成就……765
1　きょうだい発見のモチーフ　766
2　血縁関係廃棄のモチーフ　770
3　エリザベス朝時代の劇作家たち　782
4　シェリー　786
第一八章　バイロン――その生涯とドラマ創作……801
第一九章　ドラマにおける聖書の近親相姦素材……817

第二〇章　グリルパルツァーの兄弟コンプレックス
——文学と神経症の関係の問題への一寄与……827
A　カインの弟殺し　817
B　アムノンとタマルの近親相姦　819
『祖先の女』型（美的作用の心理学のために）　851

第二一章　運命悲劇の作家たち……865
1　ツァハリアス・ヴェルナー　866
2　アードルフ・ミュルナー　868

第二二章　ロマン派の作家たち……883
1　ルートヴィッヒ・ティーク　884
2　アヒム・フォン・アルニム　896
3　クレーメンス・ブレンターノ　898
4　テオドール・ケルナー　901

5 リヒャルト・ワーグナー 912
第二三章 近代文学における近親相姦モチーフ 回顧と展望……929
イプセン 930
現代文学における近親相姦モチーフ 940
訳者あとがき
人名索引

文学作品と伝説における近親相姦モチーフ

序章

無意識的なものが熟慮されたものと合体したとき、詩的な芸術家が生まれる。

シラー

本書においては、ごく限られた材料で、全く新しい基礎の上に、従来とは異なった観点から、詩的創造活動の経緯への洞察を獲得しようという試みが企てられる。既にタイトルページが示しているように、ここでは文学史的な研究が目的ではなく、主として心理学上の問題が取り扱われることになる。もちろん、これらの問題を詩人において完全に理解することは、文学的、伝記的な事柄を知った上で初めて可能となる。また反面、個々の詩人のパーソナリティと作品を心理学的に究明することが文学史的な発展過程に逆に光を投ずることも期待出来る。文学史の発展過程は、なんと言っても個々のすぐれた詩人たちの個性の私的発展の継起のうちにのみ存在するからである。そこで、まず初めに、多岐に分れてはいるが、唯ひとつしかないモチーフの領域内で、特に劇文学の作品を、他の諸条件には関わることなく心理学的な観点から考察してゆくことにする。つまり、これらの作品をいわばその内側から、独自の心的生活の純粋に私的な、個人的に条件付けられた成果として考察するのである。しかしながら、このことはなにも芸術作品をその創造者である芸術家より重くみるということではないし、また文学史・芸術史の研究をするというのでもない。そうではなくて、芸術家の心理学の研究をするということである。もちろん、このように観点を外から内へ移すということは――これまでに発見された事実資料とその学問的な研究の助けを借りて初めてこれも可能となったのであるから――、なんら他の研究方法を拒否したり軽視したりすることを意味するものではなく、ただわれわれの研究方法の特殊性を極端なかたちで特徴付けようとしているにすぎない。

この特殊な芸術考察の仕方及びそこから引き出されたすべての結論は、従来の心理学とは名前以外になにも共有するところのないひとつの心理学の達成した成果によって初めて可能となったものである。フロイトが創始し、多数の弟子や後継者たちの参与によって更に拡充されていったこの心理学（Seelenkunde）が、以下の研究の基礎をなしている。この研究の理解を容易にさせるために著者は、その心理学的予備研究についての知識はなんとかなくても済むよう努めはしたが、しかしどうしてもこれを余計なものとしてしまうわけにはゆかない。芸術のようにすぐれて社会的な産物を専ら内面的に、純粋に個人的・心理学的に考察すること自体既に大方は奇異な解釈や結論をもたらすことになるであろうから、フロイトの心理学という新しい独自の観点に立つことは、およそその印象を和らげることになるとは思われない。というのも、無意識的な出来事の暗い深みへと突き進んでゆくフロイトの心理学は、衝動生活にまでくだって、人間の行動と思考の最後の根源に到達するものだからである。こうした根源を明らかにすることが、人間本性の崇高とか芸術家の神性とかいう広く一般的な見解を確証することにはとうていなるまい。最広義における空腹と愛が世界を動かすのだという的確な詩人の言葉(1)こそ、詩人たち自身に少なからず当てはまるように思われる。もしも性愛的・利己的な衝動の力が単に付随的に芸術作品の創造に関与しているのではなく、まさにそれらが作品の成立と形成を規定する、いや決定するものであることを知るならば、恐らくこの認識ははるかに高い意味において、自然の力に対するわれわれの畏敬の念を高めるのにふさわしいものであろう。なぜなら、この自然力はこのような原

始的・衝動的な源泉から全人類にとってかくも価値ある高尚な文学の花を咲かせることが出来るのであるから。(2)

どのような道を経て、またどのような手段によってこれが実現されるか、以下の研究はこれを明らかにしようと努めている。もちろん、このように極めて複雑かつ多岐にわたるテーマに着手した第一段階から、提起されるすべての問題の平易な解釈を期待することは出来ない。むしろ事実資料の膨大さと多様さを考えるなら、わずかのおおまかな図式化と、幾つかの顕著な謎を解明しようとする微力な試みとで満足しなければならないであろう。従って各々の章は、この巨大なテーマから切り取られた、多かれ少なかれ独立した断面を提示しているにすぎないのだが、これらはみな、問題となるすべての要素の多面性と豊かな関連性を正しく評価しうるためには、各領域における詳細な専門的個別研究のいずれにおいても適用されるべきさまざまな方法をいわば暗示的に例示している筈である。明るみに引き出された芸術的創造の究極的な基本衝動と、当の芸術家のそれ以外の明瞭な心的な態度との関連の詳細をすべての場合に明示することもまた、そうした個別的研究に委ねられなければならない。ここでの研究でまずなすべきことは原則的な確認であり、典型的なものの摘出であるが、それはただ幾つかの実例についてしか試みられない。この研究の結論につきまとう奇異な印象の多くは、この不可避的な欠陥から説明されるであろう。それゆえ、一見奇異に思われるこの無意識の根源から意識的な思考への経緯は、この研究の枠内だけでは必ずしも辿りえないが、充分理解出来る道筋があるのだということを考えて、これらの結論を性急に拒否されない方がよいであろう。

それというのも、心理学的な観察方法そのものの領域においてもわれわれの研究はある特殊な位置を占めているからである。詩的空想の産物に批判的な悟性でもって接近しようとする試みはこれまでにもないことはなかった。しかしながら、その出発点、学問的な補助手段と前提、更にまたある種の実践的な傾向が、それらの試みとわれわれの企てとを本質的に区別している。この種の学問的試みは、周知の通りアリストテレスに始まるのであって、彼は断片的にしか残されていないその『詩学』において文学的創造の幾つかの技術的法則を提起している。アリストテレスは一切の芸術活動の本質は人間に生得の模倣衝動にあると考えていたから、芸術における創造的な要素――本当はこれこそが問題なのだが――、は彼には無縁であるほかなく、文学を生み出す原動力の本質を問う心理学的問題提起まではとうてい至りえなかった。従って、アリストテレスがその『詩学』において意図したものはひとつの形式論であり、それに基づく文学的創作の技術であって、彼はこれを当時広く愛好された文学作品とそれらの印象から抽出したのである。この課題の解決に彼がいかに見事に成功したかは、この最古の詩学が部分的には誤解されながらも現代に至るまで、後世の文学、美学、芸術批評の全領域に与えてきた持続的な決定的影響が示している(3)。内実としてはとっくに時代おくれとなってしまっているアリストテレスの形式的な詩学に対するこうした異常に高い評価を正当化しうるものがあるとすれば、それは、ここに既に文学の本質へのある基本的な洞察がみられるという事実である。これらの洞察は歴史的に興味深いものであるのみならず、われわれの今日の認識の光を当てられることによって初めてその十全な価値と評価を獲得するのである。これによってわれわれはカタルシスに関するアリストテレスの理論の深い心理学的真実をこれまで以上に強く納得させられる。そのカタルシスとは、悲劇的行為を見聞する観客の心中に恐怖(震憾)と同情(感動)とによって喚起される興奮と、そのような感情からの快感に満ちた解放のことである。その場合、これが情熱からの浄化であるのか、あるいは情熱の浄化であるのかという問題は未決のままにしておいてよかろう(4)。ヤーコプ・ベルナイスによれば、この「カタルシス」という概念はもともと医学に由来し、人体からの病毒駆除を意味したというが、この概念も現代の医学上の成果によって初めてその十全の心理学的意味を獲得したのである。ブロイアーとフロイトの『ヒステリー研究』(一八九五年)において、感情生活を阻止的な抑圧から解放する精神療法が「カタルシス」療法と名付けられ、アルフレート・フライヘル・フォン・ベルガーはある注目すべき論文(5)において、このヒステリーのカタルシス療法を悲劇のカタルシス作用の説明とうまく結び付けている。芸術の作用・効果というこのさまざまな展望を孕んだ重要なテーマはここではひとまず脇に押しやっておかねばなるまい。それで再び芸術創造そのものに立ち戻るならば、この創造においてこそ、カントが美しい言葉で述べたように、美的印象の本質が告知されるのである。アリストテレスはこのカタルシスの法則を詩人にも転用しているが、それはごく控え目に、ほとんどそれと意図することなくなされているように思われる。例えば彼は、激しい感情のなかに身を置く人物がわれわれにとって最も納得のゆく確かな存在であるように見えるのは、彼らがその作者たる詩人と同じ正確さから描き出されている場合である、と述べている（第一七章）。それゆえ、詩は卓越した天分のある、もしくは高められた精神生活を生きている人間のものだ、と彼は付け加えている。前者はたやすく模倣することが出来るし、後者は感情の高まりにわれを忘れることが出来るからである。この発言のなかにわれわれは、ホメーロスの詩にすでに暗示されている文学の二つの根源が感激と合理的な模倣というかたちで心理学的に捉えられているのを見る。(6) この区別は、芸術的創造に関するそれ以後のすべての研究の基本的な柱となり、ニーチェが指摘した芸術創造の「アポロ的」と「ディオニュソス的」という二つの要素にもなお余韻を響かせている。

アリストテレスは芸術的創造過程の心理学においてこれらの端緒的段階を出ることはなかったが、そのことで彼が非難を受ける筋合いはない。なにしろ、ヴィルヘルム・ディルタイがその詩人の想像力(7)に関する研究で企てた芸術的創造の心理学の最初の意識的な試みがあらわれるのは、現代に入ってからのことであったのだから。ディルタイはまずボアロー、ゴットシェート、レッシングなど一八世紀後半に至るまでの、あらゆる時代の意識的・芸術的な詩作へのアリストテレス詩学の強力な影響を叙述し、次いで新しい美学の発展過程を、すべての文学の源泉は詩人の想像力にあると考えたスコットランド学派の初めから、人間における、いや自然全体における創造的能力から出発する体系的なドイツ美学まで辿ってゆく。二人のドイツの偉大な国民詩人の生涯の仕事にとって詩学がもっている十全の意味を正しく評価しながらもディルタイは、それぞれの時代が歴史的に制約された独自の美学をその時代の詩人たちの文学的所産との生きた相互作用のなかで創り出してゆかねばならない、という結論に達する。「模倣に関するアリストテレスの原則は客観主義的であった。……あらゆる分野での研究が人間本性の主観的な能力の奥深くへわけ入り、そしてその能力の自立的な力――人間の感覚的所与を変形する力――を認識して以来、美学の領域でも模倣の原則は根拠を失うに至った」（三二〇頁）。「詩学はまず模範として妥当するもののなかに確かな足場を築いて、そこから抽象作業を行い、次に美についてのなんらかの形而上学的な概念のなかにその足場を得た。今や詩学はこれを魂の営みの中に求めなければならない」（三二五頁）。こうしてディルタイは、アリストテレスとは意識的に反対の立場に立って、現代に利用できる詩学を、模範的な作品からの抽象化によってではなく、芸術的創造の常に有効な心理学的諸法則から導き出すという課題をみずからに課している。「このような理論は、創造的能力の分析をその出発点としなければならない。この能力の発現が文学の条件となるのである。経験の世界に対する詩人の想像力が、文学の多様な世界をそのさまざまな現象の連鎖的継起のうちに実際に説明しようとするすべての理論にとって必然的な出発点となる」（三二一頁）。ディルタイはこの二つの課題、即ち心理学的な基礎付けとその上に構築された文学的技法の理論を、当時支配的だった意識心理学を手段として可能な限りでほとんど完全に解決している。しかしながら、彼がこの心理学によっていかに制限されているかは、彼が幾つかの決定的な箇所でその結論では充分でないとしている点に表われている。その研究のある箇所（三五〇頁以下）でディルタイは、「夢、狂気[8]、その他眼覚めている生活の規範から逸脱している諸状態と類似した詩人の想像力」について語っており、またそれに続けて彼は、夢見ている人間、狂人、芸術家におけるイメージの実態は、固定した大きさとしての表象から出発している今日の心理学によっては説明されえないことを主張している（三五一頁）。どんな表象もすべて現実の魂のなかにあっては事象・出来事であると彼が付け加えているのは正しい（三五二頁）。「詩人の創作が妄想や夢、またその他のアブノーマルな状態における想像力のイメージと接する」地点は、ディルタイによれば、これらすべての状態にあっては経験を超え出たイメージが生じるということ、それらの状況や形姿、事象が幻覚的な明白さにおいてみられるということ、そして最後に、自分の自我が主人公の自我に変容する能力を有するということである（三五〇頁）。しかし、ディルタイが、詩人のこうした機能は「ある種の心的事象のより大きなエネルギー」において制約されているとみる時、それはそれで疑いもなく正しいのであるが、基本的にはこの見解は、文学は高度の精神生活をもつ人間のものであるというアリストテレスの主張（第一七章）以上に出るものではない。

高名なゲルマニストであるオットー・ベハーゲルはその学長就任講演『文学的創造における意識と無意識』（ライプツィッヒ、一九〇七年）において、主としてディルタイの先駆的研究に立脚しながら更に重要な一歩を進めている。詩人たちの数多くの自己証言を手掛かりにして彼は次のような重要な命題に到達しているのである。「文学が生み出されるところの魂の状態、詩人の創造活動がなされるその状態は、一種の興奮状態である。……そして詩人の行為が……しばしば性愛的《エローティッシュ》なイメージをもてあそぶ傾向をもっているということは確かに偶然ではない」（五頁）。――「文学的創造の根源は無意識の謎に満ちた深淵にある」（四頁）。――「空想の力はすべての芸術的創造の根底である」（八頁）。――「暗い衝動に従って、夢の中でのように形象が立ち現われる、これが文学的生成の本質である」（一一頁）。――「かくしてこの状態は夢と極めてよく似ている」（一六頁）し、また他方この状態は「ほとんど幻覚の性格」を示している（四三頁、注九四）。――しかし、これから詩人を分かつのは思考、即ち意識的な作業の関与であって（一七頁）、これは「詩人にあっては無意識的生成に相対するかたちで現われ、補充と援助、選択と整理、抑制と鎮静という三様の役割を果たすものである」（二四頁）。

これと同じようなことをL・クラーゲスは『芸術家の心理学から』という論文のなかで述べている。「暗い感情の絡み合いが演じる定かならぬたわむれの中に置かれた芸術家は、芸術を殺してしまう周囲の現実の混入物に対して聴覚的にも視覚的にも無感覚になるのであるが、このたわむれを彼の意識閾下に呼び起こすには彼の意識にひとつの音、ひとつの光を投げ込むだけで足りる。それを受けとめる瞬間に既に行われているこの無意識の選択こそ肝要なもので

ある。この選択はその後に本来的な創造活動が行われるに際して、悟性の選別的な働きによって個々に補充されてゆく。」(9)

このテーマは、ごく最近ではエーミール・ウーティッツの論文『一般的芸術学の問題』(「美学雑誌」XVI号、一九二一年)において詳細に検討され、評価されている。「芸術家が理性的に振る舞うからといって、それはなにも、考えることだけで芸術作品が作り出されるというようなことを意味する訳ではない。思考は決して霊感を排除するものではないのだ。」芸術家の想像力には無意識的な要素が含まれているとリボーは言い、芸術創造には意識と無意識とが等しく関与しているとフォルケルトは説いている。意識と無意識との共同作業は創造の予備的段階においても、また形成の過程全体においても認められる。尤も、幾つかの段階は、優勢な思考が生み出すものよりもずっと直接的・無媒介的なものであろう。フォルケルトはまた、精神的創造活動に感情生活が関与していることを多くの実例を挙げながら分析しており、ウーティッツは、思考の産物であるかに思われるものも実はそうではなくて、経験の産物であるとみなされねばならぬ場合がいつも生じるものだ、と述べている。

学問的な方法によって試みられた文学的創造過程についての研究のこれまでの歩みを以上ごく簡単に述べてきた。一見孤立しているように思われるわれわれの以下の試論もこれに一枚加わることになるのであるが、それは、この試論が無意識的な精神生活に関する一段と深い知見をもとに文学的な想像力、少なくとも想像力の発現とその芸術的展開のメカニズムを、そして特に強く感情にアクセントが置かれる理由——それは想像力の起源から明らかなものとなる——を、初めて提示すべく企てているからである。その際これらの想像力形成の無意識的な源泉、また他方それらの性愛的な感情の強調が前面に出てくるが、それは、これまでほとんど評価されることのなかったこれらの無意識的・性愛的な要素を故意に過大評価したことから生じるものではなく、事柄自体の性質によるものである。芸術作品の成立に関与している精神生活の意識的な、また「非セックス的な」部分は、詳細を極めた膨大な伝記的・文学史的・美学的研究によって、実際の意味から考えれば少々正確すぎるほどに、また親しすぎるほどにわれわれには周知のものとなってしまっている。しかし、ようやく無意識的・性愛的な関与にも十全の評価を与えてもよいという認可は、単にこれまでの研究を補うとか、あるいは必要な照応物を求めるとかいった当然の要求のみならず、従来かえりみられなかったこの部分こそが最も重要なものであり、理解を深め、心理学的に基礎付けるために不可欠であるという認識から生まれたものである。

無意識的なものと熟慮されたものとが一体となって初めて文学的な芸術家が生まれるという考え方は、形式や表現方法は異なるにせよほとんどすべての創造的な詩人たち自身によって表明されてきた[10]。そして彼らの大多数は無意識的なものの不可思議な関与を決定的なもの、より重要なものとして認めている。だが彼らは同時に、この無意識的なものが内発的なものであり、捉え難いものであることを強調してもいる。

まず再びシラーの言葉を引用したい。創造性のなかにある障害について訴えた友人ケルナーの手紙に対し彼は次のように書き送っている。「君の訴えの原因はぼくのみるところでは、君の悟性が君の想像力に課している強制にあるようです。悟性が、次々に殺到するイデーを、いわば検問所の門を設けて早々とあまりに厳しく吟味しすぎるのはよくないことですし、また魂の創造物にとっても不利益であるように思われます。ひとつのイデーは、これを孤立したものとしてみると実に取るに足りない、また極めて突飛なものであるかもしれない。しかしそのイデーも、それに続く別のイデーによって重要なものになることもありえます。それは、同じように陳腐に思われるかもしれない他のイデーとなんらかのかたちで結び付くことによってあるいは非常に有効な部分を構成することもありうることです。悟性はこれらすべてを他との結合において捉え、じっくり観察した後でなければ、それらに判断を下すことは出来ません。これに対して創造的な人間にあっては、悟性は検問所の門から監視人たちを引き揚げさせたのだとぼくには思われます。さまざまなイデーがごちゃまぜに激しい勢いで侵入してきます。そうして初めて彼はこの堆積の山全体を眺望し、吟味するのです。君たち批評家諸氏——その他どんな名前でも構わないのですが——は瞬間的な、通りすがりの妄想を恥じ、また恐れる。この妄想は独創的な創造者のすべてにみられるものであり、その持続の長いか短いかによって思考する芸術家と夢想家が区別されるのです。それゆえ非生産性に対する君たちの嘆きは、君たちがあまりに性急に非難し、あまりに厳しく検問するところからきているのです」（一七八八年十二月一日付）。

その他ではゲーテが次のように言っている（エッカーマンとの対話）。「最高の創造性、すぐれた思いつき、発明、そして豊かな実りと重要な結果をもたらす偉大な思考、これらはいずれも人間の力の及ぶところにはなく、すべての地上的な力をはるかに超えて聳えるものなのだ。これらは……デモーニッシュなものに近くて、人間を圧倒的な力をもって思うままに突き動かす。人間は自分自身の衝動に従って行動していると思っているのだが、実はこのデモーニッシュなものに無意識に身をゆだねているのだ。」更に彼は続けて次のように言う。「しかしまたこれとは別な種類の創造性が存在する。これはどちらかといえばすでに地上的な影響下にあり、人間がより多く意のままにすることの出来るものだ。もっとも人間はここでも依然として何か神的なものの前に身をかがめる理由を見出すのだがね。この領域へ私は、一つの計画の実行にかかわるすべてのもの、その最終点がすでに明白に存在するところの思考連鎖の中間項すべてを数え入れる。芸術作品の眼に見える肉体を形作るところのものすべてを私はここへ数え入れる。」最後に彼自身の詩に関する言葉（ソレに向かっての）。「それらは突如として私に襲いかかり、一瞬の内に作り上げられそうであった。私はその場でそれらを書きしるしておきたい衝動に駆られるのを感じた。[11]」これがどのように行われたかが『詩と真実』のなかで語られている。「小さなリートを自分で口に出すのだが、それをもう一度まとめ上げることが出来ないというようなことがよくあったので、幾度か私は斜面机へ駆け寄って、その上に斜めに置かれてある全紙の原稿を大急ぎでちゃんと整えて、そこから動かないでその詩を始めから終りまで対角線で書きおろしたものであった。まさにこの意図から私はペンよりも鉛筆の方をずっと好んだ。この方がより滑らかに筆を運ぶことが出来るのである。というのも、ペンのぎしぎし鳴る音や、飛び散るインクが私を夢遊病者のような詩作から眼を覚まさせ、私の気持を散らせ、生まれ出ようとする小さな作品を窒息させるようなことを何度か経験したからであった。」だがこのようにして出来上ったのは小さな詩だけではなかった。『若きヴェルテルの悩み』[12]についても次のような言葉がみられる。「私はこの小さな作品を夢遊病者のようにかなり無意識に四週間で書き上げていたので、少しばかり手を入れて改めるために通読した時、自分自身そのことが不思議に思われた。」これと同じようなことをシェリーが述べている。「私の頭がある考えで熟してくると、すぐにそれは沸騰し、イメージや言葉を、私がそれらを整理・推敲する間もなくすばやく作り出すのである。明朝になって熱がさめ、いわば燃えるような赤い素描の時が過ぎてから私は描写にとりかかる」（サイモンズ『シェリー』一六六頁）。また別なところでは次のような言葉がみられる。「詩は、眼に見えない人間の本性のなかに隠されているあの絶対的な力によって作り出される。」「詩は思考とはちがって、意志が決定されたあとで行使されるような能力ではない……。この力は内部から生じる。そしてわれわれ人間本性の意識的な部分はこの力の接近をも、また離反をもあらかじめ知ることは出来ない。」

また、俳優として出発したストリンドベリに関して、二〇歳の彼が手がけた最初の仕事である一八六九年の二幕物はほとんど夢遊病的な状態で書かれたということが報告されている。それによると、自分の演技をこっぴどくけなされた夜、彼は親戚のある男に近況を知らせる手紙を書くべく机に向かった。彼は職を得たその相手にお祝いの言葉を書くつもりであった。最初の一行が詩句のように響いた。彼は二行目を書いた。それは一行目と韻が合っていた。こうして彼は四ページにわたる手紙を韻の合った詩句で一気に書きおろしたというのである。

同じようなことをフォンターネが彼のある詩の誕生について報告している。「文字通り立ったまま《スタンテ・ペデ》であった。それは服を着ている時突然私を襲った。長靴の片方に足を入れたまま、もう一方を左手にもって私は飛び上がり、その詩を一気に書きつけた」（フォンターネ『二〇歳から三〇歳まで』六五七頁）。これとほとんど同じ言葉でグリルパルツァーは次のように書いている。「ある朝ベッドに横たわっていた私の頭のなかで二つの考えが出会い、相互に補い合っていた。私が起き出して、服を身につける前に『祖先の女』の構想は出来上がっていた……。」「私は机に向かってどんどん書き継いでいった。考えや詩行が自然に浮かんできた。」リヒャルト・ワーグナーについても、『ローエングリーン』の構想が、ある朝風呂場にいた彼をいわば「不意打ち」したということをわれわれは知っている。

これらは熱病状態に近いのではなく、熱病状態の後の結果であるという印象を受ける。詩人を創造のあの興奮状態のなかに置くものは、抑圧されたかつての幼児的感情であり、その一部は創造のための推進力を提供するが、他の部分はしかし誘導（消散）によって無害なものにされる。創造に付随する邪魔な煩わしい副次的現象として詩人が感じるもの、それは創造の真の本質であるのみならず、生物学的な目的でもあって、この目的は、芸術家のなかにおいてより新鮮に、より生き生きと花開くところの鬱積された強烈な感情の誘導を目指すのである。

この事実を多くの詩人たちは直感的に把握し、文学的生産と夢との比較において表現したのである。夢と文学作品がなんらかの血縁関係にあり、共通の根源をもっているということは古い昔から芸術家自身、哲学者、また専門外の人間によっても繰り返し指摘されてきた。だがこれまでは所詮、的確ではあるが美しい比喩として留まっていたにすぎない。

既に早くから人間はこの関係を注意深く観察していたに違いないが、古代人はこれをその素朴なやり方で解釈し、他の生物よりはなんらかのかたちで優遇されているわれわれ人間が、夢のなかにある時に神が詩才を授けてくれたのだと考えた。ホメーロスやヘシオドスなどの偉大な叙事詩人たちがそうであると彼らは信じ、また彼らの一番古い劇詩人であるアイスキュロスについてもそのように語ったのである。少し時代が進歩した後もひとびとはこれと似た印象を完全に拭い去ることは出来なかった。それは特に当の詩人たち自身が、自分たちのインスピレーションはこのような源泉にあるのだと信じていたためで、例えばわれわれの知るところではなによりもピンダロスがそうである。文学の起源が夢であるとの信仰のなかにわれわれは「古いインドゲルマン的なモチーフ」(ヘンツェン)[13]をみるのであるが、このことは、さまざまな文学的表現を借りて登場するこの理念への根強い執着をみれば明らかである。例としてハンス・ザックスの『詩人の霊感』を指摘しておきたい。そして、これに関連するゲーテの『捧げる言葉』のなかにこのテーマの最後の末裔が認められた。リヒャルト・ワーグナーが彼のハンス・ザックスに次の有名な詩句を歌わせているのは、このことへの暗示である。

「友よ、夢を解釈し、書きつけること、
これこそが詩人の仕事だ。

人間のまことの空想は
夢の中で花開くのだ。
文学と詩作はすべて
夢の解釈にほかならぬ。」
（マイスタージンガー、第Ⅲ幕）

これと同様のことをヘッベルが『夢と詩』と題する警句詩のなかで言っている。そこには、「夢と詩人の創り出したものは親しい姉妹のようだ、それらはお互いに交代し、静かに補い合う……」という言葉がみられ、また日記帳のメモには、「夢と詩が同じであるとの私の信念はますます正しいということが判ってくる。」「文学的感激の状態は夢の状態である。（今のこの瞬間なんと深く私はそのことを感じていることか。）他の人間はこの状態を考えてみなければなるまい。詩人の魂のなかには、彼自身の知らないものが準備されているのだ」ともある。

このような種類の観察と告白は詩人たちにおいては共通している。なかでもわれわれは、ゲーテが詩の多くを「本能的に、また夢の中でのように書きしるしたい衝動を覚えた」ことを知っているし、また、パウル・ハイゼはその青春時代の回想録で、個人的な体験を一般化しながら次のように述べている（三四六頁）。「もちろんすべての芸術的な創作の最後の部分は、本来の夢の状態と近しい関係にある不可思議な無意識の興奮状態において完成される。たいていの場合空想の夢遊病的な霊感は、それらが明瞭な関連を欠いている点で、また、明るい昼の光のもとで正当性を獲得するにはまず悟性と芸術的な思考によって整理され、恣意的な要素から浄化されねばならないという点でも夢の世界の性格を帯びている。[14]」

これらの関連を確立するに至ったのは全く特別な体験であることが多い。ヘッベルやゴットフリート・ケラーのように自分たちの夢に特別な注意力を傾けた詩人たちは、詩的創造がその夢体験になんらかのかたちで依存しているということに大きな驚きを抱いた。一八四三年十一月六日ヘッベルはパリで書きしるしている。「私は文学作品を書いていた頃には文学的な夢を見た。今ではもはや見ることがない。」珍しい夢を幾つか挙げた後で彼は詩のかたちで次のように書き継いでいる。

「その頃私はまだ悲劇が書けなかった、
書けるようになってからは夢を見なくなった。
夢は不完全な詩にすぎないのか?
すぐれた詩は完全な夢なのか?」

ケラーの場合極めて明瞭にみてとれるのは、彼が、日記にしるした（一八四八年一月十五日）純粋に主観的な考察を、彼に最も近い主人公である『緑のハインリッヒ』に当てはめているということである。「自分が昼間仕事をしない時には、これに代って空想力が眠りの中で独力で創造活動をしてくれる。だが、おどけた愛すべき幽霊は彼の創造物をひっさらってゆき、その得体の知れぬ働きのあらゆる痕跡を入念に拭い去ってしまうのだ」（ベヒトルト所有の日記）。「つまり自分が空想力とその巨大な形成能力をもはや昼間働かせなくなってからというもの、その働き手たちは眠りの間に自立した動作をもって動き始め、みせかけの悟性と首尾一貫性とをもって混乱した夢を作るようになった」（前出、第四巻、一〇二頁）。

夢と文学とのこの代理的な関係に代って促進的な関係が、あるいは更に進んで両者の同一性がみられることもある。これには、夢のなかで出来上った個々の詩行や韻、あるいは詩全体が文学的に価値の高いものであると判明したといわれている多くのケースが含まれる。よく知られた例としてはコールリッジの『クーブラ・カーン』があるが、しかし最近になってこの作品の信憑性にH・エリスは疑問を呈している（『夢の世界』二六九頁）。他の詩人たちは夢で得たものを再び文学的創造のために利用するか、あるいはそれに文学的形式を与えた。たとえばウーラントの詩『たて琴』

と『嘆き』は夢を基にして作られており、またヘッベルの『夢』（「正夢」）や、メーリケ、ケラーなどの幾つかのリートもそのようにして出来上ったものである。スティーヴンソン、エーバース、ポッパー＝リュンコイスなどの小説家たちも、個々の素材あるいはモチーフを夢から得ていることを認めている。

夢と文学とのこの近しい、そしてしばしば本質的に同じものとみなされる血縁関係が、ひとつの現象に対する幾つかの洞察に基づいて他の現象の謎を解明するよう促すきっかけとなったのは当然である。詩人や哲学者のうちでも特にロマン派の作家たちはこのことを極めて明白であると考えた。既に一七九六年ティークは、このような美学の公式的なプログラムを起草しているが（シェイクスピアの『テンペスト』のための序文）、そのなかから次の箇所を引用しておきたい。「人間の魂のどんなに微かな動きにも精通していることをそのドラマにおいてしばしば示しているシェイクスピアは、おそらく自分を夢のなかで観察し、そこで得られた経験を自分の詩に適用したのである。」心理学者や詩人が夢の歩みを追跡研究することで彼らの経験を非常に大きく拡げることが出来るということは全く疑いのないところである。」インド人の世界観に依拠しながら極端な「夢観念論《トラウムイデアリスムス》」を信奉したショーペンハウアーはこれと似た考え方を芸術に関しても主張した。彼はその遺稿のある箇所で『文学について』論じているが、そこには次のような言葉がみられる。「それゆえダンテの偉大さは、他の詩人たちが現実世界の真実をもっているのに対し、彼が夢の真実をもっていることのなかに存する。彼はわれわれにこれまで聞いたこともない事物を、ちょうどわれわれがそれらを夢のなかで見ているように見せてくれる。そしてそれらがわれわれをあざむくのも夢と同じである。あたかも彼はあらゆる歌を一晩中夢に見て、それを朝になって書きつけたように思われる。すべてはかくも強く夢の真実を有しているのである。……そもそも、真の詩人の中に宿る創造力《ゲーニウス》の働きがどのようなものであり、この働きがあらゆる理性的省察からいかに独立した存在であるかを理解するためには、おのが精神の詩的な働きを夢の中で観察しなければならない。」「このような描写は、われわれが意図的に、また思考をもってなしうるすべてをなんとはるかに凌いでいることか。諸君がいつか、生き生きとした、また細微にわたる劇の夢から眼覚めるようなことがあれば、その夢をよく吟味していただきたい。そうすれば諸君はみずからの詩的才能に感心することであろう。それゆえ次のように言うことが出来る。例えばシェイクスピアのように偉大な詩人は、われわれすべてが夢の中でなすところのものを覚めた状態でなしうる人間なのである、と。」同じような文章がジャン・パウルにみられる。「空想力は夢のなかで最も美しくそのバビロン空中庭園を張り、花で覆い飾ることが出来る。そして空想力はここへ、現実の庭園からしばしば追い出される女たちを特に迎え入れる。夢は無意識の文学であり、[15]肉体的な頭脳をもった詩人の方が他の人間よりは多く仕事をするということを示している。……真の詩人は同じように書くに際してはただ聴くひとにすぎず、自分の性格を語る語学教師ではない。……彼はそれらをちょうど夢のなかでのように生き生きと見つめる。するとそれらが彼の耳に聞こえてくるのだ。」またニーチェは青年期の著作である『音楽の精神からの悲劇の誕生』において、夢を芸術の源泉のひとつとしてこれを賛美している。「ところで哲学者と実生活の現実との関係は、芸術的感受性をもった人間と夢の世界との関係と同じである。芸術的な人間は正確に、また進んで夢の世界を見つめる。というのも彼は夢で見た映像から人生を解釈し、これらの事象によって人生の訓練を積むのである。彼が夢のなかでこの上なく明瞭にわが身に経験するのはおよそ快適な映像ばかりではない。それらはまた厳粛なもの、陰鬱なもの、悲しいもの、暗いもの、思いがけない障害、偶然の悪ふざけ、不安な期待でもある。要するにそれは人生の『神曲』全編であって、それが地獄編とともに彼のそばを通り過ぎてゆくのである。しかもそれは、単に影絵のように通り過ぎるのではない。というのも彼はこれらの場面場面でともに生き、またともに悩んでいるからである。――だがそれでいて、これは仮象なのだというあの感じがかすかによぎらぬでもない。そして私同様に、夢のなかで危険や恐怖に直面した時、勇気を出して、〈これは夢なのだ！　この夢をもっと見てやろう！〉と自分に呼びかけてうまくいったことを思い起こすひとも何人かいるだろう。[16]」

夢と文学との類似性についてはその後、特にフィッシャーやフォルケルトといった観念論的な立場に立った美学者たちによって研究がなされた。例えばフィッシャーは次のように言っている。「偉大な詩人たちの創造した形姿はすべて夢の息吹を周囲に漂わせている。」「夢の性格を帯びていないものは美しくなく、完全でなく、詩的でなく、真に芸術的ではない。」同様にアルトゥール・ボーヌスも、芸術的手法の理解にとってもつ夢の意味を強調し、夢が、芸術的創造活動の真の本質を知るための考えられる限り最も有効な手段であると述べている。[17] アルトゥール・ドゥレーヴスは、一九〇一年に刊行された『美的態度と夢』[18]という論文で、夢の心理学を美学的な基本現象の説明に適用しようという最も進んだ試みを行った。彼は、芸術を享受する人間の置かれている矛盾した二重の立場という、精神分析の領域でも最もとっつき易い問題から出発し、現実としての、また仮象としての芸術作品に対する享受者の同時的な態度の原因は、上層意識と下層意識へのわれわれの意識の分裂――これは夢の特徴をなすものである――にあると考える。「芸術作品は、上層意識を回避して、いわば直接下層意識に向かうことによってのみあの暗示的な効果を発揮できるのである。」上層意識はしかし潜在意識のこの具象的、具体的かつ感覚的な内容を仮象と名付ける。かくして美的態度というものは、「仮象を信じる心と、仮象であることを見抜く洞察とが、美的意識のより高次の統一へと止揚されるところの二つの分離した意識領域のなかに存在しているという理由でのみ」可能となるのである。「潜在意識そのものにおいては観念的なものと現実的なものは別物ではない。」「美的態度の核心として今日ますます広く承認されつつあるこの象徴化活動全体は夢意識の活動にすぎず、それは象徴を作り出し、夢意識自身の主観的状態を客観的な衣裳に包み、映像や形姿や事象へと変える働きをする。」「夢意識の内容と美的なものとのこの一致を考えれば実際われわれは、美的な態度は、夢意識を解き放つことの上に成り立っているという事実を疑うことは出来ない。」[19]
――「夢意識は、知的なものが無邪気なもの、未発達なもの、発育不全なもの、素朴なものへと減退してゆくことを示している。」同じようにドレーヴスによれば、「本能的な象徴化・擬人化傾向をもつ美的態度というものはまさしく人類の幼児的観念——ここではいかなる対象も生き生きと姿を現わす——への一時的な先祖返りである」と考えられる。この最後の観点を既にデュ・プレルは、夢の研究を基礎としたその『抒情詩の心理学のために』（ライプツィッヒ、一八八〇年）のなかに取り入れており、彼はこれを一種の「古生物学的世界観」として理解しようとする。彼が、夢の研究でわれわれに明らかとなった「想像の凝縮過程」をあらゆる種類の芸術的創造活動に見出し、これを直観一般の本質としていることは一言に価する。[20] ここで彼が依拠しているのは次のような考え方である。即ち、「思考は無意識的な手続きによって行われ、その最終結果がここで、出来上がったかたちで意識のなかへ入ってくる。これは特に真の芸術的創造において認められ、あまり目立つほどではないが、しかし、ドイツ語でEinfall、フランス語でaperçuと呼ばれているところのものが現われるときにはいつもみられることである。」

詩人として、また自身の詩的創造活動の分析家としてもともに高い位置にあるスイス人のシュピッテラーはこの問題を精神分析的観察方法のぎりぎりの境界まで導いていった。彼は、『いかに〈なにもないところ〉から詩を作るか？』という魅力的な講演のなかで、詩的な創作能力を三つの擬人に分類している。即ち、受身の姿勢で無意識の諸力に身を委ねる詩人、このようにして明るみに出された無秩序で関連性を欠く多くの空想力やイメージをふるいにかけて整理し、秩序付け、結び合わせる芸術家、そして最後に、いわばこれらに仕上げの慣習的な覆いを被せる著述家である。極めて重要であると評価されているこれら「魂の無意識的な（あるいは少なくとも受動的な）状態や出来事」は、「素材が自由な場合には、作品を完成させる主要な役割を果たす」ものであるが、「描写することはほとんど出来ないし、説明することは全く不可能」である、とシュピッテラーは言っている。「その前に人間の魂、生、そして世界全体が説明されなくてはならないだろう。」この詩人が次のように言う時、それは的確に、まだほとんど夢のなかではっきり現われるような響きをもっている。「芸術家が詩人から受け継いだ、イメージに満ち溢れた状態はもっぱら個々のイメージの、いわば瞬間撮影の過剰状態であります。それらは相互の間では類似してはいるが、しかしお互いの通路も論理的な関係ももちません。空想力に関連を期待することは出来ないのです。それゆえ詩的な論理の助けを借りて、目標へ向かってまっすぐに筋を理性的かつ恒常的に進めてゆくことが肝要であります。」無意識のうちにインスピレーションを吹き込まれる詩人は、対象の均衡を保つ芸術家が考慮に入れねばならないさまざまな矛盾というものを知らない、という命題にシュピッテラーは直接夢との比較を結び付ける。彼によれば、われわれは夢を見ている間はその夢の矛盾を批判することはしない。なぜなら夢は、それが語られる時に初めて矛盾を露呈するのである。

しかし、心的なメカニズムに対する、また夢・徴候・妄想形成の意味と内容に対するわれわれのより深い精神分析的洞察の基盤があって初めて、夢と芸術のこの並列化を実際まじめに考えることが可能になったのであり、また、われわれが類似の現象に対するわれわれの深められた認識の上に立って無意識的な芸術的創造活動の秘密をも突き止めることが出来るのだという希望に身を委ねることも可能となったのである。もちろんその場合、専らある種の公式的な類似性に依拠した、しばしば悪用される芸術作品と夢との比較は、その詩的な衣裳を剥ぎ取られることになる。夢は芸術作品、わけてもドラマとは表面的に類似しているだけではなく、この関連はおのずとまた二つの所産をもっている深い心理学上の本質的な同一性に起因しており、これらの創造物の心的な推進力、本質的な素材、更にまたそれらの誕生と形式のメカニズムは無意識に属するものである。しかし夢や神経症の無意識的な内容、傾向、要因からわれわれが確実に知りうるのは、芸術家もまたその作品においては彼の最も密かな願望の実現をある程度は婉曲なかたちで行っているということ、また彼は夢見るひとや神経症者と同じように、遠い過去において抑圧されてはいるがしかし無意識のなかで力強く働き続けている幼児的な欲動感情や性愛的な固定化によって抗い難くそう強いられるということである。[21]

われわれが――シュピッテラーの述べた意味で――われわれの研究を進めてゆくに際して、矛盾や不快や外見上の不整合などを多く内包するこの最も深い魂の地層で生じる出来事を、ほとんど「詩人」の無意識のなかにのみ観察するであろうこと、また「芸術家」、なかんずく「著述家」についてはほんの時たま流し目をくれることぐらいしか出来ないということはここでいくら強調しても足りないほどである。しかもわれわれは、「芸術家」のこの仕事には形式賦与のための能力と技術がそっくり必要であることを充分に承知している。この形式賦与は、詩的な想像力を受け取り手が喜んで受容できるように形成してゆかねばならない限りにおいて、同じくわれわれが無視せざるをえない美的印象の問題と特に関わり合うことになる。われわれは形式賦与のなかに、芸術作品を初めて芸術作品たらしめるところの要素を認めるのであって、その意味を過小評価するものでは決してない。それというのも、われわれはすべて詩人と似たようなやり方で、――そしてあらゆる芸術作用の可能性はここにあるのだから――想像力によって物を創り出す能力をもっているのである。このことは、夢や神経症者の無意識的な魂のなかでのみならず、白昼夢と呼ばれているものにおいて更にはっきりと現われる。だがこの白昼夢はその隠れもなく自己中心的で性愛的な傾向のため、その作用は、これを生産する当事者個人に制約されている。これは、われわれが、自己のなかに閉じ籠もってしまう神経症や個人的な夢や自己中心的な白昼夢などにおいて知りかつ理解することを学んだような反社会的な産物の価値転換に対する最初の洞察であるが、これらの産物をフロイトは、残念ながら個々に分散したままになっている彼の研究において、社会的に高い評価を受け、また享受するにふさわしい芸術的産物へと開拓していった。[22] 彼は利己的な白昼夢のなかから、社会的な作用をもつ芸術作品を形成するための幾つかの条件を認め、そしてそれらを、私はこう言いたいのだが、本質的には美的、知的、批判的能力に依存しない本来の詩的「才能《タレント》」であると説明した。詩人は白昼夢の空想から個人的な要因を取り除かなければならない。彼はこれらの空想を、聞き手によって受容されるという目的に沿ってしかるべく無意識から距離を保たせることが出来なければならない。但し、この空想を無意識から完全に分離させてしまってはならない。そうすれば、空想の作用は損なわれるであろう。最後に形式は、聴き手の知力を引きつけ、また彼の快感を呼び起こし、この感情を、たとえそれが大部分は抑圧された空想を充足させようとする無意識的な源泉から発したものではあっても、表面的には完全に是認しなければならない。この源泉は詩人においても、それとは知らないままに、その創造衝動の本来の推進力をなすものである[22a]これらすべての複雑な経緯、純粋に知的な力の強い関与によっていっそう複雑化した経緯のうちで、われわれは最後に述べた要因のみ、即ち、かたちを得ること、そして完全に燃焼することを強く求める無意識的な空想の多くのひとつのみを、それが詩的な充足を与える文学作品へと変化してゆく第一段階において追ってゆくことが出来るにすぎない。

文学作品、なかんずく物語文学の源泉としての白昼夢の前段階ではすでにショーペンハウアーが鋭い直感をもって指摘したし[23]、またフロイトもこれを、幼児の遊戯から出発して小説文学の最も重要な素材であると認めているが、この前段階を、多作家で人気の高いイギリスの小説家アンソニー・トロロプがその『自叙伝』（第一巻、五六頁）で行ったほど詳細かつ的確に叙述したひとは恐らくいないのではなかろうか。

「ここで私は、極めて早い時期から私とともに育ってきたもうひとつの習慣のことを想い出す。私自身それをしばしば苦々しい気持ちで観察し、またそれに浪費される時間のことを考えたものであるが、しかしそれは私の推測するところでは、私という人間を現在の私たらしめるのにあずかって力があったように思われる。少年時代、いや幼年時代すでに私がとても頼りにしていたのは自分自身であった。私は、私の学校時代について語った折りに、他の少年たちがどうして私と一緒に遊ぼうとしなくなったかを既に書いた。私はひとりぼっちとなり、自分で遊びを作り出さねばならなかった。いつもそうだが、なんらかの遊びは当時も私にとってどうしても必要なものであった。大学での勉強は私の性に合わず、全く何もしないでブラブラすることは好きではなかった。そういうわけで私はいつも、私の内面で堅固に構築された空中楼閣を相手にして遊ぶようになった。この構築作業は狂おしいほどに堅持されることもなく、かといって日々の絶え間ない変転によってぐらつくこともなかった。私の記憶が正しければ、私は自分を何らかの規則、環境、特質、統一に結び付けることによって何週間も何箇月も、また毎年毎年同じメールヒェンを紡ぐのが常であった。なにか不可能なこと、外的状況から見て全くありそうにないと思われるようなものは決してそこへ採り入れられることはなかった。もちろん私自身が主人公であった。空中楼閣を構築する場合これは当然のことである。しかし私は王になったり、殿様になったりしたことは一度もなく、また、それ以上にアンティノウスのような、あるいは六フィートもあるような男になることは出来なかった。なぜといって私の背丈や容貌は定まっていたのだから。私は学者であったことは一度もなく、哲学者であったことすらない。だが私は活発な若者であり、若くて美しい女性はよく私に首ったけになったものだ。私は善良な心をもち、気前よくあろうと努め、高貴な信念のもとに些細なことどもを軽蔑した。すべてを総合すると私は、これまでの自分が到達したよりははるかに善良な若者であった。これが、郵便局に職を得るまでの六年ないし七年間にわたる私の人生の営みであった。そしてこの営みは、私が職業を開始した時にも完全に放棄されることはなかった。これ以上に危険な内面的習慣はなかなかないように私には思われる。だが私は、もしこれが私の習慣ではなかったならば、自分は果たして一篇の短編小説でも書いていたであろうかという疑いをしばしば抱いた。このようにして私は、虚構の物語に対する興味をどこまでももち続け、自分の想像力が創り出した作品について考えを巡らせ、私自身の実人生が置かれている世界の全く外側にある一つの世界に住むことを学んだのであった。後年になっても私は同じことを試みたが、しかし以前とは違って私はかつての夢の主人公をお払い箱にし、自分自身の素性《アイデンティティー》について思い煩わなくても済むようになった。」

ドクター・ジョンソンも『ラシラス』における『想像力の危険な流行』という論文で「白昼夢の危険性」をこれと全く同じように理解している。――またイギリスの有名な短編小説家キングズリーも『オールトン・ロック』のなかで、彼が満たされない現実から白昼夢へ、そして作家活動へ至った事情を語っている（A・モーデル『文学における性愛的モチーフ』ニューヨーク、一九一九年）。ジョルジュ・サンドも彼女の無邪気な白昼夢について詳しく報告している

（『わが生涯の歴史』第Ⅲ巻、第八章）。そしてフローベールは彼の思春期の空想がもっていた自己中心的なものを非常に率直に告白し、これについて次のように書いている（『狂人日記』）[24]。「実際私はこれを現実のあらゆる魅力をもって思い浮かべた。私はそのことを考えるよう自分を強制し始めた。丁度何かを創作し、インスピレーションを強引に奪い取ろうとする詩人のように。私は出来るだけ早くこれらの考えの中に歩み入った。これらをすべての形式に嵌めこみ、根底まで行きつき、折り返し、そしてまた新たに始めた。……私は冒険を試み、物語を翻案し、宮殿を構築し、皇帝のように住まった（ライク『フローベールと聖アントワーヌの誘惑』ミンデン、一九一二年からの引用）[25]。

こうしてわれわれは、性愛的、自己中心的な本性を持つ無意識的な空想を、正常な精神行為（夢）、神経症的な、また芸術的な精神行為の原動力として同じように承認しなければならないのだが、しかし、予期しない、従って奇異な感を与えるわれわれの結論を、以下の研究の基礎となっている材料の所為にするのは間違いであろう。他の材料群を基にしたこれと似たような研究がない以上、われわれの結論の妥当性が今あるこの材料のみに制約されてはいないということは安んじて認められねばならない。われわれがこの材料を選択し、このように狭い範囲に限定したのは主として次のような事情による。即ち、近親相姦のテーマが心理学研究という他の側面から、その意味においてもまたその本質からしても、既にわれわれには非常に理解し易く、また親しいものになっており、その結果われわれはこれを基礎にして、より確かに芸術的な精神行為の構造の奥深く分け入るのみならず、既に獲得されている認識を遡求的に深め、またそのようにしてこれを統一してゆくことも許されるのだという希望をもてるようになっているのである。

この期待の根拠は、近親相姦空想は単に精神病患者の妄想においてのみ意識に入り込むのではなく[26]、正常人の無意識的な精神活動においても支配的な働きをし、人生における彼の社会的、性愛的な態度を決定的に規定するものであるということをフロイトとその学派の精神分析的研究が示したことにある。われわれの研究は、近親相姦空想が詩人の精神活動において非常に重要な意味をもっているという認識にわれわれを導くであろう。それゆえ、われわれがほかならぬこのテーマによって「文学的創作活動の心理学の基本的特徴」を展開させ、そして、まさにそのことによって、正常な夢の働きと神経症的な感情障害との間にある典型的な共通点と相違点を挙げながら、詩的創作の過程を範例的に示そうとすることは極めて正当であると言える。

しかし詩的創造の原型と源泉としての夢、空想、性愛的体験への道がわれわれの研究に対してどんなにはっきりと、また多様なかたちで示されているとしても、われわれが歩むべく定めた小径にはいまだ誰も足を踏み入れるには至っていない。なぜなら、古今の詩人や思想家たちの幾多の重要な暗示にもかかわらずこれまではそのための手段を欠いていたのであるから。

確かに、ベハーゲルも触れている空想行為への性生活の影響は、レーヴェンフェルト(27)以後一連のすぐれた学者たちによって強く指摘された(28)。既にロマン派はこの関係を明瞭に認識し、見解を表明している（例えばホフマンスヴァルダウは性愛のなかに文学の根源を見た）。一例を挙げれば、ヴィルヘルム・フォン・フンボルトは既に一七九五年、シラー編集の『ホーレン』で、精神的創造は肉体的生殖のより繊細な産物であるという解釈を示した。これをニーチェの次の言葉と比較されたい。「芸術上の構想と性行為において使われる力はまさしく同じものである。(29)」

しかしながら、性と文学創造のこの関係のより深い理解のための道を初めて拓いたのは精神分析的研究であって、それは、生物学的な広い見地から観察した性衝動のあらゆる——特に無意識的な——源泉、発現、結果を全的に評価したのである。こうしてわれわれはこんにち、文学的な空想産物の構築にまず初めに参与する白昼夢と、想像力の形成したものとの間には極めて密接かつ重要な関係のあることを既に知っている。想像力によるこれらの産物は、性的にも知的にも早熟な人間に対し、人生の早い時期において次のような働きをする。まず自慰的な性の充足を可能にし、次に、自分の周囲にいる好きな人間をこの充足のなかへ引き入れ、最後に、正常な愛の営みへの橋渡しを行うのである。自慰的な性が克服され、対他的な性が獲得されるとともに、これらの空想は無意識のなかへと抑圧され、そのなかから、然るべき条件のもとに、夢を喚起するものとしての、症候を形成するものとしての、更にまた文学創作の創造的要素としての作用を展開するのである。幼年時代やのちの思春期に形成されるこれらの最初にして最も根強く残る性愛的な空想が、子供の一番好きな、しかし文化によって性の対象とすることが禁じられているところの両親や兄弟姉妹をその充足の目標にしているということをわれわれは、われわれのテーマの意味において極めて重要なこととして評価しなければならない。

従ってわれわれは、神経症から得られた経験や比較民族心理学の基礎の上に立って、近親相姦コンプレックスは芸術的産物の誕生と、それらの内容や形式の特異性に対して特別な影響力をもっているのだと考えざるをえない。現実の近親相姦の可能性が抑圧されるとともに、オイディプスコンプレックスによって実現される神話上の空想活動が始まるのだが、これと同様個人においてもまた、これらの感情の不充分な抑圧によって文学的創造物が——それにふさわしい資質と知的才能を得てではあるが——突如現われ出るのである。それはまさに、それまで家族との結び付きがあまりにも強すぎたために、性的成熟が要求する家族からのリビドーの離反が成功しない場合に生じる。詩人はいわば自分の作品をもって、彼が家族コンプレックスから解放されなかったことを語るのである。そしてこのことが、感情生活の点である種の原始的段階、文化史的に言えばほぼ神話形成期に相当する段階に詩人を留まらせる原因となっている。しかしわれわれは、近親相姦コンプレックスが文学的衝動の発現に対してもっている意味を更に進めて詳しく論じることが出来る。先ほどわれわれは、近親相姦コンプレックスが詩的な空想のなかで燃焼し尽くすための前提条件とみなされているある種の知的才能の必要性について話した。しかしまたわれわれは、たいていの詩人が既に幼少期において示している、このように早熟かつ特殊な才能は早すぎる性愛の眼覚めと並行していることを精神分析によって知っているが(30)、この性の眼覚めは逆にまた、本来もっと強力な欲動の萌芽の現われにすぎないのである。この萌芽はしかし一方では、早く外へ現われようと急ぐことによって、まさに近親相姦コンプレックスを性格付けている両親や兄弟姉妹へのあの強力な固着を、他方では、詩人がその生産のために必要とする、これにふさわしい過剰な空想活動を生じさせる。詩人が最終的に神経症者と共有しているのは、早い発現と空想形成へと急ぐ強すぎる欲動と、これを鎮めるために必要とされる強力な禁止――これが罪の感情を構成する――である。この葛藤に至るまでの両者の発展はかなりパラレルであるが、しかしこのあと芸術家の方は、抑制出来ない過剰な欲動と息苦しい罪悪感情を社会的な認可のもとに爆発させ、弁明的に自己解放するという道を歩む。これに対して神経症者の方は、欲動と罪悪感情の間を揺れながら、どのようにしてもこの葛藤を制御することが出来ないのである。詩人たちの精神生活において近親相姦がもつ大きな意味を示しているのは、世界文学のすぐれた詩人のほとんどすべてが、神経症者からは求めても得られなかった率直さをもってこのテーマを取り上げたという、われわれの豊富な材料によって充分に証明されている事実である。この率直さは、容易に看破される典型的な一連の隠蔽工作と、幼児的・快楽的なものの悲劇的・罪悪的なものへの転換によってのみ神経症的な抑圧に近付き、そのようにして不快から守られるのである。しかしわれわれは、神経症のなかに、本来は幼児的である心的状態の最も極端な歪曲を認めたように、激しい嫌悪をもって体験されるノーマルな成人のあからさまな近親相姦夢以外に、厳しく隠蔽された近親相姦夢（いわゆる「仮面をかぶった」「みせかけの」）――こちらの方が多いのだが――をも考慮に入れねばならなかったし、また詳細な観察によって、多くのオープンな、そして部分的に文学的な衣装で覆われている近親相姦空想とともに、歪曲される度合いの少ないそれをも――こちらの方が更に数は多いのだが――承認せざるを得ないのである。もしこの後者をも考慮しようとするならば、われわれはこの研究の範囲を今の四倍にも拡大しなければならないであろうし、恐らくわれわれの古典文学のほとんどと、大部分の童話、伝説、神話をもわれわれのテーマに組み込まざるをえなくなるであろう。だがこれは原則的な研究の課題ではなく、個別的な専門分野での研究のみのなし得るところである。この専門的な研究には、わ

れわれがこの研究の基礎にしたと同じくらいに広範な比較材料を要するであろう。(31)

この研究は、まず初めに最も重要なアウトラインを定めることを目指す本書の一般的傾向に従って、さまざまな表現と形式において現われる近親相姦モチーフのうちで、まだその価値を確実に承認することの出来るものだけに限った。その際近親相姦モチーフの偏在性は、世界文学上の最も重要な詩人たちにおいて、また、このモチーフの内部で典型的とみなされうるある種の現象の一般的な一致において認められた。更にわれわれは、典型的に繰り返し現われる私的な空想のこれからの形式とモチーフは、これまで考えられていたように特に意識的な借用ないしは模倣、更にまた文学上の影響にその源を求める必要は決してないという、基本的に重要な結論をも明らかにさせておきたい。むしろこれらの形式とモチーフの根拠は、主として詩人たちのいわば平衡の取れた精神的状態にあるように思われる。ここから――外的な影響を全面的に受けるのではなく、これによって単に支えられるにすぎない場合が多いのであるが――彼らの創造物のある種の一様性が必然的に生じるのである。(32) これまでひとびとは、文学的影響に源を求めることの出来ない、規則的に繰り返されるこのようなモチーフの存在を、「詩的共有財産」という曖昧な概念を導入することで充分説明出来ると考え、これらの類似性をもつ詩的産物の共通の源泉を芸術家自身の精神生活のなかにおいて解明しようとする試みをすら行わなかった。以下の研究はこのような試みのひとつとみなされるべきものであり、ある種の典型的な文学作品は、すべての詩人において特に強く現われる共通のコンプレックスのなかから生まれるものであるということを示そうとするものである。これらのコンプレックスは、文学の強力な作用がすでに示しているように、創造的でないひとたちもそれとなく所有するところのものである。なぜならそれらは、すべての人間の基本的には同じである生成発展のなかから生じるものなのである。

このようにわれわれの研究は、文学とその作用の本質へと深く分け入って行くことから出発し、次に芸術家の心《プシヒェー》の探索へ、そしてそこから人間の精神生活一般とその発展原則へのより広い洞察へと至る。しかし、文学の素材から詩人の精神生活をさかのぼって類推し、ある種のモチーフやテーマはドラマの有効な小道具として、演劇的観点からよく吟味された素材としてあらゆる時代の演劇家たちによって好んで取り上げられ、また利用されたのだという見解をその論拠として示すことは、――もしその際、一般的に妥当かつ決定的なこの効果を指摘することによって問題は個人心理学から集団心理学へとずらされただけで、そのことで問題が少しばかり扱いにくくなったのだということを考えないならば、――果たして正しいのかという反論が出されるかもしれない。以下の論述は、われわれの視点の有する詩的創造の深い理解のための有効性を具体例によって示し、その正しさをひとつひとつの個々のケースにおいて証明すべく努めるであろう。但しそれは、われわれの研究の一般的な心理学上の前提が――これを承認することはその正しい評価のため不可欠な前提条件である――このような証明を不必要なものとしない限りにおいてである。従って、文学の内容から、詩人の精神生活において働いているある種の感情や空想像の存在を推論することが許されるかどうかという疑問も、分析的な決定論的心理学の領域では全く提起されえないであろう。夢研究、神経症研究がもたらした結果によってわれわれは、精神生活においては――ちょうど自然におけるように――いかなる「偶然性」、「外面性」をも排除し、心的な出来事のすべてを、規則にかなった、厳密な生物学的根拠をもつ心的状況全体の必然的な現われであると考える権利を、いや義務をすら有するのである。この観点のもとでは当然、文学作品をその然るべき心的活動の症候的発現とする見解が、また作品から精神活動を導き出す推論方法が、これら芸術上の成果を心理学的に理解するための不可避の要求として生じる。それなら詩人は、感情の相剋や悲劇的な葛藤のための機会を提供してくれるこのような素材しか用いることが出来ず、それゆえ、それのみを選ばざるをえないではないか、という素朴な疑問は、心理学的に正当と認められている次のような反問によって崩れ去る。すなわちそれは、もし自分自身の悲劇的な錯綜や罪過がその心の営みのなかで解決や解放を必死に求めないのであれば、詩人はそもそもなんのために、出来る限り人間が避けようとする悲劇的なものの力を抗い難い衝動をもって捜し求め、表現する必要があるのか、という問いである。(33) 詩人が内面的解放と喜びを作り出すのは基本的には自分自身のためだけであるということは、偉大な芸術家の多くが公然と述べてきたところである。例えばシラーはゲーテへの手紙で書いている。「われわれが自分自身のためにのみ哲学し、詩作するということはなんといっても確かなところです」(一七九七年八月十七日付)。そしてゲーテは、これと同じような言葉で答えている(一七九九年三月三日付)。「文学の仕事においてわれわれがなしうる最大のものは、自分自身を解放することであり、更にそのことによってわれわれは他人と最善の関係を獲得するのです。」

この「浄化的《カタルティッシュ》」創作が神経症的な状態にどんなに近いものであるかは、ある種の文学史家たちよりは詩人自身がよく知っていた。文学史家たちは常に、正常なものとも病的なものとも全然無関係な天与の才というものを金科玉条として詩人たちを洗い清めてしまうことを目指しているものである。他方われわれはここでもまた、心的な苦悩をほとんど病的なものと同じように描写するあまり、詩人は一様に神経症者であるという、人々を混乱させるようなシュテーケルの主張(34)に与することはないであろう。そうではなくてわれわれは、少なくともこの関連においてわれわれが明言しうる唯一の確実なこと、つまり、芸術家は自分を解放し、しかも同時に社会的に高く評価される彼の仕事によって神経症者の無為無能から常にはっきりと区別されていて、前提条件において両者の間にいかに親密な類似性があろうとも、それによってこの明瞭な境界線が抹消されることはありえないということを心に留めおくよう努めるであろう。芸術作品を直ちに夢と同一視してはならないように、これを専ら神経症の症候とみなしたり、あるいは作品を創り出した人間を、彼が創作能力を持ち続ける限り神経症者であるとみなすことは正しくない。むしろわれわれは、神経症者と詩人との心的な血縁関係をより深く理解することによって、詩人は確かに神経症の境界の間近に立ってはいるが、——場合によってはこれを踏み越えることもある——しかし一般的に言って詩人は、まさに彼の芸術的創作によってその神経症を克服する力をまだもっているのだ、という認識に達せざるをえない。ほとんど二十年前に表明されたこの見解[35]をこんにち私はこれまで以上に確信し、このことを実証する偉大な詩人たち自身の幾多の証言を挙げることができる。

バイロンはミス・ミルバンクに宛てたある手紙（一八一三年十月十日付）で次のように書いている。「私は文学ないしは詩人を決して知性の高い段階に位置付けてはいません。こう言うとわざとらしく聞こえるかもしれませんが、しかし私は本当にそう思っているのです。文学はいわば空想の溶岩で、これが爆発することで地震が防げるのです。詩人が狂気に陥ることは決してない、あるいは極めて稀であると言われています。クーパーとコリンズはこの定説を破った人たちです（但しクーパーは詩人ではありませんでした[36]）。尤も詩人はめったに狂気にはならない、しかしこれに極めて近い状態に近づくと言うことは付け加えておかねばなりません。それで私は、精神障害を防いでくれる限りにおいて詩というものは有益であると思っているほどです」（書簡集、レクラム版九六頁）。同じような文章が『手紙と雑誌』（Ⅱ、三五一頁）にみられる。「私自身を私自身から消去すること（おお、なんという呪われたわがままであろうか！）はこれまで常に、文筆稼業における私の唯一の、わたしの全き、私の真実なモチーフであった。そして、書いたものを公にすることは同じことの持続でもある。それはこの表現行為が精神に与える影響による。というのは表現ということは、一方ではそれ自身へのはね返りでもあるからだ。」また『異端外道』と『アバイドスの花嫁』について彼は次のように書いている。「それは私の夢をXからそらせるために四晩で書き上げられた。もしこのような書き方がなされなかったら、それは永久に作られなかったであろう。そしてあの頃私が何もしていなかったなら、私は自分自身の心を食い尽くして、狂気に陥っていたに違いない。」――「すべての発作は私の場合詩をもって終わるのです」と彼は既にそれ以前、トーマス・ムーアに『アバイドスの花嫁』の完成を告げる手紙で書いている[36a]。

バイロンとほとんど同じ言葉をもってヘッベルはその日記のなかで、創作のもつ解放的な力について述べている。これは、自分はきっといつか狂気になるに違いないと予告しているある覚書の際に書かれたものである。「ちなみに、このような判断は全く根拠がない訳ではない。なぜならそれは、詩的精神の創造過程を幾分なりとも洞察しているからだ。ただこの判断は、詩的精神が文学的表現能力のもっている解放的な力を考慮していない点では誤っている。」――また他の箇所で彼は、この考え方を更に補いながら次のように展開させている。「……抑圧された、あるいは実現不可能な精神の解放は肉体のそれと同様死によってであるにせよ、狂気によってであるにせよ、破滅を伴うことがある。ゲーテの若い時代の仲間であったレンツを、ヘルダーリンを、グラッベを考えてみるとよい」(『マリア・マグダレーナ』序文、一八四四年)。また彼は新年の日記に次のように書きつけている。「私の心の最も奥深いところから離れていったものすべてがもう一度戻ってきて、それによって私が破滅させられないようにするためには、私の中で蠢いているさまざまな感情のための入れ物を必要とする。」——更に、「私はしばしば言ってきたし、またこれからも決してこの考えを放棄することはないが、表現は表現されるべきものを殺す。……それは表現者のためにである。表現者は、それまでかれを創作へと駆り立てていたものを、表現によって足下におくことになるのである。[37]」これと同じようなことをゲーテは、最初のファウスト構想をえた頃、アウグステ・フォン・シュトルベルクに宛てて書いている(一七七五年三月六日付)。「今日は素晴らしい日でした。私はスケッチをし——場面を一つ書きました。ああ、私は今ドラマを書かねば破滅するでしょう。[38]」また芸術的創造がもっている精神療法的効果をよく認識していた彼は『詩と真実』のなかで次のように書いている。[39]「かくして、私が全生涯を通じて逸脱することの出来なかった方向が開始された。つまりそれは、私を喜ばせるか苦しめるかしたところのもの、あるいはまた私をしてあるものを形象化、詩化させたところのもの、そして、それについて自分自身と決着をつけることによって私の外的な事物についての観念を正し[40]、かつまたそのため内面において私を安心させてくれたところのものである。そのための才能はおそらく他の誰よりも私にとって必要であったのだ。私はその本性のゆえに絶えずひとつの極端から他の極端へと揺れ動いていたのである。それゆえ私が公にしたすべては、あるひとつの大きな告白の断片にしかすぎない。この告白を完全に行おうとするのが、このささやかな書物の大それた試みである。」衝動的で夢遊病的な『若きヴェルテルの悩み』の着想を得たあと詩人は、このカタルシスが自分を救ってくれたのだと感じた。ツェルター宛のある手紙に自殺について次のような文章がみられる。「自然でも不自然でもあるこの奇妙な病気のあらゆる症候がかつて私の一番奥深いところで荒れ狂っていたことは、ヴェルテルを読めば誰しも疑わないでしょう。当時私が死の波から逃れようとしてどんなに固い決心をし、どんなに苦しい努力を払わねばならなかったかを私は非常によく知っています。また私は、それ以後幾度か難破から自分自身を救い、元の状態に戻すのに大変な苦労もしました。」ここでゲーテはその原因を極めて明瞭に指摘する。「生に対するあの嫌悪には肉体的な原因と道徳的な原因があります。前者の研究をわれわれは医師に、後者のそれは道徳家に任せることにしましょう。」これらの原因がどんなに特殊なものであったかを、彼のこの自伝の他のある箇所がはっきりと教えてくれている。

「だが時は既に遅すぎた！　私は現実にエンヒェンを失っていたのだ。私はいろいろと馬鹿げたやり方で私の肉体的本性のなかへと激しい勢いで突っ込んでゆき、道徳的本性にいくばくかの危害を加えることによって、自分の犯した過誤のために自分自身への復讐を試みた。その時の狂気は肉体的な病気をひどく昂じさせ、そのため私の人生の最上の数年を失うこととなった。いやそれどころか、ここで詩的な才能がその治癒力をもって特に助けの手をさしのべてくれなかったら、私はこの痛手によって完全に破滅していたかもしれない。」

深い心理学的洞察をもった詩人たちは従って、自分たちの人生や創造活動が十全の価値をもつものだと感じたのでは決してなく、彼らはそれを、心の平衡を保つための必要やむを得ざる切羽詰まった逃げ道であると感じたのである。例えばシラーは、ヘンリエッテ・フォン・ヴォルツォーゲンに書いている。「詩人のどんな偉大さも、幸福に生きるという考えに比べるとなんとちっぽけなものでしょう」（一七八三年五月三十日付）。バイロンの日記（一八一三年十一月二十四日）には次のような文章がみられる。「ものを書くことと、もの書きについての大騒ぎは、軟弱化、退化、弱体化の現われ以外のなにものでもないというのが私の断固たる確信だ。何かもっとよいことをしなければならない時に、ものを書いたりする人間がどこにいようか。行為、行為、行為だ！　とデモステネスは言った。――私も、行為を！　とは叫んでも、ものを書こう！　とは叫ばない。ましてや詩作なんぞは。まあ一度もの書きどもの哀れむべき単調な人生を見てみるがいい！」ジャン・パウルの死を知ったプラーテンは日記に書きつけている（一八二五年十月十七日）。「もし文学が脅迫のように人間の上に覆いかぶさっているのでなければ、誰が文学をやろうなどと思うであろうか。」リヒャルト・ワーグナーは、人生の無力な代用品としての芸術というこの感じを特に印象深く表現している。一八五二年の初めに彼はチューリッヒから友人のウーリッヒに宛て次のように書き送っている。「愛する友よ！　僕はいま〈芸術〉についての奇妙な想念に襲われることがよくあります。そしてたいていの場合ぼくは、もしわれわれに人生があるのならば、われわれに芸術は不要であろうという考えに抵抗することが出来ません。芸術はまさに人生が終わる時点で始まるのです。われわれは、もはや何も存在しないところで、芸術のなかで、私は……したい！　と叫ぶのです。本当に幸福な人間がどうして芸術をやろうなどという了見を起こすのかぼくには全く不可解です。人生のなかにのみわれわれは存在することができるのです。――だとすればわれわれの芸術はわれわれの不能の告白でしかないのだろうか？――その通り！　少なくともわれわれの芸術はそうです。そして、われわれが人生における現在の満たされない気持から想像することの出来るすべてが芸術です！　芸術はこれすべて可能な限り明瞭に表現された願望にほかならないのです！」

これと同じような見解を彼は繰り返し表明している。例えば一八六〇年五月二日パリからマチルデに彼は書いている。「そう、絶えず矛盾の中に置かれ、決して内面の完全な平和に達することなく、いつも追い立てられ、そそのかされ、そして突き放される、これこそが、永遠に沸騰してやまない人生の道程です。そのなかから芸術家の感激が絶望の一輪の花のように勢いよく咲き出るのだ。」

しかし偉大な詩人たちは、芸術と人生とのこの葛藤――これは「人生」への断念をもって終るのだが――についてこのように直接発言するに留まらず、幾分無意識的ではあるが、また幾分は故意にカムフラージュし、一般化した告白のなかでも述べており、こちらの場合がはるかに多い。その際特徴的なことは、彼らが常にこの葛藤を女性と芸術の間の選択として表現し、それによってこの「人生」の意味を明瞭に示しているということである(41)。イプセン最後の言葉、『われら死者のめざめる時』という彼の「ドラマによるエピローグ」が表わしているのは、生きる代りに空想することで人生を浪費したという苦渋に満ちた芸術家の想いにほかならない。

ルーベック教授　（ものうげに）芸術家というこの職業、芸術家としての活動すべてが――またこれと関連するあらゆるものが――根底から空しく、うつろで、無駄なものに思えだしたのだ。

マーヤ夫人　それでは一体何をなさりたいのです？

ルーベック　生きることだよ、マーヤ。

・　・　・　・　・

ルーベック　（夢を見ているような調子で繰り返す）山のいただきで過ごした夏の夜。君と一緒だった。君と一緒に。（彼の眼が彼女の眼にぶつかる）ああ、イレーネ、――これなら人生でありえただろう。われわれは二人ともそいつを取り逃がしてしまったんだ。

イレーネ　失われて取り返しのつかなくなったものが何であるのかがわかるのは、（短い中断）それは。

ルーベック　（もの問いたげなまなざしで彼女を見つめ）それは——？

イレーネ　わたしたち死者が眼覚める時。

ルーベック　（憂鬱そうに頭を振り）そう、それでわれわれはそこに一体なにをみるのだね？

イレーネ　わたしたちが一度も生きなかったということ。

このような告白を聴いたあとでは確かに、真の詩人は、文学的回想を行ったり、あるいはある種のモチーフの素晴らしい効果について考えを巡らせたりすることで生まれるものではないということを認めざるをえないであろう。しかし、「より高い霊感」ないしは謎めいた「精霊《ゲーニウス》」の不可思議な作用についての確信もまた、紛れもなく正しく感得された事実であるにもかかわらず、芸術的創造力の本質について満足すべき説明をわれわれに提供してくれるようには思われない。もちろん、われわれの見解の枠内でも個々のすべての場合について、詩人とその空想の産物との個人的な関係を数学的な正確さをもって説明することは出来ない。しかし、心理学的に可能な論証の範囲内でこれらの関係を、納得のゆくもの、承認しうるものにすることは出来る。

詩的創作への衝動の最も深い源泉に関するわれわれの見解は、出来上った文学作品から出発して、それを創造した人間の精神生活を逆に類推してゆくという、心理学的に正当と認められているやり方を承認する場合に生じるものであるが、この見解に対して第二の、一見もっと正しいように思われる異議が発せられるかもしれない。即ちそれは、芸術的な創造力の最終的な根源を性的なもののなかに見出し、文学的才能を展開させるための条件を心理性的な(psychosexuell)発展の全く特定の逸脱のなかに見出すことは、血縁者間相互の性愛的な恋情と言ったような極めて性病理学的なテーマを扱っている作品のみを考えるなら困難ではない、という異議である。そこで今われわれが強調しなければならないのは、われわれの研究はまさに、近親相姦感情の詩的表現からその病理学的な性格を完全に拭い去り、この表現を、普遍的に人間的な、いつもは無意識的に営まれている精神活動の感覚化として説明しようとしているということである。(42) これと関連して指摘することが許されるであろうと思われるのは、情熱的な恋愛とその暗黒面——これはあらゆる関係やヴァリエーションにおいて示されるが——というテーマを基調としないような作品を書いた真の詩人は世界文学のどこを探しても見出すことは出来ないだろうということである。このようにして、近親相姦関係は頻繁に劇文学の対象に選ばれたのであるが、まさにこのことが、芸術的創作衝動のエローティッシュな原動力に関するわれわれの解釈を同時に根拠付けることにもなったのである。これ以外の、同じく典型的な劇文学のモチーフの分析によってこの解釈に更に広範な基礎を与えるという仕事は、今後の研究に委ねなければならない。

最後に、われわれの論述に対してなされるかもしれない最も真面目な非難は、詩人と彼らの作品をこのように研究のために「悪用」することに向けられる。詩人たちの精神生活をその最も秘密の奥所に至るまでくまなく照らし出さねばならないのは一体何のためなのか、既にもう伝記的な研究によってこれら無防備な研究対象である詩人たちの辿った現実の人生の歩みは最も私的な細部に至るまで掘り返されているではないか、と反問されるかもしれない。たとえこのような精神分析の理論的価値を認めようとするにしても、文学創作の一番深い根をこのようにして発見することによって作品の美的享受が損なわれる、いやまさに芸術的創作そのものが排除されてしまう、という主張はなされるであろう。

第一の非難に対しては、芸術作品と芸術創作の本質への深められた洞察を以って答えることが許されるであろう。この洞察はこのような考察方法を採用することで得られるものであり、またこの洞察はそれだけで既にこのような考察方法の完全な学問的正しさを認める資格があるように思われる。しかし、これまで全く謎に満ちていた詩的創造の過程についてのこれらの解明がわれわれの研究の全成果であるかと言えば、そうではない。われわれの努力は、最終的にはむしろ、普遍的に人間的な精神生活の究明に奉仕するものである。この究明は、才のあるなしを問わず、ともかくノーマルではない精神の持ち主を対象とすることによってのみ可能である。なぜなら、正常な人間の場合われわれには、心の営みの深部へと分け入るための通路、なかんずくそのための機会が全く与えられていないからである。この機会をわれわれに提供してくれるのはそのいわゆる発育不全の精神生活ゆえに文化的要求に応えられなくて挫折するところの神経症者であり、またその通路をわれわれのために開いてくれるのは芸術家であって、彼はその作品において自分の病んでいるものを表現すべき言葉を神から授けられている人間である。ある意味で両極をなすこの二つの精神の表出を認識し、そして然るべき正しいやり方で正常な精神の営みを観察することからわれわれは、正常な精神の発展と平均的な精神生活のイメージを構成することが出来るのである。この試みを進めていてわれわれが特に意外に思うのは、精神の働きや表出の点で神経症者と詩人が際立って一致しているということである。これらの一致は、精神の形成をいろんな意味で規定しているのはほんのわずかな、段階的な相違でしかないということを物語っている。この相違の程度がどれほどのものなのかを確かめようと更に努力を重ねるうちにわれわれは、正常だと言われている精神活動といえども、病的で異常なものへと形成されるあらゆる萌芽を示しており、心の性格を決定するのは特定の動的(量的)な関係でしかないという思いがけない結論に達するのである。このようにしてわれわれは、一見寄り道や回り道をしているようではあるが実際には、われわれに正常な精神生活を理解させてくれ、それによって初めてそれとは異なるアブノーマルな精神の働きと表出を正しく評価することを教えてくれる唯一の可能な道を歩むことになるのである。

われわれの試みはその結論によって幾つかの点で正しいことが認められるのであるが、しかしまた、少なからぬひとびとがこの試みに対してある種の結果の責任を不当にも押しつけようとしたことも明らかになる。われわれが詩人たちの精神生活や作品について行うこのような基礎分析によって構成の微妙な相違すべてが、またなによりも文学の美的享受が失われるのではないかという異議はある程度までは正しいかもしれないが、しかしそれはこの反論の意図しているであろうところとは全く別の、そしてはるかに深い意味においてである。[43]

われわれの精神的発展、同時にまた文化的発展全体が意識の絶え間ない拡大化に依存していることは疑いのないところであるが、この意識の拡大化は、無意識的な欲動・情動生活をますます強く抑えてこれを支配することと同じ意味である。この過程は、文化的に有益でない欲動を抑圧すること——これは生物学的に確立されたものであり、また文化的要求によって拡大する——によって生じるが、この抑圧は、それと並行して進む欲動生活の洗練化と意識の拡大化がこれと平衡を保たなければたちまちにして一般的な神経症になるほかないであろう。絶えず進行するこの「性的抑圧」が芸術的創造の発展形態に及ぼす決定的な作用は、われわれが行う文学の考察方法において極めて明瞭に示されるであろう。文学史的研究で確立された多様な発展過程を映すいわばレントゲン写真として、それと同質の内的に規定された発展過程が生じるが、これは欲動抑圧の原則からして当然である。この過程は、空想生活が神経症へと徐々に近付く傾向を、また他面では均衡作用として、意識的な精神活動の高められた作品へ近付く傾向をも示している。かくして、このような抑圧された欲動を文化的に洗練することから生まれる芸術行為は、精神の発展過程における一時的な症候にすぎないことが判明するのであるが、——芸術行為はその表現手段を変えることによって、この過程の歩みにみずからを適合させようとする——しかしこの発展線上には、芸術的表現形式のもっている変容能力が限界を見出す地点がある。この限界は、あらゆる可能性が量的に尽きてしまうことなどではなくて、質的な問題にある。というのも、可能性は量から言えばどの段階においても次々に獲得されるのである。つまり芸術創作と享受の能力は、すべての詩人がほとんど異口同音にみずから告白している通り、無意識的な精神活動の圧倒的に強い関与と、意識的な思考の極めて特定の共同作業規模とに結び付いているのである。この意識的思考の度合いが強すぎると芸術的作用が危険に曝されることにもなる。作品で取り扱われている諸問題は、真の芸術がもたらすべく使命を帯びているところの文学的効果を与えることが出来るためには、婉曲なかたちで表現されねばならない。無意識的に働く詩人の形成能力もまたそのようにして発揮されるのである。つまり文学的効果というものは、一般に信じられているようには、これらの諸問題に読者がほとんど気付かないからといって損なわれるものでは決してなく、むしろこのように気付かれることによって制約されるのである[44]。われわれの心理学の言葉で言い換えるならば、詩人は無意識的な空想をあまりはっきりと意識化し、観客にその作品の大きな効果がどこにあるのかを完全にわからせてしまってはならないということである。しかしそのためには、われわれがすべての芸術的創造と享受の根本条件と考えるよう教えられている無意識的な諸能力の共同作業が詩人には不可欠である。さて芸術的な形成力は長い時間にわたって、神経症の方向を取る欲動抑圧のプロセスに、芸術的効果を損なうことなくついてゆくことも出来るのだが、他方それは圧倒的に無意識的な生活条件のなかで活動しているため、意識の歩みに長くは適応することが出来ない。われわれの現代の劇文学における幾つかの個々の現象をみれば予感できるのであるが、まず広範な影響力をもつ芸術形成の能力が失われ[45]、更に恐らくは、創造活動を行わない人間の芸術作品に対する受容能力、享受能力も失われるだろう。クラーゲスが次のように問うているのもこの意味においてである。「われわれの芸術はひょっとすると、滅びゆく人類の日を照らす黄昏の悲しい灼熱なのか？　悟性はこれに敵対する力なのか、そしてそれは灼熱を消し去る力をもっているのだろうか？　すべての情熱は結局認識の狂信のなかに滅んでゆき、そしてこの狂信そのものも非情な全知のなかに滅んでゆくのであろうか？」（『創造者について』）。かくも冷たく醒め切った未来を告げるこの予言を聞いて暗い気持になるひとがいれば、そのひとは、ここで言われているのはなにも、すべての芸術活動が現在のわれわれの文化圏内から突如排除されるということではなく、ある種の芸術的思考や関心が、未来の文化の担い手たちを同じように賞揚し満足させるところの知的かつ情熱的な他の活動によって徐々に取って代られるという意味なのだ、と考えていただきたい。しかし、このような文化史的な考察からも慰めを得られないひとは少なくとも、芸術的発展過程のひとつの可能な目標を示すこの教示を、われわれのようなやり方で芸術観察を行えば美的享受が損なわれるのではないかという非難に対する反論の根拠として主張していただきたい。意識の発達を、またある種の無意識的な能力や影響力の漸次的な変容や消滅——これは意識の発達に影響されて自然に行われる——を精神の発展原則として一度認めた以上、人類の精神活動におけるこのような基本的転換を、個人のささやかな研究の、あるいは更に一学派規模のもっと大きな影響の責任だと考えるわけにはいかないであろう。そして、たとえ古くから受け継がれてきたわれわれの芸術形式が、意識の発達によって滅びることが避けられないとしても、この二つの過程をその相互の関連において探ろうとするわれわれの不充分な努力は、葛藤を引き起こすものでは全然なくて、それ自体既に葛藤の結果的現象であると考えることでわれわれは慰められるのである。

（1）　シラー

世界の構築を
哲学が統べるにいたるまで
しばらく人間の活動は
空腹と愛によって保たれるであろう。

（2）　これと似たような意味でヘッベルは、S・エングレンダーに次のように書いている（一八六三年五月一日付）。「あなたは詩人をまるで神のように信じようとなさっておられる。どうしてそんなに高いところへ、すべてのものが存在を中止し、アナロギーすらも存在しない霧の領域へとあなたは入ってゆこうとなさるのです。あなたが動物の次元へと下ってゆき、動物の本能と人間の意識との中間段階を芸術家の才能に割り当てられれば、そんなに遠いところへ到達なさることはないでしょう。……しかしまたあなたは、人生の過程はもっと深く突き詰めてみると意識とはなんの関係もないことにも気付かれることでしょう。そして芸術的生産はすべてのうちで最も高いものです。……われわれが詩作に対して、また夢に対してどんなに準備が出来ていないとしても、夢は常に日々の印象、年々の印象を反映するでしょうし、また詩はといえば、これも同じく作者の共感、反感を映し出すものでしょう。」

Cohen : „Die dichterische Phantasie und der Mechanismus des Bewußtseins" Zeitschrift f. Völkerpsychologie und Sprachw., Bd. 6, 1869, S. 194 参照。「人間のあらゆる思考形式のための共通の法則が存在するに違いないというこの考え、痴呆者の自然な感情の最も直接的な表現から、思想家や詩人たちにおける最も深い思考の高度な叙述に至るまで、この考えはあらゆる時代の予感として人間の心をかすめたのである。」

（3）この影響の性質と力について、またこの影響を反映している文学についてはレクラム・ウニヴェルザールビブリオテーク所収の『詩学』ドイツ語訳につけられた解説を参照されたい。

（4）Stöhr は、「情熱は品位ある対象の上へと導かれる」と言っている。

（5）„Wahrheit und Irrtum in der Katharsis-Theorie des Aristoteles" (Enthalten in : Aristoteles' Poetik, übers. u. eingel. v. Th. Gomperz, Leipzig 1897)ブロイアーとフロイトの「カタルシス的方法」をヘルマン・バールもまたその『悲劇的なものについての対話』(„Dialog vom Tragischen" Fischer, Berlin 1904) のなかで悲劇作用の理解に結び付けているが、それは極めて機智に富んだものである。

アリストテレスのカタルシスを純粋に心理学的観点から捉えたのはジョン・キーブルが最初であったと思われる。彼はそのエッセーのひとつで次のように書いている（一八七七年）。「文学は言葉による、——韻文によるのが一番ふさわしいのだが——なんらかの圧倒的な感情や主要な味覚ないしは感覚などの間接的な表現である。文学は、なんとなく抑圧されているものの直接的な解放である。」（他の箇所では「抑圧された欲望あるいは悔恨」という表現もみられる。）(Zit. nach F. C. Prescott : Poetry and Dreams. Journal of Abnormal Psychology, VII, 1912 bis 1913, S. 41)

（6）注（3）に挙げた『詩学』のための解説（七頁）参照——これに対して、ソクラテスは既に弁明のなかで、詩人が詩作するのは智恵からではなく、ある種の自然の才あるいは感激からであると言っている。

（7）„Bausteine für eine Poetik" in : Philosoph. Aufsätze, Ed. Zeller gewidmet. Leipzig 1887, S. 303 u. ff.

（8）詩人の想像力と、夢、幻覚、妄想との間の近親関係は多く指摘されるところであるが、ディルタイによれば（„Dichterische Einbildungskraft und Wahnsinn" Leipzig 1886）、この近親性は既に古代人によって考察されている。なかんずく、アリストテレスの有名な次の文章がそのことを説明している。「狂気を持ち合わせない偉大な精神は存在しない」（nullum magnum ingenium sine mixtura dementiae fuit）。天才的才能と妄想との血縁関係は最近ではロンブローゾによって強調された。

（9）Blätter f. d. Kunst, Auslese-Band 1892 bis 1898 ; H. 5, Flg. 2, Berlin 1899.

（10）ベハーゲルに多くの例がみられる。また Otto Hinrichsen: „Zur Psychologie und Psychopathologie des Dichters“ Wiesbaden 1911. 参照。文学的創造における無意識については Freimark: „Mediumistische Kunst“ 参照。

（11）Jacobi: „Das Zwangsmäßige in Goethes Schaffen“ (Jena 1915) 参照。

（12）周知の通り『クラヴィゴー』もまた同様に極めて短期間で出来上った。一時の感情に駆られて衝動的に創作することが出来なかった場合ゲーテの仕事は非常に緩慢であり、なおかつ困難なものであったという事実は、文学的創造性の一般的な特徴をよく現わしている。例えば彼は、『ファウスト』と『ヴィルヘルム・マイスター』という最も大きな二つの作品に青年時代から高齢期に至るまで携わっている。

（13）„Über die Träume in der altnordischen Sagenliteratur“ Diss., Leipzig 1890.

（14）Selma Lagerlöf: Ein Stück Lebensgeschichte. (S. 268) にもこれと似た言葉がみられる。

（15）カントは „Anthropologie“ の中で、夢を無意識的な文学であると呼んでいる。

（16）次のヘッベルの詩句を参照されたい。

「どんなに長い夢にも、
すべてはなんの意味もないのだ、
という秘かな感情がつきまとう、
それがいかに重苦しいものであろうとも。」

（17）„Traum und Kunst“ Kunstwart 1907, S. 177 ff.

（18）Preuß. Jahrbuch. 104. Bd. 1901/02, S. 385 ff.

（19）Rank und Sachs: „Die Bedeutung der Psychoanalyse für die Geisteswissenschaften“ (1913, Kap. V) 参照。

（20）モーツアルトが自分の創作の仕方について述べていることを基にデュ・プレルは、「音楽家の構想の秘密を聴覚想像の凝縮」のなかにみている（„Philosophie der Mystik“ S. 89）。ハンス・トーマは画家の創作をも、夢の状態に近い「内面的」観照から解釈しようと試みた。「……ここにおいて、芸術的創造の際に無意識と呼ばれているものが現われるが、これは高度な芸術作品の説明し難い不可解さが発揮する偉大な魔術の根底をなすものである。創作している本人もそれを説明することは出来ない。なぜなら、自然の不可思議な働きによって彼の創作を導いてきた何かが彼に生じたのである。しかしながら彼は、理性的な明敏さを発揮しながらも材料と手仕事の点では夢の中でのように創作することが出来たのである」（„Traumthema und künstlerisches Schaffen“ Kunstwart, S. 309）。劇作家に関してはヴィルヘルム・ショルツの『詩人』„Der

Dichter" (München 1917) 中にある夢と詩の章を参照されたい。

（21） 以下を参照されたい。

Rank : „Der Künstler. Ansätze zu einer Sexualpsychologie" Wien 1907. (4. verm. Aufl., 1925)

W. Stekel : „Dichtung und Neurose. Bausteine zu einer Psychologie des Künstlers und des Kunstwerkes" Wiesbaden 1909.

F. C. Prescott : „Poetry and Dreams" (Journal of Abnormal Psychology, VII, 1912-1913)

（22） Freud : „Der Dichter und das Phantasieren" (Kl. Schriften II, 1909, S. 197 ff.) 現在では „Psychoanalytische Studien an Werken der Dichtung und Kunst." (1924) に収録。

（22a） ここでフロイトが想定している「前快感」（Vorlust）のメカニズム（特に „Witz", 1905）が既に G. Th. フェヒナーの『美学入門』において模範として示されているのをわれわれは見出す。これについてディルタイは次のように言っている。「個々の響き、韻、リズムなどのそれ自体としては小さな作用が、内容からくる美的な作用と結び付くことによってすぐれた詩的効果を生み出すということは極めて注目に値する。……この点からフェヒナーは、これに続く次の美的原則を導き出すことが出来るものと考えた。この原則はもちろん非常に際立った心理学上の規則をその背景にもつことになるだろう（I、五〇頁）。それ自体では多くをなしえない幾つかの快感条件が矛盾なく邂逅することから、個々の条件それ自体の快感価値よりも大きな、往々にしてはるかに大きな快感結果が、個々の作用の総計よりも大きな快感結果が生じるのである。」本来の芸術享受が内面的抑圧の一時的な廃棄から生まれるということはフェヒナーの美的対照作用という原則のなかにも暗示されているようにわれわれには思われる。それによると、「快感を与えるものは、それが、嫌悪を与えるもの（すなわち、精神分析的な意味ではかつては快感を与えるものであった）、あるいは快感を与えることのより少ないものとの対照において現われれば、それだけ一層多く快感を与えるのである。そして嫌悪を与えるものについては逆のことが言える……」（II、二三一頁以下）。

（23） 「現実の客体は相反する二つのやり方で観察することができる。すなわち、純粋に客観的、独創的にその客体の理念を把握しながら観察する場合と、あるいはこれは卑俗なやり方だが、単に他の客体とみずからの意志とに対する全く原則通りの関係において観察する場合とである。同様に幻想（Phantasma）もまたこの二つの方法で観察されうる。第一の方法で観察された場合幻想は理念《イデー》――これを伝えるのが芸術作品であるのだが――を認識するためのひとつの手段となる。第二の場合だと幻想は、我欲や気まぐれを相手にし、一時的にあざむいて楽しませるところの空中楼閣を築くために利用される。その際、このようにして結び付けられた幻想で本当に認められるのは、常にその関係のみである。この遊戯に耽るのは妄想家である。彼は、自分が一人で楽しんでいる映像を容易に現実のなかへ混入し、そのことによって現実不適応者になるであろう。彼は自分の幻想のまやかしを書き付け、そのことであらゆる種類の通俗小説が生まれるかもしれない。このような小説は彼と同類の人間や多くの読者を楽しませる。なぜなら、読者は主人公に代って夢見、そうしてその描写を非常に〈快適とみなす〉からである」（『意志と表象としての世界』レクラム版、第一巻、二五四頁）。

（24） 青春文学の精神分析的手法による研究の興味ある試みをわれわれは Dr. S. Bernfeld („Vom dichterischen Schaffen der Jugend“, 1924) に負っている。

（25） 小説家ヤーコプ・ヴァッサーマンの例を手掛かりにして Dr. Ed. Hitschmann は、幼年期の白昼夢が後の小説創作の前段階としての意味をもっていることを確認することが出来た（„Zum Werden des Romandichters“ Imago I, 1912. 及び „Zum Tagträumen der Dichter“ Imago IX, 1923. 参照）。――更に現在ではヤーコプ・ヴァッサーマンのエッセー „Die Kunst der Erzählung“ 参照。

（26） 特に以下を参照されたい。
Maeder: „Psychologische Untersuchungen an Dementia-praecox-Kranken“ Jahrb. I, 185 f.――Spielrein: “Über den psychologischen Inhalt eines Falles von Schizophrenie“ (Jahrb. III) また Zentralblatt für Psychoanalyse (I, S. 610) における Dr. Itten と Dr. Nelken の報告（Nelken, Jahrbuch IV, S. 560 f.）もある。心理学的解釈のためにはユングの基礎的な研究 „Über die Psychologie der Dementia praecox“ (Halle 1907) 及び E. Bleuler: „Dementia praecox oder Gruppe der Schizophrenien“ (Deuticke, 1911) 参照。

（27） „Über die sexuelle Konstitution“ Kapitel: Die Libido als geistige Triebkraft (Wiesbaden 1911, S. 186 ff.) ――また Hinrichsen: „Sexualität und Dichtung“ (Wiesbaden 1912) も参照。

（28） J. J. David のすぐれたエッセー „Vom Schaffen“ (Jena 1906) にも次のようにある。「性生活と創造的な力との本源的な関連については恐らくもはや議論の余地はありえないであろう。」

（29） Gustav Naumann: „Geschlecht und Kunst“ は、「芸術的創造の最も古く、最も強力な根源は性生活である」ことを説明している。――また Reibmayr: „Entwicklungsgeschichte des Genies und des Talents“ (München 1908) も参照されたい。

（30） 詩人たちの性的早熟についての告白を挙げるとすれば大変な数にのぼるであろう。バイロンの日記帳には次のような文章がみられる。「私の恋愛感情はすでに子供時代の早くに育っていった。それは非常に早い時期であって、その時期や詳しい状況を言おうとしてもみなは信用してはくれないだろう。」ここでは、八歳の少年であった彼がメアリー・ダフに抱いた激しい恋心と、ある若い親戚の女性に対する一二歳の少年の恋が挙げられる。バイロンは日記に次のように書きしるしている。「私の最も早い文学上の試みは一八〇〇年にまでさかのぼる。それは従姉マーガレット・パーカーへの私の恋情が初めて燃え上がった時であった。彼女は提督パーカーの娘で、死すべき生物すべての内で最も美しいものの一つであった。」一五歳の時彼は数歳年上の親戚の女性への激しい恋に身を焼いた。母とその先夫との間に生まれた姉オーガスタスへの恋慕については後で述べられよう（本書一七章）。ダンテについても、性的感情が非常に早い時期に芽生えたということが知られている。ヘッベルに関してわれわれは、早くも初等学校一年の四歳にしてエミーリエ・フォスへの激しい恋に捉えられ、その恋情が一八歳の時まで続き、それが、彼の最後の作品で未完の『デメートリウス』の一場面になお投影されていることを知っている。ほとんどすべての詩人の伝記は、自伝の方がいっそうそうなのだが、このような早すぎる少年時代の恋について語っている。テオドール・フォンターネは自分の処女作についての自伝的なスケッチを次のような言葉を以て始めている。「初恋がいつであったかを確認することは難しい。初恋をした、あるいはしたと信じている場合、それよりもっと以前の極めて早い初恋があるのが普通である。実際私の亡くなったある友人はこのように回想をめぐらしている内に彼の四歳の当時にまでゆきついてしまった。」（„Die Geschichite des Erstlingswerkes.“ hg. von K. F. Franzos, S. 3)

（31） 特に Rank : „Der Mythus von der Geburt des Helden“ (1909. 2. erw. Aufl., 1922)、Rank : „Die Lohengrinsage“ (1911) (beide im Verlag F. Deuticke, Schriften zur angewandten Seelenkunde, hrg. v. Prof. S. Freud.) 参照。

（32） 最近になってようやく Müller-Freienfels が „Zur Theorie des literarischen Einflusses“ (Literarisches Echo, 15. IX. 1919) という論文においてわれわれの心理学上の見解を受け入れた。「特に現代の精神分析は、ある種のモチーフが繰り返し強い必然性をもってさまざまな心的状態から生じるさまを興味深いやり方で示してみせた。そこで特に興味を引かれるのは、影響ということは行われなくて、個々人は相互に依存することなく、同じ状況にいれば似たようなモチーフに達するということである。しばしば繰り返される心理学的な諸状態のこのような表現モチーフの例として私はいわゆるオイディプスモチーフを挙げよう。」このように確認することから彼は、文学的影響の問題に対する新しい展望を得る。「われわれは外的な影響の背後に、影響のある種の必然性を解明することになるかもしれないより深い一時的変異を発見出来るのではないかという希望を抱くことが出来るのである。」

（33） 分析的研究はこれまで悲劇的罪過をオイディプスコンプレックスの普遍的な意味から説明してきたが、これは本書で示される観点と完全に一致している。特にフロイトは、『トーテムとタブー』中の『トーテミムズの幼児的回帰』（„Die infantile Wiederkehr des Totemismus“ 1913）で次のように述べている。「だが悲劇の主人公はどうして苦悩するのか、また彼の悲劇的罪過とは何を意味するのか？……彼が苦悩しなければならないのは、彼が原父（Urvater）、つまりここで意図的に繰り返されるあの太古の壮大な悲劇の主人公であるからなのだ。そして悲劇的罪過とは、合唱隊をその罪から解放するため彼みずからが背負わねばならない罪のことである。」――これと関連して Th. Reik の次のような文章が挙げられる（„Die Pubertätsriten der Wilden“, Imago IV, 1915/16, S. 221）。「悲劇の基をなす素材は、われわれの知るところではもともとただひとつであった。すなわち、父親を殺害しようとしたため死を与えられる息子神たるディオニュソスの苦悩と死であった……ディオニュソスは……罪に苦しむ人間を、つまり彼と一体となった観客をも解放した……そして彼は、自分が罰せられることで彼ら自身の無意識的な、敵意に満ちた近親相姦的な傾向の自己処罰を実現し、これらの願望に有罪の判決を下したのである。」更に Dr. H. Sachs : „Gemeinsame Tagträume“ (1920)、A. Winterstein : „Der Ursprung der Tragödie. Ein psychoanalytischer Beitrag zur Geschichte des griechischen Theaters“ (1925, S. 170) 参照。「主人公がその倫理的葛藤においてオイディプスコンプレックスの無意識的な影響から自分を解放出来ないところから彼の悲劇的罪過が生まれる」と後者にはある。

(34) „Dichtung und Neurose“

(35) „Der Künstler. Ansätze zu einer Sexualpsychologie“ (1907) 参照。

(36) わが国ではいつもクライスト、ヘルダーリン、グラッベ、レーナウ、レンツなどが例として引き合いに出されるのであるが、このことは、彼らにおいては芸術的創造が神経症の防止という意味では充分にその解放的な作用を発揮出来なかったことを示しているにすぎないのであって、病気にならなかった詩人たちを否定することには決してならない。

(36a) L. Klages („Aus einer Seelenlehre des Künstlers“ usw.) 参照。「……というのも、芸術的創造の最終的な原動力は純粋に個人的なものである……快あるいは不快を所有したい、あるいは回避したいというこの気持は芸術家には極めて強烈である。しかし同時にそれは本来の功利的動機とは全く無関係である。」

(37) トーマス・マンは「情熱を文学的分析によって鎮静させる」ことについて直接語っている（zitiert nach Ilse Reicke : „Das Dichten in psychologischer Betrachtung“, Stuttgart 1915）。

(38) 全く同じように、新しい素材がまるで病気のように Otto Ludwig を捉えた。「もしこれが書けなければ生命がなくなるような気がする」（Studien II, S. 243）。

(39) ゲーテは、彼が芸術の享受にもこれと似た作用を認めていたということをしばしば暗示している。その最も素晴らしい表現は恐らく『五〇歳の男』（„Der Mann von fünfzig Jahren“）という短編中の次のような箇所であろう。「ここで高貴な文学はまたしてもその治癒的な力を証明することが出来た。音楽と渾然と溶け合った文学は魂の苦悩を強烈に刺激して呼び起こし、溶解力をもった苦痛のなかで発散させることによって、これら苦悩のすべてを根底から癒やすのだ。」

(40) ドストエフスキーはその告白的小説のなかのひとつで(『未成年』)次のように言っている。「私が自分の記録を完成し、最後の数行を書きしるした時、突如私は、体験をもう一度生きることによって、――そうしながら私はすべてを記憶のなかに呼び戻し、想い起こし、それから書きつけたのである――まさにそのことによって自分を誰か別の人間に作り上げてしまったように感じた。」

(41) ゲルハルト・ハウプトマンもその自伝的色彩の強いドラマ『ガブリエル・シリングの逃亡』(„Gabriel Schillings Flucht“)で、女性か創作活動かの選択を迫られる芸術家という同じテーマを展開した。

(42) それゆえわれわれは、かつて非常に人気のあった病跡学的な視点をもここで排除する。これに関しては、特に当該参考文献についても非常にすぐれた教示を与えてくれる Kurt Schneider の講演 „Der Dichter und der Psychologe“ (Köln 1922) を参照されたい。

(43) 以下の論述を補うため、先に挙げた私の『芸術家』を参照していただきたい。そこで述べられ、またここで簡単に要約されている見解を裏付けるため、現代の最も重要な芸術家のひとりが本能的に直感した認識を引用することが出来よう。リヒャルト・ワーグナーは『未来音楽』(„Zukunftsmusik“)という文章のなかで次のように書いている。「われわれは大きな視野に立って、自然全体を、無意識から意識へ至るひとつの発展過程であると考えることが出来るし、またこの過程は特に人間の個人において最も頻繁にみられるのであるが、その場合これを観察するについては芸術家の人生を対象にするのが最も興味深いやり方のひとつであることはもう間違いのないところである。なぜなら、芸術家のなかでこそ、彼の作品のなかでこそ世界そのものが現われ、意識されるのである。しかし芸術家においても、表現衝動はその本性からして全く無意識的、本能的である。そして直観の形象と、習得した技術の助けを借りて客観的な芸術作品に作り上げるため理性を必要とするところですら、彼の表現手段の決定的選択を規定するのは本来思考ではなく、ますます本能的衝動となってくる。まさにこの衝動が彼の特殊な才能の性格を形成するものである。」(Gesammelte Schriften und Dichtungen, Bd. 7, S. 88)

(44) 「詩的作品は、測り難いものであればあるほど、また悟性にとってつかみにくいものであればあるほど素晴らしい」(ゲーテ)。

「……作者の意図をあまりはっきりと明らかにすることは正しい理解を大いに妨げるものであることが私には明瞭になりました。ドラマにおいては、他の芸術作品一般におけると同様、意図の表現によってではなく、無意識的なものの提示によって効果を作り出すことが肝心です。」(Wagner an Röckel, 25. 1. 1854)

「実際には、詩人の偉大さはたいてい、彼が何を表現しないかによって測ることが出来る。そのようにして彼は、表現しないものを、みずからは沈黙してわれわれに語らせるのである。」(„Zukunftsmusik“)
「芸術は、それが完全なもの(fertig)にならない場合にのみ最もすぐれた効果を発揮する。常に何か秘密が残っていなければならないのだ。」(Hebbel, Tagebücher 3. 4. 1854)

(45) 近年大変人気のある「プログラム音楽」というのは、無意識的に作用する音楽上の表現形式を、意識的に把握することの出来る内容によって実現しようと努力しているが、これもこの過程の徴候であるように思われる。

第一章　近親相姦空想の根源

小さな野蛮人が、何をしても構わない状態に置かれ、そして……揺り籠に眠る幼児の小さな理性と、三十男の激しい情熱の力とを併わせもつならば、彼は自分の父親の首をへし折り、母親を凌辱することだろう。

ディドロ（『ラモーの甥』ゲーテ訳）

フロイトはその『夢判断』（一九〇〇年）において、子供が両親のうちの異性に対して抱くところの早くから眼覚める性愛的《エローティッシュ》な愛着と、そこから生じる同性の親に対する嫉妬的な反感という、両親と子供の関係にみられる一様な性的特徴を初めて指摘し、そしてこの事実を、成人の見る二つの類型的な夢を解釈するために援用した。これらの夢において、のちに抑圧されて無意識となってしまうこれら幼児の魂の衝動が、父親の死と母親との性的結合という夢の像のなかにその完全な成就を見出すのである。[1] この二つの夢が多くの成人した人間にしばしば現われるという事実から、[2]——夢形成の心理学的法則に従って——これらの近親相姦的衝動はほとんどの人間にあって、幼年時代には活動していたものと推論せざるを得ない。「神経症者たちに対するこの推測の正しさは、彼らとともに行った分析によって、一片の疑いの余地もなく確実に証明される。」（『夢判断』第二版、一八二頁）これらの分析は患者たちの苦しみを治癒するために行われるものである。フロイトは『夢判断』（一八〇頁）のなかで更に次のように述べている。「私が既に得た数多くの経験から言えることであるが、すべての神経症者の幼年時代の精神生活で主要な役割を演じているのは両親である。両親の一方に対する耽溺と他方に対する憎しみは心的情動における材料の固定在庫に属するもので、この衝動は幼年時代に形成され、のちの神経症の症候にとっては極めて重要なものである。だが私は、神経症者がこの点でノーマルな人間の子供たちと厳密に区別されるとは思わない。なぜなら、彼らは全く新しいもの、彼らに固有のものを創造することが出来るのである。彼らもまた両親への恋慕や敵愾心をもち、たいていの子供の心のなかではもっと不明瞭に、もっと分散的にしか生じないところのものを、専ら拡大化によってわれわれに知らせているのだ、と言った方がはるかに真実に近いし、またこのことは、正常な子供たちを折りにふれて観察することによっても裏付けられる。」フロイトのこの基礎的な発見は以来数々の研究によって実に輝かしいかたちで確認された。わけても、その『五歳の少年の恐怖症分析』[3]において、成人についての調査から得た幼児的な精神生活についての知識の正しさを、子供自身によって確かめることに成功したのはフロイトそのひとであった。「ハンスは、私が『夢判断』と『両親と子供の性的関係に関する性理論』のなかで主張したことのすべてを、彼の父親と母親への関係においてこの上なく鮮明かつ手にとるようにわかり易く立証してくれた。実際彼は小さなオイディプスであって、その美しい母親と二人きりになりたい、彼女のところで寝るために父親を〈片付けて〉しまいたいと思っているのである」とフロイトは言っている（同書、八四頁）。大人の思考をもっては理解出来ない子供たちのこのような願望、とりわけ同性の親に対する「犯罪者的」な殺害願望の芽生えについて当時フロイトが『夢判断』のなかで試みた説明もまた、ハンス少年の恐怖症の解決によって完全にその正しさが証明される。『夢判断』には次のように書かれている。「〈死んでいる〉ということについての子供の観念とわれわれのそれとの共通点はその言葉以外にはほんのわずかしかない……死んだということは子供にとっては……〈どこかへ行ってしまった〉ということと同じで、生き残っている人間をもはや煩わさないということを意味する。子供は、この不在がどのようにして生じるのか、旅行によるのか、疎遠によるのか、あるいは死によるのか区別することをしない。」（第二版、一七九頁以下）「父親が旅行に出るとすぐに母親のかたわらで寝ることを許される小さな少年が、父親が帰宅するとまた、母親よりはるかに好きでない人間のいる子供部屋へ戻されるような場合、彼の心の中には、大好きな美しいママのもとに留まることが出来るために父親はいつも不在であって欲しいという願望が容易に生まれるであろう。そして、この願望が実現されるのは父親が死ぬ時であることが明らかとなる。〈死んだ〉ひとたち、たとえばおじいさんはいつも家にはいない、決して戻ってはこないのだという経験がこのことを彼に教えたのである。」（同書、一八二頁以下）ところでハンス少年にも「この願望が生じたが、それは避暑地に滞在中のことであった。ここでは父親の在宅と不在とが交互にみられたのであるが、そのことによって少年は、自分の望む母親との親密な関係がどのような条件のもとで可能になるのかを理解した。その頃の彼はまだ、父親に〈どこかへ行って〉もらいたいと考えることに甘んじていた……のちになって、恐らく最初は、父親の旅行がもはや考えられなくなったウィーンにおいてであろうが、父親は永遠に不在であって欲しい、〈死んで〉もらいたいと考えるようにまでなった。」[4]（八四頁）同性の親に対して子供が抱くこれらの嫉妬を含んだ感情――これは両親がどのような態度をとろうとも避けられないものである――を判断するに際してわれわれは既に、大人の思考や感覚を子供に押しつけないように注意しなければならないのだが、同様にわれわれは、異性の親に対する子供の愛情関係を理解するためには、特定の相手を設定しての性的欲望という、われわれ大人には極めて当然な考え方を完全に放棄しなければならない。子供のこの恋慕の状態は、大人における恋愛状態のほとんどすべての心的な特徴を示してはいるが、しかしわれわれは、これを想像するのにどんなに慎重であっても慎重すぎるということはない。なによりも子供の恋慕には意識的な性格が欠けている。逆にこの性格が決定的に関与しているのが大人の恋愛感情の特徴である。父親ないし母親に対する性愛的な愛着は無意識的なものである。それは、公然と許される、いや要請されさえするところの孝心の背後に隠れている。そのことでこの愛着はすべての不快な要素、嫌悪すべき要素から免れることになる。特にそれは、われわれがこの愛着を、『誕生の外傷』（一九二四年）で私が行ったように、その最も深い生物学的源泉、母親に対する根源的な肉体関係に帰因させる場合にそうである。それゆえ、われわれはわれわれの研究に際しては詩人自身と似たような状態に置かれて、現実の諸関係をともかく知らせかつ把握させるためこれらを拡大し誇張することを絶えず強いられているということ、つまりわれわれは一種の心的顕微鏡を使用し、過度に拡大された細部を、それらを正しく認識したのちに再び心的な出来事全体の大きな関連のなかへはめ込むことを決して忘れてはならないということ、このことが絶えず留意されなければならない。われわれの論述が読者の一部に与えるであろう奇異な印象の多くは、現実の諸関係へのこの還元がわれわれの研究の枠内では必ずしも可能ではないこと、そのため、われわれがあたかも個々の心的なコンプレックスを不当に過大評価しているかのような観があるということにその理由が求められる。

異性の親に対する子供の性愛関係の、奇妙な印象を与える源についてフロイトはその『ヒステリー分析の断片』(5)のなかでかなり控え目な調子で次のように述べている。「そのアブノーマルな結果によって識別されるところの父親と娘、母親と息子とのこのような無意識的な性愛関係を私は、幼児期における感情萌芽のよみがえりとして理解することを学んできた……父親に対する娘の、母親に対する息子の早い時期におけるこの愛着はほとんどの人間においてその明瞭な痕跡が認められるのであるが、この愛着は、体質的に神経症になり易い子供、愛に飢えている早熟の子供たちにおいてはすでに最初の段階でもっと強いものであると想定しなければならない。そうするとある種の影響——これについてはここでは言及されないが——というものが考えられるが、それらは発育不全の性愛感情を固着し、あるいはひどく強烈なものにするので、この未発達な感情のなかから、性的な愛着と同等のものとみなされる何かが、またこれと同じようにリビドーが要求するところの何かが生じるのは少年時代、あるいは早くても思春期ということになる。そのための決定的な役割を演じる要素は恐らく、それが内発的なものであろうと、あるいは誘惑や自瀆によって喚起されたものであろうと、本物の生殖器感覚の早期発現であろう。」――両親と子供たちの関係を心理学的に観察してみると、それとは意図せずして子供たちを際限なく甘やかせ、ことさらに可愛がることによって、ひょっとしたら暗示的にしか存在しないかもしれないこのオイディプスコンプレックスを強め固着させるのは両親自身である、という印象を受ける場合が非常に多い。それどころか、若い父親が小さな娘のことをあたかも大人の恋人がするように最大限の優しさをもって気遣ったり、またこれもよくあることだが、母親が息子を明らかにまるで自分の愛人のように（とはいっても性的な最終目標は遮断されているが）扱う様子をみると、子供の明瞭な近親相姦コンプレックスには通常、両親の全く同じコンプレックスが照応しているのだ、と言わざるをえない。このことは、子供たちに対する両親の態度を観察すればはっきり理解出来るが、このような両親の態度をフロイトは『夢判断』のなかで次のように描写している。「性的な選択はすでに両親に相対する場合に行われるのが普通である。自然の本能によって、夫は小さな娘たちを甘やかせ、妻は息子たちの味方になるよう心を配るようになる……子供は親の寵愛を非常に鋭く感じ取り、自分と対立する片親には反感を示す……このようにして子供はみずからの性的衝動に従い、同時にまた、両親のいずれかを選択する――両親が子供を選択するのと同じ意味で――時に、両親の側から発せられる働きかけを新たにもするからである。」（一八二頁）両親に対する子供の愛と憎しみは似たようなかたちで両親から報われるものであるということは、先入見をもたない観察者には容易に理解することが出来る。しかしながら子供におけるこれらの感情は、その心的な資質の程度や環境による影響の受け方によって、軽い好意として現われるか、嫌悪として現われるか、極端な場合には性愛的な耽溺として現われるか、致命的な憎悪として現われるかするのだが、両親の態度もこれと似たようなかたちで厳しくなったり、優しくなったりすることがある。つまり子供の眼覚めゆく性愛的な衝動が通常異性の親の方に向かうように、当の親の報いられない、あるいは減退に向かっている性愛的欲望は子供に執着し、この子供によっていわば再生、充足されることを願うのである。子供のなかで生じる最初の敵対的な感情が同性の親に向けられるように、この親のなかに、自分からもう一方の親の愛を奪い取ろうとする子供に対する反感が眼覚めるであろうことは当然である。同性の子供に対して親が抱くところの、たいていは無意識的ではあるが時には意識的でもある嫌悪の情を煽るのは、眼覚めつつある若い性に対する嫉妬と羨望の感情であるのは紛れもない。他方ではまた同じように、成熟した完全な性に対する子供のこれと似た感情が同性の親への憎しみを形成することになる。両親と子供たちとの関係に起因するこの性的羨望が人間の愛情生活においていかに大きな役割を演じているかについては広く知られている。そして、大人の嫉妬心についても、その最も深い源泉のひとつは、――この嫉妬心の基本的な性格は、自分より優先され羨望される同性の恋敵に対する憎しみなのであるから――両親及び優先された兄弟姉妹に対して子供が抱くところのこの近親相姦的な性的羨望のなかにあるということを認識するのは極めて簡単である。

これらの関係の複雑さは次のような事情によって更にその度合いを増すことになる。すなわち、二人の人間相互の愛憎関係が一方的である場合は全くと言っていいほどになく、強烈な愛の根底には通常無意識的な反感の微かな徴候が流れているということである。過度の憎悪が、抑圧された愛情の心的な反動作用（「愛憎の転換」）であることは既に何度も証明されているところである。特に神経症者たちはその誇張された愛憎表現をもって、ブロイラーが「反対感情両立《アンビヴァレント》」と名付けたこの心的構造にわれわれの注意を向けてくれるのである。フロイトが治療したヒステリー患者もこの点から理解されねばならないのであるが、この女性は母親のために大変優しい心遣いをみせ、いつも彼女のそばに留まりたいと願い、またどこにいても不安な同情心に駆られて家へ急ぎ戻り、母親の身に何事も起こらなかったことを確かめようとするのである。一見極めて深い愛情に溢れているように思われるこの誠実さが実は、母親が死ねばよいという、幼年時代に芽生えた願望の反作用であることを精神分析は明らかにしている。この患者は現在では、この願望が、かつて自分がそれを願ったように成就されはしないかと常に恐れているのである。もちろんその際、優しさと感謝の気持という根源的な部分をも看過してはならない。これはどうしてものちの性的役割（オイディプス状況において）との葛藤に陥らざるを得ないものなのである。

従って両親と子供、更には二人の人間一般の関係における心理学的関連は必ずしもさほど単純なものではない。これまで一般に認められていた子供と異性の親との間の愛着に代って、彼らの間に生じる憎しみもまた突如われわれを驚かすことがある。この予期しない行動の解明へわれわれを導いてくれるのは、いかなる心的作用も二つの異なった方式、即ち直接的にか、あるいは反動によって生じ得るというフロイトの神経症心理学の結論である。この行動のよってきたるところは一般的には必ずしも明瞭ではないが、しかしながら、多少とも熟練した観察者なら、特に憎悪の微かな前兆、それ以上にその結果によって既にその源を窺い知ることが出来る。そうなれば、このように際立った嫌悪の情や憎しみの背後に必ずその根源となる愛の衝動のあることを発見するのは精神分析にとって常に容易となる。激しすぎる憎悪はこの愛の衝動の防衛の試みであることが明らかとなる。愛と憎しみは心理学的に非常に密接な近親関係にあるのみならず、精神分析のある種の結論からすると、この二つは同一の感情で、ただその表象内容が変るだけであって、ある時にはポジティヴな、ある時にはネガティヴな予兆をもって現われるところのひとつにして同じ感情であると考えたくなるほどである。愛から憎しみへの転調の橋渡しをするのが嫉妬である。例えば、息子の成長に伴って母親の愛情は増大するが（父親と娘の関係にも似たような条件が当てはまる）、逆に息子の場合には、母親が年を重ねるとともに彼女への愛情が減退してゆくということ、また息子の恋愛あるいは結婚計画などが母親の無意識的な希望をいわば打ち砕いてしまうということは容易に理解することが出来る。息子の結婚に対する母親の強い抵抗（娘の結婚に対する父親の態度も同様である）はやがて新しい嫁の上へと――恐れられながら――移ってゆくのであるが、この抵抗は元はと言えば自分の子供への愛から生まれたものである。子供の「不誠実」は絶対に許さず、またその結婚生活も、専ら抑圧された愛から生まれた姑の憎しみによって不愉快なものとなる。

既に述べたわれわれの感情のアンビヴァレンツからわれわれは一生免れることが出来ないのであるが、これが最初に、また最も強く現われるのは両親との関係においてである。彼らはなんといっても本来愛される存在なのである。次にオイディプスコンプレックスのために、それまでは潜在的であった同性の親への反感がはっきり姿を現わすと、それによって活発化した二つの感情の対立が原因となって、最初の「子供の魂の葛藤」(6)が必然的に生じてくる。これらの葛藤のなかには既に、個々の児童精神分析が示しているように、のちになって神経症へと発展してゆくすべての状況が投与されている。

両親が子供を可愛がりすぎる結果として生じる本物の生殖器感覚の早期発現をフロイトは、紛れもないオイディプスコンプレックスであるとみなしたが、この発現は恐らく体質的にあらかじめ定められているものであろう。ちなみに、あの「ハンス少年の性体質においても先天的に生殖器帯が性感帯のうちで最も強く快感を覚える部分」である(前掲書、八一頁)。体質的に定まっている生殖器帯のその後の発展と、この生殖器帯と他の性感帯との関係が、やがてリビドーの、従って人間全体のそれ以後の運命を支配することになる。生殖器帯の早期かつ強力な成長と活動が活発な空想行為と早すぎる対象選択――まず母親が対象とならざるを得ないが――へと発展し得るということは、ハンス少年の愛の歴史が明瞭に示してくれている。同様に彼の例はまた、この近親相姦的愛着が固着すると神経症となって破綻するということをも示している。しかしのちの正常な愛情生活への萌芽も、小さな遊び仲間たちに対するハンスの関係のなかに投与されており、彼は母親への愛着を彼女たちに転移させるのである。そして最後にフロイトは、生殖器性感帯の早すぎる成長は、たとえそれがのちの正常な愛情生活の開始にとって必要であろうとも、徐々にその限界を超えることによって重大な「倒錯」へ、同性愛的な愛に至ることがあるということを暗示している(八二頁)(7)。ところで、これらすべての考えられる結末の間には、われわれの研究が結び付いているもうひとつの結末がある。それは葛藤の解決であって、そのことによって個人は、現実の近親相姦行為を避けつつみずからを神経症から、また性の倒錯から守ることが出来、また近親相姦感情を空想の中において完全燃焼させることによって、かなり正常な性的発展の均衡を作り出すことが出来るのである。これをなし得るのは、かつて私がある著書(8)のなかで「芸術家」という概念のもとに包括した人間、自分たちの性的発展の障害を、極めて豊かではあるがいまだ意識の支配下にある空想行為によって克服する人間であると性格付けたようなひとたちである。この空想行為は、無意識のなかに生き生きと残っている彼らの幼児期の衝動を出来る限り完全に充足させ、同時にまた正常な大人が抱いている、ずっと以前に消滅してしまった幼児願望を成就させるものでもある。私は音楽家と造形芸術家のほかに哲学者、宗祖、神話作者(9)をも芸術家に数え入れているのだが、これらの芸術家のうちで、言葉という媒介物を通して比較的薄いヴェールの背後からその最も秘かな感情をわれわれに明かし、またそのことによって、束の間の、みせかけの人生に対するわれわれ自身の感情――これは基本的には彼のそれと同じものではあるが、ただ少しばかり弱い――を呼び起こしてくれるのは特に詩人、わけても劇作家である。またわれわれに、無意識的な魂の告白という方法で人間の精神生活に対する最も深い洞察を与えてくれたのは由来詩人たちであった。そしてフロイトは、ある現代文学を分析することによって、詩人によって無意識的に捉えられ明瞭に表現されたこれらの心的体験が、意識的、科学的研究によって獲得された心理学的認識といかにぴったり一致するものであるかを示すことが出来たのである(10)。かくして、詩人が心の葛藤からみずからを解放する道は無意識的な表現であって、意識的な分析ではないのだが、心についての彼の意識的な知識、わけても彼がそれらの葛藤を折りに触れて吐露する際に示すところの、ほとんど破廉恥とさえ言いたくなるような率直さもまた注目に価するものである。このようにして、近親相姦感情もまた、新しい時代の個々の詩人たちによって多かれ少なかれ意識的に認識され表明されるようになったのである。

人間のあらゆる情熱を深く識っていたスタンダールはその『エゴチスムの回想』のなかで次のように書いている。

「私はいつも母に首ったけであった。私はいつも母に接吻したいと思い、そして着物がなければよいのにと願った。母は私をとても強く愛してくれ、よくその腕に抱いてくれた。私があまり激しく接吻するので母は逃げ出さねばならないほどであった。父はよくそんなところへやって来て、われわれの接吻を中断させたが、そんな時私は彼を憎らしく思った。[11] 私はいつも母の胸に接吻したいと思った。七歳になるかならないかで彼女を喪った時の私を想像していただきたい。母は青春の美しい花の盛りに死んだ。このようにして私は、この地上で私が最も深く愛していたものを四十五年前に失ったのだ。[12]」ボードレールもこれと似たことを書いている（一八四一年から一八六六年までの書簡集、ブルンス書店、ミンデン、二〇四頁）。「男の子は自分の母親や子守女や、またお気に入りの姉妹のなかの何をこんなに強く愛するのでしょうか。彼女たちは単に、乳を飲ませ、髪を櫛けずり、体を洗い、抱いて揺すってくれる存在であるにすぎないのでしょうか。彼女たちは優しさでもあり、官能的な歓びでもあるのです。女性を知らなくても子供には、この優しさがその女らしい優美さ全体によって伝わってくるのです。」ミュッセはジョルジュ・サンドに次のように書いている。「あなたは思い違いをしていたのだ。自分ではぼくの情婦だと思っていたのでしょうが、実際にはぼくの母親にすぎなかったのだ。ぼくたちのしていたことは近親相姦だったのです。」ジョルジュ・サンドは答える。「あなたのおっしゃる通りです。わたしたちの抱擁は近親相姦だったのね。でもわたしたちはそうとは知らなかったのだわ。」

またフローベールは次のように言っている（『狂人日記』）。「ひとはお前に、お前の姉妹あるいは母親を肉欲の対象として愛さぬよう用心しなければならないと教えるであろう。だがお前は、すべての民族と同じく近親相姦から生まれてきたのだ。というのも、最初の男、最初の女、彼らと彼らの子供たちは兄弟であり姉妹であるのだ。その時太陽は、近親相姦を美徳とみなし、兄弟殺しを義務と考える他の民族たちのかなたへと沈んでゆく。」

詩人としてよりも心理学者としてすぐれていたストリンドベリは言っている。「私は肉体の外側にある魂の自立的存在を信じる。そして精神的な近親相姦を信じる。なにやら分らないままにわれわれははらからであるに違いない。だからわれわれは子供を得ない。だからわれわれは罪を、説明不可能な罪の意識を背負っているのだ。お前は今のそのお前ではない。お前がいない時私がお前のことを想い浮かべようとすると、お前は別の女になるのだ……。」――「一体どんな女に?」――「ときには私の母、ときには私の姉妹に、そしてまたときには……」（『赤い部屋』）。習作『ヒッポリトス』において彼は、女はみな男にとって要するに母親であるということを繰り返し表明している。それゆえ、カーリン・ミヒャエリスが（一九一二年一月二十一日付『ツァイト』文芸欄）、エウリピデスのヒッポリトスを想い出させるストリンドベリの女性憎悪を、母親に対する彼自身の幼児期における特異な関係に結び付けようとしているのは正しい。一例を挙げるだけでこの詩人の母親コンプレックスを例証してみたい。彼の悲劇『父』における騎兵大尉とその妻ラウラとの関係及び彼とかつての乳母との関係は子供と母親とのそれである。このことを作者は極めて率直に明言している。「お前は私にはいつも母親のようだった」と彼が言うその乳母に向かって彼は、お前も妻もいまだに私のことをまるで小さな子供のように扱う、と愚痴をこぼす（第一幕第一三場）。これに対して彼女は答える。「それは男が、大きくても小さくてもみんな女の子供だからでございましょう……。」そして彼は、妻との長い対話（第二幕第七場）でずばりと次のように言っている。「ぼくがまるで子供のように途方に暮れて困っているのがお前には見えないのか、まるで母親に向かってするように苦しみを訴えているのがお前には聞こえないのか……。」ラウラ「お泣きなさい、私の坊や。そうすれば私はまたあなたの母親に戻ることが出来るのだわ。あなた憶えていて？　最初私がいってみればあなたの第二の母親としてあなたの人生のなかへ入っていったことを……。」騎兵大尉「……ぼくはお前とともに成長してきた、お前をまるで私よりはるかにすぐれた才能をもった人間のように仰ぎ見てきた。そしてぼくは、お前の頭の悪い子供のように、お前の言うことを聞いて従ってきたのだ。」――ラウラ「そう、あの頃はそうだったわ。だから私はあなたを私の子供のように愛したの。でも御存知?――ええ、たぶんあなたはわかっていたのね——あなたの気持が変って、あなたが恋人として私の前に立った時私恥ずかしかったの。あなたの腕に抱かれて私は喜びを感じたわ。でもすぐそのあと良心の痛みを覚えたけれど、それはまるで血が恥じらいを感じたようだったわ。母親が恋人になった！　なんて忌まわしいことでしょう！」最後に大尉は実際赤ん坊に戻り、乳母は彼に子供の時の世話を想い出させながら狭窄着を着せてやる。その姿で彼は無力な乳飲み子のように乳母の胸に抱かれて息を引き取るのである。「お前の胸に触れるよう体をこちらへかがめてくれ！——ああ、女の胸に安らうのはなんと甘美なことか！　母の胸だろうと恋人の胸であろうとかまいはしない。だがなんといっても母親の胸が一番だ！」——『時と年齢』（愛の書から）のなかでストリンドベリはこの関係を次のように分析している。「私が愛においてある女性に近付く時、それは下から行われる。私は彼女のなかに母親の一部を認め、敬意を払い、彼女の下に身を置く。私は幼児のように、子供のようになる……たいていの男がそうであるように……私は彼女を台上に置く。そうすることで彼女は、実際は私より若いにもかかわらず、いわば年上の女性となる。そして彼女が私を少年のように扱ってくれると、私は自分の年齢を感じない。だが彼女は優位を失う。」——「この安心感を私は、彼女は母親なのだ、そして自分はすべての男同様彼女にとっては子供でしかないのだという感情によってのみ説明することが出来る。」——「男は女性をそのように見つめ、自分が母親に託す信頼の念を彼女に託す。われわれの女性の三分の二はわれわれの母親なのだ。」

　ニーチェは言っている。「誰もが母親から作り上げた女性のイメージを心に抱いている。女性一般を尊敬するか、軽蔑するか、あるいは概して無関心であるかはそれによって決まる」（『人間的な、あまりに人間的な』I）。

　ヘルマン・バングの『書類鞄の中から』には次のようにある。「紙の透かしが背後に隠れてはいても、光を当てるとその紙の秘密の烙印となって輝き出るように、私の描いたどの頁の背後にも私の母の美しい像が生きている。彼女の笑い声が他のすべての人間の笑い声を通して響く。彼女は泣いた。そしてすべての人間の涙が生まれた。[13]」

詩人ペーター・ローゼッガーもまた『ハイムゲルトナーの日記』で、性的なものが関与せずしては男女間に友情が生まれることは絶対にあり得ないという主張に反論した折りに、近親相姦的愛着の典型的な特徴を包み隠さず認めた。「もちろん」と彼は言う、「意識的にせよ無意識的にせよ、性的なものが関与する場合にも友情は充分に存在する。それどころか私は、母親と息子の間の愛情には少しばかり性的なものがあること——もちろん無意識的にではあるが——を認めさえする。母親が息子を愛するのは、娘を愛するのとは全くちがうのだから。」

もちろん詩人の誰もがこのように正直であるとは言えないし、またそれはたいていの場合不可能である。というのも、これらの感情衝動は詩人には意識されないままであり、それらが芸術的に表現されるのは、これらの衝動がその抑圧の程度によって、あるいは明瞭に、あるいは不明瞭にといった具合にさまざまな現われ方をする作品においてだからである。心理学者は無意識的な魂の流れを意識的に把握することによってこれを粗雑なものにしてしまうのであるが、無意識的な心の葛藤を芸術的に克服する場合にも、詩人が用いることの出来る繊細で変化に富んだ手段があるにもかかわらず、粗雑さから免れることは出来ない。やがて明らかになることだが、夢と神経症のメカニズムに類似したドラマの表現手段は、詩人にある程度の感覚化を強いて、無意識の奥深くにまどろんでいるどんなに秘やかな魂の衝動をも、まるでフルに活動している夢のなかでのように、人生のなかへ移し置いてわれわれに示してくれるのである。無意識的な衝動をこのように完全に燃焼させ尽くすというのは夢の特徴でもあるのだが、これは文学の有する作り手ならびに受け手に対する解放的作用のための根本条件である。しかし夢におけると同じように文学においても、抑圧された衝動の完全燃焼へのこの傾向は、衝動の目標とするところを然るべくカムフラージュせざるを得なくなる。それは往々にして非常に強く行われるもので、それらの衝動本来の性格がほとんど認められなくなり、あまり目立たない細部のみが辛うじてそれを教えてくれるといったようなことになる。しかしながら、このように完全に覆いを被せられた近親相姦空想をひとつひとつ暴いてゆくことはわれわれの洞察力を試すことはわれわれの意図でもないし、[14] また先に挙げたような詩人たちがこのような感情衝動の存在について意識的に述べた言葉を並べ立てることが重要なのでもない。むしろわれわれの意図するのは、すべての人間において幼児期に生じ、のちに抑圧されて意識されなくなってしまうこれらの感情衝動が芸術家の人生と創作活動に対して与える永続的かつ決定的な影響を指摘しようとすることである。[15] のみならずわれわれは、正常な発展という点からすれば失敗だと言われているこれらの衝動の極めて特徴的な抑圧が、のちになってそれらを非常に価値あるものに昇華させ、また文学的才能を発展させてゆくための前提条件であるということを証明すべく努めるものである。正常な発展の場合には、これら多様な幼児期の衝動はすべて、文化的な許容と要請という観点から修正を受けることになる。フロイトはその『性理論のための三つの論文』において、のちの大人の愛情生活に対する近親相姦コンプレックスの決定的影響について述べている（六八頁）。「リビドーの近親相姦的固着をうまく回避した者でもその影響から完全には免れられない。よくあることだが、若い男性の最初の真剣な恋の対象が成熟した女であり、少女のそれが社会的に権威のある中年の男であるというのは、この発展段階の明瞭な余韻である。彼等は若い男女が抱いている母親や父親のイメージを刺激するのである。実際の対象選択一般は恐らく、これらの原型にもっと自由に依拠しながら行われるのであろう。特に男は、子供時代の初めから彼を支配しているところの、記憶のなかにある母親のイメージを求めるものである。[16]」母親への愛着によって導かれるこのような愛情生活の特殊な条件と、その非常に際立った性格をフロイトは、「異性側からの対象選択の特殊なタイプ」として要約した。[17] これまで述べてきたところに従えば、近親相姦コンプレックスの支配下にある人間の現実の愛情生活が個々に示しているこれらの特別な性格が、詩人たちの壮大な空想の産物のなかにあますところなく、また鋭い刻印を与えられて描かれているのを見出すとしてもわれわれは驚かないであろう。[18] 詩人というものは現実の状況を全く考慮に入れないことによって、少年時代から生き生きと残っている彼の過激な願望を実現可能な次元へと弱めたり、これらを空想のなかであますところなく実現することを断念したりする必要を感じないのである。これに対して神経症者にはそれが出来ないのだが、それは、成長するとともに強くなり、それゆえ忌まわしく感じられるこれらの欲望に対して生じる強力な防衛衝動のためである。つまりそこには、最終的には神経症へと通じる葛藤が生まれるのである。正常な発展を辿る精神には、この大昔の幼児願望の記憶を抹消し、生き生きと残っている強烈な感情を、文化の範囲内において提供されている充足の可能性と調和させるだけの力が与えられている。これが完全に成功することは全くと言っていいほどにないということを教えてくれるのは正常な人間の夢であって、ここでは不完全にしか成就されない現実の願望の背後に原始的な衝動が時折り頭をもたげるのである。

　ところでフロイトは、個々の人間の夢は幼児期の願望の隠れた現実化であると説明したが、彼はまた夢という現象を、人類における幼児的精神生活の再生として理解することを説いた。「かつて心的な生活がまだ幼くて不充分であった頃に昼間支配していたものが、今では追放されて、夜の生活へと入ってゆくように思われる……夢の現象は、克服された幼児的精神生活の一片である。」（『夢判断』三四九頁）このように考えると、こんにちの人間の見る近親相姦夢のなかには、かつてはなんらかのかたちで実在していた古い家族相姦がなおも生きているようにも思われる。例えばヴェスターマルクには次のようにある。[19]「他の動物と同様人間の先祖においても、血縁関係が性的交わりの支障とならなかった時代があったことは確かである。」ローレーダーも『血縁者間の生殖』（一九一二年）のなかで言っている。「同族支配は文化史、いや、人類の歴史そのものと同じくらい古いものである。」そして彼は、「同族支配を絶対的必然性、それどころか生物学的必然性として」承認し、ある程度の培養的価値をこれに与えさえしている。[20]周知のようにモーガンは既に、マレーにおける兄弟姉妹たちの集団結婚のなかに、すべての血族制度の最も古いものを認めている。[21]われわれの子供たちには往々にして、両親はそもそもの初めから血縁関係にあったのだということが自明のように思われるのであるが、――この想像は誤解された幼児期の「生殖理論」として子供たち自身の近親相姦空想のなかに再び現われる――この素朴な想像にも、人間の性生活の発展史の経過をみればそれなりの根拠のあることがわかる。他面から言えば子供のこの素朴な思い込みは、いわば子供自身の近親相姦感情を正当化しようとするものでもある。

近親相姦衝動の系統発生史的な発展経過を辿ることは他の研究に俟たねばならない。この関連で重要なことは、人類におけるこの近親相姦衝動の発生史並びに発展史を提示することだけである。そのためにわれわれは、こんにちのすべての人間の無意識的な精神生活のなかにはこれらの近親相姦感情が存在するものであるという、フロイトの研究によって証明された事実から出発して、そしてその感情の働きを限られたひとつの狭い領域のなかで追跡してゆくことになる。この問題についてのフロイトの見解は主として二つの特徴によって性格付けられている。現在では、「夫婦の愛、両親の愛、子供の愛、姉妹の愛について言えば、これらのいわば愛の変種が、友情から隣人愛に至るまで例外なく性的な愛から生まれたものであるということがますます認められつつある。[21a]」このことは、フロイトの解釈を系統発生史的に図式化したものと考えられるかもしれないが、しかしこれは、フロイトの解釈そのものと同一視することは決して出来ない。むしろフロイトは彼の心理学上の研究を基礎として、いわゆる「非性的な愛」の形態は今日でもなおすべての人間の個人的な発展においては根源的には性的衝動から生まれるものであり、のみならずそれらは性的な感情から養分を得ており、無意識的な性愛が混入しなければ全く存在することが出来ないのだ、という仮定へ到達せざるを得なかったのである。正常な血縁者間の愛と、近親相姦的であるとみなされる愛の相違は、性的な原衝動の本源的な強度、ないしはこの衝動を昇華させて文化的なものへと作り上げてゆく能力の大小であるにすぎない。このように性概念をその生物学的な重要性において拡大化して使用することはフロイト的解釈を特徴付けるものであるが、それと並んで、このことから生じるフロイト的解釈の第二のメルクマールがあって、それは、人間の精神生活にとって近親相姦衝動がもっている決定的な意味である。しかしながら、この意味を十全に評価することは、精神分析の研究によって発見された近親相姦コンプレックスの大きな広がりを考慮に入れる時初めて可能である。このコンプレックスには、性愛のあらゆる細やかで洗練された関係のみならず、そこから生じるところの、これとは反対のある種の感情（父親憎悪）も含み入れることが出来る。

　実際また、やがてフロイト自身、彼が個人心理学のための非常に大きなひとつの意味を賦与しなければならなかった近親相姦コンプレックスを、人類の発展史のなかで追跡調査してゆくという試みを行うことになったのである。彼はその『トーテムとタブー』（一九一三年）のなかで、「未開人と神経症者の精神生活にみられる若干の一致点」を指摘しようと試みたが、そのうちここで特にわれわれの興味を引くのは「近親相姦嫌悪」と「トーテミズムの幼児的回帰」の二点である。彼は主にフレイザーの『トーテミズムと部族外結婚《エクソガミー》』を基礎にして、近親相姦禁止を最も重要なタブーであると考え、そして、父親に対する子供の関係から得た洞察に依拠しながら、謎に満ちたトーテムの制度は、母親を獲得するという目的で団結して強大な父親を失墜せしめようと謀った息子たちによる原父の殺害という太古の事件に源をもっているとしている。フロイトはこの「原犯罪」の心的な結果のなかに道徳、宗教、芸術の根源を認め、そしてこのことを、悲劇的罪過を伴う古代ギリシャ悲劇の例によって説明した（序章参照）。そこでは主人公は、罪をひとりで背負う者として、合唱隊に代表される教団（社会）に対立するかたちで登場する。彼はいわば原犯罪をみずから引き受け、そうすることで他のひとびと、すなわち観客を、そしてまた彼らのなかの人間性を罪の感情から解放するのである。そしてフロイトは、集団に対する主人公の関係を次のように叙述しているが、これは私の考え方と一致するものである（『集団心理学』、一九二一年、補遺B）。「当時は、集団から解放されて父親の役割を代って務めたいという、不満を含んだ憧憬が個々人を動かしていたのかも知れない。これを行ったのは最初の叙事詩人であった。前進は彼の空想のなかで行われた。この詩人は自分の憧憬の意味をこめて現実を偽って書き変えた。彼は英雄《ヘーロス》の神話を考え出した。英雄は、神話においてはまだトーテム的な怪物として登場していた父親を一人で殺害した男であった。[22]かつて父親は少年の最初の理想であったが、今や詩人は、父親に取って代ろうとする英雄のなかに最初の自我の理想を創り出した。英雄と結び付いていたのは恐らく、母親の寵児であり、母親によって父親の嫉妬から守られ、そしてまた、太古の遊牧時代には父親の後継者になっていた一番末の息子であろう。太古の時代が偽り書き変えられるなかで、殺人の賞品であり、唆しであった女性が恐らく、犯罪行為の誘惑者、元凶となっていったのであろう。」――「このような歩みによって空想のなかで集団から離反していった詩人はしかしながら、現実においては集団へと帰ってゆく道を見出すすべを知っている。というのも、彼は集団のところへ赴いて、彼らに自分の考え出した、基本的には彼自身にほかならない英雄のさまざまな行為を語って聴かせるのである。」

フロイト自身は仮説として考えて欲しいと言っているオイディプスコンプレックスのこの系統発生史的理論は、それ以来精神分析の著作において広く取り扱われた[23]。私自身もその後、父親関係をいささか一方的に前面へ押し出しているこの解釈を母親の側面から補ってみようという試みを企てた。まず私はフロイトの『集団心理学』に関連して、太古の時代における母親の役割を指摘した。私には、母親は決して純粋に受動的な存在ではなかったように思われるのであるが、このことは、父親神に先がけてあった母親神のなかにも明瞭に表現されていた（『集団心理学』補遺B参照）。のちになって私はこのテーマを、――『ドン・ジュアン形姿』に関する私の論文で（『イマーゴ』Ⅷ巻、一九二二年[24]）――バッハオーフェンによって明らかにされた「母権制」の光を当てながら考察した。母権制は原史時代においてさえ女性に全く特別な権勢を認めており、女性は恐らくこの権勢を原父の死後初めて一時的に保持したのではなく、生物学的にみてそれは当然女性に与えられるべきものなのかもしれない。そして息子は母親を力ずくで、性的に征服することによってこの権勢の座から排除しなければならないのである[25]。ドン・ジュアン空想は、原史において息子は決して母親の助けを借りて父親に打ち勝ったのではないということを明瞭に示している。むしろそこには、心理学的にこれを捉えるならば、英雄は母親に対しても戦いを挑まねばならない、それどころか母親によって滅ぼされることすらあるのだという告白が垣間見られる。邪魔者の原父を片付けたあと、その妻を性的に征服することに成功して初めて彼の勝利は完全なものとなるのである。そのために彼がどんなに苦しい戦いを余儀なくされたかについては、バビロンの母長ティアマトからスフィンクスを経て、女性と考えられている今日のギリシャの吸血鬼に至る神話上の無数の怪物たちが、またユーディット、ブリュンヒルデからイゾルデに至る伝説上の、恐ろしい力をもった危険な女性たちが雄弁にこれを物語っている。

しかし、征服されるべき女性のこの敵対的立場から推測し得るのは、原史時代には「英雄」もいなかったし、また純然たる「母親」もまだ存在しなかったということ、母親の登場は、あまり分化されていなかった多くの遊牧女性たちのなかから一人が、かつて父親がもっていた権力を占有しようとする兄弟たちの一人に対抗するというある特定の時期に初めてみられたのではないかということである。つまり、いわばこの原行為がなされたのちに初めて、後でわれわれが「父親」、「母親」という概念において凝縮されているのをみるところの個人的な感情関係が、集団心理学のなかからはっきりしたかたちをとるようになるのであろう。即ち、父親概念の心理的内実をなすのは打ち殺された者、後悔した者であり、母親関係のそれは欲望の対象となった者、手の届かない者である。しかしこの、手の届かないということは、ドン・ジュアン空想も明らかに示しているように、性的な所有のみに関わるものではなく、——原始の時代と民族においては性的所有が制限されることはなかったのだから——母親を自分一人で完全に所有したいという深い生物学的な願望と関連している。この母親占有は出生以前の存在において一度体験され、最も高度なリビドー充足、権力充足の表現として繰り返し強く求められるものである。最後に私はこの解釈を『誕生の外傷』（一九二四年）のなかで、文化の発展全体との関連において包括的に論述し、その論拠付けを行った。ここで私は、最初C・G・ユングによって指摘されていたような母親のもつ本源的、リビドー的な意味が[26]、芸術や宗教・国家形成の理解のために応用されることによって生産的なものになると考えたのである。

われわれの心理学的認識を深めていった必然的な結果であるこれらの観点のもとに、近親相姦感情の発展史という問題に対するわれわれの立場を簡単に表明しておきたい。近親相姦行為そのものについては、以前に詳しく述べているので、格別な説明は不要であると思われる。それは、子供時代、太古の時代から脈々と生き残っていて強さを増してきた近親相姦願望衝動の——成人した文化的な愛情生活の範囲内での——直接的成就である。そしてこれは、原始的な状態においては、ヴェスターマルクの言うように、極めて当然な性交の一種である。特に家族生活固定化という現象に代表されるより高度な文明のひとつの結果でしかない近親婚忌避の概念が出てきた時初めて、心理学者、文化史家、民族学者たちをおしなべて苦しめる近親相姦の謎が始まるのである。近親結婚への嫌悪とその明瞭な禁止は種属の健康保持への自然な衝動から来るものであるという古くからある非常に根強い考え方は今日に至るまで確固たる位置を占めているが、しかしこの考え方は、事実を客観的に観察する研究者たちからは根拠がないと指摘されている。[27]例えばマルクーゼはあらゆる資料を批判的にふるいにかけたあと次のような結論に達している。[28]「第一に、近親結婚に対する嫌悪は多分、系統発生的な遺伝の上に成り立った、人類へ伝承された本能ではほとんどありえないだろうということ、第二に、このような本能というものはいずれにしても種属の健康保持への自然な衝動によっては生じえないということである」（一四三頁）。第一の結論が、古今における実際の近親相姦の頻度と、個々の民族において全く異なる近親相姦の評価——風俗、習慣、法律においてみられる——から導き出されるとすれば、第二の結論は、「種属は近しい血縁者間の性の交わりそのものによって危険に曝されることは全くないように思われるという経験から」（一四一頁）理解される。あらゆる時代に伝えられている数多くの近親相姦禁止違反の例、われわれが知らないだけのもっと多くの例、[29]更に、あらゆる時代の多くの民族において許されていた、それどころか要請されさえしていた血族結婚、子孫に対する血族結婚の不都合ではない影響など、われわれの研究が進んでゆく過程で取り扱うことになる事象は実際、ローレーダーが言っているように、「血縁関係が危険であるという概念は作り話、迷信である」という推測を許すものである。われわれはこの迷信を、人類の抱いている罪の感情という観点から心理学的に理解しなければならない[30]。血縁者同士の結婚が及ぼす有害な結果についてはアーブラハムの解釈を挙げておこう[31]。彼は、血族結婚が子孫の神経病、精神病をもたらすという従来の学説は事態の複雑さを充分に考慮しているとは言えない、と指摘している。「多くの家庭において同種交配と、神経あるいは精神の障害が時を同じくして起きているということは疑う余地のない事実である。しかしだからといって、この二つの現象が単純な因果関係にあるに違いないという安易な結論にはならない。むしろ問われるべき問題は、ある種の家庭における近親結婚の現象にはそれなりの特別な理由があるのではないだろうか、まさに神経症を病む家庭の中の特殊な資質が家族構成員同士の結婚を行わせる強い原動力になっているのではなかろうかということである。」神経症心理学によって確認された結論を基にアーブラハムは、血縁者同士が個人的な好意によってのみ結合するケースは、家族の者に対する愛着は正常の域を超えるほど強いにもかかわらず、この愛を他人へ移す能力が彼らに充分備わっていない場合にみられると考えた。ある種の神経症的なひとびとのこのような行動とは、近親相姦的な結合に対する大多数の人間の強い嫌悪感は[32]——たいていの人間はそのような結合を考えただけでおぞましい気持になるものである——鋭い対照をなす。系統発生的に受け継がれてきた近親相姦嫌悪の理論と関連するところの特別に強調されたこの反感は、心理学者にひとつの結論を、人類を正当化するために案出されたこの理論と正面から対立するところの結論を導き出す権利を与える。すなわち、かつては近親相姦の衝動や思考は、個体発生的発展においても系統発生史においても、快感の度合いの強いものであって、これがのちになって抑圧され、愛憎感情変遷の原因ともなった、という結論である（『夢判断』三七五頁）。現在支配的な学説と一致している精神分析の側からも、近親相姦行為へのこの反感は系統発生的な基礎の上に立って遺伝された本能では全然ありえないということ、むしろこのような遺伝された本能は、神経症者たちの精神分析が如実に示しているように、ポジティヴな近親相姦傾向であろうということが指摘されねばならない。神経症者たちは幼児期のリビドーをごく近い血縁者たちから分離することが出来ないため、われわれには太古の時代の愛情生活の一断片をしか示してくれない。

この愛情生活を無事に克服することは大多数の人間にとっては、このような誇張された嫌悪感を抱くことによってのみ可能となったのである。この嫌悪感はしかし、兄弟姉妹間の、あるいは父親と娘の間の関係よりは母親と息子との関係にいっそうよく当てはまるように思われる。前二者の関係と後者のそれは生物学的にも心理学的にも全然別な評価がなされねばならないのである。息子にとって姉妹は、単に母親を若くしたような二番煎じには留まらないということを、われわれはこの研究の進行とともに実例によって説明することになるだろう（第八章）。この関連で、「〈娘との〉近親相姦を犯す男は、自分の母親が具現しているタイプの女性を妻に選ぶ傾向を示している」というヘンティッヒの発言（前掲書、二〇九頁以下）も心理学的にみてわれわれには非常に興味深いものである。「〈性の交わりを不潔な行為〉としか思わない論争好きの、喧嘩っ早い、ヒステリックで辛辣な不感症の女性をわれわれは驚くほど頻繁に見出す……彼女たちは煩わしい性の義務を意識的に娘たちに押しつける……がさつで強情な、そして命令的な態度を好む女性に相対するマゾヒズムの軽い兆候……。」ここでは、父親が自分の幼児期における母親べったりの志向を支配的な妻との関係によって充足させ、一方では自身の支配欲を子供たちによってサディスティックに満足させるものであるということが明瞭に示されているのだが、一方われわれは、マルクーゼによってその際強調されたナルシズム的なモチーフ、即ち、両親をして子供たちのなかにみずからの若き日の理想を愛し求めさせるところのモチーフをも忘れてはならない[33]。

もともとは生物学的なこの母親への傾斜がどのように抑圧され、心的に処理され、また一部充足されるかを私は『誕生の外傷』において示そうと試みた[34]。恐らく有機的にあらかじめ定められているこの抑圧のプロセスは、かつては大部分の個人にみられたのであるが、今ではこのプロセスが、血縁者間の結合を主として社会的、経済的見地から禁止する道徳上の命令を作っている[35]。この命令の力が、発展過程で取り残された人間においては、のちの文化爛熟期にみられるように、自然な発展法則から始まったこの抑圧を人工的なやり方で助長強化するか、あるいは、このような試みが失敗した場合これらの人間に精神劣等者、犯罪者の烙印を押すのである。

文化的にみるとこの抑圧の過程は再び、フロイトが近親相姦嫌悪にその原因を求めたいわゆる部族外結婚という事実に反映される。[36] この近親相姦嫌悪は極端な場合、われわれが文学や伝説においてもしばしば見出すであろうように、アーブラハムの指摘したところの、自分自身の家族に対する憎しみになることも稀ではないが、この憎しみは往々にして、極めて強力な、抑圧された近親相姦感情に対する防衛であるにすぎない。[37] 他方この近親相姦嫌悪はあまたの民族大移動の理由であったのかもしれない。なぜなら、家族や郷里からの離脱は、生まれ育った母なる地から強引に身を引き離すことによってのみ可能だったからである。[38]

系統発生的に受け継がれた近親相姦感情の萌芽はもちろんその時々の個別的な発展によって初めてその独自な特徴を獲得するものである。これらの萌芽は然るべく体質的に強調され、のちに強化されるに際して、――このことによって萌芽は成年時代に至るまで強く保持されることが可能となる――われわれの文化が倒錯及び犯罪と規定しているところの実際行動のなかに現われることがあり得る。他方これらの萌芽は、正常に抑圧され、前者とは別な心的処理を受けると無意識的なものになってしまい、時折り夢のなかに再び姿を見せる程度となる。しかし強化が特に烈しすぎたり、固着化があまり早すぎたりすると、のちの抑圧が失敗するか、あるいは部分的にしか持続しないということが判明しているように、近親相姦衝動が、それを防衛しようとする衝動と絶えずまじえなければならない戦いは、性心理的発展の重大な障害のきっかけをもたらすであろう。一方これらの近親相姦衝動は、不充分な抑圧をもつ特にポジティヴな調整条件――これは昇華へと至るのだが――のもとでは、人間精神の最高の創造物としてわれわれが賞賛する仕事を成し遂げる力を与えられるのである。

かくして、ローレーダーが文化育成にとって近親相姦の有する意義を論じるなかで最も強く主張したようなより深い生物学的な意味においてさえ、太古の時代に父親を征服した英雄と自分を同一視する詩人がオイディプスコンプレックスの知的な継承者となったのかもしれない。

（1）近親相姦の関係はこの研究では主として男性の側から考察されるが、このことはまさに芸術家との関連にとって必要とされるものである。女性のオイディプスコンプレックスにはこれとは本質的に別な展開、また別な精神現象がある。一般に、母親に対する息子の関係が中心的な位置を占め、一方父親＝娘関係、また兄弟姉妹間の関係は心理学的には全く別な価値判断がなされる（これについての一般的叙述は本書の一一、一二、一三の各章を参照されたい）。

（2）ダルディス出身のアルテミドロスの夢に関する象徴論のなかでは、母親との同衾の夢についての問題がその他の類型的な夢とともに、自然にそしてまた詳細に論じられている。「ある男が、まだ生存中の母親と同衾する――しかも重なり合って――夢を見るとする。それは、彼の父親が健在であれば、彼とこの父親との間に、他の人間にも普通みられる嫉妬がもとで不和が生じるであろうことを意味する。だが父親が病気であれば、まもなく彼は死ぬであろうことを意味する。この夢は、夢を見た当人が息子として、また同時に男として母親を征服するという意味にほかならない。」（Übers. von Hans Licht, Anthropophyteia IX, 321 f.）

（3）Jahrbuch für psychoanalytische und psychopathologische Forschung, Bd. I 1909.

（4）以来更に幾つかの同じような児童観察記録が精神分析の研究雑誌に発表された。Bäumer-Droescher : „Von der Kinderseele“ における詩人たちの自己証言のなかに興味深い材料がみられる。

（5）Sammlung kleiner Schriften zur Neurosenlehre. 2. Folge, 1909, S. 48 f.

（6）Jahrbuch f. Psa., I., 1909 の C. G. Jung 参照。

（7）これ以外の点でも同性愛は、心理学的な関連からみると近親相姦感情と非常に近い。これについては個々の指摘によって示したい。文学的創造とこのコンプレックスとの関係の詳細な論述はのちの研究に委ねていたのだが、しかしこれはまだ行われていない。

近親相姦が広まっているすべての民族においては同性愛もまた行われている、という事実を例証するものとしてはKarsch-Haack : „Das gleichgeschlechtliche Leben der Ostasiaten, Chinesen, Japaner, Koreaner“ Müinchen 1906. を参照されたい。

（8）„Der Küinstler. Ansätze zu einer Sexualpsychologie“ Wien und Leipzig 1907.

（9）「民族精神」の産物をもこの観点に立って考察することの根拠については、神話に関する私の研究 „Der Mythus von der Geburt des Helden“ 1909. 及び „Die Lohengrin Sage“. 1911. を参照されたい。

（10）„Der Wahn und die Träume in W. Jensens, Gradiva“ 1. Heft der Schriften zur angew. Seelenkunde. F. Deuticke, 1907. (2. Aufl., 1912).

（11）スタンダールの自叙伝『アンリ・ブリューラールの生涯』では、スタンダールが父親に抱いていた嫌悪の情が繰り返し表現されている。ある日彼は、「一滴の好意」をも感じない父親と一緒にいなくてさえよければもう何も望まないような自分に対してみずから釈明を求めるのであるが、その時彼は、自分はひょっとして怪物ではなかろうかと自問する。

（12）„Philipp Nathusius’ Jugendjahre“ (von Eleonore Fürstin Reuß, Berlin 1896) という、手紙と日記で構成された伝記のなかには次のような箇所がある。「フィリップは早熟で賢い子供だった。非常に優しく従順であった。〈お母さん、ぼくはお母さんとしか結婚しないよ！〉彼は少年の頃こう言った。また彼は四歳年上の姉のスカートをつかんで言った。〈お姉さんは磁石で、ぼくは鉄なんだ。〉」(Zeitschr. f. Sex. Wiss., VI, 39)

（13）イギリスの作家バリーも同様に、自分の小説の女主人公はすべて自分の母親に似ていると語っている。

（14）この種の試みで成功したものとしては、グリルパルツァー『夢は人生』についての Stekel の分析を挙げねばならない。(„Dichtung und Neurose“ S. 42 ff.)

（15）個々の詩人の人生にとって近親相姦の有する意味を Sadger は病理学・心理学的研究によって例証しようと試みた。次の著書を参照されたい。„C. F. Meyer“, Wiesbaden 1908. „Aus dem Liebesleben Nikolaus Lenaus“, Wien und Leipzig 1909. „Heinrich v. Kleist“, Wiesbaden 1909.

（16）「若い男たちが年上の女性に抱く不思議な愛着というものは確かにある。以前は私自身思い当ることがなかったので、そんなことは笑いとばしていた。そして私は、男たちがほとんど免れることの出来なかったのは乳母や子守女の優しさの想い出である、というのは悪意のある言い草であると主張していた。」（ゲーテ『ヴィルヘルム・マイスターの遍歴時代』）

Alexander v. Gleichen ＝ Rußwurm：„Freundschaft“ も参照されたい。「男女間における友情の最も望ましい可能性が与えられるのは、女性が母親としての資質を非常に強く備えていて、しかも彼女の母性愛が、それまでノーマルなやり方では全然求められなかったか、あるいは求められたとしてもわずかであったという場合である。女性は、精神的な創造活動を行う人間、特に芸術家や詩人たちがほとんど子供同様に女性の保護と世話を必要としていることを本能的に感じ取るのである。また男性の方が父親らしい感情を特に強く表わし、女性が信頼の念をもって仰ぎ見る助言者、教師、師匠になる場合にも男女間の友情は生まれる……。」

(17) „Beiträge zur Psychologie des Liebeslebens, I. Über einen besonderen Typus der Objektwahl beim Manne“ (Jahrb. f. psa. Forschungen, Bd. III, 1911).

(18) Rank : „Belege zur Rettungsphantasie“, 1911. 参照。現在では „Der Künstler und andere Beiträge zur Psychoanalyse des dichterischen Schaffens“ 4. verm. Aufl., 1925, S. 134 ff.) に収録。

(19) „Sexualfragen“ Leipzig 1909, S. 45. ——既に一八九一年 Westermarck は、すべての性的抑圧は近親相姦に対する反動から生じたのだという興味深い見解を述べている (The History of Human Marriage, S. 155)。

(20) „Die Folgen der Blutsverwandtschaftsehen“ (Sex. Probl., Nov. 1911).

(21) „Die Urgesellschaft“ Deutsche Übers. Stuttgart 1891.

(21a) P. Näcke im Arch. f. Krim.-Anthrop. Bd. 20, 1902, S. 106.

(22) „Der Mythus von der Geburt des Helden“, 1909, 2. verm. Aufl., 1922. も参照されたい。

(23) 特に Róheim : „Nach dem Tode des Urvaters“ (Imago IX, 1923) 並びに Th. Reik の宗教・心理学上の著作を参照されたい。

(24) それ以後 Internat. Psychoanalytischer Verlag, 1924. にも収録。

(25) 特に Beate Rank : „Zur Rolle der Frau in der Entwicklung der menschlichen Gesellschaft“ (Imago X, 1924) を参照されたい。また Bronislaw Malinowski : „Mutterrechtliche Familie und Ödipuskomplex“ もある。

(26) „Wandlungen und Symbole der Libido“ (Jahrb. f. psa. und psychopathol. Forschungen, IV, 1912. Auch separat im Verlag F. Deuticke, Wien 1912). また H. E. Ziegler も参照されたい。彼はフロイトとは関係なく比較生物学的考察に基づいて次のような結論に到達する。「真の愛の民族的根源は母性愛にある……民族的にみると、父親の愛もまた異性間の愛も母性愛を出発点とする。」(Neue Weltanschauung, 1913, 11.)

(27) Westermarck („Gattenwahl, Inzucht und Mitgift“. Die neue Generation. Januar 1908.) 参照。彼は、近親相姦に対する本能的な嫌悪は自然淘汰の結果であると考える。„Sexualfragen“ (S. 40 ff.) も参照されたい。

(28) „Zur Kritik des Begriffes und der Tat der Blutschande“ Sexualprobleme, März 1908. ——更に „Vom Inzest“ (1915, S. 13) には次のようにある。「いわゆる近親相姦の概念、観念は人類の歴史においては比較的新しい事実であり、近親相姦への嫌悪は文化の落とし子である。」

(29) Hentig und Viernstein : „Untersuchungen über den Inzest“ (Heidelberg 1925) 参照。「近親相姦以上に、裁判に附せられた

件数よりも実際に多く発生している犯罪はほとんどない。」（一八八頁）近親相姦への更にもっと頻繁な傾向を Hentig は「近親相姦遺伝気質」（Inzestoid）と名付けている。

同じく Többen („Über den Inzest“, Wien, Deuticke, 1925) は、「それらは一般に想像されているよりは、また犯罪統計の数字が示しているよりはるかに多い」と言っている（二六頁）。

（30）これに関しては Hentig の次のような適切な発言がある（前掲書、一四〇頁）。「社会が処罰をもってみずからの存続の目的に奉仕するのか、あるいは自身を罰するのかをわれわれは問わねばならない。」

（31）„Die Stellung der Verwandtenehen in der Psychologie der Neurosen“ (Jahrb. f. psychoanalyt. u. psychopathol. Forschungen, I, 1909).

（32）Westermarck (Sexualfragen, S. 40) は次のように言っている。「近親相姦への嫌悪感は明らかにほとんど全人類に共通している。」

（33）„Vom Inzest“ (1915), S. 44. 現在では „Handwörterbuch der Sexualwissenschaft“, 2. Aufl., 1925, S. 30 f. にも収録。

（34）S. Ferenczi : „Versuch einer Genitaltheorie“ (1924) 及び S. Freud: „Der Untergang des Ödipuskomplexes“ (Intern. Zeitschrift f. Psa., X, 1924) 参照。

（35）Freud : „Drei Abhandlungen zur Sexualtheorie“ 参照。

（36）『トーテムとタブー』中、未開人の「近親相姦嫌悪」に関する第一章を参照されたい。更に Abrham : „Über neurotische Exogamie“ (Imago, III, 1914) がある。―― Frazer に対して H. Fehlinger は „Die Entstehung der Exogamie“ (Sexualprobleme, VII, 1911) で反論している。

（37）S. Reinach のすぐれた論文 „Le gendre et la belle mère“ (L'Anthropologie, Déc. 1911) には、北米インディアン、アフリカの黒人、オーストラリア原住民たちにおけるこれと似たような近親相姦「回避」がみられる。

（38）Boelsche によれば、移動衝動は動物たちにおいてすら近親相姦を防ぐものであるという。――精神病者たちの病的な移動衝動は普通両親の家からの逃亡であることが判明している。心理学的に言うと、これは近親相姦コンプレックスに対する恐怖である。オイディプスもまた他国へ移り住むことによって（部族外結婚）これから逃れようとしたが果たせなかった。――同じように Hentig も、犯罪、特に思春期の犯罪を近親相姦コンプレックスの枠内で捉え、これを「拒絶の社会的表現形式」であると考える。これは「離脱を目指しており、社会形態への反抗や違反行為のなかにさまざまなかたちで潜んでいるものである。恐らくは巣立本能、近親相姦恐怖のもっている有機的な攻撃性から若い世代の好戦的な精神態度をも説明することが出来るであろう。動物たちにおいても、交尾期になると群れは散り散りとなり、対《つい》になるおすとめすは群から離れて行動する。」（一六一頁）

圧倒的に強力な固着化への典型的な反動とみられるこのような実家や家庭からの逃亡的離反は、ほとんど常に詩人としての人生の歩みを開始ないしは促進するきっかけともなり、幼児期の源から生ずる同じ固着化（たいていは愛の対象への）が、防衛の相関概念として考えられる逃亡（フロイト『夢判断』）によって強引に破られるたびに繰り返し人生に現われるのである。ゲーテは、自分の旅行はいつも逃亡のようなものであったと繰り返し告白している。同様にシラーのシュトゥットガルト脱出は両親コンプレックスからの暴力的離反である。のちになっても彼は同じようにしてマンハイムから、そしてドレースデンから逃げ出しているが、これは迫り来る愛の固着化を避けるためのものであった。ワーグナーのドレースデン脱出もこの種のもので、彼はこの脱出によって最も充実した創作期を迎えることになったのである。シェイクスピアも家族から離れてロンドンへ逃げ出した。更にヘッベルは少年時代両親の家を逃れてハンブルクへ旅立ったし、またイプセンの家族離反もこの種の逃亡に属するものである（「いいかい、ぼくは両親から、家族全員から永遠にのがれて来たんだよ。」〔ビヨルソンへ宛てた一八六七年十二月九日付ローマ発信の手紙〕）最後にクライストの病的な逃亡旅行衝動が挙げられるが、Sadger はこれを「連想反抗」であると解釈している（„H. V. Kleist", 1909）。またグリルパルツァーにとっても、彼の兄弟カールの強迫神経症にとっても「旅」は重要な役割を演じている（本書第二〇章参照）。しかし神経症者たちの逃亡への試みと、思春期にある正常な人間のそれがわれわれに示してくれるのは、ここで本当に重要なのは、試みて達せられなかった内面の離反と両親コンプレックスに対する精神の防衛との外的相関関連であるということである。近親相姦コンプレックスと旅への衝動との関係を Winterstein は „Zur Psychoana lyse des Reisens" (Imago I, 1912) で追求した。

第二章　近親相姦劇のタイプ(1)

――オイディプス、ハムレット、ドン・カルロス

芸術作品の発生史は芸術の発生史である。例えば、人間精神がそもそもどのようにして悲劇を作ったのかを知りたいと思う者は、もしシェイクスピアがわれわれにどのようにしてハムレットを、あるいはリア王を書くに至ったかを教えてくれていたならば、それを知ることが出来るだろうに。

ヘッベル

古代ギリシャはその素朴なものの見方によってひとつの伝説素材をわれわれに提供してくれた。それは父親殺しと母親との性的交わりについての神話的形象において、紛れもなく子供の原初的な願望衝動が大人のこととして実現されていることを示している。この神話の内容は、こんにちでも多くの人間が見ている類型的な近親相姦の夢と驚くほどによく一致している。だから、神話を作り出すのは夢を作り出すのと同じ心的諸力であるばかりでなく、神話と夢というこの二つの創造物における心的諸過程もまたごく似通ったものとみなすことが出来るのではないかと想定せず

にはいられない。[2] こうした認識の上に立ってフロイトは、夢判断との関連でこの神話の、即ちオイディプス伝説の心理学的源泉を発見することに成功した。「オイディプス物語は、二つの類型的な夢（父親の死と母親との性的交わり）に対する空想の反作用である。そしてこれらの夢が大人にあっては拒絶感情をもって体験されるように、この伝説も恐ろしさと自己処罰をその内容に盛り込まねばならない。[3]」もっとのちの文化期になるとこれらの原始的な空想は神話を形作る民族の心のなかでは消滅してしまい、わずかな人間――そこには芸術家たちも含まれる――の心のなかでのみ生き続ける訳であるが、その時に詩人は無意識の強い衝動に駆られてこの伝説素材へ手を伸ばし、これを模しながら自分自身の手段でもって新たに形成し直し、そうすることによって、充足を求める願望衝動から、またそれに附随する苦痛に満ちた防衛感情から、要するに自分の最も深いさまざまな心的葛藤からみずからを解放しようとするのである。詩人の興味を捉える素材と、彼の最も奥深く隠されている空想の内容とのこのように密接な、しかし詩人には決して意識されない関係を、われわれは既にここで以下の細部にわたる研究の結論として先取りして差し支えないであろう。それによりわれわれは、あらゆる時代の最もすぐれた詩人たちが近親相姦モチーフに対して示してきた強い愛着を説明したいと思う。幼児期にオイディプス的態度がきまって現われ、やがてその内容が不快に感じられ、そのためにこれが強く排斥されるに至るということ、しかもこれらが無意識のなかから大人の感情や空想の営みに対して強力な影響を及ぼすということを考えてみると、この近親相姦のテーマがどうして普遍的な演劇的効果をもち得るのか、またこのテーマがどうしてこうもしばしば文学において取り上げられるのかが理解出来るように思われる。幼児期に活発に働いていて、のちにも充分には処理されないでいるこの性愛的な空想が、文学上の素材選択、なかんずく選ばれたテーマの形成にどんなに強く、またどのような仕方で作用するかは、同じ基本テーマのさまざまに異なった特徴的な表現形式をざっと比較してみることによって一目瞭然となる。このような考察によって、文学的創作過程の若干の本質的な諸点についての洞察が得られるのみならず、このメカニズムが文化の発展に伴ってある種の法則的な修正を蒙るものであることも認識されることになる。このような修正は、人類の精神生活において原始的な性愛的衝動や空想の抑圧がますます強力に行われ進行するという事態に基づいてのみ理解されるのである。アッティカの悲劇作家ソポクレスの『オイディプス王』に示されている近親相姦テーマの劇的表現のなかには性愛的な願望実現がなお歪められることなくそのままのかたちで認められるが、それはこの心的抑圧の原則に対応している。そこで、抑圧の進展の作用を示すひとつの典型的な例として、この単純な神話素材から創作された近親相姦劇を他の二つのドラマ〔ハムレットとドン・カルロス〕との関連において包括的に考察することをお許しいただきたい。その二つのドラマはそれぞれ遠く隔たった文化期に属するものであるが、しかしやがて明らかになるように、それらはその作者たちの精神生活における同じ無意識的源泉から生まれたものなのである。

ソポクレスがそのドラマ化に際してかなり忠実に従っている伝説によれば[4]、テーバイの王ライオスとその妃イオカステの息子オイディプスは生まれてすぐに捨てられる。それは、子宝を熱望する父親に、お前は息子によって殺害されるよう定められているという神託が下されていたからであった。捨て子の宣告を受けたこの乳飲み児は牧者たちによって命を救われ、ある他国の王家の王子として成長する。やがて彼は自分の出生に疑問を抱くようになり、そのことで神託にうかがいをたてる。そして彼は、故郷に近付くな、さもなければお前は父親の殺害者となり、そして母親の夫となるであろうとの答を得る。自分では故郷だと思い込んでいる地を後にした彼は道中ライオス王と出会うが、自分の父親とは知らず、争いとなってこれを打ち殺す。やがて彼はテーバイの街はずれにやって来て、そこでこの街に災禍をもたらしていたスフィンクスの謎を解く。それに対する感謝のしるしとしてテーバイの民からこの街の解放者のために提供された報賞を与えられる。即ち、彼は王に叙せられ、みずからの母親であるイオカステを妃とするのである。彼は長い間ひとびとから敬われながら平和のうちに国を治め、それとは知らずに自分の母親との間に息子二人と娘二人をもうける。やがてある時、街にペストが発生する。この疫病から逃れるてだてを神託に問うていたテーバイの民は、派遣した使者から、ライオスの殺害者がこの国から追放されるならば即座にペストは治まるであろうというお告げを聞く。——この使者たちの帰りを待つところからソポクレスのドラマは始まる。フロイトの言葉を借りると、「このドラマの筋の本質はまさに、——精神分析の仕事にも比べられるものであるが——ほかならぬオイディプスがライオスの殺害者であり、同時に、殺されたライオスとイオカステの息子であるという事実が、刻一刻と迫真力を増しながら、しかもまた巧みに先へ引き延ばされながら暴露されてゆくことにある。それとは知らずして犯した自分の凶行に大きな衝撃を受けたオイディプスは、みずから盲《めし》いて故郷を後に放浪の旅へ出る。」『夢判断』では更に次のように続けられている。「彼の運命がわれわれの心を動かすのは、専らそれが、われわれの運命にもなり得たであろうという理由からである。最初の性的衝動を母親に向け、最初の憎しみと暴力的願望を父親に向けるというのは、ひょっとしたらわれわれすべてに定められた運命であったのかもしれない。われわれはこのことをわれわれの夢によって確信することが出来る。自分の父親ライオスを殺害し、母親イオカステと結婚したオイディプス王は、われわれの幼児期の願望成就にほかならない。……しかしあの太古の時代の幼児願望を成就したこの人物に対してわれわれは、われわれの心の内面にあるこれらの願望がそれ以来蒙ってきた抑圧の全量をもっておののき尻込みするのである。」（前掲書、一八二頁）

それから二千年ののちにこの普遍的に人間的なテーマは、もとより全く別なかたちにおいてではあるが、最も偉大な詩人のひとりに再びドラマの素材を提供することになる。それはシェイクスピアの『ハムレット』である。——実に多くの注釈が加えられてきたこの作品の心理学的理解の鍵をもフロイトは『夢判断』で与えている（一八三頁、注）。「ハムレットはすべてをなすことが出来る——〔彼は激し易い情熱に駆られて、壁掛けの背後で立ち聞きしていた男を刺し殺し、彼の命を狙う二人の友をためらいなく殺してしまう〕——、ただ彼に出来ないのは、自分の父親を亡き者とし母の夫の座を占めるに至った男、抑圧された自分の幼児的願望の実現を示しているこの叔父への復讐だけである。そして彼を復讐へと駆り立てる伯父への憎しみは彼にあっては、自己非難、良心の苛責に取って代られていて、それらが彼に向って、〈お前自身は、お前によって罰せられるべきあの罪人よりもよい人間ではないのだ〉と非難しているのである。ハムレットの心のなかでは無意識であったものを、意識のなかに移し変えればこういうことになる。」ハムレットの物語とオイディプスのテーマとの類似性はこの解釈によればまことに明瞭である。だがしかし、ここでそもそもこのような解釈を必要とするという事態が既に、烈しい反対衝動と強い歪曲傾向が働いていることを示している。「同一の素材が異なったやり方で取り扱われているということのなかに、二つの遠く隔たった時代の精神生活の大きな差異が、つまり人類の感情生活における抑圧の世俗的進行が明瞭に表われている。オイディプスにおいては、基礎となる子供の願望空想が夢のなかでのように明るみに出され、実現される。ところが、ハムレットにおいてはそれは抑圧されたままであり、その存在をわれわれが知るのは――神経症患者の場合と同様――それから生じる抑圧作用を通してのみなのである。」

それから更に二百年ののち、この典型的なモチーフはシラーの『ドン・カルロス』において再び姿を現わす。そしてここでもまた、素材の扱い方をみると人間の心的生活において抑圧が更に進んできていることがわかる。つまり、オイディプスにおいて近親相姦空想は現実化され、従って息子は――もちろん自分ではそうとは知らずに――母親と交わるし、またハムレットにあっては、抑圧が進行したため母親に対するこの恋情の裏面だけが、つまり嫉妬の入りまじった憎しみだけが現われるのに対して、カルロスにおいてはこの願望への拒否が既に非常に強く行われているから、息子によって求められるものはもはや血の繋がった母親ではなくて継母なのである。それは、息子にとっては「母親」という名前をもっているだけで、血縁のある女性ではない。しかし自分の実の父親の妻ではある訳である。またオイディプスにおいては、息子が母親を他人であるとみなしているという事情がまさに彼らの性的交わりを可能にしているのに対して、カルロスにおいては、母親が他人であるにもかかわらず、従って不快な障害は取り除かれているにもかかわらずこの交わりは不快なままである。というのは、それに対する内的な抵抗、詩人の防衛衝動があまりにも強くなっているからである。つまりソポクレスにおいては母親と息子の近親相姦は、近親相姦空想の実現への願望が二人の血縁関係の認知を先に延ばすことによっていわば無意識的に正当化されているのであるが、シラーにあっては、母親への忌まわしい恋情への防衛が筋の設定を継母と息子という関係に緩和しているのである。

抑圧の進行が明瞭に示されているのは、父親に対する関係の異なった扱い方についてである。オイディプスにおいては、母親への息子の性的情熱の発現に対しては内的な抑制はごくわずかしか行われない。この愛の空想の実現を阻む外的な障害を息子はためらうことなく取り除く。悲劇の始まった時点で、彼はずっと以前に父親を殺してしまっているのみならず、そのことについての記憶もすべて失って（抑圧して）いる。彼は父親殺しの衝動を防衛するため自分の父親を他人と考えているのである。これに対してハムレットでは父親が死んでからあまり時間は経っていなくて、彼についての記憶は息子のなかではまだ非常に強く残っている。そのためこの記憶は「亡霊」の姿をとって母親と息子の間に現われるのである（第三幕第四場）。しかしながら、ハムレットは母親をわがものとすることはないし、また父親を自分の手で殺すこともなかった。彼はこの両方の願望衝動を――その激しい欲望とそれを抑えようとする強力な防衛衝動とのいわば妥協として――「叔父」によって実現させるのである。ドン・カルロスにおいては実の母親に対する性的な愛情がいわば半分しか母親でない女性（父親の妻）、しかし他の半分はやはり彼の恋人である女性（かつての婚約者）への恋慕の陰に隠れてしまっているのだが、それと同じようにハムレットにあっては実の父親に対する憎しみのこもった嫉妬心は、「叔父であり父である人《アンクル・ファーザー》」（第二幕第二場）に対する正当な憎悪の背後にたてこもっている。ハムレットの激しい嫉妬と憎悪の感情が本来は実の父親に対するものであり、この感情を「叔父」という代りの人物へと逸らすことが、この忌まわしい衝動を隠し、また正当化するのに役立っているのだということは作品そのものによって試すことが出来る。つまり、母親への恋慕のため父親に嫉妬心を抱く息子という基本的な図式をそれと認識するためには、亡霊のエピソードをドラマの構造からちょっと外してみさえすればよい（これは分析のためには許される手続きであろう）。この図式でいくと、クローディアス王はもちろん、息子の憎しみが向けられる実の父親として姿を現わすことはないだろう。しかし、これをあからさまに出すことは詩人の強い抑圧傾向に反する。従って母親の愛情を求める憎まれ役の恋仇は「継父」というかたちに緩和される。この人物はドン・カルロスにおけるあの継母に相当するものである。この意味においてクローディアス王もまたやはり半分はハムレットの父親であり、従ってその恋仇であり敵対者であることになる。だがその半面、父親の殺害者として、また父親に代って母親を獲得したものとしての彼は、ハムレットの願望の体現者でもある[5]。つまり、ソポクレスにおいては実際に息子が父親を殺すのに対して、シェイクスピアにおいては父親はいわば半死の状態で（「亡霊」として）姿を現わす。即ちこのことは、父親を殺したいと願い、またそのような亡霊の姿で出てこさせようとする息子の強い無意識的欲求の表われにほかならない。一方しかし、父親は継父のマスクの背後に隠れて生きており、息子はこのように身を隠している状態でのみ父親を殺すことができる。それはオイディプスがその正体を知らないままに父親を殺すのと似ている。ところがシラーの場合には、父親はまだ現実に生存しており、生身の姿で母親と息子の愛へと割り込んでくるのである（『ドン・カルロス』の最終場面は「王二人の間に立つ」とある）。

従って『オイディプス王』も『ドン・カルロス』も読者に強い印象を与え、高く評価された芸術作品としてその作者たちの内面生活と、同時にまたその時代の最も秘められた感情をも具現しており、この二つの作品は精神生活の抑圧過程における二つの極を示している。オイディプスにおいては実の父親はとっくの昔に殺されており忘れられているが、母親の方はそれとは知らず自分の息子と結婚生活を送っている。つまり、ここではまだ息子の二つの幼児願望は完全に達成されている。それどころか大人の愛情生活の次元においてさえも達成されているのである。これに反してカルロスにおいては、この二つの願望が実現されていないのみならず、ドラマはその願望に対する誇張された反動作用のうちに進んでゆく。これらの反動作用は、今や恐れられるに至った願望成就に対する防衛手段であるような印象を与える。実の母親はとっくにいなくなっており（彼女は息子を生んだ時に死んでいる）、また父親の方はアプリオリに宿敵として、また猜疑心の強い恋仇として息子に相対している。これらの願望衝動に対する内面的な防衛は、今やこのようにも強力なものとなっているのである。こうしてわれわれは、継母のテーマならびに息子に対する極度の憎悪というモチーフ（『ドン・カルロス』）のなかに、本来はポジティヴな近親相姦空想（『オイディプス』）の二つの抑圧形態を見出す。そのひとつは、われわれに禁じられた近親相姦願望のいや増す抑圧を、しかしまたその願望の可能な実現への打開策をも示してくれているのに対し、他のひとつはこの抑圧過程の方向を示してくれる。この過程の目指すところは、まず父親に対する息子の忌まわしい憎悪心を抑制し、やがて今度は父親に息子自身を罰せさせることによってこの憎悪を勧善懲悪の道へと導き入れるのである（ドン・カルロスは父親の命令で死んでゆく）。

かくしてカルロスの素材はシラーの作品においてオイディプス伝説のアンチ・テーゼになっているのだが、シェイクスピアの『ハムレット』のなかにわれわれは、この過程の転回点を認めることが出来る。ここでは抑圧は、いわば半分しか行われていない。従って願望のひとつだけが、つまり父親の死への願望だけが、少なくとも部分的に達成されている。母親に対する性的な愛慕はほとんど完全に背後に押しやられ、反対の感情の陰に隠れてしまっている。このことはハムレットの（オフィーリアに対する）性的拒絶のなかに明瞭に現われている。しかし根源的な母親恋慕はなおも、個々のそれとない言動のなかににじみ出ている。なかんずく、既に触れた第三幕の壮大な場面（第四場）においてそうであって、そこではハムレットが母親を激しく非難するのであるが、この非難の言葉からは愛を拒絶された者の嫉妬がはっきりと窺える。例えば、おやすみの言葉のなかで彼は母親に警告する。「夜は我慢するのです！……行ってはいけませんよ、叔父〔（継）父〕の寝床へは。」われわれにとって興味深いのは、彼の非難がほとんど、母親が父の死後急いで行った再婚[6]にのみ向けられていて、この殺人行為に対する彼女の共犯の疑い、または賛同的な許容態度は不問に付せられているという事実である。つまり、彼が母親に腹を立てているのは、彼女が自分の結婚の義務に従うことによって、いわば息子が母親に無意識のうちに託していた愛の望みを奪ったがゆえであるかのようにさえ思われるのである。母親への恋慕と同様父親殺害の願望もまた、ハムレットにおいてはもはやオイディプスにおけるように素朴には表現されていない。強力な防衛衝動によって作り出された二重のヴェールの背後にあって、ようやくこの願望は満足を見出すことが出来るのである。作者は先王の殺害をその弟クローディアスの手[7]でなさしめ、そうすることで父親殺害という苦しい衝動を息子の心から取り除いているかに見える。しかしながらこれによって、本来父親に向けられていた息子の嫉妬に満ちた憎悪は、そのまま父親の代理人たる継父へと向け変えられたにすぎない。この中間的人物を得ることによって息子の敵愾心はいっそう公然と表わされるのみならず、この藁人形に転嫁された犯罪行為によって正当化され、いやそれどころか更にこの敵愾心は高貴な心情から発する父親の仇討ちという大義によって動機付けられることにもなるのである。従ってここでは、耐え難いほどの父親憎悪の防衛によってこの憎悪感情の価値転換が行われる結果となったのであって、われわれはこれを神経症に陥ることなく見事に昇華が成功した一例と言うことも出来よう。つまり、もともとは父親に向けられていた憎しみの衝動が、父親の殺害者である継父へと移され、そして継父に対する敵対的憎悪を作者は、烈しく復讐を求めるところの父親へのありあまるほどの愛から発するものであるかのように仕組んでいる。しかしその息子は、この中間的人物に対しても殺害を実行することが出来ない。なぜならば彼はこの人物のなかに、ハムレット問題のフロイトの解決法に従うならば、自分自身の不快な願望衝動が具現しているのを認めざるを得ないからである。だがその一方では、息子が自分の叔父にして継父である父の殺害者に復讐することが出来ないのは、この継父が彼にとっては父親の二番煎じでしかないためでもある。ここで浮かび上がってくるのは九頭の蛇ヒドラのイメージである。殺された父親のあとに青白い顔をした彼の似姿が現われ（亡霊）、これが父親の弟というかたちで新しい父親（継父）に、即ち父親と同じような要求を母親に行うところのひとりの男に化身するのである。一方では先王の殺害によって事態は息子にとって全然変らなかったように思われ、他方ではこの出来事が余計なこと、無益なことであったようにも見える。というのは、ここでは亡き父（亡霊）への想いと、なお生存中の父親とがともに、オイディプスにおいては父親殺害という単純な行為によって可能となった息子の恋愛関係を妨げているからである。ハムレットにおいてはいかに近親相姦的感情全体が父親殺害という願望に集約されているか、このことを示しているのが、これまであまり注意されなかったひとつの細部である。これもまた、いわばひとつの隠された父親殺しを表わしている。即ち、ハムレットは殺害行為を父親から継父へと移していったのであるが、今や彼はその衝動を、父親の似姿としかみえないこの叔父から、まるで父親のように自分と母親との間に割り込んでこようとするポローニアスへと振り向けるのである。だが、このもはや血縁関係にはない第三の父親の化身をもハムレットは、その本当の意味を知らなかったからこそ、またこの人物の背後に父親の正体を認めなかったからこそ殺すことが出来たのである。寝室の壁掛けの背後で立ち聞きしていたこの老人の殺害は意図的なものではなかったが、この殺害がハムレットにとって父親殺しの意味をもっているということは、殺したあとの、「これは王（父親）ですか？」という彼の冷静な言葉ですぐに判明する。ここでもまた、王妃たる自分の母親に近寄る恋仇に対する強い憎しみが表われ出てくる。目の眩んだ自分が罪のないポローニアスを殺したことに気付くことによって、恋仇としての嫉妬の混じった憎悪のこの偽装的な満足も無効となり、再び憎しみの感情が強く燃え上がることになる。ハムレットは、他の人物（クローディアス、ポローニアス）によるこうした父親代用のなかにある自己欺瞞を、いわば無意識的に見抜いている。「殺害された父親の亡霊」は彼を苦しめ続け、遂に彼は公然と、みずからの手で母親の夫、つまり（継）父を実際に殺すに至るのである。しかし彼はそうすることによって同時に、叔父という人物に託していた彼自身の願望、即ち父親の殺害と母親の占有という願望の具体化をも打ち砕くことになるのである。従って彼にはもはやいかなる望みもなく、「あとは沈黙」だけとなる。

無意識的な心の働きの研究によって、一見ごく当然のように思われる心的現象の複雑さを過小評価しなくなっているひとであれば、われわれが今行っているこの解釈の試み――これはわれわれの研究が進むにつれて決定的な幾つかの点において更に支持されることになる筈であるが――がもたざるをえない多面性に気を悪くされることはないであろう。むしろそのひとは、この解釈を細部の点では極めて不完全なものとは思われるであろうが、しかしその大枠においては、文学的創造と夢作業の産物との、また精神神経症のそれなりに芸術的に構築された症候との驚くほどの類似性を認めて、衝動の力とこれらの精神活動のメカニズムとの内面的血縁関係についてはいかなる疑問をも差し挟まれないであろう。しかしながら、文学作品と夢作業の産物ならびに精神神経症の症候との親近性をこのように暫定的に指摘したからといって、芸術家が神経症者であるなどと主張するつもりは全くない。そのようなことは、われわれの理論的見解に反するものでもある。そうではなくてわれわれが主張したいのは、実例がしばしば示しているように、芸術家は心理学的にみて神経症者と非常に近い関係にあるということであって、このことはわれわれの前提と期待にぴったり合致するものである。というのは、芸術家のなかにはなにも超自然的な力が働いているわけではなく、彼の創造する作品はむしろ神経症者の作り出すもの、更にまた正常人の精神活動の成果――その第一が夢である――とも極めて緊密に結び付いているからである。しかしこの正常人の精神的成果をわれわれが研究するに至ったきっかけとそれへの通路を提供してくれたのは、まさしく精神を病む人たちの苦しみにほかならなかった。彼らは正常な感情をいっそう鮮烈かつ明瞭にわれわれに示してくれたのである。だが、その〔正常と異常の〕間の境界線をここで――自然において常にそうであるように――厳密に引くことは出来ない。両者の混合形態も極めて頻繁に多様なかたちをとって現われるので、このような区別はただ理論的な意味をしか要求し得ないであろう。正常なかたちで夢を見ているに違いない詩人も、実際には相当多くの神経症的な特質を備えもっているだろうと思われるのだが、これらの特質についてもっと詳細な研究がなされなくてはなるまい。しかし、決定的な要因は原則的な対立のなかにではなく、微妙な段階的な差異のなかに求められるであろう(8)。

劇作品のメカニズム

われわれの空想の所産はそれゆえ、つまるところわれわれ自身にすぎない。

シラー

夢見るひとと神経症者の中間にある詩人の、今のところはまだはっきり定まってはいないこの心理学的位置をもっと明瞭に性格付け、更に厳密に規定しようという試みは、取り敢えずは意図したところとは逆の結果を招くように思われる。即ち正常な人間の精神事象、病的な人間のそれ、そしてより高い価値をもった人間のそれの間の境界が完全に消えてしまうことになるのである。なかんずく、芸術的な精神的活動を大きく特徴付けているように思われるのは、フロイトが(9)『夢判断』のなかで明らかにした、そして神経症的な症状を解決する場合に有効であることが判明した心的な現象一般のメカニズム、即ち抑圧と圧縮のメカニズムである。われわれはこれまで意図的にこれらの専門用語(10)を避けて、私的な感性に適合しようとするような比喩的な表現方法を用いてきた。しかしわれわれがこれらの比喩をわれわれの心理学上の用語に翻訳しなければならないのは、このメカニズムが文学的創造に対して行う最も重要な関与を明示する場合だけでよい。われわれは「血縁」(blutsverwandt)者と「他」(fremd)人という反対語でもって、個々の人物を心理学の面から解釈しようと試みたのであるが、この反対語は、近親相姦感情を文学作品化する際に行われる抑圧過程の比喩的表現にほかならない。母親に対する息子の性愛的な度合いの強い愛着の正常な抑圧を明示する場合にも、意識して直観的・文学的な比喩を用いるのが最も効果的である。つまり、性的な関係において言うならば、母親は恋慕している息子のため他人にならねばならないし(オイディプス、カルロス)、また息子は彼の性的な感情を他人の女性に向けることを学ばねばならない。もちろんこの他人の女性たちの背後には、詩人たちが率直に明かしているように、母親のイメージが隠れている。文学的表現はわれわれに、この抑圧のメカニズムをいわばそれが活動している姿で示してくれるので、われわれは血縁者から他人への変貌をいわば共に体験することになる。しかしわれわれはまた、あからさまな近親相姦の夢のなかにこの抑圧が揚棄されたかたちで再び姿を現わすのを認め、また抑圧が完全に失敗するとこれが神経症へと至るということも予感するのである。

抑圧の度合いが高まってくると必然的に第二の心的過程が生じるが、これを認識することは文学的創造の理解にとって極めて重要である。類似する思考や観念、また相反する思考や観念も相互に緊密な関連をもっているということは、ずっと以前から知られている意識心理学の諸法則に一致している。ところで、無意識的な心的過程にもこれと似たような法則が当てはまるように思われる[11]。即ち、無意識のなかへと抑圧された観念は同類の観念によって強化され、相反するそれによって統一され、そしてこれらと融合して新しい混合結合体を形成する。無意識的観念の圧縮という この過程がドラマの創造に決定的に関与しているということは、われわれに親しいものとなった夢の営みと比較すれば容易に理解される。この精神活動を差し当って特徴付けるためにも、文学上の人物たちの背後で働いている感情衝動を分析する際われわれに浮かんでくるところの比喩を、意識的な心理学上の認識のなかへ移し置けばそれで充分である。われわれは、個々の文学上の人物たち(特に『ドン・カルロス』における継母と、『ハムレット』における継父)がさまざまな——主として二つのたいていは相対立する——感情衝動の妥協結果を体現しているのではないかという印象を得た。われわれは、これらの人物が、半分は他の半分とは何か違った物を表わしている、という風に比喩的にこの事実を表現した。この見解は、ドラマの人物はさまざまな思考や空想の結合と相互流入とによって生まれたものだということを前提とする。この過程をフロイトはしかし、夢と洒落の形成に際しての圧縮であると説明し、これが精神神経病症候の発生に関与していることをも証明した。これらの症候は、フロイトの研究によれば、例外なく相反する二つの心的な流れの妥協的表出である（『夢判断』三五一頁）。

文学的な精神活動を理解しようとするわれわれのこれまでの努力に際してわれわれは、うまく機能すれば正常な心の働きを保障するが、しかし時折り失敗して神経症的障害の原因となる、そのようなメカニズムの特殊な利用だけをみてきたのだが、文学的創造行為の本質を更に深く探ってゆくと、やはり意識的な心的過程とは明瞭に異なったメカニズムを理解出来るようになる。尤もこのメカニズムは、文学的活動にのみ固有のものではなくて、ある種の病的な精神過程を支配するものでもある。われわれはこれまで、ドラマ作品をわれわれの心理学上の前提に立って、詩人の自己中心的な観点から、つまり子供の感情生活という視点から考察し、詩人を暗黙のうちに主人公と一体化させてきた。この方法は前述の考察の結果その特別な正当性を得たのであるが、この方法を一貫して押し進めることによってわれわれは、ドラマの創作過程についての新たな洞察を与えられる。われわれが三つのドラマのモデルにおいて指摘したように、両親の態度にみられる規則的な変化は現実描写に一致し得るものでもなく、また素材を忠実に再現するものでもないということは容易にわかる。むしろこれらのドラマにおいて両親の態度は、主人公たる詩人の心的欲求の度合いによって強められたり和らげられたりする、という印象を受ける。詩人はこの関係の意図的な形成を、彼の無意識的な幼児期の印象と、その後に形成された感情・空想生活のなかから専ら直観的にのみなし得るのである。彼はこの関係をその自己中心的な立場から誇張して、両親に対する彼自身の感情を正当化し、満足させ、あるいはそれを抑制というかたちで呪い、そしてみずからを罰しようとする。ドラマの人物のこの意図的な形成は詩人の性格描写術の本質をなすものであるが、それは、あるひとつの明白な、それでいてこれまでは利用されることのなかった見解を援用する時思いがけない心理学的意味を獲得することになる。即ち、ひとびとはこれまでドラマとその作者を評するに当たって往々にして誤った判断を下してきたものであるが、その最も大きな原因は、ひとびとが登場人物たちを――彼らは詩人の空想[12]にとっては、それにも増して観客にとっては生身の人間として映るので――現実の人間であるかのように考え、彼らの行動の仕方を実人生の尺度をもって測ったことである。そうではなくて、ドラマの人物たちは――われわれの三つのモデルにおける両親の態度によって示されたように――、詩人のなかにある個々の心的衝動のいわば内的な反映として解釈し得る[13]のだと考えるならば、そこには芸術家とその作品を評価するためのひとつの新しい基礎が得られるのである。このように詩人自身の心的衝動は、ドラマの人物を形成しこれに生命を与えることに私的なかたちで関与しているのであるが、このことによって、一見恣意的にも思われる歴史上の伝承素材の取り扱い方も理解することが出来る。これらの素材は詩人にとっては、いわば自分の感情生活の葛藤を注ぎ込むことの出来る形式としてのみ役立ち得るものなのである。かくして、ドラマに登場する人物たちの行動の仕方は、現実的な観点からは全く不可解に、それどころかあり得ないことのように思われるが、一方これを心理学的に考察してみると充分な意味と完全な正当性をもっている[14]、という事態が生じ得る。この意図的な人物描写の最も極端な形式は、文学的形成力のもうひとつ別の、同じように重要なメカニズムをわれわれに示してくれるのであるが、このメカニズムの働きによって、詩人のある種の心的衝動が外部へ向かって投影され、登場人物として体現され、これらの人物たちが作者である主人公に外的な推進力あるいは抑止力を与える役目を演じるのである。後でわれわれのドラマのモデルによって明らかにされることになる筈のこの投影のメカニズムが、抑圧のメカニズムとある種の対立状態にあるということにわれわれは直ちに気付くであろう。抑圧によって個々の心的なコンプレックスがいわば内的に片付けられ、無意識のなかで処理されるのであるが、これらのコンプレックスは投影過程によって外的な拒絶を蒙る。しかし、抑圧がある思考のいわば機械的な否認であるのに対し、投影は通常、思考の一種の正当化を可能にすべきものである。(15)

さて次に、いわば無意識のなかで続けられる抑圧から、抑圧されたものの圧縮が生じるように、いわば外部において更に続けられる投影からは、行動する人物として体現された心的な衝動がその――たいていは相対立する――元素《エレメント》へ分裂してゆくという現象が起きる。ここでもまた、この分裂が圧縮の反対、圧縮の廃棄のようなかたちで現われるのがわれわれの注意を引くのだが、それは、この分裂という心的過程においてはいわばもともと圧縮されていたコンプレックスが再びその元素へと解体してゆくからである。事態を明瞭にするためわれわれはここで最初の分析に立ち戻っても構わないと思うが、そこではわれわれは、ドラマのある種の人物は相反する面を半分ずつ表わしているという比喩を用いた。この二つの意味はいずれも詩人の無意識のなかでは同一人物に与えられる（アンビヴァレンツ）、つまりその対立にもかかわらず統一的な形姿へと圧縮されるのであるが、外部への投影に際して、また登場人物としての体現化に際しては、もとの独立性へと解体されるのである。かくしてわれわれは、オイディプス寓話の二人の父親（ライオスとポリュボス）ならびにハムレット伝説の二人の父親（先王とクローディアス）のなかに、このような経過を経て独立的となった分裂、つまりもともとはひとつであったのが息子のさまざまな立場によって圧縮された父親形姿からの分裂を認めることになる。息子が畏敬の念をこめて仰ぎ見るような高貴にして侵すべからざる父親が一方に、少年から嫉妬のまなざしで眺められ、死ぬほどの憎しみを一身に担っている父親が他方にいるのである。ここでは、この分裂が、禁じられた衝動のスムーズな充足をいかに可能にするかがはっきりとわかる。神話的な空想活動を特に性格付けているのは投影と分裂（解体）のこのメカニズムであるということ、しかしこのメカニズムはまた、ある種の精神病者たちの心的状態をも支配しているということを私は『英雄誕生の神話』において指摘した。自身の心が知覚したものを外部へ投影するという行為は、個々の分裂がこれまで示してきたように、偏執病者の妄想形成に際して最も大きな役割を演じているのだが、[16]一方、統一されていた観念コンプレックスがその元素へと解体されてゆく分裂のメカニズムは、フロイトの教示によれば、早発性痴呆症における精神的崩解の基礎をなすものである。[17]つまり抑圧と圧縮の文学的なメカニズムが、正常な精神的事象と神経症的な症状形成との両方を規定するのに対して、投影と分裂の文学的メカニズムは精神病を特徴付けるものである。今やわれわれは、われわれに言わせれば、心理学的には正常な夢見るひとと精神病者との中間に立っている詩人の心的特性のための公式的説明を補って、文学作品は、夢ないしは精神的な障害において圧倒的に強くなるような正常な心的メカニズムのためのひとつの利用なのである、という風に言うことが出来る。しかしわれわれはまた、どうして文学が、ある意味では相反するこの二つのメカニズムを使用しなければならないかをも理解することが出来る。夢のメカニズムは、いわば内面的に材料を用意してこれを独自なやり方で仕上げてゆくのであるが、そのやり方は神経症においてはわれわれに困惑を、夢にあっては奇異の念を与え、日常生活においては不快な気分にさせ、またこれをわれわれは洒落の場合には笑い、文学においては賞賛するのである。しかし他のメカニズムによる文学的形成は、それらが内面的に仕上げられた材料を外部へ投げ出し、そのようにして一方では心的にこの材料を片付けてしまい、また他方ではこれを社会的に有用なものにする場合に初めて可能となる。これと反対なのが、いわば社会的な資質の欠如した夢見るひとで、その「投影」は彼の内面において演じられる。また他面では反社会的な精神病者もそうであって、彼はその投影を現実と混同するのである。しかしながらこの対立は、実際にはさほど厳密に固定することは出来ない。なぜならば、われわれは詩人においても一種の内的な夢作業を前段階として認めなければならず、同様に詩人の仕事に対するわれわれの評価もまた、われわれにあたかも第二の現実を提供するかのように思わせる詩人の才能が増大するとともに高くなってゆくからである。この課題を最もうまく解決するのは、俳優の援護を期待できる劇作家である。劇作家は――ほとんど偏執病者のように――登場人物として体現された自分の内的衝動に演技をさせ、しゃべらせるのである。それゆえ彼は、なによりも心的な投影という特別な能力をもっている点で叙事詩人に先んじていることになる。叙事詩人の方は、解放的な空想形姿を伝えるためにこれとは別の形式を用いるのである。かくして劇作家の特殊な能力は、神話を形成する空想活動と極めて近しい血縁関係にあり、それゆえ神話的に伝承された素材をドラマのハンドゥルングの前段階として継承するということが非常に頻繁にみられる（オイディプス、ハムレット）。その場合詩人は、世代の移り行きのなかで心的には同じ立場にある多数者によって統一的に形成されていった神話（たとえばオイディプス寓話）に、専ら自分の個人的な（近親相姦）コンプレックスに従って変更の手を加えてゆきさえすればよく、そして彼はそのなかに、神話を形成するひとびとがそうしたように、心を重く圧しつけている自分自身の感情衝動の正当化を見出すのである。しかし、神話を形成するひとびとが素材を常にひとつの方向に従って単純化するのに対して、私的な存在である詩人が自身の個人的なコンプレックスの形成を表現しようとするならば、彼はその素材を、彼のなかに根源的に内在しているさまざまな面へと再び拡散させなければならない。神話は、絶えず流れ転がし、手を加えることによって磨きのかかる小川の小石にも喩えられよう。ドラマとして表現されたひとかたまりの素材は、たちまちにして凝固する火成岩にも比べることが出来よう。従って神話は、長期にわたる変遷過程を経たのちに初めてその本来の姿を獲得することになるのだが、一方文学作品の場合には逆に、その一番元の姿を出来る限り純粋に、手を加えないままに保とうという努力がなされる。さまざまな文学ジャンル（神話、童話をも含めて）において、個々の特殊な心的メカニズムがどれほど重きをなしているか、また芸術家が特定の文学形式を選ぶ場合に、ある種の素質が、心的な能力や運命と相俟って、どれほどこれに関与しているのか、これらについてはここでこれ以上詳しく考察することは出来ない。われわれがここで主として扱うのは、われわれの夜の夢や精神病のある種の産物及び事象と最も近しい関係にあるドラマ作品である。しかし見逃がすことの出来ないのは、この特別にドラマ的な能力が徐々に発展してゆくプロセスにおいて、文学作品のもっているより夢幻的な性格、神話にあってはまだ微かな光のなかに垣間見られるにすぎない根源的な性格が、明瞭な神経症的形成へとはっきり傾斜してゆくということである。このようにしてわれわれには、この能力の発展過程が世俗的な抑圧の進行過程とどのような関係にあるのかがわかりかけてきているのだが、しかしわれわれはまず、ドラマの形成能力のこの発展の歩みをわれわれの三つのドラマのモデルに沿って更に辿ってゆき、綜合《ジュンテーゼ》はその後に回したいと思う。

同一化

カルロスは、モデルを挙げて言うことが許されるならば、シェイクスピアのハムレットからその魂を、血液と神経をライゼヴィッツのユーリウスから、そしてその脈動《プルス》を私から受け継いでいます。

シラー

われわれはわれわれの研究を始めるに当って、近親相姦の夢から出発した。そして、個々の典型的なモチーフのドラマによる表現が、これらの夢現象の基礎となっている幼児期の感情衝動の、外側へ向かってなされた投影であることを理解した。近親相姦衝動のこの芸術的処理が心理学的な観点からみると実は、夢を形成する諸々の力が引き続き抑圧されてゆく過程のひとつ（解放過程）であると解釈して差し支えないのであるが、このことは、最も深い無意識的な心理学者たる詩人みずからが、彼らが快く感じるこの関係を実にしばしば表現することによってわれわれに保証してくれているところである。ほとんどすべての近親相姦文学には、多かれ少なかれあの夢幻的な根源の明らかな余韻が、そしてまた神経症へ向かう歩みを示すいっそう紛れもない兆候が感じられる。フロイトもまた、オイディプス寓話を解釈するに当ってこの事実を援用している（『夢判断』一八二頁）。オイディプスの伝説が、最初の性衝動によって生じる両親との不幸な関係をその内容とする太古のある夢の素材から出来たものであるということ、このことについてはソポクレスの悲劇のテキストそのもののなかに誤解の余地のない指摘が見出される。即ちイオカステは、まだすべてを知らされてはいないが神託の言葉を想い出しては不安におののくオイディプスを慰めるのにある夢のことを話す。これは非常に多くの人間が見る夢ではあるが、何かを意味するものではないと彼女は言う。

「と申しますのも、多くの人間が夢のなかでもう母親と交わっているのです。でも、このようなことを一切意に介さぬ者が人生の
重荷にたやすく耐えられるのです。」

ハムレットにおいても夢が話題にされる。しかしその内容は、もはやオイディプスにおけるように率直には語られない。ハムレットは溜息をつきながら、「悪い夢を見なければよいのだが」と言う（第二幕第二場）。彼はまたこれらの夢の内容を軽く考え、これを受け流し、無意味なものとして受け取ろうとする。「夢そのものは影でしかないのだ。」これに対してカルロスにとって夢は、重くのしかかってくるものである。

「地獄に住む復讐の女神のように、
恐ろしい夢が私を追いかける。」

母親ももはや彼を――オイディプスのようには――、これらの夢の無意味なことを語って慰めることはせず、逆に彼女は、カルロスには「永遠に、永遠に秘密にされるべきであった」ものを「白日のもとに」曝け出すのである（第一幕第五場）。彼女はカルロスの夢願望の実現を彼に描いてみせるのであるが、そこには彼女の道徳的な自己防衛が十

全の重みをもってこめられている。

「わたくしに、あなたの母であるこのわたくしにまだ望みをかけておられるのですか？（長い間じっと彼の顔を見つめ――やがて威厳をもって）

どうしてそれがいけないのでしょう？　そういえば新しく選ばれた王さまには多くのことが出来るのでしたわね……なんでもお出来になるのですわ……誰があの方の邪魔が出来ましょう。――先王のミイラをエスクリアルの墓所から掘り起こして明るい陽のもとにおき、その汚れた塵を四方の風に撒き散らすこともお出来になる。[18]

そして有終の美を飾るため――

カルロス　どうかその先はもう。

王妃　最後になお母親と交わることも。

カルロス　ああ、呪われた息子よ！」

父親を殺害し、父親の代りとして母親と交わるというこのほとんど神経症を思わせる強迫観念的な空想を、イオカステのあの素朴な夢の語り口と比較する時、抑圧の進行、つまり神経症への歩みが最もよく理解出来るのである。この特徴的な相違は、二つのドラマの構成と展開全体においても指摘することが出来る。

近親相姦テーマをまだほとんど完全に夢想的かつ素朴に表現している『オイディプス王』において既にもう、内面の精神的事象を外部へ投影し、それらを独立した登場人物として体現化しようとする兆しがみられる。ソポクレスのドラマにおいて盲目の預言者テイレシアスに与えられている役割、そして彼が抵抗しながら行う預言――これは初めのうちオイディプスの怒りを買うのみで、拒絶されるのだが――は、神話的に継承されたこの人物のなかに、主人公の意識にはない幼児期の衝動、つまり彼の無意識が体現されているかのような印象を与える。この無意識が、激しい抵抗にあってやがて徐々に彼のなかで意識されるようになるのである。

シェイクスピアのドラマにおいては投影というメカニズムの働きがもっと明瞭に窺える。そして、われわれの言う意味でのこのドラマの解釈の鍵は、ハムレットの父親の亡霊にあるようにわれわれには思われる。ひとびとはこの詩人が大変素朴であって、亡霊の存在を信じていたのだと考えることが出来た。だがしかし彼自身、この迷信に対する疑いもない優越を暗示しており、そのことは、彼がハムレットの父親の亡霊を鋭い心理学的理解をもって、これを息子の内なる声の体現されたものであると考えていること[19]のなかに表われている。この内面の声が息子を駆り立てて継父を――あるいはわれわれの解釈に基づいて、父親をと言っていいかもしれない――殺害させるのである。この忌まわしい衝動の激しい防衛と、これを客観的に動機付け正当化したいという欲求が、外へ向かってのこの欲求の投影と体現化を引き起こすのである。耐え難い感情衝動を外部の人物に託すこの擬人・体現化はハムレットにあっては複雑なかたちをとっているが、それは、この隠された形式においてもなお息子の心に重くのしかかっている父親への敵愾心を更に正当化したいとの欲求が強くなっているためである。それゆえ、先ほど指摘したように、殺人衝動を「叔父」へ転移するということが行われ、その結果、息子をして母親の夫(継父)の殺害へと駆り立てるのは、殺された父親自身の亡霊ということになる。しかしこのように複雑化した正当化空想に対しては、文学的な投影のメカニズムはいわばなすすべを知らない。防衛が完全に成功することはなく、擬人化はいわば中途半端で、一種の夢の人物であるに留まる。血肉を備えた人物の代りに登場するのは一個の「亡霊」であるにすぎず、これが息子のなかの復讐心を掻き立てるのである。しかし、文学的な投影作業のこの失敗は、言うなれば幻像を通して詩人の錯綜した精神事象へのより深い洞察をわれわれに与えてくれる。われわれはハムレットの父親の亡霊のなかに、母親を巡る恋仇に対するハムレットの憎しみが体現されているのを認めるのだが、これは特別な抑圧形態であって、父親の死を願う願望を、彼を亡霊として出現させることによって明示し、しかしまた同時にこの忌まわしい空想を、父の仇[20]を打つという高邁な動機によって基礎付けることでこれを認可するのである。このようにして、実の父親に対する嫉妬の混じった憎しみは、充分な動機をもった継父への復讐心の陰に容易に隠れてしまう。そしてシェイクスピアが、母親の愛を巡る争いで優位に立っているこの競争相手たる継父への息子の憎悪を、父親への過剰な愛に起因せしめているのは、われわれの考え方にぴったり合致するものである。神経症心理学の信頼すべき確かな結論は、このような過剰な感情は、もともとは反対であったのがそれに耐えられなくなって抑圧された感情への反作用を表わしているのではないか、という疑念が正しいものであることを示している。これまで一般に考えられていたように、もし仮に父親に対する正常な愛と、そこから生じる父親殺害者への復讐という高邁な欲求がこのドラマにおける本来の主要因であるとするならば、主人公の行動は依然として不可解なままである。抑圧された反対衝動が、いま暗示されたような意味で作用しているという風に考えなければ、ハムレットの正当な復讐衝動をその実行に際して妨げるものが何であるのか理解することは出来ない。そしてまた、もし心理学的にみて完全に正しいとされるこの解釈に目をつむってこれを受けつけないならば、個々の重要な諸相もその本来の意味を失ってしまう。例えば、ハムレットが殺された父親の亡霊を見て、心の準備はしていたにもかかわらず、驚愕のあまり、「天使よ、神の使者よ、われらを護りたまえ!……」(第一幕第四場)と叫んで身を固くするところなどは、動機付けが完全ではないように思われる。しかしながら、高邁な動機の背後に隠されている罪の感情を考慮に入れ、そして亡霊の出現を復讐への鼓舞ではなくて、むしろ耐え難い父親憎悪の再現、意識化であると解釈するならば、この場面におけるハムレットの心の動きは自然であるように思われる。

最後にシラーの『ドン・カルロス』における主要人物たちは、相対立する観念内容と感情衝動に従って分裂した存在として登場するのだが、このことは、作者のいや増す内面の葛藤――これは「意識の分裂」を想起せしめるのだが――に一致するものである。(21) カルロスとポーザは、シラーの胸の内にある「二つの魂」を代表している。即ち、品行方正で母親には性的欲望を抱かない息子、近親相姦の拒絶を体現した人物がポーザであり、恋をし、激しく求め、母親に対して強烈な性的感情をもつ息子がカルロスのなかに擬人化されている。(22) この分裂には、母親にみられる同じような分裂が照応している。即ち、母親のもつ母性的情熱、性的なものを含まない感情は、高貴にして清浄な王妃のなかに擬人化されており（エボリ「あの聖女が恋をするとは！」）、一方息子に対する母親の恋の情熱はエボリのなかに体現されている。エボリ公女は、王にして父親たる人間に身を任すことによって明瞭に「母親」として性格付けられている（一方純粋な母親であるエリーザベトはこの男に身を任すことを拒む）(23)。しかしエボリはそのことによって、同時に娼婦の烙印を押される。かくしてここでもまた、父親に身を任せる母親は息子の眼には卑しいものに映るという、ガートルードとハムレットとの関係において暗示された考え方が再び浮かび上がってくる。もちろんその半面、空しく恋慕する息子にとって母親は、非常に高貴で近寄り難い清浄な存在として映らねばならず、そのため彼は母親を、性の歓び、夫婦間の性の歓びの対象としてさえ考えることを敢えてせず、彼女のなかに聖女をみようとするのである。母親についてのこの一見非常に矛盾し相反するように思われる解釈をフロイトは、幼児的状態の名残りとして、健康な大人及び神経症になった人間の空想のなかにしばしば発見した(24)。そしてやがて示されるように、この解釈は詩人の空想においてもきまってみられるところのそれである。例えばハムレットにおいても、一方では母親は憎むべき情婦として描かれているが（ガートルード）、他方処女の清浄さをもったオフィーリアがその近寄り難い純潔の権化としてこれに対置されている。オフィーリアに与えられた母親的性格は再び、ハムレットが壁掛け越しに刺し殺した彼女の父親を自分の父親と混同し、同一化していること、及び彼が、オフィーリア自身を自分の母親であるガートルードと同一化していることのなかに暗示されている。ハムレットはこの二人の女性に同じことを言っている。「尼寺へ行け。なぜ罪な人間を生みたがるのだ?」とオフィーリアに、「夜は我慢するのです、叔父の寝床へ行ってはなりません」とガートルードに言う(25)。その他の点でも文学作品自体の最も重要な条件をなす(26)この同一化の基礎に立って考えるならば、一見不可解に思えるオフィーリアに対するハムレットの態度、そしてまた王妃及びエボリ公女との二重の関係にあるカルロス王子(27)の、これまた同様に優柔不断な振舞いが、母親に対する近親相姦的な愛と、これを阻もうとする防衛との絶え間ない戦いの表現であることをわれわれは理解するのである。ここでは、意識的に文学作品において描かれる対立人物たちが、極端すぎる同一化を基礎とする無意識的な諸々の葛藤に照応するということが明瞭に示されている。

文学的な立場を心理学的に認識することによって得られるこのような解釈をもってすれば、普通なら不可解なドラマの人物たちの行動が説明されるだけでなく、ドラマの形式についてもその秘密の一端がわれわれに解き明かされる。例えばわれわれは、対話が絶え間なく連続するシラーの『ドン・カルロス』のなかに、近親相姦コンプレックスに属する個々の心的な流れの葛藤が外部へと投影されているのを認めることが出来る。転換する場面へその時々の心的状態を投影する詩人のこのやり方は紛れもなく、偏執病者が自分の内面の変化を外部へ投げ出すのと似ている(28)。このような意味においてならば、投影の逆を辿って、各々の場面をそれに一致する詩人の精神構造へと分解し、芸術作品の血肉の背後にあるその心理学的骨格を提示することが出来るであろう。これらの関係を追跡して大変有益な結果を出すことは、さし当って共働者たる読者に委ねざるを得ないのだが、読者もまたみずからその当然の限界を折りに触れて知らされるであろう。『ドン・カルロス』においては父親がさまざまな人物の姿を借りて分裂しているのだが、ここではそれを指摘することで、多くの人物を理解するためのひとつの手掛りとするに留めておこう(29)。例えばアルバ公爵は、父親のもつ冷酷さと非情な峻厳さ、息子に対する憎しみを象徴しており（王「アルバが復讐を企んでいるかどうかわしは知らぬ」）、一方ドミンゴは、父親の疑惑と嫉妬の混じった猜疑心を表現している。フィリップ自身のなかには（シラーの作品では、ある時は「フィリップ」、ある時は「王」という風に別の名前が付けられていることに注意されたい）、母親（王妃）に対する父親の純粋に性的な関係が体現されている。

「わしの国民を保証できるのはわしの剣だ、そして――アルバ公爵だ。ただこの眼だけが
　わしの妻の愛を保証してくれる。
……王の所有するものは、

偶然のたまものにすぎぬ——だがエリーザベトはフィリップのものだ。
そこが、人間としてのわしの辛いところだ。」

最後にレルマ伯爵のなかには、息子想いの父親らしい優しい感情が擬人化されている。かくして登場人物たちは、このように心理学的に考察してみると、まず三人に、即ち作者にして主人公である人物と、息子に対するさまざまな態度と多様な関係において描かれる[30]彼の両親に集約することが出来る。そしてこの両親もまた最終的には、作者にして主人公の心的感情が、内的な反対衝動と外的状態との葛藤を通して体現されたものにほかならない[31]。

文学的投影のメカニズムについての最も重要な解明をわれわれに与えてくれたのが、まさに『ハムレット』における亡霊の出現であるということ、これは偶然ではないように思われる。殺害された父親のこの亡霊は驚くほど明瞭に父親の死についての夢を想起せしめるものなのである。事実この亡霊が、父親の死の夢のなかで生きている同じ無意識的な心的衝動の文学的表現であるということは、のちになって更に詳しく説明されることになるだろう（第六章、シェイクスピアの父親コンプレックス参照）。この関連からみると、『ドン・カルロス』において亡霊の出現が噂話として語られ、主人公が、亡霊となって徘徊する祖父の姿を借りて夜誰にも咎められることなく母親の寝室へ侵入する——そこで彼は、嫉妬に燃える父親の不意打ちを受けるのであるが——という設定もまた、より深い意味をもっているように思われる。同じような状況がシェイクスピアの『ハムレット』にもみられ、ここでも父親の亡霊は息子が母親の寝室に来ている時に姿を現わす（第三幕第四場）。ただシラーにおいては、抑圧が進行するとともに、父親が死ねばよいという息子の不敬な願望は、罰のようなかたちで息子自身においても実現される。つまり、『ハムレット』においては殺害された父親の亡霊は息子の告発者として[32]、母親の弁護者として現われるのに対して、『カルロス』においては王が、息子があたかも父親から罰として下される近い死を予感しているかのように、亡霊となって（変装して）現われるのである。しかし他方、息子が母親を訪れる時につけたあの仮面には、父親（祖父）に代って母親のかたわらに位置を占めたいという彼の願望が明瞭に表わされていて、これは『ハムレット』においては「叔父」という人物のなかに実現されているところのひとつの空想願望である。亡霊の出現が母親の寝室という意味深長な舞台と結び付くという典型的な状況は、近親相姦コンプレックスのすべての構成要素を、文学的に行われる妥協的表現において統一するのみならず、近親相姦コンプレックスの重要な病因的要素をわれわれに明かしてもくれるのである。父親の亡霊出現は、息子の抱く死の願望の実現を前提とするのみならず、いわばこの憎しみの不滅性を証明しているのだが、一方その際に父親が担う役割、即ち、母親に対する子供の愛情関係を意地悪く妨害する存在としての父親の役割は、息子をこの憎しみのゆえに苦しめ悩ませるところの、これまた同様に根強い良心の呵責と自己非難を示している。このように父親を遊戯妨害者として捉えるのは子供の立場の特徴を示すものであり、この空想全体の幼児的性格をわれわれに教えてくれる。一方母親の寝室という舞台が、この幼児的な捉え方の基礎となっている現実の状況を示しているということは誤解の余地のないところである。つまり、亡霊の出現が亡き父親についての夢を想い起こさせるとするならば、息子が母親の寝室を訪れるという事態はいわば緩和された近親相姦行為――これは、父親が割り込んでくることによって妨害される――であるように思われる。従ってわれわれは、この亡霊のモチーフと、それが現われる場所を、二つの近親相姦夢の基礎となっている感情コンプレックスの文学的表現であるとみなすことが出来る。ここでは、散文的ではあるが、しかし精神分析によって実証されているひとつの事実を指摘しておきたい。長じて神経症となった子供たちの亡霊恐怖症は、ほとんど例外なくある種の近親相姦空想の抑圧の結果であることが判明している。これらの空想は、たいていは同じ部屋で眠るので夫婦の睦み合いの目撃者、母親に味方する目撃者となる子供が本当に眠っているかどうかを、ベッドに入る前に確かめようとして――多くは肌着姿で――子供の寝床へ歩み寄ってみる、という両親の習慣と関係しているのである（『夢判断』一九九頁）。

投影作業の失敗した形態――これまでの考察に従ってわれわれは、亡霊の出現がこれであるとみて差し支えない

――が、文学的想像行為の夢幻的な根源と性格を示しているように、登場人物として示される心的衝動の完全に成功した体現化――この場合彼らは、現実の人間であるという印象を観客に抱かせる――は、ある種の病的な幻像に近いものである。これらの幻像において個人は、自分の最も秘かな願望や怖れが外部の人物たちによって実現され、演じられているのをみるのである。文学的な形成力の特徴はしかし本質的には次の点にあるのではなかろうか。即ち、真の詩人においては、その衝動・感情生活が独自に展開されることによって普遍的に人間的なある種の心的葛藤が、いわば社会的にすぐれて価値のある形式をとって現われるということである。この形式は、詩人自身のみならず多数の人間に、夢見るひとが時折りその内面において燃焼し尽くし、偏執病者がその妄想の助けを借りて不完全にしか鎮めることの出来ない抑圧された衝動を、心理・衛生的な、従って社会的に承認され、高く評価されてさえいるかたちで満足させることを可能にするところのものである。しかしながらわれわれは、厳しく禁じられた衝動の満足のこの文化的に価値の高い形式の発展過程のなかに、もともと夢幻的である性格が、ますます明瞭な神経症の形成へと徐々に傾斜してゆくのを認めることが出来るように思う。従って、この総括的な研究の最も一般的かつ最も重要な結論として次のことを強調しておきたい。即ち、かつての太古の時代には現実体験の対象であった原始的な願望衝動が、現実における充足の可能性が失われてからのちはあからさまな夢のなかへ、また素朴な神話のなかへ逃避したということ、そこからそれらはますます覆い隠された（抑圧された）かたちで、三つの文化期の最も重要な芸術作品を通して、そのほとんど病的ともいえる神経症的な形成と拒絶への道を辿っているということ、つまり、文学的産物は、その抑圧された欲動感情の解放――これはもともと夢の営みに類似したものである――から、神経症的な障害へと徐々に変りつつあるということである。

（1） 本書の中心をなすこの論文が書かれたのは一九〇六年である。

（2）ランク『英雄誕生の悲劇』。
（3）オイディプス問題に関してここで引用されているフロイトの論述は、『夢判断』の一七六頁以下からのものである。
（4）ロッシャー『ギリシャ・ローマ神話事典』（Roscher: „Ausführliches Lexikon der griechischen und römischen Mythologie“）中のオイディプスの項参照。
（5）『ハムレットにおける劇中劇』（„Das Schauspiel im Hamlet“ 1915）という小論で私は、このエピソードにおいてハムレットは（自分の父親の）殺害者と一体化しているということを示そうと試みた（『芸術家』並びに他の論稿。一一九頁以下）。
（6）第二の夫に対する同様の無意識的な嫉妬が、継父・継母への極めて一般的に認められる敵対的な関係の一番深い理由なのであろう。それというのも、第二の夫は最初の夫の死後に、子供が長いこと待ち望んでいて、ようやく空席になった場所を占めるからである。
（7）この血縁関係によってクローディアス王は、父親の青白い第二の似姿よりも更に明瞭な存在として現われてくる。彼はハムレットの継父であるばかりでなく、その叔父でもある。即ち実の父親同様彼の血縁者であるのだ。しかしこの父親殺しが兄弟殺しに置き換えられていることも、のちに述べるように決して偶然ではない。
（8）この問題については、ランク『芸術家』を参照されたい。シュテーケル（『文学と神経症』Stekel: „Dichtung und Neurose“, Wiesbaden 1909）は、自分は神経症者と全く変るところはないとみずから主張する詩人の病的な性格を強調している。
（9）フロイト『言葉の洒落と無意識との関係（„Der Witz und seine Beziehung zum Unbewußten“, 1905』ならびに『日常生活の精神病理』（„Psychopathologie des Alltagslebens“, 1904）を参照されたい。
（10）文化的抑圧過程と個人的な抑圧のメカニズムを混同することは出来ない。
（11）むしろ、例えば意識的な対比＝連想は、無意識のなかにおいて結合している対立物の反映として現われるにすぎない。
（12）偉大な詩人たちは、自分たちの空想の産物である人物たちがいかに現実の人物へと変ってゆくかを独特な明瞭さ、ほとんど幻覚的な明瞭さをもってみるのであるが、このことについては、芸術家たちが彼らの創作方法について述べた個々の発言から読み取ることが出来る。例えばイプセン（遺稿集、ベルリン、一九〇九年）は一八八八年『海の夫人』執筆中次のように書いている。「台詞をひとこと書きつける前に私は、私の人物を徹底的に自分の意のままにしなければ気が済まない。彼は魂の最後の襞に至るまで私の眼に映るようにならねばならない。……外面的にも私は彼を、自分の眼前に据えてみなければならない。ボタンのひとつに至るまで。その立居振舞い、行動の仕方、声の響きなどもしっかりとつかまねばならない。それからあと私は、彼の運命が成就されるまで決して手綱を締めることはしない。」――同様の意味でワーグナーは「オペラの作詩と、特に作曲についての」助言というかたちで、自分の想像力の生み出した人物たちとの交わりを描いている（全集、第一〇巻、一七二頁）。「そこで例えば、まさに今日あなたにとって一番近い関係にあるひとりの人物をじっとよく見ることだ。……この人物を薄明りの中へ置いて、その眼だけが見えるようにする。その眼があなたに話しかけると、この人物自身がおそらく今度は動き始め、その動きはあなたをびっくりさせさえするだろう。……ついにこの人物は唇を動かし、口を開く。そして幽霊のような声が、何か全く現実のこと、完全に理解出来る言葉をあなたに話しかける。だがその言葉はまた極めて異様なものでもあり、――そのためあなたは夢からさめる。すべては掻き消える。あなたの心の耳にはまだそれが響き続けている。あなたはあの不思議な人物についての着想を得たのだ。……この人物は恍惚の奇妙なあの瞬間にあなたに引き渡され、そしてあなたのものになったのだ。」――ほとんどこれと同じ言葉をもってジャン・パウルは、創作に際して真の詩人は、「ただ耳を傾けるだけの者」であって、「自分の性格の語学教師」ではないと言っている（ベハーゲルからの引用、一六頁）。「詩人は人物を生き生きと見つめ、それからこれに耳を傾ける。」――ヘッベルも次のように述べている（ベハーゲルによる引用、一六頁）。「私は、人物たちが多かれ少なかれ明るい光のなかに照らされている姿を見る。その光は私の想像の薄明であったり、歴史のそれであったりする。そして私は彼らを、画家がするようにしっかりつかんでおきたいという気持に駆られる。ひとりひとり彼らは現われ、私の必要とする時には他のすべてがこれに加わる。」――オットー・ルートヴィッヒの報告も、全くと言っていいほど同じ内容をもっている（ベハーゲル、一六頁）。「すると私には人物たちの姿が見えてくる。ひとりでなにやら身振りをしているのもいれば、向かい合って動いているのもいる。……ある時は前方へ、またある時はもとの場所から最後方へと移動しながら、絶えず、新たな立体的でミミックな人物やグループが次々に姿を現わし、やがて私は、すべての場面に全体を見ることが出来るようになる。」またある場面については次のように報告されている。「全体があるひとつの新しい形姿のなかに現われ、それは大変生き生きとしていて、私はその人物たちが私と並んでベッドに腰掛けているのを見る想いであった。」これ以外にもなお幾つかの例がベハーゲルの注九四にみられる。

（13）この観点を私は既に『芸術家』において提唱した。
更にユングを参照されたい（Journal f. Psychol. u. Neurol. VIII, 1908）。「夢のなかでは、人物たちが内面の感情を表現しているのが明瞭にわかる。」

（14）フロイトの『心的現象の二つの原則についての公式』（„Formulierungen über die zwei Prinzipien des psychischen Geschehens“, Jahrb. f. Psa. III, 1911）中の「心的リアリティー」という指摘を参照されたい。

（15）このメカニズムとその利用に関する古典的な文化史上での例は、悪魔の中世的表現である。これはすべての悪しき、忌まわしい衝動の権化を表わしており、人間におけるその衝動の発現を、「憑依」を示すことによって正当化することの出来るものである。

(16) フロイト『自伝的に描かれた偏執病の症例に関する精神分析的所見』(„Psychoanalytische Bemerkungen über einen autobiographisch beschriebenen Fall von Paranoia", Jahrb. III, 1911) 参照。心的生活において広く働いている投影のメカニズムは、フロイトによれば、偏執病においては感情転位の表現のために用いられる。偏執病については更にフェレンツィ『とり入れと転位』(Ferenczi: „Introjektion und Übertragung", Jahrb. I, 1909) をも参照されたい (特に四二九頁以下)。

(17) ユング『早期性痴呆症の心理学のために』(„Zur Psychologie der Dementia praecox", Halle 1907) も参照。

(18) ターリアにおける初稿では、次のようにもっと明瞭に表現されている (第一幕第五場)。

「あなたの父親のしかばねの上で、最も聖なる者の残骸の上で、
あなたはわたくしの腕の中へ急ぐことを
考えておいでなのです――……」

(19) ハムレットは亡き父の霊《ガイスト》を、「彼の精神《ガイスト》の眼のなかに」みる。そして、亡霊がみえない王妃は次のように言って息子を安心させようとする。「これはあなたの頭が考え出したものにすぎません。」ここでは、兵士たちによって代表されている一般民衆のみが、亡霊の出現に現実的な生命と迷信的な解釈を与えている。

同様のことをFr. フィッシャーが、『マクベス』に登場するバンクォーの亡霊について書いている („Altes und Neues", I. H., S. 206 f.)。「シェイクスピアが亡霊の存在を信じていたかどうかはわれわれにはわからない。一面から考えると、彼の時代にあっては世間のひとびとはみなそれを信じていたのだから、少なくとも彼は子供の頃みずからすべての恐怖を体験したに違いない。亡霊を完全に信じるところからこの恐怖は生じるのである。他面、ある詩人がどっぷりとまだ迷信に浸っていたとするならば、この迷信をこのように感動的に良心の真実の像へと形成することは困難であったろう。」シェイクスピアは、殺害された人間を亡霊として登場させることを特に好んだが、この顕著な傾向をわれわれは、――他の作品においても (『リチャード三世』、『マクベス』、『シーザー』) ――彼の幼児期の父親コンプレックスが終生消えなかったことにその因を求めることが出来るであろう (第六章参照)。

(20) ハムレット伝説と類似の、同様に動機付けされた父親の仇討ちを含んでいる神話が『英雄誕生の神話』のなかに見出される (七六頁以下)。

(21) これらの事実を見事に確証しているアルフレート・ゲルケの『ドン・カルロスの成立』(Alfred Gercke: „Die Entstehung

des Don Carlos", Deutsche Rundschau, 1905）を参照されたい。彼はこの分裂をも強調しているが、しかしこれは、ドラマの個々の部分が異なった時期に作られたために生じたものであると言っている。「このように彼の主要人物はみな何か分裂的なものを性格のなかにもっている。」――「似たような二元論がこの筋を貫いている。」――「個々の点で同じような分裂が認められる。」（六三頁）ポーザとカルロスについてもゲルケは同様のことを主張している。「かくして、詩人の魂の両面が現われる。」（七八頁）更に次のような言葉がみられる。「『ドン・カルロス』の分裂的なものも、既に若き詩人の魂の分裂として明瞭に現われている。」（六八頁）

オットー・ルートヴィッヒ参照（Studien II, 415）。「ゲーテはしばしばひとりの人間を二人の文学的詩人へと解体している。例えばファウスト＝メフィスト、クラヴィーゴ＝カルロスがそれである。」人物ないしは彼らの性格のこの分割、並びにそれらの独立した人物としての体現（創造的な空想活動の典型的な表現方法としての）については、『英雄誕生の神話』の論述（七五頁以下）を参照されたい。これと似たような指摘はL・イェーケルスの『シェイクスピアのマクベス』L. Jekels: „Shakespeares Macbeth"（Imago V, 1918）にもみられる。

(22) 「シラーのポーザは、カルロスと一体になって初めて全存在を包括する。後者の荒々しい激情はシラーの本性の感覚的な面の表われであり、前者の高貴な感激は彼のストイックな面の表出である。……この人物をシラーは自然に従って作ったのではない。それは外側から彼のところへもたらされた人物ではなく、彼はそれを自分の深い内面からつかみ上げたのである。」(Minor: „Schiller", II, S. 561)

(23) エボリは、王妃が夫を拒絶するのは、彼女の息子の愛を受け入れたからに違いないと勘ぐるのである（第二幕第九場）。

「この地上で一番えらい王様でさえありつけないでいる

ご馳走をたっぷり賞味しないという法はないわ。」

このエボリが、母親のもつ性的な性格を代表するものとして、シラーの創造した最も独自な人物であるという事実は、われわれの解釈にとって無意味ではない。サン・レアールの原典では彼女はルイ・ゴメスと結婚していることになっているが、シラーのドラマでは、このゴメスの結婚申し込みを、カルロスの愛ゆえに再三断わっている（第一幕第三場）。

(24) 『男性にみられる対象選択の特殊例について』(„Über einen besonderen Typus der Objektwahl beim Manne")

(25) オフィーリアに向かってハムレットが発した不可解な言葉の意味をブランデスは、お前は俺の母と同じような女だ、お前も母と同じように振舞うことが出来ただろうに、と解釈している（『シェイクスピア』）。

(26) 注⑿で列挙した自己証言のなかには、作者と主人公たち（また他の人物たち）との同一化が明瞭に認められる。

（27）ドン・カルロスの性格付けについてはヴィクトル・ビブルの『ドン・カルロスの死』（Viktor Bibl: „Der Tod des Don Carlos", Leipzig 1918）が挙げられよう。

（28）これ以外でも偏執病者は、自己の内面世界を創造的に改変し、投影し、そしてまた新しい言葉を作り出すという点でも詩人と近い関係にある。――S. Kovács（Zentralbl. f. Psa. II, 1912, S. 262）は次のように言っている。「おおざっぱに言えば、詩人の精神活動と偏執病者のそれとは同一のものである。」神話的な空想活動の偏執病的性格については『英雄誕生の神話』を参照されたい。

（29）シェイクスピアに関わる章（本書第六章）をも参照されたい。――以来アーネスト・ジョーンズはハムレットのために、神話を形成する空想活動についてのわれわれの見解に基づいて、ドラマの登場人物たちを幾つかの心的原像へと集約した（Ernest Jones: „Das Problem des Hamlet und der Ödipuskomplex", Schriften zur angewandten Seelenkunde, herausg. von Freud, Heft X, 1911）。――Erich Wulffen（„Shakespeares Hamlet. Ein Sexualproblem", Berlin 1913）は、ハムレットにおける「心的な近親相姦」を「追発見」したが、その際彼はフロイトの基本解釈と私の論述には言及していない。――ハムレット問題の詳細な叙述はヨーゼフ・ヴィーハン『ハムレット問題』（Josef Wihan: „Die Hamletfrage", Leipzig 1921）にみられるが、この著作は最も重要な文献として注目されるべきものである。

（30）父親役の、これと同様にさまざまな表現とその集約は『英雄誕生の神話』中で実例をもって示されている。

（31）ドラマの主人公がたいていは作者自身の精神的特徴を備えもっているように、詩的な空想活動はもちろん、他の人物たちの性格を描く際にも現実の印象（両親、兄弟姉妹、友人、恋人）に結び付いている。

（32）セネカの『オイディプス』においても、殺された父親の亡霊はその殺害者である息子の告発者として現われる（本書第七章参照）。

第三章　シラーにおける近親相姦空想

——草案と断片の心理学のために

息子が母親に恋をしているのだ。この恋は、世のならい、
自然の秩序、ローマの掟によって
罰を受ける。おれの求めるものは
父の権利とまともにぶつかるのだ。

ドン・カルロス

近親相姦的傾向と願望が文化的見地から抑圧される度合いが増すにつれて、ますます秘密のうちにおし隠され用心深くカムフラージュされてゆく詩人のこれらの衝動を、その症候的な表出から、即ち彼の作品のなかから読み取ることが段々困難になってくるのは当然である。オイディプスの解釈はまだ素材そのものから無理なく行えたのであるが、カルロスの解釈は既に、あるひとびとには不自然な印象を与えるかもしれないし、またもっと多くの証明を要求させるかもしれない。なかんずく、このように重要な意味をもつに至り、近親相姦ドラマにおいてその文学的表現をもってわれわれに提示されたような心的コンプレックスが当の詩人の芸術的成果全体を特徴付けるものであるに違いな

い、という期待を抱いたとしても、それは不当とは言えないであろう。更にまた、このコンプレックスはこのような人間の生活表現においても確固たる地歩を占めているのではないか、という想定も間違いではないだろう。これら基本的な心的衝動がその存在の一貫性を要求しているのは、当の詩人たちの生活や創造活動においてであるが、彼らの作品の成立史を心理学的によく研究してみると、この要求が予期以上に満たされていることがわかる。尤もその場合、文学においてその芸術的表現を獲得しようとする個人的な空想にまでさかのぼらなければならない。これらの空想を、われわれがその作品を充分よく知っていてその生活と芸術的発展とが明瞭にわかっているある詩人において、それらがその最も早い幼児期に形成され、やがてその強力な抑圧が始まり、少し後の思春期で再生され、現実生活でこれらの空想を実現しようという試みがなされ、そして、芸術的モチーフへと完全に置き換えられるに至るまでを辿ってゆくならば、文学創作に対する近親相姦コンプレックスの決定的な影響についての確固たる痕跡を手にすることが出来るのみならず、芸術的生産というものが一方では詩人の現実の生活印象と、他方では彼の積極的な生活表現といかに関連し合っているか、またこの生産がいかに現実の生活印象によって決定的に規定され、満たされない現実を観念的に補うものとなっているか、このことについてのより深い洞察をも獲得することが出来るのである。

　前章において、『ドン・カルロス』は近親相姦のドラマであるとおおざっぱな解釈を行ったのだが、これに対してまっさきに出されるのは、この作品は近親相姦的家庭劇ではあるが、それとともに、歴史的な素材を基にした強力な「政治」劇ではないか、という異論であるかもしれない。しかし、シラーの書簡や、現在残されている『ドン・カルロス』第一草案、また『ターリア』誌上[1]に発表された初めの三幕についての初稿から、この素材で詩人の心をまず最初に捉えたのは家庭劇、なかんずく継母に対する王子の恋だけであったということが明瞭に認められる。例えば彼は、この素材を扱うよう提案してくれたダールベルクに宛て次のように書いている（一七八四年六月七日付）。「カルロスは全然政治劇にはならないでしょう。これはもともとある王家の家庭劇なのです。不幸にも自分の息子と争わねばならない父親の恐ろしい状況、世界最大の王国を受け継ぐすべての権利をもっているにもかかわらず絶望的な恋に悩み、ついには犠牲となって倒れる息子の、それ以上に恐ろしい状況は、極めて興味深いものになるだろうと私には思われます。いずれにしても私は、感じ易い心を刺激する一切のものを大いなる慎重さをもって回避するでありましょう。」実際、一七八三年バウエルバッハで起草された『ドン・カルロス』の最初の計画では、政治劇はまだ全く意味をもっていなく、継母に対する王子の情熱が中心となっている。それは、シラー全集の百年記念版の第四巻に所収されている草案の短縮された複製版の示している通りである。

「第一段階。筋の盛り上げ。

Ａ　王子が妃に恋をする。これが示されるのは、

　１　王子の意味深い態度から。

……………………………………

Ｂ　この恋には障害があり、王子にとって危険なものになるように思われる。これを示すのは、

　１　カルロスの烈しい情熱と向こう見ずの大胆さ。

　２　父親の深い情動、彼の猜疑心、嫉妬への傾向、復讐心。

第二段階。筋がより複雑になる。

Ａ　カルロスの恋心が募る——その原因は、

　１　障害そのもの。

　２　彼の愛に応える妃の愛。これが表わされ、動機付けられるのは、

(a)　愛する対象をもたない彼女の優しい心から。

α　フィリップの高齢、彼女の感情との不調和。

β　彼女が置かれている立場の制約。

(b)　彼女が初め王子のものとなる筈だったことと、彼に対する彼女の好意から。彼女は好んでこの快適な想い出を胸に抱き続ける。

(c)　王子の面前での彼女の言葉から。内面の苦悩。おびえ。同情。困惑。

(e)　エボリ公女に対するカルロスの態度への若干の嫉妬の火花から。

(f)　ポーザ侯爵との会話ならびにカルロスとの会見の場面における幾つかの言葉から。

B　障害と危険が大きくなってくる。

第三段階。外見上の解決。これがすべての筋をいっそう複雑なものにする。

A　危険な事態が発生し始める。

1　王がある人物から忠告を受け、激しい嫉妬に陥る。

2　ドン・カルロスが王の心を更にいっそう刺激する。

3　妃が嫌疑を是認するように思われる。

4　王子と妃を罪あるものにすることですべてが一致する。

5　王が息子を死に至らしめることを決意する。

B　王子はすべての危険を脱したかにみえる。

……………………………………………………………

3　王子と妃は自制する。

第四段階。解決とカタストローフ。

A　父親としての王の愛、同情などが王子を救うかにみえる。

B　妃の情熱が事態を悪化せしめ、王子の破滅を完成させる。」

ドン・カルロスのこの最初のプランを、シラーが素材を求めた原典(2)と比較してみてまず際立って目につくのは、ドラマのこの本来の核心が専ら母親、息子、父親間の関係からのみ成り立っているということである。このことは、文学作業が実際にこの家族関係から出発したということの証左であって、われわれは前章において、その後再び錯綜化したドラマの組立てをこの最初の家族関係に還元することが出来たのである。しかしながら、作者の精神生活のなかにある文学の個人的な根源が最も明瞭に表われているのは、すべての宮廷的策術、政治的陰謀、コスモポリタン的な理念、またこれらに必要な添景としての人物といったものがもともとは完全に排除されていたという点においてである。つまりこの最初の草案においては、「近親相姦的」な相貌、なかんずく王子への妃の愛（前記草案において傍点をもって強調した部分を参照されたい）が、完成されたかたちの初稿ないしは最終稿におけるよりもはるかに明瞭に表出しているのである。最終稿にあっては、これらの衝動が既に厚いヴェールで隠され、背景へと後退したかたちで表われている。だがもっと強くわれわれの注意を引くのは、シラーがこの近親相姦的な相貌をドラマ的形成のために更に強化し、そのようにして、サン・レアルにおいてはみられなかった近親相姦の非常に陰微的な雰囲気を事実上初めて素材のなかへ取り込んだということである。妃が王子に非難するところの近親相姦的空想（本書第二章参照）は、素材のこの「近親相姦的」解釈をよく特徴付けているのだが、これとは別に、息子と母親の近親相姦について父親が抱くところの、これと似たような空想もこの解釈をよく表わすものである。フィリップはレルマに向かって次のように言っている（第三幕第二場）。

「お前の髪は
もう白くなっておるな。それでいて恥ずかしくもなく女房の貞節を信じているというのか？
さあ、家へ帰ってみるがよい。女房が息子と抱き合っているのに出くわすかもしれぬぞ。」

だがそのすぐあとで、彼のこの個人的な杞憂の防衛がみられる。

「意味ありげにわしの顔を見ておるな？　このわしの髪も白いというのか？
哀れなやつ、よいか、妃というものは、
操をけがしたりはしないものじゃ。
もしお前があいつを疑うなら、命はないと思え――」

サン・レアルの短編小説的な描写において王子カルロスは、老いに向かうある男の若い妻に激しく恋慕することになっている。(3) この男が王子の父親であり、キリスト教世界の最大の支配者であるということは、この恋する人間にとっては不利な状況でしかないのだが、しかしそれは、派手な陰謀の大好きなフランスの歴史編纂者にとっては極めて好都合な錯綜状況である。妃が王子の継母であるという事態は、当事者二人のいずれにとっても特に問題とはならない。だがまさにここにおいて――シラー自身の近親相姦コンプレックスとともにわれわれが想定しなければならないことなのだが――、素材に対する彼の関心が生まれ、彼の独自な素材解釈と改変が行われるのである。その際、単なる名前即ち「継母」という言葉――ちなみにサン・レアルは一度もこの名称を使っていない――が決定的な役割を演じたのであるが、最も内面的かつ最も重みのある感情コンプレックスこそ目立たない外的なしるしに付着させるという無意識的な精神活動の特性を知っている者であれば、誰しもこれを奇異には思わないであろう。またこのような溶接箇所を解体するに当っては、同じ言葉の結び付きが架け橋としてわれわれの役に立ったということは偶然ではない（本書第二章の、実母と名目上の母親との対比を参照されたい）。これまでの論述を直接裏付け、われわれの方法の正しさを完全に認めるものとして、エリーザベトと王子の関係をシラーは最初実の母親と息子の関係のように取り扱ったという、ミノーアが強調した注目すべき事実がある。「この関係の近親相姦的性格はシラーによって、特にターリアにおいて、故意かつ不当に強調されており、あたかも実の母親への恋が描かれているかのようだ。(4)」

従って個々の文学作品においてもまた、最初の草案から最終稿に至るまでに、ある種の原始的な衝動が漸次弱められたり覆い隠されたりするのが認められ、これは、われわれが一般精神的な発展過程において証明することの出来たところのものである。これらの個人的な抑圧過程を考慮に入れることは、綿密化した心理学の細部的研究にとって絶対に不可欠であり、多くの点で極めて実り豊かなものであることが判明している。このことによってわれわれは特に、最終稿においてみられる政治的な筋の押し付けがましい強調——これがドラマを再び元の素材に近付けるのだが——が隠蔽傾向から生じたものであるということを教えられる。この傾向は、文学創造のための心的な推進力を提供する近親相姦的な家庭劇によくみられ、タブーとされているこのテーマから意識的な関心を逸らすことを目的とするものである。もちろんこのような転位はまず詩人自身において行われるが、彼はこれによって、性愛的なモチーフから選ばれ、また無意識的な推進力によって形成された素材を誰からも非難されることなく、なんの障害もなく表現することが出来るのである。だがこの転位は次に、作品を評価する者において同じように意識的関心を逸らす働きをする。しかしながらこのことによって、本来が性愛的であるドラマの真に効果的な作用、即ち無意識的な作用が作品享受者のなかに喚起されるのである。われわれがここでついでに注意しなければならないのは、ドラマ作品の最終稿と素材との外見上の一致――これはシラーの『ドン・カルロス』に当てはまるように思われる――もまた、「ドラマ化」に適した材料を単純に採用することから生まれるとは必ずしも言えないということである。むしろシラーのドン・カルロスの内的な成立史は、詩人が範として使用出来る素材的な伝承と、ドラマによるその忠実な再現との間には創造の心的前段階が幾つか存在するのだということをわれわれに教えてくれる。これらの前段階にあっては、一方で詩人の個人的なコンプレックス――素材選択の際彼を導いたのはこのコンプレックスであったのだが――が強引に素材全体を支配しようとするが、また他方では、再びある種の観念化傾向がみずからの性愛的な空想の関与を可能な限り抹殺しようと努める。一見創作を遅滞させ延期させるように思われるこれらの過程は、それがどんなに奇妙に聞こえようとも、本来の創造行為の不可欠な前提条件なのである。それというのも、詩人の性愛的なコンプレックスが、素材選択を無意識的に規定した場所から出発して、テーマ全体をたっぷりと浸し、やがて次に逆流作用のもとに再び上げ潮となって戻ってくるということ、このことを通してのみ、あらゆる細部に等しく向けられる詩人の関心を理解することが出来るのである。われわれはこの関心が――克服すべき心的な、また純粋に技術的な難問、そして巨大なエネルギーを要する創造の営みを考えるならば――非常に強烈なものであり、また強い欲望の源泉から養分を得ていると想像せずにはいられない。詩人の主観的な立場からは創作の不可欠な条件としてわれわれの眼に映るものは、聴衆の客観的な立場からすると技術的な芸術手段のひとつであることがわかる。この手段は芸術家の個人的コンプレックスや空想を、内容から形式へと関心を逸らすことによって、伝達と快適な享受にかなったものにするのである。シラー自身、個人的に色づけされた空想的要素の払拭としてわれわれが認めたこの過程を、「形式による素材の抹殺」であると言っているし、(5) これと似たような意味でシュピッテラーも、「芸術による文学的主題の軽減」の不可欠なことについて語っている（『芸術の番人』第二〇巻、七三―七九頁）。

『ドン・カルロス』の最初の草案において、また更にターリア誌上の初稿においてさえも、最終稿におけるよりははるかに近親相姦的な性格が強調されているという事実は従って、作者の性愛的なコンプレックスが強く前面に出るのを抑えるために現われる抑圧力の介入作用によって説明することが出来る。この抑圧力は附随的に、抵抗感を与えるテキストの検閲[6]をもたらすことになるが、しかしその際、創作に必要な性愛的な関心を素材のために残しておこうと努める。シラーが、その遺稿中に発見された『アグリッピーナ』断片において、母親に対する息子の愛を主題にしていたということは、抑圧傾向をよく表わし、またそれを証明している。同時にこの断片は、未完の文学作品の心理学に一筋の光を投げかけるきっかけをわれわれに与えてくれるものである。

*　*　*

断片に留まった文学作品は、草案の前段階の域を出なかった創作と比較することが出来る。われわれは、完成された作品におけるよりも草案のなかに、抑圧された衝動や空想がより明瞭に浸透していることを発見したのだが、似たようなことが断片についても当てはまる。しかしながら断片はこの点に関しては更に多くの解明を与えてくれるであろう。なぜならそれらは、芸術的な昇華作業がどんな問題によって停滞するのかを明らかに示しているからである。断片に留まった草案においても直接性、つまり構想の思いつき的なものがまず心的な検閲をなおざりにさせ、抑えつけられた空想のより自由な表出を可能にするのだが、この自由という一面での長所は、まさにある種の素材においては別の面で、作業が未完のままに留まるという欠点によって相殺される。そうすると、抑圧された衝動のより自由な表出を個々の点では防げない心的な抵抗が、いわば統一された力として創造過程全体の流れの前に立ちはだかることになる。従ってわれわれは、先ほど述べた二つの過程、即ち、無意識的に素材をつかみ取ってこれを自分自身の性愛的な空想で浸し、次にこの生の素材を芸術的に昇華させるために観念化するという作業は、断片に留まっている作品にもついて回るものである——但し、はるかに強烈に——ということに気付く。ここでは性愛的な空想の営みが非常に強く発現するので、これを抑制するのに必要な抑圧の力が全体の流れを停滞させることになる。シラーの草案に立ち入る前に、歴史の記述に残っているこの物語の前史を、この小さな断片の理解に必要な限りで簡単に述べ、また詩人が素材として用いたところのアグリッピーナの近親相姦に関する歴史上の報告をも紹介したい。

ローマ王クラウディウス（在位紀元四一年より五四年）はその妻メッサリーナから二人の子供を授かった。ひとりは娘でオクタヴィアといい、他のひとりは息子でブリタニクスといった。王はメッサリーナを暗殺させたのち、自分の姪であるアグリッピーナと再婚した。[7] 彼女にはアエノバルブスとの結婚でもうけた、のちにネロと呼ばれるようになるL・ドミティウスというひとりの息子がいた。クラウディウスはネロを養子とし、自分の世継ぎに任命した。そしてアグリッピーナの要請に従って彼を、その妹となったオクタヴィアと結婚させた。[8] ネロを養子にしたことを王が後悔し始めた時にアグリッピーナが彼を毒殺したと言われている。かくしてネロが王位に就いた。――ネロとその母親との関係についての次の詳細な記述はタキトゥスとスエトニウスの報告からとられたものである。シラーがタキトゥスを用いたことは判明している。彼がスエトニウスをも用いたかどうかは不明である。しかし素材研究における彼の良心的な態度と、彼の幅広い歴史に関する教養を考えるなら、これはあり得ることと推測出来る。

タキトゥスは、母親アグリッピーナに対するネロの近親相姦的な関係について報告している（『年代記』第XIV巻、二節）。「クルヴィウスは次のように伝えている。権力を保持しようとの非常に強い欲求をもっていたアグリッピーナが、白昼から化粧をして身を飾り立て、ぶどう酒の饗宴で熱くなっているネロを不倫な関係へと誘惑した。そして側近のひとびとが早くも、彼女の官能的な接吻や愛撫が淫らな行為の序幕であると気付いた。そこでセネカ（ネロの家庭教師）は、この女の愛撫から彼を守るため他の女の応援を求め、ネロの許へ解放奴隷アクテ（ネロの情婦の一人）を送った。彼女は自分自身の置かれている危険な立場と、同時にネロの悪評を心配して、親子のこの不倫な関係は世間にすっかり知れわたっています、あなたのお母様はそのことを堂々と誇っていらっしゃいますが、兵士たちはもはやこのように罪深い君主には耐えられなくなるでしょう、と言って彼に訴えた。ファビウス・ルスティクスは、この近親相姦はアグリッピーナが望んだのではなく、ネロの方から働きかけたものであり、そして同じ女奴隷の策略によってようやく挫折させられたと伝えている。だがクルヴィウスの報告は他の資料にもみられるし、一般の意見もこちらの説に傾いている。」この近親相姦を要求したのはネロであったとスエトニウスも『ネロ伝』で報告している。「彼が自分の母親と寝床をともにしようと望んだこと、そしてこれが彼女の敵たちによってのみ妨害されたこと――彼らは、傲慢で奔放なこの女がネロの寵愛によってその影響力を更に強めようとすることを望まなかったのである――を疑うものは誰もいない。特にネロが、自分の母親と非常に似たところの多かったと言われているある女を[9]妾たちのなかへ加えて以来そうである。従ってこれは確かなことであるが、以前既に彼は、母親とひとつの椅子駕籠で運ばれるたびごとにその淫らな肉欲を彼女に向かって発散させ、このことは彼の衣服についたしみによって明らかであった。」（ライヒハルト訳）

　のちにネロが母親の影響力を恐れ始めた時、彼女の殺害を決意したと言われている。[10]あるお祭りを口実に彼は母親をバイアエへと誘い出す。「そこで彼は饗宴を遅くまで引き延ばし、帰る時には彼女を送って行った。その際彼は、彼女の眼と胸に自分の口を強く押しつけた。そうしたのは、彼が自分のお芝居を完全なものにしようと思ったのか、あるいはやがて死んでゆく母親の最後の姿に、けだもののような彼の心もさすがに動揺したためなのかは定かでない。」（タキトゥス前掲書、第XIV巻、四節）この計画が失敗すると彼は母親を暗殺させておいて、彼女は彼に対する暗殺計画を立てたための罰を恐れて自殺したのだというデマをばらまく。スエトニウスは更に次のように続けている。「このほかにもっと恐ろしいことが、しかも信頼すべき筆者たちによって報告されている。すなわち彼は、自分の母親の死体を観察するために急いで駆けつけ、それから彼女の体の部分に手でさわり、そのひとつひとつをけなしたり、あるいは褒めたりした。そうしている間に喉が渇くと彼は酒を飲んだ。」（三四節）タキトゥスは、ネロが死んだ母親を観察し、その体つきを褒めたかどうかは定かでないとしている。これに対しクシフィリンは、丸裸にされた母を彼がじっくり観察し、いろいろ淫らな言葉を発して、「おれの母がこんなに美しいとは知らなかった」と言ったことを伝えている。[11]

　史実として伝えられているこの短い報告からはまず、シラーが作品化しようと考えた素材についてのひとつの手掛かりさえつかめればよいと思うのであるが、しかしこの報告は、既に述べたように、彼の断片そのものが非常に小さなものであり、なおかつこの箇所ではわれわれの関係する部分にとって重要な点のみがそのなかから伝えられているだけに、いっそう好都合なものとなる。

「自分の母親を殺すことはネロにとって多少とも犠牲を要する。それは愛の名残りなどと言うものでは全然ない。彼は母親に対して愛など一度も感じたことはなかったのである。彼が沈黙させようと躍起になっているのは、消し去ることのできない自然の声であるにすぎない。この自然の声は非常に強くて、……ネロのような男でさえも、この最も大きな危機を克服する前に、それに耐えねばならないほどのものである。そして彼はそれを克服するのではなく、回避しなければならない。」シラーはこれに次のような欄外注を付している。「ドラマそのものにおいては、母親がもう一度彼の心を翻させるところまで進んでいる。」

「彼女は既に姦通、近親相姦（彼女は叔父と結婚していた）、そして殺人を犯していたのであるから、自分がどんな犯罪でもなし得る人間であることを示した。」

「ネロと母親との間にある秘密の出来事が彼女に彼の決心を変えることが出来るかもしれない、あるいは、彼は自分を殺さないかもしれないという望みを抱かせる。」

「アグリッピーナはネロの情欲を掻き立てようと試みる。但しこれは、悲劇的品位を損なわないように表現される。当然それは、はっきり言われるよりはむしろ推測されるようなかたちで表現されねばならない。」

　ここに引用した断片の幾つかの部分からもわかるように、シラーはアグリッピーナの異常とも思われる誘惑の試みを、ローエンシュタインがその『アグリッピーナ』において少なくとも暗示的に試みているように、正常な母性愛の病的な高まりとして動機付けてもいなければ、また息子に対する影響力に関わる彼女の名誉欲の現われとして動機付けてもいない。彼女がそうするのは――そしてこれこそが彼女の行動をより理解し易く説明してくれる筈だが――自分の命を救わんがためである。この動機付けに従う以上シラーは、アグリッピーナの方が誘惑したとする伝承を採用しなければならなかった[12]。しかし彼がこちらのテキストを選んだ主な理由は恐らく、この解釈が、母親に対する彼自身の抑圧された愛着の拒絶を表現していたからであり（「愛――彼は一度も母親に感じたことはなかったのだ」）、また同時に、拒絶しながらも愛する人間が誰しも抱く願望、即ち、自分の愛に恋人が応じて欲しいという願望が誇張されたかたちでそこにみられたからであろう。

　シラーの草案は、歴史的な伝承を和らげたり、心理的にカムフラージュすることでこれと区別されるのであるが、そのような緩和や隠蔽にもかかわらず彼はやはり、生のままの素材に彼が覚える忌まわしさを克服することには成功しなかった。このことは悲劇的ではあるがしかしまた、無意識的に彼をこの素材に最も強く惹きつけた点、即ち母親との実際の近親相姦についてのかなりあからさまな描写こそがまさに――防衛観念が加わった時――この草案をこれ以上進めるのを妨げたのだ、という深い心理学的根拠をももっている。意識的な思考のなかでは彼は、この主題は悲劇のもつべき品位にはそぐわないものであったという弁明をもって、挫折したこの作品の運命を動機付けているのである。

この素材の作品化は、シラーの時代より一世紀ほど以前にはまだ可能であった。カスパー・フォン・ローエンシュタインの悲劇『アグリッピーナ』がこのことを示している。歴史的資料に忠実に従っているローエンシュタインにおいても母親の方が誘惑者となっている。「皇帝の寝室」で演じられる第三幕のある場面で、息子に対する母親の求愛が、表現し得るぎりぎりのところで描かれているが、この求愛は、彼女がこの愛を最初の幼児的な性衝動に結び付けるその無意識的な素朴さの点で注目に価するものである。

「アグリッピーナ　わが子よ、わたしの甘美な光よ、なぜにお前は、味わいかけたわたしの快い肉の歓びに、もっと熟れた実を与えてはくれないのです?

……………………………………………………………………………

ああ!　愛のめざす終局の目的はわたしたちの心をなんとさわやかにしてくれることだろう!　わたしたちがこの真紅の寝床に横たわるのは、優雅のなせるわざです。

ネロ　そうです母上、もしぼくがあなたの子宮から生まれなかったなら。

アグリッピーナ　お前がよく接吻したこの乳房が、お前を育ててきたのです。乳房と子宮のいったいどこがちがおうか?

……………………………………………………………………………

……母親が、自分の息子を愛することを恥じねばならぬとでも？
　乳をもって息子に愛の血を流し込む母親が、
　……………………………………………………………………
息子以上に母親の乳房を愛してよい者がどこにいよう？
ネロ　おっしゃる通り。だがそこへは官能の歓びは流れはしません。
アグリッピーナ　愛の太陽ののぼるところには、かならず官能の影ができるもの。
　……………………………………………………………………
優しい息子が、人間誕生の泉たる母親の子宮を探し求めたとて、
どうしてそれが、淫らな振舞いとして呪われよう？
息子は愛の結実を求め、けだるい人生に新たな息吹を望んでいるというのに。」
（一三〇行以下）

ここではただ、近親相姦的おぞましさのいわば宝庫であるこのネロの物語が、それ以後のすべての時代の詩人たちをこの物語の作品化へと誘ったということだけを述べておきたい。[13] 以上挙げたドラマのほかに私は、ごく簡単にラシーヌの『ブリタニキュス』（一六六九年）に言及したいと思う。それは、この作品の翻訳の試みが断片のかたちでシラーの遺稿のなかに発見されているからである。このドラマもまた、歴史的に伝えられているネロによる義理の兄弟ブリタニキュスの殺害を主題としているが、われわれはこれをいずれ（第二一章）更に詳細に取り扱うことになるであろう。なぜならこのドラマは、義理の兄弟に対するネロの憎しみ、最終的にはその殺害を、嫉妬並びにひとりの女性を巡るライヴァル感情によって動機付けているからである。母親への恋慕は、ラシーヌの繊細な羞恥感情にふさわしく、微かに暗示されるに留まっている（第五幕第三場）。
「アグリッピーナ　………ネロは、たしかすぎるほどの忠実のあかしをわたしに見せてくれたのです。

ああ、あなたにも見せてあげたかった、
あの子が誓いを新たにした時のあの優しい表情を！
あの子はわたしを抱擁して、引きとめてくれたのです！
わたしを抱きすくめたあの子の腕は、別れの折りにも
わたしから離れようとしなかった。
満面にひろがったあの子の愛が
いくつかの小さな秘めごとを優しく教えてくれた。」（フィーホッフ訳）

アグリッピーナにおける母親の性愛的《エローティッシュ》な愛についてのシラーの明瞭な、だがそれゆえに作品として表現されないままに終った意見、そしてドン・カルロスにおける婉曲な、だがそれゆえに少なからず有力な証拠となる描写を除くと、シラーの文学には、母親に対する性愛的な情熱を直接示しているような例は見当らない。このことから、本来は非常に強烈であると考えられるこれらの感情衝動の強い抑圧と、別な方法によるこれらの衝動の処理を推論しないわけにはゆかない。これに反して彼のドラマにおいては、父親と息子の葛藤が驚くほどしばしば、そしていやというほど強調されて前面に押し出されている。相次いで書かれることになるドン・カルロスの三つの草稿には既に、王子と妃の関係にみられる近親相姦的性格が徐々に弱まってゆくのだが、それと平行して父親との関係が強くなってくるのが認められる。最初の草案においては息子に対する妃の愛着が前面に出ていて、王の嫉妬の混じった猜疑心はその単なる附随現象でしかないのに対して、のちの二つの草稿では、ドラマの重点は父親への憎しみに置かれている。このドラマのそれぞれ異なった仕上げにみられるところの母親への愛着と父親への憎しみが作りなす反比例によってわれわれは、この二つの感情コンプレックスの内的な関連に注意を向けさせられる。徐々にまた無意識のなかへと押し戻された母親への恋慕が、意識のなかではいわば償い的な代用品として父親に対する反感を強めたような観がある。ド

ン・カルロスの漸次的な創作過程において明瞭に作用しているメカニズムをもわれわれは、幼児期における類似の過程の再生として捉えなければならない。母親に対する強い愛着からは必然的に、自分よりは有利な立場にある父親への嫉妬心の混じったある種の反感が生まれるのである。そして近親相姦的な恋慕の抑圧は、もろもろの内的な発展条件に従って、また、子供にとっては父親の姿をとって現われる外的な障害によって開始される。このようにして父親は、（母親に対する）息子の最初の愛情関係の妨害者として、これを抑圧する直接のきっかけを与えるのである。しかしそのことによって父親は同時に、この嫉妬心から生じる息子の憎しみを永遠にわが身に引き受けることになる。それどころか、有利な立場にいる父親に対する既存の反感が、無意識的になってしまった母親への愛によるこの反作用の強化によって初めて、決して消えることのない、誇張された、死ぬほどの憎しみという性格を獲得するようにさえ思われる。事実また、父親に対する敵愾心がその不滅性を獲得するところの源泉は、フロイトの所見によれば、「感覚的な欲望の本性」をもっているのである。[14]

父親への敵意を極端に強調することは、このことが息子に、彼の近親相姦空想の実現を妨げる障害へ絶えず注意を促す限りにおいて、抑圧された近親相姦傾向を防衛することと照応する。だがこの強調は他方では、性的な要因の代用として、一見性的とは思われない多義なモチーフによって、抑圧された性愛的な感情を父親憎悪の育成へとより安全に導いてゆくことを可能にするものである。従ってこの面からも、父親に対する極度の憎しみは、母親への強い恋慕の抑圧症候であることが判明する。この関連は、まだ比較的複雑にはなっていない子供の心において明瞭に現われるものであり、フロイトはこれを彼の『ある五歳児の恐怖症についての分析』（一〇二頁）のなかで強調している。「ちなみに、父親に対する敵意を含んだコンプレックスがハンスにおいては、母親に対する肉欲的なコンプレックスをいたるところで覆い隠していることは間違いない。」

母親に対する愛という病因を排除することで理解が困難になるこの父親憎悪はしかし、今度は意識的な根拠付けを必要とするようになり、そしてこの根拠付けは驚くほどしばしば、母親コンプレックスの関与を更にいっそう覆い隠すモチーフによって行われる。このモチーフは神経症的な感情の特徴をなすものであるが、しかし正常な幼児期の発展にもつきものであり、またドラマの創作に大きく関与している。父親に対する憎しみのこの特別な動機付けは、その意味と本質からして既にわれわれには周知のあの投影のメカニズムによって行われる。子供がその空想のなかで両親の行動を故意に、彼自身の感情に従って修正するということは既に強調されたところである。心的な作用にとってこのことは実際重要ではない。それというのも、心的な現象のなかでは、現実の事件も空想上の事件も初めは等価のものとして現われるのである。いや、それだけではない。最も持続的な、最も深い心の働きを規定するのは、生のままの体験ではなく、まさにそれと関連した空想にほかならないということが、精神神経症の分析的研究によってわかっている。ところで子供が自分の願望にかなった状態を調整するように[15]、神経症者は自分の症候を形成するのに必要なすべてのものを作り出し、これと似たようなやり方で芸術家もまた自己の感情を正当化したり、あるいはこれを罰したりするための心的条件を作り出すのである[16]。神経症者に関しては、精神分析的な方法がこのメカニズムへの洞察を与えてくれる。例えば息子が父親に対して激しい反感を抱くとする。彼には、その強烈さからして説明のつかないこの感情の最も深い源泉、即ち母親への恋慕が意識されないので（彼はこれを抑圧してしまっているのである）、この極端な憎しみの感情を正当化するだけの充分な理由が見出せない。そこで彼はこの憎しみを父親の上に投影するのであるが、これはノーマルな現象にとってもアブノーマルなそれにとっても特徴的なメカニズムである。即ち彼は、父親は自分に敵意をもって相対しているのだという強い確信を抱いて毎日を送る。このようにして彼は、意識にのぼらない源泉から生じるところの父親への反感を自分自身に対して、また自分の周囲に対しても正当化することに成功するのである。息子の想像であるにすぎない父親の憎悪心というこのモチーフには、ドン・カルロスでは大きな意味が与えられる。父王に対する王子の反感は、息子にして王位継承者たるカルロスへの父親の憎しみを暗示することで、繰り返し動機付けられる。

「カルロス……わたしのことを憎むのはもうやめてください、
わたしはあなたを、子供のように、燃えるように愛したいのです、
どうかもうわたしを憎むのはやめてください。……」

もちろん詩人は、偏執病者にあっては感情衝動の逆転によって迫害妄想のかたちをとって現われるところの、自分が父親から憎まれているのだというこの空想を、ノーマルな感情の枠内で容易に実現することが出来る。必要な投影作業を正常な人間において可能にするのと同じメカニズムが、既にわれわれの知っているように、ドラマの創作に決定的に関与しているのである。つまり詩人は、母親に対する性愛的な恋慕が抑圧されたあと、父親への憎しみ――これは孤立した状態にある――を外部へ投影して、憎しみを抱く父親という形姿を作り出す。その際彼の空想には、――たいていは歴史的に伝えられた性格に依存したり、これを強めたりするかたちで――憎しみというこの感情の強さと、息子による正当化されたお返しの憎しみの強さに関してはいかなる制限も加えられていない（あとで述べる「暴君的な父親のモチーフ」を参照されたい）。

自分の息子に対して敵意のこもった嫉妬心を抱く父親においては、これと同じメカニズムによって、彼の反感が息子の上に逆投影される。この逆投影も同様に、報復への恐怖という典型的なかたちをとって現われる。[17] しかしながらこの恐怖は、その折り折りの現実状況からだけでは理解できない。これは――あらゆる不安と同じく――抑圧の産物なのである。父親に敵愾心を覚え、これを抑圧しなければならなかった息子は、みずからが父親になった時、自分の息子の同じような行動を、この無意識となったコンプレックスから恐れるようになるであろう。父親への憎しみのこの典型的な抑圧状態をシラーは、『ドン・カルロス』において用いている。最初の草稿（ターリア）では父親と息子の長い対話（第二幕第二場）が、現在われわれが手にする最終稿におけるように、「わたしの仕事は終った」という王子

の諦めの言葉をもっては終らないで、王子は父親の心に向かって最後の突撃を試みるのである。

「カルロス……わたしは、あなたの父上であられた
　皇帝の遺言状が薪の山の上でくすぶっている夢を
　見たばかりです。
フィリップ（ビクッとして）
　なに、それはどういうことだ？
カルロス　……このような息子になるには
　おれには無限に多くのものが欠けている、
　あの方が父親であった時……
フィリップ（顔を覆い隠し、胸を打つ）おお神よ！　あまりにも重すぎる、
　わたしの上にのしかかっているあなたの御手はあまりにも重い。わしの息子が、
　わし自身の息子が――恐ろしい法廷だ――
　あなたの復讐をつかさどる人間であるとは。」

この初稿でのフィリップはまだ息子の憎しみを、彼自身がかつて父親に対して行った不当な仕打ちの当然な報いであると感じている、つまりここでのシラーはその感情からいってまだ明瞭に息子の側に立っているのだが、この感情の余韻が最終稿――ここではこの感情は息子の復讐への恐怖として直接表われている――においては、シラーが父親としての気持の方にわずかに傾いていることを教えてくれる。レルマ（父親感情が擬人化された人物）は王子に次のように言う。

「……あなたのお父上に
　恐ろしいことを企んではなりません！

恐ろしいことはなりませんぞ、王子さま！
フィリップ二世はあなたのおじいさまを無理やり王座から引きずりおろされた。——そのフィリップが今では、自分の息子を恐れて慄えているとは！」

後で詳しく述べることになるが、ある時は息子に、ある時は父親に味方するシラーのこの感情の揺れ動きは、ドン・カルロスの個々の部分や草稿の制作が、彼の感情生活のそれぞれ異なった段階において行われたという事実から説明することが出来る。シェイクスピアの精神生活においてもわれわれは、これと似かよった、矛盾する感情を認めるであろう。のちに言及する筈のクロノスの神話は、この復讐への恐怖を非常に明瞭かつ特徴的に表わしている。この恐怖は神話においては必ず、たいていは王である父親に下されるところの、お前は息子の手にかかって死ぬであろうという典型的な神託によって表現される。

そこから、父親憎悪のもうひとつの別な動機付けが分岐するのではあるが、これは文学においては、息子の財産相続、王位継承への強烈な要求——これに対して父親の方は頑固な抵抗を示す——というかたちで、驚くほど頻繁に描かれているように思われる(18)。父親に対する反抗の革命的な側面を強調するこの動機付けもまた、心理学的な分析によれば、性的な領域から社会的ないしは政治的な領域への転移であることが判明している。この意味において、これまで扱ってきた文学のすべてが——またこれから言及することになる文学のほとんどが——王家を舞台に演じられているということは偶然ではない。このことによって詩人は、生物学的なもののなかに深く根ざしている父と息子との葛藤を、支配者とその後継者との政治的葛藤に結び付け、またこのやり方で、人生においてもよくみられるように、両者の憎しみを社会的に動機付けることが出来るのである。というのも、父親を王座から追放し、みずからその地位に就きたいという息子の願望は往々にして、母親を占有したいという願望の偽装的表現でもあるからだ。このことは、父親の支配権と母親との結婚が同時に与えられるオイディプスにおいて特に明瞭に表われている。ハムレットにおいては、王位継承のモチーフが既にもっと明瞭に、女性を巡る争いという性愛的なモチーフの傀儡にされており、カルロスにおいては、性的な要素がほとんど完全に政治的な要素によって覆いつくされている。このようなかたちで利用された王位継承のモチーフのなかにわれわれは、ドン・カルロスにおいてみられるところの政治的な陰謀劇による性愛的な家庭劇の代用――これについては既に指摘した――を可能にする表象連合のひとつを認めることが出来る。政治的ドラマが一般に近親相姦ドラマの前面へいわばファサードとして押し出されているということは、ドラマの筋の展開にとって重要な文学的動機付けのなかに特徴的に反映されている。ポーザ侯爵は王の腹心として、王子カルロスに対する王の疑いを性的な領域から政治的なそれへと誘導する。即ち彼は、王子と母親の関係はニーダーランド解放のためのひとつの行動に関わるものであるにすぎない、と言って王を欺くのである（第四幕第一二場）。もともとポーザはこのことによって、王の猜疑を政治的なものへと引き戻したにすぎない。それというのも、息子に用心なさるようにとのアルバ公爵の最初の警告は、王子の政治的野望のことを言ったものであった。王の猜疑心が性的な領域へと拡がってゆくのはのちになってである（第三幕第三場）。

「わしの怖れねばならぬのはこれだけだったのか、
　あれの野心だけだったのか？」

　シラーがこのドラマに政治的な葛藤を取り入れたのはのちになってからであり、しかもこれに副次的な意味しか与えなかったということをわれわれは既に知っている。だがのちになってもなおシラーがこれを、性愛的なモチーフの下位に置いているということは、バウエルバッハ草案のある箇所が示している。

「第Ⅳ段階。ドン・カルロスが新たな危険に曝される。
A　王が息子の謀叛を発見する。
B　このことが再び嫉妬を呼び起こす。

C　この両方が結び付いて王子を破滅させる。」

われわれは既にここで、叛旗をひるがえす息子のモチーフ、革命家たちへの息子の共感を、王位継承のモチーフとの関連で、暴君とみなす父親に対する反抗の典型的な表現として解釈することが出来る。[19] この二つの政治的モチーフのなかで孤立しているところの、母親を巡る競争関係から生じる父親憎悪の源は、純粋に性愛的な二つのモチーフのなかに明瞭に認められるが、この二つは、近親相姦コンプレックスの典型的な特徴を表わすものとして特に強調するだけの価値がある。まずその第一は、父親による許嫁横奪のモチーフ[20]であって、これはカルロスにおいてひとつの重要な役割を演じている。

「カルロス　あなたはわたくしのものだった――全世界の見守る前で、
二つの王家によってわたくしに約束され、
天と地によって認められていたのです。
それを、フィリップが、フィリップが横取りしたのです。
妃　あの方はあなたのお父上なのです。
カルロス　そしてあなたの夫だ。」

このモチーフは、息子が母親を獲得するのは不可能だということの無意識的な表現であることがわかる。これは、意識的な思考に置き換えるならば、父親が息子から母親（許嫁）を横取りしたというほどの意味である。ここでまた、実際には矛盾するこの考えを実現させようとする試みが、母親の継母への変り身を規定するひとつの要因であり得るということもわかる。というのも継母を、父親が実際に息子から奪ったこのような母親へ作り変えるのは極めて簡単なことなのである。そしてドン・カルロスの最初の草稿において、近親相姦的な立場からこのモチーフを強化するという考えもシラーの頭のなかにあったということは、歴史上の模範が仮にそうであるにしても、注目すべきことであ

る。シラーは、

「それを二つにお分けになるよう決心なさってはいかがでしょう？
　わたしのような女には王冠があればそれで充分、
　誇り高い王の娘がそれ以上の何を望みましょう？」

という、エボリがカルロスに向かって言った言葉に、次のような注釈をつけている。「オーストリアの王女にしてフィリップ二世の姪であるひとりの女性（近親相姦！）がドン・カルロスに約束されていたが、カルロスと妃のエリーザベトの死後フィリップの四番目の妻となった――つまりこの王は一種の運命によって、自分の息子のために定められていた二人の王女と結婚したことになる。」

　父親による許嫁の横取りというこのモチーフが、息子の激しい財産相続要求（王位継承のモチーフ）――これは無意識のなかでは、不当に与えられない（と息子が信じている）許嫁即ち母親に関連している――をより深く理解するための鍵をわれわれに与えてくれるとするならば、父親から相続財産と絶対的な王権を力ずくで奪おうとする謀叛的な息子のモチーフには、母親を再びわがものとし、彼女を父親の暴力――と息子は思い込んでいる――から救い出すことを夢見るもうひとつ別の空想が照応すると言える。母親は父親のそばにいたのでは不幸だ、おれの救いを待ち望んでいるに違いないのだ、という、同様に近親相姦コンプレックスの典型を示す息子のこの空想は、やはりドン・カルロス（第一幕第五場）に暗示されている。(21)

「妃　フィリップのそばでわたしが惨めだなどと、
　誰があなたに申したのです？
カルロス　わたくしの心が申しました。
あなたは、わたくしのそばでなら、ひとに羨まれるほどに幸福であろうと、わたくしの心が燃えるように感じているのです。」

いずれわれわれは、フロイトの研究によれば人間の愛情生活にとって重要な意味をもち、神話や文学上の空想形成において極めて大きな役割を演じるとされているこの救出空想へ立ち戻ることになるであろう。[22]

息子と父親との緊張関係は実にしばしば、王家という環境のなかに置かれて描かれるのであるが、このことは、この敵対関係を息子側からの強い相続権要求と父親の拒絶的な態度でもって図式的に動機付けることだけでは説明出来ない。なぜなら、これと似た状況を他の社会環境のなかにも見出し、あるいは作り出すことは、さほど困難ではないだろうからである。[23] 絶大な権力をもって支配する専制的な君主としての父親という、定石的に繰り返されるこの解釈を、それが文学的創造にとってもつ十全の意味において評価し理解しようとするならば、その解釈の個的な根源ばかりではなくその発展史的な条件をも探ってみなければならない。憎まれ恐れられている父親は必ず、その息子に対して、君主が家臣に対するように、それだけいっそう強力な権勢をもって臨む男として描かれるのであるが、このことは発展史的にみると、王制が家族における父権制から生まれたものであるという事実によって説明される。国家において家族というものが形成され始めた時、国民の中心にある王は、夫であり父親である者が家においてあったところのもの、即ち主人に、強力な守護者になったのである。[24] サンスクリット語による王と女王の多様な呼び名のなかで、父と母という単純な表現がある。「サンスクリットでガナカは父親を意味しており、これは、子供を作るというGANからきている。この言葉はまたヴェーダのなかに、有名な王の名前としても出てくる。王は古高ドイツ語ではchun-ing、英語ではkingである。サンスクリットの母親はganiまたはganî、ギリシャ語の γυνή はゴート語ではquinô、スラヴ語ではzena、英語ではqueenである。つまり女王は、もともとは母親ないしは女主人を意味している。家庭生活での言葉が徐々に最古のアーリア人国家の政治的言語へ成長していった過程をわれわれはそこにみることが出来る。」(ミュラー) 支配者たる王をその家臣たちの父親とみなし、またそう呼ぶことは、今日でもなお比較的小さな国家においては行われている（例えばドイツのLandesvater《国の父＝国君》）。そこでは、君主と臣民との関係が、大きな国家連合体におけるよりは緊密である。しかし強大なロシア帝国の国民たちも、彼らの皇帝のことを「パパ」（Väterchen）と呼び、[25]カトリック教会の最高支配者は信者たちから「聖なる父」と呼ばれる。ラテン語で教皇は„Papa"であり、つまりここでもまた彼は、子供たちが父親を呼ぶのと同じ名称で呼ばれるのである。

　父親というものを畏怖すべき絶対的な支配者であるとするこの考え方は、子供が父親を無邪気に尊敬し、子供にとっては他に比べようもない唯一無二と思われる権力の完全さと偉大さを過大評価するところから生まれるものであるが、この考え方は大人の夢のなかにもなお余韻を残していて、フロイトの研究によればそこでは、ほとんど例外なく皇帝と皇后（王と女王）が、夢を見ている当人の両親を表わしている。[26]しかしこのことは、無意識的な精神事象の心理学に精通した者にとっては別に不思議なことではない。偏執病者たちの妄想の中心にあるのは普通、自分の祖先は王である、あるいは神であるという考えであるが、彼らのこのような大人物意識にも、この説明が例外なく当てはまるように思われる。この説明はわれわれに、神話的空想活動の個的な条件をも示してくれたのである。[27]ところでこの転移の結果は、心理学的な立場からみると興味深いものである。息子が父親への反感を現実の王の上に転移させ、革命家、アナーキストになる場合がひとつ。他のひとつは、息子がこのような過剰な積極的行動を表わさず、関係全体を、幼児的な性格をより強く保持しながら、受動的なもののなかへと移す場合である。即ち彼は、偏執病者として、自分の妄想のなかでの王の（父親の）位置に身を置き、王の、また父親の側からの（想像にしかすぎない）迫害や干渉から逃れようとするのである。あるいは第三の場合として息子は、専制的な父王という人物から父親の役を取り去って、専制君主を父親の代用として設定することによって（アナーキストと同様に）、出来事全体を文学的ないしは神話的な空想活動のなかで昇華させるのである。[28]このようにして息子は、ハムレットの解釈も示しているように、父親に対する憎しみが、専制君主に対して向けられるところのより正当化された憎しみの背後にあって自由に表わされるような事態を達成するのである。[29] われわれは心理学者としての立場を貫こうとするならば、夢と神経症において充分な正当性をもって行ったように、詩人たちの描く皇帝のすべてを（差し当っては、歴史的に伝承された素材は除くとして）、父親の代用的人物として解釈しなければならないであろう。このような解釈の実現可能性を示したおおがかりな文学史上の一例としては、ディドロの劇文学改革の試みを指摘するだけに留めたい。彼はその演劇理論において、――イギリスの自然主義者たちのあとを受けて――果たして舞台で描かれるに価するのは王侯貴族だけなのか、平凡な人間たちの運命はそうではないのか、という疑問を提起している。そこで彼は、この提案を実際に実行するに際して何をしたのか。彼は、これまでは常に王がその中心となっていた悲劇ではなく、市民劇『家長』（Père de famille）[30] を書いた。このことは要するに、彼が、王に代って父親を登場させることによって、われわれの解釈の試みに無意識的に関与していたということである。一見純粋に文学的ではあるが、しかし実際には極めて個人的なこの改革の意図には、やがてレッシングの市民悲劇、ゲミンゲンの『ドイツの父親』、そしてシラーの『たくらみと恋』が続き、その影響はイプセンの家庭劇に至るまで辿ることが出来るのである。

体験と文学の関係

感動的な作品を作り出すものは、ある素材についての生き生きとした想像力では必ずしもなく、往々にして素材への欲求、何かを求めてやまないみずからの心を吐露したいという、漠とした衝動でしかない、と私には思われます。

シラー

ところでわれわれは、心理学的な考察方法の結論においてもあまり極端に走って、ドラマのなかにわれわれが見出す王をそのまま父親の代理人であるなどと考えるつもりはない。そうすることでわれわれは、われわれのこの解釈が他の要素によって強化される場所においては、この解釈を確かなものとして想定する権利をそれだけいっそう強く有することになるであろう。カルロスにおいては、強大な権力をもった専制的な支配者が同時に父親でもあるので、その関係は明瞭である。そこでわれわれは、この関係がシラーの他のドラマにおいても——これほどはっきりしたかたちではないにしても——再び見出されるのではないだろうかと期待せずにはいられない。この関連は『群盗』においてはまだかなり明らかであって、ここでは老父が少なくとも「支配する」伯爵であり、また息子フランツの憎しみも、その財産相続の要求によって動機付けられる（この分析は第一四章「シラーの姉妹愛」において行われる）。このドラマにはもともと『放蕩息子』（Der verlorene Sohn）というタイトルが付けられることになっていた、ということだけをここでは述べておきたいのだが、この事実によって、作品の構想において既にこの父親コンプレックスが大きなウェイトを占めていたということが暗示されている。青年期のこの作品において強烈に発現する革命的な自由への衝動は、それ以後シラーのすべての作品を灼熱の炎のように貫くことになるのであるが、自由を求めるこの衝動は文学史的研究によって、ヴュルテンベルク公爵とその苛酷な統治とに対する反抗であるとして捉えられてきた。まずこの解釈が完全に的を射たものであり、また正当なものであることは確かである。われわれの観点からしても、『群盗』並びにそれに続くドラマの成立を、支配者とシラーとのこの緊張関係を抜きにして考えることは出来ない。更にわれわれは、シラーが自分のこの作品のある部分を起草するに際して、意識的な意図のもとに公爵と自分との関係を表現したのだということを認めない訳にはいかない。しかしながらこのことは、父親に対する子供のこれと同じ緊張関係がこの作品の構想に無意識的に関与していることを排除するものではない。それどころかむしろこの仮定は、シラーの強烈な詩的感情を理解するために必要とされるものである。なぜなら、この感情の強烈さは、すべてのカール学院生たちに等しく向けられた公爵の厳しい態度からは理解出来ないものである。芸術的創造の最も興味深い問題のひとつであるこの問題の解決にわれわれが近づくためには、体験と文学との関係について簡単に分析しさえすれば充分なのであって、われわれがこの研究において問題とするのは、無意識のなかでまどろんでいる詩人の最も深い感情衝動だけなのである。この衝動をともかく意識のなかで捉えることが出来るためにはわれわれは、あたかもそれらが意識的なものであるかのように取り扱わねばならない。シラーのドラマ創作の最も深い根源及び推進力としてわれわれは、以下の分析の結論を先取りして言うならば、父親に対する反抗と、そして母親への愛から生じる父親への嫉妬の混じった憎しみを認めることが出来る。これらは、最も早い幼児期に生まれ、強い抑圧を受け、のちになって然るべき体験の影響のもとに無意識のなかから激しい勢いで現われ出ようとする感情である。これらの感情の表出を可能にするため詩人は、どうしても意識的な観念を糸口にし、それに基づいて作業を進めていかなければならないのである。この観念を彼は、無意識的なこのコンプレックスに触れる実際の体験のなかに見出す。しかしこの体験自体も偶然ではなく、――さもなければ体験は無意識的なコンプレックスにどの点においても一致しないであろう――心的にも決定付けられている。成人が置かれている現実の立場というものも、依然としてなお彼の幼児期の境遇に支配され、そのようにしていわば個人自身によって作られるのである。これがどのような意味で言われているかを最もよく示しているのが公爵とシラーとの関係である。それは、環境を別にすれば、父親とシラーとの関係そっくりそのままのコピーである。

詩人は父親に向けるすべての感情衝動を公爵の上へと転移させるのだが、それは、父親に対する子供の無邪気な感情が君主（Landesvater）に対する革命的な衝動へと置き換えられるということをわれわれが示したようなやり方で行われる。これらはすべて、その置き換えが、正常な人間を社会的な権力機構の下位に置き[31]、市民的な組織を作らせるところの感情衝動である。そしてシラーは、強力に働き続けている幼児期の印象のために、正常な人間の行う父親憎悪の克服がうまくいかず、その結果精神の革命家、すべての意味における自由思想の熱狂的な闘士となったのである。シラーがこの新しい関係をあのように強烈な感情をもって表現したことが、君主即ちヴュルテンベルク公による父親のこの代用ということによって初めて理解される。この関係はそれとなく『群盗』の構想に影響を及ぼしているが、更にまた『ジェノヴァにおけるフィエスコの叛乱』においても、『たくらみと恋』の宰相ヴァルターにも、フィリップ二世にも、ヴァレンシュタインにも、そして『ヴィルヘルム・テル』のゲスラーにおいてもなお余韻を残している。シラーは息子としての自分の感情を公爵の上に転移させたのだが、この転移は、カール・オイゲン公が自分の生徒たちの父親を名乗ろうとしたという事情によってうまく助けられた。生徒たちはさまざまな請願書を書く際に、父親というこの呼称を公爵に対して用いなければならなかったのである。この呼び名はシラーの書いた多くの請願書にも必ず見出される。例えばこのような請願書のなかの一通は次のような文章で始まっている（一七八二年九月一日）。「わたくしの主君、絶対のあるじであられるお方が同時にわたくしの父でもあられるという心からの確信が、現在のわたくしの心を強く支えてくれています（書簡集、ヨナス編纂、シュトゥットガルト、一八九二―一八九七年、第一巻、三三番）。また彼が脱走した後で書いた最後の嘆願書は、「怒れる父への息子のすべての感情をこめて」という言葉で終っている。「シラーは公爵のことを罵倒していたが、それでいて彼を愛してもいた。彼は公爵を尊敬しながら同時に憎んでいたのだ」というミノーアの言葉（二二四頁）はまるで、厳格すぎて恐れてはいるが、愛して尊敬してもいる自身の父親に対するシラーの関係についての描写そのもののように聞こえる。ターリアにおける『ドン・カルロス』の最初の三幕の予告文においてもまだシラーは、自分はこれまで自分の父親であったひとを敵視するつもりはないとはっきり言っているし、また公爵と自分との関係全体をこのように伝えなければならないことについて次のように弁解している。「読者を私の企図の内部へと導き入れるのに一番自然な道は、この企図を実行すべき人間を彼らに知ってもらうことであった。」——彼がこのように自分の子供らしい分裂した感情を父親から公爵へ転移させているという事実は、細部においてもその跡を辿ることが出来る。もしシュトライヒャーのような非常に信頼のおける同時代人——彼はその気にさえなれば友人シラーに味方する機会をきっと利用したことであろうが——の報告を信用して差し支えなければ、公爵はシラーが考え、描いたような暴君では全くなくて(33)、シラーが両親の家から持ち出した考え方、そしてその環境にはよりうまく合致するかもしれない考え方、即ち、自分の父親は暴君なのだという考え方が、公爵に対する彼の態度をも必然的に支配したということである。その公爵はシュトライヒャーによれば、実際に生徒たちを父親のように愛しており、彼らの幸福のためによく心を用いたのであった(34)。この意味では、シュトゥットガルトからのシラーの脱走も、公爵の支配する学校の強制からの解放というよりはむしろ、父親と家族からの離反であったと解釈することが出来る(35)。シラー自身この解釈の正しいことを、お気に入りの姉だったクリストフィーネへのある手紙のなかで証している（一七八二年十月十八日付）。「お父さんがぼくに宛てた手紙を書いたちょうどその時に、ぼくの方でもお父さんに心をこめて手紙を書いたということ、そして、お父さんの運命をぼくの運命から引き離すためお父さんと話し合ったことについてはぼくに十分な理由があったということ、このふたつのことを最愛のパパに伝えてください。」『群盗』は自分に家族と祖国を捨てさせた（シュトライヒャー、九四頁）、という彼の言葉もこれと同じ意味で理解することが出来る。シラーは最初から公爵に対して反感を抱いていたが、父親との生活もまたすっきりした関係にあることは稀であった。それどころか、父親と息子との間の極めて深刻な不一致が繰り返し伝えられている（特に一七八四年の夏とその翌年の初め）。しかし既に子供の頃から彼は、父親を尊敬するよりも、むしろ怖れていた。この少年は、自分が悪いと思った時には進んで母親に罰を求めることで、怒った父親のてひどい折檻を避けていた、とシュトライヒャーは報告している（一一三頁）。その反面、絶対的な父親の権力が息子に対して最終的には勝利するという内容のこの息子の作品が、厳格で頑固な父親に殊のほか気に入ったということは容易に理解されるところである。例えば彼は、『ドン・カルロス』の最初の三幕を読んだ後、息子に次のように書き送っている（一七八五年三月三十日付）。「ターリア、特に『ドン・カルロス』の断片は非常に熟慮を重ねて書かれたものと思う。わたしはこれを、お前のこれまでのすべての作品で最上のものだと考える。」(36) これと似たような満足の意を彼は『たくらみと恋』についても表明している。この作品でも同じように父親と息子の葛藤が筋の前面に押し出されているのだが、父親の強い力の方に重点が置かれている。(37) われわれの見解を根拠付けけんがために、事実として伝えられたシラーの家庭における生活状況をこれ以上引き合いに出すのは控えることにするが、それは主として、このような報告に――たとえそれらがわれわれの見解を裏付けてくれるものであっても――極端に大きな価値を置いても構わないのだという錯覚を引き起こしてはならないからである。われわれの分析において重要なのは、無意識的な感情衝動と空想を明らかにすることなのであるが、これらはしかしながら、個人ののちの生活においても、芸術的作品ないしは神経症の症候におけると全く同様にヴェールで覆われたかたちで現われるものであって、そのため詩人の体験も、神経症者におけると同じように解釈の対象として考えられねばならない。もちろんそこからは、体験と文学の関係を理解するための非常に実り豊かな観点が生まれるのではないかと思われる。

皇帝や祖国、世俗及び教会の権力組織、上役や競争相手、更には神や宗教などに対する個人の成長してからの社会的態度が、父親に対する幼児期の関係によって左右されるのに対して、母親に対する幼年時代の関係は、人間の愛情生活全体を規定するものである。ところで文学史の評家たちは、シラーの「暴君」なかんずくフィリップ二世の原型――これをわれわれは父親に対する幼児の関係にさかのぼって説明することが出来た――を、ヴュルテンベルク公爵と彼との緊張を孕んだ関係から導き出したのであるが、彼らはまたエリーザベトに対するカルロスの特殊な愛についても、その原型をシラーの人生のなかに求め、そしてそれをシャルロッテ・フォン・ヴォルツォーゲンへの若き詩人の愛のなかに見出した。シュトゥットガルトを脱走した後の彼は、彼女の母親の客としてその領地に滞在し、そこを一種の避難場所として、ゆっくりと、しかし熱心に『ドン・カルロス』の完成に乗り出したのであった。バウエルバッハ時代の彼の気分、活動、体験を、絶えず進展する『ドン・カルロス』の創作とのさまざまな関連においてゲルケ（前掲書）が詳細に叙述している[38]。彼のこの著書の第二部ではまた、エボリとエリーザベトに対するカルロスの奇妙で矛盾に満ちた愛についての説明が、シャルロッテに対するシラーの似たような関係から、個々の点に至るまで詳しくなされている。即ち、まずシャルロッテへの見込み充分な恋、恋仇（ヴィンケルマン）の出現による思いがけない障害、この恋仇への嫉妬、優先権主張の試み、やがて彼女の心がライヴァルに傾いているのを知った時の絶望、そして最後に断念。われわれはこの鋭い指摘をいずれの点においても認めることが出来るのだが、しかし、公爵との関係においてもそうであったように、この体験全体は彼の文学創造と同様彼の家族コンプレックスの再現とみなすことが出来る、ということを付け加えねばならない。確かにシャルロッテに対する彼の関係は、カルロスの完成に最も大きな、恐らくは決定的な影響を及ぼしはした。だがこの新しい体験は、母親（そして姉）に関連していたのと同じ無意識的な感情を呼び起こしたにすぎない。要するにこの体験のもたらした現実の必然的結果はすべて、これらの感情によってあらかじめ規定されていたのである。かくして『ドン・カルロス』における恋愛関係は、シャルロッテへの不幸な恋の文学化なのではなく、二つの関係、即ち文学上の関係と同時に現実の関係が幼児期の状況に立ちかえり、そしてこの状況を再生産したものなのである。ここでは、シラーと公爵との関係にみられたと同様、表現を求める無意識的なコンプレックスの文学的形成と、これらのコンプレックスを現実の体験へ転化しようとする衝動とが相携えて進行しているという印象を受ける。それはちょうど俳優が、感情移入によってこれらの心的衝動を行動へと移すのに似ている。

恐らく詩人においては、愛情生活のさまざまな段階においてある種の幼児的・性愛的な状況が再び眼覚め、それが今度はこれに合致する現実の体験を求めたり、あるいは作り出したりするのを助ける、というような過程を辿るのであろう。しかしながらこの体験は、無際限・無制限な子供の感情を満足させるほどに理想的な条件を提供することは決してあり得ず、そのためこれらの感情は幻滅のうちに再びこの体験からも、そしてまた現実一般からも離反し、今度は壮大な空想のなかに、文学のなかに、それらにぴったりかなった表現を見出そうとするのである[39]。かくして詩人はその作品において、現実が彼に拒絶する可能性、より深い意味で言うと、現実が彼に全然与えることの出来ない可能性を自分のために作り出す。それというのも、彼が作り出し、やがて彼の衝動の文学的形成を喚起するところの体験もまた、幼児的な固着を基礎にしてのみ可能なのであって、従ってこの体験は、願望実現とともに、これを妨げるあらゆる状況をも再生産するのである。母親への固着ということは、フロイトが示したように、なかんずく男性の愛情生活では、彼がなんらかのかたちで既に他の男性に所属している女性にしか興味を抱かないということのなかにも表われている。これは疑いもなく母親に当てはまることである（本書第四章「許婚横奪のモチーフ」参照）。カルロスにおいて最も明瞭に表現されたこの愛の条件もまた、シラーの他の作品において、また彼の人生において大きな役割を演じている。彼が純真な青年の心で好意を抱いた最初の女性——彼の若書きの詩に登場するラウラ——からして既に、大尉の未亡人ルイーゼ・フィッシャーという人妻であったと伝えられる。ゲーテとヘルダーリンを同じ理由から虜にしたシャルロッテ・フォン・カルプ夫人に対するシラーの愛については非常によく知られている。彼は一七八四年五月、結婚後間もないこの人妻と知り合い、彼女に激しく恋をする。そのため彼女は夫との離婚、彼との結婚を考えたほどであった。ケルナーに宛てたある手紙（一七八七年七月二十三日付）で彼は、近い内に二人が一緒になれるという希望について語っている。彼女に対する彼の関係がカルロスに、またエリーザベトとエボリへのカルロスの愛に少なからず影響を及ぼしたということを彼自身ケルナーへの報告（同年七月二十九日付）のなかで認めている[40]。この関連からして、シャルロッテ・フォン・ヴォルツォーゲンへの彼の愛が実は、彼女の母親で彼より一四歳年長のヘンリエッテ・フォン・ヴォルツォーゲンに対するより根源的でより深い愛の取り木[41]でしかなかった、という事実は特別な意味を獲得することになる。彼はこの女性のなかに、母親と恋人が一体となっているのをみたのである。

彼女に宛てて彼は次のように書き送っている（一七八三年九月十一日付、マンハイム発信）。「あなたは、わたくしの心が純粋で偽りのない愛をもって拠り所とした最初の方でした。そしてこのような友情はすべての有為転変を超越したものです。どうかこれからも、わたくしのことをあなたの息子と呼び続けてください。そしてわたくしがこのような母の心を高く評価出来ることについては御安心ください。わたくしたちの別れ――その別れが必ずくると前もってわたくしがあなたに証明することは許されませんが――は、わたくしがもう長い間味わうことのなかった心の落ち着きをまた作ってくれることでありましょう。」

他の幾つかの手紙においても彼は、非常に心をこめて、二人の関係について母親と息子のそれとして繰り返し語っている（ヨナス編纂による書簡集、第一巻、六七番、八六番）。しかし、のちに彼の妻となるシャルロッテ・フォン・レンゲフェルト[42]に対する彼の人生での決定的な愛も、それが少々奇妙な変遷を経たという点、そしてそれがフォン・ヴォルツォーゲン母娘に対する関係と類似しているという点で、われわれに幼児期の根源を明かしてくれる典型的な特徴を示している。シラーがこのフォン・レンゲフェルト姉妹と出会った時（一七八八年初め）、彼の心を先に捉えたのは、不幸な結婚生活を送っていたカロリーネの方であった。シラーが彼女に、また同時に二人に宛てて書いた大量の手紙から、彼が一種の二重婚約者の立場にあって、姉妹のいずれと結婚すべきか長い間迷っていたのだという解釈が生まれた[43]。いずれにしても、シラーはのちに自分の義理の姉になる既婚のカロリーネ（フォン・ボイルヴィッツ）を最初に愛し、妹のロッテ以上に愛した、従って妹は自分自身のためにではなく姉のために結婚したのだ、というのが一般的な解釈であった。カロリーネが初めのうち離婚を考え、シラーの妻として自分の資質と希望に合致した活動領域を見出す可能性について検討したことは確かである。このことは、彼女の心がとっくに夫から離れ、彼との共同生活を諦めていただけにいっそう理解し易いように思われる。シラーは、カロリーネの「無精」の所為で実現はされなかったこの計画に満更ではない態度を示していた。彼はそこに、自分の「愛の条件」（フロイト）が完全に満たされると思ったからである。即ちそれは、他の男の所有になり、その男との結婚生活を不幸だと感じ、自分を「救い手」と考えてくれるひとりの女性を占取するという可能性であり、母親についての幼児的な愛の理想にぴったりかなう条件であった。しかし「無精さん」――カロリーネはこう呼ばれていた――はこの家庭スキャンダルに尻込みして、結局は錯綜したこの関係を穏やかな市民的結着へ導いてゆく。そこで今度は、彼女の勧めによってシラーとシャルロッテの間で決定的な話し合いが行われ、やがて結着へと発展してゆくのである。しかしながらカロリーネからは、このようなかたちで二人の事態に関与することによって、恋人を少なくとも完全には失いたくないという願望が看て取れる。シラーの方でもまた、結婚するに際してこれと似たような願望を抱いていたということが、この詩人の常に変らぬ夢は二人の女性との共同生活であったということ[44]から極めて明瞭にわかる。従って妹との彼の結婚は実は、自分の手の届かない姉のいわば代用的な意味をもっていたのであって、それは、かつて彼がシャルロッテ・フォン・ヴォルツォーゲンを彼女の母親の似姿として愛したのと全く変るところがない。他の男の所有に属していて自分の手には及ばない女性を、その娘ないしは妹によって、即ち手の届く似姿によってこのように代用するということは、同様に母親への愛のひとつの典型である。そしてこの代用は通常、シラーにおいても示されるように、母親への愛着と並存する姉へのリビドー的な関係にさかのぼってその原因が求められる（のちに扱う、シラーの姉クリストフィーネへの愛の項を参照されたい）。だが、彼が両親の家で母親と姉との共同生活で体験したような、二人の姉妹とのこの理想的な共同生活（カロリーネは最初の数ヶ月この新婚夫婦のところに住んだ）は、長くは続かない運命にあった。やがてロッテの心のなかに、シラーにとっては自分よりも姉の方が重要な存在ではないのだろうかという疑問が生じる。二人の女性の間にイエーナで率直な話し合いが行われたが、それ以後カロリーネはシラーとの知的・精神的共同関係《ゲマインシャフト》からますます身を退くことになる。そこで詩人は、その頃親密の度を増しつつあったゲーテとの交友のなかにその代用を見出したのである。ロッテとの関係にみられるシラーの母親愛着の名残りは、彼が最終的な結婚宣言以前に長い間ためらったのは、自分が彼女のことをもはや完全に自由な身だとは思わなくなったためだ、と彼女自身に告白していること（一七八九年十月二十九日付）にも特徴的に表われている。この告白には、ライヴァルを求める彼の願望がはっきりと認められるが[45]、この願望はまた、教会の公示ののちに彼が、クネーベルが自分と張り合ってロッテに求婚しないのは残念だと、婚約者である彼女に冗談まじりに言っていることのなかにも表われている。「実際ある種のひとびとは、物語に悲劇的錯綜を獲得させるためには、この領域を活動させるべきであると思われます。」（一七九〇年二月十四日付[46]）かくして、母親を巡っての幼児期における父親との競争意識は、息子自身の結婚においてもなお働き続けるのである[47]。そしてシラーにとっては、この感情を――最後にカルロスにおいてしたように――芸術的に処理するだけでは事足りず、彼はそれを現実の人生へも転移させ、新たな体験へと置き換えようと試みるのである。フォン・レンゲフェルト姉妹に対する関係はしかし、体験と文学創造との関連についてのわれわれの解釈を実証するのに特別好都合な一例である。われわれはフォン・ヴォルツォーゲンの二人の女性、即ち母親とその娘に対するシラーの関係を、エリーザベト（年長で既婚の女性、ここでは実際に母親として登場）とエボリ（自由で若い女性）に対するカルロスの関係の直接のモデルとみなしたのであるが、しかし驚くべきことには、シラーが『ドン・カルロス』を完成したのちに知り合ったフォン・レンゲフェルト姉妹の方が、フォン・ヴォルツォーゲン母娘よりはるかにエリーザベト＝エボリのタイプにぴったり合っているということにわれわれは気付くのである。ロッテはみんなから小さな「淑女」と呼ばれていて、その内気な恥じらいや控え目な態度などは、ものごとに熱中する姉の激しい気性と比較され、それが特に強調されている（K・ベルガー、本章注[43]参照）。こうして彼は、現実の人生において愛の対象を、感情過多で積極的な行動に出る対象と、無愛想に拒絶する対象へと区別する方向――これは母親コンプレックスに起因する――を歩んでゆくことになった。

これらの対象を詩人は彼のほとんどすべての作品においてエリーザベトとエボリのタイプに従って描いている。しかしフォン・ヴォルツォーゲン母娘に対する関係が、母親に対する本来の関係のように、また『ドン・カルロス』におけるように諦念をもって終っているのに対し、フォン・レンゲフェルト姉妹との関係においては状況が特に好都合だったため、幼児期の愛の理想が「妹」への転移によっておおよそ実現されている。ここにおいてもわれわれは、愛情生活の複雑微妙なメカニズムのみならず、そのメカニズムと文学的創造との関係をも洞察することが出来る。『ドン・カルロス』の完成後に始まったフォン・レンゲフェルト姉妹との愛情関係が、カルロスと二人の女性とのこれと全く同様の関係に影響を与えたと考えること(48)は不可能なのであり、残された可能性として、現実の関係も文学上のそれも詩人の精神生活のなかにある共通の源泉から生まれたものであると想定する以外にはない。この源泉のなかにわれわれは、幼児期の近親相姦コンプレックスと、のちになって行われるその修正とを認めることが出来るものと信じている。

幾つかの非常に好都合な状況と、シラーの人生から集められた極めて豊富な資料をもってしても、どの場合にも見出されるこれらのより深い関係を実際に説明することは恐らくほとんど不可能であろうと思われるので、シラーの個々のドラマそのものに入ってゆく前に更になお、彼の文学的劇作一般について、それが彼の愛情生活にどのように依存しているのかという観点から簡単に考察することをお許しねがいたい。『ドン・カルロス』の脱稿（一七八七年）から『ヴァレンシュタイン』完成（一七九九年）までの、シラーの文学活動における十年以上に及ぶ長い中断を理解するためには、これがフォン・レンゲフェルト姉妹に対する彼の決定的な愛の時期、彼の結婚の時期、そして最初の結婚生活の何年かの時期に当っていたことを考慮に入れなければならない。これらの出来事は、われわれの言う意味で、その無意識的な空想生活の充分な満足を彼に与えていたのである。シラー自身結婚式の一ヶ月前二人の姉妹に宛てて次のように書いている。

「以前のわたしはわたし自身にとって今より以上のものでした。なぜなら、わたしはわたしにとってすべてでなければならなかったからです。わたしの願いはもっと節度のあるものだったし、わたし自身の心だけでそれらを満たすのに充分でした。わたしは想像の産物、文学の産物を愛の心に、社交の喜びに結び付けました。これらすべては、わが最愛のひとたちよ、今ではもう過去のものとなってしまったのです。あなたたちへの想いのなかでわたしの魂はその燃えあがる力のすべてを食い尽くしてしまい、そしてそれ以外のいかなる対象も、わたしには心の温かさをすらもたらしてはくれません。わたしの最も聖なる幸せが近付きつつある今ほどに、わたしが自分自身のなかで貧しくちっぽけであったことは一度もありません。」(一七九〇年一月十日付)

しかし他方シラーは、『ドン・カルロス』をもって、大きな内面的反作用と、家族コンプレックスからの芸術的解放の第一段階を終結させてもいた。この解放はその外的なしるしを、それまであたかも脱走のようなかたちで続けられていた流転のあとの定住と結婚――自分自身の所帯をもつということ――のなかにも見出した。そして詩人が、カルロスをして諦念的な調子で、「母上、あなたを所有するよりもっと高い、もっと立派な仕事があります」と最後に言わせる時、それは幼児期のオイディプスコンプレックスからの別離、より高い新たな目標への転進――このことは既にポーザが暗示していたのだが――のように響く。そして、青年時代に至るまでの長い期間にわたって、その強力なオイディプスコンプレックスを克服してこれを『ドン・カルロス』におけるこの諦念的な消滅へと至らしめるために、極めて集中的なドラマ創作を必要とした詩人は、今や、人生と人間への市民的適応――この適応は結婚と家族によってもたらされ提供されたものである――を果たすために再び十年の歳月を必要とするのである。シュトゥルム・ウント・ドゥラングのあとに得られた内面的平衡のこの最初の時期にシラーは、哲学と歴史という学問の腕のなかに身を投じるのであり、そして彼が、この歴史から再びドラマ創作への道を見出した経緯はよく知られている。(49) 彼は、『ドン・カルロス』創作の最初のきっかけ(一七八二年)をも与えてくれたダールベルクとの交流を通して、『ヴァレンシュタイン』の計画をも起草したように思われるが、彼がこれに着手したのは父親の死後においてであった。この作品においてわれわれの前に姿を現わすのはなんと別のシラーであることか！　ここにはもはやあの若き過激家の力に満ち溢れた言葉、父親憎悪の原初的な憤出はみられない。父親への反抗はなおもこの作品の、特に『ピッコローミニ』の基本的な原動力となってはいるが、しかしそれは抑圧され清澄化されたかたちで、マックスにおける愛と義務との葛藤としてわれわれの前に提示されることになる。この穏やかな表現は、創作の技術の大きな変化と手を携えて進んでゆく。今や、カルロスの進行中にもなおわれわれが観察することの出来たような原初的な最初の爆発を弱めたり観念化したりする必要はなくなったのである。

シラーがケルナーに宛てて次のように書いているのも（一七九二年五月二十五日付）この意味から理解されるべきである。創作の空白時期にあった彼はここでこの友人に、彼の芸術創造の条件について示唆を与えている。「対象の唯一の、また必ずしも最も重要とは言えない側面が、往々にしてぼくに、この対象を取り上げるよう誘いかけます。そして仕事中に初めて着想《イデー》が次から次へと発展してゆくのです。『芸術家たち』を書くようぼくを駆り立てたところのものは、この作品が出来あがったとたんに抹消されてしまいました。カルロスの場合ですらそうであったのです。ヴァレンシュタインの場合少しはうまくゆきそうに思われます。」――素材に対する彼のこの態度は、強力な感情転移のもとに変化したのだが、詩人はこの態度に、ゲーテ宛のある手紙のなかで特徴的な表現をも与えている。「わたくしの素材をわたくしの外側に置いておき、対象だけを描くということがとてもうまく成功しそうです。わたくしはほとんどこう言いたいのですが、主題はわたくしに全く興味を抱かせません。わたくしの対象に対するこのような冷淡さが、創作に対するこのような熱意とひとつになったことはこれまでわたくしの中で、一度もありません。主要人物及びほとんどの脇役たちを実際わたくしは今のところ、純粋な芸術家の愛をもって扱っています。わたくしがわたくし自身の愛着をもって関心を抱いているのは、主人公の次にくる人物、若い方のピッコローミニだけです。但しその場合全体がプラスになるように心がけるつもりです。」（一七九六年十一月二十八日付）

詩人の内面生活における急激な変化をわれわれに説明してくれるのは、彼の結婚と、性に及ぼすその生理学的影響だけではない。通常結婚がもたらすのは、ひとりの男性の人生における最も大きな心理学的事件である。つまりそれは、これまでは憧れ求めてもとうてい叶えられなかった母親の理想を、愛情生活に充分価する女性によって代用することであり、またそれは、往々にして長い間、そして強く束縛されていた息子の存在から父親の存在へと変る第二の、恐らくはもっと重要な契機なのである。(50) 既に述べた無意識における報復の恐怖を伴ったこの感情の変転は、今度は父親憎悪が徐々に消滅してゆき、既にわれわれが『ヴァレンシュタイン』でみたように、父親への漸次的な味方感情に席を譲る他の理由のひとつでもある。現実の父親存在には全然緊密には結び付いてはいないこの父親への移行が心的なもののなかでひとたび完成されたのちに、以前の創作能力が再び回復される。そして『ヴァレンシュタイン』の完成から出発したシラーは、その死に至るまで毎年不滅の傑作を作り出していったのである。だが今度は、彼自身の批判が、彼にそれがもたらしていた損失をさえ贖わねばならなくなる。「実際それはぼくのマイナスになった。規則を知る以前にぼくがもっていた大胆さ、生き生きとした情熱は既にこの数年なくなってしまったのです。」(ケルナー宛、一七九二年五月二十五日付)

体験典型のモチーフ形成

以上試みた原則的な分析研究を踏まえながら、今度はシラーの個々のドラマのなかから、のちにわれわれが他の詩人たちにおいて繰り返し見出すことになるある種の典型的なモチーフ形成を分類してみたいと思う。市民悲劇『たくらみと恋』におけるフェルディナントは、宰相である父親に初めからある冷淡さをもって相対しているが、この冷淡さの背後にはしばしば憎しみの迸りがはっきり認められる。これは『ドン・カルロス』におけるのと同じ父親と息子との緊張関係である。カルロスにおいて再三みられる細部の幾つかが既にもうここにある。フェルディナントもまた自分の父親のなかに、前任者を力ずくで片付けて権力を手にした（第一幕第七場）専制君主と殺人者を認めている。一方で彼は父親を憎み、また怖れてもいる。それどころか彼はカルロス（第五幕第四場、王「父親に向かって剣を抜くというのか？」）同様、父親に対して剣を抜きさえするのである（第二幕第六場）。だが他方では――第二幕のあの長大な場面（第二場）におけるカルロスのように――和解的な態度をも示している（第二幕第七場及び終場面、第四幕第五場）。しかし父親が息子を刑吏に引き渡すカルロスとは違って、ここでは息子の方が父親を司直の手に渡すことになっている（第三幕第四場、フェルディナント「息子が父親を首切り人の手に引き渡すであろう」）。このように父親と息子との敵対関係は全く明白であるが、二人の女性と、この二人に対する主人公の矛盾に満ちた関係は、それが――『ドン・カルロス』におけると同じように――家族コンプレックスに由来していることをわれわれに明かしてくれている。これは、芳しくない評判のある女性を特に求める心である[51]。母親コンプレックスから出ているこの「娼婦」傾向の源をフロイトは、思春期の多くの若い男性にきまってみられる態度に求めている。つまり彼らが二つの異なった性的評価を行うという事実がある。一方に女性に対する大きな尊敬の念、夢想、そしてプラトニックな愛がある。彼らは精神的な愛と肉欲的な愛とを区別してきた。しかし肉欲が非常に強くなって、精神的な愛と並んで肉欲的な愛が生じると、これらの若者たちは性的には専ら卑しい女性たちとのみ交わるようになる。これは、彼らが（手の届かない）母親について高貴で純粋なイメージを作り上げてしまったことによって、女性と性的享楽とを結び付けることが困難になってくるところから生じる現象である。しかしやがて彼らは、成熟してゆく性の欲求の支配下にあって、自分たちの性的快楽のみを満足させてくれるべき卑しい女に対していわば別口座を開くようになる。愛の対象をこのように二つの形姿にはっきり分けるという態度は、既に極めて早い時期に準備されるように思われる[52]。しかしながらこの分離は、成熟した愛情生活においては和解することになる。この和解は往々にして、ある意味ではもはや決して純粋ではあり得ない他人の妻に対する愛着のなかにひとつの別な表現を見出す。[53] この妥協はしかし、この愛の条件が母親コンプレックスに源を発していることを明瞭に物語っている。つまりフロイトが彼の研究に際して発見したことであるが、子供が両親の性的な行為の真実をうすうす理解し始めると、その行為が、特に自分が愛していて手の届かない存在である母親を辱めるものであると考えるのである。やがて子供は、性交渉を職業とする女性たちを知るようになる思春期を迎えると、幼児期におけるこの性への軽蔑をよみがえらせながら、(愛してもいない)父親に身を任せる自分の母親も実際にはこれらの女性たちと変るところはないのだ、と自分に言いきかせる。次に彼は母親を、空想のなかであらゆる性的な関係と結び付け、さまざまな情事をでっち上げてこれを彼女に転嫁する。これらの関係においては、有利な立場にある父親に対する復讐感情と、母親へのより容易な接近の可能性への願望が表現される。[54] これと同じモチーフから、もうひとつ別の、同じように一般的な空想が生じるのであるが、それはハムレットのある台詞のなかにも簡潔な文学的表現を見出している。彼は母親に向かって次のように言う。

「あなたはお妃、あなたの夫の兄弟の妻、
そして――ああ、そうでなければよいのに――わたしの母であられる。」

この言葉の軽蔑的な意味の背後には、近親関係から解放され、禁じられた愛の関係を可能にしたいという、母親に恋慕するすべての息子の典型的な願望が隠されている。これに加えて、同様な意味をなすドン・カルロスの次の台詞(このドラマで彼が発する最初の言葉である)を考えるならば、強調されている防衛の言葉のみならず、近親関係からの解放を求めるこの願望もまた、シラーの『ドン・カルロス』における義理の血縁関係の採用と形成に少なからず影響を与えたのだと推測して差し支えない。

「ああ、あのひとをわたしの母にしてしまった
男のことが忘れられればよいのだが!」

愛の条件を規定する病因が母親と関係しているということが更にいっそう明瞭に表われるのは、愛情生活のほぼ正常な形成のために必要とされる妥協の作業に失敗した男性たちにおいてであって、彼らの場合にあっては従って、近付き難い対象と軽蔑的な対象とへの分裂がそのまま持続していて、性的な成熟とともにそれが強くなるのである。われわれは、シラーにおける恋愛と性とのこの分離の最初の徴候を、エリーザベトとエボリという二人の人物のなかに、即ち貞淑、純潔、控え目な女性と、情熱的、夢想的、積極的な女性――この二人の女性はやがてレンゲフェルト姉妹となって（「無精さん」と「小さな淑女」）彼の前に姿を現わすことになる――のなかに見出したのであるが、『たくらみと恋』のなかにわれわれが認めるのは、娼婦に身を貶められる可憐な乙女と、高貴な心情をもった支配欲の強い娼婦という二つのタイプ、即ちルイーゼ・ミラーとミルフォードである。[55] そこでは、もともとはひとつである空想が文学的に分離されているのだが、そのことは二人の女性に対するフェルディナントの矛盾に満ちた行動が示しており、このことによって二人はその役割を交換し、そして同一化されるのである。主人公の矛盾したこの行動は『たくらみと恋』においてはまだ、陰謀工作によって外的な動機付けがなされているが、『ドン・カルロス』にあっては、その行動が外的な動機付けなしに内的な条件から生じるようにみえる。最初ルイーゼはフェルディナントにとって汚れなき天使であるが、陰謀の罠にはまって誤った猜疑心に取り憑かれた彼は、いとも簡単に彼女を娼婦と考えるようになる。これとは反対に、領主の情婦であるミルフォードに対する彼の態度は初め非常に軽蔑的であったのが、やがて彼女の内面の純粋さと魂の偉大さを確信した彼は彼女に許しを求める。そしてミルフォードが彼の首に抱きついた時――これは、思い違いをしていたエボリがカルロスに愛を捧げるくだりをそっくりそのまま想い出させる場面（第二幕第三場）である――彼は、カルロスがエボリにしたと同様に、彼女の愛を拒絶する。[56] レディ・ミルフォードが宰相の息子に愛を告白するこの場面においては、フロイトが同じように典型的な近親相姦空想と認めたひとつのモチーフがなおも響いている。本来母親のなかでは一体であった愛の性格を極端に分離すると、これらの反対感情がぶつかる際に困難な心的葛藤が生じて、二つの異なった結末へ到達することがある。即ち、これらの人物が娼婦を浄化するか（ミルフォードへの尊敬の念）、あるいは、尊敬していた相手から味わわされた幻滅の体験によって女性の軽蔑者となるかのいずれかである（ハムレット・タイプ）。この浄化の最もよくみられる形態は、堕落した女性たちを道徳的、社会的に救おうとする志向であって、これは性的にいかがわしい女の絶えざる誘惑によって容易に合理的な動機付けがなされる。たいていはこれらの女性たちとの結婚によって実現される救出空想は、母親は父親と一緒では不幸だ、息子によって救われることを期待しているのだという、既に強調してきた息子の想像のなかにその根源のひとつをもっているが、このようにして息子は母親に対する自分の要求の正当化を行うのである。壮大なエボリ場面の習作を思わせるような、既に挙げたあの場面（第二幕第三場）において、領主（Landesvater）の情婦（母親）は、性的な堕落の淵から救われたいというこの願望を率直に語っている。

「夫人　……（しんみりと）お聴きくださいヴァルターさま——ひとりの不幸な女が——抗うすべもなく、あらゆる力によってあなたに惹きつけられ——燃えたぎるような、尽きせぬ愛に胸ふくらませてあなたにすがりついているのに——ヴァルターさま！——あなたがまだ名誉などという冷たい言葉を口になさるのでしたら——もしこの不幸な女が——恥ずかしさのあまりうちしおれ——悪徳には倦み疲れて——美徳の呼び声を聞いて勇ましく身を起こし——こうして——あなたの腕のなかへ身を投げ入れ（彼を抱きしめ、哀願するように、またおごそかに）——あなたによって救われ——あなたによって再び天国へ戻りたいと思っているとしたら、あるいは（彼から顔をそむけ、うつろな震える声で）それがかなわず、あなたの前から姿を消し、絶望の恐ろしい呼び声に従って、またしても悪徳のいっそう忌まわしい奈落の底へとよろめきながら落ちてゆくとしたら——」

息子のこの救出空想はしかし、フロイトが明らかにしたように、母親に向けられたこの優しさという根源[57]のほかに、敵対的な側面をもっていて、これは父親の方にも及ぶものである。息子の思考がより成熟してくると、彼にとっては苦痛でしかない父親への反感が、父親の権威からの独立志向という衣裳をまとうようになる。息子は父親に全くなにひとつ感謝すべきものはないと思いたいのだが、しかしそれでいて、父親から生命を授かっているのであるから、本当はすべてを彼に負っているのだという気持を繰り返し味わわなければならない。この負債は、息子が父親に同じことをして報いる場合、つまり自分自身の生命に対するお返しとして父親の生命を救う場合においてのみ返済される。ほとんどが皇帝の救済という衣裳をまとっている[58]この空想が、父親に対する反感を高貴なモチーフの背後で表現することを息子に可能にさせるということ、またこの空想が、単に父親の救済のみならず、――自分自身に対する憎しみの感情と自己処罰への傾向の最大の防衛として――父親殺害者の処罰が息子によって求められる限りにおいてだが、既にハムレットにおいて分析された父親のための復讐の前段階であるということをわれわれは容易に認識することが出来る。ここでもまた、ひとつのモチーフが型通りに形成され変化してゆく過程がみられる。即ち、父親を殺害することによってしか満足させられないストレートな父親憎悪が、この殺害衝動を防衛すべく父親のための復讐に変じ、やがて最後は、父親殺害とは正反対の父親救済のなかにその最も完璧な反動作用の表現を見出すのである。しかしそれとともに、この救済の最も深い動機付けをわれわれに示してくれるのは、またしても父親に対する息子の反感である。このことは、母親の「救済」もまた性的な点では軽蔑的な付随的意味（娼婦）をもっているが、他方無意識の最も深いところでは誕生に対するお返し《ルヴァーンシュ》[59]であるのと同じである。

　自分自身の生命を授けられたことに対するお返しとして父親を生命の危機から救い出し、そのことによって父親殺害の願望を防衛するというパターンは、――これについては後で更に詳細に論じられることになる――既にシラーのドラマの処女作であり、もともとは『放蕩息子』と題されていた『群盗』のなかに見出される。シラーが素材として使用したシューバルトの短編小説では既に、父親が邪な息子の殺害計画から善良な息子――こちらはかつて父親から勘当されていたのだが、秘かに帰郷していた――によって救い出されるというモチーフが、物語の大詰めにおいて最も重要な役を果たしている。これと同じように『群盗』の最終稿においてはまだカール・モーアが、弟フランツによって餓死の危機に曝されていた父親をその屈辱的な死から救い出すという設定になっている。従って、ハムレット同様カール・モーアもまた、亡霊として生き続けるところの殺害された父親の復讐者となるのであるが、ただ特徴的な相違を挙げるならば、弟フランツに擬人化されている父親に対する作者の敵対的な立場は、息子のこの復讐空想が本来は殺害空想であるところのものの代用作用として表われているにすぎないということを、シェイクスピアにみられた兄弟殺しよりはいっそう明瞭に示している点である。青年シラーが、父親に負っている生命の贈物を重荷に感じていたということは、この『群盗』の初稿によく示されているが、そこではフランツが、自分の最も近しい血縁者たちに対する義務について散々理屈をこねまわしている。「あいつはお前の兄貴なんだ！――ということはつまり、お前が飛び出してきたと同じかまの中から飛び出してきたということになる――だからお前はあの男を尊敬しなければならんのだ！……もっとある――こいつはお前のおやじなのだ！　この男はお前に生命を授けてくれた、お前はこの男の肉、この男の骨――だからお前はこの男を敬わねばならん！　またしてももっともらしい結論だ！　だがたずねてみたいものだ、どうしておやじはこのおれを作ったのか？　おそらくは、やがてちゃんとした一個の自我となるべきおれへの愛からではなかったろう。」（第一幕第一場）また彼は後になって（第五幕第二場）、人間の誕生を「動物的な発作のなせる業」であると言っている（夫婦の寝床に対するハムレットの嫌悪などを参照されたい）。ここではカールによる父親の救済と並んで、生命の負い目という父親に対する重苦しい感情の方がより多く表現されているのに対し、『たくらみと恋』においてわれわれが見出すのは、お返し空想の特に明瞭で特徴的な表現である。通常父親（皇帝）は、自分の過失によって陥った、あるいは他人によって陥れられた生命に関わる危機的状況から救われるのであるが、この作品においては、父親の生命を脅し、そうしておいて今度はその生命を救ってやるのは息子自身である。父親殺しと父親救済を融合させる(60)このモチーフ形成は、完全にわれわれの解釈する意味において行われたものである。それは、宰相が音楽師の家へ赴く第二幕第六場において演じられる。

「宰相（もっと大声で笑い）こいつは愉快な注文じゃ！　父親に息子の情婦を崇めろというのか。
ルイーゼ（くずおれる）ああ、なんてひどいことを！
フェルディナント（宰相に向かって剣を抜く、が急いでまた下へおろす。ルイーゼの台詞と重なって）父上！　わたしはこれまであなたに生命《いのち》の借りがありました――だがこれで帳消しです（剣を納めながら）。親孝行の証文は引き裂かれたのです――」

両親のいずれにも関わるこれらの救済空想以外に、母親救済の全く特別な、同様に典型的な形態が、シラーの青年期におけるこの三番目のドラマにおいてひとつの役割を演じており、しかも再び極めて特徴的に表現されている。つまりそれは、堕落した女との結婚という空想である。この空想がここではネガティヴに現われているということと、フェルディナントが、太公の情婦と結婚するようにとの父親の勧めとレディ・ミルフォードみずからの申し込みとを怒りをもって拒絶するということは本質的な相違をなすものではない。

「フェルディナント　あなたは、あの札付きのあばずれ女と結婚するようなやくざ者の息子の父親になりたいとおっしゃるのですか？」（第一幕第七場）

これに対する父親の返事は、ミルフォードの「母親性格」をこれ以上になく明瞭に示している。

「それどころか！　夫人の方で五十男を望まれるなら、わしの方からでも申し込みたいところだ。――お前はそんなやくざ者の父親の息子にはなりたくないというのか？」

父親に対する息子関係のこの解消は、母親の売春行為と対《つい》をなすものである。つまり彼は父親の息子ではないのであるから、彼の母親は姦通を行ったことになり、従っていわば娼婦なのである。しかしこのことによって、息子の近親相姦空想のもつ恐ろしさは取り除かれてしまい、また他方父親への憎しみは、血の繋がりのない男との単なるライヴァル意識へと緩和されたかたちで現われる。

この観点に立ってみるならば、文学的に広く知られ、文学史の面から充分に評価されている二つのテーマについてのより深い理解を得ることが出来る。つまり『ドン・カルロス』においては父親が息子から許嫁を横取りし、また二人がエボリの愛を巡ってもいわば恋仇の立場にあるのだが、これと似たようなかたちで『たくらみと恋』にあっても、ミルフォード夫人と息子との、そしてまた彼女と父親との結婚が考慮されている。許嫁横奪あるいは父と息子の恋のさやあてという典型的な近親相姦空想はしかしまた、ひとりの女性を巡る二人の男性のライヴァル関係というモチーフの最も深い根源を、父親ないしは兄弟との幼児期におけるそれのなかに求めることをもわれわれに教えてくれる。(61) 多くの詩人の創作を支配しているこのテーマは、兄弟姉妹関係を扱う場所で更に詳しく取り上げることになるであろうが、(62) そこでは、兄弟の（母親を巡る）争いも、時期的にはしばしば本来のオイディプス状態以前にみられるところの主要なモチーフとして価値が認められる。往々にして同じ文学に見出される（『カルロス』ならびに『たくらみと恋』）このライヴァル関係のモチーフに照応するのは、二人の女性、つまり純粋で高貴な女性と肉欲的で悪魔的な女性との二重恋愛のなかで迷う主人公である。このテーマはレッシングのマーウッドとサーラ・サンプソン、オルジーナとエミーリア・ガロッティからワーグナー（エリーザベトとヴェヌス）、イプセンに至るまで辿ることが出来、彼らのドラマにおいてはこのモチーフが中心となっている。(63)

『たくらみと恋』及び『ドン・カルロス』に見出されるライヴァル関係と二重恋愛というこの二つのモチーフは、シラーの人生においてもわれわれが認めたところのものである。フォン・ヴォルツォーゲン母娘と恋仇ヴィンケルマンに対する関係、そしてレンゲフェルト姉妹に対する関係がそれであるが、後者との関係でシラーは、ライヴァルの不在をひどく残念がったものである。(63a) この二つのモチーフは最後に、明瞭なかたちをとって、また相互に融合したかたちで『マリア・ステュアルト』に現われる。(64) ここでも男の主人公は、純真で処女の如きエリーザベト（第二幕第二場）と「浮気女」マリアという、ともに「女王」（母親）として登場する二人の女性の間に立っている。この作品ではレスター伯爵とモーティマーをともに男性主人公とみなすことが出来るが、この二人の人物は二人の女性の愛を求める恋仇として登場する。青年モーティマーははるかに年長であるマリアに激しく恋をするが、一方のレスターはマリアに関しては、彼女がダーンレイとの婚約以前に自分の妻となることが定められていたので、その優先権を主張する（ライヴァルのモチーフ）。マリアの多事多情な過去が、経験に乏しいモーティマーに反感を起こさせるどころか逆に彼を惹きつけるという事態は特徴的である。また『たくらみと恋』においては、母親の娼婦への格下げが息子の愛情を防衛するために役立っていたのだが（息子の愛しているのは無垢の女性ルイーゼであった）、『マリア・ステュアルト』においては、この同じモチーフのなかに、女性に容易に近付きたいという根源的な願望が十全に表現されている。熱烈な愛の場面（第三幕第六場）でモーティマーは、希望の拠り所を次のように彼女に打ち明けている。

「あなたは血の通わないお方ではありません、
世間は冷酷な厳しさゆえにあなたを非難してはいません、
熱い愛の願いはあなたの心を動かすことができましょう。
あなたはあの歌い手リッツィオを幸せにしておやりになった。
そしてあのボスウェルでさえあなたを惑わせることができたのです。」

ここでも救済空想が大きな役割を演じている。それどころかこのドラマはまさにモーティマーの救済空想を巡って展開していると言ってよい。

「わたし自身の手であの方をお救いしよう、わたしひとりで！
危険も、名声も、そして報賞もわたしのものにしたいのです。」

これらの典型的な女性形姿においても、また個々の細部においても、このドラマはそれがバウエルバッハのカルロス時代にさかのぼるものであるということを明かしてくれている（一七八三年五月にシラーは最初の構想を立てた）。カルロスとポーザがそうであったように、モーティマーとレスターもまた最終的には、母親に対する息子の異なった立場の擬人化されたものにすぎない。カルロス同様モーティマーは不幸にも女王（ないしは母親）に恋慕し、ポーザと同じくレスターも、あらゆる葛藤を政治的な衣裳で覆い包むすべを心得ている。同様にまたレスターによる予期せぬ突然のモーティマーの逮捕は、これと似た状況のもとで行われるポーザによるカルロスの逮捕を驚くほど強く想起させる。この逮捕の結果としていずれの場合にも、本来の主人公である人物の死が招来される。これに対して父親との葛藤が削除されているのは、『マリア・ステュアルト』の創作時期（一七九九年から一八〇〇年）が『ヴァレンシュタイン』の後に当っていることに照応しており、その葛藤にふさわしい情動のすべてが、歴史的に伝えられているマリアとエリーザベトとの敵対関係（ちなみに二人は血縁関係でもあった）を生気あるものにするために使われている。しかしながら、父親への憎しみも、全くあからさまなかたちではないが、ある細部に表われている。それは、叔父ポーレットに対するモーティマーの関係である。このポーレットはマリアの典獄であり、彼女を厳重に監視し、モーティマーが彼女に近付くのを邪魔する人物であるが、宮廷によって支えられたフィリップもまた、シラーの描写にあってはエリーザベトの「典獄」であり、彼女を嫉妬の眼をもって監視する人物であった。モーティマーによる救出の試みが成功するかどうか疑わしく思っているマリアの、

「わたしの監視役のドゥルーリーとポーレットは？
ああ、あのひとたちはその前にあなたの最期の血の一滴を流して――」

という言葉に対してモーティマーは次のようにきっぱりと答える。

「わたしの短剣がまっさきにあの連中を倒します！――
マリア　なんですって？　あなたの第二の父親でもあられる叔父さまを？
モーティマー　叔父はわたしの手にかかって倒れるのです。わたしがあの男を暗殺します。」

そして、カルロスにおいても母親との近親相姦空想が父親の殺害と結び付いていたように（第一幕第五場）、この父

親殺害と関連してモーティマーも恋人との一体化という空想を抱く。

「モーティマー（さだまらぬまなざし、静かな狂気の表情で）生はほんの一瞬、死もまたほんのつかのまのものにすぎません！
——わたしはタイバーンへ引っ張ってゆかれてもいい、
わたしの体がまっ赤に焼けた鉗子で引き裂かれてもかまわない、
（激しい勢いで彼女に迫り、両手をひろげて）熱い想いで愛しているあなたをこの腕に抱くことができたら——(65)」

極端に対照的な二人の女性の典型は、『放蕩息子』と『ルイーゼ・ミラー』との間に書かれた青年期のシラーの第二作『ジェノヴァにおけるフィエスコの叛乱』にも見出される。ここでも主人公は、政治的な陰謀の陰に隠れてではあるが（レスターとポーザのように）二人の女性への愛を抱いた人物として登場する。その二人とは、高貴で気品溢れる妻レオノーレと、「コケットで、性悪な」ユーリア、即ち「インペリアーリ未亡人」である。ちなみにこのユーリアという女性は、「汚された」純潔女性ベルタ・ヴェリーナと同じくシラーの創作になる人物であり(66)、彼はこの女性をレオノーレの対極の人物としてどうしても必要であると考えたのである。この女性に対する彼の関係のなかにわれわれは、愛の手管にたけた接近の試みと、極めて冷淡な拒絶（彼女が彼の首に抱きつく第四幕第一二場）を見出すことが出来る。愛における女性のこの迎合的・積極的な態度は普通男性のものであるが、ここではシラーの文学における典型的特徴としてわれわれの注意を引かずにはいない。インペリアーリ伯未亡人のみならず、ミルフォード夫人、エボリ、アグリッピーナもまたそれぞれ異なったニュアンスをもってではあるが大胆にそれぞれの相手に愛をさし出すのである。ところが彼女たちはすべていかがわしい存在として描かれた女性で、果敢なこの愛の提供も極めて娼婦的な性格を帯びるのである。娼婦的なこの性格は根源的には、母親がその愛を残らず自分に投げ返してくれることを欲する息子の願望にさかのぼる。この願望がのちに抑圧されるとともに、今度は性的拒絶が生じるが、これは、女性を積極的に征服する力の欠如というかたちで表われ、従ってそれはまた巡り巡って再び、一番最初に願望された女性の迎合的・積極的な態度に依存することになる。

この作品で主人公はインペリアーリ未亡人の求愛を弄ぶのだが、しかし彼はジェノヴァの君主である彼女の叔父を憎んでいて、その専制を打ち倒そうとしている。われわれはこの「八〇歳の尊敬すべき老人」に、再び専制君主による父親の典型的な体現化をみる。[67] このことは詩人みずからがわれわれに実証してくれている。即ち彼は、老ドーリアが叛徒たちに襲撃された時、味方に向かって次のように叫ばせている。「逃げるのだ！　わしにはかまうな！　ジェノヴァ人が彼らの父親を打ち殺したのだとみなに伝えてくれ――」（第五幕第四場）。登場人物の間の関係が複雑になっているのは特に歴史上の資料によるものであるが、これについてはここでは触れないままにせざるを得ない。ただ、フィエスコが処罰されるのは、彼が専制君主を倒した後でみずからが専制君主に、「父親」たる支配者になろうとした、即ち父親の位置に座を占めようとしたためであった[68]ということだけを示唆しておきたい。ここでは政治劇が完全に前面へ押し出されてはいるが、しかしこのことは心理学的にみると、『ドン・カルロス』の分析でも明らかになったように、専ら父親に対するシラーの個人的な反抗をカムフラージュするために奉仕している。彼の最も初期のドラマの断片のひとつは『パッツィの叛乱』を題材にしたものであった。群盗もまた「世界の規範を覆すこと」[69] を企てる謀叛人たちなのである。

このようにして予備知識を与えられたわれわれは、『ヴィルヘルム・テル』においても謀叛、叛乱、専制者殺害が父親憎悪の表現であると考えることに躊躇はしないであろう。しかしわれわれがテル以外にシラーについてなにひとつ知らないとしても、この解釈を確実に展開させ、実証するにはこの作品だけでも充分であろう。原初的な衝動が強力な文化的制約によってどんなに歪められ覆い隠されようとも、これら衝動の由って来たるところとその意味は、フロイトが「標識《マルケ》」と名付けたある種のしるしによって認識されるのである。シラーの『テル』を、既に述べたような父親コンプレックスが特に強調されているその近親相姦ドラマとして特徴づけているその標識は、ここではパリチーダ場面である（第五幕第二場）。テルが暴君ゲスラーを殺害するように、ヨーハン公（パリチーダ）は自分の叔父に当る皇帝アルプレヒトを暗殺する（ハムレット、及び『マリア・ステュアルト』のポーレットを参照されたい）のだが、この叔父は彼からその相続財産を奪った男である（王位継承のモチーフ）。しかしドラマの筋の中心はテルと、彼の行為である。なぜならば、なによりもその行為は父親殺し（Parricidium）からは免れていて、国、財産、家族を守るという正当防衛の根拠付けによって正当化されるのみならず、国民的な英雄行為として描かれているのである。[70] テルの行為があまりにも中心に据えられているため、ドラマ全体の理解のために最も重要であるパリチーダ場面が、こんにちに至るまで多くの舞台で削除されるほどであった。[71] だがまさにこの場面こそが、テルの行為が本当は、隠された父親殺しであることをわれわれに明かしてくれるのである。シラーが心理学的な意味で、皇帝（父親）とその暗殺者との血縁関係を父親と息子とのそれのように解釈していたということは、メルヒタールがヨーハン公について発する、「どうしてあの方は父親殺しをなさったのでしょう?」という質問から明らかである。しかしここでは既に成熟した詩人がテルの人物のなかにある父親殺しを忌まわしいものとして非常に強く拒絶していて、それは、テルが自分の行為と皇帝殺害との同一化を防衛する際に示すその強烈な感情がわれわれに明かしてくれる。その他の点に関して言えば、歴史上の資料に忠実に従っているシラーが、この場面（第五幕第二場）だけは自由に創作していて、この事実は注目に価する。さまよえる小羊を奈落から救い出し、生命を賭してバウムガルテンを救助したテル、すべてのひとにいつも暖かい救いの手を差し伸べるそのテルが、庇護を求めるパリチーダには門前払いを食わせる。パリチーダにとってこのテルこそは、自分の犯した行為を激しく弾劾されはしないかと心配する必要の最も少ない人物である。

「テル　父親殺し、皇帝殺しの血を
　したたらせながら、
あなたはこの汚れのないわたしの家へ入ろうとなさるのですか?

パリチーダ　そなたのところなら情けをかけてもらえると思ったのだ。
テル　不幸なお方だ！
野心から出た血なまぐさい罪を、
子をもつひとりの父親の正当防衛といっしょになさろうとするのですか？

……………………………………

わたしはこの清い手を天に向かって挙げ、
あなたと、あなたのなさったことを呪います。——わたしは
聖なる自然のために復讐を果たしたのだが、
あなたはこれを汚されたのです。——あなたとわかち合えるものはなにもありません。
あなたは殺人を犯した、わたしは自分の一番大切なものを守っただけなのです。
パリチーダ　そなたはこのわしを見捨て、絶望の中へ突き落とすのか？
そなたもそなたの敵に復讐したではないか。
テル　あなたと話していると恐ろしくなってきます。」

この場面は防衛の頂点を示すもので、成熟した作者が、困難な精神的葛藤のなかで克服したみずからの幼児的感情の似姿としての父親殺害者に直面するわけだが、ここにおいてその強力な拒絶感情が、父親殺害者へのいたわりと同情へ転じ始め、やがて最後は、この殺害者と一体化し、彼の贖罪によって自身の罪もともに贖われることを願うのである。

「テル　このわたしにあなたをお救いすることができますか？　罪ある人間にそれができるでしょうか？
どうかお立ちください——あなたがどんなにひどいことをなさったにしても——
あなたは人間だ——わたしも人間だ。

このテルは誰ひとりとして冷たく突き放すことはしません、
わたしにできることがあれば、してさしあげましょう。――」

従ってわれわれは、フロイトが夢の形成の特徴をなすものとして指摘したのと似たような力点の転位を『テル』のなかに見る。つまりここでは、自分自身が父親になることによって否認される父親憎悪が、力点をパリチーダ場面へ転位することによって無価値なものにされる。この力点の転位と並んでわれわれは、テルにおいて心理学的に二番目に重要なメカニズムである、愛憎感情の価値転換をあの有名な林檎射落しの場面においてみる。ここでは確かに父親が息子を射るのであるが、しかし、第二の矢が向けられる筈のゲスラーがこの射撃を強要するという状況は、ゲスラーに「父親」としてのしるしを与え、彼をテルと対峙させることになる。[72] しかしながらこの場面では、父親への憎しみの感情は父親としての強い愛情へ変るのであり、これはシラー自身が父親であるところからくるものである。即ち父親は、憎しみの感情に駆られて子供を殺すために射るのではなく、最大の自制力をもって[73]、子供の生命を救うために射るのである（「自分の子供の殺人者になれというのか？」）。心的状況全体はこのようにして感傷的なものへと歪められているが、われわれはこのような愛憎感情の価値転換がこの感傷的なものの本来の性格であることを認めることが出来る。だがこの価値転換は、心理学的にはシラーの父親としての感情にその因が求められるのであって（復讐への恐怖のモチーフ）、若い頃のシラーならこの価値転換も、また敵役パリチーダによる巧みな正当化も不可能であったろう[74]。

この関連において初めて、父親の失明を巡るメルヒタール・エピソードの更に広い意味と、しかしまた、年を重ねてゆくシラーの変化した父親コンプレックスとこの失明とのより深い関係がわれわれに理解されるのである。横暴な代官の部下に暴行を働いたメルヒタールは逃亡するが、この暴君は彼の父親を失明させ、その財産を奪うことでこれに復讐する（シェイクスピアの『リア王』におけるグロースターのように）。このようにして息子は父親の生命を危険に曝すことになる。[75] しかし息子のこの自己帰罪にはこうした自己非難の背後において一般にみられるように、父親に対してこの損傷を加えたいという無意識的な願望のみならず、代官の強制的な命令のもとに自分の息子に向かって矢を射るテル自身にみられるように、父親との同一化を基礎とする強い罪の感情が表われている（復讐への恐怖）。

かくしてメルヒタール・エピソードは、父親に対する復讐という同じ主要主題の、マイナス調号（防衛）をもって登場する転調としてわれわれの前にその本来の姿を現わすのである。この主題はパリチーダ場面において最も明瞭に、テル・ストーリーにおいては隠されたかたちで、またアッティングハウゼン・エピソード（甥ルーデンツの反抗が、瀕死の床にある叔父の死を早めることになる）においては緩和されたかたちで展開される。この意味においてシラーのテル文学はいわばひとつの壮大な父親交響曲であると考えることも出来るのであって、そこでは主要主題が四つのヴァリエーションのうちに、まるでフーガのように並行しながらさまざまなかたちをとって、のちの父親同一化と理想化という心的上部構造を通して展開されてゆくのである。初めのうち詩人は気が進まないままにこの素材へとせきたてられていたが（一八〇三年四月二十二日付の手紙）、それは彼が最初、彼の複合的な父親関係をうまく表現する可能性をそこに見出さなかったためである。しかし彼は、その後の手紙が示している通り、急速にこの素材になじんでゆき、やがて強い熱意を示すようになる。そして遂に彼は、みずからの近親相姦コンプレックスを最終的に克服しながら、この素材を父親同一化というかたちで壮大に形成することが出来たのである。

（1） Schillers Rheinische Thalia (1784-1786).
（2） Saint Réal : „Histoire de Dom Carlos“ (nach der Ausgabe von 1691 herausg. von Albert Leitzmann, Halle, Niemeyer, 1914).
（3） エリーザベトが愛をもってこれに応えるという設定はサン・レアルが初めて導入したと言われている。
（4） ミノーア『シラー、その生涯と作品』（J. Minor : „Schiller, sein Leben und seine Werke“, Berlin 1890, 2. Bd., S. 540.）
（5） Karl Grooß : „Das Spiel als Katharsis“（Zeitschr. f. pädagog. Psychol., 12. Jahrg., 1911, H. 7/8）も参照されたい。

（6）フロイトにおける夢の検閲参照。

（7）彼がそうしたのはアグリッピーナの誘惑によるものであったと言われている。しかしローマの法律はこのような近親結婚を禁じていたので、クラウディウスは元老院で次のような動議を提案させた。即ち、議会は国家の安泰を図るために自分をアグリッピーナと結婚するよう強いるべきであり、同時に、これまで血を汚すものとされてきたこのような結婚を一般に広く許可すべきである、というものであった。賛同を得られた翌日に早くも彼はアグリッピーナと結婚した。

（8）ネロの父親もまた姉妹であるレピダとの近親相姦を犯したという事実は、当の時代とその風俗の特徴を表わしているというよりはむしろ、近親相姦衝動が家族的な単位として現われていたということをよく物語っている。

（9）同様のことをクシフィリンはネロ論で報告している。彼もまた、アグリッピーナの誘惑をその名誉欲から説明し、ネロと母親との交情を——但し百パーセント確実ではないとしながら——主張している。——母親と情婦とのこの類似性のなかには、生の対象を選ぶ際の近親相姦的作用の余韻が明瞭に認められる。従ってこのことをネロの時代のひとびとは既に知っていたのである。

（10）ユスティヌス（第一巻、一二、一一、一〇章）によれば、セミラーミスも最後には、息子と寝床をともにしたいと願った時彼に殺された。更に、次のような民衆文学の風刺句を参照されたい（スエトニウス　ネロ論、三八）。

「ネロ、オレスト、アルクメオーンは母殺し。

実の母を殺したネロはその夫！」

（11）珍しい『皇帝ネロの性生活』のもっと詳しい細部についてはマックス・カウフマンの研究を参照されたい（Max Kaufmann, Verlag Spohr. Leipzig）。——ネロの先祖の系譜上の複雑さについてはヘンティッヒのリスト（前掲書、一七七頁）並びに同じ著者のティベリウスについてのモノグラフィーを参照されたい。——アグリッピーナについてはG・フェレーロ『皇帝の女性たち』（G. Ferrero : „Die Frauen der Cäsaren“, Stuttgart 1912）がある。——ネロの性生活についての説明は、フロイト（Drei Abhandlungen zur Sexualtheorie, 1905）によって命名されたところの、幼児期の性がもつ多性・倒錯的な性格のなかに見出されるであろう。カウフマンも強調しているネロのサディスティックな基本性格は、彼の母親殺しをより理解し易いものにしている。彼は自分の愛した女性のほとんどを殺している。ポペア・ザビーナ、最初の妻にして義理の妹であるオクタヴィア、母親、叔母などがそれである（スエトニウス、三四）。しかし彼はまた、恋の嫉妬から生じるストレートな殺人衝動にも存分な捌け口を与えた。例えば彼は、義理の父親でありアグリッピーナの夫であるクラウディウスの死にも加担したと言われている（スエトニウス、二三）し、更に彼は、自分の母親の恋人であった若いアウルス・プランティクスを殺害させ、こう叫んだ。「さあ、母上に来てもらって、このわたしの後継ぎに接吻していただこう。」同様にして彼は、ポペアの息子で自分の義理の息子に当るルフィウス・クリスピヌスを溺死させているが、それは、このクリスピヌスがお芝居で将軍や君主を演じていると彼が聞いたためであった（三五）。ネロの夢についてもスエトニウスは（四六）、われわれの観点からみて容易に理解出来る特徴的な詳細を報告している。「以前は全く夢を見ることのなかった彼だが、母親を暗殺してからというもの夢物語を見るようになった。」（彼においては、近親相姦衝動の満足が現実には不可能になって以後、近親相姦夢がこれの代用を務めている。）――「母親から眼をかけられ、可愛がられていることを知っている人間は、人生にあって自分自身に対する特別な自信と揺るぎのないオプティミズムを現わしているが、これらは往々にして英雄的な現われ方をし、また現実の成功を無理やりに奪い取るものである」（『夢判断』第三版、二七〇頁注）という考察の上に立つフロイトは、折りに触れて次のような鋭い指摘を行っている。即ちそれは、小さい頃非常に優しくはぐくまれ教育されたネロは、母親との性的な接近によって初めて残酷で淫蕩な、そしていかなる望みをも決して諦めることのない暴君になったのだ、と言うのである。これと同様のことを、ペリアンダーに関する史実が語っている（本書第七章参照）。この点で、もし信頼するに足りる史実が現存しないのだとすれば、イタリア人のピエトロ・コッサがそのドラマ『芸術家ネロ』において、周知の通り俳優として活動していたネロをして、自分はオイディプスを素晴らしく演じかつ歌うことが出来るのだと言わせている（カウフマン前掲書、四一頁）のは、細やかで文学的な描写であるように思われる。母親とうまくいった息子のオプティミズムと対照をなすのは、母親に幻滅する息子のペシミズムであって、例えば古典的なやり方でこれを代表するのがハムレットである。彼はバイロン、ショーペンハウアーなどと同じ病源を共有している。

（12）この点における歴史家たちの意見の不一致、そして、彼らのうちの誰ひとりとして最もありそうな事態、つまり両者相互の恋慕については報告していないという事実は、詩人におけると同様歴史家においても似たような心的状況のもとで選択が行われるのだということを推測させるものであるように思われる。いずれにしても、報告する人間自身の心理を忘れてはならない。同様のことが『ドン・カルロス』に関する歴史記述についても言える。カルロスは、残酷な父親の犠牲者として描かれることもあれば、王座にはふさわしからぬ後継者として登場することもある（Rachfahl : „Don Carlos. Kritische Unters. Freiburg 1921 参照）。ビューディンガーは、カルロスを重度の精神病者として描いた（Büdinger : „Don Carlos' Haft und Tod“）。母親は彼の生後四日にして亡くなっている。「王子は乳母の乳房に嚙み付くのみならず、文字通りそれに食い込んでゆくのが常であった。このため幾人かの乳母は死の危険に陥った。」（ヴェネチア公使パウロ・ティエポロの報告）この子供は唖であると思われていた。五年経ったあとで彼の発した最初の言葉は「いやだ」であった。長じてからの彼の大食いと残酷さは広く知られている。ある確かな報告によると王子は、自分は叔父と叔母の血を飲みたい、そして父の死体を辱めてやりたいと言ったと伝えられている。――ヘンティッヒ（前掲書、一六九頁）によれば、ドン・カルロスの四人の祖父母は二組の兄弟姉妹であった。

(13) ネロの生涯を扱った文学の比較的完全なリスト並びに簡単な紹介はカウフマンにみられる（前掲書、三四―四四頁）。またエンゲル『文学における皇帝ネロ』（J. Engel: „Kaiser Nero in der Dichtung“）も参照されたい。――ハマーリングの『アハスフェル』（Hamerling: „Ahasver“）ではネロが嫉妬から母親を殺すことになっている。彼は、母親がある俳優との密会で自分のことを軽蔑的に言っているのを立ち聴きしたのである。

(14) 『ある強迫神経症の症例についての所見』（„Bemerkungen über einen Fall von Zwangsneurose“, Jahrb. I, S. 376）。

(15) アーブラハム『幼児的性行為の形式としての性的な夢の体験』（Abraham: „Das Erleben sexueller Träume als Form infantiler Sexualbetätigung“, Zentralblatt für Nervenheilkunde und Psychiatrie, 15. XI. 1907）参照。

(16) 自身の感情衝動の同じ防衛あるいはそれらの投影は、母親に対する関係を文学的・神話的に表現する場合にも決定的な要因となるということをここであらかじめ暗示しておきたい（本書第四章「継母のテーマ」の二つの形態）。

(17) 報復への恐怖というこの精神発生学を次にライクは、擬娩についての精神分析的理解と結び付けた（Th. Reik, Imago III, 1914）。

(18) これについては、シェイクスピアのヘンリーⅣ世（第二部第四幕第五場）で、死んだと思っていたのが実際には眠っていた王の冠を王子が頭にのせる場面を参照されたい。

「……息子どもよ、お前たちはなんという人間どもだ！
ひとたび黄金がその目当てとなるや、
人間はなんとすばやく叛旗をひるがえすことか！」

(19) すべての革命的な行動は父親の権威に対する根源的な反抗であるとする、フロイト（『夢判断』）にさかのぼる説明（『英雄誕生の神話』九二ページ）を参照されたい。

(20) 父親のこのような行動が人生においてどんなに不幸な結果をもたらすものであるかを、最近ニューヨークから伝えられたある家庭悲劇が示している。「百万長者ジョージ・セイントは昨日の昼、会社の事務室で彼自身の息子によって射殺された。息子はその後で自殺した。――この犯行の前に激しい口論が行われていた。つまり父親は息子がある美しい、しかし貧しい娘と結婚するのを妨害しようとし、もし父親の意に反してその恋人と結婚するなら勘当すると息子を脅したのである。ところで、この父親はその同じ娘に、結婚する意図なくして言い寄っていたということが判明した。息子は父親のこの破廉恥な振舞いを知って殺人を犯したものと推測される。」（ある新聞記事より）これと対照的な古代オイディプス伝説を想い出させるような珍しい話が同じくニューヨークから報告されている。「ある恐ろしい思い違いがニューヨークから報道される。ジューリアス・ターナーというある商人は自分の妻に深い嫉妬心を抱いていて、もしお前が他の男と浮気でもしようものなら殺してやると脅していた。日曜日にターナー夫人は教会に出かけ、その帰路一六歳になる彼女の息子と同道した。夫の方は妻と一緒に帰ろうと教会に留まっていた。さて彼は、自分の妻が他の男と一緒にいるのを見た時、それが息子であるとは気付かないで二発を彼に、三発を妻にぶっ放して二人に致命傷を与えた。恐ろしい思い違いに気付いた彼は、ピストルを自分に向けたのだが軽傷を負うにとどまった。これを目撃していたひとびとは、狂ったこの男から武器を取り上げた。警察でのターナーは飲食物の摂取を拒み、餓死するつもりだと宣言した。」

(21) 近親相姦的な傾向がシラー自身の精神生活にみられるように、彼は母親が実際に父親のそばにあって不幸であるのを見ていたのかもしれない。だがこれはひとつの可能性であるにすぎず、これをこの典型的な空想の前提として考えることは全く出来ない。母親は息子宛のある手紙（一七九六年四月二十八日付）で、「すっかり心を打ち明けている」が、そこには次のような文章がみられる。「ああ、わたしの苦しみがすぐにでも終ってくれたらどんなに幸福だろうか。お父さんは全然優しく考えてはくれないのです……妻であるこのあたしがあのひとのためにしてあげられることは女中にだってできるでしょう。あの人の態度はもう何年も前から家族に対しては冷たくなっています。」

(22) 拙論『救済空想の例証』(„Belege zur Rettungsphantasie“)（『芸術家』第四版に収録、一三四頁以下）と『ローエングリーン伝説』に関する論文を参照されたい。

母親が対象となっている美しい救出の夢をフローベールはその回想記で綴っている。「再びそれはある川辺の、花が撒かれたような緑なす風景のなかであった。――わたしは、岸をぶらぶら歩いている母に同伴していた。すると彼女が水中に転落した。わたしは、水が泡立ち、大きな渦ができ、突然また消えるのを見た。――突如母がわたしに叫んだ。助けに来て！　助けに来て！　ああ、わたしの可哀相な子供、助けに来て！　わたしを助けに――わたしは草むらに身を伏せ、じっと水面を凝視した。何も見えなかった。叫び声はやんだ。抗い難いある力がわたしを大地に引きとめた――叫び声が聞こえてきた。溺れる！　溺れる！　助けに来て！　川は先へと流れていった。明るく清らかに流れていった。わたしが川の底から聴いたこの声は、わたしを絶望と怒りへと突き落とした……」

(23) 父親と息子とのこの社会的対立が鋭く現われるこのような環境としては、例えば農家が挙げられ、多くの文学がここを恐ろしい家庭悲劇の舞台としている。例えばルートヴィッヒ・トーマの長編『男やもめ』（Ludwig Thoma：„Der Wittiber"）がそれで、ここでは相続財産を与えられなかった息子が、自分の幸福の邪魔になる父親の二番目の妻を殺すのである。あるいはシェーンヘルの『大地』（Schönherr：„Erde"）においても、強靭な生命力をもった老グルーツが男盛りの息子をあやめる。――この農民悲劇をガイエルスタムはその長編小説『ニルス・トゥフヴェッソンとその母親』において最も壮大に描いたが、この作品では息子が父親の死後家屋敷ともども母親をも性的に所有するに至る。だが彼女は息子にとって恐ろしいデーモンとなり、彼はこれを殺すことによってしか解放されない。

(24)　父親 Vater は PA という語源から派生しているが、この PA は子供を作るのではなく、守護し、面倒をみ、養うことを意味するもので、従って父親の「母性的」な性質を強調している。養う者としての父親はサンスクリット語では ganitar（genitor）といった（Max Müller：Essays, II. Band, Leipzig 1869, deutsche Ausgabe, S. 20）。ドイツ語のパパは Vater の表現であり、„paperln" は食べること、殊に小さい子供たちが食べることを意味するウィーン風の表現である。

(25)　カタリーナ二世は「お母さん」という愛称であった。アッティラは got. atta = Vater の縮小形である。

(26)　『象徴学』（„Symbolik", 1913）に関する拙論における文化史的・民族学的資料を参照されたい。現在では『神話研究のための精神分析学的寄与』（„Psychoanalyt. Beiträge zur Mythenforschung", 2. Aufl., 1922, S. 31 f.）に収録。更に詳細はミュラー＝リュエルの『家族』（Müller-Lyer：„Die Familie", München 1912, S. 149 ff.）にある。

(27)　ここでは暗示するに留めた『英雄誕生の神話』中の比較についての詳述を参照されたい。

(28)　その前提条件及び特質において例をみないある事件を通して、この関連付けと置き換えを生成状態において観察することが出来る。アナーキストたちによるポルトガル王殺害事件の暫くのちに、サルサスという小さな村でのあるカーニバルの行列に、リスボンで起きたこの王殺害の見世物も出された。「王の暗殺者ブイカに扮したある男が（一九〇八年三月十日の新聞報道はこのように伝えている）王の役として彼の父親が乗っていた車にピストルを向けて、弾は入っていないものと思って引き金を引いた。父親はそのうちの一発に当って倒れ、息絶えた。息子は絶望のあまり自殺しようとしたので手足を縛られた。」（『芸術家』中の拙稿『暗殺者の心理学における家庭小説』、第四版、一四二頁以下参照）――ペテルスブルクで発生したまた別のある事件では、この置き換えの異なった結果が二人の兄弟によって実証されている。そのうちの一人は、「自分の父親がこの世では全くの役立たずであるという理由で、枢密顧問官Bに六発の弾を撃ち込んでこれを殺害した。この殺人者の兄弟は有名な革命家であったが、こちらは亡命政治家としてスイスで暮らしている。」

(29)　この感情の転位と解放に、素朴な観客がいかに生き生きと参与するものであるかを、ミラノの『ガゼッタ・デル・ポポロ』

紙の次のようなある記事が示してくれるであろう。「古いミラノの演技場《アレーナ》では観客が専制君主——もちろんこれはどんな作品にも不可欠であった——に対して大変な謀叛を起こすことが珍しくなかった。犬！　臆病者！　人殺し！　勇気があるなら出てこい！　とひとびとは彼に叫んだ。『オレスト』でアイギストスを演じた「暴君」ライモンディはかつてボローニャの国民劇場において、第四幕でオレステースとエレクトラの死を命令した時、たっぷり一本分のぶどう酒を頭から浴びせかけられた。俳優イグナチオ・パリカには、彼がミラノで残酷な父親役を演じた時短剣が投げつけられ、これが危うく命中するところであった。ひどく腹を立てたパリカは直ちに退場し、二度と舞台へ上がろうとしなかった。この悲劇の作者が指定していた、パリカが執政官たちによって殺される場面でも彼は出てこようとしなかった。劇場でこのような場面が演じられると舞台監督は直ちにささやかなお返しを考えるのであった。つまり暴君に扮して観客の怒りを煽った俳優は一日か二日後に、なにかの大衆劇に優しい柔和な僧侶として登場し、観客からやんやの拍手喝采を浴びたのであった。特にこの俳優が観客をホロリとさせることが出来た時にはなおさらそうであった。」

(30)　この劇は、父親に対する息子の反抗（王への謀叛のアナロギーとして）を扱っているのだが、それが、遠縁に当るゾフィーという女性への彼の愛と絡み合っている。この女性は母親の完全な生き写しとして描かれる（第一幕第七場）。ディドロは、彼自身言っているように、創作に際して自分の父親を眼の前に想像していた。「この主題は私の目を絶えず父に向けさせるだろう。」（第三の対話）ディドロの二番目の傑作『私生児』もこれと似たような家庭内での葛藤をテーマとしているが、ここでは妹への愛に重点が置かれている。彼の作品と演劇論の翻訳はレッシングの全集（ヘンペル版、第XI巻、二）にある。——ディドロの改革意図がいかに個人的な家庭コンプレックスによって規定されていたかは、次のような若干の報告から明らかである。例えばディドロは、既にわれわれがモットーとして巻頭に引用した箇所で述べている。「われわれが信頼され、われわれの肉体の力がわれわれの空想の力に匹敵するならば、われわれは母親を性的に所有するため父親を殺すであろう。」ディドロには二人の妹と一人の弟があったが、この弟とはうまく折り合わなかった。妹の一人は修道女となり、神経症を病んで狂気のうちに生を終えた。もう一人の妹は結婚せずじまいで、母親の死後は家事を取り仕切った。——父親が死んだ後ディドロはヴォラン嬢に宛てて次のように書いている。「わたしの妹と弟、そしてわたし以上に異なった三人の性格を考え出すことは不可能です……わたしは、彼女が愛した唯一人の男性です。そして彼女はまだわたしのことをとても愛しています！」——従って、詩人が心理小説の傑作である『修道女』（„La Religieuse“, 一七六〇年）において、修道院へ逃げ込んだ精神病の妹をモデルにしたということは大いにあり得る。尼僧院長とスザンヌは同性愛に耽るが、この冒瀆的な過失の重苦しい罪の意識が、狂気の発現というかたちで院長に復讐を行う。彼女の強迫観念的な行為のひとつは、絶えず手を洗わずにはいられない――しかもそれでいて手についた汚れを洗い落とすことが出来ない――という状況のなかに表わされている。

（31）『夢判断』（第二版、一五三頁）参照。「父親は最も古い、最初の、子供にとって唯一の権威であって、彼のもっている権力の完全さから、人間文化の歴史が進むに伴って、他の社会的権力組織が生まれたのである。」（「母権」がこの命題を限定するよう強要しない限りにおいて）――フロイトが母親との関係から男性の愛情生活の特殊なタイプを導き出したように、われわれは社会生活における最も重要で典型的な態度を、父親に対する幼児の関係と、のちになってみられるその転移に原因を求めることが出来ると思われる。

ブロシン（O. Brosin : „Schillers Vater“, Leipzig 1879）は、処罰の点で全く容赦することをしなかったこの父親の極端な厳格さについて報告している。彼がマンハイム時代のシラーに書き送っている手紙はいずれも非常に厳しい調子のものである。そして彼のお気に入りの娘であったクリストフィーネだけが、この父と息子の間をとりなすことにいつも成功している。

シラーの近親相姦的な感情が、姉を巡る父親との競争によって育てられていったことは確実であって、このことは彼の文学によくみられる兄弟憎悪のひとつの要因でもある（これについては第一四章を参照されたい）。

（32）ミノーアは、息子の成人後もなお長い間これを監督していた父親の厳格さを強調している（前掲書、四三頁）。「幼少期の穏やかな日々においてはもちろん父親の厳格さは少年に対して威圧的にしか働き得なかった。少年は優しく柔和で、特に母親によくなついていて、姉に対して温かい思いやりをもった子供として描かれている。」

（33）シラーの父親が公爵のために息子の敵の立場に立ったということはこの意味でも特徴的である。このため詩人はますます深く父親に反感を抱くようになった。

（34）シュトライヒャー『シュトゥットガルトからのシラーの脱走』（Andreas Streicher : „Schillers Flucht aus Stuttgart“, Reclam, bes. S.26, 50, 60 ff., 122）。

（35）シラーの二回目の脱走となるマンハイムからのそれ（シャルロッテ・フォン・カルプ夫人への愛からの）もまた――三回目の脱走となるドレースデンからのそれと同様――「外的な状況の束縛からというよりは、内面的な苦しみから」行われている（ミノーア、三五一頁）。――これと似たような動機をもった脱走衝動がゲーテ（スイス、イタリアへの）、クライストなどにみられる。

（36）ヴォルツォーゲン『シラーと両親、きょうだい、そしてヴォルツォーゲン家との関係。家族日誌より』（Alfred von Wolzogen : „Schillers Beziehungen zu Eltern, Geschwistern und der Familie von Wolzogen. Aus Familienpapieren mitgeteilt“,

Stuttgart, bei Cotta, 1859）を参照されたい。――そこにも、シラーの母親がシラー夫人ロッテに書き送った同様の言葉がみられる。「ドン・カルロスの上演をわたしは他のどの作品にもまして観たいと思います。」（一七九九年二月二十六日付）

（37） Miller-Schillerと、ほんのわずかに変えられた名前を彼が選んでいることを文学史家たちは見過ごしたようである。

（38） エルスター『ドン・カルロスの成立史のために』（Elster: „Zur Entstehungsgeschichte des Don Carlos“, Halle 1889）も参照されたい。

（39） フロイトが文学的な空想活動のために主張し（『詩人と空想』„Der Dichter und das Phatasieren“, 2. Folge der Sammlung Kleiner Schriften）、そののちに私が叙事詩形成に応用しようと試みた（『文学的空想形成』„Die dichterische Phantasiebildung“, Imago V, 1917/19）三時性（Dreizeitigkeit）を参照されたい。

（40） ミノーアも、シャルロッテ・フォン・カルプをシラーのミューズとして捉えている。「初めは全く無私の好意をもって彼女はシラーのことを心にかけ、彼のために動いた。この好意は彼にとって、まるで母親の愛、姉妹の愛のように快いものであった。」（三四三頁）

（41） 同様にシラーは、必ずしも最上の評判を受けてはいなかったフィッシャー未亡人（ミノーア、三五二頁）とともに、その若い姪のヴィルヘルミーネ・フィッシャーにも関心を示したと言われている。この関連で言えば、詩人が批評家のシューバルトに対して、ドクター・フィッシャー（いわば未亡人の息子として）と自称したという事実もまた興味深いところであろう。

（42） シラーの恋したほとんどの女性の名前がシャルロッテであるということはわれわれの注意を引かずにはおかない。当時この名前が多かったとはいえ、そこに――たとえ外面的ではあっても――彼の理想とした恋愛対象の典型的な現われを認めることが出来る。なぜなら、この類似性はこれらの女性たちのある種の性格にも及んでいるからである。例えば、アーデルスクローンという最も熱烈なカロリーネの崇拝者の一人は彼女に宛てて、あなたとシャルロッテ・フォン・カルプには共通の性格が幾つかあると書いている。――名前は人間の愛情生活と文学的空想において大きな意味をもっている。例えばシラーの母親がエリーザベトという名前であって、これが、ドン・カルロスの愛した父親の妻と同じ名前であったということを知るならば、幼児期における愛着が容易に転移される可能性をもつものであるということが理解される。また『たくらみと恋』の女主人公が彼の二番目の妹ルイーゼと同名であり、ミラーという彼女の姓が恐らく、ある中尉（少佐フェルディナントと比較されたい）のものであったということも偶然ではない。この中尉の愛を、姉であるクリストフィーネは父親の反対によって（老ミラーの反対と比較されたい）断念せざるをえなかったのである（ミノーア、三六二頁）。――これと同じような名前の同一性と類似性は、多くの詩人の愛情生活と創造活動において重要な役割を演じている。例えばメーリケの二人の婚約者は、この詩人が愛していた二人の実の妹と同名であった。彼の少年時代の初恋の相手はクラーラ（ノイファー）といったが、これは恋愛の始まる少し前に生まれた一番下の妹（一八一六年）と同じ名前であった。彼の大恋愛の相手はルイーゼ（ラウ）という名前であったが、いつもは行動の遅い彼がほとんど即座に彼女と婚約した（一八二九年）。それは、彼が一番可愛がっていた、これと同名の妹が亡くなって二年後のことであった（ドクター・ハンス・ザックスによる）。

(43) ロッテとシラーの往復書簡の序文にある、レンゲフェルト姉妹とシラーの関係についての詳細な記述を参照されたい（Diederichs, Jena）。そこでは、シラーの曾孫に当るフォン・グライヒェン＝ルスヴルムが家族日誌を利用している。――ベルガーは『シラーの二重恋愛』のなかで、シラーが、人妻であった姉の方に恋したことは一度もなかったことを証明することによって、表面上の心理学的仮定から出発してシラーを「浄化」すること――これは全く余計なことであるのだが――を目指している（Karl Berger: „Schillers Doppelliebe", Marbacher Schiller-Buch III, 1909）。――例えば二人の姉妹に対するビュルガーの、あるいはパウル・フレミングの愛情にもみられるような、二人の、しかも血の繋がった女性の間でのこのような迷いは、例外なく母親と姉妹の間における特定の幼児期の愛の揺れ動きを示している。――シラーの二重恋愛についてでは最近ではフォン・プフルーク＝ハルトゥングの『シラーの恋愛』がある（v. Pflugk-Hartung: „Schillers Liebe", Deutsche Revue, 1917）。

(44) ルスヴルムの序文参照。この点で興味深いのは、一七九四年一月二十一日シラーがフォン・ボイルヴィッツに宛てて書いた手紙である（Marbacher Schiller-Buch III）。このなかで彼はカロリーネとの離婚をさかんに勧めている。一方同年九月に行われたカロリーネとその従兄弟ヴィルヘルム・フォン・ヴォルツォーゲンとの婚約は、シラーの非常に強い反対に遭っている。彼がカロリーネの自由を望んだのは、まるで自分のためだけであったような印象をわれわれは受けるのである。

(45) ロッテに求愛したライヴァルのひとりは侍従のフォン・ケーテルホルトであった。

(46) 幼児期に定められた自分の愛の条件を知っていたシラーは、すべての恋愛のなかになんらかの秘密ないしは陰謀を編み込むすべを知っていたのだとミノーアは述べているが（三八五頁）、彼は更にまた、これらの奇妙な矛盾の一部は詩人自身によって記録されたものであると付け加えている。特に『見霊者』（„Geisterseher"）参照。

ハンス・ザックスはこの作品を、私のシラー分析を基にして心理学的に解明しようとした（Imago IV, 1915/1916）。

(47) 結婚式の二ヶ月前シラーは、姉妹に宛てたある手紙で、彼の母についての若い頃の記憶を書きしるしている（一七九〇年一月三日）。「母は大変わたしを愛してくれ、またわたしのために多くの苦労をしてくれました……わたしは母のことを想うと、幼い頃の印象はやはりわれわれの心の中では消滅することなく生き続けているのだということを強く感じます。わたしは母のことに考えを奪われてはならないのです。」（Jonas, Band 3, Nr. 477）——この少年がどんな細やかな愛着をもって母親に依存していたかを、ミノーアの次の描写が示してくれる（三六二頁）。「しかしながら息子はいつも一番優しく母親になついていた。ほんのわずかの間離れていた母親を多勢のひとびとの中に見付けると、烈しい喜びを一杯に現わしながら彼女の腕のなかへと飛び込んでゆき、もう二度と離れることが出来ないほどであった。」

(48) 同様に、公爵との葛藤が生まれるずっと以前に試みられた少年シラーの最初のドラマ習作（『キリスト』、『アブサロム』）は既に、「主人公を自己犠牲者として、敵対者を専制君主として」描いているが、これは父親に対する彼の立場に一致するものである（ミノーア、七六頁）。

(49) ここではただ次のことしか暗示出来ない。すなわち、「シュトゥルム・ウント・ドゥラング」という極めて適切に表現された、無意識的なものの最初の衝動的かつ文学的な爆発の後には通常、個人的な眼覚め、自己省察の時期が続く。この時期は、自身の創作（自己分析）の諸条件のなかへ入り込んで技術上の厳密に美的・文学的要請を理解しようとする試みによって、第二の、明晰で成熟した時期へと達するのである。ゲーテにおいて、またR・ワーグナーにおいても特にこれは明瞭に認められる。後者の場合——彼が特に惹かれていたシラーにおけると同様——、激しく噴き出す思春期の創作と円熟した芸術作品との間隙は、芸術の本質と自身の創作活動についての省察で埋められていた。——シラーがカルロスをもって初めて韻文劇へと移っていった事実が彼においては、この内面の落ち着き、明察、熟達の特徴的かつ重要な現われであると考えられる。その技巧は、爆発に伴って噴き出た散文の岩石を、いわば冷却、精選、浄化するために必要とされるものである。——ゲーテがそのドラマの大部分（ファウストの幾つかの部分、イフィゲーニエ、エグモントなど）をまず散文で書き上げ、そして次に韻文のよりイデアールな領域へと高めていったこともこのように説明できる。——『ヴァレンシュタイン』を韻文で書くべきか散文にすべきかに迷っていたシラーに宛てたフンボルトの手紙はこの点で興味深い。「……『イフィゲーニエ』と『カルロス』においては韻文がわたしには大変快く響きます。これに対して『ゲッツ』や、随所で夢想的・妖精的な雰囲気を感じさせる『エグモント』においてさえも、また『群盗』、『フィエスコ』、なかんずく『たくらみと恋』においては韻文はわたしには考えられません……これに反して散文表現を好むあの心も、既に先ほど申し上げた通り、純粋に美的な感覚の欠如、素材への文学のべったりした依存と、これによる文学形式の軽視をいっそう強く表わしています。」このテーマについてゲーテとシラーはその往復書簡を通して、それぞれの考えを繰り返し表明している（例えば一七九八年八月二十四日付のシラーの手紙など）。

造形芸術家の創造における、心理生物学的に条件付けられた時期については最近ブリンクマンがある精緻な研究でこれを取り扱っている（Brinckmann : „Spätwerke großer Meister“, Frankfurt 1925）。

（50）シラーの長男カールは一七九三年九月十四日に生まれた。その二ヶ月前彼はケルナーに次のように書き送っている（七月十七日）。「やがて開ける明るい希望にぼくの心が躍ります。ぼくは息子の喜びと父親の喜びを同時に味わうことになるだろう。人間の自然がもっているこの二つの感情の間に身を任せるのは実に心地よいことだろう。」そして彼は、一七九四年三月の息子誕生数ヶ月後に、ヴァレンシュタインの計画を更に進める仕事を開始している。

（51）既婚女性が特にシラーの心を惹きつけたことについてはさまざまなひとたちの証言がある（未亡人フィッシャー、フォン・ヴォルツォーゲン夫人、フォン・カルプ夫人、カロリーネ・フォン・レンゲフェルト）。彼が女性についての悪評を耳にしても全然気にかけなかったという事実は、未亡人フィッシャーに対する彼の愛着が示している。ミノーアによると彼女は、「家に下宿させていた若い男たちに対して、自分の魅力を利用することも辞さなかった」女性である（三八二頁）。この関係に触れた際ミノーアは次のような所見を述べている。「もっとのちになってもシラーは、どんなに意識はしていてもコケットな女性の誘惑には自信がないと自分で感じていた。」例えばシラーは一七八七年初めにある仮面舞踏会で、ひとりの「ジプシー女」を見染め、たちまち彼女にのめり込んでいった。それはヘンリエッテ・フォン・アルニムで、その妹同様大変評判の良くない女性であった。にもかかわらず詩人は本気になって彼女に求愛し、性急に惚れ込むいつもの例に洩れず、この関係にけりをつけるのに長い時間と数次の段階を必要としたのであった（ミノーア、五〇四頁）。ディドロによって伝えられ、シラーが『ライニッシェ・ターリア』誌で「女性の復讐の見本」として紹介したあるエピソードに対する彼の関心も、この「娼婦空想」の上に成り立っている。フォン・ポメラージュ侯爵夫人は彼女の不実な恋人にある情婦を妻としてあてがって、結婚初夜が過ぎた後で初めて、その女が実はその恋人自身の娘であったことを彼に明かすのである。これと同じモチーフはグリルパルツァー（本書二〇章参照）とアルニム（第二二章）においてみられる。

（52）現在これについては、私の暫定的な報告『天才の起源のために』を参照されたい（„Zur Genese der Genialität“, Intern. Zeitschr. für Psychoanalyse, XI, 1925）。

（53）ここでは、恋愛経験のある、場合によっては離婚した、あるいは未亡人となった中年女性の方がより多く母性的な愛情をもっており、文学において賛美され人生において絶えず求められるロマン主義者たちの恋愛の理想であったということを、常に特徴的な現象として強調しなければならない。近親相姦的な素材に対するロマン主義者たちの好みと大きな関心については後で述べることになるだろう。高齢の婦人が、母親コンプレックスに捉えられている男性の嫌悪感を引き起こすどころか、往々にして彼を虜にする唯一の存在であるということは、事実として伝えられているアンシアン・レジーム時代の悪評高き娼婦ニノン・ド・ランクロの物語が示している。彼女は年を老ってもなお非常に魅力的であったと言われていて、ある若い男がこの六〇歳の女性に夢中になったほどであった。ところがこの男は彼女自身の息子であって、自分の素性を知らなかったのである。相手が誰であるかを知った時彼はみずから生命を絶った。エルンスト・ハルトはこの物語を一幕物のドラマに仕立て上げた。同様にまたフリードリッヒ・フレクサに『ニノン・ド・ランクロ』という作品がある。またルサージュの『ジル・ブラース物語』も参照されたい。

(54) ハムレット（第五幕第二場）「あの男はおれの父を殺し、おれの母を娼婦にした。そしておれの国王即位を邪魔したのだ。」この空想はやがてより高度な妄想に奉仕するのだが、その過程は『英雄誕生の神話』に述べてある。

(55) 「ルイーゼとミルフォードとの間にあるフェルディナントと同じように、ドン・カルロスは妃とエボリ公女の真ん中に立っていて、あの市民悲劇の有名な場面が再現される。カルロスとエボリの場面は、前作のドラマにおいてフェルディナントとミルフォードが相対した時の状況の繰り返しである。ただここでは、若者の狼狽、放心、困惑の様子がもっとうまく描かれている。そしてフェルディナント同様カルロスもまた、それまではまだその正体を知らなかったこの〈天使〉への賞嘆の気持を抱いて彼女の許から去ってゆく。またミルフォード夫人同様エボリ公女も最後は、悔恨と諦めの心をもって生を終えるべくあらゆる手を尽くすのである。」（ミノーア　五四一頁）

(56) 母親コンプレックスに起因するこの行動はシラーの人生と創作全体を貫いているが、ミノーアはこれを特に青年期の詩『情熱の自由主義』（„Freigeisterei der Leidenschaft"）中に認められると強調している（三四七頁以下）。「ドン・カルロスのように（ここでも）また詩人は、それによって恋人が祭壇の前で心を失ったところの罪深い誓いに対して腹を立てている。だが彼に逢引の時が告げられ、彼の願いのすべてが聞きとげられる直前になって彼は、恋人の〈神性〉の前に後ずさりし、目前の幸福をつかみそこねる。またしても倫理と肉欲、義務と欲求、魂の幸福と肉の満足との戦いである。それは古くからの葛藤であって、シラーはこの葛藤によって、行動し詩作し思考しながら自分の力を鍛錬してきたのである。それは彼のアンソロジーのどの頁にも繰り返し姿を現わしている。彼は十年後にようやくこれを、人生と哲学研究を通して純化することで、〈美しき魂〉のなかで和解させることが出来たのである。この戦いが最も熾烈なのはこの『自由主義』とドン・カルロスのマンハイム草稿においてである。」これと同様のかたちで進行し、似たような条件のもとにあったヴィーラントの葛藤については本書第四章で注釈的に述べることになろう。

(57) シラーが意識的に古代の運命劇に照応する作品として書こうとした『デメートリウス』においてもなお、子供の時に捨てられた主人公が帰郷の際母親を、彼女がとらわれていた暴君の力から解放している。壮大な「認知の場面」ではやがて、二人の間に血縁関係がないことが判明するが、しかしシラーは熟慮の末、デメートリウスを前皇帝の「私生児」として、従ってマルファの義理の息子として描いた。

(58) シュテーケルもまたこの空想が、グリルパルツァーの『夢は人生』における父親に起因するものとみなした。

(59) 『英雄誕生の神話』における水中からの「救出」（誕生）を参照されたい。

(60) シュニッツラーの『メダルドゥス』におけるこれと類似のモチーフ形成については拙論『救済空想の例証』を参照されたい。

(61) この二つのモチーフは、ゲッツ以後の「騎士劇」に典型的にみられる。

(62) このことは特にリヒャルト・ワーグナーの人生とドラマ創作において明瞭に認められる。即ち、さまよえるオランダ人はゼンタを巡って狩人エリクと戦い、ヴォルフラムはタンホイザーの情熱の前に断念し、ローエングリーンは憎いテルラムントからエルザを奪い、トリスタンは叔父のマルケからその許嫁（のちには妻）を背かせ、ハンス・ザックスはヴァルターとエヴァの幸福を築いてやるために身を引く等々。――ワーグナーの人生で最も深い愛は友人ヴェーゼンドンクの妻に捧げられ、作曲家にして詩人である彼は、この幼児的な愛の社会的に可能な実現を、最終的に友人ビューローの妻との結婚において成就することが出来た。

(63) ゲーテの『シュテラ』もそのひとつである。この作品は、彼が愛の対象を近付き難い高貴な女友だち（フォン・シュタイン夫人）と、感能的な満足を与えてくれる女（クリスティアーネ）とに区別していること、――これは彼の人生においてしっかりと根をおろしている――そしてこれを統一しようとしていることを物語っている。詩人がこのドラマのもとにしているのは、第一の妻以外に、自分を危機から救ってくれた女性にも求婚するという、フォン・グライヒェン伯爵の有名な、そしてよく題材として取り上げられる物語であることは間違いない。この素材を文学化したひとたちにはプファルツのハーン、ゾーデン伯爵、ヴィルヘルム・シュッツ、そしてこれを基に運命悲劇を書いたアルニムなどがいる。最近ではヴィルヘルム・シュミットボンがこのいかがわしい素材の心理学的深化を試みている。二人の女性の間にあって不安定に揺れ動くこの立場を描いた「ロマン的」な典型としてはヤコービの『ヴォルデマル』が挙げられるが、ここではこの立場の近親相姦的な根源が示されている。

(63a) これらのモチーフはその歴史上の原型をシラーの少年時代に見出す。そこでは母親と姉が彼にこの二つの典型を体現している（第一四章参照）。

（64）『マリア・ステュアルト』でシラーは、二人の女性を実際より二〇歳若くし、恋仇同士にすることで市民悲劇のモチーフを取り入れている。フィリップ王も『ドン・カルロス』では二〇歳年長に描かれているが、これは義理の息子に対する妃の愛を弁護するためのものである。

（65）『ドン・カルロス』にみられるこれと同様の空想は母親に関わっている（第一幕第五場）。

「わたしはここから刑場へ引かれていってもかまわない！
天国で味わった一瞬の幸福を
死によってあがなおうとも悔いはありません。」

（66）ヴェルトリッヒ『シラーのフィエスコと史実』（R. Weltrich: „Schillers Fiesco und die geschichtliche Wahrheit", Marbacher Schillerbuch III）参照。

（67）ヴェルトリッヒ（前掲書）が証明している通り、アンドレアス・ドーリアがジェノヴァの君主ないしは総督として登場するのは歴史的事実に拠っていない。彼によれば、シラーはこの悲劇の目的を達するために、民衆の怒りを煽り立てるような専制を用いた（三四〇頁）。専制君主としてのドーリア、英雄的な祖国救済者としてのフィエスコという、あらゆる史実に反する設定へのこの執着はもちろん、またしても父親に対するシラーの関係のひとつの反映であるにすぎない。シラーのこの設定は、フィエスコを祖国の救済者とみなしたルソーの解釈によるものである（シュトゥルツ『祖国の誇りについて』H. P. Sturz: „Über den Vaterlandsstolz" による）。シラーは歴史的資料（Robertson: „Geschichte Karl V."; „Memoiren des Kardinals Retz"）のなかに、フィエスコはブルータスのような男ではなく、いわばシーザーであったこと、ドーリアの家系に専制君主はいなかったということを発見している。従ってシラーの描写もどこか不安定である。「彼のフィエスコは二二歳ではなく二三歳であり、詩人自身と、またのちの彼の主人公カルロスとも同年である」というミノーアの所見（三二〇頁）は興味深い。

（68）『英雄誕生の神話』参照。

（69）反抗的な息子であったシラーは一般に政治的な叛乱や暴動に対しては特別な愛着を抱いていた。このことは恐らく彼の歴史への興味のひとつの原因でもあろう。彼は『オランダ独立史』の他にも、壮大な『世界の暴動・叛乱史』をも計画していた。

（70）『英雄誕生の神話』結末部分参照。——更に現在では、エーミール・ローレンツの詳論『政治的神話。文化神話学のための寄与』もある。そこでは特に暴君殺害、革命、自由のための闘争などといったシラーのモチーフが、母なる大地の所有を巡る戦いとの関連において文化史的に論じられている（Emil Lorenz: „Der politische Mythus. Beiträge zur Mythologie der Kultur“, 1923, S. 19 ff.）。

(71) 噂によれば、テルの行為の動機のために非常に重要なこの場面をシラーは、後になって初めて妻の勧めで導入したとのことである。――『パリチーダ場面』に対するイフラントの懸念に対してシラーは、一八〇四年四月十四日の手紙で異議を申し立ててこれを一掃している。「ゲーテもわたしも、あの独白と、パリチーダ自身の登場がなければテルは全く考えられなかっただろうと確信しています。」――オットー・ブラームは、シラーをこの場面の創作へと導いたのはA・G・マイスナーのドラマ『シュヴァーベンのヨーハン』（一七八〇年）であったと言っている（Otto Brahm: „Parricida und Schillers Tell“, Zeitschr. f. d. Altt. XXVII, 299 ff.）。

ここでは、珍しいエピソードとして次のことを報告しておきたい。即ち、シラーの『ドン・カルロス』の上演は長い間オーストリアでは検閲によって禁止されていた。そしてブルク劇場の指導部が上演許可を求める訴えを起こした時、上演には、王子がその継母に恋慕してはならないという条件が付された（ヒルト『検閲おもしろ話』Dr. F. Hirt: „Zensuranekdoten“, München, G. Müller, 1919）。

(72) このことは、大切な家族の一員の生命を救うため、これを射るよう暴君から強要される射手に関する伝説、即ちテル神話の多くの同類本において確証されている。この射撃が父親（あるいは兄弟）に向けて行われるものであるとする異本があるが、これについては、テル伝説に関するグリムの詳論（Deutsche Mythologie, I, 315 ff., 354）に関連して出版された諸文献を参照されたい。そこには、すべてのヨーロッパ民族と多くのアジア民族における多数の同類本が紹介されている。特に以下のものを参照されたい。

Leßmann: „Der Schütze mit dem Apfel in Iran“ (Orient. Lit. Ztg. 1905, VIII, 219).

Leßmann: „Die Kyros-Sage in Europa“ (Programm d. königl. Realschule zu Charlottenburg 1906, S. 34 ff.).

Hüsig: „Beiträge zur Kyros-Sage“.

Siecke: „Götterattribute“, 1910, S. 156 f.

M. Jacobi: „Die Tell-Sage in den Mythen der Vorzeit“ (Völkerschau II, 221-34).

あるハンガリーの童話では、残忍な王の命令によって父親の頭から林檎を射落とすことを余儀なくされるチャロ・ピシュタという主人公が登場する。もしそうしなければ彼は、「太陽も月も輝かない」場所へと父親もろとも連れ去られるというのである。シラーのドラマにおけるゲスラーのこれと同様な脅迫の言葉、「わしはお前の矢から自分を安全に守るため、お前を太陽も月も照らぬところへぶち込んでやろう」は、シラーがこのモチーフのこれらの異本を知っていたのではないかとの推測を可能にしてくれる。このハンガリーの童話における同じ父親と息子の交換は更に、ブコヴィーナのアルメニア人たちの『めくらの王子』というある童話にみられる。この王子は父の王位を簒奪した男によって失明させられ、忠実な愛犬を伴って異国の地をさまよう。彼は聖ヨーゼフから、願いを叶えてくれる黄金の矢と香油を授けられる。そして、再び眼の光を得るためにその香油を翌々日眼に塗るよう、だが翌日はまだ盲目のままで、その暴君の開催する射撃祭に参加するように言われる。そこで彼は、誰の眼にも見えないで常に彼のところへ戻ってくる黄金の矢を放って、三三回黄金の輪を射抜く。その後で彼は、残忍な王から強いられて三三個の林檎を自分の父親の頭から射落とす。それから彼は、その同じ矢をもって王とその家来すべてを殺すのである。この二つの童話を私はレスマンの著書から借用したのだが、このような盲目の射手の伝説は多数存在すると彼は言っている（四五頁）。これらは、北方のホーデルもまたこの観点のもとに考察されなければならないことを示している。

　ここで、テル伝説とオデュッセウス神話（ロッシャー事典参照）との、細部にわたる類似性をも簡単に指摘しておきたい。オデュッセウスもまた弓の名手であって、妻の求婚者たちを打ち負かすのに彼はその素晴らしい射撃の腕前をもって、斧の柄の穴一二箇を射抜くのである。彼もまた、なおも懐中に隠しもっていた別の矢をもって敵を射殺している。彼の行った航海（漂流）もまたテルのそれと似ている。それどころか彼は、テルがゲスラーの船上で縛られるのと全く同様に、（サイレンたちの住む島の近くで）船のマストに縛られるのである。オデュッセウスも、仲間たちが海底へ沈んでゆくなかで唯ひとり嵐の海から巧みに逃れるのであるが、このような彼についてわれわれは、「彼は舵をまるで弓のように操る」とシラーがテルについて言ったのと同じ権利をもってそう言うことが出来る。父親と息子の間の憎しみをも強く表わしているオデュッセウス伝説がわれわれにとっていっそう興味深いのは、それがこのコンプレックスの二つの変種をみずからの内に統一しているからである。つまり、オデュッセウスは自分の息子テレマコスをある投擲物（投斧）をもって殺す。だが一方で彼は、キルケーとの間に授かった息子テレゴノスによって、それとは知らずに殺される。テルが愚鈍を装って怪しまれないよう用心するように（「おれが利口な男ならテルとは名乗らない」）、賢明なオデュッセウスもまた絶えず偽装する。彼はトロヤ戦争への従軍を免れようとして、牛と馬をもって畑を耕作することで狂気を装う。だがそれよりももっと抜け目のないパラメデスは彼の鼻をあかすすべを心得ていて、オデュッセウスの小さな息子テレマコスを鋤の前に立たせて、その狂気が本物であるかどうかを試す。息子殺害へのこの誘いは、小さな息子に向けられたテルの射撃を明瞭に想い出させる。一方、牛による耕作はメルヒタールのエピソードに再び現われる。メルヒタールの父親が陥る失明もまた、別な関連においてではあるがオデュッセウス伝説に認められる。失明はオデュッセウスによって一眼の巨人ポリュペーモスに与えられるのである。皇帝アルプレヒトもまた一眼であったというレスマンの指摘を、これとの注目すべき符合として最後に挙げておきたい。

「盲目の射手」は、アードラーの『肉体器官の欠陥についての研究』（Alfred Adler : „Studie über die Minderwertigkeit von Organen", 1907）と、これを補う研究（例えばベートーヴェンの難聴に関するもの）のための興味深いひとつの例証であるように思われる。注目すべきことだが、シラーにおいては個性の根源が彼の視覚器官の明瞭な欠陥にあることが指摘されている。友人シュトライヒャーが二一歳のカール学院生シラーを描写する際強調しているように（『シラーの脱走』）、彼は既に少年の頃から激しくまばたきをする癖があった。のちになって彼はまぶたの炎症にかかり、自分は近視であると、のちの妻に宛てたある手紙で言っている（一七八八年五月二十七日付）。カール・バウアーも、シラーの赤く縁取られた近視の病んだ眼と、その絶えまない、素速いまばたきについて語っている（バウアー『シラーの外貌』Karl Bauer : „Schillers äußere Erscheinung", Marb. Schillerbuch III）。シラー自身、これらの欠陥にもかかわらず情熱的な射手であったということは注目に価する。バウエルバッハ時代既に彼は野鳥を射ちに行くことを楽しみにしており（一七八三年二月一日の手紙）、シュトライヒャーへのある手紙で彼はそれについて熱い調子で語っている（一七八三年一月十四日付）。テルをアルプスかも鹿の猟人に仕立て上げたのもシラーであった。類稀なある偶然によって、シラーにおけるこの肉体的欠陥が遺伝性のものであるということが証明されている。彼の祖先に与えられたシラー（Schiller）という古い名前は、視覚器官の欠陥を直接表わしている。というのも、最近の研究によればこの名前は「斜視」（shielen）の祖先に与えられたものなのである（ヴェルトリッヒ『シラー伝』及び『シラーの祖先』Richard Weltrich : „Schillerbiographie", S. 326 u. „Schillers Ahnen"）。——ちなみにシラーの長男カールは山林監督官であったし、また詩人の孫のひとりであるハインリッヒ・ルートヴィッヒ・フォン・グライヒェン＝ルスヴルムは画家として数年前ワイマールで亡くなっている。斜視の祖先のあとを受けて、眼の光の賛歌を熱狂的に歌い上げる歌い手（メルヒタールのモノローグ）が生まれるためには、肉体器官のどのような力が、またどのような心的変遷が働いたのか——このことについてはわれわれは、ただ沈黙の感嘆のうちに漠として想いをいたすほかはない。この点で特徴的なのは、シラーが残している最も古い詩『太陽に寄せる』（„An die Sonne", Marbacher Schillerbuch III, S. 54）である。これは彼が最初の詩的創作として一四歳の時に書きしるしたものであるが、ここで彼は、すべてを見晴らし、あらゆるものにまさって長い生命を誇る太陽の力を賛えている。それは、自然のなかにおける神を賛美する歌である。——更に以前の習作（『堅信礼の詩』一七七二年）において彼は、母に許しを求める詩を歌っている。『屍体空想』（„Leichenphantasie", 1780）は息子の屍体にとりすがって泣く父親の悲しみを描いている。

更に私はアードラーの指摘をひとつ参考に供したいが、彼は『ヴィルヘルム・テル』についての私の解釈に関連して、（彼の言う意味での）欠陥視覚器官なくしては劇作家というものはそもそも考えられないと言っている。というのは、空想力のなかで行われる場面のイメージの想像行為は、このような欠陥視覚器官の過剰な働きとしてのみ理解されるのである。やがて次の段階で神経症への移行がみられるが、これを形成するのは、幻覚に照応する亡霊である。これと似たような考えをシェイクスピア自身、ユリウス・シーザーの亡霊の場で述べている。そこではブルータスが次のように言う。

「この恐ろしい亡霊を作り出すのはこのおれの眼の欠陥だろう。」

そしてハムレットもまた、殺害された父親の姿を「その精神の眼」で見るのである（第一幕第二場）。更にグロースターの失明、リアが繰り返し暗示する自分の眼の弱さ、『ジョン王』における小さなアーサーの失明の場面、マクベスの幻覚の場面などを参照されたい。

詩人の眼の欠陥を証明するものとして、多くの詩人が画家としても活動していた事実が挙げられるかもしれない。「ゴットフリート・ケラーは、自分は画家に生まれついたのではないかと、ゲーテより更にひどく迷った。」（ベハーゲル前掲書、八頁）ベハーゲルは更にこのような詩人たちを列挙しているが（三一頁）、そのなかにはザロモン・ゲスナー、画家ミュラー、E・T・A・ホフマン、ヴィルヘルム・ブッシュ、アンツェングルーバー、パウル・ハイゼ、シュッフェル、メーリケ、グリルパルツァーなどがいる（三二頁）。また近視の詩人も多数いた。シラー以下ではG・フライタークとイプセンを挙げるに留めたいが、イプセンの『野鴨』には「眼の上部構造」が多くみられる（盲目、弱視、写真技術、射撃）。若い頃の多くのスケッチもイプセン自身によって残されている。最後に盲目のホメーロスという半ば神話的な人物も忘れないでいただきたい。

(73) ゲルマンの地で最も古い形態は、鍛冶屋ヴィーラントの兄弟である射手アイゲルの伝説である。ティドレク伝説の伝えるところによれば、彼は自分の技をニードゥング王の前で試すため、この王の命によって三歳になる自分の小さな息子の頭から林檎を射落とし、そして王の質問に答えて、もし最初の矢がリンゴに命中しないで子どもに当っていればあとの二本で王を射るつもりであったと言う。これと同じ物語をサクソー・グラマティクスが射手トーコについて語っている。またこれに相当する北欧のヘムニヒ伝説では、矢の的がはしばみの実になっている。射手についての伝説で恐らくもっと古いと思われる草稿がヘロドトス（第三巻、三五章）にみられる。そこでは、癲癇病として描かれているカンビセースが腹心の部下であるプレクサスペスに、ペルシャ人たちが彼らの王である自分についてどう思っているかを尋ねる。その答が気に入るようなものでなかったので彼はプレクサスペスに残忍な復讐を行う。つまり彼は、彼の酌童であったプレクサスペスの息子の心臓を射撃の的にしたのである。「わしが、あそこの前庭に立っているお前の息子の心臓を見事に射抜いたなら、ペルシャ人どもの言ったことが間違っていることがわかろう。だがもしわしが射損じたなら、ペルシャ人たちが本当のことを言っていることになり、わしはわしの狂気を認めよう。」こう言って彼は弓を引きしぼり、子供めがけて矢を放った。子供が倒れると彼はその体を切り開かせて命中場所を調べさせた。矢が心臓に突き刺さっているのがわかった時彼は大いに満足して、笑い声をあげながら少年の父親に向かって言った。「プレクサスペスよ、わしが狂っておるのではなく、ペルシャ人どもの方が馬鹿であることがこれでお前にもよくわかったであろう。ところでどうじゃ、世界中でこのわしほどに腕のいい射ち手にお目にかかったことがあるか？」しかし、この人間がまともではないことをよく知り、また自分自身の生命にも危険を感じたプレクサスペスは答えた。「王よ、神ですらかくも見事に射てまいと存じます。」

(74)　シラーのドラマについては次のものを参照されたい。

Joachim Meyer: „Schillers Tell, auf seine Quellen zurückgeführt“, Nürnberg 1840.

Gustav Kettner: „Das Verhältnis des Schillerschen Tell zu den älteren Tell-Dramen“ (Marb. Schillerb., 1909).

Gustav Kettner: „Studien zu Schillers Dramen“, Bd. I. „Wilhelm Tell. Eine Auslegung“, 1909.

E. L. Rochholz: „Tell und Geßler in Sage und Geschichte“, 1807.

(75)　これと同様グリルパルツァーの『オットカル王』においては、父親メーレンベルクは息子のために贖罪させられる。復讐感情を人質のモチーフにおいて表現するこの方法は、レッシングの『フィロータス』、シェイクスピアの『リチャードⅢ世』においてみられる。後者では、スタンレイが息子ジョージを人質としてリチャードのところへ残し、そしてまたこれを犠牲にする。同じようにクロイソスは、自分の息子に死が預言されているにもかかわらず、ためらうことなくこれを狩猟に送り出す。人質のモチーフと密接に関連しているのが誓いのモチーフであり、これは、敵対衝動を、強制されたようにみせかけて貫徹するという同じ意図をもったものである。ここではイギリスの民族童話ランプトン・ウォームを挙げておきたい(Jacobs: „More English Fairy Tales“, Nr. 85)。怪物退治に出かけるユング・ランプトンは、もし自分がこの相手を打ち倒したなら、帰路で出会う最初の生き物を殺すことを誓う。そこで彼は、自分の犬を送るよう命じるが、この命令が忘れられて、彼の父親がその最初の人物として彼の前に現われる。この童話ではここで既に内容が緩和されている。さもなければ、打ち倒され敗北する怪物（その代用として犬も登場する）が、本来は父親と同一人物であることが明瞭に示されているであろう。つまりユング・ランプトンは誓いに背いて、父親を殺さないで代りに犬を殺すのである。しかしそのため呪いにかけられ、彼の家族においては九世代にわたって誰ひとりとして寝床で死ねないという事態になる。これと似たような誓約は聖書のジエプタにおいて認められる。アブラハムが息子のイサークを（動物の代用として）、またアガメムノンが娘イフィゲーニエを犠牲にするように（動物の代用として）、彼は自分の娘を犠牲にするのである。この話はまたホラーティア人の物語を想起させる。そこでは凱旋した兄が、——尤もここでは誓いはなされていないのだが——この戦いで倒れた許嫁の死を悲しんで姿を現わした妹を、出会った最初の人間として殺すというものである（リヴィウス、I、二九）。——またテーセウスも、父親と交わした約束を忘れて——それと知らずにではあるが——彼を殺すのである。

第四章　継母のテーマ
――素材選択の心理学のために

彼（悲劇作家）が歴史上の事件を扱うのは、それが実際に起きたからではなく、その方が現在の自分の目的のためには、自分で創作するよりは好都合であるからだ。

レッシング

「継母」という形姿は、実の母親への恋慕と、厳禁されたこの情熱の防衛との妥協的表現であることが、シラーの『ドン・カルロス』についての心理学的な考察によって明らかになった(1)。近親相姦的な愛の空想に対する内的な反抗はまず、実際の血縁関係の廃棄をもたらす。但しそれは、母親への根源的な愛着が、母親の代用的人物即ち継母が同じく父親の妻である場合にもなお現われるという限りにおいてである。従って継母というのは、息子へのその愛がもはや近親相姦的なものではないがしかし父親の立場を傷つけ、この恋仇の憎しみを正当化するところの、血の繋がっていない「母親」とでも言うべき人物である。特に継母の愛は、自分と母親との年齢差を取り払いたいという息子の願望――彼は実際より若い母親を作り上げるのである――によって規定されている。このことによって生じる年齢上の調和は通常、（継）母は本来息子の許嫁であって、父親がこれを横取りしたものであるという風に暗示される。(2) 母親を若くするというこの傾向はしかしながら、継母空想の他の条件と全く同様に、愛の喜びを享受する相手として母親は既に年を取りすぎているという意識的な考慮から生まれるものでは全然なく、この継母空想が、本来は快感が強調される少年時代の想い出に密着していることの反映でしかない。その頃の少年には、母親は若く美しい女性として、また父親は圧倒的な力をもった強大な男性として映っていたのである。

ところで、詩人がそれぞれの精神的構造に従って、近親相姦的な情熱の防衛を息子のなかに移すか、あるいは母親のなかに移すかによって、継母テーマの二つの典型的なタイプが分れる。そのひとつは、激しくはあるがしかし叶えられる望みのない息子の方の愛を描くものであるが、われわれはこちらを、われわれにとってはこのグループで最も重要な代表者の名にちなんでカルロス型《シェーマ》と呼んでおきたい。これに対して、息子によって拒絶される母親の強烈な愛をテーマにしたものをわれわれはフェードラ型と名付けることが出来る。この名称が選ばれたのは、継母と息子の間の情熱的な愛をテーマにしながらも好意と反感のアクセントの置き方を異にするこの二つの型のうちで、詩人たちをして絶えず新たな創作へと誘うのは特にこの二つの素材、即ちカルロス物語とフェードラ物語であるということを考えてのことである。この事実を説明しようとする試みは、歴史的に伝えられた素材の選択という問題に再びわれわれを近付けてくれるのであるが、この問題の解決のための通路がここから開かれるように思われる。

幾多の重要な詩人たちがしばしば数世紀にもわたって倦むことなく同じ素材を、絶えず新たな効果の可能性を求めて取り上げるという、一見説明を必要としない、だがしかし実に奇妙な事実は、心理学的にみると深い理由をもっている。すべての高次な精神的成果を特徴付け、またわれわれが継母のテーマによっても学ぶことの出来た隠された明らかな事実は、このような妥協的表現を創造するために要求されるいわば無意識的な精神、心的エネルギーの激しい消耗には誰もが簡単に耐えることは出来ないのだということを理解させてくれる。文学上ならびに歴史上の興味を

——観客の満足と全く同様に——自己の精神構造によって規定されている詩人は、このような妥協的な考えを、もしそれにどこかで出会えば、喜んで受け入れることであろう。なぜならばこの妥協案は、願望とその防衛との間の彼の内的な葛藤を調停するにはもってこいだからである。しかしわれわれは、高度に複雑化した、特徴的な精神作業のこの継承と伝授を、例えば文学史家のように外的に、あるいは詩人自身のように表面的に創造しては決してならない。詩人が体得するのは、彼の最も内奥の感情を迎え入れてくれるところのなにかであるにすぎず、詩人はある素材を取り上げるためには、真の意味でそのための素質を与えられていなければならない。だがそれから彼はモチーフを、先駆者からあるいは共通の源泉のなかから単に受け継ぐのではなく、これを心的にわがものとし、いわばこれを摂取吸収し、そのようにしてこれを自分の精神的財産とするのである。彼は単に出来合いの型を継承するのではなく、これをおのれの個性と時代の感覚に合わせて個々の点で変えてゆく。彼は範として示された形式と所与の内容に、彼自身の手段によって新たに生命を与える。彼はいわば伝承された表象形式を彼自身の情動をもって満たし[3]、そのようにして、おのれの情熱、願望、障害などを空想上の形姿に移し置くことによって、生き生きとした、印象深い芸術作品を創造するのである。ある素材ないしは文学的着想をわがものにしてゆくこの複雑な過程は、ヒステリー患者におけるそれとの病的な類似過程によってのみ明らかにすることが出来る。われわれはここにおいて同一の、但し粗雑化されたメカニズムへの洞察を得るのである。症候の「模倣」はヒステリー患者たちにおいては周知の現象であり、病院にあっては、しばしばひとりの患者の同室者全員が彼の症候のひとつを身につけることがあるほどである。それは単なる模倣では決してなく、むしろ「習得」（Aneignung）であって、これには同じ病因学上の要求が基礎になっているのであるが、この認識をわれわれはフロイトの研究に負っている（『夢判断』一〇四頁）。これと似たような関係が、文学的に伝承された素材を詩人が習得する場合にみられる。このような詩人というものについてわれわれは、次のように説明することが出来た。即ち詩人はゲーテの意味において、ただ現実の葛藤から逃れ、これらを心的に消散させるのではなく、みずからこれらの葛藤を、幼児的な固着を基に繰り返し生産せざるを得ないということ、たとえこれらの葛藤が当然のこととして現実には決して完全な解決に至ることは不可能であり、彼を満足させるためには無意識的な空想活動とその文学的形成へと押し戻すとしても、これらを生産せざるを得ないということである。それゆえ、われわれが更に明らかにしたように、文学的なモチーフ形成のすべてについて、それに見合う現実の体験を探し求めようとするのも心理学的にみて間違っている。なぜなら問題は空想の産物なのであって、体験はそれらのためには、高度な文学創作のもとに従属せしめられている生の素材を提供するにすぎないのである。劇作家は従って内的な体験に則って創作するのであって、外的なそれ——こちらは内的体験に規定されていることが往々にしてある——に従ってではないとするならば、当然のことながら彼は、精神生活におけるこれらの「同じ病因学上の要求」の上に立って、外部から提供されるこのような状況が自分の心的な立場に合致した場合これに手を伸ばさざるを得ないのである。われわれの特殊例においては共通の病因学上の要求は、無意識的な感情生活のなかに固着された詩人たちの近親相姦的傾向であろうが、この傾向が、先に説明したようなやり方で防衛衝動の作用を受け、継母のテーマをそれにふさわしい表現の可能性として習得するのである。「なにかを求めてやまない（極めて特定の）感情を吐露したいという漠然たる衝動」（一七九二年五月二十五日付のケルナーに宛てたシラーの手紙）が詩人をしてなによりも形式を求めさせ、これを堅持させるのだが、この形式こそが、防衛衝動の作用のもとにあるこれらの感情に適切な表現を与えるのである。詩人がこの規範的な形式を驚くほどしばしばそれ以前の詩人たちの創作のなかに探し求めかつ見出しているという事実は、われわれが芸術家の精神生活の一様性について行わなければならなかった想定とぴったり合致する。われわれは、まさに芸術的モチーフと形式の驚くべき保守主義をこの一様性のひとつの表現であるとみなさない訳にはいかない。この保守主義はわれわれの近代文学においてのみならず、恐らくもっと高い程度で古代の芸術において表われている。古代芸術にあってはほんのわずかの芸術的モチーフと形式が、数世紀にもわたって基本的な変更をほとんど受けないで利用されている。借りものではない、全く独自に作り出した自分の形式をもってみずからの感情に効果的な表現を賦与することが出来るのは、特に偉大なわずかの詩人たちに限られる。それ以外の多数の詩人は、この観点からすると二つのグループに分けられる。そのひとつはここで特にわれわれが問題とするグループで、それを代表する詩人は、文学的に伝承された素材と形式に依拠する。つまり彼らは「習得する者」であって、その個人的な関心は素材への関心と形式の問題の背後にほとんど完全に退いてしまっていて、いわば客観的な興味から出発しているように思われる。このグループには、吟味された主題を利用することで非常に民族的となった多くのすぐれた文学が属する。二番目のグループを代表する詩人たちの感情生活はどちらかと言えば、芸術的表現形式の独自な自立的な形成を強く求める。しかし彼らは、彼ら個人の精神的運命を普遍的に人間的なそれへと溶解することは出来ない。第一のグループがわれわれに、一見純粋に文学史的に説明される関連が実は詩人たちの心的欲求に依存していることを明示するとすれば、第二のグループは、多くの「埋もれた」劇作家たちの運命を理解することをわれわれに教えてくれる。彼らは多かれ少なかれ押し付けがましいやり方で常に自分自身を描き、決して問題を描くことをしない。なぜなら彼らには、自分の空想の産物に最終的な、普遍的に人間的な、だがそれでいて理想化された表現を与えるだけの能力――知的な能力ではなく心的なそれ――が欠けているからである。この表現によって初めて空想の産物も社会的な価値を獲得することになるのである。もちろん心理学上の成果にとってこれらの詩人とその創作は（特に私はオットー・ルートヴィッヒとグラッベを挙げておきたい）、広く一般に認められている偉大な詩人たちの作品と全く同等の価値を有するものである。これら偉大な作家たちの作品に比べると彼らのそれはある種の率直さという長所を有している。彼らの作品はまたわれわれに、すぐれた文学作品の純粋に人間的な理解を容易にしてもくれ、この意味において彼らの創作は、われわれが既にその心理学について述べたところの前段階的な草稿と同一線上に置くことが出来る。それらはいわば、決して均衡のとれた完成には至ることのない草稿なのである。もちろん偉大な詩人も、その草稿や断片が示していた通り、このような個人的な関心や問題から出発するのではあるが、しかし彼は仕事を進めてゆきながらこれらを最終的には普遍的に人間的な問題へと溶解せしめることによって克服するのである。つまりそれは一種の浄化作業であって、主観的な詩人にはこれがうまくいかない。このような主観性をわれわれは神経症的な性格特徴として理解することが出来ようが、しかしながら心理学的な観点から文学的業績についての質的な評価を行う権利はないし、ましてやその理由はもっとない。このような評価は社会的価値という意味においてしか正当性をもち得ないのである。いや、それどころかわれわれは更に一歩先へ進まなければならない。われわれは序文において、近親相姦のモチーフが世界文学の最も重要な詩人たちにおいてみられるということを、われわれの研究のひとつの結果として強調し、そしてそこから、このモチーフを心理学上の研究の中心に据える権利を引き出したのであった。このことは、これらの詩人の作品がまさに国民の感情生活のなかへ浸透し、その精神的財産になったということから説明されるが、なぜそのようなことが可能になったかといえば、これらの作品が、これら普遍的に人間的なモチーフを誰にでも近付けるような効果的な形式において表現することが出来たからである。もちろん詩人は極めて意識的に、価値の定まった古い素材に手を伸ばすことは往々にしてある。しかしながらこれらの素材は、まさにその有効な作用の点で真価が確認されたのであって、この作用がこれらの素材にとって可能となったのは、普遍的に人間的な、そして心的満足をもたらす文学的形成によってのみであった。文学的業績の価値を左右し、詩人をしばしば国民的大英雄にするのはこの社会的な面であるのに対し、特殊な人間の小さな社会にしか作用しない主観的な詩人の仕事は、軽蔑され揶揄され、じきに忘れ去られ、そして——神経症者の反社会的な行動がそうであるのと同様——それぞれが属する文化圏から排除されることによって報復を受けるのである。

疑いもなくドイツ国民の間で最も人気のある詩人シラーが、自由な創作と伝承素材の利用という二つの文学創作の方法に対して取っている立場は興味深いものである。例えば彼は一七九八年一月五日ゲーテに宛てて次のように書いている。「わたくしは歴史上の素材しか選ばないよう心するつもりです。自由に創作したものはわたくしの障害になるように思われます。リアリスティッシュなものを観念化することは、イデアールなものを現実化することとは全く別の操作であります。そして、自由なフィクションが行われるのは本来は後者においてです。規定され制約された所与の材料に生気を吹き込み、これを温め、そしていわば水につけて膨らませることはわたくしの力の及ぶところです。ところが一方では、このような素材の客観的な明確さはわたくしの空想力を抑制し、わたくしの好き勝手な発想に反対するのです。」しかしシラーが、歴史的に継承された素材の利用をも個人的な習得の意味で考えていたということは、この友人との往復書簡の他の箇所から明らかとなる。一七九九年ゲーテと『ヴァルベック』の素材について議論を交わした時彼は次のように書き送っている。「だいたいわたくしは、常に一般的状況、それに時と人物のみを歴史から借用し、その他一切は自由に文学的に創作するのがよいのではないかと思っているのです。このことによって素材の中間的な分野が生まれるでしょう。そしてこの分野は、歴史劇の長所を創作劇に結び付けることになるのではないかと思われます。」

事実、最も偉大な詩人たちはこれと似たような自由なやり方で歴史上の素材を処理してきたのである。そしてこの創作方法の条件が、これらの文学が達成した大きな作用をある程度は説明してくれるかもしれない。これがどういう意味で言われているのかは、既に文学上の模範のある素材を取り扱う場合と、その素材の基礎となっている歴史的な出来事を取り扱う場合との相違が最もよく示してくれる。詩人がその感情を吐露するのに適した形式を求める過程で、文学的に伝承された素材に向かう場合（例えばカルロス物語あるいはフェードラ物語）、精神作業の点で彼のなすべきことは比較的少なくてすむ。つまり、その素材は彼の無意識的な空想に照応して選ばれているのみならず、それ以前にこれを取り扱った詩人たちから彼が教えられた形式化もまた芸術的な感覚と作用とに既にかなっているのであるから、彼自身の感情生活をこれに結び付ける作業は容易に進められるのである。ところが、それまで一度も取り上げられたことのない歴史上の素材を選択するについては事情は異なる。現実の生活状況に大変革をもたらした歴史的事件は、好みのうるさい、豊かでぜいたくな詩的空想力にはあまりぴったりとは一致しないのが常である。詩人はそこに、自分が最初興味を惹かれたモチーフ以外に、彼にとってはあまり親しみのない他の多くの材料を見出す[4]。だがまさにこの非個人的なエレメントこそが、特にシラーの文学的創作において示されたように（ドン・カルロス、マリア・ステュアルト、ヴィルヘルム・テル）、個人的なコンプレックスを覆い隠そうとする防衛傾向に役立つのである。もちろん、詩人の願望衝動に一致することのより少ない、しかし強くなった防衛にとっては好都合であるこれらの素材においては、重要な情動転移が行われる。このことは特にテル文学と『マリア・ステュアルト』において指摘することが出来た。しかし伝承素材に対して詩人が行うさまざまな改変も、心的に充分動機付けられた表現であると理解することをわれわれは学んだのであった。このような観点からすると、われわれが劇作品を心理学的に分析するに当って、自由な創作になる物語と歴史的に伝承された素材との間になんら区別を置かなかったことは正しいように思われる。というのも、このいずれもがそれぞれのやり方で詩人の最も内なる感情をわれわれに明かしてくれるのであって、この感情はすべての伝承を超越し、すべての歴史の衣裳を透かして繰り返し情動的に強調されながら、最後までその存在を主張し続けてやまないのである。

　同じような意味においてレッシングも、歴史的に伝承された物語と自由に考え出されたそれとの間の原則的な相違を認めていない。「ところで、悲劇詩人が歴史的事実をどこまで考慮に入れねばならないかについては、アリストテレスがとっくの昔に決めてくれている。つまり歴史的事実が、詩人が自分の意図を結び付けることの出来る好都合な物語に似ていればそれでいいのである。」（『ハンブルク演劇論』第一九号、一七六七年七月三日から引用した本章のモットーをも参照されたい）『マイスター』の性格についてシラーがゲーテに対して次のように言っているのもこれと全く同じ意味においてである。「もしそのようなものが選ばれるなら、この主人公の性格はなんとうまく選ばれることになりましょう。そのことをわたくしはいくら言っても言い足りません。」またヘッベルは精神分析の鋭い洞察力をもって次のように嘆いている。「深い見識をもった男たちですら、彼らの言うところの素材の選択について詩人と論争することをやめない。それによって、創造というものを彼らが常に、洗練されてはいるがひとつの生産であると想像していることがわかる。だが創造の第一段階である受容の段階は意識の深層に横たわっており、そして時折りそれは最も暗黒のはるかな幼年時代にさかのぼるのである。また彼らは精神的な出産のなかに、肉体的出産には……きっと認めないであろうような恣意を置く……これに反し、もし詩人が的確にやれないとしても、それは許されねばならない。彼には選択が与えられていないのだ。彼には、自分がそもそもある作品を作り出したいのかどうかの選択すらないのである。」(『マリア・マクダレーナ』序文、一八四四年)

伝承された素材に対して詩人が加えるところのさまざまな変更が、問題は本来の素材選択である〈何を〉だけではなく、本質的には形式賦与の問題である〈いかに〉でもあるのだということにわれわれの注意を向けてくれるとするならば、極めて大ざっぱな輪郭線を求めるわれわれの立場からすると、素材選択に際しては更に、心理学的なものが決定的にこれに関与していることを強調する必要がある。詩人は所与のものに依拠することによって、自分の感情を伝承された形式のなかへと抵抗なく流し込むことが容易となる。この依拠によって彼は、歴史的な関心と美学的な問題の強調を通して「快感の前段階」を味わうことになる。これはのちの観客にも当てはまる条件である。だがそれとともに所与のものへの依拠は本来、まさに近親相姦劇においてあまりにも明瞭に認められるように、これよりはるかに大きな快感を伴った解放を詩人に提供する。この解放は、無意識的な抑圧が廃棄され、美学的に正当化されることによって実現される。詩人は、みずからの責任で敢えて表現する勇気のないとでも言いたいくらいの自分自身の禁じられた空想や感情が、主人公のなかで――仮にその主人公が神話的に伝承されたものであれ、歴史的に存在を認められたものであれ、あるいは文学的に描かれたものであれ――、正当化されているのを見出す。詩人はいわば無意識的な罪の感情から解放されてそこに依拠することが出来るのである。ここには、すべての芸術的形成の本質的な前提条件であり、投影メカニズムの裏面ともいうべき同一化という重要な心的メカニズムがみられる。というのも当然のこととして、詩人が最も早く同一化することの出来るのは、彼が自分自身の内面から同様に正当化のため投影した人物たちであろう。[5] 外部から与えられた歴史上の主人公との同一化が成功すると言ってもそれはもちろん、正当化の傾向が思い通りになるということにすぎない。あるいは、これが完全に成功するのは、作者が自分自身の感情を主人公に附加することによって、欠如しているものを補う場合であると言ってよかろう。その場合彼は、自身の感情が歴史的事実に完全に一致するか否かを考える必要はない[6]。偉大な詩人たちが歴史的伝承を自由に扱うことが非常に多いということについてはこのように説明することが出来るし、またこの意味においてわれわれは、歴史上の素材に対する詩人の関係についてのシラー自身の発言を一般化しながら次のように言っても差し支えないであろう。「歴史とはそもそもわたしの想像力の貯蔵庫であるにすぎません。そしてその対象は、それらがわたしの手によってどのように作られようとも、それに甘んじなければならないのです。」（一七八八年十月十日付）もともとは自己中心的である空想のこの正当化が、歴史的に認められている主人公のなかで完全にうまく行われるには、更に詩人は、国民の判決による認可を、即ち社会的成功を必要とする。この成功は詩人に、彼が正当化に成功したことを実証するのみならず、主人公と作者以外の、この芸術作品によって感動させられたすべての人間もまた芸術的創作のなかに彼ら自身の無意識的な感情の正当化を見出したということ、そしてまたこの喜ばしい満足が詩人に、成功、名声、尊敬、崇拝をもって報いるものであるということをも示すのである。享受する者にも提供する者にも意識されない本来の相互利益はしかし次の点にある。即ち、国民が詩人の行う正当化を認可し、そのようにして詩人をその個人的な無意識的罪悪感から解放する――これと同じ奉仕をまず最初に詩人みずからがその作品を通して国民に行っているのである――ということである。偉大な詩人がその作品を大衆に委ねる際にみせるあの誇りと確信もこのことから説明出来るし、また一方では、素人が自分の書いたものを秘密にしておく際のあの強い羞恥心は、それがもっている反社会的な根源と性格から理解されるものである[7]。

A　カルロス型

妃　このわたくしに、あなたの母親であるこのわたくしに
望みをかけておられるのですか？
カルロス　わたしの父の妻にです。

シラーのターリア

一　カルロス・ドラマの数々

周知の通り『ドン・カルロス』の物語は歴史的に伝承されたものである。尤もそれは、現在この素材の文学的改作によってわれわれが親しく知っているようなかたちにおいてではない。従ってなによりも、カルロスが自分の父親の三番目の妻エリーザベトに恋をしていたということは証明されていないし、更に彼の死が父親の強い希望と命令によるものであったのかどうかも定かではない。確かなのは、ドン・カルロスが多分叛徒たちに対する同情のゆえをもって投獄され、一五六八年獄死したということだけである。歴史上のフィリップ王にも二番目の息子があって、これはフィリップⅢ世として彼の王座を継いでいる。

王子ドン・カルロスの死のいまだ覚めやらぬ印象のもとに、フィリップⅡ世の同時代人ローペ・デ・ヴェーガ（一

五六二―一六三五）が早くも『復讐なき罰』（El castigo sin venganza）というドラマを書いている。この物語の演じられる場所はスペインからイタリアへ移され、また人物たちの名前も、当時まだ生存していたこの王家のひとたちを考慮して変えられている。ちなみに文学史家のなかには、ローペがこのドラマの創作に際してフィリップⅡ世の家族のなかで起きた幾つかの事件を想定していたということを疑問視するものもある。私はこの戯曲の内容を、ローペ・デ・ヴェーガに関するW・V・ヴルツバッハの著書に従って紹介することにする。

フェラーラの君主ルイスは放蕩者であったが、世継ぎを得るため、老齢になってからマントヴァの若い皇女カサンドラを娶る決心をする。彼は庶出の息子であるフェデリーコをこの許嫁の迎えの者として派遣する。旅の途上フェデリーコは、とある河にさしかかったところで、助けを呼ぶ声を聞く。彼はその声のする方へ急ぎ、馬車もろとも転落していたひとりの若い女性を水中から救い出す。たちまちにして彼はこの女性に心を奪われるのだが、やがて、彼女が自分の継母になるひとであることを知らされる。結婚式のあとルイスはその若い妻をかえりみることなく、彼女とはたった一度寝床をともにしたのみであった。カサンドラはこのことをもって、日毎に高まってゆくフェデリーコへの自分の愛を正当化する。そして君主がローマへ赴いての不在の時に、息子と通じることによって彼女は妻としての貞淑を破ることになる。ルイスは一通の匿名の手紙によってこのことをほのめかされる。帰還した彼はある会話を立ち聴きすることで、カサンドラの罪を確信する。彼は妻を覆面させて椅子に縛り付けさせ、この覆面の人間は危険な国賊であるからと言って、自分の息子にこれを殺すよう（救済とは反対）命令する。何か不吉な予感に捉えられた息子は暫らくためらうが、遂にこの命令を実行する。カサンドラを殺した後王子みずからも父親の命により衛兵に殺される。

ここでは、すべての歴史的伝承並びに他の文学的伝承とは異なって、継母と息子の近親相姦が実際に成就されているが、これはローペの自由な感性と、性的なものに対する彼のおおらかさにふさわしい展開であると言える。これと同じ理由から、父親による許嫁横奪という典型的なモチーフがここでは逆転されている。つまり息子の方が父親からその許嫁（母親）を奪おうと試みるのである。また特別に厳しい処罰（防衛の表われ）もこの完全な願望成就と関連している。われわれは、近親相姦が成就されたのちに息子の手によって行われる母親の殺害（ネロ参照）を、防衛の最も高度な表現として神話にもしばしば見出すであろう。しかし、父親の許嫁とは知らずに母親に恋する息子はまた、それが誰であるかを知らないままに彼女を殺す。相手が誰であるのか知らないというこの状況設定は、防衛の表現としてわれわれにはオイディプスによって周知のところであるが、これが有する心理学的な意味についてはあとで言及することになるであろう。これまた大きな意味が与えられるところの新しい願望モチーフとして、父親不在時における恋人たちの結合がある。この不在ということは、死についての子供の想像と完全に一致し、従ってそれは心理学的には父親殺害の幼児的表現、もっと正しく言うならば、自分の妨害をする競争相手が不在であって欲しいという幼児的願望の実現としての父親殺害であると解釈することが出来る（殺人のこの幼児期における根源については第五章で詳論することになる）。ローペの近親相姦的傾向は後で詳しく取り上げる予定である（第一八章）。

ドン・カルロスの死後五十年を経て、彼の同国人であるドン・ディエーゴ・ダ・エウチーソが『王子ドン・カルロス』というドラマの主人公に彼を仕立て上げた（A・シェッファーによるスペイン語からの翻訳、ライプツィッヒ、一八七七年）[8]。イギリスの劇作家トマス・オトウェイ（一六五一―一六八五）も二五歳の時に『スペインの王子ドン・カルロスの悲劇』を書いた（ドイツ語訳は〔知識と楽しみの新しい拡大〕第九巻、一七五七年に収録）。オトウェイもシラーと全く同様、王子の愛を近親相姦的なそれとして、即ちエリーザベトがあたかも彼の実母であるかのように描いている。フィリップは恐ろしく嫉妬深い暴君として登場する[9]。一六八五年にはラシーヌの弟子ジャン・カンピストローンが、『アンドロニス』というタイトルのもとにカルロス劇を書いた。彼は物語をスペインの宮廷からビザンチンのそれへと移している。

コンスタンチノープルの皇帝の息子アンドロニスは父親に許嫁を奪われる。彼は憂鬱と無気力に陥る。その時、圧制のもとに虐げられていたブルガリア人たちが彼に助けを求めてくる。そこで彼は、自分をブルガリアへ派遣してくれるよう申し出る。しかしこのことが父親の不信を招いて、その旅行は禁じられる。息子は逃亡を決意する。王妃イレーヌとの別れの場を父親に不意打ちされた彼は逮捕され殺される。イレーヌは毒殺され、王は孤独のうちに取り残される。

　イタリアの詩人アルフィエーリはその悲劇『フィリッポ』（王フィリップⅡ世）でカルロス素材を扱った。アルフィエーリもまだ純粋な家庭劇の範囲に留まっている。その序文では、このドラマが、フィリップを邪推深くて気性の激しい、残忍な男として、要するにスペインのティベリウスとして描いている伝承に依拠したと述べられている。その序文でこの作者は更に、自分はドン・カルロスに、おおかたの歴史家の記述に従って、フィリップが娶る以前カルロスと婚約していたフィリップの三番目の妻エリーザベトへの愛を想定し、また、カルロスは父親の命令によって殺されたのだと主張する著者たちの考え方に従ってもいるが、しかしすべての歴史上の記述とは異なって、イザベラがカルロスと同時に死ぬよう設定した（一般の見解では、彼女はカルロスの死後数ヶ月生き、病死したことになっている）、と述べている。アルフィエーリの行ったある種のテキストの選択、更には彼が伝承素材に対して試みた拡大や変更が既に、彼の個人的な傾向を明らかに物語っている。既にシラーのドン・カルロスの分析が示した通り、母親に対する息子の愛の防衛が強くなるとともに、父親という障害が大きく前面に出てくる。既にそのタイトルからもわかるように、もともとアルフィエーリのドラマの主人公はフィリップである。父親への憎しみを息子は外部へ投影する。彼は自分が父親から憎まれていると思っている。

「カルロス　そうなのだ、フィリップは周囲の誰よりも私のことを深く憎んでいる。残忍なあの男はもうとっくに私を殺そうと決心していたのだ。」

（ゾイベルト訳、レクラム）

　継母のイザベラはもちろん、この考えが根拠のないことを彼に理解させようと試みるが成功しない。

「あの方があなたを憎んでいるというのは気の迷いです。あなたは怒りで眼がくらんでおいでなのです。
　あの方は決してそんなことのできるおひとではありません。」

しかしカルロスにとって重要なのは、自分自身の憎悪を正当化することだけである。

「……わたしがあの男の前で慄えるのは本当だ。だがわたしはあの男を憎んではいない。」

しかし、親の側からの憎悪によって行われる自分自身の憎悪のこの防衛と正当化の底には、同時に、心的な意味において、彼の近親相姦的な情熱に対する処罰が横たわっているのである。この自己処罰（防衛）傾向が必ず最後に到達するのは、最も厳しい処罰即ち死への欲求である。

「カルロス　さあ、この腕をあなたの鎖につながれるがいい。
　さあ、わたしの胸をあなたの剣の前にさらけ出しましょう。
　なにをためらっておいでです？」

フィリップの腹心ゴメスは、なおもカルロスを救おうと考えているイザベラに次のように言う。

「かなわぬことです！　あの方の荒れ狂うお心に死の宣告をもって恐怖を与えようとしても！　いいえ、わたしにはもうわかって
　おります、
　あの方は死を求めてかたくなになっておられるのです。」

この自己処罰を求める傾向は結局カルロスにおいては自殺に至る。フィリップは、死を宣告したカルロスとイザベラの二人に短剣あるいは毒薬のいずれかを選ばせる。カルロスは短剣をもってみずからを刺し貫く。恐らく多くの自殺の際に働く心の動きのひとつであろうと思われるこのような自己処罰傾向の表現としてわれわれは、オイディプスの眼潰しをも考えねばならない。しかし死はここでは、処罰的性格のみならず、禁じられた願望の成就をも含んでいる。それというのも、相携えての死はここでも、無意識的な空想活動においてほとんど例外なくそうであるように、母親との永遠の一体化の、罪を意識した防衛衝動によって影響されたひとつの象徴的な表現である[10]。

第二幕でカルロスと妃が邂逅し、互いに愛の告白を行うのは、巧みに描かれた躊躇――これは、心的な抵抗の働いていることを示している――の後においてである。しかしフィリップの嫉妬もまた誘導尋問的な暗示によってしか表

現されない。嫉妬を抑圧しようとの試みが昂じて王は、偏執病的な妄想を抱くに至る。即ち、息子が自分を殺そうとして付け狙っているのだという観念に彼は取り憑かれる。全然証拠のかけらほどもないのに、彼は息子を顧問官たちの前で告発するのである。

「失敗を許してやったのにあの男は復讐せんとして、
　音もなくわしの部屋へ忍び込んできた。
右手は父親殺しの刃をもって武装し、
すっと背後からわしに近づいてきた。
あの男は剣をかまえて、今にもそれで
父親の脇腹を突き刺そうとした――
その時思いもかけず彼方から叫び声がした、
御用心を！　王、御用心を！――
かけつけてくれたのはロドリーゴ。
わしのからだを何かがかすめたような
気がしてうしろを振り向いてみた。
足許には剣が一本ころがっているだけ、
そしてわしには、息子が暗闇の中を、
すさまじい勢いで逃げ去るのが見えたのだ。」

息子のこの殺人空想は父親の口から語られても意味深長である。というのは父親の方もまた息子を殺したいと思っており、そしてこの願望の防衛として、息子によって殺されるのだという恐怖が生じるという事態は、神経症心理学の分野では周知の現象である。この妄想の偏執病的な性格をよく表わしているのはここでは、フィリップが聴いたと言っている警告の声である。このモチーフはしかし王にとっては、自分自身の憎悪の防衛に役立つだけではなく、息子に対する憎悪の正当化にも役立っている。つまりカルロスが自分を暗殺しようとしているのであれば、彼に対する憎しみは正当性をもつのである。この妄想が、このような無意識的な動機付けに発していることはやがて明瞭になる。それは、フィリップが息子に対して、自分がそう思い込んでいるにすぎないこの陰謀のことを非難している場面にも認められる。

「カルロス　なんということを！　わたしが父親殺しに？　断じてそのようなことは！　あなた自身そうは思っておられない筈。
　だがその出どころは？　嫌疑、それとも確たる証拠？
フィリップ　嫌疑と証拠だ。
　お前のその陰鬱な憎しみの心がわしにそう確信させたのじゃ。」

しかし、息子への憎しみが父親殺しというこのありもしない妄想を生んだのだというカルロスの言葉は完全に正しい。

「あなたはわたしを憎んでおられる、これはわたしの罪業とも言うべきもの！」

ここではアルフィエーリの実人生から、このオイディプスコンプレックスの幼児期における条件について幾つか指摘しておきたい（ラントアウスの一八世紀イタリア文学史と、ハイゼのアルフィエーリ翻訳の序文による。二巻よりなるこの詩人の自伝は残念ながら入手することが出来なかった）。いずれにしても継母のテーマに対する彼の関心は、彼の父親が五五歳の時（高齢の父親！）ずっと年下のある未亡人（若い母親！）と結婚したという事実から既に容易に説明される。だがこの父親は五年間の結婚生活ののちに既に他界し、この時ヴィットリオはまだ一歳にもなっていなかった。その三年後に彼の母親は早くも同年輩の男性と結婚し、長年にわたって幸福な生活を送った。アルフィエーリはこの継父に関しては一度も不満を表わしたことはなかったと言われている。彼は母親を大変愛していて、その生涯にわたって真心のこもった尊敬の念をもって彼女をいつくしんだ。彼はその悲劇『メローペ』を——これを書くに際して彼はヴォルテールとマッフェイの同名の悲劇をその範として役立てた——母性愛の悲劇として、情愛溢れる献辞を添えて母親に捧げた。メローペの息子エギストが、王座を狙うポリュフォントがメローペにも言い寄るようになった時点でこれを殺すという点に、この作品における近親相姦的感情がよく表われている。このポリュフォントは既に以前エギストの父親と兄弟たちを殺害しているのであるが、彼がその上母親と結婚しようという時になってようやくこの息子は復讐に踏み出すのである。——「母親」、つまり他の男の妻に対するアルフィエーリの特別な愛着は、この詩人が一七七二年、彼二八歳の時中年の既婚女性に恋をしたという事実にも表われている。それはイギリスの王位継承要求者カール・エドゥアード・スチュアートの妻ルイーゼ・アルバニイ伯夫人で、この女性と彼は、途中に暫くの中断はあったが、死に至るまで（一八〇三年）生活を共にした。アルフィエーリの芸術的創作活動についてはそのうち触れることになるだろう。ここでは、多かれ少なかれ近親相姦コンプレックス、なかんずく父親への反抗（暴君殺害）を反映している文学——これについては後で取り上げる——を簡単に挙げるに留めておきたい。シラー同様彼はパッツィの叛乱を書き、暴政に関する二冊の著書（シラーの叛乱・暴動史参照）とメアリ・スチュアートを書いた。更に彼には二つのブルートゥス劇と悲劇『アガメムノン』その他がある。

ドイツの詩人フーケ（一七七七—一八四三）もまたシラーに依拠して悲劇『スペインの王子ドン・カルロス』を書いた。ここでは作者は父親の立場からフィリップの側に立っている。フーケのカルロスは、彼のために決められた婚約者を最初は拒絶し、彼の父親がこの女性との結婚を決意した時初めて彼女を妻に望むようになり、彼女に夢中になる。この稀覯本（ダンツィッヒ、一八二三年）には残念ながら私はお眼にかかることが出来なかった。キュルシュナーのドイツ国民文学版による、フーケの幾つかの作品に付された解説から若干の箇所を挙げるだけにしたい。コッホは次のように書いている。「古いフランスの貴族の家庭に生まれた最初のドイツ女性である〈すぐれて美しく優しい母親〉

が、その息子の詩的な感覚にどれほどの影響を与えたのか、これについてはわれわれの知るところではない。『魔法の指輪』のオットー・フォン・トラウトヴァンゲン、アルヴィンとジントラムなどは、母親に対する特別親密な関係を示しているが、この関係は詩人自身の〈優しいママさんへの情愛溢れる思慕の情〉を推測させてくれるものである。」（詩集Ⅲ、二八〇、『母の肖像』参照）ジントラムと短編『ロザウラとその縁者たち』のために用いられたモチーフ「ある恐ろしい夢」――これを想い出すと、夢から覚めている者たちは何年もの間戦慄に満たされるという――は、彼が少年時代にみずから体験したもののひとつである。コッホはこのことをフーケの自伝（ハレ、一八四〇年）から知ったように思われるが、この自伝も残念ながら私は入手出来なかった。一七八八年の終りに母親が亡くなった時彼が、悲しみと衝撃のあまり重い病気になったという事実[11]もまた彼の固着化を物語っている。彼と二番目の妻カロリーネ・フォン・ブリーストとの関係も特筆に価する。彼女はフーケよりもはるかに年上で、既に彼は少年の頃彼女に夢中になっていた。だが彼女はのちに別の男と結婚した。やがて彼女がついにフーケと結婚した時は、彼の語っているところでは、彼女の夫は亡くなっていたという。しかし他のひとびととの報告では、彼女は離婚したことになっている。それによるとこの離婚は、フーケとの結婚の前に行われたという。このことは例えば、カルロス劇において描かれている彼の幼児的空想の願望成就であると考えることが出来るであろう[12]。

最後になお、モンタルヴァン、ラッセル、ローズ（『カルロスとエリザベス』、一八〇二年）、そしてメルシエによるカルロス劇（この作者は筋を区切りなしの五二の場面をもって展開した）があることを簡単に付け加えておきたい（ミノーアによる）。またG・デーリングの悲劇『ポーザ』もある（フランクフルト、一八二一年）。

フランドルの詩人エーミール・ヴェルハーレンが最近『フィリップⅡ世』を書いているが、ここでは父親対息子の葛藤が前面に出ている。カルロスは父親よりも偉大で強い男になろうとする。父親は犯罪的な怪物人間として、息子は精神病者として描かれる。カルロスは父親を暗殺しようとするが、やがて父親が彼を宗教裁判にかけて処刑させる。

父親と息子との対話のある場面では、怒り狂ったカルロスが剣を手にして激しい勢いで入ってくる。そこでは父親の譲歩で和解がなされるが、しかし自分の恋人に対する父親の裏切りを知らされた時カルロスは再び殺害の意図を抱く。父親は常に性的妨害者として登場する。妃はカルロスに対して母親の態度をもって接する。彼は彼女のことを「恋人、母、姉」と呼び、相手は彼のことを、「わたしが人生に眼覚めさせた子供」と言っている。(13)

二　バイロンの『パリジーナ』(14)

人間の心が最も深いところで揺り動かされるように書くためには、詩人みずからの心が揺り動かされたことがなければならない。あるいはもっといいのは、すでにその状態を乗り超えていることである。

バイロン

バイロンが彼の韻文による『パリジーナ』の物語で扱った素材もカルロス型に属するものである。この作品は一八一五年に書かれているが、それはバイロンが彼の妻との束の間の結婚生活を送った時期に当る。

バイロンはその序文で次のように言っている。「以下の詩は、ギボンの『ブランスウィック家の古器』のなかで語られているある出来事に基づいている。今日の時代にあって読者の繊細な感情あるいは傲慢な心が、このような素材は詩文学の目的にはふさわしくないと考えはしないかとわたしは心配している。ギリシャの劇作家たちや、われわれイギリスの最もすぐれた詩人たちの何人かはそのようには考えなかった。大陸においてはアルフィエーリ、最近ではシラーがそうである。次の要約は、この詩の基礎になっている物語を説明してくれるであろう。アゾーという名前がよりメトリックなものとしてニコラウスの代りに用いられている。ニコラウスⅢ世治下のフェラーラはある家庭悲劇によって震撼させられていた。エステ侯爵は、召使いの証言と彼自身の目撃によって、妻のパリジーナが、フーゴーという、彼と妾の間にできた息子で美しい勇敢な若者と密通しているのを発見する。この二人は、父親でありまた夫である彼の判決に従って城で斬首される。彼は自分の恥辱を公けにし、二人の処刑後も生き続けた。彼らに罪があるとすれば彼は不幸であったし、しかしまた彼らが無実であったとすれば、なおいっそう不幸であった。ここには、父親の側からなされる厳しい正義のこの処置を容認出来るような状況は考えられない。」

この忌まわしい素材をもって同時代人の繊細な感情を傷つけはしまいかというバイロンの危惧が明らかに、彼をしてこのきわどいテーマをこのように穏やかに処理させたのである。フーゴーとパリジーナの恋愛関係を彼はわずか数行で片付けてしまい、その際性的なものにはごく軽くしか触れていないので、——これが彼の意図であったのだが——そこから二人の実際の姦通を推測することはほとんど出来ないほどである。その直後に彼は、近親相姦夢について次のように報告している。

「フーゴーは孤独な寝床の中で、
　淫らな喜びに浸りながら彼女の夢を見る。
　だが彼女の罪深い頭は
　なにも知らない夫の胸に憩わねばならない、
　心をかき乱す夢に
　彼女の頬は熱く赤く燃える。」

逆にバイロンは、二人の関係の露見と、なかんずくこれに対する処罰（防衛）は非常に詳しく描き出している。二人の処罰がこの詩のほとんど全内容をなしている。パリジーナは夢のなかでフーゴーの名前を囁くことで自分の心の内を明かしている。ここでも、息子の防衛と正当化のための父親による許嫁横奪のモチーフが認められる。フーゴーは父親に向かって次のように言う。

「あなたを傷つけたのはたしかです、
だが、眼には眼をです。尊大なあなたが、
たわむれの対象にと選ばれたあの女性は、
長い間このわたしのために定められていたひとだったのです。
ところがあの人にお会いになったあなたは夢中になられた……。」

この詩に表われているバイロンの近親相姦傾向を明らかにする心理学的確証は、よく知られている通り彼の人生から、つまり姉に対するこの詩人の奇妙な関係のなかに見出すことが出来る。しかしその前に、体験と文学との関係についてわれわれが行った原則的な分析を想い出していただきたい。われわれは、詩人の直接的な諸体験が創作に及ぼす影響を過小に評価するつもりは全くない。しかしながら幼児期の体験と印象、そして、これまで考えられることのなかったこれら無意識的な記憶の名残りと感情に比べれば、成人してからの体験はすべてこれら幼児期における感情を覚醒させ再生させるものとしてしか考えられない。文学において描かれた関係とぴったり合致する現実の体験、例えば実際に行われた近親相姦関係[15]を指摘することが出来たとしても、必ずしもそれがこの体験の意味における解釈の正しさを証す唯一の確かな証明であるとは決して言えない。むしろそれどころか、この稀有な巡り合わせは、詩人の人生にはその文学の内容とぴったり一致する出来事が必ず指摘されねばならないのだ、という誤った考え方を作り出すのに好都合となろう。これに対しては、文学において表現されるのは常に、実人生においても歪められたかたちでしか現われることのない抑圧された、既ち無意識となった感情、衝動、空想なのである、ということを再度強く指摘しておきたい。従ってバイロンの場合にも、この詩人の体験の解釈は、母親に対する彼の関係をもその後の経過を辿りながら心理学的に理解するという目的をもって行われなければならないであろう。

バイロンは、父親とその二番目の妻キャサリーン・ゴードン・オヴ・ガイトとの間にできた唯一の子供である。彼はこの結婚生活の三年目に生まれた（一七八八年）。最初の結婚で父親はオーガスタという一人娘を得ていた。そのエキセントリックな傾向と無思慮な浪費癖のため「気まぐれジャック」という名で広く知られていたこの父親は、バイロンの生後三年にして（一七九一年）亡くなっている。そこで母親は彼を連れてスコットランドのアバーディーンに移り住んだ。一方オーガスタはホウルダネスの伯爵未亡人であった彼女の祖母の許で教育された。父親は家族を非常な窮乏状態のなかに残したまま死んだので、母親は息子の教育をみずからの手で引き受けなければならなかった。一〇歳の時まで彼はいつも母親と一緒であった。それから彼はハーローの高校へ入学した。母親の方はノッティンガムに移ったが、バイロンは特に休暇になるとその地になお彼女をしばしば訪れていた。彼が深く愛していた異母姉オーガスタに宛てた一通の手紙はハーロー滞在最後の年（一八〇四年）に書かれている。その内容は次のようなものである。

「君はまもなくぼくの母に手紙を書くと言っていますね。ところでオーガスタ、いいかい、ぼくは君に秘密をひとつ話さねばなりません。ぼくは君の眼にはひょっとすると不心得な息子に映るかもしれません。でもどうかぼくのことを信じてください。君に対するぼくの愛はもっとしっかりした土台の上に立っています。このところ母はぼくにとてもヒステリックな振舞いをするので、ぼくは息子としての愛を覚えないばかりか、嫌悪の情を抑えるのがやっとというところです……母の言動はとても激しく、とても性急で、ぼくは、たいていの子供が休暇の終りを怖れる以上に休暇の近付くのがこわいのです。以前の母はぼくを甘やかせていましたが、今ではそれがすっかり反対になってしまいました。どんな些細なことについても母はぼくを非常に口汚く叱責するのです。」（バイロンの日記及び書簡集、エンゲル編纂）一週間後に再び彼は姉に書いている。「母は自分の人間的な魅力について自惚れた考えをもっています。彼女は自分の年齢をたっぷり六歳もサバを読んで、ぼくが生まれた時自分はまだ十八歳であったと言っています。でも君も知っていますね、いとしいひとよ、ぼくの父と結婚した時母がもう成年をすぎていて、ぼくが生まれたのはその後三年も経ってからだったということを……しかし今度は、ぼく同様君をも驚かせるに違いないことを話さなければなりません。母がぼくのことを非難するたびに思うのですが、そのやり方ときたら全くのところ尊敬の念を引き起こすようなものでも、また良い印象を与えるようなものでもありません……彼女は本当に躁狂発作を起こし、ぼくのことをまるで世界一反抗的なならず者のように罵倒するのです。死んだ父の悪口を言ってこれを冒瀆し、ぼくを正真正銘の〈バイロン〉と呼びます。これは彼女の考え出し得る最もひどい罵りの言葉です。こんな女性をもぼくは母と呼ばねばならないのでしょうか?……」

彼の手紙のさまざまな別の箇所にもなお、母親に対する顕著な反感が表われている。この反感を解明するためには、既に強調したフロイトの神経症心理学から得られた経験的事実を想起しなければならない。即ち、ある人物に対するかつての好意がなんらかの理由で抑圧を受けると、その好意はこの人物に対する憎しみないしは反感として現われる。特に拒絶された愛は——フェードラ・テーマにおいてわれわれはその確証を得ることになるだろうが——このような憎しみに容易に変化する。今やわれわれはこのようなケースをバイロンにおいて認めるのである。彼の手紙にあったように、母親は最初彼を甘やかすのだが、その時には恐らく彼も母親に対して反感を覚えることはなかったであろう。少年が成長するにつれてもちろん、母親の彼に対する関係は無垢の性格を失ってゆくのであるから、息子に対する自分の情愛の欲求を抑えねばならなくなる。子供を甘やかすということが既に母親の神経症的な性格を示しているとすれば、この推測は次の事態によって更にその正しさが実証される。即ち、彼女は自分の情愛の欲求をスムーズに抑えられないで、神経症者に特有の性格をもって——バイロンが書いていたように——この抑制を反対のものに変えてしまうのである。幼児期における息子の近親相姦的傾向は、通常の場合にあっても、彼の成長とともに抑圧を受けるのであるが、このプロセスがバイロンの場合には、最初に示された母親の拒絶的な態度によって好ましくないかたちで支えられ促進されたのである。従って母親がのちになって示す反感は、少年に対する彼女のヒステリックな立場に、また息子の反感は、母親によっていわば拒絶された彼の愛にそれぞれ原因が求められるであろう。母親に対する息子の嫉妬心は、彼がそう思い込んでいるところの母親の恋人（「父親」）への憎しみのなかにも表われる。[16]

既に述べた義理の姉宛の手紙（一八〇四年十一月十一日付）には、このことに関して次のような文章がみられる。「母の言動はおそろしく激しく、またあの嫌らしいロード・Gとぼくが和解するようにとの彼女の願いと命令はぼくにはひどく苦痛で、彼女が恋しているのは彼のロードの称号なのではないかと思わざるを得ないほどです。しかしぼくは確信していますが、彼の方ではこれに応えるだけの愛情を覚えてはいません。この男にとって彼女は他の何かよりはむしろ不快な存在なのです。少なくともぼくの判断し得る限りではそうです。」（『ロード・バイロンの手紙』、ヤルノー・イエッセン訳、レクラム、四八七二―七四番）

母親が年齢を若く偽るというモチーフは、これを継母問題の主要テーマとして解釈するわれわれには既になじみのものである。そしてわれわれは、父親によって息子から奪われたフーゴーの若い継母パリジーナがバイロンの心を惹きつけたことの理由をも、バイロンのこの個人的な経験のなかに求めなければならないかもしれない。他の男（父親）の妻である母親が幼い頃に自分から去って行ったことに対して、成人後のバイロンは、R・ワーグナー同様[17]、ドン・ファンとなって他の男たちからその妻を奪うことで復讐するのである。多くの求婚者のいたある女性との不幸な結婚生活ののち彼はイタリアへ逃亡し、そこで多くの情事をもつことになるが、しかしその相手は大部分が――彼の言葉を借りれば、この国のしきたりに合わせて――既婚女性であった。例えばそれは、彼が投宿していた家の主人の若妻マリアンナであり、パン屋のおかみマルガリータであり、またグゥイッチオーリ伯夫人であった。彼はこの伯爵夫人と、彼女が六〇歳の伯爵と結婚式を挙げた三日後に知り合い、そしてこの老人との激しい争いを経て最後にこれを奪い取ったのである。

母親からの（母親への愛からの）逃亡が、生涯彼を支配し続けた旅への衝動の根幹のひとつであることは間違いない。既に一八〇六年、つまり一八歳の時の休暇に彼は――まずは小さな規模のものではあったが――母親の許を逃れてサウスウェルからロンドンまで旅をしている。それは、「ちょうど彼女と息子の間に危険を孕んだ争いが生じたためであった。」（イエッセン、二四頁、注釈）三年後に早くも彼は例の大旅行に船出しているが、この旅で彼はジブラルタル、マルタ島、コンスタンチノープル、アテネなどを巡り、二年間故郷を留守にすることになる。出発に際して彼は母親には別れを告げないで、特に彼女に宛てて次のような手紙を書いている。「全世界がぼくの前に広がっています。イギリスを後にするに当ってぼくはなんら悔いるところはなく、また、この国のなかに何かあるものを再び訪ねたいという希望ももってはいません――あなた自身とあなたが今おられる場所を除いては。」（一八〇九年六月二十二日付）一八一一年七月の初めポーツマスに上陸した彼は、母親が病気になった旨の報せを受け取り、直ちにニューステッドへ向かった。彼が到着する少し前に彼女は突然の死に襲われた。まるで彼女がもう二度と息子には会いたくないと思っていたのではないかという、ほとんどそのような印象をさえ受ける。イエッセンによれば（六四頁注釈）、「バイロンの母親は息子の長い旅行の間既に、自分は再びもう息子に会うことはないであろうという迷信じみた発作にしばしば襲われていた」のである。母親に対する詩人自身の反感がいかに反作用的なものであり、彼女に対する裏切られた愛がいかに隠蔽的なものであったかは、彼の紛れもない敵愾心にもかかわらず、母親の死に直面した時に彼が示した優しい調子がよく物語っている。彼は次のように書いている（一八一一年八月二日、ピゴット宛）。「わたしは今、われわれは唯一人の母親しかもつことが出来ないのだという全き真理を感じています。[18]」

母親へのこの不幸な愛という観点に立ってみるならば、『パリジーナ』の文学的な空想形成のみならず、バイロンの不幸な結婚生活をも理解することが出来る。この結婚は母親との関係の繰り返しにすぎないのである。初め彼は妻を愛していた。だがたちまちにして妻に反感を覚え、決裂は避けられないものとなる。[19] そして彼は母親の時と全く同様に妻の許を逃れて外国へ赴き、二度とその故郷の――母国（Mutterland）のと言いたいところであるが――土を踏むことはなかったのである。

バイロンは、のちの神経症的な病気の源は幼児期にあるということをおぼろげながら自分で知っていたように思われる。遺稿の日記には次のような箇所がある。

「わたしの情熱は早い少年期に生まれた。それは極めて早い時期なので、その時点や詳しい状況をわたしが語ろうとしても、誰もそれを信用してくれないであろう。これが、わたしの思考における早い時期からの憂鬱をもたらした原因のひとつであるのかもしれない。まさにわたしはあまりに早く生きることを開始したのである。」

既にハーロー時代から彼は、「気儘で、放逸な生活」を送っていた（父親との同一化）。彼の結婚生活の不和には疑いもなく神経症的な特徴がみられる。また故郷における一切の煩わしさからの逃亡、旅行に対する過度な情熱が精神病的な土壌の上に育ったものであることは明瞭である。やがて最後にはある発作――これはヒステリー症のものであるように思われる――が起きて、これがバイロンをその最晩年、死の直前二ヶ月の間ミソロンギにおいて苦しめることになる。彼は日記に次のように書きしるしている。

「二月十五日激しい痙攣の発作に襲われる。それが癲癇なのか、麻痺症なのか、あるいは脳溢血なのか、わたしの診察に当っている二人の医師にもまだはっきりしないままだ。大変な苦痛であった……わたしは口をきくことが出来ず、顔が歪んだ。しかし言われたような口泡は出なかった……発作は十分続き、そしてリンゴ酒を冷たい水で割って……飲んだあとすぐにまたやってきた。自分の家系にこのような発作が遺伝的にあるということは全く聞いていない（19a）。ただ母がヒステリー症であったことは確かだ。」

三　許嫁横奪と許嫁譲渡のモチーフ

更にカルロス型に属するものには――フェードラ物語のいわば極端な反対例として――ラシーヌの『ミトリダート』（一六七三年）があるが、これは同時に、この作者の近親相姦的衝動を示す新しい証拠でもある。

クシファレスとファルナスはミトリダートの腹違いの息子であるが、この二人が彼らの父親の婚約者モニームを愛する。父親を怖れて二人は自分たちの情熱を打ち明けることを憚るが、やがて父親が死んだという突然の報せ（息子たちの無意識的な願望）が彼らをこれまでよりは大胆にする。

「クシファレス　わたしはあのひとを愛しているのだ。もはやこれ以上黙ってはいないぞ。恋仇は兄しかいないのだから。」

しかしクシファレスは彼の優先権を、われわれには既におなじみの、父親による許嫁横奪をもって根拠付ける。

「わたしがあの人への純な恋に燃えあがったとき、
　父上はモニームという名前さえまだ
　ごぞんじなかったのだ……」

　このかつての横奪に対して今や息子が、今度は父親からその婚約者（母親）を奪うことによって復讐しようとするのである。しかしモニームの方でも未来の継子クシファレスを愛している。但し彼女はその愛を彼に告白してはいない。

　だがやがて父親の死が誤報であることが判明する。これはわれわれがフェードラにおいても見出すことになるひとつの手法である。自分を裏切っているのはファルナスだけだと信じているミトリダート[20]が、クシファレスをモニームの監視役として残した時、彼女は彼に――フェードラのように――愛をすべて告白する。しかしそれからの彼女は彼を避けるようになる。ミトリダートは、「遠征者が決して帰ることの出来ない」国から予期に反して帰還することとなり、息子たちへの猜疑心を募らせる。この二人が命令に背いてまだモニームのところにいるのに彼は出くわす。嫉妬の混じった父親の憎しみが彼の心に動き出す。

「わしはいつに変らぬ恋の炎に胸を焦がしている、
　この心はいくさを求める血潮をかてとし、
　長の年月の重荷と逆境に押しひしがれながらも、
　モニームの恋の鎖をどこへでも引きずって歩いている。
　そして、ここにとどまっている二人の恩知らずの息子たちを、
　いかなる敵にもまして、燃えるがごとき怒りをもって憎んでいるのだ。」

ある策を弄したミトリダートはモニームから、クシファレスに対する彼女の愛の秘密を聞き出すことに成功する。その欺瞞に気付いた彼女は王の求婚を拒み、継子への情熱を隠さず告白する。その反面兄ファルナスの求愛は彼女の心を重くする。そして彼女は父親・兄弟殺しの怖れをはっきり口に出す。

「ファルナス殿下がお二人の血潮を満身に浴び、

ローマ軍を引きつれて、父親と兄弟を殺した残忍な喜びを眼にたたえ、このわたしの眼の前に姿を現わすまで待てというのか?」

しかしまもなく死に見舞われるミトリダートは、いまわの際に息子クシファレスとおのれの婚約者モニームを結び付ける。

死の直前にではあるが父親が息子に許嫁（母親）を譲り渡すことによって、ここでは息子の願望成就が極めて完全に表現される。モニームはクシファレスの実の母親ではなく、また継母ですらもないのである。彼女はまだ父親の妻ではなく、その婚約者であるにすぎなかった。この緩和はしかし、母親（許嫁、父親の婚約者）の愛を父親の死をもって獲得する願望成就のための前提条件である。但しこれはオイディプスにみられるような父親殺しによってではなく、息子が望みはしたもののしかし彼が手を下したのではない自然死によってもっと穏やかに行われる。

のちに緩和を伴わない許嫁譲渡のモチーフは、シリアの王アンティオクスを扱ったアッピアンの小説にみられる。この王はセレウコスの息子で、父親の妻ストラトニスに恋をする。苦悩を内に秘め、ぎりぎりの限界まで追い詰められた彼は心痛のため病に倒れる。だが苦痛は感じない。間もなく医師エリシストラトスが策を弄して彼の愛の秘密を聞き出すことに成功し、息子に自分の妻を譲り与えるようその父親を説得する。プルタルコスも伝えている、若い継母ストラトニスへのアンティオクスのこの愛の物語をバンデッロは更に詳しく描き出し、一五六六年ペインターがこれを英訳した。ペトラルカもまたこの物語を『愛の勝利』（Trionfo d'Amore）で語っている。J・メックは、これは歴史的な事実ではなく、本来若者の継母に対する恋慕と、真実の告白を準備する策略を内容とした小説素材であると言っている。父親の自発的な譲渡による「治癒」はのちの創作であると彼は言っているが、このことはわれわれの心理学的な解釈の意味において重要であろう。

同じモチーフのこれと似たような描写がコルネーユの『ロドギュンヌ』にみられる。デメトリュスの死後――これは作者独自の創作であるが――その二人の息子が、父親と結婚することになっていたロドギュンヌに恋をする。この女性を巡る争いに詩人は、権力の座を巡る争いを対置している。二人の母親であるクレオパトラは、二人のうちで彼女の恋仇ロドギュンヌを殺した方にこの権力を与えようと約束する。だがこの企みを知ったロドギュンヌは、兄弟のうちでその母親を暗殺した方に身を任せると約束する。

父親の未来の妻を巡って相争う兄弟が、最後は母親を巡って戦うという状況をこれ以上明瞭に描くことはほとんど不可能である。息子への許嫁譲渡のこの近親相姦空想が、伝承されたこの素材の緩和にいかに作用しているかを、ロドギュンヌの年齢についてレッシングが行った批評がよく示している。

「もちろんコルネーユは歴史的事実を随意に取り扱って構わなかったのだ。例えばロドギュンヌの年齢を自分の好きなように若く想定してもいい。そして、ヴォルテールがここでもまた歴史を引き合いに出して、ロドギュンヌがそんなに若かったとは考えられないと検算したりしているのは極めて不当である。彼女がデメトリュスと結婚したのは、現在少なくとも二〇歳でなければならない二人の王子がまだ少年の頃であった、と彼は言うのである。しかしそれがこの詩人になんの関係があろうか。コルネーユのロドギュンヌはデメトリュスと全然結婚しなかったのである。彼女は、父親が結婚の相手に選んだ時非常に若かった。そして息子たちが彼女に恋をした時、そんなにおばあさんではなかったのだ。ヴォルテールの歴史検閲は全く我慢がならない。彼はそんなことはしないで、むしろ彼の一般世界史のデータでも立証していればよいのだ！」（『ハンブルク演劇論』、第二九号より三一号まで）

息子への許嫁譲渡というこのモチーフは、心理学的にみれば、父親による許嫁横奪のモチーフと完全に対《つい》をなすものである。後者のモチーフは、本来息子のために定められていた、また内的にも彼のものである母親――彼女は息子の許嫁として、継母として若く描かれる――を父親が奪ったのだという典型的な少年空想に照応する。このような空想が成人後に実現されるひとつのタイプをヘロドトスは、その『歴史』第九巻のクセルクセスに関する箇所で報告している。このクセルクセスは彼の兄弟マイステスの妻に恋をするのだが、彼女にはその意志がない。兄弟の妻を暴力で屈服させることも憚られた彼は、ある奇妙な方策を考えつく。

「彼は自分の息子ダレイオスを、この女性とマイステスとの間にできた娘と結婚させたが、それは、このことによってそれだけ早く彼女を自分のものに出来るかもしれないとの希望を抱いたからであった……そしてダレイオス（自分の息子）の妻を自分の家へ入れ、そうすることでマイステスの妻に見切りをつけた。というのも彼は自分の愛の対象を変え、マイステスの娘であるダレイオスの妻に夢中になり、これを獲得したのである。」だが事の真相に気付いた彼の妻アメストゥリスは、この事件全体の首謀者はマイステスの妻であると考えてその体を残酷なやり方で切断した。これに怒った弟マイステスがバクトリア人たちを味方としてクセルクセスに戦いを挑んで出陣しようとするが、その直前、この兄の命令によって息子たちもろとも暗殺される。

息子への許嫁譲渡は、父親による許嫁横奪の空想のための積極的な願望成就、そしていわばお返しである。[21] シェイクスピアの同時代人として、また直接の後継者としてほとんど完全に彼の影響下にあるエリザベス朝時代の劇作家たちにおいては、両親コンプレックスに起因するところのこの許嫁横奪ならびに譲渡のモチーフ――これは『ハムレット』においてその最高度の、芸術的な、しかし同時に最も神経症的な表現を見出したのであるが――は感傷的な効果をもつドラマ的小道具として存分に利用されている。[22]

ハムレットの余韻が他より強く残っている作品としては、ジョーン・マーストンの『アントニオの復讐』(Antonio's Revenge) だけを挙げておきたい。ここでは、父親の殺害者で母親の二番目の夫となった男に対する息子の復讐が主要動機となっている。キッドの『スペインの悲劇』(Spanish Tragedy) の主要モチーフがこれと結び付いているが、このドラマは、息子を殺した男たちに対する父親の復讐の物語である。更にシリル・ターナーの『復讐者の悲劇』(The Revenger's Tragedy) があるが、ここでは私生児のスピュリオが領主である自分の父親とその正統の息子を憎み、父親の妻と情を通じる。これはまた『リア王』におけるグロースターとその息子たちの運命をも想起させる。

許嫁横奪のモチーフはボーモントとフレッチャーの『ムッシュー・トーマス』においてみられる。富裕ではあるがもはや若いとは言えないヴァレンティンが長旅からロンドンへ戻ってくる。彼は旅の途中で知り合い、心から好意を抱いている若いフランシスコを伴っていた。ヴァレンティンは、彼が後見しているセリッドという女性と婚約しており[23]、彼女の方も年齢差が大きいにもかかわらず喜んで彼の妻になるつもりでいる。この美しい少女に、異国から連れてこられた若者が恋をする。恩人の幸福を壊さないよう彼は自分の気持を用心深く隠すのだが、彼の心の苦しみは大きく、とうとう病に倒れて危険な状態となる。客観的な立場にあるひとりの友人が彼の悩みの原因を突き止め、これをヴァレンティンに知らせる。こちらは、自分より若い男のために結婚を断念する。しかし彼のこの犠牲は、フランシスコが実は、死んだと思っていた息子であることが判明することによって報いられる（同書、九六頁）。更にジョーン・マーストンの『小鹿』（The Fawn）にもこのモチーフが見出される。フェラーラ公の息子ティペリオは、父親のため公女ドゥルチメールに求婚すべくウルビーノ公の宮廷へ派遣される。ところが彼女は父親よりは息子の方に好意を抱き、ボッカチオに倣って自分の父親を取り持ち役として利用する。変装姿で息子のあとをつけてウルビーノへやって来ていたフェラーラ公は最後に二人の結婚を認める（同書、二一七頁）。

父親のために求婚者の役を務め、彼の妻となるその女性を自分自身のものにするというこの息子のモチーフは、近親相姦空想の典型的な産物である。これをわれわれは既にローペのカルロス劇のなかに見出したし、またエルマンリッヒ・スワンヒルド伝説において再びこれと出会うことになるだろう（第五章）。このモチーフは、近親相姦コンプレックスからは一見完全に解放されているように思われるが、しかしまだそれとの関係を示すひとつの表現を、コンバブスの物語のなかに見出している。ルキアノスの手になるこの物語では美しいコンバブスが、彼の仕える王の奥方との密通のかどで告発され、死刑の判決を受ける。しかし彼は最後の瞬間に自分の無実を証明してひとびとを説得する。それというのも彼は、若い王妃ストラトニケの旅に随伴する騎士に任命された時みずから去勢していたのである。[24]のちに生じるであろう自分への嫌疑を早々と想定しているこの許嫁仲立人の異常なまでの慎重さを、このかたちにおける一番古いモチーフであると考えることは出来ない。コンバブスと王の間に血縁関係がないということも同様である。なぜならわれわれは、これ以上いたるところで、息子（あるいは継子ないしは甥）が許嫁仲立人として、また許嫁横奪者として父親に対置されたかたちで登場するのをみるからである。ルキアノスのこの話の出典を私は知らないのだが、しかしストラトニケというこの愛の対象となる女性の名前は、プルタルコスによって伝えられているところの、若き継母ストラトニケに対するアンティオクスの恋の物語を示しているように思われる。尤も、こちらの場合には父親が息子に妻を譲ることになっている。しかしながら、そもそも息子への許嫁譲渡というモチーフは、息子の抱く根源的な許嫁横奪空想の感傷的な変形にすぎないように思われる。この空想は——ここでわれわれは去勢コンプレックスに関する箇所（第九章）を先取りすることになるのだが——禁じられた性行為を犯したため息子に対してなされる去勢をもって罰せられるのである。

トリスタン伝説の基礎にもなっている甥による代理求婚のモチーフは——彼は彼の保護に身を委ねた女性を自分のものにする——マッシンジャーの戯曲『フローレンス太公』（The great duke of Florence）にもみられる。この作品は『悪漢を見破るこつ』（A Knacke to knowe a knave）というもっと古いある民族的なドラマに依拠しており、そのロマンティックな筋はエドガー伝説の素朴な劇化であることを示している。名君エドガーは甥のエーテンウァルドを彼の代理求婚者としてアルフリーダの許へ派遣する。ところが彼女の美しさがこの王の使者を虜にする。即座に決意したエーテンウァルドはみずからアルフリーダと結婚し、王には、彼女は王にはふさわしくない女性であったと報告する。しかし間もなくエドガーは事の真相を知り、そしてこの二人を許す。

エルマンリッヒ伝説が示しているように、この緩和傾向をもったモチーフ形成も本来は父親と息子の関係を基礎としているが、そのことの余韻が、マッシンジャーのドラマで甥のジョバンニがこの太公の世継ぎであることにもなお認められる。のちに修正されてわれわれに伝えられたトリスタン伝説は、「英雄誕生の神話」と近親相姦的家庭劇の名残りを留めており、それは、宮廷に仕えていたトリスタンが自分の甥であることを初めは叔父が知らないで、やがて彼をイゾルデを迎えるための使者として派遣することに、また花嫁すり換えというモチーフに表われている（このモチーフと近親相姦コンプレックスとの関係については第一二章で扱われることになる）。つまりマルケとの婚礼の夜、既にトリスタンに身を捧げているイゾルデの代りをその忠実な侍女ブランケーネが務めるのである(25)。息子への感傷的な許嫁譲渡に終るところの、既に父親による許嫁横奪のモチーフを想い起こさせるひとつの表現を、息子のこの典型的な空想（許嫁譲渡）はジョージ・チャプマンの『ジェントルマン・アシャー』のなかに見出した。

アルフォンソ公爵はラッソー伯の娘マルガレータに求婚するが断わられる。この若い娘は彼の息子ヴィンセンツィオ王子を愛している。老いた公に猜疑の心が芽生え、それが、王子を憎む下劣な寵臣メディーチェに煽られて膨らんでゆく。恋人たちは不意を襲われ、ヴィンセンツィオはメディーツェによって重傷を負わされる。恋人が死んだという誤報に接したマルガレータは絶望し、みずからの顔を醜怪なかたちに変えてしまう。しかしこの二人は医者にかかって回復し、後悔した老公はこの恋人たちを結婚させる。チャプマンは喜劇『ジェントルマン・アシャー』の基本モチーフを、ある古い戯曲から想いついたと考えられる。それは一六〇〇年に出版され、最近ではペールの書いたものとされている『ドクター・ドディポールの知恵』（The Wisdome of Doctor Dodypoll）というドラマである。サクソニー公アルフォンソは若いヒアンテを愛しているが、彼女の方はその息子アルバーデューンと相思相愛の仲である。この古い戯曲においても最後は若い恋が勝利し、父親は息子のために身を退く。

息子から許嫁あるいは恋人（母親、継母）を奪うという、父親による許嫁横奪の空想は同様に近親相姦コンプレックスにとって典型的なものであるが、この空想がジョーン・フォード作『恋人の憂鬱』（The lover's melancholy）の前史においてみられる。ここでは美しいエロクレアが、恋人の父親である老領主に言い寄られて故郷を逃げ出す破目になる。若殿のパラドールは憂鬱になる。エロクレスが男姿に身をやつして彼の宮廷にやって来る。そこでさまざまな錯綜を経たのち、最後にはすべてが解決される。ボーモントとフレッチャーの『ユーモラスな中尉』（The humorous Lieutenant）では王セレウクスの娘セリアが、素姓を知られないままに捕虜となり、王子デメトリウスの心を捉える。しかし王子の父親がこの美しい少女を自分のものにしようとする。初め彼は恋人として彼女を望むが、遂には彼女に王座をさえ提供することになる。同じ作者たちによる『キューピッドの復讐』（Cupid's Revenge）には、シドニーの『アルカディア』からの物語が織り込まれている。イベリア王の息子は浮気なある市井の娘とねんごろになるが、二人でいるところを父親に不意打ちされる。この娘を弁護するため彼は彼女の純粋さと貞節とを巧みな言葉で誓言するので、老王みずから、この類稀なる女性を自分のものにしたいという気になり、とうとう王妃にまでする。この淫らな女は継子との許されぬ関係を続けようとするが、彼はこれを拒絶する。そこで彼女はあの手この手の中傷や奸計を用いて彼に執拗に迫る。遂に彼は生命の危機から逃れるためこの女の許から逃げ出すことになる。

われわれは、本来空想形成から大きく逸脱しているこの衣裳着けのなかに、父親による許嫁横奪のモチーフ(26)が継母と息子との禁じられた恋——ここではこの関係が父親との結婚以前の時点に設定されている——と結び付いているのを見出すのであるが、作者不詳の『高価な娼婦』（The Costlie whore）という劇においては、この方向での更に進んだモチーフの結合と錯綜がみられる。

サクソニー公は、彼の息子が路上で発見したある女性の手袋に心を奪われる。王子フレデリックはその所有者が娼婦ヴァレンシアであることを突き止める。公は息子の反対を無視して女と結婚する。王子は父親に武器を突き付けて、ヴァレンシアを監禁することに成功する。跪いて哀願する父親の願いを容れて彼は、再びこの女を自由にしてやるが、今度は彼の方が逮捕される。公は死刑判決書に署名し、この書類の取り扱いを妻の裁量に委ねる。ヴァレンシアはこの捕われの息子の生命を助けるのに、彼の愛をその交換条件として求める。フレデリックは彼女を罵倒してこれを拒ける。そこで彼女は彼に毒をあおらせて、その屍体を公の面前へ引き出す。公の心には今になって初めて父親としての愛が眼覚める。怒りと嫌悪のうちに彼はヴァレンシアから離れる。その時、眠り薬によって意識を失っていただけのフレデリックが起き上がる。そして公は彼に王座を譲る。――この出典としてケッペルはグリーンの短編『サターンの悲劇』（Saturnes Tragedy, 1885）を挙げている。グリーンはイーリアンの、単純で短いある報告を小説化したのである。それはプサメティッヒ王の物語であり、娼婦ロドペの靴が一羽の鷲によって彼のところへ運ばれてくる。彼はこの女性を国中に捜させ、これを自分の妻とする。グリーンの小説では、プサメティッヒの息子フィラルケスが、亡き母親のあとに娼婦を迎え入れることに屈辱を感じるという設定になっている。彼は王に結婚を思い留まるよう説得しようとするが聞き入れられない。ところが王妃となったロドペは継子に恋慕し、フィラルケスもその誘惑に屈する。老王がその現場を発見し、罪を犯したこの両人を殺す。

この例によって、伝承されたひとつの素材を取り扱うさまざまな改作者たちが近親相姦モチーフをどのように形成し、またどのようにこれを再び緩和しているのかを明瞭に追ってゆくことが出来る。物語の最初の意味を既にほとんど知らないイーリアンにおいては近親相姦的なモチーフは完全に欠如しているが、グリーンにあっては息子に対する継母の愛が悲劇的な結末を伴って描かれている。一方この小説から派生したドラマには、最終的には感傷的なものへと歪められてはいるが、フェードラ型がしっかりと結び付いている。父親の妻を娼婦として描くというやり方は、われわれが知っているように、両親の性的交渉について知識を得た少年の性愛的な思春期空想に照応するものである。

B　フェードラ型——原典改作の心理学のために

継母に対する息子の情熱的な愛をテーマとするカルロス型に対して、これとは逆の関係、つまり拒絶的な態度を示す息子への継母の情熱を描いたものをわれわれはフェードラ型と名付けた。これは、カルロス物語同様しばしば取り上げられ、このグループを強く性格付けているフェードラ寓話に従ったものである。この素材に対するわれわれの関心は、周知の通りシラーがラシーヌの『フェードル』をドイツ語によって改作したという事実によっていっそう高まる。アブノーマルで過大観念化した精神的発露のすべてがもつ二重側面的かつ分裂的な性格を考えるならば、『ドン・カルロス』の作者が、その近親相姦的情熱の失敗に終った願望成就の防衛表現に対して、——彼の原始的なオイディプスコンプレックスを克服し、部分的な価値転換を行ったあとで——その創造活動の頂点において、フェードルにみられるポジティブな補充を対置した、ということはなんら不思議とは思われない。これに対して、これはシラーのオリジナルな創作ではない、つまり個人的な精神生活のある種の特徴を示すものではなく、要するに単なる翻訳でしかないのではないかという異論が出るかもしれないが、それには、既に述べた通り、既存の神話的ないし歴史的素材の選択といえども決して恣意的なものではなく、これを取り扱う詩人の精神的立場から厳しい必然性のもとに行われるものであるという指摘をもって答えることが出来る。ところでわれわれは、シラーの近親相姦的情熱を他の特徴のなかから実証してきたのであるから、このフェードルの翻訳もやはり詩人の偶然的な気分、あるいは純粋に文学的なモチーフから生まれた気分としてではなく、既にわれわれの知っている彼の空想生活の表現として考えて差し支えないであろう。この巡り合わせは従って、素材に対する詩人の関心が心的にどのようにして決定されるかを示す重要な要素としてわれわれには特に価値あるものとなるであろう。この決定は実際また同じようなやり方で、創造には全く関与しない観客にも関連するのである。それゆえわれわれは、翻訳や改作を心理学的な意味において原作と同価値のものとみなさなければならない、即ち、詩人のオリジナルな作品と同じような心的決定をこれら翻訳改作の前提としなければならない。そこにあるのは動的な相違でしかなく、この相違はその最も極端な例、つまり享受する側の観客と芸術家との関係によって最もよく示すことが出来る。芸術作品に接して満足を覚える享受者、即ち作品が「気に入った」人間においては、芸術家を創作へと駆り立てたと同じ心的衝動が、芸術家における場合と似たような満足を経験する。ただ両者の相違は、これらの衝動の表現を可能にしてくれる精神的な作業を芸術家は自分自身のために行わなければならないのに対して、芸術作品を享受する方の人間は――ちなみに彼らにおいてはこれらの衝動に対してより強い（よりノーマルな）抑制が働く――この精神的労働の成果を自分のために芸術家から供給してもらうという点だけである。[27] ところでしかし芸術家にあっても、ある種の感情衝動の自然な発現を妨げる強力な抵抗が生じるという場合も時にはみられる。それは、創造に携わらない観客における場合とよく似ていて、観客もまたその抑制を解き放ち、抑圧された感情を完全燃焼させるための最初の外的なきっかけ、つまり提供された芸術作品を必要とするのである。従ってわれわれは、自由に創作し、みずから創意を凝らす詩人から、創造に関与しない観客に至るまで、同じ無意識的な衝動と、芸術作品におけるその衝動の解放とを結ぶ一本の鎖――これは改作者や翻訳者の頭上を越えて伸びるものである――を想定しなければならない。芸術作品の作用は、われわれが創造的な詩人においてその創作の原動力として明らかにすることが出来たのと同じ無意識的な、但しより強力に抑圧された衝動に基づいており、このことは、作品の熱狂的な受容と承認が既にわれわれに示してくれる。抑圧された幼児衝動のこの充足は次に、他人を充足させる判断をも誘発する。つまり美的な快感はその際、もっと深いところに根ざしている快感の誘発を可能にすることによって、前段階的快感（Vorlust）としてのみ作用する。かくして心理学的な意味においては、享受する人間と芸術家の関係は文学上の翻訳者（改作者）とその原作者との関係に完全に照合する。ある種の感情を放出し、それらを文学的に形成したいという欲求をもった詩人が、強力な内面の抵抗に出会って歴史上の人物と同化することさえ出来なくなった場合、彼は自分以外の詩人と同化することでその詩人の同じような感情の表現を改作によって「習得」しようとするであろう。詩人にそれが可能なのは、創造活動を行わない観客とは反対に、彼においてはわずかなきっかけがありさえすれば、観客よりは不安定な状態にある彼の感情を動かすことが出来るからである。従ってこの改作的創作は、自分自身の創作の不可能な状態（あまりにも強い内面の抵抗のため）と、単なる享受によっては自分を解放することの出来ない芸術家のより強力な反作用との中間、いわば妥協物である。詩人は作品を自分自身の言葉（最も広い意味において）をもって改作し、それを内面的にも体験する。しかしながら、彼の内面の抵抗を克服するために必要とされる精神的作業はその原作者が彼のために行ってくれているので、今や彼は原作者と同化しさえすればよいのである。言語上、形式上の関心つまり翻訳の喜びはここでもまた、仕事へと鼓舞してくれる前快感でしかない。しかし同時にこの喜びは、内的な抵抗を克服することによって獲得される最終的快感を喚起するものである。(28)

さてシラーの場合、これまでわれわれが示そうと試みたように、無意識のなかに繋ぎとめられている母親への愛は強力な反対、補充感情（父親に対する憎しみ）によって覆い隠され、背後へ押しやられていた。母親への愛着が明瞭に表わされているシラーの唯一の完成されたドラマ『ドン・カルロス』においては反対に、この愛着に対する防衛が、ある部分では拒絶的な態度を取る母親の上に投影され、また他の部分ではこの防衛が外的な障害（宮廷の儀式など）のかたちをとって表わされている。明らかにシラーは、（継）母が息子に求愛するラシーヌのフェードルにおけるように、積極的な願望成就をみずからの創意をもって描くことは出来なかった（アグリッピーナ断片参照）、あるいは他に依存したかたちで、いわばラシーヌの名においてしかなし得なかったのである。

つまりラシーヌにおける継母フェードルは、息子イポリートへの激しい愛を抑えることが出来なくて、これを彼に告白する。[29]

「フェードル　……あなたを避ける
だけでは足りなくて、わたしはあなたを追放までしました！
わたしが忌まわしい、残酷な女であるとあなたに思わせようとしたのです。
あなたへの愛にあがらおうとして、わたしはあなたの憎しみを求めました。
それがなんの役に立ったというのか？
あなたはいっそうわたしを憎んだ。だが、
あなたを想うわたしの心は――弱まりはしなかった――」

（第二幕第五場、シラー訳）

そしてフェードルが自分の愛を偽りの憎悪心によって麻痺させようとしたように、継母への愛に向けられたイポリートの防衛もまた、反対の保護手段、既ち継母への彼の憎しみによってのみ可能となるのである。彼において母親への抑圧された愛が憎しみに急変するように（バイロン参照）、息子によって拒絶されたフェードルの愛ものちに憎しみへと変ってゆく。このいずれの場合においても、愛の情熱が満足させられないこと（一方は内的な、他方は外的な理由から）によって、この典型的な愛憎転換が行われる。このことをラシーヌみずから、イポリートに向かってテゼーの発する微妙な台詞で表現している。

「……お前が女を憎む
忌まわしいわけが今こそはっきりした。

フェードルだけがお前のその狂った心を惹きつけた。
お前の心は許された恋には動かぬのだ。」

この言葉のなかには性的拒絶（女性憎悪よりもっと強いかたちにおいて）の本質についての正しい心理学的認識が含まれている。この拒絶の原因は幼児期における愛の対象へのリビドーの固着である。イポリートの場合にもそのことが当てはまることは、アリシーとの彼の関係がこれを証明している。彼はこの女性を愛してはいるが、しかしそれは母親の代用としてであるにすぎない。父親に嫉妬深い猜疑心を非難されたイポリートはついにある告白を行う。

「こうして父上の足許にひざまずき、
わたしの本当の罪を告白します――わたしは恋をしているのです、
父上、あなたの禁にそむいた恋を！
わたしはアリシーに愛を誓ったのです。」

（第四幕第二場）

また別のところで彼は次のように言っている。

「わたし自身ある恋の情熱の犠牲なのです、あの方（父上）の禁じた情熱の。」

この恋もまた父親の意志にもとり、父親の前では秘密にされねばならないという事態のなかに、母親への愛との共通点が見出される。このようにしてこの恋は母親への愛を代用するものであることがわかる。彼はアリシーへの恋との関連で次のような台詞を発するのだが、この恋を秘めておかねばならないため、近親相姦の重大な嫌疑をみずからに引き受けねばならないことになる。

「わたしに、父の寝床の恥を容赦なく
明るみに曝け出せというのですか、父に、

その威厳にそぐわない赤面を強いろというのですか？
あなただけがあの恋の忌まわしい秘密を見破られたのです。
わたしが心を開くことが出来るのはあなたと神々のほかにありません。
わたしは、自分自身に隠したいと思ったことをあなたに隠すことができなかった。
わたしがあなたを愛しているかどうかわかってください！」

しかしイポリートがアリシーのなかの母親を愛しているのと同様に、フェードルもイポリートのなかにある彼の父親のより美しい似姿を愛しているにすぎない。(30) 彼女は息子に次のように言う。

「そう、わたしはテゼーを慕ってやつれ果て、身も心も燃えるおもい、
わたしはテゼーを愛している。だが、
暗い冥府に足を踏み入れたテゼー、すべての女と情を交す移り気のテゼー、
地獄の王の寝床を汚しに下りてゆく女狩りのテゼーを愛しているのではない。
わたしの眼に映るあのひとは誠実で、誇り高く、それどころか
ちょっとしたはにかみやでさえある。――
あのひとは若く美しく、すべてのひとの心をその魅力でとらえる。
神々の姿にもくらべられる、そしていまこうして眼の前にいる――あなたそっくりのテゼー！……」

この率直な表出、そして息子に対するフェードルの愛の暗示（第二幕第五場）が可能なのは、彼女がテゼーを死んだものとみなしているからにほかならないのであるが、このことは父親の不在を求める願望と一致する。(31) しかしそれは、フェードルの乳母エノーヌの唆しと、次の台詞に表われているフェードルの抵抗がなければ不可能であろう（第三幕第一場）。

「フェードル　ああ、わたしは心をさらけ出しすぎてしまった。
わたしの狂おしい願いを恥知らずにも口にし、
決してひとに聞かせてはならないことをあらわにしてしまった！」

この防衛は、死んだと思われていた（即ち死んでいて欲しいと思われていた）テゼーが下界から（ハムレットの父親の亡霊のように）「奇跡的に」生還すると、息子に対する激しい憎しみへと急変する。そこでエノーヌは女主人と示し合わせた上で息子を父親に中傷し、イポリートが王妃への道ならぬ恋に狂ったのだと告げる。これは、母親に対する息子の攻撃性の発現に照応する空想である。ここでわれわれは再び、ひとつの典型的な展開に出会う。つまり父親と息子の関係に対して寄せられるあらゆる期待に反してテゼーは、この中傷を全面的に信用して息子への疑心を抱くのである。(32)

「よこしまな恋に分別を忘れ、
父親の寝床まで汚しておきながら、
よくもおめおめとわしの前に出てこられたものだ。」

この筋の運びは奇異な印象を与えるかもしれないが、心理学的には極めて正しい動機付けがなされている。即ち、父親がこのおぞましい嫌疑をかくも簡単に受け入れることが出来るのは、この疑心がもうとっくに無意識のなかで働いていたからであって、彼が口に出しているのは彼の秘かな怖れであるに違いない。(33) 従ってエノーヌが、「彼の父親の以前からの憎しみ」を計算に入れているのは全く正しいのである（第三幕第三場）。突然激しい憎しみに襲われたテゼーはネプチューンの呪いを息子の上に呼び寄せ、そしてこの呪いは実際恐ろしいかたちで成就される。つまりここでもまた、ドン・カルロス同様、父親がみずから手を下して息子を殺すのではなく、死は呪いによって実現される。それ以前に父親自身が死んだとみなされていたのである。ここでは息子がいわば父親の願望によって死んでゆくのであるが、逆に一方では父親の死が息子の願望となっている。イポリートの死後フェードルは、彼に濡れ衣を着せていたことを白状し、夫の息子への罪深い愛を打ち明ける。その後彼女は毒をあおり、こうして息子とともに死ぬのである（アルフィエーリの『フィリップ』のように）。これは最終的な一体化の象徴的表現であり、シラーのカルロスにおいてはもはや不可能であった。

ところで、エウリピデスの『ヒッポリュトス』からラシーヌの『フェードル』に至るまでの抑圧の進行を跡付けてゆくのは心理学的に極めて興味深いことである。エウリピデスにおいては、生身の父親が（『ドン・カルロス』におけるように）常に母親と息子との間に立ちはだかっていて、この二人は言葉を交わすことすら出来ない。つまりここでは外的な障害が数多く設定されている。それというのも、内的な抵抗がまださほど強力ではなく、抑圧された衝動のストレートな発現をそれだけでは妨げることが出来ないのである。逆にラシーヌにあっては既に内面の抑圧が非常に強く、父親が不在（死）で、母親が愛の告白を行ったにもかかわらず現実の近親相姦は成就されないでいる。またエウリピデスにおいては、イポリートが母親への愛を転移させるアリシーという、ラシーヌの自由な創作になる人物も存在しない。その代りヒッポリュトスは女性嫌いとして描かれていて、このこともまた母親に対する愛着の特定の防衛形態にさかのぼる。従って、偉大な詩人たちの個性のなかで明らかに示されるところの社会的抑圧が進行すればするほど、また内面の抵抗が増大すればするほど、母親は継子に対する愛をそれだけいっそう多く表現するようになる（息子の願望）。つまりそれだけ外的な障害は少なくなることが考えられ、その場合、抑圧されている衝動が突然表面化する心配はない。

息子に対して母親の示すより自由な、あるいは抑圧された態度が実際にフェードラ問題の核心であるということは、この同じ素材を取り扱った他の作品が更に証明してくれている。なかんずくエウリピデス自身『ヒッポリュトス』なるタイトルのもとに二つの悲劇を書いている。そのひとつは先ほど触れたもので、現在残されている作品である。これは、ヒッポリュトスが処女神アルテミスに奉納した花環にちなんで、『花環で飾られたヒッポリュトス』と呼ばれている。従ってこれは『童貞のヒッポリュトス』と名付けてもよかろう。[34] もうひとつの悲劇についてはそのわずかな断片しか残っていないが、こちらは『覆われたヒッポリュトス』なる題名であったと言われている。それというのも、パイドラからあからさまな愛の告白を聞かされたヒッポリュトスが恥ずかしさのあまり顔を覆ったというのである（クリスト『ギリシャ文学史』）。こちらの作品ではパイドラの性格がより大胆なものに描かれているが、それは彼女のこの告白からも明らかである。ヴィラモーヴィッツは、最初のヒッポリュトスにおけるパイドラは破廉恥なまでに挑発的であったとさえ言っている（『エウリピデス年鑑』二一〇頁以下）。しかしこの悲劇は、クリストが指摘しているように、エウリピデスがパイドラを現在のような控え目な人物に仕立てるきっかけを与えたと言われている。古い方の『ヒッポリュトス』におけるパイドラは彼女の愛をまだ率直に告白しているが、新しい方では防衛を試みてさえいる。

「そして、なんとしてもこの情欲を抑えることができなくなったとき、とうとうわたしは死を選んだ、
　たしかなてだてとして……」

パイドラの愛の告白がなされるためには、ラシーヌのフェードルにおけると同様、まず乳母が彼女にその愛の対象である『ヒッポリュトス』の名前を口に出さねばならなかったのである。パイドラの防衛は、「この名前を言ったのはわたしではなくてお前なのだよ」という特徴的な言葉に表われている（ラシーヌにおいても、「あの方の名前を口にしたのはお前で、わたしではありませんよ」という台詞がある。第一幕第三場）。[35] ドラマの筋のなかで乳母に与えられている役割全体からして、彼女が、オイディプスにおける預言者テイレシアスと同じように、無意識的なものの投影、パイドラ自身告白する勇気のない感情衝動の体現化にほかならないという印象を受ける。

エウリピデス自身が最初の『ヒッポリュトス』をこのように穏やかなものとするに至ったその個人的な動因は何であったのか、これについて推測することは可能かもしれない。しかしアッティカの悲劇作家たちに関する伝記的な文

献は微々たるものであるから、これを証明することは困難であろう。いずれにしてもこの緩和が行われた理由は唯ひとつ、拒絶が強くなったということが考えられる。このことによって同名の二番目の悲劇は最初のそれとはほとんど対極をなす作品（防衛）になってしまっている（シラーにおけるカルロスとフェードル翻訳と同様に）。最初の『ヒッポリュトス』では恥ずかしさのあまり顔を覆うのは息子であり、二番目の作品でそうするのは母親なのである（ヴェルカー『ギリシャ悲劇』）。更にヴェルカーは、エウリピデスがヒッポリュトスを書いたのは、彼の妻コリラの無節操に腹を立ててのことであったと主張してもいる。そもそもエウリピデスは彼の同時代人からも後期の古代人からも女性の敵であると考えられていたのであるが（二番目の『ヒッポリュトス』のテーマ）、このことはまた他方では、不幸であったと言われている彼の二度の結婚生活を理解するのに役立つであろう（バイロンの結婚生活を参照されたい）。実際に彼の家庭において継母（二番目の妻）を巡る彼の息子との葛藤があったのかどうか定かではないが、しかし彼がこの作品で父親の味方をしているところからそのことを推論することが出来るかも知れない。近親相姦モチーフはエウリピデスにおいては決して散発的に取り扱われているのではない。そしてこの事実は、これらの素材が当時ひとびとから好まれていたこと——これまた偶然ではない——を考慮に入れるとしてもなお心理学的な価値を有するものである。近親相姦的素材が頻繁に取り上げられたこと、またエウリピデスによるこれらの素材の扱い方が古代人には既に奇妙なものに映っていたということは、アリストパネスの攻撃文が証明している。彼はその『蛙』に悲劇作家アイスキュロスを登場させ、近親相姦モチーフへのエウリピデスの特別な執着振りを非難させている。そこではまた、パイドラと類似の素材から作られたと言われる『ステネベイア』という題の、現在では残っていないエウリピデスの悲劇も非難の対象になっている。ヒッポリュトスの場合と似た手法でエウリピデスはもうひとつ別の、他の悲劇作家たちからも好んで取り上げられた素材を扱っている。それはポイニークスの物語で、ホメーロスはこの物語をイーリアスのなかでポイニークス自身に語らせている（第Ⅸ巻、四四七行以下）。

「その昔わたしも、父親であるオルメノスの子のアミュントールの怒りをのがれて、バラ色の乙女たちの住まう国ヘラスをあとにしました。

わたしの父は美しい巻き毛の妾のことでわたしに腹を立てたのです。

と申すのも父はこの女をたいそう愛していまして、わたしの母である正式の妻を恥ずかしめたので、母はいつもわたしのひざにとりすがって、その女を寝取って、女が年寄りの父を嫌うようしむけてくれと頼んでいました。

そこでわたしは母の言う通りにそれを実行したのです。ところが間もなくそれに気づいた父は恐ろしい復讐の女神たちを呼び寄せて、わたしから生まれる息子を自分のひざには決してのせることがないようにとのおぞましい呪いを口にしました。そしてこの呪いを実現させたのは地下のゼウスと恐ろしいペルセポネアでした。

はじめわたしは怒りのあまり父を鋭い青銅の刃で殺そうと考えました。

しかし不死である神々のおひとりがわたしをおしとどめてくださり、
アカイアのひとびとの間で父親殺しと呼ばれないよう、国の民たちの陰口や、
ひとびとの間のそしりなどを考えてみるよう言いきかせてくださったのです。」


ローマの悲劇作家エニウスも、ホメーロスの物語を充分に踏まえながらこの素材を扱っている。しかしエウリピデスは、いかにも彼らしいやり方でこの物語に変更を加えている。つまり彼の作品ではポイニークスは、ヒッポリュトス同様無実となっている。彼の父親の妾であるパティアは、パイドラがヒッポリュトスに対してするように、その求愛をもって彼に迫る。彼がこれを拒むと今度は、彼が道ならぬ恋に狂って自分を悩ませているのだと王に告げ口をして彼のことを中傷する。つまりエウリピデスはこの素材を、完全に『ヒッポリュトス』のモデルに従って変更しているのである。そして『ポイニークス』にも息子の処罰が描かれており、それは父親による眼のえぐり取りというかたちで行われる(36)。

父親の女による偽りの告発というこのモチーフ(「ポティファル・モチーフ」)は神話や文学には広くみられ、同じく

オイディプスコンプレックスの特定の状況から生まれたものである。このモチーフは一方では息子の近親相姦空想を、非難されないで実現しようとし、また他方では、父親が自分に嫌疑を抱いたのではなかろうかという危惧を表現するものである。数あるその素材のうちでここでは二つだけ例を挙げておきたい。ヘリオドールの『エティオピカ』（九―一七）でクネモンは自分の物語を語っている。

彼の父親は二番目の妻を娶り、これを非常に愛していた。彼女は夫の息子に道ならぬ恋をし向ける。「彼女はわたしのことをある時は可愛い子供、またある時は優しい恋人と呼んだ。かと思うと今度はこの家の後継ぎと言い、すぐまたそのあとで自分の命だと言った――要するに彼女は上品な言葉と誘惑的な言葉を混ぜ合わせて用いたのだが、その際どの言葉がわたしに一番効果があるかをよく注意してみていた。彼女は品位ある表現で話す場合は母親の役を演じたが、もっといかがわしい言葉を用いる時には完全に恋する女としての自分を強調した。」――ある夜、夫の留守中彼女は息子の部屋へ忍び込んでゆき、「禁じられた恋の実を楽しもうとした。」息子はこれを頑強に拒む。それでこの女は、彼が自分を不当にいじめたのだと父親に告げて彼に罪を着せる。父親はそこで息子に鞭刑を与える。――しかしそれでも満足しない継母は更に奸計を企む。彼女はある女奴隷を唆して息子に夢中にさせる。そして息子は毎夜この女性を部屋へ迎え入れるようになる。ある時彼女は彼に、父親は今不在で、継母が情夫と寝床をともにしていると告げ、これに復讐するようにと彼を煽りたてる。短剣を片手に彼は母親の寝室へ押し入って叫んだ。「悪党はどこだ？　貞淑の鏡とされる女性の情夫はどこにいるのだ？」だが寝床からころがり落ちてきたのは、びっくり仰天の父親で、息子の前に跪いて命乞いをした。驚きのあまり息子は手から剣をこぼした。それで父親は彼を縛らせて法廷へと引き立て、追放刑が彼に言い渡される。しかし、今や息子を前にもましていっそう激しく愛し始めた継母は復讐の女神に苦しめられる。息子を欺すのに一役買ったくだんの女奴隷は彼女に知恵を貸そうと協力を申し出、現在クネモンの恋人である自分に代って女主人が夜彼の寝室へ忍び込めるよう取りはからう。しかしこの奴隷がその嫉妬深い恋人と、女主人の夫にこれを知らせたので、すべてが明るみに出、妻は自殺を遂げる。

これと同じパターンは『七人の賢者』という枠小説にもみられる。クルシュという名のインドの王様にはひとりの息子があったが、この息子は賢者シンディバードによって教育を受ける。教育期間を終えると彼は父親の許へ帰ることになっているが、その時シンディバードは、自分のこの教え子に不幸の迫っていることを星占いで読み取る。この不幸を避けるため彼は、一週間口をきいてはならないと師から言い渡される。王の妻の一人が、帰ってきた王子を誘惑して父親を殺害させようとする。一週間後に返事をしようと王子は怒って答える。そこで王妃は、王子が自分に暴力を加えようとしたと言って彼を訴え、父親はこれに死刑の宣告を下す。ひとりの大臣は、女性は嘘をつくものだと言って王に死刑を延期させ、妃はその反対のことを言って再度王に処刑の命令を布告させる。こういったやりとりが次の六日間繰り返され、更に六人の大臣の具申と妃のそれとが入れ替わり立ち替わり行われる——やがて、王子が口をきいてもかまわない八日目がやってくる。彼は父親にことの真相を打ち明け、妃は罰せられることになる(グリースバッハ『世界文学における不貞な妻の物語の変遷』)。

ローマの悲劇作家セネカもまた『パイドラ』を書いた。彼は彼女を本来の、より大胆な女性として描いたが、それはオヴィディウスの『名婦の書簡』第四巻にもみられるものである。エウリピデスにおいてパイドラの愛は乳母の口から語られるが、セネカの悲劇では彼女みずからその愛を息子に打ち明ける。彼の口から発せられる「お母さん」という言葉が彼女を驚かせる。彼女は、自分のことを姉と呼んでもらいたい、あるいは、あなたの行くところへはどこへでもついてゆくつもりなのだから女中と呼んでくれる方がもっといい、と彼に頼む。エウリピデスにおいてはパイドラは継子に対する告発をしるした偽りの手紙を残す。セネカにあっては彼女みずから訴え出、しかしまた最後は息子の無実をもすすんで告白する。彼女は恋するひとと少なくとも冥界では一緒になりたいとの願いをこめて、彼の屍体のそばでみずから生命を絶つ(シャンツの『ローマ文学史』による)。これでもわかるようにここでのパイドラは息子に対してもまた夫に対してもエウリピデスにおけるよりははるかにのびのびと振舞っている。このことは、乳母の存在が全くと言っていいほどにうすれてしまっていることにも表われている。

この関連において興味深いのは、現在は残されていないソポクレスの『パイドラ』であるが、これについてヴェルカーが幾つかの推測を述べている。ソポクレスのパイドラは既に決定的な歩みを踏み出してしまっており、そこでは、彼女のなかに燃える情熱の炎の鎮静ではなくて、エウリピデスにおいてみられるところのただ苦悩するだけのパイドラとは全く異なった性格が描かれているものと推測される。ソポクレスにおいては乳母がむしろ女主人を抑制しなければならないほどであった[37]。息子に対する継母のこのようなあからさまな情熱の描写も、その作者がオイディプスを書いたのと同一人物であることを思えば、われわれをさほど驚かせることもないであろう。しかしここでは、継母のモチーフを、実母に対する愛の緩和（転移）であると考えるわれわれの解釈の正しさもまた実証されるのである。つまり系譜学者エピメニデスは、オイディプスはライオスとオイリュクレイアとの間に生まれた子であると報告しており、またエウリピデスの『フェニキアの女たち』は、ライオスはオイリュクレイアとエピカステ（＝イオカステ）の二人の女性と結婚したのだと付け加えている。従ってこれによるとイオカステはオイディプスの継母であったにすぎないことになるのだが、これについてロッシャーの事典は、この説明は近親相姦行為の恐ろしさを和らげようという必要から生まれたものであると述べている。

　われわれは第二章において、三つの異なる素材を手掛りにして抑圧の進行を学ぶことが出来たのであるが、これと全く同様にわれわれはここで、同一の素材によって似たような過程が実現されてゆくのをみることが出来る。このプロセスを追ってゆくと、破廉恥なまでに挑発的なソポクレスのパイドラから、早くもより控え目ではあるがしかし依然として強引な『最初のヒッポリュトス』（エウリピデス）におけるパイドラを経て、継母と息子がもはや一度も出会うことのないエウリピデスの『第二のヒッポリュトス』における、みずからの情熱を抑制するパイドラへと至る。更にそこからセネカのパイドラ――彼はネロの淫蕩な時代にふさわしく一番古い解釈へ立ち戻っている――へと展開されてゆき、やがて最後にこのテーマは、ラシーヌの様式化された悲劇のなかにその最も洗練された文学表現を見出すことになるのである。

　最近ガブリエレ・ダヌンチオが韻文劇『フェードラ』を書いたが、私はこれを簡単な内容紹介によってしか知らない。「死んだと言われていた」テゼーのアテネ帰還が待たれている第一幕は、フェードラの留まるところをしらない情熱を描いている。この激しい気性は、テゼーに贈り物として与えられることになっていた女奴隷を彼女が嫉妬に駆られて絞め殺すといったようなところによく表われている。いったいにこの作品は、内容紹介の文章から察せられる限りでは、[38] 継子へのフェードラの狂気じみた、燃えるような愛を、彼女の官能的な情熱から動機付けようとしている。例えば第二幕の冒頭においてフェードラは、その妖艶な姿態を寝台の上にあらわにし、彼女に夢中のアエデスの愛の言葉にうっとり耳を傾けるのである。第二幕の後半がドラマのクライマックスとなるが、それは、フェードラが継子ヒッポリュトスへの狂おしい情熱を一気に告白して彼を誘惑しようとする壮大な場面である。疲れた体をフェードラの寝床に横たえて思わずまどろんでいる彼を見た時、突然彼女の情熱が頭をもたげる。激しい情欲と官能に捉われた彼女は、眠っている彼に接吻して眼覚めさせる。ヒッポリュトスは当惑して身を起こす。それは母親の接吻とは違っていたのだ。わたしはお前の母親ではないのよ、とフェードラは答える。そして燃えたぎる愛の言葉が奔流のように彼女の口から迸り出る。どんな犠牲を払っても彼女は継子をわがものにしなければと思った。[39] わたしをひとりにして出て行くくらいならいっそ殺しておくれ、わたしの心臓を引き裂いてごらん、そのなかにはお前しかいないでしょう！　だがヒッポリュトスは冷淡かつ非情に彼女をはねつける。そのあと、帰還したテセウスの許へフェードラが訴え出ることになる。彼女は、ヒッポリュトスが道ならぬ恋に狂って継母である自分を辱め、暴力を振るったのだと言って告発する。終幕ではフェードラが、荒馬によって殺されたヒッポリュトスの死体のそばに姿を現わし、彼の無実と彼女自身の罪を告白し、毒をあおって果てる。――このドラマの批評のなかでドゥ・グベルナティスは、ダヌンチオはこのドラマで、アテネ人たちに不評であった失われた『ヒッポリュトス』の一部と、われわれが今日もなおエウリピデスの作品として賞賛してやまない有名な『ヒッポリュトス』とを繋ぎ合わせようとしたのだと言っている（『新版フェードラ』ドイッチェ・レヴュー一九〇九年六月号）。エウリピデス及びセネカのドラマとの特徴的な、そして既にそのタイトルに表われている相違として彼は、ダヌンチオが、既にラシーヌがそうしたように、フェードラを筋の中心に据えていることを強調している。構想と仕上げに対する作者の個人的な情熱については、この作品が十七日で書き上げられたという事実がこれを物語っている（シラーのフェードルは二十六日間であった）。――最近ハンス・リンバッハがおもしろい『フェードラ』を書いた。この作品は、テセウスによるヒッポリュトスの突然の殺害と女主人公の自殺をもって終っている。またロマーニの作曲による『フェードラ』も参照されたい。このオペラの台本は、ダヌンチオによって見出された詩人ピッェッティの手になるものである。

ニーチェの女友達であったマルヴィーダ・フォン・マイゼンブークは、このフェードラ・テーマに新しい衣裳をまとわせ、フランス戦争の時代を舞台とする長編小説『フェードラ』においてこれを扱った。そこでは夫の息子に対する上流夫人の愛と、――彼女はこの息子を自分の子であると認めようとしない――私生児の社会的悲劇とが絡み合ったかたちで描かれている。(40)

ゲオルク・ヘルマンはベルリンを舞台にした『二代目ハインリッヒ・シェーン』で継母への息子の愛を描いた。十六年前に妻を失くした老シェーンは、彼より三〇歳も若いあるベルリン女性と結婚する。息子のシェーンはハンヒェンという退屈な娘と婚約しているが、徐々に美しい継母への愛に燃え上がってゆく。七月のある日、舟遊びのパーティーでその愛は勝利する。だが息子ハインリッヒ・シェーンは父親の結婚生活を破壊すまいとして、婚約を取り消したのちブラジルへ赴く。若い継母は息子の最も親しい友人とウイーンへ駆け落ちし、またハンヒェンは他の男と婚約する。

クレール・パペの夫婦小説（『そして彼女は鎖をゆるがした』）においても同様である。牧師の娘で世間知らずのエヴァ・ヘルダーは、金持の商人フォルスターと婚約する。結婚生活にあって彼女は自分を理解してもらうべく身をすりへらすのだが、年老いて安穏に浸るこの夫には通じない。彼女はブルーノ・ヴァルデンの腕のなかに慰めを見出すが、彼はフォルスターの息子であって、彼女はこれを知らない。この関係から生まれた子供はフォルスターのところに残されるが、愛し合う二人は駆け落ちする。しかし結局エヴァは自分の子供のところへ戻ってゆく。

（1）継母のもうひとつ別の、特に童話の形成に特徴的な根源については、父親と娘の間の愛情を述べる際に触れることになろう（第一一章）。

（2）『ドン・カルロス』第三幕第三場でアルバは王に向かって次のように言う。

「王子さまにとってお許嫁は死んで、若い母上になられたのでございます。」

（3）その際、抑圧の意味においてどのような力点転移が行われるか、そしてそこからどのような価値転換が生じるかについては、既に個々の例によって（例えば『テル』）詳述された。

（4）例えばシラーは、『マリア・ステュアルト』第一幕の停滞振りについて次のような理由を挙げている。「なぜならわたしはそこで、歴史的素材と詩的な戦いを戦わねばならなかったからであり、また想像力に、歴史を超越した自由を与える努力を必要としたからなのです。そうしながらもわたしは同時に、歴史がもっている有益なもののすべてを自分のものにしようとしました（ゲーテ宛、一七九九年七月十九日付）。

（5）モアー宛のバイロンの手紙（一八二二年三月四日付）。「わたしのドラマの主人公たちは時折りわたしと一緒に歩き回ることがあるかもしれません。わたしは彼らを描いている間、生き生きとした想像力をもったすべての男たちと同じように、もちろんわたしの人物たちと同一化します。しかしそれは一瞬間以上は続きません。」

（6）主人公のなかに一般的な国民感情を正当化すること、これが神話形成の理解のための鍵である。『英雄誕生の神話』八一頁以下参照。

（7）芸術のこの社会的なアスペクトはのちに精神分析によって前面へ押し出され強調された（序文で、悲劇的罪過の問題について述べた箇所を参照されたい）。更に拙論『ドン・ジュアン形姿』（„Don Juan-Gestalt“, 1922）に詳述あり。

（8）シラーについてのミノーアの著書で挙げられているカルロス類似本をも参照されたい。

（9）比較文献としてレーヴェンベルクの学位論文『オトウェイとシラーのカルロス』（J. Löwenberg : „Otways und Schillers Carlos“, Lippstadt 1886）を参照されたい。

（10）死と母親回帰との結び付きは、性のサド・マゾ的な基盤のなかに表われる。あらゆる自殺衝動の基礎をなし、また、強く浄化されたかたちではあるが、われわれが悲劇詩人において存在するものであると想像して差し支えない破滅への欲求は、すべての偉大な愛のなかに潜在しているとわれわれは考えなければならない。ところでこの相携えての死という空想は、近親相姦的願望を象徴的に覆い隠すのに特別好都合である（ハムレット）。この願望は生殖と誕生の秘密に触れるものであり、また同時に行われる防衛（処罰）に際しては母親への生物学的回帰を可能にする。クライストの心中についてはザートガーを参照されたい（前掲書）。

（11）母親が亡くなったあとこの詩人が陥った幼児神経症についてはローレンツの報告がある（Imago, II, 1913）。

（12）フーケはシュレーゲルの勧めで、『カルロス』をシラーに依拠して書いたのみならず、反目し合う兄弟のモチーフをも取り扱ったと言われている。コッホによると、『ハラーゼー家』においては緩和され、『アルフとユンヴィ』においては成就されたラプダコスの呪いへと至る兄弟争いのモチーフは、五幕物の『巡礼』（一八一六年）と四幕物の『二人の兄弟』（一八一七年）という二つの悲劇の内容をも形成している。『ハラーゼー家』においては二人の兄弟が伯爵令嬢マッシイという同一の女性を愛する。『二人の兄弟』では、ロタール・フォン・シュテルンフェルスがある別の女性のために自分の婚約者の許を去る。彼は彼女を自分の弟の保護のもとに残してゆくのだが、この弟はしかし彼女を秘かに愛している。

(13) 同じ詩人のドラマ『修道院』では、父親殺しと、そこから生じる良心の苦悩のモチーフが土台となっている（シュテファン・ツヴァイク訳によるエーミール・ヴェルハーレン集三巻本、ライプツィッヒ、インゼル書店、第三巻ドラマ）

修道僧バルタザルは十年前に自分の父親を殺し、ある男が無実の罪を着せられて処刑されるのを知らぬ顔で見過ごした。悔恨の心が彼のなかに眼覚めたのは、ひとりの男が彼のところへ懺悔にやって来て、自分はある男を殺したのだが、それはその男が自分の父親を毒殺したからであった、またその男の息子が無実にもかかわらず犯人として裁判にかけられて有罪判決を受けた、と告白した時であった。しかし修道院長になる筈の彼は自首することが出来ない（父親の位置を占めることができない）。彼の信仰は本物で情熱的である。そして彼の悔いは深くて純粋である。彼はおのれの犯罪を、他の修道僧たちの前で公の告白をすることによってしか贖うことが出来ない。そこで彼は、修道院長のポストを巡ってつばぜり合いをしている（父親の相続財産を巡る兄弟の争い）修道僧たち（Brüder）の前で懺悔しようとする。（ある箇所で彼は父親について次のように言っている。「彼はわたしの情欲にとっては邪魔者でした！」）彼は罪の意識を、修道院長の側からの罰を受けることによって充足させようとするが、やがて最後はみずからを司直の手に引き渡す。

ヘレーナの帰還（スパルタのヘレーネ）において詩人は、許嫁横奪のモチーフをいくらか変化させたかたちで扱っている。カストールは自分の妹ヘレーナに恋をし、彼女の夫である老王メネラオスを殺害する。カストールはそのたけり狂った愛を次のような言葉で表わす。

「わたしにはヘレーナが妹のような気がしない、
　彼女は多くの民を陶酔させる女だ……わたしの夢は情欲に狂って
　彼女の裸のひざを求めてさまよう。」

(14) パリジーナが書かれた年にヴェローナから彼の出した手紙に次のような一節がある。「モラルの状態はイタリアの国々にあってはある点でかなり弛緩しています。わたしは劇場で、ある母親と息子のドラマを観ましたが、ミラノの連中はこの二人を例のテーバイの王家の人間に見立てています。だがそれだけのことでした。その語り手（ミラノでは第一級の男たちのひとりですが）はこの趣向あるいは関係（オイディプスとイオカステとの）に対して充分腹を立てているようには思われませんでした。」（イェッセン、前掲書一二九頁以下）

パリジーナの素材に関しては、R・バルビエーラがダヌンチオとマスカーニのオペラ『パリジーナ』上演の折りに行ったまとめを参照されたい（ミラノ、一九一三年）。われわれはまずここに、この素材と結び付いているバンデッロとラスカの短編を見出すが、これは歴史的事実を単純に批判的に物語ったものである。またフェリーツェ・ロマーニとアントニオ・ソンマの手になる二つのドラマもあるが、これらは舞台において生気を保つことは出来なかった。ダヌンチオのオペラでは、ニコロⅢ世エステ侯の息子ウーゴ・デステが、パリジーナのためウーゴの母親を捨てた父親に復讐し、その継母を毒殺するよう母親から言われる。息子の企みを知ったニコロは彼とパリジーナを旅へ送り出し、この二人を和解させようとする。旅の途中でウーゴが負傷し、パリジーナは彼を看病するが、そうしながら彼への愛に身を燃やす。ある時密会しているところを二人は父親に発見され、死刑の宣告を受ける。

(15) これについてわれわれは、第一七章で、腹違いの姉に対するバイロンの関係において言及することになろう。彼の場合継母のテーマは（直接血の繋がりのないもっと若い女性による実母の代理）、彼女によって決定的に規定されている。

(16) これに関しては、ヒッチュマンの論文で述べられているところの、これと大変よく似たショーペンハウワーと母親との関係を参照されたい（イマーゴ、前出）。この偉大なるペシミスト同様バイロンもまた、日記のある箇所の言葉を借りれば、「女性に関しては特別高い評価」はしていない（エンゲル『バイロン』、ベルリン、一八七六年）。このことは彼の不幸な結婚生活のなかでも明らかとなる。

(17) 研究の進展についてますます明瞭となってくる次のような現象をあらかじめこの時点で指摘しておきたい。即ち、典型的な幼児コンプレックスには典型的な空想、夢、症候、文学が照応するのみならず、たいていの詩人もまた、概して言えば共通のタイプ、そして強力な母親固着に原因が求められるひとつのタイプに従って恋をするということである。しかも彼らの恋愛は、まさにその初恋がそうであったように、最も広い意味で不幸である。『一九世紀』（一九〇九年夏）のある記事においてシドニー・ローは、文学の天才たちは、独身を通した場合は別として、極めて不幸な結婚生活を送ったという事実を、豊富な資料によって実証している（シェイクスピア、ミルトン、スウィフト、シェリー、ラスキン、ディケンズ等々）。従って詩人たちの不幸な恋愛についての一見皮相的に思われる主張も、その深い根拠付けを無意識的な精神生活の中から得ているのである。不幸な恋愛を経験する人間は、その根拠を現実のなかに求める必要はなく、それゆえ彼の「不幸」は主観によって左右される。作曲家ベルリオーズが七一歳のエステルに抱いた不思議な情熱を考えてみられたい。一二歳の時彼は一七歳の彼女に恋をした。父親の死後彼は再び故郷を訪れ、そして当時五一歳の未亡人であった彼女に匿名で愛の手紙を書いた。二番目の妻が亡くなったあと彼は、既に七一歳になっていたこの初恋の女性との結婚を真剣に考えたのである。青春時代の彼の体験で次のような興味深いものがある（J・カップ、『ベルリオーズ』）。ミス・ハリエット・スミッソンのオフィーリア役によるシェイクスピアの『ハムレット』を観た時、いささかヒステリー症気味であった二四歳のエクトールは強烈な神経の昂ぶりをみせ、危険な状態に陥った。彼は不思議な病的無感覚に襲われ、これが数週間続いた。彼は癲癇症状を思わせるような、死に近い発作に幾度も見舞われた。彼は、感動的な少女役を演じるこの女優のなかに、自分のすべての空想と夢の理想を生きながらにして見る思いがしたのである。

(18)　バイロンは、不幸な愛の固着を経験した多くの人間のように、またわれわれのドラマのほとんどすべての主人公がそうであるように、ギリシャ独立戦争においてその機会を与えられた時、若くして死ぬことを求めた（第二二章におけるテオドール・ケルナー参照）。

(19)　この決裂に妻の方がどの程度責任があったかについては、ここでは触れないことにする。

(19a)　一八二一年九月二十日のマレイへの手紙には、「わたしは遺伝性の憂鬱症に悩まされています」とある。母方の祖父は自殺したと言われており、やはり母方のもうひとり別の近しい親戚の男は、服毒自殺を試みたが救われ、辛うじて一命を取り留めた（バイロンの発作は飲酒時に起きている）。一六歳の時バイロンは、彼の愛していた女性が結婚しようとしているという報せを聞いて激しい痙攣状態に陥った。「わたしはいまにも窒息しそうであった」と彼は言っている。「わたしはまだ性の違いを知らなかった。だがわたしの愛情は異常に強かったので、それ以後あれと同じ激しさをもって恋が出来たかどうか自分にはわからない。」（Lombroso: „Genie und Irrsinn“ による）最近ではキャシティー『ロード・バイロンの精神病理学的考察』（J. H. Cassity: „Psychopathological glimpses of Lord Byron“, Psychoanalytic Review XII, 1925）もある。

(20)　ファルナスの蜂起と、それに続くミトリダートの自殺は歴史的に伝えられている。

(21)　シュトルファーの指摘によれば（Storfer: „Zur Sonderstellung des Vatermordes“, Deuticke, 1911）、これと似たモチーフ形成がロシアの詩人ゴーリキーの作品にしばしば見出されるとのことである。ここでは彼の小説『マルファ』、『いかだの上で』、そして特に『タルタレンシャンとその息子』の伝説を指摘しておきたい。初めの小説では、息子が父親の恋人を狙っていて、二番目のそれでは義理の父親と義理の娘との恋愛関係が中心となっている（これは許嫁横奪であって、はじめの作品とは反対である）。また最後に挙げた伝説では、凱旋した息子が父親に対してその一番美しい女奴隷を自分に与えるよう要求する。更にゴーリキーの『若き日の想い出』には実に恐ろしい家庭生活の模様が描かれている。これと似たテーマを、最近出版されたパウル・アルトホーフのルネサンス劇『聖なる接吻』（„Der heilige Kuß“, Stuttgart, Cotta 1911）が取り扱っている。このドラマでは、後になって初めて息子であると認められる男が父親の若い妻を誘惑する。父親の方は星占い師の下した決定に従って妻を諦め、彼女と息子との結婚を許すのであるが、しかし間もなく息子を殺害させる。

これらの近親相姦的葛藤が人生においていかに悲劇的な結果に終るかを、ローマの諸新聞が伝えている次のような「イタリア式運命悲劇」が示している。「アヴェリーノ近郊のある村に一組の若夫婦が住んでいた。仕事を見付けて新しい家を建てようと夫はアメリカへ移住した。彼は一生懸命に働いた。そして若い妻をアメリカへ呼び寄せるつもりでいた。しかしながらある日故郷から届いた一通の手紙が彼のすべての夢を微塵に打ち砕いてしまった。その手紙には、彼自身の父親が彼の若い妻を誘惑したと書かれてあった。次の船でこの移住者は故郷へ戻り、いきなり父親の前に姿を見せた。激しい口論が展開され、やがて父親は心臓に息子の短剣を受けて倒れ、息絶えた。また同じ村で同じ頃、ある若い夫が同様に妻を残してアメリカへ移住するということがあった。この妻が不実を働き、姑がこれを非難した。両者の間で口論が行われ、ある日のこと若妻が姑を斧で叩き殺した。彼女と、先ほどの父親殺しの男は同じ陪審員たちの前で裁判を受けた。彼らには情状酌量が認められて、刑はわずか禁固四年のみであった。やがてこの刑期が終了し、殺人犯のこの男女の前に監獄の扉が開かれた。その後二人は愛し合うことを学び、関係をもつようになった。これに対して若い妻の方の母親が激しく怒り、教会で娘の情夫に会い、一言も発しないでこれを射ち倒した。礼拝に集まってきていたひとびとの間にパニック状態が発生した。教会が冒瀆されたのだ。怒った群集が逃げる殺人者を追いかけた。彼女は村役場へと逃げ込み、群集もこれに続いた。すると、あたかも地獄がその門を開いたかのように広間の床が崩れ落ち、殺人者とその追跡者たちは深みへ転落した。四〇人の人間が重傷を負って、苦痛に悶え、呻きながら地に横たわっていた。」

(22) 以下の素材はエーミール・ケッペルの精力的な二つの研究から取られたものである。1. „Quellenstudien zu den Dramen Ben Jonsons, John Marstons und Beaumonts und Fletchers“ (Münchener Beiträge zur rom. und engl. Philol. XI, Leipzig 1895). 2. „Quellenstudien zu den Dramen George Chapmans, Philipp Massingers und John Fords“ (Quellen und Forschungen zur Sprach- und Kulturgesch. d. germ. Völker, Bd. 82, Straßburg 1897).

(23) これと対をなす作品としてはファガンの喜劇『里子』(La Pupille) を挙げておきたい。これはシュレーゲルによって翻訳がなされ、コッツェブーによって改作されている。年配のアリストはジュリーという名のある孤児の後見をしている。しかし若いヴァレリウスが彼女に求婚し、後見人の彼もこれに反対はしなかったのだが、少女が後見人を愛していたことがその時わかって、彼は彼女と結婚することになる。

(24) ルキアノスの著書を見事に翻訳したヴィーラントも『コンバブス』の物語(ライプツィッヒ、一七七〇年)を書いたが(Goedecke, Grundriß, 4. Bd., S. 201)、私は読んだことはない。ヴィーラントのほとんどすべての小説には、主人公がフェードラ型のタイプに沿って、女性の誘惑に抵抗する、いわゆる「プティファル場面」が見出される。ヴィーラントはまた、女性が男性の肉欲的な求愛を拒絶するところの、これとは逆のカルロス型のモチーフをもしばしば利用している(例えば『ムザリオン』）。そもそも彼の文学の主要モチーフのひとつは、プラトニックな愛が官能的なものへと急変することにある。この変化が近親相姦的な根源をもっているということは、主人公が女性から拒絶されるか、さもなければみずからその女性の許を逃れることから容易に認められるのであるが、この根源は長編『アーガトン』に明瞭に表われている（第一七章参照）。この恋愛行動の二番目の、これと関係している根源は、ヴィーラントが特に好んで用いたモチーフ、即ち主人公は自分がかつて見たイメージにかなった女性を人生において求めるというモチーフのなかで明瞭になる（五章よりなる未完の詩『イドリス』、『新アマディス』などが特に挙げられる）。一七六四年に出された長編『ドン・シルヴィオ・ダ・ロサルヴァ』では、主人公が、一連のプティファル場面を含んだ王子ビリビンカーの物語によってこの妄想から治癒する。

（25）この興味深い伝説群からの素材は他にもまだあるが、それはアルフェルトの学位論文『すり換えられた花嫁のモチーフ』（P. Arfert: „Das Motiv von der unterschobenen Braut", Schwerin 1897）などにおいてみられる。

（26）ヘンリー・バーンステインの『攻撃』（L' Assaut）では、父親が息子のために求婚するのだが、その女性は父親の方を愛していて、実際彼と結婚する。

（27）ランク『芸術家』参照。

（28）フェードルの翻訳は、一八〇五年『テル』の完成と『デメートリウス』執筆開始の間の二十六日間で行われたが、それは、「調子の狂った楽器を元に戻すため」であり、またこの悲劇がすべてのラシーヌの作品で、「実際最も大きなドラマ的興味を内に含んでいる」からであった（イフラント宛、一八〇五年一月五日付）。

（29）シュトゥッケンの『ランヴァル』をも参照されたい。「王妃がランヴァルにその愛を告白するという事態は、周知の幼児的願望の抑圧であるにすぎない。彼女が王に行う告げ口、中傷は、父親が何か気付きはしないだろうかという彼の秘かな恐れの客観化されたものである。」（Dr. R. Wagner im Zentralbl. f. Psa. I, S. 518）

（30）これと似たようなかたちでハムレットは、現在の王を、暗殺されて今は亡き、より美しいその似姿と比較する。このモチーフは、母親の愛が父親から、そのもっと若くて美しい似姿即ち息子へ願望通り移ってゆくことを意味する。

（31）「今は亡きテゼーの妻がイポリートへの愛に燃えている！」（『フェードル』第二幕第五場）。同じモチーフはラシーヌの『ミトリダート』にもみられる。

（32）これと似たようなやり方でアルフィエーリのフィリップも、シラーのフィリップと全く同様息子よりも顧問官たちの方に信を置いているので、ためらうことなく息子の反逆を信じる。但しここでは、性的なものから政治的なものへの移行がみられる（これまたシラーのカルロスと同じ）。

（33）クローディアスの犯行を告げられたハムレットが、「おお、私の予感が的中したのだ！　あの叔父が！」と叫ぶのも（第一幕第五場）これと同じ意味である。

（34）素材そのものに母親と息子の性愛的な結び付きのテーマが内在していることは、女性嫌いとそれゆえの継母への反感は、ヒッポリュトスが処女神アルテミスに彼の愛を捧げたということで理由付けられているところから真実性を帯びてくるであろう。しかし、ヒッポリュトスの母親とされているアマゾーンはアルテミスとなんらかの血縁関係にある。「アルテミスは聖母タイプを代表する女性であり、一方アフロディーテとその実体化であるパイドラは娼婦としての母親を表わしている。」(Winterstein : „Der Ursprung der Tragödie", 1925, S. 168)

（35）『ヒステリー分析の断章』(„Bruchstück einer Hysterieanalyse")におけるフロイトの指摘を参照されたい。彼がその患者に、彼女がまだ口に出すのを憚っていて、恐らくまだそれが出来ないと思われるある無意識的な想念を非難すると、彼女は次のように答えた。「あなたがそれをおっしゃるだろうということがわたしにはわかっていました。」これについてフロイトは、「これは、抑圧されたもののなかから浮かび上がってくる自分についての知識を脇へ押しのけようとする、非常によくみられるやり方である」と言っている。

（36）この処罰並びにオイディプスの失明盲目については拙論『文学、伝説における裸のモチーフについて』(„Über das Motiv der Nacktheit in Sage und Dichtung", Imago II, 1913)を、また私が〔精神分析学のための中央機関誌〕(Zentralblatt für Psychoanalyse II, 1912)に報告した「奇妙なオイディプスの夢」、更にオイディプスの失明盲目に関するシュトルファーの所見（同誌二〇二頁）を参照されたい。更に詳しくは、本書のオイディプス神話と神話的伝承に関する項に記述がある（第八章及び第九章）。

（37）『名婦の書簡』第四巻の女主人公と変身物語においてオヴィディウスはこのソポクレスのパイドラに倣っている。

（38）その間ダヌンチオの『フェードラ』ドイツ語訳が出版された（インゼル、一九一〇年）。

（39）これと似たようなやり方で、マッシンジャーの『奴隷』（第二幕第二場）におけるコリスカが継子を誘惑する（ケッペル、前出、九六頁）。

（40）これと酷似したテーマをクライストが短編『捨て子』(„Der Findling")で扱っている。この小説にはオイディプスモチーフの独特な心理学的表現が認められる（妨げられた近親相姦行為、息子の処罰的な殺害）。ここでも、意識を失った女性との愛の享受というクライストに典型的なモチーフ（O侯爵夫人など）が繰り返される。このモチーフはやがて、彼が心中を遂げることによって現実に成就されることになる。

ジークフリート・リピナーの悲劇『ヒッポリュトス』（序幕『アダム』付）は私は読むことが出来なかった。

第五章　父親と息子の戦い

——それではエリンドゥール、わたしに説明してくださ
い、
自然のこの不調和を！——
あるときは彼の生命が血まみれとなって消えてゆくのを見
たい、
だがあるときはまた——（優しく、ほとんど涙声で）彼の
ことを許してやりたいと思うのです。

ミュルナー（『罪』）

母親への性愛《エローティッシュ》的な愛着の抑圧と、彼女を所有することに向けられた空想の断念が進行するとともに、そこから生じる父親への嫉妬・反感はやがて、優位な立場にあるこの恋仇に対する激しい憎しみへと高まってゆく。この憎悪感情の激しさと根強い不滅性は、それが由って来たるところと、それが絶えず糧としている無意識的で性愛的な栄養源を知ることによってのみ理解することが出来る。かつて子供は誰からも邪魔されないで母親を占有したいため、時折りあるいは永遠に父親が不在であってくれればよいのにと願った。この願望は純粋に消極的なものであったが、今述

べた抑圧が押し進められるとともに、優位な立場にあるこのライヴァルの死を求める明瞭な願望が頭をもたげ、それが憎い恋仇に対する殺人衝動へと高まってゆくことがある。少年時代にみられる父親殺害という典型的な、しかしやはりまたすぐに抑圧を受けざるをえないこの空想は、法律的な刑罰をもって威嚇してもほとんど抑制することは出来ない。成人に対してすらこのような刑罰の威嚇をもって殺人を思い留まらせることが出来ないのは周知の通りである。むしろこの空想が抑制されるのは、父親は自分よりもっと力のある、もっと強いライヴァルとして認めねばならないのだという外的な経験によってであり、しかしまた同時に、誰の心のなかにも存在する父親に対する優しい気持によってである。この優しさはまた、悔恨の情としてわれわれに知られているところの反作用へも通じるものなのである。

幼児期におけるオイディプスコンプレックスの最初の抑圧段階は、ギリシャ神話がわれわれに示してくれているように、現在では禁じられている二つの行為とそれに照応するところの抑圧された空想が、両親であることを知らなかった場合にのみ実現され得るという、伝説の一般的特徴のなかに反映されている。次の抑圧期は、われわれがシラーの『ドン・カルロス』及びその類似作品を範例として示した通り、このコンプレックスを二つの成分に解体する。つまり母親への愛着は、依然として存在する願望成就傾向のため（母親の若返り、許嫁譲渡）継母への愛着に、あるいは更に父親と共通の恋人ないし父親の許嫁に対する愛着へと弱められる。一方父親憎悪は、母親への愛が断念されることによって強くなり、そのリビドー的な反抗から分離してアブノーマルな転移と誇張のうちに現われる。抑圧の進行線上にある一連の継母空想を知ったわれわれはまた、父親と息子との戦いという、ほとんどすべての民族の伝説において繰り返し現われる広範なモチーフの跡を発展史的に辿っていくことも出来る。このモチーフは、古い伝承のなかでわれわれが出会うものであるにもかかわらず、心理学的にみて既に二重の抑圧、それどころか往々にして何重もの抑圧の産物なのである。第一に、たいていは熾烈で厳しい親子の戦いは、伝承においては性的な敵対関係からは分離されて描かれる場合が多い。第二に、息子はその敵が誰であるのかを知ってこれを倒すのではなく、戦いは相手がわからぬままに開始され、最後まで続けられる。そして敵が死んだのち初めて、その人間と勝者との血縁関係が判明するのである。しかし、心理学的にみて父親への成長段階であるとわれわれが性格付けたところの第三の抑圧期が始まって、悔恨の情を含んだ父親的感情の立場をも伝説が顧慮に入れているケースも幾つかあって、その場合には戦いは決着がつけられないままに終る。そこでは、戦いが終る以前に相手の正体がわかるか、死ぬよう定められている第二の代用的人物（父親の分身）が導入されるか、あるいは最後に、悔悛的な自己処罰へと至る抑圧段階の息子が、父親の手にかかって斃れるかする。われわれが大雑把に集めたにすぎない以下の伝承においても、通常戦いは血縁関係が判明しないままに戦われる。われわれはこのモチーフ形成を抑圧のひとつの表現であると性格付ける訳であるが、しかしだからといって、この戦いが例えば神話的な観点からして、相手がわかっていて行われる戦いよりはもっと古い伝説のなかに残されているに違いない、などと主張するつもりはない。唯われわれの主張したいのは、この親子の戦いが、心理学的にみてこのような前段階を前提としているということだけである。われわれは、神話形成つまり共同社会における願望充足は、個人的な空想の抑圧があって初めて開始されるものであると考えねばならないのであるから、これと関連する最初の神話的産物には既に抑圧の烙印が付着している、即ち神話の本質は、より原始的なもの、しかし既に抑圧されたものへの物語られた記憶であると言っていいであろう。

　カルロス・テーマに関連してわれわれは、父親と息子の戦いの原因がまだ明瞭に性的な敵対関係のなかに認められる伝承、しかしシラーのカルロス劇と全く同様息子の殺害をもって終る伝承から出発することにしたい。それはアイスランド＝ノールウェイのイエルムンレク＝スヴァンヒルド伝説である。

　強大な王イエルムンレクは腹心ビッキの助言に従って、グードルンとジーグルドの娘スヴァンヒルドを妻に所望する。息子のランドヴェルがその婚約者を迎えに赴く。腹黒いビッキは、この二人が道ならぬ関係にあると言って王に偽りの告発を行う。そこでイエルムンレクは息子を絞首刑に処し、またスヴァンヒルドの方は荒馬で踏み殺される（イリチェク『ドイツの英雄伝説』による）。

われわれはここに幾つかの周知の特徴を再び見出す。そのひとつは、ローペのカルロス劇におけるような、息子が父親の婚約者を迎えに赴くという設定、そしてまた、わずかな嫌疑を他人から吹き込まれただけで即座に父親が息子の罪を信じ込んでこれを処刑するという心理的特徴がそれである。

更にこれに属するものとして、エムリカとフリティラの登場するハルルンゲン伝説がある。ジビッヒはこの二人の叔父エルマンリッヒに、彼らがエルマンリッヒの妻である王妃に秋波を送り、彼女にうるさくつきまとっていると中傷する。甥たちの不遜な行動への怒りと、彼らの所有する宝物への欲とに駆られたエルマンリッヒは、彼らの世話役であるエッケハルトの不在中に奸策を弄してこの二人を捕えて絞り首に処す。ここでは夫の嫉妬と憎しみはその甥たちに向けられているのだが、しかし北欧伝説によればエルマンリッヒは嫉妬から自分の息子を殺させている。のちになって行われたこの息子から甥への転移についてイリチェクは次のような説明を試みている（前掲書）。「エルマンリッヒをして自分の息子と甥たちを嫉妬から処刑させたモチーフが、二度にわたって無関係に伝説に取り入れられたのでないことは確かである。この二つの類似ケースのひとつは他のそれの原型であるに違いない。この伝説が、殺される妃をエルマンリッヒの妻に仕立て上げた時、——これは既にドイツにおいても行われていたに違いない文学的集約のひとつの過程であるが——同時に彼女の死のもうひとつ別の理由付けが必要となった。そしてこの理由付けは、若い妻と継子の間の愛という、古くからのモチーフのなかに最も適切に見出された。ハルルンゲン伝説の場合、エルマンリッヒの残酷な行為を説明するにはハルルンゲン家の黄金の財宝だけで充分である。つまり物欲と嫉妬が二重のモチーフになっているのである。他方これに対してのちのドイツの伝説においては、息子の処刑がいかなる理由付けをも欠いており、それが父親の物欲によっては決して動機付けることが出来ないということは確かである。ここでは明らかに、より古い北欧伝承がこの関連において保持していた嫉妬のモチーフが脱落している。なぜなら、スヴァンヒルド伝説は忘却されていたのである。」ミュレンホッフの詳細な研究によれば、ハルルンゲン伝説には、双子の神についての古い神話が基礎になっている。それによると、この二神は主神イルミンティウスに太陽を花嫁として世話することになっていたのに、その義務を忘れてしまい、みずから彼女を自分のものにしようと思うに至り、怒った神に殺されるというものである。[1] 本来は性的な敵対関係から生じる（スヴァンヒルド伝説）ところの、父親による息子の殺害を意識的に正当化するために、物欲という副次的なモチーフがのちになって取り入れられた。父親と息子の関係がわからなまいままに戦いが行われる伝説になると、たちまち性的なモチーフも後退する。オルトニートとアルベリッヒについてのドイツの伝説ではまだ、母親を巡っての敵対関係が暗示されている。

怠惰な生活に倦きて戦場へ赴くオルトニートは、出発に際して母親から魔法の指輪をもらう。旅の途中で彼は、とある森のなかで地面に眠っている人間の姿を見る。その男は立派な装いに身を固めていたが、子供ほどの背丈しかなかった。彼がその小人に手をかけたところ、この男は猛烈な一撃を彼に与えた。そのため、一二人の男の力をもつさしものオルトニートも息の根が止まるほどであった。そこでアルベリッヒは彼からうまく例の指輪を奪い取る。この指輪は、彼に相手を見る力を与えた。彼は、オルトニートの母親について自分の言いたいことを言わせてくれるという条件でこの宝石を返却しようと申し出る。長らく躊躇したのちにオルトニートはこれに同意する。だが彼が指輪をはめ、小人を眼前に見るやいなや、たちまその首をつかんで、「さあ、お前はもう俺の意のままだ。なんとでもしゃべるがよい。但し生命が惜しければ俺の母の悪口を言うのはよせ！」とこの男に向かって叫んだ。彼は短刀を抜いて丸腰の小人を刺し殺そうとした。ところが相手は平然と語り始めた。「お前がわしを殺そうというのなら、息子が父親を殺すことになるのだぞ。」そう言われてオルトニートは武器を引っ込め、怒りに震えながら言った。「なに、お前が俺の父親だというのか？　なんとも奇妙なことだ、話してみるがいい！」「よろしい」と小人は続けた。「お前がわしの話を聞くつもりなら本当のことを教えてやろう。お前の両親は結婚して長い間幸せに平和に暮らしていた。だが二人の願いがひとつだけ叶えられないでいた。彼らの国の世継ぎとなるべき息子が二人には授からなかったのだ。ある日妃は寝台に腰掛けて、いつものように自分の運命を嘆いていた。その時このわしが彼女の部屋へ入ってゆき、彼女が長い間願っていたものを授けたのだ。」この話を聞いたオルトニートの心は憂いに沈み、アルベリッヒからもらった甲冑に身を固め、再び故郷に戻って城門の前に立った。そこで彼は、自分は異国から参上した騎士であると名乗りを上げ、衛兵には、自分は主（オルトニート）を殺したのだと言う。母親の姿を見た時初めて彼の心の闇が晴れる。

われわれはこの伝説のなかに、典型的な少年空想がそのかたちを変えて現われているのを容易に認めることが出来る。それは、自分の母親が不実であるためみずから父親の位置に身を置いて、自分自身と同じような子供を母親に作ってやるという空想である。母親を誘惑する行為はここでは小人アルベリッヒに転嫁されているが、しかし主人公みずからを強力な父親（一二人の男の力をもつ）に仕立て、また父親を小さな子供（自分の子供）に仕立てている限りにおいてこのアルベリッヒと同一化している。但しこの小さな子供は、父親が子供に対してなし得るのと全く同様、猛烈な一撃をもって彼の意識を失わせることも出来るのである。いつもは見えないものを見せてくれるこの魔法の指輪は、他の場合でもそうであるが(2)、ここでもまた両親の同衾を盗み見することを可能にする。この同衾は、まさに見る力を与えられたアルベリッヒによって語られるのである。息子が父親と同一化し母親を軽蔑する（「おれの母の悪口を言うのはよせ」）きっかけを与えられるのは、ほかならぬこの盗み見という状況からである。ここに描かれているのが、息子のもはや実現不可能な空想であるということは、有利な立場にある父親を相手にしての彼の諦念から、またその結果として生じる自殺への意志（自分自身を打ち殺した、という言葉）を伴った憂鬱からみて明らかである。

相手の正体がわからないままに最後まで続けられる父親と息子の戦いで、いかなる動機付けからも完全に孤立しているものがある。それをわれわれは古代ドイツのヒルデブラントの歌で、現在残されているひとつのエピソードのなかに見出すのだが、これはおよそ紀元八〇〇年に、それ以前の写本に従って記録されたものである。このエピソードの内容は、敵軍の前で行われるヒルデブラントとその息子ハドゥブラントとの間の対話によって語られる。ヒルデブラントは三十年前ディートリッヒがフン族の陣営へ逃亡するのに同行し、今戻ってきたところである。その時彼は、当時まだ小さな子供であった息子を後に残して出かけたのだが、その息子は今、眼の前にいるのはお前の父親なのだという老人の誓言を信じようとしない。

「父は哀れな乙女と、年端もいかぬ子供を部屋に置き去りにしてこの国を後にした。……
もはや父は生きてはいない筈……。」

老人はなお息子に一本の腕輪を与えようとするが、息子の方はそこにも裏切りを嗅ぎつけてこれを受け取らない。そこで、相手が自分の息子であることを誰にも信じさせることが出来ず、また両軍の注視するなかで臆病者の汚名を着せられるのをいさぎよしとしない老人は、心を鬼にして戦うことを決意する。

「今やこのわしは、愛する子供の刃のもとに倒れるのか、
あるいは、息子のために破滅の道を歩まねばならぬのか。」

だが八世紀に書かれたこの断片は戦いの最中で中断されており[(3)]、従ってその決着はつけられていない。しかし断片全体の組立てとその調子からして悲劇的な結末が予想される。イリチェクによれば、ドイツの伝説に拠っている古アイスランド伝説からすると、息子が父親の手にかかって死ぬという結末が想定されるという。他方もっと新しい伝承（ティドレク伝説、ドイツ民謡）はこの戦いを和解で終らせている[(4)]。つまりここでもわれわれは、抑圧の傾向と緩和の傾向が働いているのをみる。それゆえ、最も古いものの場合にも――それとは知らないで行われるものではあるが――父親の殺害で終る結末をわれわれは想定しなければならない。その可能性は、父親がやがてきたるべきみずからの破滅を二度にわたって強調している最後の二行の詩句によっても高くなる。時代が進むと今度は、悔恨に満ちた父親感情の変化が、息子の殺害という結末をもたらすようになるが、一方更にのちの感傷的なある時代は、精神的な葛藤を和解によって解決した。いや増してゆく罪感情のこの変遷をみると、伝説によって恐らくは個人的にも共感を

覚えた写し手が、その伝承で既にぐらついている結末部分の直前で写本作業を中断し、読者にそれぞれの個人的な感情に従ってその結末部分を補うように仕向けたということもまた偶然ではないと考えられる。われわれはここで、文学的創造の際に設定した原則を神話形成と伝説に移し置いて差し支えない。なぜならわれわれは、この原則が応用され確認される機会をしばしば見出すことになるであろうからである。ドラマにおける相反する登場人物たちが、単に作者の意識のなかにある対極的な精神の立場を代表する役割を果たすものなどではなく、精神的葛藤、無意識的な感情分裂の必然的な表現であるように(5)、神話的伝承においても、同じテーマが逆な風に、あるいは異なった風に取り扱われているのは、精神的葛藤から生じた矛盾の結果であることがわかる。それゆえこれらの伝承異本は、心理学的な分析や綜合に際しては相互に補い合うものである。

ヒルデブラントの歌における決闘のエピソードの先駆的作品ならびに広く知れわたっている類似作品の跡を追って調べる前に、恐らくはもっとのちのものであろうと思われるひとつの伝承を挙げておきたい。この伝承は、――既にわれわれにはおなじみの近親相姦コンプレックスの二面性をもって――父親憎悪モチーフの緩和に基づいて、この憎悪が母親との関係に由来していることをより明瞭に示している。それは、マリー・ド・フランス(6)によって文学的に改作されたミルンの伝説である。この主人公をヘルツはブルターニュのヒルデブラントと呼んだ(7)。

勇敢なる騎士ミルンはある娘を身籠もらせる。その結果を怖れる彼女は、子供を遠くに住んでいる彼女の姉のところへ預けて育ててもらってはどうかと彼に勧める。彼女がミルンからもらった指輪と、父親の名前がしるされてある一通の手紙が、いつの日にか父親を見つけ出せるようにとその子供に与えられた。子供の誕生とその処分のあとミルンは武者修行の旅に出る。娘の方はさる男と結婚するが、夫から不倫の妻だと言われて投獄される。物語にはこの後、息子が成長するまで二十年の休止期間が挿入される。この間ミルンとこの堕落した恋人とは、伝書鳩として使われた白鳥の助けを借りて消息を伝え合う。この期間が経過したのち、成長した若者は父親を捜す旅の途次ブルターニュへやって来る。その地で彼は、勇敢な騎士としての真価を発揮して、立ち向かう敵をことごとく打ち倒す。ミルンは、これまで微塵も揺らぐことのなかった自分の名声に不安を覚える。長い平和な時を過ごした彼は、再び打って出てその異国の騎士と相まみえ、その後で息子を探そうと決意する。お互い相手を知らぬままに二人は決闘で激しくぶつかり合う。ついに若者が老人を馬から突き落とす。その時相手の兜がずれ、その白い髪が若者の眼にとまった。しかし彼はこの優勢を利用することをせず、相手が不利な立場から再び立ち直れるよう、これに馬を連れて行って与えた。その時老人は、若者の指にはめられていた指輪に気付き、これまで自分はこんなに勇敢な英雄と戦ったことはないと言って、相手の両親が誰であるのかを尋ねた。若者は自分の出生と少年時代のことを詳しく物語る。二人は指輪と手紙によって、自分たちが親子であることを認め合い、そして若者は、母親をその憎むべき夫の暴力から救い出し、彼女を父親の許へ連れて行こうと決心する。

「息子は叫んだ、わたしは必ずあなたを
わたしの母と一緒にしてみせます。
わたしは母の夫を殺しに出かけます、
そしてあなた方の苦しみを取り除いて、平和を作ってさしあげます。」

しかし、母親が囚われている城への途次彼らはひとりの使者に出会う。彼は、たった今彼女の夫が死んだ、だから彼女は今や自由の身になったのだと告げる。

「美しい息子を認めた彼女は、
心と手をもって神に感謝を捧げた。
息子は、そうすることが両親の気に入るかどうかを
尋ねないで、母親を静かに
父親のところへ導いて行き、これを妻として迎えさせた。」

われわれは、ヒルデブラントの歌に酷似しているこの後世の伝説のなかに、さまざまな改作によって形を変えられ、感傷的なものへと変化したオイディプス神話を容易に認めることが出来る。この神話の元の意味に従えば、息子は父親を殺し、そしてみずからを——ここでのように父親をではなく——母親と結び付けるのである。またわれわれは既

にハムレットの分析によって、母親の二番目の夫を、一方では父親への憎悪心をなんの制約も受けないで完全燃焼させ（ここでは息子が母親の夫を殺そうとしている）、他方では、一体化への途次にある息子がその抑制された近親相姦空想を実現するために役立つところの代用的人物として理解しているのであるが、このような認識に立つならば、伝説形成はその心的なメカニズムと傾向に左右されながら行われるものであるということがわれわれには理解される。そうすると、ここでは継父（二番目の夫）もまた——ハムレットの場合に似ているが——息子には殺されないで、ずっと穏やかに弱められたかたちで自然死を遂げるということは、もはや大きな意味はもたないであろう。父親に対する計画的な復讐は、母親が夫からひどい扱いを受けているということで動機付けられることをわれわれは既に、救出空想の典型的なものとして理解している。この空想は、父親と一緒にいては不幸な母親が息子によって解放されるというものである。しかしまたヒルデブラントもミルンと全く同様、その不幸な恋人と小さな子供をあっさり捨てたのであるから、母親をひどく扱ったかどで息子から罰せられるという可能性も出てくる。われわれに残されている断片のなかで、ハドゥブラントがこの点で父親に向かって行う非難もこのことを示している。

「父は哀れな乙女と、年端もいかぬ子供を
部屋に置き去りにして、この国を後にした。」

しかし、母親が不幸であり、母親は救済を憧れ求めているのだというこの想像、そしてまたそれに照応する救出空想は、それ自体決して根源的なものではなくて、少年時代の後期に行われるところの、母親の愛に対する自分自身の憧れの合理化であり、この憧れが今度は解放を求める母親の憧れによって正当化されるのである。この空想はその本来の源を極めて早い少年時代にもっている。この頃子供は生物学的な性の役割を知るようになるが、その場合彼は喧嘩遊びの経験から、父親が母親に何か暴力を加えている（フロイトによる「性交のサディスティックな解釈」）、だから母親を彼の暴力から解放しなければならない、という考えを抱くようになる。母親のそばにあって父親の位置を占めたいという、継父（二番目の夫）に体現されている願望もまたこの状況から出たものである。先ほどの伝説においてはこれらのモチーフのすべてが感傷的なものへと変化してしまっている。父親殺しの代りに、もっとのちの精神的発展期に属するところの父親救済がみられる。これがやがて更に進んで、償いの意味をもった父親のための復讐（ハムレット）へと至るのである。ミルンは相手の白髪を見て心を動かされ、自分の優勢な立場を充分に利用しないで、むしろ、怒りに燃えて英雄の名誉を守るべく戦うこの敵になおも有利なチャンスを与えることによって、それとは知らぬ父親の生命を救うのである。オイディプス神話においても、あの有名な三つ辻で、息子と、そのまだ正体の知れていない父親との決闘が行われる。しかしそこでは、悲しむべき錯誤であることがわかるのは殺害行為がなされてずっとのちになってであるのに対して、これらの場合には犯罪が行われる以前にそれが判明する。しかもそれは指輪と手紙によって判明するのであるが、これらの小道具が、父親に反抗し母親を強く求める息子の典型的な認識標であることをわれわれは既に『英雄誕生の神話』についての研究から知っている（本書第九章における神話も参照されたい）。ヒルデブラント断片においても、父親が息子に渡そうとするが息子の方がこれを怪しんで拒絶するところの指輪が出てくるが、この指輪の演じる役割はもはや完全に明白なものではなくなっている。しかしわれわれは、もともとはこの指輪が、殺された父親の身元判明に役立ったのだと考えて恐らく差し支えないであろう。というのもオイディプス伝説においても、息子の恐ろしい所業を証すのはこのような認識のしるしである（穴のうがたれた足）。さもなければオイディプスもハドゥブラント同様、眼の前にいる相手は父親ではなく、自分はあの捨てられた息子ではないのだと固く信じ続けるかもしれない。同様にオイディプスにおいては、相手が母親であることが発見されるのは近親相姦が成就されたのちであるのだが、ヒルデブラント伝説では、事態が感傷的なものへと強く変化するのに伴って、母親と息子の関係が既に前もってわかってしまうので近親相姦は不可能となる。一般に、近代劇において愛の場面が占めるのと同じ大きな位置をギリシャ劇において占めていた発見場面（フライターク『ドラマの技巧』八八頁以下）の与える情動的効果は、近親者たちが相手の正体を知らないままに戦ったり（父親と息子、兄弟同士）、あるいは結婚したりする（母親と息子、兄弟姉妹）かもしれないという、恐ろしくはあるが最終的には救済によって実現されない可能性(8)の上に成り立っているように思われる。従って、相手のわからぬままに行われる父親と息子の決闘は、それとは知らぬ母親との結婚の敵対的な相対物をなすものである。そして、たとえ多くの伝説においてはこのような決闘だけが物語られているにしても、しかしこの二つのモチーフを心理学的に矛盾なく結び付けているオイディプス伝説は、息子が父親を殺すのは母親を所有するためであるということをわれわれに教えてくれている。しかし、この二つの行為が相手の正体のわからぬままになされるという事態は、この二つの幼児願望の抑圧という心理学的事実を反映しているにすぎない。この抑圧が進行するとやがてそれは父親殺害衝動の孤立化へ、更にはその衝動が抑圧されて（弱められて）、父親の救済と父親のための復讐という事態に立ち至るのである。

　ケーラーはマリー・ド・フランスの歌物語の注釈（九六頁以下）で、興味ある類似作品を指摘している。「『ミルン』の物語の最後の部分ともうひとつ別のフランスのある歌物語は大きな類似性をもっている。つまりそれは『ドーンの歌物語《レ》』で、G・パリスによって一八七九年〔ロマーニア〕誌上（第Ⅶ巻、六一—六四頁）で初めて編集され、それまでは『シュトレングレイカル』（第Ⅸ歌、ドヌスの歌）というタイトルでの古北欧語による散文訳でしか知られていなかったものである。」ブルターニュの騎士ドーンは——物語はこのように語っている——求婚者に課せられたさまざまな試練を克服してエディンバラの女王を獲得するのだが、結婚式を終えて四日目の朝には早くも妻を残して旅に出る。別れ際に彼は黄金の指輪を妻に渡して、もしお前が息子を生み、そしてこれが大きくなったらこの指輪を与えてフランスの王のところへ送り出すようにと言った。やがて妻にはひとりの息子が授かり、彼が馬に乗れるようになった時、彼女はドーンの指輪をもたせてこれをフランスへ送り出した。その地で彼は立派な騎士となる。ブルターニュのモン・サン・ミシェルでのある槍試合で彼とその父親は、お互い相手を知らないで一戦を交えることになる。息子が父親の腕を負傷させ馬上から突き落とす。試合後ドーンはその勝利者に手を見せてくれと頼む。その指の一本に自分の指輪を認めた彼は、自分が父親であると名乗り出る。そのあとで二人は英国へ向かい、息子は父親を母親のところへ連れて行く。

つまりこの二つの詩においては、モン・サン・ミシェルの槍試合で息子が父親と戦い、これを馬上から突き落とす。そしていずれの場合にも父親は相手のはめている指輪によって息子であることを発見する。

既にG・パリスはこの二つの歌物語の大きな共通点を指摘しているが（前掲書、六〇頁）、しかし彼は、これらが同一の作者のものであると確信をもって言うところまではいっていない。この伝承がミルンと一致していること、またオイディプスコンプレックスの後裔に近付いているということは、われわれが更にパリスの別の注釈（三二三頁）を読めばもっと可能性は高くなる。この注釈は『ドーン・ド・ラ・ロッシュ』においても、また『ドーン・ド・マイヤンスの幼年時代』においても、窮状からの母親の救出を強調しているのである。

ここでわれわれは、特別なコメントをつけないで、父親と息子の決闘を描いた類似作品――これらは広く知られたもので、また驚くほどの共通点をもっている――を跡付けることになるのだが、その内容豊かな構成の大部分をわれわれは、残念ながらあまりにも早く夭逝したラインホルト・ケーラーのたゆまない収集作業に負っている[9]。たいていの伝承においては、激しく非情な決闘についての動機付けが全く行われていない、あるいは行われていても不充分であるが、このことは、この戦いが、早い時期に抑圧を受けて意識されなくなった本来の性的な敵対関係から分離した結果であることをわれわれは知っている。ほとんどすべての伝承においては息子の方が斃れるが、これは、性的な敵対関係が進行して父親関係そのものへ移行する抑圧（報復）に照応している。一方他の伝承では、この戦いに決着がつかないか、あるいは発見や感傷的な和解をもって終っている。

ヒルデブラント伝説についてイリチェクは次のように述べている（前掲書）。「ヒルデブラントのモデルとなっている歴史上の人物は、忠実なゲンシムントである。名前が変ったのは、――おそらくはドイツにおいてであろうと思われるが――この伝説の中心が、父親と息子との戦いから主人公自身へと移された時であった。」この伝説は広く知られており、アイルランド人たちは既に八世紀に、父親クークリンの手にかかって悲劇的な死を遂げたコンリについて歌いかつ語っていた。またディートライプについて中高ドイツ語の詩『ビテロルフ』（一三世紀初頭）は、彼がスペイン王ビテロルフの息子であり、この王は妻を後に残してフン族のもとへ逃亡したことを語っている。成長したディートライプは父親を捜すべく故郷を後にし[10]、放浪の旅を重ねた末エーツェルの許にやって来る。ポーランド人征伐軍に参加した彼は、同じくフン族の軍隊にいた父親と合戦の混乱のなかで出会う。これを敵だと思い込んだ彼は父親と戦うことになる。しかしディートライプの振る刀剣ヘルヴィヒの響きが発見をもたらす。父親と息子は歓喜してお互いを認め合い、エーツェルの許へ帰ってくる。エーツェルはビテロルフにシュタイアーマルクの領地を封ずる。ティドレク伝説はこれを全く異なった形式で語っている（イリチェク、一〇七頁注釈参照）。グリム兄弟はヒルデブラントの歌についての著作の中で、更にそれ以後におけるドイツの類似伝説を挙げている[11]。オルガー・ダンスケの長編小説では、ガルダーがそれとは知らないで自分の父親であるデンマーク王ゲーデと対決する。二人は死力を尽くして戦うが、最後に彼らの血縁関係が明るみに出る。パルトゥリアンとヴィガマーは戦う前に自分たちの親子関係を発見する[12]。ボーグスヴァイガは、これまで一度も会ったことのない息子と決闘することになるが、彼がこの若者の母親に目印として残しておいた腕輪によって初めて息子であることを発見する[13]。

オシアンの最も美しい詩『カルトン』もまた同じ題材を扱っている。クレサモールは息子カルトンの顔を一度も見たことがなかった。なぜなら彼は息子が誕生する前に逃亡しなければならなかったからである。そのため彼は、今自分が対峙している相手が息子であることを知らない。老ヒルデブラント同様カルトンは、この敵がもしかして父親ではないかという予感がしたので戦いを避けようとする。しかし父親は――ヒルデブラントの歌における息子のように――戦い続けることを主張し、相手の脇腹を刺す。息子は父親の名前を口にしながら死に絶える。ことの真相を知った父親は悲嘆のあまり四日後に世を去る。

決闘を執拗に主張する側が勝利者であるという、心理学的にも筋の通った事態から、ヒルデブラントの歌の場合にも父親の死が元のテキストの結末であったものとわれわれは結論したいと思う。心の内に疑念を抱いたまま戦いに臨む者はその力を充分に発揮することが出来ず、従って先に斃れることになる。仮にヒルデブラントの歌で父親が勝利者であったとすると、彼は息子であることを認めた相手を意識的に殺すことになったであろう。それゆえ、まさにこの決闘の結末がこのようにさまざまな変更を受けてきたのである。ヒルデブラントの心に囁きかけ、カルトンにも決闘をやめさせるあのミステリックな「血の声」は、心理学的にみると内面的抵抗のこの不決断――これは矛盾を孕んだ幼児的立場から生じる――の表現であるにすぎない[14]。ある時には息子に勝利を与え、ある時は父親を勝たせる、あるいは両者相互の発見や和解へと導くこの感情の揺れ動きは、ムロムのイリヤに関するロシアの伝説に極めて明瞭に表われている。ここでは主人公が、それとは知らず息子と戦ってこれを殺すのである[15]。「ハッピーエンドで終る歌も幾つかないわけではないが、それらは未完であったり、また欠陥のあるものである。奇妙なことに、これらすべての歌においては戦いが二つの部分に分けられている。最初の部分では常に息子が勝利者で、イリヤは破滅寸前に追いやられる。しかし彼は最後の力をふりしぼって息子を打ち負かし、三度催促して相手の名前を聞き出す。それが妾腹の子であることを知った彼は息子を解放してやる。息子は母親ラティゴルカのもとに帰って来て、父親の言ったことが本当であることを知らされる。そこで彼は、自分と母親の恥辱のために復讐することを決意する。彼は眠っているイリヤを襲うが、眼覚めた相手によって地面に叩きつけられる」（ビストロムの『ロシア民族叙事詩』、第Ⅵ巻、一三二頁以下）。この興味深い伝承のなかにわれわれは、父親への憎悪の抑圧進行のみならず、この憎悪心の母親コンプレックスからの由来をも明瞭に認めることが出来る。息子が勝者として残る最初の部分は父親殺害という一番元の傾向をまだ明瞭に示しているが、この傾向はやがて息子の敗北へと、そしてまたこの伝承におけるように恩赦（助命）へと弱められることになった。しかし第二の部分は、その基礎をなしているオイディプスコンプレックスを疑問の余地なくはっきりと示してくれる。この場合息子が妾腹の子であるということは、少年少女向け家庭小説の意味での正当化には役立っても、全体の事態の緩和にはあまり役立たない[16]。母親に恋慕した息子は、母親が父親との性行為によって傷つけられるのではないかと考えるのであるが、この考え方はここでは、息子が母親の実子ではないことによって正当化（合理化）され、また息子が眠っている父親の殺害を試みるという設定は、両親の寝室における幼児期の状況をもはっきりと物語っている。まさに寝室においてこそこのコンプレックスが決定的に強められ定着化されるのである。息子の殺害は第二部において実際に行われるが、このことは伝説の第一部において既に暗示されている悔恨を含んだ緩和の傾向に合致するものである。既に述べたが、もう一度ここで繰り返しておきたいのは、われわれは、最も古いテキストにおいて行われたであろうモチーフ形成を再構成するために、専ら心理学的な評価のみを要求するのであって、文学的評価を要求するものではないということである。父親の殺害、あるいはそれに留まらず意識的に行われる父親暗殺がみられるもっと古い伝承が存在したということは考えられるが、しかしそのことが絶対に必要であるという訳ではない。現在あるこれらの伝承は二次的な形成であるという解釈は、それらの心理学的な前段階にのみ関わるものであって、この段階が文学的に反映されたかどうかは問題ではない。しかし、個々人の精神生活についての精神分析的研究と、伝説伝承の顕著なメルクマールが示している通り、息子の殺害をもって終る伝承は、父親への息子の反抗——これは最も古い段階では成功していたのである——に対する反作用の産物としてのみ解釈され得るように思われる。

特に強調するに価するのは、フィルドゥシスの皇室本（『シャー・ナメー』、ゲレス訳）のなかで語られている有名なエピソードで、ここでは有名な主人公ルステムがそれとは知らず息子のソーラブと決闘することになっている。[17] ここでも、まだ少年の域を出ないソーラブが、ルステムの愛人としてしか扱われなかった母親ターミナーの恥辱に復讐するため父親を捜しに旅へ出る（彼女は上半身女性、下半身は蛇である）。[18] ルステムはかつてイランから外国への遠征の途次、彼に援助を申し出たトゥーラン地方の領主の娘と秘かに結婚したが、ヒルデブラント、ミルン、またその他の伝説に登場する父親たち同様、結婚直後彼女を置き去りにする。最後に父親と息子はお互いの正体を知らないままに対決する。ヒルデブラントの歌では父親が何か漠とした予感を覚えて戦いを中止するのだが、このイラン伝説では逆に息子が不吉な暗い思いに捉われるが、一方父親は——ヒルデブラントにおける息子と同じく——和解の申し出を信用せずこれを拒絶する。こうしてイラン伝説は、アンビヴァレントな立場を顧慮に入れた二者択一の状態が何度か繰り返されたのち、息子の死をもって終るのであるから、われわれはそこに、ヒルデブラントの歌ではもともと父親の方が斃れることになっていたとするわれわれの解釈が裏付けられているとみて差し支えない。それというのもわれわれは、その時々に二人の戦士のいずれかを襲う暗い予感は、直前に迫っている彼の死に繋がっている（ヒルデブラントの歌では父親が、イラン伝説では息子がこれに襲われる）という結論を出さねばならなかったからである。しかしルステム伝説もまた現在残されているかたちでは、心理学的にみて最も古いであろうと思われるモチーフを示してはいなくて、そのことは、状況のめまぐるしい移り変わりという点で先に挙げたロシアの伝承を想起させるこの決闘の細部が物語っている。フィルドゥシスにおいてこの戦いは数日にわたって続けられ、三度新たに始められる。しかし奇妙なことに、第二ラウンドでは有名な英雄である父親が、まだ子供子供した息子に屈するのである[19]。鞘から短剣を引き抜いたソーラブは、相手が父親であることをまだ知らず、早くもその首を胴体から切り落とそうとする。その時父親はある策略を思いつく。即ち彼は、勝者が敗者を殺すのは二度目にこれを倒してからでないと許されないという国のならわしを引き合いに出す。かくして第三ラウンドが開始されるのだが、しかしカルステムはその前に、神に祈願して巨大な力を再び獲得する。この力の一部は以前みずからの希望で彼から奪い取られていたのである。今度はこの巨大な力に圧倒されたソーラブの方が、まるで葦のようにくずおれる。瀕死の重傷を負った彼は父親に身分を打ち明け、母親から授かっていた縞瑪瑙によって二人の血縁関係を実証する。

われわれは、エーレンライヒによって伝えられた父親と息子の決闘に関するポリネシアとアメリカの類似物語があるということを指摘するだけに留め[20]、次にわれわれにとって重要で最も興味深く、最も価値あるギリシャの伝承に眼を向けてみたい。それは、相手が誰なのかわからないままに行われる父親と息子の戦いを取り扱った同じ伝説を、二つの特異な、そして心理学的にみて相互に補い合っている異本においてオデュッセウスへと移し置いたものである。これらの伝承は主としてギリシャの悲劇作家たちによって、特にソポクレスの断片によってわれわれには知られている。このことは、オイディプスの作者の素材選択、それとともに彼の心理学を洞察する絶好の機会をわれわれに提供してくれる。このアッティカの悲劇詩人の他の作品中にも無意識的な父親殺しが扱われているのを発見したとしてもわれわれはそれを不思議には思わないだろう。かくしてソポクレスはオデュッセウス伝説のこのようなひとつのエピソードをその悲劇『鱏《えい》のとげで殺されたオデュッセウス、または脚湯』において取り扱ったようであるが、物語の進行してゆくなかでオデュッセウスは自分の妾腹の息子たちのひとりでキルケーの息子テレゴノスによって殺される。この悲劇自体は残っていないが、しかしその内容は、これまた同様失われてはいるがその断片がより多く残されているローマの詩人パクヴィウスの悲劇『ニプトラ』によって補うことが出来る（リベック『ローマの悲劇』による）。

オデュッセウスは、自分の息子によって死に至らしめられるであろうとの神託を下されていたので、正統の息子テレマコスには用心し、彼と行動をともにすることをみずからに禁じさえした。ある時、キルケーが彼に授けた息子テレゴノスがイタカへやって来て、夜になって自分の知らないオデュッセウスの宮殿へ侵入しようとした。ひとびとが彼の侵入を妨げようとした際に物音がして、それでオデュッセウスは眼を覚ます。息子のテレマコスが夜陰に乗じて襲って来たのだと思い込んだ彼は、抜き身の剣を携えて急ぎ出て行き、暗闇のなかでテレゴノスと戦う。この切り合いで彼は傷を負い、それが因で死ぬ。

ここでもまた、物音で眼を覚ましたオデュッセウスが直ちに、息子の襲撃だと思い込む設定は特徴的であって、それは、フィリップ王やテセウスが、息子が憎むべき行為を犯したという中傷を聞いてもさして驚かなかった事態とよく似ている。従ってオデュッセウスの場合もこれと同じような怖れの念が働いていることが前提とされ、そして息子の手にかかって果てるであろうと預言した神託は、この無意識的な怖れのひとつの投影表現であるにすぎない。これは、免れ得ない神託の運命が誤って解釈されている点でオイディプスの神託を想起させる。つまりオイディプスが自分の育ての親ポリュボスを神託で言われた父親だと思い込んだように、オデュッセウスもまた、息子テレマコスが神託で告げられた父親殺しであると誤解し、もうひとりの息子テレゴノスのことは考えに入れていない。[21]

しかしこのアッティカの悲劇作家においても、人間的に成長し芸術的な円熟を獲得してゆくなかで、復讐への恐怖から生じるところの、息子から父親へと生成してゆくあの重要な変転過程がみられたに違いない。もちろんわれわれはこの過程を、シラー（第三章）あるいはシェイクスピア（第四章）におけると同様伝記的文学的資料不足のため、ここで細部にわたって実証することは出来ないが、しかしこの過程はその素材選択に決定的に表われている。それというのも、この悲劇詩人はのちになるともはや父親殺しや母親との近親相姦には向かわないで、息子の処罰と、穏やかなかたちに弱められた（継母近親相姦）、あるいは完全に阻止された近親相姦（テレポス）を取り上げるようになるのである。ソポクレスの個人的事実について報告されているわずかな事柄は、われわれの次のような解釈を極めて可能性の高いものにしてくれるのに充分である。即ち、このギリシャ悲劇作家の素材選択もまた、あの時代の趣向に従って、また既存の伝承を基礎にして行われたのではあるが、しかし個人的な要素によって決定的に左右されているという解釈である。[22]クリストによれば（『ギリシャ文学史』）、ソポクレス自身に何人か妾腹の子供があったと言われている。その他彼には、妻ニコストラテーとの間に生まれた正統の息子ヨポンがいたが、この息子もやはり悲劇作家であり、しかも父親と賞を競い合ったのである。この父親と息子との間に重大な不和があったことについても報告がなされている。息子は父親が精神錯乱であるとしてこれを親戚の者たちに訴えた。ソポクレスが自分の精神の明晰であることを、『コロノスのオイディプス』のアテーネーを賛えるコーラスの一節をみずから朗読することによって証明したと言われているのは有名な話である。これによって裁判官たちが彼の放免を宣言したということである。同じくコロノスの『オイディプス』でソポクレスは、ポリュネイケスとエテオクレスの二人の息子によるオイディプス虐待、つまりオイディプスの父親殺しに対して息子たちが加えた処罰を描いているが、ここで彼は恐らく、父親を憎む息子から、息子によって憎まれる父親への彼みずからの生成変転を表現したのである。息子から父親へのこの感情の推移はやがてもうひとつ別の、同じくオデュッセウス伝説から取られた物語をドラマ化した作品のなかにその完全な芸術的表現を見出すこととなった。この物語をソポクレスは悲劇『エウリュアロス』で取り扱った。『オイディプス』と『テレゴノス』が息子の感情を、即ち父親に対する憎しみを（母親への愛とともに）描いているのに対して、今日では失われているこの『エウリュアロス』は父親の感情を、即ち息子への憎悪を表現している。この息子は同時に復讐の意味で処罰を受けるのである。

この悲劇の内容と、それまでの前史はヴェルカーによれば次のようなものである。求婚者たちを打ち負かしたあとオデュッセウスはある神託に従ってエピルスへ赴き、当地で友人テュリマスの娘エニッペとの間にひとりの息子をもうける。エウリュアロスという名のこの息子が成長した時、母親は認識標と密封書簡を彼にもたせて、父親を捜すべくイタカへと送り出す。たまたまオデュッセウスは家を留守にしていたが、夫が自分を裏切ってエニッペと通じたことを既に知っていた彼の妻ペネロペイアは、その時復讐を決心する。つまり彼女は、戻って来たオデュッセウスが真相を知る前に、エウリュアロスが敵であると偽りを言って彼にこれを殺させる。かくしてオデュッセウスは、それとは知らずに息子の殺害者となるのである。

われわれが第三章においてテル物語と同列に置いたオデュッセウス伝説は、この戦いのエピソードによって更にいっそうこのテルに近付くことになる。なぜならば、そこでも父親が、もちろん強制されてではあるが、息子の生命を危険に曝すのである。注目すべきことに、ここでもわれわれは既に認識標（指輪）と手紙を見出す。この手紙という小道具は別の場所ではウリアの手紙として敵の死を招来するのであるが、しかしここでは父親が息子を殺した後で息子の正体を明らかにする役目を与えられており、またこれまでに挙げた一連の伝承においては、それらが感傷的なかたちで緩和されるのに伴って、あらかじめ息子の正体を告知するのに役立っている。オデュッセウスの妻が嫉妬心からこの殺人を唆したという事態は、性的な背景を示しているのみならず、イーリアスによれば（第Ⅵ巻、一六六行以下）、プロイトス王がベレロポンテースにもたせてやるウリアの手紙を強く想起させる。王の妻はこのベレロポンテースを誘惑しようとしたが失敗したので、この男が自分に言い寄って来たのだと偽りの密告をするのである。ここでは、それでなくても厚かましい求婚者たちに悩まされるペネロペイアによってなされるエウリュアロス告発と、嫉妬心から行われるオデュッセウスの殺人行為のもっと深い動機付けがみられる。オデュッセウスはこの他にも、妻にとって不愉快な求婚者たち（息子たち？）を躊躇なく殺しているのである。実際このような関連が、ホメーロスによって伝承されたオデュッセウス伝説では失われてしまったということは、このホメーロスの詩の続編を散文によって描いたエウガモンの『テレゴニー』（二巻本）から判断することが出来る。この散文はオデュッセウスとその一門とその後の運命を描いているのであるが、恐らく部分的には、ホメーロスの叙事詩では使用されなかった古い幾つかの筋を改変したものと推測される。ソポクレスが『ニプトラ』を書くに際して依拠したこのエポスも断片しか残されていない。この叙事詩が二つの奇妙な婚姻をもって終っているのは特筆に価する。つまりここでは、テレゴノスが父親の未亡人ペネロペイアを妻として娶り、一方正統の息子テレマコスはテレゴノスの母親キルケーと結婚するのである。ソポクレスとパクヴィウスもこの結末に従っているのかどうかは、彼らの悲劇のわずかしか残されていない断片からはもはや窺い知ることは出来ない。ただこれまでのわれわれの研究を基に考えるならば、ひとりの男が別々の女性に生ませた二人の息子のいずれもが、父親の死後お互い兄弟の母親と、従っていわば一種の義母ないしは継母と結婚するというこの壮大な妥協的構成を彼らがそのまま見逃すことはなかったであろうと推測することは出来る。従ってわれわれは、ソポクレスにおいては父親・息子関係のヴァリエーションとともに、母親との関係が、ここではその緩和された形態のひとつである継母のテーマにおいて描かれているのを認める。ヴェルカーの述べるところによれば、ソポクレスは母親に対する息子の欲望を、更に防衛の進んだかたちで悲劇『テレポス』において描いたようである。アトランテ神話から取られたこの素材はパクヴィウスによって悲劇『アトランテ』に用いられた。その内容と、それまでの前史はリベックによれば次のようなものである。

アトランテはメレガーによって授かったパルテノペウスという息子を、アルカディアの王女アウゲがヘラクレースと秘かに交わって出来た息子テレポスとともに捨てる。この二人の少年は雌鹿の乳を飲んで成長し、やがて牧人に発見される。彼らはコリュトス王のもとへ連れて行かれ、王は二人を教育させる。その間アウゲはミュージエンへ逃亡していて、そこで子供のなかった王テウトラスは彼女を養子として引き取る。ところでテレポスはデルポイの神託のお告げに従って友のパルテノペウスとともに、母親を捜すべくミュージエンへと赴く。彼はテウトラス王の敵を倒すことによってこれを窮状から救う。その報賞として彼は、王の娘とされている女性の、即ち自分の母親アウゲの手を与えられる。しかし彼女はヘラクレースの恋人であった時、彼以外の男には身を任せないと誓いを立てていたので、この見も知らぬテレポスを新床の部屋で刺し殺そうと決心する。ところが神々によって送ってよこされた一匹の蛇が二人の間に身をもたげ、アウゲにその企てをやめさせる。彼女のこの企みを知ったテレポスはその同じ武器をもって彼女を殺そうとする。そこで彼女は恐怖のあまり、かつて処女を捧げたヘラクレースの名を叫ぶ。それでテレポスは彼女が自分の母親であることを知る。

この寓話にも二人の若者（血縁あるいは双子の兄弟）が登場し、『テレゴニー』においてはそのいずれもが相手の母親を愛する（即ち結婚する）。しかしテレポス伝説は、彼らは二人とも本来は自分自身の母親に恋をし、それゆえ他の伝説においても――オデュッセウスにおいて父親と戦うように――お互い同士争い合うようになることをわれわれに示してくれている。事実グーベナーティスは、現実の母親近親相姦が完全にそのまま残されているこれと同じ状況について報告している（『動物学的神話』第Ⅱ巻、一九八頁）。「アエギピオスとネプロンの二人の若者はアクヴィニヤンの別な形態である。彼らはそれぞれ相手の母親を愛することで憎み合っているのだが、二人はゼウスによって二羽の禿鷹に変えられる[23]。そのあとアエギピオスはネプロンの策略によって自分自身の母親と交わることとなる。」

ソポクレスのテレポス悲劇についてリベックは次のように述べている。「オイディプスの運命に陥るテレポスのあの危険が実際にギリシャの舞台で演じられたということは紛れもなく証明されている。」またヴェルカーは、ソポクレスのドラマでは母親と息子のこの発見の場面が劇の中心をなしていたのではないかと推測している。現実の近親相姦の緩和がそこでは明瞭になっている。それというのも、母親と息子は――オイディプスにおけると全く同様に――確かに結婚させられはするが、しかし二人の性的結合は正体が発見されることによって実現されない。母親に対する愛着の抑圧はソポクレスのパイドラにおいて更に進行する。そこでは母親が堂々と息子に愛を打ち明けるが、しかしそれは息子によって拒絶され、また「継母」の淫蕩さということで和らげられている。

かくしてわれわれは、神話形成のなかに、またその神話の文学的改作に際しての緩和傾向のなかに反映されている（継母のテーマ）「社会的抑圧」のほかに、どんな個々の場合にもこれと並行して行われる個人的な抑圧をみることが出来る。この抑圧は個々の作品の創作（例えばドン・カルロス）に伴うのみならず、近親相姦コンプレックスをその思春期における激しい発現から、復讐に対する恐れの段階を経て、やがて成熟した父親の立場に至るまでの過程を示しているひとりの詩人のさまざまな作品の繋がりのなかにも表われるのである。

父親と息子の戦いは、あらゆる時代の詩人たちにとって、それぞれ異なった強さとニュアンスをもってではあるが、最も多く利用されるドラマのいわば道具立てのひとつである。なんと言ってもそれらの芸術的発展がオイディプスコンプレックスから出発するということはますます明瞭に判明するところである。数ある材料のなかから次にほんの若干の実例を挙げてみたい。

フィリップ・マッシンジャーの悲劇『奇妙な決闘』（„The unnatural combat“）では若いメイルフォートがマルセーユの提督である父親に、母親を殺したとして決闘を申し込む。彼の母親がその夫に毒殺されたのは、彼が自分の肉欲をより多く満足させてくれるある別の女性と結婚しようとしたためであった。息子はその決闘で斃れ、父親は息子の死体を見て喜ぶ（ケッペル前掲書、八五頁）。父親と息子との敵対関係のもっている近親相姦的な根幹は、第二の世代（母親の若返り、継母）へ転移されたかたちで、娘に対する父親の情熱的な愛のなかに暗示されている（第一一章にある悲劇のこの部分についての内容紹介を参照されたい）。父親コンプレックスはマッシンジャーの『運命の持参金』の主要テーマでもある。ここでは息子のチャロロイスが、牢獄で死んだ父親のために自己を犠牲にして、その獄塔に身を置くことで彼の代りを務め、その埋葬を実現させる。誠実な息子のこの殊勝な行動に感激したロッシュフォートは彼を釈放し、自分の娘を妻として彼に与える。しかし彼女はノヴァルを愛しており、この男の腕に抱かれているところを夫に不意打ちされる。ノヴァルは決闘を余儀なくされ、そして殺される。罪を犯したこの娘に父親は死刑を宣告し、これを夫が執行する。チャロロイスは無罪を言い渡されたあと、ノヴァル家の雇われ人によって刺殺される。獄中で苦しむ父親のための息子の自己犠牲は、ケッペルが正しく指摘しているように、コルネリウス・ネポスによって報告されたところの、父親ミトリアデスに対するシモンの犠牲を想い出させる。しかしながらこの二つの例において見逃してならないのは、息子のアンビヴァレントな立場である。息子は確かに一面では父親のために身を捧げはするのだが、しかしそれは明らかに父親に対する強い罪意識からのみ出ているものであって、その意識の近親相姦的な根幹は、シモンが彼の義理の妹と結婚することのなかに暗示されている。一方マッシンジャーの悲劇では父親と息子の原初的な敵対関係が、優位な羨むべき立場にある恋仇の父親を息子が嫉妬から殺害することによって代表されている。この物語の基礎をなしている父親コンプレックスは、ライクがある小論文で示そうとしたように(24)、リヒャルト・ベーア゠ホフマンがその悲劇『チャロロイス伯爵』（一九〇四年）において心理学的にいっそう深く描こうとしたものである。

カルデロンの『人生は夢』では預言者の言葉を信用した父親が息子を恐ろしい牢獄に幽閉するが、これについてはいずれ言及することになろう(25)。同じ作者の『不屈の王子』も同様に息子の自己犠牲というテーマを扱っている（本書第七章参照）。レッシングの構想していた『クレオニス』では、オイフェースがそれとは知らず息子のクレオニスを殺すことになっていた。ヘッベルの『アグネス・ベルナウアー』ではエルンスト公が息子アルブレヒトと争うが、それは息子が、父親の定めた女性を妻にすることを拒み、美しい庶民の娘と秘かに結婚したことから生じたものである。公爵の厳しい態度を心配するアグネスはその不安な気持を口に出す。「それで、もしお父様が剣をお抜きになったら？」（第二幕第九場）――アルブレヒト「そうすれば父は、わたしにも剣を抜く権利を与えることになるのだ。」（第三幕第一三場）。だが父親と切り合いになった時息子は、意味深長な理由を挙げてこの戦いを避ける。「かつてあなたはアリングの合戦でわたしの生命を救ってくださった！（手振りで）さあ、さあ行ってください！」（第五幕第九場）。――生命を救ってくれたこと（即ち生命を与えられたこと）に対するこの返礼は、『たくらみと恋』における息子の同じような返礼の空想を想起させる（「父上！　あなたは一度わたしに生命を許してくれました」）。

現代の文学においても父親との戦い、あるいは弱められたかたちでの二人の葛藤が無数に変形されて描かれていることについては、ここではただ暗示するに留めざるを得ない。そういった作品の数は限りがないので、ここではそれらのうちで重要なものを若干挙げるだけにしたい。ドストエフスキーの作品ではほとんど例外なく殺人が取り扱われているが、彼はその壮大な長編『カラマーゾフの兄弟』では息子たちに父親を殺させている。早くから遺産のことで父親を憎んでいたディミートリー・カラマーゾフは、性的な嫉妬からこれを殺害する。父親は妻たちをひどく扱い、また息子とある女性との関係を妨害もする。次の弟は殺人の罪をみずからかぶり（罪感情の擬人化）、末の弟は善良な息子の役を演じる。詩人の人生はまさにこれと同様悲劇的なものであって、彼の娘はその回想録（『ドストエフスキー』ミュンヘン、一九二〇年、四四頁）で、詩人の父親が大酒呑みで残酷な男であったこと、最後は自分の使っていた農奴によって殺害されたことを書いている。[25a]「家族日誌の伝えるところによれば、ドストエフスキーが最初の癲癇の発作に襲われたのは父親の死を告げられた時であった。」また彼の不安定な政治上の立場も興味深いものであった。若い時の彼は、専制政治の打倒と皇帝の暗殺とを目的にしたある革命的な党派に属していた。刑を終えてシベリアから帰って来た彼は王党派に転じ、専制政治の擁護者となった。[26]ツルゲーネフの長編『父と息子』、『新しき世代』、そして短編『初恋』などもこれらと同じ部類に属する。『初恋』では、男性的な父親と柔弱な息子とが同じ女性を愛することになる。メレシュコフスキーの歴史小説『ピョートル大帝とアレクセイ』をフェレンツィーは精神分析学的研究の対象としたが（「精神分析のための年鑑」、I、四四八頁）、この作品では父親による息子の虐待が描かれていて、アレクセイの処刑をもって終る。これと似たようなプロセイン王室内の葛藤をシラーは長年素材として温めていて、その小説化を試みたが結局これはカルロスの素材に同化した。個々のエピソードはのちになってブルテ、パウル・エルンスト、エーミール・ルートヴィッヒ、ゴルツ（『父と息子』）、そしてベッティヒャー（『フリードリッヒ大王』）などによって劇化された。次いでヴァルター・フォン・モローがこの巨大な素材をそっくりそのフリードリッヒ小説において作品化しようと試みた。[27]新しい詩人のなかでは特にイプセンが、『夢判断』でフロイトが述べているように（第二版、一八一頁）、自由な創作になる素材において父親と息子の葛藤を好んで前面に押し出している。それが最も明瞭に出ているのは『野鴨』

である。グレーゲルス・ヴェルレは、若くして死んだ母親へのひどい仕打ちと不実を理由に父親を激しく責める。この母親は幼児期の理想像として息子の想い出のなかに生き続けているのである。本来は母親に向けられる救済の空想を、今や極度の緊張状態にある息子は、ヤルマールの幸福な結婚生活によって実現しようとする。ヤルマールは自分の不幸な父親が社交の場に出ることを恥じるが、しかし家のなかでは彼を尊敬しまた愛してもいる。この二人の関係のなかに詩人は幼児期の心的立場のもうひとつ別の側面を描いた。ヴェルレ親子の激しい口論では、ドン・カルロスのこれと似たような言葉[27a]を想い出させる台詞が父親の側から発せられる。「グレーゲルス、この世にわしがお前に嫌われているほどにひとから嫌われている人間がいるだろうか？」――グレーゲルス（小さな声で）「ぼくはあなたってひとをあまりに近くから見すぎてしまったんですよ。」ヴェルレ「お前はこのわしをお前のお母さんの眼をもって見たのだろう？」――家庭劇『幽霊』では、息子が父親を告発する調子は更に厳しい。ここでは妨害された兄妹近親相姦がまだ明瞭に父親と息子の敵対関係の根幹を示している（第一三章参照）。オスヴァルト「二言目にはお父さん――お父さん――お父さんだ！　お父さんのことなんかぼくは全然知らないんですから。お父さんのことについては、いつかぼくがひどい気分にさせられたことしか憶えていないんです。」アーヴィング夫人「そんな恐ろしいことを！　どんなことがあっても子供なら父親への愛を抱くものではありませんか？」――オスヴァルト「子供が父親になんの恩も受けてなくてもですか？……お母さんも本当にまだそんな古くさい迷信を信じてるんですか？」ここにも『野鴨』同様、父親の不実に苦しめられ耐え忍ぶ母親のモチーフがみられるが、このモチーフが救済の空想に発するものであることをわれわれは知っている。初期の作品であるペール・ギュントにおいても母親への過剰な愛と、恋人ソルヴェーグにおいて行われる母親の理想化が描かれているが[28]、ここでも父親との関係が、家庭小説のもつ偏執病的な構成で扱われている。アブノーマルな英雄空想、皇帝空想を抱くペール・ギュントは精神病院で、お前は皇帝だと宣言される（その偏執病的な声にも注意をされたい）。――イプセンの社会劇に端を発した「自然主義的」な方向においては、父親と息子の葛藤はしばしばみられるところであり、イプセンはここでは現代家庭劇の創始者として、かつてわれわれがディドロに割り当てねばならなかったのと同じような役割を演じたのであった。ここでは多くの現代文学のなかから、父親と息子の葛藤の個々の見本を挙げることしか出来ない。例えばヒルシュフェルトのドラマ『家にて』、エルンスト・ハルトの『紅バラをめぐるたたかい』（第二版では『たたかい』というタイトルのもとにライプツィッヒのインゼル書店から刊行された）、ベルンシュタインの

『イスラエル』などがある。この最後に挙げた作品では、ユダヤ人排斥主義者の息子がユダヤ人ゴットリープを打ち殺すが、あとでそれが父親であることを知る。ある長い場面で彼は、母親を問い詰めて自分の出生の秘密を聞き出す。これと似た素材がハイヤーマンの『ゲットー』で取り扱われている。グスタフ・ヴィートの短編小説『少年時代』は、ナイフを抜き放って父親に襲いかかるある少年の空想を描いている。ハインリッヒ・リーリエンファインはそのドラマ『暴君』において、父親─息子の葛藤をコリントのペリアンダーによる古代の素材に依拠して描いた。ビンディングの短編『戦友』（一九一一年）では、ニーベルンゲンの歌の人物たちを基に、父親と息子とが相手を知らないままで行う決闘が語られる。アルノルト・ツヴァイクの『兄弟』（『息子たち』）では、息子が殺された父親の復讐者となる。アルノルト・ブロンネンの『父親殺し』ではこのテーマが極端に自然主義的な手法でドラマ化されているが、一般に過去十年間の戦争前と革命の時期は、父親憎悪の問題を文学においても極端に表現したと言える。このテーマの最も濃密な表現はヴァルター・ハーゼンクレーファーの『息子』（一九一三年）である。これは父親たちの暴虐に対する熾烈なる告発で、作者が兵役に服していた世界大戦中になってようやく上演されたものである（一九一六年秋）。父親によって自由を奪われた息子が、最後にその自由を取り戻すべく父親にピストルを突き付けるが、父親はこの威嚇に動顚して卒中発作で倒れる。明らかにオイディプスコンプレックスから逃れようとする思春期の葛藤を描いているこの作者が母親なしに育っているということは注目すべきである。このドラマのドレースデンでの初演には彼も立ち合っているが、その時彼は強い神経ショックを受け、そして、新聞報道によると、自分は父親を射殺したのだという妄想を作り出したと言われている。

血縁者殺人の心理学のために

刑事裁判所は、罪ではなく無実を発見するよう心がけるべきであろう。

ヘッベル（日記）

素材と、中心になる近親相姦モチーフの形成には顕著な一致がみられ、それは文学的表現やモチーフ変遷の域を超えて、より深い意味で同じ精神的発展過程の上に立っているということをわれわれは理解したのだが、そうすると、これらの衝動が高度な文化段階の現実生活で発現する場合、性的倒錯者や殺人者が生まれるということは明白である。これら抑圧された衝動はわれわれすべての人間のなかに幼児期以来無意識に生き続けており、地の底で活動しているのだとするわれわれの解釈は、神経症的な障害やわれわれの見る夢の分析によってその正しさが実証されるのであるが、この分析と並んで次の事実がなにものにもましてこの解釈の正しさを保証してくれる。つまり、ある種の心的抵抗がなくなり、そして幼児衝動——心的抵抗はこれを克服する力をもっているのだが——が異常に強化されるとともに、これら原初の近親相姦衝動が極端なかたちで再び現われ出るという事実である。大人が興奮に駆られて犯す殺人行為にとって幼児期の近親相姦空想がどのような意味をもつものであるかについては、それらの行為の動機付けが普通は無意識のなかに隠されているので、ここで広範囲に及んで確証することは出来ない。しかしながら既にオイディプス伝説は、母親近親相姦を父親の殺害と結び付けることによって、少なくとも父親殺害者の無意識のなかではあの葛藤——たとえそれが感情転移の道程で現われるとしても——が荒れ狂っているということを示している。われわれは、既に個別的に挙げた「犯罪的[29]」な近親相姦状況による事件を手掛りとして、われわれの研究にとって特に身近な父親と息子の敵対関係というテーマを個々の例によって考察し、そこに表われている心理学的な関連を解明してゆきたい。この敵対関係はわれわれの文化水準においてもなお驚くほどしばしば、ごく近親の血縁者に対する殺人の試みとして現われているのである。まず初めに、私がこの数年間毎日の新聞から集めた資料を基に、父親殺しがいかに頻繁に発生しているかを示す単純な統計的例証をみてみたい。ほとんどの事件は父親と息子との間に早くから生じた極めて敵対的な関係を示しているが、この関係はある時は全く動機なしで生じ、またある時には現実的な動機によって合理的に説明される。しかし外的な諸状況によって幼児期の近親相姦衝動が再びよみがえる場合にあっては、この関係は性的な競合関係の相関的現象であることが判明する。

事件一　「（父親を殺害）レンベルク発。ボブルイスキー近郊のホロツキー村で農夫ミュスロヴィッチの三人の息子が父親を口論中に斧で殺害した。彼らは父親の死体を隣村の畑に運び込んで、そこに放置した。この父親殺したちはすでに逮捕された。」

事件二　「（息子に射殺さる）ペテルスブルク発。枢密顧問官グッシュオーデンは昨日実の息子から六発の弾丸を浴びせられて死亡した。この息子は精神病であるらしい。彼はその恐ろしい犯行の理由として、自分の父親が社会的に全くの役立たずであったからだと陳述している。この殺人者の兄弟のひとりはスイス在住の有名な政治亡命者である。」

政治的な犯行（彼の兄弟）が父親コンプレックスに由来している証例として既に挙げたこの事件は、息子自身にもわからない自分の行為の動機をはっきりと示している。このことは先天的には、決して精神病の症候ではなく、単に抑圧事実の心理的表出とみなされるべきである。法廷精神医学はこれを精神病と診断することによって、この診断がたとえどこに該当しようとも、心理学的な動機付けは不要であるとみなすかもしれない。しかしまさに、無意識的な思考の論理である妄想の特異な論理こそが動機付けを要求するのである。そして身の毛のよだつような行為のなかには正常な思考や感覚には無縁なものもあるが、しかし精神分析の教えるところによれば、精神病やアルコール飲用[30]によって人間のなかに何か新しい思考や衝動がもたらされるのではなく、ずっと以前に抑圧されていた原初の想念や衝動が、ある種の心的抵抗が欠落したため顕著に現われるにすぎないのである[31]。われわれは、われわれの経験に基づいて心理学的な観点から、これらの人間が精神病あるいはアルコールへと逃避するのは、彼らの抑圧されたコンプレックスを最後まで生かそうとするためなのであると言わねばならない。あるいは、コンプレックスを完全燃焼させたいという抑圧された衝動が彼らのなかで異常に強くなり、そのためそれらの衝動が彼らの意識的な思考を圧倒しながら一時にどっと噴き出すと言った方がより正しいかもしれない。本当に精神を病む者は、その迸り出る無意識的なものによって、抑圧された強烈な感情の支配下にある神経症者よりは、自分の行為の本当の動機をいっそうはっきりわれわれに教えてくれるであろう。神経症者は自分の定かでない動機を自分自身で理論付けようとするので、不案内な者はよく迷わされるのである。

次の事件三は表面的な動機の他に、困難な内面の葛藤を物語る自己処罰をも示している。

「(英国の三重殺人)ロンドン発。小都市モルドンは三重殺人で興奮のるつぼに投げ込まれた。地主のコールは既に久しく息子のフレデリックと争いを続けてきた。最近この息子は窃盗で告訴されたため裁判所への出頭を命ぜられた。昨夜彼は、父親が馬を牧舎へ連れて入ったところを待ち伏せして丸太でこれを殴打した。被害者の助けを呼ぶ声を聞きつけて妻の兄弟で陸軍少佐のキッチンが急ぎ駆けつけた。息子はポケットからピストルを取り出し、父親とキッチン少佐を射殺した。追跡された彼は追手たちにも発砲したが、しかし最後は武器を自分に向けて、頭を一発射ち抜いた。」

事件四は金銭コンプレックス(父親の厳格さ)による理論付けを示しているが、しかしこのコンプレックスは他の多くの場合同様ここでも売春によって性的なものを表わしている。

「(山林官殺害さる)ベルリン発。ミューゲル湖畔で起きた山林官シュヴァルツェンシュタインの殺人事件は恐ろしい解決をみた。いずれにしても父親が実の息子によって殺されたのである。息子は二〇歳でその名をヴィリーという。彼は父親と同じ山林官志望で、さる山林長官のもとで務めていた。しかし彼は肉体的欠陥のため兵役に失格していたので山林官を断念しなければならなかった。その後彼はある材木商の許で暫く働いたが、なげやりな性格のためどこでも長続きしなかった。彼は飲み屋の女と遊び回り、方々で借金を作った。いよいよ追い詰められた彼は父親名義の手形を偽造した。しばしば父親と息子の間で口論が行われた。父親はよく知人に自堕落な息子についてこぼしていた。最近息子は祖父からも遺産を相続したが、金銭は受け取っていない。というのは父親がそれを手許においていて、自分が生きている限りこの金は絶対ひとには渡さないときっぱり宣言したからであった。殺人が発覚したのち息子が平然と無関心を装っていたのがひとびとの注意を引いた……。いよいよ容疑が固まり、今日警察はこの若い男を逮捕した。殺人現場へ連行された彼は顔面蒼白となり、「助けてくれ！　助けてくれ！」と叫んだ。次に彼は父親の死体の置かれてあるところへ連れてゆかれ、これと対面させられることになっている。」

　事件五は、無意識のなかに潜在する父親への殺人衝動を示している。これを前提にしなければ特異な犯罪はほとんど理解出来ない。

「（父親の扇動による父親殺害）シュトゥットガルト発。カルフ（シュヴァルツヴァルト）の飲食店経営者ヴァイスは、精神の正常でない、両足の麻痺した二三歳になる息子に、自分をその銃で射ってみよと唆した。息子は父親みずから装塡した銃の引き金を引いた。即死には至らず重傷に苦しむ父親が、息の根を止めてくれと頼んだ時息子は彼を斧で叩き殺した。この父親殺しは投獄された。悲劇の原因は金銭問題であったという。」

　事件六は、いわばポジティヴなものに置き換えられたハムレット悲劇といったおもむきがあり、ここでは息子に頼まれてその父親の殺人を引き受け、実現されなかった息子の願望衝動を代って実現すべくその母親と結婚しようとした男が登場する。

「（ある子供の恐ろしい計画）マールブルク発。ウンターシュタイヤーマルクで大きなセンセーションを引き起こした家庭悲劇の公判が今日当地の裁判所で開かれた。ペッタウの銀行頭取ヨーハン・カスパーが七月十八日夜中頃ペッタウ郊外にある彼の別荘の前庭に足を踏み入れた時、暗闇の中から彼に向けてピストルが一発放たれ、これが彼の左手を貫通した。夜はいつもピストルを携帯しているカスパー頭取は右手にそれをもって射ち返した。次の瞬間早くも三発目の銃声がとどろき、頭取の右手もそれで射ち抜かれた。武器を使えなくなった彼は家に向かって走り、助けを求めて叫んだ。窓辺に姿を見せた妻に向かって彼は、ベッドのそばの小さな引き出しの中にいつもしまってあるピストルを渡してくれと大声で言った。だがそのピストルは消え失せていた。世間のひとびとは即座に、この殺人未遂の扇動者は頭取自身の妻であると考えた。つまりカスパー夫妻の結婚生活は大変不幸なものであった。この事件が起きる少し前カスパー頭取は妻と下男に鞭で体罰を加えて、その下男に暇を出さねばならなかった。事件ののちこの妻と、それにヨーゼフ・ゴンザという一七歳になる下男も逮捕された。長い取り調べののち彼は、この犯行を自分はひとから唆されてやった、しかも奥さんによってではなく一一歳半になる頭取の息子ヘリベルトに言われてやったと自供した。ギムナジウムの生徒であるその息子も警察へ呼ばれ、長い間否認していたが、自分が下男に父親を殺すよう唆し、また誘惑したのだと自白した。少年はその理由として、悪い成績をもらって帰ると父親がひどく叱るからだと言った。少年は下男に、父親が死んだあとはお前がこの家の主人になるであろうと言って彼を計画に引き入れた。またゴンザが、頭取が死んだら自分はその未亡人と結婚し、幸福な生活を送るだろうと言ったことも判明した。今日ゴンザは委託殺人未遂罪で告発され、ヘリベルト・カスパーの方は年の若いことが酌量され、違反行為だけに留まった。」

事件七　「(父親を試し射ち)土曜日の夜ウイーンで一三歳になる御者の息子ヨーゼフ・コホートは、彼に体罰を加えようとした父親に発砲して負傷させた。傷の程度は今のところまだはっきりわかっていない。あとで判明したところによれば、この発砲は本気でなされたものではなかった。というのは、息子が使用したこの「武器」は四〇ヘラーで買い求めたカプセル・ピストルである。更に、この少年は父親を怪我させる意図は全くなく、ただ「びっくりさせてやろう」と思っただけだという。父親が負傷したのを見て外へ逃げ出していた息子は夜帰宅した。コホート夫人とその息子は尋問され、家庭の哀れな殉教劇を披露した。二人の陳述によれば父親コホートは大変な呑んだくれで、しょっちゅう妻と八人の子供を殴りつけ、怒ると生命にかかわるほどの暴力を振るっていた。子供たちは総じておとなしい善良な子であるという。父親は土曜日五時に仕事から戻って来た。荒っぽい調子で彼は小さなヨーゼフに水を一杯持ってこいと命じた。少年がすぐに水を持って行かなかったので父親はお仕置をしようとした。少年は部屋から走り出た。しばらくして彼が一五歳の兄ヨーハンと二人で戻って来ると父親は酔っていて、ナイフを片手にして子供たちに襲いかかろうとした。ヨーゼフとヨーハンは逃げ出した。そして逃げながらヨーゼフは全く危険のないカプセル・ピストルを、父親を驚かせるつもりで二度発射した。不幸にもコホートは散弾で眼に傷を受けた。状況が確認され、尋問が記録されたのち少年は母親の手に引き渡された。」

事件八　「(一四歳の少年父親を殺す)　このほどフランスで発生した一四歳の少年による父親殺害事件は、これまでにない青少年の暴力化非行化の一例を示している。オアーズ県のある町にガヤールという名前の労働者が住んでいた。その息子で一四歳になる活発なアメデーは、父親が彼をひどく愛し、彼の望みはなんでも叶えてやろうと努力しているにもかかわらず、この父親とは完全にしっくりとはいかなかった。父親の切なる願いを無視して息子は借金を重ね、絶えず家の金を盗み出していた。そして彼は町じゅうで喧嘩太郎、大酒呑みとしてその名を轟かせており、その凶暴さのため大人たちでさえ彼を怖れていた。ある日のことまた例によって彼は父親と口論になったが、しかしいつもの彼とは違って、その後で父親に許しを乞い、いかにも悪びれた様子を見せた。それから彼は、家の近くの池にとても美しい水バラを見付けたのでそこへお父さんを連れて行ってあげたいと言った。なにも知らない父親はこの申し出に同意した。少年は父親に先に行ってくれと言って頼み、秘かにピストルを懐中にした。二人で池に到着し、父親が水バラを摘もうとして身をかがめた時、この親不孝な息子は彼の頭に一発射ち込んだ。弾を受けた父親は水中へと沈んでいった。そのあとこの父親殺しは悠々と家に戻り、不敵な微笑を浮かべながらその犯行を母親に報告した。不幸な母親は息子を訴えるべく市長のところへ赴いたが、その間にアメデーは晴着をまとって自転車に飛び乗り、近郊に住む叔父の家へ行って一夜を過ごした。しかし翌朝警官たちが彼を逮捕すべくそこへ到着した時には既に彼は姿を消してしまっており、いまだにその行方が知れていない。」

事件九　「(父親殺し)　ヴィーナー・ノイシュタット発。ライタ河畔のノイドルフで六五歳の労働者ゲオルク・ヴィーマーが五ヶ月もの間行方不明となっており、その息子のヨーゼフがこれを殺害したのだという噂が当時既に流れていた。警察が調査に乗り出し、そしてヴィーマー二世を自供に追い込んだ。彼は父親を斧で殴り殺し、死体を山羊小屋へ埋めたと自白した。家畜小屋が捜索され、実際ヴィーマーの死体がうずくまるような姿勢で埋められているのが発見された。彼は大柄な男だったので、小さな小屋に収容するには死体はこのような姿勢で埋められる以外になかったのである。頭には斧による切り傷が認められた。犯行の動機として彼は、自分の怠惰をよく父親から叱責されたためだと言っている。戦前既にシュタイヤーマルクで起きた殺人事件で四年の懲役に服しているヨーゼフ・ヴィーマーは、戦場で戦死者の死体から物品を奪うという罪を犯したと言われている。この父親殺しは起訴された。」

事件十「（父親殺人未遂）昨日午後ウィーンの南高架橋近くで、静かに道を歩いていたひとりの男が、秘かに後をつけてきたある若い男にいきなりピストルで襲撃された。この若者は二発を発射した。その内の一発が男の後頭部に、二発目が背中に命中した。襲撃者は逮捕された。瀕死の重傷を負った被害者はラントシュトラーセ、ホールヴェークガッセ二八に住む四六歳の補助職工シュテファン・クラウダである。犯人は彼自身の息子である。この青年は既に長年父親とはいつも憎み合って生きてきた。息子の陳述によればこの父親は大の呑み助で、いつも家族に暴力を振るっていた。特に大酒を呑むとそうであった。これも息子の言うには、父親は家族にひもじい思いをさせ、稼ぎの大部分を飲酒に費やしていた。そのため若者の心にはすでに長い間父親に対する苦々しい怒りが鬱積していて、ついに彼は父親の殺害を決意するに至ったのである。青年はファボリーテンの警察での尋問の際この意図を率直に認めた。ヴィーデンの病院で行われた被害者の傷の調査の結果、これが致命傷には至らないことが判明した。」

事件十一「（実の父親を殺害）州判事ドクター・フラウエンフェルトを裁判長とする特別裁判で、二九歳の補助職工アロイス・シュネルツァーの殺人と脅迫に関わる公判が開かれた。検事ドクター・ニグルの読み上げた起訴状によると、被告は七月二十七日夕方ほろ酔い気分でグーテンホーフにある父親ヨーハン・シュネルツァーの農場へやって来た。そして父親と口論になった。それは、畑で仕事をしている彼の兄弟姉妹におやつが運ばれていなかったのを彼が怒ったことから始まった。これに対して父親は、お前はもう何週間も働かずに家族に迷惑を掛けているのだからそのようなことを口に出す権利はないと言った。息子は椅子をもって父親の胸を突き、その顔を殴りつけた。二人は揉み合いながら床に倒れた。父親が防戦のため右手の親指を息子の口に突っ込んだところ、相手はあらん限りの力で父親の親指に噛みつき、彼に襲いかかって来た。母親が急いで駆けつけてやっと二人を引き離した。なおも息子が攻撃してくるのを恐れた父親は窓から庭へ逃げ出したが、その時彼は被告が、殺してやるぞという脅迫の言葉を発するのを聞いた。夜になって被告の兄弟がひとりの下男を伴って戻って来た時、アロイス・シュネルツァーは斧を手にして庭に立っていた。彼は二人に向かって叫んだ。〈さあ今日のうちにもお前たちは出て行くんだ。おれか、さもなければお前たち二人のうちのどっちかが出て行くんだ。〉それ自体としてはたいしたことのなかったヨーハン・シュネルツァーの親指の傷はしかし致命傷となった。手と腕に細胞組織の炎症が起きて、これが老人の生命を奪うことになった。昨日の公判で被告は、自分には相手を傷つける意図は全然なかったと言った。父親が口の中へ指を突っ込んできた時自分は無意識に歯を嚙み合わせただけで、相手に傷を与えようなどとは考えなかった。また脅迫的な言葉を発したかどうかはもう覚えていない、仮にそうだったとしても、自分はあの時ほろ酔い気分だったのだからそんな言葉を真面目に言う筈がない、というのが彼の陳述であった。法廷はアロイス・シュネルツァーを有罪であると認め、五年間の重禁固刑を言い渡した。」

事件十三　「（父親の殺害）プラーターのシュトゥーバー通り一五にあるアパートの三階に、四二歳の馬丁ジェイムス・ダイは妻と子供たちとともに住んでいる。ダイは酒呑みで、しばしば酔っ払って帰宅する。こんな時の彼は残酷で、すぐに暴力を振るうのである。妻と子供たちは既に彼の暴力には散々苦しめられてきた。昨夜もダイはまた酩酊して帰り、いつもの通り妻を極めて粗野な言葉で罵倒し脅迫した。彼はビールのジョッキをつかんで妻にめがけて投げつけたりもした。この物音で子供たちは眼を覚ました。弟や妹たちが恐ろしがって泣いていると、一八歳になる長男のローベルト・ダイがベッドから飛び出して自分の小刀を手にした。再び父親が母親に手を出そうとした時彼は、父親に襲いかかって肋骨の間を刺して肺に傷を負わせ、更に肩甲骨のすぐ近くの背中をも負傷させたが、この一撃も肺に達した。深手を負ったジェイムス・ダイはどっと床に倒れた。家族は声をあげて泣いた。救護団が呼ばれ、医者が傷を縫い合わせ、負傷者を慈悲の友会修士病院へ運び込んだ。プラーター警察署はアパートへ調査班を送って事情を調べ、ローベルト・ダイに対する刑事手続をとった。」

事件十四　「（遺産譲渡をしない父親を殺害）メーリッシュ・オストラウ発。地主で家畜審査委員の父親フランツ・コンゾルカと遺産の分配を巡って争っていた労働者カール・コンゾルカは、この父親をある酒場で酔っ払わせて、その帰途ピルグラム川に突き落とし溺死させた。コンゾルカの遺体は今日収容された。ドイツへ逃げていた父親殺しの犯人は、配布されていた人相書が効を奏して逮捕された。」

事件十五　「（実父の殺害）オッタクリングで昨日殺人事件が大きなセンセーションを巻き起こした。ハスナー通り一一九にあるアパートには、五六歳で男やもめの大工助手フランツ・マールバッハーと、その息子で二六歳になるボイラーマン、ヨーハン・マールバッハーならびにその家族が住んでいた。息子の方は一度離婚していた。その後彼は州政府の認可を得て、特赦による結婚をした。最初の結婚で彼は二人の息子をもうけ、そのうちのひとりは別れた妻が引き取り、もうひとりは彼と生活をともにしていた。

彼の父親はそれでなくても彼にとっては目障りな存在であったのだが、これが彼の二番目の妻に想いを寄せ、その気持を相手に伝える機会をつかんだ。その申し出は厳しい拒絶に出会った。父親は息子に恨みを抱き、住居所有者としての権利を楯にとって、この家を出て行くよう息子に通告した。この通告は効き目がなかったが、しかし父親はこれを何度も繰り返し、そのたびに不愉快な口論が展開された。八月中にも出て行くよう父親は若夫婦に迫ったがマールバッハー・ジュニアはこれを拒んだ。一昨日新たに老マールバッハーと若妻との間に争いがあって、彼女は舅から平手打ちを食らった。帰宅してそのことを知った彼女の夫は怒り狂い、斧をもって父親に七回切りつけ、頭に重傷を負わせた。通報によって救護団が駆けつけた時は既にマールバッハー老人は息絶えていた。殺人犯人はオッタクリング署へ自首し犯行を自供した。彼は州裁判所に告訴された。」

事件十六　「(斧で父親を襲う)ヴェーリンガーギュルテル二三のアパートは昨日の午後ある家庭騒動の現場となった。息子が斧をもって父親に襲いかかり頭蓋に重傷を負わせたのである。犯人は、病院の雇われ人である父親のヴェンツェル・リヒターが母親を虐待するのでこれに腹を立てていた。リヒターは妻と既に長い間折り合いが悪く争いが絶えなかった。昨日の午後酔っ払って帰宅したリヒターはすぐに妻と喧嘩を始めた。妻を罵倒したあと彼は家をとび出して再び酒場に赴いた。更に酔いが廻り、またいっそう焦立たしい気分で彼は五時頃戻って来た。そこで彼はまた新たに妻と言い争いを始め、相手の首をつかんで絞めあげた。この様子を眼の前で見ていた息子は自制心を失って台所から斧を持ち出した。彼は父親に突進し、その頭を斧で切りつけた。父親は息子に立ち向かおうとしたが重傷を負って倒れた。犯行後息子は直ちに家を出て近くの監視小屋に身を隠したが、間もなく逮捕されてベーリング署に引き渡された。リヒター老人は名うての大酒呑みで、呑みすぎると暴力を振るうことで知られていた。これに対して、実科高校の生徒である息子のルートヴィッヒは、よくできた勉強好きの少年であるとの評判を得ていた。」

事件十七　「(父親を殺す)サラエボ発。ディノヴィク村の一八歳になる農夫の息子イリヤ・メダクは、いつもの自分のふしだらな行状を叱責する父親ユーレ・メダクと口論になった。この不肖の息子は壁に掛かけてあった銃を手にとって父親に向かって一発を放った。弾丸はユーレ・メダクの胸に命中し、彼は即死した。父親殺しの犯人は逮捕されてリュブスキーの裁判所へ引き渡された。」

事件十八　「(一一歳の父親殺し)ストラクの一一歳になるゼリフ・オドバシクは畑にいる父親のところへ昼食を運んで行った際、

なにかを咎められたのに腹を立てて父親の頭を丸太で叩きのめし、更にこれに投石した。年老いた病弱の父親が意識を失って倒れると少年はこれをズボンのベルトで絞め殺した。それから少年は家に帰って来て、父親が死んでいると告げた。警察の調べでこの一一歳の父親殺しは犯行を認めた。」

事件十九　「(酒呑みの父親息子たちに殺される) アグラム発。ゴルビンキー村で恐ろしい殺人事件が発生した。農夫のマーテ・トンコヴィクはその飲酒癖のため家族全員とうまくゆかなくなっていた。彼の息子たちは隣家に寝泊まりしていたが、これが彼にはひどく気に入らなかった。昨日酩酊して帰宅した彼はその隣家へ押しかけ、窓めがけてピストルを三発放った。息子のアントンが激しい勢いで家から飛び出し、やがて次男のパウルも駆けつけた。父親と息子たちは揉み合ったが、終始息子たちが父親の攻撃から身を守るといった状況であった。遂にアントンはナイフを抜いて父親を刺した。こちらは倒れ、出血多量で死亡した。警察当局は二人の息子を告訴し、アントンには五ケ月、パウルには三ケ月の重禁固刑がそれぞれ言い渡された。」

事件二十　「(精神障害者の殺人) ゴットシュー発。土曜日にオーベルン村で血腥いドラマが演じられた。富裕な地主の息子で二八歳になるヨーゼフ・エッピッヒはアメリカに移住していたが、生計がたちゆかなくなって一ヶ月前に戻って来た。そして家にあっては気難しい神経質な態度をあらわに示していた。何らかの職に就こうという気も起こさないで彼はいつも父親に金を無心した。彼は数日前ゴットシューに出向いて、アメリカから持ち帰っていたピストルのための薬包を買い求めた。土曜日の午後彼の父親は突然一発の銃声を耳にした。その直後息子のエッピッヒが家から飛び出して来て、父親めがけて発砲した。弾は首に命中し、父親は倒れて息を引き取った。この父親殺しの犯人は次に叔父のところへ駆けつけ、彼にも三発を見舞って重傷を負わせた。そのあとエッピッヒはピストルを自分に向け、胸を射ち抜いて死亡した。犯人は精神異常であったらしい。」

事件二十一　「(フランクフルト・アム・マインの毒殺事件) 細菌調達の問題でウィーンにまで波及している毒殺犯人ホップフの事件は更に広い範囲に及びつつある。このたびホップフには、欧州コレラにかかって二日後に七二歳で死亡した彼の父親をも殺害したのではないかとの嫌疑が浮かび上ってきたのである。このため予審判事は父親の死体を墓から掘り出して調査することを命じた。かくしてホップフが毒殺したであろうと思われる人間の数は五名に増えることになる。」

事件二十二　「(父親を射殺) ベルリン発。今日の午後動物園《ツォー》駅で大変人騒がせな事件が発生した。ひとりの若い男が軍事情報案内所に姿を現わしたが、いかにも落ち着きのない態度であった。彼は係員に帰休兵特別列車は到着するのかどうか、またそれは何時に着くのかを繰り返し尋ねた。それに対して然るべき情報が彼に提供された。さて到着した帰休兵の中には副曹長のグリューンベルクがいた。彼が案内所へやって来た時くだんの若い男は彼に向かって突進し、ポケットからピストルを取り出して二度発射した。副曹長は数分後に死亡した。若い男は平静な態度で縄を受け、尋問に対して、自分が射殺したのは父親だと言った。犯人は二五歳の学生カール・グリューンベルクである。」

事件二十三「（父親殺しヴァレンタの公判）強盗殺人容疑で起訴されていた一八歳の店員ヴァレンタに対する審理公判で、彼の血縁者に精神病者がいるかどうかについて厳密な調査が行われた旨の報告が裁判長よりなされた。この調査の結果判明したことは、殺されたエーリッヒ・ヴァレンタの父親が七二歳の時七日間トロッパウにある精神病院に入院していたという事実だけであった。彼は生涯精神的に健康な男であったが七二歳の時老人性痴呆症に見舞われた。この老人の母方の孫に当るロタールはみずからすすんでアム・シュタインホーフのサナトリウムに入院していた。彼は神経衰弱症性の不安状態にあって何度も自殺の意図を表明していた。一年六ヶ月と三日の療養期間ののち彼は回復して家族に引き渡された。次に法廷では、獄中からロタール・ヴァレンタが予審判事に宛てて書いた手紙が何通か読み上げられた。それらはすべて、耐えられないほどの空腹を少なくとも多少は緩和できるよう食事改善のために送金して欲しいという依頼を内容としたものであった。弁護士のドクター・ヴァレンティン・タイリッヒはこの後で、被告を訪ねるといつもメニューを一杯書いていて、彼の宿願はあたかも食べる楽しみにのみ向けられているかのような印象を受けたという報告を行った。裁判長は一枚の紙片を提示したが、そこにはヴァレンタによって次のように書かれていた。七・五キロのマーマレード、三キロのブロックヴルスト、キュウリ、バター、そしてパンを幾つかぼくに送ってください。これらはいずれもカフェ・ブルーマウアーで七ない八クローネで入手出来ます。

精神鑑定　プロフェッサー・ドクター・ビショッフは、診断中の被告の態度は彼がこの公判中に示したそれと本質的には変りがなかった、とまず説明した。彼の思考力は明断で、あらゆることに通じていて、すべての質問に対していつも適切な答えをした。ひとりだけでいる時の彼は主として自分の栄養状態のことを考えているようで、充分に食べなければ生命にかかわる病気になりそうで心配だと言っていた。精神科医の要約的な説明によると、ロタール・ヴァレンテは精神病でもなく精神薄弱でもない。しかし母方から受け継いだ負因のため、また内面的外面的な悪条件が重なり、それでなくても弱い彼の性格とモラリティーが深刻に落ち込んだ、従って、彼が禁じられている事柄を理解する力がなかったとか、あるいはまた彼が病的な衝動から自分の行為の犯罪性を認識することが出来なかったなどとは言えない。重要なのは、彼が神経衰弱を病んでいるということ、また彼が犯罪を犯した時はっきりした意識をもっていたということである。検事ドクター・ザッハーの質問に対してドクター・ビショッフ教授は、ロタール・ヴァレンタは犯罪的な素質のある大きなグループに属していて、自分の犯罪には完全に責任があると答えた。次に弁護士であるドクター・タイリッヒと精神科医の間に白日夢の問題について議論がたたかわされた。弁護士の主張は、ロタール・ヴァレンタは白日夢遊病者とみなすべきであり、彼は自分自身で意識しないままに夜の夢のなかで犯罪者たちの空想を描いている、そして夜の夢が白日夢へと移行し、夜の夢のなかで役を演じたところのものが白日夢において実現されるのは周知の通りである、というものであった。この現象の学問的権威として弁護士はフロイト教授の名前を挙げた。精神科医ビショッフ教授は、弁護士の申し立てたことの幾つかは理論的には正しい、しかし経験の教えるところでは、このような犯罪の夢は制禦を受けるもので、たとえば催眠術をかけられた人間はその眠りのなかで命令を受けるが、それらの命令を彼は眠りのなかでのみ実行するのであって、眼覚めるともはや彼はそれを実行することはないのだ、と論述した。二人目の精神鑑定家ドクター・グロースはこの解釈を支持した。」

次に挙げる事件は、抑圧されて憎しみに変った愛の衝動が、虐げられた母親に味方するというかたちで父親の殺害に関与していることをより明瞭に示している。その際これらの事件のほとんどの特徴として強調しなければならないのは、この犯罪を犯すのが少年、ないしは思春期に近い年齢の男であるという点である(32)。この年頃の男は近親相姦コンプレックスと激しくたたかうのが常である。

事件二十四　「（一四歳の父親殺し）レンベルク発。ツァヴァドヴで一四歳の少年が父親を殺害した。アルコール常飲者として村中に名を知られていたヨーハン・カリーンツクはある酒場で一晩を過ごし、やっと朝の六時頃にすっかり酩酊して帰宅した。妻は彼の行状を厳しく非難した。そこで二人の間に口論が始まり、最後はつかみ合いの喧嘩となった。カリーンツクは妻に襲いかかり、怒り狂って彼女を血の出るほどに殴打し、また彼女に噛み付いて肉を引きちぎった。一四歳の息子が母親の味方についた(33)。彼は斧を手につかんで父親を打ちすえ、こちらは血まみれとなって倒れた。息たえだえの父親に彼はなおも一撃を見舞い、斧をその割れた頭蓋に食い込ませた。そのあと彼は駐在所へ駆け込み、自分のしたことを話した。直ちに彼は裁判所へ送られた。」

事件二十五　「(妻と息子に殺される)恐るべき道徳的頽廃を示すある事件が最近モスクワの地方裁判所で審理された。『イズヴェスチア』紙の報道するところによれば、四六歳の農婦アンナ・ソコヴィコフと一七歳になるその息子が夫ないし父親を殺害したかどで告訴された。眠っているところを斧で撲殺した二人は死体を暖炉のなかへ入れてこれに火をつけた。次いで事態を熟慮した彼らは、既に半ば灰と化した死体を引きずり出して足を切り離し、胴体を庭に埋めた。身の毛もよだつこの恐ろしい犯罪は、一三歳と一二歳になる二人の弟の見ている前で行われた。三日ののちにミハイルと一三歳の弟が死体を掘り出して橇に積み、川まで運んでこれを水中に投げ捨てた。一年間この殺人は発覚しなかった。ソコヴィコフは仕事のため長期にわたって家を留守にしているのだと思われていた。ようやく数週間前に二番目の息子ミーチャがこの恐ろしい事件について口を割った。この少年は裁判所で、母親と兄の犯罪を証言する証人としてこの二人と対峙した。被告たちは、自分たちはソコヴィコフの暴虐に耐えかねてこの犯行に踏み切ったのだと弁明した。幾人かの証言は彼らのこの陳述とは食い違いをみせた。証人たちは、ソコヴィコフは決して暴君ではなく、むしろ優しい人間であったと断言した。アンナ・ソコヴィコフは八年間の重独房入りを、息子のミハイルは未成年のゆえをもって四年間の刑を言い渡された。これらの刑は、その間に発布された恩赦によって半分に軽減された。」

事件二十六　「(父親殺しに無罪の判決)パリ発。今日陪審裁判所で、父親殺しの罪を問われていた彫刻家ジョルジュ・ルフェーブルに対する公判が開かれた。ルフェーブルの父親はある夜妻と口論になった。被告は眼を覚まし、母親が危ないと思って父親を射殺したのである。彼には無罪の判決が下された。」

事件二十七　「(夫、父親殺し、全員一致で無罪に)二〇歳の職工ポルティエと四二歳のその母親がそれぞれの父親、夫を殺害したかどでボーヴェにあるオアーズの陪審員たちの前に立たされた。父親のポルティエはどうにも救いようのない酒呑みで、妻を虐待し、二人の娘を手籠めにしようとした。ある日母親は息子に向かって言った。「ああ、わたしに勇気さえあればねえ!」――「そうしたらどうするの?」と息子は尋ねた。「そうしたらお前のお父さんを殺してやるのに!」という答が返ってきた。「よし」と息子は言った、「ぼくがやる!」母親はこれを聞いて喜び、ピストルを買うように二〇フランを息子に渡した。彼はそれでピストルを手に入れ、最近行われた父親との激しい言い争いの際彼に六発の弾を浴びせた。射たれた方は喉を鳴らしながら床に倒れた。それから息子は部屋から出て母親に言った。「入っていいよ、やったぞ。」しかし夫の体がまだぴくぴく動いているのに気付いた母親は、息の根を止めるよう息子を促した。彼は新たに二発を射ち込んで完全に父親を死亡させた。ここで要約されたこの状況を被告たちみずからが語った。陪審員たちは勇気をもって二人を全員一致で無罪とした！」

事件二十八　「（一家全員に死刑の判決）マドリッド発。ポンテヴェドラの陪審裁判所は長時間にわたる審理ののち、母親と二人の息子の家族全員に死刑の判決を下した。この妻は息子たちの援護のもとに就寝中の夫を殺害した。法廷は、三名ともすべて殺害の罪ありとの認識に達し、彼らに死刑を言い渡した。」

事件二十九　「（父殺し）ギュラで、母親を守ろうとして実の父親を斧で殺害したフランツ・ピュスペキーは殺人罪のかどで二年間の懲役を宣告された。」

事件三十　「（息子の復讐）州予審判事ドクター・ライムを裁判長とする公判で、一六歳になる毛皮職人見習いのペーター・クラウダは傷害罪並びに武器不法所持の罪を問われた。検事ドクター・ヴァクスマンの起訴状によれば、この若者は一九一五年十二月四日自分の父親に向かってピストルを五発放って頭部に軽い傷を与えた。そのうちの一発が、道を歩いていたひとりの労働者の腕をかすめた。被告の父親は以前ホーフシュテッテンに農場を所有していたが十年前に破産し、妻と子供を棄て、彼らをもはやかえりみなくなった。クラウダ夫人は子供たちとラッセーへ移り住み、その勤勉さと絶えざる労働によって生計を立てていた。昨年の秋、一年半前からウィーンのある毛皮職人のもとで見習いをしていた被告は父親から一通の手紙を受け取った。その手紙のなかで父親は、自分を訪ねて来るよう息子に促していた。彼はこの要請に応えたのだが、しかし父親と息子はうまくいかなかった。」

事件三十一　「（父殺しの犯人に無罪の宣告）ブダペスト発。ギュラの陪審員裁判所は、母親に扇動されて父親を殺した二〇歳のシュテファン・オラに関わる刑事訴訟を審理した。母親も首謀者として被告席に立った。陪審員たちは両被告の殺人を認めたが、彼らの正当防衛を確認し、裁判長は無罪を宣告した。検事はこれを不服とし控訴した。」

事件三十二　「（ペテルスブルクのスキャンダル）帝国参議員、宮廷付主馬頭、ペテスブルク商業会議所会頭デニソフの妻と、文部大臣カッソーとの情事は、レストラン「熊」で演じられた派手な立ち回り（平手打ち）によって明からさまなスキャンダルに発展したが、この二人の関係は血腥いドラマを引き起こした。妻に裏切られた夫は極めて冷静に行動していたが、その息子たちは、くだんのレストランに母親と一緒にいた大臣を急襲し、これに暴力を加えた。兄はエリアスというパリ大学の学生で、弟のニコライはペテルスブルク大学に学んでいる。このスキャンダルの結果二人の兄弟は自殺を決意し、帝国参議員全員、新聞社の編集部、そして大臣たちにその旨の手紙を発送した。その中で彼らは、母親と大臣との関係を二二点にわたって立証しようとした。秘密警察がこれをキャッチし、長官が参議員デニソフを動かしてこれに介入させた。兄の方は説得に応じたが、弟のニコライ・デニソフは土曜日の夜半銃弾を心臓に射ち込んで一時間後に死亡した。残された紙片には、「ぼくはもはや母の恥辱に耐えることは出来ない」という言葉が書きしるされてあった。デニソフ兄弟の手になる文書は、幾つかの新聞社の編集部にまだ残っている若干のコピーを除いて差し押さえられた。その内容は公開が憚られるほどのものである。」

事件三十三「(母親を救うため)非情な父親への殺人未遂。ペルナースドルフで十二日悲劇的な事件が発生した。農場所有者リヒャルト・エッカーは家族に殉教を強要した。数年来彼は妻を苦しめ飢えさせた。彼女は生計に必要な最低限のものを調達するのに一クロイツにいたるまでその残酷な夫にまるで乞食のように求めねばならなかった。一方夫自身は全く節約ということをしなかった。エッカー家ではますます醜い争いが演じられるようになった。十二日午後一時半リヒャルト・エッカーが地下室の隅で重傷を負い意識不明で倒れているのが発見された。頭蓋骨の一部が折れていた。エッカーのかたわらには、彼がそれでひどく殴打されたとみられる左官斧が横たわっていた。リヒャルトという名前の一九歳になる息子が犯人として警察に自首して出た。この犯人は、自分は父親に対する憎しみからこの犯行に踏み切った、母が彼によって味わわされている不幸に自分はもうこれ以上耐えられない、と言った。エッカーの回復が危ぶまれている。この若者は当地の裁判所へ引き渡された。」

これらの事件は、現実には父親殺害によってしか実現されない母親救済空想を物語っており、父親と息子との決闘を母親の虐待に対する息子の復讐として動機付けるという発想――この動機付けも同じ幼児期の心的状況に一致する――を想い出させる(ヒルデブラント、ミルン、ソーラブなど)。

事件三十四は、完全に近親相姦コンプレックスの枠内ではないが、しかし近親相姦状況の枠内で、父親殺しのモチーフが共通の恋人を巡る性的な競合関係であることをわれわれに教えてくれている(許嫁横奪)。「(ニューヨークの家庭悲劇)百万長者ジョージ・ステリィーは昨日昼彼のオフィスで息子に射殺された。息子はその後で自殺した。犯行の前に激しい口論がたたかわされた。

父親は息子が、美しいが貧しい娘と結婚するのをやめさせようとし、父親の意志に逆らってもしこの恋人と結婚するなら相続権を剝奪すると言って脅した。調査の結果判明したところでは、この父親はその同じ女性に、結婚の意図はなく執拗に言い寄っていたという。おそらく息子は父親のこの破廉恥な言動を聞き知って殺人を犯したのである。」

　事件三十五は、母親の恋人による父親の代理（ハムレット）によってみられるところの、抑圧されてはいるが現実の環境によって再びよみがえる近親相姦感情のストレートな発現を示している。しかしこれは、息子への不実のために母親が処罰されるという点で、既に父親殺害衝動とその代理充足の域を超えている。「ブダペスト発。ビスコデルの二三歳になる農夫ウゴチサンは母親が恋人と密会している現場を急襲した。彼の怒りはすさまじく、悪魔に取り憑かれたようにこの二人にナイフで襲いかかった。母親は即死、その恋人は重傷を負った。怒り狂う息子は、母親が抱いていた小さな子供をも、この不純な関係から生まれたものと思い込んで刺し殺した。」

　事件三十六は、母親の恋愛に対する息子の嫉妬心と、他の男との結婚（相手は彼女より一五歳年下）による母親の不実に対する息子の復讐をあますところなく明瞭に表わしている。――「（嫉妬による母親殺し）ラシュル・ヴァシェ夫人殺害事件がパリジャンたちの関心を集めているのも無理からぬところである。それというのも、この犯行の動機が大変興味深いからである。母親を殺害した犯人のガストン・ワシュは言うなればオレストの現代版であるように思われる。彼が母親を殺したのは明らかに嫉妬からである。事件の数日前彼女は秘かに結婚していた。ヴァシェ夫人は既に六〇歳で、四人の子供があり、そのうちの三人は既に結婚して独立している。ガストンだけが彼女と同居していた。一般の評判では彼は物静かな、ほとんど内気と言ってもいいほどの若者であった。母親の結婚計画が初めて彼を激昂させ、人間を変えた。幾つかのアパートを経営しているヴァシェ夫人は、家族の暮らし振りも良くなったので、遅まきながらもう一度新しい幸せを得ようと考えた。ボンマルシェ百貨店のある株主が彼女に求婚した。彼は一五歳年下であった。ヴァシェ夫人の子供たちはその結婚に反対したが、母親が恐れたのは一番下の息子の不満だけであったようだ。彼女が自分の結婚のことを息子に打ち明けたのはこれが既に成就したのちのことであった。その時彼女はガストンに、家を出てくれるようにも頼んだ。三人の娘を抱えた男やもめである新しい夫を自分のところへ住まわせるつもりだったのである。突然そのようなことを言われてガストンはカッと頭に血がのぼり、われを忘れた。まず彼は家を飛び出し、レストランで食事をして夜帰宅した。朝になって彼は母親の寝室へ行って彼女のことを散々非難した。暫く口論した後彼はピストルを抜き一発を放った。ヴァシェ夫人は即死した。がっくりと膝を落とした息子は消沈した態で母親の遺骸のかたわらに一時間もの間坐っていた。やがて彼は自分から医者を呼ばせ、激しい興奮状態でこの犯罪を白状した。陳述によれば、彼は異常なまでに母親への愛着を抱いていた。財産問題は二次的なものである。」

事件三十七は、父親殺しと複数の姉妹殺しとの更に複雑な錯綜を示している。まず父親殺しは表面的には金銭コンプレックスから、最初の姉妹殺しは明らかに嫉妬から、そしてその他の殺人は紛れもないサディスティックな性癖から行われたものである。計画通りに運んだ父親殺害の直後、婚約中の姉妹に対する極めて巧妙な殺人がこれに続いた。この事態は、犯人が母親の墓所を訪れていることを顧慮に入れると明らかな嫉妬心を示している。母親代りを務めていた長女が他の男の所有になるのが彼には耐えられなかったのである。

「（マインツの殺人悲劇）大学生ヨーゼフ・ラッケが父親と姉妹たちに対して犯した四重殺人は当地で大変な騒ぎを惹き起こした。帝国議会ならびに州議会議員、教皇庁会計官、そして大ブドー酒業者でもあるニコラ・ラッケは、一九〇四年に二番目の妻を失くして以来やもめ暮しをしていた。二度の結婚生活から一八人の子供が生まれ、そのうち一二人はまだ存命である。この恐ろしい犯罪を犯した一八八七年生まれの息子ヨーゼフは、ギムナジウムを卒業した後修道会司祭となるべくまず修道院入りした。しかしのちに彼はこの意図を断念し、四年前から大学でまず化学を、そして最近では天文学を勉強していた。クリスマスの休暇でこの若い学生はボンから郷里の家へ帰省した。彼の寝室は側翼にあったが、三人の娘シュテファニー、エリーザベト、アンナ、そして父親の寝室は家庭礼拝堂と食堂の裏側にあった。他の二人の娘と次男とはこの大きな屋敷の離れに住んでいた。

家族は金曜日にクリスマスを祝った後夜半頃それぞれ床に就いた。翌土曜日ラッケ氏と娘たちは朝九時のコーヒーの時間になっても姿を現わさなかった。女中と、その間に呼ばれた警察が、ベッドのなかで殺されている娘たちを発見した。次いで父親の寝室が開かれた時、同じように恐ろしい光景がひとびとの眼に飛び込んできた。部屋の床は血で染まり、ラッケはベッドの中で識別できないほど顔を滅多打ちされて死んでいた。父親と娘たちが殺されたのは重くて鋭い凶器による殴打と、何発かのピストルの弾によるものであった。

嫌疑はやがて若いヨーゼフに向けられた。彼はベッドで眠っているところを発見された。逮捕された後すぐに彼は犯行を自供した。それによると彼は夜二時頃家族たちの部屋へ忍び込んで、彼が既にクリスマスの最初の日に銃身に結び付けていたパンナイフとピストルで彼らを殺害した。他の二人の姉妹と弟も殺そうとの意図を彼は抱いていたが、彼らの部屋が遠すぎたためこれは諦めた。

犯行の動機。この殺人犯はいささかも悔悛の情を示さず、最初の取り調べが終るとすぐに飲物を要求した。日曜日の朝八時半犯人は死体の前に連れて行かれた。その残忍な犯行の動機について彼は明らかにしなかった。彼は精神錯乱の発作に襲われてこれをやったふしがある。最近父親と息子の間に不和が生じていたという話があるが、それはこの学生の言うところによると、彼が大学街ボンでの生活のための充分な送金を受けていなかったからであった。殺された娘たちのなかで一番年上のアンナはクリスマスの少し前ベルリンのある医師と婚約していた。息子はクリスマスの休暇を実家で過ごすため数日前マインツに帰っていた。最初の金曜日にはまだ彼は、数年前に亡くなった母親の墓参りをしている。その朝、敬虔なカトリック信者である一家は打ち揃って聖体拝領へ出かけていた。クリスマスの最初の夜には家族全員がとっておきの晴着を着てテーブルについていた。

殺人犯は、自分はこの犯行を意識的に最初の金曜日の後に行った、なぜなら自分は、家族がまず聖体拝領を受けることを望んだからである、と告白した。犯人の叔父のひとりは精神病院に入院中である。

ラッケ殺人事件を調査した警察は、これは間違いなく精神病者の犯行であると発表した。ヨーゼフ・ラッケが行った個々の陳述はもちろんいろんな点で矛盾している。尋問が進むにつれて犯人は、司祭にならばもっと詳しいことを話す用意があると繰り返し言った。彼には宗教的妄想の典型的な徴候が確認された。宗教的妄想の虜になっていたにもかかわらず、あるいは恐らくまさにそれゆえにこの二一歳の学生は、身の毛もよだつ犯行をそのすべての細かい点に至るまで、稀にみる冷血な熟慮をもって準備したのだと言える。

ヨーゼフ・ラッケはまず初めに父親を鋭いパンナイフをもって殺し、次に婚約中のアンナを奇妙な形の斧で打ち殺し、そして彼女の死を完全に確かなものにするためこの凶器をもって左手の動脈を切り開いた。三番目の部屋で眠っていたシュテファニーとエリーザベトの二人の姉妹は隣室の物音で眼を覚ました。ラッケの息子が部屋へ入って来た時シュテファニーはベッドに上半身を起こしていた。エリーザベトの方は怖ろしくなってベッドから飛び出した。何事が起きたのかと彼女が考えを巡らす暇もなく、兄はピストルを二発放った。そのうちの最初の一発が彼女の心臓の上部に命中し、これが命取りとなった。第二弾は右の上腕を傷つけた。シュテファニーは部屋から逃げ出そうとしたが、狂乱した犯人は斧をもって彼女を打ちすえた。その一撃は彼女の顔を真っ二つに割った。ラッケは他の姉妹たちも殺そうとの意図をもっていた。それは彼の言葉によれば、人生が、そして自分が彼女たちに課しているさまざまな心配事から彼女たちを解放してやるためであった。しかしながら彼はすぐに力を消耗し切って、幸いにもこの悲惨な殺人計画は完遂されなかった。」

次に、父親が夢中で息子を殺すに至るという事件を幾つか挙げてみたい。これは息子による殺人の動機形成に一致するものである。まず初めに、父親が息子から手荒な攻撃を受けて正当防衛の必要から武器を手に取ったのだと申し立てている事件をひとつ紹介する。これは、息子と父親の立場がこれまでとは逆転してゆくいわばその過渡的状況を表わす例である。

事件三十八　「(父親と息子) 昨夜第七区 (ウィーン) で恐ろしい家庭悲劇が演じられた。ここに住むある商人が、酔っ払って暴力を振るい家族に危害を加えようとした不良息子にピストルを四発浴びせかけて瀕死の重傷を負わせた。われわれに分っているのは次のような事実である。リンデン・ガッセ二五の家には六七歳の毛皮職人カール・ベールが妻と二人の息子と住んでいる。息子のうちのひとりは両親の支えとなっているが、二番目の息子で二四歳になる制服仕立見習いのヨーゼフ・ベールは警察でも札付きの酒呑み、乱暴者として名を馳せており、これまで彼に対して行われた更生のためのさまざまな試みもことごとく失敗に終っていた。父親は息子の暴力を非常に怖れていて、身を守るためにピストルを買い求めたほどであった。今朝一時半ヨーゼフ・ベールは泥酔状態で帰宅した。例によって彼は荒々しく暴れ回り騒ぎを起こし始めた。家族が静かにするようにたしなめると彼は彼らに喰ってかかり威嚇した。この酔っ払いは年老いた父親にあらん限りの淫らな罵詈雑言[34]と脅迫の言葉を投げつけた。怒った父親が寝床から飛び出して、射ち殺してやるぞと不良息子に脅しをかけた。ヨーゼフ・ベールの暴力はますますすさまじいものとなり、父親は身の危険を感じたと言う。そこで防衛上やむを得ず彼はピストルを手に取って無我夢中で盲滅法に息子に発砲したと主張している。四発がすべてこの出来損ないの息子に命中した。重傷を負った息子は父親に立ち向かおうとしたが空しく、その場にくずおれた。」

事件三十九　「(またしても将校の悲劇)バーデン・バーデン発。近郊のリヒテンタールで陸軍少佐バウワーは自分の息子に三発の弾丸を発射し、その後でピストル自殺した。二三歳の息子は父親の意志に反して婚約したので、父親はその後彼に全然送金していなかった。そこでこの若者が裁判に訴えて、それ以後の援助を父親から引き出そうとした時、バウワー少佐は息子をリヒテンタールの家へ呼び出し、そこで二人の間に激しい口論がなされた。この喧嘩が昂じて父親はおぞましい犯罪を犯した。息子を殺してしまったと思い込んだ陸軍少佐バウワーはそのあとみずからを射ち殺した。しかし息子の方は一命を取りとめた。」

事件四十は、まるで恋人のように母親から扱われ、経済的援助を受けていた息子に対する父親の嫉妬衝動をより明瞭に示している。「(大学教授の家庭ドラマ)ブリュッセル大学の分析化学教授アルトゥール・ジョリーが一人息子を猟銃で射ち、両脚に傷を負わせた事件が「フォス新聞」に報道されている。父親と、現在三七歳になる息子との間にはもう長年にわたって敵対関係が続いていた。プロフェッサー・ジョリーは息子の怠惰振りと気力の欠如を非難していた。初め薬剤師になる筈だったのがやがて時計技術を習得した息子が一人立ちできないことを彼は非常に不満に思っていた。息子は、父親からは生計を立てるための然るべき援助を受けなかったと主張している。ジョリー夫妻はブリュッセルのロビアノ通り二一番に住んでいる。そこからほど遠からぬ同じ通りの四七番に息子は家具付きの部屋をもっていた。母親がその部屋代を支払っており、それ以外にも彼女は息子に惜しみなく金銭を与えていた。また夜、夫と一緒に夕食を済ませると彼女は、外の通りで待っている息子に合図を送るのが常であった。そうすると彼が家へ入って来て食べ物をもらうのである。プロフェッサー・ジョリーが思いがけなく姿を現わした時パウルは一階の部屋で母親のそばにいた。父親はすぐ二階にある実験室へ入り、そこへ夕食をもって来させた。父親のこの態度が息子を怒らせた。彼は二階へ駆け上って、父親が錠をかけたドアーを長い間叩き続けたのでようやく父親はこれを開いた。そこでジョリー教授は極めて冷静に、もうお前とは関わりたくないと息子に向かって言った。すると相手は父親に飛びかかって首を絞めた。やっとのことで身を振りほどいた老人は猟銃を手に取って二発息子に放った。これが先にも述べたように息子の両脚に当って傷を負わせた。プロフェッサー・ジョリーは逮捕された。彼は、その時正当防衛の立場にあったのであり、息子に発砲してこれを傷つけたことを悪いとは思っていない、と断言した。ジョリー教授は同僚からも学生からも尊敬されている人物である。彼はいささか神経質ではあるが、しかし善良な男として通っている。」

事件四十一　「（恋人を巡る父親と息子の争い。父親が息子を殺害）パリ発。昨夜九時歌手のフラグソンが恋人同伴でラファイエット通りの家へ戻って来た時、同居している父親と彼との間に激しい言葉のやりとりが行われ、その際父親はピストルを発砲した。右耳のうしろに数発の弾を受けた息子は血を流しながら倒れた。彼は病院へ運ばれたが夜半直前に死亡した。彼の父親は逮捕された。父親は、自分の人生は息子とその恋人との同棲生活によって耐え難いものとなった。それで自殺を思い立ってピストルを抜いたのだと言った。彼はまた、どうして自分が武器を息子に向けたのか説明することが出来ないとも言った。この老人は老人性精神障害の発作に襲われてこの犯行に及び、事の重大さに気付いていないようである。」

「（嫉妬に燃える父親の供述）キャバレー歌手ハリー・フラグソンが八三歳の父親によって殺された事件はパリで長い間大きな話題となった。年老いた殺人犯はその動機といきさつを次にように供述した。〈わたしの息子がモンマルトルのあるダンスホールで知り合ったこのポレット・フランクという若い女が数ケ月前に我が家へ入り込んで来ました。彼女の意図し目指していたのはハリーとの結婚でした。彼女はよくわたしをからかう恥知らずな女でした。そして息子の好意をわたしから奪うためにあらゆる手を使いました。わたしはわたしに対する息子の態度がすっかり変ってしまったことに気付きました。そしてその原因が彼女にあることがわかりました。わたしを老人ホームに送るという思い付きを息子に吹き込んだのは彼女でした。この広い世間でわたしが愛することの出来るただひとりの人間である息子から、この年になって別れろというのです。そのことを思うとわたしは怒りで気も狂わんばかりでした。考えてもみてください。クリスマスはイギリスでは（ハリー・フラグソンとその父親はイギリス人であった）家庭のお祭です。ところが息子は今年のクリスマス・イヴはわたしを全くのひとりぽっちにしたのです。わたしがこのつれない仕打ちを非難しましても息子は素っ気ない調子であしらうばかりです。翌日わたしはピストルを一丁買い求め、そして息子に言ってやりました、わしはもうこの人生にこれ以上は耐えられない、わしは自殺するつもりだ、と。わたしは、最後の別れに手を握ってくれと息子に申しました。彼はわたしの手を取って全く白けた感じでそれを握りました。ポレットの方はまるでひとを馬鹿にしたような顔で流行歌のリフレーンを口ずさむといった具合です。それでわたしは自殺を決心しました。夜ハリーが家に戻って来た時ちょうどわたしはこの決心を実行に移そうと思っていたところでした。ピストルがわたしの手の中にあるのを見たにもかかわらず彼はわたしを横へ突きとばしました。わたしは思わずかっとなって、われ知らず引き金を引いてしまったのです。息子は倒れました。

なんと言われようと、どんな罰を受けようとわたしは構いません。わたしにとってそんなことはすべてどうでもいいのです。わたしは息子の想い出だけを大事にしてひとりでいたいのです。息子がまだ小さく、そしてわたしにいつも優しくしてくれていた頃の想い出さえあればそれでいいのです。〉事実父親を施設へ入れようというのはフラグソン自身の、あるいは恋人が彼に吹き込んだ意図であったことは疑いない。一方、被害者の女友だちであるポレット・フランクはフラグソンに結婚を迫ったことは一度もないと断言した。二人はお互い愛し合っていて、自分は心からそのことで満足していたのだと彼女は言っている。ハリー・フラグソンが残した遺産は二〇〇万フランに達する。彼は一九一七年末まで完全に〈売り切れて〉いる。即ち今後三年間にわたり毎晩なんらかの契約を結んでいたのである。これは歌手としての異常な人気を示すものである。」

事件四十二は、小さな息子に対するこれと似たような嫉妬の混じった憎しみを示している。そしてこの息子殺しが彼自身の父親の策謀で逮捕されるという事態は、父親コンプレックスに支配された家庭的状況の特徴である。「(帰国者の悲劇)アグラム発。最近プレソで、アメリカから帰国した労働者ミクリチクは自分の小さな子供を殺害した。少年は父親が外国にいる間に出来た子供で、彼には強い反感を示していた。それで父親は遂に自分自身の子供を憎しみから殺したのである。犯人は彼自身の父親の通報によって逮捕された。」

成長期にある小さな息子に対するこの殺人が、われわれの解釈する意味での嫉妬からの犯行であるとは認め難いと思うひとがいれば[35]、そのひとには次のことを考えていただきたい。即ち、この嫉妬感情は意識的に性的な面が強調されてはいないかもしれないが、しかし間接的な嫉妬衝動は無意識のなかから働き出るのである。無意識的なものの動機付けは意識的な思考にとっては極めて不充分かつまた奇異に思われるものであるが、このことは、嫉妬感情のもつ幼児的性格が保持されていることによって論拠付けることが出来る。実際、当事件においては、殺人者がこれと似た自分自身の幼児期の心的状況へと立ち戻ってゆく過程が示されているように思われる。殺人者は父親によって罰を加えられるのである。明らかに殺人者はその暗い無意識の感情のなかで、自分を憎んでいるこの小さな息子が、かつて自分が父親に対してそうであったと同じ心的立場にあることを怖れていたに違いない。復讐への恐怖というこのモチーフは文学の素材形成（特に第六章参照）並びに神話形成（第九章）に重大な関わりをもっている。

しかし、男性が男性に行う殺人の心理学的理解にとって父親コンプレックスのもつ意味は、単に父親と息子の関係に限られる特殊なものではなくて、典型的なそれであり、心理学的にみても広範に一致するものである。[36] なぜなら多くの殺人行為、なかんずく嫉妬からなされる犯行は、精神分析的研究によれば、本来は父親に向けられていた幼児期のあの敵対心がもうひとつ別の目標の上に移されることによって実現されたものであることが証明されている。これは特に政治的な殺人がよく示しているところであるが、この種の殺人においてはお上《かみ》に対する反抗が特に強調されている。[37] われわれはここで、精神分析学的洞察を基に確立されたこの事実を、このような犯罪に心理学的な光を当て透視することによって実地に説明し、文学的、神話的、神経症的空想の分析を持ち出すことは出来ない。なぜといって、これらの空想は一面では倒錯者によって、また他面では犯罪者によってしか実現されないのである。従って犯罪の条件は人間の素質のなかに――「生まれながらの犯罪者」ということを言っているロンブローゾーの意味で――求められているよりはむしろ幼児期における心的な性意識、わけても両親コンプレックスの形成――これもまた明らかに素質によって規定されてはいるのだが――のなかに求められるべきである。フロイトは夢見るひとと神経症者に関して感情生活の幼児的タイプを示したが、それに倣えば、犯罪者なかんずく殺人者については行動における幼児的タイプがみられると主張出来るであろう。しかしながらその場合倒錯者とは大きな相違がある。倒錯者についてフロイトは、幼児的な活動が性の領域において維持されていることを証明した。倒錯者にあっては、幼児に備わっているところの、本来は多性的な素質が特定の方向において完全に保たれているだけでなく、ある種の心的抵抗が欠如しているため、完全な性的行動が可能なまでに成熟しているのである。体質的には同じような欲動強化が支配的にみられる神経症者においては、ここではこれ以上詳しくは述べられない幾つかの理由から、道徳的、宗教的、因襲的抵抗によって強められた強力な罪意識が生まれる。それは、手に負えないほどに強烈なこれらの欲動感情を抑圧しようとする試みの結果であり、抑圧の失敗をきたし、そして、抑圧された衝動が歪んだかたちで症候として突然噴き出すという事態を招く。犯罪者はこれと同様に反社会的な存在として、心理学的な意味では倒錯者と神経症者の中間に立っている。犯罪者は、みずからの自我に逆らう神経症者とは反対に、外界に向かって行為する力をもっているという点で倒錯者と共通している。しかし犯罪者は次の点で神経症者とより近しい関係にある。即ち、犯罪者にあっては性的な衝動や感情がその根源的な領域に留まらず、またそこで自己を充足させようとはせず、神経症の形成に関与していることでよく知られているひとつの独特な抑圧メカニズム――フロイトはこれを転移として説明した――がこれらの衝動感情を他へ逸らしたり逆転させたりすることによって他の観念に付着させるのである。そのように犯罪者はいわば行動的な神経症者として性格付けることが出来る。一方神経症的なものを元来全くもたない倒錯者はフロイトによって神経症の「陽画《ポジティーフ》」と名付けられた。しかし犯罪者と倒錯者は根源的な欲動性向においてともに神経症者に近く、また両者はそのストレートな行動能力の点では神経症者とは反対の存在である。非常にさまざまな性格形成と人生の運命を規定するこの強力な衝動性向をフロイトは性衝動のサディスティックな要素であるとみなした。この要素の素質と発展は抑圧のたたかいの結果に決定的な影響を及ぼすものである。ここではただ次のことだけを言っておきたい。即ち、このサディスティックな要素は詩人においても殺人行為や暴力行為に重要な関与をしていて、彼はこれらの行為を舞台において実現し、そのことによって、自分のと同じではあるがしかしはるかに強力に抑圧されている観客の衝動に強く働きかけるのである。詩人はこの点でみずからを現実の殺人者とは区別し、またほぼ同様に、自分の近親相姦感情を文学的に作品化することによって、これらの感情を現実の性行為へと移す倒錯者とも一線を画している。抑圧された強烈な幼児感情が残酷な殺人衝動へと芸術的ないしは犯罪的に搬入される場合、それはサディスティックな性要素の媒介によってのみ可能であるということ――この要素がまさに犯罪者のもつ特徴であるが――はフロイトの強迫神経症の分析[38]がわれわれに教えてくれるところである。この神経症は、強烈すぎるサディスティックな性要素の抑圧失敗に基づいているもので、これはやがて強い衝動を自虐的に妨害するようになる。強迫神経症者は往々にして、自分が誰かを殺したのだという妄想、あるいは殺人を犯したため責任を追及されるのだという強迫観念に直接悩まされる。また場合によると彼は、自分が怖れている殺人をなにかのはずみで犯しはしないかと心配して家のなかに閉じ籠もることがある。しかし、客観的にはもちろん根拠をもたない、それゆえ一見不合理に思われるこれらの観念を分析することによって、それらが、かつてはポジティヴであったが今では抑圧された願望や衝動に一致するものであるということのみならず、これらの衝動にみられる論理的アプローチの難しさ、またその感情的な強度と不滅性は、もともとは性的である領域の転移と、それにかなった愛憎感情の価値転換――これはサディスティックな性要素を媒介として行われる――に起因させることが出来るということも明らかになった。しかしサディスティックな要素は神経症者においては自己処罰というかたちで自分自身に向けられるが、――これはヒステリー患者の場合は直接肉体の苦痛となって、また脅迫神経症者の場合は自虐的な罪の感情や自責というかたちで現われる――一方犯罪者にあってはこの要素は、例えばサディスティックな倒錯者の性の対象がそうであるように、周囲にいて彼と関係の深い人間に向かうのである。このことは、脅迫神経症者の殺人空想や強迫観念が奇妙にも彼にとってまさに価値ある大切な存在であったひとたちに関係するのと同じである。この事実から彼の、行動力のある殺人者なら一般に犯行を犯したあとで初めて感じるところの葛藤を説明することが出来る。このように殺人者の犠牲となる人間はある意味で一種の性の対象の病的な代用品であると考えて差し支えないのである[39]が、このことを極めて明瞭に物語り、そして特徴的なことであるが、強迫神経症者においては抑圧されている殺人衝動へと往々にして急変するところの神経精神病がひとつ存在する。それは偏執病（パラノイア）で、これを精神分析的な観点から調べた結果、この病人が恐れている迫害者たち――彼らによって病人は時に殺人者になることもある――は、かつて彼が愛したことのある人間の代用的人物にほかならないということが明らかとなった。病人は自分自身の感情の変化を外部へ投影することによって彼らを敵とみなすのである。[40] 無意識のなかで愛されているが、しかし意識のなかでは敵として迫害者として忌避されるこの人物の原型としてフロイトはここでも父親を挙げている。[41] 息子はもともと父親に対しては似たような矛盾を感じながら相対峙していたのであって、処罰と自虐の方向をとる悔恨はこの感情の対立に起因するものである。[42] この悔恨は、犯人たちが死刑の判決を受け入れる時にしばしば見せるところの冷静な態度――これはこれらの事例においては極めて顕著にみられる――を説明してくれる。みずからの死を眼の前にしてのこの落ち着きは、犯行そのものに際しての同様に弱くなっている死の観念と照応する。死の観念はあまりにも強くわれわれの意識的な思考によって判断されすぎているのである。古い同害刑を拠り所としている刑法が想定しているように、殺人者が犯行の瞬間に、死についてその恐ろしい結果を完全に予見しながら考えることが出来るなどということは心理学的にみて極めてあり得ないことである。むしろ殺人者は死の観念のなかにも思考の幼児的原型を保持しているのであって、これこそが幼児期の衝動を現実に実行することを可能にするのである。死についての殺人者の観念は、『夢判断』でフロイトが述べている幼児的な死の観念にぴったり照応する。この観念はまず最初は、自分を妨害し、耐えられない存在となった競争相手を一時的にあるいは永遠に遠ざけることのみを目指しているにすぎず、そこには殺人行為のような現実の死についてのはっきりした恐ろしい想像は存在しない。同様の意味で、いかにも残忍な殺人行為を冷静に想像力のなかで、あるいはまた舞台上で実現させる詩人も、恋仇の殺害には自分の妨害をする競争相手の不在のみ、あるいは心理学的に表現するならば、心的抵抗の欠落のみを結び付けるにすぎない。このことは、死んだと思われている（即ち死んでいてくれればと望まれている）が、しかし文字通り生きているか（テセウス、ミトリダート、老モール）、さもなければ亡霊として戻って来るかする（ハムレット）父親についての典型的なモチーフ形成が示している通りである。この父親は息子の悔恨の情を象徴するものであり、そのことで再び心的抵抗を作り出すのである。詩人は観客の参加と認可のもとにこれらの空想を完全燃焼させようと絶えず努めているのだが、他方では事実の示す通り、処罰による威嚇も処罰の実行も、内的な欲動変化によって悔恨感情がその自己虐待・処罰傾向を伴って表われないところでは効果がない[43]。往々にして犯人の自己裁判へと至るこれらの事件において死刑というものは、心的には期限満了した人生の望ましい終着として正当なものであるのかもしれない。しかし心理学的にみると死刑は、サディズムの基礎の上に立っている同害刑とは決して一致しない。精神分析学の研究によってわれわれは、殺人行為の真に心理学的な理解は、決定的な意味をもつ無意識的な動機と、その基礎をなしている特殊な欲動性向と欲動状況を詳しく調べることによってのみ可能であるという洞察をもたざるをえないのである。社会がこれら反社会的構成分子を判断したり取り扱ったりするに際し、たとえ彼らの行動のもつ本来の動機を正しく評価することが出来る場合でも、これらの心理学的事実をそれにふさわしいやり方で顧慮に入れることが出来ないのは残念であるとしか言えない。但し、精神分析学的解明のもたらす広範な教育的作用による予防の可能性は、決して完全に楽天的であるとは言えないにしても、未来の希望として既に今から視野に入れておいて構わない[44]。

（1）千一夜物語の二一八話においてもカマラルザマーンは、道ならぬ恋の告白をしたかどで彼の二人の妻によって密告された二人の息子を殺すよう命令を下す。しかしこの若者たちは天意によって救われる。

（2）拙論『伝説と文学作品における裸のモチーフについて』参照。

（3）ザランの新しい論証（Franz Saran: „Hildebrandslied“, Halle 1915）ではこの叙事詩の未知な内容にも顧慮が払われている。

（4）北欧のテキストによれば、老ヒルデブラントはそれとは知らず自分の兄弟と戦うことになっている。その時彼は息子の決闘について語る。

（5）拙論『ドン・ジュアン形姿』参照（特にⅡ及びⅢ）。

（6）„Die Lais der Marie de France“, hrsg. v. Karl Warnke, Halle 1885 (Reinhold Köhler による比較論的注釈付き)。

（7）『古ブルターニュの愛の伝説による物語詩』（„Poetische Erzählungen nach altbretonischen Liebessagen“, Übersetzt von W.

Hertz. Stuttgart 1862)。

（8） アリストテレスの『詩学』参照（レクラム、四一頁）。「というのもこのような発見と逆転は同情（感動）あるいは恐怖（衝撃）を呼び起こすであろうからである。そしてこのような感情を喚起する行為を悲劇は模倣すべきなのである。」——「しかし悲惨な出来事が近親者関係の間に起きる場合、例えば兄弟が兄弟を、息子が父親を、母親が息子を、息子が母親を殺害したり、あるいはそう目論んだり、ないしはこれに似たようなことを行う場合——このような題材をこそ求めるべきである。」（四五頁）母親・息子関係の発見の感傷的な一例として、現在しばしば上演されるアレックス・バッソンのフランス劇『異国の女』を挙げておきたい。

（9） 小著作集第Ⅱ巻、二五九頁。

（10） Wirt von Grafenberg: „Wigalois“では息子が、まだ見ぬ父親を捜しに故郷を後にする。

（11） 『八世紀の最古の二つの詩』（„Die beiden ältesten Gedichte aus dem 8. Jahrhundert“, Kassel 1812, S. 77 ff.）

（12） v. d. Hagen: „Deutsche Gedichte des Mittelalters“, 1.

（13） ウーラント『文学と伝説の歴史のための著作集』（Uhland: „Schriften zur Geschichte der Dichtung und Sage“, I, 165）参照。ちなみにウーラントはそのドラマ『シュヴァーベンのエルンスト公』において、民衆本にも伝えられている「母親の」二番目の「夫」（オットー皇帝）への反抗をも取り扱っている。

（14） アンツェングルーバーの長編『汚点』（„Der Schandfleck“）に次のような一節がある（三二四頁）。「仮に相手を知らないままであっても子供と両親が一緒にいる時烈しく沸き立つという近親者の血について、ひとびとがどんなことを書こうとも、それは作り話にしかすぎない。」

（15） 『ウラディミール侯と彼の円卓の騎士。古ロシアの英雄詩』（„Fürst Wladimir und seine Tafelrunde. Altrussische Heldenlieder“, Leipzig 1819, S. 75 ff.）。またミラー『ヒルデブラントの歌とイリヤ・ムロメッツについてのロシアの歌』（Orest Miller: „Das Hildebrand-Lied und die russischen Lieder von Ilja Murometz“, Arch, f. d. Studium d. neueren Sprachen, XXXIII, 1863, S. 267）をも参照されたい。

（16） 『英雄誕生の神話』参照。

（17） ヒルデブラントとの類似性をアンテスが指摘している（Anthes, Weim. Jahrb. IV, 1856）。最近ではヒュージング『ロスターム伝説のための寄稿』（Hüsing: „Beiträge zur Rostahm-Sage“, 1913）、及び同著者の『蛇体のクルサースパ』（Krsaaspa im Schlangenleib, 1911）もある。後者では、主人公は一二歳の時父親の意志に反して蛇退治に出かける。その途次彼は父親の軍勢を全滅させ、（面頬を下ろしていた）父親をも殺してしまう。ロスタームという名前の主人公が登場するマンダイのある伝説によると彼は父親ザトを殺す（この物語は H. Petermann: „Reisen nach Orient", Leipzig 1860, Band III, S. 107 ff. に収録）。箱の上に坐っていた主人公は龍に呑み込まれるが、その腹を突き破って出てこれを退治する。これは母親の胎内への帰還を示している。この伝承の明解な解釈をジーケは〔宗教学のための雑誌〕で試みている（Siecke, Zeitschrift f. Rel. Wissensch., I, S. 139）。更にポッター『ソーラブとルステム』（M. A. Potter: „Sohrab und Rustem"）参照。

（18） この蛇女のもつ母親的性格については拙論『伝説と文学作品における裸のモチーフ』ならびに『幼児的性理論と民族心理学の類似』（„Völkerpsychologische Parallelen zu den infantilen Sexualtheorien." 現在は „Psychoanalytische Beiträge zur Mythenforschung", 2. Aufl., 1922 に収録）を参照されたい。

（19） これらの誇張は、父親に対する幼児的立場を忠実に反映している。特にオルトニートと父親アルベリッヒとの戦いを参照されたい。

（20） 『一般神話とその比較民族学的基盤』（„Die allgem. Mythologie und ihre ethnolog. Grundlage", Leipzig 1910）。

（21） 最近ハウプトマンは、断片に終ったドラマ『テレマック』でこの素材を取り上げようと試みた（Gerhart Hauptmann: „Telemach". Die neue Rundschau, 1910）。その後詩人は『オデュッセウスの弓』（„Bogen des Odysseus"）でこの構想を実現した。

（22） デッキンガー『アイスキュロスとソポクレスにおける個人的なモチーフの描写』（Hrm. Deckinger: „Die Darstellung der persönlichen Motive bei Äschylos und Sophokles", Leipzig, Dietrich）を、エウリピデスについてはシュタイガー『文学と人格』（Hugo Steiger: „Dichtung und Persönlichkeit", ebenda）をそれぞれ参照されたい。

（23） 動物への変身はここでも他所でも、性衝動を感覚的に拒絶するものを表現しており（裸のモチーフに関する拙論を参照されたい）、またしばしば近親相姦と結び付いている。近親相姦は、自分を産んだものたちに対しても挑んでゆく動物的な性的欲望と考えられるのである。例えばシュトルファーが挙げている（Storfer: „Vatermord", S. 29, Ammerkg.）ある伝承は、母親と同衾したひとりのテッサリア人をアポロが禿鷹に変えたことを伝えているが、「この鳥は姦夫たちの代名詞とされている。」このことからシュトルファーは、『ローマにおける父親殺しの処罰にみられる動物の象徴』をも説明しているが、その場合蛇も極めて重要な役割を演じているという。蛇の有する男根的な意味の上に立って考えるならば（拙著『幼児的性理論と民族心理学の類似』参照）、アウゲと息子テレポスの間に姿を現わし、そして現存のテキストによれば近親相姦を妨害するというあの蛇のなかにわれわれは、母親との結合を意味する象徴的な表現を認めることが出来る（これとの類似例は第一〇章で述べられる）。ゴットフリート・ケラーが一八四七年その『夢日記』（„Traumbuch“, Bächthold I）に書きしるしている夢はこれと同様の意味をもっている。「昨夜夢のなかで母親のところを訪ねた。そこでわたしは床几の上に、死んだわれわれの赤猫のように一匹の巨大な蛇がとぐろを巻いているのを見た。蛇はその小さな椅子の上に立派なピラミッドを形づくっていた。一番上の一番小さな輪の上にはその小さな頭がのっかっており、そのかたわらには細い尻尾の先端が伸びていて、この尻尾は一番下の輪でできた塔の空洞から上へ突き出ていた。わたしがびっくりしたので母は、これはちゃんとした立派なペットだと言って安心させ、そしてこの動物の眼を覚まさせた。実際その蛇は大変心地よさそうに身をほどいてあくびをし、そしてあちこちへと体を伸ばした。その時蛇の実に美しい色がかすかな輝きを見せた。やがて彼女は高い波のように身をくねらせて部屋のなかを散歩し、書き机や暖炉の上を這い廻り、尻尾で立ってみたり、また体をまっすぐに立てたままでは長くはいられないので、頭をもたげて、場所を捜しでもするかのように部屋の天井をぐるぐるめぐった。それから彼女は台所へ、また屋根裏部屋へと母のあとについて行った。やがてわたしもこの動物になれなれしい素振りを示して命令口調で名前を呼んだりしたが、それがどんな名前だったかは忘れた。ところが突然蛇は死んだように固くなって暖炉の上に垂れさがった。その時になって初めてわたしたちは彼女がひどく怖しくなり部屋から飛び出した。すると彼女はまた元気になって、身づくろいをし、声を上げて笑い、そして言った。〈一体どうしたというのです！　あなたがたに尊敬されようとする時にはいつでも死んだ振りをしなければいけませんわ。〉わたしたちは笑い出し、彼女と戯れ彼女を撫でさすった。すると彼女はまた死んだ風を装った。たちまちわたしたちはびっくりして後ずさりした。彼女は再び生き返り、わたしたちは近寄った。彼女はまたしても固くなり、わたしたちはいつでも飛んで逃げた。こうして彼女はいたずらを繰り返し、その間にわたしたちの方は非常に美しい別の夢のなかへと落ち込んでいった。残念ながらそれらの夢は全部忘れてしまった。」

ケラーの創作における母親コンプレックスの意味を論述することはここでは不適当であろう。この仕事はその間ヒッチュマンによって試みられた（Ed. Hitschmann, Imago, III, 1915/16）。ただここではケラーの友人であったシュルツの言葉を引用するに留めておきたい（Bächthold, 3. Aufl., II, 47）。彼はある公開の手紙のなかで『緑のハインリッヒ』を自伝であると名付け、更に次のように言っている。「母親と息子との愛の詩がかつてこれほど素朴にかつ心をこめて、またこれほどの真実味をもってこれほど美しく作られたことは一度もない。」――『レーゲル・アムライン夫人とその末っ子』という物語では、母親と少年の関係のみならず、この詩人と妹（レーグラ）との関係も描かれている。同様に断片の戯曲『テレーゼ』では母親と娘が同じ男性を愛する。ブロイラーによれば、ゴットフリート・ケラーの『ウルズラ』では聖ガルスがウルズラの恋人であり同時に息子でもある（Bleuler: „Schizophrenie“, S. 98, Anmerkung）。

先ほど挙げたケラーの夢はシュテッケルの『詩人たちの夢』(Steckel: „Träume der Dichter“, 1912) も取り上げている。更には Ed・ヒッチュマン『ゴットフリート・ケラーの夢について』(„Über Träume Gottfried Kellers“, Internat. Zeitschr. f. Psa., I, 1913) を参照されたい。

(24) Dr. Theodor Reik: „Richard Beer-Hofmann“ (Leipzig 1912).

(25) これについては拙著『神話研究のための精神分析学的寄与』での私見をも参照されたい。

(25a) St・レイモンの壮大な『ポーランドの農夫たち』では新旧両世代の戦いという枠のなかで、女性を巡る父親と息子の熾烈な葛藤が描かれている。H・ジンスハイマーもその長編『ペーター・ヴィルダンガーの息子』において父親と息子の争いを農村を背景にして描いた。ここでは最後に息子が、自身の娘の誘惑者でもあったこの粗野で頑迷な父親を打ち殺す。アイルランドの詩人J・A・シングルはその喜劇『ウェスターランドの英雄』のなかである若い農夫のことを書いているが、この男は大鎌をもって襲ってきた父親を石炭用熊手で叩き殺したと思っているので、それが大自慢である。この自慢話は彼を、彼が逃げ込んで来たある小さな村の英雄に仕立て上げた。お陰で彼は美しい宿屋の娘の愛を獲得する。ところが死んだと思い込んでいたその父親は実は、頭に穴をあけられただけで生きており、やがて息子の前に姿を現わしてこれを散々殴りつけてその高慢の鼻をへし折る。それまで英雄的存在であった息子は今や笑い物にされるところであったが――彼の許嫁は本気で別れると言う――しかし息子は再び父親を殴り倒す。そのために彼は絞り首に処せられることになるが、またしても父親が現われて今度は本当に息子を連れ去る。

(26) 新しいところではノイフェルトの『ドストエフスキー。その精神分析のための素描』(Johan Neufeld: „Dostjewsky. Skizze zu seiner Psychoanalyse“, Imago-Bücher Nr. IV, 1923) をも参照されたい。

(27) ヴィルヘルムⅡ世と皇太子との緊張関係も有名である。一九一三年九月のある新聞記事の一節。「父親と息子との対話は極めて限られたものであり、文書による交信は非常に冷ややかである。」――これに関して一九一三年十一月三日付の『ジンプリツィスムス』にのっていた洒落がある。「『ドン・カルロスの新演出』、ヴィルヘルムⅡ世の台詞〈ヴィルヘルム坊やがわしには恐るべき人間になり始めた〉。」

(27a) 「数ある父親のなかでよりによってどうしてこの男がわたしの父親でなければならないのだ?
またこの世にはもっと善良な息子たちがごまんといるのにどうしてこのわたしがあの男の息子でなければならないのだ?

これほどに耐え難く敵対し合う二人を自然はほかには知らなかった。

自然はどうして人間のこの二つの両極端を——わたしとあの男を——かくも神聖な絆で結び付けることが出来たのか？」

（28）「ペール・ギュント　それならあなたは狂人の母親なのか？——ああ本当のことを話しておくれ！
ソルヴェーグ　そうよ、そしてまたわたしは、罪あるひとを許す父親でもあるのだわ。

ペール・ギュント（ぱっと表情が明るくなり、大声で）ああ、ぼくのお母さん、ぼくを許してくれるというのか？　ぼくをあなたの膝のなかに隠しておくれ！」

ここでソルヴェーグは世にも美しい子守唄をうたい、この年老いた男はその調べに耳を傾けながら彼女の母親のような膝のなかで眠り込む。——これと同じ状況がストリンドベリの『父』において描かれた。

（29）「犯罪的」な本能については特にシュテーケルがこれを指摘している（Stekel: „Die Sprache des Traumes", Wiesbaden 1911; „Kriminalität und Berufswahl", Archiv für Kriminalanthropol., Bd. 41; „Neurose und Kriminalität", Die Umschau Nr. 52, 1911）。しかし彼は欲動の心理学的な概念からではなく、犯罪の社会的概念から出発し、この意味を性とは対立するものとして説明しているが、これは私には正しくないように思われる。カプラン『悲劇の主人公と犯罪者』（Kaplan: „Der tragische Held und der Verbrecher", Imago, N, 1916）も参照されたい。

（30）アーブラハム『性とアルコール症との心理学的関連』（Abraham: „Die psychologischen Beziehungen zwischen Sexualität und Alkoholismus", Zeitschrift für Sexualwissenschaft, 1908, Nr. 8）参照。

（31）このような例証の解釈を特徴的に表わすものとして、一九〇七年二月二十日付のある新聞記事を引用しておきたい。
「（精神病者）精神病者の頭脳のみが考え出すことの出来る途方もなく恐ろしい計画を、ヒーツィングに住むある鍛冶屋の息子で二二歳になる無職の青年が練り上げた。彼は十八日、四〇歳になる母親と二人きりで在宅していたが、突然彼女に求愛を行い、相手を手籠めにしようとした。仰天した母親は狂気の息子から無事身を守ることが出来た。この青年は精神鑑定のため病院へ運ばれた。」これに対して、『思春期における近親相姦の発現を示す一事件』についての報告を参照されたい。（W. Reich: „Über einen Fall von Durchbruch der Inzestschranke in der Pubertät", Zeitschr. f. Sex. Wissensch., VII, 1920/1921）。

（32）コヴァレフスキーも少年による父親殺害の実例を数多く挙げているが（Kovalevsky: „Zur Psychologie des Vatermordes", Monatsschr. f. Krim. Psych. usw., 1905, S. 309）、それらの犯人たちは——憎悪感情がまだ弱まっていないので——悔悛の情は示さず、しばしばシニックな態度でその犯行を大言壮語し、驚くほどの無関心を示している。これに対して、明らかに優しい愛の衝動をより強くもっている少年たちは犯行を隠そうとし、「全く幼児的な不合理性をもって行動する。」コヴァレフスキーは次のように言っている。「時折り彼らには、まだ両親に対するわずかな愛が保たれている。あるいはこのような子供は両親のいずれかを愛し、他方を憎む。」

(33) 夫に虐げられる母親への味方を表わすこれと似たような、しかし素朴かつ幼児的に描かれた例がG・ケラーの短編『レーゲル・アムライン夫人とその末っ子』にみられる。そこでは小さなフリッツが、母親を苦しめる左官の親方である父親にカーテン棒をもって立ち向かうのである。詩人はこの場面を事実に基づいて描いたと言われている(Böchthold, II, S. 65)。

(34) 裁判記録によれば、息子は父親のことを「淫売男」と呼んだと言われている。

(35) ちなみにフェッリアーニは、子供たちを虐待するのは嫉妬のためであると言っている(Ferriani: „Madris naturate", Milano 1893)。

(36) 父親殺しは実際また歴史的にみても、公的、法律的に初めて禁止された殺人である(Storfer: „Zur Sonderstellung des Vatermordes. Eine rechtshistorische und völkerpsychologische Studie", Deuticke 1911)。

(37) これについては『英雄誕生の神話』最終章を参照されたい。またシモンの『歴史の変遷における政治殺人』(P. Simon: „Der politische Mord im Wandel der Geschichte", Berlin 1912)がある。

(38) 『強迫神経症の一症例に関する所見』(„Bemerkungen über einen Fall von Zwangsneurose", Jahrb. I, 1909)。

(39) これが最も明瞭に窺えるのはもちろん「性犯罪者」においてである。ヴルフェンは性犯罪者を、部分的にはフロイトの理論に依拠しているその貴重な研究で心理学的に理解しようとした。——精神分析はしかし、一見倒錯的な性衝動には全然影響されていないかに思われる他の殺人のなかにも性愛的な動因を発見することが出来る。殺人による性行為の代用を最もわかり易く示している例はクライストの人生と創作活動である。彼はその『ペンテジレーア』においてこの関係を非常に明瞭に表現したばかりではなく、芸術的に形成された他の多くの空想においてもこれを示し、最後に彼はこれらの空想をその心中によって実現しもしたのである(これに関してはザートガーの『クライストに関する心誌法《プシヒョグラフィー》』ヴィースバーデン、一九〇九年を、またジョーンズの『心中の問題』E. Jones: „Das Problem des ‚Gemeinsamen Sterbens'", Zentralbl. f. Psa. I, S. 563 und II, 455 参照)。またプロール『心中』(Proal: „Le double suicide d'amour", Arch. d'anthrop. crimin. 1907, S. 553)もある。——アンツェングルーバーは喜劇『心中』でその動機の性的な側面を愉快に戯画化した。

(40) フロイト『自伝的に描かれた偏執病の一症例に関する精神分析的所見』(„Psychoanalytische Bemerkungen über einen autobiographisch beschriebenen Fall von Paranoia", Jahrb., III, 1911)。

（41）『英雄誕生の神話』中のアナーキストたちに関する終章の叙述を参照されたい。スピッツカは、政治殺人犯たちの七分の一は偏執病であることを認めることが出来た（Spitzka : „Political assassinsi are they all insane ?“, The Journ. of Mental Patholog. 1902）、またペンタ『偏執病の父親殺し』（Penta : „Parricida paranoico“, Giornale per i medici periti usw. 1897）も参照されたい。

（42）フロイトの一貫した鑑定によれば、実際強迫神経症はすべて少年時代に父親の死を望む願望とともに始まる。しかしこの願望はやがて抑圧され、それとともに非常にさまざまな心的変化に曝されることになる。

（43）ネッケはその『精神病者における家族殺人』のなかで、家族殺人の後で行われる多くの自殺について報告している（Näcke : „Über Familienmord bei Geisteskranken“, Halle 1908）。実にさまざまな種類の家庭内殺人は神経障害の結果であることが多いという事実は、かつて抑圧された衝動が狂気的に発現するという点でわれわれの注意を引くものである。ハスマン『精神病者による家族殺人の精神病理学のための寄与』（W. Haßmann : „Ein Beitrag zur Psychopathologie des Familienmordes durch Geisteskranke“, Allg. Zeitschr. f. Psych., 1913）も参照されたい。

（44）フロイト『精神分析学的療法の未来の展望』（„Die zukünftigen Chancen der psychoanalytischen Therapie“, Zentralbl. f. Psychoanalyse, I, 1911）参照。

第六章　シェイクスピアの父親コンプレックス

――演劇行為の心理学のために

乱暴な息子ならおやじを叩き殺す
トロイダスとクレシダ（第一幕第三場）

われわれは、幼児期のオイディプスコンプレックスの無意識的な源泉から発し養われてきたシェイクスピアの父親憎悪を、既にハムレットの分析を通してよく知っているが、そこではこの父親憎悪がドラマ全体の構造を動かす推進力として働いている。父親に対するアンビヴァレントな関係の特徴をなすところの好意と反感の間を揺れ動く息子の態度が、彼をして、自分が望んではいるがしかしまた怖れてもいる父親殺害行為へと踏み切らせず、またそのようにして、他人の手で殺された父親を亡霊として登場させることになる。他方この亡霊もまた、父親殺しを考えたことに対する息子の自己非難に満ちた悔恨の情を表現している。

全くこれと同じ色合い、同じ不安定で矛盾した性格、また同じ亡霊がシェイクスピアの『ジュリアス・シーザー』において再び見出される。われわれはこの作品をブランデス（四二六頁）の言うように、内面的な理由からハムレットと同じ時期に創作されたものと考えねばならない。ブルータスとハムレットとの酷似した性格についてはは既にしばしばしば比較がなされてきた。[1] しかしながら、ハムレットにおいては無意識のなかで演じられ、神経症的な作用というかたちでしか表われていない感情の対立は、ブルータスにおいては部分的には意識された対立である。「近頃ぼくは争い合う幾つかの感情に悩まされている。」（第一幕第二場）そして自分に殺されることになっているなにも知らないシーザーを見て彼は独白する。「それを考えるとブルータスの心は血の出るおもいだ。」（第二幕第二場の終り）ことを成し終えた後も彼は同じようにこれを民衆の前で正当化する。「シーザーに対するブルータスの愛は彼の親友のそれに劣るものではなかった。」またこの行為を敢えて実行したのは、「シーザーを愛するわたしの気持が弱かったためではなく、ローマを愛する心の方がいっそう強かったためなのだ。」（第三幕第二場）しかしこの心の葛藤はこの作品ではハムレットとは反対に極めて意識的かつ堂々と表現される。なぜなら、相手は父親ではなく、絶対的な権力を得ようとしている独裁者だからである（フィエスコ参照）。ハムレットとの類似性と、暗殺を図るブルータスの陰謀は、シーザーに対する彼の非常に深い愛にもかかわらずブルータスのもっている息子的性格を既にわれわれに明かしてくれている。しかし他方またわれわれは、専制的な支配者や皇帝による父親の代理ということもよく知っている。ただこの転移と代理がシーザーにおいては、意識的な葛藤のみならず殺人という直接的な願望成就を可能にしているのに対して、ハムレットの方はその反対物である神経症的な抵抗を表わしている。同じようにハムレットとシーザーにおける両亡霊場面も相互に補い合うものである。シーザー亡きあと空位となった支配者の座を巡っての決戦が行われようとする前夜、殺されたシーザーの亡霊がブルータスのテントに現われ彼に復讐を告げる（亡霊「フィリパイでお前と相まみえるであろうことを告げにやって来たのだ」第四幕終場）。シーザーにおいては亡霊は現実の殺人者の前に姿を現わすのだが、ハムレットでは、自分を殺害した人間に「復讐する者」の前に現われる（防衛）。その代りシーザーにあっては、ハムレットを完全に支配しているような息子関係は解決されている。ここにはまた、ハムレットにおいて極めて重要な役割を演じている母親も存在しない。そもそもシーザーは純粋な政治文学、いわば男性劇であるように思われる(2)。幼児的な意味を解く鍵は、ブルータスのテントに姿を現わすシーザーの亡霊が提供してくれる（第四幕第三場）。これはハムレットから既に周知の、そして容易に説明されるところの、芸術作品における父親の典型的な幻像(Vision)であって、父親の死についての夢と一致するが、しかしそれが情緒的に強調されている点で神経症的な発作(幻像)を想起させるものである。この場面に内在し、描写とその効果において完全な表現に達している情緒によってわれわれはなによりも、シーザーにおける亡霊の出現がハムレットにおけるそれと同一のものである、つまり父親の表現であることを認識するのである。ブルータスもまたハムレットの台詞（「お前は聖霊なのか、悪魔なのか、天国から来たのか、それとも地獄からなのか……そのようなどちらともつかない姿で現われるとは。だがわたしはお前と話すことにしよう」）とほとんど同じ情緒的な言葉で亡霊に話しかける。

「お前はなにかうつしみのものなのか?
お前は神なのか、天使なのか、あるいは悪魔なのか、
このようにおれの血を凍らせ、おれの髪の毛を逆立てるやつは?
言え、何者だ、お前は。(3)」

ブルータスの息子的性格(4)は、本当の意味でのこの暗殺行為の責任をとっているのは実際には彼ひとりだけであるということ(5)（ブルータスのひとつの側面しか具現していないキャシアスもいるにはいるが、これは部分的な存在でしかない。カルロスにおける分岐と似ている）、そして彼だけがこの責任を十全の重みをもって感じているということ——殺されたシーザーの亡霊を見るのは彼一人である——のなかにも表現されている。次に、これもわれわれの解釈の正しさを証明するものであるが、「父親殺害者」の悔恨と自己処罰傾向が『ジュリアス・シーザー』にも表われている。つまりブルータスと、彼の第二の自我であるキャシアスは戦闘にあって敵の手で斃されるのではなく、シーザーの殺害を悔やむあまりみずからの手によって死ぬのである。彼らはシーザーの記憶によって無力と化し(6)、いわば彼ら自身によって死

んでゆく。このことは彼らの死が、シーザーの殺害に関与したのと同じ剣によって実現されることのなかにも明示されている。

「キャシアス　……シーザーの体を刺し貫いたこの剣で
おれのこの胸をぐさりとやってくれ。
……シーザーよ、お前は復讐をやってのけたぞ、
しかもお前を殺したと同じ剣でだ。（死ぬ）」

またブルータスは、自分が倒れるのは亡きシーザーのためであり、そしていわば彼の手によってであるということを直接口に出して言ってもいる。

「ああ、ジュリアス・シーザーよ、お前の力はまだ嚇々たるものだ。
お前の霊がさまよい歩いている。われわれの剣をわれわれ自身の
臓腑に突き刺すのはお前なのだ。」

そして死の直前彼は次のような言葉を吐く。

「シーザーよ、さあこれでお前も成仏できるぞ。
お前を刺し殺した時には今の半分も心が進まなかったのだ。
（剣の上に倒れかかり息絶える）」

この精神的な地層においてはシェイクスピアのキャシアスという人物は、ブルータスのなかで最初から活発に働いていて、自己処罰に表われる防衛傾向の具現化されたものとしてしか現われない。キャシアスは既に初めから自殺志願者として登場しており、ブルータスとの最初の対話（第一幕第二場）並びに彼が登場するすべての場面で自殺について語っている。キャシアスを自分の誕生日に死なせているのも作家の深い心の動きを物語っている。

しかし、シーザーに対するブルータスの関係は息子のそれであるというわれわれの解釈と説明全体に一段と高い意味と、同時に確固たる証明の力を与えてくれるのは、間違いなくシェイクスピアが使い、またほとんど一字一句それに従ったところの歴史書即ちプルタルコス(7)のなかに、カエサルがブルートゥスのことを自分の妾腹の息子だとみなしていたことが暗示されているという事態である。格言にまでなったカエサルのあの叫び、ブルートゥスが剣を抜き放って襲って来るのを見た時に彼が何度も口にしたと言われる「お前もか、息子ブルートゥスよ？」（スエトニウス、『ユリウス・カエサル』(8)）もこの意味で解釈することが出来る。シェイクスピアにおいては傷を負ったシーザーが叫ぶのは「ブルータス、お前もか？　是非もない」という台詞のみである（第三幕第一場）。従って、ここでシーザーが最後に斃れるのはブルータスの忘恩によって、いわば息子の手によってであるが、既にみたようにブルータスの方も最終的には父親殺しの悔恨から、いわばシーザーの手によって死ぬのである。シェイクスピアは、疑いもなく彼が知っていたシーザーに対するブルータスの息子的関係を、伝承資料を作品化する際に削除したことになる。われわれは再びここに、詩人が歴史的に伝承された事実や人物の性格、あるいは別な作者の解釈などに加える変更が心的に深い根拠をもっているもので、例えばそれは最初の草案から最終稿を仕上げる際に行われる変更と同じものである、ということを認めるのである。これらの変更は、苦痛を与えながら活動する抑えつけられた感情衝動の発現に対する抑圧傾向から生じる。このことは、シェイクスピアには紛れもなく強い情動を伴った父親コンプレックスがあったのをみてもわかる。それどころかわれわれはここで、素材選択の心理学についてのわれわれの解釈において証明可能とされているものを越えて一歩を踏み出しても差し支えない。シェイクスピアが息子関係を除いてほとんどそのままドラマに採用したところのプルタルコスによって伝承されている素材を考えてみると、本当はこれまで一般に想定されていたのとは事態は逆であると言わねばならない。つまり、いかなる素材選択といえども作者においては心理学的に深い根拠をもっていて、それ以前に彼を支配しているさまざまなコンプレックスに広範囲にわたって照応するものであるということが初めに証明されるのではなくて、逆にある素材の選択や取り扱い方からかなりの自信をもって作者の心的な特性を推論しても差し支えないのである。また詩人は、なんらかの歴史的ないしは美学的関心から彼の心を惹きつけた素材のなかへある種の「志向感情」を注ぎ込むだけでなく、このような関心をいわば前段階的な欲求として抱きながら、自分の感情をその折り折りの抑圧段階と防衛段階において解き放つことを許してくれる素材（ブロイラーの言うコンプレックスの下地）を常に求めているのである。(9)

ブルータスは、シーザー暗殺に怒りを覚えているアントニーに、それが正当防衛であったことを説いて彼の心を鎮めようとする。

「われわれの理由は充分に妥当なものだから、
アントニーよ、たとえ君がシーザーの息子であったとしても、
君の意にかなうものだと思っている。」

この言葉をほかならぬブルータスが言っているということは、シェイクスピアがシーザーに対するブルータスの息子関係を知っていて、それにもかかわらず内面の抵抗のためにこれを削除したことを示すものである。この台詞が本来意味しているのは、いいかシーザーの息子よ、その理由はわれわれにさえ充分妥当なのだ、お前たちにはもっと妥当である筈だ、ということである。暗殺されたシーザーのために非常に敬虔で、政治的な色彩を帯びた追悼演説を行うアントニーのなかには、父親に対して息子が抱く尊敬の念に満ちた感情が具現されている。それはキャシアスのなかに自己処罰の傾向が表わされているのと同様である。ところで、ブルータスもキャシアスもアントニーも歴史的に伝承され確証された人物であり、従って彼らはわれわれの主張するように、詩人が行う息子感情のさまざまな具現化の対象にはなり得ないのではないかという、原則的な点で重要に思われる異議が出されるかもしれないが、それに対しては次のことを指摘すれば充分であろう。即ち、これらの人物たちは確かに歴史的に伝承されたものではあるが、

しかし彼らはいわば生命をもたぬ存在として伝承されているのであり、また統一的な性格として伝えられているのでもない（伝えられているのは彼らの個々の性格の諸相でしかない）、ということである。しかし詩人は彼らにドラマ的な生気を吹き込むためにこの場合、例えば父親に対する息子としての彼のさまざまな感情を利用し、そのようにして初めてこれらの人物は、ドラマにおいて要求されるその統一性を獲得し、しかしまた同時にある種の一面性をも帯びることになる。この一面性は作者のそのときどきの心的な立場とその反対衝動とに完全に照応するものである。

われわれはこれまで、時折りシラーにおいてもそうであったのだが[10]、個々の細部や言い廻し、それに比喩などを心理学的に重要なものとして過度に重んじてきたというように思われるかもしれない。そこでわれわれは、シェイクスピアの作品から更に父親と息子の敵対関係に関わる幾つかの箇所を、われわれの言う意味での論証に利用する前に、この解釈の正当性を示しておきたい。われわれが本当に夢とドラマの同列化をまじめに考えても構わないのであれば、その第一条件は、どんなに目立たない細部といえどもそれらすべてをまず、心的には同等の価値を有するものであると考えることである。のみならずわれわれは、夢に関するわれわれの研究に則って次のことを予め知っておかなければならない。即ち、然るべき抑圧に際しては、夢全体で心的に最も重要なものこそがともすれば見過ごされ易い要素のなかに、いずれにしてもあまり目立たない要素のなかに現われることが往々にしてあるという事態である。そして美的な快感を与える作用も一部はこの上に成り立っているのであって、この作用を有効に実現させるためには「前面《ファサーデ》」においては無害なもの、嫌悪感を与えないものが強調されなければならない。例えば、若きシェイクスピアの最も初期の作品のひとつであり、純粋に歴史的興味から生まれたようにみえる『ヘンリー六世』というドラマで、家族の絆をも無視する内戦の悲惨さが描かれている（三部、第二幕第五場）。そこには、「自分の父親をあやめた息子がその屍体を引きずって来る」とある。次の台詞は、殺した相手が父親であることを今初めて知った息子の発するものである。

「神よお許しあれ。自分のしたことがわたしにはわからなかったのです！

父上もぼくを許してください。あなただとは思わなかったのです！」

防衛のこの形態はオイディプスで既にわれわれには周知のところである。しかしこの犯行の後には、息子のこの禁じられた願望成就に対する処罰が踵を接して続く。つまりこの直後、「自分の息子を殺した父親が腕に屍体を抱えて登場」するのである。[11] 同様に、シェイクスピアが二〇歳の時に書いたと言われている最初のドラマ『タイタス・アンドロニカス』では、既にタイタスが息子マーティアスを怒りに駆られて殺している。しかしその直後彼は、いわばその処罰として片手を切断しなければならない（自己処罰傾向）。反抗する息子を突然殺害するというこの設定は、ブランデスも言うようにシェイクスピアの自由な創作である。先ほど挙げた『ヘンリー六世』（三部）でヨーク公の二人の息子が、彼らの父親が殺害されたことを報告する使者に対して示す反応の仕方も父親葛藤の特徴をよく表わしている。

「エドワード　ああもうやめてくれ！もうたくさんだ。
リチャード　教えてくれ、彼の死んだ様子を。ぼくはすべてを聞きたいのだ。」

『リア王』にも、主要な筋と平行して進行する副次的な筋に父親葛藤が認められ、父親を愛する息子エドガーと、これを憎悪する息子エドマンドという典型的な人物が登場する。そこにみられるのは、のちにシラーの『群盗』と『ドン・カルロス』に再び表われる一種の感情分裂である。エドマンド同様フランツ・モールもその無実の誠実な兄を偽造の手紙によって父親に告発する。『群盗』におけるように、いやそもそもこれが普通なのだが、『リア王』においてもまた父親は直ちに息子の反抗を信じる方に傾く。性悪な息子の罪によって父親グロースターは両眼を失い（『テル』のメルヒタール参照）[12]、あとになって息子たちを比べてみて自分の犯した重大な誤りに気付くが既におそい。ここでもまたわれわれは、この二人の息子のなかに父親に対する作者自身のアンビヴァレントな立場が擬人化されているのをみる。

父親と息子の間の分裂的な、そして特に敵対的な関係を示すこれらのかなりあからさまな描写と並んで、『ハムレット』と『ジュリアス・シーザー』の亡霊場面に、相反するこの二つの衝動を統一しようとする神経症的な反作用があるのをわれわれはみた。[13]しかしこれと似たような亡霊場面は、異なった時期に書かれたシェイクスピアの他の作品にもなおまだ見出される。そしてわれわれはわれわれの研究の基礎の上に立って、同じ典型的なイメージのなかに包み込まれたこれらのエピソードの背後にも同じ葛藤が主要モチーフとして潜んでいるものと推測して差し支えない。ジュリアス・シーザーとハムレットの三年後に『マクベス』が書かれたが、この作品にも同様に亡霊場面がみられる。名誉欲に駆られたマクベスは尊敬すべき老王ダンカンを殺害するが、それは彼みずからが王になるであろうとの約束がなされていたからであった（息子が父親の座に身を置こうとすること）。しかし彼は、その子宝に恵まれていることで彼が嫉妬してた友人のバンクォーまで殺させる（この息子たちは同じ預言によれば王に、つまりマクベスの後継者になると言われていた）。即ちここでは、反抗的な息子がみずから父親になった時息子たちに対して抱くところの復讐への恐怖というモチーフが姿を現わすのである。時を同じくして行われる殺害はここではダンカンとバンクォーを本来一人の人物に融合させ、[14]その結果今度はバンクォーの亡霊が、殺された王のためにも復讐を要求するようなかたちで現われる。バンクォーの亡霊は客を招いての晩餐時に現われ、マクベスの席に座を占める（父親が再び息子をその不当な場所から追い払う）。マクベスが亡霊に向かって発する最初の言葉、「おれのやったことは、お前には言えない」は彼の罪悪感情の防衛を示すひとつの表現である。二度にわたるこのバンクォーの亡霊の出現はシェイクスピアの自由な創作であり（これについてもブランデス参照）、そしてこの亡霊及び殺人全体の有する父親的性格は、これを特徴的に表わす亡霊の出現においてのみならず、他の類似状況においても表現されている。ハムレット同様マクベスも決して断固たる行動のとれない男ではなく、この王殺しという全く特殊な行為を前にしてのみ躊躇するのである。[15]そして、われわれがそもそもマクベスに関して聞かされる最初の言葉が、ある兵士によって行われるこの将軍の英雄的な大胆さと決断力についての報告（第一幕第二場）であるということは、作者の深い心の動きをよく示している。ハムレットが二人の廷臣をあっさり死へと至らしめたように、マクベスもまた、自分の犯行を知ってこれを洩らすおそれのある二人の護衛兵をためらうことなく切り倒す（第二幕第三場）。だが王の殺害というこのひとつの行為を前にした彼はブルータスのように、ハムレットのように、そしてまたテルのようにためらい、疑念にさいなまれる。妻に尻を叩かれてようやく彼は決定的な行動へと踏み出すのである。彼女はいわば、名誉心に取り憑かれた彼の願望の化身である。ダンカンの父親的性格を表わしているのはマクベスではなくその妻であるということはこの意味において明らかとなる。彼女はダンカン及びその殺人計画について次のように言っている。

「あのひとの寝顔が私の父に似ていなかったら、
このわたしがやったであろうに。」

次にダンカン、バンクォー殺害の嫌疑が彼らの息子たちにかけられるという事態は完全に父親コンプレックスに合致している。

「マルコムとドナルベイン、この二人の息子は密かに逃亡した。このためいまかれらは疑いをかけられている。」（第二幕第四場）

「……あいつらは
父親殺しの罪を白状しないで……。」（第三幕第一場）

同様にバンクォー殺しの嫌疑はその息子フリーアンスにかけられるが、こちらは素速く逃亡して陰謀から逃れる。ダンカンに対するマクベスのこの息子関係の暗示は、シェイクスピアがこの両者を縁者に仕立て上げている（「わしの甥たるハムレットよ」、ハムレット第一幕第二場も参照されたい）ことのなかにも認められるかもしれないが、これは元の資料にはないものである。次に挙げる細部は目立たない小さなものだが、これはシーザーの殺害との結び付きを示している。シーザーは短剣の傷を二三箇所に受けて死んでいる。殺されたバンクォーの亡霊が現われたあとマクベスは次のように言っている。

「……ところが今ではどうだ。脳天に二十もの
致命傷を受けながらよみがえり、
われわれ生きている人間を椅子からおしのけようとするのだ。」

シェイクスピアの最も初期の作品のひとつである『リチャードⅢ世』にみられるこれと似た亡霊幻覚に関連して言えば、レディー・マクベスが夫のその振舞いを説明しようとして食客たちに話す言葉は恐らく作者自身にそのまま当てはまるものである。

「……こういうことはよくありますの、若い時分からそうでした。――さあ、みなさんどうか席におつきになって！
発作はじきに終りますわ。ほんのちょっとしたことで元通りよくなります。」

ブルータスがそうであったようにリチャードも決戦の前夜、権力を得るため彼が殺したすべての血縁者たちの亡霊を目にする。リチャードもまたローマの謀叛人たちと同様敵の力によって斃されるのではなく、亡霊の出現が彼のなかに呼び起こした悔恨によって内面から滅んでゆくのである。

「リチャード　使徒ポール様にかけて言うが、今夜の亡霊どもは、
あの腰抜けのリッチモンドに率いられ、鎧兜に身を固めた
一〇万の兵士たちよりははるかに大きな恐怖をリチャードの心のなかに投げ込んでくれた。」

この場面もまた父親コンプレックスにその源を発してはいるのだが、亡霊出現の多様化[16]と近親者殺害の錯綜化によってこの源がぼやけている。しかしこの場面のドラマ的構造は父親の亡霊出現場面のそれに極めて近いので、リチャードの夢をも動かす同じ原動力をそこに推論せずにはいられないほどである。リチャードが、自分の殺したエドワードの未亡人にその夫の棺のかたわらで求婚する場面[17]は母親との結婚[18]の緩和されたものであるにすぎない。

「リチャード　おれはすでにあの女の夫と父親を殺してしまった。
　娼婦を満足させる一番手っ取り早い方法はこのおれがそいつの夫となり父親になることだ。」

そして彼女の方はリチャードとの結婚生活について次のように語るのである。

「これまでわたしは、あのひとの寝床のなかでひとときとして
　黄金の眠りの露を楽しんだことがない。
　あのひとの恐ろしい夢に驚かされぬ夜は一晩としてなかった。」

リチャードは彼女からも解放されたあと、自分の実の姪であり未亡人エリザベス王妃の娘である女性との結婚を決意する。しかもそれは、彼がこの女性の兄弟たちを殺した後のことである。

「エリザベス　なんと言えばよいのか？　あれの父親の兄弟が
　あれの夫になるというのか？　あるいは叔父と言うべきなのか？
　あるいはあれの叔父と兄弟を殺した男と言うべきなのか？
　いったいどのような名前で縁談を申し込めばよいのだろう？」

一連の文学作品において典型的なかたちで描かれているところの、悔恨を迫る死者たちの亡霊出現(19)はハムレットにおいては紛れもなく父親のそれであるのだが、そもそもこの悲劇はこれらの感情に関してはシェイクスピアの内面生活での転回点を示している。総じて言えば、ハムレット以前の作品においては父親コンプレックスは折りに触れての偶然的な言葉にみられるにすぎないが、ハムレットとそれに続くシーザー、マクベスと進むにつれてその葛藤は神経症的なニュアンスをもって強くなっていく。この状況を理解するには、まずフロイトによって指摘された事実、つまり『ハムレット』がシェイクスピアの父親の死の直後に、「ひとりの男の人生における最も重大なこの出来事」の生々しい印象のもとに、「父親に向けられた幼児的感情のよみがえりのうちに創作された」（『夢判断』前記引用箇所）

ことを顧慮に入れればよい。このコンプレックスが幼児期にあって重きをなしているすべての人間の例にもれず、シェイクスピアが父親の死後、自分は父に対して充分優しくなかった、それどころか冷淡で素っ気なかったのではないか、少なくとも心のなかでは不当な行いをした、父はこの自分の憎しみに価する人間ではなかったのだ、そして息子の反感に心を傷つけられたために父は死んだのではないか、少なくともそれによって死が早められたのだ、という自己非難（これもまたあるいは無意識的なものであったのかもしれない）を行ったであろうことは大いに考えられるところである。以前の憎しみを正当化することへのこの疑念にはもちろん充分な理由がある。それというのも、この憎しみの本来の根源即ち母親への性愛的な愛着――ちなみにこの根源は憎しみをその強度に応じて、理解し得るもの正当なものと思わせるのである――は無意識的であったしまた現在でもそうである。そして意識の方ではこの憎しみを正当化するために型通りの動機（例えば父親が厳しかったこと）と言い立てたのであるが、これらの動機は成熟した一人前の男にとっては、特に、怖れていた競争相手の死という強い印象のもとにあっては極めて薄弱なものに映る。要するに、自己非難とともに歩んできた亡き父親への想いが彼の心を休ませず[20]、死んだ人間の「霊《ガイスト》」がいわば復讐を迫りつつ彼を苦しめたのである。そして父親の想い出を追い払い抑圧しようとの試みが、このコンプレックスのさまざまな、夢と神経症の形成に酷似した芸術的表現へ、なかんずく――古い素材に依拠しながら――『ハムレット』の構想へ至ったのである。この意味で、ブランデスがハムレットの初稿に関して述べていること（四〇一頁）はわれわれの解釈を特徴的に示すものである。「この戯曲のより古い草稿における主要な関心は、付け加えられた人物即ち暗殺されたい人間の亡霊と、〈ハムレットよ、復讐を！〉というその叫びに集中されていたように思われる。」また、現在われわれには残されていないこのハムレットの初版本においては――このことは、段階的に進行する抑圧についてのわれわれの解釈の正しさを示すものであると思われるのであるが――ハムレットの母親が（また彼自身も）はるかに若い人物として設定されていたと言われる。いずれにしても彼女はまだクローディアスの（そしてまた最終的には息子の）情熱を掻き立てるのに充分の若さであった。なぜなら、最終稿にみられるところの、彼女の年齢を暗示するような然るべき侮辱的な言葉はまだそこにはみられなかったのである。この母親の若返りは、継母をテーマとして扱ったさまざまな作品から既にわれわれには周知のものである。シェイクスピアと彼の主人公との緊密な同一化を示すものとして、この悲劇において語られるデンマークの王子の父親は作者の父親と全く同様に死後間もないということ、従って息子の自己非難、心的な抵抗、良心のたたかいなどがまだ非常に生々しいものであるという顕著な一致点が挙げられる。というのも、嫉妬心を含んだ母親への恋慕から発するところの、ずっと以前に抑圧された父親の死を望む幼児期の願望がのちになって実現されるとともに、父親の死は息子の責任であるとする罪の感情や強力な自己非難が喚起され、それによって根源的なオイディプスコンプレックスの——もちろん早い幼児期にあらかじめ形成されていた——価値転換が起きるのである。父親は息子の心的な反作用によって今や高潔で強力な保護者という幼児時代の役割を与えられるのであるが、一方母親は早い幼児期に息子から寄せられていた尊敬を失い、のちの思春期空想の、侮辱され軽蔑される役割を演じるようになってゆき、そしてこの空想によって彼女は今や父親の死に責任があるのだとみなされるようにさえなる。(21) このようにして、ハムレットが父親に対して反作用的な誇張をもって示すところの優しい気持と悔恨の情は、作者自身の魂のなかで生じたこれと同じ変化の文学的表現であることがわかる。またそれゆえに、ハムレット伝説で伝承されている殺された父親のための復讐についての素材——作者がこれを既にそれ以前にも他のテキストから知っていたことは疑いない——がまさに今彼にとって心的な意味を獲得することになったのは必然の成行きである。しかし父親に対する反作用的な懺悔の気持を生じさせるために、息子がかつてもっていた優しい心が利用されたように、母親は娼婦だと考える幼稚な解釈を再びよみがえらせるための条件は、かつて息子が母親において体験した重苦しい幻滅である。この幻滅はたいていの場合、彼女と父親との性交場面の発見——ないしはのちに空想のなかであるいは現実に行われる他の男たちとの性交の発見——によるものである。実際ハムレットはこの性交をしばしば激しい調子で、忌まわしいものとして、また彼の空想からすれば近親相姦的な行為として母親の前に描き出している。母親へのこの幻滅の結果をわれわれは、一八歳の詩人が八歳年上の妻と送った不幸な結婚生活（バイロン参照）に再び認めることが出来るのであるが、この幻滅もまた精神分析の研究がわれわれに示してくれたように、女性憎悪・蔑視の域を越えて女性からの完全な離反に至ることも稀ではない。またこの幻滅はそれと同時にリビドーの同性への転向をみることも往々にしてあり、これは父親に対する柔和な気持が反作用的に強くなっていくのと並行して進むものである。ここには、この時期に書かれたソネットにおいて最も印象深く表現されている彼の同性愛的な傾向のひとつの根がみられるが、しかしこの傾向は彼のドラマの創作にも関与するものである[22]。

　詩人の精神生活におけるこのように決定的な変化を招いたのが、実際に両親のいずれかの死であったということは次の事実にも示されている。即ち、ハムレット以外に母親との関係を扱っている唯一のドラマ『コリオレーナス』が、シェイクスピアの母親の死亡した直後に生まれたということであり、そしてこれは、ハムレットが父親の死に対する反作用として書かれたことに照応する[23]。

　三年ののちに完成したマクベス同様、コリオレーナスもまた完全にひとりの女性の影響のもとにある。そしてマクベスの名誉心がいわば彼の妻に具現されているように、コリオレーナスの名誉心は母親ヴォラームニアのなかにその表現を見出した。彼の行った賞賛すべき行為のすべては、「しかし母親を喜ばすためにのみ」行われたのである（第一幕第一場）。ここにもまた、一見穏やかな言い廻しの背後に母親近親相姦を暗示するものが潜んでいる。ヴォラームニアはコリオレーナスの妻、つまり彼女の嫁に向かって次のように言う。「もしあの子がわたしの夫だったら[24]、名誉のいくさに出陣していて留守の時こそわたしは嬉しく思うでしょう、寝床のなかで抱かれて愛情を示されるよりも。」（第一幕第三場）また、自分は母親の息子ではないのだという、近親相姦コンプレックスに典型的な空想もここには認められる。どんな方策をもってしても、母親の懇願によってさえもコリオレーナスが祖国の街と和解しようとせず、これを許そうとしなかった時、母親は最後に次のように言う。

「……さあ行きましょう。
この男はヴォルサイ人を母にしている、
この男の妻はコリオライにいる、この子の顔が似ているのはきっと偶然にちがいない。」

この言葉にコリオレーナスの心は和らぐ。コリオレーナスと敵方の将軍タラス・オフィーディアスとの心理学的にみて注目すべき関係は燃えるような憎しみと紛れもなくエローティッシュな情愛とを同時に表わしているが、この関係を父親に対する息子の幼児期における心的な立場の特徴的な表われとして、幾つか個々の箇所を引用しながら指摘してみたい。

「コリオレーナス　おれがたたかいたいのはお前だけだ！　おれは
お前を偽誓よりも憎んでいるのだ。
オフィーディアス　おれもお前が憎い。」（第一幕第八場）

にもかかわらずコリオレーナスは敵陣へ赴き、オフィーディアスに身を委ねるのである（第四幕第四場）。

「コリオレーナス　おお世間よ！　車輪のころがるがごとくめまぐるしく変る世間よ！
二つの胸に一つしか心をもたず、
家も寝床も食事も分かち合い、
まるで双児のように別れがたい愛によって結ばれ、誓いを交わした友同士が、
つまらぬことで突然いがみ合い、
憎しみを燃やす。——かと思えば、
相手を倒したいとの激しい怒りと恨みで

夜も眠れないほどに憎み合っていた
敵同士が、ひょんなことから
心の友となり、運命を分かち合う
間柄になることもあるもの。
自分の生まれた故郷を憎み、この敵の街を愛するこのおれもそうだ。――よし入って行こう！　あいつがおれを
殺すとしてもそれは当り前のこと。あいつが受け入れてくれるならこの国のために役立ってやろう。」

そして宿敵オフィーディアスは彼を優しい愛をもって迎え入れる。この愛は、コリオレーナスが母親から離反したことを考えれば、父親に対する心優しい感情の反作用的なよみがえりであると解釈する以外にはない。

「オフィーディアス　おお気高きマーシアスよ！　さあおれの腕を
きみの体に巻きつかせてくれ。きみの体にはおれの投げた固い槍が何度となく当っては砕かれ、
その破片が月に向かって飛んでいったものだ。
今おれは、おれの剣を鍛えてくれた鉄床《かなとこ》にもたとえられる
きみの体をこうして抱きかかえ、かつておれの勇気が
きみの剛勇とたたかったように、今度は
高貴な心とあつい情熱をもってきみの愛と
たたかおう。おれに言わせてくれ、
おれは妻を愛し、そして迎え入れた。
喜びのあまりおれは深い誠実の心をもってため息をついたものだ。
だが今ここできみにめぐり会えるとはなんという幸福だろう！
この喜びは、おれの妻が初めておれの家に入って来るのを

見た時(25)の喜びにいやまさるものだ。

軍神マルスにも匹敵するきみだが、実は一大隊が出陣の準備を完了して待機中だ。

おれはきみにたたかいを挑んで、その腕を楯から切り落とすか、さもなければおれの腕を失うかもう一度やってみるつもりだったのだ。きみは二度もおれを打ち負かした。

それからというものおれは毎晩きみとのたたかいを夢見続けてきた。

夢のなかでおれたち二人は大地にころがり、兜をひきはがそうと必死になり、お互いの喉をつかみ合う、
そして半死の状態で夢からさめる。さめてしまうとなんともないのだ……。」（第四幕第五場）

オフィーディアスによるコリオレーナスの歓待振りは第三の召使いによっても同じように報告される。「うちの将軍でさえが、まるであの男を恋人のように扱う、あの男の手に触れては喜び、あの男がしゃべるとうっとり聞きほれるという始末。」（第四幕第五場）

それと並んで母親との同一化を暗示する言葉も見出されるが、これは母親を失ったことに対する典型的な反作用としてわれわれの知っているところのものである（母親の懇願に対して彼は次のように皮肉な調子で答える）。

「おれの誇りなど消え失せてしまえ！　売女の魂でも
宿るがいい。戦場で打ち鳴らされる大鼓の音にも引けをとらぬおれの声は、去勢人間のように弱々しい声に、赤ん坊を寝かし
つける小娘のように
か細い声に変ってしまうがいい……。」（第三幕第二場）

非常に優しい愛と燃えるような憎しみの間を揺れ動くこの全く矛盾した態度が、幼児期のオイディプスコンプレックスと完全に一致するものであるということは既に詳しく述べられた。そして初期幼児的なものへの逆行は父親の死のみならず、愛する母親を失った痛手からも生じるということはこのドラマにおいて極めて明瞭に表われている。このようにして、父親の憎悪者であったコリオレーナスは祖国の街（Vaterstadt）の憎悪者へと変り、かつて愛した父親

への愛着から、不具戴天の敵であった男のこの上なく優しい友となる。だが最後に彼はこの友の手にかかって斃れる。尤もこの殺害者の方もいささか悔恨の情を禁ずることは出来ない（オフィーディアス「おれの怒りは消えた、悲しみに心を突き刺される想いだ」）。父親との優しい関係は古い友人であるメニーニアスとコリオレーナスとの関係に暗示されている。コリオレーナスは彼を父親のように尊敬し、また父親と呼んでもいる。

「メニーニアス　……このコミーニアスどのが彼に言った言葉をきみたちは聞いたであろう。
　このコミーニアスどのはかつて彼の上官であったし、
　彼を心から愛しておられた。わたしのことを彼は父親と呼んでいた。」

そしてメニーニアスは、コリオレーナスに会わそうとしない衛兵に向かって次のように言う。「こんな番人ふぜいにこのわしをわしの息子コリオレーナスから追い払うことなどできる筈のないことを思い知らせてやろう。」――次にコリオレーナスに対する彼の台詞。「尊い神々がお前に特別な至福を授けるために集われ、そしてこの老いた父メニーニアス以上にお前を愛してくださらんことを。おお息子よ、わしの息子よ！　お前はわしらを焼き殺そうとしている。」――ひたすら懇願するこの老人と母親を冷たくはねつけたあとコリオレーナス自身次のように言う。

「あの老人は胸もはり裂ける想いでローマへ帰って行ったが、
　あの方はわたしのことを父親が愛する以上に愛してくれていたのです。
　いやそれどころかわたしを神にさえしてくれたのです――」

このように父親関係が人為的に作られたことは心理学的にみると、既に述べたところの『ジュリアス・シーザー』で史実に基づいて伝承された父親関係が省略されたことと対《つい》関係をなすものである。作者はその際自分の幼児期の心的立場と抑圧が要求する変更を伝承素材に加えさえすればよく、これらの変更は本質的には感情転移と、外部へ投影された感情分裂とみなすことが出来る。詩人自身の内面において父親への感情が幾つかに分かれているように、彼はそれらの感情を、所与の素材に依拠しながら、あるいはそれに然るべき変更を加えながら、幾つもの父親分裂においても具現する。そして同じ基本コンプレックスから出ているこれらの人物たちの誰に父親関係の標識が――伝承に正しく依拠しながら――張られるか、このことは自我のそれぞれの発展段階を特徴的に示すものである。シーザーではこの標識は完全に除去されており、コリオレーナスにおいては、息子から愛され信望厚く尊敬の的とされる老メニーニアスに附着されているが、しかし一方オフィーディアスに対する極めて矛盾した関係からは抹殺されている。最後にハムレットにおいて詩人は、この標識をすべての父親たちのうちで、復讐を要求する亡霊の上に張りつけている。一方「継父」には非常に敵対的な態度が、また老ポローニアスには悪意ある嘲弄が向けられている。

しかしハムレットにおいて亡霊を父親役の担い手にし、また父親を亡霊役の担い手にしているところのものは、シェイクスピアの父親の死後に生じた反作用的な懺悔・贖罪の欲求だけではなかった。それには第二の重要な心理学的要素も働いていたのであって、これが、既に述べたように『ハムレット』をシェイクスピアの創作活動における転回点として位置付けるものである。即ちそれは、息子感情から父親感情への変化という既に触れた要因で、これは父親の死によって喚起され、また復讐への恐怖を伴ってハムレットにおいて初めてこの上なく明瞭に姿を現わすのである。[26]この要因をわれわれはいずれの場合にも純粋に心理学的な要因として、のちに抑圧され最終的には同一化によって克服されるところの父親への幼児期の憎しみに対する反作用として理解しなければならない。この反作用は現実に父親となる時に起きるか、あるいはそのことによって影響を受けることもあるが、しかしそれとは無関係に生じることもある。[27]シェイクスピアは創作活動を開始した時点では既に父親となって数年を経ていた。だが彼の父親としての存在は初めは深い心的な作用をもたらさなかったし、また詩人が長年家族とは別居生活を送っていたので恐らくそのような作用は全然あり得なかったであろう。一人息子ハムネットの死（一五九六年）すらも、全く異なった生活圏で活動していた詩人には特に尾を引くような強い衝撃は及ぼさなかったようである。父親の死によって初めて彼の、両親に対するかつての関係と結びついている幼児期の感情衝動が眼覚め、それとともに自分自身の家族、亡くなった息子に対する想い出もよみがえってくる。彼はこの息子を生前かまってやらなかったことで罪の意識を覚えるが、それは亡き父親に対するのと全く同じ感情であった。従ってシェイクスピアにおいては、一般にそうであるように、父親の死とともに初めてひとりの男性の精神生活における根本的な変革が生じる。この変革にわれわれは、父親であること（Vatersein）の感情というしるしをつけた。息子をひとりの父親へと成長させるこの心的変革は一個の男性の人生にとって測り知れぬほどの重要性をもっており、これと比較し得るのは女性の人生における最も大きく最も重要な出来事、即ち母親になるということしかない。父親であることの感情が心的であるとするならば、母親としての存在は有機的なものである。詩人たちの実人生における多くの発言、わけても彼らの作品の一部は、息子心理からのみ理解することが出来る。即ち人間はその思考、感情、行動において息子以外のなにものでもなく、人間はすべてをこの一面的な観点から眺めやる。やがて父親心理がこれに加わるとすべてが心的に価値転換される。それゆえ『ハムレット』では父親への憎しみはカムフラージュされたかたちでのみ、また反対物によって覆われたかたちでのみ表われ、それゆえにまた（継）父に対する不遜な断罪と並んで、彼を正当化したいという願望も明瞭に認められる。しかし、父親の正当化を要求し、これを可能にする息子のこの父親としての立場は、現実状況に対するよりすぐれた、捉われのない洞察から生じたものではなく、息子が今やみずからを父親として感じ、自分の子供たちに向かってのこの正当化が自己非難を和らげるために必要となったために生じたものなのである。従ってここには再び復讐のモチーフ、即ち父親に対する息子の、かつて自分が示したと同じような態度への怖れというモチーフがみられる。その父親自身息子であった時には、父親に対する自分の態度についてはみずからを非難しなければならなかったのである。かくして『ハムレット』の文学は、内面の無意識的な葛藤に終止符を打とうとするシェイクスピアの試みであったと解釈することが出来る。その葛藤とは即ち、無意識のなかで今もなお活動している幼児期における彼の息子としての感情（父親への憎しみと母親へのエローティッシュな愛着）——これらの感情に対しては父親の死とともに防衛衝動が強力な反抗を行うことになる——と、防衛衝動をもってこの幼児期の心的立場を克服して今やこれを価値転換せざるをえなくなっている彼の現在の父親としての感情との間の葛藤である。父親の殺害者のなかに自分自身の願望が具現されているのがわかっているがゆえに、この男に対する復讐が出来ないでいる息子ハムレットに、すべての力を傾け、精一杯の誠実な情熱をもって殺された父親ポローニアスの復讐を求める息子レーアーチーズが対置されている[28]ということは、この内面の葛藤の表われであるとみなすことが出来る。

「どうしておやじは死んだのだ?　おれをごまかそうとしてもそうはいくものか。
忠誠など地獄へいってしまえ！　誓いなんぞは悪魔にくれてやる！
良心も敬虔も奈落の底へ落ちるがいい！
永劫の罰などくそくらえだ。
現世がどうあろうと来世がどうあろうと構いはしない、今はもう
なにがどうなったっていいのだ！　おれの望みはただひとつ、
おやじのために思う存分復讐を果たすことなのだ。」

しかしレーアーチーズは意識的には、反作用的に誇張されていない、そしてそれゆえに制禦を受けない真の父親復讐の見本をハムレットに突き付けるべき人物に仕立て上げられているのだが、その反面彼のこの敵対行為は無意識的には、少なくとも父親—息子関係の分岐というかたちで（レーアーチーズ—ポローニアス）、作者の中で制禦されている父親のための復讐感情と彼への贖罪感情を解き放つことに役立っている[29]。つまり、われわれはここで再び、シラーにおいて既にそうであったように、ほかならぬ主人公の外見上の敵役が作者の衝動を満足させる役割を果たしているのをみる。作者はそのあまりにも強い内的抵抗のため、主人公自身においてはみずからの衝動を満足させることが出来ないのである。従って『ドン・カルロス』同様ここでもまた人物たちを一連の父親分岐、またそれに見合う息子関係

へ限定するという作業が行われる。[30] 殺害された老ハムレット――この特徴的な名前の類似性はシェイクスピアによる創作である――のなかには、かつては愛され尊敬され、現在では復讐と贖罪を要求する父親が具現されている。彼を殺害したクローディアスのなかには、息子の願望成就とともに（部分的にはハムレットイコールクローディアスである）、母親を掌中にしている恋仇として息子から憎まれる父親が具現されている。彼に対してなら、父親のための復讐という殊勝なものに方向転換された父親憎悪をなに憚ることなく存分に、もうほとんど抵抗を受けないで爆発させることが出来るのである。ポローニアスのなかには、父親が母親をそうするように、娘を自分のために引き止めておこうとする老いぼれた父親、軽蔑され馬鹿にされる父親が描かれている。[31] これらさまざまな関係のいずれにおいても息子（ハムレット並びに、心理学的に彼を補っているレーアーチーズ）は父親に対して異なった立場をとっている。詩人は、壁掛けの背後で立ち聞きするポローニアスが殺されるという設定を伝承のなかに見出したのだが、この殺害を彼が心的には父親殺害の代用とみなしているということは、殺した後でハムレットの叫ぶ「これは王なのか？」という台詞によって既にわれわれが明らかにした通りである。そしてわれわれは、最後のクローディアスの殺害もその本来の心的な意味からすれば、父親のための復讐というモチーフによって可能となるところの母親の夫の殺害を表わしているということを、このドラマに関するわれわれの解釈全体の基礎にしたのである。しかし詩人は、計画通りに自分の目標に突き進んでいく伝説の主人公同様、父親のための復讐というモチーフだけでは満足しない。ハムレットは、心から愛している母親をも王が毒殺した時初めてこの王を殺すことが出来るのである。その時になって初めて彼には、「寝床の近親相姦的な歓び」のために控えておいた決定的な死の行為を実行することが可能となる。なぜなら、母親の存在しない生は彼にとっては無価値なものであり、また彼は多くの他の主人公同様少なくとも死のなかでは母親と一体化したいと願うからである。憎い恋仇を性交の場で殺す（「彼の寝床の近親相姦的な歓びの最中に」）というこの意図は、典型的な父親憎悪のモチーフとして[32] 特に神話においてしばしばわれわれの眼に触れることになるが、そこではこのモチーフはそのよりいっそう深い意味において（クロノスにおける去勢願望として）われわれに理解されるであろう。このモチーフの根源は、子供による両親の性行為の盗み見と、この衝撃的な体験に対する子供の多義的な反応のなかにある。通常この体験は、息子のなかに父親への嫉妬心と母親に対する性的な欲望を惹き起こす。その際息子は父親と一体化しようとするのであって（ハムレット＝クローディアス。クローディアスはハムレットの近親相姦願望を具現している）、ハムレットもまた母親の性交をその願望に沿って過度に「近親相姦的」なものだと強調している。それは、シラーが最初ドン・カルロスを近親相姦の官能的な雰囲気のなかに包み込んだのと全く同じである。この盗み聞きのモチーフを作者は伝承素材に従って三度使用しているが、しかしここでは、父親と息子（ハムレット）との一体化という条件のもとにいずれも息子に関わっている。つまりハムレットは母親の寝室にいるところを二度、オフィーリアと一緒のところを一度盗み聞きされている。一度目は職務に忠実なポローニアス、そして王によって、二度目はポローニアスひとりに——これで彼は生命を失うことになる——、そして三度目は再び母親の寝室にいるところを、殺された父親の亡霊によってそれぞれ盗み見されている。この亡霊はシラーにおけると全く同様に母親と息子の間に姿を現わす。この三度目の状況、そして母親の寝室という場所設定が既に、今やその願望空想において父親が再び姿を現わす）の位置を占めている息子のもともと嫉妬心を含んだ盗み聞きと両親の間への割り込み（本書第九章、宇宙的な観点による世界創造親の神話参照）を示しているとするならば、作者が知っていながら削除したこの伝承素材のある細部は、この盗み聞きが実際に性行為を対象としていることを教えてくれている。サクソーの物語によれば、王が、ハムレットの狂気が本物かどうかを肉体的快楽を手段にして試してみようと決心する。[33] ハムレットは偶然であるかのようにある娘と一緒に森のなかへ連れて来られ、二人だけにされる。一方観察者たちは藪に身を潜め、彼が愛と性行為においてどのような態度を示すかを窺う。ところがハムレットはその少女を離れた場所へ連れて行き、そこで彼らには観察されないで同衾を果たす。そして幼なじみのこの相手には堅く秘密を守るよう義務を課する。この場面を、ハムレットがオフィーリアと一緒のところを盗み見される場面の原型と認めることは困難ではない。しかし同時にここでは再び、詩人において抑圧され、またそれゆえに苦々しいものとして強調された性行為の盗み聞きが省略されていることも特徴的である。

既に私が『英雄誕生の神話』（第二版、一九二二年、四八頁）において、ハムレット伝説の先駆かもしれないとして挙げたフィンランドのクルヴォー伝説では、ウンターモが兄弟カレルヴォーとの合戦で彼とその一族を皆殺しにする。ただひとり生き残ったのはさる妊婦で、彼女はウンターモの屋敷で息子クレルヴォーを生み落とすが、これがのちに一族の復讐者となる。彼は捨てられるが救われる。森のなかで彼はそれとは知らず自分の妹を手籠めにする。相手の正体を知った彼女は水中に身を投げる（オフィーリアのように）。クレルヴォーはその厭世的な後裔ハムレット同様、自分はいっそ子供の時に死ぬべきであったと言って嘆き、事実また最後は、妹を辱めた場所でみずから生命を絶つ。エストニアに伝わる類似伝説では辱められた少女の妹としての性格は削除され、ハムレット伝説におけると同じく血縁関係はないことになっている。

詩人は更に、これも特徴的なことであるが、伝承のある部分を削除することによって、この伝説のある種のモチーフ形成を引き継ぐことに抵抗を示している。サクソーの物語での王は、この邪魔者ハムレットを一通の手紙とともにイングランド王のところへ送ることを決心する。この手紙には、これを持参したる者を直ちに殺すべしという命令がしたためられていた。旅の途次ハムレットはこの書簡を開封する。そして自分の名前のところへ二人の同伴者の名前を書き入れ、実際この二人はやがて彼の代りに処刑される。そこまではシェイクスピアもこのモチーフを継承している。しかし伝説ではハムレットが更にこの手紙に、王がこの手紙の持参者に娘を妻として与えるよう書き加え、この要求も同じように実現されることになっている。この設定の上に立てばわれわれは、モチーフ全体を典型的な伝説構造（ウリアの手紙）として認識することが出来るのだが、[34] ここで作者はこの設定を、ハムレットの性的拒絶とは相容れないものとして切り捨てたのである。もしわれわれが、本質的な特徴において捨て子の神話と同一のものであるこの、誤って「ウリアの手紙」と名付けられて広く知られている原初のモチーフを、捨て子の神話同様に両親コンプレックスに限定しようとするならば、それはここではいきすぎになるであろう。ここではただ、父親が怖れている息子の財産相続請求権は、この伝説群においてはほとんど、王の妻即ち母親（ベレロポンテマにおけるように）に対する嫉妬の混じった愛着と結び付いて表われるのではなく、自分の娘に嫉妬心を抱いて未来の婿を破滅させようとする父親のモチーフと結び付いて表われるのである、ということを暗示するに留めておきたい。既にわれわれの知っているように、シェイクスピアはこの関係を手紙のモチーフと切り離し、ポローニアスとオフィーリアの関係に置き換えたのである。ここでは簡単に触れただけの伝説群並びにのちになって言及される（第八章）ブルータス伝説――これはその他の点でもハムレットのイングランド旅行と際立った一致を示している――を考えると、ハムレットの代りに殺される代用的人物ローゼンクランツとギルデンスターンは類似伝承においては、相争い、主人公によって葬られる二人の兄弟に一致する。レーアーチーズもまた幾分かはこのような兄弟的人物として解釈することが出来るが、このことは特に妹（オフィーリア）への愛を巡っての嫉妬を含んだたたかいのなかで明瞭となる。最後にレーアーチーズ自身もまた――心的な妥協の産物であるこれらの人物の多面性と多関係性を論じ尽くすことはほとんど不可能であろう――決闘場面ではハムレットに対してはなお一種の父親役を引き受けていた。この場面が父親と息子の間の戦いとして既に神話伝承にあることをわれわれは知っている。作者がこの殺害においても、このドラマにおける他のすべての殺害と同様に父親殺害衝動を満足させているということは、伝説に基づいて提示し得る目立たないある転移がわれわれに教えてくれる。伝説のハ(ア)ムレットは、自分のために催される葬儀の日に復讐を果たすべくイングランドから帰国する。汚らしいボロを身にまとって広間へ入った彼は剣をもって意図的に乱暴を働く。そこで周囲にいたひとびとは鞘の楔によってこの剣を動かないよう固定してしまう。一同がみな酩酊して床に横たわった時ハムレットは、広間で網にかかって動けなくなっていた客たちを焼き殺してその復讐を成し遂げる。そのあとで初めて彼は継父フェンゴの寝室へ赴き、寝台の脚柱に掛かっていた剣を自分のとすり換え、それから彼を起こして殺された父親の復讐にとりかかる。フェンゴは剣を手に取るが、鞘に固定された刀を抜こうとしても抜けない。その間に彼はアムレットによって自分自身の剣で殺される。詩人がこのエピソードを、生死を賭けて戦う二人の剣をすり換えるという設定に変更した事実はまたしてもその緩和傾向を示している。一般に伝説素材の文学的改作は最も独自の個人的なコンプレックスから行われるものであるが、ここでも詩人はひとつの外的な理由（鞘に固定されて抜けない刀）を彼なりの内面的な動機によって代用している。つまりシェイクスピアのドラマでは、息子がクローディアスに向かって剣を抜くことができないのは、剣が鞘に釘付けにされているからではなく、彼の心的な抵抗のためであって、これが彼に、祈りを捧げている王を殺すことを許さないのである（第三幕第三場）。だが一方で彼は、空想のなかで自分自身の義務と感じている本来の犯行を忘れてはならない。つまり彼は王が「寝床で近親相姦の歓びにひたっている」ところを殺さねばならないと思っている。相互に矛盾する同じ息子感情と父親感情はまた、『マクベス』においてダンカンの暗殺とともにバンクォーのそれ（彼の子供たちに対する恐怖から）をも条件付けるものであり、更にまたこの感情は、既に暗示したようにハムレットにおいても、父親憎悪が父親のための復讐へと変化する場合の決定的な要因でもある。ここでわれわれは『ハムレット』の解釈を一歩進めて、クローディアス王が父親であるとするわれわれの考え方のための新しい確証を提供することが出来る。父親殺しの代りに父親のための復讐というモチーフを心理学的な観点のもとに導入する場合、一方では代用的人物即ち息子の願望を部分的に具現するロボット的人物を表看板にする必要があるが、しかし他方この殺人者への復讐即ち息子による彼の殺害はまたしても、復讐のモチーフによって一見正当化されたように思われるところの母親を巡っての恋敵の殺害にほかならないのであり、この殺害がクローディアスと「父親」との同一化を確証するものである。ハムレットが母親の以前の夫と現在の夫、つまり二人の兄弟の肖像画（「アポロとサテュロスの違いだ」という第一幕第二場の最初のモノローグ参照）を比べながら彼女の犯した忌まわしい行為を難詰する場面（第三幕第四場）

はこのドラマの最も重要な、しばしば引用される場面であるが、ここでハムレットが一方の父親のなかに、子供の頃彼が尊敬していた父親を、もう一方の父親のなかに、成長した彼が、母親の愛を一人占めにする恋敵として憎む父親をみているということは極めて明瞭である。(35) そもそも性的な恋敵は常にその最も悪い面からのみ眺められるものであり、このことはリクリンが童話における意地悪な継母という人物を説明するなかで示した通りである。(36) 但し童話においてはすべてが娘から発していて、彼女は母親のなかに父親の愛を巡る競争相手をみており、従って相手を一方では、息子がするように、継母に仕立て上げるが、しかし他方ではこれを、自分を妨害する邪悪な女、要するに性悪な恋敵としかみなさないのである。

父親感情と息子感情との葛藤はその最も完全で最も高度に芸術的な、しかしまた同時に最も神経症的でもある表現を、『ハムレット』における殺された父親の亡霊のなかに見出した。確かに一見した限りでは、シェイクスピアはハムレットという人物そのもののなかに、彼自身の精神状態を理解するための最も確かな材料をわれわれに提供してくれているように思われる。だが完全にはそうでない。というのもハムレットという人物は既に「観念化」(idealisieren) されている、即ち作者の心的衝動の相異なるさまざまなものが既に彼から分離され、ドラマのなかの行動する人物として具現されているのである。もはや耐え難いほどのものになってしまった父親に対する敵対関係の防衛は亡霊の投影へと至るが、しかしその亡霊のなかには同時にまたそれに対する反作用、つまり自分自身の息子によって例えば同じようなかたちで憎まれるのではないかという恐怖も表われる。このようにして「亡霊」の口にする言葉、またハムレット自身の幾つかの台詞においても息子感情は父親感情と紙一重で隣接している。例えばハムレットは息子として母親を父親(クローディアス)から奪い取ろうとし、彼女の前で現王との性行為を極めて淫乱不潔なものとして描き出す。

「淫らな汗で汚れた、むかつくような寝床のなかで、

腐敗のなかにどっぷりと身をひたし、
悪臭を放つ豚小屋でたわむれ、
いちゃつきながら……」

しかし彼がこのようにして父親（ドラマでは継父）を「つぎはぎの道化の王」と呼ぶ時、その時点で、息子から似たような仕打ちを受けはしまいかと怖れる父親としての彼の感情が頭をもたげ始め（亡霊が現われる）、そして息子は、母親をいたわるよう警告を受ける。

「みるがよい！　お前の母の顔に現われている恐怖の表情を。
さあ、あれの心の苦しみを救ってやれ。」

同様に矛盾した言葉を亡霊は吐く。父親に対する憎しみをこめて（つまり息子として）。

「お前に子としての自然の情があるのなら、よいか、
デンマークの王家の寝所を忌まわしい不倫と呪われた快楽のための床としてはならぬぞ。」

しかし父親として、また夫として亡霊は（自分の息子のために）次のように付け加える。

「だがよいか、そのためにどんな手段を用いようとも、
お前の心を汚してはならぬぞ。お前の母親に危害を加えようなどと考えてはならぬぞ……」

母親のための嫉妬心の混じった彼の心遣い、つまり息子の近親相姦衝動を怖れかつ呪詛する父親としての彼の感情は、亡霊の発する次の叫びにいっそうはっきり表われている。(37)

「そうだ、血を汚すあの不倫の姦夫めは、
奸智と裏切りの才によって、
……おのれの恥ずべき情欲を満たすため、見かけは貞淑この上ない王妃をたぶらかしたのだ。

おおハムレットよ、なんという裏切りだ……」

しかし、母親（王妃）と息子の近親相姦についての父親のこの空想のなかには、同時に息子の願望成就も潜んでいる。

つまり「ハムレットの父親の亡霊」においては、作者の強烈な幾つもの無意識的な衝動、即ち父親に対する彼の幼児的な憎しみと母親に対するエローティッシュな愛着、だがまた父親を尊敬し母親を軽蔑するところの反作用的に価値転換された心的状態、そしてこれら禁じられた行動に対する処罰、つまり自分の息子による似たような復讐への怖れなどが互いにぶつかり合い、そこに妥協的な表現を見出している。この驚嘆すべき妥協作業は、ヒステリーのこれと似たような複雑な構造を想起させる。ヒステリーの場合、いずれの症候においてもカムフラージュされたさまざまな願望成就とともに、処罰という思考過程が必ず認められるのである(38)。このドラマにおける亡霊のなかにはこれと全く同様の相反する二つの近親相姦願望衝動が共存している。詩人は亡霊を通して父親への憎しみと母親への愛着をぶちまけることは出来た。しかし彼はまた自分自身の価値転換された近親相姦衝動によって、父親としての立場から、自分の恐れている息子と妻との似たような行動に罰を下すことも出来たのである（シェイクスピアにおいては王と王子の名前が同じであること、またこの名前が彼自身の息子の名前ハムネットと一致していることに注意されたい）。

亡霊という人物のもっているこの内的な多面性は、周知の通り俳優としての活動も行っていたシェイクスピアが『ハムレット』の上演に当って、われわれが予期するであろうハムレット自身の役ではなくて、この亡霊役を演じたという事実からもそれとなく窺うことが出来る。この事実からして既に、シェイクスピアが当時早くも、自分には父親役の方がかなっていると感じていたことを示している。この解釈は、シェイクスピアのこの役どころが俳優としての最上の出来を示していたという一般的に伝えられている噂によってその重みを増すことになる。ここにおいて、俳優としての能力のより深い条件をわれわれの立場から洞察することが可能となる。この俳優能力にはシェイクスピアの場合その文学的創作活動の面から興味ある光を当てることが出来る。つまり彼においては劇作家と俳優とがひとりの人物に合一しており、そこではいわば詩人のなかから演技者が成長してゆくのがみられ、またそのようにしてこの両者の間の内的関連と相違を概観することが出来るのである。他の俳優に関するいかに忠実な伝記といえども、シェイクスピアの作品の分析がわれわれに明らかにしてくれたようには、俳優活動の根幹をもなしている決定的な内的要因と体験をわれわれに伝えることは出来ないであろう。俳優の仕事を文学と同じ心理学的観点のもとに立って考察しようとするわれわれの試みは、演技と、それを作品において代表する者たちに与えられる大きな意味によって少なからず正当性を獲得する。またこの意味は、周知のように俳優——ある場合には彼自身の作った役の——としても活躍していたシェイクスピアの職業的関心と芸術家としての名誉心とも深く関わっている。私はこのことについて既に心理学的な立場から『芸術家』（一九〇七）のなかで次のような説明を試みた。「俳優の仕事は劇作家のそれよりはもっと価値ある心的行為、いわば精神的問題のより徹底的な処理行為である。俳優によって初めてドラマは完全なものとなる。俳優は、劇作家が本来なそうと思うこと、しかし心的な抵抗のためなすことが出来ないことをなし得る。つまり俳優は、劇作家が単に〈夢見る〉にすぎないところのものをいわば〈体験〉するのである。」しかし夢見る人が、多くの人物の登場するハンドゥルングをその内面において体験するのに対して、詩人はそれを外部へ投影する。ドラマの人物はすべて芸術家の精神的な諸々の力の擬人化されたものであり、彼はこの投影によって内面の苦痛に満ちた葛藤からみずからを解放するのである。文学的創造行為は従って本質的には防衛である。詩人はいわば自分の最も内なる衝動を放射するが、俳優の方はそれを再び自分のなかに取り込み、それをわがものとする。俳優は劇作家の防衛に肯定をもって相対するのである。俳優の創造は従って本質的には習得、一体化である。要するに演技者は心理学的な意味で詩人の陽画的存在である。この心理学的公式を、「演劇」[39]の分析がわれわれに示してくれたところのものと比較するならば、シェイクスピアがそこで、自分は実人生において多くのものを断念せざるを得なかったが、これに代るものを豊かに提供してくれたのが演技であった、というひとつの無意識的な告白をも行っていたということにわれわれは気付くのである。また演技そのものの本質を考えてみれば、他の方法では処理することの出来ない感情鬱積のダイナミックな発散――これは詩人には拒絶されている――を俳優に可能たらしめるのがどのような心的メカニズムであるのかが容易に推測出来る。それは、一時的に自分自身の人格を放棄さえしてしまうところの強烈な一体化、『ハムレット』において存分に利用され、それゆえわれわれがこのドラマを解釈するに当ってもしばしば用いねばならなかったメカニズムである。しかしシェイクスピアは、俳優的能力というこの本質的な要因と並んで、過小評価することの出来ない俳優という職業選択の動機をわれわれに教えてくれてもいる。両親に対する幼児関係のなかには、『ハムレット』の分析も示しているように、一体化というこの広く芸術的な才能を備えた人間をまさに俳優の道へと駆り立てる幾つかの要因がある。即ちそれは、大きくなりたい、成長したい、父親を演じ[40]模倣し、彼の場所に身を置きたいという願望である。この願望は、子供がこっそりと行うさまざまな観察の上に成り立っており、それを子供は両親の前では巧みに隠しておこうとする（偽装）。俳優のお気に入りの役が、これらの願望を実際に演じ、そしてその際――彼には部分的にしか残っていない、一部は父親との一体化によって克服してしまったところの幼児的立場を逆転させ――観客からそれを盗み見されるという機会を彼に提供する。これら観客はまさに彼の（俳優としての）行動能力を規定する条件となってしまったのである。[41] ここにおいて演技の重要な――ナルシズム的な――メカニズムが分岐するのであるが、これはこの観点から看過されてはならないものである。本来観客たちが満足させられるのは観たいという欲求（Schaulust）であるということは、既に彼らの名称（Zuschauer 観客）とその対象の名前（Schauspiel 演劇）が示している。かくして「劇中劇」と、われわれがこれと関連付けたささやかな分析は壮大な本来の演劇へと広がってゆく。この演劇をわれわれは、芸術家と観客の精神生活にとってそれが有するダイナミックな意味において心理学的に説明し得たと信じている。

ここでわれわれはこれらの洞察をシェイクスピアの人物、特に亡霊に応用してゆくのだが、文学作品によって心的な葛藤が解決されるのは一時的でしかない（それゆえに作者は、内的に類似したテーマを扱ったドラマの創作に倦むことがない。これらのテーマは詩人を夢中にし魅惑はするのだが、それは創作期間だけに限られ、そのあと彼には疎遠なものになってしまう）。抑えつけられた衝動は束の間だけ自由を得るが、やがて再び駆り立てせき立てる督促者として解放と搬出を必要とするようになる。シェイクスピアは子供の時父親に対しては実際に怖れを抱いていたようであるが（優しい母親に恵まれていたシラー、ゲーテ、ヘッベルその他の詩人たちとその父親たちとの関係もこれと類似したものであったことがわかっている）、今や父親の想い出が、父親憎悪の抑圧によって制約され、不安を伴ってよみがえってくる。しかし俳優としての演技はシェイクスピアに、これらの感情がある程度強くなるたびに、その消散を可能にしたばかりでなく、はるかに多くのことを彼のためになしてくれた。つまり彼が父親の亡霊役を自分で演じている間は、彼自身の父親の亡霊（父親についての苦い想い出）は彼の前には現われなかったのである。その間彼は安全であった。詩人としての彼は不安の混じったこれらの衝動を外部へ投影することによって防衛していたのだが、今や俳優として彼はこれらの衝動を実際に体現し、外部へ表現する。それとともに彼は、自分の父親感情に表現を与えながら、一体化という手段によって父親の場所に身を置くのである(42)。

演技は従って、防衛は成功したのだというい わば保証を彼に与える。劇作家として彼は憎悪の感情を防衛し、演技者としての彼はこれを再びわがものとする。それというのも彼は、自分を苦しめた父親の亡霊と一体化し、逆に今度は「亡霊」となって自分の息子（ハムレット）を苦しめ、その不埒な言動を非難するのである。しかし彼は「亡霊」を演じながら同時に息子とも一体化し（妥協）、そのことによって息子として彼自身の感情を正当化する。亡き父親にまつわる彼の苦々しい、そしてまた悔恨の情を含んだ記憶に対する不安、また彼が父親として恐れなければならないと信じている類似の衝動に対する不安の爆発が、役を演じるということによって、避けられたのである。彼が役を演じたのは、俳優の典型的な臨場恐怖症を顧慮に入れてこう言いたいのだが、いわば不安の発作を防止するためであった。そして彼が役をそれほどにうまく演じられたのは、彼がこの演戯を自分の心的平衡を保つために、いや、ほとんどこう言いたいのだが、自分を治療するために必要としたからであったのだ。(43)

(1) ブランデス（四五六頁）。「ブルータスからハムレットへ至るのは一直線である。その過渡期は、狂気を装って独裁者を追放した初老のブルータスである。」これに関しては次の二つの章におけるわれわれの詳しい論述を参照されたい。

(2) カルロスにおけるシラー同様ハムレットにおけるシェイクスピアも、近親相姦コンプレックスを、つまり父親への憎しみのみならず母親への愛を完全に表現することに成功したのは一度だけである。それ以外はいたるところで、シラーの場合と同じく、父親コンプレックスだけが強く前面に出ている。

(3) ハムレットにおける亡霊の同じ台詞。「もしもわしがあの恐ろしい秘密を打ち明ければ、たとえその一点を聞いただけでもお前の魂は震えおののき、お前の若い血は凍てつき、お前の眼はまるで星のように飛び出し、お前の絡み合った捲き毛はバラバラにほぐれ、髪の毛が一本一本逆立つであろう……。」

(4) シラーもまた『群盗』の挿入歌において、ブルータスとシーザーとの関係を完全に息子と父親のそれとして解釈している（第一四章、「シラーの姉妹コンプレックス」参照）。

(5) 彼はすべての謀叛人のうちで、アントニーによってその純粋な動機を承認されたただひとりの人間でもある。「あの男のなかにはいろんなものが渾然と調和していて、そのため大自然が立ち上がって〈これこそは男なり！〉と全世界に告げたのだ。」（最終場）これとの関連で父親についてのハムレットの言葉を参照されたい。「あの方は立派な男だった。どの点からみても二度と再びあのようなひとには会えないだろう。」（第一幕第二場）

(6) これと同様ハムレットも、殺された父親とその復讐のことを考えると行動する力を失う。息子のこの悔恨の情を含んだ自虐的な良心の呵責にアンドレアス・グリューフィウス（一六一六―一六六四）はその『寛容な法律学者』（Andreas Gryphius: „Großmütige Rechtsgelehrte", 1659）において心理学的に適切な表現を与えた。この作品では眠っている皇帝カラカラを復讐の女神たちが苦しめ、今は亡き皇帝セルヴェルスの亡霊に短剣を渡して、夢のなかで息子を刺し殺させようとする。次に最後のドラマ『パウルス・アエミリウス・パピニアヌス』（一六五九年）では法律学者が皇帝カラカラの命令によって殺されるが、それは彼が皇帝の兄弟殺しを弁護しなかったためである。ちなみに作者は六歳の時以来継父からひどい扱いを受けていて、絶えず父親とは諍いを起こしていた。

(7)デリウス『ツェーザルとその文献』(Delius: „Cäsar und seine Quellen", Shakespeare-Jahrb. XVII)。

(8)「カエサルの殺された元老院の建物が閉じられ、三月十五日が父親殺しの日と呼ばれることが認められた。」(スエトニウス、八八頁)「シーザーのために復讐するアウグストゥスの名前が、父親の復讐者オレステースを現わしているヘレウムのある彫像に誤って刻み込まれている。」(Bachofen: „Antiquarische Briefe", I, 30 ff.)。「アウグストゥスに対するこの敬意は養父の復讐者と同じく国君の復讐者にも向けられているように思われる。」(シュトルファー前掲書、一八頁注釈)

(9)他方シェイクスピアは、最終的な決意をする前にブルータスが行う最初のモノローグ(第二幕第一場)を自由に挿入した。またテルが暴君殺害の前に語るモノローグは自分自身の正当化に奉仕するものであるが、これも作者の自由な創作である。テルにおいても殺人の正当化が祖国と関連付けられて繰り返し行われる。この意味では『フィエスコ』もまたシーザー劇であると言える(フィエスコは彼の暗殺場所となるべき元老院会議に出てはいないが、シーザーの方はたび重なる警告にもかかわらずそこへ姿を現わす)。シーザー同様フィエスコもみずからが独裁者になろうとする瞬間に命運が尽きる。レオノーレの言動はブルータスの妻ポーシャのそれ(第四幕第二場)と全く同じである。それどころか彼女はみずからをポーシャと呼び、フィエスコをブルータスと呼んでいる(第五幕第五場)。シュタウファッハーの妻もポーシャの後裔である。彼女はポーシャとほとんど全く同じ言葉をもって自分の毅然とした不動の態度を語りながら夫の秘密を引き出すすべを心得ている(テル、第一幕第二場)。シェイクスピアのシーザーがシラーの創作全般、特にテルに対して極めて大きな影響を与えたことは周知の事実である。テルの執筆中シラーはコッタに『ユリウス・シーザー』の見本を送ってくれるよう依頼している(一八〇三年八月九日)。また彼はシェイクスピアのこのドラマの上演を観た時に受けた強い印象を十月二日付の手紙でゲーテに報告している。「わたしは昨日その上演を観て実に活動的な気分(わたしのテルのため)になりました。」以前から彼はシェイクスピアのシーザーをほとんど暗誦出来るほどであったし(ヨナス)、また『群盗』の下敷きとなっている『ユーリウス・フォン・タレント』もそうであった。このことは、われわれの言う意味でこれらの作品がシラーに与えた強い無意識的な作用の現われであると考えねばならない(ラシーヌもギリシャ悲劇を暗誦していたと伝えられているが、多分それらは彼自身の抑圧されたコンプレックスをストレートに表現した作品であったろうと思われる)。個人的な理由からシラーを最も強く惹きつけたのがシーザーに対するブルータスの息子的関係であったということは、『群盗』に触れる際に示されるであろう(第一四章)。

(10)父親と息子の葛藤が個々の比喩によってしか表わされない『ヴァレンシュタイン』の例がある。ヴァレンシュタインからの他の例を挙げてみると、まず『陣営』における甲騎兵の報告があるが、彼は将軍の容赦ない厳格さを賛え、あの方なら兄弟や息子たちの屍体をも踏み越えて進むであろうと主張する。次にブトラーがピッコローミニへの忠誠を誓う場面で、彼は皇帝がお望みとあらば自分の息子の内臓へ剣を刺し込むことも敢えて辞さぬであろうと言う。

(11) 同様に、初期のドラマ『リチャードⅢ世』（最終場面）でも、内戦とその悲惨さが描かれる際、次のような台詞がみられる。

「盲目となって兄弟は兄弟の血を流し、
父親は荒々しく息子を絞め殺し、
息子は父親の虐殺者になることを余儀なくされた。」

(12) オイディプスの盲目もこれと比較することが出来る。ホメーロスが恐らく知っていたであろうある叙述によれば、彼は失明したグロースターと全く同じように、自分の罪を知った時岩壁から身をおどらせるのである。

(13) ビーバーによれば、ハムレットの神経症的原型が意図されていたと言われている（『シェイクスピアの憂鬱病者原型とその起源』Biber: „Melancholikertypus Shakespeares und sein Ursprung“, Heidelberg 1913, S. 65 ff.）。

(14) このことが心理学的にみて正しいものであるのは次の事実が物語ってくれる。即ち、シェイクスピアが利用した歴史的資料であるホリンシェドの年代記では、バンクォーはダンカンへの陰謀に加担させられ、従ってこの殺害の共犯者として描かれているのに対し、シェイクスピアのドラマでの彼は無実であって、ダンカンと同じ運命を分かち合っているということである（『シェイクスピア年鑑』XXXIIにおけるトラウマンのマクベス参照）。このことは心理学的な同一化に照応するものである。――「シェイクスピアは殺されたバンクォーの亡霊を晩餐時に登場させているが、マクベスはこの晩餐に生きたバンクォーを招待していたのである。マクベスの伝説にはこのことは描かれていない。というのもバンクォーの殺害はホリンシェドによればこの晩餐のあとで行われるのである。」（ジムロック『小説、童話、伝説におけるシェイクスピアの素材。伝説史表示つき』Simrock: „Die Quellen des Shakespeare in Novellen, Märchen und Sagen. Mit sagengeschichtlichen Nachweisungen“, 2. Aufl., Bonn 1870）――更にパレストラ叢書第三九巻『シェイクスピアに至るまでのマクベス伝説』（„Die Sage von Macbeth bis zu Shakespeare“）も参照されたい。

以来精神分析の側面からマクベスを扱ったのはフロイト（『イマーゴ』、Ⅳ巻、一九一六年、三二一頁以下）、イエーケルス（同誌、Ⅴ巻、一九一八年、一七〇頁以下）、そして私（同、三八四頁以下）である。私はそこで、この戯曲の心的メカニズムを説く鍵は、序幕においてたったの一行で片付けられているマクベスの父親の死にあるということを指摘した（「父のシネルが亡くなったのでおれがグラームズの領主だ。」第一幕第三場）。この死によって彼の名誉欲に駆られた願望が生じるのである。しかし彼は、フロイトが既に『夢判断』において言っているように、みずから父親になることは出来なくて（子供なしのテーマ）、それで滅んでゆく。

(15)　バンクォーの亡霊に向かってマクベスが吐く台詞（第三幕第四場）。
「男のやることならおれもやる。
もじゃもじゃのロシア熊でも、荒々しい犀でも、
ハイケニアの虎でもいい、どんな姿で現われてもかまいはせん。
だがその姿だけはやめてくれ。そしてわしの太い神経がもし震えでもしようものなら……」

(16)　この多様化された亡霊出現を解く鍵は『マクベス』（第四幕第一場）で与えられている。自分の世継ぎが誰なのかを尋ねるマクベスの前に八人の王の幻影が姿を現わすが、これがすべてバンクォーの亡霊と似ている。バンクォーはまるで彼らが自分の子孫であるかのようにこれを示す。つまりここに次々と登場するのは多様化された父親幻像であって、これらが詩人の人生を終始支配していたように思われる。

(17)　母親の不貞についての彼の空想も母親コンプレックスをよく示すものである（第三幕第五場）。

(18)　ハムレットでは王の殺害の直後に、あとに残された王妃と彼女の夫を殺した男との再婚が行われる。ハムレットが殺人者への復讐が出来ないのと同様にアンナもまた差し出された剣をもって殺人者の胸を突くことが出来ない（第一幕第二場）。なぜなら彼女は本当は彼を愛しているからである。

(19)　アンケンブラント『イギリス・ルネサンスのドラマにみられる亡霊』（Ankenbrand : „Die Figur des Geistes im Drama der englischen Renaissance“, Leipzig 1904）も参照されたい。

(20)　亡霊に向かってのハムレットの言葉（第一幕第四場）。「……さあ言え、棺の中に納めて葬ったお前の遺骸がどうしてまた経帷子を脱ぎ捨てたのだ？　安らかに眠っていた墓所がなぜその重い大理石の蓋を開けてお前を外へ投げ出したのだ？」これと関連してシラーの『群盗』における次の叫びを参照されたい（第五幕第五場）。「老モールの霊よ！　どうしてお前はお前の墓所で安らかに眠れなかったのだ？」

ほとんどの人間は恐らく死者に対するこれと似たような無意識的な罪を覚えるであろう。このことは、最も古く最も原始的な時代の死者のための秘儀のみならず、今日みられるわれわれのある種の習慣がまだ明瞭に教えてくれる。これに関しては現在では拙著『ドン・ジュアン形姿』中の記述を参照されたい。

(21) ショーペンハウアーはこれと全く同じオイディプスコンプレックスを、そのすべての条件並びに結果（ペシミズム、女性蔑視等々）とともに示している。

(22) 近親相姦と同性愛との親密な関係はオイディプス神話にも取り入れられているが、この関係についてここでこれ以上詳述し、また芸術的創作に対するその作用を辿ることは出来ない。

(23) 母親の死に対する直接の反応としての『コリオレーナス』についてはブランデスの『シェイクスピア』を参照されたい（七六〇頁）。

(24) 『終りよければすべてよし』のなかで伯爵夫人ロッシリオンがこれと似た台詞を発している（ドラマの冒頭）。「息子を世界へ送り出すことは、夫を二度まで失う想いです。」

(25) コミーニアスに向かってマーシアスが言う台詞（第一幕第六場）。
「さあ、花婿が花嫁を抱くように、
この腕であなたをしっかり抱かせてください、
婚礼の夜ローソクの光が寝床を
照らした時のような喜ばしい心で。」

(26) ゲルハルト・ハウプトマンのドラマ『グリセルダ』にはこの変化が描かれていて、同性の子供に対する嫉妬の混じった反感が特に強調されている。拙論『グリセルダ寓話の意味』(„Der Sinn der Griselda-Fabel", 1912, in „Der Künstler" u. a. Beiträge usw., S. 85) を参照されたい。

(27) 幼児的前段階は、パパになりたいという小さな子供の欲求である。この願望が、正常人ののちの人生形成全体、芸術的空想の産物、そして偏執病者たちの妄想に及ぼす大きな根強い影響については『英雄誕生の神話』で述べられている。

(28) これと関連したハムレットの台詞がある（第五幕第二場）。
「しかしホレーショー、おれはレーアーチーズにわれを忘れたような
振舞いをしたことがとても気になっているのだ。
あの男の置かれている立場は、
おれ自身のことを考えるとよくわかるのだ……。」

(29) 「父親を殺された二人の男の行動は革命家、政治犯の心理における意識と無意識を見事に性格づけている。」（シュトルファー『父親殺し』、一四頁注釈）。

(30) ハムレットの及ぼす強烈な作用は、彼自身のなかに近親相姦コンプレックス全体がすべて統一されていることに少なからず負っている。この作品は、父親に対する息子の関係のみならず、父親―娘関係（ポローニアス―オフィーリア）、また兄妹コンプレックス（レーアーチーズ―オフィーリア）並びに敵対する兄弟コンプレックス（ハムレットの父親とクローディアス）をも含んでいる。これら広範囲にわたる錯綜した関係にはここでは触れないで済まさざるを得ない。これについてはアーネスト・ジョーンズの詳細な研究『ハムレット問題とオイディプスコンプレックス』（Ernest Jones: „Das Problem des Hamlet und der Ödipuskomplex", Schriften zur angew. Seelenkunde, Heft 10, 1911）を参照されたい。

(31) ポローニアス（第三幕第二場）。「わたくしめはジュリアス・シーザーを演じたのでございます。ローマのキャピトルでブルータスに殺されたシーザーでございます。」このように目立たない細部に至るまで父親との一体化は及んでいる。

(32) カール・モーアの台詞（シュヴァイツァーに向かって）。「あいつが眠っていたり、肉欲の腕に抱かれて横たわっていたらベッドから叩き出すんだ。」

(33) ジムロックの『シェイクスピアの原典』（前出）参照。――素材史としてはツインツォフの『ハムレット伝説とその類似伝説。北欧・ドイツの伝説文学理解のための寄与』（A. Zinzow: „Die Hamlet-Sage an und mit verwandten Sagen erläutert. Ein Beitrag *zum* Verständnis nordisch-deutscher Sagendichtung", Halle 1887）がある。――R. Zenker は „Boere-Amlethus" (1905) で、父親の復讐を継父に果たし、不実な母親の再婚を妨害することに成功する一三世紀フランスのある叙事詩の主人公をハムレット伝説と比較している。

(34) ウリアの物語（サムエル書十一）では、ウリアの妻との結婚を望むダヴィデの手紙による命令に従ってウリアは実際に殺されるが、ベレロポンテースについてホメーロスが書いた物語（『イーリアス』第Ⅵ巻、一六六行以下）では既に主人公は無事助かることになっている。尤もそれはまだ、手紙の書き換えあるいはすり換えといったおとぎ話めいた手段によるものではない。ベレロポンテースは王プロイトスの妻アンティアから、彼女に道ならぬ恋を仕掛けたとして罪を着せられる（フェードラ、ポティファルのモチーフ）。そこでプロイトスはこの目障りな客を、殺すことはとても出来ないので、折りたたんだ小さな書字板になぐり書きされた *σήματα λυγρά* という文字とともに――この文字はホメーロス時代の表記慣例の問題で多くの議論を呼ぶものである――義理の兄弟のところへ送る。ところがこの兄弟は、主人公が超人間的な試練すべてを無事克服するのをみて、この男には神の加護があるに違いないと信じて自分の娘を妻として与える。次にわれわれはこのモチーフが皇帝ハインリッヒⅢ世についてのドイツの伝説に再び現われるのをみる（グリム『ドイツの伝説』）。狩猟の途次シュヴァルツヴァルト山中のとある水車小屋に立ち寄った王は、たった今そこで誕生した子供――これは、この小屋へ逃れてひっそりと隠遁生活を送っているレオポルト公の息子であった――がやがてお前の婿になるであろうという預言を聞かされる。それで王はこの子供を殺すよう命じるが、しかし下僕たちがこれを一本の樹上に置き、代りに兎の心臓を王のところへ持ってゆく。シュヴーベンのハインリッヒ公がこの子供を発見して、不妊の妻に息子として与える。息子はハインリッヒという名前を授かり、長じて王の宮廷に仕え、王はこの若者を好ましく思って引き立てる。ある時王は、この子供がれっきとしたシュヴァーベン公であるということを耳にし、そしてあの水車小屋での預言を想い出す。そこで彼はこの若者を一通の手紙とともに妃の許へ送り出すが、そこには、この手紙の持参者を直ちに殺すようにとの命令がしたためられていた。しかし旅の途次、眠っているハインリッヒの携えていた手紙がすり換えられ、手紙の持参者を直ちに殺せよとの命令は、この男を王の娘とすぐに結婚させるようにという内容に書き換えられる。かくしてハインリッヒはあらゆる奸策にもかかわらず預言通りに王の婿となる（これと同類の物語はライストナーの『スフィンクスの謎』（Laistner: „Das Rätzel der Sphinx“, Berlin 1889）にみられる）。――これに尾鰭がつき、また他のモチーフと結び付いたかたちでわれわれの眼に触れるのは『三つの黄金の髪をもった悪魔』（„Teufel mit den drei goldenen Haaren“, Grimm Nr. 29）の童話におけるモチーフで、これは、結婚ののちにもさまざまなかたちで迫害が続けられ、そして常に主人公が救われるという点で、ハインリッヒ伝説よりもいっそう明瞭に「捨て子の神話」とこのモチーフ形成との同一性を示している。この捨て子の神話を私は『英雄誕生の神話』において、父親に対する息子の嫉妬的なライヴァル関係に整約することが出来た。――生まれたばかりの子供が、将来君主あるいは金持の婿となり相続者になるであろう、いかなる迫害があろうとも最後は必ずそうなるであろうとの預言がなされる伝説にはこのほか多くの類似伝承があって、これらをラインホルト・ケーラーがまとめている（『小著作集第二巻』、三五七頁）。

(35) 神話においても同一人物の異なった解釈は、この人物の、外見的には相互関係のない独立したさまざまな分岐へと至る。『英雄神話』参照。

(36) 『童話における願望実現と象徴』（„Wunscherfüllung und Symbolik im Märchen“, Heft 2 der „Schriften zur angewandten Seelenkunde“, 1908, S. 74 und 91, Anmerkung）。

(37) 息子の近親相姦についてのこれと似たような空想はシラーのドン・カルロスにもみられる。「家へ帰ってみたら女房が息子の腕に抱かれているかもしれんぞ。」

(38) これについての極めて有益な例をフロイトは『夢判断』で報告している（三三六頁）。この現象の、性生活に根拠をもっているより深い制約に関してはフロイトの『ヒステリー症的空想と、その両性愛との関係』（„Histerische Phantasien und

ihre Beziehung zur Bisexualität", Sammlung. kl. schr. z. Neurosenlehre, 2. Folge) 参照。

(39) 私はここで、既に引用した拙論『ハムレットにおける演劇』(一九一五年) についての研究を指示しておきたい。現在では『芸術家』(第四版、一九二五年) 中に収録。

(40) 私の知っているある家庭で、思春期の年代にあって多少神経症的な、しかし文学的才能ももっている長男が父親の誕生日のお祝いとして、彼に敬意を表わす戯曲を一編書いたのだが、そこで自分は父親役を演じた。

(41) 分析によれば、劇場 (サーカス、見世物一般) についての夢は一般には両親の性交の盗み見を表わすものだという。これは、奇妙ではあるがしかしここでの関連からすると納得出来るものである。このことは幾つかの典型的な、そして非常に顕著な細部からも認められる。

(42) どんな劇作家にも、自分の空想が作り出した人物を俳優として体現してみたいという多かれ少なかれ強い願望が内在しているものである。古代ギリシャ人たちにはこの関係は自然なものと映ったし、また彼らのうちでソポクレスは、声量の乏しさゆえに自分の書いた人物を演じることを断念せざるをえなかった最初の詩人であったが、このようなギリシャ人たちに始まって今日に至るまで、本職の俳優であった、あるいは少なくとも俳優になりたいという衝動を覚えた多数の劇詩人がいた。ライムント、ネストロイ、モリエール、ゴルドーニ、アンツェングルーバーといった職業俳優から、弟の伝記によると俳優になるつもりでいたらしいレッシング、自分の書いたオレストはじめその他の役をみずから演じたゲーテ、自作のドラマに登場したヴェーデキント、そして俳優になる計画を言葉の障害のゆえに断念したゲルハルト・ハウプトマン (シュレンターによる伝記、三四頁以下) にまで至る。またアルフィエーリが老年になってもなお自分の作品に俳優としてしばしば登場したこともよく知られている。リヒャルト・ワーグナーはリストに宛てたある手紙で、自分は俳優にならなかったことを残念に思っている、なぜなら自分はこの職業においてのみ幸福になり得たであろうから、と書いている。他にも多数あるこれらの例は、劇作家のなかにあって縛られている活動力がいかに強く表出を求めているかを示している。シラーにとってさえ、創作に際して人物たちを常に生き生きと想い浮かべるために頭のなかで、また紙の上で自分の新しいドラマの役どころをなじみの俳優たちに割り当てることが創作のための大きな刺激となったのである。従って、「ぴったりの役を書く」(Rollen auf den Leib schreiben) という有名な言葉は実際、自分の書いた人物をみずから演じたいという劇作家の、現実には必ずしも満たすことの出来ない憧れの表現である。

(43) この過程もまた、例えばひとりで道路を歩くことが出来ないという臨場恐怖症の症候がどのようにして生じるのかといった精神病理学からの例を通してのみ説明することが出来る。フロイトは、「この症候が構成されるのは不安の爆発を防ぐためである」ということを認めた（『夢判断』三四三頁）。神経症者は、自分には出来ないと思っている行動を強要されると不安の発作を起こす。「恐怖症はいわば不安の国境要塞のような役を果たしている。」ヒステリー的な恐怖症のメカニズム並びにその作用と、俳優の仕事との内的な関連については、臨場恐怖症——これの前段階はよく知られている「場おくれ」（Lampenfieber）であるが——は典型的な俳優の神経症であるという指摘が解明のヒントを与えてくれるかもしれない。このような症例を分析する機会をもったフロイト教授はかつて、俳優とその演じる役との一体化に関して、俳優はある意味で自分の役を超越してその上に立っていなければならないという重要な指摘を行った。俳優は、自分自身の記憶が強くて一体化がゆきすぎると演技に失敗し、不安の発作を起こす。最後に、多くの臨場恐怖者―神経症者たちが、周囲（部屋、道路、家）が変化していくような感じに襲われると訴えているのは興味深い。これは耐え難い現実に対する絶えざる防衛であって、この防衛は、俳優自身の変身能力によって可能となるのである。

第七章　世界文学におけるオイディプス劇

オイディプスの物語は、古い神話が含むあらゆる運命物語のなかで最も意味深いものである。

A・W・シュレーゲル

歴史的に伝承されたドン・カルロスの素材が新しい時代の詩人たちによって好んでドラマ化された、即ち彼らの個人的なコンプレックスによって満たされ、それに従って作品化されたように、オイディプス伝説は――文化段階に即して――古代の悲劇作家たちによって多く取り上げられた。このようにテーバイの伝説群の方が、これよりは残酷さの点ではもっと穏やかで、またもっと壮大なトロヤの伝説群以上に好んで題材にされたのは恐らく、父親・兄弟の殺害、母親との結婚などといったテーマが詩人たちの無意識的な感情生活とうまく一致したからであろう。このようにしばしば取り上げられた伝説としては、それ以後アトリーデン伝説しかないが、こちらはもともと悲劇作家たちによって初めて完全に形成されたものである（第九章、参照）。既にアイスキュロス（紀元前五二五―四五六年）はオイディプスを書いていて、これは悲劇『ライオス』、『テーバイの七将軍』そしてサテュロス劇『スフィンクス』とともに二番目の出し物として上演されていた（クリストのギリシャ文学史）。この素材をアイスキュロスはオデュッセー（第XI巻、二七一行以下）のなかに見出したが、そこではオデュッセウスが冥界で死者たちの亡霊を見る。

「次に現れたのはオイディプスの母親で、美しいエピカステであった。
これは盲いた心をもって世にも恐ろしい所業をやってのけた女だ。
父親を殺した実の息子を夫に迎えたのだ！
だがこの恥ずべき行為はやがて神々の罰するところとなった。」（フオス訳）

アイスキュロスはこれ以外に、ホメーロス以降の叙事詩群に属するもうひとつ別の詩『オイディポディ』からも素材を取っている。既に彼も、この古い叙事詩に従って二番目の妻エウリガネイア[1]との間にオイディプスがもうけた四人の子供を、自分の母親との結婚から生まれたという設定に変更して、神話的に伝承された恐ろしさを増幅させている。

ついでながらここで指摘しておきたいのは、ホメーロスもオイディプスの運命について全く表面的にのみ語っているのではないように思われるということである。エピカステの「亡霊」が現われる直前オデュッセウスの前には彼自身の母親が姿を現わし、どうして死んだのかと問われて次のように答えるのである。

「〈栄えあるオデュッセウスよ、それはただお前恋しさのためなのです、
お前の優しい姿が母の生命を奪ったのです。〉
こう彼女は言った。するとわたしの心は、亡くなった母の魂を
抱きしめたいという強い想いに満たされた。
三たび彼女に飛びついて、わたしの心を恋しいひとに押しつけようとした。
三たび彼女はまるで影か夢のようにふわりと
わたしの腕からすり抜けた。もっと強い悲しみがわたしをとらえた。

それでわたしは翼ある言葉をもって話しかけた、
母上、どうしてあなたは私の腕からのがれるのです？
冥府でも愛撫の手を絡ませ合って、わたしたちの悲しみの心を
涙によって軽くしようではありませんか？」

この描写は母親夢の空想にぴったり一致するものであるが、そこでは母親が息子の腕からすり抜けることによって防衛が非常に美しく表現されるのである。[2]

アイスキュロス、ソポクレスのあとエウリピデスもオイディプスを書いたが、これはアイスキュロスのそれと同様残っていない。ナウクはこれ以外に、『オイディプス』という題名で悲劇を書いたギリシャの詩人のうちでアカイオス、テオデクテス、クセノクレス、カルキナス、そしてディオゲネスの名前を挙げている。更にニコマコス、アイスキュロスの甥であるフィロクレス、二つのオイディプス劇の作者（ロッシャー事典による）リュコフォロンなども挙がっている。コンスタンはギリシャにおけるオイディプス悲劇の作者としてなお、ソクラテスの告発者メレトゥスの名前を記録している（『エディプ伝説』）。ギリシャ人によるオイディプス悲劇の数がこのように非常に多いということ（通常十二の作品が挙げられる[3]）は、多くの作家とこの伝説の主人公との一体化を窺わせるだけでなく、この素材の国民間での人気をも示しているが、この国民の人気は作家たちと似たような心理学的動機の上に成り立っているのである。

ローマの悲劇作家ではセネカがオイディプスを書いているが、この作品の特徴は、オイディプスの罪業が特別なかたちで明らかにされていくところにある（リベック『ローマ悲劇』参照）。つまりここではソポクレスにおけるように預言者テイレシアスがオイディプスを父親殺しとして名指しするのではなく、冥界の犠牲と祈りが捧げられたあとライオスの霊が現われ、オイディプスの犯した殺人と近親相姦を告発するのである。[4] クレオンがこのことを告げにオイデ

イプスのところへ赴くが、これを陰謀だと思い込んだオイディプスは彼を逮捕させる。しかしそれからというものオイディプスは絶えずこのことに考えを巡らせ、遂に自分がかつてある三つ辻でひとりの男を打ち殺したことを自力で想い出す。やがて、彼を育てたコリントゥスの養父母の死を告げに来た牧者が——ソポクレスにおけると同様——すべての謎を解き明かす。オイディプスはみずからの両眼を潰し、イオカステは盲いた息子を前にして自害する。息子の眼前で行われるこの自己懲罰と、母親の眼前で行われる犯罪が興味深い一対を成している。つまり、ニコラオス・ダマスケノスによれば、ここではオイディプスが母親の眼の前でライオスを殺すのである。この事実にもかかわらず母親と息子の結婚が成立したということは、両者がともに無意識のなかで父親の殺害を願望していたということを明瞭に物語っている。更に注目すべきことに、セネカにおけるオイディプスは、自分の殺したのが父親だということはまだわかってはいないが、その殺害を自分自身で想い出している。ここにおいてローペ・デ・ヴェーガの異議が却下されて然るべきである。つまり彼は、すぐれた喜劇の創作のための諸規範を述べた「詩学」と題する詩のなかで、登場人物は決して矛盾を孕んではならず、また以前に起きた出来事を忘れてはならないということを特に要求している。例えば、オイディプスがライオスを殺したことを想い出さないという理由からソポクレスは非難されるべきだと言う（シェッファー『スペイン国民劇の歴史』）。言うまでもなくローペは、想い出すのが苦痛な父親殺害空想の抑圧をこのようなかたちで表現している伝説の深い意味を全く理解していない。しかしソポクレスは古代人からも、特にアリストテレスから、オイディプスの恐ろしい運命がこのように結末近くになってやっと明らかになるのは不自然であるといって非難を受けた。それどころかエウリピデスは、オイディプスが故意にそのことについて沈黙しているのだとさえ信じた。

ユリウス・カエサルも、スエトニウスがその伝記で報告しているところではオイディプスを書いた。その五三章には次のように記されている。「彼が青年時代に書いたとされる著作についても語られている。例えばヘラクレスの誉れ、悲劇オイディプス、そして格言集などがそれである。アウグストゥスは自分の図書の整理を委ねていたポンポニウスに宛てた簡潔な手紙で、これらの著作の公表を禁じた。」カエサルのオイディプスが興味を集めるのは、ここでは母親に対する近親相姦的な愛着が心理学的に証明され得るからである。[5]

スエトニウスは第七章で次のように語っている。「翌日の夜の夢は彼を不安な気持にさせたが、――というのもそれは母親と同衾した夢であった[6]――これを聞いた夢占い師たちは、大きな希望を抱くよう彼を勇気付けた。つまりその夢は彼が地球を支配する予兆である、なぜなら彼の体の下に寝た母親は大地すなわち万物の母にほかならない、というのが彼らの解釈であった。これと同じことをプルタルコスもカエサルの伝記で報告している（三四章終り）[7]。更にスエトニウスの伝記から私は、カエサルが一六歳の時に父親を、そしてガリア征服のあとで母親を失ったものと推論する。彼は、「既に三人の子供を彼に授けた妻を権力欲に駆られて追い出し、彼がしばしば溜息まじりに自分のアイギストスと呼んでいた男の娘と結婚した[8]」ことで多くのひとびとから非難された。しかし彼は他のどの女性にもましてブルートゥスの母親であるセルヴィリアを愛した（五〇章）。カエサルがブルートゥスを特に引き立て愛したことについてプルタルコスはそのブルートゥスの伝記において次のように説明している（五章）。「言われているように彼がそうしたのは、ブルートゥスの母親セルヴィリアのためを思ってのことであった。カエサルはまだ若い頃、セルヴィリアが自分に全く狂気のように恋していることを確かに聞き知っていたようである。そしてちょうど彼女の愛が最も激しく燃えていた時期にブルートゥスが生まれたので、恐らくカエサルはブルートゥスが自分の息子であるという確信を抱いたのである。[9]」このマルクス・ブルートゥスは周知のようにやがてカエサルに対する謀叛の首魁となり、またみずから短剣による致命傷を彼に与えたと言われる。「そうして彼は二三の刺し傷を負った。最初の一撃を受けた時彼の口から洩れたのは言葉にならない嘆息だけであった。尤も、マルクスが突進して来た時彼はこの相手に向かって何度もギリシャ語で、「お前もか、わが息子よ？」と叫んだと伝えるひとも何人かいる」（スエトニウス、八二章）。

またしてもここでは、政治的な動機による犯行が、家庭内での葛藤から生じた行為の隠れ蓑であること、つまり政治上の首長たる独裁者の殺害が基本的には父親の殺害であることが証明される。スエトニウスは、カエサルが殺された元老院を壁で囲うこと、三月十五日を父親殺しの日と命名することが決定されたと言っている（八八章）。――ブルートゥスの憎しみは明らかにカエサルへの嫉妬から出たものである。というのもカエサルはブルートゥスの母親を不法に占有していて、このことを息子はよく知っていたのである。ブルートゥスの場合母親に対する愛着は、彼がある未亡人でしかも遠縁に当る女性、即ち叔父カトーの娘と結婚している（プルタルコス、一三章）ことのなかに表われている。そしてなんといっても一番興味深いのは、殺されたカエサル即ち父親が登場するブルートゥスの夢である。ここではいわば近親相姦コンプレックス全体が父親と息子の二つの世代に分割されていて、カエサルは母親への愛をそれにふさわしい夢（そして詩作品）をもって表わし、彼の息子ブルートゥスは、父親憎悪に起因する独裁者殺害を亡き父親についての典型的な夢をもって表わしている。

　近親相姦問題のこの分岐点から「カエサル」の方向を取る一本の線が枝分かれするのだが、それはカエサルの暗殺をテーマとする一連のドラマである。みずからオイディプスを書いたカエサルによって、あからさまなオイディプス素材がシーザー素材――こちらの方が進行した抑圧にはより好都合である――に取って代られたといった観がある。劇作家たちにとってこの素材のもつ魅力は、継母のテーマにおけると同様恐るべき犯罪が弱められている点にあるのだが、この緩和は、母親を登場させないこと、更にカエサルが父親かどうかはっきりさせないことによって実現される。この曖昧な状況によって詩人は、カエサルとブルートゥスの関係を最も近しい血縁関係から全く他人関係に至るまで、更にまた直接的な父親殺害から純粋に政治的動機で行われる独裁者殺害に至るまで自分の欲するままに描くという自由を獲得出来るのである。[10] 例えばアルフィエーリはその『ブルート二世』(Bruto secundo) で、ヴォルテールの悲劇『セザールの暗殺』(Mort de César, 1735) 同様、カエサルとブルートゥスの血縁関係に重点を置いている。のみならずアルフィエーリはブルートゥスをして元老院の公の場で、自分はカエサルと妾腹の息子であるとはっきり言わせてもいる。これと全く対照的なのがシェイクスピアで、彼のジュリアス・シーザーでは二人の血縁上の繋がりは一言も触れられていなくて、ブルータスは謀叛人たちのひとりであるにすぎない（シェイクスピアのシーザーについての分析参照）。更にここで是非とも挙げておかねばならないのは、コンティス・ユリウスのカエサルと、若くして亡くなったブラーヴェ（一七三八―一七五八）の悲劇ブルートゥスである。後者においては父親に対する息子の関係が典型的な防衛形態をとって描かれているが、これは詩人自身の特異な死と深い関わりをもっている。彼のドラマは、父親殺害を避けようとする息子がまさにそのことによっていっそう確実にその犯罪に近付き、自殺によってのみこの恐ろしい父親殺害から逃れることが出来るという設定になっている。ミノーアは、この作家が既に幼少時代に母親を亡くしていたので、「彼の文学には父親への愛がそれだけいっそう暖かく、またいっそう強く表われている」と言っている（キュルシュナーのドイツ文学全集におけるブラーヴェの作品の解説。「レッシングの若き日の友人たち」の巻収録）。無意識的な自殺といった印象を与える彼の早すぎた死は、愛する亡き母親への回帰のように思われる（テオドーア・ケルナーについてもこれと似たことが言える。本書第二二章四参照）。

一連のカエサルドラマのなかからわれわれは、既に述べたヴォルテールの『セザールの暗殺』に再びオイディプスドラマへの移行を見出す。ヴォルテールが一九歳の時に書いた最初の戯曲はオイディプス（一七一八年）であった[11]。伝承素材の根底を揺すぶることは出来なかったにもかかわらず、この近代の詩人においても抑圧が認められ、その抑圧の表われ方を観察してみると興味深いものがある。つまりこの作品では、イオカステーが愛しているのはライオスでもオイディプスでもなく、第三の人物ピロクテーテスである[12]。従って彼女は息子との結婚生活をも幸福とは感じていないのだが、一方神話はまさにこの二人の結合を幸福なものとして描くことによって母親と息子との間の無意識的な愛を強調するのである。イオカステーはオイディプスとの関係を極めて冷静に考えている。

「当時テーバイは残忍な怪物に苦しめられていて、
その救い主にわたしを妻として与えることを約束していたのです。
たしかにスピンクスを打ち負かした男はわたしにふさわしい男でした。
エジーヌ（イオカステーの腹心の女）　その男を愛していましたか？
イオカステー　彼にはいくらか愛情を感じていました。
でもこの感情は、われを忘れさせるようなものでは全くなかった。
これはねエジーヌ、混乱した情熱ではない、
魂も奪われた官能の血気にはやる申し子ではなかったのです。
ただひとりピロクテーテスがわたしの魂のうちに上がらせた
あの焼けるような情火などはここには認められなかった。
…………
わたしはオイディプスに対しては厳しい友愛を感じました。
オイディプスは勇気があります、その勇気がわたしには大切だったのです。」

近親相姦的な愛着を防衛しようとするこの試みのなかに抑圧の進行が明瞭に表われている。ピロクテーテスが近親相姦的な愛の防衛のために――クローディアスがそうであるように――挿入された人物にすぎないということは、彼が最初ライオス殺害者の罪を着せられることによって明らかである。つまり彼は父親殺害者となるべき人物なのであるが、(13) しかし同時に彼は母親と血縁関係であってはならないのである（継母という人物がもっているこれと類似の妥協的性格を想起されたい）。

既にヴォルテール以前、五九歳のコルネーユが父親の死の直後オイディプスを書いている（一六五九年）。ここでもヴォルテールの場合と同じように、第二の恋愛の挿入において抑圧が働いているのが明らかにわかる。

ヴォルテールはその『オイディプスについての書簡』でコルネーユのオイディプスについて次のように言っている。「このようにテーセウスの情念が悲劇の全主題を作っていて、オイディプスの不幸はエピソードにすぎない。」更にコンスタンは次のように付け加えている（三七九頁）。「結末はソポクレースのそれと同じではあるが、しかし作者がその自作吟味のなかで語っているように、〈御婦人方の気難しさを掻き立てることになる〉のを怖れて、その結末は簡単に示されている。」――コルネーユの作品では、アテネの王子テーセウスはライオスとイオカステーの娘でオイディプスの姉妹であるディルケーを愛しているが、一方でオイディプスはテーセウスが自分の娘のイスメーネかアンティゴネと結婚してくれればよいと思っている。というのも彼はディルケーをクレオンの息子に与えると約束していたからである。ライオスの霊が贖罪の犠牲として彼の身内の王子ないしは王女を要求し、そして彼の血縁の最後の子孫であるディルケーが父親の墓の上で犠牲になる用意があると申し出た時、彼女のために死ぬつもりのテーセウスが、自分はお前の兄弟である、だから自分が犠牲にならなければならないのだと言って彼女を説得する。従って彼は、自分に対する彼女の愛について相手に語らせることもしていない。

「わたしの心は血縁の語りかける言葉には耳をかたむけません。
わたしの心が呻くのも、嘆息をもらすのも愛ゆえなのです。
そして罪を犯すことなく愛の喜びを味わえるように、
わたしの心はことさらに姉妹という名に背を向けるのです。
わたしのもっとも大切な願いの忠実な味方である愛は、
恋人でいられるように、兄弟であることを無理に抑えつけています。
そして双方に当然のこととして迫るのです、
いい、いい、いい、いい、
兄弟として死ね、恋人として生きよ、と。

ディルケー　おお、ラーイウスの血筋につながることを示すあまりにも明らかな証拠です！
神はあなたに肉親を愛すべき運命を与えながら、

姉妹という犯すべからざる名が与えるはずの嫌悪の心を取り除く術を心得ておられた。
しかし、あなたのお心の炎が不当に得た地位を手離さぬとしても、
ディルケーはあなたの過ちに巻き込まれはいたしません。」

結局テーセウスはディルケーと結婚することになる。当然ながらオイディプスの運命を単なるエピソードに引き下ろしてしまうこのテーセウスとディルケーの恋愛関係は、深い関連をもって筋に組み込まれている。というのも、そこに打ち出されている姉妹への愛というモチーフは、そのうち後で述べられることになるが、コルネーユの精神生活のなかで重要な役割を演じているのである。これらの関係のほかに、母親に対する娘（ディルケー）の憎しみ――両親のうちで当事者と同性である者に対する憎しみ――が（亡くなった）父親への愛（彼の墓の上での犠牲、死における彼との一体化）と結び付いていることは紛れもない。ヴォルテールは『書簡』で書いている。「ディルケーは……ひまさえあればオイディプスとその母の悪口を言っている。」これと似たような関係をわれわれはエレクトラにおいて再び見出すであろう。彼女もまた母親とその二番目の夫を憎み、一方では死んだ父親と兄弟は愛しているのである（本書九章参照）。

コルネーユのオイディプスの二〇年後に、二人のイギリス人の劇作家ドライデンとリーによるオイディプスが出版された。完全にフランス悲劇のスタイルをとっているこのドラマにも抑圧が同じようなかたちで表われている。「そこではソポクレースの筋立てに、主題を揉み消してしまう多数の瑣末な事柄が入り込んでいる」とコンスタンは言っている。

ドライデンの近親相姦感情を特徴的に示しているのは、彼の他のドラマとは異なった作品『オーレング・ゼブ』である。その内容をヘットナーの『一八世紀文学史』によって紹介することにしたい。捕われの身となった敵方の女王インダモーラに、皇帝お気に入りの息子オーレング・ゼブが恋をする。彼女もこの愛に応えるのだが、今度は皇帝自身が彼女に熱を上げる。やがて彼は息子

を嫉妬して追放する。そしてインダモーラと静かな隠遁生活を送ろうと考えた彼は王座を二番目の息子モラートに譲り渡す。ところがこの息子も同じように恋の虜となる。彼は父親を虐待し、そして最も危険な恋仇である兄の生命を狙う。そこで、彼自身の母親で、継子オーレング・ゼブに熱烈な想いを寄せていたヌルマハール――この人物はラシーヌのフェードルにおいて戯画化されている――がオーレング・ゼブを救うための陰謀をめぐらす。彼女はこの企てに成功し、オーレング・ゼブは皇帝となる。モラートは悲痛のあまり死に、皇帝はオーレング・ゼブにインダモーラを譲り（許嫁譲渡のモチーフ）、夢破れたヌルマハールは毒をあおって果てる。このドラマには近親相姦コンプレックスの既に言及した実にさまざまなモチーフが頻繁に現れるが、兄妹愛というかたちで強調されたこのモチーフはドライデンの悲劇『ドン・セバスティアン』から生まれたものである（本書一七章参照）。

すべての民族と時代の一連のオイディプス文学を展望してみると、コンスタンの『オイディプスの伝説』（パリ、一八八一年）が、この類稀な素材の高い人気、広範な流布、そして未曾有の作用についての理解をわれわれに与えてくれる。

他に依存しないで書かれた文学的改作のうちコンスタンはラ・モットのものを挙げている（三八一頁以下）。「オイディプスの主題そのものに固有の真実らしくない点がラ・モットにはひどく気にかかっていた。その第四章悲劇論のなかで彼はまず真実らしくない点を改めようとしている。次いで言ったことを実行に移して、韻文によるオイディプス（一七二六年）――これはヴォルテールによれば四度上演されたという――と散文によるオイディプス――これは一度も上演されなかった――を相次いで書いた。M・パタンは、〈ラ・モットは神話の真実らしくない点を巧妙に改めているけれども、それと同時に神話のもつ恐ろしさや痛ましさをすっかり骨抜きにしてしまった〉と言っている。更に微妙な言い方で、〈その韻文のオイディプスにせよ、散文のオイディプスにせよ、そこからは散文も韻文も何も残らなかった〉と言い足している（パタン『ギリシャ悲劇』第四章、一五七頁、第四版）。メルシオール・フォラール師のオイディプス（パリ、一七七二年）についても同様である。」コンスタンはド・ラ・ヴァリエール公の演劇文庫からラ・トゥールネルによる四編のオイディプス劇を挙げている。これらはいずれもパリで出版されている（一七三〇―三一年）。

オイディプス、あるいはイオカステーの三人の息子、悲劇。
　オイディプスとポリュボス、悲劇。
　　オイディプスあるいはラーイオスの亡霊、悲劇。
オイディプスとその全親族、悲劇。

またパタンによれば、彼はロベール・ガルニエによる五幕の悲劇『アンティゴーヌ』（一五八〇年）を挙げている。この作品は、多岐に絡まり合っているオイディプス一族の物語をすべて含んでいる。またイギリスの劇作家W・ホワイトヘッド（一七八五年没）も『オイディプス』の第一幕を手稿で残していると言われている。コンスタンはマリー・ジョゼフ・シェニエのオイディプス王にも言及して次のように述べている。「その『オイディプス王』はほとんど意訳にすぎない。」一五五四年『クリュテムネストラ』をものしたハンス・ザックスも『イオカステ』という題名のもとに一風変ったオイディプス悲劇を書いた（一五五〇年）。ハンス・ザックスのイオカステはその素材としてオヴィーディウス、ボッカチオに依拠していて、古代の悲劇は参考にしていないとショレヴィウスは言っている（『古代の素材によるドイツ文学史』）。オイディプスの誕生からヨリステスとフォリステスの死に至る出来事に関してはあまり多くは語られていない。同じ幕でオイディプスはおむつに包まれていたかと思うと、もう数分後にはコリントス軍の将軍となっている。彼はフェニキア軍を率いるライオスを決闘で倒す。ボードマーもオイディプスとカエサルのドラマを書いたが、彼の戯曲で印刷されたものはわずかしかない。もう少し新しいところでは、現代的な心理学的解釈を示しているという点でゲルトルート・プレルヴィッツの『オイディプスあるいは人生の謎』を挙げるに留めたい。

次にわれわれは、どちらかと言えば他に依拠して多かれ少なかれ独立的に書かれたオイディプス文学から、さまざまな時代とさまざまな民族の無数の翻訳へ移ることにしたい。翻訳も同様にこの素材に対する大きな関心を示す証左である。「外国では、オイディプス伝説について直接古代を手本としたもの、あるいはフランスの悲劇を手本とした悲劇がかなり多数ある。ここではあまり名前の知られていないものを幾つか挙げるに留めよう。イタリアでは一六世紀に、既によく知られているドルチェのイオカステーやルッチェライエト・ダラマンニの作品のほかに、次のものがみられる。まずアングイラーラによるオイディプス王の下手な翻案（一五六五年）があり……最後にアイスキュロスのすぐれた翻訳者であるM・ニッコリーニによるオイディプス……がある。」コンスタンは更に、ヴェネチアの貴族オルサルト・ギウスチニアーノによって忠実に翻訳されたイタリア語によるオイディプス王を挙げている。スペイン語のものでは、「サルヴァの目録（二〇二一番）」[14]がソポクレスのオイディプス王のスペイン語訳を次のような言葉で紹介している。「ソポクレスの暴君オイディプス、ドン・ペドロ・エスタラによってギリシャ語からスペイン語の韻文に翻訳された悲劇。古代および近代の悲劇についての小論付き。マドリッド、一七九三年刊。」――またコンスタンはヴォンデル（一五八七―一六七九年）によるオイディプス王のオランダ語訳についても述べている（ヨンクブレートの『オランダ文学史』ライプツィッヒ、一八七〇年参照）。

オイディプス劇のオリジナル作品、改作、翻訳のこのリストがもっと多くなることは容易に考えられる。ここでは文献の一部が紹介されたにすぎないコンスタンのこの著作そのものからも、またコンスタンの研究ののちに出された文献学的な著作からもその数は増大するであろう。長年にわたる狂気ののちに死んだ（一八四三年）薄幸の詩人ヘルダーリンによるソポクレスのオイディプス王改作（Nachdichtung）は、彼の個人的な背景を強く表わしている点で極めて興味深いものである。ヘルダーリンはその生涯にわたって母親に対して非常に強い愛を抱き続けた（父親を二歳の時、継父を九歳の時に失っている）。彼は、普通なら恋人にしか捧げられないような詩を何編か彼女に献呈している。これらの詩のなかで彼は、永遠に幼年時代を享受出来るのは神々の最も羨むべき特権であると繰り返し強調している。例えば彼は『ヒュペーリオン』のなかで次のように言っている。

「眠れる乳飲み子のように運命に支配されず天に住む神々は呼吸する。」

また実人生においても詩人は、常に他の男たちの妻に恋することで母親コンプレックスの典型を示している。例えば彼がフランクフルトで家庭教師として教えていた子供たちの母親ズゼッテ・ゴンタルトがそうである。この女性は彼の「ディオティーマ」（『ヒュペーリオン』）となり、彼は彼女のなかに自分の手の届かない理想の女性を見出してこれを愛したのである。そのあとシラーが彼をカルプ夫人に家庭教師として推薦するのだが、同じように彼は激しく、また恐らく前よりは多少大きな望みをもって彼女に恋慕した。ヘルダーリンはシラーのドン・カルロスを憑かれたように読み耽ったと言われている（シュヴァープによる伝記）。一八〇二年六月末に「ディオティーマ」が死んだ時、彼はその一週間後狂乱の態で母親の許へ戻って来た。彼の心の病いをもわれわれは、「母親への退行」として理解しなければならない。

一番新しいところからひとつだけ例を挙げて、現代の詩人が、文学史的には原初の、しかし人間的には永遠に若さを失わないこのオイディプス素材をどのように取り扱っているかの参考に供したい。それはホーフマンスタールの悲劇『オイディプスとスフィンクス』で、これはソポクレスの悲劇の前史的部分をドラマ化したものである。ホーフマンスタールの作品では、これまでの詩人においてはまだ無意識的であったものの幾つかが既に意識的なものとなっている。このことは同じ作者の『エレクトラ』からも明瞭に認められるが、これはいわば無意識の暗黒から意識の光のなかへ押し出されたソポクレスのエレクトラである。ホーフマンスタールのオイディプス劇はこれまでのオイディプス文学の長い列の最後に位置するものであり、そのテーマは芸術がまだ達成することの出来る表現のぎりぎりの境界線上で展開されてゆく、この境界線の向こうは既に精神分析の領域となる。例えばホーフマンスタールはオイディプスに、近親相姦と父親殺しを神託によってではなく夢によって告げさせ、そしてこの夢を典型的な夢として極めて明瞭に表現している。

「オイディプス　なにも聞かないでくれ！　わたしは夢を見たのだ。
まるで打ち寄せる大波のようにわたしの生命は荒れ狂った、——
突然わたしの両手が一人の男を打ち殺した、
わたしの心は怒りの快楽に酔いしれた。
わたしはその男の顔を見ようとしたが、一枚の布が

それを覆い隠していた。それから夢は早くもわたしを
別の場所へ引っ張って行った。そこでわたしは一人の女と寝床にいた。
その女の腕に抱かれてわたしはまるで神になったような気がした。
歓びにひたりながらわたしは、わたしの体に絡みついていた彼女の顔に
接吻しようと身を起こした――ああフェニックスよ！　フェニックスよ！
顔には一枚の布がかぶせてあったのだ。ふいによみがえった
あの死んだ男の記憶に呻き声をあげながら
わたしの心は痙攣し、わたしをめざめさせた。」

この近親相姦夢では、両親の顔が布で覆われ、それが認められないという点に抑圧が表われている。これはひとつの防衛表現で、いずれわれわれはこれに触れることになる。もちろんオイディプスのこの夢の後で神託が導入されてはいるが、しかしそれはこの夢を説明するためだけのものである。

「わたしは生き、それに耐えるのだ！　今やはっきりした。
激しく燃える女の歪んだ口を通して
神がこうお告げになった。お前は人殺しの喜びを
父親によって満たし、情欲を母親によって満たした。
これは夢の中でのことだったが
必ず実現されるであろう。」

ヴォルテールが近親相姦的な愛着を非常に強く拒絶（抑圧）し、イオカステがオイディプスとの結婚生活を最初から不幸に思っていたという風に設定しているのに対し、ホーフマンスタールにおいては母親と息子の間の愛は彼らの人生における初めての、唯一の、そして偉大な愛となっている。しかしオイディプスがイオカステに、まず殺された

夫を、次に死んだと思っている子供を想い出させる時、早くも彼女のなかにはこの愛の本当の性格についての微かな意識がおぼろげに頭をもたげる。それは二人が初めて解逅する感動的な場面において描かれている。

「イオカステ（思わず）ライオス！
民衆　あの方はなんとおっしゃったのだ？
イオカステ　いいえ、いいえ、これは夢なのだ。
（空をつかみ、やがて両手を胸に押しつけ、不意にくずおれる）わたしは一度として生きたことはなかった！
オイディプス　この方は死んではいない。この腕にわたしが
抱いているのは世界なのだ。

……………

（前に身をかがめ、声を落として）夢にも現われなかった
あなたのためにわたしは、わたしの国の
乙女たちの愛をすべてしりぞけたのです。
イオカステ（小声で弱々しく、秘かな憧れを眼にたたえて）おお若いお方よ、
わたしがわたしの子供のところへ引き下ろされるたびに
死のうと思ったのはそなたのためであったのか？
夢はそのことを教えてくれようとはしなかった——それは、
そなたの生きたこの姿がこのような光をもって
わたしの眼の前に現れるようにとの配慮であったのか？」

ここでもまた、進行してゆく抑圧の作用が同一の素材によって示されている。変ることなく伝承されたこの素材の内容によって詩人の個性は——彼はそのときどきにおいて抑圧の過程にみずからも引き込まれ、この過程を最も強く

体験するのである——彼固有の抑圧的性格を表現することが出来るのだが、最後は、無意識的に描かれた文学的内容が科学的な意識によって解き明かされる。そしてそのことで芸術的創作にひとつの目標が与えられることになるのである。

青年期に書かれた文学作品の心理学のために（レッシング、ヘッベル）

純潔の厳しい掟、父親の恋仇に、母親の夫になりたいという人間本性の忌まわしさ、これらすべてをわたくしは早くからあの方の蠟のような心のなかに押し込んでさしあげました。

レッシング（ギアンギール）

オイディプス伝説のような、近親相姦コンプレックスのすべての関係をあますところなくカヴァーした無類の素材は、非常に多くの詩人たちによってさまざまに取り上げられてきたが、当然のこととして、これと類似の近親相姦素材を新たに創造しようと試みた詩人はわずかしかいなかったし、またこの種の試みが行われた場合でもその結果は否定的なものであるか、さもなければ詩人の意図とは別なものになってしまうかであった（シラーの『メッシーナの花嫁』

参照)。例えばシラーは一七九七年十月二日付の手紙でゲーテに次のように書いている。「このところわたくしはオイディプス王のような素材、あるいは、詩人にこれと同じ利益をもたらしてくれるような素材を悲劇のために捜そうと懸命になっています。この素材の長所は幾つもありますが、そのうちのひとつだけをとってみてもそれは測り知れないほど大きなものです。つまり、悲劇形式には全くなじまない、どんなに複雑な物語でも生かすことが出来るということです。というのも、この出来事は既に起こってしまっているものであり、従って完全に悲劇の彼岸へ属するものだからです。更に、既に起きた事柄は変更不可能なものでありますから、その性質上起きていない事柄よりははるかに恐ろしいものであり、また何かが起きたかもしれないという恐怖は、何かが起きるかもしれないという恐怖とは全く異なった風に人間の感情に作用するものです。いわばオイディプスは悲劇的分析であります。すべては既にそこにあって、それが展開されてゆくだけなのです。この展開は、事件がどんなに錯綜していようと、またどんなに状況に依存していようとも最も単純な筋と極めてわずかな時間において行われることが出来ます。これは詩人たちにとっては実に好都合なことであります。しかしわたしくしの危惧するのは、オイディプスがそれ独自の属(Gattung)であって、その第二の種(Species)は存在しないということです。最も困難なのは、当時よりは伝説的ではない他の時代に、これに見合うものを発見するということです。この悲劇には神託が関与していますが、これは他のものによっては絶対に代えることは出来ません。人物や時代を変えながらなおかつ素材自体の本質的なものを保持しようとするなら、現在恐ろしい印象をわたしたちに与えているものは滑稽なものとなってしまうでしょう。」

ここでは私は、近親相姦コンプレックスをオイディプス伝説のアナロギーとして別の環境と新しい素材において完全に表現しようとしたある詩人の試みについて報告したいのだが、それは、素材と作者に対する関心のためというよりはむしろ一般的・原則的な観点からである。それは、レッシングが一九歳の時(一七四八年)に書いた『ギアンギール、または拒絶された王座』[15]という題名の「悲劇の試み」である。近親相姦の素材を扱ったこの作品は、この種のドラマでレッシングが手掛けたすべての独自の草稿のうちの最初のものである。このレッシングの草稿は幼少年時代からの友人クリティアン・ヴァイセとの競争から生まれたものである。レッシングの依拠した原典が何であるかはまだ確実にわかってはいないが、しかし彼の描写は、画策された陰謀が政治の領域から性の領域へと移されている点でヴァイセのそれとも歴史伝承のそれとも異なっている。レッシングにおいては近親相姦的な性格がより強く表現されていることもこのことと関係がある。ヴァイセの素材では側室ロクサラーナが自分自身の息子たちをことさらに引き立て、継子ムスターファを憎むあまり彼に、父親に対して政治的陰謀を企てていると濡衣を着せるのに対し、レッシングの草稿では父親の妻、つまり継母に対するムスターファの愛が強く前面に表われている。

「ソリマン　ムスターファは暗い牢獄に閉じ込められている。
あのならず者めが！――このわしに？――このわしに剣を向けるというのか？
ならず者め――わしの妻を――この破廉恥はあまりにも度がすぎよう。
ムスターファよ、このわしをなら何度絞め殺してもよかったのだ。
ムスターファよ、わしはいまわのきわにも貴様を許してやっていただろう。
だがわしの妻を――お前を――
ロクサラーナ　身を焼きつくすような想い出ですわ。
恥ずかしさで赤面することもなく、晴れやかな顔つきで
あのひとはわたしに恥ずべきことを要求しました。
天があまりにも寛大すぎたのであのひとはこのようなことを
思いつき、堂々と口にしたのでしょう。」

ソリマンはこの恥知らずな行為のゆえに息子を処刑しようと決心するが、その前に彼は忠実な臣下でムスターファの教育係であるテミールに相談する。この男は自分の教え子のことなら父親よりはよく知っていると信じている。

「わたくしはあの方に、父親というものは
この世の神々であるとお教えしてまいりました。
父親を通して神々のなかの神が性急な若者たちを規制するのだ、
父親の祝福と呪いは神々の祝福であり呪いであるのだ、
父親をまじめな心で敬うものは神を敬うことになるのだと申し上げてまいりました。
この世界を成り立たせている夫婦の神聖な絆、
純潔の厳しい掟、
父親の恋仇、
母親の夫になりたいという人間本性の忌まわしさ、
これらすべてをわたくしは早くからあの方の蠟のような心のなかに押し込んでさしあげました。」

つまりレッシングもシラー同様、継母のテーマへと緩和された母親へのエローティッシュな愛着を、あたかも現実の近親相姦であるかのように解釈しているのだが、ここにわれわれはレッシングの文学創作の根幹のひとつがあらわになっているのを認める。この根幹は彼の思春期の文学に明瞭に表われてはいるが、しかし例えばシェイクスピアあるいはシラーにおけるように完全に展開されたことは一度もなく、この近親相姦コンプレックスの情動がやがて文学のための推進力を与えることによって、いわば若枝をつけたにすぎなかった。これらの文学においては分析によって初めてこの推進力の働いていることが証明されるのである（本書第一六章における『賢者ナータン』についての記述を参照されたい）[16]。このような分析は、われわれの知っているように草稿や断片の場合の方が成功し易いものである。そして、レッシングのギアンギール草稿においては近親相姦コンプレックスの両面が抵抗なくストレートに扱われているのに対し、『星占い』というもうひとつ別の断片は然るべき防衛を伴った父親憎悪をその内容としている[17]。興味深いこの断片の原典や成立史については長い間知られていなかった。シュミットはそのレッシング伝（ベルリン、一八九九年）

の第二版で、レッシングはオイディプス王に相応する移植可能な素材を捜すうちに、偽クヴィンティリアヌスの書いた第四の演説を見つけ出したと書いている。また彼は一七五八年十月の懸賞応募者ブライトハウプトの『背教者』を読んだと言われているが、この作品ではツァポーアが自分の父親をそれとは知らず殺すことになっている。『星占い』では、そのタイトルが既に示しているように、古代人が理解していたような不可避の運命が最も大きな役割を演じている。

ポドリエンの副王ペーター・オパリンスキーにはルカスという一人息子があったが、占い師が占星術によって、この息子は祖国のために貢献するだろうが、しかしやがて父親の殺人者となろう、と預言する。(18) 母親アレーテはこの預言を当人にすべて知らせ、ペーターが掠奪し、また彼が愛してもいる捕虜の女アンナ・マッサルスカとの結婚に踏み切らせようとする。預言された自分の運命に絶望したルカスは銃をもって自殺しようとするが、その弾丸は、息子の自殺をとめようと駆けつけた父親に命中する（第三幕第四場）。死んでゆく父親の前でアレーテは今度は息子にアンナとの結婚をやめるよう忠告する。さもなければ、息子がアンナを巡る恋仇として父親を故意に殺したのではないかとの嫌疑をかけられるだろうと言うのである。そこでルカスは改めて自害を決意する。しかし父親が死に、アンナが逃亡した時ルカスは彼女をもう一度取り戻そうと試みた際に自分の剣の上に倒れて死ぬ。

息子の三度にわたる自殺の試みのなかに、また神託と偶然によって正当化されている父親殺害のなかに、強く抑圧され、自己懲罰によって贖われる父親への憎しみが表われているが、この憎しみは、小さな悲劇『フィロータス』も明瞭に示しているような息子の強烈な自己処罰願望を結果としてもたらすものである。ここには、母親に対する愛の代りとして、父親と息子の両者によって激しく求められる女性への愛が挿入されている。『星占い』と同様レッシングのもうひとつ別の未完の草稿『クレオニス』においても兄弟殺しと息子殺しの預言が一役演じることになる筈であった（シュミット、前掲書七五八頁）。そして現在残されている、これについてのレッシングの暗示的な言葉によれば、オイファエスが息子のクレオニスをそれとは知らずに殺すという結末に至る可能性が強いと言える。

ここで特にわれわれの興味を引くのは、近親相姦問題との取り組みがほとんどの詩人の青年時代に行われるということ、またたいていの近親相姦劇が血気盛んな詩人たちの処女作であるという事実である。その例としてはレッシングの『ギアンギール』のほかにローエンシュタインの『アグリッピーナ』、ヴォルテールの『エディプ』、ユリウス・カエサルの『オイディプス』、オトウェイの『カルロス』、ブラーヴェの『ブルートゥス』などが挙げられる。またこれ以外にもシラーの『群盗』、グリルパルツァーの『祖先の女』、ティークの『ベルネック』など数多くあるが、これらについては部分的に後で述べられることになるだろう。文学的空想の大きな栄養源となる近親相姦的な素材にとって、またのちになってみられるこれらの感情衝動の交代・変化にとって特に参考になる例として、ヘッベルの思春期における二つの作品を簡単にみておきたい。これらは、この詩人においていつもは深く隠されている近親相姦テーマをまだストレートなかたちで示している(19)。ヘッベルが一九歳の時、まだヴェッセルブーレンの両親の家にいる時に手がけた最初のドラマの試みは『父親殺し』という題がつけられている。フェルナンドは賭博の借金を苦にしてピストル自殺をしようとするが、ちょうどそこへアレンデル伯爵がやって来て腕をつかんでこれを中止させ、彼の生命を救う。しかし錯乱状態にあったフェルナンドは伯爵を悪魔と思い違いして射ち倒す。そこへ、彼の不在を気に病んでいた母親のイザベラが現われて、今死んだこのひとはお前の父親だと打ち明ける。

「フェルナンド　これはわたしの父ではない、これはわたしが生まれる以前に母の胎内でわたしに罪人の烙印を押した刑吏なのだ——これはわたしの父ではない、わたしの母を誘惑した男なのだ——」

ここにわれわれは再び、非難されるべき誘惑者としての父親、汚されたものとしての母親（娼婦空想）という典型的な幼児観念を見出す。この娼婦空想からは父親の殺害を目指す母親救済空想が生まれる。しかし父親憎悪の抑圧はここでは父親殺害をオイディプスにおけると同様無意識的な殺人へと和らげているのみならず、ほとんど神経症的なものに境を接する防衛、つまり自己非難と最終的な自殺をもたらしてもいる。ここにみられる息子の正当化は、しばしばそうであるように、彼は伯爵を父親としてまた恋仇として殺したのではなく、母親の誘惑者としてこれを処罰したのだという点にある。ここにはまた、息子に対する母親の愛も暗示されている。冒頭場面で母親は次のような独白を行う。

「ああわたしの息子よ、どうしてお前はわたしにそんな仕打ちをするのです！　お前を心に抱いていたこのわたしに。なにゆえにお前はこの母親を遠ざけるのです。お前は、不実ではあってもまだわたしが強く愛しているお前の父親の似姿、わたしの悲しみを慰めてくれるたったひとりの者なのに。」

ここでは確かに母親は息子を夫の代用として考え、両者を同一視している（「似姿」）。しかし母親に対する愛着の防衛はヘッベルにおいては、息子が憎んでいる恋仇としての父親を母親が息子より上位に考えている点に表われている。

「イザベラ（死体の上にどっとくずおれ、絶望的な調子でフェルナンドに）ああフェルナンド、おねがい、おねがいだからこのひとをわたしに返しておくれ、わたしがあんなに心から愛していたこのひとを返しておくれ。

フェルナンド　お母さん、あなたはこの男を許すとおっしゃるのですか？——お母さん、もしあなたがこの男を許せばぼくは父親殺しになるのです。——お母さん、お母さん、どうかこの男を呪ってください、一度でいいから呪ってください。——お母さん——この男を許すなどと決してぼくには言わないでください。（彼は不安げな様子でイザベラの顔を眺める。彼女はアレンデルの死体をかき抱く）お母さん、ああお母さん！——どうかお元気で、もう二度とお会いすることはないでしょう。（腰からピストルを抜いて舞台から激しい勢いで去る。その直後銃声。イザベラはまるで夢から覚めたような様子。やがて驚いて立ち上がる）ああ！わたしの息子が、わたしの息子が——（激しくくずおれる）

これとの関連で、詩人が母親死亡の報告を受け取った後に書きつけた日記の一節を挙げておきたい（一八三八年九月十八日）。

「母は善良な女であった。彼女のもっている善良なもの、より善良でないものがわたし自身の性格の中に紡ぎ込まれているように思われる。……彼女は一度としてわたしを理解したことなどなかったし、また彼女の精神と経験の水準からしてそれは不可能であった。だが彼女は常にわたしの最も内なる本質についてはこれをおぼろげながら知っていたに違いない。というのも、わたしを出来損ないで役立たずの、それどころか意地悪な人間だと考えていた父（彼の観点からすればこれは当然である）の非難からいつもわたしを熱心に擁護してくれ、わたしを見捨てるよりはむしろ何か辛いこと——これは言葉の最も本来的な意味で実際よくあったことなのだが——を自分自身で耐え忍んでくれたのはほかならぬ母であったのだ。」

つまり息子の自殺の原因は、父親を殺したことの悔恨以上に母親への愛を拒絶されたことによる傷心にあると言える。母親が父親を自分より上位に考えていたことを息子は決して許すことが出来ないのである。これに続く母親の自殺は息子との（また夫との）最終的な一体化を象徴している。両親コンプレックスに起因するこれら嫉妬を含んだ空想や衝動の転移を示しているのが、その一年前に書かれた短編『兄弟殺し』である。ここではエードゥアルトがそれとは知らず弟を射殺するのだが、この弟は二人の共通の恋人（母親）を奪い去ったのである。ここでもまた殺人者の悔恨の情を伴った自己懲罰と死による恋人たちの一体化がみられる。

注目すべきは、これらすべての近親相姦的な情熱がヘッベルの後期の文学作品にはもはや明瞭には表われていないという事実である。間もなく彼は表面的には父親の家と家族から身を解き放ち、これら青春時代の衝動を克服した。しかし彼の場合、詩人として最初の衝動がその推進力を近親相姦的な情熱の防衛から得たということ、またこれらの幼児的感情が彼の後期の作品の火をも掻き立てたということは明白である。その証拠を提供してくれるのが、いわば無意識的なものの戦場とみなされるべきヘッベルの日記であって、そこではずっとのちになってもかつてのオイディプスコンプレックス的な家族関係が記述されている。例えば彼は一八三八年十一月二十二日次のように書いている。

「わたしの少年時代はなんと陰鬱で荒涼たるものであったことか！　もともと父はわたしを愛してはくれなかったし、

わたしの方でも彼を愛することは出来なかった。」ここには疑いもなく彼の父親憎悪が描かれているのだが、更に父親の死についての典型的な夢がこれに加わる。この夢のことをヘッベルは一八三八年十一月十二日の日記にしるしている。「わたしは、自分がまもなく死ぬであろうという想いから逃れることが出来ない。一晩中わたしは、とっくの昔に死んだ父の夢を見た。これまでは彼の夢などほとんど一度も見たことがなかったのに。」夢を見た時点では既に父親が死んでいるという事態は、夢を精神分析的に解釈するに際しては重要な意味をもつかもしれない。それまでは一度も父親の夢を見たことがなかったというヘッベルの言葉は、父親が死ねばよいのにという願望に対する強力な防衛衝動のためこの願望が父親生存中は夢のなかでも成就されえなかったことを推測させる。[20]自分は間もなく死ぬであろうという夢見るひとの冒頭の想念は、防衛（自己懲罰）の表現として、かつて彼が父親の生命に対して意地悪い願望を抱いていたことを証すものである。また子供の頃父親に感じていた恐怖はのちになっても再び彼の心から消え去ることはない。一八三四年の終りに彼は次のように書きしるしている。「先日わたしは自分が恐ろしい少年時代に完全に立ち戻っている夢を見た。そこには食べ物はなにひとつなく、そして自分はかつてと同じように父の前で震えていた。」興味深いのは彼の父親憎悪の防衛の表現で、それはわれわれに強迫的非難[21]のような印象を与える。「父が一八二七年十一月十一日土曜日の夜六時――前日の金曜日にわたしは彼を怒らせたばかりだった――死の床に横たわっていた時わたしは、神さま、あと一週間だけ！　とまるで痙攣を起こしたようにひたすら哀願した。その時自分は突然無限の力をつかんだような気がした。この感じをわたしは、何か恐ろしい事態に遭遇した時に救いの手を差し伸べてくれる人間の腕を痙攣的につかむような感じにしか喩えることができない。父はたちまち回復した。次の週の土曜日夜六時に彼は死んだ！」（一八三六年十二月三日の日記より）この強力な防衛情動については、ヘッベルがその前日父親と口論した時――子供はほとんど例外なくそうであり、またヘッベルも恐らく既に以前そうであったろうと思われるが――秘かに父親の死を願ったであろうということで説明出来る。翌日になって父親の容態が悪化したことを彼は、自分の悪意に満ちた願望が実現されるのだと感じざるを得なかった。「想念の全能」（フロイト）に対するこれと同じ信仰をわれわれはグリルパルツァーの兄弟の強迫神経症と、イプセンの『建築家ソルネス』において見出すであろう。ヘッベルはこの忌まわしい想念を防衛し、その願望を祈りによって抹殺しようと試みる。ついでに言えば、ここでわれわれは、祈りというもののもつ心理学的な根幹に注意を引かれる。神が父親にもう一週間の生命を与えてくだされればという願いは彼の良心を鎮めるためにのみ奉仕する。父親の死は自分の願望によって直接もたらされたのだという自己非難から彼は逃れようとするのだが、この非難に対する激しい防衛の試みはしかし、もともと死の願望が存在していたことを示すものである。

ヘッベルが折り折りの創作のため日記に書きしるした数多くの想念は父親への憎しみを巡るものである。

「父親に決闘を挑む軟弱な息子。なぜ決闘を挑むのか？ それは、父親が結婚する前に息子の所有物のあまりにも多くを浪費してしまったから、つまり息子がそれによって生まれるべき養分《ジュース》を息子を生む前に使い果たしてしまったからだ。」父親に対するこの非難は神経症者には珍しくないもので、母親の所有ということに向けられた性的な嫉妬に起因しているが、これがイプセンの『幽霊』に極端なかたちで表われているのをわれわれは見出す。ヘッベルの『ユーリア』におけるベルトラム伯爵もこれと似たようなことを自分自身に向かって言っている（第一幕第六場）。「お前は決して女性を妻にしてはならない。いつの日かお前の息子がそのことでお前に決闘を挑むであろうから！」再び日記に戻ると次のような一節がある。「息子は父親を殺すことによってのみ、父親の恐ろしい犯罪をとめることが出来る。」

しかしこれらの素材はいずれも創作へは発展しなかった。ヘッベルがこのような素材の選択をどのような形式で防衛したかは日記の別のある箇所が示している（一八五八年三月十六日）。そこで彼はまずイーリアスの一部を引用しているが、それはポイニークスが父親の妻（継母）に対する愛と父親への憎しみについて語るくだりである。その後で彼は次のように付け加えている。「これはムシュー・アレクサンドル・デュマにならい少しは役立つだろう。」ヘッベルの近親相姦的傾向は、彼がこのような犯罪事件に対して抱く関心にも窺われる。一八三六年八月三十一日の日記で彼は次のように書いている。

「本日ミッターマイヤー教授の法学講義に出る。ある女性は、自分は魔術を使うので火刑に処せられるのだと思い込んでいる。ある母親は頭の弱い息子をけしかけて継父を殺害させようと試みる。彼は答えた、永遠というのは長い時間だ。彼女が言う、お前はわたしに第一の恩義があるんだよ。まる一年間彼女は息子を説得し続けた。遂に、彼女はハンマーを二本手にして父親が眠っている部屋へ入って来て言った、さあ、あなたがわたしのところから出て行くかどうか、決めなさい。彼女は一方のハンマーを無理矢理息子に持たせ、次にもう一本の方で父親に最初の一撃を加えた。」母親による父親殺害のこの扇動はエドワードのバラードにおけると同じモチーフ形成を想い出させる（本書第一〇章参照）。

しかし父親コンプレックスから転移された、母親の寵愛を求める二人の兄弟の競合関係もまた、彼のある近親相姦悲劇の主要動機となっていることが証明され得る。ただこの悲劇は強い内面の抵抗のため完成されないままに終った。日記に次のような文章が読まれる（一八二六年十二月十九日）。

「神々しい愛に満ち溢れるティモレオンは、残忍非情の暴君になり下がってしまった兄弟のティモファネスを名状し難いほどの苦しみをもって（防衛！）祖国のために犠牲にした。この苦しみは気高い勇気によって克服されたのであるが、やがて間もなく彼は深い憂鬱（反動）へと陥り、そして食べ物を遠ざけることによってみずから生命を絶とうと考えた（自己処罰）。なぜなら彼の同胞たちの多くから受けた誹謗と母親の怒り（兄弟殺しの根源である母親への愛の防衛）とによって彼は良心の苛責に苦しみ、自己分裂をきたしたからであった（ヤコビス・ヴォルデマル『プルタルコス伝より』）。」欄外にヘッベルは「悲劇のために」と書き足している。同一の女性を巡る兄弟の戦いは、ヘッベルが一八四五年の初めに書き留めた『悲劇の理念』にも見出される。自分の魅力の恐ろしさをまだ知らない絶世の美少女が、世を離れた修道院から俗世界へ足を踏み入れる。すべての人間が彼女の周りに集まってくる。世の多くの兄弟は生死を賭けて相争い、友情の絆は断ち切られ、彼女自身の女友達もみな嫉妬から、あるいは彼女に熱を上げる男たちの不実によって傷つき彼女から離れて行った。彼女はある男を愛するようになるが、その兄弟が彼の生命をつけ狙い始める。自分自身に怖れをなした彼女は再び修道院へと戻って行く。」

この近親相姦モチーフがその後も和らげられたかたちでではあるがなお彼の創作において働き続けているということを、『アグネス・ベルナウアー』のある箇所が示している。それは、息子が心乱れて今にも父親殺害を決心しようとする場面で、アグネスは彼に向かって次のように言う（第三幕第十二場）。「……あなたとお父さまとの間が平和でさえあってくれればいいの。これまでいつも、わたしのことで友だちや兄弟同士が喧嘩するのをみてわたしとっても怖かった……。」父親殺しという文学上のモチーフが作者の実人生における幼児的な父親憎悪の上に成り立っていることはヘッベル自身の言葉（日記）から証明されたのだが、これと同じように『兄弟殺し』のモチーフもまた嫉妬の混じった彼の敵愾心を基礎としている。というのも、実際には母親からは弟よりも可愛がられていたヘッベルであったが[22]、それにもかかわらず彼は二歳年下のヨーハンに対しては嫉妬心を抱いていた。弟に対するこの近親相姦的な嫉妬は、先に挙げた文学作品以外にも、詩人が一八三七年三月二十九日の日記にメモしているある夢に明瞭に表われている。「一晩中、母とヨーハンがミュンヒェンへやって来た夢を見る」[23]。エリーゼ・レンジングに宛てた数多くの手紙が証明していることであるが、時折り彼は弟のことを優しい心をもって慈しんだ。しかし弟から暫く便りがない場合に限って不安になることがよくあった。ヘッベルは自身厳しい窮乏状態で暮らしていたにもかかわらず、弟をもっといい職業につけてやることが出来なかったことを心苦しく思っていた（「わたしは彼に償うべき多くのことがある」）。母親の死後この関係はますます緊張の度合いを増してくる。一八四二年一月七日の日記に詩人はこう書きつけている。「また弟からの無心の手紙……この人間はしょっちゅう金を欲しがる。彼とわたしとの間には、彼が金を欲しがるという関係以外にはなにもない！」しかし、小さい時には母親から可愛がられ、のちにはいい運命に恵まれたこの兄に対するヨーハンの反感も詩人の日記の一節から認められる。弟はこの反感を大仰な親密さによって隠そうとしたが、詩人はこれを見破っていた。

「本日弟より、ユーディトを受け取った旨の報告があった。彼の手紙は粗野で礼儀をわきまえぬものであった。しかし、これみよがしに甘ったるかった前回のものに比べればいい印象を受けた。これは本当だ。それにわたしは彼に少しばかり無遠慮に書きすぎたかもしれない。そのことを彼がこれまでのように我慢しなかったことがわたしには好ましく思われる。」

若い詩人たちが近親相姦の素材に魅力を感じる場合それは、近親相姦感情がなおもめらめらと燃えさかっていることの証しであるのみならず、更にそれは、詩的な創作力がこのコンプレックスの感情のなかから多くの養分を摂取していることの証拠でもある。たとえこの創作力が人間的芸術的成熟に伴ってそれ以外のテーマを自己のものにしているとしてもそうである。これらの近親相姦感情を若者が文学的テーマとしても公然と利用するということは、これらを思春期のさまざまな変動、両親から離脱したいという欲求、また以前にみられた強力な固着のために生じるこの欲求の結果などを関連付けて考えるならば非常によく理解できる事態である。というのも、より強い欲動性向をもった人間にみられる近親相姦的傾向は、正常な人間の思春期の変動がもたらすようには両親から離れることはなく、また他の人物たちへの新たな順応（転移）力をもたず、両親に固着したままである。しかしこれらの傾向は思春期の激しい変動のもとにあって抑圧を余儀なくされ、無意識のなかから働き続け、無意識的な空想のなかに現われる。これら無意識的な空想の感情総計が意識的な芸術上の形成（美的快感の前段階）のための推進力を与え、そのようにしていわば自己性欲的（autoerotisch）な満足へと至る。即ち、正常な人間がその欲動・感情生活の照準を外の世界へと合わせ、この世界と一致させようとするのに対して、詩人はすべてをいわばみずからのなかで作るのである。しかしこのナルシズム的な性格という点で詩人は再び神経症者と近しい存在となる。神経症者は思春期においても両親コンプレックスの克服に失敗するのが通常で、現実の恋愛関係に入らないでますます深く幼児的退行へと陥ってゆく。この退行の道は詩人も少しばかり歩むところのものであるが、しかしやがて彼は社会的に適応したり、自分の空想を形成することによって現実へ戻る道を再び見出すのである（フロイト『精神分析について』）。――この関連からして、近親相姦のテーマが、幼児期の情動をのちになって芸術的な興味の対象として他の素材へも拡大することの出来る詩人たちの青年時代に好んで取り上げられるということは、系統発生的な発展においても強化され比較的あからさまである近親相姦傾向の個体発生的な繰り返しであるように思われる。こうした近親相姦傾向は社会的抑圧の過程において——この抑圧の担い手は、より強力な（先祖返りの）欲動素質を備えた創造的・生産的な人間にほかならない——隠蔽、転移、そして昇華の支配下にあり、それは文学的な才能のある個人がその人間的芸術的な成熟の過程においてそうであるのと全く変るところはない。

（1） このエウリガネイアは幾つかの伝承ではイオカステの姉妹、つまりオイディプスの叔母となっている（Constans: „La Légende d'Œdipe“, Paris 1881, S. 37）。

（2） これに属するものとしては、ホメーロスの描写を模してはいるがしかしだからといって心理学的背景に欠けるところは全然ないヴェルギリウスのアエネーアスの一節がある（第二巻、七九二行、第六巻、六九五行以下）。ここでも主人公が死んだ父親の影を抱こうと三度試みるが成功しない。このことは父親の死の夢に一致するものである。これと対をなす場面として、アエネーアスの前に母親ヴェヌスが刺激的な衣裳を身にまとい処女として姿を現わし、そのため彼がうっとりしてしまう箇所がある。

（3） カール・ローベルトはその壮大な『オイディプス、古代ギリシャにおける文学素材の歴史』（Carl Robert: „Oidipus, Geschichte eines poetischen Stoffes im griechischen Altertum“, zwei Bände, Berlin 1915）においてギリシャの悲劇作家たちにおけるオイディプス素材の歴史を詳しく記述している（第一巻、二五二—五一一頁）。

　リヒャルト・デーゲンの悲劇『運命』（Richard Degen: „Das Schicksal“）は特に言及する価値のあるものであるが、精神分析の影響を受けているこの作者はその序文で次のように言っている。「オイディプス伝説はわれわれに、この世界観のなかに横たわっている恐ろしい悲劇性を感動的に示してくれる。ごく幼い頃から絶えず心の葛藤に悩まされてきた私をもオイディプスの運命は強く捉えた。それは私の全存在を強烈に満たし、私は壮年時代を通して完全にそれに支配された。」詩人は、「最も内奥の個人的体験から」書かれたこの本を人生告白の第一部であると名付けている。第二部は『救済』（„Die

Erlösung“）というタイトルがついている。

（4）この場面は、『ハムレット』で殺された王の亡霊が現われるところを強く想起させる。この亡霊もまたクローディアスの殺人と近親相姦を告発しているのである。ハムレットにみられる複雑さはこれより更に強力な抑圧に起因している。クラインはセネカのこの場面を、「ハムレットの父親の亡霊がバルコニーに現われる場面のためのなかなかに捨てがたい下絵」であると言っている（Klein: „Geschichte des Dramas“, S. 457）。セネカもシェイクスピア同様亡霊を登場させることが特に好きであり、この好みはまたシェイクスピアと類似の根拠をもっているように思われる。セネカの『ティエステース』におけるタンタルスの亡霊、同じ作者の『アガメムノン』におけるティエステースの亡霊を参照されたい。更にヴォルテールの悲劇『セミラミス』（一七四八年）では、王妃が国の貴族たちに自分の結婚を公にすると、殺されたニヌスの亡霊が墓から現われ出て、この近親相姦を妨害し、自分を殺した男への復讐を果たそうとする。

（5）この点に関して、カエサルが祖国へ書き送った通信のなかで犯しているある誤りは心理学的にみて重要であると思われる。カエサルは『ガリア戦記』でブリテン人について次のように報告している。「彼らは妻を……両親を子供ともどもに……自分たちの共有のものとして所有する。」エンゲルスは、カエサルはここで思い違いをしていると指摘している。（Engels: „Ursprung der Familie“, 2. Aufl. 22）これをわれわれは無意識的な願望実現の意味で解釈して差し支えないであろう（シュトルファー『父親殺し』一五頁注釈1参照）。

（6）中世はカエサルという名前を「切り出された男」であると推論した（これに関しては、母親の胎内から切り出された大胆不敵のマクダフ参照）。しかもそれは、ローマ人マリニウスを第二の例として挙げたプリニウスによるものである（『誕生の外傷』一〇三頁参照）。

（7）母親とのこれと似たような性交の夢がヒッピァスによって報告されている。

（8）それがどのような関連を言っているのか私にはわからない。アイギストス伝説によって推測されるような近親相姦的な犯罪であるのかもしれない（本書第九章参照）。ジーラーの『ユーリウス・ツェーザル。批判的に描かれたその生涯』（Sihler: „Julius Cäsar. Sein Leben kritisch dargestellt“, Teubner, 1912）参照。

（9）カエサルの父親はこの少年の母親とも関係をもった。従って既婚婦人たちとのカエサルの情事はある意味で父親との一体化に照応するものである。

（10）この素材についてはグンデルフィンガーの『ドイツ文学におけるツェーザル』（Gundelfinger: „Cäsar in der deutschen Literatur“, 33. Band der Sammlung „Palästra“, Berlin 1904）を参照されたい。このほかにヴェーゼマンの『中世のツェーザル寓話』(H. Wesemann : „Die Cäsarfabeln des Mittelalters“, Prog. Löwenberg, 1879)、最も新しいところでは、マルティン・ランゲンの悲劇『ユーリウス・ツェーザルとその暗殺者たち』(Martin Langen : „Julius Cäsar und seine Mörder“, München 1913) などがある。

(11) コンスタンの言うところによると(三八一頁注釈)、ヴォルテールのオイディプスはさまざまなパロディーを生んだ。このことはこのドラマの人気のほどを示す証拠と考えることが出来る。――オイディプス素材のパロディー化はE・ヴェーバーも挙げている(E. Weber in den „Leipziger Studien“ 10, 1887, S. 141 ff.)。――ハイネが詩人プラーテンの同性への愛を暗に示しながら、プラーテンはオイディプス素材を扱うに際して主人公に母親を殺させ、彼を父親と結婚させているようだと皮肉をこめて言っているのはおもしろい。ちなみにプラーテンの『ロマン的オイディプス』(Platen : „Romantischer Ödipus“, 1828) も参照されたい

(12) 一一五〇年頃に書かれた作者不祥の『テーバイの物語』では、イオカステはそれと知りながら夫の殺害者と結婚している。フォレッチュ『古フランス文学研究』(Voretzsch : „Studien zur altfranzösichen Literatur“, 1905 , S. 277 ff.) 参照。

(13) ヴォルテールの『マホメット』についてはのちに、ゲーテの姉妹コンプレックスのところで触れることになるが(第一五章)、この作品では息子による父親殺害がみられる。

(14) A catalogue of Spanish and Portuguese books with occasional literary and bibliographical remarks, by Vincent Salvà. London 1826.

(15) ヘンペル版レッシング全集XI―二並びにキュルシュナーのドイツ文学全集におけるレッシング戯曲遺稿発刊についてのボックスベルガーによる序文には文学史的な指摘もみられる。

(16) レッシング初期のドラマ『ユダヤ人』(一七四九年)は、ナータンの萌芽つまり寛容の理念を内容としている。ここではユダヤ人であるがゆえに、生命を救ってやった男の娘と結婚出来ない人物が登場する。

(17) シラーやヘッベルと同様レッシングも少年の頃は、厳格で恐ろしい父親とのたたかいに耐えなければならなかった(これについては弟カールの伝記、またシュミットの手になるこの詩人の壮大な伝記を参照されたい)。

(18) 息子に対する懲罰傾向を特に強調しているこれと同じ素材はカルデロンの『人生は夢』で扱われている。レッシングの『フィロータス』と同様カルデロンの『不屈の王子』では息子の犠牲がテーマとなっている(『フィロータス』においてはカルデロンの『不屈の王子』からレグルス素材が移し入れられている)。

(19) 「基本的に言って処女作はいずれも独白的なものである。自分のために、また自分によって囁かれ、あるいは歓呼される

ものである。よりよき意志に反してさえも、返ってくる声に耳を傾け注意を払うことを学ぶのはのちになってのことである。」

「(最初の解放が)それによって実現されるところの暴力的な強烈さに喩えられるべきものはもはや創造者の人生にはなにもない。根源的に彼に天分があるならば、ここではすべての顧慮は沈黙する。理性のすべての熟慮は黙り込むが、やがてそれらには、秩序をもたらすものとして、非常に大きな役割が与えられる。」(J. J. David: „Vom Schaffen")

一方カール・フィリップ・モーリッツの自伝ともいうべき『アントン・ライザー』には次のような自己批判的な意見が表明されている(ハイリッヒ・シュナーベル編、ミュンヒェン、一九一二年、四六二頁)。「従って、恐ろしいものを選択するということは、文学の天才だと自分で思い込んでいる人間がまず最初にそのことを思いつくとしたなら、悪いしるしである。というのも、当然ここでは詩的なものは自身から作られるものであって、それは内面の空虚や不毛を外部の素材によって補ってもらいたいのである。このことは既にハノーファーの学校時代のライザーについて当てはまる。彼は偽証、近親相姦、父親殺しを悲劇でふんだんに使うつもりであった。これには『偽証』という題名がつけられる筈になっていたが、その際彼は常に、このドラマの上演、そして同時に、観客に与えるであろうその効果のことを考えていた。」

(20)『マリア・マクダレーナ』の指物師アントンは、息子がピストルをもって自分に襲いかかってくる夢を見る。

(21) J・ザートガーは詳細な伝記的研究を踏まえて、ヘッベルには強迫神経症的な傾向があったのではないかという推測を下した。

(22)「わたしは母のお気に入りであり、二歳年下の弟は父のお気に入りであった。」(『わが幼年時代』一八四六年から一八五四年まで)

(23) これについてはシュテーケルの『詩人たちの夢』の「兄弟の夢」を参照されたい。(Stekel: „Träume der Dichter", Wiesbaden 1912, S. 202 ff.)

第八章　オイディプス伝説の解釈のために

われわれはオイディプス神話を今日でもその最も固有の本質に従って忠実に解釈しさえすればいい。そうすればわれわれはこの神話によって、社会の始まりから国家の必然的な没落に至るまでの人類の歴史全体についての明解な像を獲得することが出来る。

リヒャルト・ワーグナー

オイディプス伝説を解釈するに当ってフロイトは、この伝説と二つの類型的な夢、即ち父親の死と母親との性的交わりの夢との緊密な関係というところから出発した。これらの夢が、ずっと以前に抑圧されていた幼児願望のよみがえりであることを彼はその『夢判断』において明らかにした。夢と神話とのこの比較は心理学的にみて正しいと認められているのだが、これを更に深く跡付けようとする時、なによりもまずわれわれの注意を引くのは、同じ無意識的な幼児願望が神話的に形成される場合と、夢によって形成される場合との本質的な相違である。つまりフロイトの重要な洞察の出発点をなす二つの夢がその当事者たちをそのままあからさまに示すのに対し、このオイディプス神話における願望の成就は、両親が誰なのかをわからせないような設定——われわれはこの設定が心的検閲即ち抑圧・防衛傾向のなせるわざであることを知っている——によってのみ可能なのである。しかし無意識的な夢想をあからさまに表現するという点でこの二つの類型的な夢は、ある特別な、そして極めて注目すべき例外を形成するものであり、これは他のすべての夢とは異なってこの二つの夢に固有のものである。これらの夢のもつ特別な性格のひとつはほかならぬフロイトによって強調されたもので、これによって通常の意味での夢の解釈はもはや不必要になる。つまり、この二つの夢においては両親が両親としてはっきり認められるのに対し、他のすべての夢においては抑圧された願望か、さもなければこの願望に関連している人物たちはまず、歪め覆い隠す機能をもった検閲を通過しなければならないという明白な事実がある。[1] この二つの類型的な夢に与えられる好都合な状況と例外的な位置をフロイトは二つの要因のなかに見出す。父親の死の夢について彼は次のように言っている。「第一に、われわれにとってこれ以上縁のない願望は存在しない、とわれわれが信じ込んでいるということ。そのようなことを願望するなどとは〈夢にも思わない〉とわれわれは言う。それゆえこの途方もない願望に対する夢検閲は準備されていない。それは例えばソロンの立法が父親殺しの刑罰を設定することが出来なかったことと似通っている。[2] 第二にしかし、抑圧されてしまい思いもつかないこの願望はまさにここでは特に頻繁に日中の残滓とうまく折り合う。それは大切なひとの生命への心遣いというかたちをとる。この心遣いは同じ内容の願望を利用することによってのみ夢のなかへ入ることが出来るのだが、この願望は、日中活発に働いていた心遣いの仮面を被ることがある（『夢判断』第二版、一八八頁）。ただしかしこの心遣いは、ここでもフロイトの言う意味で補足することが出来るのだが、無意識のなかで活発になってきた当の相手の死を願う願望に対する反動にほかならない場合が往々にしてある（このメカニズムは神経症においては通常みられるものである）。相手に対するこの心遣いの本来の性格は、これらの夢に必ずつきまとうとフロイトが言うところの、苦痛を伴った感情のなかにも現われる。従って父親が死ぬ夢は本来、間もなく触れることになる母親との性交というもうひとつの夢ほどには完全にストレートなものではない。というのは、なによりもこの夢のなかで演じられるのは息子による父親の殺害そのもの——これは近親相姦行為にとっては補完的な意味をもつものである——ではなくて、最も多いのは、夢見る本人がそこに死んでいる父親を認めて悲しむ場合なのである。この人物が父親であるということはわかっているのだが、しかしそうであるのは、殺害願望が父親のことを思う心遣いと悲しみに取って代られているからにほかならない。この代替と同じ過程を経て次に例えば、既に述べたような、父親を憎んでいた息子が殺された父親のための復讐者へと変ってゆくという事態が生じる（『ハムレット』と『英雄神話』参照）。これと同じメカニズムが神経症者においても働くことがあるが、それは、一見両親に対して大きな愛着をもっているように思われるその当人が全くなんの理由もなく突然、自分の父親が死んだと語る時である(3)。夢における同様そこで表現されるのは父親の死の願望ではなく、夢見るひとが、「わたしは父が死んで横たわっているのを見た」と語るような事実の単純な報告である。これに対して神話では、確かに父親殺害が実際に行われはするが、しかしその場合息子は殺した相手が父親であることを知らない。いや、それだけではない。オイディプスは神託によって自分が父親殺しになるという運命を知ってはいるが、しかし実際の犯行の瞬間彼はそのことを忘れていて、またあとになっても自分が父親の殺害者になったことを知らないのである。つまり彼は自分がその行為をなすであろうことを知ってはいるが、にもかかわらずそれとは知らずその行為をなすのである。無意識的な力と抑圧の作用を物語るこれほど有益な例はほかにはない。つまり、いずれもそれなりに心的な産物である夢と神話は、根源的な殺人衝動の然るべき歪曲を示している。即ち夢においては父親はそれと認められるが、しかしそれは殺人衝動が悲しみに取って代られているからにすぎず、逆に殺人が実際に行われる神話においては、この殺人衝動が抑圧されねばならないので父親は認められないままである。

　類型的な夢に現われる母親との性交と、神話にみられるそれとでは少しばかり事情が異なる。つまり類型的な母親の夢は往々にして全くあからさまであって、母親を夢見るひととの性的な交わりにおいて直接示すのである。このことはしかしもうひとつ別の性格と密接に関連している。というのもこれらあからさまな母親近親相姦夢は夢精をもたらす夢であって、(4) そこでは活発に働いているリビドーの圧倒的な力が心的な抵抗を容赦なく一掃するのである。もちろんこの夢と比較してもオイディプスの神話は、相手が母親であるとは知らないでなされる行為というかたちで抑圧的性格を示してはいる。にもかかわらず息子はここでも神託によって、自分が母親と寝床をともにするであろうことを知っている。これは再び夢のもつ開放性を想起させるひとつの設定であり、また伝説において明白な予示として利用されている神託が元来は夢によるお告げであったことを教えてくれる。実際ホーフマンスタールは彼の悲劇で神託をそのように解釈している。

息子は自分の犯行を、それを実行する以前に既に知っていて、それにもかかわらず（無意識的に）実行してしまうのだが、父親もまた、息子がそれらの犯罪を犯すであろうことを息子の誕生以前に、いやそれどころか息子を母親に宿らせる以前に早くも知っていて、しかもなお息子をもうけるのである。彼はそれを酩酊のうちに、あるいは、神託の預言が実現されることを怖れて長年夫婦の交わりを避けていたあと妻の肉欲に誘惑されて行うのである（シュナイデヴィン『オイディプスの伝説』）。父親が息子の誕生以前に息子の近親相姦的情欲を怖れるというこの深い事態のなかにわれわれは、父親の抱く復讐への怖れの無意識的な表現を認めざるを得ない。父親は両親に対するかつての自分の立場を想い出しながら未来の息子にそれと同じことを恐怖するのである。復讐への恐怖というこのモチーフは息子感情から父親感情への価値転換への過程で最も重要な役を演じ（のちに触れるウラノスとクロノスの神話参照）、そしてオイディプス伝説においては当然彼の次の世代へも引き継がれてゆく。というのもオイディプスは、彼が呪った息子たちによって手ひどい扱いを受け、追い出されるのである（敵対する兄弟のモチーフについては第二〇章のエテオクレスとポリュネイケスを参照されたい）。神託で告げられた息子の犯罪を阻止すべくライオスは新たに生まれた子供を遺棄することに決める。この子供をいっそう確実に破滅へと捧げるためソポクレス（一〇三二行）とエウリピデス（『フェニキアの女たち』二六及び八〇五行）では父親が彼の足のくるぶしに穴をうがたせる。最も古い伝説によれば（ベーテ『テーバイの英雄のうた』参照）、子供は小さな箱に入れられて海上へ捨てられたと言われている。やがて、そこで洗濯物をすすいでいたポリュボス王の妻ペリボエアが彼を海から救い上げてこれを養子として迎え入れた。小籠に入れられて海上へ捨てられた子供、両親の入れ替りを内容とするオイディプス伝説のこの部分を私は『英雄誕生の神話』において、よく知られている多数の類似神話と関連させながら心理学的に解明しようと試みた。これらの神話の主人公はすべて高貴な両親のもとで生まれ、神託の成就を避けるべく小さな籠に入れられて海へ遺棄されるが、低い身分の人間あるいは動物たちによって救われ、最後は再び王座につけられる。夢についてのわれわれの理解の上に立てば、小籠による捨て子と海は、人間の誕生という出来事の象徴的な表現にほかならない。これは、子供はこうのとり（あるいは他の動物）によって海中から拾い上げられて両親の許へ送り届けられる、というあの幼時に聞かされるこうのとりの話の源をなすものである。子供はどこから生まれるのかという問いは幾つかの神話ではかなりあからさまに問われ、また別の神話ではヴェールに包んでぼかされたり、あるいは神秘的な謎のなかに隠されてしまってそれとはわからなくなっていたりする。[5] ローエングリーン伝説ではこのモチーフは、私の示した通り問の禁止として表われている。小舟で水上を漂い、白鳥（こうのとり）によって陸地へ引かれてゆくローエングリーンは本来の話とは逆に自分の出生を問うことを禁ずる。他の神話においてはこのモチーフの意味はもっと曖昧であり、それゆえたいていの場合は謎のかたちで、つまり問の禁止とは反対の究明への促しとして表われる。こうしてみると、スフィンクスがオイディプスに投げかけ、彼以前は誰も解くことの出来なかったあの謎からも、子供の由来を尋ねる同じ問を聞き取ることはさほど困難ではない。この問は、足は二本足、三本足、四本足だが声はひとつしかもたず、生きている限りその姿を絶えず変えてゆく生き物は何か、を尋ねている。答は人間である。人間は生まれたばかりの子供の時には四本足で（動物のように）地上を這い回り、長じては二本足で直立歩行し、老いては身を支えるために三本目の足として杖を使用する。

従ってこの謎は、人間とは何かという問いを含んでいるのではなく、問われているもの、つまり謎の生き物は人間であるという答のために問が設定されているのである。この問が間接的に人間誕生の謎に向けられていることはオイディプスの答のなかの一節が示している。即ち彼は子宮（Mutterleib）から生まれたばかりの子供を四つ足の生き物と呼んでいる。このことは明瞭に動物の誕生を示すものである。そして子宮を意味するギリシャ語は「洞窟」とも言われているが、このことは再び、英雄神話にみられるところの、洞窟による子宮の象徴的な表現を示している。

禁止のモチーフはエリクトニオスについてのギリシャ神話にも、出生の謎を明瞭に暗示しながら登場する。女神アテーネは好色なヘパイストスの抱擁から逃れようとするが、その際彼の精液が地上に落ち、これがやがて蛇足エリクトリオスを生むことになる。アテーネはこの子供を引き取って籠のなかに隠し、神々に知られないよう秘かにこれを育てる（オヴィーディウスの『変身』第二巻五三二行以下によれば、彼女は子供のそばに二匹の蛇を配して見張り役とした）。次に彼女はこの籠に鍵をしてキクロプスの三人娘に渡して、これを守ってくれるように頼む。その際彼女たちにはこの籠を開けることを強く禁じた。パンドロソスを除くアグラウロス、ヘルセの姉妹はしかし好奇心の誘惑に勝てなかった。二人がその小籠を開けて、そこに蛇の姿をした子供がいるのを見た時狂気が彼女たちを捉え、二人はキクロポスの城の絶壁から墜落する。パンドロソスだけは姉たちの運命を免れることが出来た（アポロドールによる）(6)。子供が横たわっていた籠は女性からの出生（子宮）を、また蛇は男性の関与（蛇足）を示している。

ギリシャ神話の大きな特徴として指摘されるのは、秘密が露顕した後に突然現われる狂気である。フロイトは若年の神経症候、なかんずく例えば穿鑿病などの強迫神経症がこの満たされない子供らしい性的好奇心に起因することに注意を喚起している。他の多くの伝承においては狂気は性的な穿鑿ないしは突然の性的解明の直接の結果としては現われていないが、しかし古代のオイディプスのように父親への反抗を特徴としている多くの主人公たちは、驚くべきことにほとんど例外なく一時的に馬鹿か間抜けか狂気の人間として登場する。しかしたいていの場合彼らはこの馬鹿や狂気を装っているにすぎないのである。そこには、いつもうまくやってのける馬鹿な人間の童話が示しているように、くよくよ想い煩わない健康で朴訥な本能的人間が人生では一番成功するのだという考え方(7)があるいは表現されているのかもしれないのだが、しかしこの馬鹿の特別なしるし、つまり子供の性的無知が紛れもなくそこには認められる。それには白ばっくれることが一番ぴったりする。というのも子供は本来常に馬鹿である振りをするものであり、彼らは一般にひとびとが信じているよりははるかに多くのことを知っているのである。[8] この馬鹿を装うことと、部分的に正しく言い当てられた出生の秘密との関係を私は『英雄誕生の神話』で指摘しておいた。この偽装はモーゼ、ダヴィデ、キュロス、ハムレット、カイコスラフ、ブルートゥス二世、テル、パルチヴァルなどの伝説にみられ、またオイディプス伝説中にも挿入されている。ソポクレスのオイディプスは自分のことを、イローニッシュにではあるが、預言者テイレシアスと比較して「途方に暮れたオイディプス」、無知な男と呼んでいる。実際には彼の名前はその正反対を、つまり知恵ある男を意味しているのである。

　興味深いことには、先に挙げた主人公たちの多くの名前は言語慣用の意味での固有名詞ではなく、仇名であり名称であり、それらはたいていの場合主人公のなんとなく暗示されている間抜けな性格を表わしている。例えばテルは「愚直な男」であり（シラーのドラマにも「もしおれが思慮深い男だったら、テルという名前ではないだろう」という台詞がある）、ブルートゥスという名前は「馬鹿、白痴」を意味し、またハムレットも、デッターによればブルートゥスという名前の翻訳であるにすぎず、阿呆、愚者を表わしているという（『ドイツ古代のための雑誌』三六巻一頁以下）。[9] 狂気を装うブルートゥスもオイディプス同様謎めかした神託の預言を解き明かす。その神託では母親の接吻ということが言われているのだが、彼はこれを母なる大地と解釈する（カエサルの近親相姦夢についての同じ解釈がある）。この奸計によって暴君たちを追放するその同じブルートゥスは、やがて最初の執政官となり、自分自身の息子たちを処刑させている（復讐への恐怖）。レスマンは、テル、ブルートゥス、ハムレットといったようにその名前が同じ意味を有するこれらの主人公がいずれも暴君の殺害者であることを強調している。[10] 彼らと同様モーゼ、ダヴィデ、キュロスなども既存の権力に対する革命家として登場する。しかし暴君の殺害は父親殺害の代用であることをわれわれは既に知っている。そして父親に対する反抗は性に関わる出来事を秘密にすることによって強化される。まさにこの性的な事象こそが子供をして、父親の厳格さから免れるため馬鹿でいることを、あるいは少なくともそうであることを装うよう強いるのである。この無知が主として出生の秘密に関連しているということはパルチヴァルの伝説が教えてくれているが、このことはわれわれの分析上の経験と一致している。パルチヴァルは冒険家であった父親の不幸な運命に陥らないようにとの母親ヘルツェライデの配慮から、森の奥深い場所で全く知識というものを与えられないで育てられる(11)。だが少年の冒険心は抑えるにはあまりにも強く、母親の懇願も、彼女が彼に着せた道化服(Narrenkleider)も彼を家に留めおくことは出来なかった。武者修行の旅の途次彼は絢爛豪華な聖杯城にも立ち寄る。パルチヴァルは城主の病気と城の奇跡について尋ねさえすればよかったのである。そうすればアンフォルタスはその運命から解放され、そしてパルチヴァルみずから聖杯城の主となり王となっていたのである。だが、可能な限りひとにものを尋ねないよう(問の禁止)小さい時から教えられていた彼は「愚かにも」、自分が今いる場所がどこなのかを尋ねなかった。そして翌朝彼は再び城を去らねばならず、聖杯の呪いの女使者クーンドリーによってあちこちと定めなく追い立て回されることになる(不幸のモチーフ)。長い間辛苦を重ね、多くの戦いを克服した後ようやく彼はアンフォルタスの救済に成功し、王の名誉を獲得する。つまりパルチヴァルは尋ねるべきであったのに(究明への促し、謎)、母親から尋ねることを禁じられていたので(禁止のモチーフ)、習性となってしまっていた愚かさのためそれをしなかった訳であるが、一方彼の息子たるローエングリーンは、問の禁止を永続的な幸福のための条件とする(12)。ローエングリーン伝説が子供の出生に対する厚かましい好奇心に、質問を禁止することによって制約を課しているのに対し、幼い時から尋ねることを禁じられているパルチヴァルは「純粋な馬鹿」であり続ける(13)。彼の馬鹿さ加減は相当なもので、みずから王(父親)となるために発しなければならなかったところの、わたしはどこから(聖杯城へ)やって来たのか? という問は彼には全く思いも付かないものであった。彼はまた、自分の妻と二晩枕を並べて寝ながら彼女に触れることをせず、愛《ミンネ》においても馬鹿であることを証明している(14)。

人間とはなんなのだろう、人間はどこから来るのだろうという、子供の頭を悩ませるこの主要な謎は絶えず両親について巡らされ、多くの神話においては小籠と水という幼児的性理論をもって答えられるのだが(『英雄誕生の神話』参照)、この謎のほかになお幼児の性生活のもうひとつ別の問題が特にオイディプス神話のなかに持ち込まれているように思われる。われわれはこれまで、難解で危険な謎をかける不思議な生き物、即ちスフィンクスからわれわれの注意を逸らしてきた。このスフィンクスは上半身が人間で下半身が動物の生き物である。われわれは、一般には今だに謎めいていて、エジプトを故郷の地としているこの人間に近い怪物の由来は一応度外視して、その本質を専らオイディプス伝説とその神話群との密接な関連において解き明かしてみたい。

私は『英雄誕生の神話』で、これらの伝説のほとんどすべてにおいては、捨て子を発見してこれを育てる〔授乳する〕身分の低い母親が雌の動物に取って代られ、この動物が幼な子に乳を与えて育て保護していることを指摘した（八八頁）。ロムルスあるいはキュロスなどに関する個々の伝説においてはのちの合理主義的な解釈が、女たちに動物の名前をつけること〔キューノ（スパーコ）、ルーパ〕によってこの不思議な動物による授乳を説明しようとした。こうした名前がやがてこの見事な寓話化へのきっかけを与えたと言われている。しかしこの二つの例においては、ドゥンカーやモメンなどの研究者たちが強調しているように、もともとのテキストは純粋な動物寓話であった。これが独自に伝承された神話であるということはこの二つの例においても証明される（『英雄神話』参照）。そしてこの二つの例において伝説の二つのテキストに分割されているものを、オイディプス伝説がひとつの表現に統一したかたちで示している。つまりそれは授乳する女性と授乳する動物との同一性である。小籠に入れられて水上へ捨てられるという事態が生物学的な意味での母胎における滞在を象徴的に表わしているように、動物による授乳に関する伝承はこの観念を人間と動物との起源の類似性によって、つまり人間は哺乳動物であるといういわば命題によって補っていると言える。授乳する動物と母親とのこの同一性は、子供は一般に性的な関係や事柄、またそれらの意味を、近寄り難い（上品な）両親によってではなく、率直で素朴な動物を通して知るに至るという日常的な経験を思えば容易に理解することが出来る。動物たちはその性生活や肉体器官を全く包み隠すことなくさらけ出して見せてくれるのである。それゆえ裸のスフィンクスもまた女性の上半身（腰まで）を示しており、これは母親に対する幼児的関係（固着）にとって極めて重要な意味をもつ女性の胸部である。そこまでならまだスフィンクスの本質と形姿、そして意味は、子供はどこから来るのかという謎及びそれに対する幼児的な答との関連において理解することが出来る。ところがスフィンクスはその女性の上半身と接合した動物の下半身をもっていて、たいていはライオンのそれであり時には陰茎をもっていることもある。この原理の解明のためにわれわれはまずライストナーを参考にしたいと思うが、彼はその『スフィンクスの謎』(ベルリン、一八八九年)という著書で、難解なこの謎の根底には不安な試験の夢や悪夢が潜在しているということを充分な説得力をもって指摘している。われわれはこの夢を精神分析的な研究の基礎の上に立って、不安夢の典型として捉えなければならない。ライストナーが既に、スフィンクス・モチーフの根源は夢であることを証明しているのであるから、普通は強い抵抗感情と結び付いた父親の死についての夢、母親との性的交わりの夢をもなんらの抵抗も恐怖もなく実現しているオイディプス神話が、やがてスフィンクスの夢においてそれに属する恐怖の感情をいわばあとから付け加えているということはわれわれには一向に不思議ではない。ユングもまたスフィンクスを神話的な観点から、「母親起源の明瞭な特徴を表わしている」ところの「恐怖を与える動物」であると説明している(『リビドーの変遷とシンボル』一九一二年)[15]。

この解釈は、スフィンクスが神話に取り入れられたのはのちになってのことであるという、ほとんどの神話学者によって想定されている考え方[16]と完全に一致するであろう。つまりそうするとスフィンクスの導入は、われわれの言う意味では追加的に行われた母親の置き換えであるにすぎなくなるであろう。事実シュミットの著書にみられる新しいギリシャの謎かけは、イオカステとスフィンクスを同一人物として登場させている(『ギリシャの童話と伝説』四三頁)。シュミットもこれを、すべての類似伝承においては求婚される女王みずからが謎をかける当人であるという点[17]を顧慮すれば、より起源の古いものであると言っている。母親的存在の女王から分離したスフィンクスの形姿が導入された動機は、抑圧の進行とともに求められるようになってきた伝説の漸次的な隠蔽と形成に関連している。われわれは、最も古い神話は、恐らく大胆さと野蛮さの点ではあからさまな近親相姦夢をなお凌いでいたであろうということの論拠をもっている。しかしながらこの一般的な研究の枠では、原初のオイディプス伝説のこの神話的改変にこれ以上深く立ち入ることは不可能である。この改変がいかなる点においてもより強引であったということは、われわれに伝えられている個別的な記述報告が示している。例えばニコラオス・ダマスケノスによれば、エピカステは夫の殺害される現場に居合わせることになっている。「殺害の後で母親との結婚がどうして可能であったのか理解に苦しむところである。オイディプスが近親相姦を犯したのは犯行の直後であると思いたくなるほどである。」（グルッペ）このようにしてわれわれは、父親殺しの場に居合わせた母親の強姦がもともとは殺害のすぐ後で行われたということ、そして正式の（無意識的な）結婚は『オイディポディー』において初めて取り入れられたということを知るのである。この結婚はのちになって数年間に引き伸ばされ、アイスキュロスの作品では数人の子供まで授かるほどになっていて、これらの子供たちが最後は父親に対する復讐の意味で呪いを成就するのである。他方われわれは、ソポクレスが例の三つ辻で、父親をして息子に「正当防衛からの殺人」のためのきっかけを与えさせることまでして防衛衝動を非常に強化したということを知っている[18]。本来は意識的なものであった近親相姦神話は専ら反抗的な息子の立場から作られていたのが、最初の抑圧と自己懲罰が生じるとともに父親の立場からの改変がなされ、それとともに強力な近親相姦願望が無意識的に成就され（神託、捨て子、育ての両親）、最後は復讐への怖れという第三の抑圧・防衛層がその上に重ねられるのである。この第三層には自分自身の息子たちによって下されるところの、無意識的に罪を犯した者への懲罰が含まれている。息子たちは父親に、最初にオイディプス自身が父親に対して行ったように、そしてこの父親が彼に対して神話の第二の懲罰層において行ったのと同様のひどい仕打ちをするのである。息子たちの側からなされるこの復讐[19]は、盲いた者のテーバイからの追放と漂泊[20]と全く同様のちになって伝説に継ぎ合わされたものであるが、それは、進行する抑圧が、すべての変遷を通過して固定された伝説の快感モチーフを懲罰・防衛モチーフのいっそうの強化によって、後世の人間の繊細な感情に少なくともより抵抗なく受け入れられるよう試みた時であった[21]。父親コンプレックスに対する三層からなる抑圧過程は、これよりは更に抵抗感の強い母親近親相姦の抑圧過程と一致しているが、この近親相姦はまず父親殺害（去勢）に続いて意識的に行われ、次に第二層において神託、捨て子、育ての親を導入することによって無意識的に行われ、最後は第三層において数年の結婚生活と子宝に到達するのである。この抑圧段階においては、意識的に行われていた母親の強姦が母親との結婚――これは無意識的に成就され、その露顕に際しては大きな戦慄を与えるが――へと進んでゆき、そこではまたスフィンクスの導入も行われる。この導入において、抑圧の過程を通して作り出された不安情動が、夢の経験に依存することによって鎮静される。「スフィンクスは、母親との結婚が新たに正当化された時初めて伝説に取り入れられた。怪物を退治することによって王の娘を妻に獲得するという古い物語のモチーフがそのために利用されることで、伝説によってボイオティアに居場所を定められていたこの恐ろしい生き物がみずから姿を現したのである。」（グルッペ）スフィンクスと母親が元来は同一の存在であったということ、即ちスフィンクスの導入は母親からある種の淫らな特徴を分離させる使命を担っていたということは既に確証されている。スフィンクスが導入されてからのちは、それが本来もっていた母親としての性格もその後の抑圧の波によって拭い落とされてしまった。それというのも、もともと行われたのが母親の強姦であったように、主人公はまずスフィンクスとのたたかいに勝たねばならなかったのである。そしてスフィンクスが、のちになって取り入れられた「精神的な」競争[22]に負けたため奈落へ転落するという事態は、一番最初にみられた主人公のこの勝利を今だによく示している。これは実際英雄的な行為とみなされることが出来たが、これに比べれば、幼稚で馬鹿気た子供の謎々を解くことなどは誰にだって出来たであろう。今やわれわれは、かつて強姦されたスフィンクス・母親が、性の問題（捨て子、動物による授乳）を理解しようと懸命になっている子供に人間の本質についての生物学上の謎をかけるということ、また主人公がこの謎を解いた後で、つまり最も本来的な意味での母親を強姦したあとで初めて結婚を成就し得るということを恐らく以前よりはよく理解出来るであろう（『ローエングリーン伝説』五八頁参照）。ソポクレスの前段階をなす叙事詩『オイディポディー』[23]以降は、打ち殺された父親は息子によって武器を奪われることになっている。特に息子は、恐らく権力を掌握したしるしとしてであろうが、父親から帯と剣を取り上げるのである。

ギリシャの伝承では帯を解くことはエローティッシュな象徴であると考えられている。婚礼の神ヒュメナイオスも「帯を解く者」のしるしを備えており、魅惑に満ち溢れる愛の女神アフロディーテーの中心部はホメーロスによって彼女の帯に置かれている（イーリアス第一四巻、二一五行以下）。北欧のティドレク伝説においても魔術的な威力を発揮する帯が、婚礼の夜グンターから純潔を守る断固たる力をブリュンヒルデに与えている。隠れ蓑を着けたジークフリート[24]にして初めて彼女を力ずくで王のものにすることが出来たのであるが、その際彼は彼女の帯を奪い取っている。ここでは帯の奪取が直接（母親への）性的な暴力行為の象徴として表わされるのだが、剣もまた陰茎の典型的な象徴として登場する。というのもジークフリートはみずからの抜身の剣を童貞のしるしとして、盟友のために獲得したブリュンヒルデと自分との間に置くのである。[25]

かくしてわれわれは、オイディプスによる帯と剣の奪取の類似モチーフを、一面では母親占有（帯を解くこと、結婚）の象徴であると解釈して差し支えないとするならば、剣の奪取は最も古くにみられた去勢の緩和であるとの推測が許されるであろう。このことは次章においてギリシャの神々の伝説から有力な論拠を得ることになるが、そこでは父親と息子の間の嫉妬や性的な競合関係が父親の殺害によって表現されるのでは全くなく、専ら父親の去勢によって表現されるのである。この去勢は恐らく、再び息子へと向けられる懲罰のかたちをとり、足のくるぶし貫通という現在われわれに残されているところの、オイディプス伝説ののちになって行われた修正のなかにまだその痕跡を留めていると言えよう。[26]現在残されているかたちでは、父親の殺害が無意識的に行われることになっているが、元来それは憎悪をもって意識的に行われた切断であったろうと推測される。これと同様母親との性交については恐らく最初はカムフラージュによる緩和は全くなされていなかったであろうと考えられる。かつて男根のデーモンと考えられていたオイディプスが自分の母親を意識的に犯したという事実は神話学的に証明し得る、という指摘を私はウィーン大学のエルンスト・オッペンハイム教授のある報告に負っている。元来オイディプスは大地の母の息子であって、彼女の息子たちは同時に彼女の夫でもあったということを、充分な説得力をもって指摘したローベルトの自然神話学的解釈がこれと一致するであろう。「大地なる母の子供はもともと父親をもつ必要はない。もし彼が父親を得るとするなら、それは自然宗教においては子供と本質的に同じ人間でしかあり得なかった。即ちそれは老いた年の神（Jahresgott）であり、子供はみずからが年の王（Jahreskönig）となるためこの父親を殺さねばならないのである。ゼウスがクロノスを王座から追い落すように。」（ローベルト五八頁）抑圧が始まるとともにこれらの伝説のあからさまな部分がまず、相手が両親であることを伏せることによって和らげられた。更に抑圧が進むと神話は、残酷な仕打ちを息子の上に逆戻りさせて悔恨の情を抱かせるというかたちで父親の立場から改変されてゆく。もちろんここにおいて初めて神託が取り入れられ、これが父親に、お前は息子の手によって殺されるであろう、息子から妻を奪われるであろう、と預言する。このようにして、もともとは父親殺害と母親奪取というこの二つの行為そのものは自明の事実であったのだが、これが息子に対する懲罰の根拠として使われる。というのも父親は今や神託に基づいて、伝説の本来の意味に従えば息子の行為であったところのもの、つまり神話がくるぶしに穴をうがつということとして象徴的に表現しているところの去勢を罰として息子に与えるのである。

周知の通り、足というのは最も古い時代から男根の象徴であり（エグレモン『足と靴の象徴的・性的意味とそのエロティク』参照(27)）、そしてこの性的な意味が謎のなかにも取り入れられているということは、神話のもつ無意識的な内容の全体を顧慮するならば大いにあり得ることのように思われる。ペニスのことを冗談めかして「第三の足」と呼ぶことは今日でもわれわれのよく知るところであり、スロヴェニア語で男根は文字通りそう呼ばれている。また四つ足の生き物は、既に述べた動物的な（即ち性的でもある）性格を表示しており、第三の足はフロイトによれば、女性には与えられていないところのペニスを代表する場合が極めて多く、このペニスをわれわれは陰茎を備えた女性のスフィンクス像において再び見出すのである。(28) ペニスをもった女性という、幼児の性生活にとって重要なこの観念は、フロイトによれば母親に向けられるものであり、性の相違に頓着しない子供らしい理解の典型を示すものである。この観念はその根源を少年たちの広い「幼児的性理論」のなかにもっているのであるが、この理論の本質は、「女性をも含めたすべての人間に、少年が自分自身の体から知っているようなペニスがあると考えている」点にある（『幼児的性理論』一六五頁）。性の相違というこの謎の解決も、やがて増大してゆく性生活の知識によってなされてゆくが、しかし、「ペニスを備えた女性という観念は更に後になって成人の夢に再び現われる」（フロイト『夢判断』七六五頁）のである。近親相姦夢に近く、ホモセクシュアルなもの、不安に満ちたものへと方向を転じられたこの夢が、実際オイディプス神話におけるスフィンクスの無意識的な意味のひとつを解明することはほとんど疑いない。いずれの場合にもこの夢は、もともとの対象である母親から父親へのリビドーの移行を示すひとつの発展段階を反映しているように思われる。父親についての最初の観念は言うならばペニスを備えた母親なのである。それゆえわれわれには、のちのちスフィンクス像は、母親不安から父親不安へのこの移行段階を特に具象的に表現したものとして映るが、この段階を私は『誕生の外傷』において典型的な発展移行であると説明した。(29) また私はそこで、エジプトから引き継がれてのちに形成されたギリシャのスフィンクスが、母親を克服しようとするギリシャ人たちの志向を表現していることを示そうと試みた。この母親の強大な存在は古代オリエントの思考と感情生活を支配し、その文化に「母性的なるもの」という独特の刻印を押していたのである。この意味でオイディプス神話はギリシャ民族のために母親からの英雄的解放の試みへとかたちづくられていった。不安の念を吹き込む絞殺者スフィンクスは、彼女が元は動物であったこと（誕生の不安）、同時にまた彼女を克服しようとする試みのあったことを示しているが、この試みは――少なくとも神話においては――失敗している。相手を絞め殺すスフィンクスは死の天使となり、結局主人公はその犠牲になって死ぬのである。

われわれに残されているような、既に罪の意識に影響されている伝承においては、反抗的なプロメテウスの不遜さには再び罰が下される。しかしこの罰は、これまた私が『誕生の外傷』において示した通り、またしても本来の願望成就であるにすぎない。つまりこの英雄は解放の試みを断念し、最初から最後まで母親に縛られる人間の運命を受け入れるのである。彼を誕生ののち小箱に入れて海へ捨てることで父親は本当は再び母胎内へと彼を突き戻すのである。そのことによって母親との最も親密な結び付きが、いわばこの世に生まれ出て来ないという罰として生じる（それゆえ彼は性的交わりをも行わない）。この罰は今度は、本来肉欲的な行為という意味で罪を犯した息子に下されることになるが、事実それはまた母親を表わす幾つかの象徴との再合一というかたちで行われる。ベーテは、出生の秘密が明らかにされた後オイディプスが発する言葉のなかに、これを示す重要な暗示を見ている。「……さあおれを海の中へ投げ込んでくれ、二度と再びお前たちの眼に触れぬところへ！」（一二四一一行）ベーテはまた法律的な説明をも指摘している（七二頁）。「父親殺しは革袋あるいは容器の中へ閉じ込められ、海中か河へ投じられると言われている。」これは、象徴学の助けを借りて逆翻訳すれば、彼は生まれて来なかった（海中から引き上げられなかった）方が良かったであろうに、という意味であろうが、神託がライオスに告げたのもこのことなのであった。シラー・ティーツには次のような箇所がある。「血を汚した者の罰はたいていの民族においては犯罪者たちを水死させることである。彼らは石の重しをつけた袋か籠に一緒に入れられ海中に沈められる。」ローエングリーン伝説についての論文で私は、誕生前と死後における人間の滞在場所としての水中――これは神話学的に認められているのだが――は民族心理学的にみて母胎内での滞在場所の象徴化と考えられる、ということを述べた。この母胎はまた、死んだ人間、生まれて来なかった人間たちの留まる場所として冥界と同じであると考えられる。従ってオイディプスに課せられる水刑の罰は母親との再一体化という意味で、彼が生まれ来たったところの「冥界」への帰還であると解釈することが出来よう。この神話の一般に流布しているテキストでも、息子たちに裏切られ、テーバイから追放されたこの盲目の老人に向かってアポロが、お前のその嘆かわしい運命はセムネンの神殿で解決されるであろうと告げたことが報告されている。その神殿でオイディプスは、直接冥界へ通じる裂け目であるいわゆる「鉄の敷居」を通って、神秘に包まれながら消えていったと言われている。このテキストも、水死で終るそれと同様に母親との一体化、母胎への回帰を目指していると言えよう。W・シュルツのある論述がわれわれのこの解釈の正しさを証明してくれているのだが（『ギリシャ文化圏の謎』）、そこでは陰唇が「冥界の門」であると考えられている。「なぜなら、ワギナは古代の観念では実際冥界へ通じるものなのである。」（それゆえ裂け目は冥界への入口であると考えられる）

母親との再一体化を象徴する水中と冥界への帰還以外に、誕生の神話におけるような袋のなかへの縫い込み、あるいは容器への閉じ込めもまたこれと同じ考え方を表わしている（グリム童話一一一番では、肌着に縫い込まれた眠れる王女が主人公によって眼覚めさせられるが、これに関してライストナーは『スフィンクス三六七の謎』で、これはまだ人間が生まれていない状態を意味するものではないかと述べている。この指摘はいばら姫、白雪姫、ブリュンヒルデなどにおけるこれと似たような覚醒に一条の光を投ずるものである。覚醒は神話学的には再生即ち誕生であると解釈される）。母親の胎内への息子の回帰、つまり死後並びに生前における母親との再一体化というこの解釈は、シュトルファーが詳しく論述しているように（『父親殺し』二六頁以下）、父親殺しを罰する際に行われる儀式によって重要な論拠を獲得する。この儀式は「母なる大地」と父親殺しとの結び付きを防ぐためのものであり、それゆえ父親殺しは木の上靴をはいて、母親を「踏みつけ」ないようにし、また彼は地に埋められるのではなくて海中へ投じられたのである。われわれは、これらの処罰のし方も冥界への神秘的な逃避や縫い込みもまさにこの空想を実現するものである、ということを示し得たと信じる。近親相姦によって血を汚す者は淫らな動物、男根のデーモンとして表示されるが、この表示が象徴的な動物（犬、蛇、にわとり）の名前を繰り返すことによって行われているということは注目に価する。この近親相姦者と母親との再一体化（水、袋、冥界）もこれと似たようなかたちで表示されるが、こちらの方は死を超えてもなお絶えることのない官能的な愛のみを暗示している。

謎が解かれる以前には国に不幸がはびこり、女性が不妊となり、スフィンクスが退治されて初めて女性が再び子供を生める状態になるのはなぜなのか、そのことの理由を、大地のもつ母親としての意味が明らかにしてくれる(30)。典型的な少年空想を抱く息子が母親を、彼の思い込みにすぎないいわゆる父親の暴力から救い出すのと同じように、オイディプスもまた、多くの伝承において女性として象徴化されている町を救い、そうして国全体に再び豊饒をもたらす。父親の殺害が暴君の殺害のために行われるように、母親の占取は国（故郷の地）の解放のために行われるのである。ソポクレスのオイディプス自身何度も母親の生殖器官を種の蒔かれる畑に喩えている。例えばオイディプスは自分の子供たちに次のように言っている（一四九六行）。「お前たちの父親はみずからの父親を叩き殺した。自分の種の蒔かれた母親の畑を耕やし、みずからが生まれたところからお前たちを得たのだ。」

忌まわしい神託の実現を避けるための新生児の遺棄とともに今度は、養父母――彼らは実の両親として描かれはするが抑圧が働いているのでもはや実の両親としては認識されない――が設定され、この導入によって伝説の古い淫らな内容は今やカムフラージュされて再び維持されるのである。それゆえ、オイディプスが禍いに満ちたこの預言を聞かされたのち逃亡によってその運命から免れようとし、しかしそうすることによってそれだけいっそう確実に運命の手中に落ちてゆく時、われわれが心理学的にそこに認めるのはまさに、元来は肉欲に重点の置かれていたこれら幼児願望の防衛（抑圧）――これがここではうまくいかなかったのである――の表現にほかならない。既にフロイトは『夢判断』において、防衛が逃亡という行為と心的な相関関係にあるということを教えてくれている。ちなみにわれわれは、既に述べた通り、今日でもなお両親の家からの逃亡が特に青年時代においては両親コンプレックスからの自己解放を意図する発作的な試みであるということを知っている。私はここで、私の得た分析的体験を基に、逃亡へのこの傾向がしばしば臨場恐怖症的な症候によって妨げられるという事実を指摘しておきたい。このことは恐らくオイディプスの足の症候を解明するために少なからず役立つであろう。例えばオイディプス神話はそのことで、彼は両親の家から逃亡することは全くなかったのだ、と言いたいかのようである。というのもオイディプスはそもそも歩行が出来なかったのである。ついでながらこの歩行障害は、誕生（不安）、――離乳（吸収）、――歩行という母親からの決定的な解放段階の三番目に当る[31]。このようにして、抑圧の進行とともに根源的な願望成就が、運命によって主人公に課せられている悲劇的な災禍として現われるようになるのだが、このことによって明らかになるのは、「運命」もそしてまた神託ももともとはみずからの願望（それらに対する防衛・懲罰傾向ともども）を、逃れられない宿命として正当化しようとする投影の表現以外のなにものでもないということである。

（1）　カムフラージュされた近親相姦夢についてはその若干が〔精神分析のための中央機関誌〕に紹介されているが（第一巻、四四頁、一六七頁、第二巻、一九一二年）、これらカムフラージュされたものはもちろんあからさまなそれよりははるかに頻繁にみられるものである。近親相姦コンプレックスのその他の心的形成（文学、神話、神経症）においても隠蔽された表現の方が大勢を占めている。なぜなら、これらの産物は抑圧の影響を受けて初めて生じ得るものなのである。

（2）　これについてはシュトルファーが文化史的な論拠を与えている（前掲書一八頁）。

（3）　一九〇七年一月十九日、窃盗のかどで告発された一七歳のある少年に対する家庭裁判所の審理についての報告から。どうして父親が死んだという話をしたのかを尋ねられた彼は次のように言った。「それはふっと思い浮かんだのです。それでもう頭のなかから消えようとしなかったので話さないわけにはいかなくなったのです。」――父親殺しについてのボードレールのこれと似たような報告がある。「いつもひとびとがわたしの言うことを信じていることに絶望したわたしは、自分が父を殺しこれを食ってしまったのだと噂を広めたのです。」（メリス夫人宛）これと対応するものとして、母親に対する彼の官能的な愛があるが、これについては既に述べた。

（4）　これに関しては〔年鑑〕第二巻、二五一頁及び注釈四一における私の詳論を参照されたい。無数に存在する覆面の近親相姦夢は普通は夢精夢ではない（『夢判断』一〇八頁参照）。ところでこれらのあからさまな近親相姦夢には潜在的な根源があって、つまりそれは、子宮（Mutterleib）への回帰という生物学的な前提をもった傾向である（『誕生の外傷』参照）。

（5）　フロイト『幼児的性理論について』（„Über infantile Sexualtheorien“, Kleine Schriften II, S. 162 ; Jahrb. I, S. 99）参照。

（6）　B・パウェルの『エリクトニオスとキケロプスの三人の娘』（B. Powell : „Erichtonios and the three daughters of

Cecrops“, New York 1906）は自然神話学的な根拠から、ヘルセをパンドロソスの妹であると解釈している。

（7） ティメの『童話』（Thimme: „Das Märchen“, S. 55）は、頻繁に用いられる童話のモチーフとして賢明さを挙げている。「これはしばしば体の小柄なことと結び付いている。」そして賢い男が必ずしも親指太郎の童話におけるような小人ではないとしても、少なくとも彼が一杯食わすところの「間抜けの巨人」に比べれば体は小さく設定されている。例えばポリュフェームに対するオデュッセウス、ゴリアテに対するダヴィデなどがそれである。

（8） アーネスト・ジョーンズの幼児分析『ヒステリーにおける馬鹿の偽装』（„Simulated Foolishness in Hysteria“, American Journal of Insanity, October 1910）参照。

（9） デッターによれば、ハムレット伝説は北欧へ伝播していったブルートゥス伝説から直接生まれたと言われている。個々の細部、例えば杖のなかに流し込まれた黄金などの一致は実際顕著なものである。王笏に倣って権力の獲得（父親の失脚）を示しているこれらの杖をシュトルファーは強烈な性能力幻想（Potenzphantasie）の象徴であるとみなした（Zentralbl. f. Psa. II, S. 200）。このことはブルートゥス伝説に隠されている近親相姦（母親の接吻）に一致するであろう。――『鉄のハンス』と同類のロートリンゲンのある童話（Em. Cosquin: Contes pop. de Lorraine I, S. 133, Nr. XII）では主人公がオイディプスのように父親に一騎打ちを挑むが、その際彼は三本足の馬にまたがって出撃する。これはオイディプスの謎のみならず、逆向きで馬に乗って出て行くハムレットの姿をも想起させる。

（10） 『ヨーロッパにおけるキュロス伝説』（„Die Kyros-Sage in Europa“, 1906）。

（11） リュンコイスの短編『秘密の力』（Lynkeus: „Gärende Kraft eines Geheimnisses“, in „Phantasien eines Realisten“）ではこの性的無知というモチーフが同じような意味で深められている。母親は息子を世界の危険な誘惑から守るため成人するまでは何ひとつ教えないでおいて、その後みずからの体を彼に与える。ギロラモ・モルリーニの『母親を孕ませた息子』（ドイツ語訳は〔オパーレ〕誌第二部に収録）ではこのモチーフが猥褻なものに変えられている。ある少年が両親の性行為を見て、母親に娼家へ行くための金をせびる。だが母親は、お前にはまだそんなことはわからないと言って自分自身の体でそれを息子に教える。現実にもこれと類似のことが起きていることを、マルクーゼが報告しているある事件が示している（『近親相姦の心理学のために』Marcuse: „Zur Psychologie der Blutschande“, H. Groß' Archiv, 1913）。ある中年の労働者の妻は一八歳になる息子の子供を身籠もったが、彼女はそれをお金の節約のためにしたのだと言った。つまり彼女は息子のために売春婦の代りを努めようとしたのだった。

（12） ローエングリーン叙事詩の作者は、パルチヴァルにおけるこの質問への促しとローエングリーンの質問禁止とを伝説史的に関連付けようとしている（ローエングリーン伝説についての拙論を参照されたい）。

(13) ゲレスがその『ローエングリーン』で、パルチヴァルという名前も、ペルシャ語の「本物の、あるいは哀れな馬鹿」に由来するものであると説明しようとしているのは一考に価する。——悲しみに暮れる王女が阿呆を見て笑ったり話したりするような童話的モチーフ（『グリム童話』九、四九番、『ペンタメローネ』、第一巻三話）によってパルチヴァル伝説は童話伝承との関連を示している。

(14) ハムレットも伝説ではその狂気が本物かどうか試される。ある娘が同衾の対象として彼のところへ連れて来られ、彼がその娘をどのように扱うかを数人の男たちが物陰から窺うのである。

(15) 「スフィンクスの系譜は、ここで提起される問題と多くの関連をもっている。スフィンクスは上半身は美しい乙女、下半身は不気味な蛇の姿をしたエキドナの娘である。この二重体生物は母親のイメージに一致する。即ちそれは、人間の姿をした愛らしい魅力的な上半身と、恐ろしい動物の姿をした下半身である。エキドナの祖先は万物の母、母なる大地ガイアであり、これが、擬人化された冥界（不安の場所）タルタロスと交わって彼女を生んだのである。エキドナ自身はあらゆる恐怖の動物、即ちキマイラ、スキュラ、ゴルゴー、身の毛のよだつケルベロス、ネメアのライオン、そしてプロメテウスの肝臓を喰らった大鷲などの母である。このほかに彼女は多くの龍を生んでもいる。彼女の息子たちのなかにはヘラクレスに殺されたゲーリュオーンの怪犬オルトスもいる。自分の息子であるこの犬との近親相姦的交わりによってエキドナはスフィンクスを生んだのである。」（Jung, „Jahrbuch", IV, S. 225）

(16) Preller : Phil. Jb. LXXIX, 1859.—Comparetti : Oedipo usw., S. 17 ff. — Gruppe : Handbuch der griech. Myth., 552 ff.

(17) もちろんこれは、娘の求婚者たちを殺そうとする嫉妬深い父親によって強要されてのことである（トゥーランドット姫、テュルスのアポロニウス、『ヴェニスの商人』におけるポーシャなど。第一〇章参照）。

(18) 「オイディプス　……あの先ぶれの者と、また老人自身がおれを
　力ずくで道から追い払おうとした。……そして
ふたまたの棒をおれの頭上に打ちおろしたのだ。
だがやつはそれにまさるお返しを受けねばならなかった。たちまち
この腕がもつ杖で打たれ、車の座席からまっさかさまにころがり落ちたのだ。」（八〇四行以下）
この場面のもつ象徴的な意味についてはアーブラハムの『父親救済と父親殺害』（„Vaterrettung und Vatermord", Zeitschr. f. Psa., VIII, 1922）などを参照されたい。

(19) 父親に対するこの非情な仕打ちを行うのは息子たちのみであって、娘たちは誠実な愛をもって、追放された父親のさすらいに付き添い、死ぬまで彼のそばを離れないという事態は、抑圧がどんなに進行している場合でもなお典型的な願望のモチーフは永遠に回帰するということの特徴的な表われである。

(20) みずからを盲目にするという行動の心理学的な意味については拙論『伝説と文学における裸のモチーフについて』を参照されたい。――シュトルファーはこの盲目への行為の性象徴的な意味を指摘したが（『精神分析のための中央機関誌』、第二巻、二〇一頁）、私が同誌上で報告した『奇妙なオイディプスの夢』はこれに比較し得るものである。――母胎（冥界）への回帰の表現としての盲目行為の意味については、あとで触れられるであろうことを予告するに留めおきたい。

(21) ここで「悲劇的罪過」という問題が分岐するのだが、これは――観客の感情に相応した全く特定のある抑制段階のもとで――もともとは肉欲的である衝動を罰すべきものとして表現しながら同時にこれを非難されないで解放的な気分で受け入れることを許すものである。J・ブルクハルトは次のように言っている。「どのギリシャ人にもオイディプス伝説に対する一種のオイディプスフィーバーというものがありまして、これは、直接触れられたい、そしてそれぞれのやり方でオイディプスに倣って怖れおののきたいというものでした。」（ブロイナー宛の手紙。〔バーゼル年鑑〕、一九〇一年）

(22) 本来は純粋に性的な名前である「ふくれ足」（*οιδαω* はふくれる、*πους* は足）が精神的な英雄、道徳的な革命家の名前へと語源的に操作され変えられているということも、明らかにこの後期の抑圧段階層から来ているものである。つまりそれは「知者」（「足を知っているもの」）であって、*οιδα*を「知る」、*πους*を「足」と考えるのである。しかしこの知はまだなお性的な知を暗示している。

(23) Vgl. Constans: „La légende d'Œdipe“, S. 13 ff. — W. Richter: „Das Ödipusmotiv in der kyklischen Thebais und Oedipodie“, Programm Schaffhausen.

(24) ジークフリートも困難な課題を克服することによってブリュンヒルデを獲得する。この神話の基礎をなしている主人公に対する母親関係をワーグナーはニーベルンゲンの指輪で明瞭に描いた。ブリュンヒルデはジークフリートに向かって次のように言う。「可愛いお前がまだ作られる前にわたしはお前を養い、お前が生まれる前にわたしの楯がお前を庇護したのです。」純粋に神話学的な根拠からシュトゥッケンも、「伝説は忘れているかもしれないが、ブリュンヒルトはジークフリートの母親であった」と推論する。彼はこの推論を二人の年齢差から引き出している（『西南アジアの社会についての報告』Stucken: „Mitteilungen der vorderasiatischen Gesellschaft“, 1904）。継母というかたちで橋渡しされたこの注目すべき年齢の相違についてフロイトは重要な所見を述べている（『日常生活の精神病理』„Zur Psychopathologie des Alltagslebens“, 2.

Aufl., S. 84)。「伝説が女王イオカステの年齢を無視しているという特異性は、自分自身の母親へ恋慕する場合、その対象が決して彼女の今ある存在ではなく、少年時代に作り上げられた記憶のなかの彼女であるという結論にうまくかなっているように私には思われた。このような不一致は、二つの時期の間を揺れ動いている空想が意識化され、またそのことによって特定の時期に結び付けられる場合常に明らかとなる。」

(25)　去勢のシンボル（Symbolum castitatis）については拙著『幼児的性理論と民族心理学の類似』（„Völkerpsychologische Parallelen zu den infantilen Sexualtheorien“, 1912）を参照されたい。

(26)　われわれは、オイディプス伝説及びのちに行われたこの伝説の歪曲のなかに去勢を推測するのであるが、その際息子ゼウスによるクロノスの去勢を引き合いに出して構わないであろう。のちになって緩和されたあるテキストによると、この父親から切断されたのは足の腱にすぎなかったと言われているだけに（本書次章参照）なおさらそうである。

(27)　ここでは、ヘパイストスとヴィーラントの足が奇形であったということを指摘するだけに留めたい。ユングによればこれらの足は男根の性格付けとみなされる（前掲書）。同じ箇所（三五一頁）にはまた次のようにも述べられている。「ファウストは足踏みすることで母たちの許へ至る。〈足踏みしながら沈んでいけ、足踏みしながらまたお前は上昇するであろう。〉リビドーが性以前の段階へ逆行することによって、足踏みというこの準備段階的な行為は性交空想（母親近親相姦）ないしは母胎回帰空想の代替となる。」

(28)　例えば翼を持ったスフィング(鳥)がこれを示している。それは、スフィンクスをオイディプスに謎をかける女性として描いているところの二つしかない彫刻、即ちエトルリアの二つの棺桶である。そこでは、髭を生やして全身に衣をまとったオイディプスがスフィンクスの前に立っている。これについてはロッシャーの事典とイルベルクの『スフィンクス』（Ilberg：„Die Sphinx“, Programm des königlichen Gymnasiums, Leipzig 1896）を参照されたい。

(29)　これについては、私がベアーテ・ランクの『人間社会の発展における女性の役割のために』（Beate Rank：„Zur Rolle der Frau in der Entwicklung der menschlichen Gesellschaft“, Imago X, 1924, S. 294）を引用しながら、母権（エジプトのスフィンクス）から父権への移行という観点から試みたオイディプス伝説の解釈を参照されたい。ライクが試みたような、スフィンクス殺しを父親殺しとみなす解釈（Imago, VI, 1920）はこの第二層に属する。

(30)　ヴィンケルマンによると畑、庭、牧草地などは女性の生殖器部を表わす、一般に広く知られた名称であった（『古代芸術の遺品』（Winckelmann：„Alte Denkmäler der Kunst“）。――シェイクスピアも『ペリクリーズ』で、気取ったマリーナの処女を奪うよう命じられているボウルトに畑の比喩をしゃべらせている（第四幕第五場）。「あいつがどんなに手ごわい畑でもきっと耕やしてみせましょう。」

逆に権力と国の占取は新しい支配者の側から、前任者の女たちを寝取ることによって表現された。例えばアブサロムは、全イスラエル人の眼前で父親ダヴィデ王の妾たちと同衾している（サムエル書二二）。オイディプス伝説の大地の象徴についてはローベルトの『オイディプス』の他にローレンツの『コロノスのオイディプス』（Lorenz：„Ödipus auf Kolonnos", Imago IV, 1915/1916）並びに同じ著者の『政治的神話』（„Der politische Mythos"）を参照されたい。

（31）これについての詳細は拙著『精神分析のテクニック』（前出）第一部の「最初の歩行」の章を参照されたい。

第九章　神話的伝承

いつも血を流したり、血を汚すことしか知らないこれら野獣のような神々への嫌悪でわたしの心はふくれあがる。

フローベール

近親相姦的衝動が誰においても広くみられるということ、またこれらの衝動が大きな意味をもっているということを証明するための材料として、個人の場合には、健康な人間の夢、神経症者の病的な幻想、そしてまた――これは本研究が解明しようとしているところであるが――詩人たちの創造になる作品などがわれわれに提供されている。一方われわれは、あらゆる民族の集団心理の観点から、近親相姦衝動がもともともっていた強烈な作用を証明するため、それぞれの民族において広く人気のある、ある程度宗教として崇められ、太古の時代から営々と伝えられてきた神話的伝承を材料として使ってきた。その際われわれは、神話は集団の夢と集団の文学作品とのいわば中間的産物として解釈することが出来るという、心理学の分野で示された想定から出発した(1)。というのも、個人においては夢ないしは文学が、文化の発展に伴って抑圧され防衛される衝動を他へ逸らすという役割を担っているように、一民族全体は神話的あるいは宗教的空想のなかで精神を健全に保つべく反文化的なこれらの原初的欲動からみずからを解放し、抑圧されたすべての衝動を受け入れるためのいわば集団症候を作り上げるのである。個々の人間は文化の要求によって欲動の満足を断念せざるを得ないのだが、彼はこの満足を、彼の似姿に従って作られた神話上の神々に許し、(2)これらの神々と一体化することで最終的には再び自分自身にこれを——少なくとも空想においては——許すのである。そして、抵抗に出会う最初の衝動のひとつが、両親に対する息子の攻撃的な行動即ち母親の強姦と父親の殺害であってみれば、すべての民族の神話がこれらの近親相姦空想で満ち溢れているとしても不思議ではないだろう。もちろんこのように目立った現象が神話学者たちの眼にとまらなかった訳ではない。ただ彼らは、これらの淫らで不快なテーマに対して彼ら自身が神話の作り手たちと似通った抑圧状況にあったために、これらの現象の心理学的な意味を正しく評価することが出来なかったのである。彼らはこれらの神話を、もちろんある意味では正しいのだが、専ら自然の事象に関連付け、そうすることによって、彼らの中心的な代表者のひとりがいみじくも正直に告白しているように、(3)古典的な神話学の最も不快な特徴の幾つかを取り除くに至った。今や紛れもなく明らかなことだが、多くの神話的な伝承あるいは少なくとも個々の要素が、自然ないし宇宙における事象へと還元されることによって、それらのもっている人間的な意味のほかに自然神話学的意味をも示すようになる。この自然神話学的な意味がかつて、既に出来上っていた神話のなかにもち込まれたことは疑いのないところで、それは今日自然神話学者あるいは天体神話学者たちによって行われているのと全く同様の事態である。そうすることで彼らは、神話形成のひとつの発展段階を繰り返しているにすぎないのであって、(4)まさに彼らの解釈の根拠はそこに由来する。従って例えばオイディプスを、彼を作った父親である暗黒を殺し、その胎内から彼を世界へ送り出した母親の曙光と寝床をともにする太陽の英雄であると解釈しても、この説明では、(5)母親との近親相姦と父親の殺害についての観念はそれに照応する人間の体験がなくても天体から読み取ることは出来たのだ、ということをわれわれに納得させることはほとんど不可能である。神話は夢の体験同様もともとは純粋に人間の立場から考え出されたものであり、人間が天体の事象を付加することによって、まさに今日の神話学者がやっているように、自分を取り巻く自然と宇宙に擬人的に生命を与え始めた時代になって初めてその淫らな性格が取り除かれ、それと同時にその存在が正当に認められたのだ、と考える方が心理学的にみてより正しいように思われる。これと全く同様の関係が、受胎神話と考えられている多くの伝承についても言える。これらの伝承は元来純粋に性的な意味をもっていたのだが、人間が大地を耕し始めた時、自然において妊娠能力をもつもの（母なる大地）と、それに刺激を与えて結実させるもの（種なる父）へと移し変えられたのである。それゆえゴルトツィーヤーが、「両親殺しあるいは子供殺し、兄弟殺しや兄弟姉妹のたたかい、子供と両親、兄と妹との性的な愛の合一が神話の主要モチーフを形成している」と述べる時（前掲書一〇七頁）、この事実は確かに広い範囲においては正しいのであるが、しかし、人間はこれらの神話を自然観照のなかから創り出したのだという根拠付けが正しいという訳ではない。むしろ人間はこれらの神話を、自然神話学者たちと同様の考え方と好みをもって、自然に関連させ、自然に投影したのである。[6] しかしこの問題によって示されるのは、われわれの解釈が現在支配的な神話学上の解釈と見かけほどには大きくかけ離れてはいないということである。もちろんわれわれは、最も重要な点においてはわれわれが原則的には別の観点に立っているということを強調しておかなければならない。われわれはわれわれの分析的な神話解釈の上に立っているが、素材の解釈においては天体神話学者や月神話学者たち（シュトゥッケン、ジーケ、ヴィンクラー、ヒュージング、レスマンなど）としばしば同じ結論に達する。しかしこれらの研究者たちが近親相姦と去勢を、われわれと同じ広がりをもって、あるいは場合によればもっと広い範囲にわたって神話形成の主要モチーフとして天体での事象にのみ当てはめようとするのに対して、われわれはわれわれの精神分析の基礎の上に立って、それらのなかに普遍的に人間的な原初のモチーフを認める必要があると考えるのである。これらのモチーフは時代が進むとともに、それらを同じように心理学的に正当化しなければならないという必要から、諸民族によって天体へと投影されたのであるが、今や神話学者たちは逆にこの天体からこれらのモチーフを読み取ろうとしているのである。それゆえ彼らは切り刻みというモチーフのなかに、徐々に進行する月の欠けの比喩的暗示を、また再生のモチーフのなかに月の満ちることの暗示を認めた。一方われわれにとって疑いようのないのは、これとは逆に人間世界の事象が月の満ち欠け現象へと象徴化されたのはのちになってのこと、という事実である。実際自然神話学者たちは、特にジーケがそうであるが、原始の人間は自分たちに説明のつかない月の欠けを切り刻みとして「直観」したのだと言っている。しかしながらこれは心理学的にみると全く考えられないことであって、地上での生活から生まれた切り刻みというイメージの源は、人間の生活ないしは思考（空想）だったのである。だがこの神話学者も素材そのものの研究によって、月は「男根として、また神の睾丸としても観照されていた」ことを認めざるを得なくなり、従って彼はまた樹木の体をしたオシリスの去勢伝説をもこのグループに入れている（『神々の持物』二一四頁）。更に彼は、リグヴェーダでは月が種をもたらすものとして、つまり生殖の神として描かれており、また月は眠っている娘たちと交わるものと考えられていた[7]、とも言っている（同書、九二頁）。周知の通り月が月経と妊娠に影響を与えるということはよく言われている（七七頁）。月が神の睾丸であると考えられていたように、新月は去勢された男とされていた（八二頁）。これでもわかるように、これは結論においては完全に一致している。唯一の相違を挙げるならば、われわれは天体への投影に留まることをせず、われわれの無意識を心理学的に分析する必要からこれらの観念の由って来たる人間的な源泉へ立ち戻るということである。そのためには、確かに容易ならざる結果を招きはするがしかし、必然的にわれわれがせざるを得ないひとつの決意、即ち、神話に描かれている恐ろしい事象を人類と人間の克服された心的な発展段階として直視しようという決意、恥ずかしさに負けて天体へ眼を逸らし、この単純で安易な正当化でみずからを慰めることはしないという決意さえあればよいのである。

一　世界創造親の神話

だが地上が堕落した罪業に満たされ、
荒れすさんだ人間の心からは、
畏敬の念と正義の心が失われ、
兄弟たちは兄弟たちの血のなかに手をひたし、
子供たちは両親の死を悲しむことを忘れ、
父親は子供たちが早く死ぬことを願い、
若者は継母の若い肉体を安心して楽しめるようにと願い、
母親は恥じらいもなく夜は息子の腕のなかへすべり込み、
創造を見張る正しい番人たちを不遜にも冒瀆した。
　　カトゥルス（ペーレウスとテティスの婚礼）

個人的・人間的な近親相姦衝動空想を宇宙へ投影していることを示す最も壮大な例のひとつは、特に未開民族の間で広く知られているいわゆる「世界創造親の神話」であるが、これらはしかし先進民族の宇宙創成論[8]のなかにもみられる。未開民族におけるこのような一連の伝承を収集したフロベニウス[9]は神話というものを次のように描写している（二六八頁以下）。

「世界の始まりにおいて父なる天は母なる地の上にぴったりと押し付けられて」いて、しかも彼らはこの姿勢で交わっていたのである。「若い息子がこの両親の間を引き裂いたので、父親は天となって上方へ昇っていった。」

この解釈はバビロニア人、エジプト人、ギリシャ人など大きな文化民族においてのみならず、ほとんどすべての未開民族においてもみられる。これに関してフロベニウスは次のように述べている（二六八頁以下）。

「ちなみにわれわれは、天を世界の父、地を世界の母とする考え方を全オセアニア、中国、古インド、セム人、ギリシャ人、そしてわれわれ北方民族において見出す。アメリカにもこの解釈はあって、ズイン族は特にそれを明瞭に表わしている。」――「私はこの記述を北・東アフリカ、メラネシア、ポリネシア、インドネシア、北西アメリカなどにおいて発見した。それは無邪気で単純な報告記録であるが、しかし先進文化民族の四つの神話と全く同じ要素を含んでいる。これらのなかにわれわれは常に、多かれ少なかれ明瞭な性的結合のうちに父親が母親の上に横たわっているのをみる。子供たちは反逆している。既に多くの子供が生まれていて、彼らは昼の光のもとへ出ようとしている。」（三三七頁以下）「アフリカではこれらがジョルバにおいて特に美しく描かれている。初め天のオバタラとその妻である地のオドゥドゥアは瓢箪のかたちをなしてしっかり重なり合っている。やがて争いが生じ、気高い夫はオドゥドゥアの眼をえぐり取り、それに瓢箪の分離と天の上昇が続く。この神話の第二部はオドゥドゥアの子供たちによって語られる。男の子アガンユ（蒼穹）と女の子イェマヤ（水の神）が結婚し、息子のオルンガンを生む。この息子はまたしても天の神であるが、その名前は太陽オルンをはっきり表わしている。オルンガンは自分の母親に恋をする。そして彼女がその情熱を迎え入れることを拒んだので彼女につきまとい、ついにこれを手籠めにする。そのあとイェマヤはすぐにまた身を起こして悲しみのうちにその場から去って行く。息子は彼女をなだめようとその後を追う。彼がやっとのことで彼女に追いつこうとした時、彼女は馬からどっと地上に転落する。彼女の体がふくれ始める。乳房からは二つの河が流れ始め、彼女の体は張り裂ける。裂けたその体から一五の神々がおどり出すが、最初に現われた神は植物神ダーナであり、二番目は稲妻の神シャンゴである。いつも最後に挙げられるのは太陽と月で、それは常に同じ枚挙法によって行われる。この状況を元に戻して考えるならば、われわれの設定すべき神々の夫婦は唯一組つまり天の神と地の神（彼らは兄と妹である）とのそれのみである。息子は分かつ神である。」（二六八頁以下）

同様にポリネシア神話でも、世界の始源においては天と地であるランギとパパはぴったりと重なり合っている。天と地は人間の創造者、またすべての事物の根源と名付けられている。ニュージーランドの神話の語るところによれば、天と地は一度も離れたことがなく、彼らの子供たちは光と闇の違い、昼と夜の違いを発見しようと必死になっていた。というのも人間の数は多くなったが依然として闇は続いていたのである。そこでランギとパパの息子たちは話し合って次のように言った。「天と地を殺すか、あるいは二人を別れさせるかするための手段を探そうではないか。」そして天と地の子供たちは両親の間を引き裂くことを決める。森の神ターネマフタは他の子供たちの協力を得たのちやっと両親を引き離すことに成功する。天は嘆き悲しみ、地は次のように叫んだ。「この人殺し、この大きな罪はどうしてなの？　なぜお前はわたしたちを殺そうとするのです？　どうしてお前はわたしたちの間を引き裂こうとするのです？」しかしターネはこの引き離しをうまくやってのける。夜を昼から引き離したのは彼なのである（フロベニウス同書、三三五頁）。現今のテキストでは「殺人」に対する父親の嘆き、「罪」に対する母親の悲しみは充分な根拠付けがなされていないのだが、彼らのこの悲嘆のなかにわれわれは、かつて一番下の息子によって行われたオイディプス行為のひとつの残滓を認めて差し支えないであろう。

われわれは、先進諸民族の伝承を観察するに先立って、これらの神話のなかに幼児的オイディプスコンプレックスの宇宙への投影が再び見出されるということを指摘しておきたい。しかしこれらの世界創成論においては、エーレンライヒの言うように、世界は「動物[10]と人間の生殖のアナロギーに沿って作られた創造物であるとされるのみならず」、これらの神話はその成立をあるひとつの傾向即ち抑圧された幼児期近親相姦コンプレックスの原衝動を実現させようとする――そうわれわれは信じているのだが――傾向に負っている[11]。まさにこの神話は、両親の性交を垣間見ることによって子供に性的嫉妬が眼覚め、やがて父親の排除と母親の占取を目指すという根源的な幼児期の状況を、望み得る限りの明瞭さをもって再現している。世界、あるいは世界を創造する神々が原両親（Ureltern）から生まれたことを語っているこれらすべての神話は、幼児期の性空想を人類の幼児期並びに謎に包まれた世界創成期へと投影する作業である。そしてこれらの神話は、最初の人間夫婦を仮定するところから出発して必然的に近親相姦的結合（特に兄弟姉妹間の）へと達するのであるから、もともと本来は純粋に人間的なものであった近親相姦空想を見事に充足させ、正当化するものであると言えよう。

インドのある新しい洪水伝説では、「ノア」が新たな人類を生むために自分の妹と結婚する（フレイザーによる）。これとは別のインドのあるテキストでは、実際二人の子供（兄と妹）が両親によって樹幹のくぼみに入れられるが、彼らの食料が三日分しかないことを知った神鳥によってこれを供給され、洪水の前に救われる。それから二人は結婚して（近親相姦）新しい人類を生み出す。ボリヴィアのあるインディアン種属の間にも似たような話が伝えられているが、それは、一枚の莚にのせられて漂っていた二人の乳飲み児が洪水から救い出され、やがて新しい種属を生み出すというものである。同様にスマトラ島のバタク族たちの語るところによれば、神バトラ・グルは人類を救うため洪水ののちに自分の娘を送り、やがて彼女は三人の息子と三人の娘をもうける。しかしこの子供たちの父親が誰であったのかは伝えられていない。だがわれわれはその近親相姦の根源を他の伝承から解明することが出来る。例えばセレベス島中央部のドラジャ族の洪水伝説では、洪水のなかから救い出されたひとりの女性が息子を生み、そしてこれを夫とする。それによって彼女は息子と娘を生み、この二人が人類を作り出す。ここでも、最初に行われた近親相姦（明らかに父親との）は描かれていないが、これは他の伝説においては象徴的に暗示される。例えばボルネオ島のデュアブ族の間では、洪水でただひとり残された女性が木を摩擦することで火を発見し、やがてその火起こし木の助けを借りて子供をもうけるという話が伝わっている。あるいは、これは明らかに聖書の楽園物語を想い出させるものであるが、エクアドルのイバロ族の間にも同様の話がある。そこでもまた、ひとりだけ助かって孤立した男が、自分の体から肉を切り取ってこれを地に植え、そこから生まれた女性と結婚するのである。フィリピンのマンダヤ族においては妊娠した女性（彼女のなかには箱と子供が宿っている）が救われる。彼女は生まれてくる子供が男の子であることを祈り、やがてその息子をノカタンと名付け、その彼はのちに母親を妻とする。

シュナイダーの叙述によれば、エジプト人たちの間に九人の神々の話が伝えられていて（『古代エジプト人の文化と思想』四三五頁）、それらは、レーの子供である兄妹夫婦のシュとテフェント、孫のケブとヌト、ヌトと夫婦になるその息子ハトホル、更にレーの曾孫である二組の兄弟夫婦オシリスとイシス、セトとニフトュスからなっている。オシリスとイシスの息子ホルスは早くも王と人間への移行を示している。絶え間なく続く近親相姦によって生まれるこの神々の世代の生成は、世界創造親神話の衣をかぶせられて進行してゆく。「初めに宇宙を無限の原水《ウーアヴァッサー》（ヌン）が満たしたが、これは内に男女両方の胎児を、あるいは未来世界の起源を宿していた。」「最初の創造行為は原水から卵を作ることで始まった。が、そこからは、地上世界における生命の直接の源である日光のラーが現われ出る。」（ブルシュ『エジプト人の宗教と神話』一八八八年、一〇一頁）この世界生成論は、それが受胎行為の詳細な表現であるとすれば、神話では「小箱」（卵）に入れられて「原水」の上を漂っている新たに誕生した英雄と更に密接に結び付いている。即ちヌンは「若い水」とも「若い子供」とも呼ばれているのである（同書一二九頁）。「ヌン」という言葉は比喩的な意味では混沌たる原水にも用いられ、一般的には、女神ヌネトによって擬人化されたところの、ものを生み出す原物質（ユング『リビドーの変遷と象徴』八五頁）に用いられる（ブルシュ一二八頁以下）。次にレーは——ギリシャの世界生成論におけるガイアのように——自分自身のなかから最初の神々を生み出すのであるが、それは既に述べた幼児的な性理論に明瞭に依存したかたちで行われる。ただここでは、世界を生んだ両親の神話が第二代への典型的な転移——これは抑圧によるものである——を受けている。このことはわれわれに残されているエジプトの伝承においてはほとんど一貫してみられるところである（オシリス神話参照）。レーの子供たちはシュとテフェント（空気と水）で兄妹夫婦であるが、彼らはこれまた兄妹であり夫婦でもあるケブとヌト（地と天）を生む。ケブとヌトはもともと上下に重なり合っていたのだが、やがて彼らの父親シュが二人の間に割り込んでヌトをもち上げてこれを支えるようになった（シュナイダー四三〇頁）。「オン・ヘリオポロスの最高神であるトゥムは自分の〈母の父〉という名前を付けられている。彼にあてがわれた女神ユサスあるいはネビ・ホトペはある時は母、ある時は娘、またある時は神の妻と呼ばれる。秋の始まりの日はヘリオポリスの碑銘では〈女神ユサシトの祭日〉、父親と一体化するための姉妹の到着であるとしるされている。それは女神メーニトが、オシリス神を左の眼に入らせるためにその仕事を完成させる日である。ある賛美歌には次のようにある。〈おお神々の父よ、あなたはあなたの母君の背で光り輝いておられる。母君は日々あなたをその腕に迎え入れられる。あなたが夜の住まいの中で輝く時、あなたは天なるあなたの母君と一体になられる〉。」（ユング『リビドーの変遷と象徴』三一二頁）

　ギリシャの世界生成論では太古の混沌から大地ガイアが生まれ、彼女は自分自身のなかから「優しい愛をもつことなく」（ヘシオドス『神統記』第五巻）天ウラノスを生み、そしてこの息子によって六人の男の巨人、同じく六人の女の巨人をもうけている。世界創造のために行われる太古の母と息子とのこの結合は、原初のオリエント神話や宇宙生成論で大きな役割を演じている[12]。バビロンの創世神話では母親と息子との近親相姦から最初の世界が生まれる。「初めに混沌があった。それは男としては〈太洋〉、女としては〈海〉という名前（アプスとティアマト）で呼ばれる……。二人の息子のムムが……彼らの間に割って入り……母親ティアマ

ト と交わって新しい世代即ち新しい世界形式を生み出す。」同じようにバビロンの神話は月、太陽、金星をそれぞれ父親、息子、娘ないし妻とみなしている。しかも女性の神は父親の妻として、また息子の妻として登場する（ヴィンクラー前掲書七九頁）。エジプトの宇宙生成論においてアモンはカ・ムテフ即ち「母親の夫」として現われる（ブルシュ九四頁）。そしてのちに詳しく取り扱うことになるエジプトのオシリス神話においても、オシリスはイシスの夫であると同時にその息子でもある（イェレミアス一四六頁）。尤も、ビティウとアネプの童話にまだ名残りを留めているのちの修正版では、両親コンプレックスが兄妹コンプレックスに変ってはいる。(13)日本の兄妹宇宙論におけるいざなぎも同様に元は息子であり同時に夫であったし（シュトゥッケン『モーゼ』）、またインドのプシャンも妹スルガ及び母親との禁断の交わりをもった（リグヴェーダ）。フェニキアの創世論によれば精霊が自分の親への愛に燃え、彼女と合体した（イェレミアス一四一頁）。ギリシャの伝説によるとプレアデスのひとりステローペはオイノマオの母親とされているが、同時に彼の妻ともみられている（ジーケ『月神としてのヘルメス』三五頁）。同じくオリオンは、ある伝えによればオイノピオンの息子とされているが、別のテキストによるとオイノピオンの妻即ち自分自身の母親を手籠めにし、そのため父親によって――オイディプスと同様――眼を潰されることになっている（ロッシャー）。われわれはこれらすべての一様の伝承のなかに、もともと存在していた母親近親相姦の空想が次第におぞましいものに感じられるようになったため、相互に矛盾、排除さえし合うように思われる複数の伝承に分割されていった経緯をみることが出来る。分割されたこれらの伝承はひとつにまとめられて初めてまた本来の意味を伝えてくれるのである。例えばヘロドトスによって報告されているところの、異郷からのアレス（ホルス）の帰還を祝う祝祭においては、近親相姦空想はただ暗示されているにすぎない。その場面でアレスは、従者とともに人混みをかきわけてようやく母親の居るところへ達するのだが、それは彼女と寝床をともにしたいがゆえなのである（イェレミアス八五頁注釈三。これについてはヴィートマンの解説を参照されたい）。――母親との近親相姦はのちに述べるギリシャのアッティス神話並びにタムツ・ドゥサレス神話(14)が語っている。一般的にみて、母親に恋慕する息子という観念は、ルノルマンの指摘しているように(15)アジアの神話では極めて広範囲に浸透している。古バビロンの神話では、ヘブライのタムツであるダジは母親イスタルの恋人である。エジプト人たちの間ではアモンはその母親ネイトの夫であるとされている。インドラは母親ダハナと結合する(16)（ゴルトツィーアー一〇八頁以下）。同様に「半人半獣の悪魔アジ・ダハカも、これまた自身妖魔であるその母親ウーダと近親相姦の交わりをもったと言われている。[17]」これと全く同じようにミトラは自分の母親と結婚したと言われる（ヒュージング『キュロス神話のための寄与』）。――「ヴェーダの賛美歌は今だ……系譜はなく、まだ神々と女神たちとの間の固定した結婚関係はみられない。父親は時には息子であり、兄弟は夫である。そしてある賛美歌では母親として現われる女性が他の賛美歌では妻となっている。」（マクス・ミュラー『エッセー集』第Ⅱ巻、六八頁）――更に黙示録（一二―一）においても天の女王は勝利者の母親であるが、別の箇所（二一―九以下）では彼の花嫁として祝福されている。[18]「母親と妻は新しい時代の神話では一者である。」（イェレミアス『旧約聖書におけるバビロン』四〇九頁）バッハオーフェンによれば、母親との交わりを許しているグノーシス派の教説においても近親相姦空想は大きな役割を演じている（『母権制』三八五頁）。「父親と娘、母親と息子、兄と妹の間の性的な交わりを主題とするすべての民族の多くの近親相姦神話」のうちで、W・シュルツはある興味深い論文において拝蛇教徒たちの教説を挙げている。[19]「初めに人間が存在する。人間は神々のなかの神、地の奥に光となって留まる。神の考えは人間よりきたる。神は人間の息子、第二の人間である。光と闇の間を最初の妻大気《プネウマ》が漂う。[20]父親と息子は彼女を共通の愛の対象とし、これに光を投げかけることによって救世主《ゲザルブテ》とその妹ソフィアをもうける。つまり最初の妻は同時に二人の男の意に従うことによって密通の罪を犯したのである。初め彼女は処女であったが次に娼婦となり、やがて母親に、即ち救世主とソフィアの母親になった。彼女は息子を右手から、娘を左手から放った。この救世主が母親とともに直ちに上方の光のもとへ、原初なる神のもとへ帰って行ったのに対し、英智（ソフィア）の方は自分の父親を求めて闇のなかへ沈んで行った。そして彼女からは、既に述べたように世界が作られたのである。」母親と息子、父親と娘がお互いを惹きつける魅力のなかに第二の世代に引き継がれた両親近親相姦の余韻がなお残っている。ひとりの女性が処女、母親、娼婦であることについては、少年時代の典型的な空想から既にわれわれのよく知るところである。つまりこれらの空想は、両親の交わりの盗み見、それに続いて生じる願望衝動（世界を創造した両親の引き離し）についての早い時期の印象を更に強めてゆきながら、これを娼婦空想にまで仕立て上げるのである。われわれが西南アジアの祭儀に見出した天の女王というこの概念は常に、母なる女神、息子とは性愛的な関係にあって神の母親であると同時に恋人でもある女神を巡ってのものである（イシス―ホルス、アフロディーテ―ヘルメス、マーヤ―アグニ、イスタル―ヌムツ、アスタルテ―アドニス、キュベーレ―アティス、タニト―ミトラ[21]）。

キリスト教聖伝にとって母親と息子の関係は極めて明瞭である。ロバートソンも、マリアとキリストの関係には特に強く注意を引かれ、恐らくこの関係はある古い神話からきているのではないかとの推測を下している（『福音神話』、三六頁）。その神話では、多分ジョシュアという名前であろうと思われるパレスティナのある神が、神話上のマリアに対して恋人と息子の二役を交互に演じている。母親とキリストの近親相姦的関係が有する誕生の意味を特に明瞭に表わしている例は新約聖書である。人間は一体どうして生まれるのか、もし老人ならば人間はどのようにして再び母親の胎内に戻って行き、そしてまた生まれることが出来るのか、というニコデモの問いに対してキリストは次のように答える。「まことに誠《まこと》に汝《なんじ》に告《つ》ぐ、人《ひと》は水《みづ》と霊《れい》とによりて生《うま》れずば、神《かみ》の国《くに》に入《い》ること能《あた》はず、肉《にく》によりて生《うま》るる者《もの》は肉《にく》なり、霊《れい》によりて生《うま》るる者《もの》は霊《れい》なり、なんじら新《あら》たに生《うま》るべしと我《わ》が汝《なんじ》に言《い》ひしを怪《あや》しむな。風《かぜ》は己《おの》が好《この》むところに吹《ふ》く、汝《なんじ》その声を聞《き》けども、何処《いづこ》より来《き》たり何処《いづこ》へ往《ゆ》くを知《し》らず。すべて霊《れい》によりて生《うま》るる者《もの》も斯《か》くのごとし。」

二　去勢のモチーフ

わたしは、樹木を美しく見せるための刈り込みのようなことに対する激しい、絶えざる憎しみの心を抱いている。馬を柔弱にするための去勢、犬の耳や尻尾を切る人間のすべて……、ありがたい道徳を盛り込んだ作品を出版する人間、卑しいあからさまなことを無邪気に検閲する人間、抜粋と要約を調整する人間、かつらをのせるために頭をそる人間、これらすべての人間に対してわたしは強い憎しみを覚える。

フローベール

こうしたすべての伝承においては、母親との（あるいは緩和されたかたちで妹との）近親相姦の方に重点が置かれ、嫉妬を秘めた父親憎悪のモチーフは後退しているのだが、一方この父親への嫉妬憎悪は――近親相姦コンプレックスが複数の伝承あるいは世代へと既述のように分割されていく途上で――他の一連の神話においては全く特殊な表われ方をしている。これが最も明瞭に認められるのは、元はエジプトの影響下にあったギリシャの世界生成論においてであり、現代の神話学者たち（シュトゥッケン、イェレミアスなど）はこの表現を、近親相姦と並んで第二の「原初の時代のモチーフ」と名付けている。そしてこのモチーフをわれわれは、第一のそれと同様に個人的、幼児的な精神生活のなかから心理学的に理解することが出来るのである。父親に対するこの特殊な復讐は、息子の反抗の理由として嫉妬に満ちたライヴァル関係をわれわれに示してくれる。というのもこの場合父親への憎しみは直接彼の生命にではなく、むしろ最初はその生殖器に向けられ、息子は父親からこの生殖器を奪い取って、彼と母親との性的交わりを不可能にし、そして同時にそれ以上の子宝を――つまり兄弟姉妹の競合を――妨げようとするのである。

ギリシャの世界創世神話に登場する六人の男の巨人《ティーターン》たちのうちで最もよく知られているのはオーケアノス、イーアペトス、クロノス、六人の女神のうちではテーティス、レアー、テミスである。クロノスについてヘシオドスは、「彼は男盛りの父親を憎んでいた」と書いている（『神統記』一三八）。だが父親ウラノスの方でも自分の子供たちを憎んでいて、彼らをその母親であるガイアの深い胎内へと追放する。今度はその母親が子供たちに、極悪な父親から彼らをも自分をも解放するよう促す。彼女はこの復讐行為への扇動を、「このような恥ずべきことを最初にしたのはあのひとだ」と正当化して理由付ける。しかし復讐の意志のあることを表明したのは[22]、一番下の息子クロノスだけであった。ロッシャーの事典によると彼は「特に母親に心を寄せていた」のである。

「お母さん、ぼくはそれに賛成です。そしてこの仕事を喜んで
やりとげましょう。ぼくはぼくたちの不名誉なお父さんのことなど
全くなんとも思ってはいないのです。このような恥ずべきことを最初にしたのはお父さんなのだから。」

(『神統記』一〇七行以下)

そこでガイアは、この目的のため特別に作られた鎌で父親を去勢するようこの末の息子を唆す。「父親が夜になって再び妻に近付こうとした時息子のクロノスは父親の生殖器を切断しこれを海中に投じた。」(ロッシャー神話事典)

「そして巨大なウラノスが夜を連れてやって来た。
肉欲に飢えた彼はガイアを抱いて、四方へ体を伸ばした。だがその時、身をひそめていた息子が左手で
彼をつかんだ。長く尖った歯の大鉈を右手にした彼は、
自分の父親の恥部をすばやく刈り取って、
それを再び背後へ放り投げた……」

(『神統記』一七六行以下)

父親を去勢したあとクロノスは権力を強奪し、妹のレーアと結婚する。そして彼女は三人の娘ヘスティア、デーメーテール、ヘーラーと二人の息子ハデースとポセイドーンを生んだ。しかしクロノスは、これらの子供たちによって、かつて自分自身が父親のウラノスに加えたのと同じ運命を与えられるのではないかと怖れて(復讐されることへの恐怖のモチーフ)、子供をすべて誕生直後に呑み込んでしまった。そこで彼の妻レーアは、三人目の男の子に当る末の息子を生むことになった時、両親の勧めに従ってイーダの山中にある洞窟へ逃げ込み、そこでゼウスを生んで隠しおいた。彼女はその子供の代りにおむつにくるんだ石を父親に見せて彼を欺いた。彼はこの石も呑み込んでしまう。山羊(あるいはニンフ)アマルテーアから乳を与えられたゼウスはたちまち成長し、母親である大地の助けを借りて父親クロノスを打ち倒す。彼女は父親に催吐薬を与える(アポロドロスによる)。すると、呑み込んでいた石が最初に、次いで子供たちが飛び出して来た。[23]

しかしオルフィック教の神統記によると、クロノスの恐怖は実際に現実のものになったと言われている。つまり彼は夜によって眠らされ、縛られ、そしてゼウスによってウラノスと全く同様去勢されたのである(プレラー)。しかし

この行為のすべての結末は次の世代においてもそっくり同じように繰り返され、充分な経験と行動力を備えた息子も実際には父親の再来として登場するにすぎない。このことは、人間の現実の生活においてしばしばみられる現象であって、この現象が「個人の運命」にとって持つ大きな意味は、神経症心理学がわれわれに教えてくれたところである。ゼウスもまた父親を去勢したのちに世界の権力を掌握し、そして同じように妹のヘーラーと結婚する。しかし息子が送るこの模倣人生とでも言うべきものは、書物でいえば単なる重版というよりも改訂新版に喩えることが出来る。個々人の人生におけるこれらの逸脱が個人的な性向や若い世代のある種の反動などから必然的に生じるように、これらの改訂新版は、――恐らくこれは神話の改訂ないしは継続の最も重要なモチーフであるかもしれないのだが――一般的な文化の進展と同等の意味をもつ性の抑圧の進行に顧慮を払う機会を民族全体に提供するものである。例えば息子ゼウスによるクロノスの打倒は、公の伝承においてはもはやウラノスのような去勢ではなく、緩和されたかたちで行われ、またそれがどのような方法でなされたかは描かれていない。去勢は特殊な伝承として副次的に述べられているにすぎないのであって、それは、その間に性の抑圧という点で進歩した民族が既に防衛衝動（これまで以上に大きくなった復讐への恐怖、不安、嫌悪、不快など）をもってこれに反応し始めているからである。次に第三の世代になると抑圧は更に進み、そこではゼウスがクロノスとティーターンたちに対する戦いにおいて、怒れるガイアがタルタロスとの間に生んだ百頭怪獣テュポーンによって足を負傷させられる。この怪物はゼウスの腱を鎌をもって（ウラノスの去勢の場合と全く同様に）切断したのである。既にシュヴァルツはそこに、「特別なやり方で変更の加えられた」去勢の一形式を認めているが[24]、これは性の象徴的表現を基に考えれば理解出来るし、またオイディプス伝説によって既にわれわれには周知のものでもある。

この世代においては既に父親支配の定着化に変化の兆しが明瞭に表われ、具体的にはヘパイストスに対するゼウスの関係のなかにそれが認められる。ヘパイストスはかつて、ゼウスによって厳しい罰を科せられた母親のヘーラーに敢えて味方をしたことがあり、そのため怒った父親によって天から放り出された。そのため彼は二四時間落下を続けたのちようやく半死の状態で大地に墜落した。つまりここでは父親が優勢を保っている。もちろんこのことは一方では継続されるゼウスの世界支配の条件ではあるが、しかし他方では、去勢衝動がこのように強く抑圧される場合には復讐への恐怖のモチーフが最も重要な役割を演じているということを示している。そもそもゼウス神話はそれ以前の二つの先例とは全く逆に父親の立場から作られているのであり、それどころかこの意味では、それ以前の段階においてみられた息子の優位に対する反動と考えることも出来る。ゼウスも自分の子孫のひとりによってではなく、本当は隔世の祖先によって、いわば間接の父親によって負傷させられるのである。父親ゼウスのこの勝利、つまり公権の勝利がここでは、精神的な諸々の事象・関係についての深い理解をもって、世界秩序の基礎となるよう設定されている。

　ヘパイストス神話においては海中への墜落――彼はここで九年の間急流に囲まれた洞窟のなかに身を隠し続けた――が子宮内《イントラウテリーン》滞在と誕生（墜落）を表わしているのだということを既に私は『英雄誕生の神話』（七〇頁）において詳述した。(25) また同じところで私は、強力な母親―息子関係と、父親の排除ないしは高所への引き上げを内容とするキリスト神話をこの神話グループに組み入れ、その心理学的解釈を試みた。この試みはその後ユングとフロイトによってそれぞれ別の観点から行われた。いずれにしてもキリスト教はティーターン・モチーフの最後の抑圧形式、(26) 即ち息子を十字架にかけさせる父親の勝利である。だが息子は復活する。そして昇天は、父親に代って再び母親（天）のなかに場所を占めることを意味するものである。

　クロノスが母親と性交中の父親を不意打ちして去勢する(27)という設定のなかにわれわれは、母親を巡る性的な敵対関係とともにこの関係の幼児的な前段階をも認めざるを得ない。つまりそれは、父親を母親から引き離す行為、もしこういう言い方が可能ならば、母親から「去勢《カストラツィオーン》」する行為である。この去勢の根幹が母親からの自分自身の離別、即ち誕生にあることを私は指摘した（『誕生の外傷』）。従って非常に多くの神話伝承においては、息子が母親を所有するのは、性的な意味においてでは全くなく、もっと広い意味においてである（母胎―死、あるいは所有―支配権力）。だがこの神話はそのほかに、ウラノスは母親との性交のゆえに去勢されるということをまだわれわれに示している。近親相姦に対する罰としての去勢のモチーフは、われわれが個人並びに民族集団の生活のなかに見出すところである。

例えばヒギヌスの物語るリュクールゴスについてのギリシャの寓話がある。

リュクールゴスはディオニュソスの神性を否定した罰として彼から酩酊させられた。リュクールゴスは母親への欲望を抱き、ぶどうの蔓を有害な毒であるとして根絶した。だがディオニュソスによって狂気の囚にさせられていた彼は自分の妻と息子を殺した（息子をぶどうの蔓だと思ったのである）。また彼はその際みずからの足をぶどうの蔓の代りに切断したとも言われている。[28]

例えばエチオピア人のように姦通の罰として去勢を取り入れた民族も幾つかある（シュトル『民族心理学における性生活』九九〇頁）。そしてわれわれは、禁じられている性的欲望に対する処罰のこの幼児的な形式が今日でもなお、既にそれが風紀上・法律上厳禁されているところで「犯罪」行為として突然現われるということを知っている。[29] シュトルファーの記述によると（『父親殺し』二九頁注釈）、「純粋に父権制にある段階においては、不名誉な姦通として問題になり得たのは近親相姦、即ち家長の生理学上あるいは法律上の息子と妻との交わりだけ」であった。この幼児的な処罰観は、個人及び諸民族の空想が作りだした産物のなかに驚くほど頻繁に表現されてきた。[30] 例えばH・E・マイヤーの報告によると、インドの淫魔ガンダルヴェンは他人の女房を寝取るべく忍び寄る時に父親か兄弟の姿に身をやつすという（『インドゲルマンの神話』）。アタルヴェーダには、嫉妬に燃える夫がガンダルヴェンに復讐の言葉をもって迫る場面がある（四、三七）。「アプサラスの夫、飾毛をつけて踊るガンダルヴェンよ、おれはお前の睾丸を引き裂いてやる、お前の男根を切り取ってやる」（クーン訳）。つまりここでも、近親相姦夢を想い起こさせる一種の近親的交わりに対する去勢による罰が認められる。[31]――去勢による姦通の処罰はヘレーナ伝説にもみられる。トロヤ征服ののちメネラオスはなおも、ヘレーナの最後の恋人、パリスの兄弟にしてその後継者であるディポボスにこの復讐を行う。

「この時英雄は、王プリアモスの子で、
体一面に傷を負ったディポボスの姿を見た。
彼は無惨にも顔を、いや両の手も負傷し、
恥ずかしくも耳をそがれ、小鼻も切り落とされている。」

（ヴェルギリウス『アエネーイス』第六巻四九四行以下）

ゲーテが『ファウスト』第Ⅱ部（第三幕）でポルキュアースをしてヘレーナに向かって次のように言わせる時、彼は疑いもなくこの箇所を念頭においている。

「お忘れですか、王様が、戦死したパリスの弟君であるあなたのディポボスを、
やもめとなったあなたを奪い取って
妾にしたかどで無残に切り刻んだことを？
鼻と耳を切り落とされただけでなく、もっと多くを切り刻まれたのです。
それは見るも恐ろしい光景でした。」

聖杯伝説における魔術師クリングゾルもこれと似たような破目に陥る。彼は密通の現場を相手の夫に急襲され、彼の手によって去勢される。それで彼はこの恥辱に復讐するため魔術を修める（ヴォルフラム『パルチヴァル』六五七行）。周知のようにアンフォルタスも元の伝説では恥骨に不治の傷を病んでいる。これは意地悪なクリングゾルが復讐心から行った仕業であるが、ここにわれわれは去勢の緩和されたかたちのひとつを認めることが出来る。この伝承はR・ワーグナーの祝典劇パルチヴァルでは更に和らげられることになった。確かにここではクリングゾルが自身をみずからの手で去勢するのだが（「自分自身のなかにある罪悪を絶つべく彼は意識朦朧としてみずからに冒瀆の手をかける」）、しかし他方では、ある美しい女性に誘惑されて性交を行ったアンフォルタ

スは「聖なる槍」を取り上げられただけで済む。この設定は世界創造親神話の最後の末裔を思わせる。つまりここでも、性行為中の夫から男根が切り取られるのである（槍は男根と危険な武器の象徴である）。クリングゾルのエピソードはわれわれを再び自己去勢へと連れ戻すのだが、これが、禁じられた近親相姦の情欲に対する罰としてリュクールゴス伝説のなかに見出されたところのものである。

近親相姦願望に対する自己懲罰としての去勢はアッティスの神話に見出される。彼はある時は息子として、またある時は恋人として母親キュベレーと結び付けられて登場する。そして最後は、彼を他の女性のものにしたくない嫉妬深いこの母親によって結婚式の折りに狂気に陥れられ、その結果彼は唐檜の木の下でみずからを去勢する。キュベレーはその唐檜を手にとって洞窟へ持ち帰り、これを悼んで涙を流す。これはイシスが切り落とされたオシリスの男根をもってする行為とよく似ている。[32]

パウザニアスによるとアッティスは、神々によって去勢される両性具有者アグディスティスの間接の息子である。[33] 血の中から一本の巴旦杏の木が生え、その実を河神サンガリオスの娘が胸のなかへ入れる。それによって彼女は身籠もりアッティスを生んだ。このアッティスが美しい若者に成長した時アグディスティスがこれに恋慕し、嫉妬に狂って彼を自己去勢へと追いやる。彼女はゼウスに彼を生き返らせてくれるよう懇願するが、しかしこの願いは叶えられず、ただアッティスの肉体が腐らないよう髪の毛（男性の力のシンボル）が常に生え、小さな指（男根）が絶えず動くようにしてやろうとの慈悲が得られたのであった。これに満足したアグディスティスはアッティスの肉体を埋葬した。だが彼女は彼の陰茎を特別に埋めた。するとその血の中からすみれが生え（アグディスティスのペニスの血から柘榴《ざくろ》の木が生えたように）、その花輪で唐檜の木が飾られた。ユングによれば唐檜への変身はむしろ母親のなかへの埋葬である。オシリスもまたシャクナゲの花によって包み覆われた。コーブレンツのアッティス・レリーフでは、アッティスは一本の樹木から成長しているように見えるが、このことは恐らく、ミトラスにおけると同様単なる樹木の誕生である。フリミクスも報告しているように、樹木はイシスとオシリスの祭礼において大きな役割を演じていたのである。ディオニュソスはデンドリーテスという呼称をもっていて、ボイオティア人の間ではエンデンドロス、つまり「木のなかで」と呼ばれていたと言う。ディオニュソス伝説と結び付いているペンテウス神話は、アッティスの死とそれを悼む哀悼との対照を示している。即ち、巫女《メナーデ》たちの祭儀を偵察しようとの好奇心に駆られたペンテウスは、一本の唐檜の木に登る。だが彼は母親に気付かれ、その巫女たちがその木を倒す。動物と間違われたペンテウスは狂乱のうちに引き裂かれる。最初に襲ったのはほかならぬ彼の母親であった。この神話には、樹木のもつ男根の意味（倒すこと＝去勢）と母親の意味（息子が登ること、犠牲になって死ぬこと）が存在する。また同時にここには、ピエタとは反対の存在、即ち恐ろしい母親が描かれている（ユング四五一頁以下）。アッティスの物語における松と、同じく去勢されるアドニスの物語に見られるミルラの木――この樹皮の下で若い神はいわば女性の子宮の中でのように十ヶ月を過ごす――は糸杉の神話上の代用物にすぎない。[33a]

アグディスティスとアッティスが直接去勢されるのみならず、神々の母キュベレーの春の祭典では象徴的な代用物として唐檜の巨木が倒され、再びキュベレーの神殿に立てられた。キュベレーの神官たちはみずからも自己去勢を施したが、しかしこれがのちになるとただ腕を切りつけるだけに変っていったことはよく知られている。[34] アッティスについてロッシャーには次のように記されている。彼はキュベレーの息子として登場するが、美しい青年に成長した彼がガロ河の岸に横たわっているのを見たキュベレーがこれに恋をする。[35] 息子が恋人へと変る。これがアッティスとキュベレーの秘儀の内容であったように思われる。――だが彼女のために全身全霊を捧げ、忠実を誓うこの美しい若者との恋の絆は恐ろしい運命によって断ち切られる。アッティスは自分の不実に対する罰としてみずからを去勢し死んでゆくのである。[36]

これと類似した一例をネルトゥスの祭式が示している（モーク『ゲルマンの神話』、ゲッシェン）。このネルトゥスの祭式についてはタキトゥスが報告しており、ネルトゥスを恐ろしい母親（terra mater）と名付けている。彼女の夫は巨大な生殖器をもつフリッコ（夫）である。ネルトゥスは北欧で男神ニヨルドになったが、彼は名前の挙がっていない一人の姉妹（同じ名前のこのネルトゥスであるのかもしれないが、しかし名前の関係は不明である。恐らくフリッコは元はネルトゥスの息子であり夫であったのかもしれない）との間にフライとフライアという二人の子供を作る。

もともと去勢は近親相姦に対する罰であると解釈することが出来るのだが、それと同様に、近親相姦の情欲を抑えるために行われる自己去勢のなかに、既にわれわれがよく知っているところの自己懲罰への典型的な傾向を認めることが出来る。これは普通禁じられた願望の抑圧から生じるものであり、禁止行為に対する抑圧された衝動――この衝動は現在においてのみ自分自身に向けられる――にほかならないように思われる。そこからまた自己去勢のモチーフが分岐する。つまり母親への嫉妬心から父親を去勢したいと願う息子は、みずから母親との近親相姦を望んだり、あるいはそれを空想のなかで成就する場合、同じ罰を受けるのである。

三　切り刻みとよみがえり

わたしの母さん娼婦なの、
わたしを殺してしまったの！
わたしの父さんならず者、
わたしを食べてしまったの！
わたしの小さな妹が、
わたしの小さな骨たちを、
涼しいところでひろってくれた。
わたしはきれいな小鳥になった。
ああ、飛んでゆく、飛んでゆく！

ゲーテ

ある時は嫉妬する息子の側から父親に科せられ、ある時は近親相姦を犯した罰として息子あるいは兄弟に科せられる去勢のモチーフを辿ることによって、近親相姦モチーフの強さと広がりについての新たな展望を与えられたわれわれは遠く神話の領域にまで足を踏み入れた。クロノスとその祖先及び子孫についての神話物語としばしばよく似た響きをもつイシスとオシリスのエジプト神話では、兄弟姉妹近親相姦の罰として兄弟によって行われる去勢が、切り刻みのモチーフと結び付いたかたちで残されているが、ここでわれわれはこのモチーフに注意を向けてみたいと思う。

神話の語るところによると、(37)イシスとオシリスの兄妹は既に母胎内にある時から相互に激しく愛し合い交わっていた。その結果、このまだ生まれていない者たちによってアルネリスが生まれた。このようにして二人は既に兄妹夫婦として生まれ出たのである。彼らにはセトとネフティスという兄妹夫婦が対置されているが、これは元は存在しなかったように思われる。明らかにこれはのちになって二重化の過程で導入されたものであり、シュナイダーが詳述しているように、(38)オシリスと弟セトの争いを動機付けるためのものであった。つまり最も古い伝承によれば、セトが兄のオシリスを殺したのは権勢欲からということになっているが、のちの伝承はこの殺害が、オシリスが二番目の妹でセトの妻であるネフティスとそれとは知らずに犯した近親相姦ゆえに行われたと伝えていて、この二人の結合から犬頭をもつアヌビスが出生したとされる。セトあるいはテュポーン——ギリシャ化された他の伝承ではこうも呼ばれている——は兄オシリスの姦通に対する復讐として彼を棺に入れてナイル河へ投げ入れ、やがてオシリスは大海へと運ばれてゆく。アヌビスの助けを借りてイシスはその棺を再び見付け出し、これをエジプトへ持ち帰る。彼女は「それを秘かに開いて恋情と悲しみに身を委ねる。」（クロイツァー二二頁）次に彼女は彼の死体を入れた箱を森のなかに隠すが、テュポーンがこれを発見して一四の部分に切り刻む。そこでイシスはばらばらにされた四肢を再び寄せ集めてこれに生命を与えようとするのだが、一三しか見付からない。一四番目の部分である男根は海中に投げ込まれていて、魚に呑み込まれていたのである。そこで彼女は死体を組み立てる際に、欠けている男性性器を無花果の木で作った模造品で代用し、記念に男根を建立した。「ちなみにイシスは、その部分はオシリス神の奉納と供養に際しては最も重要なものとされ、これには最大の敬意が払われる。それゆえこの部分は、エジプトから秘儀とバッコス祭祀を継承したギリシャ人によっても同様に、秘かな奉納式（秘祭）や、この神に捧げられる供養式において（男性性器）が他と全く同じように神の栄誉に価するものと認め、寺院にその彫像を立てさせてこれを崇めるよう命じた。またれはファロスという名前で崇められる。」（ディオドール『歴史叢書』第一三章）のちの伝説の伝えるところによると、イシスはオシリスが自分の死んだ後で作ったと言われている息子ホルスの助けを借りて、夫であり兄弟であるオシリス殺害の復讐を果たす。もともと兄弟であったホルスとセトの間に激しい戦いが始まる。その際彼らはお互いに肉体の一部分を切り取って、力を授けてくれる守護神とした。セトは相手の眼球を叩き出してこれを呑み込むが、その代り自分の生殖器（睾丸）を失う。シュナイダーの意見によると、この睾丸が元の伝承ではやはりホルスによって呑み込まれていたことは間違いない。結局セトが敗れ、ホルスの眼球をまた返さねばならなくなる。この眼の力によってホルスはオシリスを再生させ、その結果彼は支配者として死者の国へ入ることが可能となる。(39)

われわれは、この内容豊かで極めて複雑な、そして明らかに何度も修正された神話を手掛りとして、抑圧層の輪郭をごく大雑把に描くことが出来る。これと密接に関連しているギリシャの神々の物語(40)及び未開民族のこれと類似した伝承が示している通り、兄弟の去勢は、息子によってなされる父親の去勢とは別の心的な(そしてまた恐らくは歴史的な)層に属する。この父親の去勢を神話の最も新しい反動層は、息子による父親のための復讐――殺人者である伯父に対する(ハムレット)――及び父親の再生へと緩和し、またそれによってその罪を贖ったのである。シュナイダーの鋭い指摘によれば、オシリス伝説に由来するとされるサトゥとアネプ(セトとアヌビス)についてのエジプトの童話では、神話全体が更に緩和され感傷的なものに変えられている。つまりそこでは、サトゥの妻は義理の弟アネプが自分に言い寄った(近親相姦の緩和)としてこれを夫に中傷する。淫蕩なこの女によって濡れ衣を着せられた弟は自分の無実を証すためみずからを去勢し(兄弟による去勢の緩和)国を後にする。その後アネプは、われわれが息子ホルスによるオシリス再生に認めたと同じような反動の働きによって、無実を知るところとなった兄サトゥによって悼まれる。のちになってサトゥは、申し合わせていたある合図に従って、再び弟に生命を与えるべく旅に出る。彼は弟を、伝説の本来の意味からすると残酷な方法で切り刻んでいたのである。(41)更にわれわれは、オシリス神話では敵の去勢以外に去勢の象徴的な代用物が既に眼球のくり抜き(そして呑み込み)――これがオイディプスとインドの「アルグス」で行われているのをわれわれは知っている――というかたちでみられるという事実を指摘することによって、切り刻みというモチーフのみを取り出しながら論を進めてゆきたいと思う。このモチーフはここではいわば去勢を無害化するものとして表われている。イェレミアスの挙げているある伝承では(『新約聖書におけるバビロン』七二一頁)、オシリスと妹ネフティスとの密通によって生まれた息子のアヌビスは、テュポーンが七十二人の助けを借りて切り刻み、イシスが箱に入れて隠していたオシリスの男根を見付ける。こうして男根のみがテュポーンの手から逃れることが出来、この男根から新しい世界の時代が成立することになる。この伝承テキストの示すところは、もともとイシスが小箱に入れて保管していたのは単に木の男根だけではなく、防腐を施された彼女の夫であり兄であるオシリスの実際の男根であったということであるのかもしれない[42]。

このことは復活（再誕生）というモチーフの意味で重要である。この再生にとって最も重要なのはまさに男根にほかならず、この生殖器のみが人間を（再び）組み合わせる、即ち作ることが出来るのである。別の場合にはこの器官が他の器官によって代用される場合もあり、例えばアテーネーはティーターンたちによって引き裂かれたザグレウス―ディオニュソスのまだ鼓動している（つまり生きている、生殖能力のある）心臓を保存し（クロイツァー『古代民族の象徴と神話』第Ⅱ版、六六七頁以下）、そのことで彼の再誕生を可能にした（これは、セメレーがザグレウスの心臓を呑み込むことによってディオニュソスを生む力を得るのと似ている）。これに対しゼウス―父親は、料理釜に投げ込まれたザグレウスのバラバラの肉体から心臓を取り出してこれを呑み込むことでその再誕生を妨害しようと試みる。

神話、伝説、童話において広く知られている切り刻みによる再生はマンハルトがこれをまとめ（『ゲルマンの神話』一八五八年、五七―五八頁）、またジルベラーが精神分析の立場からこれを取り扱った（『イマーゴ』第Ⅲ巻、一九一四年）。その際われわれは、これらの神話が主として両親と子供たちの関係を描いているという事実を、近親相姦コンプレックスの観点からみて重要であると考えざるを得ない。オシリス神話に表われている生殖力の保存を想起させるものとして、ロトとその娘たちについての聖書物語と類似した双生兄弟ペリアスとネレウスの伝説があり、この二人の誕生物語はオデュッセイアで語られている（第XI巻、二三五行以下）。兄弟を追放したペリアスは自分の娘たちによって切り刻まれ煮られる。なぜなら彼女たちはそうすることによって彼を若返らせようと願ったのである。ここでは、切り刻みと不可分である再生のモチーフが単に付随的に最初の殺人を償うべきものであるだけ――そのように思われるかもしれないが——ではなく、その背後には再生が、即ち誕生が表現されているということが認められる。われわれはここでは、誕生の水（『英雄誕生の神話』参照）に照応し、再生（生命の賦与）を実現させるところの生命の水についての広く知られた伝説群に立ち入ることは出来ない。ここでは拙著『幼児的性理論と民族心理学の類似』を指摘しておきたいが、そこで私は素材そのものによって、この再生が元来は切り刻まれた蛇（のちには他の動物、特に鳥となる）に関連しているということを示した。この蛇のなかに再びわれわれは、オシリス神話の切断された、即ち生殖能力をもった男根の象徴的な代用物を容易に認めることが出来る。この男根には生命の水によって再び生命が与えられるのである。人間自身が生殖あるいは誕生の際に個々の部分の組み合わせによって作られるという観念は、子供たちの典型的な、普遍的に人間的な性理論においてのみならず、多数の笑話（例えばバルザックの『滑稽な小話』）や神話的な伝承においても表現されてきた[43]。われわれにとって特に興味深いのは、マンハルトの報告している（三〇五頁）古代の表現方法で、それによると妊婦は、「彼女は腹のなかにいっぱい骨をもっている」と表現される。このことは、切り刻まれた人間の骨が堆積された木の上へ投げ上げられ、あるいは釜（腹）のなかへ投げ入れられる、更には布にくるみ込まれるという、すべての伝承において強調されている設定を強く想起させる。エッダの伝承もこれに属するもので、それは、トールが自分の食べ尽くした二匹の山羊の骨を積木の上に投げ上げて、男根の象徴として認められている彼のハンマーを振るうことによってこれに生命を与える様子を描いている[44]。ここでも足が一本欠けていて、山羊はびっこを引いている。オシリス伝説における男根のように、切断された肉体器官が呑み込まれる場合、それはまた典型的な幼児的性理論を示している。なぜなら幼児の観念によれば受精は食事をすることによって生じるのであり、たいていは妊娠能力を象徴する木の実によってなされると考えられている。オシリス伝説においては実際の生殖器官そのものを呑み込むことによって受精は行われる[45]。幾つかの点ではまだ極めて古代的な、また他の点では既に歪められている切り刻みのモチーフのひとつの解釈が『杜松』（グリム童話集第四七番）の童話に残っている。

長い間子供に恵まれなかったある女性が杜松《としょう》の木の下で林檎の皮をむき、指を切った時やっと男の子を授かる。それは血のように赤く雪のように白い子供であった。お産の際に母親は死ぬが、子供は父親の喜びの種となる。二番目の妻から父親は今度は女の子を得る。継母はみんなから可愛がられているその美しい少年を自分の娘のためを思って嫉み、これを片付けてしまおうと決心する。彼女は息子に、箱のなかにある林檎をあげようと言う。少年が身をかがめてそれを取ろうとした時彼女が蓋をバタンと閉めたので切断された首が箱のなかへ落ちた。だがその後すぐに彼女は不安に襲われる。そこで彼女は首を再び胴体の上に繋ぎ合わせてそれを布でしっかりと結び付けた。そして手に林檎をもった少年を玄関の戸の前に立たせた。それから彼女はこの少年の妹に、彼から林檎を要求するように命じる。彼が黙ったままなので、その頭に一撃を加えるように勧める。小さな妹が言われた通りにすると頭が肩から飛び去ってしまう。自分が兄を殺したのだと思い込んだ彼女は泣きながら母親のところへ駆けて行った。彼女は娘に、少年を切り刻んで煮てお父さんの食事に出すようにと言ってこれを慰める。ことはそのように運ばれた。特別食事が美味しく思われた父親は息子の居場所を尋ねた。暫くの予定で親戚のところへ行きましたという答があった。父親は恐ろしい食事の骨すべてを食卓の下へ投げ捨てた。悪いことをしたと思っている妹がそれらを拾い集めて、自分のもっている一番きれいなハンカチに包んで、これを杜松の木の下に置いた。するとそこから一羽の小鳥が空中へ舞い上がり、次のように歌った。[46]

「母さんぼくを切り刻み、
　父さんぼくを食べちゃった。
　妹ぼくの足を集め、
　絹の布に包んでくれた。
　それを杜松の根元においた。
　キュイット、キュイット、ぼくはとってもきれいな鳥だ！」

この小鳥は美しい歌によって黄金の鎖、一足の靴、臼石を順々に手に入れ、これまた同じ手順で父親、妹、そして母親の上へと落とす。母親は臼石によって粉々にされるが、鳥の方は再び生きた少年へと姿を変えるのである。

われわれは、「若返らせる」働きをする杜松と対置されている林檎を受胎（そして殺害）の象徴として指摘し、また母親による殺害と妹による再生という二重化――これにはまた、高貴な心の持主である生みの母親と性悪な人殺しの継母への母親像の分裂が照応する――に注意を向けることによって、父親が息子を食い尽くすという事態だけを特徴的なものとして強調したいが、これは父親によって行われた以前の切り刻みを示しているように思われる(47)。元来は敵対的であったこの感情がグリムの童話では息子に対する父親の過剰な愛へと変り、それで今度はこの愛に嫉妬する継母が息子を切り刻むことになるのである。

ここにおいて、フロイトが精神分析的に解明した「死者の御馳走」のひとつの展望が開けるのだが(48)、彼は、息子たちによって殺された父親が切り刻まれ食べられたのだと想定している(49)。この事態は神話の英雄に対しても父親から与えられるひとつの運命ではあるが（例えばゼウスとザグレウスの関係）、しかしその際息子は母親によって再び生命を与えられ、再び誕生させられることになっている。父親が男根（心臓）を食べる場合そこには息子の死が迫っているが(50)、イシス、アテーネー、セメレーはこれを呑み込むことによって息子を再び生み出すのである。

その際動物（トーテム動物）が人間の代用物でしかないということは、幾つかの伝承に描かれている動物の切り刻みと再生が示しているところである。例えばグリムによると（『童話』Ⅲ、三七九頁）南アフリカのベチュアン族(51)のある童話では、金持が貧乏人の友情を試すためその子供を殺すよう要求する。金持はその子供の血によってしか病を癒すことが出来ないのだと言うのである。貧乏人は子供を犠牲に供するが、しかし子供の代りに雄羊が屠殺され、大地に飛散したその血を見て父親は自分の息子が本当に殺されたのだと信じる（これと似た老ヤコブの思い違いがある。つまり彼は動物の血を、兄弟たちによって穴へ投げ込まれたお気に入りの息子ヨゼフの血だと思い込む）。おぞましい人間の食事とよみがえりの名残りは、金持とその共犯者たちが「夜になって雄羊の肉を食べ、その骨を穴のなかへ投げ込んで（再生させるためであるかのように）、すべての痕跡は消え去る」という箇所にまだ保たれている。「ここでは全体が緩和されていて、他の伝承におけるように実際に子供が殺されることはない。そのため子供のよみがえりのための奇蹟を必要とはしない」とグリムでは述べられている（同書三八〇頁）。この伝説においても元来は実際に子供が殺されていたばかりではなく、その殺害が父親の手によって行われていたであろうということは次のことから明らかになる。即ち犠牲に供される子供の母親、つまり貧乏人の妻はこの伝説の第一部では（グリム同書三七八頁）金持の男の妻として登場し、やがてこの男は彼女を貧乏人に譲渡しているのである。このことが、専らのちの緩和傾向のためであったことは明らかであって、実の父親による子供の殺害はあまりにも強烈すぎると思われたのである。病気の男が友人あるいは兄弟の子供の血によって快癒しようとする伝説はもともと、自分の息子に対する父親の残酷な衝動がその根底にあるということは、グリムの挙げている幾つかの伝承が示している（『哀れなハインリッヒ』一七六頁参照）。それらにおいては父親が生き永らえるためにみずからの子供たちを殺すのである。例えば北欧のアウン王は九人の息子を次々とオーディンに捧げ、ひとりからそれぞれ十年の延命を得る。但し最後には寝床以外にはもうなにも見えなくなった彼は、まるで子供のように乳を吸うのであった（イングリンガ・サーガ二九章）。また老いたハルフダンも犠牲によって生命を延ばし、インドの神話ではラジャー・インジャドが、彼のために生命を捧げた息子クル（またはプル）によって若返る[52]。

他の伝承は太古の時代のこの恐ろしいモチーフを文化的に和らげ、カムフラージュしている。例えば『忠実なヨハネス』の童話があるが、この主人公はあるテキストによれば王の里兄弟であり、彼を救うため（血によるよみがえり）王は自分の息子たちの首を斬り落とす（グリム同書二〇頁）。彼らの再生はやがて、彼らの血によってよみがえったヨハネスによって行われ、彼は息子たちに再び首をすげてやる。忠実なヤーコプ兄弟についての広く知られている伝説[53]ではもはや息子は父親によってではなく、その血縁者（兄弟）によって首がはねられる。この兄弟たちはそれぞれ自分の子供たちを犠牲にすることによってお互いを癩病から解放するが、その子供たち自身もやがて奇蹟によってよみがえる（グリム同書二三頁）。しかし伝承のなかには、斬り落とされた首が初めは誤って、あるいはあべこべにすげられるというのもあるが（シュトゥッケン『天体神話』Ｉ、一三六頁以下）、これらは切り刻みを想い出させる。それというのも切り刻みの場合最後に体の一部分が見付からないで、従って肉体は完全に元通りには戻らないのである。

四　タンタロス一族の伝説とこれを主題としたドラマ作品

世界の光を見た時わたしの行った最初の行為は母親殺しであった。

ドン・カルロス

部分的にはギリシャ神話に属し、またギリシャ神話同様エジプトからの影響を示しているタンタロス族の伝説を扱う場面でも人間的な観点でこれに臨まなければ、その根底をなしている空想と心的衝動を正しく理解することは出来ない。これらの空想と衝動が何世紀もの長きにわたってギリシャの詩や造形芸術に素材を提供してきたのである。まだ神々の一族を描いている最初のエピソードは、ゼウスの息子のひとりでこの一族の最も古い先祖であるタンタロスが、食事に招いた神々に自分の息子ペロプスを切り刻み、これを煮て食膳に供したと伝えている。神話的な動機からすればそれは、神々の全知を試そうとして行われたことであった。神々はこの不敬な冒瀆行為に気付いたが、デーメーテールだけは娘ペルセポネーを失った悲しみに心を奪われていて、それとは知らず恐ろしいその料理のうち肩胛骨を食べてしまった。タンタロスはその罰として冥界へ追いやられ、そこで残酷な永却の罰に耐えねばならなかった。しかし神々は切り刻まれた少年の四肢を釜のなかへ投げ入れ、そして運命の女神ロートーが彼をそこから引き上げて新たな美しさを与えた。だがデーメーテールの食べた肩胛骨が見付からず、そこで神々は象牙によってそれを代用させた。この切り刻み、そしてよみがえり――この際、食べられてしまったために足りなくなった体の一部が人工のそれによって代用される――がオシリスの運命を想起させるとするなら、もうひとつ別の伝承は、少なくともタンタロスの恐ろしい罰の理由として、彼がゼウスによって冥界へ追放された(54)のは、母神ヘーラーに対するその不埒な欲望のゆえであるということを示している。冥界送りというこの罰が母親への叶えられない欲求（どんなに食べ物に手を伸ばしてもつかめない）のみならず、母胎そのものにおける滞在をも象徴しているということを私は『誕生の外傷』（一二七頁以下）において詳述した(55)。世界を統べるゼウスの立場から作られたこの伝承はわれわれに、タンタロス一族の伝説を近親相姦コンプレックスのなかに組み入れることを可能にしてくれる。それは、息子（タンタロス）が父親の女神（母親）に欲望を抱いたため父親によって罰せられるというこの伝承の設定をみても明らかである。しかし神話が原初にもっていた意味をこのように復元してそれを論拠にすることが許されるならば、われわれは、父親タンタロスによって行われる動機の弱いペロプスの殺害のなかに、父親ゼウスによってなされたタンタロス自身への処罰の複製を容易に認めることが出来、また切り刻みの罰を去勢としてタンタロスに組み入れても差し支えない。つまり、われわれが既に息子ホルスによるオシリスの再生の際に認めたように、ゼウスが息子（ペロプス―タンタロス）を切り刻み、一方女性（運命の女神クロートー―母親）がこれをよみがえらせたのである。既に人間化された次の世代へと下ってゆけば、同じ名前とモチーフの上に立った彼らの運命が神々の恐ろしい物語の複製であることが容易にわかる。

ペロプスの息子にアトレウスとテュエステースがいた。兄の方は一頭の羊を所有していたが、これは黄金の毛をもっていて彼の権力を保証するものであった。弟のテュエステースはこの羊を手に入れようと狙っていた。彼は兄の妻アエロペー(56)を誘惑してこれと密通し、彼女の手からこの高価な宝物を受け取る。この二重の裏切りに復讐すべくアトレウスは、テュエステースの二人の小さな息子タンタロスとプレイステネースを虐殺してこれを弟の食膳に供し、またその血をぶどう酒に混ぜて彼に飲ませようとした。テュエステースは――まだその忌まわしい食事をしている間[57]――この犯罪に気付いて、兄のもとからシキュオーンへと逃亡した。

　われわれが先ほど推論せざるを得なかった通りここでは、切り刻まれ煮られて父親の食卓に供せられ、然も再び生命を与えられないのはタンタロスである。そしてこの復讐の理由としては、オシリス神話や、ビティウとアネプについての童話におけるように、兄弟の妻を誘惑したこと（近親相姦の緩和されたかたち）が挙げられている。タンタロスとともに二番目の弟も切り刻まれるという設定は、重複化と並行して進む神話上の人物の多様化と分岐に一致するものであり、この現象はアトレウスとテュエステースの兄弟においてもみられる。もともとこの兄弟は明らかにひとりの人物であったため、ここでも、――この関係がまだ明瞭であったタンタロス伝説におけるように――息子が父親によって切り刻まれたのである。だが父親と息子のこの敵対的な関係が実際にこの伝説の根底をなしているということは、更に第三の世代において演じられる出来事を一見すればはっきりわかる。

　残忍な兄から逃れたテュエステースはシキュオーンでこの兄への復讐をどのようにして行うべきかを神託に伺いを立てた。その答は、娘ペロピアーと交わって子供をもうければ、この息子が復讐を果たしてくれるであろうというものであった。オイディプスがそうしたようにテュエステースも、神託によって告知されたこの運命から逃れようとするが、――これまたオイディプス同様――それはいっそう確実に彼に迫ってくる。この運命の成就される経緯をヒュギヌス（ペロピダエ）が語っている。テュエステースは夜になってペロピアーがミネルヴァに捧げ物をしているのを盗み見るが、それが自分の娘であるとは知らない。彼女は祭壇のそばで踊っていた際[58]に転倒して衣服を動物の血で汚してしまう。彼女がそれを川で洗っている時、欲情に駆られたテュエステースが覆面をして近くの家から飛び出して来て、それとは知らないままに自分の娘を犯す。争っている時ペロピアーは彼の剣を鞘から抜き取っておいて、あとでこれを神殿のなかに隠しておく。この交わりからアイギストスが生まれ、のちに彼は自分の叔父アトレウスを殺すことになる。テュエステースが国外へ逃亡していた頃アトレウスの国は干魃と飢餓に見舞われていて（オイディプス伝説のように）、王が神託に伺いを立てたところ、追放した弟のテュエステースを呼び戻せば直ちにこの国の災禍は終りを告げるであろうとの預言が下された。アトレウスはみずから弟をその逃亡先であるエピルスのテスプロトゥス王の許に訪ね、優しい気持を巧みに表わして相手を欺き故郷へ連れ戻すことに成功する。アトレウスはまた、ヒュギヌスの報告するところでは、既に父親の子供を孕んでいた弟の娘ペロピアーをテスプロトゥス王から、王自身の娘と思い込まされて妻に娶った。彼女はテュエステースとの間に出来た子供が生まれた時これを捨てた。羊飼いたちがこの子供を発見して山羊の乳を与えて育てた。アイギストスという彼の名前もこれに由来している。のちにアトレウスはこの子供を見付け出して自分の息子として教育させる。アイギストスが成長した時アトレウスは、成人した自分の息子アガメムノンとメネラーオスの二人を、その間に彼と不和になっていたテュエステースを探し出すために旅へ送り出す。二人はデルポイへ赴いて、自分たちの叔父に当るこのテュエステースを捕える方法を神に尋ねた。だがテュエステースの方も同じ神託に、どうすれば兄に復讐出来るか伺いを立てていた。結局彼は捕えられてアトレウスのところへ引き立てられ投獄される。そこでアトレウスは養子のアイギストスを呼んで、牢にいるテュエステースを殺すように言い含める。アイギストスも表向きはこれに同意する。しかし彼は、ペロピアーが彼女の父親テュエステースから奪い、のちになってアイギストスに与えていた例の剣を帯びていた。それによってテュエステースはアイギストスがわが子であることを知り、かくして、それとは知らずに行われるところだったこの父親殺しは未然に防がれることになる。それによって、父親との近親相姦が明らかになり、これを恥じたペロピアーはこの剣をもってみずからを刺し貫いた。しかしアイギストスは血に染まったその剣を、自分が実の父親を殺した証拠としてアトレウスに示す。弟が死んだものと思い込んで喜んだアトレウスは、その後海岸で感謝の犠牲を捧げるが、その時アイギストスが彼の体にこの剣を突き刺した。それ以後短期間テュエステースは兄の支配権を自分のものとした。

　幾世代にもわたって続けられてきたこれら近親相姦的な残虐行為は実は、タンタロス伝説によって暗示されたところのただひとつの、のちになってはあまりにも忌まわしいものに感じられるようになった家庭物語の複製であるのだが、このことについてここで個々にわたって詳述することは不可能である。いずれにしてもホメーロスがアトレウスとテュエステースとの兄弟喧嘩をまだ知らなかったという事実はこの解釈の正しいことを示している。マンハルトの適切な言葉を借りて言うならば、そもそも「呪い（一族にかかわる伝説での）は、それが幾つかの世代にまたがっている場合常により新しい世代の産物」なのである。この事実は、伝承された一連のエピソードをわれわれが知っているのはギリシャの悲劇作家を通してのみであり、タンタロス一族の伝説が長い間彼らの最も好んだ主題であったということによっていっそう興味深いものとなる。われわれは次のような数々の出来事をもって既に、数え切れないほどたびたび文学的に語り伝えられドラマ化されてきたこのタンタロス伝説の素材圏に足を踏み入れることになる。

アトレウスの息子アガメムノンとメネラーオスは父親が殺害されたあと、レーダーの夫テュンダレオース王のいるスペルタへ逃亡していた。当地でアガメムノンはクリュタイムネーストラと、メネラーオスはヘレーナ――いずれもテュンダレオースの娘――と結婚していた。ある伝承によるとアガメムノンは、クリュタイムネーストラの前夫でテュエステースの息子、つまり自分の従兄弟に当るタンタロスを殺し、またクリュタイムネーストラと結婚する前、彼女と前夫との間に出来ていた子供をも殺したとも言われている。テュンダレオースは死に臨んでメネラーオスを王位継承者に任命した。しかしアガメムノンの方はミュケーネーに戻って叔父テュエステースを殺害してその支配権を奪った。アイギストスは許されて父親の古い領地を王として統治した。さてアガメムノンがトロヤへ遠征するギリシャ軍の総大将に任命され、その艦隊が出航の準備を完了してアウリスの港で待機していた時、船はひどい凪のため港を出ることが出来ないでいた。そこで預言者カルカースに打開の方策が求められた。彼は、この凪をもたらしたのは女神アルテミスであり、それはアガメムノンが彼女に捧げられた雌鹿を殺してこの女神を侮辱したからである、と告げた。彼女の怒りは、アガメムノンがその娘イピゲネイアをアルテミスに捧げなければ鎮めることは出来ないと言う。苦しい心の葛藤を経たのちアガメムノンは、弟メネラーオスに説得され、またギリシャ全軍から強く求められて遂にこの犠牲に同意し、アキレスとの婚約という甘言をもって娘を母親とともに陣地へ誘い出す。この裏切りを見破ったクリュタイムネーストラとアガメムノンとの間に悶着が生じるが、イピゲネイアは結局みずから進んで犠牲になろうと申し出る。しかし儀式が行われようとしたその瞬間彼女は女神アルテミスによって救われる。女神は彼女をダウリスにある聖所へ連れて行き、その身代りとして雌鹿を一頭犠牲として後に残した。クリュタイムネーストラは怒って家へ帰り、そして艦隊は帆を揚げる。出征後十一年目にしてアガメムノンは故郷へ戻って来る。この間アイギストスは殺された父親の復讐を果たすべく、養父の息子で従兄弟に当るアガメムノンの妻クリュタイムネーストラを誘惑していた。彼女は今もって娘を犠牲に供したことで夫に恨みを抱いていて、そして、冷酷非情なこの夫への復讐の願望が、長い間の抵抗ののち結局彼女をこの誘惑者の甘言に屈せしめたのである。彼女はアイギストスを二番目の夫とし、宮殿及び国を分かち合った。最初の夫アガメムノンとの間に出来ていた三人の子供エレクトラ、クリューソテミス、そして幼いオレステースがまだ当時同じ屋敷で暮らしていた。さて帰還したアガメムノンは上辺は優しく敬意をもって迎えられるのだが、自分たちの関係が露顕することを恐れた妻クリュタイムネーストラとその情夫によって浴室で騙し打ちに会い、刺し殺される。[59] アガメムノンが捕虜として連れ帰ったプリアモスの娘カッサンドラもクリュタイムネーストラの嫉妬を買って殺される。しかしクリュタイムネーストラは国民に対しては、自分は夫が娘を犠牲にしたこと、カッサンドラと密通したことの復讐を果たしたにすぎないと布告させた。そのあとで彼女は正式にアイギストスを夫とした。娘エレクトラは愛する父親の死を痛く悲しみ、直ちに復讐を企てる。彼女は、父親の死以後いっそう深く愛するようになっていた幼い弟オレステースの身を案じ、彼をアガメムノンの義理の兄弟の許へ送り、彼がそこで教育を受け、将来復讐者としての力をつけて戻って来てくれるよう望みを託す。しかしエレクトラは母親クリュタイムネーストラとは激しくいがみ合いながら毎日を送った。クリュタイムネーストラはあらゆる方法で娘を虐待し、また彼女に情夫との仲睦まじい濃厚な場面をも見せつけるのであった。エレクトラの憎しみは、クリュタイムネーストラが毎年アガメムノンの周忌に輪舞の祭典を催すことから更に深く強いものになっていった。エレクトラは長い間オレステースの帰りを待ったが空しく、また彼が死んだという誤報に接して復讐への望みをすべて奪われてしまった。そこで彼女は、この復讐をひとりで果たし、情夫ともども母親を殺すことを決意する。彼女がそのための準備をしている間にオレステースが友人ピュラデスを伴ってやって来る。オレステースの死についての確かな知らせをもって来たと称するこの二人の異国人は、アイギストスが不在であったのでクリュタイムネーストラによって迎え入れられる。エレクトラに勇気づけられたオレステースは自分の母親であるクリュタイムネーストラと、やがて帰館したアイギストスを殺害する。しかしこの犯行を終えた後オレステースの心のなかには母親に対する子供らしい愛が眼覚める。そしてギリシャの観念に従って彼は、父親を慈しむ心からなされた母親に対するこの犯罪行為のため、——彼はこれをさまざまな義務の激しい葛藤のなかで成し遂げたのであるが——このような行為の復讐をつかさどる女神エリーニュスたちの手に引き渡される。狂気に取り憑かれた彼はピュラデスに付き添われてあてどなく引き回されるが、やがて最後はパラス・アテーネーの仲介によって、不当な殺人という有罪判決を撤回され赦されることになる。デルポイの神託は彼に、もしタウリスの半島に赴き、そこの神殿からパラス・アテーネーの像をアテーナイへ持参するならばお前はミュケーナイで心の苦しみから解放されるであろうと告げる。しかしその頃タウリスの神殿へは、オレステースの姉イピゲネイアもこの女神によって連れて来られていた。かくして姉弟はタウリスで再会し、聖物を携えて故郷へ帰ってくる。オレステースはそのミュケーナイの地で王としてなお長きにわたって幸福に暮らした。つまり彼においてタンタロス一族の呪いは消滅したのである。

これらの伝説群を貫いている近親相姦的な犯罪と処罰は、さまざまなかたちで語り伝えられ複雑化され、ある時には軽く、ある時には大きく重いテーマとして描かれているのであるが、これらのうちで特にわれわれの興味を引くのは最後の幾つかのエピソードである。それは単に心理学的な理由からだけではなく、クリュタイムネーストラの殺害とこれに続くオレステースの苦悶が幾世紀にもわたってギリシャ人たちの造形芸術と文学[60]に単調な素材を提供しながら極めて多様な表現を可能にしたということによる。一見してわれわれは、このエピソードのなかにいわばハムレット悲劇の女性版を認めることが出来る。実際に復讐を心に培い、この犯行の精神的指導者となったのは、愛する父を殺した母親を心底憎んでいた娘のエレクトラである。これに対して弟のオレステースは彼女によって動かされる、意志をもたない操り人形でしかないように思われる。彼女はこの弟を一二歳の時に異国へ送り出し、――これは彼女に言わせれば弟の身を案じてのことであるが、しかしそれ以上に彼を母親から遠ざけるためであったことは明らかである――自分の苛酷な運命をまだ知らないこの少年に、復讐者として戻って来ることを誓わせたのである。ソポクレスの『エレクトラ』においてはこの関係が明瞭に描かれている。オレステースが死んだという誤報を受け取った彼女は妹のクリューソテミス――彼女にとっても殺されたアガメムノンが父親であることに変りはなかったのであるが――に協力を迫り、これを拒絶された時ひとりで計画を実行しようと決心する。

「こうなればわたしひとりでこの計画を実行しなければならぬ。
試みもせずに諦めることは絶対にしません。

長い間培われた憎しみがわたしの心に深く刻み込まれているのです。」

……………………………………………

しかし彼女は、自分の憎しみを次のように理由付けしながら、その憎しみがいかに古くて深い根をもっているのかは自分でもわかっていないのである。

「一番許せないのは、父を殺した下手人がその父の寝床で
恥知らずな母と枕をともにしていることです。
こんな男と同じ床に寝る女を
まだ母親と呼べるとしての話ですが。」

ほとんど一字一句がハムレットの言葉を想い出させるこの性的な嫉妬の表現は、彼女の憎悪感情の幼児的根幹を明らかに示している。これと完全に照応するのが、ヒュギヌスによって報告されている殺害状況で、それによればクリュタイムネーストラとアイギストスは夜一緒に寝ているところを殺されるのである。これはハムレットが、「叔父」が「寝床の中で近親相姦の快楽に浸っている」ところを殺したいとひたすら願望するのに似ている。アイスキュロスのコエーポロイ（『オレステイア』の第二部）とエウリピデスの『エレクトラ』ではオレステースがまず最初に、憎むべき継父で、また——幼児的な意味で——母親を巡る恋仇でもあるアイギストスを殺すことになっているが、一方ソポクレスにおいてはクリュタイムネーストラの殺害が先に行われる。なぜならオレステースはその犯行をいわば愛する姉の名前において、また彼女の代理として成就するのである。「ああ、斬られてしまった！」というクリュタイムネーストラの発する声を聞いたエレクトラは、まるで彼女自身が手を下してでもいるかのように、「力があったらもう一太刀切りつけておやり！」と弟に向かって叫ぶ。エウリピデスにおいてもエレクトラは、用心のためというよりは目前に迫った犯行への恐怖からまだオレステースの使者だと詐称している弟を鼓舞してこの殺害へと駆り立てなけれ

ばならなかった。

「オレステース　父を殺した下手人を殺すというが、どうやればよいのです？
エレクトラ　父に対して彼らが行ったことを思い切ってやるのです。
オレステース　それであなたには勇気があるのですか？　この男とともに母も殺してしまうのですか？
エレクトラ　父を打ち殺したのと同じあの斧でやるのです。
オレステース　これはあなたの固い意志なのですか？
エレクトラ　母の血を流したら私は喜んで死にましょう。」

そして犯行そのものについてエレクトラは次のように言う。

「私はあなたを勇気づけ、あなたの力になりました。
そしてともにみずから剣をとりました！」

ここでは、エレクトラが犯行を実現するために弟の男性としての力を利用しているにすぎないこと、しかしいわば母親に対する決定的な行動を起こすための音頭取りはしなければならないということが明瞭に表現されている。そして殺されたクリュタイムネーストラの父親テュンダレオースは、エウリピデスの『オレステース』のなかで、母親を殺したオレステースに向かってはっきり言っている。

「わしは街のものたちをけしかけて、お前とお前の姉を投石の刑にしてやろう。
お前自身よりはあの娘の方が死に価する人間だ。
あの娘は生みの親に対してお前を刃向わせ、お前の耳にいつも中傷の言葉を囁いた。
アガメムノンの亡霊が夢に現われたのだ、
アイギストスとの醜聞などを話して聞かせたのだ。」

夢に現われる殺された父親のこの亡霊のなかにわれわれは、ハムレットの父親の亡霊出現と完全に対応するいわば女性版を見出す。そして、ソポクレスによる古代のエレクトラ劇を新たに翻案したホーフマンスタールは、意識的にシェイクスピアに依拠しながら、ハムレットとエレクトラとの同じ心的状況を更にはっきりと強調しているように思われる(61)。彼のドラマでは母親に対するエレクトラの激しい、狂気と境を接するような憎しみが悲劇の中心となっている。ハムレット同様エレクトラもまた馬鹿げた冗談を装って復讐作業を進めていこうとする。あのデンマークの王子のように彼女も敬愛する父親の亡霊を見る。

「アガメムノン！　お父さま！
あなたにお会いしたい、今日はひとりにさせないでください！
どうか昨日のように、あの城壁のすみにその影のような姿を
あなたの娘の前に現してください！
……………………………
今がその時です、わたしたちの時です、
あなたの妻と、そして王であられたあなたの寝床で
この女と眠っているあの男の二人があなたをあやめた時なのです。」

ハムレットが母親への幼児的な固着化のためオフィーリアに対して露骨な性的拒絶を示しているように、エレクトラも既に古代の伝説において（彼女の名前である *ἀ-λέκτρου* は夫婦の寝床をもたない、結婚していないという意味を表わす）、またホーフマンスタールにおいて更にそうであるが、すべての女性的感情を完全に奪われた人物として登場する。彼女はいわば性をもたない復讐のデーモンでしかない。しかし母親に対するその死ぬほどの憎しみは、同性である恋仇の抱く性的な嫉妬からしか理解されないものである。既にエウリピデスにおいてクリュタイムネーストラはエレクト

ラに向かって、

「お前はいつもお父さんが大好きだった。
子供たちのなかには父親に好意を抱くのもいるし、
また母親の方が好きなのもいる」

と言っているが、ホーフマンスタールにおけるエレクトラは、彼女のリビドーが父親に固着していることを率直に表明している。

「この甘美な戦慄を私はお父さまのために犠牲にしなければならなかったのだわ……
……………………………………

死者たちは嫉妬深いもの。
そしてお父さまは私に憎しみを、
眼のくぼんだ憎しみを花婿として送ってよこされたのだ。」

このようにエレクトラの行為は、神話が極めてあからさまに物語っている幼児的状況からみて、父親を愛するがゆえに生じる母親に対する娘の嫉妬的憎悪として理解することが出来るのであるが、一方オレステースの行為は更に複雑な動機を持っていて、これは特別な説明を要する。なるほど彼が自分の父親の代理人たる継父アイギストスを、母親によって優遇される恋仇への幼児的な嫉妬から心安んじて殺害するという事態は一向に不思議ではない。それゆえエウリピデスのオレステースはまず継父を先に殺し、しかもアイスキュロスにおけるように迷ったりためらったりしないのみならず喜び勇んでこの行為を成就するのである。

「おお姉上、この幸運をもたらしてくれた神々を
まず敬うことです……」

しかし母親への復讐を実行する段になると——彼女こそ父親と姉に対して本当に罪ある人間なのだが——彼は勇気を失い、自分に与えられた復讐の義務を忘れて迷いかつ動揺する。エウリピデスでは次のようなやりとりがみられる。

「オレステース（母をみとめ）　これからどうするのだ？　母親殺しをせよというのか？
エレクトラ　どうしたのです？　母の姿を見たとたん気が弱くなったのではないでしょうね？
オレステース　ああ、なんということだ！
ぼくを生み、乳房を与えてくれたひとをどのようにして殺せばよいのか？
エレクトラ　あの女がわたしとあなたのお父さまを倒したと同じようによ！
オレステース　おおポイポスよ！　あなたはなんと愚かしいお告げをくだされたのです。」(62)

今や彼は重苦しい内面の葛藤とたたかわねばならない。

「エレクトラ　そんな臆病風に吹かれるなんて！　さあ勇気を出して男らしくやるのです。
オレステース　今度はぼくがお母さんに罠をかけることになる——
エレクトラ　あの女によってその夫が罠にはめられ殺されたのですよ！
オレステース　行くよ！　だがぼくのやろうとしているのは恐ろしいことだ、
恐ろしい犯罪をぼくはしでかすのだ。ええい、ままよ、
神がそうお望みならいたし方ない！　おれにとってこのたたかいは甘くて苦いものだ！」

母親殺害のあとオレステースはなおも恐怖におののきながら次のように語る。

「あなたは見ましたか、死を目の前にしたあの可哀相なひとが、
服をはだけて胸をあらわにしてみせたさまを？

そしてあのひとは泣きながら（ああ、なんといたわしい！）
膝をがっくりと床に落とした。ぼくの心が揺れてためらった。
……………………………………
ぼくは眼の前に自分の服をかざした。[63] それから
犠牲の式でするように剣を頭上にもち上げ、
母の喉を刺し貫いたのだ。」

アイスキュロスのオレステースも、ためらうことなくアイギストスを殺害したあと、母親への復讐の段になって尻込みし、友人ピュラデスから励まされ勇気づけられねばならなかった。

「オレステース　あなたも逃しませんよ。あの男は存分に罰してやりました。
クリュタイムネーストラ　ああ、力がなえてしまった、アイギストス！
オレステース　あなたは夫を愛しておいでですか？　それなら
一つ墓に埋めてあげよう。もう二度と死者を裏切ってはなりません！
クリュタイムネーストラ　お待ちなさいオレステース。幼い頃お前が眠りながら柔らかい口でよく母の甘い乳を飲んだこの乳房をはばかるがよい。
　お前はわたしの息子ではないか。
オレステース　おれはどうすればよいのだ、ピュラデス？　母を見逃してやるべきか？
ピュラデス　それでは神のお告げはどうなるのだ？
　きみの誓いとデルポイの神殿を想い出すのだ。
　神々だけは敵にしてはならないぞ！
オレステース　きみの言う通りだ。きみはぼくを立派にいさめてくれた。

さあ、ついていらっしゃい。あなたをあの男のそばで殺してあげよう。
生きていた時にもあなたにはあの男の方が父よりも大切だったのだから。
死んだあともあの男のそばで寝ていらっしゃい。あなたはあの男を愛した。
そしてあなたが愛さねばならなかったひとを憎んだのです。」

クリュタイムネーストラは遠征中の夫への不義を、「夫から遠く離れていることは妻にとっては辛いもの」と言って弁解するが、彼女のこの言葉はそれだけいっそう確実にオレステースの心の最も傷つき易い部分に触れることとなり、そのことによって彼女の運命が決せられるのである。それというのも彼が母親を罰するのは、父親を殺されたことへの復讐というよりはむしろ彼女がアイギストスを愛したためであるということ、つまりハムレット同様彼をかつて愛していた母親（母親の乳房を示す指摘がある）の殺害へと動かしたのは最終的には母親に対する嫉妬感情であるということをオレステースはここではっきりと表現している。しかし、嫉妬（つまり愛）から生じた母親に対する息子の憎しみが、同性の子供（娘）が母親に抱く敵対的な憎しみに強さの点で全然劣らないということは（この憎しみはその情動的な作用の点では全く異なるものではあるが）、ハムレットとオレステース伝説に共通している次のような特徴が示している。即ち、再婚した母親が一番怖れているのはこの結婚に対する息子の怒りであり[64]、それゆえ彼女は彼の父親を片付けたようにこの息子をも片付けようとしている点である。しかしガートルードが夫殺しにクローディアスを利用し、そのため彼女がこの犯行にどれだけ関与したのかは不明なままであるのに対し、まだクリュタイムネーストラは夫をみずからの手で抹殺することが出来た。ハムレットの母親も他の男に身を任せるために最初の夫であり息子の父親である男を片付けた。そしてガートルードがそのためにクローディアスを利用したようにクリュタイムネーストラもアイギストスを味方につけており、エレクトラもまた自分の計画を実行するために弟を利用する。またハムレットは母親をあまりに強く愛しているがゆえにこそ、愛する母親が他の男のものになったその瞬間一転して彼女を憎むことになるのだが、これと同じようにオレステースもまた母親を憎むようになるのである。つまりわれわれはオレステースの運命のなかにもいわばより完全なハムレット悲劇を認めることが出来る。もちろん人類の感情生活における抑圧がここではさほど進行していないという相違はある。言うならばオレステースはまだ、ハムレット（「考えることによって青白い虚弱児となった」）が心の激しく深い戦慄なしには考えることさえ出来なかった行為をなし得たのである。しかしオレステースの場合でも、母親に対する無意識的・幼児的な愛情に反して嫉妬から行われたこの犯行、また愛する姉のために敢えて無理矢理になされたこの犯行は重大な心的結果をもたらさないではいない。それらの結果は、とっくに抑圧された幼児期の願望衝動を実現する幾つかの行為において表現されることになる。即ち、みずからの行為を悔いる母親殺しオレステースは、復讐の女神で近親相姦の処罰をつかさどるエリーニュスたちによって苦しめられ、迫害を受ける。つまり彼は、良心の苛責から心の平安を得ることが出来ないのである。また、殺された父親の亡霊がハムレットの前に現われるように、オレステースのところにも彼が殺した母親の亡霊が姿を現わし、怠惰な女神たちを復讐へと駆り立てるのである。古代人たちは狂気の発現をこれら復讐者による迫害の結果であると考えたのであって、そもそも狂気はエリーニュスたちの下す罰とみなされている[65]。

「復讐の女神たちが及ぼすこの作用を、後世の著作家たちは外面的に捉えて、さまざまな持物《アトリブート》（鞭、松明）に結び付けているのだが、これに対し、特にエウリピデスにおいてはそれが精神に対する直接の作用であると考えられている。オレステースの場合、狂気がまるで病気のように現れ、精神と肉体を同時に直撃する激しい発作を伴っている。これらの発作に襲われながら彼は、エリーニュスたちがその恐ろしさをむき出しにして姿を現すのを見る（『オレステース』四三、四〇〇、七九一、八三五行。『タウリスのイピゲネイア』二八一行以下、一四五六行）。これと似たような事態をアイスキュロスも少なくとも暗示はしている（『コエポロイ』、一八三行以下）。しかしハルトゥングのように（『ギリシャ人の宗教と神話』）そのなかに例えば「肉体の苦しみ」、「発作的な病気によって生じた状態」のみを認めるとするならそれは一面的であろう。オレステースに関する地方伝説はこれを精神の苦しみとみなしている。」

ロッシャーにおけるこの病気全体並びにエリーニュスたちとその作用一般についてのこの詳しい描写は、最も小さな細部に至るまで神経症の本質を特徴的に示している。エリーニュスたちについては完全な抑圧理論の立場から、彼女たちは「かつての思考を力ずくで奪い取ることによって狂気を生じさせる」と述べているが、このエリーニュスたちは激しい苦痛を伴う無意識的な防衛衝動、悔恨衝動の投影と一致する。この復讐の女神たちがただ単に近親相姦的犯罪（より広い意味での）のみならず、現在では無意識となってしまっている原初の願望と対立するところの犯罪、つまり激しい悔恨と良心の苛責を最も早く引き起こす犯罪にもほとんど常に関与していると考えられていたということ、この事実は伝説の理解にとって極めて重要であり、またわれわれの解釈の正しさを証明するものである。

「これらの神々の作用は、自然から与えられている最も単純で道徳的な事柄、即ち両親や近親の血縁者たちに対する義務……に及んでいるが、このことはこれらの神々の華やかなりし太古の時代に照応するものである。エリーニュスたちの活動が述べられているホメーロスの一二の箇所から推測すると、彼女たちの復讐はもともとは……敬虔な義務の不履行（八つの場合）と、人間に課せられた限界の逸脱（残り四つの場合）に対して向けられていた。そこでの彼女たちは復讐者としてよりはむしろ、家庭や人間社会の基礎となる秩序を守る番人として登場する。悲劇を通して初めて殺人と殺人罪が前面に出てきたのである。ホメーロスには、家族の者たちに対する尊敬の念を怠ったためにエリーニュスたちが干渉するという記述が六箇所あるが、そのうちの四箇所は母親に関連したものであり、[66] 父親に関するものは一箇所のみである……オイディプスが嘗めた苦しみも彼の母親のエリーニュスたちに起因する。」エリーニュスが息子に対して父親の権利を弁護する箇所がホメーロスにはあるが、これは、母親に頼まれて父親の妾と寝た（近親相姦の緩和）ために、父親が呼び出したエリーニュスたちの呪いによって子供を作る力を奪われたポイニクスの物語である。――悲劇においても全く同様、父親によって呼び出されたエリーニュスは息子たちに対するオイディプスの怒りの呪いを実現している（アイスキュロス『テーバイへ向かう七将』七二二―七二五、七九一、八八七行）。「エリーニュスは、弟に服従を要求する兄の権利を守ることもした。のちの作家たちは、兄弟姉妹殺しをエリーニュスに復讐させることでこれに従っている……夫の権利の擁護については作家たちは異なった意見をもっている。アイスキュロスのエリーニュスたちは、クリュタイムネーストラの夫殺しは迫害しない、なぜならそれは血縁者殺しではないからだ、とはっきり言っている（『エウメニデス』二一二、六〇五行）。エウリピデスにおいても全く同様である（『オレステース』五八四行）。これに対してソポクレスの作品においては、夫を殺した妻を罰するためにエリーニュスが呼び出されるのみならず（『トラキスの女たち』のディアネイラに対して、『エレクトラ』のクリュタイムネーストラに対して）、不義の処罰もエリーニュスによって行われる。」

このようにして、ある時は家庭秩序の番人として近親者殺害や性行為を未然に防ぎ、ある時はそれらに罰を下す復讐者として犯罪人たちのあとを追い、またある時は再び——のちの伝承にみられるように——これら不名誉な行為の扇動者として考えられるエリーニュスたちは、疑いようもなく無意識的な精神衝動の投影であることが明らかになるのだが[67]、彼女たちはまたその心的な作用においても、無意識のなかから生じる抑圧についてわれわれが知っているところの行動をあますところなく示している。

これについてロッシャーの事典は次のように述べている。「彼女たちは恐るべき存在である。なかんずく彼女たちは情容赦のない確かさをもって厳しい罰を下す。彼女たちは非情な処罰者として怖れられており、その罰はオイディプスにおけるように無意識的に犯した行為にも向けられ、またそれは神々にも人間にも及ぶのである。犯罪者は彼女たちの手中に落ち、そして奉献される。彼女たちは彼の家〔彼の心のなか〕に住みつき、もはや出て行こうとはせず、やがてこの家を根底から破壊してしまう。そして犯罪者自身は家から追い出し、彼が倒れるほどに強く足をその上に置き、一刻も離れずこれを墓場まで追い回すのである。」

ここでわれわれは、神話的な世界観から離れて心理学的な観点に立ってみるならば、これまでに挙げたすべての事象の細部に重い精神神経症の描写を認めることが出来るであろう。そしてこの診断は充分に根拠のあるものであって、処罰者としてのエリーニュスたちの作用の仕方が、最も重度の神経病のひとつ（ヒステリー）を表わすわれわれの名称と言語的に重要な類似をもっているということを今更指摘する必要もない。母親を殺した男の無意識のなかでは、狂気のうちに発現する他の動機が彼の行為を決定付けるものであったということをある伝承が教えてくれているが、それによればオレステースは自己去勢[68]という罰を象徴的なかたちでみずからに実行している。「のちのメガロポリスから遠くないアルカディアでは」——とロッシャーの事典には記されている——「パウサニアスの時代にはまだ神殿が立っていた。そこでオレステースは母親を殺した後狂気に襲われ、錯乱状態で指を一本噛み切ったと言われる。この出来事を記念して飾り屋根のついた墓丘と、石で作られた指が建立されたが、これをF・リープレヒトは母親を殺した男の墓石であると考えた（『ハイデルベルク年鑑』一八六九年、八〇五頁）。なぜなら、母親を殺した人間あるいは母親を殴打した子供の墓からは手が生え出るという考え方がいまだに民間信仰には残っているのである。そしてリープレヒトは、ベルガーが繰り返し主張している可能性、つまりダクテュロス(指)は男根であった、ないしは荒削りに作られた支柱状の、恐らくはまさしく男根の形に作られた柱像であったという可能性[69]に対しては判断を控えている。」オレステースの病気のかたちと内容が神経症を想い出させるように、その治療の方もカタルシス療法との顕著な類似を示している。特徴的なのはこの治療がエリーニュスの本質のもっている二面性、あるいは今日の言葉で言えば、欲動のもつ反対感情両立《アンビヴァレンツ》に基づいているということである。ロッシャーには次のように書かれている。

「古代全体を貫いて流れている根本概念によれば、多くの神々同様エリーニュスも恐ろしい面と慈悲深い面のふたつを一身に兼ね備えている。うやうやしく崇められることによって恐ろしい復讐の女神も優しい神となり、エリーニュスはエウメニデスとなる。それゆえ彼女たちには、不幸を回避し恵みを授けてくれるよう祈りが捧げられる……ある神社では怒れる女神と恵みを垂れる女神、即ちエリーニュスとエウメニデスの二重祭儀が執り行われていた。彼女たちは最初黒い衣裳をつけてオレステースの前に現われたが、彼の病気が快癒した後は白装束で現われ、またオレステースはエリーニュスには冥界の神々に捧げられる犠牲を、エウメニデスには天上の神々のための犠牲を献納した。アカイア地方のケリュネイアでもこの女神たちの二重の側面が知られていた。そしてエリーニュスからエウメニデスへの変身は、〈エウメニデス〉神殿の神話上の創立者であるオレステースに発すると考えられた（パウサニアス）。鎮められ、なだめられると彼女たちは慈悲深くなる。いつもは情容赦のないこの女神たちの和解、エリーニュスのエウメニデスへの変身を説明することが、オレステース裁判についての神話の意図であり、アイスキュロスの『エウメニデス』における主要な内容である。〈怒れる〉女神として彼女たちが国にもたらそうとしたまさにその不幸を、〈慈しむ〉女神としての彼女たちが遠ざけるのである（アイスキュロス『エウメニデス』、一〇〇九行）。」

しかしこの裁判においてなされるのは、精神分析が達成しようと試みている――尤もこちらははるかに複雑な道程を経てではあるが――ところのものにほかならない。つまりそれは殺人者のあらゆる不当な罪を赦免すること、彼の上に重くのしかかり、彼の心を暗くしていた罪の意識から彼を解放してやることなのである。エリーニュスもこのようにして彼の罪を許したのちオレステースのところから去ってゆく[70]。ここでは、彼が――ハムレットと全く同様――義務の心とたたかいながら、また両親のいずれかに対する子供としての義務をやむなく放棄して犯したその行為の正当な動機が是認されることになる。彼が母親殺しを犯したのは殺害された父親に対する子供らしい敬虔な心からにすぎなかった、つまり、静かな場所に憩うことのない父親の亡霊がハムレットを復讐へたきつけたのと全く同様に、父親のエリーニュスたちが彼を母親殺しへと駆り立てたのである。しかしハムレットの分析がわれわれに教えてくれたのは、父親のための復讐というこの誇張された観念は父親の死を願う息子自身の幼児的な願望を沈黙させようとするためのものでしかないということであったのであれば、少年の頃に父親の殺害を無意識のなかでは多分是認していたかもしれない（クローディアスもハムレットの願望を代表するものである）オレステースが、――なぜなら彼はそのことで母親を自分のものにしたいと願っていたのである――のちになってこの母親獲得という望みが無残にも絶たれてしまった時復讐へと踏み出すに至るその理由をもわれわれは理解出来るであろう。つまりオレステースには母親殺害のための、相互に支え合っている幾つかの無意識的な動機がある。即ち母親への嫉妬的な憎しみ、父親のエリーニュス、姉への秘かな愛などがそれである。しかしながらこれらの動機には、幼児期における母親への原初的な愛着が最も強力な無意識的な反対情動として対立していて、この感情が彼の子供らしい純真な愛の幻滅と葛藤しながらやがて神経症の発現へと至る。しかしこの発現は――そしてこのことのなかには人類の精神生活における抑圧の進行過程がそっくりそのまま示されている――犯罪行為が行われた後になって初めてみられる。ところがハムレットの場合には無意識的な動機によって要請される犯行がほかならぬこの神経症によって妨害を受けるのである。人間はもっと以前の精神発展段階においては、おのれの内的衝動に抵抗も非難もなく安んじて屈することが出来たのであって、このことは、古い叙事詩においては犯行がなされた後でもエリーニュスによるオレステースの迫害が描かれていないという事実のなかに認めることが出来る。この迫害は悲劇の時代になって初めてその詩人たちが、みずからの心的葛藤と罪の感情に基づいて伝説のなかへ持ち込んだものなのである。

五　聖書の伝承

我地に平和をもたらさんがために来たると思うか？　我汝らに告ぐ、しからず、かえって分争なり。今よりのち、父は息子に、息子は父に、母は娘に、娘は母に、しゅうとめは嫁に、嫁はしゅうとめに分かれ争わん。

ルカ伝第一二章五一以下

旧約聖書の古い部分にはあからさまな、またカムフラージュされた近親相姦関係が非常に多く認められるのであるが、その旧約聖書においても近親相姦と並んで去勢のモチーフがさまざまな衣裳に包まれたかたちで描かれている[71]。このモチーフは、シュトゥッケンによれば（『西南アジアの歴史』一九〇二年、四、五二頁）、近親相姦への罰として、父親ヤコブの妾で弟たちの母親に当るビルハと同衾したルベンにおいて現れている。しかし母親の兄弟の娘と結婚したヤコブ自身においても、兄弟の憎しみと並んで更に去勢のモチーフが暗示されているように思われる。舅のラバンの許から逃亡したヤコブは、既に母の胎内にある時から敵であった兄エサウとの恐れていた出会いの前夜次のような夢を見た。

「しかしてヤコブ一人遺《のこ》りしが、人ありて夜の明くるまでこれと角力《ちからくらべ》す。その人おのれのヤコブに勝たざるを見てヤコブの髀《もも》の枢骨《つがい》に触れしかば、ヤコブの髀の枢骨その人と角力するとき挫離《はず》れたり。その人〈夜明んとすれば我を去らしめよ〉と言いければ、ヤコブ言う、〈我汝を祝せずば去らしめず〉と。ここにおいてその人彼に言う、〈汝の名は何なるや。〉彼言う、〈ヤコブなり。〉その人言いけるは、〈汝の名は重ねてヤコブと称《とな》うべからず。イスラエルと称うべし。そは汝、神と人とに力を争いて勝ちたればなり〉と。ヤコブ問うて、〈請う、汝の名を告げよ〉と言いければ、その人〈何ゆえにわが名を問うや〉と言いて即ちそこにてこれを祝せり。ここをもてヤコブその処の名をペニエルと名づけて言う、〈我面と面をあわせて神と相見て、わが生命《いのち》なお存《い》くるなり〉と。かくて彼日の出ずる時ペニエルを過ぎたりしが、その髀のために歩行《あゆみ》はかどらざりき。」（創世記第三二章24—31）この夢には、「新しい時代をもたらす者」（イェレミアス、三七七頁）としてのヤコブに神の祝福を約束するという合理的な意味のほかに、もうひとつ人間的な意味があるのであって、これを理解するためわれわれは、フロイトがわれわれ自身の夢のために教示してくれたと全く同じように、ヤコブの少年・青年時代の話にさかのぼらなければならない。結婚後二十年にわたり子宝に恵まれなかったリベカがようやく孕んだ時（創世記第二五章20及び26）「その子胎《はら》の内に争いければ」）彼女は妊娠したことを呪うほどであった。「かくて臨月《うみづき》満ちて見しに、胎には孿《ふたご》ありき。先に出たる者は赤くして躰じゅう裘《けごろも》のごとし、その名をエサウと名付けたり。そののちに弟出でたるが、その手にエサウの踵《くびす》を持《と》れり、その名をヤコブと名付けたり……ここに童子《わらべ》人となりしが、エサウは巧みなる猟人《かりゅうど》にして野の人となり、ヤコブは質樸なる人にして天幕におる者となれり。イサクは麞《しか》を嗜《たしな》むによりてエサウを愛したりしが、リベカはヤコブを愛したり。」（創世記第二五章24—28）この後で、エサウが扁豆《レンズまめ》の代償としてヤコブに、もともと疑わしかった彼の家督権を譲る有名なエピソードが語られる。偉大な人間となるべき使命を担ったヤコブはこの家督権をもって、誕生に際して兄が有していたわずかの優位を覆すための第一歩を踏み出す。更に彼は盲目の父親が兄エサウに与えることに決めていた祝福を、母親に唆され、また彼女の奸計に助けられて自分の頭上に振り向けることによってその第二歩を進めてゆく（創世記第二七章）。詐欺行為が行われ、「エサウ父のヤコブを祝したるその祝みのためにヤコブを悪《にく》めり。即ちエサウ心に言いけるは、〈父の喪の日近ければ、そのとき我弟ヤコブを殺さん〉と。」（第二七章41）母親は自分の愛する息子ヤコブに、怒れる兄に注意するよう警告し、彼女の兄ラバンの許へ逃げるよう勧める。その地で彼は一四年間仕えたのち、血縁関係になる二人のラバンの娘即ち美しいラケルと醜いレアを娶る（第二九章17）。帰郷するに際して彼はエサウの許に使者を遣わして、自分はあなたの僕であると伝えさせ、和解のため盛り沢山の贈物を届けさせる（第三二章）。ヤコブは兄のことをひどく怖れていて、そのため神に熱心な祈りを捧げるが、それは次のような願いをもって終っている。「願わくはわが兄の手より、エサウの手より我を救い出したまえ。我彼を恐る、おそらくは彼来たりて我を撃ち、母と子とに及ばん。」（第三二章11）

そしてこの不安を抱いたヤコブは兄エサウと会う前夜に例の夢を見るのであるが、われわれはこの夢を、兄を屈服させたいという願望として理解することが出来る。

名前を名乗らない見知らぬ手強い男との力くらべは、怖れている兄との戦いを先取りするものであるが、しかしそれは同時に、この格闘をかつての兄弟間の戦いに模することによって彼のこの恐怖が妄想にすぎないものだという印象を与えようと試みてもいる。それというのもこの兄弟は既に母の胎内にあって家督権を巡って争っていたのであり、ヤコブはエサウの踵をしっかりつかんでいた、つまりエサウは一本足でびっこを引きながら先に出てくる破目になったのである。ヤコブがこの夢のなかで相手を倒そうとして腰をつかむのはこの状況に似ている。二五及び三三章でエサウは誓いとともにヤコブに家督権を譲渡しているが、ユダヤ人が相手の腰に手を置いて誓いを行ったことは他の箇所が示している[72]。そしてこの腰への宣誓が、元来は男根に向かって行われていた誓いを婉曲に表現したものにすぎないということは確実とみて差し支えない。このことは言語上の関係においても有力な根拠を見出す（子供を作る〈zeugen〉、証人〈der Zeuge〉、睾丸〈testis〉＝睾丸〈Hoden〉＝証人〈Zeuge〉）[73]。つまりヤコブは夢のなかに現れた相手の生殖器をつかむのだが——かってはその足をつかんでいた（オイディプス）——そこには、兄に対して行おうと考えてはいたがしかしみずから怖れていたところの去勢の名残りがあるように思われる。夢の翌朝になってびっこを引いているのが、つまり格闘で傷を負ったのがヤコブであることを考えるといっそうその感が強い。しかし腰をつかむという動作は、これをエサウの誓いに関連付けてみると、この象徴的な代用の意味のほかに、歴史的に解釈しなければならないあるひとつの回想《レミニスツェンツ》——これは願望としてやはりこの夢の根底にある——を代表している。つまりヤコブは家督権の争いのことで、また特に父親の祝福を得るため自分の行った欺瞞行為のゆえに兄を怖れている。もはや取り消すことの出来ないこの二つの行為を彼が少なくとも兄から事後承認してもらいたいと願うのは極めて当然である。しかし彼は、腰に向けて行われた家督権の誓いを敵意をもって兄にお返ししようとするが、一方では悔恨の情が働いてそれが自分自身の上へと罰としてはね返ってくる（びっこになること）。これに対して夢は、祝福を策略で詐し取ったこの臆病で、悔恨の情に苦しむ男の良心を鎮めることに完全に成功する。というのも彼は夢のなかで兄に祝福され、そして事後になされるこの「自発的な」是認によってかつての不名誉な行為を挽回するのである。夢には実際このようにひとを解放する作用があるということは、ヤコブの神に対する感謝の言葉が示している。彼はそのなかで、今や自分の「魂は癒えた」と言っている（第三二章）。しかし祝福の横取りという不法行為のこの事後的名誉回復においては既に兄と父親とが一者へと溶け合い、夢に登場する混合的人物となっている。このことは、夢のなかの相手がヤコブを祝福する前、かつて盲目の父親が尋ねたのと同じ言葉で彼に「汝の名は何なるや?」と問うているところに明瞭に示されている。しかし悔恨に苛まれるヤコブは、今度は「ヤコブなり」と本当のことを答え、そして当時偽って行った改名を今回は父親に要求させている（「汝の名は重ねてヤコブと称うべからず。イスラエルと称うべし」）[74]。しかしここでは早くも、夢に現われる見知らぬ男が、父親から神へという、心理学的には自明であるところの移行をも体現しているということが示されている（ヤコブ「我面と面をあわせて神と相見て……」）。そして夢のなかの人物は、ヤコブが自分のすべてを許してもらい、その行為を承認してもらいたいと願っている兄、父親そして神を一身で兼ねているというまさにその理由から、名前を問われても答えることが出来ず、ただヤコブの怖れているこれら三者の名前において彼を祝福するだけである。この夢はスフィンクスによる謎責めの苦しみ、つまり悪夢《アルプトラウム》（ライストナーの意味での）のすべての特徴を備えている（明け方まで行われる夜の戦い、名前を名乗らないこと、麻痺、祝福）とロッシャーは言っているが、これは疑いもなく正鵠を射た指摘であって、まさにわれわれの解釈の正しさを証明してくれるものである。

父親の妾ビルハとのルベンの近親相姦（「ルベン……汝父の床《とこ》にのぼりて涜《けが》したればなり嗚呼《ああ》彼《かれ》はわが寝床《ねどこ》にのぼれり」創

世記第四九章4）から出発したわれわれは、彼の父ヤコブの物語にみられる近親相姦的な特徴へと導かれた訳だが、更に世代をひとつひとつさかのぼってゆくとそこには近親相姦の切れ目のない連鎖が見出される。ヤコブの父イサークの物語についてはのちに触れることになるが、このイサークを経てわれわれは彼の父アブラハムへと立ち戻る。アブラハムは妻サラに子供が出来ないので弟の息子ロトを引き取るが（創世記第一一章30—31）、のちになって彼とは——ヤコブがラバンとそうなるように——家畜のことが因で不和となる。このロトはやがてソドムが滅びる時に救われ（この滅びは士師記一九、二〇章のなかに完全な類似を見出す）、そしてそののち泥酔して自分の娘たちと相交わる（創世記第一九章3以下）。やがてアブラハムは饑饉のためエジプトへ赴くが、その時彼は自分の美しい妻のためにエジプト人たちからつけ狙われはしないかと心配して、彼女と相談した結果これを妹と称することに決める（創世記第一二章10—13）。彼女は宮廷で大変な評判となり、「ついにパロの家へ召し入れられ」る。だが神はこのことでパロに災をもたらし、パロはアブラハムに対し、偽ったことの釈明を求め、彼を他国へ去らしめる（第一五章15—20）。このエピソードのなかには実際に本物の近親相姦の行われた名残りが認められるが、そのことはこのエピソードの重複（創世記第二〇章）から発している。即ちゲラルにおいてもアブラハムは妻サラを妹と称し、ここでも「ゲラルの王アビメレクひとを遣わしてサラを召し入れ」る。このことについてイェレミアスは次のように述べている（前掲書、三四二頁注釈5）。「アビメレクが実際にサラとの結婚式を挙げようとしていることに注意しなければならない。」「しかるに神」——とこの第二〇章は語っている——「夜の夢にアビメレクに臨みてこれに言いたまいけるは、〈汝はその召し入れたる婦人《おんな》のために死ぬるなるべし。彼は夫ある者なればなり〉[75]。アビメレクいまだ彼に近づかざりしかば言う、〈主よ、汝は義《ただ》しき民をも殺したもうや。彼は我にこれは我が妹なりと言いしにあらずや。また婦人《おんな》もみずから彼はわが兄なりと言いたり。われ全き心と潔き心をもてこれをなせり〉。」翌朝アビメレクはアブラハムを呼び出し、かつてパロがしたと同様に彼を非難した。これに対しアブラハムは次のように答えている。「また彼はまことにわが妹なり。

彼はわが父の子にしてわが母の子にあらざるが、ついにわが妻となりたるなり。」（創世記第二〇章12）

　アブラハム伝説のあるエピソードのなかでは去勢が暗示されている。それは父親アブラハムによって試みられるイサークの犠牲で、これが動機付けなしに行われる。これをわれわれは捨て子の神話を基にして考えることによってのみ理解することが出来る。[76] これに従えば、姦通によって生まれた子供たち、殊に近親相姦関係から生まれた子供たち（イサークにはこのいずれもが当てはまるであろう）は、彼らがまたこれと似たような罪を犯す恐れがあるため死に委ねられる。イサークが父親の刀で殺されるようにライオスもオイディプスのくるぶしに穴をあけさせる。われわれはこの事態を、クロノス神話のあるひとつのテキストを基に、緩和された去勢であるとみなしたのであるが、これと同じように、最後の瞬間にようやく天よりの使者が現れることによって阻止されるイサークの実現しなかった犠牲をも、[77] 息子を対象とする去勢の直接的な象徴的表現とみなして差し支えない。イサークの誕生に際して神がアブラハムと割礼の契約を結ぶという事実（創世記第一七章10―27）を考慮に入れればなおさらそうである。この契約によると男の子はすべて生後八日にして割礼を施されることになっている。[78] 割礼は、それが去勢の代用であるとする個人心理学的なフロイトの指摘[79]があって以来民族心理学的にも新しい光が当てられている。特にそれは、未開民族におけるこの儀式が性的成熟期の始まりを表わしており[80]（聖書のイシマエルのように）、また多くの民族にあっては女性のクリトリスにも施されるという事実によるものである。シュトルは、幾つかの未開種族の観念によれば少年たちに対する割礼は、彼らにマスターベーションをやめさせるという目的をもっており、少女たちの場合にもこれと同様に未婚者たちの性衝動を抑制する目的をもっていると述べているが（前掲書二五三頁）、この指摘もまた本来割礼に含まれていた、より重い罰の名残りを示すものであろう。しかしサムエル記において、ダヴィデが戦闘で斃したペリシテ人たちの陽《まえ》の皮をサウル王に戦勝記念として持参するという、これまたシュトルによって強調されている事実は、われわれの論述の証明にとっては特に有効であるように思われる。つまりこれは打ち負かした敵を切断することであって、アフリカのある種族においては男性性器全体に、然もまだ生きている敵に対して行われる。シュトルは、聖書にみられる表現はシユヴァリィに従えば「包皮のあるペニス」の意味に解釈することが出来、このことから、ダヴィデがペリシテ人たちの切られていないペニスの皮をすべて切らせたということが明らかになる、と付け加えている[81]（九九四頁）。「従ってこの古代イスラエルの戦争のならわしは北東アフリカのそれと完全に一致するであろう。」そしてシュトルは慎重に次のような推論を下す。「打ち負かした敵の生殖器を戦勝記念として用いるという習慣の最北の、いわば緩和された末裔をわれわれは、敵の包皮を奪うという右に述べたイスラエルの慣例のなかに認めねばならないであろう。いずれにしてもそれは、これが実際に連続して行われた習慣であって孤絶した出来事ではなかったという前提に立っての話である。」（五〇六頁）

アブラハム物語における兄妹近親相姦そのものは重複したかたちで現われているが、――これをわれわれは、ユングの鋭い指摘に従って心理学的な「重要性即ちリビドー配置」の表現として考えなければならない（『精神分析のための中央機関誌』第Ⅰ巻、八五頁）――この近親相姦は同じ言葉をもってイサーク伝説に導入されている（創世記第二六章7）。このことをわれわれは、イサーク伝説にみられるのはアブラハム物語の潤色化された複製化にほかならないという事実を更に広く証明するものであると考える。最も古い段階において実際の兄妹近親相姦（あるいは――シュトゥッケンがこれらのすべてを正しく推測しているように――母親近親相姦）が行われていたことは明らかである。例えばシュトゥッケンは、アブラハムの物語にも二重近親相姦の痕跡を認めることが出来ると言っている（『モーゼ』五五五頁）。「聖書における事件の語り口にみられるパトスは」と彼は書いている、「ここにオイディプス悲劇の痕跡があるので理解できる。」本来の近親相姦が、父あるいは母を異にする姉妹との近親相姦、また単に表向きであるにすぎない姉妹との近親相姦へと徐々に緩和されてゆくとともに、これらの抑圧変種のひとつひとつが独立したテキストへと仕立てられ、そのようにして、もともとは情動的であった関心（リビドー配置）がいわば幾つかの緩和された複製エピソードへと分割されてゆくのである。例えば事実イサーク物語において近親相姦の相手は表向きの妹であるにすぎず、もはやアブラハムにおけるような実際の妹ではない。「イサクすなわちゲラルにおりしが、処の人その妻のことを問えば、〈我が妹なり〉と言う。リベカは観るに美麗《うつく》しかりければ、その処の人リベカのゆえをもて我を殺さんと謂《おも》いて、彼をわが妻と言うを恐れたるなり。」（第二六章7）この箇所が一二章の11と12とに文字通り一致しているにもかかわらずこれが複製化であるのかどうかという疑いがなおも残るとするならば、[82] その疑いは、更に緩和されたかたちのアビメレクのエピソード全体と、塞がれた井戸の物語も、同様にイサークに転用されているという事実によって取り除かれるであろう。ここで付け加えて言うならば、レベカとイサークとの近親相姦的な結婚からヤコブとエサウという反目し合う兄弟が生まれ、そしてこの二人の運命について既にわれわれは、ヤコブと叔父ラバンの娘たちとの同じく血縁者同士の結合ならびにヤコブの息子ルベンとその母親との近親相姦においてその跡を辿ってきた。更に注目に価するのは、イサーク伝承とオイディプス伝承との間にある類似であり、このことに目を向けさせたのはシュトゥッケンである。つまりイサークはオイディプス同様父親によって犠牲にされることになり、オイディプスと同じく彼にもまた敵対的な息子たちがおり、そしてこれまたオイディプス同様のちに盲目となるのである。

ヤコブとエサウの和解ののちに語られる聖書物語のその後の経過のなかにわれわれは、のちに（一三章）詳述される反目し合う兄弟のモチーフを先取りせずにはいられない。三四章には、ヤコブとレアの娘ディナがヘヴル人の王ヘモルの息子シケムによって辱めを受け、彼女の兄弟であるシメオンとレヴィによる敵方の大量虐殺で仇を討ってもらう話が語られている。[83] ここにおいても誘惑者とその一族の抹殺が、禁じられた性行為ゆえの去勢として最後に行われているのは、復讐の前になされた偽りの和解の結果であるように思われる。それというのもヤコブの息子たちは彼らの妹ディナとシケムとの結婚については、この誘惑者が彼自身とその一族すべてを割礼する場合に限ってこれを認めると申し立てるのである。シケムはこれに同意する。しかし、「斯《かく》て三日におよび彼等《かれら》その痛みをおぼゆる時」、戦う力を失った彼らはヤコブの息子たち(84)によって斃される。名誉回復ともなる求婚をいっそう頑なに拒む兄弟たちによるこの恐ろしい復讐が、自分たちの妹に対する嫉妬から生じたものであることは、サムエル記第一三章に語られているタマルの物語が示している。ダヴィデの息子アムノンはその兄弟アブサロムの妹タマルに恋をし、誘惑の機会をつかもうとして病気を装う。かくして彼は抵抗する彼女を暴力をもって犯すことに成功するが、しかしそのあとで彼女に嘲りと恥辱を与えてこれを追い払う。「そはアブサロム、アムノンをうらみたればなり。こは彼がおのれの妹タマルを恥しめたるにより。」(第一三章22)そこで彼は二年ののちアムノンを従者たちによって殺させる。彼をこの殺害へと駆り立てたのが、妹とのみずからの近親相姦を願う嫉妬の入り混じった感情であることは、彼のその後の行動と運命とが示している。彼は王である父親ダヴィデに反抗し、ダヴィデは息子のところから逃亡する。アブサロムは「イスラエルの目のまえにてその父の妾たちの処へ入る」(第一六章22)ことによって父親の権力を占取したこと(85)を明示する。やがて彼は樫の木にぶらさがっているところを槍で刺し殺される。再び王座に就いた父親は、死ぬほどの憎しみをもって自分を苦しめたこの息子の死をいたく悲しむ(第一八章33)。——ちなみに父親の直接の殺害は列王記略下第一九章36にみられ、そこではセナケリブが息子たちによって殺され、息子たちは次にアララトの国へ逃亡する(86)。

旧約聖書における他の近親相姦伝承——なかんずく、別のタマルと義父ユダとの近親相姦(創世記第三八章)のような——を私は、既にたびたび触れた『幼児的性理論と民族心理学の類似』に関する私の著作で挙げておいたが、そこではアダムとイヴの人間堕落も、歪められ合理化された世界創造親の神話として捉えられている。父親の一神論的な立場から改変されたこの神話は、近親相姦を犯した息子の去勢をもって終るのである。シュトゥッケンも純粋に神話学的な推論から、エホバによるアダムの肋骨抜き取り(創世記第二章21)のなかに去勢の象徴的表現を認めるに至っている。そして彼はこの解釈を、ギリシャ神話のこれと類似した特徴と結び付ける。つまり最初の女性が生まれるのはアダムの肋骨からであるが、それはウラノスの切断された男根から愛の女神アフロディーテーが生まれるのと似ている、と彼は考えるのである。

（1）　この解釈については更にランクの『芸術家』（一九〇七年）、フロイトの『詩人と空想』（一九〇八年）、アーブラハムの『夢と神話』（一九〇九年）、そしてランクの『英雄誕生の神話』（一九〇九年）を参照されたい。

（2）　フロイトの『強制行為と礼拝』（„Zwangshandlungen und Religionsübung“）参照。

（3）　M・ミュラー『エッセイ集』第Ⅱ巻、ライプツィッヒ一八六九年、一四三頁。同様にコックスも、神話は自然の事象に還元されることによってその本来の忌まわしい不快さを失うことになる、と告白している（『アーリア民族の神話』）。

（4）　マイヤーは次のように言っている（『古代史』第Ⅴ巻、四八頁）。「多くの場合、神話のなかに捜し求められている自然の象徴的表現はみせかけだけの存在であるか、さもなければ、ヴェーダやエジプトの神話において非常にしばしばみられるように、付随的に神話に取り入れられたものにすぎない。要するにそれは、ギリシャ人たちの間で五世紀以来盛んになった神話解釈同様ひとつの原始的な解釈の試みである。」これと似たことをヴントがその『民族心理学』のなかで述べている（Wundt: „Völkerpsychologie“, II. Bd., 3. Teil, Leipzig 1909, S. 252）。「そうするとここでは、神話が再び寓意的に解釈されることになるであろう。二つの全く相反する性格の伝説内容を同一の外的基本モチーフへと集約させることも、最も古い神話についてなされていたであろうこの解釈の特徴を示すものである。」

（5）　ゴルトツィーヤー『ヘブライ人における神話とその歴史的発展』（Ignaz Goldzieher: „Der Mythus bei den Hebräern und seine geschichtliche Entwicklung“, Leipzig 1876, S. 125）。

（6）　ネルケンはこれと似たようなやり方で一二宮の心理学的説明を行っている。「父親コンプレックスは常に太陽の象徴によって表現される。つまり雄牛、雄山羊、蛇は太陽の神話からの象徴である。太陽は再生させ、若返らせ、実を結ばせる自然の力である。始源的な動物たち——トーテム動物——は祭礼の発展に伴って天体へと投影された。」（„Schizophrenie“, Jahrb. IV., 1912, S. 531）

ここで、太陽神たちの再生を指摘しておきたい。「リュッケルトによって、永遠に老いることを知らないヒデールと賛えられたヒトルは、夜が明けるごとにすこやかな体で誕生する。即ち太陽は大地の母胎のなかへ戻り、暫くののち再び生まれ出るのである。これは近親相姦的行為である。なぜなら、死んでまた再生する神々はみずからの母親の愛人である。更に言うならば、彼らは母親を通してみずからを生んだのである。神の化身であるキリストはマリア自身を通して自分を生んだ。

ミトラスも同様である。」（ユング『リビドーの変遷と象徴』、二三六頁）――フェアトンは母親から、太陽がお前の父親であると言われるが、彼はこの父親から地上に投げ落とされ（後で触れるヘパイストス参照）、あるいは切り刻まれる。

（7） シュルツはバビロニア・アッシリアに伝わる次のような謎々について報告しているが、これによれば勃起は妊娠とみなされ、また幼児的な性理論に従って妊娠そのものは食事の結果であると考えられている（前掲書、七頁）。

「種を迎え入れないでも孕むものは？　食べなくても太るものは？」

これについてシュルツは、この両方の問にかなうものは月であり、二番目の問の正解は更に男根である、と言っている。

（8） ヴットケ『異教民族の宇宙創成論』（Wuttke: „Kosmogonien der heidnischen Völker“）及びルーカス『宇宙創成論の根本概念』（Lukas: „Grundbegriffe der Kosmogonien“）参照。

（9） 『太陽神の時代』（„Das Zeitalter des Sonnengottes“, I. Band, Berlin 1904）。

（10） カランガ人たちの伝説は次のように伝えている（Köhler: „Mulisnensage“, S. 46）。猪の娘であるセピラーゼは犬と交わって、東方のオイディプスといわれるスウングラーサを生む。彼は自分の父親である犬を殺して母親と結婚する。

（11） このことは同様に精神病的な体系形成と宇宙創成論においてもみられる（Maeder, Jahrb. II.; Nelken, Jahrb. IV, S. 561/2）。「近親相姦コンプレックスはちょうど赤い糸のように精神病全体を貫いている。天の女王である彼の妻は彼の母親となる。彼自身は自分の娘によって犯される。彼の息子は黒い小人で、太古の物語では父親を去勢する。彼が天の女王との間にもうけた息子たちは彼ら自身の母親を手籠めにし、そして父親も亡きものにしようとする。患者の克服されない近親相姦は彼の表現からすると人類全体の克服されない近親相姦になる。彼は自分の近親相姦を宇宙全体に投影する……」これについてはヤーコプ・ベーメの宇宙創成論を参照されたいが、そこでも近親相姦空想が叙述されている（Kielholz: „Jacob Boehme“, Schriften zur angew. Seelenkunde, H. XVII, 1919, F. Deuticke）。

（12） ヴィンクラー『バビロンの精神文化並びにその人類文化発展との関係』（Winckler: „Die babylonische Geisteskultur und ihre Beziehungen zur Kulturentwicklung der Menschheit“, Leipzig 1907）を参照されたい。ティアマト神話について既に記述した部分もこの著作から援用したものである（九二頁以下）。

（13） オシリス伝説については拙論『兄弟神話』を参照されたい。

（14） イェレミアス『旧約聖書におけるバビロン』（Jeremias: „Babylonisches im alten Testament“, S. 146, Anmkg., S. 82, 141, 108, Anmkg. 1）。

（15） 『アッシリア学と碑銘学に関する書簡』（„Lettres assyriologiques et epigraphiques“, Paris 1872, II, 5. Brief）。

（16）マクス・ミュラー『サンスクリット文学史』（Max Müller: „History of Sanskrit Literature", S. 530; Essays II, 143）。

（17）ガイガー、クーン編『イラン文献学概要』（„Grundriß der iranischen Philologie", hrsg. von Geiger und Kuhn, Bd. 2, S. 603/4）より。

（18）「女性《フラオ》」という言葉を初めて「おんな《ヴァイブ》」に優先させて賛えたと言われる恋愛歌人《ミンネゼンガー》フラオエンロープ（女性賛美）も、あるパラフレーズで、以前キリストの花嫁としての教会へと転用されていた賛歌《ホーエスリート》をマリアに応用した。そこでの彼女は神の花嫁として、また同時に母親として登場する（Ettmüller: „Heinrichs von Meißen, des Frauenlobs, Briefe, Sprüche, Streitgedichte und Lieder" Quedlinburg 1843 参照）。

（19）『グノーシス派の教説と実践における性的なもの』（„Das Geschlechtliche in gnostischer Lehre und Übung", Zeitschr. f. Rel. Psychol., Bd. 5, 1911, H. 3）。

（20）これらの体系が早発性痴呆症と偏執病の妄想形成に著しく類似しているということを指摘しておきたい。これについてはフロイトの分析を参照されたい（シュレーバーの偏執病）。メーダー（『早発性痴呆症』）ならびにシュピールライン（『早発性痴呆症』）も参照されたい（Jahrbuch f. psa. Forschungen, 1910 u. 1911）。これらを補完するためC・G・ユングは系統発生史を拠り所とした（『リビドーの変遷と象徴』）。更にブロイラーの『早発性痴呆症あるいは精神分裂病グループ』（Bleuler: „Dementia praecox oder Gruppe der Schizophrenien", Deuticke, 1911）も参照されたい。

（21）これについては、精神分裂病者の抱く母なる神との母親近親相姦空想参照。この神は天の女王であるが、しかし原初の女神であると同時に娼婦でもある（ネルケン前掲書）。

（22）これは、フロベニウスによって報告されている神話（三三五頁）と同じ状況である。

（23）クロノス伝説においては、嚥下と吐き出しとが幼児の生殖・誕生観念として描かれていることについては拙論『幼児的性理論と民族心理学の類似』を参照されたい。

（24）『神話の起源』（„Ursprung der Mythe", Berlin 1866, S. 138 ff.）

（25）『ヘパイストス神話における母胎空想』（„Die Mutterleibphantasie in den Mythen von Hephästos"）はやがてマッカーディーによって詳しく研究がなされた（〔イマーゴ〕、Ⅲ、一九一四年）。

（26）エーミール・ローレンツ『一般神話学におけるティーターン・モチーフ』（Emil Lorenz: „Das Titanenmotiv in der allgemeinen Mythologie", Imago, II, 1913）参照。

（27）ロッシャーの事典には、ヘシオドスの神話の残酷さがしばしば模倣して語られたと出ている（クロノスの項参照）。「一番好まれたのは教父たちによって語られるもので、彼らは不快な物語にある種の意地悪い喜びをはっきりと示した。」またウラノスの犯行も本来の意味での去勢としてのみ表現されることがしばしばあるとのことである。デュロールによれば神々の去勢は次のような神話において描かれる（『諸民族の信仰、風俗、習慣における生殖』Dulaure: „Die Zeugung in Glauben, Sitten und Bräuchen der Völker“）。オシリスは兄弟デュポーンによって去勢され、アッティスはみずから去勢し、あるいは他の者から去勢される。アドニスは雄猪によって傷を負い、バッコスは下界へ下降する時、オラノスはサトゥルヌスによって、サトゥルヌスはユピテルによって、またブラーマ、ヴィシュヌ、オーディンなども同様に去勢される。

(28) リュクールゴス、オイディプス、ゼウスにおいて足がそうであるように、他の場合には指がペニスの象徴として用いられ、去勢に際してペニスの代理をする。指の性的象徴に関してはゲーテのシュレージエン旅行のノートブックから次の詩句を引用しておきたい。

「わたしはある小さな指輪を知っている、それは他の指輪とは抜け方が違っていた、
これをハンス・カルヴェルは年老いて気に入り、所有した。
愚かにも彼は十本の指のうちで一番細いのを指輪へ押し込んだ、
ぴったり似合うのは一番太い十一番目の指だけなのだ。」

ハンス・カルヴェルとその指輪の物語はゲーテ以前しばしば取り上げられている。例えばフィレンツェ人ポッギスの笑話集に『指輪』と題された戯曲があるが、そこではハンス・カルヴェルはフランチスクス・フィレルクスという名前になっている。ラブレーもパンタグリュエル（Ⅲ、二八終章）でハンス・カルヴェルの指輪についての物語を詳細に語っている。同じくラフォンテーヌもコントにおいて、またアリオストは諷刺詩ラネッロにおいてもそれぞれこれを扱っている（アイグレモンの『手と指の象徴的表現とエロティク』Aigremont: „Hand- und Fingersymbolik und Erotik“, 1913. も参照されたい）。

指と足がそうであるように、しばしば鼻が去勢の象徴的な代用として切り落とされる（男性の力は鼻によって認識される）。鼻による男根の象徴的な代用については、ケーラーが伝えている笑劇『魔法の指輪』（„La bague magique“）及びその類似の物語がわれわれに教示を与えてくれる（小著作集、Ⅰ巻、一一一頁）。この笑劇においては、ある若者が魔法の指輪の力を借りて他人の鼻を自由に長くしたり短くしたりすることが出来、そしてそのことによってひとりの女性を獲得する。トロワのニコラスの短編集第三九番では、鼻ではなく陰茎が登場するが、これは魔法の指輪（＝ワギナ）によって操作され、半フィート大きくなったり（勃起）、反対の合図がなされるとまた同じように小さくなるというものである。フェルディナント・ライムントの童話劇『魔法の島の晴雨計作り』（Ferdinand Raimund: „Der Barometermacher auf der Zauberinsel“）で

は、無花果の実を食べることで鼻が大きくなる。男性性器と鼻との関連についてはF・S・クラウスがその『自己去勢』F. S. Krauß : Selbstentmannung（〔性の問題〕、一九〇八年六月号）のなかで論述している。自己去勢に関してはホヴォルカの『古代及び現代の諸民族にみられる男性生殖器の自己切断』（Hovorka : „Die Selbstverstümmelungen des männlichen Gliedes bei einigen Völkern des Altertums und der Jetztzeit“, 1894, S. 131-141）を参照されたい。例えばインディアンたちの間では姦通が、鼻の切断ないしは噛み切りによって罰せられる（ヘルビング『女性の不義の歴史』Fr. Helbing : „Geschichte der weiblichen Untreue“）。シュトル（前掲書）によれば、打ち負かした敵の頭皮を剝ぎ取るという習慣も去勢の代用として行われる。このことについてはリクリンが『童話における願望成就と象徴的表現』という研究において指摘したことがある（Riklin : „Wunscherfüllung und Symbolik im Märchen“, S. 84）。「頭をつるつるにそるという行為は恐らくここでは、聖書のサムソンとデリラの物語と同様一種の去勢、男性の力の剝奪を意味する（サムソンにおいてはその髪の毛がまさに不死の魔力となる）。童話において髪の毛（特に男性の）が話題となる場合、ほとんど例外なくこれを性的な力のメルクマールと考えて差し支えないであろう。」

(29)　数ある事件のなかからひとつだけ例を挙げておく。一九〇六年六月半ばクレムスで四二歳の日雇い労務者フランツ・Hに対する陪審裁判が開かれた。彼は自分の妻の愛人である鍛冶屋フランツ・Lの頭部を殴打してこれを失神せしめ、更に去勢したかどで告訴されたのである。この傷が因で、長年憎んでいたこの恋仇は死亡した。

　プルタルコス（イシデとオシリデ二三章）。「エジプト人は破廉恥なことを河馬の所為にする。というのもこの動物は父親を殺し、暴力をもって母親を犯すと言われているのである。」これに関してイェレミアスは次のように述べている（前掲書、三九六頁注釈）。「シュトゥッケンが主張するように後半の文章に二重の意味がこめられていて（「お前が凌辱を犯した」の代りに「お前が凌辱された」）、太古の時代の別のモチーフ、つまり原父《ウーアファーター》の去勢というモチーフも入り込んでいるのかどうか、このことについては私は敢えて断は下さない。」

(30)　去勢のモチーフを補完するように思われる姦通の罰がインドのある伝説に見出される。そこでは次のように語られている。インドラ・アハリヤはリシ・ゴウタマの美しい妻に惚れ込み、これを誘惑する。欺かれた夫は怒りに燃えてこの誘惑者に呪いをかけ、この男がそれでもって罪を犯したところのその陰茎を千倍にしてその体の上につけさせた。しかしながら彼はインドラの必死の懇願を容れて、やがて悲しげな飾りを一千の眼に変えたので、インドラの体は一面これらの眼で覆われてしまった（これについてはインドのヴァルナ、ギリシャのアルゴス、北欧のトゥナル参照。トゥナルに関しては〔ドイツ神話学のための雑誌〕„Zeitschrift für deutsche Mythologie“ III, 86-107 u. S. 146. にこれと似たような男根の描写がみられる）。この罰が不名誉なものであることは明瞭であるが（オイディプスも眼を罰せられる）、しかしこの罰が反対の事実による本来の去勢を表わしているにすぎないことは、〔紫水晶《アメティスト》〕（一九〇八年七月号）で報告されている千一夜物語のなかのある話が示している。それは、三つの願いが許されているある男が、第一の願いをよく考えなかったために、これらの願いのすべてを無駄にしてしまうという話である。つまり彼は最初体全体を陰茎で覆ってもらいたいと願い出た。しかしやがて彼は、そのことから生ずる苦しみに気付いて、今度はすべての陰茎を取り除いて欲しいと言った。すると彼は自身の陰茎をも失ってしまう。最後に彼は、自分自身の陰茎を取り戻すという願いがまだもう一度叶えられることを幸いに思う。

（31）ちなみにガンダルヴェンは人間の妻たちによって自分たちの妻の許へ追い返される（先ほど記述した「アプサラスの夫」参照）。これについてマイヤーは、マジャールと低地ドイツの呪いは、呪われた者に母親のところへ行くよう命じている、と言っている。――周知のようにスラヴ地方の多くの呪いも母親との性交をその内容としている。

（32）去勢についての詳細については『兄弟童話』についての拙論を参照されたい。

（33）ディオドールの記述にはまだ単純な人間関係の余韻が残っている。そこではキュベレーはフリジア王の娘として捨てられ、成長してアッティス――彼の出生については触れられていない――の子を身籠もる。このことに対して彼女の父親はひどく腹を立て、この若者を殺し、死体を埋葬せず放置させた。――キュベレーは狂気となって国をさまよう（この神話についてはヘプディングの『アッティス。その神話と祭礼』Hepding: „Attis, seine Mythen und sein Kult“ 参照）。

（33a）このテーマについての更に詳細な記述は、私が報告した『系統樹の夢』(„Traum vom Stammbaum“, in „Technik der Psychoanalyse“, I. F. Deuticke 1926) にある。

（34）シリアではこれと似た祭祀がシリアの女神のために執り行われていた（シュトル前掲書、六四八頁）。またインドのリンガの祭祀の源も、失われた男性の力の代償的な過大評価である（同書六三九頁）。恐らくこのことは心理学的にみれば、価値あるペニスをひょっとして失うかもしれないという不安にさかのぼることが出来る。

（35）キュベレーはまた自分の父親との近親相姦関係をもっていたとされている。というのも彼女は河神サンガイロス――彼女はこの神の娘としても登場する――と交わって河の精ニケイアを生んでいるのである。

（36）ザグレウスの誕生についての報告では、ゼウスがデオの怒りを鎮めるため地獄に対して自分を去勢する振りをする。彼は彼女を身籠もらせたあと、自己去勢の口実のもとに雄羊の睾丸を彼女の胸のなかへ投げ込むといった暴力を働いていたのである（アレキサンダー・プロトレプⅡ、一三頁）。

（37）クロイツァー『古代民族の象徴的表現と神話』(Fr. Creutzer: „Symbolik und Mythologie der alten Völker“, II, 1841, S. 19

f.)。

（38）『古代エジプト人の文化と思考』。

（39）もうひとつ別の伝承によれば、オシリスの再生（再誕生）は、御柳《ぎょりゅう》の柱に変身させられ（閉じ籠められ）切り刻まれたオシリスの死体に接吻してこれに生命を吹き込んだイシスによって行われる。彼は再び生殖力を獲得し、そして彼女はひ弱な曲がった足（去勢！）の子供の母親となる。この子供はオシリスの新たな化身である。

（40）シシリアのディオドールはこれについてその歴史叢書第一巻で次のように報告している（一三章）。「のちにクロノスは支配者となった。彼は妹のレーアと結婚し、何人かの神話学者たちによるとオシリスとイシスを、あるいはほとんどの学者が主張しているところではゼウスとヘーラーを生んだ。ゼウスとヘーラーはその功績によって全世界の支配者となった。彼らからは五人の神々が生まれたが、いずれもエジプト人の五つのうるう日のひとつに生まれた。それらの名前はオシリスとイシス、次にテュポーン、アフロディーテーである。オシリスはディオニュソスと同じくらいに重要な存在であり、イシスはデーメーテールとほとんど同等の重みをもっている。」

（41）双生の兄を解放し、これに生命を与えるための弟の旅立ちは、典型的な童話のモチーフとして本書第一三章において論述されることになる。エジプトの童話の意味と象徴性についての詳細は拙著『兄弟童話』における私の解釈を参照されたい。

（42）イシスがその後いつも直立した樹木の男根によってみずからを慰めていたように、去勢された息子アッティスに恋し続けるキュベレーもゼウスの慈悲によって、この若者の肉体を腐らないままに保存して欲しいという願いを叶えてもらうが、恐らくこれは元来男根が目的だったのであろう。――男根の保存に重要な光を投ずる二つの興味ある例をエリスが挙げている（『人間嫌いに基づく病的な性感情』Ellis: „Die krankh. Geschlechtsempfindungen auf dissoz. Grundlage“, Würzburg 1907）。「シューリッヒは一八世紀初頭に彼の知り合いのあるベルギーの婦人について報告しているが、この女性は愛する夫が死んだ時そのペニスを秘かに切断し、銀の小箱に入れて保存していた。更にもっと古い例は、フランス宮廷のある貴婦人についてブラントームが語っているものであるが、それによると彼女は亡くなった夫の生殖器に防腐処理を施し、芳香をふりかけてこれを黄金の小箱に保管した。」――これと驚くほどの一致を示すのが、死んだ夫のペニスをミイラにして保存するという日本の未亡人たちの習慣である。そして、夫を亡くした女性は指の一部を切断しなければならないという、幾つかの未開民族にみられる習慣も（例えばシュトルによるとホッテントット人）、象徴によってカムフラージュされた類似の意味をもっているのかもしれない。――ペニス喪失の悲しみは、世界文学においてしばしば取り上げられる不実なエフェズスの未亡人についての物語の基礎になっているように思われる。これに関しては私の分析を参照されたい（『芸術家』、その他の小論文)。

(43)『ローエングリーン伝説』における私の指摘を参照されたい(一〇八頁)。

(44) ハンマーの男根象徴はコックス(『アーリア民族の神話』)とマイヤー(『ゲルマンの神話』Meyer: „Germanische Mythologie", 1891, S. 212)が指摘している。そのためトール神のシンボルは聖なるお守りとして利用されたが、それらは墓のなかで見付けられた銀の小さなハンマーである。ハンマーをもってさまざまな契約、特に結婚が奉納され、宗教的な行事はこの神に奉納される日(木曜日)に行われる習慣であった(モーク『ゲルマンの神話』六一—六二頁)。

(45) ここでは受精を象徴している嚥下の神話、つまり人間(ヨーナ)あるいは人間の体の部分が呑み込まれて、それからのちに再び生きたままで吐き出される(生まれる)という神話が、やはり小箱に閉じ籠められた人間が海上を漂った後で生まれるという捨て子の神話と結び付いている。これについては拙論『眼覚めの夢における象徴成層と、神話的思考におけるその回帰』(„Die Symbolschichtung im Wecktraum und ihre Wiederkehr im mythischen Denken", Jahrb. IV, 1, 1912)を参照されたい。——またシュトゥッケンの神話比較論(『天体神話』)も同様の類似を示している。

(46) グリム兄弟は類似伝承について次のように注釈している(第Ⅲ巻、八五頁)。
「骨の拾い集めはオシリスやオルフェウスの神話、アーダルベルトの伝説にも現われる。再生は他の多くに、例えばブルーダー・ルスティッヒの童話(八一番)、フィヒタースフォーゲルの童話(四六番)、マリベーの泉についての古デンマークの歌、溺死した子供についてのドイツの伝説、ナンニについてのニグロの伝説などで語られている。このナンニは母親から、若鳥の肉を食べてその羽と骨を再び繋ぎ合わせることを教わる……トールは食べた山羊の骨を集め、それらを揺すぶって生命を与える(デーメ伝説83、Ⅰ)。他の伝説はここでは挙げないでおく。」これらの類似は更にボルテとポリヴカ(第一巻四二二頁)にみられる。

(47) 同じように『童話』二八番と、グリムの報告している類似伝承(第Ⅲ巻八四頁)では、王の娘を巡る争いで殺された兄弟の小さな骨が次のように歌っている。
「ああ、愛する羊飼いよ、
お前はぼくの骨の上で笛を吹く。
兄弟にぼくは殺された。
猪のために、
橋の下に埋められた、

王の可愛い娘のために。」

橋の下を掘っていると殺された者の骨が発見された。殺人者は袋に縫い込まれ、生きながらにして水中に沈められた。殺された者は手厚く葬られた。――ブリュンヒルデを接吻によって生き返らせる（いばら姫と同様）ジークフリートも鳥による指図を受け取っている。

グリム兄弟の記述によれば（『童話』第Ⅲ巻、八四頁）、ゲーテもこの歌を古い言い伝えからファウストに取り入れている。彼はこの歌をそこでは、母親と子供を殺した狂気のグレートヒェンに歌わせている。「わたしの母さん娼婦なの、わたしを殺してしまったの！　わたしの父さんならず者、わたしを食べてしまったの！　わたしの小さな妹が、わたしの小さな骨たちを、涼しいところでひろってくれた。わたしはきれいな小鳥になった。ああ、飛んでゆく、飛んでゆく！」――グリムによればプロヴァンス、スコットランド、南アフリカにも類似の物語がみられる。

(48)　『トーテムとタブー』。

(49)　オシリスの殺害を助けた多数の協力者たちを私は「兄弟集団」の意味で解釈した（『兄弟神話』）。彼らのひとりひとりが死体の一部を手に入れるが、男根だけは与えられない。男根は、魚によって呑み込まれるにせよ、イシスによって呑み込まれるにせよ、いずれにしても再誕生のために救われる。――ロムルスの最後についてもシュヴェルガーは、ある不可思議な儀式の習慣に起因するひとつの話を紹介しているが（『ローマ史』Schwelger: „Römische Geschichte“, S. 530 ff.）、それによれば弟殺しのロムルスは（ペンテウス、オルフェウスと同様）怒った元老院議員たちによって引き裂かれ、殺人者たちは血のしたたる四肢をトーガの下に隠して運び去り、秘かにこれを埋葬した。これはオシリスの死体が謀叛人たちに分け与えられたことを想起させる事態である。――復讐の的となった人間の切り刻まれた四肢を相手に送りつけることによって戦闘の口火を切るというよく知られたモチーフは、例えばロト伝説の複製のひとつと言える士師記第一巻19にみられる。

(50)　これと関連したものにバカイリ族の神話がある。ニマガニロはバカイリの二本の指の骨を呑み込んだ。その骨の多くは家のなかにあったが、それはオカがそれらを矢尻に使って多くのバカイリ人たちを殺し、その肉を食べたからであった。オカによってではなくこの指の骨によってのみ妻は子供を孕んだ（フロベニウス二三六）。

(51)　この種族は、兄弟殺しを示す「歌う骨」の童話をも知っている（グリム第Ⅲ巻、三七六頁以下）。

(52)　ヘロドトスによれば、兄弟によって生命の危機にさらされたエジプト人セソストリスは自分の息子たちのうちの二人を橋として利用し、妻と他の息子たちとともに燃えさかる宮殿から逃れようとした。ダンテが語り（地獄編、三三歌）、またゲルステンベルクがある悲劇で取り上げているウゴリーノの物語では、城の牢獄で苦しみ衰えてゆく父親が息子たちの死体を食べて生き永らえる。
(53) グリム『哀れなハインリッヒ』。
(54) 杜松の童話に出てくる、ドアーの上にぶらさがって母親を殺す臼石参照。またタンタロス神話には「禁断の」実をつけた木も欠けてはいない。
(55) 四つ輻の鎖に繋がれた(ピンダロス)イクシオーンについての伝説は次のように語っている。最初彼は舅を殺したが、のちになってゼウスによって罪を贖ってもらった。しかし彼はその恩を忘れて母親であるヘーラーを誘惑しようとする。ゼウスは雲の女神ネフェーレにヘーラーの似姿を作らせて彼をだました(この結び付きからケンタウロスが生まれたと言われている)。イクシオーンは自分のしたことを自慢するが、ゼウスはその罰として彼を冥界へ突き落とす。そこで彼は風によって永遠に回転し続ける車輪に結び付けられる(ダンテにおけるフランチェスカ・ダ・リミニの罰、アブラハムの『セガンティーニ』における「懺悔する女たち」参照)。
(56) アエロペーの息子はアガメムノンとメネラーオスであった。しかしながら彼女がこれらの息子をプレイステネースとの間に生んだのか、あるいはアトレウスとの間に生んだのかについては伝承も定かではないので、彼女はまずプレイステネースと、次に(彼の息子ないしは父親)アトレウスと結婚したというふうに考えられた(ロッシャーの事典)。ここには、もともと伝説全体の基礎をなしている近親相姦の残余がかたちを変えて現われている。この神話をソポクレスは『アトレウス』で劇化し、またエウリピデスは『クレッサイ』で扱った。J・W・ミュラーはこの素材を『アエロペー』(一八二四年)で使用している。
(57) ヘロドトスのキュロス伝説に登場するハルパゴス——彼を私は父親の形姿の代用であると解釈した(『英雄神話』)——も自分の息子の肉を食べさせられる。同じくスキューテンのキュアクサレス(ヘロドトス、第Ⅱ巻、七三)にもその息子が猟獣の肉として供される(イサークの猟獣の食事とエサウの扁豆参照)。ヘロドトスはまた、インドのカラティア人たちが父親を食べたことに言い及んで(第Ⅲ巻、三八)、年をとりすぎた人間を親戚の者たちが殺し、「これに他の動物をも加えてその肉を煮て宴会を催す」というマッサゲーテ人たちについて報告している。これは「彼らの最も大きな喜びである。」
(58) われわれは他の神話的近親相姦伝承のなかに、血縁者の顔に煤を塗りたくってこれを醜くする習俗を見出すであろう(本書第一一章における千枚皮と第一三章における兄弟姉妹神話参照)。
(59) エルヴィン・ローデの指摘によると——残念ながら私はこれを見付けることが出来なかったのだが——アガメムノンは去勢されたと言われている。

(60) ホメーロスはオデュッセイアにおいてアガメムノン家の家庭劇を物語っている（第四巻、五一二―三七行、第三巻、二六二―三一四行、第十一巻、四〇五―四三九行）。ホメーロスではアガメムノンはアイギストスの屋敷で殺され、アイギストスが主犯とされている。悲劇作家たちの作品では彼の運命が尽きるのは自宅においてであり、クリュタイムネーストラが主犯となっている。ホメーロスはタンタロスとその後裔たちの残忍な行為についてはなにも報告してはおらず、その呪いはアトレウスになってやっと始まるのであるから（第一一巻、四三七行）、のちの叙事詩人や悲劇作家たちの手になる伝承――例えばヒュギニウスにみられるような（八七、八八、二五二行）――が生まれたのは、アガメムノン家における犯罪をそれ以前の一族にも移す必要に迫られてのことであったろうとの推測がなされたのである。オレステースの贖罪にまで至るアガメムノン家の物語全体は、アガメムノン、コエーポロイ、エウメニスの悲劇から成るアイスキュロスの三部作『オレステイア』に残されている。ステシコロスもオレステイアを書いたが、そのために彼は、クサントスの同名の悲劇と彼が称している作品も充分利用したと言われている。ヴィラモーヴィッツは、ステシコロスとアイスキュロスは共通の叙事詩の素材を使ったものと想定している。

(61) ホーフマンスタールは次のように書いている。「わたしの出発点はエレクトラという人物でした……ハムレットとの血縁関係と対立もわたしの頭に去来しました。」（An E. Hladny, Jahresbericht des kgl. Staatsgymn. in Leoben, 1910, S. 20）。

(62) 第二の母親殺しであるネロも彼女を殺す前その乳房に接吻し、また彼女が死体となってからも乳房を凝視していた。同様にローエンシュタインは彼の『アグリッピーナ』でのこの場面で（八五頁）、最初の幼児的な愛を示すこの特徴を強調して描いている。

(63) ここでは同じ抑圧表現、つまり見たくない（隠蔽）という態度が防衛として使われている。他の場合にはこれが願望成就としても使われる。

(64) これについては、オイディプスコンプレックスが犯罪として現れた幾多の例のうち、事件三六「現代のオレステース」を参照されたい。

(65) 以下の論述についてはロッシャーのギリシャ・ローマ神話事典中の、豊かな内容の盛り込まれた「エリーニュス」の項を参照されたい。

(66) オレステースと同様アルクメオンも、父親に対する母親の裏切りを彼女の殺害をもって復讐したかどでエリーニュスによって狂気に陥れられる。この場合母なる大地との関連は、彼自身の国が不毛に見舞われるということ、そして母親を殺害した時にはまだ出来ていなかった国においてのみ彼の病気が癒えるという設定に暗示されているように思われる。彼はこの国をようやくにしてアケローオス河の新しく出来た島に見出す。そこで彼は不実にも最初の妻のことを忘れて他の女性に求愛し、この女性が彼に二人の息子を授ける。そのために彼は、捨てた最初の妻の兄弟たちによって殺される。だがこの兄弟たちも彼の息子たちによってまた復讐される。――アステュダマスの悲劇『アルクメオン』では主人公が母親をそれとは知らないで殺すように設定されているが（ヴェルカー『ギリシャ悲劇』）、これはテレポス伝説を強く想起させる。アルクメオンの母親殺しはソポクレスの『エピゴーネあるいはエリフェレス』でもまだ取り上げられていた。

(67) シラーの『ドン・カルロス』には次のような台詞がある。「地獄の復讐神のように恐ろしい夢がわたしを追いかけるのだ。」

(68) これについてはヘシオドスの伝承（神統記一八五）が参考になる。それによればエリーニュスは、息子クロノスが父親ウラノスを去勢した際に流され、大地ガイア（クロノスの母親）によって受けとめられた血の滴のなかから生まれたことになっている。

(69) 『アントロポフィテイア』の第Ⅵ巻には、大変好色で母親も妹も見境無しという男の物語が語られている。その罰として彼の墓からはペニスが生え出て、女たちは長い間それによってみずからを慰めていたが、やがて牧師がこれを切断するというものである。

(70) 一度だけオレステースの病気が再発する。それは彼がパラス・アテーネーの像を手に入れるためタウリス島に上陸して姉イピネゲイアに出会う前である。犬の吠え声と牛の鳴き声をエリーニュスの声だと思い込んだ彼は狂ったように動物たちに襲いかかり、剣をもってこれを突いた。――自分自身の子供たちを殺した狂えるヘラクレス、また狂気に憑かれて豚を鞭打つアジャックスをこの発作と比較されたい。――更に、羊の群を兵士の一団と見誤ってそこへとび込み多くを殺すドン・キホーテの幻覚も想い出される。

姉との出会いの前に起きるオレステースのこの最後の発作がゲーテに、そのドラマ『イフィゲーニエ』のなかで母親殺しの治癒を純粋に人間的なやり方で、つまり愛する姉の働きによって行わせる――これはゲーテ自身のコンプレックスに発するものである――きっかけを与えたのである（ゲーテの姉妹愛については本書第一四章参照）。ゲーテのオレストが父親の殺害に復讐するのは神の特別な命令に従ったものなのかどうか、という問いはF・フリードリッヒによって否定されている（F. Friedrich, Lyons Zeitschrift XI, 1897/98）。古代の伝説ではオレステースは神の命令に従って行動したが、ゲーテの作品ではそうではない。これについてはツィーリンスキーの『オレスト伝説と弁明の理念』（Zielinski: „Die Orestsage und die Rechtfertigungsidee", Neues Jahrbuch für das klassische Altertum II, 1888, 3. Bd., S. 97–100）を参照されたい。またH・ガスナーの『オレステースと、アイスキュロスのオレステイアにおける母親殺しと近親者復讐の問題』（H. Gassner: „Orestes und das Problem des Muttermordes und der Blutrache in der Orestie des Aischylos", Zeitschr. f. österr. Gymn. 64, 1913 III. H. S. 97-100）も参考になる。精神分析的な解釈については現在ではカプランの『悲劇の英雄と犯罪者』（Kaplan: „Der tragische Held und der Verbrecher", Imago IV, 1915/16 S. 101 ff.）をも参照されたい。

(71) 現在ではレヴィの『聖書にみられる去勢』（L. Levi: „Kastration in der Bibel", Imago VI, 1920）も参照されたい。

(72) 「汝の手を我の髀におき、神の名において我に誓え、吾が住めるカナンの地の人の女子《むすめ》のうちよりわが子の妻を娶らむ、と。」（二四章）

(73) エジプトの象形文字において証人は男性生殖器の絵をもって表わされている。

(74) イェンゼンによれば、ヤコブはプニエルの戦いの折りに割礼を受けたので名前を変えられる（Jensen: „Gilgameschepos", I, 585 a)。

(75) イェレミアスは、ラグエルの娘サラの夫たちと似た幻影がアビメレクの同衾を妨げていると指摘している（前掲書三四二頁）。これについてはヴィンクラーの『フォルシュンゲン』、Ⅲ、四一四頁並びにユングの『個人の運命にとっての父親の意味』（„Die Bedeutung des Vaters für das Schicksal des Einzelnen", Jahrb. I, S. 171 ff.）参照。

(76) 拙著『幼児的性理論と民族心理学の類似』参照。そこではレアの突然の懐妊も、その息子ルベンが提示する受胎の象徴によって説明される。他方ヤコブは不妊の妻たちの代りにその侍女たちと同衾し、またアブラハムも不妊の妻の侍女ハガルから息子イシマエルを授かる（創世記第一六章、二一章9—21）。この息子は、イサークが危うく犠牲にされかかったと同様、ほとんど捨て子の運命に委ねられるところであった。

(77) 伝承の本来の意味からすればこの犠牲が現実に行われたであろうことは、この犠牲の名残りとしてしか解釈出来ない使者サマエルについての報告が示しているのみならず（彼は犠牲を失ったことに腹を立て、イサークは父親によって犠牲にされたのだという知らせをサラに告げ、このショックによって彼女は死ぬのである）、そもそも動物の犠牲は、特にここではっきりわかるように、元来行われていた人間の犠牲を代用しているという、既に確認されている事実もこれを示している（例えば父親によるイピゲネイアの犠牲がそうであり、これはまたイェプタスの誓いにも照応するものである）。

(78) 母親との関係での「割礼」は出エジプト記（四章25）が全く特別なやり方で明らかに示している。「チッポラ利《するど》き石を取りてその男子《むすこ》の陽《まえ》の皮を割《き》り、モーセの足下に擲《なげう》ちて言う、〈汝はまことにわがためには血の夫なり〉と。」

(79) 『ある五歳児の恐怖症の分析』、特に二四頁の注釈。

(80) 現在ではライクの『未開人の成人式』も参照されたい（Reik: „Die Pubertätsriten der Wilden", Imago, IV, 1915/16)。

(81) 新帝国エジプトへのリビア人侵攻について記された象形文字による報告のなかからシュトルが引用している箇所が特に興味深いのは、そこに割礼という習慣の古さが示されているからではなく、むしろこの習慣が去勢の意味で考えられていたことを示しているからなのである。つまりそこでは、勝ったエジプト人たちが殺されたリビア人の性器部分を――それらに割礼がなされていない限り――切り取り、これに対して割礼がなされている者たちの場合には腕のみを切り落としたと報告されている。

(82) 「イサークについて語られるすべてはアブラハム物語の繰り返しである。」(Winckler: „Geschichte Israels", II, S. 45)「イサークはエホバによって作られたアブラハムの似姿である。」（四七頁）

(83) ゼウスの双生児カストールとポリュデウケースも、辱めを受けた彼らの妹の復讐を果たす（本書第八章参照）。

(84) イェレミアスが言っているように（三七九頁）、ヤコブには三人しか子供がいなかったとする伝承があったように思われる。

(85) シュトルファーはインド・ヨーロッパ語圏の習慣の痕跡を挙げているが、それによれば普通世継ぎの息子は亡くなったり退位したりした父親の本妻をも継承する。王の妻たちと同衾することは王座を占取することの表現であり儀式であるという指摘がバッハオーフェンの『母権制』（第二版、二〇五頁）にみられる。

(86) イェレミアスはこれについて次のように述べている（二五三頁注釈）。「アルメニア人たちは聖書においてみられる自分たちの国についての記述を誇らしく思っている。例えば彼らは、自分たちの父親を殺害してアラトの国へ逃れたセナケリブの息子たちの物語にキリスト教的な色彩を与えた。そして彼らを一種の国民的英雄として崇めている。」カラティアンツ『アルメニアの英雄伝説』(Chalatianz: „Die armenische Heldensage", Zeitschr. d. V. f. Volksk. in Berlin, 1902, H. 2 ff.) を参照されたい。

第一〇章　中世の寓話とキリスト教聖徒伝

ああ、人間の限りない欲望の不敬虔なることよ。貪欲な理性の焔よ。不敬虔は働き、正義は消耗してしまう……善きイエスよ、わたしどもはどうすればよいのでしょうか。その結果は書くも不快です。

殉教者アルバヌスの生涯

古代同様キリスト教中世にも、近親相姦モチーフを多様な表現形式をもって描いている民衆本、聖徒伝、文学作品が数多くみられる。これらの素材を扱った無数の改作、翻案、翻訳は、あらゆる時代において、またさまざまな民族においてこの主題に対して寄せられた並々ならぬ関心のほどを示している。そしてこれら聖徒伝の成立については一部古代の伝承からの影響があるとはいえ、作者たちが綿々とこのモチーフを取り上げ続け、キリスト教的な世界観の作用を受けながら独自のやり方でこれらの作品を作り上げていったという事実は、こうした物語に対する語り手と聴き手たちとの積極的な関心を証明するものである。これらの物語には豊饒で官能的な空想が色濃く漂っていて、その素朴な古代の伝承とは異なっている。もし中世の伝説が既存の伝承を単純に継承したものであり、それらを受動的なキリスト教の英雄即ち聖徒たちへただ単に移し置いたものでしかないとするならば、近親相姦的な犯罪を次々に生起せしめ、それらを人間に可能なぎりぎりの限界へまで高めるところのあの燃えるような官能性は不可解であろう。キリスト教において表現されている性的欲動への大きな抑圧は、極めて淫蕩なかたちで発展していった空想行為を犠牲にすることによってのみ保持され得たように思われる。抑制された衝動感情はこの空想行為のなかにひとつの活動場所を見出すことが出来たのである。聖徒と殉教者の物語を貫いているのはあらゆる種類の近親相姦だけではなく、特にサド・マゾ的な情動である。またカムフラージュするのに好都合な性の象徴的表現がふんだんに使われているのも当然理解出来るところである。

キリスト教の聖徒物語は、これらの創作の中心になるのが、強力に発現しようとして抵抗を受ける欲動感情であるということを、古代の伝承より更にいっそう明らかに示している。これらの欲動は今や一般の民衆によって彼らの聖徒たちの上に移し置かれるのであるが、しかし民衆は聖徒たちのなかにこれら欲動の満足を見出すのみならず、しばしば無意味なものにまで高められる聖徒たちの悔恨のなかにこの欲動に対する処罰と贖罪を見出すのである。

古代の英雄と同様聖徒はすべてのひとたちの悪しき欲動を一身に引き受けて苦しむが、その代償として彼は極めて高価な報酬をもって報いられる。この報酬は死後においてのみ与えられるものではなく、現世においてもなおしばしば聖職者としての高位に通じるものでもある。これらの聖徒伝において重点は、罪を犯した者の改悛と慈悲溢れる免罪に置かれており、――このことは、人間の罪についてのキリスト教の世界観と一致するものである――抑圧された欲動のために行われる恥ずべき犯行は、可能な限り烈しい悔恨に責め苛まれ、それにふさわしくより深い神の慈悲にあずかるためのいわば必要悪として描かれるにすぎない。

これら聖徒物語はその基本形式においてオイディプス物語との非常に大きな一致を示しており、しばしばそれらが直接オイディプスからの借り物であると考えられたほどである。

ロッシャーの事典にはこれら一連の聖徒伝がオイディプス伝説との類似物語として挙げられている。そこには次のような記述がみられる。「これら聖徒物語のほとんどすべてにおいて、新たに生まれた子供は古代伝説のオイディプス同様海中に投じられ、そこで成長した若者はオイディプスと同じく法律上の両親について疑念を抱いて異国へ旅立ち、祖国（Vaterland）を厄介な敵の手から解放し（スフィンクスとの類似）、それとは知らず実の母親と結婚する。しかしながらここにはほとんどと言っていいほど父親殺しは描かれていない。」

グライト（ヴァティカン精選集一五四頁以下）、ノディロ（南スラヴ科学アカデミー第七七巻）、そしてコンパレッティ（『オイディプスと比較神話学』ピサ、一八六七年）は、これら聖徒伝とオイディプス伝説とのインド・ヨーロッパ的規模の根源的類似関係――オイディプスからの借用ではなく――を想定している。

外的な体験とは関係なく実にさまざまな個々人において驚くほど類似した原初的な情動を示す夢と神経症に対するわれわれの精神分析的な理解の上に立つならば、個人並びに一民族の空想の産物である多くの作品について考える場合にも、たとえそれらが伝承されたものに依拠することが時としてあるにしても、基本的なモチーフの際立った一致は、民族学的な「根源的類似関係」に留まらず、心理学的な一致であると考えても差し支えない。

聖徒物語の基礎をなしている空想が、自然神話学の偏見に捉われて誤解されることは多分ほとんどあり得ないであろうが、ここでこれらの空想を詳細に検討してみることは可能である。ここではその基礎となる「捨て子神話」という型《シェーマ》を指摘し、その神話が心理学的には『英雄誕生の神話』における「家庭物語《ファミーリエンロマーン》」にさかのぼるという事実、そしてまた、心理学的に重要な次の事実を挙げるだけに留めておきたい。それは、避けることの出来ない犯罪ののちに描かれる贖罪は普通、既に捨て子において試みられているところの、望まれてはいるがそれでいて怖れられている運命の防衛の繰り返し（重複）を、しかしまた母親退行への願望の成就をも表わしているという事実である。古代の懲罰が聖徒伝においては贖罪に取って代られているように、古代の「運命」がもつ不可避性というかたちで表現されるところの、これら強力な願望衝動の抑圧失敗は、キリスト教のオイディプス悲劇においては悪魔の仕業に帰される。

ひとびとは、悪しきものの総体、禁じられた欲動と願望の総体としての悪魔による誘惑ということを前面に出すことによって、これら欲動や願望の、現実におけるまた空想における発現を正当化しようとしたのである。これと同様にキリスト教以外の他の宗教も悪しき霊、デーモンを、抑制された欲動感情の表現であると捉えている(1)。

聖徒文学は、近親相姦的残虐行為の表現の仕方、まわりくどい描写、物語の複雑さという点で精神分裂病者たち（早発性痴呆症、偏執性痴呆症）の妄想形式を想起させることが時としてある。これら妄想のもっている近親相姦的内容については既にわれわれがたびたび指摘したところである。

コンパレッティは（前掲書）、オイディプス伝説そのものが中世において特別よく知られていたとは思われない、ラテン語による『オイディプスの嘆き』と、中世でも最も末期のものである『エディプス物語《ロマン》』はこれを基にして書かれた、と言っている。

それだけに、「オイディプス伝説の特徴を備えたさまざまな童話がギリシャにおいて広く流布している」というベルンハルト・シュミットの言葉はいっそう意味深いものがある（『ギリシャの童話、伝説、民謡』一四八頁）。「ザキュントス島で私はこれらの幾つかを聞かされたが、そのなかには、それとは知らずに行われる父親の殺害、そしてこれまたそれとは知らずになされる母親ないしは妹との結婚が語られていた。」更にシュミットは、多分ギリシャのどこかにも隠されていると思われるアルバニヤの童話に注意を喚起しているが、それはにわとりによって物語られるものであり（『ギリシャとアルバニヤの童話』九八号、ライプツィッヒ、一八六四年）、そしてそれはペルセウス物語と、また部分的にではあるが、オイディプス物語とも著しい類似を示している。

「むかしひとりの王様がいました。王様はある国を治めていましたが、この王様に預言が下されました。それは、お前はお前の娘のまだ生まれていない息子によって殺されるであろう、というものでした。そのため王様は自分の二人の娘がもうけた男の子供をみんな海のなかへ捨ててしまい、溺れ死にさせました（捨て子）。しかし海へ投げ込まれた三番目の息子は溺れませんでした。というのも大きな波がこの子を海岸へ打ち上げたからです。それを羊飼いたちが見付けて羊の檻のなかへ入れました。そしてこの子を彼らの妻たちに渡して育てさせました（救出）。夜がすぎ、昼がすぎ、その少年は十二歳に成長し、とても美しく力持ちになりました。この頃王様の治める国にルビアが現れて、すべての水を干上らせてしまいました。ルビアが王様の娘を食べてしまえばもう水を枯れさせることはしないであろう、という預言が下されました。ついに王様は娘を犠牲に出す決心をします。王様は娘をルビアの住んでいるところへ送りました。しかし彼女はそこで、偶然通りかかった少年に会います。少年は彼女に、どうして悲しんでいるのかその訳を尋ね、それならぼくが助けてあげようと約束します。少年は物陰に身を隠し、ルビアが現れた時この怪物（スフィンクス）を殺します。しかし少年はルビアの首を切り取って、王女をそのまま帰してやりました。彼女は少年の悩みは聞かされませんでした。さてその少女が王様の許に戻って来て、ルビアから自分がどのようにして救い出されたかを話したところ、王様は、ルビアを殺した者は出頭せよ、自分はその者を息子とし、娘を妻に与えるであろう、というおふれを出しました。このことを聞いた若者は王様のところへ行ってルビアの首を見せ、救ってやった少女を妻にしました。そこで盛大な結婚式が行われました。みんなが踊ったり歌ったりしている間若者が自分の持っていた棍棒を投げました。ところがそれが、そうは望まなかったのに王様に命中してしまい、王様は亡くなりました。こうして預言が本当となり、若者自身が王様になりました。」(2)

　コンパレッティは、この話は不完全なものであり、これを語ってくれたリャボヴゥ出身の女性によって歪められている、と述べている。彼によれば、最初に語られるのは結婚している二人の娘のことで、のちには結婚していない一人の娘のことだけが語られる、また主人公の叔母あるいは母親が未亡人として後に残されるのかどうかについても明らかにされていない、もちろん、「少年はこの行為（ルビアからの解放）が自分に不幸をもたらすことになるのを知りませんでした」というくだりは、更に近い血縁の近親相姦が行われている、つまり主人公が自分の母親を妻にしたということを疑問の余地なく示すものである、という。コンパレッティはまた、主人公が自分の素姓を知らされる結末部分がこの話にはないと推測している。主人公が叔母あるいは母親と結婚したかどうかが語られていないことのなかには恐らく、もともとあった近親相姦モチーフの緩和（転移）が包含されているのであろう。それは、彼の殺すのが父親ではなく祖父であるという設定にも表われているのと似たような緩和である。

イギリスの詩『サー・ディゴーリ』[3]においては抑圧は更に進行する。そこでは近親相姦がディゴーリと彼の母親との結婚の前に未然に防がれるのだが、これには次のような事情がある。即ち彼は母親に一組の手袋を見せるが、それは彼女が彼を捨てる時揺り籠のなかへ入れておいたもので、これを彼女は、かつて彼女を森のなかで力ずくで犯した顔も知らぬ夫から受け取っていたのであった。全く同様に、この夫が手袋とともに彼女に同時に残しておいたきっ先のない刀のお陰で主人公は父親を発見し、彼を殺さないで済むことが出来た。つまりここでは父親殺しも起こらなければ母親との性行為もみられない。この二つの行為はタイミングよく防止されるのである。これは、例えばアウゲとテーレポスの神話にもみられるような防衛の一表現である。

息子と母親の近親相姦が未然に防がれるこれと似たような例は（但し兄と妹との意識的な近親相姦は既にそれ以前に行われている）、一六世紀スペインの作家ジャン・ド・ティモネーダの『パトラヌエロ』に見出される。本来近親相姦が行われていたことは、もうひとつ別の古イギリスの詩が示しているが、これはブリューネットが『アルトワのサー・エグラムール』という題名で挙げているものである。彼はそこに描かれている近親相姦を要約しているが、それは次のようなものである。ある子供が母親とともに小舟で大海へ捨てられる。子供は救い出されてある王の許へ連れて行かれる。王は彼を教育し、やがてこれを騎士に叙する。のちになって若者はそれとは知らず自分の母親と結婚する。最後に彼はこの行為を厳しい罰をもって贖う[4]。『ブラウン・ロビンの告白』というあるスコットランドのバラード（P・ブーチャン『古代のバラードと北スコットランドの歌謡』による。一八二八年のオリジナル版からの複写。エディンバラ、一八七五年。第Ⅰ巻、一〇八頁）のなかでブラウン・ロビンは、自分が母親との間に二人、また妹との間に五人の子供を作ったことをみずから進んで告白する。そして彼は、自分を一枚の板に縛って海中へ投じてくれるようにと頼む。そのような板にのせての罪人の犠牲によって彼は迫り来る不幸を避けようとしたのである。数時間にわたる漂流ののち聖処女が姿を現し、その立派な懺悔を聞いて彼を天国へ連れて行く。

これと同じように、シュトゥッケンのある指摘によれば（『天体神話』五四頁注釈）ノールウェーの民謡『アグヌス・デイ』（R・ヴァレンス『前史時代の民謡』Ⅳ・九〇頁以下）には、近親相姦によって生まれた子供が海中へ捨てられるが、やがてこの子供の仲介によって、両親に近親相姦の罰として与えられる筈であった地獄落ちが免除される、という隠された意味が付されているという。

他の多くの民謡バラードも近親相姦をテーマにしている。ここではヘルダーの翻訳したエドワードについての有名な古いスコットランドのバラードを挙げるだけに留めたい。これは、母親のために父親を殺害した息子とその母親との対話から成っている（ウルジヌス『古イングランドと古スコットランド文学のバラードと歌謡』一七七七年）。

「お前の剣はどうしてそんなに赤い血で染まっているの？
エドワード、エドワード！
お前の剣はなんて赤い血に染まっているのだろう！
そしてお前の顔のなんと悲しげなこと！
ぼくはぼくの禿げ鷹を打ち殺したのです！
お母さん、お母さん！
あんなに立派な禿げ鷹はいません！　ああ！」

彼はこのように話を逸そうとするが、母親が次々と発する新たな質問に答えて、遂に告白する。

「ぼくはお父さんを打ち殺したのです！
お母さん、お母さん！
お父さんを打ち殺したのです、
ぼくの心は悲しみではち切れそうだ！
それでどんなつぐないをするつもり？
エドワード、エドワード！
どんなつぐないをするつもり？
息子よ、もっと打ち明けてみなさい！」

これに対して息子は、国から国へと定めなく（カインのように）放浪するつもりだと答える。すると母親が次のように尋ねる。

「それではお前は大切なお前のお母さんになにを残してくれるつもり?
エドワード、エドワード!
なにを残してくれるつもりなの?
さあ息子よ、それを言っておくれ!
呪いと地獄の炎を残してゆきましょう!
お母さん、お母さん!
呪いと地獄の炎を、
父を殺せと言ったのはあなたなのだから!」[5]

母親の側からの誘惑によって行われる母・息子の意識的な近親相姦を内容とする諸々の伝承のなかには、母親によって現実の愛の生活へと導き入れてもらいたいという息子の、精神分析によって明らかにされた願望空想が認められる。[5a]

サレルノのマサッチオの二三番目の短編はこれに属するものである(コンスタン一二五頁)。ゲスタ・ロマノルムの第一三章においても「不純な愛」、母親と息子との間の意識的な近親相姦について語られている。この物語の内容は次のようなものである。「ある皇帝がいて、彼には美しい妻があった。彼はこの妻をとても愛していた。結婚一年目にして彼女は懐妊し、男の子を生んだ。この子供を彼女は母親として非常に愛し、毎晩一緒に寝ることさえした。彼が三歳のとき王が亡くなった……そして妃もその死を悲しんで何日も泣き暮した。しかし彼の埋葬ののち彼女は息子をかたわらに置いてある館で暮すことになった。彼はこの子供を大変愛し、彼がいなくてはもはやとても生きてはゆけないほどになった。二人は常に寝床をともにしていたが、やがて息子は一八歳になった。悪魔がこの母親と息子の大きな愛を見て、彼らを瀆神的な行為へと駆り立てた。それで息子は相手が母親であることを知った。まもなく王妃は身籠もったが、しかしその時息子は悲しみのあまり国を後にし、遠い異国の地へと赴いた。その間に月が満ちて母親は大変美しい男の子を生んだ。だが彼女は子供が生まれるのを見るやいなやその喉を切ってこれを殺した。」この話はやがて、こういった物語のほとんどがそうであるように、懺悔、改悛、贖罪、死をもって終る。

ここでも父親の殺害は行われないで、父親は息子の生後三年にして病死するということになっている。父親殺しの罪が犯されることなく、このようなかたちで父親が死ぬという設定は殺害に比べると、父親の不在(死)を願う幼児的願望にはるかにうまくかなうものである。この近親相姦的な関係において重点は病源——これは、フロイトが神経症の似たような症例において発見したそれと見事に一致する病源である——に置かれている。即ちそれは、子供が両親の寝床ないしは寝室で眠るということ、そして両親の夫婦の営みを盗み見するということである。ブリューネットはこの物語についての彼の論述で、ヴィンセント・ド・ボーヴェにこれと似たような話が幾つかあるのを自分は知っていると言っている。またライトのラテン物語集第一二二話(コンスタン　一二三頁)も参照されたい。

更にコンスタンは『ブェフの慣用句』(dit du Buef) というタイトルのついたある物語[6]を紹介しているが、そこではある未亡人が悪魔に唆されて自分の息子と性的関係を結ぶ。息子は自分の犯した過誤を告白するため教皇の許へ赴く。教皇は彼を自分のところに置いておく。その間に母親の方は女の子を生む。そして彼女も数年後に娘とともにローマへ向かい、教皇に免罪を乞う。そこで彼女は息子と出会う。教皇は彼らに、手足と顔を除いて体を牛の皮に隠し、その姿で各々別に世界を放浪するよう命じる。七年ののち彼らは再会し、三人ともある夜不思議な姿に変身して死んでゆく。ダンコーナはこれとの関連である物語を紹介している。それは『息子によって狂った町女房のはなし』という題名でメオン(『寓話・短編物語新選』第Ⅱ巻、三九四頁)によって、また『ローマの町おんなの物語』というタイトルでジュビナルによって刊行されているものであり、ある富裕な参事会議員の妻が自分の息子との間に出来た子供を殺し、厳しい贖罪によって許しを得るというものである。

オイディプス物語との大きな類似を示しているのはユダの物語であり、この類似が極めて顕著であるためほとんどの学者たちも、これをオイディプス物語のキリスト教的な改作であると説明したにすぎない。

この聖徒伝の内容はディーデリッヒスによれば次のようなものである(「ルッシッシェ・レヴュー」第一七巻、一八八〇年、一一九—一四六頁)。ユダが誕生する前その母親キボレアはある夢で、お前は罰当りな息子を生むであろう、この息子はすべての国民を破滅に導くであろうとの警告を受ける。その子供が生まれた時両親はこれを直接殺すことはしないで、小箱に入れて海へ捨てようと決心する。しかし彼は死を免れ、大波に運ばれてスカイロトという島へ打ち上げられる。その地で彼は子供のない王妃によって発見され、彼女の子供として育てられる。しかしのちになってこの王夫妻に息子が授けられた時、捨て子のこの少年は正統の子の陰に隠れるようになってゆく。両親からの寵愛を受けているこの競争相手をユダはいじめ抜き、遂にはこれを殺してしまう。この国を逃れた彼はエルサレムへと赴き、ピラトゥスの宮廷に仕えることになる。ピラトゥスは彼を第一の腹心として屋敷の管理を任せた。ある時主人は彼に、隣の庭に[7]実っている見事な林檎《リンゴ》を取って来るよう命じた。これらの林檎は彼に抑え難い欲望を掻き立てていたものであった。そこで仕事熱心なユダと庭の所有者との間に争いが生じる。ユダは怒りのあまり相手を石で殺し、かくして彼は知らずして父親殺しとなる。しかしピラトゥスはユダに、殺された男の未亡人を妻として与えた。彼女は夫が殺されたとは知らず、自然に死んだものだと信じていた。多くの辛い運命に見舞われたキボレアの悲しみに心を動かされてユダは、彼女の人生に起きた以前の出来事を尋ねた。彼女の語ったことと、海岸で拾われた自分について知っていたことを結び付けて考えた彼は、国民のすべてに破滅をもたらすと予言された自分が父親を殺害し母親と結婚していたのだと確信するに至る。激しい衝撃を受けた彼は母親の勧めに従って救世主のところへ行って自分の犯した行為を告白する。イエスは優しく彼を迎えてこれを使徒に任じた。イエスに対する彼の裏切りは福音書によってよく知られている。そして、徐々に伝説となっていったイスカリオテのユダの黙示録物語が生まれたのは、抑圧の結果特に忌まわしいものに感じられたあの罪をも極悪人（アブラハムは彼のことをア・サンタ・クララと名付けている）であるユダに転嫁する必要からであったように思われる。

この聖徒伝は最初（一二七〇年と一二九八年の間）、ヴォラギーネのヤコブスによって書かれたが（グレーセ編『神の伝説』一八四頁以下）、彼はこれを『聖書外典付物語』から採ったと主張している。この聖徒伝はラテン語、英語、ドイツ語、イタリア語、フランス語、スペイン語、カタロニア語、スウェーデン語、古ボヘミア語、ロシア語に翻訳され、あるものは韻文で、またあるものは散文のかたちで存在している。クライツェンナッハはラテン語による二つの詩と英語による三つの詩を挙げている（パウル・ブラウネ『ドイツ語・文学の歴史のための寄稿』第Ⅱ巻、一八七六年、二〇一頁以下）。これをみてもよくわかる通り、ユダの物語は中世においては非常に広く流布し人気があった。[8] コンスタンはさまざまな改作、草稿、版を挙げて詳細にこれらについて論じている（『オイディプスの伝説』九八頁以下）。また『ヴェルゴーニャとギウダの伝説』のA・ダンコーナ版の序文にもこのようなさまざまな例とそれについての記述がみられる（ボローニャ、一八六九年）。これらのなかにはユダ物語をドラマ化したものも見出される。例えば、「『イエス・キリストの死に対する復讐』と題したジャン・ミッシェルの受難劇（一五世紀）。ルベンとユダの間に繰りひろげられる場面は、後者をより罪深いとするやり方である。」（コンスタン）

『今もって未刊の、ディド家蔵書のプロヴァンス語による受難劇』においてはこの聖徒伝がいくらか変更を加えられている。ここでは、みずから自分の生い立ちを語るユダが、父と母が自分を海に捨てたのはヘロデ王の命によって行われる新生児虐殺から自分を救うためであったと言っている。ここでは、子供の誕生についての不吉な預言のためになされる捨て子の古くかつ深い動機付けが、福音書に依拠したことで平板化され皮相的なものになっている。また母親と息子との相互発見が『神の伝説』の草稿では、無意識的な予感が意識化されることによって（オイディプスにおけると同じように）見事な説得力をもって描かれているのだが、それがここでは全く表面的に解釈されている。つまり母親は子供を捨てる前に熱い鉄をもってその背中に烙印を押し、この印によって彼女はのちに近親相姦結婚のあと相手が自分の息子であることを認めるのである。子供を捨てる前に傷を与えるというこのモチーフは既にオイディプスにおいてみられはするが、しかしそこでは傷つけるということが、それだけいっそう確実に子供を死に至らしめるという目的をもっていた。『オイディプス』における相手の発見は純粋に心的な要素によって行われるのに対して、ここでは、その傷跡によって子供を再び認識せんがために母親がこれを傷つけるのである。心理学的に深い動機付けのなされているモチーフが、これと似たようなかたちで合理的に利用されている例をわれわれは聖徒伝のなかにこれからも頻繁に見出すであろう。聖徒伝のこのテキストでは、嫉妬からなされる父親の抹殺に先行すべきところの義理の弟の殺害という出来事も描かれてはいない。ユダの父親はユダが育てられた土地へ偶然やって来て、彼と争いになり、そして殺される。そこでユダはユデアへ逃れ、自分の母親に恋をして結婚し、彼女との間に二人の子供を作る。既に母親との結婚ということによって明示されている息子の近親相姦的な愛着も他のすべてと同様、子宝を授けられるという事態によっていわば物質化されている。この子宝を授かるという設定も、既にわれわれがオイディプス伝説で知っているように後になって付け加えられたものである。というのも一番元の伝説はオイディプスとイオカステの子供たちについては何ひとつ語ってはいない。ユダは自分の妻が母親であることを発見した後救世主のもとへ赴くが、救世主は彼らに別れるよう命じる。

ディーデリッヒスはユダ使徒伝のロシア版を幾つか報告しているが、そのうちで一七世紀の手稿集からひとつを紹介してみたい。ある街――これはのちにクレタと呼ばれる――にポリヴァッチュという名前の商人が住んでいた。ある時彼は、耳の聞こえない二人の男が次のような会話をしているのを聴いた。おれたちの御主人はお喜びになるだろう。そしてこの少年は自分の父親を殺し母親を妻とし、また三〇〇人の尼さんの処女を奪うであろう。これを聴いた男は子供が生まれたら直ちにこれを殺すよう指示を与えた。しかし母親の方は、そのようなことをするのは罪悪であると考えて子供に洗礼を受けさせた。その時彼にはアンドレアスという名前が与えられた。それから彼女は子供の体にナイフで切り傷をつけ、一枚の板に縛りつけて海へ捨てさせた。そうすることによって彼女は、直接子供に手を下して殺すという罪を犯すことなく不幸を避けたいと思ったようである。その子供を波が三〇哩離れたある尼僧院へと運んで行った。その尼僧院は聖母に捧げられていて、燃えない茨の茂みという名前のものであった。ほとんど呼吸も出来ない状態でいた子供はそこでひとりの尼僧に見付けられ、院長のところへ連れて行かれた。そしてこの子供の生命を救うことが決められた。開いた傷口が縫い合わされ、山羊の乳が与えられた。その後少年はある尼僧によって聖書の手ほどきを受け、その修道院で一五歳に達した。その時キリスト教徒の敵である悪魔が仕事を開始した。悪魔はこの少年のなかに悪しき考えを惹き起こし、それで少年は三〇〇人の尼僧すべてを、ある時は暴力をもって、ある時はあくどい手管によって辱めた。「彼は、取税人や圧制者たち、そしてもともとは心の正しいひとびとすべてが、どのようにして罪悪へと堕落していったかを話しながらわたくしを誘惑し、そして、彼らは贖罪と涙と施与とによって救われたのだと言いました。」尼僧院長はこのように話した。修道院を追われたアンドレアスは次にクレタの街へやって来て、それとは知らないで自分の父親の家に働き口を見付けた。そこで彼に与えられた仕事はぶどう山[9]の監視で、そこへ侵入する者は誰でも射殺するよう命令を受けていた。ある時、この雇われ人が信頼出来る人間かどうかを試すため主人みずからが真夜中にぶどう山へやって来た。てっきりこれを泥棒だと思い込んだアンドレアスは主人を射ち倒した。かくして彼について予告されていた第二の犯罪が成就される。それから彼は事の顛末を女主人に報告した。やがて彼女は彼をみずから自分の夫に選んだ。それまでは明かされていなかった秘密が、彼の切り傷に妻が気付き、また彼がこれまでの自分の運命を彼女に話した時白日のもとに曝されることとなった。その時アンドレアスは寝床から飛び出し、ああ、おれはなんという罰当りな男だ、おれはどんな人間にもまさって大きな罪を犯したのだ、と叫んだ。そこで母親は彼をある聴聞僧のところへ行かせてその罪を懺悔させ、許しを乞わせた。だがその僧が、彼の犯した罪の量があまりに多すぎると考えてこれを許そうとしなかったので、アンドレアスは彼を聖書台で叩き殺し、別の僧のところへ赴いた。この懺悔僧もまた、彼に免罪を与えたなら自分がその罪を背負うことになるだろうと信じた……。この司祭をもアンドレアスは殺し、次の三番目の僧に賭けた。しかしこれまた同じ結果だったので同じようにこれに報いた。最後に彼は、思慮深くかつ敬虔な人間として彼が尊敬していたクレタの司教の許へ参上した。もしこの司教も彼の願いを拒むならば、さる外国の王の許へ逃れ、そこから軍勢を率いて取って返し、クレタとその司教に復讐してやろうと彼は心に決めていた。しかし彼はこの最終手段に訴える必要はなかった。司教は反逆精神に満ち溢れたこの男を、神の選ばれた道具であると考えた。そして彼は、司直の手に渡せば処刑は免れないだろうと思ってアンドレアスと母親に神の教えを垂れて二人を赦免した。罪の償いとしてアンドレアスは三尋《ひろ》の深さ、半尋の広さの地下牢に投げ込まれて鎖に繋がれた。地下室が土で満たされ、その土が彼の上に覆いかぶさるとその罪が赦されるというのである。母親の鼻翼には穴が開けられ、そこに錠がかけられた。だがそれを開けるための鍵は海中へ投じられ、この鍵が再び海から出てきた時に彼女の罪は赦されるであろうと言われた。財産を奪われた彼女は、そこから世界をさまよい神を褒め讃えよと命じられる。しかし息子の方は牢獄の中で教典の研究に専心することを義務付けられ、そのため彼は以前受け取っていたインクと紙の使用も許された。三十年ののち母親が再び司教の許に姿を現した時、例の鍵が一匹の魚の腹中に発見され、彼女の奇妙な贖罪にひとつの目標が課せられた。次いで司教は彼女をある修道院へ引き取らせた。しかしアンドレアスが閉じ籠められていた地下をひとびとが訪れた時、彼は部屋の上の方に坐ってちょうど大経典《カノン》の第九歌を完成したところであった。司教とその連れの者たちは神の慈悲を讃え、彼の罪も赦されたことを認めた。その経典は教会において民衆の前で朗読され、そしてそれは毎年四旬祭の時期になると特に第五週の木曜日のミサの時に使われた。罪を赦された彼は母親と同じく修道院の仕事を与えられ、司教の死後クレタの司教の地位に就いた。この物語は次のような言葉をもって終っている。「神のおはからいでアンドレアスは三十年の間クレタの街で司教を務めることが出来た。彼は神の意に適った正しい生活を送り、断食と祈りと施与と涙をもって神に願いを捧げた。多くの教会を建て、多くの人間に幸福をもたらし、そして人間に対してはいつも慈悲深くあった。彼はわれらの主イエス・キリストのうちにみまかり永遠の生命を授けられた。とこしえに彼に栄誉のあらんことを、アーメン。」

ディーデリッヒスは、この聖徒伝の成立時期については知られていない、またここに登場するポリヴァッチュという名前から推察するとこの物語は南スラヴ地方で生まれたものであろう、と言っている。彼によれば、この聖者自身は歴史上の人物であり、ここでは(他のほとんどの聖徒伝においてもそうであるように)聖者の名前が作られた物語の担い手として利用されている、クレタの大司教アンドレアスは一神教の論争が行われた時代に生きていた人物で、コンスタンチノープルでの第六回公会議(六八〇年)にエルサレム総大司教の代表として出席したと言われている、しかし彼の信仰心が全く疑念の余地のないものであったとは言えない、それというのもテオファネスのしるすところでは、皇帝フィリピクス・バルダネスの側に立っていた彼は七一二年の公会議決議の反対者ということになっている、彼の生涯について知られているのはごくわずかであって、そのなかでこの物語に関係あるものはなにひとつない、彼の名声は主として彼の著書と、なかんずく贖罪大教典によるところのものであるが、この大教典は、罪人の魂を詳しく観察し、旧約聖書・新約聖書における罪人《つみびと》と正しい人間を比較することにより彼らの罪を意識させせようとするものである。

この聖徒物語にみられる豊かな性の象徴性ならびにある種の傾向がもっている心理学的な意味についてここではごく簡単にしか触れることが出来ない。それでここではぶどう山と、懲罰としての女性性器封鎖の象徴的表現を指摘するに留めておきたい。シュトゥッケンはその神話比較において(『天体神話』)、魚が呑み込んでいた鍵——これはグレゴリウス伝説にもみられる——が、これと似たような運命を辿ったオシリスの男根と同じものであるとみなしている。そのように考えるならばわれわれはここでも、近親相姦の罰として男の場合去勢を、女の場合陰部封鎖(縫い合わせ、錠)を認めることも出来よう。三〇〇人の尼僧の凌辱は特徴的なひとつの転移であって、次のことを示している。即ち、一番元の意味に従えば極悪非情のアンドレアスが母親の凌辱を意識的にすることも敢えて辞さなかったであろうということ、また他方では三人の僧呂の殺害並びに、聖徒伝に典型的な（聖グレゴリウス参照）、ここではただ計画されたに留まっている（父親に対する）宣戦が、文学史家たちの期待に反して行われなかった父親殺害を代用し、またこれを覆い隠しているということである。

この物語が素朴なかたちで暗示しているように、殺された夫の未亡人がその殺害者を間もなく夫に迎えるという、他の聖徒伝においても繰り返される設定は強調に価するものである。無意識のなかで緊密に結合し合っている二つの願望モチーフのこの切れ目のない連続は、いわば原始的な欲望の一片を垣間見させてくれるものであり、この欲望のカムフラージュや歪曲によって錯綜した伝説構造が生じるのである。これと同じ「性急すぎる結婚」（overhasty marriage）という事態は母親に対するハムレットの憎しみの主要動機であり、それはまたエレクトラ伝説におけるオレステースの母親に対する敵対的な態度を強める原因にもなっている。

ディーデリッヒスは更に他の小ロシアと大ロシアの聖徒伝と童話について報告しているが、これらはユダ物語と、ずっと北にさかのぼったフィンランドのカリリ地方におけるこれに類した伝承と血縁関係にある。しかし彼の見解によれば、大ロシアの草稿を除く他の伝承において疑いもなく明らかなのは、それらが先に挙げたクレタのアンドレアスの物語から派生したということである。イエカテリノスラヴ地方の仕立屋の口から語られた小ロシアのある物語では、近親相姦が発見された時息子は父親のみならず母親をも殺すことになっている。この犯行はしかし両親には既に前もって予告されている。つまりかつて彼らは、自分たちの息子がやがて父親を殺し、母親とともに寝、またこの母親をも殺すであろうという夢のお告げを聞かされていたのである。ディーデリッヒスの述べるところでは、ここにはもうひとつ別の伝承の流入が認められるという。こちらの伝承は同じようにポドリア・ガリシアそして南ロシアにおける小ロシアの民衆たちの間で語られている。それはある大泥棒の物語で、この男は父親と母親を殺し、何人かの司祭のところへ行って贖罪の道を求めたが聞き入れられず、やがて最後に、燃え尽きた林檎の木の炭（あるいは林檎の木で作られた杖）に水を注ぐようにとの命を受ける。ある伝承によれば彼は間もなく司祭の助力を得て、木を三度揺さぶり、最初木に残っていた二つの林檎の実を下へ落とすことに成功する。しかし他の草稿によると彼はこれに成功しないことになっている。このことは、彼の犯した他の犯罪に対しては確かに赦しが与えられたが、両親殺しの件ではそれが与えられなかったということを意味するものである。司祭の牧者となった彼はやがて、死者をも労働へと駆り立てようとしたある夫役強制官を杖で打ち倒した時完全な赦しを与えられる。贖罪者が、道徳的な点で自分よりもっと多くの罪を犯した者を殺害することによって思いがけず自分の求めていた免罪を得るというこの設定は[9a]——ディーデリッヒスが更に詳しく論述しているように——フィンランドのある童話にもみられる。『預言』と題するこの童話のドイツ語訳は〔ロシア文学叢書〕（第一七巻、一八五八年、一四—二〇頁）に収められているが、この物語では、いつか子供によって惹き起こされることになる災禍が、彼の誕生した夜に二人の賢者によって預言され、彼らの会話を偶然耳にした父親がこのことを知る。子供を授けられたその農夫は初めは呑気に構えていたが、例の賢者たちの下した別のある預言が適中したことを知って妻ともどもびっくり仰天する。自分の子供が最後に父親を殺し母親と結婚するであろうというあの預言を怖れた両親は、子供の胸に傷をつけ、これを板に縛り付けて海上へ捨てた。その他の点は小ロシアの物語におけると同じように——母親の殺害は例外として——展開されてゆく。やはりここでも海岸に打ち上げられた少年は当地の僧院長に拾われ、成長してからある農夫のところに仕事口を見付ける。夜になると人参の見張番をしていた彼は、不幸にも主人を泥棒と思い込んで射ち殺す。のちに主人の妻は彼を夫とする。彼の胸に刻まれた切り傷によって彼女はそれがわが子であることを認める。極悪非道な罪人の殺害によって得られる奇妙な免罪がここにもみられる（シュレック『フィンランドの童話』）。更にディーデリッヒスは、コストマロフが幾つかの地方で聴いたもうひとつ別の伝承を紹介している。ある異教の王に息子が出来た時彼は預言者にこの子供の運命を尋ねた。その息子はこれまでこの世に存在しなかったような大悪人になるであろう、彼は父親を殺し、母親と結ぶであろう、というのがその答であった。子供を森に捨て野獣の餌食にせよとの命令が、秘かにキリスト教に改宗していた母親の意図で実行されないままに終る。彼女は自分で小箱を作り、福音書を胸に添えて子供をこのなかへ入れ、善良なひとびとのところへ着くようにとの祈りをこめてこれをドーナウの水に流した。ひとりの修道僧がこの小箱を河から拾い上げ、子供を洗礼して修道院へ引き取った。少年はそこで一八歳までを過ごした。やがて若者に成長した彼はその地を後にし、あるキリスト教国の王の許に赴き、その王の味方として異教徒を相手にして戦った。その戦闘で彼はある野蛮で残忍な異教の王を打ち負かし、相手が慈悲を乞うたにもかかわらずその首をはねた。集められた異教の民たちは洗礼を望み、それはドーナウ河で行われた。彼らはこの暴君を殺した男を自分たちの主君に祭り上げ、そして夫を亡くした王妃に彼と結婚するよう嘆願した。結婚後既に一週間が経過した時妃は、新しい夫の出生とこれまでの運命を尋ねた。その結果、自分がこの男の母親であること、彼が殺した異教徒の王がその父親であることがわかった。彼女は自分と息子を呪い、森と谷へ入って行き獣たちの餌食になるよう（捨て子の時と同じように）息子に命じた。彼女自身はしかし、かつて息子の生命を永らえさせ、二人の禍のもととなった河へ身を投じるつもりだと言う。そこで彼はある僧侶の許へ赴くが、この僧は彼に贖罪を課し、三十年ののちに彼の罪は赦される。その後間もなく彼は他界する。

　最後にディーデリッヒスはなお、小ロシア人たちの歌のなかにこれまで挙げた物語の断片があることを指摘している。しかしそこでは常に二人の息子の遺棄が語られている（ちなみにコストマロフはひとりしか息子を挙げていない）。例えばヴォリュニア人たちのある歌では、未亡人が新たに生まれた二人の息子をドーナウ河に捨てる（ヤジッチ〔スラヴ文献学叢書〕、第Ⅰ巻、三一六頁）。二十年後に一隻の舟がドーナウをさかのぼってくる。それには二人のドンの勇士が乗っていた。そのうちのひとりが言った。「ごきげんよろしゅう奥方様、あなた様はドンを愛しておいでですか？　ドンについてこられますか？――もちろんですとも、わたくしはドンを愛しております。そしてあの方について参ります。おひとりの方へはわたくし自身が参り、もうひとりのお方のところへは娘をやります！――彼女は二人を家へ入れてぶどう酒と密酒でもてなした。ああ、お若いやもめさん、あなたの頭はなんと愚かなのだ！　われわれ二人を生んだのはあなた自身なのだ。あなたはわれわれを静かなドーナウ河へと捨て、静かなドーナウよどうか子供たちをお助け下さい！　と祈った。兄が妹を知らないとは、またなんという世界が始まったのだろう！　おお、息子が母親を妻に娶るとは、なんという世界が生まれたことか！　さあ母上、河へ身を投じて死ぬがよい、わたしは暗い森の奥へ分け入って獣に食われてしまおう！」

　この小ロシアの歌謡には母親との（そしてまた妹との）近親相姦はみられるが、父親の殺害は語られていない。これは既にわれわれが知っているところの省略であるが、しかしながらこれらのほとんどすべての伝承において父親については全く触れられていないという事実は注目すべきことである。つまり父親の殺害は父親の不在にまで緩和されたということであって、近親相姦モチーフの形態もまた多くの歌謡、童話、民話に現われている。ノヴァコヴィッチは

〔スラヴ文献学叢書〕（第一一巻、一八八八年、三三一頁以下）において『南スラヴの民族文学におけるオイディプス伝説』について報告している。この報告は、『ナホド・シメウム』及び『モミルとグロッダナ』を扱ったセルヴィアの民謡とギリシャのオイディプス伝説との大きな類似を発見した[10]ザグレブ大学のノディロ教授に拠っているが、同教授は、セルヴィアのこの伝承には極めて古い話が幾つか認められ、古代ギリシャのオイディプス物語でさえこれに比べれば異文《ヴァリアンテ》にすぎないと主張している。

セルヴィアの民謡『捨て子シメオン』は最も古い英雄叙事詩中の『セルヴィア人たちの民謡』（タルヴィ訳、第三版、ライプツィッヒ、一八五三年）に収録されている。これらの叙事詩の根幹は一五・一六世紀のものである。ところでこの民謡は、鉛の小箱に入れられ捨てられた男の子が修道院長によって発見されるところから始まる。その少年はそこで育てられ、やがてその素晴らしい才能を発揮するようになるが、遊び仲間たちがこれを嫉んで、お前は捨て子なのだと彼に告げた。そこで彼は両親を求めて異国へ旅立ち、九年の間放浪を続ける。修道院への帰途彼はブダの要塞を通りかかるが、そこの女王が彼を見染め、侍女を遣わして彼を招きこれをもてなした。そして彼に愛を打ち明ける。

「〈わたしのもとにおとどまりください、異国の立派な騎士のお方！
あなたは女王の愛にふさわしいお方、
女王の接吻《くちづけ》にふさわしいお方です！〉
酒に酔いしれた捨て子のシメオンは
女王の言う通りにし、その美しい頬に
優しく接吻した。」

翌朝になって彼は、何が起きたかを知って恥じ入った。そして女王の制止を振り切って更に旅を続けた。しかし彼は途中で聖書がなくなっていることに気付く。それはかつて彼が捨てられる時に持たされていたもので、いつも彼はこれを身に携えていたのであった。彼が急ぎとって返すと女王はその聖書を手にして涙を流していた。シメオンが近付いて、その本を返して欲しいと頼んだところ彼女は次のように言った。

「可哀相なシメオン！　不幸なシメオン！
お前が最初に旅に出た運命のときが呪わしい、
お前がブダへやってきた運命のときがもっと呪わしい！
お前が愛撫したこの女王、
お前が接吻《くちづけ》したこのわたし、
それはお前の母だったのだよ！」

シメオンは悔恨の涙を流し、聖書をつかんで修道院へと急ぎ帰った。一切を聴いた修道院長は彼にひとつの贖罪を課した。彼は恐ろしい牢のなかへ閉じ籠められた。そこでは彼の膝まで水が迫り、またそこには蛇や蠍が住んでいた。[11] 院長は牢獄の鍵をドーナウへ投げ捨てた。この鍵が再び発見される時彼の罪は赦されるであろうというのであった。シメオンは九年の間その牢獄（母胎！）で過ごした。やがて鍵が魚の腹中に見付かり、牢が開けられた。ところがそこには水も蛇ももはやみられず、部屋は明るく輝きわたり、シメオンは福音書を手にして黄金の椅子に坐していた。ヴィクトール・タウスク博士はまた別のある伝承を素晴らしい翻訳で紹介しているが（「シャオビューネ」一九〇七年六月二十七日号）、それによると、シメオンは皇帝シュテファンとその妹との近親相姦的な結合から生まれた子供であり、またそこでは、「セルヴィア人たちの啓蒙家であり最初の偉大な文化の担い手」はシメオンではなく、彼が知らずして交わった母親との間に生まれた少年サワとなっている。

このように近親相姦的犯罪を一世代前へとさかのぼらせるというやり方は既にギリシャの伝承でわれわれにはしばしばおなじみのものであり、そしてこれは、不快で重苦しい印象を与える母親との近親相姦の、のちになってなされた正当化であると考えねばならない。明らかに母親との近親相姦はもともと、複雑化したこれらの聖徒伝においてもっと抵抗の少ない姉妹との近親相姦が辛うじてまだそうであるように、意識的に行われていたのである。このモチーフ形成は、ますます強くなってゆく血族結婚禁止の歴史的発展と全く同じように（本書第一二章参照）抑圧の進行過程を反映していて、この過程で意識的な母親近親相姦に代って無意識的なそれが登場し、そしてひとつ前の世代において意識的な兄妹近親相姦が導入されるのである。(11a)

これらの聖徒伝で最もよく知られているのは多分岩上の聖者グレゴリウスについてのものであろう。これをコレヴィウスに従って（『古代的要素からみたドイツ文学史』一八五四年、第I巻、一六七頁以下）要約してみたい。ある王が死に臨んで、双児である息子と娘に忠実な愛を大切にするよう戒めた。だが悪魔の仕業によってこの二人は近親相姦を犯すことになる。息子は傷ついた心を抱いてエルサレムの聖墓を目指して放浪の旅に出、異国の地で果てる。妹の方は男の子を生むが、これを小さな樽に入れて海へ流す。その際彼女は、子供の出生の秘密をしるした象牙の板をこれに付けておいた。子供はやがて漁夫たちによって拾われ育てられる。六年ののち彼はある修道院に入り、そこで聖職に就くための教育を受ける。成長した少年は、自分が王族の息子として生まれたことを偶然知らされる。修道院での生活に魅力を覚えない彼は、騎士の修行をして名声を得ようと決心する。彼は一隻の小舟に乗って波のまにまに漂流する（捨て子）が、やがて舟は彼の母の国へ運ばれてゆく。その地において彼は、武力を楯に女王に求婚していた敵（父親）を首尾よく倒し、その報賞として彼女の手を獲得した。しかし母親はのちに例の象牙板によって、自分が息子と結婚したことを知る。グレゴリウスは絶望に打ちひしがれるが、しかし彼は、神の慈悲は罪を悔い改める者にとっては無限であることを本を読んで知っていた。彼はみずから望んである羊飼いを伴って絶海の岩上へと赴き、そこで鎖に縛られこれに錠をかけてもらう。そして羊飼いはその鍵を海中へ投じた。グレゴリウスは十七年の間その岩の上で過ごした。するとローマからの使者がやって来て、神の命によって彼が教皇に選ばれた旨を告げる。同時に鍵も魚の腹から発見され、彼はこのことを自分の免罪が神によって証されたものと考えた。彼はローマへ連れて行かれ教皇に任じられる。彼の声望を伝え聞いた女王も懺悔のためのちにローマへやって来る。母と息子、妻と夫であった二人はお互い相手を認め、ともに懺悔をして祝福された生涯を送る。更にグレゴリウスの父親も呪いから解放される。

聖グレゴリウスの物語はキリスト教中世の最も古い童話・聖伝集『ゲスタ・ロマノルム』に収められている。これらは一四世紀中葉に書かれたものとされており、印刷術の発明とともに広く流布した。この物語はグレーセによるドイツ語版の第八一章に当り、その題名は『神の不思議な赦免と教皇グレゴリウスの誕生』というものである。王はここではマルクスという名前になっており、兄と妹の近親相姦が次のように語られている。「さてある夜のこと彼は強い誘惑に襲われ、妹によって欲望を満足させることが出来なければ自分は息絶えるにちがいないとまで思うほどになった。」彼女は少し抵抗したが、「彼はどんなことがあろうとも意を通すのだと言って彼女と寝た。」妹は生まれた息子に洗礼を受けさせないでこれを捨て、彼に添えてやった板に、この子を見付けたお方はどうか彼に洗礼を受けさせ教育して欲しい、と書きしるした。――次に母親と息子との結婚が語られる。「こうして彼女は婚礼の日取りを決めた。今や息子と母親であるこの二人は全国民から大きな歓呼と拍手をもって祝福され、そして二人のうちのいずれも相手が誰であるかを知らなかった。そこで二人の間には深い愛が生まれた。やがて証拠の板によって近親相姦を知った母親は「壁に頭をぶつけながら言った。〈ああ神さま、わたしとわたしの兄との息子がわたしの夫なのです。〉そこでグレゴリウスは次のように言った。〈わたしはもう危険を脱したと思っていたのに。わたしは悪魔の罠にかかったのだ。ああわたしの妻よ、わたしのこの苦しみを心ゆくまで嘆かせてくれ。おお、なんという悲しみ、なんたる苦しみ！　ここにいるのはわたしの母、わたしの恋人、私の妻なのだ。悪魔がわたしをたぶらかしたのだ〉。」この物語もやがて贖罪、赦免、そして教皇即位をもって終る。もちろんこの物語はゲスタ・ロマノルムのフランス語訳のなかにも見出される。そのタイトルは『神の不思議な赦免と栄光（ローマ教皇グレゴリー）の誕生』というものである。

『哀れなハインリッヒ』の作者ハルトマン・フォン・アウエ（一一七〇年頃―一二二〇年）はこの聖徒伝を、『グレゴリウスまたは善良なる罪人』という題のもとに古フランスの詩に倣って作品化している[12]。このフランスの詩についての三つの有名な論評の最も古いものをリュザルシュがトゥール図書館のある写本のなかに発見した。それは一八五七年『教皇大グレゴールの生涯、フランス伝説』（Vie du pape Grégoire le Grand, légende française）というタイトルで刊行されたものである。ハルトマンの詩は次にラテン語の韻文に翻訳された。古英語による作品もある（ホルストマン編『岩上のグレゴリウス』参照。〔近代語・文学研究のためのL・ヘリング叢書〕第LV巻、四〇七―四三九頁）。コンスタンは更に、ウォルター・スコットが『サー・トリスタム』（第三版、一〇八頁）で、同じ写本に含まれている『教皇グレゴリーの物語』（The legend of pope Gregory）と題するある詩について述べていることを指摘した（一一六頁）。英語の写本は最初と終りの部分が切れてなくなっている。コンスタンは、英語の草稿が『教皇大グレゴールの生涯』を模したものとみている。ドイツ語でも『岩上の聖グレゴリウス』という題のよく知られた散文がある（ジムロック『ドイツの民衆本』第XII巻、八三頁)。J・ルヴァラクは『サクソンの聖グレゴリオスの歌』の古ボヘミア語による翻訳があることを指摘した(ノヴァコヴィッチ参照)。『岩上の聖グレゴリオの生涯』についての報告は『聖者たちの生涯』(ヴィンタータイル、アウクスブルク、一四七一—一四七二年)のなかにもみられる。これは一五世紀の殉教者伝集で、そのなかには『悪人ユダ』についての物語も収められている。聖徒伝としてのグレゴリウスはアルノルト・フォン・リューベック(一三世紀初頭)も題材として取り上げた。(13)

コンスタンは(一三〇頁)グライトの推測を紹介しているが、それによれば一六世紀における婚姻制度のなかに忍び込んでいた悪習を除去しようとの教皇グレゴリウス七世の努力の成功が「グレゴリウス」という名前の選択に少なからず作用したらしいというのである。F・M・リュゼルはグレゴリウス伝説のブルターニュにおける異本を報告している(『低ブルターニュ地方のキリスト教聖徒伝』第II巻、二七頁以下)。兄妹近親相姦から生まれ、自分の母親と結婚する主人公の名前はここではカドンとなっている。

これらの聖徒伝の幾つかが他に依存しないで成立したということは、ケーラーによって伝えられているコプト人たちによるグレゴリウス伝の異本が示している(小著作集第II巻、一八二頁以下)。これは、E・アメリノーによる『エジプト・キリスト教徒の物語』(パリ、一八八八年第一巻、一六五—一八九頁)のなかに『アルメニア人の王の物語』(Histoire du Roi Armenien)というフランス語訳の題名で見出されるが、グレゴリウス伝を知らない編者はこれをオイディプス伝説としか比較していない。リッポルトはハルトマンのグレゴリウスの原典に関するその学位論文(ライプツィッヒ、一八九六年)の最終節(「聖伝の歴史について」五〇—六四頁)において、この物語の源泉をオイディプス伝説の後期ギリシャにおける二つの伝承——これらには父親殺しがみられない——に求めようとしているのだが、このことは、グレゴリウス伝が他からの転用であることの証明とはならない。心理学的な観点に立ってみるならば、暴力をもって女王に求婚していた男を殺害するという設定のほかに、それとは知らずに行われる父親殺しが勝利者グレゴリウスによって代用されていることが容易にわかるのであるから、なおさらそうである。父親殺しは、コストマロフによって伝えられている聖徒伝においても異教徒の王の殺害の背後に隠されている。

グレゴリウス聖徒伝は、ケーラーが〔ゲルマニア〕（一五、二八四頁以下）で述べているように一七世紀スペインの詩人ジュリアン・デ・マトス・フラゴーソによってドラマにもされた。その題は『自分の母親の夫』（El marido du su madre）となっている。

ドラマの方では近親相姦的傾向の防衛が特に明瞭に表われている。息子は母親と結婚はするが、この結婚はかたちだけのもので性的な交わりは行われない（アウゲーとテーレポスの神話におけるように）。これに対し兄妹近親相姦はこれとは逆のメカニズムによって可能となる。つまり近親相姦は既に行われていて、二人は全く兄妹ではないことが判明することによって防衛がなされるのである。近親相姦の成就、そしてそれと同時になされる防衛というこの形式は、近親相姦空想の文学的形成を特徴付けるものである（ゲーテ『兄妹』。本書第一六章及び第一七章参照）。

グレゴリウス伝との血縁を示すものに三つのイタリアの物語がある。ひとつは一八〇六年の韻文による小さな民衆本で、そこでは最初トリノが舞台となっている。更にシチリアの童話があるが、これは作られたのが現代であり、またグレゴリウス伝に由来するものであるとされ、主人公クリヴォリオという名前もそのことを示していると言われる。物語は市民社会に移し置かれているので騎士としての行為はここではみられない。また修道院、修道院長その他グレゴリウス伝にみられる道具立てが幾つか欠けている。しかしこの二つの物語のいずれにおいても、グレゴリウス伝とは異なり、父親が生存していて、贖罪にも赦免にも関与している（ゴンツェンバッハ『シチリアの童話』ライプツィッヒ、一八七〇年、二、一五九頁以下、クリヴォリオに関する項）。

次にヘルマン・クヌストはトスカーナ地方のある伝承『兄妹の子供』を紹介している（〔ロマン・イギリス文学年鑑〕一八八六年、七、三九八頁以下）。遺産分けをしなくてもよいように兄と妹がいずれも結婚しないことを決心し、禁じられた関係を結ぶ。その結び付きから生まれた息子を父親は河へ投げ捨てる。子供の入れられた小箱は岸に打ち上げられ、ある金持の男に発見される。彼はこの少年を自分の息子と一緒に育てさせる。ある時正統の息子が、お前は捨て子だと少年に明かしたため彼は両親を捜すべくその地を出て行こうと決意する。「乞食をしながら旅をしていた彼は実の両親に引き取られた。もちろん彼らはそれが自分たちの息子であるとは知る由もなかった。そして成長した彼は、妹との許されぬ関係を絶とうとしていた父親自身によって、自分の母親と結婚させられる。赤い巻き毛によって彼女は相手が息子であることを知ったが、既に手遅れであった。」一切を知らされた息子は荒野へ赴き贖罪に専念する。彼はそこに二年の間留まり、その後教皇に選ばれる。そして彼は自分のところへやって来るすべてのひとたちのために免罪を布告した。両親もこの教皇の許を訪ね、彼は二人の懺悔を聴く。そのあとで彼は自分が彼らの息子であることを告げる。最後に彼らは相携えて死を迎える。

大変興味深いこのテキストでは父親の殺害は描かれず、それに代って、母親を自分に譲って欲しいという、父親に対する息子の素朴な願望空想が認められるが、この願望は既にわれわれが、緩和されたかたちでの許嫁譲渡のモチーフとして知っているところのものである。

ケーラーがプファイファーの『ゲルマニア』（一五、二八四頁以下）で一七世紀の手稿から紹介しているパウル・フォン・チェザーレアについてのブルガリアの聖徒伝もグレゴリウス物語と類似している。

ここでも兄と妹が極めて当然のこととして――先に挙げた物語と同じように――夫婦同様の生活を送ろうと決める。なぜなら自分以外の男が妹と、そして同時に国の半分を手に入れるのは利益に反するというのである。「そこで兄は妹を妻とした。彼らは男の子を作った。そして次のように言った。この子を手許におくのは好ましいことではない、この子は兄と妹から出来たのだから、と。」

これまでわれわれが見出してきた二重近親相姦の形式、つまり兄と妹との意識的な近親相姦と、この関係から生まれた息子と母親との無意識的な交わりは、キリスト教中世の豊かな空想を満足させるには充分ではなかった。戦慄すべき罪悪を大きなものにしたいという欲求が父親と娘との第一の近親相姦を作り出し、そのため母親は同時に姉でもあることになる、つまり同一人物との二重近親相姦が行われ、そのことで他の伝承の反復は再び解消される。前代未聞のこの血縁関係を、ハウプトがベルリン・アカデミーの月報（一八六〇年、一四一頁以下）でローマのある手稿のなかから紹介している殉教者アルバヌスの物語が扱っている。

父親と娘の近親相姦の落とし子であるアルバヌスは両親に捨てられ、ハンガリーの王によって育てられた。若者に成長した彼はそれとは知らず自分の父親によって、自分の姉でもある実の母親と結婚させられる。彼は数年の間彼女と幸福な結婚生活を送るが、やがて戦慄すべき近親相姦の真相がすべて明るみに出る。贖罪のため彼ら三人はそれぞれ別々に荒野へ赴き、そこで七年の歳月を過ごす。この年月が経過したのち彼らは再び相まみえる。三人はあるとき森のなかで夜を過ごさねばならなくなり、そこで息子は父と母（同時に自分の妻であり姉でもある）のため地面に木の葉で寝床を作ってやり、自分は木の上にあがって見張番を務めた。そのとき悪魔が――この物語の語るところによると――またしても年老いた父親のなかで眠っていた罪深い情熱に火をつけ、そして夜がほとんど明けようとするとき父親は新たに娘と交わった。この様子を木の上から見ていた息子は急ぎ駆けつけ、この破廉恥な両親を杖で叩き殺した。二人の死体を彼は葉で覆った。

いかなる聖徒伝にもその類似を見出さないアルバヌス伝の珍しい結末について二、三簡単に述べておきたい。物語の第二部においてはすべての犯罪は意識的になされている。即ち息子のアルバヌスは、父親が再度アルバヌスの妻でもある娘と意識的に近親相姦を犯すのを見た時この二人を意識的に殺す。息子が父親を母親との性交中に（あるいはその直後）殺害するという設定は既にわれわれには周知のものであり（例えばウラノスとクロノスの神話）、またこれからもしばしばお眼にかかるであろう（聖ユリアヌスにおいては特別なかたちで）が、その際、父親を母親から引き離してこれを占有しようという嫉妬の幼児的根源が明瞭に現われる。この幼児的な願望がここでは実現されている。というのも実際に父親と息子は同じ女性を、つまり息子の母親を所有したのである。両親の夫婦の営みを垣間見るという状況もここでは極めて素朴に表現されている。しかしここでは息子が子供ではなく成人した大人であり、母親との交わりと父親の殺害への願望も現実の行為へと移される。だがここで息子が母親をも殺すという事態は、既に彼が母親を所有してしまったことと関係がある。小ロシアの物語においても息子が母親との近親相姦を知った後これを殺害している。更に母親の殺害は、オレステースにおけると同様嫉妬によって動機付けられている。彼が母親を殺すのは、彼女が恋仇（父親）に身を任すためである。

アルバヌス聖徒伝に関しても多くの翻案、テキストがある。ラインホルト・ケーラーはプファイファーの『ゲルマニア』（一四、三〇〇頁以下）のなかでこれらについて幾つかを報告している。特にラッハマンはベルリン・アカデミーの論文で（一八三六年）、この聖伝を題材としている一二世紀低ライン地方の詩の断片を二編刊行した。更にJ・ケレは〔ゼラペウム〕において（一八六八年、九九頁）、ラテン語のゲスタ・ロマノルムのフュルステンベルク手稿による幾つかの物語に添えられた序文を出版したが、これらは印刷されたラテン語によるゲスタには欠けているものである。これらの物語の一一番目のものが聖アルバヌスについての聖伝を題材としている。これに対しコンスタンはゲスタ・ロマノルムのなかに、大部分は聖アルバンの生涯で語られている事実を含んでいるある物語を発見したと言っている。但しゲスタにおいては先ほど挙げた聖伝の第二部、つまり意識的に行われる犯罪が付け加えられている点が違っているという。要するにこの聖伝の結末は他のテキスト版にはないのである。カール・グライト（『スペキレギウム・ヴァティカヌム』フラウエンフェルト、一八三八年、一五九頁以下）はヴァティカンの図書館にある手稿（一四世紀のもの）に従ってこの聖伝のあるテキストを出版した。ここでは母親と息子が自分たちの近親相姦を知った後で別れ、贖罪のうちに生を終えることになっている。更にこの聖伝のさまざまな草稿に関する指摘はコンスタン（一一四―一一五頁）に、またダンコーナの序文（二五―二六頁）にみられる。この聖伝はアルプレヒト・フォン・アイプによってドイツ語に翻訳され、『夫から妻を奪えるかどうか』（フリッツ・クロイスナーによって一四七二年ニュルンベルクで印刷されたフォリオ版、一〇八―一一五頁）という、一四七二年に彼の書いた作品の末尾に収められている。更にアンドレアス・クルツマンの翻訳もある（〔ウィーン学会報〕一八七七年）。フランス語訳では二つが残っている。ひとつはパリで出された年代不明の『ハンガリーの王にして殉教者聖アルバンの生涯、ラテン語よりの翻訳』で、もうひとつは一四八三年に出されたリヨンの『ハンガリー王聖アルバン殿下の生涯、ラテン語のフランス語訳』である。またケーラーは、古いスペインの翻案も多分あったのだろうが古い印刷のものの存在を証明することは出来ないと言っている。しかしデュランが『ロマンツェロ・ゲネラール！』一三・二及び一三・三番で紹介している二章からなる通俗物語詩《ロマンツェ》は聖アルバーノの生涯を描いている。但しラテン語のものとは異なる部分が幾つかみられる。この物語詩ではアルバヌスの父親の名前はヒザーノといい、ハンガリー帝国の八人の諸侯のうちのひとりとなっている。彼は夜自分の美しい娘を死をもって脅迫し力ずくで意に従わせる（意識的な近親相姦）。捨てられたこの子供をハンガリー王アルバーノが見付け、これを自分の息子として育てる。そのアルバヌス・ジュニアが二〇歳になった時王は、忠誠を誓っている八人の諸侯たちに彼らの娘の肖像画を持参するよう命じ、それらを息子に見せた。息子はヒザーノの娘、つまり自分の母親の肖像が気に入って彼女と結婚する。この母親の無意識的な選択には、幼児的な愛の力が非常に見事に暗示されている。物語のその後の展開は最初に紹介したラテン語によるテキストと全く同じであり、また結末もそのまま残されている。なおケーラーは最後に、このロマンツェの散文化されたものが収められている新しいスペインの民衆本について報告している。この物語が今日でもスペインでは非常によく知られているとデュランは述べている。——低ブルターニュ地方の現在のある民謡もアルバヌスおよびアンドレアス聖伝と類似の素材を取り上げていて、そこには教訓的なものが含まれ、また詩的な魅力にも欠けてはいない（マリー・クラン『デュゼルによる低地ブルターニュの民謡』パリ、一八六八年、八八頁以下）。

聖アルバヌスとの関連で取り上げねばならないものに宿坊の主《あるじ》聖ユリアヌスの伝説があるが、興味深いことに彼は「カトリックのオイディプス」と呼ばれている。尤もこの物語の近親相姦空想は抑圧のもとに隠されていて、アルバヌス伝説と対比することによってのみそれとわかるものである。この物語は『免罪』という題のもとにゲスタ・ロマノルムに第一八章として収められている[14]。

かつてユリアヌスという名の戦士がいたが、彼はそれとは知らず自分の両親を殺した。若くて気高いこの男がある日のこと狩猟の際に一頭の雄鹿を発見してこれを追ったところ、この鹿が突然彼の方へ振り向いて言った。「わたしを追いかけているこのお前はお前の父親と母親の殺人者となるだろう[15]。」これを聞いたユリアヌスは、鹿の言ったことが自分の身に起こりはしないかとひどく怖れた。そのため彼は家族を残して旅に出た。遠い異国にやって来た彼はその地である領主に仕えた。彼は今度も戦場において、また宮廷においても大いに才能を発揮した。それで領主は彼に騎士としての最高の栄誉を授け、またある城主の未亡人を妻として与えた。そして彼はその城を持参金として受け継いだ。一方息子を失った大きな悲しみを胸に諸国を遍歴していたユリアヌスの両親はようやくユリアヌスの城に辿り着いた。そこでユリアヌスの妻が彼らに応対し、彼が不在であったためこの二人の客に、あなたがたは誰なのかと尋ねた。二人は彼らの息子の身の上に起きたことすべてを話して聴かせた。そこで彼女は、これは夫の両親に違いないと思った。なぜならこれらのことを彼女は既に彼の口からたびたび聞かされていたのであった。彼女は彼らを優しくもてなし、そして夫への愛から二人に自分たちの寝床を貸し与え、彼女自身は別の部屋にベッドを作らせた。翌朝早く城主の妻は教会へ出かけた。ところがユリアヌスも朝早く妻を起こすべく寝室へ入って来た。部屋に入った時彼は二人の人間が並んで寝ているのを見た。それが自分の妻と情夫に違いないと思い込んだ彼はそっと剣を抜いて同時に二人を刺し殺した。ところが家の前へ出た彼は妻が教会から戻って来るのを見てびっくりした。われわれの寝床に眠っていたのは誰なのかと彼は尋ねた。それはあなたを長い間捜していらした御両親です、わたしはお二人にわたしたちの寝室をお貸ししたのです、と彼女は答えた。これを聞いた彼は死なんばかりに驚いて地面にくずおれ激しく泣き始め、次のように言った。ああ、なんとわたしは不幸な人間なのだ、かけがえのない両親を殺したこのわたしは一体どうすればよいのだ？　そしてどうだ、あの鹿の告げた預言がこうして成就されたのだ。わたしはそれから逃れようとした、だがまさにそのために不幸なわたしはそれを実現することになったのだ。さあ、可愛い妹よ元気で暮らすがよい、神がわたしの懺悔を聴いてくれるかどうかを知るまではこれから旅を続けるつもりだ。だが彼女は言った。愛するお兄さん、わたしを残して出てゆかないでください、わたしはあなたと喜びをともにしてきたのですから悲しみをも分かち合いたいのです。彼らはそこで宿坊を建てた。ある時ユリアヌスがそこへひとりの男を泊めたところ、その男は神の使者としての正体を現わし、主はお前を赦したもうた、二人は間もなく祝福されて永遠の眠りにつくであろう、と告げた。

宿坊の主《あるじ》聖ユリアヌスの物語のなかにわれわれは、ある伝説モチーフにあった性的な根幹が徐々に覆い隠されてしまい、それと同時に他方では、例えばここにみられる罪人と神の免赦といったような他のモチーフが前面に押し出され、元来与えられていたモチーフの深い意味が失われ、わずかな痕跡を留めるにすぎなくなるという過程の見事な例を認めるのである。近親相姦コンプレックスを示す典型的な聖徒伝のカムフラージュ的表現からしてわれわれは、無意識的に行われる両親の殺害の根底には近親相姦の衝動が潜在しているのではないかとの推測をしないではいられない。そしてユリアヌスの物語には母親に対する愛着も、また父親への憎しみも語られてはいないが、しかし一見副次的に思われても実際には極めて意味深く厳密に決定付けられた状況がそのこととの関連をなお明瞭に示している。それは両親の奇妙な死に方である。この物語では、ユリアヌスが剣をもって二人を同時に突き刺したとある。両親の性交をも同時に強調するこれと似かよった状況をわれわれは既に聖アルバヌスの物語に見出した。相違はただ、ここでは息子ユリアヌスが母親を所有していなかったという点だけであり、この願望はここでは抑圧されている。しかしわれわれは、アルバヌスにおけるこれと似た両親殺害をより完全に動機付けることによって、ユリアヌス聖伝において抑圧されている母親近親相姦のモチーフを明るみに出すことが出来る。だが更にもうひとつ別の痕跡を追ってゆくと同じモチーフの根底に辿り着く。母親との近親相姦が実際に行われるアルバヌス聖伝では、父親と息子が所有した女性はもちろんひとりの人物である。ユリアヌスの物語においては近親相姦の衝動が防衛されていて、父親と息子の愛は二人の女性に分割ないしは二重化されている。しかし息子が願望する二人の女性のこの同一化は、彼の無意識のなかで母親が妻に代っている（夫婦の寝床において）ということのなかになお明瞭に表われている。母親との性的な交わりが単なる母親と妻との同一化になったのである。この無意識的な空想はしかし、それに照応する心的な反作用を呼び起こし、それらが処罰への傾向として現われる。彼の無意識的な願望が父親の妻（自分の母親）を所有することに向けられているのであるから、彼自身の妻と他の男との情交が自己に対する処罰空想として生じるのである。この「他の男」が父親であることは物語そのものが明白に示している。一方ユリアヌスにおいてはこの状況は無意識のままに留まっている、つまり彼は自分の父親を認めないのである。相手が父親であることがわからないというこの状況はしかし、父親殺害の典型的な抑圧表現である（オイディプスにおいても変りない）。つまりそれは近親相姦的な嫉妬・憎悪の防衛なのである。自分の妻と父親が性的に結び付いているのではないかというユリアヌスの処罰空想はしかし、幼児的な要素のなかに初めてそのより深い動機を見出す。というのも、現在彼から妻を奪おうとしているこの父親は既に以前、息子の近親相姦的な愛が眼覚めた時にも彼の愛する女性即ち母親を彼から奪ったのであった（許嫁横奪）。ここでは無意識的な感情衝動が、神経症の症状におけると同じように歪められ抑圧されたかたちにおいてのみ、つまり防衛の現象としてのみ表現されている。本来の欲動力は無意識に留まったままである。このことはユリアヌスとアルバヌスの物語の比較によって最も明瞭になってくる。後者においてはユリアヌスにあって無意識的な空想に留まっているところのものが意識的な行為となっている。つまりアルバヌスは意識的に父親を殺すのであるが、ユリアヌスは自分の殺害する相手は妻（母親）の情夫であると思い込んでいる。アルバヌスは実際に母親を所有したが、ユリアヌスは無意識のうちに母親を妻と同一化する。アルバヌスは母親が父親と交わったため嫉妬に駆られて彼女を意識的に殺し、ユリアヌスは「妻」をその不貞のゆえに殺すのだと信じて実は母親を殺すことになる。つまりユリアヌスは彼の幼児的な立場に立って両親の夫婦関係を自分自身のそれと同一化する。彼においては近親相姦的願望は不完全にしか抑圧されていなくて、自分自身の妻に向けられた嫉妬空想のなかに（無意識的に）表われている。しかし息子が両親の性的交渉を垣間見るという状況は、この両方の物語に共通している。ただアルバヌスにおいては全体の印象並びに殺人が意識的であるの対して、ユリアヌスにおいてはそれが無意識的である（転移されている）という相違がある。われわれはここに、憎しみの対象にしている人物を意識をもって殺害する人間と、この憎しみを防衛抑圧し、そしてこれを他の人物に転移させた人間との相違を認めることが出来る。

聖ユリアヌス伝もドラマ化された。ロペ・デ・ヴェーガはこれを喜劇『預言する動物あるいは幸福な父親殺し聖ジュリアン』（El animal profeta y dichoso parricida San Julian）において題材としている。ヴルツバッハはこれをロペの最上のドラマ作品のひとつに数えていて、その内容を次のように要約している。「のちに聖者となるこの男は、彼が狩猟中に射止めた一頭の鹿から、お前は両親を殺すであろうと預言された。妻が情夫と密通している現場をおさえたと思い込んだ彼は父親と母親を殺してしまい、この恐ろしい預言を成就することになる。彼はおのれの生涯を病人看護のために捧げることによって罪を贖い、最後に、煉獄から解放された両親が天国へ迎え入れられるのを見る。」ロペに認められる近親相姦的な傾向については別の個所で触れることになる。このロペと同時代の有名な作家ドクター・ミラ・デ・アメスクア（一五七八―一六三五）も『預言する動物と聖ジュリアン』と題するドラマを書いたと言われる（シェーファー『スペイン国民劇の歴史』）。更にユリアヌス聖伝は二つのスペインの物語詩《ロマンツェ》でも取り上げられており、これらはデュランの『ロマンツェロ・ゲネラール』（第Ⅱ巻、三三二頁以下）に収められている。スペインの劇作家たちが多く取り上げた近親相姦の素材はこのような古い国民バラードにさかのぼる。

最後にフローベールも、『聖ジュリアン』という巧妙を極めた短編においてこの素材を心理学的に——ほとんど精神分析的にと言ってもいいほどに——深め、また完成された技術をもってこれを芸術的に昇華させている。[16] ここでは鹿による預言が主人公自身の強迫観念となって彼を苦しめることになる。

「預言は彼を拷問のように苦しめた。彼はこれに抗った。〈いや！　いや！　おれが彼らを殺すことなど出来る筈がない。〉それから彼は考える。〈だがもしおれがそれを望んでいるとしたら？……〉そして彼は悪魔がその願望を自分に吹き込みはしないかと怖れた。」（エルンスト・ハルト訳、ライプツィッヒ、インゼル書店）この心の葛藤の後にくるものは病いである。「三ヶ月の間彼の母は不安と恐怖を胸に彼のベッドの枕もとで祈り続けた。父親は溜息をつきながら絶えず廊下を歩き回った。彼は最も高名な医師たちを呼び、彼らは大量の薬を処方した。……彼は完全に回復した時狩りに行くことを頑なに拒んだ（武器を手にすることの防衛）。」やがて恐怖は強迫観念にまで高まり、それが症候として現われる。「ある日のこと彼は父親から贈物として与えられていたサーベルを腰から落とした。これが老人に触れて上衣が破れた。父親を殺したのだと思い込んだジュリアンは失神した。なんでもない鉄を見るだけでも彼の顔は蒼白となった。」

「またあるとき彼は風にはためいている二つの白い翼めがけて、それがこうのとりだと勘違いして槍を投げつけた。」

「かん高い叫び声が響いた。」

「それは母であった。彼女の長い紐のついた帽子は壁に釘付けにされたままであった。」

「ジュリアンは屋敷から出奔し、二度と戻っては来なかった。」

ジュリアンの殺害願望を作者は、幼い頃に甘やかされて育った子供に特有のサディスティックな傾向をもって動機付けている。彼の「小さなベッドにはとても柔らかい綿毛が詰められていた。」そして彼は犯行のあと強い懺悔の情をもって、「鉄の棘のついた懺悔服を作った。」というのも彼は、自分が両親を殺す夢をまだ見ているというのでみずからを罰しようと思ったのである。「毎夕太陽が雲のなかへ血を流し込んだ。そして毎夜夢のなかで彼の両親殺しが繰り返し演じられた。」このことは、詩人の描写に殺人へのサディスティックな願望を読み取るならば理解されよう。詩人は激しい欲望感情に囚われた主人公に鳩を絞め殺させており、また幼児的な嫉妬からなされる両親の殺害をこれと似たようなかたちで描いている。「妻（実は母親）のかたわらに男が寝ていたのだ！　強烈な怒りを覚えた彼は短剣をもって彼らに襲いかかり、激しく足で床を踏み、激怒して口から泡を出し、鹿のような鳴き声を発した。」（主人公と鹿との一体化に注意されたい）

近親相姦の忌まわしさを母親と息子との二重の血縁関係によって強化させるというやり方は、ファラゴーニャ帝国のヴェルゴーニャについてのイタリヤの聖伝にもみられる。この物語は一四世紀と一五世紀に書かれた韻文・散文両方の草稿に入っている（ダンコーナ前掲書参照。またコンスタン、ディーデリッヒスも参照されたい）。ここでも最初の近親相姦は父親と娘との間で行われ、第二のそれはこの結合から出来た息子と母親との間でなされる。――教皇は、贖罪と聖務とで生涯を終えた母親と息子を同じ墓に埋葬することを許し、彼らにひとつの墓碑銘を与えた。それは――著者の言うところによれば――今日でもサンタ・プレシーディア修道院で見ることが出来る。それには次のようにある。「ここにふたつの肉体眠れり。母と息子、兄と妹、夫と妻。ファラゴーニャ王国の伯爵領に生まれり。ふたりはいま天国にあり。」これについてコンスタンは次のように述べている（一二〇頁）。

「ここにかなり鮮明な細部がある。それは、純粋な想像力が作り上げた伝説ではなくて事実なのだということを示しているように思われる。しかしながらこのような墓碑銘は他所でもよく見受けられるし、常に都合のよい解釈をする伝統につきまとわれている。それは墓碑銘の真正な性格をすっかり除去してしまうものである。そのような訳で、一六世紀のスペインの作家ジュリアン・メドラノは、(17)そういった事件が起きた家をブルボネ地方で見たことがあり、夫婦の墓に次のような碑文を読みもした、と主張するのである。

ここに娘眠る、ここに父眠る
ここに妹眠る、ここに兄眠る
ここに妻と夫眠る
それでもここには二体しかないのだ。

（ドゥンロープ＝リープレヒト『散文文学の歴史』二〇九頁[18]）

ミラン（『フランスの遺跡』第Ⅲ巻、二八節、六頁）は、エクイの僧会教会でこれと全くよく似た碑文を読んだと言っている。そこには、しきたりによってエクイのある領主とその娘セシルを埋葬するのだが、領主はそうとは知らずに自分自身の母親によって娘をもうけ、次に自分の娘とは知らないままにロレーヌで彼女を娶ることになる。伝説は、この不思議な巡り合わせがどのように明かされたかは語っていない。ミランや他の人々によると、[19]アミアンの近くアルランクールでも語られていたという。そこでも同じ墓碑銘が見られたということである。ガスパール・メテュラは一七世紀にその墓碑を再製した。そしてそれはオーベルニュ地方のクレルモンのある教会にあるという（『エプタメロン』ルルー・ド・ランシー版、第Ⅱ巻、四四九頁、アンコナ版、四五頁以下参照）。引用出来る証拠というのはいま挙げてきたものが唯一という訳ではない。それゆえに、モーヌやアンコナ版のお陰でわれわれはそこに頭脳の遊びをしか見なかったり、こういった墓碑銘を系譜上の謎と関連付けるといった傾向に走ってしまうのである。」

このような墓碑銘は『アントロポフュテイア』（第Ⅲ巻、六五頁）中のある物語にも見出される。それは息子がそれとは知らず母親と交わって、今度はこの二人から生まれた娘とこれまた知らずに結婚するというものである。碑には次のような言葉が刻まれている。

「兄その妹と、
妻その夫と、
父その子供とともに
ここに眠れり」

この二重近親相姦（父親―娘、息子―母親）の興味深い形態を示しているものに『キプロスの童話』がある。これは最初サケラリオスによって出版されたものであり、またシュミットもこれを紹介している（『ギリシャの童話、伝説、民謡』、一四九頁）。ある男に三人の娘があったが、彼は娘たちを結婚させることが出来ないでいた。家が船の発着するある海岸にあったことから彼は三人の娘の似顔絵を家の戸口に張りつけて求婚者を集めようとした。その甲斐あってひとりの船長が現われて一番下の娘ローザを妻に所望し、そしてこれを得た。ところが婚礼の夜寝床に赴こうとした彼の前に幽霊が現われて、お前の妻には近付くなと言った。[20]彼女は自分の父親との間に息子をもうけ、のちにこれと結婚するよう運命付けられているというのであった。そこでこの男は次に一番上の娘を求めてこれを得た。ローザの二番目の夫となった男も同じ経験をして同じように彼女を捨て、もうひとりの娘と結婚した。暫くのちにローザは一番上の姉に、一晩あなたに代ってあなたの夫のそばで過ごさせて欲しいと頼んだ。姉から断わられた彼女はその冷たいあしらいの理由を聞かされた。次いで彼女はすぐ上の姉のところへも行って同じことを頼んだがこれも断わられた。遂に彼女は預言の実現を阻むため父親を亡き者にしようと決心し、彼を百姓たちに殺害させる。この殺害が、父親と娘の間の近親相姦的傾向がうまく防衛出来なかったことのひとつの表現でしかないということは、ローザが最後まで結婚しないでいること（父親への固着）から明らかであるのみならず、この娘がやはり最後は、不可思議な受胎という方法によってではあるにせよ父親の子を宿し、息子を生んでやがてこれと結婚するという、この物語のその後の進展からみても明白である。即ち、異国の地に埋められた父親の墓に一本の林檎の木が生え、その実を娘が知らずに食べ、それで妊娠するのである。同じ口腔妊娠（conceptio oralis）はアッティス神話においてみられるが、そもそもこの神話は父親近親相姦の防衛を示す典型的なものである[21]。やがて父親の墓の上に林檎の木が生えていることを聞き知った彼女は自分の妊娠の原因を察知し、子供が生まれたら直ちに殺そうと決心する。出産後すぐに彼女は子供の胸に短刀で幾つか突き傷をつけ、これを小箱に入れて海中へ投じた。ある船長に拾われ育てられた少年は養父の仕事を受け継ぐ。のちに彼は航海の途次母親の国にも立ち寄った。三人姉妹の話を聞いた彼はそのうちのひとり、つまり自分の母親と結婚して数人の子供をもうける。やがて彼の胸に刻まれてあった傷跡によってお互いの正体が判明する。「運命の預言」が成就されたのを知ったローザは屋根から飛び降り自殺をする。

二重近親相姦のこの種の形態のほかに、これの第二の変種もしばしばみられる。そこでも父親と娘との間に生まれた息子が母親と結婚するのだが、まず母親と息子が結ばれ、そこから出来た娘がやがて父親（同時に自分の兄でもある）と結婚するのである。コンスタンは、こちらの形態の方がよく知られていると述べている（一二五頁）。

マルグリット・ドゥ・ナヴァールの短編『五日物語《ヘプタメロン》』はよく知られているが、そこではある若者がそれとは知らずに母親との間に出来た娘と結婚する。「ある若い紳士で一四、五歳になる男が母親の侍女のひとりと寝たいものと思っていたが、母親自身と寝てしまった。その結果として彼女は九ヶ月後に女児を生み落したが、十二、三年経って彼はその娘を娶った。彼女こそ自分の娘であり妹であるとは知らないで、また娘も彼が父であり兄であるとは思いもかけないで。」イタリア人のバンデッロは同じ物語を語っているが、彼はマルグリットのこの短編については知らない。コンスタン（一二四頁）は更にG・ブレーヴィオの『民衆語の韻文と散文』を挙げている。いずれの作者も、まるで現実にあった事件のようにこれについて語っている。マルグリット・ドゥ・ナヴァールとバンデッロはこの物語の時代をルイ一二世の治下とし、場所はジャン・ダルブーレとカトリーヌ・ドゥ・ナヴァールの宮廷に設定している。ブレーヴィオは舞台をヴェネチアに変え、その事件を彼の執筆の直前に起きたものとしている。ホレス・ウォルポールは、彼の言うところではマルグリットの短編もバンデッロの作品も読んでいなかったが、これと同じ素材を『不可思議な母』（Mysterious mother）で使っている。[22] 彼は少年の頃次のような話を聞かされたと言っている。即ち、ある婦人が大司教のティロットソンに、わたしは自分の息子との間に娘をひとり生みましたが、その娘が今度は自分の父親とは知らず彼と結婚しようとしているのです、わたしはどうすればよろしいのでしょうか、と尋ねた。もしそうなると彼は同時に彼女の父親であり兄であり夫であることになるというのであった。大司教は彼女に、二人には何も知らせないままにしておくよう助言する。更にコンスタン（一二五頁）は、J・ペレス・デ・モンタルヴァンの『愛の成功と功績』（Succesos y prodigios de amor）中の短編『大いなる混乱』（La mayor confusion）を挙げているが、これも多分マルグリットやバンデッロには依拠していないものであろう。この形態の物語においては第一の近親相姦が（グレゴリウスにおけるように）兄と妹との間にではなく、本来通り息子と母親との間に行われる。その代り第二の近親相姦においては、防衛が働いているため、夫たちは自分たちの犯す行為は知らないままである。例えばそれは愛に関する作品書誌における『小説読書法』と題された本のなかに見出されるようなケースである。即ち、トルコ人の恐怖の的であった大バリエールはそれとは知らず自分の妹の父親となり夫となる。この二人は自分たちの血縁関係を知らされないままで、彼らの死後になって初めてこの関係が明るみに出る。

（1）　ゾロアスター教の教説ではデーモンたちが大きな役割を演じているおり、彼らの主人アーリマンはその敵対的な行動によって世界の発展を促進する。ブロートベックは次のように述べている（『ゾロアスター』）。「聖書外典のトビアス、またタルムードからみて、ユダヤ人たちは悪しき欲望のデーモンをも信じていたことが明らかになる。彼らはこのデーモンをアスモデイと名付けたが、これが女性のあらゆるヒステリーの原因であると考えられていた。また他の神経病、精神病もペルシャの先例に倣って悪しきデーモンの仕業であるとされた。この悪魔信仰がキリストにおいて、またそれ以後のキリスト教においてどのような役を演じてきたかは周知の通りである。」

（2）近親相姦の除去を伴った同じモチーフ形成は、のちに触れる兄弟童話にみられる。

（3）ワートン『イギリス文学史』（Warton: „The history of english poetry", I, 180）、アターソン『ポピュラー・ポエトリー』（Utterson: „Popular Poetry", I, 117）参照。――ワートンは、「プライスの言うところによれば、Degore は Dégaré あるいは l'Égaré の誤り伝えられたものに違いないし、そうだとすればこの詩は、フランス詩――多分『美貌王リシャール』であろう――の翻案ということになるだろう。これは近年M・フェルスターによって刊行されている（ウィーン、A・ヘルダー、一八七四年）」と注をつけている（コンスタン一二三頁注釈）。

（4）『サー・エグラムール』は司教パーシーのフォリオ版手稿バラードとロマンス（ジョン・W・ヘイルス、フレッド・J・ファーニヴァル編、ロンドン、一七六七―八六年）に収録されており（二、三三八頁）、一二九一行の詩句より成る。新版はグスタフ・シュライヒ編、ベルリン一九〇六年。

（5）古デンマークの英雄詩『シヴァルド　すばやい男』にもこれと似た状況が描かれている（ラスマン『ドイツ英雄伝説』I、一八五七年、二九五頁）。「シフェルトは継父を殺した、母の幸福のために彼はこれをなした。」

（5a）以下の犯罪事例を参照されたい。

「母と息子との野蛮な結婚。セゲディン発、一九一二年七月二十五日。当地の裁判所は五四歳のマリー・ケヴァゴに懲役三年、その息子で三〇歳になるパウルに同六ヶ月を言い渡した。この二人は数年前から汚れた交わりのうちに暮らしていた。奇妙で野蛮なこの結婚から四人の子供が生まれた。おかしなことだが、二人の住んでいたプスタ・キステレクのほとんどすべての住民はこの事実を知っていたにもかかわらず誰も通報をしなかった。ケヴァゴは、既にごく若い頃から母親に誘惑されたと言っている。」

「母と息子の間の近親相姦。ブダペスト発、一九一三年三月二十九日。ブダペストの警察は今日、金細工師ヨーハン・イエディチュカの四八歳になる妻と、その息子で二五歳になる銀細工労働者ルードルフ・イエディチュカを近親相姦罪で逮捕した。この母と息子は数年来恋愛関係を続けており、二人の間にひとりの子供が生まれたが、これは生後一六日で既に死亡している。イエディチュカ夫人は息子とともにアメリカへ移住したいと思っていた。そしてそれに必要な費用を調達するため自分の二人の娘に、彼女たちの結婚保険証券を母親の自分に渡すよう求めた。娘たちがこれを断わったので兄が彼女たちを殺すと言って脅迫した。そのため彼女たちは警察に届け出たのだが、この事件がきっかけで母と息子との恐ろしい関係が明るみに出たのである。二人はその犯罪を認めた。夫のヨーハン・イエディチュカは勤勉な働き手として通っている。」

（6）ジュビナル『一三、一四、一五世紀の伝説、寓話、物語並びに他の未完作品新選集』（Jubinal：„Nouveau recueil de contes, dits, fabliaux, et autres piéces inédites des XIIIe, XIVe et XVe siècles, t. I. 42“）及び『フランス文学史』（„Hist. litt. de la France“, t. XXIII, p. 121）参照。

（7）夢における同様、禁じられた事柄を直接表現する以前にこれをカムフラージュしたかたちでそれとなく暗示する象徴的表現が多くあるのだが、これについてはこれ以上深く立ち入ることは出来ない。既に言及した象徴、よく知られた象徴についてはこれを特に強調しておいた。

（8）フライターク『今世紀におけるドイツの学問、説教、文学、造形芸術に表われたイスカリオテのユダ』をも参照されたい（H. Freytag：„Judas Ischariot in der deutsch. Wissensch., Predigt, Dichtung und bildenden Kunst unseres Jahrhunderts“, Prot. Kirchenztg., 1896）。

（9）「わが母の子ら我を怒りて、我に葡萄園《ぶどうぞの》を守らしめたり。我はおのが葡萄園を守らざりき。」（『ソロモンの雅歌』、1、六）

（9a）アフリカのある話（フロベニウス『黒い魂』一二〇頁で報告されているもの）では息子がそれとは知らず母親と寝床をともにし、やがて今度は自分の娘たちと寝る。罪を許された彼は更に二人の商人を旅の途上で殺害するが、最後には赦される。

（10）ラデティクは『ヴィエナク』（一八七六年、一二七頁）において、民謡『ナホド・モミル』と『千一夜物語』にある十人の大臣の物語との類似に注意を喚起した。

（11）シュトルファーが指摘している近親相姦に対する懲罰のこれと似た象徴表現を参照されたい（『父親殺し』、Ⅳ）。

（11a）兄妹・両親近親相姦のこの連鎖について私は、以下の章（一一章から一三章まで）で文化・心理学的な解明を試みる。

（12）文献。

Hartmann von Aue, herausg. von F. Bech (II, S. 149 bis 151, Inhalt der Legende).

Alb. Heintze：„Gregorius, der mittelalterliche Ödipus“, Progr. Stolp. 1877.

J. Strobl：„Gregorius und seine Quellen“, Germania 13, 188 bis 195.

R. Köhler：Germania 15, 284.

Fr. Lippold：„Über die Quellen des Gregorius“, Altenburg 1869 (vgl. Auch Germania 17, 160 ff.).

H. Bieling ; „Ein Beitrag z. Überl. D. Gregor-Legende“, Berlin 1874 (Jahresberichte der Sophienrealschule).
F. Seelisch : „Die Gregorius-Legende“, Zeitschr. f. d. Phil. XIX, 1887.
Kölbing : „Beiträge zur vergl. Geschichte der romant. Poesie und Prosa des Mittelalters“, Breslau 1876, S. 42.
Smith : „Oedipusmythen paa slavisk Grund“, Tidskrift for Filologi og Paedagogik, Ny Racke, Bd. 3, S. 114.
Neussel : „Über die altfr. und mengl. Bearbeitungen der Sage von Gregor“, Halle 1886, Dissertation.

アンコナ、ドゥンロープ＝リープレヒト（二八九頁、三六八ａ）、ゼーリッシュ（四一〇頁以下）などによって挙げられているこれ以外のさまざまな近親相姦物語が、グレゴリウス伝と関係があるかどうかは疑問のように思われる。

（13）ブーフヴァルト編纂、キール一八八六年。ラテン語による二番目の改作はシュメラーが『古代のための雑誌』（Ⅱ、四八六頁）で出版した。

（14）トーブラー『聖ユリアヌス伝のために』（A. Tobler : „Zur Legende des heiligen Julianus“, Arch. f. d. Stud. d. n. Sprache u. Lit., 1898–1899）も参照されたい。ローデは聖ユリアヌスの原型を既にフェードラの物語のなかにみている。そこでは思いがけず旅から戻ってきた夫が、自分の息子が妻と通じていると思い込んで彼を殺すのである（のちの「帰還のモチーフ」参照）。

（15）やはり主人公が逃れられない預言の通りに二一歳で両親を殺すという、これと類似した物語をライストナーが紹介しており（Ⅱ、三七四頁）、次のように言っている。「父親殺しに代ってここでは両親の殺害がみられる。母親との結婚は語られていない。」

（16）これとよく似た素材を似たようなかたちで扱っているものにミヒェルの短編『狩人』がある（Robert Michel : „Der Jäger“, 1912）。

（17）ジュリアン・メドラノ（一五四〇年頃ナヴァールの生まれ）は、「馬鹿馬鹿しくて滑稽な諸々の話を集めた『好奇の森』（一八五三年、パリ、オクターヴォ版）」という数編の古詩、諺、珍しいエピソードの雑集を著わした。

（18）ルイXV世とベリー侯妃について次のようなエピグラムがあった。

「それは息子ではなく父である、
娘であって母ではない、
そのこと以外はすべてよし。
もし眼でも失うことにでもなれば

それはまさしくソフォクレ。」

(„L'esprit du XVIIIe siècle“ de George Pierredon, Paris 1913.)

(19) オルレアン公妃の書簡からのこの箇所は、リープレヒトの注解によれば、オランダの新しい版に収録されている（88. Publik. des Lit. Ver. S. 261）。

(20) これについては、ユング（〔年鑑〕、Ⅰ、一七一頁以下）が父親コンプレックスにその因があるとしたトビアス物語における悪霊アスモデイ参照。

(21) 拙論『民族心理学と幼児的性理論の類似』を参照されたい（本書第一一章父親と娘関係も参照）。

(22) 周知のようにシラーはゲーテとの往復書簡で、この「『オイディプス王』の趣好と意味にかなった悲劇」に言及し（一七九八年三月九日付）、またゲーテは一八〇〇年の年記に次のように書きしるしている。「シラーとの共同になるさまざまなドラマの翻案・改作が続けられた。そしてこの目的のためホレス・ウォルポールの『母の秘密』が検討され題材とされたが、しかし詳細に研究した結果断念した。」

第一一章　神話、童話、伝説、文学作品、人生そして神経症にみられる父親と娘の関係

父親にして息子、またやさしき夫。
母親にして妻、またいとしき娘。
六人にして、しかも二人とはこれいかに、
生命にかけてこの謎を解け。

ペリクリーズ（シェイクスピア）

母親に対する息子の性愛的な愛着と同様に、父親と娘の愛情関係も、典型的な、普遍的に人間的な情動に属する。これらの情動は文化の発展に伴って、母親—息子関係におけると同じ抑圧過程の支配下に置かれ、また神話的、文学的、神経症的空想において、前者の関係におけると似たようなかたちで代用的に形成されていった。しかし母親コンプレックスの空想形成は嫉妬する息子の方から発し、のちになって初めて、自分の所有権を脅かされた、あるいは妨害された父親によって抑圧され弱められるのであるが、父親—娘コンプレックスの場合その空想形成は、一般に期待されているようには、小さな子供、即ち娘の方からは発しないで、大部分は父親の立場からなされる。求愛や生殖に

おいて男性が能動的な存在であるように、神話形成、宗教的創造、文化活動もまた男性の性空想を充足させ、是認することを目指している。愛の情熱が娘の方から発しているようにみえる数少ない神話伝承からも、それは父親の淫らな情欲の是認を表現しているにすぎないという印象を受ける。父親はそのようにして誘惑の罪を娘に転嫁しようとするのである。もちろん、純粋に受動的な、そして男性の意図のために利用される側としての娘の役割をこのように父親の近親相姦空想のなかに確立したからといって、この愛着が一方的なものであると主張したい訳では決してない。逆に精神分析は、神経症の女性たちを治療するに当って、父親に対する抑圧された幼児期の愛着――これにはそれに照応する母親への嫉妬心が伴う――が病因学的にみて重要な要素であると認めた時に初めてこれらの事態に注意を向けたのである。(1) しかしまさにこの点にわれわれはわれわれの解釈のためのひとつの証明を認めて差し支えないかもしれない。即ち男性（父親）は娘への抑圧された近親相姦衝動を強力で効果的な空想において満足させることが出来るのに対して、このような逃げ道がほとんど与えられない女性（母親）の場合、われわれの文化にとって不快な父親への愛着の抑圧はしばしば神経症の原因になることがある。

母親コンプレックスとの第二の本質的な相違は、父親―娘コンプレックスの有する生理学的、社会学的、心理学的特殊性によるものである。息子と母親の近親相姦、またこれを代用する空想は意識にとっては、第一に恐らく生理的な感情からだと思われるが、父親と娘の結合よりは重い犯罪である。というのも、息子を母親と結び付けている内面的、肉体的血縁関係は父親と娘の関係においてはそれほどには与えられていないのである。更に、母親の場合には普通大きな年齢差がこの空想の実現を阻止するのに対し、性的な力をより長く保つ男性はまさに成熟・開花しつつある娘から新しい性的魅力を獲得することが出来るという事情がこれに加わる。第三に父親は自分の娘に対しては権威ある影響力、父権（Patriae potestas）を発揮することが出来る。それは彼の抱くかも知れない愛着や願望に、母親に対する息子の、なんといっても従属的な関係においてそうであるよりは、より多くの重みを与えることの出来るものである。

しかしこの父権そのものが文化的社会化ののちの発展結果であるように、父—娘近親相姦もまた、発展史的にみると、われわれが第一三章において兄弟姉妹婚について述べるように、「兄弟たち」がすべての姉妹を性的に共有していたところの原初的集団婚姻制のひとつの結果にすぎない。これらの兄弟集団のなかから、あるいは最年長であるかも知れないが、しかし確実に最強であるひとりが他をその支配下に置いた時、つまり「父親」にのしあがった時初めて彼は姉妹たちに対しても、今や「娘」から依存されるというかたちで彼に与えられたその権利を用いたのである。集団婚姻にあっては個人的な父親（子供を作る者）は存在しなかった。大家族においては父親は娘たちをも自分のために要求し、他方彼は息子たち（兄弟、婿）を彼女たちから遠ざけておこうとする。これに先行する段階があったように思われるが、そこでは集団婚姻から大家族への移行に際して、最も強い者がいわばみずからを唯一の兄弟であると宣言し、すべての姉妹たち（のちには娘たち）を自分のために要求し、力ずくでこれらを手に入れるのである。ところでこの移行段階は、父娘伝承においてひとつの特徴的な物語設定のなかに反映されているように思われるが、この設定はそのように考えなければ全く理解されないままに終るものである。即ちそれは、ほとんど例外なく父親と娘の間の近親相姦には兄弟と姉妹との間のそれ（より古い世代における）が先行し、そして「兄弟」が、姉妹との結婚から生まれた娘とのちに父親として性的な交わりを行うという設定である。

ところで私は、いずれわれわれがみることになるように、これらの伝承において極めて頻繁に現れる所有権の保持という、その際問題となるモチーフをも、父親となった兄弟が姉妹に対してもっていた、そして今では娘たちに対して放棄しようとしないところの性的な所有権へ拡大したいと思う。

一般に父親—娘関係においては、明瞭にサディスティックな要素が現われるが、これをヘンティッヒも、われわれが諸伝承においても非常にしばしば見出すところの、父親による娘の「囲い込み」の記述に際して描写している（前掲書、一八九頁以下)。一方彼は、これらの男性が普通彼らの妻に相対する場合には厳しい母親に対するマゾ的な関係を示しているということを的確に認識した(二〇九頁)。かくしてこれらの男性タイプのために娘との近親相姦——これはもともと娘の強姦とまではいかないとしてもその誘惑を前提としている——は心理学的には、母親に相対した場合あまりにも強力に阻止される性的な攻撃性のサディスティックな充足を形成し、他方では娘のマゾ的な立場を充足させるものである。(2)

これらすべては、父親と娘との関係が心理学的にも社会学的にも息子と母親とのそれとは別のものであることを教えてくれているが、これらに照らして考えるならば、父親と娘(嫁であることもしばしばある)との近親相姦的な関係、殊に娘の強姦が最も多発する性犯罪のひとつに数えられ、(3)そしてこの関係が息子と母親とのそれよりははるかに穏やかなものであるにもかかわらず、空想の産物である文学作品においても意識的な近親相姦(Blutschande)としてしばしば表現されていることを(4)——これは母親と息子の場合にはもっと少ない——われわれは不思議には思わないであろう。やがて抑圧傾向が勢いを増し、現実の人生においてもそうであるが、禁じられた情熱の虜になるのは一方(普通父親)のみであり、相手(たいていは娘)はこの接近を嫌悪をもって拒み、あるいは逃亡によってそれから逃れようとする。このことはもちろんまたしてもサディスティックな要素を助長することとなり、父親が娘を付け回すという典型的な状況が生じ、結局彼女は暴力をもって父親の意志の支配下に置かれることになる。

この特徴的な設定のなかにわれわれは、根源的な父親の第二の——性的な——面をみるのであるが、これは家族内部において息子たち(兄弟たち)を性的交渉から除外することのみならず、奴隷をも含めたすべての女性家族構成員を所有し、その所有を保持することにも向けられている。血族の崩壊後に樹立された家長的支配権が中国とローマの家族において最も明瞭に刻印されているのをわれわれは見出す(ミュラー・リュエール『家族』、ミュンヒェン、一九一二年、一四九頁以下による)。

既に以前述べられた中国の大家族の指導者は家父長で、その権力は大きく、ほとんど無限である。彼は家族の全財産を管理するのみならず、妻、子供、孫たちも彼のほとんど絶対的な力の許に委ねられている。「家父は子供たちを意のままに扱うことが出来る。彼らに体罰を加えることはもちろん、これを売り、担保にし、場合によっては殺すことも出来る。」（例えば、彼が彼らによって殴られるような場合には）「息子に対する父親の権力は父親が生きている限り続く（たとえ息子が既に結婚していても）。この権力は息子が官吏になった時初めて消滅する。というのも今度は、中国人の考え方によれば、皇帝が父親の代りを務めるのである。だが官吏はすべて、その両親の一方が死んだ場合、二十七ヶ月職務を離れなければならないことになっている。娘に対しては父親の権力は、彼女が結婚してその夫の支配下に入るまで存続する。妻は夫に対して絶対的な服従の義務を負う（かつて父親に対してそうであったように）。父親の死後はその権力が母親へと移行してゆく。」「ローマの大家族制においてもこれと似たような状況がみられた。」

「従って父親は家族のなかでは暴君として憎まれ、恐れられていた……また家族という言葉ももともとは、人間の血縁関係あるいは血統関係などではなく、権力と所有権の上に成り立つ支配関係を表わしていたのである。[5] 更に宗教がこれに加わって父親の権勢をいっそう強いものにした。祖先崇拝は宗教的儀式の大きな部分を成していたのであって、これは子孫が行う家庭でのお務めに表われている。彼らの司祭長は家父長であり、彼はこの職務によって一種の神あるいは宗教的な聖人へと高められる。」

この父親の強力な位置がもっている性的な側面は、神話の衣裳をまとったラティウムの王たちの太古の歴史のなかに、透明で象徴的なヴェールに包まれたかたちで表われている。この王たちは火の神と人間の処女との結合から生まれた子孫だとされていた。例えば王セルヴィウス・トゥリウスの伝説が物語るところによると、彼は王女タナクウィルの奴隷で処女のオクリシアの息子である。ある日のこと女王はいつものようにかまどに犠牲を捧げていたが、突然火のなかから男性生殖器の形をした炎が立ち昇った。女王は直ちにこれが神の約束のしるしであることを認め、その奴隷に、花嫁衣装を身に着けてかまどの横に身を横たえるよう命じた。こうしてオクシリアは火の神によって受胎し、然るべき時期を経たのちにセルヴィウス・トゥリウスを生んだが、奴隷による彼の誕生は火神がこれに関与することによって人間の誕生よりは高いものとされた。これと非常によく似た伝説をプルタルコスはロムルスとレムスの誕生について報告している。唯ここでは、かまどの上に炎の男根を見た王アルバが自分の娘のひとりに、この不可思議な神を抱くよう命じる。しかし彼女はこれを拒絶し、彼女の第一の侍女を送った。そこで後者は実際有名なこの双児を身籠もった。ここでは、フレイザーが述べているように、神の恩寵を受けた処女が奴隷だけではなく、宮殿のかまどの火を守るべきかまどの女神（Vesta）の女司祭でもあったということが明らかになる。従って火神による処女の受胎も偶然ではなく、火神に処女が属しているということを示す当然の表現であるにすぎない。フレイザーは鋭い洞察力をもって、処女性と貞潔性との厳しい戒めの意味するところは、かまどを守る処女たちが火神の婚約者であると考えられ、彼女たちが神であるこの未来の夫に貞節を守らねばならなかったことだと理解した。[5a] このことの確証としてフレイザーは特に、かまどを守るこれらの処女たちが「アマタ」あるいは恋人と呼ばれていたということを挙げている。これは伝説的な王ラティヌスの妻の名前にちなんだものである。更に、かまどの女神自身が「母」と呼ばれていたこと、フレイザーによれば彼女の神殿がかまど付きの王の小屋を模して作られたものであることを考えるならば、王のかまどの上に現われる火神の男根の炎は、家長が妻たちに対して行う性的要求の象徴的な像であるということを理解するのはわれわれにとって困難ではないだろう。この妻たちの代りをある時は女奴隷が、また家の娘たちが務めたのである。かくしてかまど神の祭儀は、一家のすべての女性に及んでいた本来の家長権の象徴的な残滓を表わしているように思われる。母親ヴェスタに対する父親ユピテルの関係、フラミニカに対するフラメンディリアスの関係のなかに両親結合の最古の神秘が祭儀的なかたちで生き続けている。[6]

父親の性的な権力に基づいているある慣習は、その広範囲にわたる普及と心理学的な意味によってわれわれの特別な注意を引く価値のあるものである。即ちそれは初夜権（Jus primae noctis）で、これはシュトルファァー（『父親殺し』一七頁）の言うところによれば女性の家族構成員に対する父親の権利を固持している。[7]「マクレイの報告によれば、オラング・サカイ人や東方のモルッカ人においては現在でもなお父親たちは初夜権を成長した自分の娘たちに要求している。父親による娘の処女凌辱は例えばエストニア人においてみられる（ライツェンシュタイン〔比較民族学のための雑誌〕四十三、六七五頁）。オーストラリア、南インドにおける未開民族、とりわけエスキモー人について確証されているように（J・ケーラー）、司祭による結婚前の処女凌辱――司祭は神と父親の権威を同時に代表する存在なのである

――が行われているところでは、この現象全体が歩んできた発展過程が特に明瞭であるかもしれない。」（マルクーゼ『近親相姦について』一二頁以下）東方の島々の住民の性生活におけるこれとよく似た事実をクノッヘが報告している。「既に五歳の頃から性交についての手ほどきを年配の女性から受けている若い娘たちの処女凌辱は中年男性の特権である。このような同族の中年男性と過ごす初夜が終って初めて彼女たちは恋人に提供される。彼女たちは、たとえ若い男性に強い愛情を抱いていても、この点に関して例外を認めることを断固として拒絶する。」（『比較民族学のための雑誌』一九一二年、六五九頁以下）

「未開民族にあっては娘に対する初夜権は決して珍しいことではない。」（同書）われわれは、このことを示す最上の確証をロシアに関してもっているが、そこでは父親と嫁との間の性的交わり（Snochatschestwo）の習慣が今日まで続いている。(8) シュテルンは、父親と嫁との性交は恐らくウォトエワ人たちにおいてもみられるのではないか、なぜなら彼らの場合夫の方がほとんど妻より若いが、しかしその妻たちは既にそれ以前に父親と性的交渉をもっている、と述べている。既にハクストハウゼン（『トランスコーカシア』）が物語っているように、この慣習は確かにコーカサスのオセティア人たちの間に存在する。「ここでは父親が八歳の息子のために一七歳の妻を買ってやる。父親はこの嫁と生活を共にする。この結合から生まれた息子はやがて、そうこうしているうち成長した名目上の父親から妻を与えられる。しかしこの妻は名目上の夫とではなく、彼の名目上の父親と一緒に暮す。このやり方が代々続けられてゆくのである。」コロール島のヴェララール人たちのこれと同じ慣習をR・シュミットが次のように報告している（『インドにおける愛と結婚』ベルリン、一九〇四年）。「父親たちは未成年である彼らの息子のために成人した妻を娶ってやり、みずからが彼女たちと寝、これによって子供を作る。この子供たちは、まだ成人していなくて生殖力のない夫たちに与えられる。この夫たちが成人すると、彼らは自分たちに与えられた息子たちのために妻を探してやり、彼女たちとみずから床をともにする。このならわしが代々伝えられてゆく。」

父親が息子たちとその妻を間接的に共有するというこれらの慣習は、兄弟姉妹による集団結婚の遺物において同じように認められるように思われる。しかもそれはまたもや、支配権が（最も強力な）兄弟から父親へと移行していった時期のものである。というのもこれらの慣習において父親が息子たちと妻を共有するのは、かつて原初の集団結婚において兄弟が他の兄弟たちと共有していたそのやり方と同じである。従って初夜権はもともとは、全く特別なかたちで集団兄弟姉妹結婚に源を発しているように思われる。そこでは実際に、兄弟のうちで公式に共有される妻を誰が最初に所有するかということが現実の問題だったのである。このことは疑いもなくひとつの特権であった、あるいは特権として（権力のしるしとして）考えられていた。そしてそれは、合理的な解釈が行われたにもかかわらず、のちになってもそのようなものであり続けた。のちの時代がこの合理的な解釈をそれに与えたのは、女性をサディスティックに征服したいという欲動が女性に対する（女性のワギナに対する）恐怖に取って代られた時であった[9]。ちなみに男性の立場からすると初夜権は決して処女凌辱とはさして関係はないのであって、むしろそれは永続的な所有に代る一回的な所有（集団結婚の遺物）と深く関係している。

多くの神話的伝承、特に古代のそれにはしかし根源的なサディズムがまだ明瞭に残されている。それは、主として中世の聖徒伝において兄弟近親相姦がまず先に行われるのと全く同様である。

父親に対する娘の愛をも扱っている古代の最も有名な寓話のひとつにミュラについての物語がある。

この神話の大筋はアポロドールによれば次のようなものである。スミュルナあるいはミュラはアフロディーテーによって父親に対する犯罪的な情熱をたきつけられたと言われる。乳母の助けを得て彼女は、十二夜にわたって父親ティアスを欺いてこれと寝ることに成功する（ロトの娘たちも父親を欺す）。相手が自分の娘であることにようやく気付いた父親は剣を抜いて（サディスティックな迫害）彼女の後を追う。しかしミュラは助けを求めて神々の許へ赴き、そしてミルラの樹に変えられた。十ヶ月ののちその樹が裂けてアドニスが誕生した。アフロディーテーは彼の美しさにすっかり魅せられ、この子供を箱のなかに隠し（捨て子のモチーフ）、これを秘かにペルセポネーに引き渡した。ところがペルセポネーはこの美しい少年を返そうとしなかったので、遂にゼウスがこの二人の女神たちの争いに割って入り、アドニスは一年の半分を下界のペルセポネーのところで、他の半分を天界のアフロディーテーのところで過ごすよう仲裁を下した。オヴィディウスによればミュラは、母親がセレスのお祭に行っている間に父親に身を任せたことになっている（『変身』十巻、四三五行以下）。その後で彼女は恥ずかしさのあまり森のなかに身を隠し、ここでアフロディーテーによって樹木に変えられ、この樹木から馥郁たる香料ミルラが湧き出たとされている。父親がこの樹木を剣で引き裂いた時にアドニスが生まれた。

剣によって引き裂かれる樹木[10]というこの象徴的な描写の背後にわれわれはサディスティックな女性征服を認める。これと並んで、娘による父親の誘惑が、この征服を正当化するようなかたちでみられる。この象徴的な描写が、父親の方から発している性的願望と性的行為にのみ関係しているということは、もともとは父親のものであった情欲の抑圧を示している。これはこの象徴的な描写によっても、また娘の追跡、迫害――但しこれは敵対的な意図をもって行われるが――によっても明瞭に認められるところであり、この追跡のなかに、もともと父親によって行われていた、逃げ回り抵抗する娘の強姦の合理化された残滓が保たれてきた[11]。同じ正当化傾向に役立つものとして父親の酩酊（即ち愛の情熱の虜になった狂乱）というモチーフがあるが、これはヒギヌスにおけるのちの伝承によれば娘自身によって行われるのであって、かつてのように、娘の愛の悲しみに同情する下女たちによってではない。しかしこの下女たちもともとは、父親が情欲を満たすのに奉仕し、娘を従順で愛想よい人間に仕立てあげる、あるいはそれどころか父親の意のままにもなるということ（集団結婚）は、ヘロドトスによって伝えられているある物語が教えてくれている。この物語は、エジプト王ミュケリノスが、誰からも好かれていたが早世した彼の娘のための墓標として作らせたあの豪華な黄金の雌牛に関するものである。ここでは下女たちは、かつて性的犯罪を犯した娘だけが受けたような罰を受ける。

「この牛と巨像について何人かが次のように語っている。ミュケリノスは自分の娘に恋し、これを暴力で犯した。そののち娘は悲嘆のあまり首をくくって死んだ。王は彼女をあの牛のなかに葬ったが、母親は娘を父親に引き渡した下女たちの両手を切り落とした。」

両手の切断というこのモチーフはこれらの伝承群にとって特有のものであるということを指摘することによってわれわれは、父親の情欲が娘による酩酊と誘惑によって正当化されるという時点に立ち戻る。この設定は周知のようにロトと彼の娘たちについての聖書物語において再びみられるが（創世記第一九章三〇以下）、この娘たちは父親に酒を飲ませてこれを酔い潰し、二晩にわたり交代で彼と寝、各々その子を孕んだ。

「かくてロト、二人の女《むすめ》とともにゾアルを出でて、その二人の女子《むすめ》とともに巖穴《いわや》に住めり。ここに長女《あね》、季女《いもと》に言いけるは、〈我らの父は老いたり。またこの地には我らに偶《あ》いて世の道をなす人あらず。されば我ら父に酒を飲ませて共に寝《い》ね、父によりて子を得ん〉と。ついにその夜父に酒を飲ませ、長女《あねむすめ》入りてその父とともに寝ねたり。しかるにロトは女の起臥《おきふし》を知らざりき。翌日《あくるひ》長女、季女に言いけるは、〈我昨夜《きのうのよ》わが父と寝ねたり。我らこの夜また父に酒を飲ません。爾入りてともに寝ねよ。我らの父によりて子を得ることをえん〉と。すなわちその夜もまた父に酒を飲ませ、季女起ちて父とともに寝ねたり。ロトまた女の起臥を知らざりき。かくロトの二人の女その父によりて孕みたり。」[12]（オヴィーディウスにおいてみられるニュクティメーネの父親に対する態度参照〔『変身』第二巻、五八九以下〕）

インドの洪水伝説においてはマヌが一匹の魚の助けを借りて洪水を乗り切り、そののち自分の娘と交わって新しい人類を作り出す。もちろんこれは父娘近親相姦の既に合理化された動機付けであって、この近親相姦の根源は集団結婚において抑圧されていた。しかしここにおいてさえもまだロトは二人の娘と寝ている。

同様に連続する近親相姦空想がイランの伝承に見出されるが、そこでは息子のいない父親が自分の娘と交わって孫娘を、この孫娘と交わって曾孫娘を作り、このようにして、九代ないし十代まで次々と進んでゆく。そしてようやく最後の娘が彼に息子を授ける（レスマン『比較民族学研究の課題と目標』ライプツィッヒ、一九〇八年）。アリアン人の神話ではプラジャパティが娘のウシャスを暴力で犯す（ゴルトツィーヤー、二二三頁）。これは父親の情熱のあからさまな表現であるが、未開諸民族においてはミュラ伝説を想起させる隠蔽がみられる。ポリネシアのある天地創造神話によれば（シュトゥッケン『天体神話』二四四頁注釈）、タネはひとりの娘を作るが、彼女は民衆によって彼の妻にされる。自分の夫が父親であることを知った彼女は恥ずかしさのあまり逃亡し、最後はみずからの生命を絶つ（ホワイト『古代マオリ人の歴史』Ｉ、一三一頁以下参照）。防衛のもうひとつ別のかたちが同じようにある未開民族においてみられるが、それは、王が自分の娘と結婚したがためにジアンパの街（カンボジア）が滅んでゆくというものである。自分の娘と結婚したが、のちにこれを殺したと言われるイエズデゲルドⅡ世の物語も似たような悲劇的結末を語っている（ネルデケ『ペルシャ史入門』一〇六頁）。これに対して、ハルパリーツェと題するパルテニオスのある物語では父親に対して罰が下される。クリュメヌスは彼の妻エピカステから二人の息子と、世にも美しいハルパリーツェという娘を得たが、彼はこの娘に恋をする。初めのうち彼はおのれの邪な情熱を制御しようと努めるが、のちに彼女の乳母の力を借りて娘と同衾する。それから間もなく彼女がアラストールと結婚した時クリュメヌスは二人のあとを追って行き、娘をアルゴスへ拉致し、そこで公然と同棲する。彼女は復讐として自分の弟を殺し、これを煮て父親の食膳に供す。彼女は祈りが聞きとどけられて一羽の鳥に変身するが、父親の方は彼女の恐ろしい復讐を知って自殺する。——更にパルテニオスは、キリクスとの結婚前に父親によって犯されるラリッサの物語を語っている。ストラボは、父親が娘によってブドー酒の樽のなかへ突き落とされ、こうして彼はおのれの破廉恥な行為を償った、と付け加えている。——更にローマの詩人たちのうちでは、結婚式を前にした娘を強姦したプレギュアースの地獄行きの罰を描いたヴェルギリウス（『アエネーイス』第Ⅵ巻）を挙げておこう。またカトゥルスの二つの詩では、父親が一度は自分の結婚している娘を、一度は息子の妻を犯したことが語られている[13]（ハイゼによるドイツ語版、六七、六九）。

父親と母親に対する息子の関係が中心となっている神話伝承におけるよりも、娘に対する父親の愛着は伝説と童話においてはるかに重要な役割を演じている。偽シェイクスピア的な『ペリクリーズ』の土台ともなっている[14]テュルスのアポロニウス王についての有名な、広く普及している伝説の起源は古代にさかのぼる。恐らくこの素材はもともとは紀元五世紀に書かれたギリシャのある物語から出ていると思われる。この物語についてはラテン語訳が現存している[15]。中世になるとこれはほとんどあらゆる言葉に翻訳され、多数の写本、版、翻案がみられる。これらのかたちでこの物語はゲスタ・ロマノルム（一五三番）にひとつの場所を獲得した。このテキストをシュタインヘーヴェルが一四六一年韻文に改め、そののちこれが民衆本へと移行していった。一二世紀にはまだゴットフリート・フォン・ヴィテルボがこの物語を彼の壮大な年代記にのせ、そこからジョン・ガウワーが一四世紀に彼の『恋人の告解』（Confessio Amantis）の第八巻に取り上げた（ブランデス『シェイクスピア』八三三頁）。

この物語の次のような極めて短縮された叙述において私は、ゲスタとジムロック民衆本（第Ⅲ巻）を跡付けてみたい。王アンティオクス・セレウクスはアンティオキアの街を治めていた。彼の美しい娘が婚期に達した頃妻が亡くなり、父親に彼女の愛する子供を託した。やがて大勢の求婚者たちがこの美しく貞節な娘に結婚を申し込んできたが、一方父親はみずから彼女に激しく恋をし、ある日彼は暴力でこれを征服した。「だが彼は自分の家で彼女のために秘かにひとりの夫を世話していた間、新たな悪企みを思いついた。それでもって彼は娘の求婚者たちを追い払って、誰にも邪魔されずにみずから彼女を所有しようと思った。そこで彼は、娘を妻に所望する者は、将来私亡きあと国の後継者になるべき人物であるから、そのための英知と見識を充分もっている証拠として、ひとつの謎を解かねばならない、という布告を出した。だがもしこれに挑戦して解くことの出来なかった者は斬首に処すこととした。この布告を彼は市門に大書させた。」この謎はゲスタでは次のようになっている。「私は犯罪を求めて出かける。母親の肉を食らい、兄弟であり母親の夫である男を捜した。だが彼は見付からない。」ドイツの民衆本でのこの謎はこうである。

「私は母の持つ肉（＝父親の生殖器）によって生きている、
彼女が私にとって母であることだけはまちがいない。
私の父は同時に私の息子で、
私に愛の報いを求める。
私は彼にとって母であり、娘であり、妻である。
父が私をどんなに愛撫しても、
まだ兄弟は姿を現わさない、

彼は私には息子となり、孫となろう。」

既に多くの領主の息子たちが王のこの陰険な企みの犠牲になった後、――彼は求婚者たちを怖じ気させるため、正しく解答した者たちの首をも切ったのである――テュルスの強大な王であるアポロニウスもやって来た。彼は、父親と娘との近親相姦を示しているこの謎の答を見出したが、いっそう怒り狂った王の許から逃亡しなければならなかった。まず彼はタルソス島へ上陸し、そこで手持ちの食料を分け与えることによって飢餓から島民を守ってやる。しかし更に航海を続けるうちに難破し、持ち物すべてを失ってしまう。ここで明らかなオデュッセウス・エピソードが入る。アポロニウスは裸のままで陸に打ち上げられるが、ひとりの漁夫から食物と衣服を与えられる。この漁夫は彼に王宮への道をも教えてくれる。アポロニウスはここで水浴中の王のために手を貸す。王は彼を自分のところに呼んで、手厚くこれをもてなした。彼は王女ルキナに自分の悲しい運命を語り、彼女から慰められる。やがて彼はこの王女と結婚し、そして彼女が身籠もった時、テュルスからやって来た船が、不敬のアンティオクスとその娘が天のいかずちに打たれて死に、アンティオキアの街はアポロニウスをその王に選んだという報せをもたらした。アポロニウスは妻を伴って故郷へ船出する。航海の途上で激しい嵐となり、女王は早産し、仮死状態で横たわっていた。船長は古いしきたりに従って死体を直ちに海中へ投ずるよう迫った。そこで防水の塗料を充分に塗った棺が作られ、死体が海底へ沈まないで、波によって陸に打ち上げられて、王族にふさわしく埋葬されるよう配慮がなされた。三日目に彼はこの棺をエフェブスの海岸へと運んだ。それは医師ケリモンの家から遠くないところで、彼は仮死状態にあった彼女を生き返らせ、ディアーナに奉納した。新しく生まれた子供はそれ以上困難な航海には耐えられなかったのでアポロニウスはこれを、かつて彼が飢餓から救ってやったタルソスへと連れて行った。この街の名前にちなんで彼は娘をタルシアと名付け、彼女の世話をストラングリオとその妻に委ねた。彼らはこの子供を自分たちの娘ピロマンキアと一緒に育てた。乳母リコルディスは彼女の許に留まった。タルシアは一二歳になった時、現在の両親は生みの親ではないということを、臨終の乳母から知らされる。タルシアは成長し、ますます美しさを増して、一緒に育てられたピロマンキアの影が薄くなっていった。そこで養母は彼女を殺すことを決心するが、養父はこれに反対する。夫の反対にもかかわらず彼女は自分の下男テオピルスにこの娘を殺すよう命じる。彼がこの命令を実行する直前彼女は海賊たちによって誘拐される。それで下男は命令を果たしたと報告する。タルシアは強大なアタナゴラス王の支配しているミュティレーネへ連れて行かれ、市場で売りに出される。王が彼女を買おうとしたが、ある売春仲介屋がこれより高い値をつけて彼女を獲得し、自分の娼家へ入れた。最初の客として王が彼女のところへやって来たが、彼女は、どうか自分を哀れんでくれるようにと懇願し、身の上話を彼に語った。これを聞いた王は言った。「お前の運命を聴いていると身につまされる想いだ。私の娘にもいつか同じことが起きるかも知れないのだから。」彼は彼女に金を与え、体には触れないで帰って行った。そのあとでやって来たすべての客に対しても彼女はこのように振舞った。このことに娼家の主人は、収入の点では問題ないにもかかわらず、ひどく腹を立て、彼の下男に彼女の処女を力ずくで奪うことを命じる。だが彼女は巧みな話術をもってこの男の心を動かして同情を買うことに成功する。そして彼女は、肉体を売るよりも自分のこの技《わざ》によってより多くのお金を手に入れたいと申し出た。彼女は市場で歌をうたい、謎かけをし、多くの聴衆と収入を獲得した。

その間アポロニウスは、既に成長した自分の娘を迎えにタルソスへやって来ていた。彼女の居ないことがわかった時彼は絶望のあまり、自分を海中へ投げ棄ててくれと命じた。やっとのことでひとびとは彼にこの決心を思い留まらせたが、彼は娘を見付けるまで髭もそらず、衣服も取り換えないことを誓った。彼は一番下の船室に身を投げて、自分を邪魔する者は死刑に処すと言った。帰途彼は難破に遭い、そしてミュティレーネの港に流された。アタナゴラスはこの異国からやって来た王についての珍しいニュースを聞いて、不幸なこの父親を慰めようとしたが成功しなかった。そこで彼は、例の歌の上手なタルシアを彼の船へ遣わそうと思いついた。そこで彼女は次のようにうたう。

汚れた家にいる私、
それでも心は無垢のまま、
……………………………………

海が私の故郷なの、
津々浦々に知られたる、
父とは今でも生き別れ、
ああ、その顔一度は見たいもの！

アポロニウスは彼女に退散を求める。彼女は、あなたが私の問に答えられれば行きましょうと約束し、三つの謎を出す。第一の謎は家について（答は海）、第二のそれは巨人について（船の帆柱）であり、そして恐らく一番核心であると思われる第三の謎は、その紛れもない性的な象徴の点でアンティオクスの謎に関連しているが（答は球）、それは次のようなものである。

外側はなめらか、内側は毛むくじゃら、
みんなは私のおなかをえぐり、
棒をもって粗い髪の毛を
いっぱいになるまで詰める。——
時には激しく叩かれ、
空中に漂う。

「それから彼女は彼の膝の上に坐って、その唇に優しく接吻をし、彼を慰めようとした。彼女は彼の体を抱いて、彼を連れて行こうとした。」彼が彼女を突き飛ばしたので、彼女は額に傷を負った。そこで彼女は子供の時からの辛い身の上話を物語った。その話を聞いたアポロニウスは、彼女が自分の娘であることを知る。王のアタナゴラスは、彼女の処女を守ったのは自分であり、また自分が彼女を父親のところへ導いて行ったのだと言って、彼女を妻にしてくれるよう願い出た。アポロニウスはこれを承諾したが、彼はある夢のなかで、妻のルキナがエペソス島のディアーナ神殿にいるのでこれを捜すようお告げを受ける。「彼女の美しさは今も一八年前と変らなかった。ディアーナーへの汚れなき奉仕が彼女の若さを新鮮に保っており、他のすべての処女に立ちまさって一段と美しく輝いていた。」夫婦の再会が行われ、この運命に関与した人物たちが酬われ、あるいは罰を受けることで物語は終る。

極めて錯綜した、そしてさまざまに粉飾されたこの伝承のなかにわれわれは、原初のモチーフの核心がのちになって抑圧されたところのものを認める。このモチーフはアンティオクス王とその娘との近親相姦についての冒頭のエピソードのなかにはそのまま残されているが、しかし娘とアポロニウスの再会、娼家からの彼女の解放においてそれは既に感傷的なものへと変えられている。これと同じ型に倣って組み立てられている他の物語[16]を心理学的に理解するならば、母親と子供の遺棄、海賊による誘拐などといったこれらすべての荒唐無稽なモチーフが唯ひとつの意図のために導入されているにすぎないということをわれわれは難なく認めるであろう。まず、お互い相手がわからないままで行われる父親と娘の邂逅を、そして次に両者の認知を導き出そうという意図である。たびたび行われる伝説の複製化によっておのずと導き出される結末さえみれば、相手が娘であることを父親が知らないというこの設定はもともと彼女との、それとは知らずに行われる近親相姦を可能にせんがためのものであったのだということは容易に理解される。元のアンティオクス物語においてはこの近親相姦はまだ意識的に行われているのである。そのように考えなければ、どうしてアポロニウスが十八年後にしてようやく、ちょうど娘が年頃になった時に彼女を捜しに出かけたのか理解出来ないであろう。アンティオクスの物語には、まさに娘が結婚適齢期になった時に彼の妻が死んだとはっきり書かれているのである。われわれはここで、グリセルダ伝説においてもそうであるが、娘が年頃になる時期のみをひたすら待ち望み、そして彼女を、老いて魅力の失せた妻と交換しようという父親の執拗な意図を認めることが出来る。グリセルダ伝説においてはこの意図は自分自身の娘との父親の二度目の結婚によって直接実現される。もちろんこの結婚は諸々の伝説においては、妻の従順さを試す（サディスティックな要素）という合理化された動機付けによって、既にみせかけだけの結婚になってしまった[17]。そのあとこの妻自身はいわば娘の代りとして二度目の結婚をさせられるのである。しかしこの際基本的には、年を取ってゆく母親が彼女の若い似姿[18]である娘によって取って代られることが中心テーマであるということは、娘との結婚を既に諦めなければならなかったアポロニウスがもう一度彼の妻と（娘の代りとして）結婚する時点において、少なくとも娘の生まれた十八年前と変らない美しさを保っていた彼女を迎えたということ（これと対応するものとしてシェイクスピアの『冬の夜語り』における老いてゆく公妃の立像がある。この作品にも娘に対する父親の愛が根底にある）のなかに非常に明瞭に表われている。この伝説の第二部、つまりアポロニウスについての物語においては、アンティオクスの物語に残されているような娘とのあからさまな近親相姦がますます隠蔽され、歪められ、弱められたかたちで表われているのだというわれわれの解釈の上に立てば、抑圧傾向に対抗して絶望的な手段をもって求められたこの娘の強姦の貫徹のなかにわれわれは、もともとは単純であったメインストーリーの分解と複製化のための理由を認めることが出来る。王と娘という人物はすべて、私がキュロス伝説について似たようなやり方で証明したように、もともとは近親相姦的な交わりのなかに生きている男女のコピーであることがわかるのである。アポロニウスは、アンティオキアの王が排除された後みずからその後継者としての座を占めることによって彼と同一化される。アンティオクス王は娘の求婚者たちに謎をかけるのだが、アポロニウスも物語の結末において自分の娘の（無意識的な）求婚者として謎を解く立場に置かれる。これと全く同様に、娼家にいるタルシアをまるで自分の娘であるかのように扱い、いたわるアタナゴラスもアポロニウスのコピーであることがわかる。アポロニウスもやはり娘を所有することはもはや許されないが、しかし他方ではアタナゴラスという仮面のもとに彼女と結婚するのである。アポロニウスの物語の根底に娘の強姦という意図が横たわっているということは、父―娘ペアーの三番目のコピー的人物、即ちアルキストラテス王とその娘ルキナにおいて示されている。アポロニウスはこのルキナと結婚するのだが、その際彼は名前も素姓も明かさない（ローエングリーン参照）、つまりみずから自分の娘を所有したいと願った時のように、相手から自分の正体を知られないままである。彼の名前が知られ、彼がアンティオクスの後継者に任命された直後、即ち自分がアンティオクス同様近親相姦を犯していることに彼が気付いた直後、死んだと思われた彼の妻の海中遺棄が行われる。彼女も最後に二度目の結婚において再び娘と同一化されるのである。遺棄がそうであるように窮地からの娘の救出もまた――すべては娘との近親相姦を実現させるという目的にのみ奉仕するのだが――たびたび複製されたかたちで現れる。タルシアは、彼女を殺すよう養母から命令された下男の手から逃れたのだが、それと全く同様にして彼女は、娼家の主人から彼女の処女を奪うよう命じられた下男の手から無傷のまま逃れる。ここではまだ、彼女の育ての両親においても（典型的な家庭小説にそっくり従ったかたちで）再び実の両親が複製されて現れているにすぎないことが認められる。そして、母親によって計画された殺害（遺棄）に反対するのがほかならぬ父親であるということは、原初にあった意図の微かな余韻のように思われる。既にここで指摘しておきたいのは、娘が年頃になった時点での母親の死は、妻を娘と交換したいという父親の願望を表現しているのみならず、全く同様にこれは、――既にリクリンが指摘したように――母親を殺して父親のそばに座を占めようとする（同一化）娘の嫉妬願望から出たものだということである。次に、継母を家族の一員に加えることになる父親の二番目の結婚は、二度目の結婚相手である若い妻が父親にとっては娘に取って代るものであるのと全く同様、娘にとっては実現不可能な近親相姦願望の代用的充足を表わしているということは、後で取り上げることになる童話が明瞭に示している。そこでは亡き妻の代りを長い間捜し求めたにもかかわらずそれを果たせなかった父親が、結局娘との結婚を決意するのである。最後に、アポロニウス伝説の、心理学的に重要かつ興味深い特徴として、われわれが多くの女性の空想生活において、またほとんど例外なく女性の神経症において見出すところの[19]娼家空想を指摘しておきたい。一方ではそこに、娘を容易にかつ無垢のままで手に入れたい（アポロニウスにおける彼女の誘惑の試み参照）、また彼女を完全な支配下に置きたいという父親の願望――これは母親について息子がイメージする娼婦空想に照応するものである――が明示されているのだが、これに属する他の資料を基に考えるとそこにはまだ、かつては他の男たち（集団結婚の兄弟たち）に与えようとしなかった娘を今やすべての男性に提供する（売りに出す）父親の古い罪の意識も現れているように私には思われる。

この種の例はヘロドトスにおいてたびたび報告されている。例えば『歴史』第二巻一二一では、悪賢い盗賊を捕えるのに散々頭を悩ませた挙句、遂に自分の娘を娼家に送り、どんな男でもすべて客に取り、体を許す前に、その男がこれまでしてきたことのなかで一番巧妙でしかも一番恥ずべきことを話させるよう命じた王の話が語られている。あるいは同じく第二巻一二六は、ピラミッドを建てるための金に窮して、自分の娘を娼家で働かせることによってこれを調達したケオプス王について語っている。しかしこの点で特に興味深いのは、のちに二人の娘と同衾するロト（創世記第一九章五以下）についてのひどく歪曲された報告であろう。

ソドムの滅びをもたらすエピソードのなかでロトは、彼の家の戸口で客人に同性愛的交わりを求める男たちに、自分の二人の娘を娼婦として提供しようと申し出る。これは、そのあと娘たちとの近親相姦が行われるこの伝承では拒絶されるが、しかし類似の伝承においては少なくともこれはある程度実現される。つまり主人は処女である自分の娘と客人の妾とを提供し、後者を実際に犠牲にするのである。

アポロニウスにおいて父親が娘の体には触れないで、これを娼家から救い出すという設定は、息子の救出空想と完全に照応する。息子もまた同じように、娼婦に貶められた母親を再び聖女として崇めるのである（フロイトのタイプを参照）。ここでは清浄な母親が、母親を愛する息子の[20]、また、拒絶されるであろう父親との性的交渉をもたないで彼の子供を得たいと望む娘の理想像へと圧縮される。

シェイクスピア晩年のドラマ『冬の夜語り』の下敷となっている物語は、アポロニウス伝説と全く同じ図式に従って、またわれわれの推測するところでは、この伝説と同じ意図において、更にそれらを阻もうとする抑圧の意味において構成されている[21]。

シシリア王レオンティーズは、その美しくて貞潔な妻ハーマイオニーが、彼の若き頃の友人であるボヘミア王ポリクシニーズと通じているのではないかと疑っている。それで彼は生まれた彼女の娘を捨てるよう命じる。この子供は救われ、ポリクシニーズの息子フロリゼルの花嫁として父親の宮廷へ戻って来る。そこで彼女は、自分が抱いていた嫌疑が根拠のないものであったことを悟った父親によって喜び迎えられる。妻のハーマイオニーはずっとその間死んだものとされていたが、今再び王の許へ妻として引き出されてくる。

死んだと信じられていた（即ち死んでいてくれればと願望されていた）妻のこの二度目の結婚も、グリセルダ物語と同じく、娘との結婚の代用でしかないということは、このシェイクスピアのドラマの基礎となっている原典によって直接証明することが出来る。それは、多くの読者を獲得したロバート・グリーンの小説で、一五八八年『パンドスト、時の勝利』というタイトルで刊行されたものである。つまりここでは実際に王が、一人前の女性に成長した自分の娘に激しく恋をして、彼女が恋人と結婚した時自殺するのである。(22) われわれはここに、知らずしてなされる娘との結婚という空想を、自分の妻との二度目の結婚へと緩和している抑圧の働きをこの上なく明瞭に認めることが出来る。ここでは死んだと思われていた妻がアポロニウスにおけるようにはその若々しい姿を留めてはいなくて、逆に、かつての姿そのままの彫像を期待していた夫が彼女の老いた姿に愕然とするのであるが、このことは二度目の結婚という無意識的な意図を阻む抑圧の一段と進んだ事態を示している。(23) もともと行われていた動機付けの名残りがまだどのようにシェイクスピアのドラマにおいてみられるかを、任意に抽出した個々の例によって追ってゆくのは極めて有意義なことである。そのなかでも特に興味深いのは、父親―娘コンプレックス全体にとって特徴的な母親との類似性であり、これがまさに、第二の結婚が老いてゆく妻を若い盛りの娘によって埋め合わせるものであるということを暴いてみせてくれる。レオンティーズは、ハーマイオニーそっくりの別な女性が現れるまでは結婚しないと約束する。パーディタが自分の娘であることを知った彼は、パーディタのなかに妻の若返った似姿を見る。また彼は、彼女の夫となるフロリゼルのなかに自分自身の若返った似姿（あるいは彼のコピー兄弟ポリクシニーズの似姿）を認め、そして次のように言う。

「王子殿、君の母上は貞潔なお方だったようですね。
なぜといって母上は高貴な父上とそっくりの姿を
君に刻み込まれています。わたしがもし二一歳の若さであったなら、
お父さんにそうしたように君を兄弟と呼ぶのだが。
その物腰すべてがお父さんそっくりそのままだから……」

そしてフロリゼルは、父のポリクシニーズが羊飼いの娘（パーディタ）との結婚を認めてくれようとしないので、

レオンティーズに仲介の役を依頼する。「あなたのお頼みとあれば、父はどんなに高価なものであろうとさし上げるでしょうから。」これに対してレオンティーズは冗談めかして次のように言うのだが、しかしこの調子のなかにこそ、この素材の最も深いモチーフがその余韻を響かせているのである。

「もし本当なら、君のその美しいお妃を譲ってもらうよう頼んでみようかな。[24]」

ウェブスターの悲劇『トラキアの奇蹟』も捨て子と時間間隔というこれと同じ道具立てをもっている。

トラキアの王フェアンダーは子供を生んだ自分の娘を、その子もろとも捨てさせた。彼女の恋人も捨てられた。二人は羊飼いに身をやつして同じ土地でお互いを知らないままにすごす。十四年ののちこの土地へフェアンダーがやって来る。そこで彼はこの羊飼いの女に恋をし、彼女によって王子を作らんとしてこれを誘拐する。しかし近親相姦が行われる前に彼はその女が自分の娘であることを発見し、すべてはめでたし、めでたしで終る（ボーデンシュテット『シェイクスピアの同時代人たち』第一巻参照）。

われわれは父親―娘モチーフの伝承を、それが豊かに展開されてゆく中世の伝説と童話の世界へと更に追ってゆく前に、あるモチーフの分岐を想い起こしておきたい。これはあらゆる時代、あらゆる民族の神話と伝承において極めて広範囲に及んだもので、ここではわれわれはその基本テーマをただ暗示するだけで満足しなければならない。ちなみにこのテーマはオイディプス伝説のスフィンクスの謎と驚くほどの類似を示している。アポロニウス伝説では父親が、娘の求婚者たちを寄せつけないため彼らに謎を課し、彼らはこの謎を解いても解かなくても大変危険な目に遭うのだが、他の場合においてはそこから難解で、破滅をもたらすような課題が出され、そして父親との文字通りの決闘に至ることさえ往々にしてあった。父親は自分の娘を求婚者に渡すことを望まず[25]、それゆえほとんど実現不可能な条件を求婚者に課すのだが、彼がこのようなことを行うのは、アポロニウス伝説がはっきり示している通り、娘を他人に与えたくない、つまり彼女を一人占めにしたいと願うからである。謎は、ゴッチィに拠ってシラーがドラマに改作した有名なペルシャのトゥーランドット（トゥーランの娘）の物語に再び見出される[26]。グリセルダ伝説におけるように、ここでも既に心的なアクセントが、歪曲されながら本質的なものから副次的なものへとずらされている。即ち、もとは娘に恋した父親が求婚者たちに課した謎が、このペルシャの物語においては、不可解な残酷さをもった娘自身によって、しかも父親の意志に反して、求婚者たちに課せられるのである。父親によって課せられる謎は『ヴェニスの商人』において再び見出される。そこではポーシャの求婚者たちが彼らの英知を（おもてむきはアポロニウスにおいてもそうであるが）、三つの小箱のひとつを正しく選ぶことによって示さなければならないことになっている。これはシェイクスピアがゲスタ・ロマノルムから、またサレルノのマサッチオのある短編から借用したモチーフである。自分の未知なる運命への洞察――これはまるで分析を想起させるものであるが――をもってポーシャは次のように言う。「ああ、選ぶなんて言葉がどうしてありうるのでしょう！　私には好きなひとを選ぶことも出来なければ、嫌いなひとを断ることも出来ないんですもの。生きている娘の意志が死んだ父親の遺志によって縛られているという訳なの」[27]。ここではまた、『アポロニウス』で出される近親相姦に関する謎――これはオイディプス伝説のスフィンクスの謎と類縁関係にあるのだが[28]――が、同じように近親相姦を暗示する墓碑銘と一致しているということにも注意が向けられねばならない。これら墓碑銘をわれわれは父親―娘近親相姦を主題としているヴェルゴーニャの物語と関連させて引用したのだが、これについては既にリープレヒトが指摘しており（『ゲッティンゲン学報』一八六九年、一〇三七頁）、このいずれの場合においても、やがて生まれてくる娘と父親との間の子供が口をきくと考えられている、と述べている。ここではルクレチア・ボルジア[29]の墓碑銘も挙げることが出来る。彼女については父親との、また兄弟チェーザレとの近親相姦関係が噂されていた。つまり彼女は父親アレクサンデルⅥ世の娘であり、恋人であり、また兄弟の情婦であったがゆえに、嫁でもあったのである。彼女の墓碑銘はこのことを暗に示している。

この墓にルクレチアという名の女横たわれり、
実はその女アレクサンデルの娘、花嫁、嫁たりしタイスなり[30]。

アポロニウスの謎、それにこの墓碑銘――こちらの方がより明瞭であるが――は、比較的単純な父親―娘近親相姦においてみられるよりはるかに複雑な家族関係を示しており、従って同じくまた前史時代における兄弟姉妹の集団結婚を示しているように思われる（ルクレチアは同時に父親と兄弟の恋人である。アポロニウスの謎においては、この役を引き受けられる兄弟が捜し求められる）。

愛する娘を求婚者たちから遠ざけるという設定のもうひとつ別の形式をわれわれは、第六章の注34で言及した「ウリアの手紙」のなかに見出した。そこでは父親が不都合な婿（彼にとってはどんな婿も要するに不都合なのである）をありとあらゆる方法で破滅させようとするのだが、結局最後は求婚者の立場が父親の抵抗に打ち勝ってその優位が認められる。(31) ここでは無意識的な空想におけるように、かつて息子に母親を与えなかった父親が、完全な等価値をもつ対象選択の時に至って、今度は娘を渡そうとしない父親（義父）と融合する。そして戦いは今や、それがかつて実父に対して向けられた（ローエングリーン伝説で私が指摘したテルラムント参照）のと全く同じように、この（義）父に対して向けられるのである。母親を巡って展開される息子の父親との戦いは、恋人の父親と求婚者の戦いに完全に照応する。(32)

叙事詩『クードルン』ではアイルランドのハーゲンが、自分より強い男しか娘にあてがわない。彼に負けた者は縛り首にされた。(33) ヘグニは娘ヒルデを誘拐したヘディンを決して許そうとしない。ドイツの詩におけるヒルデの掠奪はクードルンのそれと一致する。クードルンの運命は彼女の母ヒルデの運命が高められて繰り返されているにすぎない。これと類似の報告はサクソー・グラマティクスにも見出される。ホギヌスは娘ヒルデを彼の血縁者であるヒティヌスと結婚させるが、しかしこの男が結婚以前既にヒルデと交渉をもっていたという告発を受けた彼はこの息子を激しく難詰する。そして二人は怒りに燃える父親の許から逃亡しなければならなかった。

ヒッポダメイアについてのギリシャの伝説もこれと同じ意味をもっている。彼女の父親オイノマオスは娘の求婚者に対して、戦車競走で自分に勝たねばならないという条件を出す。既に一三人の若者（兄弟集団）がこのようにして生命を落としていた。一四人目の求婚者ペロプスに愛を抱いたヒッポダメイアは父の死を画策し、彼が禦する戦車の輻を弛めておいて、彼を転落させる。もともとは父親を相手に行われるこの戦いは、歪曲されたテキストにおいては、好戦的な人物として描かれている娘自身に転嫁されている。それはアタランテの神話と同じで、この神話のそれ以外の特徴は父親―娘パターンと完全に一致するものである。即ち、男の世継ぎを待ち望む父親による娘の遺棄と、処女を守り通し、男性の集団から逃れようとする彼女の決意がそれである。このことは一方では父親への固着に照応し、他方では父親の安全対策の名残りとして描かれる。最後にはしかし彼女は父親の望みに従って結婚することを承知するが、求婚者は武器をもって自分と決闘しなければならないという条件を出す。その勝者には彼女の手が、敗者には死が与えられた。ここでわれわれは、北欧神話におけるブリュンヒルトとの戦いが、元は彼女の父親を相手にして行われたものであろうということに気付く。このことは父親ヴォーダンによってなされる彼女の幽閉というモチーフがまだ極めて明瞭に物語っている。彼はどんなに勇敢な英雄もほとんど突き抜けることの出来ない炎の海をもって彼女を包囲するのである（『ローエーングリーン伝説』一三八頁参照）。この幽閉は他の伝承においては、ペルセウス、ギルガモス、テレポス、ロムルスなどの神話におけるように、娘の処女性を保つというおもてむきの口実のもとに行われる（『英雄誕生の神話』参照）。そこでは父親が娘を、近付くことの出来ないある場所へ閉じ籠め、娘が厳しい貞潔の掟を破った場合には彼女と子供を飽くことなき憎しみをもって迫害する。この憎しみは拒絶された恋人の復讐心からのみ理解し得るものである（『ローエーングリン伝説』にみられる性悪な父親のタイプ参照）。ドイツの伝説・童話にもこの、嫉妬に駆られた残酷な父親による娘の幽閉はしばしばみられる。例えば『大ヴォルフディートリッヒ』（いわゆるフークディートリッヒ。ホルツマン編、ハイデルベルク、一八六五年）ではサロニキの王が自分の娘を塔に幽閉するが、フークディートリッヒが女に変装してそこへ入り込むことに成功し、その王女との間に息子（ヴォルフディートリッヒ）を作る。この子供は父親に見付からないよう捕狼のための落とし穴に隠される（捨て子。『英雄誕生』参照）。これと似た話はノルマンディーのフリードリッヒの物語にもみられ、またウルリッヒ・フューテラーにおいてはバビロンの王サラブレイの娘についても語られている。そこではロランディンが、伝説的に有名な跳躍によって父親の追跡を逃れながら、幽閉されている娘をインドの王ベルムンドのために獲得する。ハーゲン（『冒険談全集』Ⅰ巻、一四三頁）は、気位の高い父親に幽閉された王女（ヒルトブルク）について語っているが、「彼女には父親みずからが監視の眼を光らせるというものものしさであった（シドラト同様に）。」徐々にこの伝承が誤解されてゆく過程で、父親のこの嫉妬を含んだ警戒心がどれほど奇妙に合理化されていったかは、グリム童話第Ⅲ巻六〇番の類似本が示している。そのなかのあるテキストでは、鼠どもに苦しめられている王女を助けるために父親が最後の手段として大きな川のまんなかに塔を建て、娘をそこへ匿うのである。しかしながら彼女は窓から侵入してきた水柱によって妊娠し、出来た子供を捨てる、云々というものである。ここでは辛うじてまだ伝承の全体的な関連や、それ以降の話の細部から、これが父親による誘惑の象徴的な表現であるということは認められるが、ヘッセンのある類似物語は既に父親の行動の動機付けをより明瞭に示している。ここでは、父親が娘の結婚にあくまでも反対して、人里離れた奥深い森のなかに一軒の家を建てさせ、娘はそこで暮らすよう命じられ、誰ひとりとして他人に会うことはなかった。しかし彼女は先と同じように不思議な泉の水を飲んで子供を生み、これを捨てたこと等々が語られている。ケッペルは、一六世紀に多くの国語に翻訳されて刊行されたある散文の物語について報告しているが（八七頁）、そこではスコットランド王の美しい娘イザベラが、娘を結婚させたくないと思っている父親によってある城へ幽閉される。若いアウレリオが彼女の許へ忍んで行くが、二人は捕らえられ死んでゆく。父親が自分の愛する娘を他の男たちの攻撃から守ろうとする話は最後に、アルメニヤにある、司祭の娘アシリーとタタールの王子キュアラムとの恋物語が直截に示している。[34] アシリーは首から足に至るまで、貫通することの出来ない、解くことも破ることもできない魔法の肌着を着せられていた。それは上から下までずっとボタンが一列に付けられていて、そのうちのひとつが開いても、次のが開くとたちまち自然に閉まるのであった[35]。この肌着は、どんな種類の攻撃からも娘を守るため、アシリーの父親がみずから織って仕立てたものであった。

中世にあっては、アポロニウスのパターンに従って作られた父親による娘の迫害についての伝説が特に好まれ、広く流布している。この種のほとんどの伝承をハーゲンはその広範な収集『冒険談全集』（第Ⅱ巻五九一頁、第Ⅲ巻一五四頁以下）に編纂している。これらのうちの見本として『ロシアの王女』についての物語を簡単に紹介しておきたい。

かつてロシアに強大な王が君臨していたが、彼には美しい妻と、それよりもっと美しい娘がひとりあった。この娘は自分の気に入らない男とは結婚しようとしなかった。娘の姿を眺めることは王の何ものにもまさる大きな喜びであった。そして母親が死に、領主たちから再婚して世継ぎを作るよう強く勧められた王は、自分の娘のように美しい女性でなければ妻にしたくないと言った。だがどこを探してもそんなに美しい処女は見付からなかった。そこで王は、ずっと妻なしに暮らすことを誓った。ところが領主たちは協議をこらし、大量の金銀を支払って、王が娘と結婚してもよいという許しを教皇から得た。王はたいそう大喜びで、早速結婚式の準備を盛大に行った。しかし自分の父親と結婚させられることを最後に知った娘は髪を切り、花嫁衣裳を脱ぎ捨てて灰色の服を身に着けた。そうして自分の顔を血が流れ落ちるほどに掻きむしった。ひとびとはびっくり仰天し、父親は気を失った。しかし正気に戻った父親は娘を樽のなかに入れて海へ投ずるよう命じた。彼女はギリシャへ流れ着いて、当地の王と結婚する。それに引き続いて語られる性悪な義母による迫害が示しているのは、これらのモチーフの複製化において、この王が初めの王と同一化され得る[36]、また、無意識的になされた近親相姦が発見された時、元の意味に従って遺棄が行われる、あるいは意識的に行われた近親相姦から生まれた子供たちは殺される[37]、ということである。つまり、王が家を留守にしていた時に妻が息子を出産し、そのことを夫に書き送るのだが、性悪な義母がこれをこっそりすり替えて（ウリアスの手紙参照）、偽りの手紙を書き、悪魔の子供が生まれたと知らせる。そしてこの王も、初めの王と同様（複製化）大臣に命じて母と子を樽に入れて海中へ捨てるよう命じる。彼女はローマへ漂着するが、偽りの手紙であることに気付いたギリシャの王もそこへやって来る。また初めのロシア王も贖罪のため当地に滞在している。二人の王の話を聞いた教皇は、ローマで匿われている女性が彼らの妻であり娘であることを知る。――コンスタンチノープルの王アントニウスが自分の娘に恋するという[38]『辛抱強いヘレーナの物語』もこれと同じ図式によって構成されている（ジムロック『民衆本』X、一八六四年、五〇一頁以下）。アポロニウスの娘と同じく彼女は、父親からの逃亡中（海路で）海賊の暴力から逃れて、イギリスのハインリッヒ王と結婚する。性悪な義母の策略に陥れられた彼女は当地を去らねばならなくなる。その前にしかし彼女の片腕が切り落とされていて、これが目印となって最後は再びその素姓が判明する。ちなみにこの物語にはさまざまな粉飾が施されていて、また他のモチーフと織り合わされている。ハーゲンは韻文によるオランダ語版（一六二一年）、デンマーク語版、アイスランド語版、そしてスウェーデン語版を挙げている。父親近親相姦の隠蔽を既にハーゲンは、同じように教皇の許可[39]があって初めて可能となったコンスタンチノープルのティベリウス王の娘コンスタンスとサルタンとの結婚のなかに認めた。その際彼が拠り所としたのは、コンスタンスの物語と全く同じ経過を辿るスタンザ形式によるある中世英語の詩が、父親に反抗して遺棄された王女エマーレがウエールズへやって来て、そこの王の妻になる、と歌っていることであった。[40]物語そのものは一四世紀中葉のノルマン・イギリスの世俗物語を語っていて、同じ頃のガウワー（『恋人の告解』）やチョーサー（『法律家の話』）のそれと同じものである。――一三世紀ドイツでは『マイ伯爵とベアフルー』についての似たような小説が出たが、その主要な特徴はスウェーデンの詩に倣っている。父親の追跡から逃れるためベアフルーは国外逃亡を決心し、固く閉ざされた小さな船で大海へ乗り出す。彼女はマイ伯爵の土地に導かれ、伯爵は母親の反対を押し切って彼女を妻に迎える。ある戦争が勃発したため彼はスペインへ出征しなければならなくなる。彼の不在中ベアフルーは美しい男の子を生む。義母は（オッファの伝説における父親のように）、王にこのことを知らせる手紙に、ベアフルーが不義を犯して狼を生んだと嘘を書いた。もう一度偽造された手紙には、彼女を子供もろとも殺すようにとの命令があった。だが無実の彼女に同情したひとびとは、秘かに彼女と子供を、彼女が乗ってやって来た船に積んだ。彼女はローマに着いて、ここで八年後夫と再び結ばれ、また父とも和解した。

セル・ジョヴァンニ・フィオレンティーノ（一七三八年頃）の『ペコローネ』にあるイタリア最古の物語は、フランス王の娘ディオギニアが、しつこく迫る父親からではなくて、年寄りの領主との結婚から逃亡し、イギリス王の妻となり、義母にいじめられる等々を語っている。最も広く流布している一連のフランスの物語の先頭を切るのは、北フランスの作家ランスのフィリップによって一三世紀に書かれた『人形に』である。そこでは三体の人形（小男）が処刑される者たちの代りに焼かれる。ハンガリーの王は妻に、娘のために王座を安全なものにしておくことを誓わねばならない。そこで彼は臣下や司祭たちの同意を得て娘自身と結婚しようとするのだが、娘はこれを拒み、左手を切断して（前期へレーナ参照）その決意を示す。彼女はそれを海中へ投じるが、蝶鮫によって呑み込まれる。(41) 父親は娘を火刑に処すことを決心するが、しかし騎士たちが焼いていたのは人形だけで、彼女自身はボートに乗せられて海上へ投ぜられ、やがてスコットランドへ漂着する。当地の王（即ち父親）が彼女と結婚し、改竄《かいざん》された手紙によって再び彼女は火刑に処せられることになるが、またしても二体の人形（彼女とその子供のため）が登場し、彼女はまたボートに入れられて海へ送り出される。そして最後はローマにおいてすべてが解決される。これを模したある宗教劇が一四ないし一五世紀に聖母マリアの奇蹟として書かれた。(42) 同じ時代に書かれたもうひとつ別の劇はこれとは異なるように思われる。(43)

このグループにおいては、愛が拒絶されたところから生じる父親による娘の迫害が、一見これとは無関係であるように思われる第二部において性悪な義母によって継続されるのであるが（『ローエングリーン伝説』一一七頁以下参照）、このグループよりもっと明瞭に父親・娘モチーフが保持されているのは、父親が初め娘に執拗に言い寄り、次に彼女が結婚すると今度は性悪な舅としてこれを更に苦しめ続けるといった内容をもっている一連の伝説である。(44) これに属するものとして、マットホイス・パリスが二人のアングル人の王オッファⅠ世とⅡ世の生涯のなかで語っているオッファ王についてのイギリスの伝説である。

王になった後オッファはある日のこと狩猟で道に迷ってしまい、そこでヨーク王の娘に出会う。彼女は自分の父親が奇妙な求愛をしたり、追い回したりするので、それを避けたのだが、そのことで父親から死刑の宣告を受け、森の奥深くへ連れてこられて、食物も与えられないままに放置されていたのであった。二人はある隠遁者の庵でともに一夜を過ごし、この男に森の外へ出る道を教えてもらう。それからオッファは森で発見したこの女性を妻にし、彼女は美しい男の子と女の子を何人か生む。そののち王は戦争に出かける。この戦いが勝利に終った後、故国《くに》からの嬉しい知らせを告げるひとりの使者が派遣された。この使者がたまたま女王の父親のところへ行ったため、その父親によって手紙が書き換えられる。彼はオッファ王に、戦《いくさ》に負けたが、これは不敬な女と結婚したことに対する神の罰であると思っている、直ちに妻を子供とともに砂漠へ連れて行って手足を切断し、殺すようにという内容の手紙を書かせる。この恐ろしい命令は実行されなかった。子供たちの体は切り刻まれたが、母親はひとびとから同情されて、これから免れた。敬虔なある隠遁者が子供たちの死体を発見し、祈りによってこれらに再び生命を与えて、母親とともに森の庵に保護した。帰還した王はこの出来事を聞いて深い悲しみに沈み、不具になってしまう。ずっとあとになって彼は偶然狩りの途中その隠遁者の庵に立ち寄り、そこに自分の子供たちと妻を再び発見した。

ミュラーはこの伝説について、オッファが結婚前に行わねばならない戦いは、主人公が未来の妻を、彼女にしつこく迫ってくる求婚者――ここでは彼女の父親として現れる――から解放した時初めて結婚出来るのだということを暗示しているのではないかと言っているが、この指摘は極めて正しいものである。「ここでもわれわれは、オッファに敵対するこの求婚者が基本的には彼女自身と同一人物であると仮定して差し支えない。従って、この伝説での求婚者による子供たちの殺害は、もともとは父親自身が行わねばならないものなのである。」（ミュラー四三二頁）

この物語はイタリア語では、童話風な装いでストラパローラにみられる。[45] サレルノの領主テオバルドは臨終の床に横たわる妻に、彼女の結婚指輪がぴったりはまる女性以外には結婚しないと誓う。それは彼の娘ドラリーツェだけであって、彼は彼女を求める。乳母の助けを借りて彼女はある高価なタンスのなかへ身を隠し（遺棄）、これがイングランドの王のところへ売られてゆく。商人に変装した父親がやって来て、王の妻となっている娘のナイフで孫たちを殺し、彼女に子供殺しの罰を与える。彼女は裸のままで地中に半分埋められる。最後に乳母がすべてを明らかにし、そして領主は四つ裂きにされる。

父親による娘の性的な迫害という同じテーマを、多かれ少なかれ粉飾したかたちで取り扱っている一連の童話をリクリンはリッタースハウスの『アイスランド民族童話集』（ハレ、一九〇二年）のなかから編纂している。例えば、「自分自身の娘を苦しめる父親」に関する童話がそのひとつである。ある王子が、支配権を奪おうとして両親と姉妹を殺す。数年後彼はある美しい王女と結婚し、一年後に二人はインギヨルクという名前の娘を授かる。この娘が一人前の女性になった時、母親は死の床に就いた。彼女は娘をそばへ呼んで、私が死んだらいやなお父さんがお前の床で寝ようとするだろう、そしてお前を逃がさないよう紐で縛りつけるだろう、だからお前の犬をその紐に結び付けて、その間にお前は逃げるようにしなさい、と言った。すべてはその通りに運ばれ、インギヨルクは船で（遺棄）外国へ着く。そこで彼女は避難場所である一軒の農家で若い未婚の王と知り合い、彼の妻となる。彼女は、自分に知らせないで冬の客（Wintergast）を迎えることは絶対しないと彼に約束させた。しかしながら一度それが行われる。

その時から冬の客（＝父親）による迫害が始まり、彼は彼女の子供たちを殺し、彼女を悲惨な状態に突き落とす。魔法の助けを借りてようやく彼女は救われ、父親は罰を受ける。ビヨルン・ブラガスタルールの物語もこれと全く同じ経過を辿る。彼は寂しい森の奥深くに住んでいて、掠奪したある国の王女を強要してこれと結婚する。その妻が死ぬと彼は娘のヘルガとも結婚しようとする。彼女はこれまでと同様のやり方で逃亡する等々である。――『農夫の娘ヘルガ』（リッタースハウスXL）では（義）母による迫害が多少異なった風に描かれている。ヘルガは死んだ母から一本の錐《きり》をもらっていたが、それは命令されれば「はい」と言うことが出来た。ある夜のこと父親が彼女に一緒に寝ることを強く要求した時彼女は、まだ火を見回ってこなければならないと言った。外に出た時彼女はその錐を壁に刺し込んで、これに「はい」と言うよう命じた。逃亡[46]、父親の代理人との結婚、母親から受ける迫害、ハッピーエンドというお決まりのパターンである。――最後に私はリクリンの集めた童話集からもうひとつ『美しいゼッセルヤーの童話』（リッタースハウスLI、二一七頁）を紹介しておきたい。ある王が妻の死を長い間悲しんでいた。そして、死んだ妻と同じくらいに美しく、またこれに匹敵する処女以外とは結婚しないと断言した。ある日のこと彼は彼の若い娘ゼッセルヤーが母親の晴着を身に着けている姿を見た（交換の願望）。そしてこの娘の方がかつての妻より更に美しかったので、彼女と結婚しようと思う。この童話が進行するにつれて複製化が明瞭になってくる。これは――遺棄及び時間間隔（アポロニウス）と全く同様――、第一部において求めて得られなかった意識的な近親相姦を少なくとも無意識的なそれとして（ここでは象徴的にカムフラージュされたもの、即ち鳥）成就させるという目的をもっている。その際王である父親が王子によって取って代られる。ゼッセルヤーは父親の国から逃げ出し、異国で貧しい家族の許に暮らす。そして彼女は彼らの娘を名乗るようになる（家庭小説）。ある日彼女は羊の番をしていたが、誰にも見られていないと思って母親の残した晴着を身に着け（複製化）、そして侍女として王女の許へ連れて行かれる（元の生活環境への逆戻り）。この王女の名前もゼッセルヤー、「高慢な女」で、つまり主人公のそれと同じである。この同一化は、彼女がすべての求婚者を拒絶しているという設定（父親への固着）によっても暗示されている。ある時王女は不思議なことに、侍女のゼッセルヤーが救ってやった一羽の鳥によって妊娠するが、このことを彼女は、[47]かつて父がくれたもので、汚れなき処女が触れた時にのみ輝きを発する黄金が黒くなったことによって知る。妊娠を父親に隠すため、侍女のゼッセルヤーは王女の手の上に自分の手を置いて、その子供の母親は自分自身であると言う。「高慢な」ゼッセルヤーとの彼女の同一性は、その鳥のなかから現れる王子と初めの王との同一性と全く同様に明白である。この王子も元のゼッセルヤーと結婚するのである。

この童話は特に洗練されたやり方をもって、第一部において失敗した意識的な近親相姦をなんとかまだ実現させようとしている。つまりそこでは王である父親とその娘ゼッセルヤーに、王子とゼッセルヤーという第二部のペアーが対置され、更には父親との禁じられた性行為が象徴的な表現ではあるがまだ描かれているのである。アポロニウス及び、ここに報告されたすべての類似物語におけるように、迫害者である父親が同じように最後は、極めて不明瞭な姿のまま、影の人物として複製されたもうひとり別な王の仮面を被って娘と結婚しようという内容をもった童話群を、私はこの意味において『ローエングリーン伝説』についての拙論（一一三―一一七頁）で解明しようと試みた。

有名な『千枚皮』（グリム第六五番）の童話もこの部類に属する。ある王が臨終の妻に、彼女と同じほど美しく、また彼女と同じような黄金の髪をもった女性以外とは結婚しないと誓う。だがこのような女性は見付からず、そのうち王は成人した自分の娘のなかに美しい母親の似姿を認める。娘は父親のその決心を翻させようとし、彼に困難な課題を果たすことをその条件としてもち出す。これは、他の伝承では、嫉妬心に駆られた父親が娘の求婚者たちに対して行うものである。彼女は三着の豪華な衣裳と、あらゆる毛皮で出来たマントを要求した。王がこれらのとてつもない要求を満たした時娘はこれら高価な衣服を携えて逃亡し、正体を知られないために毛皮のマントを身にまとい、顔と手を煤で真っ黒にした。彼女は森のなかである王に発見され――彼は初め彼女を獣だと思った――台所の女中に使われる（灰かぶり姫）。あるパーティーで彼女は短時間そのきらびやかな夜会服を身に着け（ゼッセルヤーにおける母親の晴着参照）、またきれいに顔を洗って客たちの間に紛れ込み、王の注意を引く。彼は三度目にしてようやく、以前と同じようにまた毛皮のマントを着て顔を黒く塗った彼女が、あの美しい舞踏会の客であることを指輪によって知り、これと結婚する。

この童話においても、初めに求められた意識的な近親相姦は後半、娘が顔を変えて父親から正体を知られないことによって無意識のうちに可能となる[48]。これは先に挙げたロシア王の娘が自分の顔を掻きむしったのと似ている。特に煤で顔を黒く塗るというモチーフをわれわれは第一三章において、妹との無意識的な近親相姦を実現する手段の遺物として再び見出し、また顔によって自分の正体を知られないようにするやり方（隠蔽）は近親相姦において同じ役割を演じ、タンタロス伝説においてはポロプとその娘との近親相姦を可能にするものである、ということをも想起させるであろう。

『千枚皮』や『ロシア王』におけると同じように、グリムの収集になる『小犬クヴェードル』（『ドイツの伝説』一八二頁）においてもハインリッヒⅢ世の美しい娘マティルドは、自分に恋している父親がもう諦めてくれるよう、醜くなりたいと願う[49]。この願いを神は聞き入れてくれない。しかし性悪な敵が現れて、もしお前が私のものになる気なら父親の愛の情熱を憎しみに変えてやろうと約束する。彼女は、もし自分を三晩続けて眠らせてくれるならば、という条件を付けた。ところがある手仕事（！）と彼女の飼っている小犬（！）が彼女をずっと眠らせずにおいた。それで悪魔は腹を立て彼女の顔を殴り付けて醜くしてしまったので、父親は彼女への情熱を失くしてしまう。この伝説においては、娘を所有したいと願う悪魔がまたしても好色な父親の代理を務めているにすぎない[50]ことは容易に理解出来るので、これ以上細部に立ち入らないで、シュットゥッケンの挙げているところの、娘の顔を醜くするというモチーフをもった類似の物語をもうひとつ指摘しておきたい。D・ブラウンによって報告されているアイヌ人の伝説（『日本の童話と伝説』一六七―一七〇頁）では、父親の抱擁を免れたために王女が体じゅう毛だらけにされ、そして小犬を生み、これらが人間に変身する。小犬クヴェードゥルにおけると同様われわれはここで、アイスランドの童話に出てくる娘が自分の身代りに父親のところへ残してゆく（繋いでゆく）犬も、もともとは父親の変身した姿であり、そのなかに官能的・性的な面が象徴されているということに気付く（ゼッセルヤーにおいて鳥に変身した王子参照）。また他方アイヌの伝説が特に示しているのは、これがトーテム的なモチーフ、あるいは恐らく人間の動物起源説でもあるということである。

ドイツの『ヒュルフェンベルクの伝説』（グリム『ドイツの伝説』一八一番）という別のある伝説では、かつて父親から恋された美しい王女であったある聖女について語られている。困った彼女は天に助けを求める。すると突然彼女の顔に髭が生え（動物発毛）、彼女の美しさは失われてしまう。

リトアニアの童話『王子を夫にした鼠』[51]は、臨終の母親が娘に父親の誘惑を警告するアイスランドの童話に照応する。ある王に美しい妻と美しい娘があった。妻が死んだので王は再婚相手を探して国じゅうを旅した。だが妻や娘ほど美しい女性を発見することは出来なかった。そこで彼は自分の娘に言った。お前が妻に、私が夫になろう！　しかし王女は答えた。私はあなたの娘であり、あなたはわたしの父親だというのにどうして夫と妻になんかなれるのですか？　死んだ母親の霊の力を借りて彼女は父親の求めから逃れることに成功し、父親の方はそのあと鉄砲で自殺する。（この童話に類したこれ以外の物語はブルークマンにおける注釈二四番にみられる。また『千枚皮』に関しては、六五番についてのグリムの注釈参照[52]。）カンペルの収集によるゲール人の童話（一八六〇年）のなかに一四番目のものとして、「自分の父親から妻になるよう求められた王女」の物語がみられる。王は死んだ妻の服が合う女性だけと結婚しようと思う（娘との交換）。それが合ったのは娘だけだったが、彼女は密閉された箱に入れられて海上へと逃れ、ある国の王の宮廷で料理女となり、最後は、彼女の足にしか合わない靴によって彼女を発見した王子と結婚する（灰かぶり姫）。そこでは、恋仇である意地悪な二人の姉妹の踵が切断される――これに属する多くの伝承において、父親に抗う娘の腕が切り落とされるように（先に挙げた『ヘレーナ』、『人形』参照）――ということをわれわれが想起するならば、この童話と灰かぶり姫タイプとの関連は更に緊密なものになる。バジーレの『ナポリのペンタメロン』では王が自分の妹ペンタを愛するが、それは特にその美しい手のゆえであった（リープレヒト『概要』二二番）。そこで彼女はこの手を切断させ、これを彼に送る。彼は妹を密閉した箱に入れて海へ投ずる。ある族長がこれを拾い上げるが、しかし嫉妬深いその妻が再び彼女を海に捨てる。それから今度はある王が彼女を妻のところへ連れてゆく。死の間際にこの妻は二人を結婚させる。死んでゆく母親によって父親と結婚させられる、あるいは父親には用心するよう警告されるのはしかし、他のすべての伝承においては実の娘である。従ってここにおいて初めて、兄弟愛と融合させられる通常のパターンが始まるのである。手紙の偽造、迫害、そして最終的な和解が続いて行われる。腕の切断はブールジュのエルパン公についての民衆本にもみられる（ジムロック『民衆本』第一一巻、四〇八―四一一頁）。彼は娘を求めるが、そのことで深く傷ついた彼女は腕を切り落として海中へ捨てる。それから彼女の追放がこれに続く等々である。

　切断され、魚に呑み込まれ、そして小箱に保管される手、というこのモチーフとオシリスの男根との類似性をわれわれは既に『人形』を分析した際に指摘したし、また同様にこの特徴が、父親との交わりの代用的役目を娘のために果たすマスターベーションの罰としての意味を恐らくもっているであろうことも指摘した（『千枚皮』において白く残された一本の指参照[53]）。娘と父親の近親相姦モチーフ並びにこれと結び付いたマスターベーションコンプレックスがどのように歪曲されているかを、最後に『手のない娘』（グリム三一番）の童話によって示してみたい。

ある貧しい粉屋が、ひき臼のうしろにあるものを、それが娘であることを知らないで、恩を受けた悪魔に与えることを約束する。[54]その悪魔は、三年後に彼女を連れにやって来た時彼女が体をきれいに洗っていた（『千枚皮』における煤の洗い落とし、そして洗顔強制における「罪」の洗い落とし参照）ので、彼女に手出しが出来なかった。悪魔の命令によってすべての水が彼女から遠ざけられたが、しかし彼女はその涙をもって手をきれいに洗った。そこで粉屋は悪魔の命令で彼女の腕を切り落とさねばならなかった（『フィヒターの鳥』における切断参照）。しかし彼女は腕の切り口の上にも涙を流してこれをきれいにしたので悪魔は彼女から手を引かねばならなかった。それから彼女は世間へ出て行き、ある庭園で樹から実を口で摘み（母親の乳房の典型的な象徴）、そして王と結婚する。王は彼女のために銀の腕を作らせる（『マリアの子供』における黄金の指参照）[55]。王の不在中に彼女は子供を生むが、悪魔が（他のテキストでは義母になっているが、この方が自然である）手紙をすり替え、彼女の舌と眼を切り出したあと[56]遺棄の刑に処する（父親による遺棄の代用）。しかしそれは代りの動物に対して行われるだけで、彼女自身は子供と一緒に森のなかに住んでいて、そこで七年間彼女を捜し続けた王によって発見され、再び二人は結婚する。

複製されたこの童話においてもともとは意識的な父親近親相姦が基礎となっていて、これが第二部において無意識的に実現されているということは、グリムが報告しているある異文が教えてくれる。それは冒頭において、「ある父親が自分の娘を妻に求め、彼女がこれを拒んだ時その両腕（そして乳房）を切り落とし、白い下着を着けさせ、それから世界へとおっぽり出した。」

娘に対する父親のエローティッシュな愛着を自明の現象として、またほとんどすべての場合に生じる現象として描いている素朴な童話や伝説とは逆に、文学においてわれわれがこのモチーフに出会うのは比較的稀であるが、このことは、われわれが既にみたように、詩人がたいていは息子の立場（父親、母親そして兄弟姉妹に対しての）を代表しており、父親の立場に立つのは普通息子心理から父親心理への発展線上においてでしかない[57]という事情から説明することが出来る。それゆえ、われわれがここで出会うのがほとんど、神話的あるいは歴史的に伝承された父親と娘との近親相姦関係をドラマ化したものばかりであるということは偶然ではない。つまり詩人は――特にシェリーの『チェンチ』において明瞭であるが――これらの関係をうまく逆利用して、息子から姉妹を奪い、また息子に母親を渡さない淫蕩な父親に対する反抗を再び描くことが出来るのである。

タンタロス伝説が伝えているようなテュエステースとその娘ペロピアーとの近親相姦をソポクレス(58)は恐らく彼の悲劇『シキュオーンのテュエステース』の題材にしたと思われる。ヴェルカー（『ギリシャ悲劇』）は、このドラマの残されているわずかな断片について、『テュエステース』には確かにテュエステースと、シキュオーンで泊めたその娘ペロピアーとの無意識的な近親相姦――アイギストはこの二人から生まれた――が含まれていると書いている。レッシングも、『テュエステース』は父親と娘の近親相姦を主題にしていたと考えている（『ソポクレスの生涯』）。ソポクレスは『オイディプス』において母親に対する無意識的な性愛的愛着を描いた、つまり『オイディプス』は息子としての彼の感情を表現したのであるが、既にそのタイトルが暗示しているように男性の立場から作られた『テュエステース』は父親としての彼の感情を主題にしている。彼は既に『コロノスのオイディプス』においてこれを描いたが、そこでは父親の呪いが恩知らずの息子たちに向けられ、一方優しい娘たちは彼の死に至るまで忠実な同伴者、世話役として仕えるのである。

ここでヘロデの娘についての聖書物語にも触れておきたい（マルコ伝福音書第六章一七―二四）。この物語は嫁に対する情欲という点から近代の作家たちによってしばしば取り上げられたものである。兄弟ピリポの妻と結婚し、そのためヨハネから侮辱されたヘロデ(59)は彼を逮捕させ、そして母親から唆された彼の娘の望みによってその首をはねさせた。彼はこの娘に、ダンスをして見せてくれればどんな願いでも叶えてやろうと約束していたのである。多くの読者をもつフローベールがその小説『ヘロデア』において、新約聖書では明記されていない娘の名前サロメを使っているのは、ヘロデの近親相姦的な欲望を示す微かな暗示であると考えることが出来るかも知れない。ヨセフス・フラヴィウスではヘロデの妹がこの名前で登場する（これについては彼の兄弟の妻の結婚参照）。新しいところでは特にオスカー・ワイルドの『サロメ』が有名になったが、これは主題をオリエントの妖しい官能の世界へ浸し、近親相姦的なテーマをも（娘に対するヘロデアの嫉妬もそうであるが）より明瞭に響かせている。サロメ「いえ、いえ、私は留まることは出来ません。どうしてあの太守様はまぶたをぴくぴくさせながらもぐらのような眼でいつも私を見付めるのかしら。母の夫である方が私をあんなにして見付めるのはおかしいわ。それがどんな意味なのか、もちろん私にはよくわかっているけれど。」（キーファー訳）ヘルマン・ズーダーマンの悲劇『ヨハネ』においても、義父の前で行われるサロメのダンスは娘の妖艶さをあますところなく描いている。[60]

アルフィエーリはミュラの物語を悲劇『ミラ』で描いたが、[61]そこには、文化の発展に伴って近親相姦衝動が被ってきた強力な抑圧が極めて明瞭に認められる。ギリシャの神話においてみられたような父親と娘との性的な交わりはアルフィエーリのドラマでは行われない。それどころかそのような禁じられた愛は言葉にさえ出さず、それを微かに暗示しただけでミラは破滅しなければならなかったのである。つまりこのドラマにおける素材の扱い方は既に、ハムレットにおけると同様、近親相姦的衝動がもはやほとんど現れることの出来ない防衛の最も高度な形式へと近付いている。

王キニロの娘ミラはある立派な王子と結婚することになっていた。そのペリオとの結婚式が近付くにつれてミラの憂鬱はますます深くなってきたが、それは周囲のひとたちには全く理解出来ないものであった。彼女自身それについては頑なに沈黙を守った。しかし乳母エウリクレアの微かなほのめかしを見た彼女は、自分が身を隠したいという秘密が洩れてしまったのだと思う。結婚式の日を出来る限り先へ延ばしたあと、[62]遂に彼女は日取りを決めなければならなくなる。但し彼女は、結婚式の直後両親の許を離れて夫の田舎へ赴くということを条件とした。結婚式の際にミラは復讐の女神たちによってひどく苦しめられ、式は中止されねばならなかった。復讐の女神たちはここでも近親相姦的な憎悪感情の防衛の表現として現れる。ミラは、父親の愛を巡る恋仇である母親を憎んでいるのである。

ケクリ　……なんというお前のその顔！　わたしに恨みを？　わたしを突き放そうというの？　わたしの腕を逃れようというの？　お前の眼は陰鬱な炎に燃えている。お前の母親にまで――

ミラ　ああ、あなたの顔を見ると悲しくなるばかり。あなたに抱かれるとわたしの心はよけいに痛む。――でもわたしはなにを言っているのだろう？…………本当にわたしの苦しみを可哀相だと思ってくださるのでしたら、もう一度お願いするわ――わたしを殺してちょうだい。〔防衛、罰〕

ケクリ　なんという恐ろしいことを！　どうしてあなたはいつもそんなにきついことが言えるのです？　いいえ、わたしはこれからあなたの毎日をよく見張っていましょう。

ミラ　わたしを見張ろうっていうの？　いつもあなたの顔を見ていなければならないの？　いつもわたしの眼の前にあなたの姿があるというの？　そんなことならいっそのことわたしはこの眼を深い暗闇のなかに埋めたほうがましだわ。このわたしの手で眼をえぐり出したほうがましだわ、わたしのこの顔から――

ケクリ　おお神よ！　なんてことを言うの！　気でも狂ったのかい？　おお神よ！　わたしは血も凍る想いがする。そんなにお前はわたしを憎んでいるのかい？

ミラ　わたしのすべての苦しみの最初の、唯一、永遠の不吉なみなもとはお母さんです。

ケクリ　なんという言葉を！　おお娘よ！　このわたしがみなもと――？　でももうそんなに涙を流して――

ミラ　ああ、お母さん、許してください！　こんなことを話しているのはわたしではない、なにか得体の知れない力がわたしのなかから話しているのです。お母さん、あなたはわたしのことをとても愛してくれています。それなのにわたしは――

（パウル・ハイゼ訳）

この戯曲のあとがきのなかでアルフィエーリは次のように言っている。「彼女より強力ななにかがミラの口を借りて語っているということ、ここは母親に娘が語っているのではなく、絶望的な恋をしている不幸な女性が、自分よりも有利な立場にあって愛されている恋仇に語っているのである、ということをこの箇所ですべての読者が理解し感じ取ってくれるだろうと思う。」――父親キニロも自分の娘に深い好意を抱いているが、しかし彼はこれを防衛しようと試みる。

キニロ　心が引き裂かれる想いだ。だがしかし、最後の試練としてわしは、あれをどんなにわしが愛しているかを少なくともある程度はあれに隠さねばなるまい。

それから彼は娘に秘められた恋を告白するよう促す。

さあ、兄に話すようなつもりで話してみるがいい！　お前が恋をしていることはわしも知っている。ただ名前を――

ミラはその相手が誰であるかを言おうとしない。しかし彼女の口からは思わず知らず、すべてを明らかにする言葉がふっと漏れ出る。

ミラ　無理に言えとおっしゃるなら言いますわ――ええ、わたしは恋をしています。わたしは叶うあてのない、絶望的な恋をしています。
でもそれが誰であるかは言えませんわ、お父さまにも誰にも
教える訳には参りません。当の本人だって知らないのです。
わたし自身それを認めていないと言ってもいいのです。

…………………………………………

ミラ　どうかお願いです、わたしをこのままずっと
遠くへやってしまってください――あなたの眼のとどかないどこか遠くへ――
キニロ　なんということを言うのだ？　お前はわしの娘ではないか、誰にもましてわしの大切な人間ではないか。
さあ、お前の父親の腕のなかへくるがよい！　どうしたのだ？　どうしてそう
邪険にわしを突き放すのだ？　ではこの父親を憎んでいるのだな？
そして自分でも尻込みするほど卑しい情熱に身を焦がし――

ミラ　いいえ卑しいものではありません、
罪深いものであるかも知れませんが、でも決して――
キニロ　なにを言うのだ！
お前の父親さえ許せば罪深いことなど
あるものか。さあ、だから、それをわしに聞かせるのだ。
ミラ　それを知れば父親みずから身震いするでしょう。――キニロ――
キニロ　おお、わしの耳はたしかなのか？
ミラ　わたしはなにを言っているのだろう？　ああ――なにを言っているのか
自分でもわからない――恋などしてはいません――いいえ、恋など！――

彼女の愛が絶えず防衛とたたかっているのがみられる。この防衛は最後は死の願望というかたちでその最高の段階に達する。彼女は父親に言う。

……あなたのいない遠いところで
死ねとおっしゃるの？　お母さんはなんて幸福なひとでしょう、
――あなたのそばで死ぬことが出来るのですもの！
キニロ　なんということを言うのだ？　その言葉のなかからは
恐ろしい光が燃え出るようだ。神を怖れぬ――
ミラ　おお、天よ、いったいわたしはなにを言っているのだろう！　ああ、呪われるがいい！　わたしはどこにいるの？
どこに隠れたらいいの？　どこで死ねばいいの？――そうだあなたの剣に
この役目を果たしてもらいましょう――（素速く父親から剣を奪い、みずからを刺す）

このドラマの翻訳の序文でハイゼが報告しているところによれば、アルフィエーリ自身この悲劇を彼の最も感動的な作品と考えていた。一八一七年ボローニャでこの劇の上演を観たバイロンは、それが彼を「抑え切れない涙との恐ろしいたたかいへ、また、文学作品によって襲われることはめったにない、ひとを麻痺させるような戦慄に」陥れた、と告白している。[63]

近親相姦的な愛の抑圧はアルフィエーリの作品においては既に大きく進んでいて、物語を知らない観客はミラが父親を愛しているということを、筋の進行によっては直接知らされない。アルフィエーリはこのことをよく心得ていた。先に述べたあとがきで彼は次のように書いている。「この仮定（観客が物語を知らないという）に従って、この処女がミラという名前でなかったとしても本当に筋の進行に伴って、不在の兄弟ないしは他の近親者、あるいはまた、ある別の理由から愛することを禁じられている他人ではなく、父親の方を愛しているという印象を与えるかどうか、このことについて観客には公平に、また正確に答えてもらいたい。」アルフィエーリがこのように言っているのは、きわどい素材を穏やかなかたちで作品化するすべを自分は心得ていたのだということを示すためである。もちろん彼はこの正当化の試みにおいて、ほかならぬ彼自身の抑圧された感情を明らかに示しているのである。

チェンチの物語をスタンダールはそのたくみな短編のひとつにおいて史実に沿って語っている。それは、ベアトリーチェ・チェンチが、彼女をまるで動物のように虐待し、絶えず暴力を加えていた父親を殺したかどで一五九九年十一月十一日に処刑された事件を扱っている。スタンダールはこのフランチェスコ・チェンチを残忍で、サディスティックな男として描いているが、この父親は「子供たちに対して限りない、不自然な憎しみを抱いていた。この憎しみは、子供たちがまだあどけない年頃で、彼の心を傷つけるようなことは全く考えられないような早い時期から既に始まっていた……」「彼は、宮殿にある彼の住まいに同居していた小さな娘たちを毎日棒でいやというほど叩き続けた……」「子供たちがみな地下に埋められる時初めておれは心から喜ぶだろう、と彼は叫んだ。今や彼は、既に成長し美しくなった自分の娘ベアトリーチェを脅迫と暴力をもって凌辱しようと試み、あらゆる方法を使って彼女に迫った。その目的を達するため彼はこの哀れな娘に、ここで挙げるのが憚かられるような、ありとあらゆる忌まわしいことを吹き込んだ。例えば彼は、父親と実の娘との愛から生まれた子供たちは必ず聖者になる、教会から崇められているすべての聖者はこのような関係から生まれたのだ、お前の母方のおじいさんはいわばお前の父だったのだ、と言った。」それで彼女は、同じく彼に苦しめられていた継母の了解を得た上で正当防衛の最後の手段に訴え、父親を殺すため殺人者を雇い、そしてやがてみずから処刑される。この素材をドラマにしたものではシェリーの悲劇『チェンチ』を挙げることが出来るが、これも伝承を同じようなやり方で扱っている[64]。作者は、近親相姦をも伝えている歴史書から素材を得た。そしてそのことについては序文で説明している。詩人は――このことは彼自身のコンプレックスから証明出来るのであるが――この素材を使って、残虐で淫蕩な父親を特に息子たちの虐待者として登場させ、彼らの反抗の火が妹ベアトリーチェの運命によって煽り立てられるという設定にしているのだが、この経緯を跡付けてゆくのは心理学的にみて特に興味深いことである。周知の通りその無神論のゆえにオックスフォード大学から追放された一九歳の詩人は非常に早い時期に父親から独立し、その後は実際父親からわずかな援助しか受けなかった。また彼は生涯にわたって、あらゆる権威に対して激しい憎しみを抱き続けた。最近個人の所蔵から大英博物館に移管された多数の手紙（一八一一年から一八一二年まで）によって、シェリーがその若さと当時の窮乏状態にもかかわらず、一六歳の女生徒であったハリエット・ウエストブロックを、彼女に進学を強要する父親の手から救うため誘拐したという事実が明らかにされている。自分自身の厳格な父親を恋人の厳格な父親とともに憎悪の対象へと融合させてしまうこの若き日の心的状態からわれわれは、この素材に対する一般の強い関心を、そしてまた、文学のなかにはっきり表われているこの素材の取り扱い方をも理解することが出来る。

老チェンチは息子たちを非常に憎んでおり、そのうちの二人を彼の呪い（願望）によって間接的に殺している。息子のジアコモの方でも父親を憎んでいるが、しかしながら、無意識的な殺人衝動を意識のなかへ、ましてや行為へと移すことは敢えてしない。しかし老猾な司教オルシーノが、彼にその憎悪空想を意識させる。それでジアコモは次のような言葉を夢中でしゃべる（第三幕第一場の終り）。

もはや以前のようにわれわれは、
父と息子の関係ではない。われわれは
男対男、虐げられた者と虐げる者、
中傷された者と中傷する者、敵対敵
の関係にあるのだ。
（W・エーツマン訳）

ついに彼はオルシーノとの対話で「父親殺し」という言葉さえ口にする。

心が堅く決まっていても、この言葉はわたしを
恐怖で満たすのです。

しかしオルシーノは、近親相姦が行われたことを暗にほのめかすことによってジアコモの嫉妬心を起こさせるすべを心得ている。

おお妹よ、お前がこんなにも賢く
同時に美しいことに世間のひとびとは
驚いた！ そのお前が辱めを受けているというのか？
おお弁解は無用だ！
オルシーノ様、わたしは父を待ち受けて、
戻ってきたら刺し殺してやりましょうか？

しかし彼の強力な抑圧がこの行為の実現を阻む。ようやく彼は父親を暗殺させることに同意する。父親憎悪の防衛もジアコモにおいて、既にわれわれには周知の、心理学的に深い根拠をもった、それゆえ典型的なかたちで現れている。つまり、自分自身の息子がこれと同じことをするだろう（クロノスにおけるように）という報復への怖れ、不安のかたちで現れる。ジアコモは、父が死んだという知らせを持参する使者を待ち焦がれる。

時の歩みのなんとのろいことか、そしておれの髪が
白くなる頃にはおれの息子がちょうど今のおれのように、
空しい悔恨と正当な憎しみに責め苛まれて、
こうして待っているかも知れないのだ。
そうしておれが待ち焦がれているのと同じ知らせを
持参する使者のおそいことに腹を立てるだろう。ああ！
おれの苦しみがどんなに大きかろうとも、父が生きていてくれれば、とそんな望みさえおれは抱くのだ。

かつてオルシーノは、父親によって辱められた妹のことをほのめかすことによってジアコモの嫉妬的憎悪を掻き立てたが、のちには死んだ母親を想い出させることによって新たに同じ感情を煽る。この憎悪の近親相姦的根幹は要するにここでは母親と妹に対する嫉妬的愛着である。もちろんここではほとんど暗示されていない妹への愛着(65)についてはシェリーに関する箇所で触れることになるだろう。この愛着はここでは、息子がその幼児的な心的状態をもって父親の責任であるとみなすところの母親の早い死によって、置き換えとして明瞭に動機付けられている。しかし父親のチェンチも息子に対する憎しみを、継母ルクレチアを巡る息子の嫉妬に猜疑を抱くことによって正当化する。ベアトリーチェが彼のことを憎からず想っていたと弁明するルクレチアにチェンチは次のように答える。

お前もそうではないか？
小さい時からお前が父親殺しを教えてきた
あの若造のジアコモがまだお前に焦がれているのではないのか？

このようにここでは「継母」のテーマも特徴的な響きをもって聞こえてくるが、このテーマからわれわれは父親の立場に立つことによって新しいひとつの動機付けを獲得することが出来る。というのも息子にとって父親の死（「不在」）が母親との近親相姦のための前提条件であるのと同じように、父親にとって（そしてまた娘にとって）母親の「不在」が娘との近親相姦の前提条件なのである。それぞれの恋仇がまず片付けられねばならない。

抑圧は現代のあるドラマ、イプセンの『ロスメルスホルム』においてアルフィエーリの『ミラ』におけるよりもはるかに進行しており、それは父親と娘の間の近親相姦的な愛の描写に窺われる。この作品は、レベッカが母親であるガムヴィク夫人の死んだのち、ドクター・ヴェストの家に引き取られ、彼と性的交渉をもち、最後は彼の養子となって、彼が死ぬまでその面倒をみるというものである。ところがドクター・ヴェストは、法的には認められていないものの、彼女の実の父親なのである。この状況はドラマのなかではほとんど暗示されない。特に読者は、ヴェストがレベッカの父親であることをはっきり知らされないし、更に二人の愛の関係についての表現はもっと曖昧である。近親相姦コンプレックス全体は筋の進行中においてはみられず、いわばその前史へと組み入れられていて、極めて厚いヴェールで覆われている（抑圧されている）ので、一般の観客はその事情をほとんど知ることが出来ない。(66) レベッカが、ドクター・ヴェストが実の父親であることを知らされ、校長のクロルが、彼女とヴェストとの間に性的な交渉が行われていることをうすうす知り始める第三幕における対話は、この作家の「分析的テクニック」（ソポクレスの『オイディプス』との類似）を極めて特徴的に示しているので、それを簡単に紹介しておきたい。

クロル　わたしはあなたがすべて御存知だと本当に思っていました。そうでなければ、あなたがドクター・ヴェストの御養子になられたことをわたしは変だと思ったにちがいありません。

レベッカ（立ち上がりながら）　ああ、そう！　やっとわかりましたわ。

クロル　――あなたがあの方の名前を名乗られたことがね。あなたの母上の名前はガムヴィクでした。

レベッカ（行きつ戻りつしながら）　父の名前はガムヴィクでしたわ、校長先生。

クロル　あなたの母上は職業柄（助産婦）しょっちゅう郡医と接触があったに違いありません。

レベッカ　おっしゃる通りですわ。

クロル　そしてあなたの母上が亡くなられてすぐ彼はあなたを引き取った。彼はあなたには優しくない。それでもあなたは彼のもとに留まっておられる。彼があなたにはびた一文残さないことをあなたは御存知でいられる。あなたは本の入った箱をひとつもらっただけだ。それなのにあなたは彼のところから出て行こうとはなさらない。彼のことは大目に見てあげ、息を引き取るまで面倒をみようとなさっている。

レベッカ（テーブルのそばに立ったままで、彼を軽蔑的な眼で見付めながら）　わたしがこのようなことをしたのは、わたしの出生になにかいかがわしいもの、なにか犯罪的なものがつきまとっている証拠だとあなたはおっしゃりたいのでしょう！

クロル　あなたが彼のためになさったことは、自然な、無邪気な本能から出たものであると思っています。ふだんのあなたの振舞いはあなたの出生がもたらしたひとつの結果であるとわたしは思います。

レベッカ（激しい調子で）　あなたのおっしゃることはなにひとつ本当ではありません！　わたしはそのことを証明出来ますわ。ドクター・ヴェストはわたしが生まれた時にはまだフィルンマルケンにはいなかったのです。

クロル　失礼ですがお嬢さん、彼はその一年前にもラフォルトへ来ていたのです。そのようにわたしは聞いております。

レベッカ　あなたの思い違いですわ、それは！　全くの思い違いです！

レベッカ（手を揉みながら部屋のなかを歩きまわる）　そんなことのある筈がありません。あなたがわたしにそう思い込ませようとなさっているだけですわ。絶対に本当ではありません！　本当である筈がないわ。絶対に、絶対に違います。

クロル（腰を上げながら）　しかしお嬢さん――いったいどうしてあなたはこのことをそんなに真剣にお取りなのです？　全く驚いてしまいます。わたしはなにを考え、なにを信じればいいのです――！

レベッカ　なにひとつです。なにかを考えることも、信じることもしていただきたくありませんわ。

クロル　それでは、この件が――つまりこの可能性がどうしてこのようにあなたのお心にかかっているのかをわたしに説明していただかねばなりません。

レベッカ（気を落ち着けながら）　それはもうはっきりしてますわ、クロル先生。わたしは私生児だと思われたくないのです。

クロル　わたしの方としては別にそれで構いませんがね。まあ今のところはこの説明で満足するとしましょう……

（A・ツィンク訳、レクラム）

近代の作家においては近親相姦的な関係が暗示されることはほとんどない。母親と息子の間の愛（オイディプス、ハムレット、カルロス）の場合と同様父親と娘の間のそれの場合にもわれわれは、絶えず進行する抑圧を認めることが出来る。それはこの近親相姦的な関係の描写において隠蔽や曖昧化がますます強く行われてゆくことのなかに窺われる。この抑圧線は、ミュラと父親との意識的な近親相姦から出発し――この段階ではまだ二人の関係から息子が生まれている――、テュエステースと彼の娘との無意識的な近親相姦(67)を経て――この時点では既に死による自己処罰がみられる――、更にアルフィエーリのドラマにみられるミュラ物語の用心深い取り扱いを経て――ここでは既に近親相姦を考えたり、口に表わすだけで死に至る――イプセンのロスメルスホルムへとまっすぐに続く。イプセンにおいては、現に進行中の筋以前に生じた事件、いわゆる前史の分析的「解明」が、近親相姦の現時点での現実化を幼児的な罪の意識によって阻むのである。

父親と娘との間の性愛的な愛着を扱った近代の文学作品のうちで特に、心理描写の点で極めてすぐれたガイエルスタムの『女性の力』を挙げておきたい。この小説では小さな少女が「不実な」母親に対する反感と並行して父親に抱く愛が描かれる。父親は次のように言う。「それで娘は母親を憎んでいるとわたしは思う。しかもこの憎しみは母親自身のためのものではなく、わたしに関係しているのだ。」（一八三頁）両親が別れた後の彼女は父親のために、「子供としてよりはむしろ恋する女性として」、母親並びにすべての女性の代りを務めようとする（一五〇頁）。父親が他の女性たち（例えばエリーゼ）と話していると彼女は嫉妬する。繊細な感覚をもったこの詩人は二七七頁で一般的な立場から次のよう述べている。「娘と二人だけで後に残された父親というものはえてして、子供に対するその行動において、自分たちの間の性の相違をいかに忘れることが出来ないかを示すところのなにかあるものを身につけるものである。」

ドストエフスキーはある長編の断片『ニュトシュカ・ネスヴァノーヴァ』（ドイツ訳では『小さな英雄』、ピーパーの全集版、Ⅱ、二二一、一九一二年）において、継父に対する小さな少女の幼児・性愛的な愛を描いたが、そこには作者の深い心理学的な洞察力が窺われる（『イマーゴ』における ハルニクの報告、Ⅱ、一九一三年、五三〇頁以下）。彼の同国人ゴーゴリは父親と娘の愛というテーマを『ウクライナの物語集』(『恐ろしい復讐』)において極めて大胆に扱っている。

養女に対する継父の性的な意図はF・v・ザールの『石割り人夫』にみられる。そこ(一四五頁)ではテルチュカが若い労働者のゲオルクに自分の継父のことを次のように話す。「わたしの言うことを信じてちょうだい、父がわたしを手離そうとしないの――あんたが相手なんてなおさらよ、絶対に駄目だわ!――このことはこれまであんたには黙っていたの……でも今は話さなきゃあならないわ。母がまだ生きてた頃からもうあのひとはわたしを狙っていたの。でもわたしはいつもうまく逃れ、そうして、お母さんに言いつけるわよって脅してやったわ。ところが去年の夏のある晩あのひとがひとりで飲み屋から帰って来て、また始めたの。そして結婚しようなんていうの。わたしが相手にしないでいると今度は暴力に訴えようとしたわ。でもわたしはそれから身を守り、そしてわたしがあのひとをどう思っているかを言ってやったわ。それ以来あのひとはわたしのことを骨の髄まで憎むようになり、精一杯仇をとろうとするの。」

父親と娘の意識的な近親相姦は、ドクター・ライクがわたしに教えてくれたところによると、モーパッサン(68)がマンフリニューズという匿名のもとに『M・イオカステ』というタイトルで〔ジル・ブラース〕(一八八三年一月二十三日)に発表したある短編にも描かれている。ある女性が初老の男と結婚するが、その不幸な結婚生活を送っているうちある若い男との情事をもつ。妊娠した彼女は死の近いことを感じ、生まれてくる子供を引き取ってもらう約束をその恋人から取り付ける。長い年月が経ってのち、彼女の夫が死んだという知らせを受け取った彼は例の約束を想い出す。彼は、その間に成長していたその娘を訪ねるが、彼女が母親にあまりにもよく似ているのにびっくりし、彼女に恋をしてしまう。自分はこの娘の実の父親であるのだという感情がこの愛を否定しようとするが、最後は彼女と結婚してしまう。作者は物語を語り終えたあとこの近親相姦的結合を弁護している。

スイスの詩人ヤーコプ・フライの短編『オーバーヴュールの娘』において芸術的に描かれた父親コンプレックスをたまたまO・プフィスターが指摘している。更にはコルフィッツ・ホルムの二巻物長編小説『娘』(ランゲン書店、ミュンヘン)があるが、一方同じ作者の短編『マリーの大きな心』は娘のために愛を貫こうとする母親が描かれている。最近出版されたヴァルデマール・ボンゼルスの長編『終りなき戦争の死者たち』(シェスター&レフラー、ベルリン、一九一二年)では、アフラが今は亡くなった地主の愛人であり、また私生の娘でもあったことが徐々に判明してゆく。

父親—娘コンプレックスをドラマ化した作品を近代文学から簡単に挙げてみると、ゲルハルト・ハウプトマンの初期のドラマ『日の出前』（一八八九年）があり、そのなかのある場面では自分の娘に対する父親の生々しい情欲が描かれている。一方同じ作者の夢幻劇『ハンネレの昇天』では野蛮で淫蕩な父親に、人望あつい教師の姿をとって理想化された神なる父が対置されている。——アルトゥール・シュニッツラーの悲喜劇『生の呼び声』では、病弱な父親が若い盛りの娘を自分のところに縛り付けていて、それで彼女は人生へ足を踏み出すためにまずこの妨害者である父親を片付けねばならない。同じ作者による『認識の時』（『言葉のコメディー』）では夫が娘の結婚式の日に妻の許を去る（グリセルダ・モチーフ）[69]。更に同じ作者の最新短編『令嬢エルゼ』（一九二五年）では、父親を窮状から救うため身を投げ出す娘が描かれる。

増大する抑圧傾向のもとでのこの素材の新しい作品化の例として最後になお幾つかを挙げておきたい。まずヘルベルト・オイレンベルクのドラマ『アンナ・ヴァレヴスカ』（一八九九年）がある。素材は近親相姦のモチーフに軽く触れているにすぎない。ヴラディミール伯爵とその若い娘アンナは彼らの館にひっそりと暮らしている。この娘にひとりの求婚者が近付いた時、父親の心に嫉妬が眼覚め、彼はこの男を射殺する。娘に対する彼の情熱が今やとどめようもなく荒れ狂い、それが彼と娘をともに死へ追いやる。——父親と娘との近親相姦の心的な作用をアルノー・ホルツはその芸術家悲劇『太陽の暗黒』（ベルリン、一九〇八年）において描いたが、そこにはチェンチの物語が明らかに暗示されている。「ホルツは、偉大な悲劇作家たち同様、罪をドラマの始まる以前の時点に置き、そしてその罪のために、——明らかな意図をもってであることは間違いない——ソポクレスが『オイディプス』のために用いたと同じモチーフ、即ち近親相姦モチーフを選んだ。だがソポクレスにおいてオイディプスが犯す近親相姦は無意識的なものであったのに対し、ホルツのドラマにおいてはジビレ・リプシウスが偉大な彫刻家である自分の父親と意識的に近親相姦を犯す。この忌まわしい出来事の後彼女は父親に対する激しい嫌悪と憎悪に襲われ、自殺を計るが果たせず、やがて外国へ逃れる。数年のちに彼女はラ・ベラ・チェンチという名前で——この名前の選択は特徴的である——有名な寄席芸人となって帰国する。彼女は自分の前歴を用心深く隠し続ける。それから運命が彼女を画家のホルリーダーと結び付ける。彼女の父親のかつての弟子であったこの画家は、アルノー・ホルツ自身と同じ道を歩みながら、真の芸術を発見し名声を得ようとたたかう。彼は既に完全な技術をわがものとしているのだが、自分自身に満足することが出来ず、おのれの才能と人生に絶望する。ジビレとの出会いが再び彼に創造の歓び、生の歓びを呼びさます。二人はお互いに愛しているのだから、彼が分離派の展覧会のために「太陽の暗黒」という巨大な絵を描いたのち幸福になれる筈であった。しかし今やジビレの生の秘密のヴェールが徐々に剝がれてゆく。初めホルリーダーはこれを乗り超えられると信じていたが、しかしそれが誤りであることを知らされる。結婚式の直後彼は素っ気なくジビレから離れてゆく。彼女の方は、秘密を知っているひとりの卑劣な画家によって散々苦しめられ、疲労困憊してアトリエの窓から舗道へ身を投げる。ホルリーダーは絶望に身を任せながら、あとに残る。」（新聞書評から）

カール・ハウプトマンのドラマ『のっぽのユーレ』の背景は農村である。のっぽのユーレは、父親が再婚した時家を飛び出す。彼女は男たちがどうしても好きになれなかった。なぜなら彼女は誰よりも強い感受性をもっていたからだった。彼女は一人立ちしなければならないので、のぞき見世物師シュティーフ（!）と結婚する。彼女は二度目の母親を激しく憎み、また父親に対してもほとんど憎しみに近い気持を抱いた。本当は彼からは愛だけを望んでいたのだったが。父親が死ぬ時彼女は和解したいと思うが、彼は呪いを口にしながら息絶え、農地は二番目の妻の所有となる。ユーレは屋敷から出てゆかねばならなかった。半狂乱となった彼女は家とともに父親を取り戻せるものだと思い込んで、村の高利貸しがその家に設定している大きな抵当権を手に入れようと懸命になる。遂に彼女はこれをみずからの肉体を代償に獲得し（父親！）、そして家をわがものとする。狂喜のあまり彼女は精神錯乱に陥り、その錯乱状態のなかで亡き父親の恐ろしい幻影をはっきりと見る。屋敷は炎上し、ユーレは自殺する。――更にガストン・シェランの『怪物』がある（パリ、一九一三年）。ある農夫が自分の娘を犯し、この結合から生まれた男の子はすべてのひとから忌み嫌われ、女の子たちは誰ひとり彼を相手にしようとしなかった。やがて彼は、少し頭が弱くて情味のある母親の腕のなかに慰めを見出すようになる。――F・v・フェルトエッグの農民劇『原住民』（一九一一年）は原初的な願望成就を、一般的によく好まれている防衛モチーフのなかへ包み込むことによって実現しようと試みている。父親は娘と思い込んでいた女性とあらゆる種類の関係を結ぶ権利を厚かましく正当化するが、しかし彼女は最後にこの農夫とは血の繋がりのないことを知る。――エルンスト・ヴァイスの『悪魔たちの星』も「低い」世界で演じられる。表具師見習いのキリルはある手伝い女を孕ませてのち、これと結婚する。彼女は二人の女の子を相次いで生む。彼は上の娘を母親同様に憎むが、下の方は理解し難いほどの激しい情熱をもって愛した。母親が死に、長女は修道院へ入る。男やもめとなった父親は、自分のなかにある野獣のような欲情と激しくたかったがついにこれを抑えることが出来ず、自分の娘に襲いかかる。そして争っているうちに彼女によって刺し殺される。

母親と娘への二重の愛というモチーフはしばしば文学において取り扱われた。ここでは若干の例を挙げるに留めておきたい。ロモロ・クワァリーノの小説『苦しみからの解放』（ミラノ、一九一一年）では唯美主義者のチッポが美しい母親とその美しい娘とを同時に愛する。娘は母親の心にこの崇拝者への好意が芽生えていることに気付き、二人を苦しみから解放するため彼らを思い切って結び付ける。だが暫くの間愛の幸福を味わったチッポのなかに娘への愛が眼覚め、やがてそれは、母親に対する満たされた愛よりももっと強くなっていく。娘の方でも彼を愛している。彼は二人の間にあって決心がつかない。娘もまたどうしていいのかわからない。これに対して母親の方は、二人を苦しみから解放するために身を退く。しかしチッポは今回はこの機会をつかもうとはしないで、彼女たちを苦しみから解放するために二人のいずれをも断念する。――カール・シュテルンハイムのドラマ『ドン・ジュアン』では、主人公が彼の愛しているマリアの家に侵入し、――彼女の母親を誘惑する。マリア自身はある仮面舞踏会で彼の犠牲になるが、彼はこの犠牲者が誰であるのかを知らない。その間彼は老いてゆく恋人を毒殺しようと試み、そして若い恋人を救わんがため、彼女の眠っている家に火をつける。フェリックス・ランガーの『マゲロン』では主人公が母親と、またその娘と結婚しようとする。ドネーの『もうひとつの危険』も似たような内容である。ギンツキーの『フォン・デア・フォーゲルヴァイデ氏』では初老の主人公が若いゲルトルーディスを愛するが、彼女の母親は若い時の彼を愛したことのある女性であった。

この章を終えるに当って、父親と娘とのこのような関係が人生においていかに頻繁に生じるものであるかをささやかな報告例によって示してみたい。こうした記録によってこれらの関係の比較的多数が世間の知るところとなっているのである。文化史的に興味深いのはモリエールの例である。詩人は一六二二年四〇歳にして一九歳のアルマンド・ベジャールと結婚したが、彼女はモリエールのかつての情婦マドレーヌ・ベジャールの妹とされており、また実際婚姻届にマドレーヌの妹と記載されていた。しかしこの申し立てはあとで誤りであることが判明し、そして――これはもはやモリエールの生存中ではなかったが――アルマンドはマドレーヌの娘であるというふうに訂正された。だが結婚式の直後パリには、アルマンドはマドレーヌの娘であるばかりでなく、モリエールは彼女の父親である、つまり詩人は自分自身の娘と結婚したのだという噂が広まった。これらの噂は極めて確かな根拠をもったものと考えられ、モンフレーリィはモリエールに対する告発状を王に提出したほどであった。しかし王はすべての噂を揉み消し、モリエールとアルマンドの初めての子供の名付け親を引き受けた。これによってこの件は一応は落着をみた。モリエールの死後、アルマンドが実際にマドレーヌの娘であって、妹ではないことが確認された。だが彼女の父親が誰であったのかは確かめられていない。[70] しかしながら、マドレーヌが長い間にわたりモリエールとの親密な愛情関係を続けていたことは確実である。[71] ちなみにアルマンドとの彼の結婚生活は大変不幸なものであった。モリエールは彼女を強く愛していたのだが、彼女は軽はずみで不実であったと言われる。また彼女はのちになって、モリエールの弟子であり養子であったミッシェル・バロンと情事をもった。やがて夫婦には諍いが絶えなくなる。——更にわれわれは、もうひとりの詩人が、——無意識的な近親相姦ではないが——娘に対する意識的な激しい愛を抱いたことを知っている。それはローペ・デ・ヴェーガである。彼が愛人マリア・デ・ルジャンとの間にもうけた娘マルセーラ（一六〇五年生まれ）が修道院へ入った時、彼は次のように書いた。「父親としてよりも、むしろ恋人のように私が優しく愛し、美しい黄金と絹の衣に包んでやった娘、その娘が、まるで野のバラが黄昏のなかへくずおれてゆくように彼方へ沈んでいった。彼女の輝くばかりの衣はみすぼらしいものになった。彼女は硬い藁屑の上で眠り、靴もはかず服も着ず、あらゆる人生の楽しみから無縁であった。」（ヴルツバッハ『ローペ・デ・ヴェーガ』による）これとは対照的な例、即ち性愛的な源泉から出るところの、有名なあるいは偉大な父親に対する娘の熱狂的な崇拝の念は、幼児期の固着を地盤にして容易に生じるのであるが、このことはバイロンにおいてよく示されている。『チェンチ』と『ミラ』に対する彼の特別な愛着については既に述べたところである。彼にはアダ・ラヴレイスという正式の娘がいたが、彼女は父親とは遠く離れて暮らし、彼が偉大な人物であることを全く知らされないままに成長した。のちになって彼女は母親と袂を分かつが、それは、母親とは反対に「燃えるような激しい尊敬をもってロード・バイロンの追憶を守り続ける」ためであった（エンゲル編纂によるバイロンの書簡・日記集）。

オイゲン・シューはその『パリの秘密』で、最下層の市民の間ではしばしば父親が娘と性的に交わっているとはっきり述べている。マルクーゼは次のように書いている（『性の問題』一九〇八年三月、一三〇頁）。「若くして男やもめとなった父親が自分の娘を誘惑したり、あるいは暴力をもって犯すことが時折りみられる。それは娘がやっと女になるかならない時期に既に行われ、父親は娘との持続的な「関係」を数年、いや十年にもわたって維持する。この関係は二人のうちのどちらかが死ぬか、あるいは娘が結婚するか、逮捕されるかしない限り終ることがない。結婚、逮捕の場合この関係は単に一時的に中断されるにすぎないこともある。逮捕されるのは普通近親相姦が発覚したためではなくて、まずなによりも娘の犯した、あるいは犯したと疑われる堕胎と嬰児殺しのためである。州議会議員シュミットに提出された八〇通の社会福祉事業所調査書のうち四〇通は、娘に対して父親が強制した近親相姦、あるいは売春仲介、職業的な猥褻行為等々を報告している。」ブロッホ（『現代の性生活』七〇頁）は検事ドクター・ケルステンによって報告された（『犯罪学的人間学叢書』一九〇四年、第XVI巻三三〇頁）、六五歳になる左官の例を挙げているが、それによるとこの男は一八歳の継子に娘を生ませ、更にこの実の娘が一三歳になった時これと性的交渉をもったというものである。私自身もこの数年間新聞記事から一連の特徴的な事件を集めてきたが、これらは殺人と自殺の心理学に興味深い光を投げかけるものである。次の例は――殺人を除けば――チェンチの物語を想い出させてくれる。

事件1　「アグラム、一九一〇年十二月二十三日。当地の法廷に本日三四歳の主婦エリーザベト・マーゲンハイムが立った。彼女は十一月六日から七日にかけての夜、著名な実業家である自分の夫を斧で殺害したのであった。二人の結婚生活が彼女にとって文字通りの殉教であったことがわかった時、町じゅうの同情がこの女性に向けられた。その実業家は妻をひどく虐待し、生命を脅かしたのみならず、一四歳の少女である自分の継子ともかなりな期間関係を続けていたのである。問題の夜夫婦の間に争いが起きた。それは、野獣と化したような父親が一〇歳になる実の娘にも暴力を振るおうとしたからであった。娘もろともナイフで刺し殺してやると彼から脅迫された母親は、斧をつかんで彼の頭を叩き割る以外に道はなかった。彼女が逮捕された時町のひとびとの同情は非常に高まり、彼女と子供たちのためたちまち数千クローネの募金が集まった。昨日の審理で裁判所は不可抗力のゆえをもってこの主婦に無罪の宣告を言い渡した。」

次の例は複雑な血縁関係という点でキリスト教の聖徒伝を想起させるのみならず、その基礎的条件においてモリエールの例にも類似している。

事件2　「（自分自身の父親になった男）。〔グラーツ新聞〕（一九〇七年十一月）によると、グラーツ市参事会は現在興味ある事件の判決を巡って審議中であるが、その背後には次のような事情がある。ある労働者が以前ひとりの浮気な女と関係をもった。二人の間に子供は出来たのだが、この関係はわずかな間しか続かず、男は相手の名前さえ完全に忘れてしまっていた。長い年月が経過していった。それから彼はある娘と知り合い、彼女に好意を抱き、また相手の方も愛をもってこれに応えた。要するに二人は親密な関係に入り、彼女が妊娠した時彼はこれと結婚した。この結婚についてはなんら障害はないように思われた。家族は極めて平和な日々を送っていたが、ある日のこと、この男の妻が前記の関係から生まれた彼自身の私生の娘であるということがたまたま判明した。このことが役所の耳に入るところとなり、夫婦は法廷に引き出され近親相姦罪で告発された。しかしながら裁判所は、彼らは悪い意図（犯意）をもっていなかった、それどころか過失さえ認められないとして二人に無罪を宣告した。ただ問題は、誠意をもって結ばれたこの婚姻（誤想婚姻）から生まれた子供の運命である。つまりこの子供が正統の子として法の恩典を受けられるかどうか、従ってまた父親の名を名乗れるかどうかである。これは問題の法律的側面で、市参事会が従来の権限において決定すべきものである。しかし今やこの三人の間の極めて複雑で奇妙な血縁関係が生じてきた。つまり、くだんの労働者は自分の妻の父親である、それゆえ自分自身の舅である。しかし妻の父親としての彼は子供の祖父でもある。だが彼は子供の祖父であるのだから、自分自身の父親でもなければならない。」

次の四つの事件は嬰児殺しによって世に知られるところとなった。

事件3　「（暗い家庭）。コルノイブルク発によると、一九〇九年六月三十一日シュテッテルドルフ在住の製粉所見習いカール・クリッシュは、当時未成年であった義姉妹のカロリーネ・アースマンが一九〇六年六月八日子供を生みこれを殺した、とオーバーホラブルン警察に通報した。その子供は納屋のなかで籠に入れられて死んでいるのが発見された。少女の父親でシュテッテルドルフ生まれの製粉業者フランツ・アースマンはそのことを知らされ、数日後に娘を死んだ子供とともに引き取った。カロリーネ・アースマンはシュテッテルドルフで子供の死体をある材木置場に埋めた。捜索した結果実際そこで子供の骨が発見された。カロリーネ・アースマンは、自分が子供を絞め殺したのはその子が実の父親との間に出来たことを恥じたからだ、首を絞めた時子供が生きていたかどうかはわからない、と自供した。ウィーンである職についていたカロリーネ・アースマンは逮捕された。土曜日フランツ・アースマンとその娘は近親相姦罪で当地の裁判所の法廷に立たされた。父親については、自分を信頼していた人間を淫らな行為へと誘惑したということも罪状のひとつであった。二人は全面的に罪を認め、フランツ・アースマンは三ヶ月の重禁固刑、カロリーネ・アースマンは二ヶ月の禁固刑を言い渡された。」

事件4　「(近親相姦)。グラーツ発、一九〇七年二月二十日。昨日の午後、アイスバッハ生まれで二〇歳になる百姓の娘アンナ・マルシェが、一月二十七日に自分の生んだ子供を殺したかどで逮捕された。殺害の理由として彼女は、その子供が実の父親との交わりから生まれたことに対する羞恥心を挙げている。父親のマルシェには何人か子供がいるが、そのうちでアンナが最年長であった。彼は逮捕され刑事裁判所へ引き渡された。」

事件5　「(娘を辱める)。アラド発、一九〇八年一月二十八日。シモンファルヴァ区で昨日匿名による通報をもとに地主のアレキサンダー・ケレスツェシィーが逮捕された。この男は二〇歳になる自分の娘と関係をもち、既に二度子供を生ませたが、母親の協力と助けを得ていずれも闇に葬られた。調べによって、この男が更に一四歳の娘とも関係を結んでいたことが判明した。ケレスツェシィーとその妻は逮捕され詳しく自供した。」

事件6　「(ミュンヒェンで五人の子供殺し)。本日当地で身の毛のよだつ五重幼児殺人事件が摘発された。鍛冶屋職人ヨーハン・ヘーフリングは、二三歳と二四歳になる彼の二人の継子と数年来性的な交わりをもっていて、すでに六人の子供が生まれたが、そのうちの五人を二人の娘たちは継父の命令によって虐待し、これを死に至らしめた。彼らは子供たちを長時間水に突っ込んで溺死させたのである。夫が娘たちと関係していることを知っていた鍛冶屋の妻はこの殺害を平然と眺めていた。これらの死体をヘーフリングは地下室に埋めた。そのあとまたしてもこの姉妹のひとりが子供を孕んだ時、彼女たちの兄弟がこれを警察に通報した。死に捧げられたもうひとりの子供は、これらの人非人たちの手から救出することが出来た。」

事件7は犠牲者の自殺へと発展する。「(娘、父親に犯される)。一三歳半のエンマ・ノヴァクはシュタイナー・ガッセ三番の家の二階の窓から中庭へ墜落した。幸い彼女に怪我はなかった。ヘルナールの警察はその動機の究明を行った結果、まず処罰に対する恐怖がこの子供をして死を求めさせたことを挙げた。小さなエンマは映画を観に行っていて、長いこと家へ戻らなかった。彼女はかなり前から父親によって手ひどい扱いを受けていたので、彼から罰せられるのが恐ろしく自殺を計ったのであった。しかし尋問の際彼女は、この三七歳になるパン焼見習いの父親カール・ノヴァクのもっとひどい犯罪を暴き出した。つまり彼女の言うところによると、この人でなしは何度も彼女を暴力をもって犯したのである。子供の陳述が真実に基づいていることが判明したので、カール・ノヴァクは二十二日に逮捕され州裁判所へ引き渡された。」

次の8から12までの五つの事件は、ストレートな発現を妨げられたリビドー的な衝動がいかに犯罪行為に、しばしば性の対象の殺害に変り得るものであるかを示している。

事件8「(継父の殺人)。ブダペスト発。数日前靴屋のヴィクトール・リュトコは、継子で一八歳の売り子ヘートヴィッヒ・ガイエルが彼の財布から多額のお金を盗んで、若い男と駆け落ちしたと申し出た。今日その若い娘を捕まえることが出来たが、彼女はしかし継父のお金を盗んだことを否定した。そして彼女は、父親がしつこく言い寄ってくるので、それで家を飛び出したのだと言った。二人を対決させたところ父親は、娘が一緒に家へ帰るのだったらこの申し立ては取り下げる用意があると言った。彼女はこの申し出を怒って拒絶した。この瞬間リュトコはポケットから小さな瓶を取り出し、ガイエルの顔に硫酸塩を振りかけた。重傷を負った娘は病院へ運ばれた。」

事件9「(子供殺し、そして自殺)。クラカウ発によると今日の午後鉄道架橋技師アンドレアス・ツェディクは長女で一五歳になる娘にピストルを三発放ち、これに致命傷を負わせた。その後で彼は武器を自分の頭に向け、こめかみを射って自殺した。ツェディクはかなり以前から自分の娘に言い寄っては彼女を悩ませていた。最近このことを知った彼の妻は少女を親戚のところへ預けようと思っていたが、それが実現する前に父親はこの恐ろしい犯罪を実行したのである。」

事件10「(父と娘)。一九〇八年六月十五日トゥリエステ発の電報によると、四二歳になる養老院死体安置所守衛アレクサンダー・コルッシィは昨日朝安置所で二一歳の自分の娘を手籠めにしようと試みた。烈しい抵抗に出会った父親はついに娘の首をナイフで刺して殺害した。その後彼は自宅へ戻って毒をあおり、頭にピストルの弾を打ち込んだ。彼は間もなく死亡した。」

事件11「（狂人の殺人）。トゥリエントで、危険なアルコール中毒患者として病院に収容されていた石工のネグリオッリは脱走に成功した後自分の娘をピストルで射殺した。かつて彼は娘のあとをつけ廻し、彼女を誰にも渡そうとしなかった。犯行の後彼は屋根の上へ逃れ、警察や看護人たちがこれを追跡した。捕まった時彼は、自分のやったことにこの上なく満足していると語った。」

事件12は恐らくこの関連で理解されるかも知れない。「（父親の犯行）。トゥリアーから入った電報によれば、近隣のある村でぶどう山の所有者であるヘルゲスは今朝二一歳と一八歳の二人の自分の娘が寝ているところを射殺した。殺人者は完全に意気消沈の態であるが、しかしその犯行の動機については一切語ることを拒んでいるので、それは不明のままである。」

事件13はその次の事件同様父親と娘の間の無意識的な近親相姦を示しているが、これは特に父親と娘との間における本能的な対象選択という点で興味深いものである。「（実の娘と結婚）。ブロンベルクからの通信によると、自分の娘と結婚したかどでトーマス・モラントが逮捕された。モラントは最近アメリカから帰って来たのだが、三十年以上も前にアメリカへ渡り、若い妻と子供たちをブロンベルクへ残していたのであった。二十年の間彼は一度も便りを出さなかったので、彼の死亡宣告がなされ、未亡人となった彼の妻は再婚した。その間二一歳になった娘は父親を捜しにアメリカへ行こうと決心した。当地で彼女はひとりの男と知り合い、彼は彼女に求婚した。この男は既にかなりの年輩ではあったが彼女の方でも好意を抱いた。そうして彼は今や妻と三人の子供を連れてブロンベルクへ戻って来た。そこで彼の妻が実は娘であることが判明したというのである。調査が開始されたが、それはなによりも、この男が婚姻を結ぶ際に相手が自分の娘であることを知っていたかどうかを確認しなければならない。いずれにしてもこの男はアメリカでは別な名前を名乗っていた。」

ここで私は、本書が初めて出版されてからあとの最近の事件で、特に典型的で極端なものだけを若干報告したいと思うのだが、父親と娘（継子ないしは嫁）との関係を報じた新聞記事が極めて多いことに気付く。

次の例は、娘の強姦にまで昂まるサディスティックな衝動が、抑えつけられると愛の対象の血生臭い殺害へと急変するその様子を示している。

事件14　「（娘を殺害）。ベルリン発。悽惨な犯罪が今日メーメラー通り二八番のアパートで行われた。この建物の前面部分の一階に五八歳の労働者リヒャルト・シュプリンガーが妻と、二五歳になる娘エルフリーデと二人の息子とともに暮らしている。シュプリンガーは昨年十一月に刑務所から出て来たのだが、そこで彼は近親相姦罪で一年半服役していたのである。彼の妻は少し以前から、罰を受けたにもかかわらず夫が最近娘をつけ狙っていることを知って、特別な予防措置を講じた。あらゆる予防手段を試みたにもかかわらず今日は大きな破局を招いてしまった。シュプリンガーは就寝中の娘を殺したのである。彼は斧をもって娘の頭を滅多打ちにした。不意打ちを受けた彼女はもはや助けを呼ぶことも出来なかった。しかしそれでも母親は斧を打ちおろす音で眼をさましたが、彼女の見たのは夫が斧を投げ捨て逃げ去る姿だけであった。彼女は非常ベルを鳴らし警察を呼んだ。まだ辛うじて生命を保っていた娘は病院へ運ばれたが、間もなく死亡した。斧が頭骸を完全に打ち砕いており、医師たちはその他にもナイフの傷を幾つか認めることが出来るという。シュプリンガー自身はその夜のうちに自首した。彼は、娘が他の男と交際していたので、それを嫉妬してこの犯行に及んだと言っている。」

事件15　「（マドリッドの殺人裁判センセーションを引き起こす。将校、強盗殺人と近親相姦罪に問われる）。昨日当地の軍法会議で行われた大尉サンチェスとその娘ルイゼに対する訴訟審理は大変な騒ぎとなった。二人は年金生活者ジャロンを殺害し、その死体をバラバラに切り刻んだ罪で告訴されている。昨日の午後ルイゼ・サンチェスに対する尋問が開始された。尋問者の一人が共犯者であるこの娘に、彼女の二人の子供が父親との間に出来たということは間違いないかと尋ねた時、悲劇的な場面が生じた。ルイゼ・サンチェスは激しく泣きじゃくり、突然立ち上がり、裁判長の前に跪いて叫んだ。〈誓って申し上げますが、間違いありません。わたしにとって二人の子供はなににもましてかけがえのないものです。二人はわたしの父の子供です。父以外の男の子供を作ったことは一度もありません。〉検事の質問に対して大尉サンチェスは無実の誓いを繰り返し、自分はジャロンという人物を知らない、この犯罪について自分の知っているのは新聞に報道されていることだけである、娘は、自分を士官学校において失墜させようと目論んでいる人物たちと共謀して直接この殺人に参与したのだと思う、と述べた。次いで検事が告訴状を読み上げたが、サンチェスはそれを時折り涙を見せながら聴いていた。その時彼は弁護人の方へ顔を向けて、〈なんという恥知らずだ！〉と呟いた。弁護人は、サンチェスが恐らく実際の殺人の元凶であろう、だが責任は彼にあるのではなく、これは、娘が恋仇であるジャロンの方へなびいていってしまったのを知った彼が嫉妬に駆られ、狂気の発作から行ったものである、と説明した。」

次の事件はもっと錯綜した関係を示している。

事件16　最近ニュルンベルク陪審裁判所で、近親相姦と殺人の罪で起訴された指物師職人フリードリッヒ・ハイガーに関わる公判が開かれた。「彼の隣の被告席には現在二一歳の娘エルゼが風俗紊乱のかどで坐っていた。被告ハイガーの罪は、娘のエルゼに対してずっといかがわしい行為を、然も彼女が九歳になって以来行ってきたというものである。一九〇八年被告の妻が死んだ時彼は、当時一八歳だったこの娘と親密な関係に入り、この関係を最近まで続けてきた。のみならずこの無頼の徒は当時一四歳だった二番目の娘バベッテをも誘惑した。この少女は父親との近親相姦的な関係を清算しようと最近決心していたようである。昨年十一月のある夜のこと彼女は父親の意志に従うことを拒んだ。これに対して被告は激しく怒り、この怒りは嫉妬の感情によっていっそう凄まじいものとなった。つまりこの若い娘は前の晩数人の若者たちとふざけていたのである。彼はピストルを持ち出してベッドに横たわっている自分の娘めがけて発射した。彼女は逃げ出したが、父親はそのあとを追って計五発を放ち、そのうちの三発が命中して致命傷を与えた。娘は尋問に応じたあと、しばらくして死亡した。公判では被告ハイガーは娘たちに対する最も汚らわしい罪を背負って登場した。彼は、自分が娘たちを誘惑したのではなく、彼女たちの方が自分を誘惑したのである、この二人の娘はお互いに嫉妬心を抱いており、お父さんの言う通りになるからと約束して、自分が二番目の妻をもらうのを妨害していたのだ、と主張した。共犯の罪に問われていたエルゼ・ハイガーは父親の脅迫によっていかがわしい行為を無理強いさせられ、もし反抗すれば打ち殺すぞと言われた、と証言した。公判においては更に、エルゼ・ハイガーはある若い男と関係を結んでいたが、彼女はこれを父親の命令によって再び解消させられたということも判明した。絶望のあまり彼女は自殺を企てた。被告のハイガーは、娘の証言はすべて真っ赤な嘘で、それらは復讐心から出たものである、自分は軽率な娘たちによく体罰を加えたので恨まれているのだ、と言った。被告の行った犯罪があまりにひどいので、そもそも彼に責任能力があったのかという疑念が予審の際に出されていた。そのため暫くの間病院で彼の精神状態が観察された。しかしこの観察からは、懲罰を免除するような要素はなんら認められなかった。専門家たちは、被告は確かに心的な重圧のもとにはあるが、しかし刑法上からは完全に責任ありとの見解を示した。陪審員たちはハイガーにおいては罪状を肯定し、情状酌量は与えなかった。一方被告エルゼ・ハイガーの罪状は否認され、彼女は無罪を宣告され

た。ハイガーは十年の懲役と十年の公民権停止が言い渡された。」（〔性と社会〕より、第Ⅷ巻、第二号、一九一三年二月）

次の事件のなかにわれわれは先史時代における一種の集団婚姻を見出す。

事件17　「〔父親の倫理的欠陥〕。最近ファヴォリーテンの警察が取り扱ったある刑事事件は、倫理的な腐敗がどこまで進んでいるかを垣間見させてくれる。一家を破滅に導いた張本人として、娘や息子たちを淫らな行為へと誘ったひとりの男が逮捕された。今月十二日、ファヴォリーテン在住の州官吏アルフレート・Sの妻マルタは、彼女の夫が現在一六歳と一三歳になるヘレーネとリースベトという自分の娘を何度も暴力をもって犯し、また二人の息子アルフレートとフランツも実の妹であるゲルトルート、ヘレーネ、リースベトを恋人のように取り扱っていた、という通報をファヴォリーテン署へもたらした。それによるとゲルトルートはフランツの子を身籠もり、胎児は母親の要請によってある医師の助力のもと助産婦ロジーナ・ヴィマーによって取り上げられた。家族の尋問によってこの不幸な婦人の恐ろしい証言が裏付けられた。彼女の夫アルフレート・Sは既に十年前、一三歳の少女に対する暴行罪でブレスラウの刑務所において一年の刑を務めたことがあった。彼は公務に就くとき、二度にわたる調査を受けたにもかかわらずこの前歴を隠した。既に一九一四年彼は当時七歳であった娘ヘレーネに暴行を加え、一九一六年までこの犯罪を繰り返し続けたのである。彼はまた二人の息子、当時一五歳であったアルフレートと、やっと一一歳になったばかりのフランツをけしかけて、彼らの妹ヘレーネといかがわしい関係を結ばせた。一九一六年に父親のアルフレート・Sは兵役に服し、一九一八年の終りにようやく戦地から戻って来た。その時点から彼は当時一二歳になっていた娘ヘレーネとの犯罪的な関係を続け、一九二一年まで彼女を自分の愛人として扱ってきた。二ヶ月半前からようやく彼は娘に触れなくなった。彼女はある若い男と知り合いになっていた。しかし父親はこの交際を認めようとせず、彼女が自分の、つまり父親の愛人であることをやめないという条件をつけてこの若者との関係を許した。また、現在一四歳にもなっていない娘のリースベトをも彼は何度も強制的に自分の意に従わせた。」

次の事件もこれと似ている。

事件18　「〔七歳の少女を強姦殺人〕。アバヴィール発。マルタ・ハラトルは父親の道徳的な頽廃の犠牲になったと言われているが、その父親が逮捕された。既に拘禁されている二〇歳の息子の他に二二歳の息子も逮捕された。二人の息子は彼らの妹であるマルタと、一〇歳の妹のローザに暴行を加えた罪を問われている。」

事件19 「(禁じられた恋)。道徳と家庭の悲しむべき頽廃振りが、昨日地方裁判所第一法廷で行われた審理においてまざまざと展開された。州最高裁判所判事の前に引き出されたのは二一歳のマリー・Sとその養母マリー・Tの二人で、彼らは風俗紊乱（近親相姦）の罪に問われている。娘の罪状は、彼女が三年前から実の父親と親密な関係を続け、二人の間に男の子供がひとり生まれたというものである。母親の方は自分の兄弟と長い間にわたり恋愛関係をもち、既に三年以上も前に始まっていたこの関係から然るべき結果が生じたということをあっさりと認めた。マリー・Sは、彼女が第二被告の人生の伴侶である父親と長期にわたって親密な関係をもち、既に三年以上も前に始まっていたこの関係から然るべき結果が生じたということをあっさりと認めた。彼女は父親に誘惑されたのだが、経験に乏しかったので自分の行動がどのような結果をもたらすものかわからなかったと言っている。第二被告である母親の方は、彼女が同情心から自分のささやかな住居に置いてやり、またその病気を看護してもやった兄弟と犯罪的な関係をもったとする罪状を断固として否認した。被告は養女と夫との関係については知っていたのか、との裁判官の問いに対して、自分は終日外で働いているので不在中に起きる事柄をいちいち気にとめることは出来なかった、と彼女は答えた。マリー・Sに対しては十四日間の禁固刑が申し渡され、一方第二被告、それに、同じく告訴されてはいるのだが出廷しなかった父親に対する審理は、更に証人を何名か喚問するため未決・延期となった。」

事件20 「(怪物のような父親)。昨日陪審裁判所において行われたある審理で、眼を覆いたくなるような道徳的堕落が白日のもとに曝された。被告は二人で、ひとりは三九歳の補助職工ルートヴィッヒ・ラヴィチュカ、罪名は、現在まだ一四歳にもならない彼の娘に対する暴行、近親相姦、誘惑で、他のひとりは一六歳の同じく補助職工ファスラーで、こちらはラヴィチュカの娘を強姦したかどで告訴された。今年の二月にラヴィチュカの妻が死んだ時彼は、それまで田舎の祖父母のところで暮していた彼の娘を手許に引き取った。この一三歳の少女は母親の代りとしてラヴィチュカの他の四人の子供を世話することになっていた。ラヴィチュカの住まいはたった一室しか部屋がなく、ここで彼はすし詰めとなって五人の子供たち、それにたいていは二人の同宿者とともに眠っていた。この狭い部屋から忌まわしい事件が生じた。告訴状によれば、ラヴィチュカのところに彼の親戚の子供で一五歳になる娘が長いこと同居していたが、この宿の提供者とひとりの同宿者は破廉恥にもこの子供に暴力を加えた。のちになって自分の娘が戻って来るとラヴィチュカはこれを手籠めにし、なおかつこの子供を同宿者のファスラーにも提供するという残忍振りを発揮したのである。州判事ドクター・シュペルバーを裁判長として行われたこの公判からは野獣のような父親の罪のみが明らかにされ、陪審たちはこれを認めた。彼は二年半の重禁固刑を宣告された。ファスラーは無罪となった。」

事件21「(近親相姦)。州裁判所の第三刑事法廷は常規を逸した近親相姦事件を取り扱った。パイプ組立工ルードルフ・ヴィンターはかつて、当時三歳だった彼の小さな娘と交わった罪で五年の懲役刑に服した。それで彼は離婚させられた。出所した彼は元の妻ともう一度結婚しようと大いに努力した。彼女はそれに同意したのだが、この結婚も長続きはしなかった。彼が再び同じ娘と近親相姦を犯したのである。このたび父親に対する反対証言をすべく法廷に立ったその少女はその間一一歳になっていた。弁護士ドクター・ローベルト・ヘルツフェルトの動議によって審理には衛生局評議員のドクター・マグヌス・ヒルシュフェルトが出席した。被告は罪を全面的に認めたので、証人尋問は割愛することが出来た。どうしてこのように恐ろしいことを被告はやったのかというある裁判官の問いに対して彼は答えた。〈娘が可愛くて仕方がなかったんです。〉——鑑定家のドクター・ヒルシュフェルトは、被告は肉体的・精神的にいわゆる性心理的な幼・未熟児の印象を与えると述べた。彼によれば、重い懲役に服した後でのこの再発も病的な感情障害を示しており、幼児凌辱もたいていの場合病的な状態が原因であることが性科学的な研究によって究明されたという。弁護士は、刑事訴訟法第八十一条に基づき被告を精神病院において観察するよう発議し、法廷はこれを認めた。」

事件22「(息子の夫婦生活を妨害する父親)。ウィーン発。極めて異常な姦通の訴えが昨日マルガレーテ地方裁判所判事ドクター・イマーフォルのもとで審理された。国民軍歩兵部隊のレオポルト・ケーラーは、軍務に就くため故郷を去るに際して妻と子供を五八歳になる彼の父親カール・ケーラーの許に預けた。既に戦地にあったレオポルト・ケーラーはその後妹や何人かの親戚から手紙を受け取ったが、それによると、父親が嫁に向かっていつも次のように言っているという。〈ポルドルなんか構うことあないぞ。あいつからはなんにももらえやあしねんだから。あいつが悪魔にさらわれたってちっとも惜しくはねえよ。〉妹は、このスキャンダルはもうこれ以上見るに忍びないと彼に書いて寄越した。父が嫁と親密な関係を結んだというのである。これらの手紙に基づいてレオポルト・ケーラーは妻と父親に対する姦通の訴えを起こした。昨日の公判において本人みずから出頭した被告たちは無罪を主張した。父親は言った。〈出征する時息子が女房と子供をわしのところへ連れて来た。わしが男やもめであり、ベッドがひとつしかなく、そこで嫁と一緒に寝なければならんことをあいつは知っていました。だがわしはやましいことはしなかった。一度息子が休暇で戻って来て、わしがあいつにマリーのそばの寝場所を譲ってやろうと思ったら、あいつがこう言いましたよ。一緒に並んで寝るんだな、さもなきゃあソファの上で凍え死んでしまうぞ、ってね。〉妹があんな手紙を書いたのは恨みからにすぎない、と彼は言う。原告は父親と妻が罰せられることをどこまでも望んでいるのかという裁判官の質問に対して、レオポルト・ケーラーは少しためらったのち、〈わたしは父を大目に見てやりたい〉と言った。これに対して父親は次のように叫んだ。〈大目に見てもらう必要なんぞないわい。わしらはひとつ寝床に寝たが、なにも悪いことはしちゃあいねえんだぞ！〉結局息子は父親と妻に対する姦通の訴えを撤回した。しかし、妻に対しては直ちに離婚の訴えを起こすつもりだと言った。被告たちは無罪を言い渡された。」

（1）特にフロイトの『ヒステリー分析の断章』、ユングの『個人の運命にとっての父親の意味』参照。後者においてはトビアス伝説も父親コンプレックスに起因させられている（『年鑑』I、一五五頁以下）。またビンスヴァンガーの『ヒステリー分析の試み』Binswanger: „Versuch einer Hysterieanalyse“（同誌一七四頁以下）、ザートガーの『娘の運命にとっての父親の意味』Sadger: „Die Bedeutung des Vaters für das Schicksal der Tochter“（『女性学のための叢書』I、一九一四年）も参照されたい。

（2）J・モーゼスは、診察のため彼に委託された福祉施設の生徒たちによって次のことを観察した。即ち、「女の子はたとえひどく厳しく取り扱われようとも、自分たちを甘やかせる母親よりは父親の方により大きな愛をもって結び付くものである。母親に対しては、恐らく嫉妬とは無関係ではない反感がみられた。」（『性研究のための叢書』I、二、一九一六年）

（3）本書の終わりに挙げてある最近数年に集められたささやかな事例報告を参照されたい。

（4）例えばあるテキストは、テュエステースとその娘ペローピアとの近親相姦を、復讐者を生むために意識的に登場させている。これはよく行われる動機付けである。（例えば本書第一三章のジークムントとジークリンデ参照）

（5）「〈famel〉という言葉はパウルス・ディアコノスによればもともと奴隷と同じような意味をもっていた。familia は人間にかかわる所有権であった。同じく家父（Pater）は生殖者というような意味ではなく（これには genitor が使われた）、むしろ rex, anax, basileus などといった言葉と同義語で、支配者を意味していた。家父長（Pater familas）は従ってもともとは家族（famuli）の、奴隷のあるじということになる。」（ミュラー・リュエール前掲書）

（5a）『王政初史』„Early history of the Kingship“（ロンドン、一九〇五年、二二一頁）。

（6）古代のすべての伝承においてみられるこの祭儀の名残りは、現在でも行われているさまざまな慣習に及んでいるが、これを私は『神話研究のための精神分析的寄与』（Psychoanalytische Beiträge zur Mythenforschung）のなかで考察した（第二版、一九二二年、二四頁以下）。特に受胎の魔術はこの基礎をもっていることが多く、またバイエルンのハーバー報告はしばしば、父親と娘の近親相姦にも及んでいる（クヴェリ『オーバーバイエルンにおける農民の性愛と農民の秘密裁判』Georg Queri: „Bauernerotik und Bauernfeme in Oberbayern“, München 1911）。

（7）この解釈を裏付けているP・シニツィン（ペテルスブルク）の論文を参照されたい。彼は表面的、物質的な理由付けをすべて退けたのち、古代並びに現代の未開民族において見出される父親殺しの制度は、父親が自分の息子の婚約者あるいは妻に対して初夜権をもっている——例えば最近まで北ロシアの農民においてみられたような——ところの民族においてのみ一般的である、と述べている（『民族精神の秘密を解明する』P. Sinitzin: „Die Lösung eines Geheimnisses der Volksseele“.〔ツァイトシュリフト〕、アルベルト・ヘルムス編、第一一分冊、一九一二年三月二日刊）。

（8）詳細はシュテルンの『ロシアにおける公衆倫理の歴史』(Stern: Geschichte der öffentlichen Sittlichkeit in Rußland）にあるが、そこではロシア民族における近親相姦と近親相姦の処罰についての例が挙げられている。南スラブ人のそれについてはF・S・クラウス（ウィーン、一八八五年）参照。

フェレンツィーの報告によれば（〔精神分析のための中央機関誌〕Ⅲ、二五八頁）、クロアチアにおいては今日でもなお、既に若くして結婚した息子が成人するまでその妻を性的に所有する権利を主張する家父が存在すると言われている。

古インドの文学においては、父親と嫁との間にある羞恥が幾度か描かれている（J・マイヤー『性愛的な意味におけるイゾルデの審判』(J. Meyer: „Isoldes Gottesurteil in seiner erotischen Bedeutung“, Berlin, 1914)。

（9）フロイトはその『処女性のタブー』(Das Tabu der Virginität）という論文で、個人心理学的には最後のこの抑圧段階を女性心理の立場から説明しようとした（去勢願望）。興味深いことには、処女性というものに特別な価値を置かない民族においては父親と娘（義理の娘または嫁）との性行為は、ほとんどこう言いたいのであるが、日常茶飯事である（この章末の報告例参照）。例えばレップマン（『風俗紊乱者』Leppmann: „Der Sittlichkeitsverbrecher“, Vierteljahrh. f. ger. Med. III. Folge, 29. Bd. 1905）は、一般民衆においては義理の父親と娘との親密な交わりは禁止されているとは全然みなされていないと言っている。

（10）ドイツの神話にもこれと似た描写があってよく知られている。オーディンが剣を差し込んだ樹木は子供の木と名付けられている。なぜならそれは、かつてオーディンが不妊の女レリルスを孕ませたところの不思議な林檎の精液から生え出たのである（ヴェルズンガ伝説）。ムフによれば（『ゲルマンの神』Much: „Der germanische Himmelsgott“, Halle 1898）、これよりもっと古いある伝説は明らかにジークムントがヴォルスまたはヴォルシと、烏として登場するリオドとの間に生まれたものとして描いており、そしてこのリオド自身が林檎によって身籠もったと語っている。アッティスは、アグディスティスの恥部から生じた柘榴の実によって受胎した。「木の実のこの由来によって明らかにされるのは、亀頭（caput membrum virilis）を表わす槲《かしわ》の実（glans）という表現がそうであるような比喩がそこにあるということである（ブッゲが述べている他の幾つかの例においても林檎は男根の比喩である可能性が強い。また林檎は多くの核をもつことから妊娠の象徴にも通じている）。林檎による生殖は従ってカムフラージュする比喩のもとに、ヴォルスまたはヴォルシによるのと同じものを意味している。というのはヴォルシと縮小名ヴォルスキは異教徒の男根偶像としてわれわれに伝えられているのであり、そしてそれは恐らくpotens、即ち生殖力というmembrumを意味しているのである。」（ムフ前掲書）

例えばわれわれは既にキプロスの童話において、預言された（即ち願望された）娘と父親との性交が、父親の墓から成長した樹木に実をつけた林檎の摂取によって代用されているのを見出した（オレステースにみられるところの、息子の墓から生じた男根参照）。しかしさまざまな神話的伝承においては蛇の姿をした父親が娘と交わるという設定が特に好んで行われている。これは神経症的な幻想と驚くほど一致するものである。例えばあるオルフィック教徒の伝承によると、ゼウスは蛇に姿を変えて娘ペルセポネーと同衾したと言われている（ロッシャー事典）。これと同じような象徴的描写をわれわれは北欧神話にも見出す。そこではオーディンが娘のイヨルドと交わってトールを生み、蛇に姿を変えて、岩のなかに閉じ籠められているグンレードのところへ押し入り、三日三晩彼女の腕のなかで休んだとされている。同じ蛇の象徴はブロイアーのカタルシス療法で治療された初めてのヒステリー症例（アンナ・O嬢）のなかに効果的に表われた（同じ象徴はアーブラハムによって報告された症例も示している）。またドクター・アルフレート・アードラーもたまたまある女性患者について報告しているが、彼女は、自分と父親との間を蛇の姿（鳥のこともある）をしたものが結び付けていると言った。次に彼女は医師の求めに応じてこのイメージをスケッチにして描いたが、これはペニスの象徴であることが判明した。ボナ・デアの貞潔さについての似たような伝承（プロイナー『ヘスティア・ヴェスタ』テュービンゲン、一八六四年、四一〇頁）はこの観念にみられるサディスティックな要素を示しているが、この要素は毒娘の伝説（ヘルツ）のなかに明瞭な表現を見出した（ひとに噛み付く危険な蛇はアダムとエヴァの人間堕落のなかにも入り込んでいる〔「汝は彼の踵を砕かん」〕）。「彼女は父親ファウヌスに酔わされたとき、彼にどうしても身を任せなかったため、彼はミルテの枝でこれを打って従わせようとした。だがこれも失敗に終った。彼は蛇に姿を変えて彼女のところへ忍び寄った時初めて彼女の純潔を奪うことに成功した。」テレポスと母親の間に立ち現われる蛇は、長い男根の象徴的表現と同じく、母親との最も根源的な結合である臍の緒を示している。

(11)　他方父親による娘のこの追跡迫害のなかには父親への自分自身の愛着に対する女性の防衛も表現されていて、それをこの伝説はまさに父親の誘惑というかたちで描いている。例えばリクリンが扱った患者で父親に固着していた女性がいたが、この患者はかつての先生あるいは自分の父親から裸で追われる夢をよく見るという（『童話における願望成就と象徴的表現』F. Riklin: „Wunscherfüllung und Symbolik im Märchen“, 1906, S. 61）。――またシェルナーはその『夢の人生』（Scherner: „Leben des Traumes“, 1861）において似たような例を挙げながら、夢見る女性の固有な性的魅力は、激しい勢いで追いかけてくる男の情欲のなかへ移し置かれて現われる、と言っている。――ちなみにリクリンの女性患者においては父親と娘の関係に特有な蛇の象徴が再びみられる。リクリンの症例と似た例がブロイラーによって報告されている（『早発性痴呆症または精神分裂病群』E. Bleuler: „Dementia praecox oder Gruppe der Schizophrenien“, Deuticke, 1911 S. 355）。その女性患者は自分を絶えず誘惑しようとする父親を怖れている。彼女はその幻覚のなかで、槍をもって彼女の下腹を突く父親の姿を見る（ミュラ参照）。その時の父親は黒い体で一糸まとわず、奇妙なダンスをしているという。ネルケンの扱った症例でもこれと似たようなことが報告されているが、そこではある分裂病の男が、自分の妹と同じ名前をもった実の娘と性的な交わりをもっている（前掲書五三五、五三七頁）。

(12)　ロトの近親相姦についてはイエンゼンの『ギルガメシュ物語』（前出、I、三〇九頁）、またグンケルの『創世記について』Gunkel: Zur Genesis（一八九頁以下）参照。

(13)「お前の語るのはなんと奇妙な話だろう！　おのが息子の女をたらし込むとは、これはまた優しい父親もあるものだ。」

(14)　ドライデンはシェイクスピアが作者だと言っている。しかしながらこのドラマが個々の点でシェイクスピアのスタイルの余韻を示しているとはいえ、その無器用な形式からすると、そうは考えられない。スミス『シェイクスピアのペリクリーズとテュルスのアポロニウス』（フィラデルフィア、一八九九年）参照。

(15)『テュルスの王アポロニウスの物語。最古のラテン語テキストよりの翻訳』Die Geschichte des Königs von Tyrus. Nach der ältesten lateinischen Textform übertragen（『文化史愛好家叢書』第八巻）。また『テュアーナのアポロニウス』も参照。フィロストラトゥスのギリシャ語版からの翻訳はEd・バルツァーのものがある（ルードルシュタット、一八八三年）。そこではアポロニウスは、彼の妻と前夫との間に生まれた娘との近親相姦を犯すことになっていて、ある夜妻が二人の現場を急襲し、衣服の留め金で娘の両眼と好色な夫の片眼を潰す。このモチーフはオイディプス伝説を模しているように思われる。
　ハーゲン『さまざまな翻案によるアポロニウス王の物語』（Hagen: „Der Roman von König Apollonius in seinen verschiedenen Bearbeitungen“, Berlin 1878）。

S・ジンガー『テュルスのアポロニウス。後世におけるこの物語の変遷についての研究』S. Singer: „Apollonius von Tyrus. Untersuchung über das Fortleben des Romans in späterer Zeit", Halle 1895)。

マルキッシュ『テュルスのアポロニウス物語の古英語による翻案』K. Markisch: Die altenglische Bearbeitung der Erzählung des Apollonius von Tyrus（学位論文、ベルリン、一八九九年）。

リュイス編『アポロニウスの古フランス語による散文テキスト』（Ch. B. Lewis: „Die altfranzösische Prosaversion des Apollonius", Erlangen 1913)。

ヴィーラントの『アーガトンのデーモン』はテュアナのアポロニウスの正当化である。

グレーセ『文学史』（第二巻、第三章、四五七頁）。リープレヒト『アポロニウス』（三五頁）。ゲルヴィヌス『ドイツ文学史』（第Ⅱ巻、二六三、三四三頁）。ゲスタ・ロマノルム『キリスト教中世の最古の童話・伝説』（S・G・グレーセ訳、一八四二年）。またティーク『古イギリス演劇』（第一巻、一八一一年、序文XXI頁）も参照。

(16) ランク『ローエングリーン伝説』（一九一一年）——『グリセルダ伝説の意味』（『イマーゴ』一九一二年第一分冊）、現在では『芸術家及び他の論文』（一九二五年）中に収録。

(17) 離婚のための教皇の認可は、もともと娘の結婚に対する特赦があったことを示している。

(18) (偽)シェイクスピアの『ペリクリーズ』「私の大切な妻はこの娘のようであった……。」

(19) われわれはここで、この興味深い事実を然るべき資料によって証明することは諦めねばならない。それでわれわれは、母親に固着した息子という、フロイトによって規定された愛のタイプに依拠しながら、父親に固着した娘のタイプを純粋に図式的に素描してみたいと思う。このような女性たちはその愛情生活において次のような、然るべき抑圧の結果によっては部分的に反対の性格を表わす。

1　彼女たちは、ちょうど父親のように自分を支えてくれる中年の落ち着いた男たちを好む。これはたいてい売淫の穏やかなかたちをとることになる。

2　彼女たちは往々にして、精神的にも社会的にも自分よりすぐれていて、監督し、庇護し、弁護してはくれるが、しかしまた暴力も加えるような強力で荒っぽい男たちを好む。

3　彼女たちは、これと照応する息子のタイプと同様、誠実な愛をただひとりの男性に捧げるか、あるいは、男から男へと渡り歩いて、常に幻滅を味わいながら、愛する父親に取って代る存在はあり得ないことをはっきり知っている純粋な娼婦タイプを代表するかのいずれかである。誠実であろうとする場合においても彼女たちは、恋人のなかに父親しかみない無意識的な精神状況にあるため、幼児期における罪意識の上に成り立っているこの恋愛関係の解消へと向かうことがしばしばある。つまり彼女たちは最初の愛の原型を求めるので、たいていは「不幸せな」恋をする。

4　彼女たちは、他の女性からその夫あるいは恋人を奪うことを好むが、このことは母親に対する嫉妬的なライヴァル意識に起因しており、それは特殊な愛の条件であると考えられているようである。

5　彼女たちは全く子供を欲しがらないか――なぜなら彼女たちは母親と子供とが一体化した存在であるのだから――、さもなければ性交なしで子供を作りたいと願う。ザートガーはこの特徴を既に、本来は禁じられている父親との性的交わりの転移として解釈した（『レーナウ』一九〇四年、一二四頁）。

6　女性が直接売娼婦になる場合――そのための崩芽はこれらの特徴の幾つかに認められる――、彼女は自分が恋人を得られなかったことに対していわば復讐を試みるのだが、その復讐は、他の女性から夫を奪い、そうして自分の近親相姦空想をも「禁じられた」交わりという他の方法で実現しようとすることによって行われるのである。その際彼女がその男性に対して「母親」の役を演じ、「母親」の代理をも果たし得るということは充分な心理学的根拠をもっている。なぜなら彼女は現実において自分の母親と同一化しており、もともとその母親のなかに、息子がそうするのと同じように、敬愛すべき父親を誘惑する娼婦をみているのである。

（20）　ヘッベルの『ユーディート』における「処女の未亡人」参照。――既に述べた転移のモチーフという観点から、一四世紀初めブレスチアで捕われの身となったハインリッヒ王の妃についての物語をこれに数え入れることが出来る。妃が娼家へ送られることによって王の恥辱はこの上なく大きなものとなる筈であった。しかし彼女の女官が衣服と役割を交換したので、街が占領された時妃は無垢の体で王と面会することが出来た。この女官は自分の結婚式の前に自殺する。最近カール・ハンス・シュトローブルが『ブレスチアの娼家』（Das Frauenhaus von Brescia）という小説でこの物語を再び取り上げた。

（21）　自分の娘を手許に留めておきたいがために、彼女を求婚者たちから守ろうとする父親の話は、シェイクスピア後期の作品のひとつである『あらし』の根底をなしている。この作品についてヴィンターシュタインは次のように注釈している（〔イマーゴ〕I、四九七頁）。「父親は、長い間自分の娘と性愛的な関係にあったが、やがて嵐によって若者のファーディナンドが岸へ辿り着き、それによって彼女の父親離れが始まる。娘の求婚者を苦しめる嫉妬深いプロスペローについてはグリセルダ伝説との類似を指摘しておきたい（ランク参照）。『あらし』はハムレットに対応する作品であると解釈することが出来る。いずれも近親相姦文学であって、一方では父親が、他方では息子が中心となっている。」――シェイクスピアの人生と創作との結び付きについてはその後ハンス・ザックスが指摘した（『あらし』〔イマーゴ〕V、一九一七―一九一九年）。

(22) ブランデス『シェイクスピア』（九二五頁）並びにジムロック『シェイクスピアの原典』参照。

(23) 息子の立場から母親に、父親の立場から娘（妻）に対して向けられる同じ「容色保持のモチーフ」は『間違いの喜劇』にみられる。そこではエフェサスの尼僧院長イーミリアが若く「保たれる」。

(24) 最近パリで上演されたC・アネの『売春婦』（La fille perdue）という劇には、『冬の夜語り』に登場する女性と同じ名前のパーディタという主人公の運命が描かれているが、彼女は四歳の時に母親によってその――内縁の――父親の許から連れ去られる。しかし観客はこのことを第二幕の終りになって初めて知らされる。第一幕においてはパーディタは一人前の独立した若い女性としてある避暑地に姿を現わす。そこで彼女と、ずっと年上のある男性との情事が展開される。それより三ヶ月後に設定された第二幕でこの二人は、なにものにも拘束されない、しかし法的には認められない幸福の絶頂にある。やがて――観客はとっくに知っていることだが――パーディタが自分の恋人の娘であるということが判明する。アネ以前にアルノー・ホルツがその『太陽の暗黒』（Sonnenfinsternis）というドラマにおいてこれと同じ試みを行った。この作品の苛酷な悲劇性は、禁じられた恋に身を焦がす二人が自分たちの血縁関係を知っていながら、それでいて愛することをやめられないという点にある。フランスの劇作家アネもまた最後はこれと同じ結末に辿り着く。この犯罪は初めは知らないままに行われ、従って彼らに罪はない。だが第三幕でパーディタと父親は、ヨーロッパを後にし、世界の小さな片隅で、すべての既成概念を超越した彼らの強い愛を生き抜こうと決意する。この解決は確かに、作者がこれをスマートで、かつまた控え目な形式で包んだため、スキャンダルを引き起こすことはなかった。しかしこの解決部は人工的な印象を与えたので、観客はこれを作品全体同様冷ややかに受けとめた。

(25) このモチーフは、明瞭な近親相姦は行われないかたちでではあるが、サレルノの領主の美しい娘ギスモンドについての民衆本のなかに見出される（ジムロック第六巻）。父親はこの娘を「ひどく愛していて、なかなか手離そうとしなかった。そして大勢の男が彼女を妻に所望したにもかかわらず、彼はいつも口実を使っては彼らをはぐらかし、彼女を必要以上に長い間家に留めておいた。」しかしながらとうとう彼も娘を結婚させた。ところがその夫は一年後に亡くなり（父親の願望空想）、娘は美しい未亡人となって父親の許へ帰って来る。彼は娘の性的な欲求にもかかわらずこれを二度と結婚させようとしない。そこで彼女はある情事を決心する。だが父親は彼女を厳しく監視させているので（塔への幽閉）、彼女の恋人は地下の通路を抜けてやって来る。しかしながら父親は間もなくこれを、アポロニウス伝説を想起させる次のような状況によって発見する。この状況は、当の物語がもともとは近親相姦小説であったものの歪められた名残りにすぎないということを推測させてくれる。即ち、「領主のタンクレードゥスは、時折り召使いを全く伴わずひとりで娘の寝室へ赴き、暫くそこに留まって会話を少し交わした後再び自分の部屋へ戻るという習慣であった。」かくして彼は娘とその恋人との性交を盗み聞きし、この男を捕えさせ、その心臓を黄金の皿にのせて娘のところへ送りつけてやった（小箱のなかの切断された男根参照）。娘はみずから毒をあおり、父親は悲嘆のあまり死ぬ。この物語が父親と娘の近親相姦関係の残滓を表わしているということは、次のような一連のモチーフが示してくれよう。ドイツの英雄伝説（キュルシュナーの国民文学全集、英雄叙事詩集）ではイリアスがオルトニートに、イエルサレムの王マコレルの娘に求婚することはやめるよう勧める。求婚者はひとり残らず生命を失っていたからであった。「老いたあの異教徒の王は」と彼は言う、「誰にも娘を渡さないのだ。彼は娘の母親が死んだら、みずから彼女を妻に娶ろうなどと変なことを考え出したのだ。」この設定は、われわれの知っている通り、アルバヌス伝説において実際にみられる。そこでも父親は押しかけてくる求婚者たちに抵抗する。「不浄な愛の炎が父を灼き、近親相姦に引き入れた女の結婚を拒み続けている……かくて皇帝は自分が生んだ娘とともに眠った……」娘の結婚に対する同じ拒絶はヴェルガーノの物語において、娘との近親相姦に先立って行われる。

（26）ゴッツィのすぐれた翻訳にはヴォルメラーのものがある（S・フィッシャー、ベルリン）。

（27）J・ハルニクの素晴らしい論文『ゲーテの親和力における対象の選択について』（J. Harnik : Die Objektwahl in Goethes Wahlverwandtschaften）にみられるこれと似たモチーフの指摘を参照されたい（〔イマーゴ〕I、一九一二年）。「小箱選択のモチーフ」はその後フロイトがその神話的な意味と心理学的動機付けにおいて解明した。

（28）「スフィンクス伝説は新しいギリシャではトゥーランドゥット童話の衣裳をまとっている。つまり女王自身が謎を課すのである。」（シュミット『ギリシャの童話』一四三頁、二四七頁以下）

（29）グレゴロヴィウス『ルクレチア・ボルジア。当時の記録文書ならびに書簡による』（Gregorovius : „Lucretia Borgia. Nach Urkunden und Korrespondenzen ihrer eigenen Zeit“, Stuttgart 1874/75）。

彼女の兄弟たちがお互いに激しい嫉妬を燃やし、遂にジョヴァンニ（一四九七年）がチェーザレによって暗殺されたという事実は、「権力への意志」がその動機であると言われているにもかかわらず、妹の愛を巡っての嫉妬的な関係を考え合わせたとき初めてこれを理解することが出来る。例えばレーナウもこの素材を『サヴォナローラ』において取り上げている。ルクレチアは、

「魅力誰にもいやまさり、二人の兄弟が
彼女に対する激しい愛の炎に身を焦がし、
教皇は彼女のことを恋人と呼び、

おのれの卑しい快楽をむさぼった。
司祭は心の最も深い奥所で、
今日のうちにも兄弟を近親相姦の
嫉妬のいけにえにしてやろうと、
静かに、そして恐ろしい気持で誓った。

太公が彼女の口や胸に
唇を押しつけるたびに、
多くの太刀が——司祭はそれを数えていた——
すでに彼の上に振りおろされた。」

次に詩人は兄弟の暗殺を（『埋葬』で）、そして殺害の露顕を（『父と息子』で）描いている。
「そこで二人は沈黙する。かたや復讐の
喜びに、かたや悲嘆にわれを失って。
父と息子は黙したままで憎しみの
まなざしを相手の心臓へ突き刺す。

教皇は暗いチェーザレの胸の中に
うずくまって様子をうかがった、
そして、そこの隅に早くも父殺しが
待ち伏せて立っているのを見て驚愕した。」

(30) これについてはルートヴィッヒ・ガイガー編『教皇アレクサンデルⅥ世とその宮廷。式部官ブルカルドゥスの日記による』(Ludwig Geiger: Papst Alexander VI. und sein Hof. Nach dem Tagebuch seines Zeremoniemeisters Burcardus) 参照。通常の伝承に従った彼女の物語についてはヴィクトル・ユーゴーの悲劇（一八三三年）があり、またドニゼッティーによるオペラがある（一八三四年）。一九〇八年スイスの若い詩人ヴィリー・ラングによる五幕物の韻文劇『ルクレチア・ボルジア』の初演が行われた。このドラマは、フェラーラの太公と結婚した妹に対するチェーザレの愛をテーマにしたものである。——それ以後としてはヴィクトール・ハーンの『チェーザレ・ボルジア』（一九一〇年）とヴィルヘルム・ヴァイガントの

『チェーザレ・ボルジア』がある。

（31）　ライストナーは、自分の望まない婿を約束している預言を実現させないため、あらかじめ決められている娘の婚約者をあらゆる可能な方法で殺そうとするが結局は不意打ちを受けるひとりの男の物語——これは『三つの黄金の髪をもった悪魔』の童話（『グリム童話集』二九）と『皇帝ハインリッヒⅢ世』の伝説（グリム『ドイツの伝説』Ⅱ、一七七頁）を模したものである——を幾つか集めた。

（32）　この二つのモチーフは、既に述べたマッシンジャーの悲劇『おかしな決闘』において結び付けられたかたちで現れている。息子を決闘で殺した父親は、二度目の結婚で出来た美しい自分の娘の結婚をその直前になって邪魔する。なぜなら彼自身が狂おしいばかりの情熱を彼女に抱いているのである。彼は娘を友人モンターヴィルに渡し、そして娘セオクリーンを要塞に連れて行くよう命じた。しかし彼にはそこへ入ることを絶対に許さなかった。モンターヴィルは父親に復讐するため娘を辱め、そしてこれを、城へ押し入ろうと試みていた父親の許へ突き返す。セオクリーンは死に、父親は雷に打たれる。

（33）　エルンスト・ハルトはそのドラマ『グードルン』（インゼル、一九一一年）でこのモチーフを和らげて、女主人公が、すべての求婚者が自分の父親と比較すると劣った人間に思われるので、そのいずれも受け入れないという設定にしている。しかし結局彼女は、競争相手のヘッテル王を決闘で打ち負かした控え目な勇士ヘルヴィヒを夫とする。それから彼女は野蛮なハルトムートに掠奪されるが、ヘルヴィヒに操をたてようとする彼女はこれに抗《あらが》う。そのため彼女は、息子を溺愛しているハルトムートの母親によって散々苦しめられる。われわれはここに、愛する自分の息子を他の女に渡すまいとする性悪な継母を容易に認めることが出来る。合理的に改作されたトゥーランドット物語において父親が、本当は娘を手離したくないのに、彼女に結婚を強いているように、ここでも継母のモチーフは逆にされている。つまり、息子ハルトムートをひどく可愛がっているゲルリントは、自分が憎んでいるグードルンに息子との結婚を強いるのである。

この伝説のさまざまな改作・翻案に関してはベネディクトの『近代ドイツ文学におけるグードルン伝説』（S. Benedict : „Die Gudrun-Sage in der neueren deutschen Literatur“, Rostock 1902）参照。マティルデ・ヴェーゼンドンクの興味深いドラマでは（チューリッヒ、一八六八年）グードルンに対するゲルリントの憎しみの本当の原因は息子に対する嫉妬感情であるとされている。

（34）　A・F・v・ハクストハウゼン『トランスコーカサス』（ライプチッヒ、一八五六年、Ⅰ、三一五頁以下）参照。

（35）　このことは、夜織られたのと同じ分が昼ほどかれるところのペネロペイアの織物を強く想起させ、また、この肌着がこれと似た一種の「貞操帯」として彼女の体に着けられていたことを示しているのかもしれない。——この仮定は、オデュッセウスの兄弟的性格を考えれば可能性が強くなる。この性格は、彼がペネロペイアの求婚者を残らず殺し、彼らとの競技（射的）においても勝利者になることのなかに表われている。彼はまた、ペネロペイアをいわばもう一度それとは知らず獲得することで二度目の結婚式を行うことになるのである。――ギゲマルの物語（『マリー・ドゥ・フランスの物語』Die Lais de Marie de France）についてのケーラーの指摘、即ち、ギゲマルの恋人がその肌着のなかに作り、他の女性が解くことの出来ない結び目は、キルケーがオデュッセウスに教えた結び目（『オデュッセイア』第Ⅷ巻、四四八行）を想い出させるという指摘は、オデュッセウス伝説の貞操帯に驚くほどぴったり一致する。

(36) これは、『ローエングリーン伝説』（一一三―一一七頁）で取り扱われている、これに照応する童話においてもみられる。

(37) 例えばアイノの母親ロイオは父親によって孕み、箱に入れられて海中に投じられる。デロス島に漂着した彼女は息子を生み、彼はこの島の王、アポロの司祭となる。

(38) 中世においては全くこれと似かよったモチーフがビューラーの『フランスの王女』（Königstochter von Frankreich）のなかに現われていた。

(39) グリセルダ伝説においても辺境伯は、最初の妻と別れて他の女性と結婚するための許可を教皇から受け取ったと言っている。ここでもわれわれは、辛うじてまだ口実として残されているこのモチーフのなかに、それがもともとは娘との結婚許可であったということを認めるのである（『イマーゴ』Ⅰ、1、一九一二年参照）。

(40) Ritson: Ancient Engl. metr. rom. (London 1862, II, 204-47)

(41) ヘレーナ物語では王が、いつまでも生気を失わない娘の腕を小箱に入れて、これを首に掛けて持ち歩いている。ここにはオシリスの男根（魚による呑み込みもそうだが）との、また娘のマスターベションを発見した父親によってなされる腕切断という懲罰の脅し、懲罰空想との重要な関連がみられる。『マリアの子供』（グリム三一番）では反抗する女官の両腕が切断されるが、そこにはもともと、アイスランド語で残されているもっと古い形式のものが示しているように、父娘近親相姦が根底に横たわっている。「腕のない娘」との近親相姦的類似はボルテとポリヴカの、グリムに関する注釈にみられる。同書（二九八、三〇六頁）には、母親が嫉妬に駆られて娘の両腕を切断させることがしばしばあるという注釈がグリムの三一番に付されている。

(42) 「聖母マリアの奇蹟。ハンガリー王の娘が自分の片手を切り落とした。それは、彼女の父親が、自分と結婚するよう強要したからであった。そして彼女はその手を自分のお守りに入れて六年もの間保存した。」

(43) A・ジュビナルによって記録された当時の手稿集から（パリ、一八三七年）。「このようにして、ある王の娘に行われた聖母の奇蹟が始まった。父親から結婚を強いられた彼女は彼の許から逃亡した。彼女は女性の衣裳を脱いで騎士の服を身に着け、そしてコンスタンチノープルの皇帝によって引き取られた。のちに皇帝は彼女を妻にした。」

(44)　われわれがここでは触れなかったそれ以外の小グループとしてミュラーは、「無実の妻が不義の濡衣を着せられ、夫にひどい仕打ちをされる」伝説を挙げている（『ゲルマニア』Ⅰ、一八五六年、四三七頁）。「娘の後をつけ回す父親はここでは登場せず、その役を代って受け持つのは、ひとの妻となったその娘に言い寄るが拒絶される中傷者である。」（これに属するものとしてゲノヴェーヴァ、ヒルデガルト、クレスケンティアなどの伝説がある。『ローエングリーン伝説』注釈二三、一六四頁参照）

(45)　『タンスのなかの娘』（Das Mädchen im Schrein）。――ヴァレンティン・シュミットの『童話の広間』（Märchensaal）一一五頁及び三〇三頁の注釈、そして『ペンタメローネ』Ⅱ、六（一六）参照。

(46)　父親による性的な迫害と、娘の側からなされる防衛は「魔術的逃亡のモチーフ」の基礎ともなっている。このモチーフを私は『覚醒夢における象徴成層と、神話的思考におけるその回帰』（„Die Symbolschichtung im Wecktraum und ihre Wiederkehr im mythischen Denken", Jahrbuch Ⅳ, 1912）において論じた（これは『神話研究のための精神分析学的寄与』第二版、一九二二年に『洪水伝説の解釈のために』（Zur Deutung der Sintflutsage）というタイトルで再版された）。

(47)　このモチーフは、ダナエが父のアクリシオスによって塔へ閉じ籠められ、そこへ黄金の雨に姿を変えたゼウスが忍び込んできて、彼女を孕ませるというペルセウス伝説を想い出させる。またこれは、マリアの子供（グリム童話第三番）の童話のなかにみられるところの、罰として黄金に化せられる指を暗示しているようにも思われる。

(48)　ヴルフェンは『ドイツの民衆童話における犯罪的なもの』Erich Wulffen: Das Kriminelle im deutschen Volksmärchen（H・グロスの〔犯罪学のための論叢〕三八巻、一九一〇年）のなかで『千枚皮』について次のように述べている。「父親と娘とが結婚するということについてはこの童話ではもはや一言も語られない。しかし行間には、それがひとりの同じ王であることが書かれてある。グリムの表現は――淫らな印象を与えないためであることは明らかである――非常に曖昧で、本当の意味は隠されてはいるが、しかし伏せられてはいない。父親と娘の性的な接近という心理学的な問題が見事に描かれていて、現代の詩人にとってはひとつの模範と言える。」

(49)　チャプマンの『紳士アシャー』では、恋人が死んだと思い込んだマーガレットが悲しみのあまり顔を傷つける。ペッティーはこれと同様のことを、その『小さな楽しみの宮殿』（Palace of Petit Pleasure）の一一番目の物語で清純なフロリンダについて報告している。彼女は恋人に対して汚れない愛を抱いており、晴れて一緒になる前に自分の顔を傷付けて醜くし、彼の情熱を燃え上がらせまいとする。

（50）悪魔はサディスティックな父親を代表する存在である。悪魔との交わりは父親との近親相姦と解釈することが出来る（ジョーンズの『悪夢』八二頁参照）。魔女信仰におけるオイディプスコンプレックスについても同書一〇五、一一一、一一四頁参照。

（51）レスキーン、ブルークマン『リトアニアの民謡と童話』（A. Leskien, K. Brugmann: „Litauische Volkslieder und Märchen", Nr. 24, Straßburg 1882）。

（52）更にこれと類似した物語はショットの『ワラキアの童話』（Schott: „Walachische Märchen", Nr. 3, Stuttgart 1845）――ヤギッチの『南スラヴの童話集』（V. Jagić: „Der Südslawische Märchenschatz", Nr. 23）において見出される。――またクラウスの『スラヴの童話』第Ⅱ巻一三八番――ドゥ・グーベナーティス『インドゲルマンの伝説における動物』（De Gubernatis: „Die Tiere in der indogermanischen Mythologie", Leipzig 1874）などにも似たものがみられる。

（53）これと関連したものとして『マリアの子供』における黄金の指、『フィヒターの鳥』における血まみれの指があるが、私は『みずからを判断する夢』（Der Traum, der sich selbst deutet）のなかでこれを解明しようと試みた（〔年鑑〕Ⅱ、一九一〇年）。

（54）ここでは、イエプタの娘のモチーフについてはこれをただ指摘することしか出来ない。

（55）ヘッセンのある物語では彼女から二本の指が切り落とされ、それを彼女の娘たちがもっているということになっている。

（56）シェイクスピアの最初のドラマ『タイタス・アンドロニカス』ではラヴィーニアの腕と舌が切り取られる。

（57）それゆえ特に興味深いのは、女流詩人の心理学においては父親への無意識的な恋慕が似たような役を演じていることである（これについてはカーリン・ミヒャエリスに関するタチャーナ・ローゼンタールの興味深い論文を参照されたい。〔精神分析のための中央機関誌〕Ⅰ、一九一一年）。ここでは売春空想も父親に対する彼女の親密な関係のなかに明瞭に認められる。カーリン・ミヒャエリスの小説『黄金のごとき誠実』では娘が、父親が（母親に対して）誠実を守るかどうかを確かめるため彼について航海に出る。自分の娘に対する父親の近親相姦的な想念はクラーラ・ヴィービヒの短編『つぶやき石』（『おひとよし』に収録）も示している。セルマ・ラーガーレーフの長編『リリェクローナの家』は、意地悪い継母にいじめられはするが、すべて可哀相な父親のためを思って耐え忍び、やがてあるひとから救い出されるという小さな牧師の娘を描いている。娘に対する父親の愛を最も感動的に表現したのはラーガーレーフの『ジャンのホームシック』（『ポルトガルの王』）である。父親に対する娘の性愛的な関係を題材にした他の女流作家としてはジークリート・インセト（『ジェニー』）、マリア・ヴィンターニッツ（『小鳥』）、そして最後はルー・アンドレアス・ザロメ（子供向けの物語『中間の国』）がいる。

ルイーゼ・V・フランソワの幼年時代の回想記から次の箇所を挿入しておきたい。「私の父のイメージは私の幼年時代の最も強い、唯一の明瞭な印象であった。父への憧れが私の若い人生の唯一の、少なくとも最も深い憧れであった。彼について話されるのを聞くのが私の最も大きな幸福であった。そして私が、もちろん稀にではあったが、親戚の者や知人や使用人たちから彼について聞いたことが素晴らしいことばかりだったので、あの少女時代に彼のイメージは私のなかでひとつの理想像へと形成されてゆき、この理想像に私は、すべての人間的長所をますます多く賦与し続けていった。それどころか、もともと空想的なもの冒険的なものはすべて私の性には合わず、たいていの子供がもっている童話的な感覚が欠けていたにもかかわらず、亡き父の周囲には不可思議な魔術が織りなされた。私は大きくなるまで、空にかかっている月を見るたびに、父の晴れやかな顔が私を見下ろしているような気がしたものだった。私は彼を、子供たちにとってはとても重大に思われる小さな悩みの聞き役に仕立てた。そして私があの頃流した唯一の涙――この涙の泉も私のなかでは強かったことは一度もない――は、所有しようとは一度も考えたことのなかったところのこの最高の財産を失くしたためのものであった。しかし今この大切な想像上の人物の本当の姿を想い浮かべようとすると、私には彼の人生のほんのわずかな輪郭しか描くことが出来ないのだということを認めざるをえない。」

（58）　ソポクレスは更に第二の『テュエステース』を書いているが、これはヴォルカーによれば、アトレウスが彼の――父親によって受胎した――姪ペロピアーを妻にするというエピソードを主題にしている。――ヒギヌスの寓話集を読んだシラーはゲーテに宛て次のように書いている。「テュエステースとペロピアーとの物語もすばらしい対象です。」（一七九八年八月二十八日）

（59）　ヨセフスの『ユダヤ古事記』にみられるヘロデの家族物語参照。彼は九人の妻をもっていたが、そのうちのひとりは兄弟の娘であり、またもうひとりは姉妹の娘であった。彼は自分の娘たちのうちのひとりは姉妹の息子アンティパテルと、もうひとりは兄弟の息子ファサエルと結婚させた。彼の孫たちはすべて近親結婚している。彼は母と姉妹に唆されて妻のマリアムネを処刑させたあと（ヘッベルの『ヘロデとマリアムネ』参照）、彼女が生んだ息子たちをも絞首させる。というのも彼らのひとり（アレキサンデル）が、サロメが夜彼のところへやって来て力ずくで同衾を強要したと書いていたのである。またヘロデは息子が剣を抜いて自分に襲いかかってくるものと妄想していた。

（60）　詳しくはダフナーの『歴史と芸術におけるサロメ像』（Daffner: „Salome, ihre Gestalt in Geschichte und Kunst“, München 1912）参照。

(61) 最近では神話学者として知られる詩人エドゥアルト・シュトゥッケンも書いている（『ミュラ』三幕劇、一九〇八年）。

(62) 新郎新婦がこのように両親や兄弟姉妹から（家族コンプレックスから）突然解放されるという事態――これは掠奪結婚（誘拐）のかたちで自然に描かれていたのだが――は、現在でもわが国においてみられる新婚旅行という慣習の心理学的な根幹のひとつであることは間違いない。

(63) ちなみにバイロンがシェリーの『チェンチ』をも非常に高く評価していることは彼自身の心的な立場をよく表わしている。彼はこの作品をシェイクスピア以後のイギリスにおける最高のドラマであると言っている。

(64) ウォルター・サーヴェジ・ランドールの断片に終っている悲劇『ベアトリーチェ・チェンチ』五幕（八巻よりなる全集、ロンドン、一八七六年、第七巻三四二―三六三頁）をも参照されたい。

(65) シェリーは自分の作品のなかでしばしばきょうだい愛というモチーフを利用している（第一七章四参照）。

(66) このドラマにおける本当の意味で劇的な葛藤、あるいは悲劇的罪過が、この幼児的なオイディプス状況の現実化のなかにあることをフロイトはその『精神分析的研究からの若干の性格タイプ』Einige Charaktertypen aus der psychoanalytischen Arbeit（『イマーゴ』Ⅳ、一九一五／一六）で指摘した。レベッカは、（自殺によって）葬られた妻（母親）の位置に身を置かねばならなくなった時「挫折」するのである。

(67) この伝説が強められることによってテュエステースの近親相姦は、復讐者を生むための意図的なものになった。

(68) かつての恋人の娘に対するこれと似たような、この近親相姦モチーフに近い男の愛をモーパッサンは繰り返し描いた（『ベラミ』、『死の如く強し』）。

(69) ローベルト・シュヴェルトフェーガー『六つの短編』（一九一二年）。「アーダルベルト」は小娘しか相手にしない。彼の娘が一四歳になった時暗い運命が始まる。

(70) これと同じような秘密がオーストリアの詩人E・v・バウエルンフェルト（一八〇二―一八九〇）に関しても噂されていて、近親相姦が行われたか否かについてはやはり最終的な証明が不可能で、依然として決着はついていない。数年前ドクター・E・ホルナーが『バウエルンフェルト』という論文（ライプツィッヒ、ゼーマン、一九〇〇年）で、詩人は若き未亡人ファイヒティンガー（旧姓バウエルンフェルト）の私生児であることを証明したが、そのあと最近ではカール・ムートが信頼すべき家系誌を基に、未亡人ファイヒティンガーの弟であるヨーゼフ・v・バウエルンフェルトは、彼自身の告白によって詩人の父親であると認めざるを得ない、という説得力のある結論に達した（『E・v・バウエルンフェルトに関する新事実』K. Muth: „Neues über E. v. Bauernfeld", Hochland, Mai 1912)。しかしムートは、詩人が近親相姦によって生まれたかどうかについての断定はまだ控えている。

（71）　ロートハイセン『モリエールの生涯と作品』（Lotheissen : Molières Leben und Werke）、エンゲル『フランス文学史』（J. Engel : Geschichte der französischen Literatur）参照。最近モリス・ドネーがモリエールの結婚をドラマにした。

第一二章　諸民族の風俗、習慣、法における近親相姦

ペルシャ人の法は母親との交わりを許した。エジプト人とアテナイ人の法はみずからの娘との交わりを許した。お前たちが自由に読み聴いている通り、この近親相姦は回想や悲劇のなかで讃えられている。そうして神々もまた、母、娘、姉妹との近親相姦の交わりをもったのだ。

アルノビウス

われわれは、近親相姦的な欲求というものが個人並びに民族の空想の産物においていかに強く現れているかをみてきたが、それらの欲求が古代諸民族の現実の人生においてものちの時代におけるよりははるかに頻繁に満たされていたと考えて差し支えない。このことは特別に厳しい掟、禁止、処罰が示しているところであって、このような手段をもって近親相姦衝動を抑えようとの試みがなされたのである。事実古代人たちの歴史書はこのような伝承に満ち満ちているし、またなんらかのかたちで注目すべきものとして挙げられているこれらの例は、われわれの知るところとならなかった多数の事例を考えに入れるならば、こうした傾向が異常に強かったこと、広い範囲に及んでいたことを教え

てくれる。こう言って差し支えないと思うが、古代人たちの性生活はまさに近親相姦感情によって成り立っていたのである。そしてわれわれは、心理学的にみて納得出来るこの事実に、われわれの時代、われわれの文化水準においてもまだ近親相姦的関係が驚くほど頻繁にみられるということを信頼すべき観察者や統計学者から聞く時、(1) いっそう深い理解をもって向き合うことになるであろう。加うるに他面では、これらの衝動の抑圧が幼児教育の最も重要な要請のひとつであるということ、そしてこの抑圧の失敗が神経症、倒錯、犯罪を招来するか、さもなければ、然るべき資質のある人間には芸術的空想において生を充分に全うする機会を与えるということ、このことを精神分析がわれわれに示してくれている。

個々の人間が今日もなおその精神生活の個人的な発展において繰り返しているところの世俗的な抑圧についてのわれわれの解釈にとって特に重要なのは、多くの古代民族や今日の未開人たちにおいては近親者間における性的な結合が禁止されていないのみならず、実に好んで行われるということ、それどころか神々が模範として引き合いに出され、そのような関係が強く奨励されさえするということである。

これに関連した一連の報告をシラー・ティーツが編纂している。(2)「例えば古代ペルー人が血縁関係にはおかまいなく母親、姉妹、娘と結婚したことはよく知られている。初代インカ皇帝の子供たちはお互い同士の間で結婚した。それ以来、皇帝は王族の血を純粋に守るため実の妹としか結婚してはならないというのが皇室の掟となった。年代記によるとこのならわしは一四代にもわたって続けられたという……この王族の模範〔これ自身また神を模範としたものであった〕に従って戦士たちも自分の姉妹と結婚したと言われている。」（前掲書七頁以下）(3) 王族たちは近親相姦を特別な美食としてみずからのためにとっておき、近親相姦なくしては高貴な生活はあり得ないと信じていた。一二名のインカの君主が相前後して最も厳格な同族結婚を励行した。ローレーダーは、インカ帝国の文化は厳しく励行された近親相姦の結果であると指摘した〔同じことをヒュースも『近親結婚』で述べている。ロンドン、一八八七年、九九頁〕。「これも全く疑いのないところだが、古代ペルシャ人においては近親結婚の禁止はなかった。彼らにあっては男きょうだいと女きょうだいが結婚するのみならず、父親と娘、母親と息子が結婚した。それどころか特別な宗教上の職務には、まさにこのような関係から生まれた人間が要求されたのである。」[4]ペルシャ人たちにおいては父親の死後息子が母親と結婚出来たということ、そしてこれが特に祭司《マギ》においてみられたということは、アルノビウス以外にもヘロドトス、ディオゲネス・ラエルティウス、プルタルコス、クテーシアス、アガティアス、ヘラクレイトスなどが述べている。更にコンスタン（前掲書三五頁）が次のように報告している。「それからまた、次の事に留意するのはよいことである。即ち近東の風習は、ある点までは、息子達の母との交わりを許していたことである。カトゥルスとセクストゥス・ピュロニコスを信じるならば、魔術師（賢人）達はこのような近親相姦から生まれたとされている。またルキアノスは、パルティア人の王達も同じようにして生まれたと信じている。」これについてローレーダーは次のように言っている（七三頁）。「われわれはこの時代に同族結婚、同種結婚が特に強く提唱されていたのを認める。これらの結婚のみならず直接的な近親相姦が極めて頻繁に行われていた。ここでは兄弟と姉妹が、いや父親と娘、母親と息子とが相互に結婚し、それればかりか指導的な立場にある最高のカーストにおいてはこのような結婚は法で定められてさえいたことをわれわれは知っている。」

ペルシャ人たちのこの習慣を極めて特徴的に補足する叙述をわれわれはヘロドトスに見出す。特に彼の強調するところによれば、ペルシャ人たちにおいては「誰かが父親あるいは母親を殺すようなことは決してなかった。もしなにかこのような事件が発生した場合にはその都度厳しい調査がなされ、その犯人はすり替えられた子供かあるいは私生児であることが判明した。なぜといって、と彼らは主張するのだが、子供が実の父親を殺すなどということは全く不自然である。」われわれは、この事実の執拗な強調を抑圧の成果に対する反動であるとみなさない限り[5]、そこに母親との許された結婚との重大な関連を認めて差し支えない。この結婚は、父親に対する息子の幼児的な憎悪関係からその動機を一部分奪うことになるのである。ペルシャ人たちが男子の教育において計画的に父親コンプレックスを更に緩和しようとしたという事実はヘロドトスのそれ以外の叙述から明らかである。彼は先の引用箇所のすぐ前のところで書いている。「男の子は五歳になるまでは父親とは会わず、女たちの許に留まっている。」つまり子供はまさにのちの心と性の発展にとって最も決定的な年齢において一方では父親から完全に引き離され、また他方母親やその他の女の家族に近付けられるが、それは近親相姦的な結婚の許可をほとんど必然的なものにするようなかたちで行われる。「全く同様に」とシラー・ティーツ（九頁）は更に書いている、「古代エジプト人たちは結婚の障害というものを知らなかった[6]。彼らの王たち、特にプトレマイオス王家においては姉妹との結婚がしばしば行われていた。例えばクレオパトラは兄弟婚から生まれた娘であり、他の兄妹夫婦の孫娘、夫の姪であり同時に妹であったベレニスの孫娘であった。」

ここで早くも、のちに論ずることになる兄弟姉妹の近親相姦コンプレックスを先取りしなければならない必然性が生じる。そして、兄弟姉妹の性的な愛というものは、その精神的な結果（兄妹憎悪や嫉妬）をも含めて、われわれが個人的な精神生活のなかでそれを理解することを学んだと全く同じように、発展史的にみても、原初的ではあるがやがて禁じられるようになった両親と子供たちとの間の結婚の必然的な帰結ではない――このように考える研究者が少なからずいるが――ということを前もって指摘しておかねばならない。例えばシュトゥッケンはアブラハムとサラとの結合を母親との最初の原初的な近親相姦であるとみなしている（三〇六頁注釈2）。これと似たようなことがイェレミアス（『古代オリエントの光を当てられた旧約聖書』八二頁）にもみられる。「兄弟姉妹夫婦の関係ないしは（同じことだが）妻＝母親に対する息子の関係を最も明瞭に示しているのはタムツ・アティス・ドラサレス神話である。」有史時代になって姉妹との結婚がどうしてこうも頻繁にみられるようになったのかがこれで初めて説明されるであろう。いずれにしてもわれわれはそこに、ある種の文化圏、文化層において重要な役割を演じたであろうモチーフ――これは特に伝説に現れているのだが――の存在しているのを見出す。つまりそれは家族財産の保持である[7]。

例えばエルマン（『古代におけるエジプトとエジプト人の生活』テュービンゲン、一八八五年、第I巻、二二一頁）は次のように報告している。「プトレマイオス朝とローマ時代のエジプトでは姉妹との結婚は極めて一般的であった。プトレマイオス王家の支配者のほとんどが姉妹を妻とし、コモドゥス王の治下ではアルシーナの全市民の三分の二がこれと同じ状態にあった[8]。われわれの道徳観念には恐ろしい犯罪と映る姉妹との結婚は明らかに最も自明なこと、最も自然なことであると考えられていたのである。それは、今日のエジプト人たちにとって従姉妹との結婚[9]が自然と理性によって先ず第一に提供されたものとされているのと似ている。」

古代先進民族における歴史上の近親相姦についてはまだ幾つか特別に挙げることが出来る。クルティウスは、ソエディアナの太守シシミトレスが実の母親と結婚しており、そのことが特別な例外であるとは考えられていなかったと報告している。これと同様アンティオコスX世も生みの母親クレオパトラと結婚した（ヴィンクラー『バビロンの精神文化』一二二頁他）。プルタルコスの記述によれば、アルタクセルクセスは自分の娘と合法的に結婚生活を送っていた（マルクーゼ一四四頁）。印欧種族にみられる子供と親との結婚の個々の例についてはなおシュラーダーも言及しており（『百科全書』九一〇頁）、またそれ以外の出典はバッハオーフェンに見出される（『母権制』三六八頁）。古代人たち自身が彼らの近親相姦的結合を是認するため、彼らの抑圧されたコンプレックスを代表する神々を引き合いに出したのみならず、例えばヴィンクラー[10]も、のちに王だけに許されるようになったこれらの特権は王に神話的な伝承にかなった生き方を義務付けた、だがこの神話伝承そのものは星座に由来するものでしかない、――従ってこのことは再び神あるいは天体を模しながら生きられる生というものに帰着する――と述べているのであるから、ここでは、この発展の心理学的理解――これはフロイトによって道が拓かれたものである[11]――が強く指摘されなければならない。「古い宗教の発展をみてみると、人間が〈犯罪〉として諦めていた多くのことが神に譲り渡され、神の名においてまだ許されていて、そのため神への委託が、社会に害をもたらす悪しき衝動の支配から人間が解放されるための道程であったということが認識されるように思われる。それゆえ古い神々にすべての人間的な特質――神々に倣った犯罪をも含めて――が無制限に賦与されたことは恐らく偶然ではないだろうし、また、それでいながら自分自身の犯罪を神々の例を引くことによって正当化することは許されていなかったことも矛盾ではないであろう。」つまりこれに従うならば、一般に許され、そして人生においてまだ厳禁されていなかった近親相姦は原初的なものであり、この原初的なものの抑圧の開始は神への、またのちになると神と考えられていた王への「譲渡」という助けを借りて行われる。それゆえこの王にも、一番最初家長に対してそうであったようにすべてが許されていたのである。しかし王のみに与えられたこれらの特権もやがて抑圧の進展に伴って制限されるようになった時、これらをいつまでも保持しようと考えた王たちは神々の模範を引き合いに出した。だがこのことによって間接的に彼らが行ったのは、彼らがこれらの衝動のもっている普遍的に人間的なものを指摘したこと、そして民衆に対して、かつてはこのような結婚すらも民衆は認めていたのだということを暗示したことにほかならない。かつて苦労して抑圧された衝動がこうして新たに発現するとともに、神々による投影という正当化行為において頂点を極めるところの宗教形成の役割は実際には終ったのであり、そして今度は立法が禁止と処罰をもってこれらの衝動の抑圧に当らねばならなくなった。従って王は、ヴィンクラーの言うように、のちになると自分の人生を神話的な伝承に合わせるのであるが、しかしそれは彼が、かつての文化段階へ彼自身が後戻りすることを正当化するためにこの伝承を必要としているからにすぎない。現実の行為、宗教や神話の形成はまさに人間におけるこれと同じ強力な衝動を源流とするのであり、宗教というものがもともと衝動抑圧の過程において生まれたように、正当な心理的モチーフからこれらの衝動が発現する時に宗教は再びこれら衝動の正当化のために利用されるのである。

例えばディオドールには次のような記述がある（二七章）。「エジプトでは他のすべての民族のならわしに反すること、即ち姉妹との結婚が法律的に認められたと言われる。なぜならイシスはこのような結婚をして大変幸福になったからであった。」エジプト人におけると同様ペルシャ人たちにおいても、両親と子供の夫婦的結合以外に兄弟姉妹の結婚も許されていた。ペルシャ人たちの聖書であるゼンド・アヴェスタの多くの箇所で実の兄弟姉妹（カトウダ）間の結婚は特に神の思し召しにかなった結合として称揚されている。またひとりの女性は二人の兄弟と相次いで結婚することも出来た（ブロートベック『ゾロアスター』）。ペルシャ最古の王朝であるアケメネスの物語には実の兄弟姉妹間の結婚がしばしば語られている。ペルシャ人における兄弟姉妹婚の最初の例としてヘロドトスはカンビュセスの結婚を挙げている（Ⅲ巻、三一）。「彼は自分の妹のうちのひとり（彼と同じ父と母を両親にもつ）に想いをかけ、妻にしたいと望んだ。しかしペルシャではそれまでは自分の姉妹を娶るということは一度も行われたことがなく、カンビュセスは自分の望みがこの国の習慣に反していることを知っていたので、王付きの法官たちを呼んで、姉妹を妻に望む者にはこれを許す法律はないのかどうか尋ねた。法官たちは直ちに、法にも背かずまた自分たちの首が危くないような答をした。即ち彼らは、男きょうだいが女きょうだいと結婚するのを認める法律は見付からなかったが、しかし、ペルシャ王にはその望むところを行ってかまわないという別の法律が見付かった、と答えたのである。かくしてカンビュセスは彼が想いをかけていた妹と結婚した。次に彼は二番目の妹を妻としたが、しかし間もなくこれを殺した。」（ドゥンカーの『古代史』第Ⅳ巻五、四二九頁以下参照）この報告はかつて述べた正当化の傾向をあますところなく示しており、そして部分的にはまだその歴史的な発展を反映している。

ギリシャ人たちにおいても、その最も古い習慣によれば姉妹との結婚は許されていた。このことはゼウスとヘーラーについての神の「模範」（実際は模写）のみならず、幾つかの素朴な記述の示すところである。例えばホメーロスは『オデュッセイア』（第Ⅹ巻七行）において、不死なる神々のお気に入りヒッポテースの息子アイオロスが自分の息子たちと娘たちを結婚させたことを、いささかの抵抗もなく語っている。[12]

彼の館には一二人の子供、即ち六人の愛らしい娘と
六人の若い盛りの息子が住んでいたが、彼はこの娘たちを
息子たちに妻として与えていた。
彼らはいつも愛する父親と尊敬すべき母親と
宴をともにし、そこには山海の珍味が山と出された。
かぐわしい香りに満ちた館は日中笛の音の
絶えることなく、夜は貞淑な妻のかたわらで
美しいかたちをした寝床のあでやかな毛布の上でみなが眠った。

のちのソロンの時代のアテネでは異父姉妹との結婚はまだなんとか許されていたが、しかし異母姉妹とのそれは禁じられていた。

アルキビアデスが母親、姉妹、娘を誘惑したという非難がアンティステネスからなされた。アルキビアデスとヒッパレーテとの息子も自分の妹と近親相姦を犯したかどで告発される。ローマ人たちにおいては異父姉妹との結婚はもはや許されなくなっており、いとこどうしの結婚が認められるのはのちになってであった。ビザンチンのユスティニアヌス皇帝（紀元五一六―五七六年）が初めて近親相姦のみを禁止した。ギリシャ人たちにおける兄弟姉妹婚についてコルネリウス・ネポスはその『伝記』の序文で次のように述べている。「例えば有名なアテネ人であったシモンは自分の妹と結婚していたが、このことは彼にとってはいささかも恥ではなかった。というのもアテネ市民は全くこれと同じ習慣をもっていたのである。われわれの道徳観念からみれば、このようなことは犯罪的なものに思えるであろう。」また、シモンは父親ミトリアーデスの罰金を支払えなかったために父親の死後拘留されたが、このシモン自身の結婚についてネポスは次のように語っている。「彼が義理の妹を妻に娶ったのは相手への好意と国の習慣のためであった。」兄弟姉妹婚の第二の例はテミストクレスの息子アルヒェプトリスのそれである。「われわれが知っているのは」とローレーダーは言っている（八五頁）、「アテネ人や小アジア民族において、両親と子供たち、兄弟姉妹間の結婚は例外として、極めて近い血縁者間の結婚が認められていたということだけである。ソロンは異母姉妹との結婚は許したが、異父姉妹とのそれは禁じた。」

　またテッベンは次のように付け加えている（六頁以下）。「確かにユダヤ人フィロはソロンを、男女のきょうだい間の結婚に対してある種の禁止を決めた最初の人間として挙げており、また結婚（γένος）の権利に対するこのような干渉はソロンの立法の精神によくかなっている。だがプルタルコスはこれについては言及していない。」プラトンは、「近親相姦を禁止する法律は、それが成文法でないため、実定法を軽視するひとびとによって尊重されている（νόμος ἄγραφος）」と述べている。ソクラテス以後両親と子供の交わりの禁止は神々が求めるところのものとなり、その懲罰として虚弱な子供をもたらされるとされた。ピュタゴラスも男が自分の母親、娘、姉妹と交わることを非難した。これに対してソフィストや懐疑学派のひとびとは、自然な正義の基準として近親相姦的な結合に対する一般の賛同を要求し、その禁止を全くの因襲にすぎないとした。キニク学派のディオゲネスはペルシャ人たちを褒めた。ストア派のゼノンとクリュシッポスはこれと同じ意見であった。[12a]

「ローマ人には昔から〈近親相姦 incestum〉は禁じられていた。その範囲は六親等にまで及んだ。しかしポエニ戦役の前には既にこの親等の結婚禁止は撤廃された。皇帝クラウディウスは紀元四九年、弟ゲルマニクスの娘アグリッピーナを結婚させようとした時、自分の兄弟の娘と伯父との結婚を元老院によって認めさせた。この定めはコンスタンティヌスによって再び廃止された。近親相姦の現行犯で捕まった者に対する刑罰は古い法に従って、タルペーヤの岩上から突き落とすというものであった。このほかひとびとは神々の怒りを鎮めるために贖罪の犠牲を供した……ディオクレティアヌスは近親相姦に関する立法を更新した。キリスト教になってからの皇帝たちは概して結婚禁止を拡大し、近親相姦的な行為に対する刑罰を重くした。コンスタンティヌスの息子たちは死刑を布告した……皇帝時代には近親相姦に関する裁判が複数見出される。自分の娘と交わったかどで訴えられたS・マリウスはタルペーヤの岩から突き落とされた……ネロがアグリッピーナに誘惑されたと同じように、自分の母親によって誘惑されたS・パピニウスは自殺を図り、母親は十年間ローマから追放された。」（いずれもタキトゥス『年代記』第Ⅵ巻、一九、第ⅩⅣ巻、二）

のちのローマにおいてもまだ、明瞭な禁止と厳しい処罰にもかかわらず近親相姦行為が皇帝以外においてもしばしばみられた[13]、あるいは少なくとも推量することが出来た。このことは例えばカトウルの多くの詩（ハイゼ訳、特に八八番から九一番まで）が示してくれているが、彼はそれらのなかでゲリウス及び他の連中が母親や姉妹との近親相姦を犯したと非難している。その際彼は古代ペルシャの祭司たちが行っていた母親との結婚にも言及している（九〇番）。

習慣と法によって近親相姦に対する制約が設けられるとともにこれらの行為は公の場所からは追放されはしたが、しかし世界から完全に一掃されたのではない。このことは近親相姦的犯罪についての無数の記述が教えてくれている。これらの記述はほかならぬこれらの禁止によって初めて興味深いものになったのである。例えばプルタルコスはそのカエサル伝の第十章において、プロブリウス・クロディウスと他へ嫁いだ彼の妹との不義を報告している。みずからの妹ドゥノイラと結婚したカリグラはプトレマイオス王朝の例に倣って兄弟姉妹婚をローマに取り入れようとした。――ティベリウスは腹違いの妹と結婚し、クラウディウスは姪と結婚した。もともとはまだ許されていて、少し風紀の良くなったのちの世代によって、純粋な事実報告として不可解な驚きをもって伝えられていること、それが、更に後世においては興味ある例外的な事例として警告のために、あるいは抑圧の進展とともに隠蔽されたかたちで伝承されて現れる。

例えばニカイア出身のパルテニウス（紀元前二〇年）はその『恋人たちの悲劇的運命』[14]の第二番で、兄ディオレスに愛されるポリュメーレの物語を語っているが、このディオレスは最後に強く父親に頼み込んで彼女を妻に娶る。更に彼はレオキッポスについての物語（第五番）で、ある近親相姦悲劇のための完全な素材を報告している。レオキッポスは長い間自分の妹に対する情熱を抑えようと試みたがうまくゆかず、母親に心を打ち明け、自分を助けてくれなければ自殺すると脅す。それで母親は彼に妹をめあわせた。だが彼女の婚約者がこのことを知り、二人の父親であるクサンティウスに、名前を挙げないでこの犯罪行為を告げる。兄妹夫婦が父親に現行犯で押さえられた時娘の方は恥ずかしさのあまり部屋から飛び出して行った。娘の相手がその兄であるとは知らない父親はその誘惑者に傷を負わせ、これに対して兄の方も急いで逃げようとしたため父親であることを知らずこれに重傷を与える。一一番目の物語でパルテニウスは、妹ビュブリスに対するカウヌスの愛に表われた兄妹間の性的な情熱の防衛について語っている。そこでは、妹の愛の告白を嫌悪をもって聞いたカウヌスが国外へ逃亡する。[15]だが特に興味深いのは『ペリアンドロスの母』の物語（第一七番）である。それは要約すると次のようなものである。ひとびとの語るところによるとコリントスのペリアンドロスも初めは穏やかで優しい人間であったが、やがてのちには次のような理由から残虐な殺人を好むようになった。[16]彼がまだ非常に若かった頃、母親が彼に激しい情熱を抱いていた。暫く彼女は彼を抱くことでその欲望を満たしていたが、やがてその情熱はますます高まり、もはや彼女は自分の病気を抑えることが出来なくなった。遂に彼女は息子に、大変美しいある夫人が彼のことを愛していると告げ、これ以上彼女を苦しめてはならないと警告した。初め彼は、法と習慣に従って結婚した女性と許されない関係をもつことを拒んだ。だが母親が執拗に迫り続けたため彼はそれに応じることにした。そして約束の夜彼女は息子に、部屋に灯をつけないこと、また相手に話をするよう求めないことを言い渡した。というのも相手も恥ずかしいのでそれを望んでいるというのである。[17]そこでペリアンドロスはすべてにおいて母親の指示に従うことを約束した。それから母親はいとも美しく着飾って息子のところへ忍び入り、そして夜が明ける前に帰って行った。翌日彼女は息子が満足したかどうか、また彼女と会いたいかどうかを尋ねた。これに対して彼は、大いに満足した、是非会いたいと答えた。それ以来彼女は息子の許を訪れることをやめず、またペリアンドロスにも遂にいくらか愛が芽生えてきたので、この相手が誰なのかを知りたいと思うようになった。いくら母親に尋ねてみても答は得られなかったので、ある夜彼はとうとう部屋の灯をつけてしまった。そこに母親の姿を見出した彼はこれを殺そうとするが、ある悪魔のような幻影の出現によって辛うじてこれを思い留まる。この時以来彼の理性と感情は混乱をきたした。そして彼は残虐行為に血道をあげ、彼の国民の多くがその犠牲となった。だが母親は自分の運命を嘆いてみずから命を絶った。アリスティッポスのラエルティウスも語っている息子に対する母親のこの許されぬ愛は、その祖先の物語とペリアンドロス自身ののちの運命によってひとびとの関心を惹くこととなるが、これについてはヘロドトスが物語っている（第五巻、九二）。ペリアンドロスの父親キュプセロスの物語は『英雄誕生の神話』の典型的な特徴を備えている[18]。コリントスを治めていたのはバッキアーデンであったが、「彼らは身内の間でしか結婚しなかった。彼らのひとりであるアンフィオンにはひとりの娘があったが、彼女は全身麻痺でラプダという名前で呼ばれていた。エケクラテスの息子エーツィオンが彼女に求婚した（というのもバッキアーデンのなかには彼女を妻にしようと思う者はいなかった）……彼には子供が授からなかった。この妻からも、またもうひとり別の女性からも。」デルポイの神託は、彼に暴君の息子が生まれると預言し（警告）、この預言がそれ以前既にバッキアーデンに下されていた預言と一致したので彼らは生まれてくる子供を殺そうと決心した。子供は救われ、のち父親よりもっと残虐な暴君となった。彼はエピダウロスの専制君主プロクロスの娘リュシデと結婚していた。彼が優しくメリッサと呼んでいたこの奥方はのち彼によって、はっきりしない理由で秘かに殺された。このことは、母親に対して行われなかった復讐の代償行為のようにみえる。ペリアンドロスは一度使者をアケロン河畔に住むテスプロート人たちのところへ送って死者たちの預言を聞かせた。それは客人の預けた担保に関してであった。するとメリッサが姿を現わして次のように言った。わたしはその担保がどこにあるか教えることはしない、というのもわたしは裸で寒さに震えているのだ、わたしと一緒に埋葬された着物は役には立たなかった、それらはわたしと一緒に焼かれはしなかったのだから。そして彼女は、自分が本当のことを言っている証拠として、ペリアンドロスがパンを冷たいかまどのなかへ押し込んだという事実を挙げた。戻ってきた使者からこのことを聞いたペリアンドロスは直ちにこの報告に従って（というのもこれは彼には確かなしるしであった。なぜなら彼はメリッサの死体と寝たのであった[19]）、すべてのコリントスの女はヘーラーの神殿へ集まるよう伝令官を通して布告を出させた。彼女たちはまるでお祭りにでも行くようなとっておきの衣裳をまとって出かけた。しかしペリアンドロスは彼の槍兵を配して、自由民と下女たちを裸にした。そして彼はみなをひとつの穴に集めて、メリッサへの祈りを捧げながら着物を焼いた。」捨て子の神話がキュプセロスに、また母親との性交が彼の息子ペリアンドロスに転移されているように[19a]、母親を巡る父親と息子の敵対関係は三番目の世代に移し置かれている。ヘロドトスは次のように報告している（第Ⅲ巻五〇）。「つまりペリアンドロスが妻メリッサを殺したあと、この最初の不幸に続いて更に次のような新たな災厄が振りかかった。彼にはメリッサから授かった二人の息子がいて、その内のひとりは一七歳で、もうひとりは一八歳であった。この二人を、母方の祖父で当時エピダウロスの支配者であったプロクレスが自分の許へ呼んで、自分の娘の子供である彼らを手厚くもてなした。二人を再び国へ送り返す時になって彼は言った。〈お前たちは、お前たちの母親を殺したのが誰か知っているのかね。〉上の息子はこの言葉を心にもとめなかったが、リュコプロンという名前の弟の方はこれを聞いて大いに悲しみ、コリントスへ帰ってからは、母親殺しの犯人ということで父親に話しかけることもしなくなった。そして父親から話しかけられてもこれに答えず、その訳を尋ねられても沈黙を守った。とうとうペリアンドロスは腹を立てて彼を家から追い出してしまった。」

ペリアンドロスは、老いてもはや統治能力がないと感じた時、息子リュコプロンを呼び戻すため使いを出した。というのも兄の方はのろまで役立たずであった。しかしリュコプロンは使いの者たちには答えず、また、父親が彼を眩惑させようとして使いに出した妹の願いをも退けた。ようやく彼が、父親と住む場所を交換するという条件のもとにこれを承諾した時、彼はケルキアの住民たちによって暗殺された。彼らはそうすることによってペリアンドロスが自分たちの国へ来るのを妨げようとしたのである。それでペリアンドロスは彼らに復讐を企て、ケルキアの最も高位にある男たちの息子三〇〇人をサルデスのアリュッテスへ送り、そこで彼らは切り刻まれた（去勢）。

われわれは、半ば伝説的なこれらの伝承から再び歴史へと立ち戻ることにより、タキトゥスがその年代記第六巻（四九）で報告しているこれと同じような出来事を更にひとつ挙げておきたい。

「これと同じ頃、代々執政官を務めた家柄の出身であるセクストゥス・パピニウスが突然投身し、恐ろしい死を選んだ。その原因は彼の母親にあった。彼女は既に離婚して久しく、息子に媚を売り、これを淫らな不倫の関係へと誘惑しようとしていた。息子はそれから逃れるためには死を選ぶ以外になかったのである。それで彼女は元老院に告訴された。彼女は議員たちの足許に身を投げ出し、このような不幸な立場におかれた両親の悲しみ、女性の心の弱さ、またこの悲しみから生じるさまざまな事柄についてくどくどと訴えたが、十年間の国外追放を言い渡された。それは、それまでには下の息子が危険な青春時代を脱しているであろうという配慮からであった。」

「古代ドイツ人たちにあっては、多くの印欧諸民族におけると同様血縁者間の結婚に対する嫌悪はわずかしかみられなかった〈テッベン前掲書、一〇頁以下〉。古イギリスのカンブラー人について、〈彼らは近親相姦を避けない〉Incestum non vitant と書いているギラルドゥス・カンブレンシスをも参照されたい。キリスト教化される以前には親子並びに兄弟姉妹間の結婚が禁じられていたにすぎない……親戚の者同士の結び付きは自由であったし、のみならず義母との結婚は許されていて、王族たちの間ではならわしとさえなっていた……例えばヴェッセンのアルテバルトは八五八年になお父親の未亡人と結婚することが出来た。六世紀の終り頃世俗の立法が教会の定めた禁止令を取り入れた時ようやく徐々にそれらが浸透していった。」

ゲルマン人たちは二つの神族を敬っていたが、そのうちヴァーネン族は兄弟姉妹婚を行っていた。一方のアーゼ族はこれを嫌悪した。

『ヴィタ・デクラニ』では、アイルランドの王エオク・イアム・ファドレクについて次のように書かれている。「三人の息子が、クロリントという名前の一人の妹と寝た。ただ彼らは、自分以外のものが彼女と寝たことは知らなかった。彼女はこれについて何も言わなかったからだ。やがて彼女は身籠もり、美しい男の子を生んだ。ルガイド・ロブデルグと名付けられたその息子は体の周りに三つの輪をつけていた。」別の出典によるとルガイドはのちに自分の母親と結婚し、クリムタウンを作る。この息子はアイルランドの大王となる。

ツィマーはこれと同じ種類の多くの素材を最古のアイルランド文学のなかから報告しており、ピクト人について次のように記述している。「兄は妹のそばに寝て、彼女の息子を作る。息子たちは義理の母親と同じことを行う。三人の兄弟がみなで彼らの妹を身籠もらせ、息子は実の母親と交わって息子をもうけ、父親は娘と寝る。それで子供の母親は彼の妹ということになる。つまりすべては、ストラボーがキリスト誕生の頃のアイルランド住民について報告し、これを信じたくないと言ったところのものを、古い伝説の多くの例によって証明しているのである。」〈『ピクト人の母権制』〈ザヴィニー財団研究誌〉一六巻〉

近親相姦が古代先進諸民族の間で有史時代へ至るまでこのように広く行われていたことが証明されるのをみると、これが未開民族においてはもっと多くみられるのではないかとわれわれは期待して差し支えないであろう。

シラー・ティーツによれば（一〇頁以下）、「ミナハサのアルフレン族は伝承によるとルミムントに発するが、彼女は自分の息子のトアルと結ばれた。他方ジャワ島のカラングス族とニアザー族も母親と息子とのこのような結合から生まれ、またザグネゼン族の祖は兄と妹の夫婦であった。たとえこれらの、また他の似たような物語が自然神話であると説明されるとしても、それらは古い時代の習慣や考え方の忠実な似姿である。」アラビア人たちにおいてみられる母親と息子の間の性交渉についてはストラボーの記述（一六、七八三）を参照されたい。彼は同じ習慣をマジャル人やヒベルナ人についても報告している。この早い時期の記念碑として、アラビア人たちにおいては完全なかたちのオイディプス伝説も残されている。ゴルトツィーヤーは個々の独立的な特徴からみてこれはギリシャの影響を受けていないと考えている（前掲書二一六頁）。アラビアの伝説が伝えている多くのニムロトのうちのひとりで、ケナアンとサルハの息子が、不吉な預言を聞いた両親によって捨てられる。それはこの息子が死んで父親に危害を加えることのないようにとの配慮からであった。ところが奇蹟的に彼は救われ、雌の虎の乳によって成長し（彼の名前ニムロトもそこに由来する。nimr はアラビア語で虎を意味する）、のちに隣りの村の住人たちによって育てられる。長じた彼は大軍を率いてそれとは知らず父親ケナアンに戦いを挑み、これを決戦において打ち負かす。彼は首都へ凱旋し、そこで自分の母であるサルハと結婚する。[20] このオイディプス伝説の特徴は、ギリシャの伝説をまさに性格付けていた防衛あるいは抑圧のモチーフが全然ないということである。

古代並びに近代の先進諸民族においては法規の厳しさよりも刑罰の厳しさの方が強調されている。「ヴィシュヌの定めには、実の母親、娘あるいは義理の娘との性交は最も邪悪な犯罪のひとつで、火刑をもってのみ贖われると書かれている。」（ヴェスターマルク前掲書七頁）。[21] 旧約聖書ののちの祭司による立法のなかには、あらゆる種類の近親相姦に対する最も厳しい禁止と最も重い刑罰が見出されるが、このことは近親相姦的な結合がおびただしく出てくる聖書のより古い部分を知っているわれわれにはなんら不思議なことではない。例えばマルクーゼは言っている（前掲書一四四頁）。「古代イスラエルに近親相姦が行われていたに違いないということは、モーゼの次のような厳しい戒律が証明している。〈母と寝んとしてこれに近付く者は死に至らさるべし。〉またコリント人への手紙（第一、五章）にも〈……父の妻と寝るという異邦人さえも知らぬ不品行あり〉とある。」レビ記に定められている近親結婚に対する厳しい禁止はよく知られている。「なんぴとも一番近い血縁の女性と交わってはならぬ。わたしがあるじなのだから。汝は汝の父や母と交わってはならぬ。それは汝の母なのであるからこれと交わってはならぬ。汝は汝の父の妻と交わってはならぬ。それは汝の父の恥であるのだ。汝は汝の姉妹と交わってはならぬ。それは内の子であれ外の子であれ汝の父と汝の母の娘である。汝は汝の息子または娘と交わってはならぬ。それは汝の恥であるのだ。」（ルター訳）このようにして親等の段階が下り続ける。これらの犯罪のうち重いものは両当事者の死をもって、軽いものは不妊化と子供を授けないことによって罰せられる[22]（モーセ第三書レビ記第二〇章）。――これと似たことがモーセ第五書申命記第二七章二〇以下に書かれている。「父親の妻のそばに寝て、父親の衣服を剝がす者に災あれ！　すべての国民はアーメンを唱えよ！……父親または母親の娘である姉妹のそばに寝る者に災あれ……」等々。[23]

同じく、禁令を名前の同一性まで拡大した中国人も、「姉妹あるいは母親との結婚を死をもって罰し、近親相姦が最も恐ろしい犯罪であると考えている。その際彼らは遠い血縁者との交わりをすでに近親相姦とみなしている。」（マルクーゼ一四〇頁）「中国人はメダーストによれば大伯父、父親のほんいとこ、兄弟あるいは甥との近親相姦的な結合を死によって罰する。母親の姉妹と結婚した者は絞首刑にされる。」（ヴェスターマルク前掲書、七頁。またローレーダー一一三頁も参照）

われわれはわれわれの精神分析的経験に鑑みて、中国人の有名な誇張された子供の孝心をも、近親相姦コンプレックスへの彼らの強力な抑圧作用、浄化作用の残余と結果であると考えて差し支えない。中国人における両親と子供との関係についてはJ・ホーガースが雑誌『アントロポス』で興味ある詳しい報告を行っている。「両親への愛は中国の道徳家の至上命令である。しかしながらこの命令は非常に広い範囲に適用され、善であり義とされているところのものすべてを包括している。両親への愛という名のもとにおよそ考えられるすべての徳が要求される。孔子の弟子のひとりは、すべての悪徳は孝心の欠如であるとさえ言っている。〈孝行息子〉と呼ばれることは中国では最も名誉なことである。そして皇帝さえもが代々自分たちの名前に〈孝行息子〉という称号を付けた。両親へのこの孝行はしかし極めて奇妙なかたちに誇張される。孝心の要求するところでは、子供は両親の生存中は彼らからあまり遠く離れてはならない、なかんずく彼らの知らない土地へ行ってはならない。それで宣教師たちは、キリストが初めて教会堂を訪れたことを中国人に理解させるのに大変苦労する。というのもイエスが一二歳の時両親に黙って教会堂を訪れたことを彼らは道徳に反するものであると感じるのである。もっと彼らが侮辱されたと感じるのは、男が父と母の許を去り、自分の妻に執着するといったような聖書のなかの言葉によってである。なぜといって中国の序列ですると愛に対する権利は両親、いや兄弟さえもが妻よりは多くもっているのである。中国人の聖典は、この命令がしばしば破られることを嘆いている。〈もしお前が妻を亡くしても、別の女と結婚出来るではないか〉と彼らは言う。妻は血の繋がった人間ではない。血縁関係、即ち両親との関係が中国人にとってはすべてに優先するのである。自分自身の肉体、健康に留意するという義務は、体は両親から授かったものであるという考えから生まれる。自分の肉体をおろそかにしたり傷つけたりする者はそのことで両親を傷つけることになるのである。中国人たちの信じ難いほどの慎重さ、臆病さはここに由来する。彼らは決して高い山へ登ったり、崖に近付いたりはしないだろう。体を手術したり切断したりすることはまさに両親への侮蔑、冒瀆とみなされるであろう。中国人たちの誤りのほとんどはこのひとつの美徳の誇張にほかならない。両親への尊敬は臆病、敵前逃亡、仕事嫌いなどすべてを正当化する。これらに比べると良い結果は少ない。そのひとつが、子供の結婚に対して両親がもっている大きなウエイトであることは間違いない。子孫を残さないということは両親に対する三つの大罪のひとつである。中国人たちの急激な人口増加と、あらゆる独身制に対する彼らの憎しみはここからくる。「子孫のいない人間」というのは軽蔑的なあだ名である。両親が死ぬと喪は三年間続く。この期間がこのように長いのは、子供が三歳になるまでが両親に最も大きな苦労をかけるという理由による。この長い喪の期間は社会生活における由々しい障害をもたらす。というのは喪に服する者がこの間しばしば自分の住まいを離れて小さな小屋へ引き籠もるだけでなく、この三年間彼は仕事をも中止するのである。このような習慣が、特に高位の官吏においていかに大きな混乱を及ぼすものであるかは想像にかたくない。確かに皇帝はその官吏たちをこの厳しい使命から解放することは出来る。しかし国是を祖先に対する尊敬の上位に置くことがあまりに多かった皇帝が年代記作者たちから烈しく非難されるということが既にしばしば起きている。」

これと全く同様に、義理の母親に対する近親相姦的嫌悪についての精神分析上の解明（フロイト、シュトルファー参照）[24] からして特筆すべきは、中国の結婚生活におけるこの母親の位置である。このことに関して私は〔ツァイト〕（一九一二年二月十六日）の文芸欄から、私的な旅行で中国を訪れたカタリーナ・ツィッテルマンの次のような報告を紹介してみたい。「中国人は非常に多くの息子をもつことを好む……中国人の結婚の目的は、将来父親のために霊前の供物を捧げることの出来る息子を生むことだけである……それゆえに中国人は多く息子をもつことを好む。そしてこれらの息子は非常に早く結婚させられ、父親の家に留まるので、母親は多数の嫁を取り仕切らねばならないことがしばしばある。彼女自身が人生において甘受しなければならなかったすべてのことを、今や彼女はこれらの嫁たちに転嫁するのである。姑のこの専制的支配はこの国の習慣で最も悲しいもののひとつである。もちろん嫁として家へ入って来るのはまだ充分な教育のなされていない子供であるから、これらに家庭内での義務や仕事を体得させるのは彼女にとっては困難である場合が多い。彼女たちは女中あるいは奴隷として扱われ、ひどい罰を受ける。嫁の自殺はなんら珍しいことではない。自殺のみが姑に対する罰となり得る。なぜならばそれは自殺した不幸な女性の実家に対して、娘の嫁ぎ先に干渉する権利を与えるからである。自分の妻の顔をほとんど知らず、またたいていは、相手がどんな女なのかも知ることの全くない若い夫――なぜなら夫婦間の親密さなどは全然存在せず、妻は女部屋で、夫は男たちの間で生活するのである――は妻を母親の残虐行為から守ってやることは絶対にしない。両親の尊重は子供たちの第一の義務なのである……かなり良好な状態の家庭にしてこういう実情なのであるから、掘っ立て小屋同然のちっぽけな家に押し込められた下層民における状態がどういうものであるかは容易に想像出来る。若い妻が虐待者である姑から身を守るたったひとつの手段は、恐ろしい大声を発することであると言われている。そうすれば、隣に住むひとたちが駆けつけてくれるのである。このことについて宣教師たちは大変おもしろい話をしてくれた。」

われわれは中国において、強力な抑圧と浄化という陰《ネガティヴ》画の背後に、かつては肯定的《ポジティヴ》であった欲望や感情に対する防壁をなおも認めることが出来るのであるが、日本人たちについては再び神話的な伝承が、のちに厳しく禁じられるに至った兄弟姉妹婚のひとつの表出をわれわれに示してくれる。日本神話は人間創造の冒頭に、鳥たちに倣って交わったいざなぎといざなみという兄妹を置いている。F・S・クラウスが彼の著書『日本人の性生活』（第二版、ライプツィッヒ一九一一年）で述べているところによると、既に最も古い法典のなかに兄弟姉妹婚及び伯母、姪、継母との結婚について言及されている。同じ法典で、両親と子供との近親相姦は犯罪であると規定されている。今日の日本においては父親のあるいは祖父の内縁の妻との性交、あるいは息子のないし孫の妻との性交は父方の伯母あるいは姉妹とのそれと同じ罰を受ける（一一四頁）。「ただ確かなことは、日本人が母親を同じくする実の姉妹との性交を重大な道徳的犯罪として忌み嫌ってはいるが、異母姉妹とのそれは許しているということである。」（九四頁）しかし古い時代の日本において妹との結婚は普通に行われていたようであり、そのことはクラウスによれば（一一四頁）、「いも」という言葉が妻と妹を意味していることからわかる。

近親相姦を犯した者たちに対する罰[25]はしばしば姦通罪のそれと同一のことがあるが、この罰はシラー＝ティーツによれば（二二頁）、「ほとんどの国民の場合罪人を溺死させることによって行われる。彼らは袋あるいは籠にひとまとめに押し込められ、石の重しとともに水中へ投じられるのである。罪を犯したのが高貴の家柄の者である場合、彼らは――これはブギ族においてみられるのだが――バナナの樹の茎で作った筏の上に乗せられて海へ流される[26]。幾つかの民族にあっては生き埋めや火炙りも近親相姦の罰として行われる。」

われわれ近代の文化国家[27]において近親相姦という概念は、マルクーゼの言うように（前掲書）、「刑法的な定義は一様ではないし、またこの犯罪がすべて同じ刑罰によって罰せられることはもっと少ない。フランス、ベルギー、ポルトガル、スペイン、スイスのヴァートラント州、オランダなどではこの犯罪は罰せられない。イタリアとスイスのノイエンブルク州では公のスキャンダルになった場合にのみ罰せられ、イギリスにおいては教会法のみが近親相姦を罰することになっている。スコットランド、イギリス植民地またアメリカではこれとは異なる。他のすべての国の法律には――従って決して大多数の国とは言えない――この罰は定められている。だが既に述べたごとく、これらを比較するに際してはひとつの統一的な観点というものが認められない。両親と子供及び兄弟姉妹の性的な交わりはすべての法律において近親相姦と名付けられているが、幾つかの国の法では、そのように近くはない血縁者並びに親戚の者たちとの交わりもこの概念に包含されている。」（一三八頁には更に詳細な記述がみられる）例えば伯父と姪との結婚――伯母と甥とのそれはもっと稀であるが――はある国では許されているが、他の国では禁じられている。いとこ同士の結婚が認められていないのはロシアとスペインのみである。息子夫婦のうち夫が死んだ後その父親が息子の嫁と結婚することはわが国におけると同様イギリスでも許されていない[28]。ロシアは七親等までの結婚を禁止している。種族、人種、民族、宗教の相違によって異なるそれ以外の結婚禁止令あるいはそれに相当する習慣についてはヴェスターマルクが報告している（前掲書）。更に、支配者の家系は自分たちより劣った血統によって低下してはならないという考え方が今日の王室そしていわゆる「皇族」の抱く家の同格という概念を完成したのだ、というマルクーゼの指摘は興味深いものである（一四五頁）。「われわれの王室においては、近親相姦結婚あるいは少なくともさまざまな親等関係にある血縁者間で行われるこれに極めて近い結婚は、彼らの家族法の恐らく最も重要な原則へと高められたのである。」

これらすべての禁止、制約、刑罰にもかかわらず、近親の血縁者と性的に結合したいという性向、人間の最も奥深いところに内在し教育や文化によってはなかなか抑えることの困難なこの性向は単にわれわれの夜の夢や、文学的な空想の産物や、神経症現象においてのみ現れるのではなく[29]、今日に至るまでのあらゆる時代においてさまざまな禁止行為のなかにも確かな存在を保持している。このことは、近代の先進諸国民の風俗史をざっと眺めただけでも充分納得させられる。ただ、ほとんど汲み尽くすことの出来ないこの膨大な領域にここでたとえおおまかにでも言及することはわれわれの果たすべき課題ではない。

われわれは既に折りに触れて挿入してきた現代の刑事事件――これらは特に父親と息子の間の嫉妬に満ちたライヴァル関係、父親と娘との親密な愛情関係を表わしている――を指摘することによって、任意に抽出した幾つかの範例を提示してみたい[30]。例えばブロッホ（『現代の性生活』七〇一頁）は、近親相姦的結合への傾向が例えばフランス・ロココのようなある特定の時期に驚くほど頻繁にみられたということを強調している。この種の歴史的事例は彼の著書『サド侯爵に関する新研究』（ベルリン、一九〇四年、一六五―一六八頁）に数多く見出される。彼はそこで次のように述べている。「近親相姦的な結合への独特な傾向は、まさにロココ時代の特徴を表わす性心理的現象とみなすことが出来る。この傾向は驚くべき頻繁さをもって、いわば大衆暗示によって引き起こされたように、当時明るみに出たものである。サド侯爵が『ジュスティーヌとジュリエット』と『ソドム一二〇日』で近親相姦について書いているすべて、彼が近親相姦のために考え出したあらゆる可能性と技巧はその当時彼に先がけてとっくの昔に実現されていたのである！　近親相姦は、当時の哲学者たちがこれを是認したのであるから、「哲学的罪過」と呼ばれるべきであるとニコラルドは言っている[31]。ディドロは『ブーガンヴィル旅行記補遺』のなかで、近親相姦は取るに足りない事柄であるとはっきり断言している。」

「悪評高いオルレアンのフィリップ公は既に、自分の二人の娘ベリイ公妃とマドモアゼル・ド・ヴァロワ、並びに妾腹の娘のひとりであるマダム・ド・ゼギュールと性的な交わりをもった。ド・テラーユはある若い女性の愛を享受したが、彼女は彼がかつての愛人との間に作った娘であった。サドはまさにこの空想を心的な快感の極みであるとしばしば讃えているのである！　悪名高き大臣リシュリューはこれと似たようなやり方で自分自身の娘マダム・ルースと関係をもったが、彼女は彼自身が愛人マダム・カポンとの間に作った子供であった。リヨンの大司教ド・タンサン枢機卿は長きにわたって実の妹を愛人としていた。だがサドの理想を実現したのはド・フラーリューであった。彼は連続三世代の女性を恋人とした。若い時彼はずっと年上のある女性と関係をもち、次いでその娘を愛人とし――彼女は彼の伯父であるモンドージュ氏と結婚した――、そして最後はこの女性の娘と結婚した。ショワザール公はグラモーン公妃である自分の妹と兄妹関係以上に親密な間柄であったが、彼について一七六四年そのことを示す小唄《クプレー》が流行した。近親相姦というこの理念が当時いかにひとびとの心を魅了したかをわれわれは、ミラボーがマダム・ド・モーニエに宛てた秘密の手紙のなかで開陳した風変りな構想『更に秘密の更に大切な計画』(le plan plus secret et plus chéri) から見て取ることが出来る。これはその内容があまりにも冒瀆的なものであったためコツタン書店は出版を思い留まったほどであった。ミラボーの望んだことは、彼がゾフィーとの間に作った子供のみならず、その子供、孫たちも共に近親相姦のうちに生きることで、そうすれば〈血の雑混〉が避けられ、自分には常にゾフィーのような女が、また彼女にはガブリエルのような男性が与えられるであろうというのである。これでわかるようにここでミラボーの空想はサド侯爵のそれと一致する。」レティーフ・ド・ラ・ブレトンもまた近親相姦空想に埋没している(彼についてのブロッホの研究参照。ベルリン、一九〇五年、三八一頁)。ブロッホはレティーフの特異な近親相姦観念について次のように述べている。「自分の妾腹の娘たちを妊娠させたという彼の度重なる報告は批評家たちに、彼の真理愛を疑わせる最も大きなきっかけを与えることになったのだが、私はこれらの報告が背徳的な空想の産物以外のなにものでもないと考える。彼は自分の娘たちと再び交わるという想像のなかに不思議な性的享楽を発見したように思われる。多くの場合彼は、この想念に耽るという目的のためにのみ自分の〈父親としての存在〉を考え出したのである……レティーフが自分の生ませた私生児たちともったと言っている多くの性的関係で、幾つかは実際にあったことであるかも知れない。ハスラーもその学位論文で、ゼフィールはレティーフの私生児であり、のちの愛人であったのだと言っている。しかしながら、彼が出会い、性的交渉をもった非常に多くの美人は自分の娘であるというのは、ほとんどは〈彼の心の温度計〉がレティーフにそう思い込ませた幻想にすぎない。おもしろいことに彼の私生児のほとんどすべては女の子なのである！　この事実は、それが、われわれが既に先ほど性格付けしたようなあの特異な本性をもつ人間の単なる幻想でしかないということを証明している。」――そもそもポルノ文学において近親相姦のモチーフは最も頻繁に用いられるテーマのひとつである。テオドール・ムントは『パリの皇帝スケッチ』（ベルリン、一八六七年、第Ⅰ巻一四一頁以下）のなかで、サン・アントワン地区では六〇〇人以上の労働者が彼らの実の娘たちと愛人関係をもっているという噂が何年も前からパリに流れていると報告している。そして彼は次のように付け加えている。「この噂の事実的根拠がしかし全然ないとは言えないであろう。この種の多くの性的結合は今述べたような大規模なものではなかったにしても、特に一八四八年の共和制時代のパリには疑いもなく存在していた。フランス人の気質のなかでは同じ血族内部での交わりに対する生物本能的な嫌悪感は、特に例えばゲルマン民族のそれほどには強くないように思われる。」（ブロッホ『レティーフ』一八二頁）性生活の秘儀的な要素が強く前面に出るところではどこでも、原初の、そして幼児的に絶えず新たな息を吹き込まれる近親相姦への欲望も再び頭をもちあげる。特に興味深いのはレーヴェンフェルトの指摘で（『性の諸問題』一九〇八年十月号）、それによると魔女の宴会《サバト》では性的な蛮行も演じられ、そこでは特に近親相姦的な交わりが強調される。その例証として古い出典による魔女の宴会の描写の一節を挙げてみたい。「ダンスが終わると、妖術師たちは二人ずつ組になって媾合しあう。息子と母親、兄と妹、父親と娘という組み合わせでも構わない。そこでは近親相姦はごく普通のことである。というのもペルシャ人もまた、良き妖術師、魔術師となるためには、母と息子の間に生まれた子でなければならないという意見だったからである。」魔女の宴会《サバト》で行われた犯罪の中心は近親相姦であった。「これらの作者たち（ド・ロークルなど）によると……サバトの主たる目的、悪魔《サタン》の教訓と明白な教義は近親相姦である（ミシュレ『魔女』第三版、一八六三年、一五五頁）。サバトにおける近親相姦的乱行についてはキースヴェッター『オカルトの歴史』（第Ⅱ章四六一頁）、ド・ロークル『堕天使と悪霊どもの変節の図』（一六一二年、二二三頁）参照。

ニノン・ド・ランクロの息子の母親に対する無意識的な愛についてわれわれは既に言及した。オルレアンの王女の書簡集オランダ版に一七〇一年十二月二十三日付で、かつて捨て子養育院へ入れた自分の息子とそれとは知らずに結婚し、それから聴罪師の許へ駆けつけるある女性の物語が語られている。また妹に対するナポレオンの不倫の恋についての噂も興味深いものであるが、新しい伝記作家たちはこれを否定しようとしている[32]。これまでに存在した最も奔放な恋人のひとりで、「安ピカ物の女王」(la reine des colifichets)といわれるポリーヌ・ボナパルトが兄に激しい情熱を抱き、彼の妻たちに対して非常に嫉妬していたということは確かである。フーシェの手記によれば、「ナポレオンはヴァグラムの勝利とウィーン講和の後——丁度その頃ジョセフィーヌとの離婚の噂が流れていた——妹の許へ急いだ。彼女は苛々しながら待っていた。彼女が兄に対してこんなに多くの愛と敬意を表わしたことは一度もなかった。その同じ日彼女は言った。〈どうしてわたしたちはエジプトで暮さないの? そうすればわたしたちはプトレマイオス王家のような生活が出来るのに。わたしは離婚して兄と結婚しよう〉[33]」退位後(一八一四年)ナポレオンは母親と妹ポリーヌを呼び寄せた。

「老フリッツ」と妹との関係はそれなりにまた極めて特異なものであり、これはある珍しい往復書簡に窺われる。これらの書簡はつい最近までは『フリードリッヒ大王著作集』(Œuvres de Frédéric le Grand)というフランス語のオリジナル版でしか読めなかったが、現在では『あるプロイセンの王女』(ランゲヴィッシェ‐ブラント、ミュンヒェン、一九一〇年)という本の補遺のなかにドイツ語で収録されている[34]。犬の話題が中心となって進められてゆくこの往復書簡のなかで、兄妹はお互いに対する肉欲的な憧れを表明している。「可愛いフォリション(妹である辺境伯夫人の所有しているグレーハウンドの名前)よ、われわれは楽しみを期待のうちにのみ享受しようというのか。われわれの心の憧れとわれわれの願いの頂点をなすものを現実へ導いていってはならないのか。われわれは世の人間どものようにお馬鹿さんになろうというのか。連中は願望を糧《かて》とし、頭のなかの作りごとで腹一杯に満ち足りる。そして碌でもない空想に時を費やしているうちに死が秘かに彼らを捉えて、あらゆる目論見ともども引きさらってゆくのだ。われわれはもっと賢明になろうではないか。影のうしろを追うのではなく実体そのものをつかもうではないか。」妹の愛の手紙は次のような文章で始まる。「もともと私はお世辞を受け入れることには慣れていません。いつも私は私の国の女性たちの徹底した貞淑振りを見てきましたので、ロマンティックな英雄的精神をある小さな冒険によって——それで私は腰を少しばかり痛めたものです——ことごとく失ってしまいました。でもフォリションには、下品な犬には許さないことも許してやることにしましょう。」この手紙を書いた時彼女は既に結婚して十五年を経ていた。その他の手紙の内容からして、現実に彼らの間に親密な関係が結ばれたと想定することはほとんど出来ないであろう。しかしそのことへの心の傾きはこれらの手紙が極めて明瞭に表わしている。

現代において近親相姦的な犯罪が頻繁に発生することに関してマルクーゼは次のように述べている（一三〇頁）。「このような性の混乱や犯罪についての報告が一般のひとびとの耳に入るのは極めて稀でしかない。これらの犯罪は現実には例外的な事件であって、微々たる数にすぎないのだという考え方が広くゆきわたっているが、専門家はこれを全くの誤りであると認めている。」その際強調されなければならないのは、マルクーゼによれば近親相姦の犯罪に関与している主要な部分は地方の住民であることが証明されているという事実である。

本章のこの文化史的なスケッチはわれわれに、原始的な近親相姦の欲望を抑圧するために動員される強力な梃子を諸国民の風俗、習慣、法律に現われたかたちで示してくれた。近親相姦的な結合に対する嫌悪は系統発生史的に人類に遺伝されてきた本能であるという広範にゆきわたっている考え方は、既に序文において強調したように、精神分析的見解に基づけば根拠を失ったばかりか、この生まれながらにして備わっていると称する本能を維持するために浪費される厳しい法規、警告、刑罰をみるならばおのずと崩れ去る。だがこのことはまた、マルクーゼ、ローレーダーなどの研究によって証明されている通り、近親相姦的結合が必ず子孫に重大な悪害をもたらすものであるという経験からくるのでもなく、ある種の文化水準（即ち抑圧段階）によって心理学的に条件付けられていたのである。ローレーダーは、生物学的な要因としての近親相姦の意味を（例えば蜂や蟻は同種交配によって初めて効果的に養殖することが出来る。最古の類人猿が近親相姦のうちに生きていたことは間違いない）、しかし同時にまた文化を形成する要因としての意味をも特に強調した。ある民族において近親相姦が強ければ強いほど、彼らの民族的性格はいっそう鮮明であり、文化における彼らの進歩はそれだけ大きく、また歴史における彼らの役割はそれだけ大きかった（四三八頁）。しかしながら有害な結果（退化）が現われ始めるにつれてその抑圧が、そしてそれとともに、神話、宗教、文学において繰り返し表現されるところのこれら幼児願望成就への憧憬空想が始まる。これらの願望は今日でもなお抑圧に非常に強く抵抗し、そのため、特別に恵まれた素質によってこれらの願望が芸術的創造において浄化されることがない場合には、神経症、犯罪あるいは倒錯へと陥ることが往々にしてある。

（1）マルクーゼ『近親相姦の概念と行為の批判のために』（Marcuse：„Zur Kritik des Begriffes und der Tat der Blutschande", Sexualprobleme, März 1908, S. 129-152）参照。それ以来ローレーダー、ヘンティッヒ並びにフィルンシュタイン、そしてテッベンなど他の著作家たちによっても多くの例が挙げられている。そこでは近代立法の刑罰規定についての分類も行われている。

（2）『動物界、植物界における血縁関係の結果、意味、本質』（„Folgen, Bedeutung und Wesen der Blutsverwandtschaft im Tier-und Pflanzenwelt", 2. Aufl. Berlin 1892）。

（3）これに関してはブレーム『インカ帝国』――グローナウ『アメリカ』（Ⅱ、九三頁）――マルクーゼ前掲書一四四頁参照。

（4）これについてはヒュプシュマンの『ペルシャの近親結婚について』（Hübschmann：„Über die persischen Verwandtenheiraten", Zeitschrift der deutschen morgenländischen Gesellschaft, 1889 S. 308）参照。

（5）「古代古典の立法者たちはまさに、父親殺害などは不可能事であることを自慢したが、それはあたかも彼らがその良心のやましさ、あるいは社会の良心を鎮めようとしているかのような印象を与える。」（シュトルファー『父親殺し』一八頁）

一方ストラーボの報告しているさまざまな民族にあっては、夫と妻がある年齢を超えると殺され、若い者たちに場所が提供された。

（6）これらの事情はゲオルク・エーバースの作品で一役を演じている。彼の『エジプトの王女』においては古エジプト王家の兄弟姉妹婚という習慣が描かれているが、そこに登場するサッフォーのなかに作者は、「魅力的なフランクフルトの従姉妹《いとこ》ベッツィを美しいブラーゼヴィッツのリーナ・フォン・アーデルスゾーンと絡み合わせた。」（エーバース『わが人生の歩み』G. Ebers：„Geschichte meines Lebens", S. 506）

（7）S・エンゲルス『家族の起源』（S. Engels：„Ursprung der Familie", 4. Aufl. 1892）、モーガン『古代社会』（L. Morgan：„Ancient Society", London 1877）。

ルターは、近親者の間の結婚は第三親等まで禁止されるべきだと要請したが、それは「良心のためではなくて、貪欲な百姓たちに悪い見本を示さないため」である。この連中は「財産目当てとあらば最も近い血縁者をも妻に娶るであろう。」（マルクーゼ『近親相姦について』からの引用）

(8) ヴィルケン『アルジノイテーリウム』(プロイセン王立科学アカデミーの税制講座、ベルリン、一八八三年、九〇三頁)参照。――また同じ著者の『血族結婚』(Wilcken: „Ehe zwischen Blutsverwandten", Globus LIX, 1891)もある。

(9)「血縁結婚は古いエジプト民族には血肉に沁み込んだ習慣となっていた。それで今日でもエジプトでは従姉妹との結婚は自明のものと考えられている。」(ローレーダー五四頁)われわれの文化環境においてもいまだに従姉妹との結婚は、母親あるいは姉妹にリビドーが固着しているひとびとによって好んで行われているということをアーブラハム(『年鑑』第一号、一九〇九年、一一三頁)とシュテーケル(『文学と神経症』前出、三三頁)は彼らの精神分析によって発見した。

(10)『バビロンの精神文化、そして人類の文化発展とのその関係』(„Die babylonische Geisteskultur und ihre Beziehungen zur Kulturentwicklung der Menschheit", Sammlung Wissenschaft und Bildung Bd. 15)。

(11)『強迫行為と礼拝』(前出小著作集第Ⅱ巻、一九〇九年、一三一頁)。

(12) これら集団結婚の実情は童話のなかにまだ明瞭な余韻を保っている。例えばハンガリーの童話(『エルデリーの雄牛』、一八九〇年、第一一番)では王が七人の娘を七人の息子と結婚させようとする(次章参照)。

ここではケルト人のある謎を挙げておきたい(ケーラー小著作集第Ⅰ巻、二一八頁)。ある男の眼の前を九人グループの若者が三組通過し、その後ひとりの男とひとりの女が馬で通った。彼女が言うには、初めの九人は自分の父親の兄弟である、次の九人は自分の母親の兄弟である、最後の九人は自分の息子であり、彼らはすべて自分の夫の息子であるというのである。メックレンブルクのある民衆本のなかでは二七という数字の代りに二四が出てくる(ヴォッシドロ『メックレンブルクの民話伝承』、第一巻謎、一八九七年、九〇一番)。

キャンベルはこのケルト人の謎について、女性は自分の祖母の夫と結婚することが出来たのだと考えられていた、と説明しており、またJ・ボルテは、これと似たような謎がインドにもあると言っている。

(12a) ストア派の始祖ゼノンの言葉がわれわれに残されているが、これが大変おもしろい。「オイディプスがその母イオカステと夫婦の床をともにしたことがどうしてひとびとを驚かすのか私にはわからない。なぜといって、もし彼の母親が病気であったなら、彼は自分の手で彼女の体のどこかを掻いてその痛みを少し和らげてやりたいと思ったことだろう。この行為ならばなんら不作法であるとは思われなかったであろう。彼が彼女の体の他の何箇所かを掻いて、それで合法的な子供を作ることによって彼女を楽しませ慰めたとしてもどうしてそれが不作法であると考えられるのか?」

(13) クレラ『ローマの皇帝近親結婚』(Kurella: „Die römischen Kaiser-Verwandtenheiraten", Nation 1887)、フェレロ『ローマ皇帝の女性たち』(Ferrero: „Die Frauen der Cäsaren"――ヘンティッヒ『ティベリウス』。

(14) F・ヤコブス訳、シュトゥットガルト、一八三七年。その内容は主として近親者間におけるあらゆる誘惑と情事の物語からなっている。

(15) ペリアンドロスについてはロッシャー事典におけるW・シュルツの説明参照。

(16) ネロにおいても同じ理由から生まれた、これと似た変身がみられるが、これについては第三章の注11を参照されたい。

(17) ここではこっそり行われるすり替えのモチーフが近親相姦モチーフであることがわかる。例えばこれはシェイクスピアの『尺には尺を』（また『終りよければすべてよし』）にもみられるもので、そこでは公爵の性行為の相手として、みたところ自分の兄に夢中になっているらしい妹の代りに、彼みずから誘惑した娘がすり替えられる。暗がりのなかにいて声も聞けないので彼はこの相手の正体がわからないのである。

同じように、私が拙論『裸のモチーフについて』（前出）で母親コンプレックスと結び付けたところの点灯の禁止もこれと似たような意味を獲得するが、これはこのモチーフを同じ意味の名前隠し（ローエングリーン）に近付けるものである。S・ツヴァイクの『最初の体験』参照。これは暗闇のなかで見知らぬ女性に相手をさせられる少年の物語である。

(18) 彼の子孫たちは彼が奇蹟的に救われたことに感謝して、立派な飾りをつけた豪華な箱をオリュンピアのヘーラーの神殿に奉納した。

(19) ある詳細な解釈――ここでは深く立ち入る余裕はないのだが――に従えば、この物語全体が関わっているところの（死んだ）母親の胎内への回帰との関連――これは「英雄誕生の神話」に一致する――が明らかになるであろう。しかしながら「神託」は死んだ母親への、母胎への無意識的な回帰を示している。「民衆は生まれてこなかった者を不思議な謎の基礎にもした。これらの国際的な謎（ドイツ、フランス、イタリア、ギリシャ）にはいたるところ同じ物語が基になっている。即ち、マクダフのように母胎から切り出された少年（彼が父親と娘との間の子供であるという特殊な状況が更にこれに加わる場合がしばしばある）が、その間に亡くなった母親の肉体をのちに発見し、その皮膚から手袋を作り、生まれていない小馬を手に入れ、この服装である異国の宮廷へ騎行し、そこである謎によって内気な王女の手を獲得するというものである。」（クレーガー『マクベス』七六頁）

(19a) ペリアンドロスの上の息子キュプセロスの名前のみならず、冷たいかまどのパンというペリアンドロスを指す象徴的な比喩もこの複製化を示している。この比喩は最初のキュプセロスの小麦粉の箱と同じ領域からとられたものである。

(20) この話は『アンタラ物語』の序で長々と語られている。

(21) シュトルファーの指摘によれば、ハムラビ法典は息子に対する父親の権威をモーセの律法ほどには認めていない。もし息子が、子供たちを生んではいるが彼自身の母親ではないところの父親の第一の妻と一緒にいるところを捕まると、彼は父親の家から追い出される（一五五条）。これに対して息子の婚約者と寝た父親は、もしこの婚約者が既に息子と交わっている場合海中へ投ぜられる（一五八条）。――「兄弟姉妹婚が〈ハムラビ法典によって〉可能であると考えられているということは、それについて明記されていないところから推測出来る。両親と子供並びに義理の子供たちの間の結婚は厳しく禁じられている。」（イエレミアス『旧約聖書におけるバビロン』前出、四二四頁）。

リトアニア人や東プロイセン人においては息子は継母と結婚することが許されていた。アングロサクソン人の間では継母との結婚が好まれていたようである（シュトルファー一二頁、注4――シュラーダー百科辞典九一〇頁参照）。特にサクソン人たちにおいては継母との結婚が相当頻繁に行われていた。ある伝承によれば――尤もそれは問題の余地を残している伝承ではあるが――プワチェのディアナ（一四九九―一五六六）はフランツⅠ世ならびにその息子ハインリッヒⅡ世の恋人であったと言われている。

（22）ここでは、不妊化と子供を授けないというこれらの罰が、ギリシャ神話においてはしばしば母親の前史のなかに、彼女の犯罪の結果として国全土へ移されたかたちで見出される（オイディプス、テュエステースなど）、ということを指摘しておきたい。

（23）ミヒャエリス『モーセの婚姻法についての論文』Karin Michaelis: „Abhandlung von den Ehegesetzen Mosis" 参照。

（24）Reinach: „Le gendre et la belle-mère" (L'Anthropologie déc. 1911, S. 651)

「ヴィタンスはタブーに属し、その変種にすぎない……最も普通のヴィタンスは婿と義母との間に存在する。オマハ、スィウー、ダコタの男は義母に会うことも、彼女と話すことも、その名前を口にすることも許されず、たまたま出会った場合には、互いにすれちがう時に顔を覆い隠さねばならない。同様のヴィタンスはアフリカの黒人にも見られる。婿は義母の小屋へ入ってはならず、道で会った時は、義母は茂みの蔭に隠れ、婿は楯で顔を隠すのである。これはオーストラリアでも同じである。これを破ると、超自然的な罰として婿の髪は抜け落ち、歯も抜けてしまう。」（これに関してユヴェナル『風刺集』からの次の引用を参照されたい。「……あるアフリカ人種族に見られる近親相姦に対する恐怖は、家畜同士でさえこれを禁じなければならぬと信じているほどに強大である。」その理由は、婿が義母に「お母さん」と呼びかけると、彼の妻は彼の姉妹になってしまうからだという。

（25）この刑罰のもつ象徴的な意味に関してはシュトルファーの論文の最終章、『オイディプス伝説』（二六三―二六五頁）における私の指摘、更に『英雄誕生の神話』を、またローエングリーン伝説にみられる誕生と死の象徴的描写を参照されたい。

(26) 姦通に対するこれと似た酷刑について以前〔トンキンの未来〕が中国から報告している。「十一月二十一日フランスの官吏たちがゆっくり河を下っている小さな筏に気付いた。そこには人間が横たわっているように思われた。そこでこの事態を解明すべく一艘のボートが出された。官吏たちの眼の前に現れたのは恐ろしい光景であった。その筏の上には二つの死体が横たわっていた。ひとりの女が仰向けになって腕を伸ばし、その上に男の死体が重なっていた。手とくるぶしをさし貫いている大きな釘によって二人の死体は重なり合って十字のかたちに固定されていた。その不幸な女性の唇は縫い合わされていた。筏の隅には小さな子供が角材にしっかりと結び付けられ、まだ微かに泣いているのが発見された。死体に貼られていた一枚の紙切れが事の真相を告げていた。この女は自分の夫を裏切ったために殺され、そしてもう一方の死体は彼女の相手の男であった。女は明らかに上流階級の出であり、高価な絹の夜会服を身に着けていた。男は二〇歳くらいと思われ、通訳の衣裳をまとっていた。子供は直ちに引き取られたが二日後に死んだ。筏は岸から幾百人もの人間の眼に触れたにちがいないが、誰ひとりとしてこの不幸な二人と子供を救ってやろうとはしなかったのである。」

(27) ヨーロッパではスイス、ティロル、アイスランドにおいて近親相姦は非常に広く行われていた（ローレーダー九一頁以下）。フートによれば（一一四頁）、ゾイデル海沿岸のシュクランドでは今日でも多くの近親相姦結婚がみられる。更にフィスビーとソルトバーンの間にあるステイスズ村もそうである。

(28) これについてイギリスの教会が示している根拠は興味深い。即ち教会による婚礼の儀式によって男女は「肉と血」になるというのである。従って義理の姉妹と夫との血縁関係は実の姉妹と彼とのそれより近くなり、もし彼が前者と結婚すれば近親相姦になるのである（マルクーゼ一三九頁）。

(29) 抑えつけられていた衝動が、例えば「アダム派」の例にみられるように、キリスト教の強力な抑圧を受けた後間もなくして爆発したという事実は特に興味深い。――「最初のキリスト教世界の内部においてはすでに早くから幾つかの方向が打ち出されていて、これらは……自然の親等によって賦課されていた制約を除去しながら性的交わりをも促進させていったと言われる。」（シュトル前掲書七〇五頁）このことについての更に深く掘り下げた心理学的説明を私は『誕生の外傷』で試みた。近親相姦的な交合の行われる宗教的な祭儀《オルギー》についてはユングをも参照されたい（前掲書四〇四頁）。

(30) これ以外の資料ではクラウスの『アントロポフュテイア』（I、三一四―三一五頁）及び『近親相姦について』、ジュロールの『諸民族の信仰と習慣における生殖』（七四頁及び一八三頁以下）、タラセフスキーの『ウクライナ地方における農民の性生活』（Tarasevskyj: „Geschlechtliches Leben des ukrainischen Bauernvolkes“, 1909 S. 137）などがある。これらの傾向がいかに深く国民に根付いているかは一七世紀終りから一八世紀にかけてのドイツの古い新聞から集められた文化史的に興味ある記録集をみればよくわかる。この資料集をエーベルハルト・ブーフナーが『愛』というタイトルのもとに出版した（ランゲン、ミュンヒェン）。

（31）ニコラルド『一八世紀における宮廷とサロン』（Nicolardo : „Les Cours et les Salons au dix-huitième siècle“, S. 305-311）。

（32）アンリ・ダルムラ『恋する女、ポリーヌ・ボナパルト』（Henri d'Almeras : „Une Amoureuse. Pauline Bonaparte“, Paris 1908）。

（33）ヘンティッヒ（『近親相姦』一九四頁）による。そこには妹マルヴィーネへのビスマルクの愛、モルトケのオイディプスコンプレックスの例証もみられる。

（34）フリードリッヒ大王の関係は父親とのたたかいの点でも注目すべきものである。妹が二人の間に入って調停している。彼は許婚者の主な功績として次のことを挙げている。「彼女は私に、お前に手紙を書く自由を作ってくれた――これはお前がいなくなってからの私のただひとつの慰めです。私は犠牲者となって自分を提供しよう！……彼女の愛する人生のために私は喜んで私自身の人生を提供する積りだ。」（ラート『妹の心』一〇三頁以下）

第一三章　きょうだいコンプレックスの意味

でも私たち人間はみなそのような結婚から生まれてきたというではございませんか。

イプセン『幽霊』

きょうだいコンプレックスの意味は両親コンプレックスとの関係においてのみ正しく評価し理解することが出来る。なぜならば、きょうだい間の関係は精神分析的研究によって一般に両親、特に母親と緊密に結び付いていることがわかっているのである。このことは特に、私が前オイディプス状況と呼んでいる段階に当てはまる。そこでは次に生まれて来るきょうだいが、母親との関係を妨害する第三者の役を演じることが往々にしてあるのだが、それは父親にこのような意味が与えられる以前にみられるものである。経験の教えてくれるところでは、兄は、自分が置かれている母親との有利な立場を脅かすことになるこの新参者を最初は強い反感をもって迎える。それが弟である場合、母親の愛情を巡る競争相手としてすぐに敵視されるであろう。妹の場合であっても、彼女に対する優しい感情は、最初にある敵対的な感情と平行して徐々にしか現れ出ない（アンビヴァレンツ）。ちなみにこの優しい気持は、もっと弱い、また少しばかりニュアンスの異なったかたちでではあるが、弟に対する関係においても認められる。やがてのちになって、つまりオイディプス状況において父親が、母親を巡る強力な競争相手の役を演じるようになる。しかしオイディプスコンプレックスにおける挫折によって少年はやがて間もなく自分より弱いライヴァルである弟を再び、子供の次元に引きおろされた第二の父親として考えるようになる。

妹に対する少年の関係もこれと似たようなかたちで形成されてゆく。妹もまた最初は母親を巡っての競争相手とみなされるが、しかし間もなく母親の理想的な代理としてその位置に就くことが出来る。次に彼女は少年の空想のなかで、純粋な女性の理想像に変ってゆく。父親の所有物となっている母親は彼の眼には理想の女性役を演ずるにはほとんどふさわしくない存在となってしまったのである。この転移がスムーズに行われるのはきょうだい相互の関係が、彼らの年齢、思考、感情に大きな差がないため、文化の広い溝によってかけ離れている子供と大人たちとの関係よりははるかに近しいという事情による。このようにして、同じ屋根の下で成長してゆく性の異なった子供たちの間には同属意識の深い絆が形成されてゆき、この絆は相互に情報を交換したり、大人に対してささやかな秘密を守ったりすることによって強固なものとなってゆく。このような道程を経て、通常の観察が教えてくれるよりははるかに多く男きょうだいと女きょうだいとの間には往々にして既に幼年時代から――しばしば同じ寝床で眠るということもあって――肌の見せ合い、性愛的な接触や遊戯などが行われるようになる。これらは両親あるいは動物において彼らが垣見た、ないしは憶測した性交の模倣の試みへと発展する場合も少なくない（お父さんごっこ、お母さんごっこなど）(1)。精神分析はこの種の幼児的な「性の外傷」（Sexualtrauma）を無数に知っているが、これらは神経症者の幼年時代に見出されるのみならず、彼らにあっては空想形成が強化されることによってのみ感情的に生き生きと保たれ、無意識のなかから抑制的な作用を展開させるのである。これらの衝動や体験は正常な人間においては無意識の底へと沈んでゆくが、一方これらは詩人の空想生活をその晩年においても常に満たし支配する。これらの空想は詩人たちの作品において押し付けがましく幅をきかせているが、この押し付けがましさは部分的には、これらの空想が、より不愉快で差し障りのある両親コンプレックスのもっと意識的な代用品として使用し得るということから説明出来る。しかしこれでは空想形成の文化史的役割と発展についてはまだなんら言い尽くされたことにはならないのであって、われわれは以下これを資料そのものに依拠しながら調べてゆきたい。

　モーガンの調査（『原始社会』）は今日充分の評価を受けているが、それによれば婚姻の最も古い形態は集団結婚であって、これは血縁関係名称の等級分類的な体系の上に成り立っていた。それによると、一族の構成員は血縁の親等によってではなく、年齢と結婚の可能性に従ってランク付けされる。[2]「例えば兄弟、第一及び第二親等のいとこ、そしてある意味で男たちの同じ世代に属する者、同じ結婚階級に数え入れられる者はすべて、たとえ彼らが血縁関係になくても、ひとつの言葉（〈兄弟《ブルーダー》〉）で呼ばれる。このことは例外なく部族外結婚、即ち一族を二つのグループへ編成することと結び付いている。このグループのいずれも他のグループとしか結婚出来ないことになっている……このことは、各部族の半数にあたるすべての世代の人間が結婚共同体のうちに生活するという、現在では消滅してしまった家族形態への展望を与えてくれるように思われる。」「社会学的、文化史的研究を踏まえれば、また特にモーガンがマレーにおけるきょうだい間の集団結婚（もちろん彼らはわれわれの意味でのきょうだい、即ち両親を同じくする子供たちではなく、また近い血縁関係者である必要も全くなかった）のなかにすべての血縁制度の最も古いかたちを認めて以来、人間の性的関係の最初のかたちが近親相姦的な性格のものであったということはもはやほとんど疑いの余地はない。」（前出）「男と女のきょうだいの神話的・性的な結び付きはあらゆる民族の歴史の最初にみられる。」しかし母親に対する息子の性的な愛着――これがいかに強いものであるかは神話が証言してくれている――が歴史的には単に偶然的な珍事としてしか報告されていないのに対し、他方われわれがエジプトやペルーの王家に見出したような、またカムチャッカ人たちの王室において、シャム、ポリネシア、インドシナなどにおいて一般的に行われていたと言われているような（ローレーダー九〇頁）男きょうだいと女きょうだいの関係は長い時代を通して兄弟姉妹婚のかたちで認められていたのである。有史時代におけるこれら独特な兄弟姉妹婚の先がけは恐らくモーガンのいう前史時代の「集団結婚」であって、これは南太平洋において、またアメリカの多くの種族の間に残されている。「同じように時折りみられる一妻多夫《ポリュアンドリー》、すなわち一人の女性と複数の男性（すべて兄弟）との婚姻はこれらの状態のひとつの分枝として考えられる。」（モーガン前掲書）この形態は、叙事詩、童話(3)、また個々の文学において女きょうだいを巡って敵対し合う男きょうだいたちのたたかいとしてまだ名残りを留めている。

これについての最もよく知られている例は恐らく古イギリス人の集団結婚であろう。シーザーは彼らについて次のように報告している（『ガリア戦記』第Ｖ巻、一四）。「夫たちはそれぞれ一〇名ないし一二名の妻を共同で所有していた。しかも兄弟が兄弟と、両親がその子供たちと共有していた。」似たようなことが紅海にある島の住民である古アラビア人たちにおいて、また古代の他の幾つかの民族においてみられたと言われている（ミュラー・リュエル『婚姻の形態』一九一一年、三二頁）。

現存する未開民族の多くにおいて集団結婚の更に進んだ形態が観察された。古ハワイ人、タヒチ人たちのプナルア婚に関してはモーガンの貴重な調査に負うところが多い。ハイラム・ビンガンによるとハワイには「ポリュガミー、即ち複数の男性と複数の女性との婚姻」が行われていたし、また「男と女のきょうだいの婚姻的結合は高い階級の間では極めて好ましいこととされていた。」ロリン・アンドリュースによると「プナルア」の血縁的関係は、二人ないしそれ以上の男きょうだいが彼らの妻を、また二人ないしそれ以上の女きょうだいが彼女たちの夫を共同で所有する傾向があったために保たれた（ミュラー・リュエル）。オーストラリアの多くの種族において発見されたもので、兄弟の集団結婚の別種があるが、これは、「年上ですでに結婚している方が年下で未婚の者に、彼らの妻と同衾する権利を譲るが、しかしその代り彼らの方でも、弟たちがのちになって結婚した時にはその妻と寝る権利を要求するというものである。」（Ａ・Ｗ・ハウイット〈人類学研究所報〉、ロンドン、XX号、一八九〇年、五三頁）この習慣はクーノーの調査によると（『南半球の黒人』四四頁）、「全く異なった言語習慣をもつオーストラリアの諸種族において見出され、従ってこれはある特定の民族の特殊例ではない。」

インドの幾つかの種族にも集団結婚が発見されたが、われわれに最も興味深いのはマラバールの海岸地方に住む名門の騎士階級スードラである「ナイール」にみられるものである。「彼らは、多数の血縁者で構成される大きな家族共同体のなかで生活する。この血縁は母方の家系だけに限られ、父親たちは問題にされない。この共同体の成員はすべてを共有する。共通の基本財産の管理者は最年長の男であるが、内部の家政については最年長の女性がこれをつかさどる。男たちは結婚ということを全然しないで、同じカーストの女性たちとの自由な恋愛のうちに生き、恋人として他人の家に迎えられる。家計は彼らの妻あるいは恋人ではなく、彼らの母親あるいは姉妹によって賄われる。男のきょうだいが家族から離れてゆく場合には女のきょうだいがひとりこれに同伴し、今度は彼のために家計を引き受ける。」（ミュラー・リュエル、三五頁）「恋愛と家計は従ってナイール族においては完全に別である。母系家族制が自由な恋愛を可能にしているのであって、いみじくもブキャナンは〈ナイール族の人間は自分の父親を知らない〉と言ったほどである。[4]」「従って厳密に言うと、ナイール族の集団結婚は一妻多夫《ポリュアンドリー》と一夫多妻《ポリュガミー》とが結び付いたものである。」（同三六頁）[5]複数の男性と一人の女性が結婚する一妻多夫は特にチベットとインドに広くみられるが、その場合「これらの夫たちは常に兄弟」である。[6]これについてルースレは、「複数の男性と一人の女性との結婚は恐らくインダス河流域と西ヒマラヤ地方の原始民族の最も古い社会機構の典型であろう」と言っている。[7]ミュラー・リュエルによれば多分インドの一妻多夫は当時支配的であった母権制と関連がある（プフルーク・ハルトゥングの世界史第Ⅰ巻中にあるコンラディ担当の「中国」をも参照されたい）。

従って、「兄弟」と「姉妹」が相互に性的交渉をもっていた母権的な家族生活（バッハオーフェンの言う意味での）のネイティヴな時代のあとに父権制の時期と個別的家族（個別的結婚）の確立が続くのをみてもわかるように、文化史的な発展は実際個人的な発展と呼応してなされてきたように思われる。家族における同様発展史的にも「父親」が登場するのはのちになってであって、それ以前は民族叙事詩がわれわれに伝えてくれている通り、母親（そして姉妹）を巡って激しい「兄弟闘争」が既に繰りひろげられていた。このたたかいで支配権を獲得することに成功したのは、われわれがフロイトの意味での「原父」（Urvater）として承認することの出来る人間（あるいはグループ）であった。この家長に対する兄弟たちの謀叛と彼の失墜（殺害）は、もともと既に存在していた母親支配と兄弟集団（共通の妻を所有している）との状態を復活させたにすぎない。この状態は明らかに、強者がこの「自然の秩序」――もちろんこれも決して牧歌的なものではなかったが――を破壊する以前に存在していたのである。

もともとは兄弟たちのひとりでしかなかったこの「原父」はやがて、息子たち（兄弟たち）が成人するとこれを家から追い出し、みずからの所有権――これには妻たちへのそれも含まれる――を安んじて保持しようとする。そして姉妹たち（現在では娘）は、もっと若い男と一緒になりたいと思う場合（父親による迫害）には彼の許を逃げ出すか、さもなければ他の家族から追い出された息子たちによって奪われるかである（掠奪結婚）(8)。家を追われた息子たちはまず異郷の地に、然も妻（母親）の家に留まって、そこで代りを見付ける。あるいは義理の父親が「第二の父親」の正体を現わした時妻を家から連れ去る。のちになって彼らは、自分自身の父親を失墜させ、財産を相続するため生まれ故郷へ戻って来る。私はこの発展過程を、童話伝承を文化史的に考慮することによって再構成しようと試みた（『神話と童話』一九一四年参照）。一方叙事詩伝承（特にインドの）においては一番古い集団結婚の解体が描かれており、この解体はやがて兄弟闘争のもとに父権制の樹立へと向かう。主人公はそこでは、童話においてもまだそうであるように、父親に対しては兄弟に対するほどには強く抵抗を示さない。最終的に彼はこの兄弟たちを打ち負かし、まさにそのようにして父親となる、即ち支配権を奪い取るのである。童話に出てくる親切な兄弟たち（助けびと、動物）は、兄弟たちが一致協力していたかつての時代を再生しているように思われるが、この一致協力にはまさに一番年の若い弟が反抗するのである。

兄弟姉妹の結婚を許していた多くの民族の制度については既に指摘がなされた（本書第一二章）。ディオドールは歴史叢書の第Ⅰ巻（一三章）において、エジプト人のこのならわしを彼らの神話（オシリス伝説）に起源を求めている。エジプトのある物語のなかからヴィートマンは、王室に伝わる古い慣習に従ってアフレが兄のネネファル・カプタと結婚する事情を紹介している。――プトレマイオスについての研究をしているヘンティッヒは、プトレマイオス第二王に最初のきょうだい結婚を見出した（前掲書一七三頁）。しかし彼の子供はこの妹との間に出来たものではなく、彼女と同じ名前をもつ以前の妻とのものである。この王朝はそれ以後兄妹婚によって続いたのではない（そうではなくて伯父と姪とのそれによってである）。兄妹結婚が王室の習慣となるのは第八王朝まで待たねばならなかった。ヘンティッヒはこの王を精神病者として描いている。「彼は妹との結婚式の日に、彼女と兄との間に出来ていた子供を殺害した。〈そして彼女は、自分の息子の血を浴びている殺人者を寝床に迎えねばならない〉[9]。彼は妹であり兄嫁であり妻である彼女を離婚し、その娘を強姦してこれと結婚した……クレオパトラⅡ世が反乱の先頭に立った時彼は、この妹との間に出来た息子のメンフィテスを自分の眼の前で殺させ、切り刻み、箱に詰めて彼女の許へ送った。」ブーシエ゠レクレールは、彼はエネルギッシュで、知的な面ももった男ではあるが、しかし非情な暴君であって、みずからのなかにこの種族のすべての男性らしさを蓄え、そしてそれを使い果たしたように思われる、と言っている。「彼以後、統治する術と意志をもっていたのは女性だけであった。」（『プトレマイオス王朝の歴史』第Ⅱ巻、八七頁）世界に名をはせた最後のクレオパトラ（Ⅷ世）において極まるところの、このエジプトにおける女性支配は部分的には古い母権制の再生を意味するように思われる。この母権制のもとで初めて兄弟姉妹集団結婚が社会的に可能となったのである。それゆえ彼女はまた野心的な女（母親と姉妹を一身に兼ねる）の典型をも代表しており、このことによって最終的には男との戦いに敗れ、生命と支配権を失う[10]。

これと同じように、ヘンティッヒによれば、有名なペルーのインカ王朝は一三人の支配者が続いた後で滅亡した。

この王朝は二人のインカ皇帝の争いをもって終焉した。一方は正統の妻、姉妹の息子でワスカールといい、もうひとりのアタウワルパは純粋な血統ではなかった。後者が勝利を収め、そしてガルシラッソー(11)によればインカ王家の血が流れているすべての人間を執拗な拷問にかけて処刑させた。通常の民族においては厳禁されていた兄弟姉妹婚(12)はヘンティッヒによると次のような経過を辿ってインカ王室の家族法になっていった（前掲書一七一頁）。即ち、財産相続を巡るすべての争いを防止し、神の子孫たる一族の血を純粋に保つためマンコ・カパクは、王位継承者は常に一番年長の実の姉妹と結婚すべしという命令を下した。(13) エジプトにおけると同様にここでも神話が引き合いに出されているが、このことは恐らく滅び去った原始的な集団結婚を暗示していると思われる。この集団結婚は遠い過去においては現実に存在し、現在では王室における兄弟姉妹の個別的な結婚を正当化するためのものとなっている。伝説によれば、太陽神がその子供たちのうちの二人、兄と妹、夫と妻を派遣し、人喰い族であるペルー人に文化をもたらしたことになっている。

インドの伝承においてはプサンが妹スルガと交わる（リグヴェーダⅥ巻）、ヘロドトスはペルシャ人たちにおいて自分自身の妹と結婚した最初の王としてカンビュセスの名前を挙げている（『歴史』第Ⅲ巻、三一）が、彼は「姉妹のうちのひとりが好きになり、これを妻に娶りたいと思った。」王付きの法官たちは、それまでペルシャ人の間では極悪の犯罪とされていたこの結婚のために法律を作り出した。だがカンビュセスはその後暫くして二番目の妹とも結婚し、やがてこれを殺害する。しかもこの殺害は、カンビュセスがある夢を根拠にして暗殺させた弟スメルディスの死を彼女が悲しんだことに対する嫉妬の発作からなされたものである。彼は生まれながらにして、「ひとによっては神聖な病い」と称されている難病をもっていたといわれている（第Ⅲ巻、三三）。またヘブライにあっても、個々の旧約聖書の伝承が示しているように、異母姉妹との結婚は許されていた。このような結婚が広く一般的に行われていた証左としてネルデケが、しばしば恋愛詩《ホーエンリート》に出てくる「わたしの妹、おお花嫁よ！」という表現を挙げているのは特徴的である。これがいかに正しい指摘であるかは、エジプトにおいては恋人同士、夫婦が相互に「兄」と「妹」で呼び合っているという事実が証明している。例えばそれは愛の歌のなかにもみられ、明らかに当時許されていた兄弟姉妹婚の最後の名残りである。ユダヤ人においてこのような結び付きはもっとのちの時代にもまだあったに違いない。そのことをヘゼキールの次のような箇所が示している。「彼らは自分たちの息子の妻を思いのままに凌辱し、自分たち自身の姉妹、即ち父親の娘たちを強姦するのである。」ユダヤ人追放ののちに初めてこの種の結婚は祭司法典において禁止された（これについてはあとで言及する）。古代ユダヤ人における近親相姦に対するローレーダーの見解は興味深い。ユダヤ民族の近親相姦思想は宗教の固執からくるもので、そこから今度は、まさに宗教に忠実たらんとして、近親相姦の必然性が（時として）生じた、と彼は言っている。

　集団結婚のさまざまな形態は見出されるものの兄妹間の個別的な結婚はやはりたいてい支配者の家族にしか残っていなかった未開民族においては、兄弟姉妹近親相姦はこれと似たような役割を演じている。インドネシア（レバク南東、レシド、バンタム、西ジャワ）のバドウィス族は数百年来近親相姦のみによって存続してきた。カムチャッカ人やワンゴロ人においても兄妹婚がみられる。ゴアムでもしばしば兄弟姉妹が相互に結婚しているとアラゴは書いている。このような結婚は最も自然にかなった、最も妥当なものであるとさえ考えられている。特にバギルミー、シャム、ビルマ、ポリネシアの王家において兄妹婚が珍しくないこともよく知られている。バブの報告によると（『民族学学報』一九〇六年、二八一頁）、インタパタブリ（カンボジヤ）の妃ヤミは兄と結婚した。この夫婦には子供が授からなかった。彼女は自分の双児の兄弟に夫になってくれるよう頼んだが叶えられなかった。このようにしてわれわれは、より原始的な発展段階をまだはっきりと示している未開民族において、最初の規則、禁止令、処罰もまた、ますます進んでゆく近親相姦防止に向けられていたことを認めることが出来る。一般に、「近代文化の洗礼をまだ受けていない民族は先進社会より、結婚から除外された親等の範囲をもっと広く定める。その場合禁止令は種族、一族のすべての成員に及ぶことさえしばしばあり、これを犯すことは重大な罪とみなされる。[14]」

「多くの未開人においては血縁者との性的交渉に対する嫌悪は非常に強く、そのため彼らは同族の成員間での結婚禁止令を作り、部族外結婚を樹立するにいたった。近親相姦一般の禁止と、同種交配的な、特に近親相姦的な交わりに対する非常に広範な怖れは、すでに悪しき経験への反動を表わしているということを疑ってはならない。」（マルクーゼ前掲書一四一頁）ヴェスターマルクの説得力ある見解に従えば（前掲書一一頁）、「掠奪結婚もまず第一に厳しい近親婚に対する反感から生まれた。[15]」そして新婦を新郎の親戚の女性と交換するという、彼の挙げている習慣――これはオーストラリアの幾つかの種族にみられる――のなかにわれわれは、最古の近親結婚そのものの際立って特徴的な名残りのみならず、近親相姦を避けるための特別に洗練された安全対策をも認めたいと思う。わけても義理の母親に対する近親相姦嫌悪[16]を示しているオーストラリアの未開人たちの、トーテム信仰が基礎になっている極端な結婚制約規則について、フロイト（『トーテムとタブー』）は精神分析的な解明を与えることが出来た。つまり彼はこの特徴を、神経症において再発する幼児症であると説明したのである。これらの規則が最初、最も忌まわしい近親相姦たる母親との交わりを防止し、その代りとして兄妹近親相姦あるいは父親と娘との結合を認めることを意図していたということは、ヴィンクラーの次の論述から明らかである（前掲書一六頁）。これは抑圧についてのわれわれの見解の正しさを証明してくれる。「子供たちは母権に従ってか、さもなければ父権に従って、常に両親の一方の氏族《ゲンス》とは別のそれに属する。しかも母権の方が古い――なぜなら個人的に規定し得るのは母親だけである――のだから、父親の氏族に属するのである。このようにして第一に母親との性交が避けられ、第二にすべての男は父親の兄弟という共同体の成員となる。逆にこのことによって男と女のきょうだい、父親と娘の間の性的交わりはたんに避けられないばかりか招来されることになる。規定され得ないものとしての父親の血縁関係は有効ではないのである。」のちになると体制が変更されることによって禁止はますます限定され、やがてそれが種族ないしは部族のすべての成員に及ぶようになる。

例えば中国人のように抑圧が特に進んでいる個々の国民においては、血縁関係がない場合でも同じ姓の人間と結婚すれば、これすら罰に価するものと考えられている（ヴェスターマルク前掲書七頁）。名前にまで及ぶこの禁止をわれわれは、血縁関係にない配偶者に、少なくともかつては許されていた近親結婚による相手の名称（妹、いとこなど）をつけるという[17]、既に述べた幾つかの民族（エジプト人、バタク人、アラビア人など）にみられる習慣との興味深い対照例であるとみなすことが出来る。われわれはここに、これらの禁止が微に入り細にわたって、近親相姦的なあるいはそれに類似した結び付きのあらゆる可能性を阻止しようとした実情をみるのである。同姓の者同士の結婚禁止はマヌの法典にも定められており、ここではこのような結び付きが厳罰をもって禁じられている（シラー－ティーツ二一頁）。「これと同じ定めが北アメリカのインディアン[18]あるいはオーストラリア人たちのトーテム信仰のなかにあるのをわれわれはみる。そして同じならわしがスコットランドの高地人の間にさえもあったようである。……これと全く同じ禁令がこれ以外にも、インド洋群島の非常に多くの未開民族、スマトラのマライ人やバタク人たちにも既にみられた……インドのコンド族の間では同一種族ないしは同一家系内でのこのような結婚は近親相姦とみなされ、死刑をもって罰せられる。」

　これらの強力で現実的な制約と呼応してやがて、抑圧の進行とともに、太古の時代には許されていた兄弟姉妹婚が「世界創造神話」のなかに現れてくる[19]。われわれはこれらの神話のなかに宇宙生成というヴェールの下に覆われた人間創造を認めてきた（世界創造神の神話参照）。例えば南オーストラリア、クーパース・クリーク川周辺の原住民たちの間にみられる一種の世界創造神の神話は、世界創造がなされたあと男と女のきょうだい、ならびに他の近親者たち同士が結婚したと語っている。

　フロベニウスはこのような伝承を幾つか記述している（『太陽神の時代』三四七頁）。「南アメリカ北部の諸民族の間では次のような話が伝えられている。月は女の子で太陽はその兄である。彼女は夜秘かに兄の許を訪れるが、最後に彼が黒い両手で彼女の顔の上をかすめた時発見される（手の刻印）。これと同じ神話はパナマにみられるのみならず、オセアニア地方にもあったに相違ない。というのもバスティアンは、月は時々マニ（太陽神）の手によって暗くされる（手の刻印）と言っており、また月はこの地方では女性なのである。ティナはまたマニの妹でもあり、従ってすべてはぴったり合うであろう。」――「シロキ人にあっては反対で、若い女性である太陽は東に住み、彼女の兄である月は西に住んでいる。この女性にはひとりの恋人があったが、彼が彼女の許を訪れるのはいつも暗い時であった。彼は夜やって来て夜明け前に去って行く。彼女はこれが誰なのか訝しく思った。この謎を解くため彼女はある夜相手の顔の上に灰をもって幾つかしるしをつけておいた（手の刻印）。次の夜月が昇ったのを見ると、その顔が黒いしみで汚れていた。それで妹には、自分のところへ通っていたのが兄であることがわかった。彼女はたいそう恥ずかしく思って、それからというもの兄から出来るだけ遠く離れたところに留まるようになった。」カナダ・インディアンと隣接して居住するエスキモー人においては同じ物語が世界創造神話のかたちで再び見出される（ペティートー『カナダ北西部におけるインディアンの伝統』七頁）[20]。世界最初の人間は兄と妹であった。夜彼女は兄に誘惑されるが、相手が兄であることを知らない。最後に、この夜の恋人の正体を突きとめるため彼女は手を煤煙で黒く塗り、相手の顔になすりつけた。翌朝になって相手が兄であることを知った彼女は彼の許を逃れるが、彼は狂おしくその後を追う。

この物語はここまでは純粋に人間の立場から語られ、人間の立場で解釈されていて、これら諸民族における最初の兄妹婚禁止の抑圧作用を反映していることは疑いない。更にこの物語の結末としてこれに続く部分――つまり追いかけられる妹は太陽となって空へ舞い上がり、月となった兄は彼女を更にそこまで追ってゆくが、ついにつかまえることは出来ない――も全く同様にもっとのちの抑圧段階の産物を反映していることは明瞭である。この段階になると兄妹近親相姦は神話として語られても不快なものに感じられ、それゆえ地上から天空へと投影されたのである。この投影傾向は二重の意味での正当化である[21]。まずこれは、これらの禁じられた衝動を人間の精神生活のなかから出来る限り遠い外界の領域[22]へと移し置くところの防衛の一表現であり、他方ではしかし、われわれが既に知っているところの（第一二章）、神の（天体の）掟――これは人間にとっての範になるべきものである――を引き合いに出すことによって行われる同等化（同一化）の表現である。更にこれらの物語の人間的（心理学的）な内容に入ってゆく前に、グリーンランドの伝説をひとつ挙げておきたい。これは北西カナダの世界創造神話と大変よく似ている（H・リンクス『エスキモー人の伝説と伝統』二三六頁以下）。「ここでも月は女性で、毎夜暗闇のなかで若い男の訪問を受ける。この男は彼女の兄である。彼女は彼の白い上衣に何箇所か煤でしるしを付け（手の刻印）、それによって相手の正体を知る。女性は乳房を切り取り、彼の許から逃げ去る。彼女は太陽となり、兄は月となる。」（フロベニウスによる）淫蕩な父親によって行われる娘の追跡について語っているこれと驚くほど類似した物語（第一一章）を想起しさえすれば――ここでも顔の損傷並びに乳房の切断等々のモチーフがみられる――先ほどの論述のなかに兄の父親への変身を再び認めることは簡単である。この変身は、父親と娘との関係をテーマとするほとんどの伝承のなかにも、最初に兄妹が近親相姦を犯し、この二人から生まれた娘が父親によって、即ち兄となった父親によって所有されるというかたちでまだ残されている(23)。これら兄妹物語が父娘伝承と心理学的にいかに近しい関係にあるかは、既に挙げた『両手のない娘』についてのイタリアの童話（ペンタメロン）が示している。この童話は厳密に父親―娘パターンに従って作られているが、しかしこれは妹を暗に示している。

> 妻を亡くした王は自分の妹ペンタと結婚しようという気紛れを起こし、彼女にこの意図を告げた。絶望に打ちひしがれた彼女は両手を切り落とし、これを兄に送って、次のように書き添えた。「あなたが世界のなかにあるもの以上に強く望んでいらっしゃるように思われるものを楽しく享受してください。」王は妹をピッチを塗った箱に入れて海中へ投ずるよう命じた。彼女はさまざまな冒険を経たのち、ある異国の海岸でつり上げられ、その地で、妻を亡くした王と結婚する。夫の不在中に息子が生まれ、彼女はこのことを王に報告する手紙を書く。この手紙が偽造されたため母親と子供は殺されることになる。しかし二人は森の奥深くへ捨てられるに留まり、そこで魔術師が最後にすべてをうまく解決し、この妹に再びその手も取り戻してやる。

類似の父親神話におけるように、ここでも近親相姦空想が複製化の方法によって実現される。海からつり上げたペンタと妻の死後結婚する王は言うまでもなく、妻の死後自分の妹ペンタと結婚しようとする王のコピーである。そして森への遺棄（二つの遺棄はひとつに統一することが出来る）は本来の意味からすれば、醜い姿となった妹が自分の妻であることを王が知った（恐らく手が目印となって）時行われる筈である。

しかしまた父親によって行われる手の切断あるいは乳房の切り取りは、拒絶する娘に対する罰としても報告されている。他方では右に挙げた兄妹神話においても手が煤で汚され（知らないうちに行われる）、そして手の刻印（ほとんど指紋法的な意味で）が相手の正体を発見するためのしるしとして一役を演じている。シュトゥッケン（『天体神話』）が報告しているフレーザー川下流（アメリカ太平洋岸）地域のインディアンたちの伝説にはようやく同じ物語が純粋に人間的な装いと解釈において現れている。妹がある夜自分の恋人の体に煤をつけて汚し、翌朝この恋人が、彼女に近親相姦を迫っていた兄であることを知る。身重になったのを知った彼女は恐ろしい恥辱に襲われる。彼女は兄に、ここから他所へ逃げようと言う。——二人の間に生まれた息子がやがて成長し、自分の両親があまりにもよく似ていることに気付き[24]、それによって彼はすべてを悟る。兄と妹はみずから火中に飛び込んで果てる[25]（ボアス『インディアンの伝説』三七頁以下）。

天体化されたこれらの近親相姦空想が先進印欧諸民族の神話にも重要な意味をもって登場するということを、月神話学草分けのひとりであるジーケは繰り返し述べている。例えば彼は、「天の子供」でありきょうだいである一連の神々、女神を枚挙しているが、その際彼は特に「名前の一致」を強調する（『インドゲルマン民族の原宗教』ベルリン、一八九七年）[26]。「あの兄妹たちは近付くと花嫁、花婿にもなり、また夫と妻にもなる。」このようなペアーのうちでジーケの挙げているのは、ディアヌス－ディアーナ、フェーブス－フェーベ、ヨラオス－ヨレイア、ピュロス－ピュラ、リベル－リベラ、ニエドゥル－ネルトゥス、フィヨルギム－フィヨルギン等々である[27]。リグヴェーダのある歌によるとヤマとヤミも夫婦であり[28]、またジーケは、フレイルとフレイヤの兄妹は同時に夫婦でもあったという証拠も発見している（同書二三頁以下）。「もちろんのちになってフレイヤの場所をゲルダ（即ち同じ女神で、名前が異なるだけである）が占めた。」エッダの詩の『エギルの酒宴』においてロキがフレイヤに対して行うところの、兄の腕に抱かれている彼女の姿を神々が見たという非難を参照されたい。神話にあってはフレイルとフレイヤは時には夫婦として、時には兄妹として登場する。ジムロックは、のちオーディンの妹となるフレイヤはもともと彼の妻だったのではないかと推測している。のみならず、元は彼女がオーディンだけのものではなくて、彼は彼女を自分の兄弟であるヴィリとヴェと共有していたという証拠もある。ムッフ(29)によればアテーナはいわばヘパイストスの女性版であるという。ヘパイストス同様アテーナも芸術的な仕事に携わっていて、それゆえヘパイスティアと呼ばれる。「ギリシャ最古の神話によれば彼女はこの神の妹とされていたようである。また伝説は、一度アテーナがヘパイストスのところへ武器を注文しに来た時、彼は彼女を手籠めにしようとした（その際彼の精液が大地に滴り落ちた）ことを伝えて二人の性的な結合を暗示している。(30)」

ジーケの強調する名前の類似は兄妹の関係を、それがもはや系統学的には残っていないところにおいても――なぜならそれはあまりに不快なものとして消去されてしまったのである――極めて見事に暗示している。

ジーケが試みている二つのこれに属する解釈を、神話においても名前というものが極めて重要な役割を演じているということの例として挙げてみたい。そのうちのひとつはトロヤの伝説群に、もうひとつは童話に関連している。「パリスはアレクサンドロスとも呼ばれていたし、カッサンドラはアレクサンドラとも呼ばれていた。この名前の類似は、もともとこの二人の兄妹がもっと親密な関係にあったこと、つまり兄ヘレノス――カッサンドラは彼の妹であり、二人は双生児である――はパリスの分身ないしは二重人物であることを推論させる。それでパリスは妻である月の女神ヘレーナを通して（ヘレノス即ちパリスであるとするならば、ヘレノスとヘレーナは夫婦ということになる）疑いもなく光の神々の領域へと移し置かれる。彼は明らかに太陽神人である。このアレキサンドロスのそばに立つ女性のアレキサンドラは従って本来月の女神にほかならない、即ちヘレーナと本質的に同一人物である。彼女の別名カッサンドラは明らかに、〈兄を夫にもつ女〉を意味するカシーアンドラから生まれたものであり、またそれは、太陽と月は兄と妹のような、そしてまた夫と妻のような関係であるとする太古の神話に依拠していることも間違いない。」（『神話学書簡』ベルリン、一九〇一年、六九頁）——ジーケが挙げている第二の例（『天上における愛の物語』七頁以下）は白い花嫁、黒い花嫁についてのグリム童話に関するものである。「太陽と月は夫と妻、兄と妹のような関係にある。太初の時代にあっては彼らは同時に両者であり得たが、のちになってこのような関係がひとびとに不快を与えたので古い物語の幾つかに若干の変更がなされねばならなかった。王が自分で妹と花嫁を迎えに行くというのが元のかたちであったことは間違いない。」更にジーケはのちに（『神々の持物』一九〇九年、九二頁）、ファウヌスがファウナ（妻、妹そして娘）を、蛇に姿をやつして孕ませたというおもしろい伝説を指摘している。

　名前の類似と双生児兄妹関係については、ジグムントとその双生の妹ジグニーとの結婚を伝える北欧伝説もまたこれを示している。ヴェルズンガ伝説によればしかし兄はそれとは知らないで近親相姦を犯し、妹だけがそれを知っていたことになっている。ジゲイルとの間に二人の息子を作っていたジグニーは、復讐者となれるのは純粋にヴェルズングの血を引く者でしかないことを悟って、相手に気取られぬよう変装して兄のところへ忍び入る。この結び付きからジンフェトリ[31]が生まれる。われわれはここに、自分の体を傷つけて歪めるというモチーフが近親相姦を実行するためにまだ利用されているのをみる。

　北欧伝説圏のもうひとつ別の伝承をもって、「きょうだいコンプレックス」の特徴である兄弟の敵対関係を主題とする壮大かつ重要な神話群が既に展開され始める。この争いはたいてい、往々にして二人の兄弟の妹として登場する女性を巡るライヴァル関係から生じるが、しかし、この関係が既に色褪せ、あるいは完全に抹消されている伝承においてもまだ代用物として認められる。エテオクレスとポリュネイケス、アトレウスとテュエステース、ヤコブとエサウ、ペレスとセラ、オシリスとテュポン（セト）、ロムルスとレムスなど[32]、既に挙げた敵対し合う兄弟を提示することによってわれわれはまず、バルドゥルとヘドゥルについての既に予告した北欧伝承へと方向を転じることになる。一般に自然神話と考えられているこの伝承は盲目の射手の伝説と近いところに位置する。つまりバルドゥルは盲目の弟ヘドゥルによって、女に変装したロキが取ってきていたやどりぎの若枝をもって射られる（盲目＝無意識）。二つの伝説、即ちアイスランドのスノーリ・エッダと、サクソー・グラマティクスにおける、（ミュレンホッフによると）本質的にはもっと古い神話から、二人の兄弟（エッダ）が同じ女性ナンナ——サクソーでは彼女は二人の妹ということになっている——を巡る恋敵として相対峙しているということが明らかになる。有利な立場に置かれたバルドゥル[33]は、サクソーでは盲目としては設定されていないヘルドゥルによって殺される。次にバルドゥルの復讐者としてその弟ヴァリが登場し、これがヘルドゥルを打ち殺す（ベルケン『アダムとカイン』一三六頁）。この伝承においては二人の兄弟の共通の恋人といった近親相姦的な関係がのちになって抹殺されているが、聖書に登場する有名なカインとアベルの兄弟についても同じような状況であると言えよう。このうちカインは、ローマのロムルスと全く同様、都市建設者として登場する。彼は弟を殺害したのち最初の都市を作り、これを自分の息子の名前にあやかってエノクと名付けたい、（創世記第四章一七）。聖書の記述によればカインは周知の通り、弟アベルの供物を神が喜んで受けたためこれに嫉妬する。「ラビの法律学者たちが、唯一の例外を除いてこの関係を全く知らないように思われるのに、兄弟の不和闘争の原因と動機——これは聖書の原文にもその拠りどころがない——を捜し、発見しているのは、それだけにいっそう驚くべきことである。詩的想像が聖書解釈《エクセゲーゼ》にたちまさったようである」と、アプトヴィッツァーは言っている[34]。この素材を文学的な作品に仕上げていった作者たちは多分、この弟殺しの動機付けが不充分なことを感じ取り、そこで彼らは、往々にして核心をつく心理学的直感をもって、神の愛を巡る争いに代って母親ないしは姉妹の愛を巡る争いを設定したのであった。例えばルグヴェの『アベルの殺害』（一七九三年）がそうであって、この作品では両親が自分よりも弟を可愛がるのでカインがこれに嫉妬するという筋立てになっている。またこれと似たようなかたちで最近オットー・ボルングレーバーがその「性愛的な神秘劇」と銘打った『最初の人間』において、母親を巡る文字通り性的なライヴァル関係からの動機付けを試みた（本書第一九章参照）。ヴィルトガンスも同様の試みを行っている。更に、全面的に自然神話的な解釈の観点に立っているベクレンも、どうしてアベルの供物がエホヴァの神から喜んで受け入れられ、どうしてカインの供物がそうでなかったかの理由が聖書に記述されていないことを訝しく思っている（『アダムとカイン』一一五頁）。詩人たちがその直感に基づいて「不機嫌な」神の場所へ母親あるいは妹を設定して、彼女たちの愛を巡って兄弟を争わせたように、ヴェルナー・モーザーはその『カイン伝説の原型』（「南北」、一九〇三年）という研究で、創世記四の三から八で現れるのはもともとエホバではなくてカインとアベルの妹であって、この二人の兄弟は彼女をみずからの妻にすべく、贈り物によって自分の方へなびかせようと競い合っていたのだ、という推測に達した。実際また、ベクレンが更に述べているように、近親相姦コンプレックスを含む性的な敵対関係というこのモチーフを明らかに歪曲しながら、倫理的意図をもって聖書記述を行うという、後期ユダヤ・キリスト教的伝統が存在するのである。この伝統に従えば、カインはアベルに対して嫉妬を抱いていたことになる。なぜならばアダムとエヴァは弟のアベルに彼の双生の妹を妻に与えようと思っていたのである（『東方キリスト教のアダム物語』六七頁）[35]。しかしタルムードのカイン伝説のなかにも近親相姦的な嫉妬が弟殺しの主要モチーフとして描かれている。ミドラシュには次のようにある。「フナの教えるところによると、彼らはアベルと一緒に生まれた双生の娘を巡ってお互いに争った。アベルは、自分と同時に生まれた彼女を獲得する優先権は自分にあると主張した。これに対しカインは兄である自分にこそ彼女は与えられるべきであると考えた。」（ヴァイル『国教徒の聖書伝説』フランクフルト、一八四五年、三八頁）（近親相姦的な）愛の対象を巡るこのライヴァル関係が、母親の独占と関連する幼児時代のライヴァル関係の復活であるということは、われわれが神経症者たちの精神分析によって知っているし、また芸術家たちにおいて確証されているのを認めるところの事実である。

例えばP・フェーデルンの私的な記述によれば、弟アベルに対するカインの敵対心の芽生えを主題にしたフォイエルバッハ（?）

の絵があって、そこには小さなアベルが母親の乳房を吸っているのをカインが嫉妬と憎悪のまなざしで眺めている様子が描かれているという。兄弟がのちになって繰りひろげる敵対的な闘争の同じ幼児的な萌芽をヴィルヘルム・ヘーゲラーはその『牧師クリングハマー』という長編において描き出したが、そこでも物語の中心をなしているのは、ひとりの女性を巡る二人の兄弟の争いであり、この争いは死をもって終る。この作品に次のような箇所がある（七頁）。「自分と弟との間の敵対関係がいつ生まれたのか牧師はもはや憶えていなかった。それは多分弟が生まれた時以来のものであるに違いなかった。かつて可愛い赤ん坊が幸せそうな顔をした母の腕に抱かれているのを見た時と同じように、彼は自分の心のなかに苦痛に満ちた想いが眼覚めたような気がした。この男は、お前がお前の憧れの全力を傾けて獲得しようとしていて、いつもお前には与えられなかったものすべてをいつか手に入れるだろう、と警告する声が聴こえるようであった。」モーパッサンの『ピエールとジャン』にも同じような描写がある。「五歳だったピエールは、ハンスが生まれた時この小さな赤ん坊を憎しみの眼をもって眺めた。それはこれまで甘やかされて育ってきた子供のもつ敵意であった。この弟が突然両親から可愛がられ愛撫を独占したのである。だがそれは定かならぬ漠とした嫉妬であった。それは、二人の兄弟あるいは姉妹の間に、彼らが成長してゆく過程でゆっくりと芽生え突然発現する、魂の奥深いところにまどろんでいるあの嫉妬の衝動のひとつである。例えばそれはどちらかが結婚する場合とか、あるいはどちらかになんらかの幸運が訪れるような場合常に彼らの間に生じる嫉妬であり、陰にこもってまどろんでいる兄弟の憎悪である。」ピエールはついに、この自分の弟が実は母の情事から出来た子供であることを発見する。「彼は……屈辱的な裏切りをとうとう発見した盲目の夫が抱く嫉妬の眼をもって母を眺めた。彼女の息子である自分がもしこの妻の夫であったなら、その手首を、肩を、髪の毛をつかんで引き倒し、殴り付け、突き上げ、踏み付けたであろう。」

　敵対し合う兄弟というモチーフは聖書においてしばしば繰り返される。エサウとヤコブの物語のほかにヨゼフ物語を挙げることが出来るが、ここでも、兄弟たちの間の優位を求めて一番年下の弟が必死にたたかい、そして最後に家長になってゆく様子が見事に描かれている。更にヨラムの兄弟殺し、そして自分自身の妹タマルを強姦した兄アムノンをアブサロムが殺害するくだりがある（本書第一九章B参照）。このモチーフが用いられることが頻繁であること、その作用が強力であることの原因をミノーアは最初の幼児期における諸々の印象に帰しているが、この指摘は正鵠を射ている。彼は次のように言っている（『シラー』三〇二頁）。「敵対する兄弟のテーマは、伝説や文学が取り上げてきた最も古い悲劇的葛藤である。それは聖書に発しており、それがかくも多く及ぼしてきた根源的作用の大部分は、この印象がわれわれの幼児時代の最も古い、最も原初的なもののひとつであるということに基づいている。われわれの最初の愛、最初の憎しみは兄弟を対象とする。われわれの最初のライヴァルはわれわれの兄弟である。[36]」聖書が個人的な出来事を人類の歴史のなかへと投影することによって、最初の殺人をそもそも兄弟殺しとして描いているのは極めて特徴的である。リトワニアの神話においてもウグニエドカスが兄弟のウグニエガワスを殺すのが最初の殺人である。[37]

アムノン―アブサロムの敵対関係についてヴィンクラーは次のように述べている（『イスラエル史』第Ⅱ巻、二二八頁）。「太陽（タムツ）の性格を備えた二人の兄弟がいて、その一方がイシュタルの性格をもった妹の夫である場合、そこにはイシュタル―タムツ神話の主要特徴がみられる。つまりイシュタルは処女あるいは妻としての二つの特性を備えた女神として、そしてタムツはこれに見合った特性をもった神、即ち妹の夫として、また未婚者として描かれているのである。そこで一方が他方を殺す。即ち兄弟殺しのモチーフである。[38]」ディオスクーロイ神話をも純粋に天体的な観点から捉えているヴィンクラーはこれについて次のように言っている。[39]「一方が殺されるか、さもなければ引きさがるかしなければならない二人の兄弟（半兄弟）の物語は太古の歴史のいたるところに見出されるであろう……然も二人の兄弟は愛によって結ばれ、憎しみによって分かたれたかたちで登場する……。兄と妹は同時に夫婦でもある。敵対する兄弟のモチーフは妹と妻である女性――一方が他方から彼女を奪うことになる――への両者の愛によってしばしば説明される。神話にはしかしやがて兄弟の代りに、これと同じ特性を備えた他の代役がしばしば登場することになる。」ギリシャのディオスクーロイ神話そのものにも敵対する兄弟のモチーフ並びに近親相姦モチーフが素朴なかたちで現われている。即ちレーダーの息子で死者であるカストールと不死のポルクスは彼らの妹ヘレネーを奪ったテセウスに復讐を行い、またシメオンとレヴィは凌辱を受けた妹ディナの、同じくアブサロムは兄アムノンから辱められた妹タマルの復讐を果たす。最後に挙げた伝承においては、妹の凌辱はもともと、兄弟のうちで有利な立場にある者に対しもう一方から復讐がなされるところの近親相姦を暗示しているということが明瞭に表われている。[40] 兄弟が愛によって結ばれているディオスクーロイ伝説においては、まだこの二人は共同で妹の復讐に当っており、花嫁掠奪といった敵対関係は敵方の双生児の上に移し置かれたかたちで現われる。即ちカストールとポルクスは遠縁に当るリュンコイスとイーダスとは親密な愛で結ばれて登場するが、やがて彼らは不和になり、そして彼らの花嫁――レウキッポスの娘たち――をさらって妻とする（これは妹ヘレーネの掠奪に対応する）[41]。次にリュンコイス、イーダスそしてカストールが戦いで斃れ、不死のポルクスのみが無傷のまま残る。しかしやがて彼は死の運命を兄弟のカストールと部分的に分かち合うことになる。ここには二組の集団結婚の夫婦が展開した戦いの明瞭な名残りが保たれているように思われる。「敵対し合う兄弟というのはアメリカ神話の注目すべきひとつの観念であり、これはオリエントやインド・ヨーロッパ伝説群にもよくみられる……。双生児神話の一般的特徴は二人の間の争いで、これは彼らがその使命を果たし、世界を分割したのちに突如として始まるものである。このたたかいは普通、一方が他方を打ち殺すか、あるいは両者が離れ離れになるかして終る（東、西、冥界！）[42]。英雄伝説では双生児が既に母親の胎内で争っている。一方が、正常なかたちで生まれたいと言うと、他方は意地悪くこれを拒絶し、脇腹から出て母親を殺してしまう。のちに二人は別れ別れとなり、おのおのが世界（母親）の一部を占有する。そして彼らは良き動物と悪しき動物を作る。やがて彼らは出会って、善良な方がもう一方の恐ろしい動物たちを小さくしたので、人間がそれらを征服することが出来た。最後に彼らは半死の状態になるほど殴り合った。[43]」

　典型的なかたちと表現において繰り返されるこの双生児兄弟という形姿の解釈を簡単に提示しようという試みを始める前にわれわれは、双生児兄弟というこの原初のモチーフが多くの兄弟童話のなかに生き続けているということを強調しておきたい。これらの童話では女性（姉妹＝母親）を巡ってのライヴァル関係が意味深長な響きを発している。その『民族心理学』（第Ⅱ巻、第三部、ライプチッヒ、一九〇九年）においてこれらの伝承を詳細に論述し、その人間的な根源と内容を強調した（二八二頁）ヴントは次のような正しい指摘を行っている。「すべての神話文学にはひとつの動かし難い特徴があって、それは、二人の友人が敵対し合う二人の兄弟にしばしば対置されているということである。つまり友人は友人を自由な選択に従って求めるが、これに反し兄弟は、特にオリエントの伝説においてそうであるが、兄弟とは生まれながらにして敵の関係にある。[44]……それゆえまた、もともと仲の良かった二人の兄弟が敵対関係に変ると（エテオクレスとポリュネイケス、ロムルスとレムスのように）このコントラストも強められる。これとは逆に例えばエサウとヤコブ、あるいはアルゴスの伝説におけるアクリシオスとその兄弟プロイトスのように兄弟間の敵対関係が生まれながらのものである場合、神話は兄弟の争いを母親の胎内にまでさかのぼって設定することが可能である。」

敵対する兄弟のモチーフはドイツの兄弟童話（グリム六〇番）において大きく歪曲されているが、なおそこでは元の特徴が部分的に保持されている。[45]双生児兄弟の一方が凶暴な龍を退治することによって王女を獲得するが、龍を退治したのは自分だと称する宮内大臣によって首を切り落とされる。親切な動物たちによって再び生命を与えられた彼は、ちょうど一年後の王女と大臣との結婚式に間に合う。その場所で彼は龍から切り取った七つの舌を証拠として見せ、花嫁を手に入れる。一方、偽の花婿は殺される。ある時彼は森のなかで彼の動物たちとともに魔女によって石に変えられる。そして、その間宮廷にやって来ていた双生児の弟が、行方不明の王に間違えられ、彼の方もそれになりすます。[46]しかしながら彼は夜になると両刃の剣を貞潔の象徴（symbolum castitatis）[47]として自分と兄の妻との間に置く。ここには兄弟の最も古い敵対関係が垣間見られるが、もちろん感傷的なかたちで緩和されている。またわれわれが、龍の退治者から生命と花嫁を奪うあの悪しき大臣のなかにみるのも、兄に代ってその妻の寝床を占拠しようとする弟の分身的コピーにすぎない。[48]空想の元の意味に従って彼がこの占拠を実際に果たしたということは、伝説形成の傾向からして明瞭である。しかしながらこの傾向は童話においては大幅に緩和され、感傷的なものへと歪められている。ここにおいてもまた他所においても、神話を抑圧進行という観点から眺めてみるとヴィルヘルム・ミュラーの的確な原則が完全に当てはまる。彼はあるところで次のように言っている（『ゲルマニア』Ⅰ、四二二頁）。「神話においては、起るべく定められてはいるがしかし避けられるところの事柄を、実際に起きた事柄として解釈しなければならぬ場合が往々にしてある。さもなければ全体の関連を把握することが出来ない。」感傷的な緩和がなされているところでは、兄の妻には手も触れない忠実な弟がやがて兄とその動物たちを魔法から解き放つ。しかしこれに対して与えられる報酬がひどいものであったという事実は、かつては二人の兄弟の敵対的な関係が語られていたに違いないということを明らかに示している。つまり弟が生き返った兄に、自分はあなたがもう行方不明になって戻らないものと考えて若い女王の寝床で眠ったと打ち明けた時、「兄は嫉妬に怒り狂い、剣を抜いて弟の首を切り落とした」のである。ここにおいてもまた、以前大臣が兄の首を切り落とした時と同じ動物と植物による再生がみられるということは、これらの場面も複製としてみなければならないことを改めていっそう強く確証してくれる。終りの部分になって、性的な敵対関係という主要モチーフがもう一度感傷的に緩和されたかたちで打ち出される。つまり、二人の兄弟が若い女王の前に歩み出ると、彼女はどちらを自分の夫とみなせばよいのやらわからず途方に暮れる。動物の首輪によってようやく本物を見分ける。だが二人が寝床に入った時、彼女は夫に、このところ何日かいつも両刃の剣を床に置いたのはなぜなのかと尋ねた。それで彼は弟が忠実であったことを知る。この童話の注釈のなかでグリム兄弟は、このタイプの童話の興味深い異本を多く紹介しているが(49)、そのうちの幾つかがまたしても、自分の娘を男たちから遠ざける父親のモチーフを初めに示しているのは特徴的である。水のペーターと水のパウルの童話では恋仇のモチーフが更に明瞭に現されている。つまりそこでは魔法を解かれて戻ってきた双生児兄弟の一方が、他方によって自分の夫たる位置が奪われているのをみて、嫉妬に駆られこれを殺すことになっている。だがこの兄弟が忠実であり、両刃の剣を自分と女王との間に置いていたことを聞いた時彼は兄弟を生命の水から連れ出し、再び生き返らせるのである。しかしグリムは特にこの童話とジークフリートの伝説との類似を指摘し、目立って一致している一連の細部を拠り所にしてこの伝説の跡を辿っている。この関連でわれわれの興味を惹くのは恋仇のモチーフだけである。これらの童話における妻帯した方の兄弟と同様ドイツ伝説のジークフリートも龍から花嫁を解放し、また再びブルンヒルトと別れる。「彼と同じ姿をした兄弟は実の兄弟グンナーであって、彼とジークフリートは姿を交換する。更に寝床の剣も登場するが、但しこれは逆の関係になっている。」

死んだ主人公のために復讐を果たす人物がその妻と結婚するという設定のオルトニート伝説もこの部類に属する。オルトニートは父親アルベリッヒの助けを借りて異教徒の王マコレルの娘を手に入れ、これを自分の故郷（ガルダ湖畔）へさらってくる。異教徒の老王は和解を装って多くの贈物を送るが、同時に、彼が山のなかで育てた二匹の若い龍をもこれに加えた。一年経ってこの怪物たちが暴れ出し、国中を恐怖に陥れた。妻の止めるのもきかずオルトニートはこれらを退治しようとする。彼は、もし自分が死んだら自分の仇をとってくれる男と結婚するよう妻に命じた。供の者もつけないで彼は森のなかへ馬を乗り入れるが、そこで彼はすっかり眠り込んでしまい（石化）、怪物の近付いてくる音にも、犬が吠え地面を引っ掻く音にも眼が覚めなかった。それで彼は死ぬ。ヴォルフディートリッヒが彼の仇をとる（ヴォルフディートリッヒの青年時代については『英雄誕生の神話』を参照されたい）。彼はオルトニートの死をその妻から聞き、また彼女が臣下たちからひどい苦しみを受けていることも知らされる。彼は彼女を慰め、オルトニートの復讐を約束する。彼は洞窟へ赴くが、しかし剣が粉々に折れてしまう。龍は彼を子供たちのところへ運んで行って食べさせようとする。洞窟で彼はオルトニートの剣を発見し、これで龍の子を打ち殺す。また彼は例の臣下たちをも制圧する。それで女王は、かつてオルトニートが命じた通り、夫の復讐を果たしてくれ、自分をも解放してくれた彼にその報酬として手を差し出す。

イリチェクは、オルトニート伝説には神話的な基盤が、ヴォルフディートリッヒ伝説には歴史的な基盤があると言っている（『ドイツの英雄伝説』一四一頁以下）。オルトニート伝説ではヴォルフディートリッヒは龍の退治者、亡きオルトニートの妻の夫として、オルトニート伝説に属するある神話的人物に代って登場したのである。ティードレク伝説は断片的にではあるがオルトニート伝説をもっと古い、もっと純粋なかたちでわれわれに残してくれた。ヘルトニートという王が——彼の妻はヴァルキューレである——龍を退治することになるが、逆に倒される。ベルンのティードレクという英雄がこの龍を成敗し、ヘルトニートの妻と結婚する。この伝説において再び明瞭に認められる最も古い伝説形成は従って完全に神話的な基盤にさかのぼる。ヘルトニートは冬の魔族からヴァルキューレを手に入れるが、龍との戦いに敗れて死ぬ。これに従ってヴォルフディートリッヒのもうひとつ別のテキストは元の敵対関係を示している。眠っている友人たちを見守っている間にヴォルフディートリッヒは森の魔女に誘拐される。そして彼は彼女の夫になることを拒んだので狂気にされ、それから長い間森をさまよい歩くことになる。神の命令に従って彼女は魔法を解き、ヴォルフディートリッヒはその夫となる。このジーゲミンネは彼女の国で美しい処女に変身し、救われる。ヴォルフディートリッヒは彼女と幸せに暮らすが、やがて彼は、かつて自分の父ツィンスを苦しめたオルトニートを捜し出して、これに復讐しようと思い付く。彼は馬上の槍試合でオルトニートを打ち負かすが、しかしやがて彼と親密な友情を結ぶ。ジーゲミンネが年取った山の魔人に誘拐され、ヴォルフディートリッヒがこれを殺すが、彼女は一年半後に死ぬ。常に冒険欲に駆られるヴォルフディートリッヒはオルトニートがガルダ湖畔で龍に殺されたことを聞き、この龍を退治して、オルトニートの妻を解放し、これと結婚する。

つまりわれわれはここで、ヴォルフディートリッヒがオルトニートを殺し、その妻と結婚するという原型が、殺された兄弟の復讐によって動機付けられているのをみるのである。

興味深いことにミュレンホッフは『スカンディナヴィア伝承の暗示と断片』からオルトニート伝説のもっと古い形

態を導き出したのだが、それによれば龍との戦いに敗れて死んだ主人公の復讐者の役割を担うのはその兄弟である。この神話上の兄弟は北欧では「ハディンゲール」であり、ドイツ語流に発音すると「ハルトゥンゲン」である。ハルトニート（ヘルトニート）という名前から中高ドイツ語オルトニートが生まれたのである。これらの名前に教示を得たミュレンホッフは鋭い洞察力をもって、ハルトゥンゲン伝説と東ゲルマン・ディオスクーロイ神話との間に関連があるという結論に至った（『ドイツ英雄伝説の神話』一八八六年、二一七頁）。

ドイツの童話と、その重要な類似本との比較に、ビティウとアネプとの同じようなエジプトの兄弟童話、そしてこの童話の基礎となっているオシリス伝説を付け加えるならば、妹の愛を巡る兄弟の、もともとは敵対的であった関係が明らかになる。この敵対関係は、近親相姦を犯した方の兄弟を、その恋仇であり、妹の復讐者を気取るもう一方の兄弟が殺害することをもって終る。(50)

「時として近親相姦的な関係が世界史を別の軌道へと導くことがあった。オクタヴィウス（アウグストゥス）とアントニウスの間の決戦は姉に対するオクタヴィウスの嫉妬によって点火された。彼は戦闘の準備も不充分なまま、盲目の情熱によって危険な戦争に引き込まれたのである。」（ヘンティッヒ一九五頁）「オクタヴィアはカエサルの姉であったが、しかし母を同じくしなかった。……彼はこの姉を熱愛していた。」（プルタルコス　アントニウス　三一）「ブルートゥスはカエサルの暗殺者というよりも嫉妬者であった。それどころか伝説によればカエサルの息子であったとも言われる。」

神話的な兄弟伝説に関してシュヴァルツの強調するところでは、二人の兄弟の一方はたいてい神をその祖先とし、英雄的な性格を備え、不死の生命を与えられているのに対し、他方は人間を祖先とし、弱者で、有限の生命しか与えられておらず、早い死を運命付けられている、いわば英雄的なもうひとりの兄弟の影の存在であると考えられている。「強者である英雄と弱い兄弟とのこの対照は更にヘラクレースとイピクレース、アガメムノンとメネラーオス、ヘクトールとパリスの関係にも認められる。このことは再びジークフリートとグンターを想起させるが、これらの関係にあっては弱い方が夫（ブルンヒルトそしてヘレーナの）であるのに対して、強い方の兄弟は彼らのために戦わねばならない。」なぜグンターが結婚の初夜にブルンヒルトの処女を奪うことが出来ないかということも、去勢という観点からすれば理解されよう。また他面双生児兄弟の一方（ポルクス、ヘラクレースなど）の不死の生命は、彼に授けられている子宝に起因していると考えて差し支えなかろうと思われる。

しかしわれわれは、精彩のない影のような存在で、力の弱い死すべきこの双生児の一方の兄弟のなかに、去勢によって競争（姉妹を巡る）能力を失った兄弟を認めるだけに留まらず、ここに双生児モチーフのもうひとつ別の注目すべき根源を明らかに見出すことが出来る。それは「英雄誕生の神話」を理解することから可能となる。つまり同じディオスクーロイ伝説があらゆる細部そのままに未開民族の間にも広く知られているのである。特にエーレンライヒがこのことを指摘しているが(51)、彼はわれわれにこの伝承のある一点において、双生児伝説理解の鍵を与えてくれている。「アメリカにおいてしばしばみられるおもしろい特徴で、まだ解明されていないものに、兄弟のうちの一方だけが神的な性格をもち、他方は純粋に人間として考えられているということがある。後者の父親は人間で、神によって一度受胎した母親を二度目に孕ませたものである（ヘラクレース伝説参照）。従ってこの二番目の兄弟はより弱い性格と人間的な不完全さを備えている。このモチーフはまた、二番目の兄弟が最初の兄弟の捨てられた後産《あとざん》から生まれるというかたちでも現れている。この〈後産の兄弟〉は北米の草原インディアンたちの伝説に最も頻繁に登場する人物のひとりである。この関連で興味深いのは、後産は胎児の兄弟、第二の自我であり、従って子供は臍の緒の残りを生涯つけていなければならないのだというアフリカ人の考え方である。彼らはこの臍の緒が子供の魂ないしは生命力と神話的な関係をもっていると考えるのである。」（二三九頁）(52)われわれはこのことをも、双生児の兄弟は母親の胎内において既に敵対していたという、よくみられる特徴と同じく、父親が登場する以前の状態における母親（のちには姉妹）

を巡る兄弟の本源的な争いという観点から解釈したい。

＊

＊　＊

「だがめざめている時の彼女は、心のなかに淫らな期待を抱くことはまだしない。安らかなまどろみにとらえられると彼女はよく恋人たちの姿を見る。兄と体をひとつにすることも空想し、まどろんでいるのに顔が赤くなる。

めざめているわたしがこのような罪深いことをしさえしなければ、眠りが幾度もこのような夢をもって訪れてもかまわない。

証人たちは夢から遠いが、歓びは遠くない。」


オヴィディウス（『カウニスとビュブリス』）

兄妹近親相姦を扱った古典時代の作品、並びにのちの文学作品のうちで最も重要なものを幾つかここでまとめてみたい。というのもわれわれはこれを後で特別に論じることが出来ないからである。

オヴィディウスは『名婦の書簡』においてマカレウスとカナケ兄妹の有名な恋愛を語っており、エウリピデスもこれを悲劇『エオルス』で取り扱った。ヴェルギリウスの『アエネーイス』は、姉妹の夫に激しく嫉妬し、彼女のために復讐者となる弟を描いている。これは、自分の伯父シュカエウスと結婚した女王ディドーの物語のなかで語られる。兄弟のピグマリオンは姉妹の夫を殺し、彼女は彼の許から姿を消す(53)。ヘリオドロスの『エチオピア物語』では、捨て子にされ、その白い手ゆえにカリクレイアと呼ばれる女性が（ペンタメロンにおける媒参照）自分の恋人テアゲネスのことを、二人の安全を守るため兄弟と呼んでいる。アブラハム伝説、イサーク伝説から既にわれわれが近親相姦の緩和として知っているこのモチーフは、この物語の他の部分においてもなおみられ、更に広くそれ以後の多くのギリシャの物語や、エウスタティウスのイスメニアとイスメーネについての話にも登場する。パルテニオスは彼の数ある恋愛物語のなかで、兄妹間の愛情関係を幾つか描いた。例えば、兄のディオレスに愛され妻にと望まれるポリュメーネの物語もそのひとつである。妹に恋するレウキップスの物語については本書第一二章を参照されたい。最後に、妹ビュブリスに対するカウノスの愛がある。ギリシャの伝説によるとビュブリスの祖先はミノスで、その家系には罪深い情欲の血が流れていたと言われる。ミノスが自分の孫に当る美少年ミレトスを追い回したが、この少年はサルペドンの助言に従って一隻の小舟でカーリアへ逃れ、そこにミレトスの町を建設した。そして彼は、当地の王であったエウリュトスの娘エイドテアを妻に娶り、カウノスとビュブリスの双生児をもうけた。通常の伝承の伝えるところでは、この道ならぬ恋はビュブリスの方がしかけたことになっている。彼女が兄弟にこの愛を告白したところ、彼は恐ろしい嫌悪に襲われ国外へ逃れ、カーリア南部にカウノス市を起こした。しかしビュブリスの方は絶え間ない愛の炎に身を焦がし、また、自分が兄弟を故郷から追い出したのだという想いに責め苛まれ、ついには樫の樹に首をくくって果てる。彼女の落とした涙からビュブリスの泉が出来たといわれる（オヴィディウス『変身物語』九、四五〇以下）。これとは別にもうひとつ反対の伝承があって、それによると最初に愛の炎を燃やしたのはカウノスの方で、自分の情熱を抑えることが出来なかったので父親の家を飛び出したことになっている。ここでもビュブリスは縊首して命を絶っている。K・F・マイアーはその短編『女裁判官』においてビュブリスの不倫の恋を暗示している（本書第一七章2参照）。ピエール・ルイは『ビュブリス』の物語を書いた。古代ギリシャに仮託した彼のシャンソンにはある少年についてこうある。「彼はたいそう美しかったので、母親は彼を抱く時は顔を赤らめないではいられなかった。」――アーサー王伝説でモードレッドはある時にはアーサー王の甥、またある時には彼の私生児ということになっている。その理由をわれわれはジグランのなかに読み取ることが出来る。「彼が妹との間に、それと知らずに妹が結婚する前にもうけた私生児である息子。」『千夜一夜物語』のなかには兄妹の恋のモチーフが何度も現れる。例えば『最初の暦の物語』、『オマル・アルヌマンと二人の息子シャルカンとドゥル・マカンの不思議な物語』などがそれである。これらの物語のひとつでは、カリフの息子が愛する妹と二人で地下の洞窟のなかへ引き籠もり、そこで灰になっているのを発見される。ボッカチオの『デカメロン』（第五夜第五話）では、若い男がそれとは知らず自分の妹に恋をして、彼女を連れ去ろうとした時恋仇と争いになる。自分たちの妹を熱烈に愛し、また彼女からも愛されるペルーのインカ人双生児テラスコとクスコの物語をマルタトゥーリが語っているが（『ヴァルター少年の冒険』第一巻、XX章）、そこではこれ以外にも、女きょうだいに対する少年の恋心を暗示する部分がみられる。例えば一二七頁では、妹について天国へ行きたいと言うある少年の話をヴァルターが物語っている。「少年は、自分は妹とひとつに結ばれている……妹が大変好きなので是非結婚したいと言いました。」古代メキシコを題材としたシュトゥッケンの長編小説『白い神々』にもこれと似た話が語られている。ゲルハルト・ハウプトマンもその後期のドラマのひとつである『インディポディ』で同じようなモチーフを用いている。このドラマの主人公はシェイクスピアの『あらし』に出てくる魔法使いのプロスペローである。ふるさとのヨーロッパを追われたプロスペローはインド人の間で神のように崇められる。彼は祭司長に選ばれて若いトゥラを妻に娶る。そこへ金探掘隊の隊長としてプロスペローの息子オルマンが姿を現す。彼は嫉妬深い若者で、かつて故郷の国では父親を王座から追い出し、のちみずから姿をくらましていたのである。父と息子の間に争いが生じるが、これはしかし予期しないかたちで解決される。それとは知らずに自分の妹と親密な関係に陥ったオルマンは法の定めに従って神々に犠牲として捧げられることになる。しかし改悛した息子の代りに、父親みずからがその犠牲を買って出る。

グリム兄弟の『ドイツの伝説』には兄妹の恋というモチーフが更に多くみられる。ゲッティンゲン近くにある「ゼーブルク湖」とその由来について語っている伝説のなかに心理学的にみて大変興味深い描写が見出される。

「現在この湖のあるところに昔立派な城が聳え立っていた。そこにはイザングという名前の伯爵が住んでいて、荒れすさんだ背徳的な生活を送っていた。ある時彼はリンダウの聖なる修道院に忍び込んでひとりの尼僧をさらい、無理やり自分の意に従わせた。この罪深い行為が行われて間もなく、彼が辱めたその女性が、それまで彼には隠されていた実の妹であるということが判明した。驚いた彼は多くの償い金をつけて妹を修道院へ戻したが、しかし彼の心は悔い改められることなく、また新たにおのれの欲するがままの生活を始めた。」しかしやがてその反動が生じる。この心理状態の描写には、罪の感情に苦しみ、強迫観念に責め苛まれる神経症者の告白を思わせるものがある。神経症の発現をこの伝説は象徴的な表現をもって白い蛇と関連付けている。この蛇を食べると人間は動物の言葉の秘密を解くことが出来ると言われている。「しかしそれを食べた後すぐに伯爵の心にはこれまで自分が犯してきたすべての罪深い行為が重くのしかかってきて、眼の前に非常にはっきりとその姿を現わした。そのため彼の想いはこれらの犯罪から逃れることが出来ず、彼は不安のあまり居ても立ってもいられなかった。まるで自分が地獄の火を吹き起こしたように暑い！　と彼は言った。恐ろしくなった伯爵は館へ戻って来たが、そこで飼っていたにわとり、鴨、がちょうなどすべての動物が右往左往しており、彼の淫らな暮しや、彼の行ってきた恐ろしい犯罪について語り合っていた。」城が間もなく崩れるであろうことをおんどりから知らされた彼はそこを逃れ、自分のもっていたすべてのものが沈んでゆくのを遠くから眺めた。それで伯爵は悔い改め、自分の罪の償いを行った。

『不倫の恋』というタイトルのもとにグリムによって報告されているドイツの伝説では、近親相姦モチーフが心理学的に興味深い別の表現をもって描かれている。

「エアフルト近郊のペータースベルク山に兄と妹の墓があって、そのいささか気品のある墓石には彼らの姿が彫り込まれている。この妹はたいそう美しい女性であったので、暫く外国に行っていて戻って来た兄が彼女を見て恋の虜になり、二人は不倫な関係を結んだ。間もなく悪魔が二人の首を剝ぎ取った。墓碑には彼らの肖像が刻み込まれたが、ここでも首が胴体から消えてしまった。そこで黄銅製の別の肖像をそこにしつらえたが、これもなくなってしまった。それどころか、チョークで顔を描いただけでも翌日はすべてがかき消されているのであった。」

この首の消失は、禁じられた恋の相手の顔が現れない近親相姦夢の防衛メカニズムを強く想起させ、また近親相姦を成就するために利用される他の手段（隠蔽、媒による刻印など）[54]をも連想させる。首の消失はここと同様他の場合にも罰として登場している（手の切断）。

『グラーツの異教徒の乙女』では「兄が弓をもって射損じた」娘が主人公だが、ここでは彼女とその兄との許されぬ愛の関係が語られる。それゆえひとびとは彼女を迫害し、その生命を狙う。彼女は自分の魔術によって彼らから幾度もうまく逃れるが、最後は捕えられて壁のなかへ塗り込まれる。

パウリは、一五世紀に流布した『冗談と本気』（一五九七年出版）という物語を紹介している。グリューニンゲンのある金持の男の息子が、世を捨てて長い間静かな瞑想と敬虔な信仰のうちに日々を送っていた。ある時夢のなかで彼は、お前は主の意志により泥酔、不貞、殺人という三つの大罪のひとつを犯さねばならないという声を聞いた。一見最も無害と思われる泥酔を彼は選んだ。そこで彼は妹に、ワインを持参してくれるよう手紙を書いた。訪ねて来た妹と彼は初めのうちはごく普通におしゃべりをして楽しんでいた。「ところが段々彼は頭に血がのぼってしまい、とうとう妹を暴力をもって辱めてしまった。行為のあと彼は、妹を家へ帰らせると自分の犯罪が知れわたるだろうと考え、彼女を殺した。かくして彼はこの三つの罪のうちで一番軽いものを選んだ積りで結局すべてを犯してしまうのである。」伝説ではこの後、不本意ながら罪を犯したこの男が贖罪を行い、そして教皇に選ばれることになる（更にパンフィリウス・ゲーゲンバッハ『教皇ウルバヌス』ゲデケ編、ヴィックラム『乳母車のための小さな本』クルツ編、一二九、二一三頁、メンツェル『ドイツ文学』第Ⅱ巻、一五七頁等参照）。

兄妹近親相姦は童話においても時折り暗示されることがある。例えばエルデリィー・シュティーアーの報告しているハンガリーのある童話（『ハンガリーの伝説と童話』一八九〇年、一一番）では、王が七人の娘を七人の息子にめあわせようとする。結婚させられるきょうだいの数の多いことは、既に前章でわれわれがアイオロスの（一二人の）子供についてのホメーロスの記述によって知っているし、また注釈で挙げたケルトの謎においてもみられるのであるが、これは古い集団結婚を示していると思われる。次に挙げるドイツの伝承は兄弟の闘争期に入る。水の精の伝説（グリム

『ドイツの伝説』三三二番）では一二人の姉妹が婚約者たちを殺すのだが、それは、これらの男が彼女たちの兄弟を刺し殺したことに対する復讐であった。ハルトリッヒのものでは（『ジーベンビュルゲンのザクセン民族童話』一八八五年、三四番）一二人の兄弟が一二人の花嫁を捜す。一番下の兄弟が、石に変えられた（殺された）一一人の兄弟を救い出す。(55)ゲール人のある童話では（ケーラー『小著作集』第Ⅰ巻、二一八頁以下）騎士の娘の一二人の侍女たちが弟のところへ忍び入って、彼から謎の答を聞き出そうとする。だが彼は何も明かさず、彼女たちから肩掛けを奪う。騎士の娘自身は兄のところへ赴く。彼は彼女に解答を与え、彼女の肩掛けを受け取る。やがて彼は処刑されることになっていたが、しかしその娘がさきほど彼を訪れた（グリム二二番では、彼と性交を行ったとなっている）ということを謎のかたちで知らせた。それで彼はその娘を妻にする。そして弟が家へ戻って来る。のちになってこの兄弟はお互いに正体を知らないで戦う（これは、相手がわからないままに行われる性交のモチーフと対応する）。弟もやがて自分と、最初彼のところへ忍んで来た侍女たちとの間に生まれた一二人の息子を発見する。

ライストナーはドイツの兄弟童話とよく似たセルビアの童話を紹介している。そこではある若者が王の娘を獲得するために課せられた困難な試練を克服するのだが、王は約束を守らないで彼を投獄する。最後に彼は童話の世界独特の光輝溢れる人物として姿を現すが、しかしガラス城の王女と結婚することが出来ない。なぜなら王は彼の父親であり、そして王女は彼の妹だからである。これに関するライストナーの注釈によれば、この血縁関係によって古いガラス城童話の主要部分、つまり高位の結婚が欠落することになり、それである異本は、ひとりの少女を禁じられた部屋に入れて、これをのちに王子の妻とするよう設定することでこの結婚に代るものを得ようとしている。この伝説には同じくセルビアの二つの民謡が対置される。これらはブーク版の第二巻に収録されているもので、ひとつは第二七歌『ドゥサンは妹との結婚を望む』と第二八歌『ドゥサンの妹の結婚』である。セルビアのレトピス（一八四七年、Ⅳ、一〇六頁）には異文で、コンスタンティヌス皇帝とその妹イェレナについて同じことが語られている。セルビアの英雄詩は盗賊の主領プレダクについて語っているが、彼は兄弟ネナドとの初めての出会いでこれを射殺《いころ》す。しかし自分が殺したのが兄弟であることを死にゆく当人から聞かされた彼はみずからの剣で自害する（ケーラー〈ワイマール年鑑〉Ⅳ、一八五六年）。

フランチェスカ・ダ・リミニの物語は歴史的に伝承されている。彼女は一二七五年リミニの当主ギアンチオット・マラテスタと結婚させられたが、夫は妻が彼の兄弟パオロに好意を抱いたかどで一二八八年二人をともに殺害した。ダンテは『神曲』（地獄編、Ｖ）でフランチェスカの最後を歌った。セルヴィオ・ペッコリ、ウーラント（未完）、パウル・ハイゼ、マルティン・グライフそして最近ではガブリエレ・ダヌンツィオもこの素材をドラマに用いた(56)。――これと似た素材をメーテルリンクはその戯曲『ペレアスとメリザンド』において扱ったが、そこでは妻メリザンドの愛を兄弟のペレアスに奪われた老いゆくゴーロが嫉妬に狂って彼を殺すのである。

＊
＊　＊

「われわれはかつて意志も意識もなく
ひとつの肉体のなかに横たわっていました。
ですから今われわれはひとつしとねの上に
横たわるべきではないでしょう、愛しいひとよ
もう一方の兄弟であるカエサルは死んだように
静かだ。そのまなざしだけがさめている。

レーナウ（『サヴォナローラ』）

兄弟コンプレックスを素材とした多くの物語、作品を紹介した本章は、神話、童話、伝説の形成にとってこのコンプレックスがいかに重要なものであるかをわれわれに示してくれたが、最後になお、この関連においても多くみられる神経症的「犯罪的」証例を簡単に挙げておきたい。注目すべきことには、これらの犯罪ニュースにおいては兄弟殺しが、父親と息子の間の多くの殺人ほどには広い場所を占めていない。もちろん往々にして殺傷沙汰に及ぶ兄弟間の激しい敵対関係を示す事件は多々ある。(57)

まず精神分析の専門家ではない研究者たちが、子供や若い世代の人間の犯す多くの近親相姦行為の例証として挙げたものを提示するが、その数は分析的臨床例を加えるなら容易に増加するであろう。

1　〔性の問題〕（Ⅶ、七〇二頁以下）に報告された事件で、七歳になる男の子が五歳の妹と近親相姦を行ったというものである。――「全く無害なもので、精神病学的な鑑定からすればこれは環境の犠牲であるにすぎない。」（マルクーゼ）

2　マルクーゼが〔グローセ・アルヒーフ〕（六七、一三三二）に発表した、一五歳の少女と一二歳の少年との近親相姦事件で、この少年が父親の質問に答えて告白したところによれば、既に四年も前に姉が彼のベッドへ入って来て性的な行為へと誘い、これがやがてれっきとした性交へと発展して、既に数年来ほとんど二晩ないしは三晩ごとに行われているという。

3　マルクーゼが『近親相姦』（七三頁以下）で報告している、一七歳の技師と一三歳になるその妹との事件で、彼らはベルリンの家庭裁判所で近親相姦の罪を問われた。二人は母親と一緒に住んでおり、アルコール中毒だった父親は早く亡くなっていた。彼らは品行方正、勤勉で評判の兄妹であった。

4　一八歳になる刺繍女工が医者に行って「萎黄病」について尋ねたところ妊娠三ヶ月の診断を受けた。調査によると彼女は、一二歳の時から当時一五歳であった兄と規則的に性的交渉をもってきたこと、二人は深く愛し合っており、一度も他の人間と交際をもったことはないということが判明した。彼らは極めて素行の良い人間であり、自分たちの関係が許されぬものであることを知っていた。しかしお互いに別れるつもりはないと断言した（同、三一頁）。

5　オーバーホルツァー（『スイスにおける精神病者の去勢と断種』ハレ、一九一二年）は、悪質遺伝をもち、倫理的欠陥のあるひとりの人間について報告しているが、この男は医師の証言によると既に三歳の頃からオナニーに耽り、三歳半と四歳半の小さな妹たちに極めて由々しい倫理的危険を与えたという理由で八歳の時精神病院へ入れられた。彼はなんとかして妹との性交を果たそうと試みた。また一五歳になった彼は同じように一二歳の妹を相手にした。

6　同じところで、やはり悪質遺伝をもった一五歳の少女の例が報告されている。彼女は一三歳の時から絶えず何人かの若い男友だちと交わっていたが、誘いをかけるのは彼女の方であった。それらの恋人のなかには二歳年上の彼女の兄も含まれていて、彼は妹との性交を告白した。少女はこれに対してすこぶる平然とした態度を示した。

7　オーバーホルツァーは〔スイス刑法新聞〕（十二月二十五日）に、初めに妹を妊娠させて逮捕され、釈放後今度は年下の方の妹に同じことをした精神薄弱者の例を報告している。

これらの例、特に6のそれは、同年代同士の間で行われる異性との性交の多くは、きょうだいに対する欲望の代用行為であり、また半人前の少女に対する中年男性たちの欲望は娘への欲望に代るものであるということを示している。

8　例えばロールシャッハは（〔精神分析のための中央機関誌〕Ⅱ、四〇三頁）、一〇歳から一四歳までの少女たちに風紀上好ましくない行為をしたため精神病鑑定を受けた二〇歳の男のことを報告している。分析（ロールシャッハの）によって、「一番年下の妹に対する患者の強力な無意識的なリビドー」が夢から直ちに明らかとなった。

9　プフィスター(58)によって報告された例では、姉妹への愛がもっと強く抑圧されたかたちで、また神経症的な罪悪感を伴って現れている。当事者は強い倫理観の持ち主で知的な若者であるが、彼は姉と近親相姦を犯した夢を見てから半年の間絶望的・厭世的な毎日を送った。夢から覚めた時彼は、この夢は本当であるに違いないという気がした。そしてこの感情から逃れることが出来なかった。半年間悩んだのち彼は姉に、自分が彼女と近親相姦を本当に行ったのかどうかを直接尋ねた。二人の間には全く何もなかったのだと彼女が請け合ってくれて初めて彼は安心出来た。尤も、「初めのうちは自分の潔白に対する疑いを何度かまだ抱くことがあった。」分析の結果判明したのは、「この姉弟が幼い頃から一五歳の時まで、つまり例の夢のあとまで同じ寝室で眠っていたということである。また姉はしばしば少年の好奇心を刺激する事柄（子供が生まれる訳）についてまじめに語って聴かせたのだが、このことが弟のなかに快楽への欲望を惹き起こした。当然のことながら性的な欲望が知らず知らずのうちに姉に向けられていった。

しかしながらそのような忌まわしい想念はいつも激しい倫理的な怒りをもって拒けられた……。夢の解釈はこれで容易なものとなった。近親相姦の夢が抑圧された願望の成就を表わしていることは明らかである。」

次にわれわれは、きょうだいコンプレックスのさまざまな作用を示している典型的な犯罪事件を挙げてみたい。

9a「腹違いの妹に誘惑される。腹違いの兄妹の間に起きた他に例をみない不道徳な事件がヴェーリングの地方裁判所でその結論を見出した。錠前工のヨーハン・Hはある日ヴェーリングの警察署に出頭して、自分の家に同居している腹違いの若い妹アンナ・Zが以前から自分に言い寄っていた、自分はこれを拒絶し続けてきたが、昨夜酒に酔っ払ってしまい彼女に誘惑された、と訴え出た。二人はこの事実を悲しげな表情で認めた。その際Hは、前後不覚の状態で誘惑されたのだと主張し、その少女は全面的にこれを確証し、自分はこの兄に恋していたのだが断わられたのだと付け加えた。二人の交わりが罪になるということは知らなかったという。尋問に当った専門医は、泥酔状態では行為は不可能であった筈であり、男の証言は信じ難いように思われる、しかしながら他方アンナ・Zがあの時点から妊娠していることも確められているとの鑑定を下した。裁判長は二人の被告に無罪釈放を言い渡した。」

10「近親相姦罪の兄妹を逮捕。ブダペスト発。ある匿名の通報に基づいて、ノイペストのパン屋マルモールシュタインの娘で一六歳になる少女と二〇歳のその兄が逮捕された。この二人は近親相姦と殺人の罪を犯していた。つまり数日前この少女から生まれた子供は兄妹によって絞め殺され、その死体が地下室に埋められていたのである。」

11「兄と妹。憂うべき道徳犯罪がヨーゼフシュタットの地方裁判所で審理された。訴えられたのは近親相姦を犯した補助職工のヨーゼフ・Sという男で、被告の二二歳になる妹が最近産院で子供を生んだが、彼女はこの子の父親が自分の兄であると言ったのである。こちらは、その機会が容易に手に入ったため妹と親密な関係を何度か結んだことを認めたが、しかし暴力に訴えるようなことはしなかったと言った。裁判所は被告に十四日間の未決拘留を算入して一ヶ月の重禁固刑を申し渡した。」

12「悲劇的な姉弟の愛。類稀な刑事事件がヨーゼフシュタットの裁判所で審理された。二一歳の補助職工ヴェンツェル・Sとその実の姉で三歳年上のアンナが近親相姦罪で起訴されていた。彼らはつい最近まで四年間にわたって親密な恋愛関係を続けてきたのである。二人の母親で現在再婚している補助工フランツィスカ・Pもこの犯罪に加担したかどで告訴された。彼女は自分の子供たちのこの許されぬ関係を黙認したというのである。この審理で被告のヴェンツェル・Sは、自分は四年前まで、ボヘミアの田舎に住んでいた姉と一度も会ったことはなく、また自分の母親に娘があることは全然知らなかったと申し立てた。四年前にこの姉が母親のところへ戻って来た時彼は、それが自分の姉とは知らないで彼女に激しく恋をし、後になって事実を知らされた時にはもはやこの恋を諦めることが出来ないまでになっており、それで彼女との関係を始めた。二人の間には子供も生まれたが発育不全で三週間後には死亡した。——裁判官（被告に向かって）〈二人の関係について知らされた母親が姉を再びボヘミアへ送り返した時にも被告はこの姉の後を追って行き、再びウィーンに戻るよう彼女を説得したというが。〉——被告〈その通りです。私はこの姉をとても愛しており、彼女がいなければもう生きてゆけなかったのです。〉同じく被告である姉は、今でも大変愛しているこの弟とほとんど四年間にわたって親密な関係にあったことを認めた。母親はこの関係を続けてはいけないと彼女に注意してはくれたが、しかし自分はヴェンツェルをあまりにも愛していたのでどうすることも出来なかった、と述べた。共犯のかどで訴えられていたその母親は、娘が田舎から戻って来た頃、この二人の自分の子供がそのような関係を始めたことについては全く知らなかったと証言した。二人の関係が怪しいと思った時彼女は娘に強く注意を与え、そして彼女を弟から遠ざけるため田舎へ帰らせたが、しかし暫くして娘は弟の強い要請によってウィーンへ戻って来た。弟との交わりをやめるようにとの警告に対して姉は、彼との関係を断念しなければならないのならピストル自殺をすると答えたという。検事の求刑通り裁判長は被告の姉弟に二週間の禁固刑を言い渡し、一方共犯の罪に問われていた母親は主体的犯罪が認められないとして無罪の判決を受けた。」

13 「日常生活における古典悲劇。ギリシャの悲劇詩人たちがどんなに知恵を絞って考えてみてもこれ以上には書けなかったと思われるような悲劇がパリの警察裁判所で繰り広げられた。被告は二六歳の美しいブルーネットの女性とその共犯者で、彼女よりひとつ年上くらいに思われる若いブロンドの男であった。被告の女性の夫は現在ドイツの国境に駐屯している狙撃隊の歩兵である。彼は自分の住んでいる地方の警察へ、妻が密通しているという、匿名で彼のもとに届けられた報告を伝えた。そして警察に、この隠れもない犯罪を突き止めてくれるよう依頼した。この請願は受理され、警官が早朝彼の留守宅に踏み込んだ。寝室のひとつしかないベッドの上にはひとりの女性が横たわっており、また、あわててガウンをまとった男がドアーを開けた。係官は二人の人物に間違いないことを確かめて帰ったが、そのあと彼はある調査から、この二人の密通者が兄妹であり、彼ら自身その事実を知らないでいることを突き止めた。女の方は母親に育てられ、結婚するまで彼女の許で暮らした。しかし、夫が兵役に服した三ヶ月前から彼女が情事を続けていた男は祖母のところで暮らしていて、母親とは兵役を終えて連隊から戻って来た時に家で初めて会っただけであった。彼が妹と知り合いになったのはそもそも全くの偶然であって、しかもそれは、母親が私生児である息子の認知の件を依頼した弁護士のところにおいてであった。彼の妹も同じ母親の私生児であるが、但し父親は別の男である。母親は彼女をも認知しようとした。しかし息子には娘のことを知らせず、また娘にも兄のことは何も話さなかった。このようにして二人は、母親の希望により各々の件を別箇に処理した弁護士のところで会い、お互い好きになり、彼はやがて恋人のところへ引き移ったというのである。ちなみに彼女は結婚していないと偽っていたという。警察はこれらすべての陳述が間違いでないことを確証出来た。弁護士も証人として呼ばれ、書類を提示して被告の言ったことが正しいことを証明した。ある書類には、母親の希望によりこの二人の子供をお互い近付けないで欲しいという、官庁の役人に対するメモまで発見された。裁判所はこの全く異常な状況に鑑み大いに情状酌量し、被告たちには姦通罪のみを適用し二五フランの罰金刑を申し渡した。だが夫は離婚を請求し、これは認められた。兄は裁判長に、植民地へ移住し、妹から遠く離れて暮らすと約束した。夫からも、不幸な恋人からも見捨てられた女性の方は裁判が終った時には激しい興奮状態にあった。」

これまでに挙げたのは兄妹（姉弟）の間の意識的な恋を示す例であるが、次に神話的な伝承を思わせる無意識的な愛の例をひとつ挙げてみたい。

14　「婚約の相手は妹。ロシアの新聞報道によると、婚約していた相手の若い女性が自分の妹であることを知った若い中尉がヤルタでピストル自殺を遂げた。この将校が彼女を知ったのは彼女の養父母の仲介によってであった。結婚式の数日前、この未来の花嫁が自分自身の母親の娘であるという恐ろしい事実が彼に知らされた。婚約者を自殺へ駆り立てた理由について何も知らないこの若い女性は完全に打ちのめされた。激しいショックを受けた家族の社会的地位を顧慮してロシアの各新聞は当事者たちの名前を公表することを控えた。」

次の二つの事件は嫉妬による妹の殺害を示している。

15 「兄妹の愛の悲劇。ローマの裁判所でロベルト・トマシーニという若くてハンサムな音楽隊伍長に関わる審理が行われた。彼の罪状は、自分の妹と許されぬ関係を結び、彼女を射殺したというものである。既に早くから彼は妹アマビリアへの熱い恋心を抱いていた。彼女はこの愛に応えた。自分の情熱から逃れんとしたこの若い女性は他の男と婚約した。また兄の方はある恋人を得てみずからを慰めようとした。しかしながらこれらの努力はすべて無駄に終った。二人の情熱は冷静な理性を圧倒し、彼らは心中を決意した。最初の一発は正確に命中し妹の生命を奪った。二発目は兄の胸を射たが死ぬまでには至らなかった。負傷した彼の手許には、二人は喜んで死に赴くと書かれた一枚のメモ用紙が発見された。「二人の心がお互い愛し合うことを誰がとめられよう？　暖かい心をもったひとならわれわれを許してくれるであろうし、またわれわれのために涙を流してくれるだろう。死がわれわれの生なのだ。われわれは若い。だがどんな未来がわれわれを待っているというのか？」この事件においてもまたもやわれわれは、近親相姦的愛情のあらゆる典型的な特徴を見出す。即ちその幼児的な根幹、相互の愛を防衛せんとの試み、別の愛への逃避とその失敗、そして最終的な心中などである。この心中はここでは極めて明瞭に性的な一体化の代り（シンボル）として現われる。トマシーニはもちろん妹との性的な関係は否定し、二人の間にあったのは純粋な愛だと言った。妹の婚約者や他の悪意ある連中の中傷だけが二人を死へと駆り立てたのだという。専門家たちは、トマシーニは病的な情熱と興奮に取り憑かれていたのであるから、その刑法的な責任は大幅に軽減されるべきだという判断を下した。この見解に基づき陪審員たちは、被告は行為の時点において完全な心神耗弱の状態にあったとして無罪の結論に達した。

16 「近親相姦的な嫉妬心の奇妙な合理化[59]。一九一一年五月二十二日アンガースにおいて有能な女流画家アメリー・レールミーテがその兄によって殺された。最初は神秘の謎に包まれていたこの殺人は、昨日の最終審理によってその衝撃的な全貌が明らかとなった……。兄のオイゲン・レールミーテは、自分はただひとりのこの妹を熱烈に愛していたと申し述べた。彼は妹の未来と人生の幸福を確実なものにするためにのみ生きてゆきたいと思っていた。ところが二人の両親と祖母は狂死していたので彼らの上には同じように精神病に対する不安の影がつきまとっていた。そしてある日のこと妹が結婚したいという決意を打ち明けた時彼は、また新たな精神病候補者を世に送り出すことになる結婚は断じて止めるよう言った。妹はこの勧告を聞き入れようとしなかった。一緒に死のうという彼の申し出に彼女はびっくりし、これを拒絶した。自分たちの家系の暗い宿命に終止符を打つためには妹を殺す以外にはなかった、自分にも死刑が一番望ましい、と彼は言った。」

（1）カール・ヴェールハーンの『子供の歌、子供の遊戯』（〔民族学ハンドブック〕Ⅳ巻、ライプツィッヒ、一九〇九年）で、「想像の置き換え」について論じられている箇所を参照されたい。この置き換えによって姉が小さな弟のために母親となるのである。男と女のきょうだいが演じるお父さんごっこ、お母さんごっこについてもそこで言及されている。

（2）『性科学辞典』（マルクーゼ編、第二版）の「結婚」の項参照。そこには参考文献も記されている。

（3）私は何年も前（一九一七年）既にこれら原始時代における兄弟のたたかい（姉妹を巡っての）の名残りを英雄叙事詩、特にインドのそれにおいて調べようと試みたのだが、この研究はいまだに完成していない。マハーバーラタの物語においては王女ドラウパディが五人のペンダヴァの兄弟と結婚する童話に関しては『神話と童話』（一九一四年、『神話研究のための精神分析学的寄与』中に収録。第二版、一九二二年）において軽く触れておいた。

（4）F・ブキャナン『マイソール、マラバール経由のマドラスからの旅』（ロンドン、一八〇七年、Ⅱ、四〇七頁以下）。バッハオーフェンはナイール族の「甥家族」に関する全資料を編纂した。

（5）H・フェーリンガーは『インドの性風俗について』H. Fehlinger: Über einige sexuelle Sitten Indiens（〔性と社会〕Ⅸ巻、一七六頁）のなかで次のように言っている。「甥姪間の結婚が行われているところでは、成人した女性が全くの少年と結婚させられることが往々にしてある。このような場合その若い夫がまだ充分に成長しない間は、彼の父親と交わることが妻には許されている。」「南インドの多くのカーストは夫の身内の者と交わる大きな自由を妻に与えている。」「トッティガン族の場合はそれが非常に極端で、ドアーが閉まっていて、その前に自分の身内の誰かの履物があるのを見た夫はその家に入ることを禁じられる。」「例えばビルマのキュエング族においては、ある女性の娘たちが彼女の兄弟の息子たちにとって最適の花嫁とみなされている。」「マドラスのエルナダン族は、夫が自分の長女を二番目の妻とすることを認めており、一方クデュア族は、夫に先立たれた妻が自分の長男と結婚することを許している。」

（6）デイヴィ『セイロン奥地の報告』(John Davy: „An account of the interior of Ceylon“, London 1821, S. 286)。ヴィンクラーは（『バビロンの精神文化』九三頁注釈）、「一妻多夫の特定の形態が支配している南アラビアでは、父親と長男がひとりの妻を共有し、それ以外の息子たちは二人ずつ同様に共通の妻を所有していることをわれわれは確認した」と言っている。

（7）„India and its native princes“, London, 1876.

(8) 花嫁の買い入れはゲルマン人においては、花嫁の養子縁組のための譲渡だと考えられていた。即ち彼女は原始時代の母親がそうであったような（兄弟との）共有財産ではなく、専有財産となるのである（シュレーダー『ドイツ法制史の手引』一九〇七年）。

妻がいかに自分の夫のなかに父親の代理人をみているかは、彼女がかつては父親の名前を名乗っていたのが現在では夫の名前を名乗っているというわれわれの今日の習慣が示してくれているばかりでなく、古代ローマにおいては結婚によって父親の権力が娘を経由して夫へと移行したという、ヴェスターマルクによって指摘された事実（『性の問題』ライプツィッヒ、一九〇九年、二五頁）もこれを示している。結婚によって女は男の手に（manum viri）移り、妻としては娘の代り（filiae loco）、即ち法律的に夫の娘となったのである。

(9) A. Bouché-Leclerq : „Histoire des Lagides", Paris 1904, II, 83.

(10) 彼女は兄弟たちの子供は生んでいないが、カエサルとの間にひとりの息子を、またアントニウスとの間に息子二人と娘ひとりをもうけている。

(11) プレスコット『ペルー占領の歴史』Prescott : „Geschichte der Eroberung von Peru"（英語からの独訳、ライプツィッヒ、一八四八年、第I巻、二五九頁以下）。

(12) 伯父と姪、伯母と甥、二親等までのいとこの間の交わりは、絞首あるいは石打ちの死刑をもって両者が罰せられた（プレーム『インカ帝国』、イエーナ、一八八五年、第I巻、二〇五頁）。

(13) 世継ぎの王子に姉妹がない場合彼は最年長の異母姉妹を妻に選び、これもいない場合は未婚の血縁者で最年長の女性と結婚した。姉妹と皇帝の夫婦に子供が生まれない時には、彼は他の姉妹ないしは血縁者のひとりと結婚することが許された。

シェイサ・デ・レオン（『ペルー年代記』、アントワープ、一五五八年）によると、インカの皇帝は、妻である姉妹が息子あるいは娘を彼のために生むと直ちに彼女とのすべての親密な交わりを中止した。コーヤ(妃)は他のすべての女性同様世継ぎの子供に授乳しなければならず、この授乳期間は二年であり、更にこの期間中は夫たちとの交わりは中断されねばならなかったので、近親相姦的な交渉はもっと制限されることになった（ヘンティッヒ前掲書一七一頁以下）。

(14) Westermarck : „Gattenwahl, Inzucht und Mitgift" („Die neue Generation" 1. Jahrg., H. 1. Jan. 1908. S. 7).

(15) シラー・ティーツ以後この解釈は既にF・マクレナンが提唱している。

(16) シュトルファー『父親殺し』一六頁。

(17) スマトラのバタク人にあっては、いとこ（母方の伯父の娘）との結婚が好んで行われるというならわしがある。この習慣は大昔からあり、今日でもなお非常に広くゆきわたっていて、男が自分の婚約者あるいは妻を呼ぶ場合――たとえ彼女とこのような血縁関係になくても――の表現がborn-ni-datulang（母方の伯父の娘）となっている。一方これとは逆に妻は自分の夫あるいは恋人をibebere-ni-danang（父の姉妹の息子）と呼ぶ（前掲書一二頁）。もうひとつの例をアラビア人たちが示してくれる。いとこ、特に父方の伯父の娘との結婚が彼らにおいては都会人の間でもまたベドウィン人の間でも古くから行われている。バタク人と全く同様アラビア人もまた恋人あるいは妻が「いとこ」ではなくてもそう呼び、一方舅は誰でも「伯父」と呼ばれる（前掲書一五頁）。

(18) インディアンたちにおける近親相姦についてはAnthropophyteia VIII, 282参照。

(19) ヴィンクラーによれば（『アラビア人――セム人――オリエント人』、西アジア社会見聞記、ベルリン、一九一〇年、一四頁）、オリエントの伝説では「兄と妹は自然にかなった夫婦である。また神話及びこれと関連した王家の風習では、妹は自然によって定められた兄の妻であるとされる。」オシリス伝説並びに、妹と結婚するクロノスとゼウスについてのギリシャ神話参照。同様に、鳥に倣って生殖行為を始めた最初の兄妹夫婦いざなみといざなぎについての日本の伝説も参照されたい。L・ブラウンによると（『日本の神話と伝説』三五五頁）、女神弁才天は二人の子供を自分自身の子供、兄妹であるとみなし、彼らの結婚を阻止しようと思って二人を蛇に変身させた。

(20) これに関しては、同様にもともと相手の正体がわからないままに行われる近親相姦が基になっていると思われるアーモルとプシケの物語参照。このことについては既にペリアンドロスの物語のところで言及した通りである。

(21) これについては拙著『英雄誕生の神話』（九頁以下）中の論述参照。

(22) これは多分ジルベラーの言う意味で、意識の拒絶の強さを表わす「機能的」表現として解釈することが出来るかも知れない。またこの所見は同時に、「防衛」を天空への投影傾向とみなすのは「全く余計なこと」と考えるジルベラー（『幻想と神話』、〔精神分析のための年鑑〕Ⅱ、六一六頁注釈）の異議に対する回答でもある。この防衛は最近の神話学者たちによって明瞭なかたちで表明され、時としては是認さえされている（『英雄神話』九頁以下参照）。――追いつくことの不可能性という、天体の次元で眺められた事情は同様に、この失われた理想への憧れの機能的表現（ジルベラー前掲書五六六頁）と解釈することが出来ようが、しかし同時にそれは、これらの人間的な事件が抑圧（兄妹夫婦の離別）の圧力のもとにおいて初めて天体上の事件として解釈され得るということを暗示している。

(23) エストニアの国民叙事詩が語るところによれば（F・レーヴェ訳、レヴァル、一九〇〇年）、主人公カレワラは再婚の母が死んだのちある島でひとりの少女を愛し、彼女に自分の両親の名前（カレウとリンダ）を告げる。そうすると彼女は海中へ墜落し、姿を消してしまう。エストニアの学者たちはここにオイディプスの罪を想定している。彼女は彼を兄と呼び、彼は彼女を妹と呼んでいる（第七歌において同じモチーフが現われる）。

(24) 夫婦は一緒に暮らすことによって最後は容貌も似てくるという一般的な考えが正しくかつ根拠をもつのは、恐らく愛の対象の本来の選択が一方の側から近親相姦的な固着（母親と姉妹ないしは父親と兄弟への）の上に立って行われるという限りにおいてであろう。このことから、のちになってもっと明瞭に現われる夫婦の類似性が説明されるであろう。その場合また対象の選択への「ナルシス的な」関与も軽視することは出来ない。

(25) 中世においてもまだ近親相姦に対する罰は火刑であった。

(26) „Urreligion der Indogermanen", Berlin 1897.

(27) 精神分裂病のある症例においてブロイラーは、患者のきょうだいコンプレックスがアポロとディアーナの愛によって象徴化されていることを発見した（『精神分裂病』三三五頁）。

(28) エーニ『ヤマのヴェーダ神話』(Ehni: „Der vedische Mythos des Yama", 1890)。

(29) 『ゲルマンの神』（ハインツェル教授のためのゲルマン文献号記念論文集、ハレ、一八九八年）。

(30) これと似たケースとして、聖書のオナンにみられるレヴィラート結婚（死んだ兄弟の妻との結婚）がある。

(31) Sinfjötli は近親相姦から生まれたため「ひどく汚れた者」を意味する（ケーゲル『ドイツ文学史』、イリチェクからの引用、ゲッシェン全集、二九頁）。ちなみに彼は死の床にあった母親の胎内から切り出されたのである。この汚れた者という象徴的表現についての更に詳しい資料は、本書校正中に刊行されたフランチスカ・ユエルとオットー・マールバッハの論文『ローラント伝説の原型と南スラブの童話の類似』（『イマーゴ』XII/1、一九二六年）参照。シュトゥッケンはヴェルズンガ伝説が北西アメリカにあるのを発見した。そして彼はその『天体神話』において、この近親相姦伝説がアイスランドを経てグリーンランドやアメリカ北部へと伝わっていった経路を証明しようと試みた。

(32) 敵対する兄弟及び、双生児の神話については『英雄誕生の神話』を参照されたい。――このモチーフがいかに広範囲に及んでいるかは、H・ベッカーの、少々混乱を呈している『原始時代の伝承解釈の鍵としての双生児伝説』（双生児伝説の一覧表付き、ライプツィッヒ、一八九一年）が示している。

(33) バルドゥルはノンネあるいはヴァルキューレといった女神の指図によって、水浴びをしているナンナの姿を見て彼女への激しい恋に燃え上がったと言われている。

(34) „Kain und Abel in der Agada, den Apokryphen, der hellenistischen, christlichen und mohammedanischen Literatur" (Wien

1922).

(35)　これと並行してベルケンは（一一五頁注釈4）、キリスト教のアダム物語のなかに、カインとアベルの間の役割が交代し、アベルがカインの殺害者になるという、ある出典が採り入れられているように思われると言っている。――これは心理学的に考えてももっと以前のテキストであるように思われるが、それによるとアベルは兄を殺すことによって妹の占有を確実なものとする。――シラー・ティーッは、「双生児が異性の場合には、一人前になると彼らを結婚させるというバリ島住民の上流階級の間にみられる習慣」について述べている。「この習慣は今日ではもうみられないが、しかし現在もなおこのような双生児は〈婚約した双生児〉と呼ばれるのが常である。」

(36)　バーナード・ショーは、「イギリスの娘が母親よりもっと憎む人間は普通ただひとりである。それは一番上の姉である」と言っている（『人と超人』）。

(37)　フリードリッヒス『ゲルマン神話の基礎、成立』(Friedrichs: „Grundlage, Entstehung der germanischen Mythen", Leipzig 1909, S. 317)

(38)　モーセも、彼の弟でもっと人気のあるアロンを殺したのではないかという嫌疑を民衆から受ける（ヴュンシェ『イスラエル』Ⅰ、二、XIII参照）。――モーセがエジプト人の監督者を殺すくだりにもこのモチーフのひとつの名残りが留められていよう。

(39)　『古代オリエントと聖書』(„Der alte Orient und die Bibel", Ex Oriente lux, Bd. II. H. 1, S. 499ff.)。

(40)　エーミール・ヴェルハーレンの悲劇『スパルタのヘレーナ』は、ヘレーナがスパルタへ戻ったあとの出来事を扱っているが、そこでは不在だった二〇年間ほとんど老いがみられないヘレーナの美しさと魅力とが生き生きと描かれていて、特にそれは、彼女の姿を見た兄弟のカストールが狂おしい愛の虜となり、彼女の老いた夫メネラーオスを殺害することで強調されている。

(41)　先にジーケの挙げた、プリアモスの息子たちとヘレーナとのきょうだい的な関係をも参照されたい。

(42)　エーレンライヒ『アメリカの神話と伝説』四四頁以下（Ehrenreich: „Mythen und Legenden des Amerikas"）。――同書にはまた、南北アメリカにおける数多い兄弟物語についての文献も挙がっている。ホッテントットについては〔民族学のための雑誌〕一九〇六年に収録されてあるエーレンライヒの『神々と救世主』(„Götter und Heilbringer") 参照。

(43)　母胎内での争いと脇腹からの出生はイランの伝説にもみられる。

(44)　一九〇九年春サルタンのアブドーアルハミドが退位した時の新聞報道によれば、トルコの王室では兄弟殺しは単に伝統的な制度であるのみならず法的な制度のひとつでさえあり、今回退位したサルタンはこの法を認めなかった数少ない例外のひとりであったと言われる。兄弟殺しの制度はトルコ王朝では一四世紀の終りから辿ることが出来、マホメドⅢ世の治下において最高記録を樹立した。彼は父親が死んだ後一九人の兄弟を絞首させて殺したのである。マホメドⅨ世にいたっては、兄弟たちをみずから短剣をもって刺し殺そうとしたが、これは彼の母に止められた。

紀元前一五〇〇年頃に流布したインドのある物語もこの家族殺しを想起させるものである。ここでは敵対する兄弟が、仇敵同士の部族クルとパンドゥとして登場する。ライヴァルのひとりであるカルナは素晴らしい輝きをもったひとつの宝石を所有していたが、これは神が恩寵のしるしとして彼に授け与えていたもので、またこの石をヴィクラマディシャ王家から奪おうとする者はすべて破滅させられた。アトレウスとテュエステースとの争いも黄金の雄羊を巡って燃え上がった。ニーベルンゲンの宝についての伝説にもこれと同じ意味が基礎となっていて、この宝の所有を巡ってレギンは自分の弟である龍ファフニルを殺すようジグルドをけしかける。だがファフニル自身既に自分の父親ライドマルを殺したと言われており、それは父親が神々の贖罪金の分配を息子たちに拒絶した時であった。スカルダによれば二番目の息子レギンもこの父親殺しに加担したと言われている。一連の父親殺しはペルシャの物語のなかにもみられる。アクバルの長男で世継ぎのイエハンギルはその息子シャア・ヤハンによって失墜させられ獄中で死ぬ。シャア・ヤハンは良心の呵責に苦しみながら数年を送るが、やがて息子によって失明させられ、最後は殺害される。父親と四人の兄弟を殺したアウルングゼバは四十九歳まで生きたが、絶えず自分も同じ運命に会いはしないかという不安を抱き続けた。そして事実彼もこの運命を免れることが出来なかった。すべての友、遂には最愛の息子ムラドにも見捨てられた彼は、息子たちを呪ったあと殺人者たちの手によって倒される。

(45) 私は以来これを〔神話研究のための精神分析学的寄与〕における『兄弟童話』(一九一三)において単独に取り扱ってきた。

(46) 『ヒルデガルト』についての伝説や、またクレスツェンツィアの物語などといったその他のドイツの伝説では、不在中の王の弟が直接その妻の誘惑者として登場するが相手から拒絶される。

(47) このモチーフ及び石への変身、復活のモチーフについては拙論『幼児の性理論と民族心理学の類似』参照。

(48) マンハルトはその『ゲルマンの神話』(Mannhardt: „Germanische Mythen“, Berlin 1818, S. 216ff.) において、この童話群を詳細に論じた。彼は、兄弟のアグニとインドラとが相争うというマハバラータのこれと似たエピソードを引き合いに出して、偽の求婚者はもともと近親者、兄弟であったと指摘している。——処女を犠牲にしようとして退治される悪しき龍も悪しき兄弟を意味している、ということはジークフリート伝説が教えてくれる。つまりそこでは主人公がレギンに唆されてその弟である龍のファフニルを殺し、その後で処女を獲得するのである（ジークフリート伝説については本文中の次のテキスト参照）。敵対する兄弟は、シャームバッハとミュラーの『ニーダーザクセンの伝説と童話』（Schambach u. Müller: „Niedersächsische Sagen und Märchen“, Göttingen 1855, Nr. 55）にもみられる。

(49)　ルビアについての童話も、近親相姦モチーフが完全に保持されているドイツの兄弟童話と同じタイプを示している。

(50)　時として去勢をもって終ることもある。カストールという名前は恐らく去勢された者（castrare から）を意味しており、これに相当する伝説が欠如したままカストールに付けられているのだとシュヴァルツは言っている（『神話の起源』一三八頁以下）。――息子の死を告げる夢を見たにもかかわらず彼を猪退治へと送り出すクロイソスの物語（ヘロドトス第一巻）には無意識的な兄弟殺しの話が入り込んでいる。クセノフォンの『アナバシス』において、キュロスは兄弟と戦い、これを負傷させる。ヴォルフラムの『パルチヴァル』において主人公は、兄弟とは知らずファイレフィスと戦う。

(51)　„Die allgemeine Mythologie und ihre ethnologischen Grundlagen“, Leipzig 1910, S. 31, 69, 239.

(52)　人間と同時に生まれる守護霊についてのオーストラリア諸民族に広くみられる信仰もこれに属するように思われる。後産に与えられた意味は、日本ではこれを厳かに埋葬する習慣があったということからも明らかである。後産とこれに関連する風習についての詳細は『英雄誕生の神話』（一〇四頁以下）参照。

(53)　これと似た事件が現代のイタリアで発生し、全世界にセンセーションをまき起こした。ボンマルティーニ伯夫人が、自分の恋人でもある弟をたきつけて夫を殺させたというものである（カール・フェーデルン『伯爵夫人リンダ・ボンマルティーニ・ムッリにかかわる裁判の真実』一九〇七年参照）。姉妹の夫に対するこれと似たような嫉妬は、兄弟心理の典型的な反動のひとつである。そしてわれわれはこれらの衝動を詩人たちの人生と作品のなかにも辿ることが出来る（特に、のちに言及されるシラー、ゲーテ、ワーグナー参照）。

(54)　二人の兄弟についての童話において、二人の兄弟の首切りがこの副次的な意味をもち得るということも考えられないことではないように思われる。特に一方の兄弟の首が初め逆に、顔がうしろに向いたまま（相手の正体が不明であるということ）のせられるので、そう思われるのである。

(55)　シディ－クルの第五話においても同じようなことが語られている。そこでは太陽の光が、途中で力尽きた兄弟である月の光の死体をその願いに応じて石の下に隠す。その後彼はある行者によって再び生命を与えられる（『シディ－クルの童話』B・ユルク訳編、一八八六年）。

(56)　ラーデンドルフ『ドイツ文学におけるフランチェスカ・リミニ』（Ladendorf: „F. v. Rimini in der deutschen Literatur“,

Zeitschr. f. d. Unterr. 21, 38）参照。最近ではG・ロケラ『文学、造形芸術、音楽にみられるフランチェスカ・ダ・リミニ』（G. Locella: „F. v. Rimini in der Literatur, bildenden Kunst und Musik“, Eslingen 1913）がある。

（57）ロマン・ロランが数年前〔レヴュー・ド・パリ〕誌上に発表した論文が語っているように、ミケランジェロがその三人の兄弟との激しい抗争のなかに生きていたという事実は非常に興味深いものである。この三人は絶えず彼から金や援助を要求したばかりでなく（ヘッベル、グリルパルツァーの兄弟参照）、生活態度が悪く、ミケランジェロが不在の時には（少し頭の弱い）父親を虐待した。兄弟たちの破廉恥な行為を聞いた時ミケランジェロの怒りが爆発した。彼は兄弟たちをまるで腕白小僧たちを叱るように折檻した――鞭をもって。弟ジョバンニ・シモーネに宛てた手紙が彼の性格をよく表わしていておもしろい。これは、既に三〇歳にもなっていたこの弟（ミケランジェロはこれより四歳年上でしかなかった）が、特に父親をひどく扱ったということを聞いたミケランジェロが書いたものである。そこには次のような言葉がみられる。「私は十二年この方惨めな生活を送っており、イタリアじゅうをさまよい歩いている。私はどんな恥辱にも耐え、どんな苦しみをも甘んじて受け、骨身を削り体はもうこれ満身創痍、あらゆる危険に生命を賭けている。これひとえに家族を助けんがためのことである。私がようやく彼らの生活を少しばかりましなものにし始めたこの折りも折り、お前は、私がかくも長きにわたって、かくも大きな努力を払って積み上げてきたものを一時間のうちに台なしにしてしまおうとするのか……。断じてこのようなことは許さない！　必要とあらば私はお前のような人間ならいくら束になってかかってこようとも粉々に打ち砕いてやることが出来る。だから、お前とは違った情熱をもった人間を苦しめるような馬鹿なまねはやめるがよい。」

（58）『妄想と生徒の自殺』。チューリッヒの牧師ドクター・O・プフィスターによる、夢判断に基づいた論考（〔生徒の健康管理のためのスイス新聞〕第Ⅶ巻、第一号、チューリッヒ、一九〇九年一月）。

（59）〔精神分析のための中央機関誌〕（Ⅱ、二九三頁）に発表されたドクター・J・K・フリードユングの報告。

第一四章　姉に対するシラーの愛
——感情転移のメカニズム

もし彼女が、おれの愛している彼女が、
愛している？——いやそうじゃない、体を求めているのだ。
その彼女がおれの妹だとするなら、
おれを炎のように彼女へと駆り立てる
この熱い情欲はどこからくるのだ？

グリルパルツァー（『祖先の女』）

『ドン・カルロス』において母親を巡る父親と息子のライヴァル関係を描いたこの詩人は、『メッシーナの花嫁』においては、妹に対する二人の兄弟の嫉妬的な愛をテーマとした。歴史においても文学においても姉妹へのエローティッシュな愛は、母親への恋情よりははるかにあからさまに、またスムーズに表現されることが出来る。他方嫉妬を含んだ兄弟の憎しみは、やがてわれわれがみるように、愛する姉妹を巡っての現実的な競合状況のなかから発展してゆく。従ってわれわれは、素材選択と創作行為が厳密に個人的に条件付けられていることを強く主張して差し支えないのであり、またシラーのこの運命悲劇を心理学的に考察する際に、シラーには兄弟がないのだから『メッシーナの花嫁』における兄弟憎悪のモチーフを彼の私的な生活のなかから引き出すことは出来ないのだという風に考える必要はないのである。妹への愛のこれと似たような謎は、実際には妹のいなかったグリルパルツァーについてもみられるのであって、これは、空想のなかにしか存在しない、それゆえ近親相姦の観念にとってはさほど抵抗感を与えない代理的人物への転移（置き換え）として説明することが出来る。

一八〇二年の終りに出版されたこの戯曲の計画を立てるに際してシラーは、「自由な空想から生まれた、歴史的ではなく、ただ情熱的、人間的な素材」を作品化しようと考えたのだが、この計画は本来オイディプス素材と強く結び付いている。このことはゲーテに宛てた手紙の次のような部分がよく示している（一七九七年十月二日）。「私はこのところ、オイディプス王のような素材で、これと同じ有利な条件を詩人に与えてくれるような、そんな悲劇の素材を一生懸命に捜しています。」彼はオイディプスコンプレックスを物語が始まる以前の部分に移し置いて、ドラマそのものにおいては、オイディプスの息子エテオクレスとポリュネイケスの運命に照応するその結果のみを描いているのだが、(1)このことはほとんど詩人自身の精神生活における内的な転移の投影であるように思われる。シラーが古代の神託を模して、内面的に規定された不可避の運命の表現として使っているこの呪いは、敵対し合う兄弟の父親において成就された。つまり彼は、妻イザベラを自分の父親から奪い取り、そのために父親のかけた近親相姦の呪いを受けることになるのである。(2)

合唱隊　また老王のお妃さまをあの方が罪深い
　結婚の寝床へと引っ張り込んだのも
　泥棒の仕業であることをわれわれは知っている。
　お妃さまはお父上の選ばれた方だったのだから。

それで御先祖はお怒りになって
恐ろしい呪いの種を罪深い
結婚の寝床の上に蒔いたのだ。

父親が息子のために定められていた女性を奪う『ドン・カルロス』とは反対に、ここでは息子が父親の婚約者を奪う。先祖の呪いが一世代下だった現世代において成就されることになる。奇妙な夢がそれを暗に告示する。王は二本の月桂樹の夢を見るのだが、その二本の木の間に百合が生える。しかしこれがやがて大きく成長して炎となり、周囲のものすべてを焼き尽くす。女王の夢に現われたのはしかし、ひとりの子供の足許で温和しく自由に遊んでいる一頭のライオンと一羽の鷲であった。王の夢を判断した星占い師のアラビア人は、王にはひとりの娘が授かるだろうが、その娘は彼の二人の息子を破滅へ追いやるであろうと言う。一方女王の夢はある僧侶によって解明されたが、それによると、この娘は女王の相争う二人の息子の心をひとつに融和させるであろうというものだった。王は自分に与えられた解釈に従って娘を殺すよう命じ、妃は同じ理由から彼女を守ろうとした。妃は娘をある修道院に隠すことに成功し、娘はそこで成長して教育を受ける。やがて亡くなる父親は、二人の息子たちの敵対心を抑えるだけの力を当時までもっていた。だが残された母親にはそれがない。懇願、説得の末ようやく彼女は兄弟を引き合わせ和解させることに成功する。彼女は、二人には憎み合っている本当の理由が全くわかっていないのだと言って非難する。

だがお前たち二人の諍いのみなもとは
頑是ない小さな子供の頃のこと、
時が経てばやがて消えてしまうもの。
お前たちの争いの発端がなんであったか
想い起こしてみるがよい。それはわかるまい。たとえわかったにしても、自分たちの愚かしい喧嘩を恥じるだけだろう。

ここでシラーは、これらの衝動が幼児時代にさかのぼることを明瞭に示している。母親が強調している争いの論拠の欠如もまた、近親相姦的な憎しみの特徴をよく表わすものである。この憎しみの実際の理由は抑圧されているのである。和解を喜ぶ母親は兄弟に、彼らの妹が生きていることを打ち明ける。二人はいずれもがめいめいに、生涯の伴侶を選んだので、この女性を母親のところへ連れて来たいと告白する。しかし二人の恋人は同一人物、つまり彼らの妹ベアトリーツェであった。彼らの和解は心理学的に見事な動機付けがなされている。というのも兄弟のいずれもが、二人の憎しみの原因である妹を自分が所有するのだと無意識のうちに信じているに違いないのであって、それゆえに相手と和解するのである。年上のドン・マヌエルは、かつて狩りの獲物を追って修道院の庭にまで踏み入った折りにベアトリーツェを見染めた。彼女はその出会いを次のように語る。

というのも、それはまるで遠い幼年時代の薄明るい
光のなかから現われたまぼろしのようであった。

ベアトリーツェはドン・マヌエルの愛にこたえる。

そして永遠《とわ》の昔からそうであったように二人の絆がまたたくうちに
結ばれてしまった。どんな人間といえどもこの絆を断ち切ることは出来ない。

しかし彼女は、父親の葬儀の際に彼女を見て恋した弟のドン・ツェーザルにも惹かれている。

この秘めた罪のことを考えると
わたしは愛するひとの眼をどうしても見ることが出来ない！

二人の兄弟が和解する前夜、ドン・マヌエルはベアトリーツェを修道院からさらい、和解ののちに城へ連れて行く

べく彼女を隠しておいた。ベアトリーツェの誘拐を知ったドン・ツェーザルは、彼女が隠されている場所へ急ぐ。兄の腕に抱かれている彼女を見たツェーザルは激しい嫉妬に駆られ、以前の憎しみが再び炎のように燃え上がる。そして彼は兄を刺し殺す。女王の前に連れてこられたベアトリーツェは、実は自分が敵対する兄弟の妹であることを知らされる。

ベアトリーツェ（イザベラの胸にくずおれる）
　それではわたしがすがっているのは本当に母上の胸なのだろうか？
　わたしが体験したのはすべて夢だったのかしら？
　苦しい恐ろしい夢だった——ああお母さま！
　わたしの足許にあの方が倒れて息絶えていたのです。

最後にドン・ツェーザルは自分の犯した行為を悔いてみずから果てる。恋人を巡るライヴァル関係において有利な立場にあった兄の殺害が、母親を巡る関係においても彼が優位にあったがために行われたということは、ドン・マヌエルのことを「可愛い方の息子」と呼んだり（第四幕第五場）、あるいは、「ああ、あれはいつもわたしに喜びをもたらす子だった」（第五幕第二場）と話すイザベラの台詞が示している。

実にさまざまな文学上の影響から生まれたこの物語の形式が、個人的なコンプレックスによっていかに強く規定されていたかを一番よく示しているのは、直接彼の人生とは関係のない敵対する兄弟というモチーフをシラーが既に若い頃から本で読んで知っており、またこれを利用していたという事実である。しかしながら彼が模範として利用したほとんどのもの、また決定的なものにおいてみられたのは、同一の女性に対する兄弟の愛のみであった。それでシラーはこの女性を、まさに彼の個人的な関係から、相争う兄弟の妹に仕立て上げたのである。シラーは『群盗』においてはまだ伝統的な方法によって、同じ女性を巡って二人の敵対し合う兄弟を争わせたのだが、更にさかのぼって彼のそれ以前の文学的発展をみてみると、彼においては特に強調されている妹への愛が既に早い時期から罪の意識と結び付いており、そのためこの愛は敵対する兄弟という観念と非常に容易に結び付いていたということがわかる。『一七八七年までのシラーの生いたち』のなかでシャルロッテ・フォン・シラーは少年シラーの最も初期のドラマの試みとして詩劇『アブサロン』を挙げているが、「これについてシラーは辛うじてやっと記憶に留めていた。」シラーがこの作品の素材を聖書からとったということは、彼が宗教的な雰囲気のなかで育てられた少年であることを考えれば不思議ではないし、またこの素材で少年の一番強い関心を惹きつけたのは父親ダヴィデに対するアブサロンの反抗、アブサロンの妹タマルが兄弟のアムノンと行う近親相姦であったと考えて差し支えない。しかしシラーはここで恐らく初めて、兄弟の憎しみが妹への愛と、同時にまた父親への憎しみ（父親から兄弟への転移）とも結び付いているのをみたのであろう。少年時代のこの習作ドラマには従ってのちの詩人、つまり『群盗』の青年作家、『メッシーナの花嫁』の円熟した芸術家のすべてが既にあますところなく顕現している。『群盗』においても、父親への反抗と、兄弟との性的なライヴァル関係が主題となっているが、このドラマへ至る『アブサロン』の移行過程は容易に証明することが出来る。同じく失われたシラーの少年期の第二作目のタイトルは、『メディチの世界』であった。このドラマはメディチ家に対するパッツィ家の謀叛をその内容とし、また同じ歴史的事件を素材としたライゼヴィッツの『ユリウス・フォン・タレント』に大きく依拠している。こちらはひとりの女性を巡る兄弟のたたかいがテーマとなっている（次章で詳しく論じられる）。シラーの青年時代の友人であったペーターゼンは一八〇七年七月三十日の（モルゲンブラット）に次のように書いている（ゲデッケからの引用）。「シラーが手がけ[3]、長い間にわたって心血を注いだ最初の悲劇は『メディチの世界』であった。このドラマの素材と筋の運びはユリウス・フォン・タレントと多くの類似点をもっていた。しかしながらこれは、ライゼヴィッツの作品の一種の模倣作であって、これと比べると価値の点ではるかに及ばなかった。事実シラーはこの自分のドラマをすべて破棄してしまった。ただ幾つかの個々の描写、特徴、思想、着想などを後になって彼の『群盗』へ取り入れた。」しかし古典的な趣をもつ『メッシーナの花嫁』における兄弟の憎しみというモチーフは、ギリシャの模範わけても悲劇作家たちによって描かれたオイディプス伝説のそれ以後の物語によっても影響を受けている。カルロスの完成後間もなくシラーは古典へ向かった。ソポクレスの『オイディプス』及びギリシャの悲劇作家たちの作品が当時の彼を特に強く惹きつけた。そして彼はエウリピデスの翻訳を試み、その『フェニキアの女たち』から個々の場面をドイツ語でなぞっていこうとした。エウリピデスの作品では、「オイディプスの妻にして母親」——登場人物の紹介にそう書かれている——であるイオカステが登場はするものの、近親相姦が発覚したのちも彼女は自殺をしないことになっている。あるモノローグで彼女は自分の運命を語る。

　何も知らない不幸な男が
　母親に求婚し、母親も自分が抱いたのが
　息子であるとは知らなかったのです。かくしてわたしは
　わたしの子供に子供を作りました——（シラー訳）

しかし『フェニキアの女たち』の主要モチーフは、オイディプスの二人の息子ポリュネイケスとエテオクレスの間の憎しみである。イオカステは言う（ハルトゥング訳による）。

　わたしの息子たちのあごにひげが生えるようになった時、二人は
　父親を格子のなかに閉じ込めました。[4] それは運命を忘却
　のなかに投げ入れんがためでした。……
　オイディプスはこの館のなかで生きています。運命に打ちのめされた
　あのひとは息子たちの頭上に馬鹿らしい呪いをふりまいて、
　いつかお前たちは光り輝く刃をもって

この館を奪い合うであろうと言っています。

シラーが翻訳した箇所には、兄弟の憎悪に関係している部分も幾つか含まれている。

ポリュネイケス　よこしまな兄弟に絞め殺されはしないかと
おれはひそかな恐怖を抱いている。……
エテオクレス（ポリュネイケスに）
実際おれはお前の生命を奪ってやりたいものだ。

兄弟憎悪のモチーフを「習得」するについては、同じくシラーがよく知っていたラシーヌの『ラ・テバイッド、または兄弟は敵同士』も明らかにこれに寄与した。『メッシーナの花嫁』冒頭の場面は、ラシーヌのこのドラマの第四幕第三場に非常によく似ている。

二一歳の時に完成されたシラー最初の主要な劇文学たる『群盗』は、この詩人の父親憎悪を極めて明瞭にわれわれに示してくれる。ここでは父親への憎悪が兄弟へのそれへと転移されることによって充分に表現されている。彼はこれまでの「敵対する兄弟たち」を、父親に対する彼の相矛盾する幼児的心理状態を表現するために利用するのである。ここにおいて、一見前面に強く押し出されているように思われる敵対的な兄弟というモチーフが実は、詩人の内面において相互に葛藤し合っている父親に対する感情衝動の芸術的表現であることが明らかとなる。これらの衝動のうちで、のちになって母親を巡るライヴァル関係のために強くなる父親への敵対感情が、もともと優しくて敬心に満ちた子供の心のなかに強力な抵抗を見出す。そのため、盗賊の首領にならざるをえなかった一方の息子も、父親に対しては善良で優しい息子として描かれ、もうひとりの息子のなかには父親に対する敵対的な憎悪の感情が存分に表現され得るのである。

それゆえフランツが兄のカールを憎むのは、兄が自分よりも容貌においても精神においてもすぐれているからだけではなく、兄の方が父親とアマーリアからより強く愛されているためである。カールが大学に在学中フランツは兄のことを父親に中傷し、父親の名前で一通の手紙を捏造して、父親の許しを期待する兄の希望をすべて打ち砕いてしまう。激しい怒りと人間への憎しみに狂ったカールは、盗賊団の首領となって世界への復讐を企てる。彼がボヘミアの森に籠もっている間フランツは、兄の婚約者アマーリアを自分のものにしようと試みる。彼は家督権を奪うため父親を館から離れた塔のなかに幽閉して、そこで餓死させようと計る。たまたまこの地方へ仲間たちとやって来たカールは父親を救い出し、彼に自分の正体を告げ、その父親は間もなく死ぬ。カールはアマーリアをその望み通り刺し殺し、フランツの方は首を縊って自死する。

『群盗』の基礎となっているのは、父親に対する矛盾した（アンビヴァレントな）心的立場を、対立する二人の人物に分割された救出・殺人空想のなかで全うしようとする息子のパターンであるが、これはシラーの依拠した素材を調べてみると更に明瞭になってくる。それは一七七五年ハウグの〔シュヴァーベン・マガツィン〕に発表されたシューバルトの短編小説『人間の心の歴史』であった。

父親から勘当されたカールは、身の潔白を証明する和解の手紙を出すが、父親に宛てたこの手紙を兄弟のヴィルヘルムが揉み消してしまう。それで彼は、父親の屋敷の近くで身分・名前を隠して下僕として働く。偶然から彼は父親を覆面の殺人者たちの手から救い、このうちの三人を殺す。四人目の男は非を悔い、ヴィルヘルムが自分たちを雇ってこの殺害を命じたのだと白状した。生命を助けた父親に向かってカールは、自分があなたの「放蕩息子」なのだと打ち明ける。父親は息子に加えた不当な仕打ちを後悔し、またカールの希望をいれて悪人のヴィルヘルムをも許す。——ミノーアが強調しているように（『シラー』一九五頁）、シューバルトは既にこの素材に対し芸術的な関心以上のものをもっていた[5]。この天才的、激情的な詩人には、彼とは全く対照的に冷静で勤勉な兄弟がいたのである。だがこれらの関係は疑いもなく、シューバルトの全生涯と詩作が物語っているよりははるかに深いものである。抑圧された父親・兄弟憎悪に対する彼の強い防衛衝動は、この物語の感傷的な結末に表われているだけではなく、シューバルトが敵対する兄弟のモチーフを繰り返し作品化しようと試みながら、この素材を一度も文学的に形成することが出来なかったという事実にもそれは明瞭にみられる[6]。彼の無意識的な殺人衝動を阻む自己処罰傾向は、政治的な動機から彼に課せられた長年にわたる獄中生活——もちろんこれは彼にとって意識的には不本意ではあった——のなかにひとつの実現を見出したのであったが、この自己処罰傾向が最も明瞭に表われているのは彼の大道芸人小説『父親殺しの呪い』においてである。十五年もの間塔に鎖で繋がれ幽閉されていた老人が、彼の極悪非道な息子の結婚式が行われている間に天へみまかる。最後にこの息子は、父親に対して行った自分の犯罪を死をもって贖うことになる。もっともこの老人の方も、息子から受けたと全く同じ仕打ちをかつて自分の父親に対して行っているのである（報復のモチーフ）。

『群盗』の内容よりもむしろその前提をなしている——そうミノーアは言っている——ところのシューバルトのこの物語には、兄弟間の憎しみは全然みられない。そこでは父親に対する相矛盾する心的な立場が、殺害・救出空想のかたちで表現されているにすぎない。そしてシラーもまたこのコンプレックスから出発して素材に近付き、みずからのドラマを書く気持に駆られたのだということは、詩人自身命名したこの作品の最初のタイトルが『放蕩息子』であったことからも明瞭に看て取ることが出来る。だがタイトルのみならず、この作品の元の構成においても父親に対する反抗のモチーフが強く打ち出されていたらしいことは、のちになって削除された初版の特徴的な挿入歌が示してくれる。盗賊モールは第Ⅳ章でリュートに合わせて、ツェーザルとブルートゥスとの対話という歴史上の事件に託して作られた「父親殺し」の歌をうたう。これはミノーアによれば（三四七頁）『フィエスコ』の終場面と『カルロス』におけるポーザの場面の萌芽を宿している。詩人はここで、父親と領主に対する若者らしい反抗心から、自由の闘士ブルートゥスの肩をもち、独裁者ツェーザルに対しては反対の姿勢を示している。その例としてこの歌の一節を挙げてみたい。

ツェーザル　おお、ブルートゥスの剣によって倒れるとは！
お前もか、ブルートゥスよ、お前もか？
息子よ、わたしはお前の父親なのだ——息子よ——このようなことをやらずとも地球は遺産となってお前の手に帰したであろうに。
さあ行くがよい――父親の胸にお前の剣が刺し込まれたのだから、
お前は最も偉大なローマ人になったのだ。
さあ行け――、そしてあの門にまで届くよう叫ぶがよい。
父親の胸におれは剣を刺し込み、
最も偉大なローマ人になったのだ、と。

この「父親殺し」の歌の削除は、これらの衝動の表出後間もなくしてこれに対立する反対感情が生じたことを明瞭に示しており、またこの削除は、初めの構想においては、意識によってより強く制禦されている最終稿におけるよりは抑圧された衝動がより激しく、またはるかにストレートなかたちで表われるものだというわれわれの解釈のひとつの見本でもある。既にわれわれが指摘したところの詩人の感情転移を考えるならば、すべての点からみて、この素材に対する彼の元の関心は、シューバルトの物語のなかで大きく打ち出された父親コンプレックスに向けられていたのが、構想が進むにつれ、また数年に及ぶ長い制作期間（一七歳から二一歳まで）の経過に伴って、心的な力点が、詩人にとっては非難される余地のない兄弟憎悪へと徐々に移っていったという風に想定して差し支えない。若きシラーにおいて既に早い時期からみられた「兄弟」へのこの力点の移動（『アブサロン』、『メディチ』）を理解するためには、『群盗』においても二つの相反する性格の人物に二分されたかたちで描かれてはいるが、父親殺しという注目すべき妥協に達しているところの反抗的な息子のアンビヴァレントな心的立場というものを考えてみれば充分である。この父親殺しは典型的な抑圧現象としてシェイクスピアの作品における亡霊たち、『祖先の女』の幽霊、老モールの姿のなかに実現されている。父親は片付けられている、つまり、幼児的な意味で抹殺されてはいるのだが、しかし彼はなおも生き続けており、最後には、ハムレットの父親の亡霊と全く同様に裏切り行為をなした殺人者への復讐者としてよみがえるのである。しかし同じアンビヴァレンツは『群盗』においては弟フランツに対するカールの態度が示しており、詩人はこのことをもって感情の転移のみならず、二人の兄弟の心理学的な同一性をも明らかにしている。この同一性の本質は、父親に対する自分自身の相反する心的な立場の具体化としてのみ理解され得るものである。終幕でのフランツと牧師モーザーとの対話において父親殺しと兄弟殺しとが直接同一化される。

フランツ　おれに言ってみろ、何が一番重い罪なのか、何がそいつを一番怒らせる罪なのか。
モーザー　私の知っているのは二つだけです。だがそれは、かりにも人間なら犯しもしないし、また思い付きもしないものです。
フランツ　その二つとはなんだ！
モーザー　（意味ありげに）ひとつは父親殺し、もうひとつは兄弟殺し――

優柔不断、ほとんど神経症的ともいえる息子としての心的立場は、シラーのこの作品では、極悪非道なフランツという人物の仮面を被って父親を殺した[7]その息子が今や盗賊モールとして父親を救うのみならず、不実な息子である弟に対する復讐者（ハムレット参照）としての姿を現わすということのなかに表われている。そこには、カールの自首にもみられる強い自己処罰の傾向が表われているのだが、二人の兄弟の心的な同一化は、ハムレットと全く同様カールが弟への復讐を果たすことが自分には出来ないのだと感じているという設定に示されている。つまり最終稿においては自己処罰がカールにおいてのみならず、首を縊って自殺するフランツにおいても実現されるのに対して、初稿はこの点においてもよりはっきりしている。カールは弟が自分に個人的に加えた不当な仕打ちをすべて許し、ただフランツが父親に対して犯した永遠に許されない罪だけを罰しようとするのである。だが彼にはそれが出来ない。アマーリアはこの偉大な盗賊について言っている。「あのひとは蝿一匹が苦しんでいるのを見ることさえ出来ませんでした！」初稿では、絶望のあまり燃えさかる館のなかへ飛び込んでいったフランツが盗賊たちによってようやく救い出されて[8]カールの前へ連れて来られるが、しかし彼は弟を自分の手で処刑することは出来ないと感じる。[9]「あいつの母はおれの母でもあったのだ」そこで彼らはシュヴァイツァーの口を通して、フランツを、彼が父親を幽閉していたと同じ塔内で餓死させるという判決を下す。

盗賊モール（相手に歩み寄る。気高く、そして悲しげなおももちで）「おれの父の息子よ！　お前はおれの天国を盗んだ。この罪はお前から取り除いてやろう。地獄へ行くがいい、非道の息子よ！　弟よ、おれはお前を許そう！
（彼は相手を抱き、そして舞台から急ぎ去る。フランツは突き倒され、哄笑が起きる）。

このようにして、兄弟憎悪のモチーフはシラーにおいては、父親コンプレックスに由来する息子の矛盾した心的状況へと溶解するのであるが、この感情転移はシラーの姉への愛のなかに強力な原動力と後盾を見出す。この姉への愛こそが既に少年シラーを『アブサロン』の素材へと引き寄せ、次に青年シラーをして、シューバルトの小説を、ひとりの少女を巡る二人の兄弟のライヴァル関係[10]という『ユリウス・フォン・タレント』から借用したモチーフと融合させて『群盗』の素材に仕立て上げ、そして最後に『メッシーナの花嫁』の円熟した芸術家をして、二人の兄弟から同時に愛されるこの女性を彼らの妹として描かせたのである。姉クリストフィーネへのシラーの恋情は、この二つの作品の兄妹関係のなかから疑いようもなく確実に推論することが出来る。

姉クリストフィーネとその夫ラインヴァルトに対するシラーの関係は、彼の創作への影響という点に鑑みて詳しく論じられるべきものである。[11] シラーには三人の姉妹があった。四人きょうだいのうちでの最年長はクリストフィーネ・フリーデリケで、詩人の一番のお気に入りであった。シラーの両親は結婚して八年間子供がなかったが、そのあとで生まれたのがクリストフィーネであった。二番目に生まれたフリードリッヒ（クリストフィーネの二年後）は唯一の男の子であって、そのあと更に四人の女の子が続いた。そのうちの二人は早くに亡くなった。あとの二人はルイーゼ（一七六五年生まれ）とナネッテ（一七七七年生まれ）で、後者は一九歳の年で未婚のまま世を去った。フリードリッヒとクリストフィーネは（ゲーテとコルネーリア同様）初め二人だけの姉弟として相互に依存し合っていたので、ごく幼少の頃から非常に強く結ばれていた。すべての伝記は彼ら二人のこの心からなる親密な愛情を強調している。

「このような共通の心の動きが、姉と弟を既におのずと結び付けていた絆をいっそう強固なものとした。シラーは自分の妹たちの誰に対してもこの姉に対してのようには愛情を抱かなかった。また妹たちは顔かたち、理解力、心情などの点で姉ほどには彼に似ていなかった。二人の間の類似は極めて著しく、その筆蹟までほとんど同じであった（ホッフマイスター『シラーの人生、精神の発展、作品』シュトゥットガルト、一八三八年、I、八頁）。

シュトゥットガルトを脱走する時（一七八二年）シラーがこの計画を打ち明けた唯一の人間はクリストフィーネであった。二年後シラーは父親に、自分のために家計の面倒をみてもらいたいので姉のクリストフィーネをマンハイムへ寄越してくれるよう依頼の手紙を出している。愛する姉に家政を任せたいという、女きょうだいへの愛の典型的なパターンを示している弟のこの願望は、家計を取り仕切る妻と、息子の健康と幸福のために心を砕く母親との合一化を妥協的人物のなかに実現しようとする。同じ無意識的な衝動の表現としての同じ願望をわれわれは、ルートヴィヒ・ティークとリヒャルト・ワーグナーの人生に再び認めるであろう。そしてこの願望がクライストにもあることを指摘することが出来るし、またこれがバイロンにおいてもそれとなくあるのをみてきた[12]。しかしながらシラーの父親はこの計画に反対した。そして明らかに彼の影響を受けたと思われるクリストフィーネもこの申し出を拒絶した。同じ年彼女は弟に次のような手紙を書いている（一七八四年十一月二十五日）。

「あなたの置かれている状況を私がどんなによく知っているか、あなたにはわかっているのですから、あなたの心配事はすべて二人で分かち合いましょう。もちろん総体的にみれば私はあなたの役にはあまり立てないかも知れません。でも誰かに自分の心をすべて打ち明けられるというのはひとつの慰めだとは思いませんか。少なくともわたしにとってはそうです。これまでにもう散々あなたのために苦労してきたあなたのこの姉が、あなたの魂の苦しみのすべてを受容するあなたの友人たる資格がないとでもいうのですか。愛するひとよ、どうか信じてください、わたしの心は既にあなたのために大変な苦しみを味わってきました。こんなことをあなたに告白しなければならないこの私の弱さを許してください。そうしなければならないほど、今あなたにこうして手紙を書いている私の気持は追い詰められているのです。」

この手紙を貫いている熱い調子は、弟に対する無意識的な愛の高まりであるが、そこでは姉弟愛の限界を超えないよう精一杯の努力がなされている。そしてシラーの方もこれと似たような気持から、一七八四年の元日彼女に次のように書いている。「ぼくはこれまで既に幾度となくあなたの未来についてぼくの孤独な時間を費やして考えてきました。そしてあなたはぼくの理想の夢に何度ヒロインとして姿を現わしたことだろう！」だが愛する姉の未来についてのこの理想的な夢もたちまちにして無惨にも打ち砕かれることになる。[13]一七八三年の五月にシラーの友人ラインヴァルトは、クリストフィーネの一通の手紙を彼のところで読ませてもらったが、これが大変気に入って、この彼女と文通したいという希望を表明した。そののち彼はシラーの家族に手紙を出して、彼らを訪れてもいいか問い合わせた。実際彼は一七八四年出かけて行ってクリストフィーネに結婚の申し込みを行っている。姉に対するシラーの情熱的な愛にとって特徴的なことは、姉が自分のところへ来てくれればという彼の願いがラインヴァルトの求婚と同じ年に出されているという事実である。それはあたかも姉を巡るたたかいのような観があって、実際このたたかいは更にその後相当激しく続けられたのである。

ここでまたはっきりするのは、同じ年に起草された『喪服の花嫁』の草稿が、このたたかいに勝利して姉を一人占めにしたいというシラーの願望を表わしているということである。われわれはここで再び、ある作品の草稿というものは、完成されたその最終稿よりも詩人の個人的な感情をはるかにオープンなかたちで見せてくれるということを想起せざるを得ない。『喪服の花嫁』において息子は父親を、また愛する姉妹の婚約者を憎んでいるのだが、そこには作者自身の無意識的な心的状況があますところなく反映されている。『群盗』の初稿を残念ながらわれわれは知らないが、この作品では心的なアクセントの転移がみられるだけである。つまり、婚約者をライヴァルの兄弟へと変える空想が前面に出、そしてそれとともに、敵対し合う兄弟というモチーフが強調される。一方父親への憎しみは弱められ、姉への愛は完全に隠されてしまう。もちろん、影のうすくなったアマーリアという人物の背後になおこの姉への愛を認めることは難しいことではない。モール家の屋敷に住んでいる彼女はその老主人からは娘とみなされており、実際に「私の娘」と呼ばれているが、他方フランツは彼女を妹として扱っている。

フランツ　——おれたち二人の心はぴったり合っていたんだ。

アマーリア　いいえ、そんなことは一度もなかったわ！

フランツ　いや、本当にもうしっくり調和していたんだ。おれたち二人はきっとふたごに違いないといつも思っていたくらいだ！(14)

そして第三幕で彼はアマーリアに言う。

「……きみは自分がモール家にとってどんな存在だったかを知っている。きみはモール家の娘同様に扱われてきた。父は死んでもきみへの父の愛はまだ生き続けているんだ。」

つまりシラーは、アマーリアを無意識のうちにカールとフランツの妹と全く同じように扱っているのである。しかし彼がこの女性を二人の妹として登場させていないということは、強力な防衛の作用によるものである。この防衛はのちの『メッシーナの花嫁』におけるように、『群盗』第二部（『喪服の花嫁』）の草稿においては放棄されている。『メッシーナ』はある意味ではこの『喪服の花嫁』の再生なのであって、後者の素材は、明らかに姉の結婚とその不幸な結婚生活によって再び生命を吹き込まれたものであった。

ラインヴァルトの結婚申し込みに対しては、両親もクリストフィーネ自身も拒絶の態度は示さなかった。それでラインヴァルトはマンハイムの弟を訪ねるクリストフィーネに同行した。「シラーは、明るくて快活な姉が二〇歳も年上の男と運命をともにしようと決心したらしいことを(15)知った時心楽しまなかった。この男のわずかな収入と憂鬱症的なむら気が未来の結婚生活に喜びを約束するようには思えなかった。」（『シラーと姉クリストフィーネの往復書簡』）

「彼はこの件についての自分の考えを家族に伝えた。ラインヴァルトの人物に関する彼の報告がこの結婚話の交渉に停滞をもたらした。」――父親たちが愛する娘の結婚に、母親たちが可愛い息子の結婚に反対する際に示す、愛情表現というこの抵抗形式も精神生活の研究からわれわれのよく知っているところである。しかしシラーの抗議はのちには尊重されなくなった。婚約が行われたのちシラーは、クリストフィーネに次のように書いている（一七八五年九月二十八日、ドレースデン）。「どうか責めないでください、親愛なる姉上――ひょっとしてぼくは前回疑念を表明し、また反対らしい態度をとったことで姉上の信頼を失ったのかも知れません。そしてぼくの忠言の公平さに対するあなたの嫌疑が、ぼくに対するあなたの敬虔な心を傷つけたのです。」にもかかわらずクリストフィーネとラインヴァルトは一七八六年に結婚した。この結婚は大変不幸なものであった。数年後には早くも母親は、明らかに自分自身の惨めな結婚生活の体験があったからだろうが、娘フェーネ（クリストフィーネ）がラインヴァルトと一緒にいなければならないのは可哀相だと大いに同情している。一七九六年五月シラーの母が重い病気にかかり、クリストフィーネは家事の手助けをするためにゾリテューデへ赴かねばならなかった。ひどい吝嗇家であったといわれるラインヴァルトはシラーの強い依頼によってようやく彼女を行かせることに同意した。弟であるシラーが、旅行の費用は自分が負担しようと申し出たのである。しかしながら暫くするとラインヴァルトはもう妻に帰って来るよう催促している。だが母親がシラーに手紙で、クリストフィーネは「残念ながら夫の許へ戻るのは耐えられない、そこにはなんの慰めも楽しみも得られないと言っています」と書いて寄越した（一七九六年九月二十八日）。

しかし彼女自身一七九六年七月二十一日弟に次のように書いている。「ここで私は、ママが耐えなければならなかったことをいやというほど見せつけられました。あまりに多くを見なければならなかったので、私は自分の運命を彼女と交換しないことにしました。よく聞いてください、私はあのひとを完全に見捨てることは出来ません。あのひとは年を取り、体も弱くなって、私の手を必要とします。それに私は妻としての義務を果たさなかったという非難を受けるようなことにでもなれば、この世間でもはや心静かに生きることは出来なくなるでしょう。」一八〇二年五月二十一日の弟宛の手紙は次のような文面となっている。「私の人生はいろいろ有為転変をみましたが、あなたがいつも私にとってかけがえのないひとであることには変りありません——尤も私はその積極的な証拠をあなたに見せることは出来ませんでしたが——でもあなたにとって私が大切な存在ではなかったのではないかと考えると、しばしば私の日々は暗くなったものです。私が自分の意のままに行動出来ず、絶えず私の愛の心を抑えなければならなかったため、あなたは私のことをよく誤解したに相違ありません。……私は長い間このように親しくあなたと語ることが出来なかった。なぜなら私は本当に単純な人間だったので、あのひとに内証であなたに手紙を書くことすらもいけないことだと考えていたのです。どうかこんな弱い私を許してください。私自身にもこの弱さが不可解なことがよくあるのです。これまでと変らずあなたのクリストフィーネのことを愛してください。」

母が亡くなったあと彼女はシラーに書いている（一八〇二年六月九日）。「コッタがちょっと私のところを訪れ、私にある住所をあなたに送るようにと言いました。」——つまりこれは、気難しいラインヴァルトに知られないように姉弟が親しく文通することを実現させるためのコッタの方策であって、この手紙のやりとりは、ひどくふさぎこむことの多いクリストフィーネに、思いやりのある弟と語り合うことによって心を軽くする機会を与えようというものであった。[16] シラーの姉が、夫に内証で行っているこの文通のことで弟に告白している罪の意識は、この関係の意識的・性愛《エローティッシュ》的な背景を暗示している。そこでは弟がなにか秘密の恋人のように扱われるのである。弟への愛と、ラインヴァルトの妻としての義務への反発によってクリストフィーネの心に生じた葛藤が最も明瞭に表われているのは、一八〇二年十二月に書かれたある手紙においてである。「愛についての私の考え方は恐らくあまりにも観念的であったため実現は不可能だったのでしょう。今の私にはそのことがよくわかります。そして、私がかつてひとりの人間の心のなかに見出し、また相手に返すことが出来ればと望んだものがふたつに分かたれるとしてもそのことに満足しなければなりません。」弟への愛と性的な愛とのこの苦痛に満ちた区別を彼女は、シラーの死後その未亡人に宛てた一通の手紙で再び撤回しようとしている。そこでの彼女は、自分を弟の妻と同一化させる、つまり彼にとって恋人、妻そして姉の一人三役を演じるのである。

「ああ私の大切なお方、私はあなたを、恋人がこの世の私に残してくれたただひとりのひととしてこの胸に抱きしめます。……あのひとの想い出が私にとって神聖であり、私の善なるものへ、私の義務の履行へと勇気付けてくれ、そのことによっていつか私が、あのひとにふさわしい人間としてあのひととひとつになることが出来ますように。……ああ、わたしたち姉妹はあのひとにわずかなことしかしてあげられませんでしたが、しかし運命がそのように望んだのです。私にはそれを嘆くことは許されません。……でもあなたがあのひとのためにこれらすべてを充分に補ってくださいました。神様がそれに報いてくださいますよう！」

近親相姦的な愛を構成している要素のこの分裂と、妥協的な方法で試みられる再統一は、シラーの文学のなかに極めて明瞭に表われ、また無意識的な抑圧作業によって生じる神経症者たちの意識分裂を想起させるものであるが、これは姉の感情生活にも影響を及ぼさないではおかなかった。そしてわれわれは、のちになって彼女にヒステリー症の発作が起きたということを、彼女自身とともに、彼女が味わった愛情生活の幻滅から理解しようとしなければならない。弟が亡くなったずっと後になって彼女は未亡人のロッテに次のように書いている。

「……その上、心を逆撫でするようなものすべてに対して私は神経過敏になっています。ですから私は出来る限り静かにしている方が良いと思っています。といいますのもこの内面の感情がすぐに肉体にも作用を及ぼし、そしてこれまで私の一度も経験したことのない一種の内的な痙攣を引き起こすのです。多分これは、私の心が既に長い年月にわたって受けてきた幾多の苦しみの結果なのでしょう。」

しかしクリストフィーネの「不幸な」愛情生活は単に弟への性愛的な愛着から、また年輩で病弱な夫に対する反感から説明されるのみならず、この男との自由意志による結婚そのものが、無意識なものとなってしまった幼児期の諸々の印象によって既にもう「不幸な」結婚となるよう定められているのである。そしてわれわれはここでもまた、家族コンプレックスの神経症的な作用についての精神分析学上の洞察を獲得するのである。シラーの姉にみられるような異常な対象選択が、通常はリビドーの幼児的固着に起因しているということをわれわれは知っている。弟へのある手紙で彼女は亡くなった父のことを弁護し、弟の非難から守っている。

「でもお父さんは、その扱い方さえ心得ていれば、優しいひとでした。——ああ、私はよくお父さんのことを、そしてその善良な心を想い出します——特にそれは私自身の試練のためなのです。なぜって私はお父さんの欠点の多くをもっているのですから。——私は、病弱で私の手を必要としている夫をお父さんよりもっと大切に扱わねばならないのです。」（一八〇二年五月二十一日）

ここで彼女は文字通り自分の父親と夫とを同一化している。その際彼女は、高齢、病弱、面倒をみてやる必要性、要するにこの二人に対する非性的《アセクスエル》な関係を共通の接点として感じている。母親の代理を務めるという空想を好んで抱くナイーヴな少女の願望の抑圧は、神経症の状態に陥った女性においては既に深く進行しており、これらの願望がのちの人生においてようやく部分的に実現された時に生じるのは防衛的反動でしかなかったのである。既に結婚していた姉は、母親の病気で父親のため家計を引き受けることになった時弟に、自分は母が妻として多くを耐えねばならなかったことをよく知っているので、「自分の運命を彼女と交換しない」ことにした、と書き送っている（前出、一七九六年六月二十一日）。しかし実際には彼女は、好きでもない夫の許へ帰ることによってその交換を無意識的にではあるが行っている。その夫は彼女のために父親の代りを務めるのである。家事の面倒をみてくれという弟の願いに彼女はのちになって応じるのだが、これも同じように、父親のところで母親の役を演じたいというとっくに抑圧された原初の幼児的願望に従っての行動であるにすぎない。例えば彼女は、一八〇三年一月二十五日夫に関して弟に次のように書いている。「私はあのひとに、もし私を不当に扱うようなことがあれば、弟のところへ逃げて行くということをとっくに言ってあります。」(17) このように父親が詩人にとっては母親の愛を巡る争いで優位に立つ恋仇であったのみならず、愛する姉の心をも虜にしていたとするならば、近親相姦コンプレックスのこの側面も——息子にとってはこれは感覚的にのみ理解されたのではあるが(18)——彼の詩的な空想のなかに表現を見出すのは不思議ではなかろう。年老いて気難しいが、自分の娘には優しく、彼女の未来を思って心を砕くこの父親は『ルイーゼ・ミラー』においてほとんどそっくりそのままに描かれている。この作品が妹ルイーゼとミラーという中尉との結婚話に関係していることをミノーアは指摘している（三六二頁）。このドラマにおいて父親は、堕落した娘を救い自分の許に引き戻そうとするが[19]、『フィエスコ』の老ヴェッリーナも自分の娘の純潔が奪われた時怒りに我を忘れ[20]、また『オルレアンの乙女』における老ティボーもこれと同じようなやり方で自分の子供を呪う。『トゥーランドット』においてシラーはゴッツィに倣って、父親の言うなりに求婚者をすべて殺してしまう娘の物語を素材として扱っている。更に『人間の友』における父親は、自分の娘を結婚させることに真っ向から抵抗を示し、独身のままでいるという約束を彼女から取りつけることまでする（第八場）。

非常に多くの面をもち、多くの枝に分れている近親相姦コンプレックスには、ありとあらゆる複雑な感情の絡み合いがみられるが、このコンプレックスは芸術的に完成された作品におけるよりも、シラーの遺稿から残されている二つの草稿においてはるかにストレートに、また完全なかたちで表現されている。そこではこれら空想の産物がいわばまだのびのびと澱みなく流れ出ている。このことは、詩人自身が友人ケルナーへのある手紙のなかで（一七八八年十二月一日）述べているように、詩的創作の前提条件である。（本書序文参照）われわれはここで、無意識的な空想形成がどこで行われるかということに対するひとつの洞察、覆い隠され弱められ、洗練された芸術作品の成立にとって極めて教示に富むひとつの洞察を獲得する。そして詩人が、その精神生活のなかで解放と希望と表現を求めている無意識的な空想中の不快なものを感じるのは、彼がこれら空想を生のままのかたちで形成することが出来ない場合であるということをわれわれは確信することが出来る。シラーの『ナルボンヌ、または家の子ら』と題する草稿では（ゲデッケ編集版第一五巻、一）、ルイ・ナルボンヌがまさに新しい結婚に入ろうとしている兄弟のピエールを暗殺させることになっている。

「ルイ・ナルボンヌはピエールを毒殺させ、殺人の罪をピエール自身の息子に着せる。その際この息子の行状の悪かったことが彼にとって幸いする。息子は、恐らく別の犯罪で進退極まってであろうが、その日に逃亡したので、殺人の犯人とみなされる。一方真犯人はこの息子のもっていたすべての権利を占有することになり、六年ないし八年後に、濡れ衣を着せられた不幸な男に約束されていた婚約者に求婚する。」余白にシラーは次のように書きつけている。「父親殺しをはっきりさせ、殺人者の逃亡をも説明するために、すべてがひとつにならねばならない。」

この兄弟殺しのなかにも、その罪が殺された息子にかぶせられるという点において父親からの転移が暗示されている。抑圧されて無意識のものになってしまった、そして詩人のなかで反抗心から仮構の兄弟へと転移された父親殺害衝動が、この作品では兄弟殺しになったのであり、一方父親殺しは単に見せかけだけのものとして現れている。ここでは感情転移が抑圧傾向のために作用していることが明瞭に表われている。しかしもしわれわれが、愛する姉を横取りした義理の兄弟ラインヴァルトに対するシラーの嫉妬を想い起こすならば、この兄弟殺しのみならず、のちの彼の創作にみられる空想兄弟一般にも新しい光を投げかけることが出来るであろう。姉の婚約者に対するこの憎しみが恋仇としての「兄弟」への憎しみに変るのはほんの一歩である。事実シラーは姉の夫のことをいつも兄弟と呼んでいた。(21) クリストフィーネの結婚式の直前彼はラインヴァルトに宛てて次のように書いている。「なぜわれわれはまだSie(あなた)を使わねばならないのでしょう? この呼び方をやめることをどちらも思い付かなかったのはぼくには不思議に思われます。われわれは兄弟ではありませんか。二人は今もこれからも兄弟なんですから。」母親に対する愛において父親が彼の恋仇であったように、今や彼は姉への愛のために兄弟を想像上の恋仇に仕立て上げる。それゆえピエールの殺害は、姉が現実に結婚することによって再びよみがえった幼児期のライヴァル父親の殺害をも意味している。これが実際にその通りだということは、母親に対する息子の無意識的な恋情と姉弟間の愛がテーマになる筈であったこの物語のそれ以後の筋書きが示している。マデローネは自分の息子とは知らずサンフォアを愛し結婚さえ考えていたが、そのサンフォアはヴィクトワールという女性に熱中していた。ところがヴィクトワールの方は彼の父親を愛しており、更にサンフォアは実の姉妹ないしは従姉妹と親密な愛で結ばれているという設定である。物語の錯綜と曖昧さは、歪曲的な検閲であるように思われ、これが既にこの草稿に強く作用を及ぼし、この計画の完成を阻んでいる。

シラーのもうひとつ別の草案はこれよりはるかにはっきりしており、またそれだけにまともに仕上げるためにはいっそう不向きである。しかしこの草稿は、それがシラーの創作全体を包括しながら、また彼の無意識的なモチーフ形成をひとつの焦点に集約するようなかたちで『群盗』と『メッシーナの花嫁』を結び付けているという点で非常に興味深いものである。詩人がほとんど二十年もの長きにわたって手がけることになったこの断片は、『群盗』の完成二年後の一七八四年のもので、『喪服の花嫁、または群盗第二部』というタイトルになっている。一七八四年八月二十四日シラーは、マンハイム劇場総監督ダールベクに宛てて次のように書いている。「カルロスのあとは群盗の第二部に着手します。これは第一部に対する作者の完全な弁明となる筈のものであり、またそこではすべての不道徳が最も高貴な道徳へと溶解されなければなりません。」

いわば第一部の「説明」とみなすことの出来るこの群盗の第二部では、シラーの近親相姦的な情熱が第一部におけるよりもはるかにオープンなかたちで表われている。こうしてわれわれは、草稿や断片についてのわれわれの心理学的な解釈の新たな確証を手にする。これら草稿・断片のなかにわれわれは、完成された作品におけるよりもはるかに明瞭に無意識なものの顕現を認めることが出来た。というのも一般の世間を対象として書かれた作品のなかへ無意識的な衝動の表現を入れる場合それは、より強力な隠蔽（抑圧）に繋がっているように思われる。この断片は、これまでのわれわれの研究結果に基づいて言うならば、文学作品の本質と、芸術家の精神生活におけるその作品の最も深い原動力に不思議な光を投げかけている。われわれはこの草案のなかに、『群盗』、『カルロス』、『たくらみと恋』においてわれわれが指摘したところの近親相姦衝動を再び見出す。そしてわれわれは、そこからいかにして『ヴァレンシュタイン』におけるピッコローミニ親子の憎しみが、またテルにおける父親殺しが生まれてくるかをみるのである。だがそこにはまたシラーの現実生活も明瞭に反映されており、姉のクリストフィーネに対する愛着とともに父親への反感と、姉を巡る恋仇としてのその夫に対する憎しみが表わされている。

この断片で近親相姦的な情熱に関係している部分をそのまま引用してみたい。

「カール・モール（ユリアン伯爵）は一男（クサファー）一女（マティルデ）の父親である。娘は結婚させられることになるが、弟が彼女のことを激しく愛していて、彼女が自分以外の男の腕のなかへ飛び込んでゆく姿を想像することに耐えられない。彼はこれまではまだ自分の情熱を抑えることが出来た。そしてそのことを知っているのは姉以外にない。父親は厳しい人間で怖れられている。」

「結婚式が迫ってくるに及んで弟の情熱が爆発する。彼は姉にこの情熱を告白する。悪魔が彼をけしかける。彼は自分に厳しい父親に対する怖れとある種の反抗を抱く。」

「父親殺しが行われねばならない。どのようにやるかが問題。
父親が息子ないしは娘を殺す。
弟が姉を愛し、そして殺す（カール・モール）。父親が彼を殺す。
父親が息子の許婚者に恋をする（ドン・カルロス）。
弟が姉の婚約者を殺す。
息子が父親を裏切る、あるいは殺す。」

この草案にはシラーのすべての近親相姦感情がひとつになって表われている。即ち父親への憎しみとそれに対する防衛感情（懲罰）で、この防衛は父親による息子の殺害にみられる。次に姉への愛とそれに対する防衛で、これは弟が彼女を殺すことのなかにみられる。更にまた姉妹を巡る恋仇（「婚約者」）への憎しみも欠けてはいない。母親への恋情（カルロス）は父親による報復という防衛のなかにのみ窺われる。即ち父親が息子の許婚者に恋をするのである。息子の婚約者はしかし同時に彼の姉でもある。クサファーの父親憎悪についてはここではまだ次のように書かれている。「クサファーは自分の道をひとりで歩む。幼児的な愛着は一切ない。ただ父親には恐怖を感じる。」

この草稿の書かれたのが、シラーの愛する姉クリストフィーネが、彼があまり好意を抱いていなかったラインヴァルトと婚約した年であること、そしてこの草稿が婚約に対する詩人の反動を表わしているということを知るならば、「娘は結婚させられることになるが、弟が彼女を激しく愛していて、彼女が自分以外の男の腕のなかへ飛び込んでゆく姿を想像することに耐えられない」というモチーフが、シラーの感情のストレートでオープンな表出であることが理解される。但しこれらの感情は、詩人自身には決して完全には意識されていなくて、無意識のなかから激しく迸しり出て文学的な形成へと結実したのである。姉を巡る「兄弟」ラインヴァルトとのこの現実の恋仇関係はしかし、母親と姉を巡る父親との幼児期のライヴァル感情を呼び起こし、それゆえこの関係は草稿においても然るべき特徴的な表現を見出している。娘の結婚のモチーフと同じく、厳格な父親に対する主人公の反感も詩人自身が置かれていた幼児期の同じ状況の完全な反映であり、父親殺し《パリッツィーダ》のさまざまな可能性は、ひとつの神話のさまざまなテキストと同様に、作者の精神生活におけるこれと同じくらい多くの衝動と反対衝動を表現している。しかしそのうちのひとつだけが、然も姉の婚約者とのライヴァル関係のみが、時間的な重要性をとっくに失ってしまい、ある意味では幼児的なものになって無意識のなかへと沈んでしまった二十年後になって、『メッシーナの花嫁』においてその存在を貫き通すことになるのである。しかし詩人の意識にとってそれはもはや自分自身のためではなく、より高い使命、即ち円熟した詩人がゲーテの示した発展の歩みに鼓舞され、オイディプス王を範として古代ギリシャ悲劇を再生させんとしてみずからに課した芸術的課題のためであった。しかし『喪服の花嫁』断片（メッシーナの花嫁は「喪服の花嫁」である）がわれわれにとってかくも重要な価値をもつのは、この断片が、一見純粋に芸術的な関心から行われるように思われる詩人のどんなに高度な創作行為といえども原初的な感情によって糧《かて》を与えられ、どんなに奇妙に歪められたかたちでではあるにせよ、古い抑圧された幼児願望を繰り返し繰り返し実現させようと試みるものであるということをわれわれに示してくれるからにほかならない。

（1）G・ゲーヴェルスが文学研究の立場から書いた『シラーのメッシーナの花嫁とソポクレスのオイディプス王について』（〔プログラム〕、ヴェルデン、一八七三／七四年）及びW・ヴィッティッヒ『ソポクレスのオイディプス王とシラーのメッシーナの花嫁について』（〔プログラム〕、カッセル、一八八七年）参照。また最近ではブロックスも（『ヒュギヌスの寓話』ミュンヒェン、一九一三年）メッシーナの花嫁について詳細に論じており（四五六―五三二頁）、その際本書をも引用している。

（2）エルンスト・マースの『メッシーナの花嫁とそのギリシャの模範』E. Maaß: „Die Braut von Messina und ihr griechisches Vorbild“（〔ドイッチェ・ルントシャオ〕三四巻、第四分冊、一九〇八年一月）はこのドラマのモデルとしてイーリアス第Ⅸ巻にあるポイニクスの物語を挙げている。このポイニクスは父親の妾と寝たために呪いを受けたのである。しかし捨て子、神託、夢その他の設定は、一七九八年シラーが大きな興味をもって読んだヒュギヌスの寓話集（九一番）から借りたものである、とこの著者は言っている。――更にこのテーマに関してはJ・B・ゲルクンガー『シラーのメッシーナの花嫁におけるギリシャ的要素』„Die griechischen Elemente in Schillers Braut von Messina“（〔プログラム〕一八五二年）、J・F・シンク『シラーのメッシーナの花嫁についての批判的見解』„Schillers Braut von Messina kritisch entwickelt“（一八二七年）参照。

（3）シャルロッテ・フォン・シラーは、『アブサロン』が出来たのは『パッツィー家の反乱』以前である、とはっきり言っている。

（4）フランツ・モールが父親に対して行ったのと同様である。

（5）シューバルトは臨終の床においてもまだ、自分の小説は実際にあった事件を基にしているのだと言っていたという。これに関しては、私が偶然眼にした次の新聞記事を参照されたい。「悲劇の館」ロンドンに住むサー・ジョン・サイモンはオクスフォードシャーに一軒の古い、薄暗くて陰気な家を買って大いなる勇気を示した。少なくともこの建物は十五年間人が住まない廃屋であった。このような家を手に入れることはいかなる人間にも思いつかなかったであろう。のみならずその辺の土地に精通している宿無したちでさえ、その気になれば誰からも咎められることなく夜の避難所として使えたであろうに、この建物だけは大きく迂回して避けるのである。この家は「悲劇の館」と呼ばれてイギリス中に知られており、実際に怪しげな話がまとわりついている。一七一二年この家はジャックマン家のものであった。所有者は食堂で決闘を行ったが、相手の剣によって殺された。それでこの館はローグヴィル兄弟に賃貸しされることになった。この二人の兄弟は同じ娘に恋していたが、彼女が彼らのうちの一方だけを愛したのでもう一方がこの恋仇を暗い秘密の小部屋へ幽閉し、丸二週間にわたってこれを苦しめた。ついに相手はある日憔悴と飢えのために死んでいった。この兄弟殺しはそれから間もなくして同じその小部屋で自殺を遂げた。数年ののちサー・ボールドウィン・ウエイクがこの広大な庭付きの館を買い求めた。サー・ボールドウィンと彼の二人の息子がある晩庭でゲームをして遊んでいたところ、激しい口論となった。ちょうど時計が十二時を告げた時この口論はつかみ合いとなり、気の短い父親は一方の息子の頭蓋を重い銀製の燭台で叩き割った。父親ともう一方の息子は死体を、ローグヴィルが死んだと同じ小部屋に隠した。それから十二年後サー・ボールドウィンは死の床で自分の恐ろしい犯行を告白した。以来悲劇の館は幽霊屋敷とされている。その後もこの家は何度か貸しに出されはしたが、その折り折りの所有者あるいは借家人たちは非常に早死にするか、物質的に破産するかのいずれかであった。このいずれでもない場合には突然彼らは大慌てで逃げ出すのであった。なぜなら、彼らの語るところによると、毎月一度月が満ちる時に幽霊が徘徊し、例の小部屋からかん高い叫びや呻き声が聞こえ、上を下への大騒動が生じて家具が残らずひっくり返されるのであった。十年前に、この地所の所有者であったさる弁護士が、この不吉な死人の小部屋を壁で塞いだのだが、隣人の話だと幽霊は依然として姿を現したという。骸骨の姿をしたやせ細った人間が、また経帷子を身につけて頭蓋を割られた姿の人間が満月の光を浴びて屋根の上を徘徊しているのを見たと言うひとびともいる。それゆえサー・ジョン・サイモンは、この幽霊屋敷を自分の所有にすることによって実際に大変な勇気を示したことになる。」

(6)　M・R・レンツも、未完に終っているある長編（『森の隠者』）でシューバルトのこの物語を作品化しようと試みた。シューバルトのロマンツェにおけると同様シラーはレンツのドラマ『二人の老人』のなかにも、彼が『群盗』に採り入れた幾つかの特徴を見出した。レンツの作品では父親が息子によって生きたまま地下室に入れられる（群盗での老モールに類似）。これを殺すよう命令を受けた男（ヘルマンと同じ！）はそれを果たすことが出来ない。短剣を手から落とし（フランツ・モールのように）急ぎ去るこの男の後を老人は追い、亡幽のように（ハムレット）家族の者たちの間に姿を現す。しかし非を悔いた息子は最後に許される。

(7)　カールは父親の幽閉をまるで殺人のように考える。「これをみるがいい！　世界の掟はさいころ遊びに堕してしまい、自然の絆は断ち切れ、かつての争いが始まった。息子が自分の父親を殺したのだ。」

（8） 救出のモチーフは、絞首刑寸前だった部下のロラーをカールが救い出す場面に、また、いつか首領がこのように大きな危険な目に会った時には是非生命の恩返しをしたい、というこの忠実な仲間の願いのなかにも認められる。ここでの救出のモチーフがそうであるように、コジンスキーのエピソード――これはミノーアによれば『たくらみと恋』の萌芽を宿しているという――においてはなおざりにされた恋敵のモチーフが複製されている。

（9） この場面はシラー全集百年祭記念版（コッタ）第十六巻三四七頁の注釈にみられる。

（10） このテーマに対するシラーの関心は、彼の評論集（ゲデッケ編集の全集第二巻、三八八頁）のなかにある覚え書きにも窺われる。これは「最新小説の大筋」について述べているものである（シューバルトの小説のタイトルとの類似に注意）。男爵である二人の兄弟がフォン・W嬢という同一の女性に恋する。「二人は彼らの愛を最も激しい情熱へと高めてゆく。なぜなら二人とも自分の心にとって最も恐ろしい危険、即ち兄弟を恋仇にもつという危険を知らなかったからである。」遂に彼らはお互いの秘密を発見する。弟の方が身を引いてバタヴィアへ渡る。兄と結婚して一年後に女性は死ぬが、その前に、自分は弟の方が好きであったと告白する。

（11） これに関する資料を私は『シラーと姉クリストフィーネの往復書簡』（ヴェンデリン、マルトツァーン編、ライプツィッヒ、一八九七年）から借用した。

（12） 同じ関係はC・F・マイヤーの人生にも見出される（ザートガーの病跡学的心理学研究も参照されたい）。

（13） 姉の結婚後彼は次のように書いている。「親愛なる姉上、かつてぼくの心はあなたとあなたの妹たちの未来に対する輝かしい希望に揺れ動いたことがあります。」その横の端にクリストフィーネの手で書かれた一文がみられる。「あの頃私が彼に言えなかった秘密がここにある。」

（14） シラーの姉との外面的な類似については既に指摘された（ホッフマイスター参照）。ゲーテの妹もその兄に非常によく似ていて、二人は時折り、「姿かたちの点でも教養の点でも双生児であると思われた」とゲーテが言ったほどである。――バイロンの『カイン』にも表われているこの双生児幻想は、ここでは恋慕のための非常にナルシズム的な要素として働いているように思われる。

（15） 自分の兄弟の友人を兄弟の代用として夫にするというのは、父親に固着した娘のする結婚のような印象を与える。「夫婦の間におけるよりもはるかに親密な相互理解が、父親と長女の間にはあった。これを示す例として、クリストフィーネが結婚した時に父親がシラーに出した手紙がある。〈……彼女は、お前の姉は往ってしまう、われわれみんなの心から奪い去ら

れてゆく……彼女を失うことはわれわれにはとても、とても辛いことだ……〉。」（ブロジン『シラーの父親』一二三頁以下）

(16) 姉弟のこの秘密の文通と類似した興味深い一例を私は神経症心理学の分野から報告することが出来る。これを知るについてはプロフェッサー・フロイトに負うところ大である。それはのちに神経症となった一組の姉弟である。精神分析の結果このきょうだいには相互に性的な愛情のあったことが判明し、これは二人が向かい合って脱衣することのなかにもみられた。彼らが露出行為をやめ、弟が大学の勉強のため姉と遠く離れて暮らすことになった時二人は、お互いの手紙を局留にして、まるで秘かに愛し合う恋人たちのように文通を始めた。彼らは手紙のなかでお互い二人称Sieを用い、相手をムッシュー、マダムで呼び合った。この他人化傾向はバイロンやシラーにおける友人としての申し出（きょうだい関係の代りに）と同列に置くことが出来る。

(17) これと同じケースはバイロンの腹違いの姉オーガスタにもみられた。ちなみにゲーテの妹の不幸な結婚との類似も注意を引く。

(18) 母親が息子に対してそうであったようにこの峻厳な父親が娘を特別可愛がったという事実は、詩人に宛てた母親の一通の手紙（一七九四年八月）から明らかである。そこには次のように書かれている。「私はナンネ（シラーの一番下の妹）を決して許さないつもりです、というのも私は、これまで彼女がどんなことをしてもたいていはだらしなく、不注意なことをあまりにもよく知っているのです。彼女は毎日のように私からお小言をちょうだいしています。もちろんパパの方はいつも寛大すぎ、お前はあれに対して厳しすぎると私によく言います。でもこのような事柄は結局はいつも私にはね返ってくるのです。」

(19) 大臣に息子の娼婦だと言われたルイーゼについて父親は言う。「ああ神様！　わたしがあの娘を可愛がりすぎたとおっしゃるのですか？」次に娘との対話が続く。「……これ以上なにを怖れることがあろう。おれはお前を神のように崇めてきたんだ。もしお前がまだ父親というものの気持を汲むだけの心をもっているんなら、どうか聞いてくれ——お前はおれのすべてだったのだ……。お前はそれをこのわしから欺し取ろうというのか、ルイーゼ？……ルイーゼにはよくわかっているだろう、おれがお前にあの世ではもう追いつかないってことが。だっておれはそんなに急いであっちへ行くわけじゃないんだ（ルイーゼは恐怖におののき彼の腕のなかへ倒れる。彼はこれを激しく胸に押しつける……）。少佐様の接吻の方がお前のお父さんの涙よりも熱いというのなら——死ぬがいい！……お前は恋人を失ったが、その代り父親を幸せにしてくれたんだ（泣き笑いしながら彼女を抱く）……。おれのルイーゼ、おれの天国——ああ神様！　おれには恋がどんなものかはわからない、だがそいつを諦めるのがどんなに辛いものかぐらいはわかっているつもりだ……。おれはお前の悲しい物語をリュートにのせ、父親のために恋を捨てた娘の歌をうたって歩くのだ……」

(20) ヴェッリーナ「父親のこの優しい思いやりがお前には重荷だというのか?……。さあ娘よ、わしを抱いてくれ! お前のこの熱い胸でわしの心をもう一度暖めてくれ……。わしは今日ありとあらゆる自然の歓びと縁を切ったのだ。そして（悲しげな顔で）わしに残っているのはお前だけなのだ。」ベルタ「可哀相なお父さん!」ヴェッリーナ（不安なおももちで娘を抱き）「ベルタ、たったひとりのわしの子供よ! ベルタ、わしに残された最後の希望……。娼婦にでもなるがいい!。」（第一幕第十場）

(21) 「われわれは兄弟だった、自然が作った絆よりもっと高貴な絆で結ばれた兄弟だった」とカルロスは自分とポーザの関係について言っているが、これと似たことをシラーは友人ケルナーに書いている。「われわれはみずから選んでなった兄弟です。それは生まれながらの兄弟以上のものです。」シラーの遠縁に当たるある男性が長い間彼の兄弟と思われていたというおもしろい話もある。グスタフ・シュヴァープがこのことについて〔ドイッチェ・パンドーラ〕（一八四〇年、第I巻、一一五—一二六頁）で詳しく報告している。レーナウも姉妹の夫シュルツを「いつも兄弟」と呼んでいた（ザートガー『レーナウの愛情生活から』„Aus dem Liebesleben Lenaus"〔応用心理学のための雑誌〕、第六巻ドイティッケ、一九〇九年、四二頁注釈参照）。

第一五章　兄弟憎悪のモチーフ

――ソポクレスからシラーまで

だがお前たち二人の争いのみなもとは
頑是ない小さな子供の頃のこと、
時が経てばやがて消えてしまうもの。
お前たちの争いの発端がなんであったか
想い起こしてみるがよい。それは
わかるまい。よしわかったにしても
自分たちの愚かしい喧嘩を恥じるだけであろう。

シラー（『メッシーナの花嫁』）

『メッシーナの花嫁』の成立の歴史において、エウリピデスの『フェニキアの女たち』とラシーヌの『兄弟は敵同士』が少なからず重要な役を果たしているということをわれわれは発見した。(1) この二つのドラマにおいて物語の中心をなす兄弟憎悪のモチーフは、シラーにおいては好都合な土壌を見出した。なぜなら詩人は、われわれがみてきた通り少年時代からこのテーマに関心を抱いていて、事実またこの関心が、ライゼヴィッツの『ユリウス・フォン・タレント』によって直接影響を受けたこともあって、彼の最も初期の文学的習作のなかに既に表われていたのである。ライゼヴィッツの文学はしかしそれ自体、ソポクレスからシラーに至る一本の閉じられた線をなす長い一連のドラマの最後に位置するものである。これらのドラマはすべて、同一の女性（「姉妹」）への愛から生じる兄弟憎悪という同じモチーフを取り扱っている。この発展線はしばしば中断されたり、あるいは曲線となったりもするが、しかしその分岐線や側線は結局最後は中心軌道へと戻ってくる。文学史的な観点からみるとこの線のさまざまな区間についての展望が容易に得られる。

A　ギリシャの悲劇作家とその模倣者たち

ギリシャの悲劇作家たちはその兄弟憎悪悲劇の素材を、彼らが取り扱った他のほとんどの素材同様神話に、あるいはそれと関連して、神話伝承に手を加えた叙事詩に求めた。ギリシャの神話には特に、その狂信的な憎しみのゆえによく知られ、以来多くの劇作家たちを強く惹きつけてきた二組の兄弟がある。オイディプス伝説におけるオイディプスの二人の息子ポリュネイケスとエテオクレス、タンタロス伝説に登場するペロプの息子アトレウスとテュエステースがそれである。この二組の兄弟を中心に据えて劇文学を概括的にグループ別に分類することが可能である。

a　エテオクレスとポリュネイケス

われわれがオイディプス伝説において近親相姦コンプレックスの前段階、つまりきょうだい関係にも出会うということは決して偶然ではなく、心理学的に深い根拠をもっている。このようなかたちで神話に現われ、また詩人たちにおいても同じように融合しているのをわれわれが証明することが出来たのは、精神生活におけるさまざまな近親相姦感情の内的な結合である。

エテオクレスとポリュネイケスの兄弟憎悪とその権力争いは、叙事詩並びに悲劇の伝承に従って（ロッシャー事典参照）一様に二人の父親オイディプスの呪いの結果として描かれている。しかしこの呪いの理由付けはさまざまである。テーバイへ向かう七将軍を主題とするテーバイ物語から、兄弟争いのより深い理由として老オイディプスの二つの呪いが伝えれている。即ち、ポリュネイケスが強い禁止にもかかわらずオイディプスに祖父カドモスの食卓と父ライオスの食器を供し、エテオクレスもこれを妨げなかったため彼は二人の息子に自分の遺産を巡って争うよう呪いを下した。また二人が別の時に、慣例となっている犠牲の記念品を彼に送らなかったため、それ自体としては取るに足りないこの出来事をきっかけに老人の怒りが爆発し、彼らがお互いの手にかかって死ぬようにとの呪いを発した。みずから父親に反抗し、厳しい試練を受けてきたオイディプスは、息子たちが父親への義務をほんのちょっと怠っただけでも、それを意図的な嘲辱だと感じるのである。悲劇の伝承にはこの側面が更にいっそう強く前面に押し出されている。

『コロノスのオイディプス』でのオイディプスは、自分の国を追放されたことで息子たちに呪いをかける。彼は二人が相打ちとなって死ぬだろうと預言する。この相打ちのなかにわれわれは再び、兄弟殺害という願望成就及びそれに対する防衛が同じ罰として同時に表われるところのあの両面的な妥協の産物のひとつを認める。――アイスキュロスはその悲劇『テーバイへ向かう七将軍』において、息子たちに下された呪いを彼らの祖先の犯した犯罪と直接結び付けている。オイディプスについて、コロスをなす第一のテーバイの女は次のようにうたう。

一族最後の痛ましい子孫である自分の子供たちの

母親が誰であるか知ったとき、
彼は二重の重荷をみずからに背負わせた。
権力の杖を握った子供たち、犯罪人たちから
父親は犯罪人のように逃れた。
苦しみに耐えかねて、ひとをあやめたみずからの手で
両の眼をつぶし、捨て去った故郷の館に
血の呪いだけを送り返した、
二人が相打ちとなって悽惨な最後を遂げるようにと。

この呪いはしかし息子たちの無意識的な感情を表出しているにすぎず、お互いの深い憎しみのひとつの表現である。エテオクレスは、決闘を促すポリュネイケスの挑戦に対して次のような言葉をもって答える。

おれ以上にこの相手にふさわしい戦士がどこにいよう?
王には王として、兄弟には兄弟として、
敵には敵としてわれら二人は相まみえるであろう。——

夢についてもエテオクレスは次のように語る。

よしんば父の呪いがわれらに成就されようとも、
また毎夜このおれを脅かした
恐ろしい夢がことごとく現実になろうとも。

最後に使者が、兄弟が決闘で相打ちとなって斃れたことを報告する。アイスキュロスにおいてはイオカステは既になく、またポリュネイケスも舞台には姿を現わさない。これに対して、シラーが詳しく研究したエウリピデスの『フェニキアの女たち』ではこの二人がともに登場する。敵同士の二人の兄弟が母親の前で顔を合わせ、彼女は子供たち

を和解させようと骨を折る。それはシラーの『メッシーナの花嫁』におけるイザベラと全く同じ設定である。[2] だがエウリピデスにおいて二人の息子は憎しみを解かず一歩も譲ろうとしない。

ポリュネイケス　城壁の前のどこにお前が陣取っているのか知りたいものだ。
エテオクレス　どうしてそのようなことを聞くのだ。
ポリュネイケス　お前を見つけて殺すためだ。
エテオクレス　それはこちらも望むところ。

次に使者が兄弟の激しい戦いの様子を語る。

二人は猪さながらに、怒りに歯ぎしりしながら、
眼には閃光の輝きをみなぎらせ、泡立つつばきで頬を濡らしながら、
激しい勢いで相手に向かって突進し、ぶつかり合いました。

彼らはお互いの手で斃れ、イオカステは二人の死骸のそばで自害する。エウリピデスは、成長した息子たちが父親を、彼の運命を忘れさせるため幽閉したことをもって呪いの動機としている。エウリピデスのこの考えがシラーの『群盗』における同じ場面——ここでも父親が息子によって監禁されている——に影響を及ぼしたと想定することは出来ない。シラーが範としたのは恐らくゲルステンベルクの『ウゴリーノ』の牢獄であったことを考えればなおさらそうである。だがそれだけに、このように遠く隔たった時代の二人の詩人がこのモチーフを独自に形成していったということはいっそう大きな心理学的興味をわれわれに抱かせずにはおかない。それゆえ、このモチーフのなかにも息子の精神生活における典型的な衝動の表出を認めようとしても誤りではないであろう。そうすることでわれわれはここに、その天才的な二面性が簡潔にしてステレオタイプ的な形式において表現し尽くされるところのあの独特な妥協の産物を再び見出すことが出来る。父親の幽閉というこの妥協的表現は、父親の不在を願う幼児的願望を満たすには

充分であり、他方それは同時に、殺人は行われないのであるから、父親殺害というこの願望ののちのかたちである防衛を表わしてもいる。つまり邪魔になる父親は父親殺しという手段によらずに片付けられるのである。テセウスのように生きながら冥界へ連れて行かれようと、[3] ハムレットの父親のように亡霊となって徘徊しようと、老モールのように地下のあなぐらに閉じ籠められようと、あるいはゲルステンベルクにおける息子のように生きながらに棺に入れられようと、いずれにしても父親は常に父親殺し以外の方法で処分されなければならないのである。

エウリピデスの『フェニキアの女たち』には、父親に対する憎しみと並んで母親と姉妹への愛も暗示されているが、このことがまさにこの作品へのシラーの関心のひとつの理由になっているように思われる。イオカステは息子ポリュネイケスに再会した時次のように言う。

　ああ、わが子よ!
こうしてお前の顔を見るのは何千日ぶりのこと。
さあ、お前の胸を母親のこの腕で抱かせておくれ。
頬に頬を寄せ当てて、お前の房々した黒い巻毛で
わたしのうなじを覆っておくれ。
ああ、この歓び!　とうとう来てくれたのね、
待ってもいなかったのに思いもかけずこの母の手のなかへ!
あの頃の幸福な歓びにひたるにはどうすればいいのだろう、
この手を、この眼を、この足をどんな風に動かせばそれを表わせよう、
お前にどんな言葉をかければよいのか、
有頂天になってお前のまわりを
あちらこちらと踊りながら廻ってでもみようかしら。

ついでに指摘しておきたいのだが、オイディプスの物語を伝えている他の伝承では、オイディプスが自分の息子たちに下した呪いのモチーフとして、彼らについてその継母アストメドゥーサが行った中傷が挙げられていて、そこでは彼女が、息子たちにつけ狙われて名誉を傷つけられたとオイディプスに告げたということになっている（ロッシャーによる）。これは恐らく父親の近親相姦的犯罪との、のちになって作られた類似パラレル的設定であろう。だが継母による中傷というこのモチーフはフェードラ物語にもみられ、これをわれわれは、息子の近親相姦的な情熱の防衛としてよく知っている（本書四章B）。

エウリピデスの『フェニキアの女たち』にはまた兄弟の愛も微かに暗示されている。アンティゴネーは街の外壁から兄ポリュネイケスの姿を見て次のように言う。

わたしの足が風のなかを走る雲のように
大空を駆けてわたしをお兄さまの胸の
ところへ運んでくれるといいのに。(4)
そうすれば、長い間不幸の身を異国の地にさらしてきた
愛するお兄さまの首に腕を巻きつけ
抱いてあげられようものを！

兄ポリュネイケスへのアンティゴネーの愛は、ソポクレスの『アンティゴネー』における主要モチーフである。(5) アンティゴネーは愛する兄ポリュネイケスの死体をクレオンの布告した強い禁令に反して埋葬する。この行為を死をもって贖わねばならないことを彼女は知っている。だが兄のためなら喜んで死につこうと思う。ここにも再び心中というモチーフの名残りが窺われる。この献身的自己犠牲的な妹の愛とともに、この悲劇には更に他の近親相姦感情が表わされている。アンティゴネーはクレオンの命令によって地下のあなぐらに閉じ籠められ、餓死の危機に曝される

（典型的な牢獄）。だが彼女を愛しているクレオンの息子で、彼女の従兄弟に当るハイモンが彼女を救い出そうとして獄中へ侵入する。これを阻もうとする父に向かってハイモンは剣を抜く。

> ご子息は荒々しい眼つきであの方をにらみつけられ、
> 満面に嘲けりの表情を浮かべ、ひとことも答えず
> 両刃の剣を引き抜かれました。お父上は急いで
> その場から逃れられました。すると哀れにもご子息は
> 怒りを御自身に向けられ、しっかりと身構えられて
> そのやいばを胸の奥深くへ刺し込まれました。
> まだお心はしっかりしているご様子で、
> 力のなえた腕であの方は最愛のひとを抱かれました。
> 呼吸はますます激しくなり、白い頬に真紅の血潮を
> 流しながらあの方は息絶えられたのです。

ここでは再び後追いの死が、現実においては成就されなかった性的合一に取って代っている。更に自殺は、父親に向けられた殺人衝動の防衛的表現として行われる。ハイモンの母親は息子の死を知らされた時、その後を追ってみずから生命を絶つ。

ポリュネイケスとエテオクレスの憎み合いを若きラシーヌがその最初の悲劇『ラ・テバイッドまたは兄弟は敵同士』（一六六四年）において素材として扱った。敵対する兄弟というこの副題をシラーもその『メッシーナの花嫁』に付している。しかしシラーがラシーヌから受けた文学的影響を明瞭に物語る他の一致点もなお幾つかみられる。ここでは、ラシーヌのドラマの第四幕第三場に『メッシーナの花嫁』の冒頭場面が酷似しているということだけを指摘しておきたい。のちにシラーがそうしたように、ラシーヌも兄弟の憎しみを幼児的なモチーフに求めている。そのためこの憎

しみには論理的な根拠付けが欠けている。

クレオン　ですが、もし弟君が陛下に国の大権をお譲りすると
申されるのでしたら、陛下も憎しみの
お心を和らげられて然るべきかと思われますが。
エテオクレス　おれの憎しみはあいつの野心に向けられているのではない、
おれの憎むのはあいつだけ、ほかならぬあいつ自身なのだ！
おれのなかには容易には消えない憎しみが燃えている。
一年や二年の間に生まれたものではない、クレオン、
それはおれたち二人とともに生まれたのだ。
生命をもってその恐ろしい怒りがおれたちの心のなかへ入ってきた。
小さい子供の頃から、いや、生まれる以前から既に
おれたちは敵同士だったのだ。
両親の犯した不倫な血の交わりが
このように忌まわしい宿命を招いたのだ。

…………………………

あいつが大権をおれに譲ったりすれば、おれはむしろ
腹を立てるだろう。あいつがここから、
おれのところから静かに身を引くのは困るのだ。
おれはあいつを中途半端に憎んだりはしたくない、
おれの怖れるのはあいつの怒りよりはむしろ
優しさなのだ、クレオン。あいつの怒りがこのおれの

怒りを正当化してくれ、おれの燃えるような憎しみにはけ口を作ってくれるのが一番いい。

この箇所でラシーヌは、兄弟のたたかいが父親とのライヴァル関係よりもっと古いものであるということをはっきり表わしている。われわれはまた、ここには正当化のメカニズムが明瞭に描かれているのも認める。一方の兄弟は他方の憎しみを買いたいと望む、つまり自分自身の憎悪を正当化するためにのみ相手を挑発するのである。ラシーヌにおいてもハイモンは従姉妹のアンティゴネーを愛している。しかし彼は戦う二人の兄弟を分けようとして殺される。彼の死後父親のクレオンは姪に当るアンティゴネーの手を求める。つまりここでは、父親と息子が同一の女性を巡る恋仇として相対峙しているのであって、このことは、ソポクレスの悲劇においては一見動機付けされていないかに思われたこの二人の敵対関係を補い説明しているように思われる。

テーバイにおける兄弟のたたかいを題材にしたドラマでこれ以外のものについてはコンスタンが列挙している。ここではジャン・ロバランの『ラ・テバイッド』（一六八四年）と、ラシーヌのドラマを模したルイザ・ベルガッリの『ラ・テーバ』（ヴェネチア、一七二八年）だけを挙げておこう。アルフィエーリも『ポリニス』においてこのテーマを取り上げたが、彼はラシーヌの『ラ・テバイッド』、アイスキュロスの『テーバイに向かう七将軍』、セネカとエウリピデスの『フェニキアの女たち』を範として利用した。ここでもオイディプスは既に三年間も牢獄に閉じ籠められている。アルフィエーリのこのドラマはラグーヴェによって模され、『エテオクル』が出来た（一七九九年）。アルフィエーリはまた、『ティモレオン』において敵対する二人の兄弟の間に立った母親の悲劇を書いている（これについてはアルフィエーリのカルロス・ドラマ参照。本書第四章）。

b　アトレウスとテュエステース

アトレウスとテュエステースの兄弟憎悪も純粋に神話的伝承であると確証することは出来ない。アトレウスの息子アガメムノン家の家庭劇を詳細に描いたホメーロスも（『オデュッセイア』第三巻、二六二―三一四行、第一一巻、四〇五―四三九行）、その先祖であるタンタロスとアトレウスの残虐行為についてはなにひとつ記述していない。むしろ彼はこの一族の犯罪を明確にアトレウスの子孫以後のものと考えている（第一一巻、四三七行）。ヒュギヌスにみられるペロプスの息子アトレウスとテュエステースについての伝承は、ロッシャー事典の説明にあるように、もっとのちの叙事詩人や悲劇作家たちに基づいているように思われる。そしてエテオクレスとポリュネイケスの兄弟争いが彼らの両親と祖先の行った犯罪の結果として描かれたと同様に、アトレウスとテュエステースに関わる伝説は、ロッシャー事典に従って、アガメムノン家の犯罪をそれ以前の世代にも遡及させ、それによっていくらかでも正当化させる必要から生まれたものと考えてよいのかも知れない。この伝承でわれわれのテーマにとって重要な幾つかの点は、タンタロス伝説についての論述のなかにまとめられている（本書第九章、二九一頁以下）。兄弟の憎しみは同一の女性を巡る争いによって燃え上がる。テュエステースは兄の妻を不貞へと誘惑する。そしてアトレウスの考え出した恐ろしい復讐が更に恐ろしい犯罪をもたらす。兄弟の憎しみが性的な競合によって根拠付けられていることはここでは明白である。そしてわれわれがそこに再び見出すのは、成人の精神生活にまで持ち越された母親ないしは姉妹の愛を巡る幼児的なライヴァル関係だけである。ここでは単に同一の女性への愛のみならず妻の誘惑も語られているのだが、このことは、母親を巡っての争いが最も深い根底に横たわっているという解釈を実証してくれる。このモチーフ形成は、テュエステースがアトレウスと結婚する以前のアエロペーを既に愛していたという風に設定する、従って兄が弟の愛する婚約者を奪ったように設定する幾人かの詩人の作品において強められている。例えばヴォルテールの『ペロピッド』（一七七二年）におけるテュエステースは次のように言う。

　しかし申し上げますが、この聖なる場所で、私の恋仇が

彼女と忌まわしい結婚式を挙げるまでは、
私はユーリステーの娘を愛し、崇めてさえおりました。

もし絶望が許されることだとしたら、
彼女はついにこの私から無理矢理に奪われたのです。
……………………………………………………

またこのテュエステースは、ヴァイセのドラマ（『アトレウスとテュエステース』第二幕第四場）でも兄に向かって似たような台詞を吐いている。

お前があのひとを無理矢理結婚の絆へと
結び付ける以前既にあのひとはおれ
のものだった。おれはこの絆を断ち切ってやったにすぎない……(6)

アトレウスとテュエステースの物語は、そのさまざまな創作や翻案のかたちで既に古代悲劇作家たちに非常な人気があった。ヤーコプ（前掲書）は、この素材をドラマ化した――もちろんさまざまに異なったタイトルを付してではあるが――詩人で、ソポクレスとエウリピデスをも含めて九人のギリシャ人と、九人のローマ人の名前を挙げている。しかしながらこれらすべてのドラマのうちでわれわれに完全なかたちで残されているのはひとつしかない。それはセネカの『テュエステース』である。この悲劇はのちの劇作家たちに大変好まれた。これは数ヶ国語に翻訳され、幾人かの近代の作家たちによっても多かれ少なかれ忠実に模作された。ヤーコプはこの悲劇の翻訳でロマン語系及びゲルマン語のもの二七編を挙げているが、その内訳はフランス語一〇、イタリア語四、ドイツ語六、そしてスペイン語一となっている。ゲルマン系、ラテン系文学にみられるこの素材の翻案及び多少とも独立した作品のうち一一の有名な悲劇を彼は挙げているが、それによればフランス六、イタリア二、イギリス一、そしてドイツ二である。これらの新しいテュエステース・ドラマの主要な典拠はセネカの悲劇とヒュギヌスの寓話八八番である。

セネカの悲劇の内容は要約すると次のようなものである。妻とテュエステースが通じたことに怒ったアトレウスは、この関係から生まれた三人の息子を弟の食膳に供することによって、これに復讐しようという恐ろしい決心をする。和解したいと偽ってアトレウスは弟を誘い出すことに成功する。テュエステースはオリステネス、タンタロスそしてまだ年端もいかぬ少年の三人の息子を連れてアトレウスの宮殿へやって来た。彼は兄から優しく迎えられ、三人の息子たちを人質として彼に預ける。アトレウスは弟に、支配権を二人で分かち合おうではないかと提案する。次に使者が登場してコーラスに向かい、アトレウスが弟の息子たちを犠牲として殺し、これを焼いてその肉を食事として、その血を飲み物として彼ら自身の父親の食膳に供したことを告げる。復讐の最後は観客の前で演じられる。テュエステースは子供たちの血で満たされた杯を唇に当てる。すると灯りが消え、太陽は暗くなり、雷鳴が轟き、食卓は打ち震える床にバラバラと崩れ砕け落ちる。(7) 驚いたテュエステースが、息子たちを返してくれと言うと、アトレウスは嘲るような顔で、お前の食べ残した肉が子供であるのがわからないのかと尋ねる。このあとテュエステースは、agnosco fratrem（兄の正体みたり）という有名な台詞を叫ぶ。アトレウスが最後になおも、お前が食べたのはお前の息子たちの肉だと打ち明けた時、テュエステースはこの残虐な兄を呪いながら去って行く。

ヒュギヌスの八八番目の物語はこれらの出来事のその後の経過を語っている。その詳細はタンタロス伝説について論述した箇所（本書第九章）にみられる。シキュオンに逃げたテュエステースはそこで、自分の娘と知らずペロピアを犯す。そしてテスプロトゥス王の許へやって来るが、すぐにまたそこを去る。テュエステースの帰還を要求する神託を受けたアトレウスはテスプロトゥスの許へ赴く。そこで彼はテスプロトゥスの娘だと思い込んでいたが実際は自分の姪に当るペロピアに恋し、これを妻としてアルゴスへ連れ帰る。そこでペロピアはアイギストスを生むが、これは彼女が自分の父によって孕んだ子供であった。しかしアトレウスはこれを自分の息子だと思い込む。アイギストスが若者に成長した頃テュエステースがアトレウスの手中に陥る。彼はアイギストスにテュエステース（つまり自分の父親）を殺すよう命じる。しかしこの犯行がなされる前にすべてが明るみに出る。ペロピアは自殺し、アイギストスは川岸でアトレウスを殺し、父親テュエステースとともに王位の継承者となる。

近代の作家たちは普通これらの伝承のなかから個々のエピソードを選び出し、一方ではそれ以外のものを変更したり、自由に付け加えたりした(8)。自由な創作になるこれら個々のモチーフは、再び文学的なモチーフ形成の典型的な性格——これは根底に横たわる近親相姦感情から生じるのであるが——を示している。このような作家たちにおいては、テュエステースとその娘の近親相姦以外には、神話にみられる近親相姦的な関係は語られていない。それに反して肉親殺し、兄弟・父親憎悪が多く描かれる。しかしながらこれらの感情衝動は、例えば兄の妻の誘惑が示しているように、それらの根底をなしている近親相姦的な愛の衝動であることがわかる。詩人たちはこれらの関連が正しいことをわれわれに実証してくれている。つまり彼らは伝承のなかに見出される憎悪感情を、それに照応するところの、自分たち自身の無意識的な感情から発する愛の衝動をもって補うのである(9)。例えばイギリスの詩人クラウンはその『テュエステース』（一六八一年）において、兄弟憎悪に対応するものとして姉妹への愛を採り入れている。テュエステースは兄の妻アエロペーを犯し、その子供としてフィリステネスが生まれる。この若者をアトレウスとアエロペーの娘、つまり彼の異父姉妹であるアンティゴネーが激しく愛する。彼らの逃亡は失敗に終るが、しかしアトレウスは和解する振りをして、フィリステネスにアンティゴネーを与えることを約束し、そしてテュエステースを呼び戻させる。父を異にするこのきょうだいはおごそかな結婚式によって夫婦とされる。だが式の直後アトレウスはフィリステネスを殺して、その肉と血をテュエステースの食膳にのせる。最後にアエロペーが憎いアトレウスを殺し、アンティゴネーはみずからの生命にとどめを刺す。ヤーコプは、クラウンにおけるこのきょうだいの愛のエピソードは彼自身の創作であろうと断定している（五七頁）。クレビヨンもその悲劇『アトレとテュエスト』（一七〇七年）においてこれと似たようなやり方を示している。アトレは、自分の妻アエロペとテュエストの間に生まれた息子プリステーヌをみずからの子供として育て、アトレの息子であると信じている彼を将来実の父親テュエストの殺害に使おうと考える。この設定はアイギストスに命じられた父親の殺害を模したものである。しかしこの作者はいわば兄弟憎悪には全然そぐわない父親と娘の近親相姦にも変更の手を加えている。つまり彼はその代りに姉妹への愛を導入しているのである。即ちプリステーヌは、アトレがもうひとり別の妻との間に作った娘テオダミーを愛している。自然の声によって警告を受けたプリステーヌがテュエストの殺害を拒んだので、アトレは彼に、お前はテュエストの息子なのだと打ち明ける。かくして父親殺しと、姉妹との近親相姦は行われないままに終る。ヤーコプはこの作品とクラウンのそれとの一致を指摘しているが、彼の言う通りである。彼は次のように書いている（八八頁）。「従ってきょうだいの間の犯罪的な愛というモチーフは、このイギリスとフランスの劇作家に共通している。しかしながらイギリスの悲劇は、この恋人たちが異父きょうだいであるという点において、フランスのそれと区別される。これに対して後者においては彼らは異母きょうだいになっている。更に相違を指摘すれば、クレビヨンにあってはテオダミーとプリステーヌが自分たちの血縁関係を初めは知らないで、やがてそれを知らされた時この恋を断念するのに対して、クラウンにおいてはアンティゴネーとフィリステネスとは二人の近親関係を充分に知っていながら、それでもなお突き進むのである。プリステーヌは自分の熱愛する恋人が姉妹であることを知った時、フランス流の考え方に従って恋を放棄しなければならなかったのだが、王制復古時代のイギリスの観客は近親相姦にはまださほど神経過敏になってはいなかった。」クラウンにみられる意識的な近親相姦的愛着の心理的な根拠は、多分この関係全体の仮構性に求められよう。つまり観る者は、この愛は実現されることはないのだと安心しているのである。というのも、作者も観客もこの結婚がアトレウスの策略にすぎないということを知っているのである。クレビヨンについてもヤーコプは、姉妹への愛は詩人自身の創作であろうとの推測に達している。アベ・パラグランはその『ペロペー』（一七三三年）においてこの素材を更に興味深いかたちで複雑化している。ここで彼は、実現されなかった父親殺しを母親との近親相姦によって補っている。即ちエギストは母親であるペロペーに恋をし、彼女（自分の娘）と秘かに結婚生活を送っていたテュエスト（父親）からこれを奪い去り、アトレのところへ連れて行く。――つまりわれわれはここに息子の典型的な近親相姦感情を見出す。彼はそれが自分の母親であるとは知らないでペロペーに恋をし、これまた父親とは知らずしてテュエストから彼女を奪い去る。悲劇のこの部分の内容をヤーコプからの引用で紹介してみたい（二〇一頁）。「ある偶然からアトレは、エギストがテュエストの息子であることを知る。弟への復讐を意図していた王は直ちに、この息子に父親を殺させようと決心する。彼は若者に、もしテュエストを殺したらペロペーを妻に与えようと約束する。彼女がエギストの母親であることをアトレは知らない。若者は最初殺人を犯すことに抵抗する。だがペロペーがテュエストを愛しているのを知り、彼をいまや恋仇とみなすようになったエギストはこの血腥い犯行を引き受ける。その間にアトレはペロペーからテュエストとの結婚の秘密について聞き出し、またエギストが彼女の子供であることも知る。そこで彼はいまこそエギストをペロペーと、つまり彼自身の母親と結婚させようという悪魔のような計画をいよいよ本格的に練るのである。だがその前に若者は父親を殺さねばならない！　テュエストとエギストが決闘場でまさに対決しようとした時にソストラトが駆けつけ、彼らに二人が親子であることを告げ、父親殺しを未然に防ぐ。同時に若者はペロペーが自分の母親であることも知らされる。」

われわれはここで、詩人たちは父親と息子あるいは兄弟間の典型的な憎悪感情を近親相姦的な根幹から導き出すのだという、心理学的に興味深い事実を洞察することが出来る。その際詩人たちはこの憎悪感情を、それに照応するところの、彼ら自身のうちにある近親相姦的な愛の感情によって補うのである。このことは必ずしも、右に挙げた作者たちの場合のように、同じ素材の扱いにおいて行われるとは限らず、既にわれわれの知っている通り、さまざまな作品においてしばしば認められるところである。

例えばレッシングの青年時代の友人クリスティアン・フェリックス・ヴァイセの『アトレウスとテュエステース』（一七六六年）については既に言及したが、彼はこれとは別のある悲劇で男と女のきょうだいの愛をテーマにしている。ヴァイセはそのペロペー悲劇では兄弟の争いを背後に置き、実現されなかった父親殺しを前面に押し出している。『ゾフィー、または兄弟たち』においては姉妹への愛がテーマとなっている。この悲劇の内容を私はミノーア（『シラー』）に従って紹介したい。

ゾフィーは継父オルストン卿の下の方の息子を愛している。しかし父親は、自分の家族の財産を守るため彼女を相続権者である長子カールの妻とすることを決めている。愛し合う二人は逃亡を決意する。だがカールはこの逃亡を妨害して、ゾフィーを力ずくで結婚の祭壇の前へ引きずって行き、阿片を使って彼女を麻痺させ結婚の寝床へと連れ込む。フェルディナントが彼女を取り戻そうとするとカールは剣を抜いて彼に襲いかかる。ゾフィーは争う兄弟の間に割って入り刺されて死ぬ。カールはフェルディナントがゾフィーを殺したのだと申し立てる。だがフェルディナントは自刃することによって無実を証す。ゾフィーとフェルディナントの恋を知らなかった父親はこの悪人カールへの復讐を果たす。

姉妹への愛と兄弟の憎しみのほかにここでは父親の憎しみも一役を演じている。

エウリピデスも『プレイテネス』というドラマにおいて、父親と息子の間の憎しみをヒュギヌスによるアトレウス・テュエステース物語（八六番）のなかから独自に描いた。テュエステースは亡命の地でアトレウスの息子プレイステネスを自分の息子として育て、成長した若者を、自分の父親だとは知らないアトレウスを殺害させるために派遣する。だが彼は捕えられる。弟の息子への怒りに駆られたアトレウスはみずからの息子を殺す（ロッシャーの事典による）。

アエロペーの恋愛関係も悲劇作家たちによってしばしば取り上げられた。かつて彼女の父親に対して、お前は自分自身の子供たちのひとりによって殺されるであろうという神託が宣告されていた。そのため彼は彼女とその姉妹をナウプリオスに託して、これらを外国へ売り払ってくれるよう頼んだ。ナウプリオスは彼女たちをアルゴスへ連れて行ったが、当地でアエロペーはプレイステネスと結婚した。この夫婦からアガメムノンとメネラオスが生まれたと言われている。しかし他の伝承によるとこれらの息子は、彼女とプレイステネスとの間の子供ではなくて、アトレウスと交わってできた子供とされている。そのため、アエロペーは最初にプレイステネスと、次に（彼の息子ないしは父親）アトレウスと結婚したのだと推測された。彼女がテュエステースと密通した時アトレウスは彼女を海中へ投じ、テュエステースの食膳にその三人の息子を供した。――この神話をソポクレスは悲劇『アトレウスとミュケナイの女たち』（ナウク一二七頁参照）で、またエウリピデスもある作品（ナウクとヴェルカー参照）において題材とした。

c　ネロとブリタニクス

セネカの『テュエステース』には姉妹への愛はほとんど暗示されていないが、彼もヴァイセと同様にアトレウスとテュエステースの兄弟憎悪に対応するこの姉妹への愛を、彼の作とされている悲劇『オクターヴィア』で描いた。クラウディウスの娘オクターヴィアは、クラウディウスの二番目の妻メッサクナに唆されて彼女の息子ネロ、つまり腹違いの兄弟と結婚させられる。その前にオクターヴィアの婚約者シーラヌスは暗殺されていた。これがどのように行われたかについてタキトゥスは次のように述べている（『年代記』第Ⅻ巻、四）。「かくして、ヴィテリウスはアグリッピーナに気に入られんとの下心から彼女の企図に加わって、秘かにシーラヌスに対する誣告を準備した。ただシーラヌスには、ユーニア・カローニアという美しくて快活な妹がいた。彼女は暫く前まではヴィテリウスの息子の妻であった。彼女がシーラヌス告発の手掛りとされた。この兄妹の、近親相姦とまではいかないが、しかし軽率な仲睦まじさが恥ずべき行為であると解釈された。皇帝はこれに耳を傾けた。彼は娘を愛するあまり、彼女の婚約者に対する嫌疑を信じる方へ傾いていたのである。」シーラヌスが暗殺されてのち、オクターヴィアの父親であるクラウディウスも妻アグリッピーナによって殺された。彼女はそれから実の息子ネロを近親相姦へ誘惑したと言われる（本書第三章参照）。ネロは継父の娘と結婚したのみならず彼女の兄弟ブリタニクスに対しても嫉妬を抱き、これを食事中に毒殺させた。ブリタニクスはこうして姉妹の眼の前で死んでいった。のちになってネロは、ポッパエア・サビーナと結婚するため、義理の姉妹と妻オクターヴィアを追い出そうとする。民衆はオクターヴィアに味方したので（セネカの作品では）ネロは怒って彼女の殺害を準備する。セネカのドラマは、コーラスを伴ったオクターヴィアとその乳母との対話で始まり、そこで観客にはネロの家族における残虐行為の数々が告げられる。ネロと離婚し、彼がサビーナと結婚したあとオクターヴィアは、辛うじてまだ自分は皇帝の姉妹ではあるのだと言って喜ぶが、この彼女の台詞は特徴的である。これに対してアルフィエーリはあるドラマで、義理の兄弟ネロに対するオクターヴィアの情熱的な愛を描いているが、これは彼の作った多くの兄弟憎悪悲劇に対応するものとして注目に価する。ネロによるブリタニクス殺害をラシーヌは彼の『ブリタニキュス』（一六六九年）で扱った。このドラマの翻訳断片はシラーによって残されている。ラシーヌの作品においてもこの兄弟憎悪の性的な根源は非常に明瞭である。つまりネロはブリタニキュスからその恋人ジュニーを誘拐させ、みずから彼女に恋をするのである。ラシーヌの『バジャゼ』（一六七二年）においても、皇帝アミュラと皇子バジャゼの二人の兄弟の憎み合いが物語の中心となっている。尤も、アミュラの側室ロクサーヌという同一の女性を巡ってのライヴァル関係はここでは防衛形式においてのみ暗示されているにすぎない。

B　シラーの先駆者たち——シュトゥルム・ウント・ドラングの作家

これまで扱ってきた兄弟殺しのドラマが題材の共通性によって相互に深く結び付き、また依存し合っているのに対して、これから述べる作品は、それらが多かれ少なかれ相互依存していないという点で、また書かれた時期の同時性とテーマの共通性によってのみひとつのグループに入れることが出来るという点で、より大きな心理学的興味を喚起することが出来ると言って差し支えない。一七七五年シュレーダー・アッカーマン劇団が試みたドイツのオリジナル悲劇作品のための懸賞募集に、いずれも兄弟殺しを主題とした三つのドラマが応募したということは、シラー以前の時代風潮の特徴を極めてよく表わしている(10)。それはライゼヴィッツの『ユリウス・フォン・タレント』、匿名作家の『不幸せな兄弟』(ザウアーの推測によるとベルクの『ヴェネチアのガローラ』の初稿(11))、そしてクリンガーの『双子』であり、この最後の作品が第一等賞を獲得した。まず『ユリウス・フォン・タレント』の内容を簡単に紹介しておきたい。タレントの領主の息子ユリウスとクウィドーはともに尼僧となったブランカを愛している。父親は世継ぎのユリウスに、自分の姉妹の娘であるツェツィーリアをめあわせようと考えている。しかしユリウスはブランカを引きさらって逃亡を図る。ところがクウィドーが二人を待ち伏せしていて兄を殺す。父親は息子のクウィドーを殺すことによってこの殺人の復讐を果たす。――われわれはここにまたしてもひとりの女性を巡って展開される二人の兄弟の典型的な争いを見出す。兄弟の嫉妬心と並んではっきり表われている父親の憎しみは、この女性の背後には母親の原像が隠されていることを暗示している。――ライゼヴィッツにこのドラマを書かせるきっかけを与えたのは、フィレンツェの太公コジモⅠ世に関するいささか伝説めいた物語であった。彼は一七九九年十二月二十一日、シラーの義理の兄で図書館員をしていたラインヴァルトに宛て次のように書いている。「私のドラマの最初の着想はフィレンツェの太公コジモⅠ世とその息子ヨハン及びガルシアス兄弟の物語から得ました。しかしこの物語の人物たち、また歴史的な細部も完全には私の意にかなうものではなかったので、私は歴史とフィクションのこの中道をとったのです。」伝承の語るところによると、二人の息子のうち気性の激しい、奔放な弟ガルシアスが狩猟の折りに兄を殺すが、その棺のそばで罪を告白させられ、父親の復讐の刃に斃れることになっている。不思議なことにミノーアによれば(『シラー』一三八頁)、これと似た事件がコジモⅠ世より百年足らず前にメディチ家で起きたとされている。メディチ家の老コジモの孫ユリアンと、フランツ・パッツィがカミッラという女性を巡って衝突する。ユリアンは彼女と結婚するが、これに恨みを抱くフランツはベルンハルト・バンディーニとともに教会にいたメディチ家の連中を不意打ちし、ユリアンはこの時殺される。ライゼヴィッツはユリアンとブランカ(コジモの孫たち)という名前を使用しており、また彼の作品においてユリアンとフランツとが親しい友人として描かれているという事実は、のちの敵対し合う兄弟との類似を更に際立たせている（ミノーア一三八頁）。われわれに伝えられているシラーの失われた少年時代の作品のタイトル（『コジモ・デ・メディチ、メディチ家に対するパッツィの謀叛』）から推測出来るのであるが、彼もこの以前の物語へ立ち帰った。これはほぼ時を同じくしてドイツではブランデスが（一七七五年）、またイタリアではその後間もなくしてアルフィエーリが『パッツィの叛乱』において取り上げた。彼は、同じ素材を扱っている自分の悲劇『ドン・ガッツィア』についての所見《パレーレ》のなかで次のように叫んでいる。「兄弟を殺す兄弟、殺した息子を殺して殺された息子の復讐をする父親、――しかり、かくも恐ろしい野蛮が、同時にかくも深い敬虔さと混じり合った結末《カタストローフェ》があるとすれば、まさにこれがそれである。」アルフィエーリがこの素材を知ったのはマキアヴェッリの書いたフィレンツェについての歴史によってであり、そこではパッツィの叛乱が第八巻で語られている。このパッツィの物語から、二人の兄弟がともに愛するカミッラ（姓はカファレッリ）という名前がシラーの『群盗』の計画のなかで使われたのみならず、クリンガーの『双子』にも入ってきた。グエルフォは双生児の兄弟フェルナンドを憎み、そしてその婚約者カミッラを愛している。この兄弟は双生児とされているがフェルナンドの方が長子の権利を行使し、また父親からも世継ぎに定められている。グエルフォはしかしこのことに不満を抱いている。彼は父ドクター・ガルボと母親に、先に生まれたのはどちらなのかと激しく詰め寄る。フェルナンドが先だと母親が答えたため、グエルフォは自分が母親からは冷遇されていると感じる。この母親によるフェルナンドの優遇はやがてカミッラによる彼の優遇とも照応するのだが、このカミッラは、母親との原初的な関係のための単なる代理的人物として登場するのである。ここではっきりするのは、同性で自分より先に生まれた人間に対する嫉妬が近親相姦感情に根差しているということである。最初に生まれた子供は自分とは異性の両親の愛を先取りすることが出来るが、このことによって後から生まれた方は自分が無視されたと感じるのである。年上のきょうだいに対する憎しみもある程度は、性的に先んじている彼らに対する羨望の念のなかに求めることが出来る。――ところで、自分自身多分「若い方の息子」であったクリンガー（彼には兄がひとりと、アグネスという姉妹があった）は、遅れて生まれた者のこの冷遇を、二人の兄弟主人公を双生児に設定することによって回避しようとする。しかし、それにもかかわらずフェルナンドが長子の権利を行使しているということのなかに、この失敗した妥協の試みの矛盾した性格がなお明瞭に表われている。クリンガーが、双生児というこのモチーフに大きな意味を与えていたということは、彼がそれにちなんで自分のドラマのタイトルを付けたことからも既に明らかである。

第一場の冒頭直後グリマルディは、グエルフォが夢のなかで次のように叫んでいることを告げる。

　フェルナンドめ、みなが仇敵と呼ぶようなあの男め

実際グエルフォは最後に兄弟フェルナンドを森のなかで殺害する。そのあと家に戻った彼はこの記憶を抑圧してしまう。

グエルフォ　お父さん、ぼくは誰も殺しはしなかった、誰も――！　ぼくには兄弟なんかいなかったんだ！

この種の防衛は既にわれわれのよく知っているところである。ところが死体を見ると彼にこの記憶がよみがえってきて、みずから殺人を告白する。そこで父親老グエルフォが彼を殺す。この殺害はここではライゼヴィッツの作品におけるよりもすぐれた動機付けがなされている。というのも息子のグエルフォは父親を憎んでおり、父親の手にかかって死ぬことは彼にとっては兄弟殺しの罰としてのみならず、父親に対して彼自身が抱いている殺人衝動の防衛（罰）の表現としても好都合なのである。だがまた息子に対する父親の憎しみも根拠付けがなされている。つまり母親は息子のグエルフォを愛しているのである。彼女は息子に向かって次のように言う。

アマーリア　さあ、この接吻を受けておくれ！　無理にもお前はこれを母親の唇から受けるのです、腕白坊主のグエルフォ！
　さからっちゃいけません、グエルフォ！　さあ、これも、これも、母親の優しい愛のこもったこの接吻を！

グエルフォはしかし、母親の愛をより多く受けているのは兄弟のフェルナンドであると固く信じ込んでいる。これ

は、われわれが正当化として知っているところの、自身が抱いている兄弟への憎悪感情のひとつの動機付けである。兄弟の方が自分より愛されているのだというこの確信のなかにわれわれは、このような一種の正当化を認めねばならない。そのことは、兄弟の方に注がれているとグエルフォが主張している母親の愛が実際には彼自身に向けられているという事実が明らかにしてくれる。

そうであろう、グエルフォ？　お前はお前の母親を愛してくれている。その母はお前をこんなにも深く愛し、明けても暮れてもため息をつき、お前が優しい気持になってこの愛に応えてくれるよう祈っているのだよ。わたしのたくましいグエルフォ、どうかお前のそばで静かに休ませておくれ！　これまでお前はずっとわたしのために多くのことをしてくれ喜ばせてくれたではないか。

しかしグエルフォは、兄弟に対して自分自身が抱いている嫉妬の憎しみを正当化するために、母親のお気に入りは兄弟であると信じなければならない。ちなみに、これと同じようにヘッベルも——明らかに彼は母親の愛を一身に受けていた——彼の初期の文学作品において、自分の憎しみの感情を正当化するものとしてこのような状況を設定している。それで、母親から愛されているグエルフォは彼女に向かって次のように言う。

泣くがいい！　嘆くがいい！　そうしてお母さんの好きなフェルナンドのところへよろめいて行けばいいんだ！

ここには、先に生まれた兄弟に対する嫉妬の近親相姦的な根源と、兄弟殺害の最も深い理由、即ち母親による長子の優遇——それが想像にすぎないものにせよ現実のものであるにせよ——が明瞭に表現されている。また父親と息子の名前が同一であるという設定も、母親の近親相姦的な愛と相容れ合うものである。即ち心理学的にみると名前の同一性は近親相姦的な愛のひとつの表現でしかなく、母親の立場からみた父親と息子の同一性を示しているのである。グエルフォが母親に別れを告げる第三幕において彼の愛着も既に表われている。

グエルフォ　……ごきげんよう、お母さん！　さようなら、お母さん！

アマーリア　おおグエルフォ――そんなふうに行かないで！　明日の朝お前のところへこっそり忍んで行きましょう。なん時間かすれば夜は明けます。そうすれば――

グエルフォ　……おやすみ、すてきなお母さん！

アマーリア（ドアのところで振り返り）おやすみ！　おやすみ！　恋しいグエルフォ――

つまり息子に対するアマーリアの関係は、愛し合う二人の恋人のそれと全く同じように描かれている。母親の方でも息子たちとの関係をそのように考えているということは、息子の死体のかたわらで彼女が口にする次のような台詞によっても明らかである。

「いいえ、いいえ、よもやそんな！　わたしの大切なあの子がそんなことをする筈がない！　母親を愛しているあの子がどうして母親の恋人を殺したりするだろう?」

ライゼヴィッツの悲劇と全く同様、クリンガーのこのドラマもシラーの最初の創作に大きな影響を及ぼした。文学において人物の名前が大きな意味をもつことを考えれば、『双子』のアマーリアが『群盗』におけるアマーリアの命名に――ちなみに彼女はもともと、双生児によって愛される女性と同じくカミッラという名前であった――作用したという推測も排除することは出来ないように思われる。というのもアマーリア・フォン・エーデルライヒはいわば老モールにとっては妻の役を、兄弟にとっては妹の役を演じているのである。兄弟が憎み合うドラマではたいてい彼らの母親が登場しないという事実も、二人の兄弟によって愛される女性が母親と姉妹を兼ねるというこの設定による。母親は兄弟共通の恋人のなかに含み込まれているのである。シラーの『群盗』に対するクリンガーのアマーリアの影響は、クリンガーのもうひとつ別のドラマ『いかさま賭博師』もシラーの『群盗』との類似を示しているだけにいっそうその可能性は大きいものと考えられよう。『いかさま賭博師』には『群盗』同様二人の兄弟の母親は登場しないことになっており、ユリエッテは『群盗』のアマーリアと同じように老シュタールの「遠縁」に当る女性である。息子フランツは兄弟カールの細工した手紙によって中傷を受け、それによって賭博に足を踏み入れる。つまりここでも二人の息子の名前は『群盗』におけると同じくフランツ、カールとなっている。しかしクリンガーはこの二人を異母兄弟として設定している。これは一種の緩和手段であって、双生児兄弟にみられる兄弟争いの尖鋭化に対する防衛表現のような感がある。兄弟憎悪のテーマにみられるクリンガーのこの極端なモチーフ形成は、これらの作品に彼がいかに深く内面的に関わっているかをわれわれに物語ってくれている。というのも、彼は自分の兄との現実の関係を描いているのではなくて、自分より先に生まれた者に対する憎しみを一度は双生児のモチーフによって隠そうと試み、もう一度は異母兄弟のテーマによってこれを和らげようと試みているのである。彼が兄弟殺しのテーマを扱っているのは最初の若書きのドラマである騎士劇『オットー』のみである（ザウアー編『一八、一九世紀ドイツ文学の記念碑』第一巻参照）。主な登場人物は、敵の娘を妻にする息子と仲違いする父親と、その父親と兄を出し抜いて王座を狙う息子の二人である。クリンガーの『シュティルポ』にも敵対し合う兄弟が登場する。

兄弟の憎しみをテーマにした他の詩人のうちでは特にヴォルテールの『放蕩息子』（L'enfant prodigue）が挙げられる。この作品がシラーの『群盗』に少なからず影響を与えているということは、もともとシラーのこのドラマのタイトルも『放蕩息子』であったことでも既に明らかである[12]。ヴォルテールにおいては父親は気の弱い、ひとの意のままになりやすい人間であり、上の息子エフェモンは自堕落な男で父親から勘当されて外国を放浪している。それで彼の婚約者は弟の方に与えられることになる。やがて兄は人知れず故郷へ戻って来て弟のところで働く。この設定はシューバルトの作品のみならず、父親の館を訪れるカール・モール（『群盗』）を想起させる。しかしながらヴォルテールにおいては、エフェモンの正体が明らかとなり、許されたあと婚約者と結婚するということですべてがめでたく終る。更にトマス・オトウェイは『ドン・カルロス』のあと悲劇『みなし児』（The Orphan）を書いた（一六八〇年）が、その内容は次のようなものである。

カスタリオとポリドールの兄弟は、モニミアという同じ女性を愛している。彼女は彼らと一緒に育てられた娘であった（「姉妹」）。カスタリオは秘かに彼女と結婚し、二人は秘密の合図を申し合わせ、それによって彼女は夜忍び込んで来る彼を部屋に招き入れることにしていた。その際誰からも疑われないよう部屋は真っ暗にして、お互いに一言も口をきかない約束であった(13)。ポリドールがこの約束を盗み聞きするが、しかし二人が結婚していることは知らなかったので、この二人の合図を利用して兄に代ってみずからモニミアの部屋へ忍び入っても犯罪にはならないだろうと思い、これを実行する。だが翌朝になって事が明るみに出て、カスタリオは弟を刺し殺し、続いてモニミアが毒をあおり、カスタリオも自害する。

ケッペルは、ボーモント・フレッチャーのドラマ『残虐な兄』（The Bloody Brother）のなかに『メッシーナの花嫁』との際立った類似を幾つか認めている(14)。即ち、敵対する兄弟、彼らの反目を助長する各々の勢力、不幸な母親の重要な存在、母親の懇願によって実現される和解、一方の兄弟による他方の殺害などはシラーの『メッシーナの花嫁』を強く想起させる。弟のオットーを殺したあとロロは彼の教育係であった老人をも、殺人の罪を咎められたという理由で処刑させる。斬首されたこの老人の娘エディトに対する突然の情熱が彼の命取りとなる。つまり彼は彼女の家で殺されるのである。同じ作者たちによる『兄』においても二人の兄弟がひとりの娘を巡って争う。

兄弟憎悪あるいは兄弟殺しを取り扱った詩人たちでは更に次のような名前が挙げられる。『トム・ジョーンズ』において二人の対照的な兄弟を描いたフィールディング、カンバーランド『兄弟』、ルニャール『ふた児』などである。またイフラントの『未成年者』でも性格の異なった二人の兄弟が愛を争い、不倶戴天の敵となる。シュトイドリンのバラード『兄弟』では、カールが婚約者の部屋の入口で、嫉妬に駆られた兄弟によって殺害される（ミノーア『シラー』による。本書第五章『群盗』の類似作品参照）(15)。

（1）　純粋に文学的な関連についてはオットー・シャンツェンバッハの『シラーにおけるフランス人の影響』Otto Schanzenbach：„Französische Einflüsse bei Schiller"（〔シュトゥットガルト王立エーベルハルト・ルートヴィッヒ・ギムナジウム学報〕一八八四／八五年）も参照されたい。最近では特にJ・ブロック『ドイツ文学におけるヒュギヌスの寓話』J. Brock：„Hygins Fabeln in der deutschen Literatur"（ミュンヒェン、一九一三年）がある。

（2）セネカの『フェニキアの女たち』第二断片にも、母親が息子たちを和解させようとする場面がある。

（3）ちなみに伝説は、オイディプスが生きたまま下界へ連れ去られたとも伝えている。

（4）シラーの『マリア・ステュアルト』には次のような表現がみられる。「天駆ける雲よ、空の帆走者よ、お前たちとともにさすらい、航海するものは幸いなるかな。」

（5）これについては、次章に引用するゲーテの言葉を参照されたい。

（6）これらの、またこれ以後の指摘を私はドクター・フランツ・ヤーコプの論文『イギリス、フランス、イタリア文学の最も重要な悲劇にみられるアトレウスとテュエステースの素材』（ブライマン、シック編〔ラテン文献学ならびにイギリス文献学のためのミュンヒェン寄稿論文集〕第XXXVII巻、ライプツィッヒ、一九〇七年）から借用している。

（7）この天地の鳴動を強く想い出させるものに、モーツアルトの『ドン・ジョヴァンニ』終場面がある。

（8）典拠についての詳細な研究はヤーコプ（前掲書）参照。

（9）『ドン・ジュアン形姿』（一九二二年）における拙論を参照されたい。

（10）キュルシュナーのドイツ文学全集における『シュトゥルム・ウント・ドラング』の巻参照。この不思議な偶然をのちになって説明するために、この懸賞では兄弟殺しのテーマが課されていたのだとする説は、もっともらしくはあるが、事実ではないように思われる。

（11）これに関してはザウアーの『典拠と調査』（三〇、一一八頁）参照。

（12）M・ランダウの『放蕩息子と群盗』M. Landau：„L'enfant prodigue und die Räuber"（〔比較文学のための雑誌〕続編、第二巻、一八八九年、四五二頁）参照。

（13）暗闇と沈黙というこの同じ秘密手段はペリアンドロスの物語にみられる（本書第一二章）。

（14）„Über die Beziehung von Schillers ‚Braut von Messina' zu Beaumont-Fletschers ‚Rollo'" (Ztg. f. d. elegante Welt, 1843, S. 365)

（15）現在ではオスカール・シュー『ドイツのドラマにみられる敵対する兄弟』Oskar Schuh：„Die feindlichen Brüder im deutschen Drama"（〔ヴュルテンベルク国民劇場報〕第V号）がある。

第一六章　ゲーテのきょうだいコンプレックス

ヴェルテルが私の兄弟だったら殺していたであろう！
彼の悲しげな亡霊が私に復讐せんとこのように激しく迫ってきたことはほとんどない。

ゲーテ

ゲーテがカール・アウグスト公の希望で、一七九九年に試みたヴォルテールのドラマ『預言者マホメットの狂信』の翻訳[1]は既に、彼の精神生活と文学創作の最も重要なコンプレックスをわれわれに示してくれている。即ちそれは父親への反抗と妹に対する愛である。厳格で頑固な父親に対するゲーテの張りつめた関係は、彼が詳細に描いている人生の記録からわれわれの周知するところである。われわれはまた、穏やかな、そして息子に対しては特に優しかった母親がたびたび彼と父親の間に入って仲介役を務めねばならなかった事実をも知っている。そして、ゲーテが生涯にわたって母親に対して極めて強い愛情を抱いていたことも同様によく知られている[2]。しかし彼の人生と創作活動にとって更に重要となったのは、妹コルネリアに対する彼の関係と、早逝した弟ヤーコプとの関係である。父親とのライヴァル関係はまとまりのない詩的な幻想や、断片に留まっている草案にのみ残されている。ごく初期の若々しい

『ゲッツ・フォン・ベルリヒンゲン』では、ゲッツの妻エリーザベトは作者の母親をモデルとしており[3]、また官能的・妖婦的なアーデルハイトは心理学的にみて母親の対極をなす人物であるが、このドラマのある箇所において既に強力な父親憎悪が、また性的なライヴァル関係によるこの憎悪の動機付けがみられる。主人を殺してその妻を救い、自分のものにするフランツは彼女の腕のなかで言う。「天国にだってこんな素晴らしいところはないだろう。もしおやじがこの場所をおれから取り上げようとするならおれは殺してやるだろう。」（『ゲッツ』の初稿）[4]若きゲーテが既にシュトラースブルク時代（一七七〇―七一）にユリウス・カエサルと取り組んでいたという事実はこの関連において重要な意味をもつことになる。最初彼はカエサルの全生涯を、のちには彼の暗殺だけをテーマにしようと考えていたが、結局この計画からは遠ざかってしまった。また『エルペノール』という悲劇として完成されることになっていたが、わずかの断片に留まってしまったもうひとつ別の計画も実現をみなかったということは、父親に対する強力な反抗を特徴的に表わしている。ここでは兄弟殺しが行われ、父親殺しが試みられる筈であった。エルペノールは、――ハムレットと同様――兄弟によって殺された表むきは彼の父親である男のために復讐を行う。『エルペノール』は一七八一年八月十一日に着手されたのち暫く中断されていたが、父親の死後一年経った一七八三年ゲーテは再びこれを取り上げた。それから仕事は進展せず、二度とゲーテはこれに手をつけることはなかった。断片は初め一八〇七年に出された。一八〇七年五月七日ゲーテはエルペノールに関してツェルターに次のような手紙を書いている。「なにか行き詰まった場合、それがわれわれの所為なのか、あるいはその事柄自体の所為なのかは常にわからないものです。しかしわれわれは普通、われわれが完成させることの出来なかったあるものに嫌悪を投げかけます。」

　ゲーテと父親との競合関係は、『ドイツ移住民の閑話集』（一七九五年）のフェルディナントとオッティーリエについてのエピソードにも暗示されている。そこではフェルディナントについて次のように言われている。「かつての彼は父親をみずからの模範と考えていたが、今では恋仇として彼を嫉妬するようになった。息子の欲しいと思うものすべてを父親は所有していた……。そこで息子は、父親は息子を楽しませるために時には我慢すべきだと思った。」「彼の気持は閉ざされた。このところ彼は、自分を助けてくれることの出来なかった母親を尊敬せず、いつも自分の邪魔をする——そう彼は考えていた——父親を憎んでいたと言える。」

父親と息子とのライヴァル関係が、晩年近くなって（一八〇七／〇八年）着手された短編『五〇歳の男』に描かれているが、これは初老の男の立場から眺められた関係で、そこには女きょうだいへの愛が混入しており、表現も独特のものとなっている。ここでのゲーテは男爵夫人に、彼女の娘に対する兄弟の愛が、つまり娘に対する伯父の愛が人間的であることを教えている。「彼女は、若い娘とこんなにも近付きになった価値ある唯一の男が自由な心に必ず与えずにはおかない印象を認め、またそこから、子供の抱く尊敬の念や信頼ではなくて、愛として、情熱として現れる感情すらが育くまれてゆくかも知れないことを認めざるを得なかった。」姪に対する老少佐のこの愛が実は、自分自身の姉妹からその娘へのひとつの転移（置き換え）を表わしているということを詩人ははっきり言っている。[5]「男爵夫人は彼女の兄弟を若い時から非常に愛していて、どんな男よりも好きであった。そしてヒラーリエン（彼女の娘）の愛着さえも母親の抱いていたこの好意から生まれたとは言わないまでも、それによって育くまれたことは確かである。今や三人はひとつの愛、ひとつの平和のなかで一体化し、こうして彼らにとって最も幸福な年月が流れていった。しかしながら彼らは最後に再び自分たちの周囲にある世界に気付いたが、この世界はこのような彼らの感情としっくり合うことは稀であった。今度は息子（少佐の）のことも考えなければならなかった。彼にはヒラーリエンが約束されていたが、このことを彼は充分よく承知していた。」この短編の中心は従って、息子の妻に定められている同じ女性に対する父親の愛、しかもその上彼にとっては遠い血縁に当る女性への愛にある。この関係は物語のなかで二重化されており、そしてこれは老ゲーテの父親としての感情に照応するのだが、第二の関係においても父親の方が有利な立場に立つことになる。つまり息子はある未亡人を愛しているのだが、彼女は彼にとっては限りなく魅力的で素晴らしい女性として映る。彼は彼女を紹介する前父親に次のように言う。「必ずやきっとあなたはあなたの息子の恋敵となるに違いありません！」実際未亡人は最初に父親と会ったあとで彼のことを息子に対して褒めそやすのであった。これは、「そうすることによって若い男の心のなかに満足と嫉妬との入り混じった感情を引き起こすため」であった。妹コルネリアに対する詩人の性愛的な愛はこれよりはるかに明確かつストレートに表われていて、文学の素材の選択や形成のみならず彼の現実の愛情生活にも決定的に作用した。この兄弟の関係についてヴィトコフスキーは次のように書いている（『ゲーテの妹コルネリア』一九〇二年）。「彼女が揺り籠にあった時から彼は妹を優しく慈しみ、すべてを彼女のところへ持って行ってやった。彼はこの妹を自分ひとりで面倒をみて育てようと思った。子供が泣くとすぐに彼は口にパンを詰め込み、誰かがこれを取り除いたりすると彼の怒りはなかなかおさまらなかった。他のきょうだいはみな早逝したので[6]、二人だけ残されたこの兄妹の関係はそれだけいっそう親密なものとなった。自由な時間には二人してストーブのうしろの低い長椅子の上にうずくまったり、一緒に街を歩き回ったり、近郊の庭園を訪れたり、あるいはボッケンハイムへ遠出したりした。ヴォルフガングは家に縛られている間は、コルネリアを〈ますます優雅さを増してきた社交婦人〉と考えていた。グレートヒェンとの〈初恋〉を兄は彼女には秘密にしていた。しかしグレートヒェンが死んだあと耐え難い苦しみに襲われた彼は妹に自分の心中を打ち明けた。彼女はこの時初めて兄を慰める役を果たした。そして恋仇がいなくなったことに秘かな満足さえ覚えた。」この時以来妹は、彼が時折り行う突飛な行動の引き止め役を演じるようになったようである。彼は次のように告白している。「しかしながらこのような半ば快楽的な、半ば芸術的な遠出から私は再び家庭へと引き戻された。しかも以前から私には強力な作用を及ぼしていた磁石によってである。それは私の妹であった。」一七六五年ゲーテはライプツィッヒへ赴く。そこから彼は妹に宛てて次のように書き送っている（一七六七年五月十一日）。「誓ってもいいが、ライプツィッヒはお前と比べられるような女の子をひとりもぼくに与えてはくれないだろう。」ライプツィッヒからの手紙のなかで彼はしばしば彼女に大変可愛らしい愛称を使っており、「天使さん《エンゲルヒエン》」と彼女を呼び大変な熱の入れようを示している（『ゲーテ年鑑』第Ⅶ巻参照）。コルネリアはライプツィッヒから兄が帰るのを心待ちにしていた。彼が病気で帰郷した時彼女は兄の面倒をみるのに涙ぐましい努力をし、二人からユーモアがなくなってしまわないよう大変気を配った（ラート七四頁）。「彼女は私の意識的な全人生を私と共に生きてくれた。そして……そのことによって私とは非常に親密な絆で結ばれた……そのため二人は自分たちを双生児とみなすことが出来るほどだった。」（ゲーテ）

　のちに始まる兄妹間の疎遠の主な原因は、詩人が決して克服することの出来なかったコルネリアの結婚であったが、この疎遠な関係は、嫉妬心によって曇った強い性愛《エローティッシュ》的な愛着を新たに示している。『詩と真実』(7)においてゲーテは妹との関係をまさに性愛的なそれとして描いている。「青春時代のあの関心、精神的に形成されてゆく感覚的な衝動、感覚的な形姿のなかに包み込まれる精神的な欲求が眼覚めた時のあの驚き、ちょうど霧が谷を覆って暗くするように、われわれの眼を開いてくれるというよりもむしろ暗くするような、これらすべてについての考察、そこから生じる迷誤と混乱、これらすべてを兄妹は手を携えて分かち合い、克服してきた。そして二人は彼らの置かれていた奇妙な状況については知らされなかった。二人がお互いにもっと近付き、明るい場所へ踏み出そうと思っていたのに、近親関係という聖なる恥じらいが二人をますます強く引き離していたのでなおのことそうであった。」これと同じ意味に理解される発言をエッカーマンが記述している。これは話題がある本（ヒンリッヒス『古代ギリシャ悲劇の本質』）に向かった時のことであった（『ゲーテとの対話』一八二七年）。エッカーマンは次のように言った。ヒンリッヒスはアンティゴネーを評した際に、家族に対する敬虔さは女性のなかに最も純粋に、なかんずく女きょうだいのなかに表われる、彼女が全く純粋に、そして性を抜きにして愛することの出来るのは兄弟だけであると主張したが、この時ヒンリッヒスは女主人公の性格と行動の仕方しかみていなかったのではないか、と。これに対してゲーテは答えた。「私の考えるところでは、女きょうだいに対する女きょうだいの愛ならそれは更に純粋で、そして性の入り込む余地はもっと少ないだろう！　女きょうだいと男きょうだいの間で――相手を知っている場合もあり知らない場合もあるが――最も感覚的な愛が生じるといった多くの例をわれわれは知らないのだろう。[7a]」

多くの特異な出来事や謎に包まれているゲーテの愛の遍歴全体も、決して克服されることのなかった妹への愛着からのみ理解され得る[7b]。この愛が彼の全生涯にわたっていささかも弱まることなく継続したということは、彼が恋人と別れるたびに非常に苦しめられた罪の意識からして明らかである（例えばチェンバレンの『ゲーテ』にみられるリリーからのゲーテの逃避についての記述を参照されたい）。いわゆる「不幸な詩人の愛」一般同様ゲーテの独特な恋愛も、妹に対する幼児期の関係によって決定されており、またこのことからのみ理解される。一方既に彼の愛の対象となった女性たち（『ヴェルテル』のミューズで、ケストナーの婚約者シャルロッテ・ブッフ、フランクフルトの実業家ブレンターノの妻ラ・ロッシュ、フラオ・フォン・シュタイン[8]）はフロイトの言う母親タイプである[9]。彼にとってはシャルロッテ・フォン・シュタインのなかに母親と妹の二人が一体化していたのであり、この女性を彼は自分自身にもわからない一種の義務をもって愛した。「私とあなたの関係はこの上なく神聖で特別なものです。私はこの機会にますます強く感じるのです。これは言葉では表現出来ないのだ、人間には理解出来ないのだ、と。」（一七七六年八月八日）――「あなたに対する私の愛は」、とフランス語で書かれたブラウンシュヴァイク発信のある手紙には次のようにある。「もはや情熱ではありません。それは病気なのです。私にとってはどんなに完全な健康よりも価値のある病気、治してもらいたくない病気なのです。」――このさして魅力的でもない、病気勝ちな中年の女性、また聡明とも上品とも才気溢れるともほとんど言い難いこの女性がどうして長年にわたって詩人の心を捉えることが出来たのか、これを理解するには、彼女が彼にとっては中年の母親と、病弱で美しいとは言えない妹に取って代る女性であったということを考えねばならない。詩人自身このことを繰り返し表明しているのだが、しかしながらこれをもって、実際彼にこの関係が完全に意識されていたと無条件に結論することは出来ない。この強力で無意識的な関係は時折り比喩や暗示や文学的形象のかたちで現われるにすぎないのであって、「母親のような、妹のような恋人」について語っている伝記作者たちも、もしわれわれが精神分析的な意味でこの言葉を理解しようとすれば、これに強く抗議するであろう。ゲーテはシャルロッテに宛てて次のように書いている（一七七六年五月二十四日）。「つまり私が妹以外の女性とこれまでにもった最も純粋で、最も美しく、最も真実な関係さえも私にとっては妨げとなったのです！」一七七六年二月二十三日の手紙には次のようにある。「ああ、例えばぼくにとって君が姉妹であるような、そのような兄弟がぼくの妹にいればいいのだが。」これと似た文章は多数残されている。自分の熱愛する女性との関係のなかに詩人が見出す神秘的なものも、幼児期にあったさまざまな心的体験の無意識的な様式化であることをわれわれは知っている。例えばそれは現在の地上での人生以前にある不可思議な関係、また未来に係わる諸々の関係、これらはいずれも母親にさかのぼるものである。「あなたが私の存在を知らなかった、そして私を愛していなかった時代があったということは私にとってはほとんど不快なことです。もう一度この世に生まれてきたら、恋をするのは一度だけにしてくれるよう神々にお願いするつもりです。そして神々がこのようにこの世界に敵意を抱いていないならば、私はあなたにこの人生の伴侶になってくださるようお願いしたいところです。」――だが彼が恋人によっても再び生を授けられたいと望んでいることは他の手紙にみられる。「私はあなたに私を、私の人生を完全に捧げて、あなたの手から私を再びみずから受け取りたいのです。事実既に私は半ばそのような状態にあり、これは私が最も好むところのものです。」（一七八一年三月十三日）このように彼の無意識的な空想のなかでは実際母親と恋人がひとつになっており、意識的に表明される言葉も根深いこの関係をおのずと物語っている。普通なら母親に対してしか使われないような言葉が恋人に向かって言われる。「君に本当に感謝したいというたったひとつの願いしかぼくがもっていないことを君は知っているでしょう。ぼくは君にすべてを負っているのだから。」「君の喝采がぼくにとっては最高の誉れです。そしてぼくが外部からの名声を正しく評価するとすればそれは君のためです。ぼくは君に恥をかかせたくないのです。」――恋人に対するこの立場が最もはっきり表われているのは、ゲーテが一七七六年四月十四日、シュタイン夫人を対象にして書いた次の詩においてである。

夢が現実とならぬひとは幸いである、
予感が外れるひとは幸いである、
あらゆる現在、あらゆる洞察は悲しいかな
われわれの夢と予感の正しさをますます確証する。
運命はわれわれになにをもたらそうとしているのだろう?
運命はどうしてわれわれをこのようにしっかり結びつけたのだろう?
ああ、君は遠い昔
ぼくのきょうだいか妻だったのだ。

…………

君は熱い血を冷ましてくれ、
荒々しい猛進を正しい方向へ変えてくれた。
そしてこの傷ついた胸は
君の天使のような腕のなかで再び憩いをえた。

姉妹（そして母親）へのこの幼児期におけるリビドー固着の基盤の上に立って初めて、シャルロッテ・フォン・シュタインがゲーテの精神《ゲーニウス》の最も円熟した、そして最も深い創作のミューズとみなされ得るという事実の完全な心理学的意味が理解される。つまり彼女は十全の心理学的意味において母親と姉妹を代表し、彼女の「母親」としての、また「姉妹」としての特定の性格によってのみならず、姉妹との幼児期の関係に照応する彼女の拒絶によって、抑圧されていた昔の葛藤をよみがえらせる。そしてこれらの葛藤が今や芸術的創造行為において表現され、解決に至るのである。[10] われわれは既にシラーのドラマ創作においてこのメカニズムを詳細に論述したが、更にゲーテ自身の言葉をひとつ挙げておきたい。これは、彼がミューズに仕立てあげた女性が、幼児期の理想像に対置されると単なる副次的な役割しか演じることが出来なかったことを示している。「女性についての私の観念は現実の現象から抽象化されたものではなく、それは私に生得的にあったもの、あるいは私のなかで生まれたものである。どのようにして生まれたかは知る由もないが。私の女性たちはすべて現実の女性よりは素晴らしい。」――従ってわれわれは以下において、『タッソー』、『イフィゲーニエ』、『エグモント』、『エルペノール』、『兄妹』などといったドラマ作品の最も深い心理学的理解のためには、シャルロッテの影響を決して過小評価するのではないが、度外視しても差し支えないのであって、そうすればわれわれは常に、彼の愛した幼児期の女友だち（妹）のもっと深い影響にさかのぼることが出来る。彼女の影響によって初めて恋人との彼の関係は、――現実の恋愛を妨げ文学的な空想形成を促すようなやり方で――規定されたのである。

ゲーテの創作を貫いているモチーフで特に典型的なのが二つある。これらは幼児期における家族との結び付きからのみ理解され得るものである。ひとつは、ひとりの女性を巡る二人の男性の争いの特殊な構成であって、そこでは男きょうだいが女きょうだいの守護者・救い手として、彼女の求婚者、恋人あるいは夫に相対峙するという特別なかたちとなっている（ディオスクーロイのモチーフ）。二つめの補充的モチーフはやはり、二人の女性の間を揺れ動く男性のモチーフとして既にわれわれが知っているところのものである。最初のモチーフは、同じ女性（姉妹）を巡る二人の兄弟のライヴァル関係という典型的なかたちで『クラウディーネ・フォン・ヴィラ・ベッラ』という歌劇《ジングシュピール》のなかに見出される。そこでは山賊のクルガンティーノが、暗闇のため相手が兄弟のペドロであるとは知らず、これを負傷させ、その恋人を奪う。一七七四年ゲーテが四週間で書き上げた『ヴェルテル』には、繰り返し使われるところの、他の男性の所有になる女性への愛の典型がみられる。周知の通りここでも小説の構想のきっかけとなったのは現実の出来事であった。なかんずくそれはシャルロッテ・ブッフへのゲーテの愛である。彼はロッテと、その恋人が不在中いにヴェッラールで知り合った（ライヴァルよりも優遇されることへの喜びをベーリッシュ宛てのゲーテのある手紙がはっきりと述べている。そこでは相手を「蹴落とす」という表現すら使われている）。『ヴェルテル』のロッテもフロイトの言う母親タイプにさかのぼるということは、彼女がきょうだいたちのなかで母親の立場を占めていることからわかる（例えば、ロッテが子供たちにバターパンを分け与えている箇所をみられたい）。しかし他方では、既婚の女性への失恋からピストル自殺するイエルーザレムの物語も関わっている（ロッテは物語のなかでは事実既に結婚している）。われわれは『ヴェルテル』第二版のなかに、ヴェルテルに対応する人物として、不幸な恋に破れ恋仇を殺す若い農夫を見出す。

ここにおいてわれわれは、ゲーテの人生と創作において父親憎悪以上に大きな役割を果たす兄弟コンプレックスが初めて鮮明に浮かび上がってくるのをみる。フロイトも、詩人の幼児期のある想い出のなかから、この弟が三歳三ヶ月だったゲーテの最初の、そして最も強力な嫉妬の対象であったという結論を引き出している(11)。この弟の早い死が詩人の心に実にさまざまな、根強い反応を引き起こしたに違いないということは、ベッティーナの手紙のある箇所が示している。「遊び仲間だった弟のヤーコプが死んだ時彼が全然涙を流さなかったことを、母は不思議に思いました。それどころか彼は両親やきょうだいたちが嘆き悲しむのをみて一種の怒りを覚えたようでした。一週間後母がこの頑なな兄に、お前は弟が嫌いだったのかと尋ねました。すると彼は自分の部屋へ駆け込んで、聖書の言葉や小さな物語を書き付けた紙を一杯ベッドの下から取り出しました。そして、ぼくはこれらすべてを弟に教えるために書いたのだと言いました。」

われわれは神経症心理学の研究から、人間の人生は時として無意識的な同一化の許に夭逝した兄弟（ないしはその他の近親者）の人生を、あるいは少なくとも彼との関係をいわば継続しているということを知っている(12)。ゲーテの人生と創作活動においては、当時唯一の大切な愛の対象であった母親を巡ってのこの早い時期における兄弟争い、それと同時に多分弟の（望まれた）死に結び付いた罪の意識がずっと存在し続けていたように思われる。ゲーテの人生と詩作における「婚約者横奪」のみならず、男性たちとの関係、なかんずく、のちにシラーに取って代られるヘルダーとの関係(13)もこのことを物語っている。これらの男性のなかにゲーテは、自分が必要とするような兄弟を再生させたように思われる。彼はこのような兄弟を文学において繰り返し繰り返し新たに登場させている。

『クラヴィーゴ』は、ある賭に従って短期間に書かれたものであるにもかかわらず、ゲーテ自身の言葉によれば、別れたフリーデリケ・ブリオンに対する文学的自己贖罪を描いているが、この作品においてボーマルシェは妹を誘惑したクラヴィーゴを激しく憎む。この誘惑者はマリーを兄から奪ったのみならず、彼女の婚約者ブエンコからも（性的な兄弟分離）奪ったことになる。妹の誘惑者と兄とのこの敵対関係を詩人が実際無意識的に、やがて妹を巡って争う二人の兄弟の敵対関係とみなしていることは最終場面から明らかである。マリーの棺のかたわらで兄の手にかかって死んでゆくクラヴィーゴは彼に言う。「ありがとう、兄さん！　あなたはぼくたち二人を結び付けてくれたのです！（棺の上にくずおれる）(14)——ボーマルシェ（彼を棺から引き離し）この聖なる人間に近寄るな、呪われた奴め！」——またクラヴィーゴは彼の友人カルロスに、自分を殺した男を救ってくれるよう何度も懇願する。「おれの兄を救ってくれ！」嫉妬に燃える恋仇と、無意識のなかでこの嫉妬感情と結び付いている兄弟とのこの同一化は、心理学的には妹と恋人との同一化に見合うものである。それは同じく呼称のなかに意識的に表わされている。彼はフラオ・フォン・シュタインをしばしば姉と呼んでいるが、例えば「大切な名無しさん」たるシュトルベルク伯爵夫人アウグステにも次のように書いている（一七七五年一月二十六日）。「私の大切なお方——私はあなたに何らかの名前を付けたいとは思いません。女友だち、妹、恋人、婚約者、妻などといった名前、あるいはこれらすべての名前の絡み合い《コンプレックス》を含む言葉など全く意味がないからです。」総じて彼はシュトルベルクを「妹」、「私の愛する妹」と呼ぶことが多かった。心理状態がこのように露呈することは日常生活においても稀ではなく、ある人間が自分の恋人のことを社会的な配慮から姉妹あるいは「従姉妹」だと称することがよくある。これは意識的な必要に迫られてのことではあるが、ほとんど必ずと言っていいほどそこには無意識的な動機がある。『クラヴィーゴ』においては、兄が愛する妹のためにその誘惑者に復讐を果たすのであるが、既にゲッツはヴァイスリンゲンによる妹マリー（ボーマルシェの妹と同一の名前）への裏切りに復讐し、そうして『ファウスト』においてヴァレンティンは妹グレートヒェンを誘惑したファウストに復讐を試みている。

『エグモント』にも『クラヴィーゴ』と似たような葛藤が根底にある。即ち、ブエンコがマリーを愛したようにブランケンブルクはクレールヒェンを愛しており、ブエンコがクラヴィーゴを憎んだように彼は自分より優利な立場にある恋仇のエグモントを憎んでいる。ほとんど性を感じさせないと言ってもいいブランケンブルクの背後に実は、妹を誘惑者の手から守護すべき「兄」の姿が隠されているということを詩人は、クレールヒェンがブランケンブルクに向かって言う次のような台詞で暗示している。「私の兄は小さな時に亡くなったの。私があなたを選んだのは兄の代りをしてもらおうと思ったからだわ。」また『タッソー』にも似たような葛藤が基本にあり、主要な力点が小さな、一見副次的とも思われる細部へ同じように移されている。ここでも主人公の詩人は高貴で近付き難い聖女を渇望するが、これは彼女の兄であるフェラーラ公の意に反し、また彼には内密に行われる。ここでも名前が主要な役割を演じていて[15]、それによって作者は自分の描く登場人物たちとの同一化と、抑圧された古い昔の感情からの解放を容易に行うことが出来ている。宮廷に幻滅を覚えたタッソーはローマへ向かおうとする。そして彼は、ゲーテ自身の妹コルネリアと同じ名前の妹のところを訪ねようと言う（第五幕第四場）。

　といいますのも私はソレントへ向かって急がねばならないのです。
　そこには私の妹が住んでいます。私とともに両親にとっては
　苦しみのなかの喜びであった妹が。
　船中では私は黙っております。それからもやはり

黙したままで上陸し、静かに小径を
登って行き、そして門のところで尋ねます、
コルネリアはどこだ？　妹の居るところを教えてくれ！

妹の誘惑者に兄が復讐を果たすというこの典型的なモチーフは、ゲーテにおいては二つの感情の妥協的産物として理解することが出来る。そのひとつは、妹を性的に所有したいという無意識的な感情で、それは、妹を堕落した女とみなす（グレートヒェン、マリー、クレールヒェン）誘惑空想のなかにその表現を見出す。もうひとつのそれは、この衝動に対する抑圧の力として自己処罰傾向のなかに現われ、その結果常に誘惑者（クラヴィーゴ、エグモント）あるいは兄（ヴァレンティン）が滅んでゆくことになる。誘惑者と兄というこの二つの型の人物は、作者のなかにある心的な相克の投影にすぎないものなのである[16]。ここからまた詩人の現実における愛情生活を理解するためのひとつの道が見出されるのであるが、この愛情生活の特徴は、自分が妹に対して不実であるという絶えざる無意識的な非難によって表わされている。この自己非難が彼をして、どんな新しい愛の対象からも、一時的な短い恋愛を経たのち再び離れさせるのである。例えばシュタイン夫人のように、恋人が彼にとって完全に姉妹の代りを務めてくれるような場合にのみ彼はこの非難を免れる。この非難は作者や彼の登場人物たちにみられる自己処罰傾向を、近親相姦願望の防衛と同じ方向において強化するものなのである。しかしゲーテ自身は自分の妹に対しては、用心深い兄という伝統的なかたちにおいてではあるが、「守護者」という同じ役割を演じた。この用心深い兄は愛する妹が結婚するのをいつもやめさせようとしていたが、それは彼女の優しい愛を他の男によって失いたくなかったからである。エッカーマンとの対話でゲーテは、当時既に亡くなっていた妹について次のように語っている（一八三一年三月二十八日）。「妹は独特な性格の持ち主だった。倫理的には極めて高いところにあり、官能的なところは微塵もなかった。ひとりの男に身を捧げるというようなことは彼女には考えるだに嫌なことであった。結婚生活においてこのような特性が不愉快な時間をもた

らすことがあったと考えることは出来よう。夫たちに同じような反感をもち、彼らを愛していない女性たちなら、これがなにを意味するのかを感じ取るだろう[17]。だから私には妹が結婚したなどということは一度も想像することが出来なかった。むしろ彼女はどこかの尼僧院長にでもなっていれば一番ところを得ていたのではないかと思われる。そんな訳で妹は、最も立派な男のひとりと結婚したにもかかわらずその結婚生活は幸せではなかったので、私がリリーと結婚することに大変強く反対したものだ。」

最後の言葉からも明らかなように、強力な幼児的感情が妹においても同じように働いており、彼女もまた兄を他の女性に渡したくないので彼の結婚を思い留まらせようとする。だがこのことは、妹に全く官能的なところが欠けていた――ゲーテは自分自身の感情を正当化しながらそう言っているのだが――という理由によるものではない。彼女が官能的でなかったのは他の男性に対した場合のみであって、ヴィトコフスキーも言っているように、彼女は愛を渇望していたが、しかしいかなる肉体的な接触にも怖気をふるった。このような態度は典型的な性的拒絶であること、またそれが、あまりにも早く呼び起こされ、幼児期においては兄弟を対象としていた官能性の反動として現われるということをわれわれは知っている。間もなくこの官能は高度な倫理上の圧力を受けて強く抑圧されることになる。かくしてわれわれには、一七七三年兄の意に反して行われたシュロッサーとの彼女の結婚が――二度目の出産後彼女は死んでいる（結婚後三年六ヶ月）――不幸なものにならざるを得なかったこと[18]、また彼女の夫が一七七六年作った寓話のなかで、彼女が自分の愛を嫌悪していたと告白したことをも理解することが出来る。

ゲーテの詩作の第二の典型的なモチーフ、そして典型的な近親相姦モチーフ一般であるところの二人の女性の間における男性の揺れ動きも、母親と女きょうだいへの固着ということから理解される。われわれはこのモチーフをシラーの創作において、母親を一方では崇高で近付き難い聖女とみなし、また他方では父親の肉欲に隷従する下等な女とみなす子供の母親に対するアンビヴァレントな関係に求めることが出来た（本書第三章参照）。この相矛盾する関係の基礎の上に立つならば、母親からの愛の移行が、年齢、成熟、理解力の点で少年に近い女きょうだいへといかに容易に行われるかをわれわれは理解することが出来る。なによりも女きょうだいの場合には性的な交わりという悪評を受けなくて済むし、またライヴァル関係も、兄弟がいた場合の話だが、両親コンプレックスの枠内におけるほど激しくもないし深刻なものでもなくなる。やがて女きょうだいは母親の担っている二つの役割のひとつ、たいていは純粋で貞淑な聖女の役を引き受けることになる。しかし母親の根源的な人格の肩代りをする彼女の性格は往々にして個別的な特徴のなかに窺われ、ゲーテにおいてはこれらの特徴のうち「娼婦幻想」[19]が特に強調されて現われている。彼の女主人公たちはしばしば堕落した娘、あるいは誘惑の危険に曝された娘たちである。既にヴァイスリンゲンは優しく貞潔なマリーと気性の激しい妖婦的な未亡人アーデルハイトという二人の女性の間に立っており、このモチーフは、お互いを「姉妹」と呼び合っている『タッソー』の二人のレオノーレを経由して『シュテラ』（一七七六年）へと至る。この作品は愛の対象としての母親と女きょうだいの一体化というこの空想を二重結婚（『グライヒェン伯爵』参照）によって実現しようとしている[20]。この愛の条件はシラーの二重愛ほどにはあからさまなかたちではないにしても、詩人自身の遅い結婚においても実現されている。即ちゲーテは、低い階級から引き上げてやったクリスティアーネ（救出空想）、彼の「寝床の恋人」に、イタリアで新たに呼び起こされた官能的な情熱を向け、他方で彼は、自分の考える母親・姉妹の理想のもうひとつの面が、無愛想で冷ややかな節度をもったシャルロッテのなかに具現されているのをみたのである。

　妹に対するゲーテの無意識的な近親相姦的愛着を示す最も明瞭な証拠をわれわれに提供してくれるのは今度の場合も、無意識的な感情という点に関してはどうしても不備・欠陥を免れえない伝記や口伝ではなくて、無意識的な関係によって決定的に規定される文学的創造活動である。そこにおいてこのコンプレックスはどんなに隠そうとしても否応なく現れ出るのである。ゲーテは、妹コルネリアの死んだ年（一七七七年）に書き始めた『ヴィルヘルム・マイスター』において、妹を失った心の痛手を生々しく回想し、この愛する妹に関連した少年時代の感情を再び呼び起こしながら、妹に対する彼の幼児期の願望空想を無意識的な兄妹近親相姦の抑圧形態において表現した。つまり竪琴弾きの物語がそれである（『修業時代』第Ⅷ巻、九章）[21]。

一風変ったところのあるX侯爵には四人の子供がある。三番目の息子アウグスティンはその虚弱な体質と夢想癖のためある修道院へ入れられるが、最後は完全に打ちひしがれてそこから抜け出し家へ逃げ帰る。父にはしかし更に娘がひとりいたが、彼はこの娘を恥じていたので秘かに他人の手に委ねて教育させた。スペラータというこの娘は、両親の家で徐々に元気を取り戻しつつあったアウグスティンと知り合う。二人は深く愛し合い子供をもうけるが、これがのちにミニヨンとして登場する少女である。近親相姦であることがわかったのちもアウグスティンはスペラータから別れようとしない。彼は、相手が自分の妹であることが信じられず、また自然がこのようにひどく倫理に違反するとはとても考えられなかった。しかし最後は彼もこの事実を認めざるを得なくなる。絶望した彼は逃げ出すが、捕まって再び修道院へ連れ戻される。それ以来彼は神経を病み、強迫観念に苦しめられる。狂気のうちに生を終えたスペラータの死と彼女の遺骸に起きた奇蹟についての報告が修道院へ届いた時彼はもう一度逃亡を試み、彼女の遺体を求めて広い世界へと旅立つが、最後はしかし強迫観念によって自殺する。

抑圧されているため無意識的な過程（相手を知らないこと）においてしか行われ得ないこの願望成就と対照をなす場合が一幕劇『兄妹』[22]において描かれている。ゲーテはこの作品を、シャルロッテ・フォン・シュタインに対する彼の愛の「総告白」として一七七六年十月のわずかな期間で仕上げたものであるが、しかしながらここには妹への彼の幼児期の愛が無意識のうちに素朴な実現を見出している。つまりこの作品では、血縁関係にあるものと思っていた恋人たちが実は他人同士であることが判明し、このようにして可能となった「妹」との愛の絆を妨げるものはもはやなにもなくなるのである。またライヴァルであるファブリスへの嫉妬も描かれていて、これにたきつけられて初めて彼は自分の情熱を決定的に明言するのである。竪琴弾きのエピソード同様この劇の素材もゲーテの自由な創作になる。以下その内容と、幾つかの特徴的な箇所を紹介してみたい。

ヴィルヘルムはかつての女友だちの死後彼女の娘マリアンネを引き取り、自分の妹と称して育てた。(23) ヴィルヘルムはマリアンネを愛するようになる。ドラマが開始されてすぐ彼は次のような独白を行っている。「ああマリアンネ！　きみが兄だと思い込んでいる人間が、兄とは全く別の心をもって、全く別の望みを抱いてきみのために働いていることを、もしきみが知ってしまったら！——ひょっとして知ったら！——つらいことだ——あれはおれを愛している、兄として——いやつまらない、やめよう！　またありもしないことをくよくよ考えてる、そんなことをしてろくなことのあったためしはないんだ。」そのうちヴィルヘルムの友人ファブリスがマリアンネに求婚する。彼女を失う恐怖がヴィルヘルムをして秘密の告白へと駆り立てる。ファブリスへの嫉妬のため彼はマリアンネに自分の愛を打ち明ける。ヴィルヘルムの嫉妬心は特に明瞭に強調されている。彼は、マリアンネが大変可愛がり、時にはベッドへ連れて入る近所の小さな坊やに対しても嫉妬する。「私はまだ引き留めておきたかったの。でも兄がいい顔をしないんです。あのいたずら坊やは時々兄に頼んで私の寝室で寝る許しをもらうんですのよ。」

ファブリス　「あの子がうるさいとは思わないんですか？」

マリアンネ　「いいえ、ちっとも。一日中あの子は暴れ回っていますが、私が横に寝てやるとまるで小羊のように温和しいの。本当に甘えん坊で、力一杯にしがみついて離さないの。全然眠ろうとしない時もありますのよ。」

神経症の研究から、子供がこのように大人の女性（おおむね母親）と一緒に寝ることが近親相姦コンプレックスにおけるリビドー的固着をいかに強めるものであるかを知っている者、更に、子供部屋であまり年の違わない兄弟姉妹がしばしば同じ寝床で眠る様子を観察することによって、それが及ぼす幼児的固着へののちの作用を知っている者ならば、この文学的な描写のなかに少年ゲーテのこれと似た、官能を刺激するような体験や印象の追憶を認めることは難しくはないであろう。

マリアンネはファブリスの求婚に対して拒絶的な態度は示さない。彼女は兄と話をしてくれるよう彼に頼む。しかし彼女はこの兄を秘かに愛しており、彼の許を去りたくない気持をもっている。

この求婚に関する会話で彼女は、いまだに兄と思い込んでいるヴィルヘルムに次のように言う。「……私たちはまたこれまでと同じように暮らしましょう、そしてこれからもずっと。だって私はお兄さん以外のひとと暮らすことは出来ないんですもの。以前から心のなかでそう思っていたの。それが今度のことがあって言葉に出たんだわ、はっきりしたんだわ。――私の好きなのはお兄さんだけ!」

ヴィルヘルム　マリアンネ!

マリアンネ　大切なお兄さん!……とっくにわかってくれてる筈でしょう。お母さんが亡くなってから私がどんなふうにして大きくなったか、小さい時からいつもお兄さんと一緒にすごしてきた私ですもの。

そこでヴィルヘルムは彼女に秘密をすべて打ち明ける。

ヴィルヘルム　(彼女の首に抱きついて) マリアンネ、きみはぼくのものなんだ!

マリアンネ　まあ、いったいどうしたの? このくちづけを返してもいいの?――これはどんなくちづけですの、お兄さん?

ヴィルヘルム　控え目で冷たそうな兄のくちづけではない、これは永遠に幸福な、これ以上ないほどに幸福な恋人のくちづけなんだ。(彼女の足許に跪いて) マリアンネ、きみはぼくの妹ではないんだよ!

……………………

マリアンネ　(彼の顔を見つめながら) まさか、そんなことって。

ヴィルヘルム　ぼくの恋人! ぼくの妻!

マリアンネ　(彼の首にしがみついて) ヴィルヘルム、こんなことがあるかしら!

このように強力な姉妹コンプレックスが、堅固な伝統の許に伝承された素材を取り上げる際にもいかにこれに作用を及ぼし、その性格を与えることが出来るかということを示してくれるのがゲーテによるイフィゲーニエ伝説のドラマ化であり、この素材を取り扱う彼の独特なやり方である。(24) 古代ギリシャの伝承ではただ暗示されているにすぎない姉に対するオレストの愛――彼は姉のために、子供としての自分の感情に反してまで母親殺しを行うのである(25)――はゲーテの作品においては弟に対するイフィゲーニエの直接的な愛慕となっているのみならず、詩人は、いかなる伝承とも異なって、復讐の女神たちに苦しめられる母親殺しの弟を、彼を愛する姉の力によって治癒させており、そこには彼の深い人間的・心理学的な感情が窺い知られる。無数にある研究・学術論文は、姉によってなされるこの「治癒」という問題の解明に向けられてきた。しかしながらこの問題の最も深い真の理解は、詩人自身の無意識的な心の営みからのみ可能である。詩人は——オレストと全く同様に——「不実な」母親から離反した後、純粋で神聖な姉の愛のなかに慰めと母の代りを見出すのである。[26] この意味においてわれわれは次のイフィゲーニエとオレストの言葉を理解することが出来る。

　おお、流された母上の血が陰鬱な声で
地獄へとあなたを呼ぶのであれば、
清らかな姉の祝福の言葉が、
力を貸してくださる神々をオリュンポスから呼び寄せられぬ訳はありません。
オレスト　どうか心おきなくあなたの腕のなかで清らかな喜び
を初めて味わう幸福を与えてください。
……………あなたの体に触れて
ぼくは癒されたのです。あなたの腕のなかにいるぼくを
病いがそのすべての爪をもってとらえ、骨の髄を恐ろしい勢いで
揺さぶりましたが、それが最後でした。それから病いは、
逃げて行きました、
蛇が地獄へ向かうように。

　そして別のある箇所でオレストは、彼の抑圧された幼児期の愛慕の情に対する姉の快い作用を直接表現している。

　幼い頃からぼくは誰をも、姉上を愛したように
愛したことはありません。

また、「子供も生まず、罪も犯さないうちに一緒に降りてゆこう」という、愛する姉への彼の要請のなかにわれわれは再び、姉妹を他の男に渡すことを拒み、自分だけのものにしたいという兄弟の嫉妬心を認める。しかし治癒された段階においてはっきり表現されている無意識的な願望のこの発現——それは救済的な調子を帯びている——には、この愛慕の情の防衛が先行している。それは古代の伝承に従って、オレストが姉に対して自分の正体を偽っていることのなかに表われている。弟の正体が初めこのようにして隠されるという設定のなかにわれわれは、きょうだいの発見という典型的なモチーフを容易に認めることが出来る。このモチーフは竪琴弾きのエピソードと小戯曲『兄妹』の根底をなすものであり、また既にアリストテレスが悲劇の最も効果的な小道具であるとして推奨したものである。だがこの防衛形態のなかには更に弟に対する姉の情熱的な愛が現れている。

イフィゲーニエ　おお、私の言うことを
聞いておくれ！　幾年《いくとせ》もの間閉ざされていた
私の心が、この世で最愛の者の頭にくちづけする
歓びにようやく開きかけているのです。
さあ、この私をよく見ておくれ。
オレスト　美しいニンフよ、
ぼくにはあなたのその嬉しい言葉が本当とは思えません。
ディアーナの女神は厳正な巫女をお求めになり、
神殿が汚されたことに復讐をなさいます。
この腕をぼくの胸から離してください！
あなたがひとりの若者を救ってやり、これを優しく愛し、
美しい幸福を授けてやろうと思っておいでなら、

あなたのお心をぼくの友に向けてください、
ぼくよりももっとそれにふさわしい友に……

姉への愛と関連して兄弟憎悪も表現されている。ピュラデスは自分とオレストのことを兄弟と称し、二人でもうひとり別の兄弟と父親の相続財産を巡ってたたかったのだと言っている。

われわれはアドラストの息子で、クレータの生まれです。
私はケファルスという名前で一番下の息子、
連れの者は長男でラオダマスと申します。
われわれの間にもうひとり兄がいまして、これが
乱暴な男で、もう幼い頃から既に
われわれとはしっくりゆかず、一緒に楽しむことが出来なかったのです。

次にゲーテはオレストを兄弟殺しに仕立てているが、[27] これはどんな伝承にもない彼自身の創作である。

ピュラデス　……やがて領地と遺産を巡る争いが
兄弟の仲を引き裂いたのです。
私は上の兄に味方しました。彼は弟を殺しましたが、この罪のため兄は復讐の女神
から罰を受けて、あちこちとさまよい歩いているのです。

兄弟憎悪と父親憎悪はイフィゲーニエがペロペス伝説を語る部分に一体となって表われている。

……間もなくテュエステースは
兄の妻を誘惑しました。その復讐としてアトレウスは
弟を国から追放しました。テュエステースも長い間

恐ろしい企みを胸に秘め、兄の息子を誘拐して、
これを自分の子供として甘やかしながら育てていたのです。
彼はこの息子の胸に怒りと復讐の念を吹き込み、
やがてこれを都へ送り込んで、それとは知らず
自分の父を殺させようとしました。
しかし若者の計画は失敗に終りました。王はこの殺人者が、
弟の息子だと思い込んで、残酷な死刑を科しました。
うっとりとうるんだ彼の眼の前でいたぶられながら死んでゆくのが
誰なのかを知った時はもう手遅れでした……。

詩人にこの創作を可能にした、彼自身とその主人公オレストの同一化[28]は、一七七九年四月六日に行われた『タウリスのイフィゲーニエ』の初演でゲーテみずからオレスト役を演じたという事実のなかに表われているのみならず、既にそれ以前彼は自分のことをこのギリシャの神経症者になぞらえていた。一七七五年彼はスイスへ旅行した後カルシンに宛てて書いている。「復讐の女神《エウメニス》たちの眼に見えない鞭が間もなく私をまた祖国から追放するかもしれません。」——この素材と、特にゲーテがしばしば使っている相手の正体発見場面への強い関心は彼の『デルフォイのイフィゲーニエ』草案が証明している[29]。これに関して彼は一七八六年十月十八日、発見の場面が主要な役割を果たすことになるこのデルフォイのイフィゲーニエのプランを彼が夢とうつつの間でどのようにして発見したか、その模様を語っている。「私はわれながらそのことでまるで子供のように泣いた。」このプランでは男きょうだいを巡る女きょうだいたちのライヴァル関係が描かれる筈であった。

『イタリア紀行』において彼は十月十九日の日付で次のように書きつけている。「私はつぎはぎの詩作から転じて私のイフィゲーニエの仕事を続けようと思った。だが結果はどうだったか。精霊がデルフォイのイフィゲーニエの梗概を私の魂の前にもたらした。

そして私はこれを形成しなければならなかった。」出来るだけ簡単にこれを要約してみよう。「オレストがタウリスのディアーナの神像をデルフォイへ持って来てくれればよいがとの望みを託しているエレクトラがアポロの神殿に姿を現わし、ペロプスの一族に多くの禍をもたらした恐ろしい斧を、最後の贖罪の犠牲として神に捧げる。ところが残念なことにひとりのギリシャ人が彼女のところへ歩み寄って、自分はオレストとピュラデスに同伴してタウリスへ行った、二人の友が死んでゆくのを見たが、自分は幸いにも助かったのだと話す。情熱的なエレクトラは自分自身がわからなくなり、自分の怒りを神々に向けるべきか人間に向けるべきかに迷う。そうこうするうちにオレスト、ピュラデス、イフィゲーニエが同じようにデルフォイに到着する。この二人の女性がお互い相手を知らないままに邂逅した時、イフィゲーニエの賢明なる冷静さがエレクトラの地上的な情熱と大きな対照をなす。逃げ帰った例のギリシャ人はイフィゲーニエを見た時、友人たちを犠牲に捧げた祭司が彼女であることに気付き、これをエレクトラに告げる。エレクトラは祭壇から再び取り戻した斧をもって今まさにイフィゲーニエを殺そうとするが、事態が幸運な転回をみせたため姉妹はこの最後の惨事から免れることが出来る。もしこの場面がうまくゆけば、これまでの劇場ではみられなかったほどの何か偉大なもの、感動的なものが獲得されるだろう。だが、たとえ精霊が乗り気になってくれても、どこから手と時間を得るかが問題だ。」

（1）J・ミノーア『ゲーテのマホメット』J. Minor: „Goethes Mahomet. Ein Vortrag“（イエーナ、一九〇七年）参照。——既に一七七二年にゲーテはこの預言者に関心を示していた。

（2）『顧問官夫人の手紙』„Der Frau Rat Briefe“（ガイガー編完全版、附録『母へのゲーテの手紙』）参照。

（3）『ヘルマンとドロテーア』においても、ヘルマンが特に愛着を抱いている母親の人間像はゲーテと彼の母親との関係に負っているところが多い。同様にドロテーアのもつ「母親らしい性格」も明らかである。彼女が料理を皿に分けている場面ひとつを想い出しても、彼女と母親との同一性が明瞭となる。これはヴェルテルの恋心の根底をなすものでもある（これについてはのちに触れられる）。父親の特徴は旅館の主人と偏狭な薬屋においてみられる。『エルヴィンとエルミーレ』におけるエルミーレの母親も同様である。

（4）これと似たことをフロイトがある強迫神経症者について報告しているのが興味深いと思われる（『年鑑』I、一九〇九年、三九〇頁）が、この患者の病気の最大の原因は父親に対する憎悪関係であった。「父親の死後数年して性交の快感を初めて経験した息子は思った。こいつはすごいや、こいつのためならおやじを殺すことだって出来るぜ！」この同じ患者は子供の頃、自分が女の裸を見たいという願いをもったら、おやじは死ななければならないという強迫感情に襲われたことがあった。

（5）「彼女は事態がうまく転換したことに驚かされた。しかしながら二重の年齢差からくるある予感から逃れることは出来なかった。兄にとってヒラーリエンは若すぎ、未亡人は息子にとって充分若いとは言えない。」若い頃の父親と息子とのびっくりするほどの類似を示す一枚の小さなポートレートがあとで発見されるが、この写真はわれわれに、母親と娘がそうであるように父親と息子も同一人物が分岐したものであることを教えてくれる。この短編が、七〇歳代後半のゲーテが、ウルリーケ・フォン・レヴェツォーへの老いの情熱とたたかってこれを克服した一八二六年にようやく完結されたという事実は、文学モチーフとしての若返り願望、父親から息子への逆戻りがあったことを示すものである。

（6）ゲーテにはまだ二人の妹があったが、ひとりは七ヶ月で、もうひとりは二年三ヶ月で亡くなった。六歳で死んだ弟のヤーコプについては以下に考慮されるであろう。

（7）『詩と真実』は母親の死後（一八〇八年）ようやく書き始められた。明らかに母親の死によって少年時代の記憶が初めて呼び起こされたのである。

（7a）『イタリア紀行』のある箇所で彼はきょうだいの関係についても書いている。そしてそこには彼の近親相姦的関心が全く他意なく、また逸話的なかたちで表われている。十月二十五日付で、彼はある不愉快な旅の同伴者のことを書いている。「暫くためらったあと彼はまじめな顔で、もうひとつの点について正直に教えてもらいたいと私に求めた。つまり彼は彼の牧師のひとりである立派な男から、われわれ（新教徒）が姉妹と結婚しても構わないということを聞いたというのである。これは彼にとっては大変なことだと言う。私はこのことを否定し、われわれの教えの人間的な考え方を幾つか教えてやろうとしたのだが、彼はあまり注意して聞こうとしない。彼にはそれはあまりにも平凡に思われたのだ。」

（7b）本章の校正中に刊行されたブルノルト・シュプリンガーの『ゲーテの愛情生活の鍵』Brunold Springer: „Der Schlüssel zu Goethes Liebesleben“（ベルリン、一九二六年）参照。この研究は完全にわれわれの解釈に従っている。

（8）Ida Boy-Ed.: „Das Martyrium der Frau von Stein“参照。ゲーテのイタリア旅行の主要モチーフであるシュタイン夫人からの逃避——ちなみにイタリア旅行において彼は、イタリアに熱烈な憧れを抱いていた父親とは一体化している——も彼女の母親的性格を示している。

クリスティアーネもまた母親タイプの女性である。「彼女にも彼は自分の母親との共通点を見出していた。事実この二人の女性はお互いよく理解し合った。」（クリスティアーネについての『スケッチ』）ゲーテがクリスティアーネとの結婚をあのように延期した理由はシュタイン夫人にも求められる。つまり彼は夫人に、「彼女の」意見に従って、決して結婚しないで彼女の息子フリッツを世継ぎにすることを「約束」していたのである。

（9）『ヴィルヘルム・マイスターの遍歴時代』でヘルジーリエは言う。「青年へと成長しつつある少年の揺るぎなく継続される愛情に私はいい気になりかけていました。そこで私は、この年頃では年上の女性を求めるのは珍しいことではないということに思い至りました。確かに年上の女性に対して若い男性は不思議に愛を抱くものです。かつては、自分とは関係のないことでしたので、そんなことは笑いとばし、それは、彼らがやっとのことで卒業した乳母の優しい情愛の想い出にすぎないのだ、と意地悪く考えていたものでした。」

（10）「薄らいでいった私の苦悩を再びドラマとして逆さまに返してみることは、しばしの間私を楽しませてくれるかも知れません。」（一七七六年八月八日付シャルロッテ宛）

（11）„Eine Kindheitserinnerung aus Dichtung und Wahrheit" (〔Imago〕V, 1917).

（12）アルブレヒト・シェッファーがこの事実を極めて興味深いやり方で文学的に表現している。彼は繰り返し敵対する兄弟のテーマ（そして姉妹への愛のテーマ。本書最終章参照）に取り組み、その最新のドラマ『放蕩息子』（ライプツィッヒ、一九二五年）を、四歳で亡くなった兄に捧げている。「こうして私はこの結び付きの秘密を、即ち、兄を亡くしたこの私が何か得体の知れぬものに強いられて兄弟の結び付きをこれで三度も詩に表現したという紛れもない現象を突き止める。そしてこのことだけではなく、もっと不可思議なのは、兄弟のないという状況が私をして、仲睦まじくお互いに助け合い励まし合う兄弟ではなく、本質的に異質な、憎み合い争い合い、果ては兄弟殺しの奈落へと落ちてゆく兄弟を書かせたということである。少なくとも例えば『ヘーリアント』において、また『パルチヴァル』における放蕩息子の比喩のなかには敵対関係が設定されている。幼くして逝ってしまった兄よ、どうしてお前は私の敵でなければならないのだ？」――「それでその星占い師はわれわれに言った。〈土星は親切にも先に延ばしてくれた――生の始まりを。〉時間通りに生まれていたなら私はヨゼフとなっていたであろう。このような出来事は純化と呼ばれる。私は幸いにも現実のヨゼフではなく精神のそれとなった。そして私は彼になる代りに彼を考え出した。いずれにせよ、同じ占い師に従えば、生まれて一時間後にようやく生命を得たヴォルフガング・ゲーテももう少し早く生を始めていれば、ファウストにはならないでメフィストになっていたであろう。」

周知のようにゲーテ自身生まれた時は深刻な仮死状態で、彼が生き返るとは誰も思わなかったほどである。彼の幼年時代から（ベッティーナの手紙から）われわれは、「彼が生後九週間にして早くも不安な夢を見、顔をしかめ、眼を覚ますと悲しそうに泣き、激しく泣き叫ぶこともしばしばあって、そんな時には呼吸がとまり、両親は彼の生命を気遣ったほどであった」ことを知っている。ゲーテの人生に作用しているこの息苦しい「誕生の夢」の影響は極めて重大であって、また彼の独特な創作活動をも説明している（ゲーテが生まれた時父親は四〇歳、母親は一九歳であった。父親は一七八二年に死亡、母親は一八〇八年まで生きた）。

(13) 病弱なヘルダーが若くて快活なゲーテに対して非常に厳しい態度で臨み、またゲーテがヘルダーの意地悪な仕打ちをじっと甘受し、献身的に彼の面倒を見てやり、そのむら気や辛辣さを常に許そうと努めていたことは『詩と真実』からよく知られている。この兄弟（父親）関係のアンビヴァレンツから、ゲーテがやがてみずからの人生において地歩を固めるための困難なたたかいの時期になってなぜヘルダーに対し厳しい態度をとり、父親代りの彼に反抗したかの理由が説明されよう。のちシラーがヘルダーの代りを務めることになるが、このことは両者の往復書簡から明らかである。

(14) ここにおいてもまた「死」は性的な合体の紛れもない象徴として描かれている。棺に近付きながらクラヴィーゴは次のように言う。「マリー！　君の手を！……ここにあのひとの手が、あのひとの冷たい死の手が！　君はぼくのものだ——花婿のこの接吻を受けてくれ。ああ！」

　ちなみに、棺のそばでの戦いはゲーテ自身の創作であり、元の素材にはない。

(15) ゲーテの名前コンプレックスについてはエドヴィン・ボルマンの才気溢れるエッセー『八人のハンスと、ゲッツ・フォン・ベルリヒンゲンにおける名前の洒落。外見上の瑣事についての諷刺的・文学的エッセー』（『ミュンヒェン・アルゲマイネ・ツァイトゥング』一九一一年、二一号）がある。

(16) ゲーテの作品に登場するほとんどの人物同様例えばタッソーとアントニオもそうである。タッソーはアントニオのことを、自分に欠けているもののすべてをもった男と考えている。レオノーレも次のように言う。

　私は長い間感じていましたが、
　この二人の男性が敵同士であるのは、
　自然が二人のなかからひとりの
　　男性を作らなかったためです。

(17) 夫のそばにありながら彼女がいかに孤独を感じていたかは、彼女の最晩年の手紙が示している。「お兄さんの庭に花が咲き乱れるのを私はどんなにか見たかった……あなたたち愛するひとたちに囲まれて園亭に腰を掛け……、ああなんという歓びでしょう……」

(18) 近親相姦コンプレックスに特徴的なこれと同じ関係は、姉クリストフィーネに対するシラーの関係にみられる。またティーク、クライストその他姉妹に固着していた詩人たちにおいてもそうである。

(19) ヴァレンティン
だが、おれの愛するグレーテルに匹敵する女が、
おれの妹にひけをとらない女が
国じゅうにひとりでもいるだろうか？
……………………………………
ここだけの話で言うと、
お前は娼婦になってしまったんだ、
それならちゃんとそれらしくやるんだ。
……………………………………
お前はこっそりひとりの男と始めた、
まもなく何人かになる、
一ダースの男がお前を知れば
街じゅうの男がお前の相手となる。

(20) ゲーテが模した作品はヴァイセのドラマ『大きな心、大きな行為』(Großmut Großthut) で、次のような筋立てである。ある裕福な商人の娘との結婚を拒絶された手代が放浪の旅に出て金持ちの未亡人と結婚する。彼のかつての恋人が後を追って旅立つ。そして三人がともに幸福な共同生活を送る。ゲーテの作品の結末もこれと似ているのだが、しかしこちらの方は『グライヒェン男爵』(教皇の許しを得た重婚) の終りからも影響を受けている。このモチーフはまずスウィフトの作品においで見出され——彼の人生のなかにもこのモチーフが入り込んでいる——、そして有名な『サーラ・サンプソン』に影響を与えた。のちになってビュルガー、シラーにも見出される。
スウィフトの結婚生活は彼の独特な恋愛・結婚の歴史によって世界の劇文学の恰好の題材となった。われわれドイツ文学の二つの古典的ドラマ、レッシングの『ミス・サーラ・サンプソン』とゲーテの『シュテラ』もこの題材を基にして書かれたが、スウィフトの同国人、それにフランスの詩人たちもこの素材を取り上げた。スウィフトはエスター・ジョンソンと秘

かに結婚していたが、彼女は愛らしくて優しい、貞潔で敬虔な、聡明で快活な女性であった。彼はステラと優しく呼んでいたこの女性を心から愛していたのであるが、しかし彼は自分の生徒でヴァネッサと彼が呼んでいたエスター・ヴァン・ホムライに深い愛を抱くようになった。スウィフトが結婚していることを知らなかった彼女は、母と姉妹の死後財産を失くしてしまっていたにもかかわらず、彼の結婚申し込みを期待して、数ある名誉な縁談をすべて断わった。ヴァネッサは機智に富んでおり、もちろん自尊心が高く、精神的にはステラよりもスウィフトにとっては近い女性ではあったが、彼女に対する彼の愛は冷めていった。そして、家族も財産もない、評判も失った彼女が遂に結婚を迫った時スウィフトは断わりの手紙を書き、彼女を病いの床に置き去りにした。尤も、最近の研究によるとスウィフトはヴァネッサに傾いていた頃はステラと結婚はしていなくて、彼がテンプル卿の家で長い間きょうだいとして付き合っていた彼女と、やはりそのようにきょうだいとして共同生活を続けていた。そしてヴァネッサがこの関係を探知し、ステラに烈しい調子の手紙を書いた時スウィフトは一編の詩を彼女に送って別れを告げ、その後でようやくステラと結婚した。しかし彼はステラとは夫婦としての共同生活を送ることはしなかった。ヴァネッサは心痛のあまり病をこじらせて世を去った（一七二三年）が、ステラの方もこの奇妙な結婚生活のため精神に錯乱をきたしてその五年後に死亡した。この奇妙な結婚生活の説明としてスウィフトは、自分が長年のパトロンであるテンプル卿の私生児であると思っていたこと、そしてテンプル家で成長したステラも卿の私生児であるという噂を耳にしたことが挙げられる。確かなのは、結婚の日以来彼がもはや二度と彼女と二人だけで会ったことがなかったということである。

(21) ゲーテが「ミニヨン」に託して創り出した最も謎めいた、だが最も魅力的でもある人物——フロイトも折りにふれて彼女についての説明の少ないことを指摘している——は妹に対するゲーテの関係から理解されると私も思う。

(22) スクリーブはその『ロドルフ』で『兄妹』を全面的に模した。

(23) ドラマの隠された意味に従えば、ヴィルヘルムの母親でもあることになっているマリアンネの母親が、母性的なゲーテの恋人シャルロッテと同じ名前であることは特徴的である。作者が主人公自身といかに一体化していたかということは、十月のうちに行われた上演の際彼みずから商人ヴィルヘルムの役を演じたということから明らかである。——名前の同一性を更に調べてゆくのもおもしろい。数ヶ月後に着手された『ヴィルヘルム・マイスター』の主人公はやはりヴィルヘルムという名前で、同じくマリアンネという娘を愛する。

(24) 若きゲーテのドラマ断片『プロメトイス』（一七七三年）は強力な父親に対する抵抗を反映しているが、ここでは弟に愛を寄せるミネルヴァが、プロメトイスによって作られた人間たちに生命を与える。このことは、象徴的に表現された幼児的近親相姦空想と一致する（これに関しては『幼児的性理論と民族心理学の類似』参照）。この素材と詩人との深い個人的な関係は、ゲーテがみずからをプロメトイスと一体化させ、友人仲間の間でまさにプロメトイスと呼ばれていたことからも明瞭である（キュルシュナーのドイツ国民文学全集第九一巻、X、三頁参照）。またシェリーにおいてもプロメトイスは父親への反抗を体現している（本書第一七章4）。——O・ヴァルツェル『シャフツベリーからゲーテに至るプロメトイスの象徴』O. Walzel: „Das Prometheussymbol von Shaftesbury zu Goethe“ (1910) 参照。——このテーマの精神分析的な立場からの研究としてはカール・アーブラハムの『夢と神話』（一九〇九年）とレオ・カプランの『悲劇的なものの心理学のために』Leo Kaplan: „Zur Psychologie des Tragischen“（〔イマーゴ〕I、一九一二年）がある。

(25)　ソポクレスの『エレクトラ』におけるオレステースは母親を殺した後次のように言っている。「もうこれからは母上の高慢さによって恥ずかしめられるような心配は無用です。」つまりここでも弟は姉の守護者、復讐者として登場する。本来エレクトラが母親クリュタイムネーストラを殺すように、グレートヒェンが、自分の母親を殺すのは恋人との一体化を実現せんとしてのことである。

(26)　オッティーリエからエドゥアルドと大尉に及ぼされる有益な姉妹の影響については『親和力』I、六とI、七参照（ブロックス『ヒュギヌスの寓話』二九五頁）。J・ハルニクは親和力を精神分析的に考察した（〔イマーゴ〕I、一九一二年）。

(27)　本章のモットーに掲げたゲーテの「ヴェルテルが私の兄弟だったら殺していたであろう……」を参照。

(28)　ブロックスもゲーテ——オレスト、イフィゲーニエ——シュタイン夫人というパラレルを指摘している（二九一頁）。しかしシュタイン夫人は姉妹を代表する人物でしかない。

(29)　ローマの悲劇作家アキウスもデルフォイのイフィゲーニエを書いた（リベック『ローマ時代の悲劇』）。それは Agamemnonidae というタイトルである。この『アガメムノンの子供たち』の基本的な筋立てをアキウスはヒュギヌスの寓話一二二番に見出したが、ゲーテもここから彼の作品の素材を引き出している。エレクトラは、オレストとピュラデスがタウリス島で犠牲に捧げられたという誤った報告を受け取る。彼女はことの真偽を確かめるべくデルフォイへ急ぎ赴く。だがそこにはイフィゲーニエとオレストも到着していた。二人の犠牲についての報告をもたらしたと同じ使者はそこでイフィゲーニエがエレクトラの弟を殺した女であると確言する。これを聞いたエレクトラは燃えている割木をもって妹イフィゲーニエの眼を焼こうとする。オレストがこれをとめ、姉妹同士は相手を認めともにミュケーネに戻る。ゲーテの『タウリスのイフィゲーニエ』の素材をヨーハン・エリアス・シュレーゲル（一七一九——一七四九）が悲劇『オレストとピュラデス』で取り上げた（テーマ全体についてはテューメン『古代と近代の文学におけるイフィゲーニエ伝説』Thümen: „Die

Iphigeniensage in antikem und modernem Gewande“ 第二版、一八九五年参照）。タウリスのイフィゲーニエを扱った他の詩人についてはブロックスの三二三頁以下を参照されたい。更に Carl Steinweg: „Goethes Seelendramen und ihre französischen Vorlagen“ (Halle 1912) 参照。

第一七章　きょうだい近親相姦の防衛と成就

この本を読んでいてなによりも辛い想いをしたのは、恋人たちが愛し合っていて、最後に二人が血縁者であるか、あるいはきょうだいであることがわかった時だわ。

ゲーテ（『兄妹』）

きょうだい近親相姦空想のあからさまな成就は進行する抑圧によって禁じられてゆくが、これは道徳的な防衛の圧力の許に、二つの大きなグループに分けられる一連の作品を作り上げてきた。きょうだい発見・認知という第一のモチーフは古代オイディプス伝説の心理学的な型に従って、血縁関係に気付かせないままに近親相姦を実現させようとするもので、血縁関係が明るみに出た時は既に罪は犯されており、一方、二次的な緩和がなされている場合にはこの罪がまだ行われないで済むことになっている。これに対してわれわれはゲーテの『兄妹』のなかに、きょうだい近親相姦の防衛と成就の新しい種類を見出す。これをわれわれは、その目的にふさわしく血縁関係廃棄のモチーフと名付けることが出来る。前者にあっては禁じられた近親相姦行為が無意識的に素朴になされ、悔悛と防衛の衝動は血縁関係の判明するのちになって初めて現れるのであるが、第二のモチーフ形成はより完全な、いわば罪意識のより少ない願望成就を示している。なぜならば、確かにここでは最初から血縁関係をお互いが知っているので障害が設定されてはいるが、しかしこれがやがて間違いであることが判明し、その結果きょうだいと思われていた二人には禁じられていた結合が許されるのである。つまりここでは、本来は防衛に役立つべき血縁関係発見というメカニズムが、カムフラージュされた近親相姦成就そのものの意味において巧みに使われるのである。従って第一のモチーフ形成がその心理学的な公式に制約されて、例えば、無意識のなかで姉妹に固着している男がすべての女性のなかに（知られざる）姉妹を愛するということを表現するものだとすれば、第二のモチーフ形成はなにか別の表現をもって、実際には同じことを述べている。なぜならば、このモチーフは血縁関係が姉妹への愛の妨げにならないようにという願望を物語っているのである。

1　きょうだい発見のモチーフ

既にアリストテレスは『詩学』において、お互いの関係を知らないで重大な犯罪を犯そうとしている近親者が危いところで相手の正体を発見して感動するという設定は特に効果的であると推奨しており[1]、またフライタークはその『ドラマの技巧』のなかで、ギリシャ悲劇における発見・認知の場面は、近代のドラマにおける愛の場面と同じ位置を占めていたと述べている。

アードルフ・ミュルナーの運命悲劇『二月二十四日』では夫婦が長い結婚生活を送ったあとで初めて、自分たちがきょうだいであることを知る（本書第二一章参照）。同様に近親相姦行為の行われた後での血縁関係の判明はティークの『エックベルト』において（本書第二二章）、またその他幾つかの個々の作品にみられる。シャトーブリアンの長編小説『殉教者』では、妹との近親相姦を犯したことを知ったルネが修道院へ入る。

最近ではクリスティアン・クラウスが一幕物のシリーズ『兄妹』（ベルリン、ユリウス・バルト、一九〇九年）で、後になってやっと判明した兄妹間の近親相姦を扱った（この詳細は本書第二三章にある）。最後にもうひとつモーリッツ・ハイマンの悲劇『敵と兄弟』（S・フィッシャー、ベルリン、一九一一年）を挙げておきたい。ここではヴェネチアのある伯爵の若い妻が彼女の従者である若者と駆け落ちをする。彼女はこの若者に心からの愛を傾けていたのである。裏切られた夫が、お前の愛しているその男はお前の父親の息子だと知らせた時彼女は、兄弟に近親相姦のことを秘密にしようとしてこれを殺し、みずからも彼の死体のかたわらで自刃する。

私はあなたを愛していた！　天国ではきょうだい同士が
このように愛していたのだ！——私のお兄さん！——

これとともに、同じ姉妹に対する実の兄弟（同じ母親の）の愛も暗示されている。

彼女は兄を愛している、妹として愛している——
妹ならば、
女ではないというのか？——

次に彼女がそれとは知らずに近親相姦を犯す相手の異母兄弟が実の兄弟の、緩和のために作り出された分身でしかないということは、彼が実の兄弟と間違われることのなかに暗示されているのをわれわれはみる。また彼の名前は父親のそれと同じである。[2] 無意識の近親相姦的な愛着に対する防衛は、自分にとっては父親の位置を代表していたある男性の妻との密通に対して若者が示す抵抗のなかに明らかに表わされている。[3]

しかしながら、待ち望まれた、そして厳しく禁じられた結合が行われる前に愛し合う者たちがきょうだい同士であることを発見する作品の方がもっと多い。例えばヴィーラントの『アーガトン』（一七六三年）がそうで、ここで作者は自分自身の成長過程を芸術的に描いている。神殿の務めをすべくデルフォイで教育されたアーガトンは、同じくアポロの神殿に仕える処女プシケーに恋する。実は彼女が彼の妹であることがのちになって判明する。家族小説の典型的な形式で展開されるさまざまな冒険と発見ののち、プシケーは最後にタレントの王の息子と知り合い、彼を愛するようになり、結婚する。彼は「幾つかの点で第二のアーガトンであった。」ダナエーについて書いたヴィーラントの物語でも登場人物たちの血縁関係が最後に明るみに出る。きょうだい発見のモチーフがみられる最も有名なのは多分レッシングの詩劇『賢者ナータン』であろう。聖堂騎士が火中からユダヤ人の娘レヒャを救い出し（救出空想）、激しく抵抗しながらも彼女に恋するようになるが、やがて彼女が自分の妹であることが判明する。サラディンとその妹シッタとの優しい関係のなかに兄妹愛のモチーフが二重映しとなっている。レッシングにおける近親相姦コンプレックスの他のモチーフ形成については既に述べられた。このモチーフはヴォルテールの悲劇『ザイール』においてレッシングの『ナータン』におけると同じように形成された。ここではザイールとケレスタンが、きょうだいであるとは知らないで愛し合う。ヴォルテール原作ゲーテ翻案の『マホメット』（一七九九年）ではセイードとパルミールの兄妹は死によって近親相姦から免れる。

　コッツェブーの喜劇『のろしか　または罪を犯していないのに罪の意識をもった者たち』には、妹（伯爵令嬢エーバーフェルト）が兄（主馬頭として登場するヴォルケンシュタイン男爵）に恋をするという状況が設定されており、一方二番目のペアーでは兄（男爵）がそれとは知らず妹（男爵令嬢）に想いを寄せている。これら罪のない罪の意識が明らかになったのち、伯爵からしばしば「兄弟」と呼ばれているヴォルケンシュタイン男爵が伯爵の妹と結婚し、伯爵の方は男爵の妹を妻にすることによって近親相姦空想がおおよそ実現される。しかし仮装舞踏会の大詰めの前に近親相姦的な状況がぎりぎりの限界まで推し進められる。特に伯爵が小作人の女房に変装した自分の妹の後をつけ回し、淫らな欲望を遂げようとする場面である（第二幕第一〇場と第三幕第一一場）。これと似た場面が四幕の喜劇『クリングスベルク父子』にみられるが、そこでは父親と息子が一連の情事においてライヴァル同士として登場する。それはまず部屋女中から始まり、父親と息子を相前後して迎え容れるイタリア人の踊り子、そして夫と別居中のアマーリエを経て、息子の婚約者でのちに妻となるヘンリエッテ――父親は彼女をなんとか息子から奪い取ろうとするがうまくゆかない――へと続く。恋に眼の眩んだ老伯爵が逢引きをする場面で（第三幕第一三場）、彼の待ち望んでいた女性の代りに彼自身の妹が送って寄越される。彼がまさに結婚の申し込みをしようとしているところへ彼の息子が恋仇として登場する。また、母親の愛を巡る父親と息子のライヴァル関係の最も深い根がこのドラマでは暗示されているが、それは、二人の真面目な恋争いの対象となった女性がその名前や外的状況から、亡くなった母親と同一化されることによって行われている（第三幕第六場）。「アードルフ　あの人の名前はお母さんと同じだ。――伯爵　お前の母親は実に立派な女だった。――アードルフ　でも貧しい名も知れない娘だった。――伯爵　お前の母親のような娘はヨーロッパの半分を探したって見付けることは出来ないぞ。――アードルフ　……ぼくはもう見付けましたよ。」コッツェブーの数多くのドラマには一連の近親相姦コンプレックスのモチーフが感傷的に緩和されたかたちで使われている。『テオバルト・フォン・ヴルフィンガー』ではテオバルトとアーデルハイトが自分たちの兄妹近親相姦を知って愕然とするが、この発見は古代悲劇的な効果を挙げている。ここでは父親の犯した罪が息子に復讐を行い、孫においても作用し続ける。アーデルハイトは事実を知ったあと狂気のうちに二人の息子を殺す。(4)

アンツェングルーバーの長編『汚された名誉』では農夫の娘が隣人との間に子供をもうけ、やがてこの男の息子がその私生児に想いを寄せるようになる。父親は、息子が愛しているのは自身の妹であることを説明せざるを得なくなり、それで息子はこの恋を断念する。これと似た素材・モチーフ形成がエルンスト・ツァーンの農民小説『主なる神のあやなす糸』に見出される。下僕のルッシはフラーの娘ロジを誘惑するが、父親は娘を彼に与えることを拒絶する。

ルッシは旅へ出立し、何年かのちに有力な実業家となって戻って来る。彼はかつて自分に加えられた嘲弄に復讐すべく、相手を社会的に破滅させようと試みる。フラーとの話し合いに、ルッシとロジとの私生児トビアスが加わる。こちらはルッシの正式の娘ヨゼーファと密かに婚約していた。ロジは、それが彼の妹であることを打ち明ける。相手が自分の妹であるとロジから打ち明けられたトビアスはこのことを婚約している妹に告げ、そして二人は永久に別れる。別れの直前の場面を紹介しておこう。「そこでトビアスは立ち停まって、下へ眼を落とした。彼は少女の体に腕をまわした。二人の眼は再びお互いを求めた。〈ぼくたちがきょうだいであるなんてことが信じられるかい?〉とトビアスは言った。彼の呼吸は重かった。〈そのことはもう言わないで〉とヨゼーファは懇願するように言って先へ駆けて行った。トビアスは彼女をつかんで、〈ぼくが君に対して抱いているのは兄弟の愛ではないんだ〉と吃りながら言った。彼の熱い息が彼女の頬にかかった。」(三二六頁) 兄妹相互の無意識的なリビドーの固着をツァーンはその短編『兄妹』でも取り扱っているが、ここではモチーフ全体の根底になお救出空想が横たわっている。そもそもツァーンのほとんどすべての作品には近親者間の性愛のモチーフが、ある時には明瞭にある時には曖昧に打ち出されている。例えば『ルカス・ホーホシュトラーサーの家』での息子の恋人に対する父親の恋情、『エルニ・ベハイム』での母親と息子の結び付き、『ヴィンツェンツ・ピュンティナー』における義理のきょうだい同士の愛などがそれである。

2 血縁関係廃棄のモチーフ

このモチーフをわれわれは、古典的で高貴な表現を与えられたゲーテの『兄妹』のほかに、ジュアン・デ・マトス・フラゴーサの聖伝劇『母親の息子であり夫である男』のなかに既に見出した（本書第一〇章）。そこでは愛し合う二人が最後に、自分たちは全然きょうだいではないことを発見する。またミヒャエル・レオンハルト・レンツの『新メノーザ』（一七七四年）において作者は、兄妹間の結婚をある種の前提条件のもとで認めようとしているが、しかし最後に二人が全く赤の他人であることが判明する。子供のように振舞い、また子供のように扱ってもらうのが好きだったレンツは、その愛情生活において常に他の男性の恋人に近付くという傾向を示したが（キュルシュナーのドイツ国民文学全集第八〇巻におけるザウアーの指摘）、これは心理学的にみて近親相姦コンプレックスから理解することの出来るものである。彼は『友人が哲学者を作る』（一七七六年）で二重結婚のモチーフを扱った。

血縁関係廃棄のモチーフはコンラート・フェルデナント・マイヤーの短編『女裁判官』において円熟した芸術的筆致をもって描かれている。ヴルフリンとパルマはコメス・ヴルフの子供で兄妹とみなされていた。この父親はパルマが生まれる前に彼の三番目の妻シュテマ・ユディカトリクスに毒殺されていた。なぜならこの妻はパルマを別の男によって孕んでいたのである。物語の開始直後、この二人の兄妹は別の母親から生まれたという事実を確証する試みがなされるが、(5)他方では、彼らの父親も別であり、「この二人には一滴の血も通い合っていない」という事実は、熱烈に愛し合っているこの恋人たちには初めのうちは秘密にされている。妹のパルマは、遠く離れた土地にいるまだ見ぬ兄のことを激しい情熱をもって愛しており、彼のことは想像でしか知らないが、一方妹と会って初めて兄の心に生じる近親相姦的な情熱はあらかじめ性の拒絶というかたちで障害としてのみ描かれる。しかし暫く一緒に暮らすうちに粗野な兄にも妹への優しい愛が眼覚める。そして妹に対する、なにものにも妨げられない情熱が、まさに彼女が温和なグラキオズスと婚約した時点において烈しく燃え上がるのであるが、このことは幼児的な嫉妬を忠実に反映している。

「たとえグラウビュンデンの岩上に住む乱暴者が淫らな心を抱いてパルマに言い寄ったとしても、ヴルフリンはこれに堂々と立ち向かい、剣を鞘から抜いたであろう。だがグラキオズスはあまりにも温和しすぎるので、怒ることも出来なかった。そして彼自身突然、妹を結婚させるという暗い恐怖に駆り立てられるのを感じた。」

しかし彼女はただ愛する兄のためを思ってグラキオズスの求婚を受け入れたのだったが、すぐにまたこの婚約を——彼女の言うには兄に逆らって——解消する。彼は妹を拒絶しようとしてもそれが出来ず、「おれは妹を求めているんだ！」とみずからに告白せざるを得ない。そして怒り狂った彼は母親に知らせる。「広間を飾って宴の支度をするんだ！　たいまつに火をつけろ！……おれは妹と結婚式を挙げるのだ！」母親は彼を慰め、元気付けようとするが成功しない。「おれはどんな女を抱いてもそれが妹に思われる！　おれは永遠に彼女とは結ばれているのだ。いや、おれはもはや生きることは出来ない！」——ついにパルマが、私生児であったという自分の出生の秘密を知るに至り、その結果二人の兄妹はもはや血縁関係によって妨げられることなく結ばれる。

詩人の生涯から、彼がいかに母親と姉妹に強く固着していたか、[6] また特に姉妹のベッィがいかに献身的な愛をもって生涯にわたり彼のかたわらに身を置いていたかを知る者は、この短編小説の歴史的な衣裳の背後に、母親の密通を捏造して姉妹への自己の恋慕を正当化し、この感情から淫らな性格を剝ぎ取ろうとする少年の原初的な家族小説空想を認めることは容易であろう。詩人の精神生活においてこの空想が有する心理学的な重要性は、自分の夫を殺す不実な妻がファウスティーナの姿のなかにダブらされて登場していることからして既に明らかである。ファウスティーナの娘はヴルフリンを、彼の妹パルマと全く同じように敵の手から救うのである。ここで、姉妹への愛の基本となっている詩人の強い両親コンプレックスへの洞察が得られるが、このコンプレックスにはハムレットの根底をもなしているところの、芸術的に形成された典型的な思春期空想が照応する。即ち、不実な母親が父親を殺し、そして息子の抑圧されていた幼児期の嫉妬願望をこのように成就することによって、息子の母親占有と父親のための復讐を不可能にする、という空想である。

しかしながら時折り彼は、父親の不可解な突然死に関して良心の呵責に襲われ、妹への許されぬ愛から逃れようという絶望的な試みを行いながら、死んだ父親から、パルマが彼の子供であるのかどうかを知ることが出来ると信じてこの死人にすがる。

「遺産を再び獲得したことが父親の姿と子供らしい孝心を呼び起こした……要するにそれは父親なのだ、と彼は自分に言った。彼は出来る限りおれの味方をしてくれるだろう。彼がまだなんらかのかたちで存在していれば、おれを惨めなふうに死なせはしない……」

父親に対する子供らしい畏敬の念は皇帝という分身的人物において更に明瞭に表われる。彼は物語の初めに意味深長な人物として彼の父親のための追悼ミサに出席し、最後は直接「父親の代理として」パルマの前に現われ、彼女を兄と結婚させようとする。また父親の復讐をためらっているヴルフリンにも皇帝カールは次のように言う。

「たった今わしはわしの父親の魂が安らかであるように祈ったところだ。子供の絆は死んだのちも切れるものではない。ヴルフリンよ、そなたはどうしてもあの女のところへ行かねばならぬとわしは思う。そうすることが父親に対するお前の義務じゃ。」

このように、子供らしい尊敬の念と嫉妬心の入り混った父親に対する矛盾した立場が父親のための復讐への不決断のなかに、また殺害された恋仇と強大な権力をもつ皇帝への分裂のなかに表現されているように、母親に対する両面的な立場も、父親からひどく扱われる優しい老いた母親と、若くて美しく精力的な継母への分裂のなかに暗示されている。

「わたしが」と彼は誠意をこめて続けた、「あなたを一度も好きになれなかったのは本当です、奥さま。その訳を申し上げましょう。ここにいる老人は私の父親ですが、彼は粗野で乱暴な男でした。こんなことを言いたくはないのですが、彼はわたしの母に辛く当たり、暴力も振いました。このようなことは想い出したくないのですが、父は彼女の容色が衰えたとみるや修道院へ閉じ籠めてしまいました。ですから、母の位置を奪ったあなたにわたしが会いたくなかったのは、われわれが人間であると同じくらい当り前のことだと思います。」

ヴルフリンの言う「大酒呑みの色情狂！　白髪頭の老いぼれ野郎！」の父親と若い盛りの継母の描写(7)のなかにわれわれは、これら父親・母親分裂の心理学的な同一性を、また父親を殺した後この女をわがものにしたいという息子の願望を容易に認めることが出来る。彼女はここではその若返った似姿、要するに性交可能な似姿、つまり妹の代理を務めている。この置き換えは詩人の精神生活においてその原型をもっているのである。

これと関連して、夭逝したオットー・ザックスの短編『二人のきょうだい』を挙げておきたい(8)。この作品はモチーフ形成の点で先のマイヤーのそれと著しい一致点を示している。マイヤーにおけると同様ここでも許されぬ兄妹愛への執着がテーマとなっている。ただここでは血縁関係の廃棄がみられ、それとともに性的交わりが可能となるのだが、しかしそれは極めて疑わしい記録に依拠しているため、二人の恋人は自分たちのそれまでの生い立ちをはっきり知ることが出来ず、兄の方は良心とのたたかいに疲れて破滅してゆく。マイヤーの作品の影響が個々の細部に至るまで認められる。ここでも物語は父親が死んだ後の時点から始まり、また息子は既に長い間家を出ており、妹には一度も会ったことがない。やはりこの作品でも、この兄妹が別な母親から生まれたということは最初から確かな事実となっており、また彼らが父親を同じくするということは訂正される(9)。のみならず歴史的あるいは伝説的なモデルが引き合いに出されているところも同じである。マイヤーにおいてはビュブリスが指摘されているが、ここでは罪深い兄イッポリトがあるモデルと関連している(10)。「自分の妹の体を楽しんだことを人前で誇らしげに自慢したヴァレンティノの公爵ツェーザルにはどんな法があったのだろうか。彼は教皇の息子だった、そして教皇みずから……」また激しい情熱の嵐を伴った心の葛藤もここには同じようにみられる。ヴルフリンがしたようにイッポリトも妹への情熱が初めて燃え上がった時彼女を激しく拒絶する。そして最後に兄妹のお互いの愛着も、マイヤーにおけると同様、二人には小さい頃からの慣れ合いが欠けていて、出会った時彼らは既にお互い成熟した人間であったということで動機付けられる。多分完全には意識されていないかもしれない、同じ心的状況を反映している類似がみられるにもかかわらず、この作者独自の形成力を否定することは出来ない。ここではテーマが、技巧的に円熟したマイヤーの短編におけるよりはいわば粗雑に扱われてはいるが、しかしそれゆえ幾つかの点ではより人間的で、心理学的にはより正確であると言える。例えば愛する妹の母親への愛、つまりわれわれがマイヤーの作品から推論した主人公の継母への愛はここでは明瞭に出ている。確かにここでも兄は、「老いてゆく夫を完全に支配していた継母と折り合いが悪かったため故郷を後にしなければならなかった。しかし、この女性に対する彼の憎しみはその根底に大きな愛を秘めていて、この愛ゆえに彼は、最も神聖な義務に反したくないと思って彼女のそばから離れざるを得なかったのだと言うひとたちもいた。」事実彼は彼女が死んだ後にようやく妹を守るため戻って来る。物語が進むにつれて実際に息子が継母を熱烈に愛していたことが明らかになる。この点で、彼の名前がヒッポリトであるということは偶然ではないように思われる。つまりここでも、特に強調されている姉妹コンプレックスの背後に母親への原初的な恋慕が透けて見えるのである。そして母親から妹への愛の転移は、イッポリトが、叶わぬ愛を捧げていた母親の寝室で妹を花嫁にするという設定に暗示されているのみならず、繰り返し強調されている彼女と母親の類似のなかに実に鮮やかに示されている。「……イッポリトは彼女の容貌のなかから母親の顔が日毎に鮮やかに浮かび出てくるのを見た。」マイヤーの短編との最も重要な差異は、ここでは父親の二番目の妻である亡くなった母親の書き残していた一編の詩のなかに、ある不義についての告白があることを兄妹が証拠として引き合いに出すという設定であるが、[11]しかし彼らはそれが本当に正しいのかどうか、またこのことによって、老伯爵が妹の父親であるのが本当に怪しくなるのかどうかを調べてみることはしない。決して解決されないこの疑惑のなかにわれわれは、ひとつの洗練された文学的手法を認めるのであり、それは永遠に廃棄出来ない罪の意識を、またすべての障害を克服してゆく近親相姦的情熱のもつ力を暗示すべきものなのである。「かくして恋の陶酔に眩惑された不幸な者たちは憶測を確信と、みせかけを真実と思い込んだ。」――「そうではない！　この紙切れがお前たちに確信を与えたのではない！　禁断の木の実を求めるお前たちのふしだらな、非常に罪深い欲望がお前たちを盲目にし、みせかけを本当だと思わせたのだ。」つまりここではいわば血縁関係廃棄のメカニズムが、作者の精神生活のなかで動機付けられているある種の幼児的関係から機能していない。そして詩人自身が暗示しているこの機能停止は、このモチーフ形成において実際に中心となるのが、近親相姦空想を非難されることなく成就することにほかならないのだということをわれわれに教えてくれる。兄が絶えず疑惑、良心の呵責、悔悛の情に苦しめられるのに対して、妹の方はおおらかな調子で次のように告白する。「イッポリトが私の兄であることをたとえ一度も疑わなかったとしても、私は自分がこれまで振舞ったようにしか振舞わなかったでしょう。」そして、彼女を極刑から守ってやろうとする裁判官たちの前でも彼女は自分の本当の気持を隠さない。「あのひとが私の兄であることを間違いなく知っていたとしても私は同じことをしたでしょう。」

カール・インマーマン（一七九六―一八四〇年）の長編『エピゴーネン　九巻よりなる家庭回想録』において血縁関係廃棄と近親相姦成就のモチーフは独特な表現を見出した。ヘルマンは、夫メドンの許を去った美しいヨハナを尊敬している。フレムヒェンという、ヘルマンに愛の炎を燃やしたもうひとり別の少女の家で二人は別れを告げる。「彼は彼女の手をしっかり握って、そっと尋ねた。〈ぼくのことを愛してくれてますか、ヨハナ?〉〈心から愛してるわ〉と彼女は答えた。〈血の繋がりがなければきょうだいにはなれないのかしら。心が自由に、素晴らしい選択をして最も清らかな絆を結んではいけないのかしら。あなたにお会いした最初の瞬間から、あなたは私にはまるで兄弟のように映ったのです。私をあなたの姉妹ということにしてください！　この瞬間と私の告白の記念に、女性が与えることの出来る最上のものを受け取ってください。〉彼女は腕を彼の首に巻き付け、そして美しい汚れない唇が彼の口に触れた。静かに身を起こしながら彼女は言った。〈こんなところを見て、これは情熱だ、犯罪だと呼ばないひとはいないでしょう。でも私は激しい気性とは全く縁のない人間ですわ。あなたがほかの女性の腕に抱かれているのを見ても私はまるで平気でいられますわ。私たちの観念というものは心の秘密にはとてもかなわぬものです〉。」（第七巻、一四章）夜中になって彼は不可思議なやり方でヨハナの部屋へ呼ばれる。そこで彼は恋人を抱いたものと信じ込む。間もなく彼は父親が彼に遺しておいた紙入れから、ヨハナが実際に彼の異父きょうだいであることを知り、重い神経症にかかる。フレムヒェンが死んだあと、あの夜彼が抱いたのは姉妹のヨハナではなくてフレムヒェンであったことを知った時初めてこの神経症は快癒する。しかしながら最後には近親相姦空想に近いものが実現される。つまりヘルマンはコルネリアという少女と、彼女の伯父が亡くなった後結婚するのであるが、彼自身この伯父の推定上の甥とされているのである。

パウル・ハイゼの短編『ぶどう山の番人』（メラン小説集一八六二―一八六三年）においては血縁関係廃棄のモチーフが心理学的に興味深いかたちで表われている。母親からひどい扱いを受けるのに耐えかねて家を飛び出し、ぶどう山の番人をして暮らしを立てているアンドレーは、自分で思っている以上に妹のモイディを恋している。この愛は最初防衛兆候のかたちでのみ表われる。

「これらの言葉を話しながら彼女は馴れ馴れしく彼のそばに身をすり寄せ、彼の首に軽く腕を回していた。だが、まるで幽霊にでもつかまえられたように彼は急に立ち上がり、彼女の愛撫を振りほどいた。彼の胸は重苦しく動悸を打った。〈やめてくれ〉、と彼は激しく喘ぎながら言った、〈ぼくに触れるんじゃない、なにも尋ねないでくれ、出来るだけ遠くへ行って、もう二度とぼくの前に姿を現わさないで欲しい〉。」「……彼は子供の頃からもう彼女のよく笑う赤い口に接吻することはしていなかった。しかし彼女を眺める時に感じた恥じらいの気持に、なにかもやもやした情熱的な苦悶が混ざり合っていた。そして顔にかかる彼女の軽い息が彼の血を激しく心臓へと駆り立てるのであった。」

また近親相姦的愛着感情の結果典型的に現われる性的拒絶も特徴的に描かれる。

「彼自身には女の子はすべてむしろ不愉快で、冗談めかした恋愛談義は嫌らしいものに思われた……しかし妹がよく考えもしないで二人の未来について語ったり、あなたと別れなければならない事態になるかも知れないが、それにはなんとか耐えられるだろう、などと言うたびに彼は底知れぬ不安な面持ちで彼女の顔を見つめた。」

彼は妹に直接嫉妬を抱くようになる。特にそれは、彼女の方も兄への愛着を憚らずに表わすからであった。

「実際また、特に休みの日彼女が約束の場所に現われない時、熱い嫉妬の心に燃えながら彼が、ひょっとして彼女のところへ誰か訪れる者があるのではないか、と家へ通じている道を見張るというようなことが一度ならずあった。それから彼はちゃんと待ち伏せをするようになった。……こんなことをしていると彼の気持は惨めになった。このようなことはすべて正しくない、褒められるべきではないのだと彼は心のなかで思い始める。どうして自分はすべての娘に与えられている願望の自由や愛の自由を妹に与えなかったのだ? 熱い不安をもって彼はこのような想いを追い払ったが、それらはますます強くはね返って来た。もちろん彼女の父親はおれの父親とは違う。しかしだからといっておれたちが兄妹でないと言えようか?」

妹への嫉妬から彼はある兵士をほとんど殺しかけ故郷《くに》を後にするが、それは罰を逃れるためというよりはむしろ妹に対する自分の激しい想いからの一種の逃亡であった。彼が外国の修道院へ入っている間に、それまで彼の母親とされていた女性が死ぬ。死の病に冒された彼女の話は混乱していたが、そのなかで、アンドレーは自分の実の息子ではなく養子だったのだという告白が彼女の口から洩れた。母が死んだのち妹は彼女の婚約者を伴って彼の許を訪ね、母親の告白を伝えた。血縁関係の廃棄は彼の心を解放する働きをする。

「……初めにモイディが私に、彼女の母が捨て子だった私をアルプスの牧場のどこからか拾って来たのだと言った時、突然私は灼熱した鎖と縛めから解かれたような気がしました。私はそれまで絶えずこの鎖を引きずって歩き、異国の修道院にいた時もそれは私から離れようとしなかったのです。というのも聖なる告解の時でさえ、この数年私がモイディのため耐え忍んだこと、また、もし自分以外の男が彼女を妻にするようなことがあれば自分は生きてはゆけないだろうということがどうしても口から出なかったものです。そして、もし私が本当に彼女の母の息子であったなら、それが死に価する罪であったことはよく知っていました。それでも私はそれから逃れることが出来ませんでした。それは私のささやかな理性や宗教や、その他すべてに勝るほど強いものだったのです。」

やっとの思いで制禦していた情熱が再び燃え上がる。彼はモイディをその婚約者から掠奪してこれを妻とする。しかしながらここでも再び、血縁関係廃棄のモチーフを扱った作品のほとんどすべてにおけるように、原初的にその根底に横たわっている近親相姦空想が現れていて、それは、血縁関係廃棄が、防衛と悔悛が結び付くことのあり得る極めて疑わしいモチーフを土台にして行われるということのなかに認められる。というのも、妊娠した時彼女の心のなかに眼覚めたのは、熱に浮かされながら譫言のように言った母親の言葉が果たして本当なのだろうか、自分たちはやはり兄妹ではないのだろうかという疑念であった（かつての近親相姦空想のこの回帰は、この二人が旅行中はこれまでのように兄妹だと名乗っているという事実にもっと明瞭に表われている）。彼女はこの想いにひどく苦しみ、それについての完全な確信を得るため兄を故郷へ帰るよう強いる。だがこの秘密を知っているただひとりの第三者である牧師も、アンドレーが彼女の兄ではないことを彼女に信じさせることは出来ず、母親は臨終の時に嘘をついて息子を中傷したにすぎないのだと彼女は頑なに主張する。牧師が最後の手段を取ることを決意し、アンドレーの母親の名前を挙げ、彼女の方でも母親であることを告白した時初めてモイディはその妄想から解放され、二人は幸せな結婚生活を送ることになる。――この種のほとんどの作品同様ここでも妹への愛着のほかに息子と母親との注目すべき関係が暗示されている。息子は結婚式の日まで母親を知らなかったのだが、それにもかかわらず彼はこの母親に、代母よりは強く惹きつけられる自分を感じるのである。

「〈いつもぼくはあなたに対する大きな愛と尊敬の念を感じてきました。……世界中であなたのそばにいる時だけぼくは平和で静かな気持に浸ることが出来たのです。〉……それから彼女は彼を立ち上がらせた。そして彼の青白い顔を涙を浮かべながら眺めた時思い切って彼を腕のなかへしっかりと引き入れ、その口と眼に長い、熱い接吻を与えた。」

血縁関係廃棄のモチーフは最近亡くなったヴィルヘルム・イェンゼンの最後の長編小説『人間のなかのよそもの』（ドレースデン、カール・ライスナー、一九一一年）にも見出される。この作品では、あるフランス将校の私生児であるゲルハルトが[12]、ラーテカウに住む牧師夫妻の養女エッゲ・トレベリウスに恋をするが、最後にこの女性が彼の妹であることが判明する[13]。一方主人公はボワッシー侯爵のなかに自分の父親を発見する。ことの真相が明らかになったのち二人の恋人は沖合いで心中する。この作品の根底をなしている母親コンプレックスが、エッゲの母親コルドゥラが娘の婚約者であり兄であるこの物語の主人公に抱く奇妙な愛着のなかに暗示されている。

血縁関係廃棄のモチーフがいかに典型的なかたちで両親コンプレックスと結び付いて表われるものか、また家族小説にみられる同一の思春期空想がいかに同じように形成されるものであるかを、この作家二〇歳の時の処女作で一八九一年ウィーンで出版された悲劇『バルセローナの結婚式』が示してくれるであろう。ここにおいても、許されぬ恋に身を焼く兄妹は初めから、二人が母親を異にするということは知っており、またのちになって（指輪がきっかけで）、彼らの父親も同じではないことが判明する。この発見はマイヤーの短編小説においては、罪の意識から解放された性的な結合を可能にし、ザックスの作品では内面の疑惑や自己非難が愛の幸福を妨害し破壊するのであるが、一方この悲劇にあっては血縁関係廃棄の後、兄妹と思っていた二人の結婚式が最後に実現はするが、しかし性的な結合は心中というかたちで象徴的に成就されるにすぎない。

ここにおいても血縁関係廃棄のモチーフは、近親相姦的な結び付きを、許された恋愛関係という偽装手段の許に可能にする働きをもった隠蔽的な願望メカニズムであることがわかる。この事実は、これらすべての場合において、二人は自分たちが血縁関係にあると思い込んでいるにもかかわらずお互い愛し合い、血縁関係のないことが判明したのちもそのように愛を告白し合っているという設定によってのみ証明されるだけでなく、この場合には特にまた、禁じられた情熱に伴う強い罪の意識がここではまだ作者に、血縁関係廃棄ののちにも恋人たちを性的に結び付けることをためらわせているということによっても証明される。ザックスの短編において血縁関係廃棄のメカニズムが失敗したように、ここでは強烈な罪悪感情の同じ心的抵抗から血縁関係廃棄の効果が発揮されなかった。しかし文学的に形成された空想のこのグループに、いま分析した悲劇のなかのある言葉が当てはまる。

……ナヴァーラのドン・カルロス王子はあのお方を所望されました……

ドン・ペドロ（びくっとして）　兄が？　彼が妹と思っていたあの人をか⁉

証拠はあるのか？　それは近親相姦と同じではないのか？

少なくとも兄は心のなかでこの罪を犯したのだ。

何度も近親相姦の問題に触れようと試みたヘルマン・バールが最近『子供たち』という喜劇（一九一〇年）で血縁関係廃棄のモ

チーフを扱った。シャリツァー教授は自分の娘に、彼女が心からの愛を抱いているガンドルフ伯爵の息子との結婚を許さない。それは教授自身がその伯爵の息子の父親であるという極めて当然な理由からであった。しかし愛し合う二人は別れようとはしないで、ドラマは実際二人の結婚によって幕を閉じる。この結婚が実現したのは、シャリツァー教授の娘と思われていた彼女が実はそうではなくて、老伯爵の子供であることが明らかになったからであった。つまり父親が入れ替っているのである。血縁関係廃棄と結び付いた兄妹発見という同じテーマをバールは既に以前『血の呼ぶ声』（S・フィッシャー、ベルリン、一九〇九年）という短編において扱ったが、そこでは若い夫が、幼馴染みで、父親を亡くして悲しんでいる自分の妻に、死んだのは彼女の父親ではないこと、彼女の父親は自分の父親と同一人物であることを打ち明ける。「たとえわれわれがきょうだいであっても、ぼくは君を今と違ったふうに愛することは出来ない。いや、そんなことはぼくには出来ない。」そのあとで今度は近親相姦防衛がみられるが、それは、彼が他方で彼女の父親とされていた男の実の息子であったという告白のかたちで行われる。「いたって単純なことさ、要するにわれわれは父親を交換していただけなんだよ。」しかし後になって妻が実際のきょうだい近親相姦をも正当化しようと試みる時、そこには、理屈抜きにこの作品の根底にある近親相姦のテーマがあらわになる。「もしあなたが私に、私たち二人が兄妹であることを証拠立てることが出来ていたら、私は迷ったかも知れないわ、多分何週間もね。でも最後はそれを切り抜けられたと思うわ。あなたに対して私は自分が妻だと感じているわ。それなのにどうしてあなたの妹でなければならないの？　私は自分で感じたものでしかないの……名前によって自分を規定しなきゃならないっていうの？……私はそうじゃないわ！　私は違うわ！　どんなことがあっても私は自分の感情を取り替えることは出来ないわ。」――更にこれと並んで、まだ見ぬ父親に対する娘の本能的な愛のなかに父親―娘コンプレックスが表わされてもいる。また一方では、この愛に父親が応えるという設定のなかに、同じ女性の愛を巡っての息子とのライヴァル関係が窺われる。

3　エリザベス朝時代の劇作家たち

イギリス演劇におけるシェイクスピアの後継者たちの間で、きょうだい近親相姦のモチーフは最も人気のある小道具のひとつであった。それには、現実に行われるもの、そう思い込まれているにすぎないもの、妨害されて成就されないものといろいろある。これらのドラマの典拠に関する研究で功績のあるケッペルは、次のように述べている。「近親相姦という禁断の領域は当時の多くの劇作家たちにとって、今世紀初頭におけるすぐれた才能に恵まれた幾人かの詩人たちにとってと全く同じように大きな魅力をもっていた。精神の病も流行病のように発生した。」特にボーモントがフレッチャーと共同で書いたドラマにはこのモチーフがうんざりするほどの単調さで繰り返し現われる。

一六一一年上演されたドラマ『王にして王にあらざり』においてボーモントとフレッチャーは妹に対する王アーベシズの情熱を描いた。アーベシズから心中を打ち明けられた忠臣マードニアスは王にこの犯罪を思い留まらせようとするが成功しない。ある長い場面で（第四幕第四場）、この愛し合う二人はお互いの情熱を告白する。しかし罪への怖れが彼らを分かち、二人はこの恋を永遠に断念することを決意する。第五幕になって、彼らの間に血縁関係はなく、従って二人の恋は罪とはならないということが判明して終る（ケッペル一七八頁）[14]。

同じ作者たちの『満足した女』では、貪欲な宝石商ロペスの妻で官能的なイザベラがある若い男に何度も言い寄られ、奈落の一歩手前まで行ったところで、この男は彼女の兄弟であると名乗り、自分は彼女を試してみただけだと言う（ケッペル八九頁）。『太陽の美しい乙女』でフレッチャーは、カエサリオスとその妹クラリッサとの関係に近親相姦的な色彩を与えている。クラリッサは次のように言っている。「私たちは愛し合ってきました、あなたはあなた自身より私を選んでくれました。あまりの仲睦まじさのため意地悪なひとたちは、私たちの愛情が近親相姦ではないのかと疑ったほどです。」（第五幕第三場）同じドラマで母親近親相姦も暗示されている。息子カエサリオスの生命を気遣うマリアーナは彼が養子であると宣言する。この告白に基づいて公爵は、母親である彼女がカエサリオスのなかに眼覚めた希望の償いとして彼と結婚するか、あるいは彼に彼女の財産の大部分を譲り渡すよう命じる。この葛藤は、マリアーナが公爵に先の告白とは反対のことをそっと囁くことによって解消されるが（第五幕三場）、これと同じ葛藤は更にニコラス・コーサンの『聖なる宮廷』（パリ、一六三二年）とナサニエル・ウォルニーの『小さな世界の不思議または人間の歴史』（ロンドン、一六七八年）にも見出される。

　ジョン・フォードのドラマ『あわれ彼女は娼婦』では、ジョヴァンニが修道僧ボナヴェンテュラに自分の許されぬ欲望を告白したあと妹アナベラにその情熱を打ち明け（第一幕第三場）、近親相姦が行われる。やがて、ボーモント＝フレッチャーのドラマとは異なり、アナベラはソランゾと結婚し、近親相姦の罪が露顕する。ジョヴァンニは妹を刺し殺し、ソランゾともどもみずから凄惨な最後を遂げる。ケッペルによれば、この素材をフォードは、当時さまざまなテキストで流布していたある近親相姦物語から取ったと言われているが、それはアンリⅣ世治下のノルマンディーで一六〇三年実際に起きた事件である。フランスの年代記作者ピエール・マチュウはこの事件をその『平和の七年間におけるフランスの歴史及び外国に起きた記憶すべき事件の歴史』（パリ、一六〇六年）中の第九章「二つの近親相姦及び姦通の断罪」において報告している。それによれば近親相姦が行われたのは妹が結婚したのちであり、従って彼女は姦通罪を犯したことになっている。二人の犯罪者は裏切られた夫の家を後にするが、パリで夫に発見され、裁判所に引き渡される。彼らのために取りなしが行われたが、このような恐るべき犯罪に対して王は恩赦を与えることは出来なかった。兄と妹は処刑される。この時代のフランスの小説家フランソワ・ド・ロセの書いた物語は大筋においてこの報告と一致している。彼の『現代の悲劇的物語』の第七話（パリ版、一六一九年）が『ある兄妹の近親相姦の恋とその不幸にして悲劇的結末について』を扱っている。同じく彼の第九話『狂おしい恋の情熱により兄が妹に加えた残虐な仕打ちについて』では兄が妹を刺し殺す。

　またジョン・フォードの『貞潔、高貴な空想』のなかにもケッペルは「この作者の病的な空想の紛れもない産物」を認めている（一八五頁）。既に相当な年輩になるシエンナの侯爵オクターヴィオは、宮殿の大奥で三人の若い女性を秘かに教育させており、彼女たちを自分の空想《ファンシー》と呼び、また彼女たちを監督する婦人は最も悪質な猥談に夢中になっている。四番目の少女で、美しく無垢なカスタメラは、オクターヴィオによって窮状から引き揚げられ実入りのいいポストを与えてもらっていた彼女の兄から、これらの少女たちの仲間に入るよう勧められる。この場合にも、もしそうなった場合、カスタメラが兄に対して与えられた恩をみずからの操の名誉をもって支払わされるであろうということは疑いないように思われる。最後に作者は、オクターヴィオのこの疑似ハレムの女たちが彼の亡くなった妹の娘たちであり、カスタメラは彼の甥の婚約者であったことを明かす。

この見せかけの近親相姦に対応するものは、似たようなかたちで緩和されたこのモチーフの変種のなかに見出されるが、エリザベス朝の劇作家たちにおいてはこれらの変種は尽きるところを知らないように思われる。特に、妹の名誉のために血の復讐を果たし、彼女を夫あるいは恋人から奪い取るというモチーフが繰り返し現れる。例えばそれはジョン・フォードの『傷ついた心』にもみられるが、名誉を汚された妹のためになされるこの復讐(ディオスクーロイのモチーフ)が兄の性的な嫉妬心に発しているということは、マッシンジャーの『ミラノ公』に明らかに刻印されている典型的なモチーフが示している。ここでは、公爵によって妹が誘惑されたことの復讐として兄が公爵の貞淑な妻を誘惑しようとする。一六一五年に印刷されたセルヴァンテスの喜劇『アンヘルの湯治場』にもみられるこの「復讐の誘惑」も近親相姦コンプレックスの枠に属するものである。(15)

マッシンジャーに関してケッペルは次のように書いている(九八頁)。「最後に触れた二つのドラマにおけると同様『背教者』でも、主要な筋は兄妹間の愛情というモチーフの上に成り立っている。すなわち、妹に加えられた侮辱の復讐をしたいという願いが兄の行動の第一の動機である。『ミラノ公』でフランシスコが妹エウゲニアを誘惑された復讐としてスフォルザム公爵の幸福な人生を破滅させ、『保証人』においてテーバイ人ピサンダーが妹スタティリアの誘惑者であるレオステネスに復讐すべくシュラクスへと急ぐように、ヴェネチア人ヴィテッリは、ヴェネチアの背教者グリマルディによって掠奪された妹パウリーナを捜し出してその復讐を果たそうと商人に変装してチュニスへと赴く。この三度目にして初めて、最初からのモチーフが効果的に働くのである。」マッシンジャーの『後見人』では副次的な筋のなかに兄妹愛のモチーフが含まれている。「ジョランテの夫セヴェリーノは国外追放の身であるが、それは彼が決闘で兄弟を殺したためだと言われている。その間淫蕩な妻がある異国の男に惚れ込む。これは彼女の食客であるカリプソの仲介によるものであった。彼女が恋人を待っていた同じ夜夫が戻って来て、女主人の位置を占めようとしていたカリプソの鼻を切り落とす。」（ケッペル一四二頁）ジョランテが求めたこの男は実は彼女の実の兄弟であることが最後に判明する。

　ジョージ・チャプマンの『名誉のための復讐』には近親相姦コンプレックスのモチーフが一括してまとめられている。アラビアの国王《カリフ》アルマンゾールの息子アブラヘンは、彼の異母兄で世継ぎに定められているアビルクワリトが自分の野心の邪魔になるのでこれを憎んでいる。この憎しみは、二人の王子が狙っていたムラ将軍の美しくて官能的な妻カロピアが兄の方に身を任せたことによっていっそう強くなる。アブラヘンの大胆な策謀によって兄は父親の寵愛を失い、カロピア強姦の罪に問われる――この罪は国法に従って盲目の刑を以って罰せられることになっている。[16] しかし兄アビルクワリトの死を望むアブラヘンは、この有罪を受けた王子に同情する兵士たちの謀叛を画策する。謀叛が起きたとき国王は、国民の間に人気のあるこの息子が自分の権力を狙いはしないかと怖れてこれを殺害させる。アブラヘンの目指す次の犠牲はこの独裁者である国王自身であった。彼は一枚のハンカチを使って父親を片付ける。殺人者は直ちに王座に就く。そして彼は節操を持たない野心家カロピアを自分のものにすることにも成功し、これで亡き兄のすべての名誉と幸福を手に入れたと思った。[17] だがアビルクワリトは死んではいなかった。彼に忠誠を誓っていた宦官たちは死刑を執行しなかったのである。兄の死体だと思い込んだ弟はそのそばで自分の行った犯罪を独白で語る。それでことの真相を知った兄はこの悪人の正体を暴き、王座を要求するために姿を現す。アブラヘンはカロピアと自身を刺し殺す。しかしカロピアは他の女性に渡したくないアビルクワリトを殺すだけの力をまだもっていた（ケッペル七一頁以下）。

4 シェリー

私は空《から》の墓のなかにある私の眠りを嘲笑う、
胎児が母の体から這い出すように、亡霊が
棺から姿を現すように、私は雨の滴る洞窟から
立ち上がり、棺を素速く打ち砕く。

シェリー

より現実的なバイロンの同国人、同時代人であり、また幾分かは彼と運命を同じくしたシェリー（一七九二—一八二二年）は、霊的な観念のなかに遊ぶことを大いに好んだが、彼もまたその愛情生活が近親相姦コンプレックスに基づいていることを示しており、彼の文学創作の本質的な部分もこの近親相姦コンプレックスから養分を与えられている。彼の全生涯と創作に灼熱の炎を与えているその独裁者憎悪は、早い時期に現われる無神論との関連において既に『チェンチ一族』の分析に際して（本書第一二）、詩人と生涯にわたって激しく敵対し合っていた父親に対する幼い頃からの強い反抗にその原因が求められた。既に子供の頃シェリーは王と父親に対する呪いの言葉を学び、また父親が自分を精神病院に閉じ籠めようとしているという不安な幻想を抱いていたと言われる[17a]。一九歳で彼がその無神論的な考え方を公表したため放校になった時、父親との不和は避け難いものとなった。「グラハムに宛てたある詩的書簡のなかでシェリーは自分の父親について突き離すような表現で語っている。」（ヘレーネ・リヒター『シェリー』、ワイマール、一

八九八年による）[18]一七歳で彼は恐怖小説『ザストロッツィ』を書いたが、これは、のちの繊細な詩人のことを考えると彼の作品とはとても思われないであろう。ヴェレッツィ伯爵に誘惑されて捨てられた一五歳のオリヴィア・ザストロッツィは死に臨んで息子ピエトロに復讐を誓わせる。彼は自分の父親を刺し殺し、そして異母兄弟を殺害しようとする（同書二五頁）。シェリーがオックスフォード大学にいた時に書いた最初の詩は「独裁者への憎悪で真っ赤に燃えていた。」（同書三八頁）そして彼がその文学において描いた「父親」たちはあの老チェンチ同様、「人間のなかにあるすべての下等で有害な衝動のコンプレックス」（三九七頁）である。例えば『ロザリンデとヘレネ』という詩（一八一九年）における父親がそうで、「シェリーはこの人物のなかに父親の横暴そのものをずばり体現している。」（三四三頁）そして『逃亡者』と題する詩においては、「過去が雷鳴と閃光を伴って詩人の眼前でぱっと燃え上がる。まるで幽霊のように彼の人生の暗いひとつの像が嵐の空の黒い背景から浮き上がって見える。彼の父親が、彼の若き日の運命が突然彼の眼の前に立ち現れる……塔の上に父親がまるで死を告げる亡霊のように立っている。その声に比べれば吹き荒ぶ嵐の音も物の数ではない。彼は荒々しい呪いの言葉をもって最も愛らしい人間、彼の名前を担う最後の者であるみずからの子供を嵐に捧げる。」（五五四頁）

詩人の心的イメージのなかにあるこの強烈な父親コンプレックスの背後にあって母親との関係はほとんど完全に後退しているように思われる[19]。これに対してシェリーの愛情生活と文学上の愛の理想はきょうだいコンプレックスによって極めて明瞭に規定されている。そしてこのことが、われわれの考えるところでは、彼をして「きょうだい間の結婚を彼の文学のテーマにするよう何度も促した」のである[20]。リヒターは、姉妹理想の初期幼児期における固着の偶然的な要因を指摘して次のように述べている。「というのも、非常に多くの詩人の青春時代を明るくしているもの、すなわち母親との親密な関係がシェリーには授けられていなかった……。彼の無限の愛の欲求に応えてくれたのは小さな妹たちだけであった。彼女たちは、昔フィールド・プレイスに住んでいたといわれる巨大な亀や大蛇など[21]についての不思議な童話を話してやると彼の周りに坐って魅せられたように耳を傾けるのであった。これが彼の文学的な空想の最初の表出であった。」彼の一番お気に入りの妹は七歳年下のヘレネで、彼はその名前を、兄妹の愛をテーマとしたある詩の主人公にもつけた（『ロザリンデとヘレネ』一八一八年）[22]。それより一年早く（一八一七年）既に彼は、バイロンの『マンフレッド』と『カイン』とほとんど時を同じくして『レイオンとシスナ』において兄妹の愛をテーマにしている。この詩は出版者の要請で削除と変更が行われた後『イスラムの反逆』というタイトルがつけられた[23]。

子供の時一緒に育てられたレイオンとシスナの兄妹は別れねばならないことになる。妹はレイワンと名乗り（ジーケの『名前の類似』参照、四四七頁）、のちになってレイオンと出会うがしかしながらこれが兄であるとは知らない。二人は手に手をとって敵から逃れ、ある廃墟の上で休む。沈黙のうちに今や彼らはお互いの正体を知る、沈黙のうちにお互いが相手のなかに共通の想い出をよみがえらせる、かつての愛が二人を強烈な力で捉え圧倒する、彼らは挫折した自分たちの希望を忘れて接吻を交わす、それが彼らのうっとりする心とからみ合った体を激しい情熱で満たし、二人は二日二晩嵐のような愛の歓びに浸り続ける。これはあらゆる性愛的な文学の最も強烈な、しかし同時に最も繊細なもののひとつである。だがレイオンとシスナは兄妹である（リヒタ－二九六頁）。

レイオンとシスナは愛の契りを結んだあと彼らの体験を語り合う。シスナは、ちょうどベアトリーチェ・チェンチが父親の欲望の犠牲となったように、「残忍な暴君の冷たい情欲の犠牲」になっていた。そしてレイオンが妹とは知らず彼女を暴君の迫害から救おうとしたように、シェリーは若き日の婚約者ハリエットをその父親の暴力から奪い去った。そして彼は、「自分の妹たちを拉致し去って、彼女たちを二人の女相続人の分け前よりももっと高いそれをもって獲得する」（二九五頁）という幻想的な考えも抱いた。兄妹は最後に暴君の命令によって火刑に処せられることになるが、ある霊的幻想によって二人は浄化されて死の炎のなかから立ち現れる。シェリーは初稿においては、「兄と妹の愛の絆を、その愛の深さの点において他のいかなる絆にも勝って讃美した」（二九八頁）のであったが、印刷の間に出版者の強い要請に従ってレイオンの妹シスナを、彼の両親の許で育てられた孤児で、彼の幼馴染みという設定に変更しなければならなかった。同じ頃に書き始められた田園詩『ロザリンデとヘレネ』においては、しばしばそうであるように、彼の運命と彼の家族の運命とがモデルとして使われた。そして特記すべきことに彼は、彼の家族の運命を二つの家族の物語に託して描いたこのほとんど自伝的ともいえる文学作品において[24]、再び兄妹の愛というテーマに立ち帰っている。

「ロザリンデは……ある若者に心からの愛をもって思いを寄せていた。三年にわたって彼らはお互いの愛を燃やし、ついに結婚の日が近付いてきた。だが二人が祭壇の前に立った時、長い間遠くに暮らしていたロザリンデの父親[25]が集まったひとびとをかきわけて飛び出し、恐ろしい声で〈やめるんだ、これはお前の兄さんだ！〉と叫んで聖なる式を妨害した。若者はその場に倒れて死んだ。」（三三五頁）父親の死後ロザリンデは、同じように典型的な父親的暴君そのものである厳しくて残酷な男と結婚するが、この男が作者から見た父親の原型であるということは、「ロザリンデは深く憎んでいる彼の抱擁の苦痛にはほとんど耐えられない」（三四三頁）という典型的な状況が物語っている。そして彼の悪意と残虐さは墓のなかからもなお彼女をつけ回してやまないのである（三三六頁）。

父親の割り込みによって実現されなかった兄妹近親相姦のほかにこの作品には更に、詩人たちが非常に好むところの兄妹愛の伝説的な原型への暗示も含まれている（特に『女裁判官』におけるビュブリスのC・F・マイヤーの暗示を参照）。ヘレネが森で一番好きな場所は、実際の物語が基になっているある恐ろしい伝説と関係している。

このやさしい淋しい場所で出会った
兄妹はみずからに永劫の
罰を厳かに下した。
激しい愛に満たされた二人はこの天のもとで

身も心も捧げ合った。
怒ったひとびとが寄ってたかって二人を
暗い森の奥へと追い払った。
彼らの罪のない子供を群集は引き裂き、
母親を殺した。
若者が街の広場で火炙りにされるところを、
ある僧侶が救い出し、神の名誉を守った。

シェリーはみずから『レイオンとシスナ』の序文で、自分は兄妹愛のテーマを単に道徳的な問題として、人間に忍耐心を教えようという教育的な副次的意図をもって取り扱ったのだと言っているが、これはわれわれにとっては妹に対する彼自身の愛の正当化でしかありえない。しかし他の批評家までがこの意見に与していて、そのことによって彼らは、文学的心理学の最も重要な理解が彼らに欠けているということを曝け出している。真の詩人というものは、道徳的な問題あるいは純粋に知的な問題を主題にしたり、賛成や反対を考慮しながらあれやこれやの解釈に味方するような屁理屈屋でもないし理性人間（Verstandesmensch）でもない。真の詩人はむしろ感情人間（Affektmensch）、しかも原始的な感情人間であって、彼の最も内なる本質から迸り出てすべてを圧倒するもの以外は表現することはしない。しかしわれわれは、文学創作のこれら本来のモチーフがとっくの昔に抑圧されており、それらが無意識のなかからその作用を発展させてゆくということを知っているので、詩人自身が自分でもよくわからない創造の動機とみなすところの、後から行う説明の試みを最終的な説明とは考えないで、むしろ芸術作品そのもののなかにみられる素朴な表現の方を手掛りにしたいものである。このような付随的な合理化を根源的なもの、最終的な説明だと考えるのは最も多くみられる誤りで、これは、文学的創作の評価に際してそれを内的な体験に依存させるところから生まれる誤りである。[26] 例えばこれまでひとびとは、父親的権威に対するシェリーの明白な反抗は、彼に（明らかに初め《オヴォ》から）内在する自由への衝動や独立への欲求――この欲求はまさに父親的権威の押し付けには耐えられなかった――からくるものだと説明する傾向にあった。しかし発生の順序で言えばこれは逆であり、つまり幼児期に起因する父親への反抗がのちになってあらゆる権威に対する嫌悪へと拡大されていったのである。これと同じ誤りをひとびとはシェリーの兄妹愛について犯した。因襲のすべての枠を打ち破る、女性の愛の自由な献身への彼の強い欲求は、権威に対する彼の憎しみと同じく否定することは出来なかった。そしてまさにこの理由から彼は因襲によって禁じられている兄妹近親相姦をも讃美したというのであり、[27] このことはバイロンについても主張されてきた。しかしここでも実際には心理学的な事情は逆である。幼児期の心的状態から生じた彼の兄妹愛は、その実現のためには因襲的なすべての制約の無視を要求したであろうどうにもならないひとつの感情行動であった。それゆえに彼はこの情熱をほかならぬ兄妹愛の問題を手掛りに解明し、そしてこれを現実の愛の条件として生涯保持し続けたのである。われわれはここでも、既にシラーその他の詩人においてそうであったように、近親相関関係の原初性と重要性についてのわれわれの解釈を人格の全体像から証明することの出来る場所に再び立ち至る。もし兄妹愛のテーマがシェリーにとって純粋に知的な事柄であったとしたならば、このテーマへの暗示がもっと弱く微かだったとしてもどうしてそれらが彼の文学的創造全体を支え貫くことが出来るのか、また彼の独特な愛情生活がなぜ近親相姦コンプレックスの典型的なかたちにおいて暗示されなければならなかったのかを理解することは出来ないであろう。逆にわれわれの解釈では、人生も創作も、抑圧され実現を求めてたたかっている同じ感情衝動の表出なのだ、と充分納得のいく説明をすることが出来るのである。

彼の愛がハリエット・グローヴという美しい従姉妹《いとこ》に向けられたのは一七歳の時であった。この女性は彼と同年齢で、彼に大変よく似ていた。比較的遠縁の女性に対するこのような愛着をわれわれは、深く抑圧された近親相姦的愛情の後裔として理解することを学んだ。約一年後にハリエットとは訣別するに至るが、これは彼女の方から出たもので、詩人には大きな衝撃であった。しかし翌年には早くも彼の愛は一六歳のハリエット・ウェストブロックという対象を見出した。この場合彼女の名前が初恋の女性のそれと一致していることはわれわれにとってはもはや偶然とは考えられない。更に、まさにシェリーをして彼女を愛の対象として選ばせるよう運命付けたものとして、この女性が彼の妹の学校友達であったという事実である。ハリエットが彼に、自分を苛酷な父親の暴力から解放して欲しいと訴え、一緒に駆け落ちする用意のあることを示した時、オイディプスコンプレックスに繋ぎとめられていたこの詩人にとってすべての愛の条件が完全に整っていた。この時点で詩人は、彼の空想が必要とするすべてのもの、即ち暴君的な父親とのたたかいと、[28] すべての因襲に反抗する女性の献身を併せもったのである。事実シェリーは極めて困難な状況のもとにハリエットと駆け落ちして、一ヶ月後に二人は結婚した。最初は幸福であったがのちに解消されるこの結婚生活で興味深いのは、シェリーがこの結婚においてもうひとつ別の愛の空想を抱き続けることが出来たということである。この空想は姉妹コンプレックスとの関係においてシラーの二重愛《ドッペルリーベ》から既にわれわれの知っているところのものである。[29] シェリーにあっては明瞭なかたちでの二重愛はみられなかったが、しかし彼は常に、妻以外に理想的、精神的で「姉妹のような」恋人をもちたいという自分の欲求を満足させるすべを心得ていた。実際にこの若い夫婦の許でハリエットの妹が長らく同居していた。しかし彼女はやがて二人にうるさがられるようになった。のちになって、「彼の魂の姉妹」たるヒッチュナー婦人がこれと似た役割を演じることになる。彼女も同様にこの夫婦の家に長く暮らすが、やがて詩人はこの女性にも嫌気がさし、今度はハリエット・ド・ボンヴィルにその代りを求める。愛の選択の同じパターンが彼の二番目の結婚生活において逐一繰り返し行われる。詩人は最初の妻が自殺したのち、因襲のすべての桎梏をかなぐり捨てて自由な愛をもって彼に一身を捧げたメアリーと結婚するが、この結婚も彼女の父親の強い反対を押し切って行われたものであり、父親は詩人のこの行動を決して許さなかった。ここでもまたメアリーの姉妹が二人の恋人たちと逃避行をともにし、それ以後何年にもわたって、しばしば悶着があったにもかかわらず彼らの家で暮らした。三人の共同生活は非常に親密なもので、詩人は義理の姉妹がバイロンとの間にもうけた子供の父親とみなされたほどであった。しかし彼がこの妻の姉妹に熱烈な恋文を何通も書いたことは疑いを容れない（リヒター四七八頁）[30]。この二番目の結婚生活においても詩人は、「きょうだいのような」愛への欲求を満たそうとした。特にそれは伯爵令嬢エミーリア・ヴィヴィアーニとの友情のなかに求められた。彼女は修道院の塀のなかで結婚を待たねばならぬ身であり、世俗の恋愛へのやみ難い憧れを抱いていた[31]。彼女はシェリーのことを「私の愛する兄弟」と呼び、また彼の妻のことを「私の一番大切な美しい姉妹」と呼んでいた（リヒター四八三頁）。エミーリアと知り合った当初シェリーは優美な断片『フィオルデスピーナ』を書いたが、そのうちの多くの箇所が『エピサイキディオン』へ移されたと言われる。「フィオルデスピーナとコスモは、シェリーが自分とエミーリアのために望んだであろうように、いとこ同士で、一緒に育てられた。本当の愛をもってお互いに慕い合っていた二人の心は生まれてからというものほとんどひとつで、なにごとをもすべて分ち合う運命にあった。」（四八五頁）多くの詩で賛美されている彼の理想の女性は、若者が夢のなかで憧れをもって見つめはしても人生においては決して手の届かない存在であるが、この理想像は総じて、観念化されて到達不可能な幼児期の対象にその源をもっている。例えば、彼が同じようにエミーリアへの愛を永遠化し、彼女に「花嫁、妹！　天使！」と呼びかけている（シュタイン夫人に対するゲーテの呼びかけを参照されたい）。『エピサイキディオン』では次のようにうたわれている。

おお、ぼくたちが双子に生まれていれば！
おお、ぼくの心が他の女性のために選んだ
名前が、君と彼女にとって、二人の魂を
姉妹のように明るく結び付ける絆であればよいのに！
さあ、心の姉妹よ、ぼくと一緒に逃げてくれるかい？

「エミーリア、ぼくは君を愛している、たとえ世界が軽いヴェールをもってこの愛をいわれなき恥辱から隠してくれなくとも」と、ここでもまたこの禁じられた恋への意味深長な暗示がみられる。人生では到達することの叶わない、「微かに眼覚め始めた青春の黄金の春に」彼の精神の前に姿を現わした愛の理想は、既に若き日の物語詩『アラスター』（一八一四年）に見出される。そこでは若者が夢のなかで見た恋人を現実の人生において空しく追い求める（ヴィーラントの作品においてこれと似た物語がみられる）。同じテーマがある寓話の断片に再び見出される。『エピサイキディオン』におけるように、『魔法の植物』というドラマの残されている断片においても「きょうだいのような」夫婦が再び登場する。若者の情熱に対して恋人は「姉妹のような愛をもってしかこれに応じる」ことが出来ない。一方彼は相手のことを「女友だち、姉妹、恋人と呼びかける」のである（五六四頁）。

詩人によっては、抑圧された強烈なコンプレックスが遠く離れた微かな暗示にまで放射されることがあるのだが、このような詩人においてわれわれは、象徴や比喩によるこれらの暗示の頻繁な繰り返しにも高度な心理学的意味を与えて差し支えない。どんなにかけ離れた遠いところにあっても、詩人の心にはきょうだいのイメージが湧き上がってくる。例えば『訓戒』（一八一九年）という詩のなかで彼は、カメレオンをとかげの姉妹と言っている。あるいは生ぬるい春の西風のことを彼は碧空の姉妹と呼んでいる（『西風に寄せる頌歌』一八一九年）。『海の幻』（一八二〇年）という詩には、「子供と大海がまるできょうだいのように声を立てて笑いかける」とある。このような箇所はシェリーの作品のなかから無数に挙げることが出来る。もうひとつだけ、グノーシス派の似たような作品群を驚くほど想い出させるアレゴリカルな詩を紹介しておきたい。メアリーが理念の堆積と名付けた『アトラスの妖精』（一八二〇年）という詩はリヒター（四五七頁）によれば次のようなものである。「時と変化がいまだその双児である真理と誤謬を生む以前の黄金期に……時と変化は娘と父親であった、この二人の近親の交わりから生まれた子供が真理と誤謬である……。」そして詩人が罪と死を母親と息子の「近親の夫婦」と書く時、彼は『失楽園』（V）から継承された似たような象徴を使っているのである（リヒター三四七頁）。

（1）アリストテレスはその詩学第XVI章で、詩人に与えられている発見描写の手段を詳細に論じている（彼は五つの種類に分けている）。「すべての葛藤は結局のところは誤認という単純な公式に還元することが出来る。」（R・クラウス『ドラマにおける発見』R. Kraus: „Erkennung im Drama“〔舞台と世界〕XV、六）

（2）夫の愛も子供のように純真な愛として非常に美しく描かれている。

「若いということがなんの役に立ちましょう。わたしたちは
夫をまるで子供のようにエプロンに入れて
運ばねばなりません。あなたの夫も、どんなにあなたが若くても、
あなたにくらべるとまるで子供だわ！　彼は逃げ出して行って、
母親を待つことはしないわ……」

（3）似たような設定がシュニッツラーにもよくみられる（『遠い国』―『外への道』）。

（4）フーゴー・フォン・ヴルフィンガーが息子テオバルトに向かって、アーデルハイトとの兄妹結婚を、もちろん認めはしないまでもなんとか救ってやろうとして言う次の台詞を参照されたい（アウグスト・フォン・コッツェブー『アーデルハイト・フォン・ヴルフィンガー。十三世紀の野蛮の記念碑』〈一七八八年〉、小著作全集全Ⅲ巻、ライプツィッヒ、一七九二年、Ⅲ巻の二、三三七頁）。「このような結婚がこのような事情のもとにあって神への罪であるならば、神はきょうだいたちの心にお互いの自然な嫌悪の情を植えつけていただろう。社会の絆にとって有益であるものが必ずしも個人にとって掟であるとは限らない。」

（5）「おれの――グラウビュンデンの――妹？」

「そうだヴルフリン、後部ラインのマルムオルトに住む私の隣人でジュディカトリクスというひとの子供だ。お前はこのシュテマ夫人には一度も会ったことがないだろう。彼女はお前の父親の二番目の妻なのだ。」

「三番目だ」とヴルフリンはぼそぼそっと言った、「おれは二番目の妻の子供だ。」

「お前の方がよく知ってる……」

（6）J・ザートガーの病跡学的・心理学的研究参照（ヴィースバーデン、一九〇八年）。

(7)「……誓って言うが、もう若者ではなくなっていたおやじは——おれは揺り籠にいる時からおやじの白いあごひげを引っ張っていた——裁判官の娘に求婚して、これを妻にしたのだ。」……「なんだっておれはばあの相手をしなければならないんだ！　なんでにやにやしてんだ、お前は。」——「お前が、まだ若くてきれいなその女と付き合ってるからさ。」——「年寄りだと言ってるだろう。」——「いいかいヴルフリン、お前のお父さんは一六歳の彼女に求婚したんだ。お前の妹よりも若いんだぞ……」

(8) Otto Sachs: „Von zwei Geschwistern“ (Berlin, Schuster und Löffler, 1898).

(9) 父親を同じくし、母親を異とする二人の子供の親密な愛着をシュトルムは短編『エーケンホーフ』Ekenhof において扱った。そこでは、自分の娘であり、息子が愛している同じ少女に対する父親の性愛的な愛もはっきり描かれている。シュトルムは『きょうだいの血』Geschwisterblut と題するバラードで、お互いにきょうだいであることを知りながら愛し合う二人の恋人の心の苦しみを歌った。

(10) 兄妹近親相姦のもうひとつの複製化の例が、イッポリトのところで働いている傭兵のひとりにおいて暗示されている。「あいつには実の妹もあるんだ——。」二作目の短編『殺人』Der Mord にもこれと似た状況がみられる。「私はあれをとても愛している、——われわれはもう長いこと兄妹のように一緒に暮らしているんだ！」と、ある夫が自分の妻について語る。

(11) 一方では母親をいっそう息子に近付け、他方では兄妹の血縁関係を廃棄させる働きをする、母親の不義についての空想は家族小説に典型的にみられるものである（『英雄神話』六七頁参照）。

(12) ゲルハルトは、マクダレーナを同じく母親とする実の妹マルゴットだけではなく、これも相手が誰であるか知らずコルドゥラの娘で自分の異母姉妹に当るエッゲをも恋する。この母親コルドゥラにも彼は惹かれている。彼はまた、この二人の女性を所有していた父親に反抗していた。

(13) 子供の頃の親密な、まるできょうだいのような交際から生まれる、これと似たような恋愛物語をイェンゼンは他の作品において描いた。フロイト『ヴィルヘルム・イェンゼンのグラディーヴァにみられる妄想と夢』„Der Wahn und die Träume in W. Jensens Gradiva“（第二版、ドイティッケ、一九一二年、八七頁）参照。

(14) 最近このドラマがレオ・グライナーの新しい翻案によって『アーバシズとパンシアまたは兄妹。フランシス・ボーモントの戯曲による』Arbaces und Panthea oder die Geschwister, nach einem Schauspiel des Francis Beaumont“（エーリッヒ・ライス書店、ベルリン、一九一二年）というタイトルで出版された。G・ケットナーは『シラー研究』（ナウムブルク、一八九四年）において、フーバーの試みたこのボーモント＝フレッチャーのドラマの翻案と『メッシーナの花嫁』との関連を証明しようとした。しかしコッホはこれに疑義を表明した。

(15)　マッシンジャーのテクニックに典型的にみられる盗み聞きの場面もそうである。アントニウスはドロテーアの心を獲得しようという試みを皇帝の父親と婚約者によって盗み聞きされ（『汚れなき殉教者』第二幕第三場）、クレオラとマルロは牢獄に一緒にいるところを急襲され（『保証人』第五幕第二場）、ドミティアとパリスは、ドヌーサとヴィテッリがトルコの貴族たちによって観察される（第三幕第五場）ようにドミティアンによって観察される（『ローマの俳優』第四幕第二場）。

(16)　アショカ王の息子クナラ王子（紀元前二五〇年頃）についてのインドの物語においては、女王たちのひとりがその美しい眼ゆえに彼に恋をするのだが、彼は母親のこの求愛を断固として拒絶したため罰せられて両眼を失うことになる。息子は、心を傷つけられた母親のこの残酷な命令にみずから進んで身を任せる。「私の心には、私の眼をくり抜くよう命じられた母上への愛しかないのです。」（オルデンブルク『ブッダ』第四版、一九〇三年）近親相姦の罰としての盲目のモチーフがここにみられるのは決して偶然ではないということは、オイディプス伝説が示している通りである。

(17)　チャプマンの『バッシー・ダンボアの復讐』The Revenge of Bussy d'Ambois においてはこの非情な兄弟殺しに対する反作用が、『ハムレット』におけるモチーフの変形に倣ったかたちで現われている。即ち、殺されたバッシーの兄弟チャーモントは、バッシーの亡霊の要請にもかかわらずその復讐の義務を怠るのである。

(17a)　以下の記述を私はヘレーネ・リヒターによる詳細なシェリーの伝記（ワイマール、一八九八年）から援用する。

(18)　彼の人生のこの時期は『イギリスにおけるシェリー。シェリー・フィットン資料からの新事実と手紙』Shelly in England: New facts and letters from the Shelly-Whitton Papers.（ロンドン）と題するロジャー・インペンによる伝記によって最近明らかにされた。

(19)　母親コンプレックスの影響を指摘することは、シェリーの文学創造のなかへもっと深く分け入って分析することによってのみ可能である。ここではプロメテウスとその母大地との対話を挙げておくに留めたい。そこではなによりも、多くの注釈がなされているある詩のなかで母親と息子との愛が語られている（『鎖を解かれたプロメテウス』のリヒター訳参照、レクラム、一一四頁以下）。同じ詩劇で、シェリーが自由に創作したアジアという女性がプロメテウスの恋人として登場する。詩人は彼女の名前をヘシオドスの『神統記』から借りているが、そこではアジアがプロメテウスの母親として登場している（ヘロドトスにおいてはアジアはプロメテウスの娘となっている）。近親相関関係のこの分岐は神話の伝統の特徴を表わすものであるが、しかし文学的な素材継承においても少なからずみられる。例えばバイオンにおいてはアドニスの母親であり、キーツにおいては彼の恋人であるヴィーナスはシェリーの『アドネイス』ではウラニアとなっている（リヒター『シェリー』、五二五頁）。プロメテウスの作者が、再び悪意ある暴君として描かれるゼウスに寄せる大きな関心のなかには、母親コンプレックスとともに父親に対する強い反抗が実現されている。

(20) H・リヒターによる『鎖を解かれたプロメテウス』翻案の序文。これらの事実に対するわれわれの解釈は心理学的にみてほとんど疑う余地のないものであるが、この解釈がリヒターの見解といかに一致しないかは、先に挙げたシェリーの伝記からのある箇所が示してくれよう。そこでは次のように書かれている。「更にまた、みかけは趣味と幻想の逸脱に基づいているかに思われるきょうだいの愛という問題は、ゲーテのように徹頭徹尾健康でまともな人間すらをも捉えたという興味深い事実を指摘しておきたい。」

(21) リヒターがその伝記で述べているように（一八九頁）、蛇は生涯シェリーの空想生活において重要な役割を演じた。幼児期の諸印象というものを基に考えるなら、初めて兄妹の愛を讃美したまさにあの作品において蛇が特に登場するというのはわれわれにとっては不思議なことではないだろう。——自己去勢の空想も、狂人の苦痛のラプソディー（『ジュリアンとマッダロー』）のなかに暗示されている。そこからは、「シェリーが、深い内面の苦しみ、熱い愛、秘かな自己告発のあの時期に肉体的・精神的苦痛によって体得した」（リヒター三五六頁）すべてが流れ出ている。

気狂い坊主のように勇敢におれの
男性の神経を切り取っておけばよかった、
そうすればおれたちがここで相抱き、かくもはかない
幸福を味わったあと、驚愕に打ち震えながら
また別れてゆくこともなかったろうに。

(22) 詩人が妹のヘレネの愛に訴えて書いているある手紙は感動的である。「お前はいつかぼくのことを好きだと言ったのを憶えているだろう……たとえみんながぼくを憎むことがあっても、だからといってお前までがぼくを嫌いになる理由はないんだよ。」（インペン）

(23) 出版者の希望により二七頁が組み直しされなければならなかったが、しかしその組み直された頁が失われたので一八二九年元の版が出された（アッカーマン『シェリー』、ドルトムント、一九〇七年、一六一頁）。

(24) 青年時代の長編小説『聖アーヴィン』St. Irvyne（一八一〇年）においても彼は、二つの不思議な家族の物語に話の筋を分けることによって近親相姦を目立たないやり方で実現させようとした。

（25）　兄妹近親相姦の妨害者としての父親という同じモチーフ形成は、テオフィール・ゴーチェの小説『隊長フラカス』Capitaine Fracasse にみられる。若い貴族で放蕩者のある男が女優に想いを寄せ、これを誘拐させる。彼女を犯そうとしたちょうどその時彼の父親が現れ、これを阻む。この女性は父親の私生児なのであった。

（26）　例えば近親相姦モチーフについてのわれわれの解釈を知っているアルベルト・モルデルは、シェリーの文学の根源を彼の恋愛体験に求めようと試みている。その際彼はこれらの体験そのものを「症候的に」判断の根拠とはせず、また幼児期の束縛にも原因を求めてはいない（『文学における性愛的なモチーフ』The erotic motive in literature. New York 1919, S. 209–219.）。

（27）　近親相姦のテーマを扱ったほとんどすべての詩人は、深い心理的な欲求から、因襲によって禁じられているこれらの傾向を正当化しようとした。例えば『ヴィルヘルム・マイスターの修業時代』（第Ⅷ巻九章）においては兄妹愛の権利がある比喩をもって語られている。「ユリの花を見てごらんなさい。おしべとめしべがひとつの茎から出ているではありませんか。ふたつを生んだ花がふたつを結びつけているではありませんか。それでいてユリは無垢の象徴で、きょうだいの結合が実を結ぶのです。」——二番目の例として、一九一一年に出されたハンス・ハインツ・エーヴァーの長編『アルラウネ』の一節を挙げておこう。「フリーダ・ゴントラムは兄と踊った。彼の顔を聡明な灰色の眼でじっと見つめた。〈あなたが私の兄でなければいいのに〉と彼女は言った。彼にはなんのことか全くわからなかった。〈一体どうしてだい〉と彼は尋ねた。彼女は声を出して笑った。〈まあなんて馬鹿なひと！　ところでお兄さん、一体どうしてだい、なんて本当に尋ねてもいいの？だって本当はこのことが妨げの理由にはならないでしょう。それは、私たちの馬鹿げた教育のぼろ切れが相も変わらず鉛弾のように私たちの膝の縫い目にぶらさがっていて、お行儀のよい美徳の服を私たちに差し出しているからにすぎないのだわ。そういうことなのよ、私のすてきなお兄さん！〉」

（28）　「しかし彼女に特有のメランコリックな性格がシェリーの心を強く捉えた。彼はこの資質が彼女の父親の暴虐の結果であると考えた。」（リヒター一六六頁）われわれはチェンチ悲劇が書かれるずっと以前のこの時期において、詩人の愛情生活と精神生活のなかにこの作品の心理的萌芽が既に芽生えているのを見出す。

（29）　あらゆる種類の近親相姦空想に浸ったサド侯爵も自分の妻の姉妹と関係をもった。
シェリーはハリエット・グローヴとの恋愛が因で父親と不和になった（アッカーマン二九頁）。シェリーがハリエットと別れた時、彼の妹が二人を和解させようとしたがうまくいかなかった。シェリーは一八〇〇年に『ヴィクターとカジールによる創作詩』Original Poetry by Victor and Cazire を書いた（カジールは妹エリザベスの匿名であった）。従って彼は当時妹とは特別親しい友情関係にあったのである。

（30）この時期に生まれた詩はジェーンに対する抑圧された情熱をはっきり物語っている。例えば『苦悩への祈り』Invocation to misery がそうである（アッカーマンによる引用二一六頁）。

「君の氷のような脈が鼓動し、
　ぼくの愛を嘆く……
君はこの愛を表わそうとはしなかった。」

更に『ジュリアンとマッダロー』には次のような詩句がみえる。

「……ぼくの絶望を君たちに大声で訴えるようなことを
　してはならない。」

（31）シェリーの妻の姉妹はこの女性について日記のなかで次のように伝えている。「彼女はいつもひとりの聖者に祈る。そして彼女は恋人を取り換えるたびに聖者をも取り換える。なぜなら彼女は恋人の聖者を自分の聖者とするからである。」（リヒター四八二頁）

第一八章　バイロン

――その生涯とドラマ創作

愛はそれ自体悲劇的な題材となるべきではありません。そうすればそれは、狂暴で、犯罪的な、不幸な愛にならざるを得ないでしょうから。

バイロン（マリー宛　一八二一年一月四日）

バイロンのケースがわれわれの具体例を実証するものとして特別な価値をもっているのは、それが体験と文学との厳しく規定されている緊密な関連を、われわれが既にこの関係の皮相的な解釈に抗してたびたび主張してきたあのもっと深い意味において示しているからである。われわれはここでは、バイロンがその異母姉妹オーガスタとの禁じられた共同生活を送ったかどうかという、多くの議論を呼んでいる問題にかかずらう必要はない(1)。われわれは繰り返し激しく議論されている彼の近親相姦についての完璧な証明に決定的な価値を置くものではない、ということをここで特に強調しておきたい。なぜならわれわれは文学というものを現実の体験のなかから理解しようしているのではなく、この体験をも基礎付けている無意識的な幼児期の関係から理解しようとするからである。近親相姦空想、即ち一番身近な家族成員（母親、姉妹）を性的に所有したいという幼児期の願望は、『パリジーナ』についてのわれわれの分析が既に示したように（本書第四章参照）、バイロンの文学作品からだけでも確実に推論することが出来る。バイロンは母親へのこの固着をスムーズに解くことが出来ないで、一方では憎悪感情へ、他方では同性愛へ[2]と通じる強力な抑圧によってしかこれを克服することが出来なかったのであるが、しかし彼はその全生涯にわたり常にこの失われた愛着に代るもののみを求め、それゆえ母親への初恋の原型をひたすら追い続けた彼のすべての恋愛は、燃えるように激しいものであったが長続きはせず、そのためまた数多いものにならざるを得なかった。従って彼の結婚生活も短期間で破綻をきたし、姉妹との親密な関係も間もなく消滅して、母親への幼児的な関係のため嫌悪へと変っていった。特に血縁関係にあって年上ないし既婚の女性に向けられた彼の多くの幼児的な愛着は、母親に対する愛着の早い時期における抑圧と、この失われた女性の理想像の探求ということから理解出来る。近親相姦的に固着されたこの時期尚早な性愛と彼の創作活動との関係を、次のような日記のある箇所が明かしている。「私の最も初期の文学的な試みはすでに一八〇〇年に始まる。それはいとこのマーガレット・パーカーに対して私の情熱が初めて燃え上がった年でもあった。」一四歳にして彼は、ノッティンガムに母を訪れた時に知り合った二歳年上で親戚に当るマリアン・チャワースに恋をした。当時彼が愛していた母親に取って代るべきこれら一連の代役的人物のなかで異母姉妹オーガスタは彼の求めていた幼児的な条件に特にぴったりかなった対象であった。なぜなら第一に彼女は血縁関係にあり、第二に彼女は詩人がもっと近付きになった時既に結婚しており、かくして幼児的な罪の感情はこの関係を妨げなかったのみならず、これを快く受け入れさえしたのである。オーガスタ・リー[3]は詩人の父親が最初の結婚で一七八四年にもうけた子供であった。その翌年彼はキャサリン・ゴードン・オブ・ギクトと再婚した。これが詩人の母親である。オーガスタは、祖母で未亡人となっていたホルダーネス伯爵夫人の許で育てられた。そしてバイロンは、彼女が結婚後数年して、既に子供の母親となった時ようやく頻繁に彼女と会うようになったのである。

しかし一六歳の時既に彼は異母姉妹のオーガスタに次のような手紙を書いている（一八〇四年三月二十二日）。「ぼくの永遠に大切なオーガスタ、愛情のこもった君の手紙に対してぼくがこれまで返事をなかなか書かなかったとしても、どうかこの怠慢を君に対する愛情の欠如だとは思わないでください。むしろそれはぼくの性格のなかにある恥じらいの気持の所為なのです。これからはぼくの力の及ぶ限り、君の好意に応えるよう試みるつもりです。そして君がこれから先ずっとぼくのことを兄弟としてのみならず、最も暖かい、最も優しく心を寄せる友人として扱ってくれるよう願いたいものです。」一八一一年には次のように書いている。「ぼくの愛するオーガスタ、ぼくは君のご主人と王子との言い争いについて聞かされました。ぼくはひとさまの家庭の秘密に首を突っ込むつもりはありません。しかしいかなる場合、いかなる状況においても君には兄弟であるぼくがついていること、またわが家が君の家庭であることを忘れないで欲しい。」

事実リー夫人は一八一三年六月その領地「シックス・マイル・ボトム」を後にして、期間は定めないでロンドンにいる異母兄弟バイロン卿の許へ赴いた。当時彼は既にキャロライン・ラム夫人とは別れていて、他の二人の貴族女性との親密な関係を続けていた。[4] 既に一八一四年の初めにバイロンはオランダ・ハウスで弟と姉の関係について奇妙な見解を表明し、これがスキャンダルを惹き起こした。[5] のちになって彼は自分の関係を正直に告白した。バイロンは結婚した時にはこの姉のことを馬鹿な女だと言うのが常であったが、それにもかかわらず彼はいつも彼女の不在を嘆き、「彼女ほど自分を愛してくれた女はいない、彼女以上に自分を幸福にするすべを知っている女性はいなかった」と言っていた。

この関係がバイロンの妻によって発見され、二人の離婚に至った過程をマイヤーフェルトはアスターティ文書を基に詳しく描いている（同書七〇九頁）。「ホルナビーでの蜜月の二日目か三日目にして早くも彼らの間には猜疑と幻影が現われた。」ドライデンの悲劇『ポルトガル王ドン・セバスチャン』を読んでいた若い妻は全く無邪気な気持で、兄妹の許されぬ関係を扱ったそのドラマのことを暗に指摘した。バイロンは、彼の秘密に探りを入れようという彼女の意図を嗅ぎつけ、ひどくこれを非難して暴力まで振るった。このことが彼の妻の心に最初の、漠とした、しかし極めて耐えがたい疑念を生じさせた。彼女が最初に考えたのは、彼がひょっとして他の女性との関係を続けているのではないかということであったが、この女性はのちになって彼の腹違いの姉であることが判明した――。それは、「彼の父親の乱行を考えれば多少は根拠のある推測」であった。「リー夫人が一八一五年の四月ロンドンへ出て来て、ピカデリー・テラスにある新婚夫婦の住居に十週間滞在した時、この不信の種は芽生えることとなった。一度眼覚めた疑いの念はバイロンの悪意ある皮肉なほのめかしによって絶えず掻き立てられた。これらのほのめかしに対してオーガスタの方はうまく無関心を装ってやりすごすすべを心得ていた。しかし若い妻の猜疑はもはやこの方向で動き出していたので、まさに当時他の女性に対する彼の情熱が最も激しく現れるのが彼女に知られないままでいることはあり得なかった。このような時に彼女は彼の以前の罪を確信するに至り、この関係の新たな再燃をほとんど信じるようにさえなった。」それでバイロンの妻はオーガスタをその弟から引き離すよう努める。そのことによってオーガスタが自分の支配のもとから逃れたことを彼が発見した時、彼に逆らった妻と姉に対する怒りは手のつけようがなかった。彼は妻から逃れようとして「ブランディ」を浴びるほどに飲み、狂気の一歩手前であった。二人に復讐するため彼は公認の情婦をかこったが、そこにはバイロン夫人よりもむしろオーガスタを侮辱しようという意図がみられたようであった。口論がますます激しさを増して繰り返され、遂に一八一六年八月離婚の事態に至る。その時リー夫人はバイロン夫人に一切を告白し、口頭によってのみならず手紙によっても、自分が本当に悔いていることを繰り返し告げた。

　バイロンは離婚以前にも姉に恋文を書き、また離婚ののちは外国からこのような手紙を出して、自分たちの関係を再び取り戻すよう何度も彼女を動かそうとしたが、これらの愛の手紙は、彼の抱いていた愛着が官能的な性質のものであったばかりでなく、それが強力な幼児的情熱に根を下ろしていたことを明瞭に物語っている。

「結婚なんて全くぼくは馬鹿なことをしたものだ――君もあまりお利口ではなかったね、ぼくの大切なひと――ぼくたちはオールドミスとひとり者のように独身のままで幸福に暮らすことが出来たろうに。ぼくは君のような女性を見付けることは絶対にないだろう――そして君も（生意気を言うようだが）ぼくのような男を見付けることは出来ないだろう――ぼくたちはまさに二人一緒に人生を送るように出来ているんだ――だからぼくたちは――少なくともぼくは――これまでにぼくを愛することの出来た、あるいはぼくが憂いなく心惹かれることの出来る唯一のひとと多くの事情によって引き離されているのです。」また別の箇所には次のように書かれている。「ぼくは君のことをこの地上の誰よりも愛してきたし、またこれからも、ぼくが理性を失わない限り誰よりも君を愛すことだろう。」三年後の一八一九年五月十七日彼はヴェネチアからオーガスタ・リーに次のように書いている。「ぼくの大切な恋しいひとよ、――ぼくはずいぶん筆不精になっていた。しかしぼくに何が書けるだろう。三年間の不在――そして生活の場所や習慣がすっかり変わってしまっている今もうぼくたちに共通のものといえばぼくたちお互いの好意と血縁関係だけしかない。しかしぼくはこの限りない、完全な愛を感じることをやめたことは一度もなかったし、一瞬たりともやめることは出来ません――この愛がぼくを君に縛りつけていたのだし、未だに縛りつけているのです――この愛があるゆえにぼくは現実に誰か他の人間を愛することが全く出来なくなっているのだ――君のあとから現われる女性たちがぼくにとってどんな存在であり得るだろう。ぼくの……[6]、ぼくたちのしたことは大変間違っていたのかも知れない――だがぼくはこの呪われた結婚以外にはなにひとつ後悔してはいない――そして、ぼくをこれまで同様に愛し続けることへの君の拒絶、ぼくはこの高価な状況改善を忘れることは出来ないし、君に完全に許すことも出来ない――しかしぼくは今の自分と別の人間になることは決して出来ない――誰かをぼくが愛するたびに、その女性はなんらかのかたちでぼくに君のことを想い出させるのです――例えば最近ぼくはあるヴェネチアの女性を好きになったのだが、それはほかでもない、彼女が……[6]という名前だったからだ（もっとも彼女は美しい女性でもあるのだが）。そして彼女はこの名前に対するぼくの愛着について（理由は知らないで）しばしば意見を述べた。――ぼくたちの長い別離のことを想うと心がひどく痛みます――これはぼくたちのすべての罪を罰してなお余りあるものです――『地獄篇』におけるダンテでさえ人間に対してはもっと優しかった。彼はその不幸な恋人たち（リミニのフランチェスカとパオロ。彼らの場合はわれわれのそれにはるかに及ばない――もっとも二人の行為は充分にひどいものではあった）をともかく一緒に居させたのだ――二人が苦しむことはあってもその苦しみを少なくとも彼らは分かち合っている。――いつかぼくがイギリスに帰ることがあるとすれば、それは君に会うためです。そしてぼくは、いかなる時、いかなる場所においても、またいかなる気分においても心のなかでは君に対して同じ人間であることを決してやめなかったということを想い起こしてもらいたいのです。さまざまな状況がぼくの生活振りを損ない――ぼくの精神を硬化させたかも知れない――君はぼくのことを、ぼくの周囲のものすべてに対する憤りの気持をもって、冷酷な目で眺めたかも知れない。君の新たな決意に対する、そしてまたその後間もなくこのぼくを故郷の地から追放し、ぼくの人生に対して謀叛を起こした卑劣な悪魔の迫害とに対する心の痛みをもって眺めたかも知れない。――この悪魔はぼくから高価なものの一切を奪い取ろうと躍起になっていたのだ――しかし当時君自身がぼくに涙を流させた唯一の対象であったということを考えて欲しい。そしてそれはなんという涙だったことか！　君はぼくたちの別れのことをまだ憶えていますか。今ぼくは君にこれ以外の事について書く状態にはありません――健康の方は良好です――そして、ぼくたちが一緒にいないという想いのほかは嘆くべき理由はもっていません――ぼくに手紙をくれるなら君について書いてください。そしてぼくを愛していると言ってください。ありきたりの人間や下らない事について書いてくれる必要はありません。それらは、イギリスのなかに、君を所有している国しか見ないぼく[7]、イギリスの周囲に、ぼくたちを隔てている海以外を見ないぼくにとって関心のあり得よう筈がないのだから。――不在は弱い情熱を消してしまうとひとびとは言う――そして強い情熱を確固たるものにしてくれる、と――ああ！　君へのぼくの情熱はあらゆる情熱、あらゆる愛着の一体化したものだ――これは強固なものとなったが、しかしぼくを破壊するだろう――ぼくは肉体的な破壊のことを言っているのではありません――なぜといってぼくは多くのものに耐えてきたし、これからも耐えることが出来ます――ぼくの言っているのは、多かれ少なかれ君と、そしてぼくたちの想い出に関わっていないすべての思考、感情、希望の破壊です。

常に変わらぬ愛をもって

（署名は削り取られている）」

異母姉妹に対するバイロンの情熱は、それが母親からの早い幼児期における移動から、一連の「禁じられた」若き日の恋愛事件と既婚女性との関係を経て芸術的な空想充足にまで至り、やがて最後は神経症へ通じる防衛の頂点へと達するその過程を跡付けることが出来ることによってわれわれにとって特別興味深いものになる。バイロンみずから友人トマス・ムーアへの手紙（一八一六年一月五日）で言っているように彼は、「なんらかの個人的な経験ないしは動機なくしてはいかなる事柄についても書くことは出来なかった。」かくして、バイロンが、腹違いの姉との関係が解消されて数年後に――この時期において彼は既に、彼女をいつか再び獲得しようというすべての望みを断念しなければならなかった――神秘劇『カイン』において人類の幼児期における願望空想へ、近親相姦的な愛着を正当化するために想定された「原状態」のなかへ逃避したということは、抑圧についての、また禁じられた愛が文学において空想化されて代理的充足を見出すということについてのわれわれの解釈の正しさを証明してくれるものである。この「原状態」においては実の姉妹との近親相姦が罪悪とならないばかりか、人類の保持と繁殖のために提供された行為となる。カインは実の姉アダ――彼女は更に彼と双生児ということになっている（「同じ日に同じ体のなかから生まれた」）――を妻に娶った。近親相姦愛のこの原初的な素朴な正当化及び、のちになってみられるその罪悪への価値転倒（抑圧）を詩人は独自のやり方をもって描いている。

アダ　……わたしはあのひとを愛しているのです。
ルシファー　母や父よりも
　もっとなのか？
アダ　そうです。……それはいけないことなのですか？
ルシファー　いや！
まだそうではない。お前たちの子供の時代には罪となるだろう。
アダ　どうしてですか？　わたしの娘がきょうだいのエノホを
愛してはならないのですか？
ルシファー　お前がカインを愛しているようにはな。
アダ　ああ神様、子供たちが愛してはならないというのですか？
愛から生まれた人間がまた愛し合ってはならないのですか？

　子供たちはこの胸から乳を飲んだのです。
　そして彼らの父親であるあのひとはわたしと同じ胎内で
　育くまれ、わたしと同じ時に生まれたのです、
　このわたしたちが愛し合わなかったというのですか？
ルシファー　今わしの言った罪を定めたのはわしではない。
　また罪が、お前たちの死後を受け継ぐ者たちに
　たとえどんなかたちで現われようとも、
　それはお前たちのなかでは罪ではありえないのだ。

しかしカインは実の姉妹を妻としたばかりではなく、弟アベルの殺害をも行った。これは確かにバイロンが伝承のなかから引き継いだモチーフではあるが、しかし彼はこれを、母親と父親（神）の寵愛をより多く受けている競争相手に対する嫉妬心から生じる幼児的なライヴァル関係の意味で動機付けている。カインを弟殺しへと扇動するルシファーは詩人自身の解釈によれば無意識的な願望、衝動を、またキリスト教伝説における悪魔、古代人の神託（運命）を具現している。

ルシファー　お前も弟のことを本当に大切に思っているのだな？
カイン　もちろん。
ルシファー　お前の父は彼をとても愛している、
　お前の神もそうだ。
カイン　そしてわたしもだ。
ルシファー　それは大変立派なことだ。
カイン　立派なこと？
ルシファー　彼は二番目に生まれた男で、

母親のお気に入りだ。
カイン　母親の寵愛は受けていればいいのだ、それを最初に得たのは蛇だったのだから。
ルシファー　そしてお前の父親の寵愛もだ。
……………………………………………………………………

ルシファー　今は閉じられているエデンの園を創りたもうた
主エホヴァみずから
アベルに微笑を送っている。
カイン　わたしは主の姿を一度も見たこと
はないし、主が微笑なさるかどうかも知らない。
ルシファー　だがお前は主の天使を見たことがあろう。
カイン　ほんの数回だけ。
ルシファー　しかしそれだけ見れば充分だ、
天使たちもお前の弟に夢中になっていることがよくわかるだろう。
神の犠牲になる人間は可愛がられるものだ。
カイン　そうかも知れない！　だがなんでお前はこんなことを
ぼくに話すのだ？
ルシファー　このようなことをお前はもう
とっくに頭のなかで考えただろうからな。

恐ろしい犯罪が行われたのち母親は、お気に入りの息子を殺した殺人者を典型的な復讐の言葉をもって呪詛する。
……神がわたしたちをエデンから

追放したように、苦しみがあの男を荒野へと駆り立て
てくれればよい、そしてやがては、あの男が弟になした
ことを子供たちがあの男になしてくれればよい！

この聖書の素材はきょうだいコンプレックスという枠のなかにおいてはギリシャのオイディプス伝説とは完全な対《つい》を成していて、そこには、カインが自分の行為を自分自身と最も高い裁き手の前で正当化しようとする時に用いる夢への暗示もみられる。

……やっと眼がさめたのだ！
これまでは恐ろしい夢に惑わされていたのだ。

もちろん本質的な相違は、近親相姦的な結合と競争相手の殺害がカインによって意識的に行われたという点にある。しかしながら幼児的な願望空想のこのストレートであからさまな現実は、近親相姦を正当化するところの、人類最初の夫婦とその子供たちについての神話を土台にしてのみ可能となる。だがこの作品において詩人の近親相姦的な愛が現実における充足を断念したのちに文学的な創作のなかで人類の完全な願望空想に正当化と慰めを、少なくとも観念上の充足を与えているのに対し、『マンフレッド』は同じ感情衝動に対する、ほとんど神経症的な防衛にまで高められた抑圧の反動作用を示している。マンフレッドは姉妹への想いや記憶を意識のなかから追放し、その禁じられた情熱を抑えようと試みる。それゆえ彼は七人の亡霊に「忘却」を与えてくれるよう望む。

わたしに忘却を与えてくれ、自分自身の忘却を！

防衛が高度に進むとよくみられるように抑圧された観念の記憶は「発作」を引き起こす。

七番目の亡霊（美しい女性の姿で現れる）
さあ、みてごらん！

マンフレッド　おお、もしこれが本当に
　この通りなら、お前が偽りの姿でないのなら、
　怪物でないのなら、おれはまだまだ幸せに
　なれようものを。さあお前をこの腕に抱かせておくれ、
　それから二人してまた新たに――
　（亡霊の姿はかき消える）
　おお、これはどうしたことか！
　（マンフレッドは気を失って倒れる）

愛するアスターティの霊が現れた時にもこれと全く同じような発作が起きる。

マンフレッド　どうかお願いだ、ひとこと
　だけ言ってくれ！　君はぼくを愛しているのか？
アスターティ　マンフレッド！
　（アスターティの亡霊は消える）
他の霊　あの男は倒れて痙攣している。[8]

近親相姦的な情熱の防衛は、彼の姉妹であるアスターティがもはや生きていないという設定に表われている。それどころか、アスターティが彼の姉妹であることすら全然明言されていない。特にマンフレッド自身このことをはっきり口に出すことが出来ない。彼は次のように言うのみである。

　君はぼくをあまりにも愛しすぎた、ぼくもそうだ。
　ぼくたちが愛したように愛することは
　最も大きな罪だけれど、ぼくたちはこんなに苦しむ

ように作られてはいなかったのだ。

マンフレッドとアスターティの間の近親相姦的な関係を最もはっきり匂わせているのは老僕マニュエルの言葉である。

マンフレッド伯爵は今と同じように塔のなかにおられました。
あの方がそこでなにをなさっていたかわれわれにはわかりませんでした。
ただ、あの方のおそばにいつもおられ、旅の道連れもなさるおひとだけが
まだそこに残っておいでです。伯爵はこの世のすべての女性のなかでこのおひとだけを
愛しておられるようにお見受けしました。
もちろんそのおひとはあの方とは血で結ばれておいでです。
伯爵令嬢アスターティ様はあの方の——シー、誰か来ました。

この箇所での中断は禁じられた表象の防衛をよく表わしている。
マンフレッドは夢のことについてもそれとなく仄めかす。

ぼくはどんなに苦しくても、
ほかのひとなら夢に見て睡眠中に
死んでしまうようなことにも耐えることが出来る。

この作品を時期的、内容的に詩人の人生に関連させてみるならば、ここにおいてバイロンが異母姉との許されぬ関係及び抑圧されてしまった近親相姦空想に対する心的な反動作用を描かずにはいられなかったということは疑いを容れない。

「あなたは私のマンフレッドの出所を」とバイロンは一八一七年十月十二日彼の出版元であるジョン・マリーに書いている、「私が姉に送った日記のなかに見出すことが出来ます。」この日記はやがてのちになってマリーの手に入ったが、彼はこれを処分してし

まった。ラヴレイスはこのことで彼を非難した。そして彼は、この処分はバイロン夫人のために、あるいは彼女の希望や命令によって行われたのではなく、リー夫人が「バイロン夫人のために」と称してこの消却を強く望んでいたということを確証した。ひとびとは『マンフレッド』のなかにスイスのアルプス世界の讃美と『ファウスト』の模倣をしか見ようとしないが、この作品のもっと深い根を、マリーに宛てた手紙（一八二〇年）の次のような箇所が意味深長に示している。「いやそうではない、私に私のマンフレッドを書かせたのはむしろシュタウプバッハであり、ユングフラウであり、実にまたファウストとはなにか別のもの、それ以上のなにかです。」

最後に異母姉に宛てたバイロンの詩のなかから、彼の愛の憧憬的な願望性格を特によく表わしている二節を挙げておきたい。

君はひとりの人間だった、そして嘘をつかなかった。
君はひとりの女だった、そして正しいひとだった。
君は愛された、そして欺かれなかった、
君は屈辱を受けた、そして本物であり続けた。
君は昨日も今日も変わらなかった、
君は離れていた、だが逃げはしなかった、
君はめざめていた、だが誹謗するためではなかった、
君は口を閉ざしていた、だがぼくを非難しはしなかった。
たとえ船が難破してすべてが砕け散ろうとも、
ひとつのことだけは心に残った。
それは、ぼくが一番心をこめて愛したひとが、
恋人たるにふさわしいひとだったことだ。[9]

砂のなかでぼくに挨拶を送る泉、
荒れ野に立つ樹木、
砂漠で一羽の鳥がうたい、
ぼくの魂に君のことを語ってくれる。

(1) この証明は、バイロンの孫に当たるラヴレイス卿によって家族日誌に基づき、一九〇五年ロンドンにおいて限定版で出版された『アスターティ――第六代バイロン卿ジョージ・ゴードン・バイロンに関する真実の一断片』においてなされたものである。一九〇九年エッジカムが反論を試み、バイロンの近親相姦の真実を否定し、その代り彼の若い頃の女友達で既に結婚していたメアリー・チャワースへの不倫の恋を挙げている。但し、この一方の「禁じられた」情熱がもう一方のそれとなんらかのかたちで関連しているかどうかは不明としている。――以来『アスターティ』は出版されている(ロンドン、クリストファー、一九二一年)。またエッジカムの反論も同様である(『バイロン、最後の相』)。――このテーマについては更にシロカウアー『バイロン卿、情熱的青春の物語』A. Schirokauer: „Lord Byron, der Roman einer leidenschaftlichen Jugend"(ミュンヒェン、一九一三年)参照。文学史家カール・ブライプトロイはバイロン家の物語を『バイロンの秘密』K. Bleibtreu: „Byrons Geheimnis"(チューリッヒ、一九〇〇年)という一巻のドラマに仕立て上げさえした。

(2) Rau: „Das Liebesleben Byrons" (Die neue Heikunst, 13. Jahrg. 1901) 参照。

(3) オーガスタの夫ジョージ・リーはバイロンのいとこであった。従ってオーガスタとも遠縁になる。

(4) マイヤーフェルト『バイロンとその姉』Meyerfeld: „Byron und seine Schwester" (〔ディ・ノイエ・ルントシャウ〕、一九〇八年五月)による。彼の記述はアスターティ告白に基づいている。

(5) 世間の疑いは詩人の韻文物語『アバイドスの花嫁』によって大きくなっていった。リー夫人がそのモデルであるとひとびとは憶測したのである。

(6) 短い名前(三文字ないしは四文字)が削除されている。

(7) これと似たような意味でわれわれは既に故郷からのバイロンの逃避を母親コンプレックスの防衛の神経症的現われとして解釈したが(本書第四章)、ここでそれが詩人の言葉によって裏付けられている。

(8) 実際にみられたバイロンのヒステリー発作については既に第四章において指摘されたが、ここではその発作の治癒に光が当てられる。

(9)　マンフレッドの台詞で、これと似た箇所がある。

「……ぼくは、ぼくを愛してくれ、
またぼくの方でも一番愛していた女性を
打って罪を犯した……」

第一九章　ドラマにおける聖書の近親相姦素材

最初の人間たちに近親相姦はなかった。

ヘッベル（日記）

A　カインの弟殺し

バイロンのカイン神秘劇は、旧約聖書の伝承に依拠することによって詩人が、幼児的な人類のコンプレックスに照応する彼の幼児的なコンプレックスをいかにストレートに全うすることが出来たかをわれわれに示してくれた。既に歪められ、宗教的な色付けがなされている聖書の記述によって感情の置き換えを行うには好都合の条件が与えられているので、詩人たちの作品においてもカインの弟殺しは神‐父親への反抗と結び付いたかたちで描かれる。しかし詩人たちはこの弟殺しを本能的に前オイディプス状況のなかから、つまり心理学的に母親と姉妹を巡る兄弟のライヴァル関係のなかから動機付けを行った。中世の宗教劇においてはカインによる弟殺しの題材は人気のあるテーマであった。一七世紀に書かれたM・ヨハンゼンの宗教ドラマは「弟殺しカイン」を扱っている。クロップシュトックもその

『アベルの死』において、父親を呪うカインの逸話的な姿を力強く描き出した。クロップシュトック以後の聖書劇ではカインとアベルについての悲劇的な素材がしばしば取り上げられた。のちに画家ミュラーはゲスナーの田園詩に依拠して『殺されたアベル』を書いた。ここでのカインは、両親が弟の方を可愛がることによって弟殺しをさせるよう唆したというので彼らを呪う。田園詩人ゲスナーは『アベルの死』を書いた。カインは、神と両親の寵愛を受け、そのためいつも明朗で快活な弟を憎んでいる。両親の仲介によって和解が行われたあと新たにまた彼の不快の念が眼覚め、そして冥界の天使が彼の夢に現れて、彼自身の子供が弟の子供によって奴隷にされ、虐げられている様子を見せた時、彼は殺人を犯す。両親は悲嘆のうちに息子の死体を埋葬し、殺した兄を許す。だが彼は良心に責め苛まれて落ち着かず、妻と子供を伴って人跡未踏の荒野へと赴く。ゲスナーがアベルの死を書いたのは二六歳の時で、この頃彼は若者に特有な心のこもった初めての優しさをもって妹を愛していた。ランダウによれば（『一八世紀イタリア文学史』）ゲスナーの作品に描かれているカインの夢はアルフィエーリの『アベーレ』に影響を与えたと言われている。ここではカインを誘惑するために地獄の力が動員されている。アルフィエーリはこの作品を一七八六年に書き始めたが、完成までには数年を待たねばならなかった。最後にもうひとつこの素材を使った全く新しい作品に触れておきたい。それはオットー・ボルングレーバーの哲学的な性悲劇『最初の人間たち』（ベルリン、一九〇八年）であるが、そこでは詩人が鋭い心理学的洞察をもって、弟殺しを母親の愛を巡る性的なライヴァル関係に起因させている。母親はカインから直接求められるが、しかし彼の野獣のような欲望に不快を覚え、そのエローティッシュな愛を柔和なアベルの方に与える。母親に対する情欲がカインを捉えて離さず、彼は夢のなかで母親の裸身を見るようにまでなる。そしてこの欲望は父親アダムと、みなからの寵愛を一身に集める弟に対する烈しい嫉妬の爆発というかたちで現れ、最後に彼は、弟が母親を所有したと思い込んでこれを殺害する。第二幕第二場では、アベルが母親を理想のタイプとして愛の対象に選ぶ様子が非常に美しく表現されるが、そこではエヴァとアベルが夜遠くからお互いを見つめ合い、お互いの美しさに陶然とする。やがて二人は相手が母親であり息子であることに気付き、また自分たちがかつてこのように見つめ合ったことが一度もないことにも気付く。「アベル　一度もあなたをこんなふうに眺めたことはなかった、エヴァ！／エヴァ　一度もお前をこんなにいとおしく思ったことはなかった、アベル！」同じことがカインにも起こる。彼は夜遂に女を見つけたと思い、欲望に駆られて激しくこれに襲いかかるが、相手が自分の母親であることに気付く。「カイン　おれは世界中を駆け巡った。だがひとりとして女を見付けることは出来なかった――ようやくひとり見付けたと思ったら！――それが母なのだ。」また別の箇所では女性の理想像としての母親への固着が明らかになる。「カイン（放心状態で独白）ぼくは広い世界へ飛び出して行こう！　愛らしくて荒々しい女を見付け出そう！　お母さんよりもっと愛らしく荒々しい女を！　お母さんよりもっともっと美しい女を!!（行こうとする）ぼくは……お母さんを愛している……エヴァ！　ぼくは……出ては行けない！」(1)

アントン・ヴィルトガンスもその神話詩『カイン』（一九二二年）において同じように、まずアベルが母親エヴァに対する欲望を抱き、彼が殺されたあと今度はカインが母親を求めて燃え上がる、という設定にしている。フェリックス・ヴァインガルトナーのオペラ『カインとアベル』ではカインが弟の妻アダを暴力をもって奪う。(2)

B　アムノンとタマルの近親相姦

――スペインの作家たち　ロ－ペ、カルデロン、セルヴァンテス

スペインの劇作家たちにあっては、ホモセクシュアルな色彩の変装モチーフと並んできょうだいの愛のテーマが最

も重要な役割を演じている。特にそれは、幼児期に両親を失ったローペ・デ・ヴェーガについて言える。彼は女きょうだいのイザベルとひとりの男きょうだいとともに大きくなったので、両親コンプレックスがきょうだいコンプレックスに取って代られる度合いが非常に大きかったということは容易に理解される。ローペの最初の妻もイザベルという名前であったことだけを指摘しておくことにするが、このことは名前決定の重要性を考えればわれわれには偶然とは思えない。また、一五八八年海戦で負傷した兄弟が彼の腕に抱かれて息を引き取ったという、詩人の心的生活にとって確実に大きな意味をもった事実を指摘しておきたい。

ローペの『償われた保釈金』という戯曲のなかで、どんな犯罪をも純粋に罪の快楽からこれを行うレオニードという若いシチリア人が、人妻となっている自分の妹を犯そうと試みる。彼女が抵抗した時彼は彼女と、彼女の助けを求める声を聴きつけてやって来たその夫ディオニシオ、それに彼にそのことを非難した父親ゲラルドに横面をくらわせる。そののち彼は海岸で眠っているところをムーア人たちに捕えられ、彼らの王は彼を自分の妻であるリドラに奴隷として与える。リドラはレオニードに恋をし、同じく奴隷として囚われていた彼の父親と妹マルセラを贈る。彼は父親を虐待し、その両眼をえぐり取る。そして彼は再び妹を辱めようと試み、もし抵抗したら父親を殺すと言って脅迫した。リドラはこれを許さず、助けを求め、それ以上のことを彼がするのを妨害した。レオニードは海辺へ赴き、そこでキリストに会う。キリストは彼に悔悛と贖罪を勧める。彼は、その間不仲となっていた王によって捕えられ十字架にかけられる。ゲラルドは処刑の間再び視力を取り戻す。最後に、リドラもレオニードの姉妹であり、従って彼は危ういところで自分の実の二人の姉妹との近親相姦を犯すところだったことが判明する。

他の場合には、父親に対する禁じられた憎悪関係が、抵抗のより少ない兄弟との競争に置き換えられ、それどころかシラーにおけるように想像上の兄弟という空想形成へ至ることもあるのだが、現実の人生においてはほとんど兄弟との関係しかもたなかったローペにとって父親に対する復讐の意識はより弱く、それゆえこの復讐はより早く成就される。この復讐にみられるサディスティックな特徴と、それに続く贖罪と自己処罰傾向（彼はみずから捕えられ十字架に処せられる）はローペ自身の性生活をその原型とする。初め彼は無軌道な、荒んだ生活を送り、いかなる性的享受をも拒まなかった。しかし人生の後年には敬虔な人間となり、ある修道院に隠居して毎金曜日にはイエスの苦しみを想って自分を血の出るまで鞭打つのであった（ヴルツバッハ『ローペ』）。彼のほとんどの聖者喜劇において聖者たちはみずからを鞭打つ。男女のきょうだい間の官能的な愛はローペの多くのドラマにおいてまだ物語の中心をなしている。更に幾つか例を挙げてみたい。

『マラーニャの牛飼い』王のベルムドは自分の妹でレオンの王女とサルダーニャのマンリコ伯爵との情事を発見し、伯爵を牢獄へ、妹を修道院へ閉じ込める。二人は各々脱走して、ある貴族の家に召使として雇われる。ドンナ・エルヴィラは牛に草を食わせる仕事をするが、ある日王のベルムドが狩りに出かけた折り彼女の姿を見て、これに恋をする。そして彼は次の夜彼女の許を訪れるよう便宜を計ることを彼女に頼む。しかし二人は事前にきょうだいであることを知る。――『トロののこぎり壁』では、これまで一度も会ったことのない妹エルヴィラの姿を初めて見たドン・サンチョがこれに想いを寄せる。彼はなんとしてでもこの妹を手に入れようと思う。彼女が自分の妹であることを知らされた彼は憎悪の念に捉えられる。彼は、別の男が彼女を所有することを望まなかった。それで彼女の町トロを征服するが、しかし彼女は逃れて農婦の姿に身をやつし、ブルグント王子の愛を獲得して、最後は結婚する。――『炭焼き女』では残酷王ドン・ペドロが炭焼き女に変装したレオノーレに妹とは知らず恋をする。一方彼は同時にこの妹を憎悪をもって迫害する。彼女の居所を用心深い母親はいつも彼には秘密にしていたのである。かくして彼は妹を愛し、かつ同時に憎むことになる。願望と反対願望、欲望と防衛とが奇妙な妥協の助けを得てひとつの表現のなかに同時にみられる。喜劇『銀の娘』では残酷王ドン・ペドロとその腹違いの兄弟でトラスタマラの伯爵ドン・エンリコとの宿命的な敵対関係が描かれ、ペドロの殺害によって幕を閉じる。あるムーア人の医者が病の床にあるエンリコに、ペドロがエンリコの母親を殺し、エンリコはその復讐としてペドロを殺害するであろうと預言する。ここでは兄弟の敵対関係のなかへ母親ないしは継母への近親相姦的な感情衝動が導入される。兄弟憎悪は更に『謙虚さの勝利と挫かれた高慢』という戯曲の基礎になっている。王トレバシオは兄弟からその恋人を奪い取り、考えられるあらゆる方法で彼を辱める。最後に王は彼を理由もなく投獄する。トレバシオはのちに失脚し、追放されていた兄弟が王座に据えられ、今や彼はようやく恋人に手を差し伸べることが出来るようになる。そして、フェリペが王座への高い階段を登ることが出来なかった時、トレバシオは地に這いつくばっていなければならず、兄弟が彼の上を踏み越えて登ってゆく。ここにおいて兄弟憎悪の防衛がマゾ的な性生活に基づいて表現されている。つまりかつて彼が兄弟に対してなしたことが今度は彼の身に降りかかってくる。最後に、リヴィウスの語っているホラティア人とクラティア人との戦いを扱っている悲劇もこれに属するものである。ローペはこの素材を『高潔な兄弟』で扱った。この戦いで最後の勝利者となるのは最年長のホラティア人である。市民の歓呼を受けて彼が町へ凱旋した時、市門の前で彼の妹ユリアが、彼女の婚約者であった若いクラティア人を彼が殺したと言って非難する。勝利者としての自分に敬意も払わないことに怒った彼は剣を抜いて妹の胸を刺す。無意識的なモチーフはここでも再び妹への兄の嫉妬である。この嫉妬は、妹の婚約者の死の方が兄の名誉よりも大切であることから生じたものである。これと同じ素材をコルネーユがその『オラース』で扱った。

カルデロンはその『アブサロンの髪』というドラマにおいてタマルとアムノンとの近親相姦を扱った。第一幕は妹タマルに対するアムノンの近親相姦的な愛を、第二幕はアブサロンによる彼女の復讐を、そして第三幕は父親ダヴィデに対するアブサロンの怒りとアブサロンの死を描いている（シェーファー『スペイン国民劇の歴史』による）。ここで、世界文学においてその類をみない剽窃について触れねばならない。つまりカルデロンのこの戯曲の第二幕全体は、ローペの先輩劇作家ティルソ・デ・モリーナの『タマルの復讐』第三幕のほとんど一字一句そのままの書き写しなのである。ティルソの作品には兄アムノンによるタマルの強姦と、アブサロンの饗宴における彼女の復讐が含まれている。更にカルデロンの第一幕には、タマルがアムノンの願いに応じて彼の恋人役を演じる場面がみられるが、これもティルソのドラマの第二幕からのものである。カルデロンの他の作品から推論出来る近親相姦的情熱の強力な抑圧――この抑圧は彼の精神生活を、感覚的な先輩であるローペのそれから分つものである――を想い浮かべるならば、また更に、芸術家としては慎重であった彼が驚くほど多作なローペ――彼は自分の作品数を、もちろん誇張はあるが、一五〇〇と言っている（四五〇は残っている）――のように創作のスピードを意識的無意識的な剽窃によって高める必要はなかったということを考えるならば、繊細な感情の持主であるカルデロンの、まさに不快を催させる近親相姦問題に関連するこの剽窃を、詩人にとってより価値ある観点の許に立って考察し、そしてそのなかに、高度な抑圧の力のもとで創作せざるをえないカルデロンが自分ひとりでは形成することの出来なかったあのコンプレックス表現に対する「嫌悪」を見ても差し支えないであろう。(3)

同じように高度な抑圧によって形成された、妹タマルに対するアムノンの愛に近い関係を、その『アンドロニス』においてカルロス・テーマを扱ったカンピストロンが悲劇『ティラダート』（一六九一年）で描いている。物語の舞台はパルティエンの王の宮廷に移されており、その息子ティラダートは妹のエリニスを激しく愛している。彼は憂鬱な性格の男で、絶えず涙にかきくれ、そして――フェードル、アルフィエーリのミュラのように――自分の秘密を用心深く守っている。遂にこの秘密を自分の意図に反して洩らした時、彼は毒をあおっておのれを罰する。抑圧の進行によってここでは、禁じられた愛が満たされる可能性を考えただけで既に罪の意識と自己処罰の傾向が生じる。

スペイン文学にみられるきょうだい近親相姦のドラマではまた有名なセルヴァンテスの喜劇『娼婦』をも挙げることが出来る。

学生のカルデニオは、リマからやって来たいとこドン・シルヴェストゥル・デ・アルメンダレスと自称してマルセラの家へうまく入り込み、いとことして彼女に結婚を申し込む。しかしマルセラはこの親戚の者だと称している男には愛着を覚えない。免赦（禁じられた結婚の）はローマで拒絶され、この学生は本物のシルヴェストゥルの出現によって化けの皮が剝がれる。だがマルセラはこの男とも結婚しない。マルセラの兄ドン・アントニオは妹によく似たもうひとり別のマルセラという女性を愛している。そして妹に対する彼の態度はといえば、兄が自分自身に禁じられた感情を抱いているのではないかと彼女が思うほどに優しかった。彼はマルセラに結婚を申し込むが、彼の恋仇アンブロシオがマルセラの書いた結婚誓約書を彼に見せ、それでアントニオは求婚を取り下げざるをえなくなる（シェーファー前掲書による）。

最後に他のスペイン人たちのうちで、ヴァレンシア派の指導者であった有名なギリエン・デ・カストロ（一五六九年生まれ）の戯曲をなお幾つか挙げておきたい。『幸福な幻滅』ある女王が継《まま》娘の求婚者を愛人にしたいと思い、果ては自分の夫を殺そうとさえ試みる。こちらはこちらで自分の娘に対して父親としての限度を越えた愛を抱いている。『変らぬ愛』では、ハンガリーのある王が妻を離婚して兄弟の隠し妻を手に入れようとする。彼女が抵抗したので王はこれに毒を渡し、その夫を、つまり彼の兄弟を殺させる。しかし彼自身やがてこの殺害された兄弟の息子によって刺し殺される。『とんまな騎士』においては、姉妹の婚約者を殺し、自分がこの男とよく似ているのを幸いにその衣裳を身に着けて代役を演じようとする若者が登場する。『自分の父親の孫』という戯曲では、既にそのタイトルが示しているように、錯綜した血縁関係が描かれる。

なお最後に注目すべきことは、スペインの劇作家たちを非常に高く評価し、カルデロンの『十字架への敬虔』に依拠しながらその処女作において妹に対する兄の情熱をテーマにしたグリルパルツァーが、スペイン演劇の研究論文のなかでミラ・デ・アメスクア博士の『女が疑うこと』という戯曲について次のように言っていることである。「正直なところ私にはこの戯曲が理解出来ない。ドンナ・イネスはドン・カルロスの妹である。だが後で彼女はまた彼のことを自分の恋人として語っている。」

(1) ヴェーデキントは、ボルングレーバーを弁護する文章のなかで精神分析的な近親相姦の研究を指摘した。

(2) ウィーンにおけるフェリックス・ヴァインガルトナーのオペラ『カインとアベル』初演に関するマックス・グラーフの報告（〔ディ・ツァイト〕）から私は以下の音楽史的な資料を援用したい。「弟殺しの悲劇カインとアベルはオペラ台本の対象になることは稀であった。この素材はオラトリオの作曲家たちの方がはるかにしばしば取り上げた。特にそれは、ナポリ楽派の巨匠たちの間でアベルの死を扱ったこの文学が、メタスタシオによって与えられた形式で、特に好まれたからである。カルダーラは、メタスタシオのテキストを壮厳な様式で作曲した最初のひとである。そしてウィーンのために書かれた彼の三一曲のオラトリオのうちでは『アベルの殺害』も高い位置を占めている。カルダーラと同じ年に（一七三二年）レオナルド・レオが同名のオラトリオを書いたが、これは一八世紀の終りになってもまだ熱狂的なファンをもち、ドイツでも多く歌われた。ピッチーニはナポリ派のブラヴール歌唱のあらゆる技術を駆使してそのアベルの死を書いた（一七五八年）。これと似たようなスタイルでフィシエッティ（一七六七年）、アヴォンダーニ（一七八〇年）、ググリエルミ（一七八〇年頃）、ジョルダーニ（一七八四年）、ガッティ（一七八八年）などがそれぞれアベルの死を書いた。ドイツの作曲家たちのうちで最初にカインとアベルのオラトリオを作曲したのはJ・ハインリッヒ・ロレ（一七一一年）、ザイデルマン（一八〇一年）、ナウマン（一八〇〇年）、ルンゲンハーゲン（一八一〇年）であった。彼らは多少とも感覚的、感情的なイタリアのオラトリオ様式の模倣者であった。このスタイルには劇的な要素が存分に取り入れられていたので、一八世紀末のナポリとローマではアベルの死を扱ったオラトリオが舞台衣裳をつけてオペラ劇場で繰り返し上演された。マクテブルクの音楽監督だったロレも同じようにこれを舞台にのせた。彼が自分の『アベルの死』を〈音楽的ドラマ〉と呼んだこともゆえなきことではない。また彼のオラトリオのテキストにも多くの演出所見が書き込まれている。しかしながら本来の舞台の素材はカインとアベルについての聖書の物語ではなかった。この素材を扱っているオペラを私はヴァインガルトナーのそれをも含めて三つしか知らない。ドイツの最初のオペラのひとつはカインとアベルのオペラであった。一六八九年ハンブルク劇場において『絶望の弟殺し』がポステルの台本、J・フィリップ・フェルチュの作曲で上演されたが、これは、その数年前にはハンブルクの教会で音楽劇は暗黒の作品だと説教してこれに反対していた宗教当局をも満足させたことは確かである。このオペラでは温和なアベルが結婚前の男として登場し、一方カインは既に夫として描かれている。カインの妹であり妻である女性はカルマナ、アベルの婚約者はデボラという名前であった。カインの息子へノホも舞台に登場する。このオペラが上演されてのちカインとアベルのドラマは二〇〇年にわたってオペラの舞台から姿を消し、最近になってようやくオイゲン・ダルベールとフェリックス・ヴァインガルトナーという二人の現代作曲家が再びこの素材を手掛けた。しかしながらこのように大きな、普遍的に人間的意味をもった素材が、二〇〇年の間にわずか三回しかオペラとして作曲されなかったほどにオペラ作曲家に対して魅力を発揮しなかったということは、この素材のなかにオペラの舞台での上演に抵抗するなにかがあることを暗示している。聖書の人物をオペラの舞台上で見ることの嫌悪感だけでは、オペラの作曲家たちがカインとアベルのドラマから遠ざかっていたことを完全には説明することは出来ない。もっと重要なことは、オペラというものの生命である要素、即ち愛がこの素材のなかへまず人工的に導入されねばならないということである。カインとアベルの悲劇は憎しみのドラマであり、バイロンにして初めてこれをその壮大な『カイン』においてファウスト的な知識衝動のドラマに仕立て上げたのである。だがカインとアベルからは、それを自由に改作しない限り愛のドラマは生まれない。その場合、この聖書の物語が歪められ、観客に疎遠なものとなる危険は明白である。」

（3）　カルデロンの神話的な劇『エコーとナルシス』においても、自分とそっくりの双子の妹に対するナルシスの愛が描かれている。

第二〇章　グリルパルツァーの兄弟コンプレックス

――文学と神経症の関係の問題への一寄与

そのようにして二人は立っていた。われわれは、一体となるよう、
相手を自分のなかに完全に受け入れようと努力した。
だがすべては無駄であった。戦い、荒れ狂い、泣いたが駄目だった、
彼女は女であることをやめなかった。そして私はいつも私であった。

グリルパルツァー

グリルパルツァーの処女作『祖先の女』は彼の人生において最も大きな役割を演じた兄弟との幼児的な競争関係（前オイディプス状況）の重要性と、この関係の父親への置き換えとを示している。即ち息子は父親を殺し、そして――母親ではなく妹を愛するのである。この悲劇の内容は簡単に紹介すれば充分であろう。

ボロティン家の祖先の女は不義を犯したかどでその夫に殺された。呪いを受けた彼女は、一族が死に絶えるまで、成仏せず亡霊となって館のなかをさまようという運命を負わされる。一族の最後の三人は老伯爵ボロティン、その息子ヤロミール、そして娘のベルタである。ヤロミールは子供の時ジプシーのボレスラフによってさらわれ、彼の息子として育てられ、盗賊にさせられた。偶然のきっかけでヤロミールはベルタを知って、これに恋をする。老伯爵は二人の結婚になんら反対する理由はなかった。ちょうどヤロミールが伯爵の館に滞在していた時に、彼が首領をしている盗賊団を捕えるための兵隊がやって来る。盗賊たちの追跡が行われたが、その際戦闘となり、ヤロミールは自分の父親だとは知らないで老伯爵を殺す。最後にヤロミールは、自分自身がボロティン家のものであり、従って自分が父親の殺害者であり、また妹の恋人であることが次第にわかってくる。ベルタとそっくりな祖先の女の亡霊に抱かれてヤロミールはベルタの死体のかたわらで息絶える。

ここには父親殺害の典型的な願望がみられ、またこの願望に対する防衛感情は、この父親殺害が、相手の正体を知らなかった息子によって行われるという設定に表われているが、これらについては今更指摘するまでもない。グリルパルツァーと父親との関係が一度として愛情に満ちたものでなかったということは彼の人生からよく知られている。彼は自伝のなかで書いている。「私は父を本当に一度として優しく愛したことはなかった。父はあまりにも冷たい人間だった。」しかしわれわれの研究にとっては、父親に対する彼の敵対的な関係よりも、(1)『祖先の女』に表われている妹に対する愛の方がもっと重要である。というのもグリルパルツァーには女きょうだいはいなかったのである。近親相姦テーマとの個人的な関係をもっていなくても詩人は誰でもきょうだいの愛を扱うことが出来るのだという他愛無い言い訳を度外視するならば、ここでわれわれはひとつの心理学的な謎の前に立たされる。この謎については、序文において強調された母親から姉妹への愛の置き換えが、グリルパルツァーに女きょうだいがいた場合にのみ解決してくれるであろう。母親への愛着は、少なくとも初期の少年時代には、反父親感情から出るものと推論することが出来る。それのみならず防衛の強さから逆に推し測るならばこの愛着は、空想上の人物（姉妹）へと移行しうるほどに強力なものであると考えねばならない。ならばこのことは、グリルパルツァーの神経症的な性格にぴったり合致するであろう。彼の強い性的拒絶にとっては空想される女性の方が現実の女性よりも好ましかったのである。しかしこの空想の産物がどうしてほかならぬ姉妹になるのかという疑問は依然として残る。一番自然なのは多分、強烈な抵抗によって現実の充足が阻まれた大きすぎるほどの愛の欲求を抱いていた詩人が、空想のなかで女きょうだいの所有を心に描いたものだろうという想定である。空想上の姉妹を作り出す本質的なモチーフをなすのはしかし兄弟憎悪であって、これはもともと母親を巡る競合に関連しており、しかも父親がこの役割を演じる以前の時点である。「姉妹」は次に、前オイディプス状況における競争と憎しみのまさに根源と固着を示す。[2] グリルパルツァーは母親に対する愛を想像上の姉妹の上へと移し置いたのだが、彼はまた父親との競争関係をも母親からこの「姉妹」へと置き換えている、つまり幾分か兄弟を、われわれの以前の論述の意味で（本書一一、一三章参照）父親に仕立て上げている。即ち彼はその習作のうちで『素材と性格』（一八二二年）という未完のままの草稿で、父親に（想像上の）娘を愛させるよう設定している。「勇敢な男であった王ヘルゴはトロ島である処女を暴力で犯す。それで彼女は女の子供をもうけ、これをベーリンと名付けた。長い年月が経ち、この娘が一人前に成長した時ヘルゴは遠征の途次再びトロ島に上陸し、その際彼の兵士が掠奪、暴行を働く。王に捨てられたかつての恋人は世にも恐ろしい復讐を考え出す。彼女は若い盛りの自分の娘を王の前へ連れて行く。この二人が誰であるか知る由もない王は娘に情熱を燃やす。彼は娘との間にロルフォという男子をもうける。自分のしたことがどんなにおぞましいものであるかを知ったヘルゴは王位を退いて、あるひとたちの言うところでは、はるかなオリエントで死んだことになっている。しかしまた別のひとびとは、彼がみずからの剣で果てたと言っている。」この草稿には妻（母親）から娘（姉妹）への置き換えが極めて明瞭にみられる。王ヘルゴは彼の愛着を、グリルパルツァーがその空想のなかで行ったと全く同じように一方からもう一方へと移していったのである。[3]

グリルパルツァーの姉妹空想をわれわれに裏書きしてくれるものとして、彼がガストアインからの「別れ」に際して一八二〇年八月一日ヨゼフィーネ・フォン・ヴェルホヴィッツに宛てて書いたひとつの詩がある。それは次のようなものである。

おお夫人よ！　あなたはぼくにとって母だった——
　ぼくの母は地の下深くに眠っている——
あなたの戒めの言葉は母の口から出たかのようだった、
　あなたの叫びは母が発したかのようだった。

おお夫人よ！　あなたはぼくの姉妹だった、
ぼくには一度も姉妹はなかった、
だが感情と想像とがぼくに彼女たちの姿を
　優しく、美しく描いて見せてくれた。

他人のなかに自分を見付けて喜び、
　自分のなかで他人であり、
二人でいながら、一体であること、
　内において強く結ばれて。

おお夫人よ！　あなたはぼくに妻のなんたるかを
　教えてくれた。

だがぼくには、ぼくには家がない、
　愛が織り編む絆がない。
彼らは母を追い出し、
　ぼくには姉妹がいなかった。

女きょうだいに対する憧れとともにこの詩は、近親相姦的愛情の母親から姉妹への置き換え（転移）も暗示している。というのもこの詩では夫人が母親として、姉妹として、また妻として讃えられている。ここにおいてわれわれには、空想による姉妹の創造の無意識的なモチーフが多分理解されるかも知れない。詩人はおおむね無意識的に創作を行うので、自分の精神生活、愛情生活を完全に現実に即して表現することは決してないが、しかし内面の抵抗（フロイトの言う「心的な検閲」）に応じて変更を加えながら表現する。いかなる作品も「真実と詩」なのである。例えばグリルパルツァーにおいても母親に対する現実の近親相姦的な愛着で、作品のなかに押し入って現れているのは「近親相姦的なもの」、禁じられた愛のみであって、一方「母親」はこの愛の防衛が行われるため押し戻された。母親に代るものとして、幼児期の関係を基に、姉妹という置き換えの代用が必要となってくる。アーブラハム（『年鑑』Ⅰ、一一三頁）とシュテーケル（『文学と神経症』三二頁）が発見したように、母親という禁じられた性的対象からの姉妹への置き換えは、われわれの習慣において認められている従姉妹との結婚というかたちでしばしば現われる。ところでシュテーケル（同書）は実際にグリルパルツァーが従姉妹のマリー・リッツィに恋していたことを指摘しているし、[4]また詩人は、彼の従兄弟の若い妻であったシャルロッテ・バウムガルテンにも激しい情熱の炎を燃やした。カティ・フレーリッヒとのグリルパルツァーの関係も多分、詩人が彼女との結婚を決意出来なかったのは、彼にとって彼女がいつも多少妹のように、つまり禁じられた性的対象のように映っていたからだと解釈することが出来るであろう。他方彼は自分の限りない詩人のエゴイズムに関連して『緑なす青春時代の想い出』（一八二四年）のなかで次のように言っている。「われわれは烈しく燃えた、だがああ、溶け合うことはなかった。半分の人間にはお互いを当てはめることが出来るものだ。私はまるまるひとつの全体であったし、彼女もまた全体であった……そのようにして二人は立っていた。われわれは一体となるよう、相手を自分のなかに完全に受け入れようと努力した。だがすべては無駄であった。戦い、荒れ狂い、泣いたが駄目だった。彼女は女であることをやめなかった。そして私はいつも私であった。」

グリルパルツァーの姉妹空想の決定的な原因はしかしながら、既に述べたように、彼の精神生活において極めて重要な役割を演じたその兄弟憎悪である。グリルパルツァーはそのようにして彼の兄弟憎悪の無意識的な正当化のために、自分は姉妹によってより多く愛されているのだという空想願望を創ることが出来たかも知れない。この姉妹空想の現実の基盤はしかし、兄弟憎悪の観点から考えても、やはり母親を巡るライヴァル関係である[5]。こうしてわれわれは再び姉妹から母親へと戻ってくるのであって、『祖先の女』における「妹」ベルタの背後には「母親」の姿が隠されていると想定しなければならない。この想定には、老伯爵に妻がいなくて、ベルタがいわばその代りを務めているという設定も合致する。われわれのこの解釈の正しさを第三幕のある箇所が裏付けてくれる。ベルタは、ヤロミールが盗賊であることを知って彼を拒絶する。ヤロミールは彼女の膝に取りすがって言う。

ぼくを受け入れておくれ！　母親のように
優しくぼくを迎えておくれ！　君の子供である
ぼくを、好きなように導いておくれ。

このようにヤロミールは、実際は妹である婚約者に、あたかも母親に対するように話しかけるのであるが、ここに母親から妹への無意識的な置き換えが明らかに示されている。先の『別れ』という詩におけると同じ妻と母親との同一化が空想上の妹に移し置かれている。しかし、母親への愛の最も深いモチーフを更に明瞭に示しているのは祖先の女自身にほかならない。グリルパルツァーのト書きによれば彼女は姿、顔ともにベルタとそっくりで、ヤロミールが、そして老伯爵すらこの二人の見分けがつかないほどである。ヤロミールがまたしても祖先の女をベルタと思い違いする最終場面で、彼女は次のように彼に向かって叫ぶ。

わたしはお前のベルタではない！
わたしはお前の一族の祖先、
いいいいいい、
お前の母なのだ、罪深い息子よ！

この言葉のなかにドラマ全体の意味を解く鍵がある。老伯爵とヤロミールがベルタを一族の母親である祖先の女と混同するのは、グリルパルツァー自身と全く同様で、彼もその無意識のなかで母親を想像から生まれた妹と混同し、一方を他方の代りに置くのである。ただここでは事情が逆で、人生における現実の母親と想像上の妹が作品においては現実の妹と想像上の母親（亡霊）となっている。母親に対する愛の防衛感情が心的なアクセントのこのような置き換えを引き起こすのである。この亡霊（祖先の女）はハムレットにおけるそれを想い出させる。そしてこの一致は単に外面的なものに留まらず、同じ心的なメカニズムの作用であることがわかる。われわれはハムレットを分析した際に、父親の亡霊は成功しなかった防衛を表わしており、父親から伯父を作り出した抑圧作業がいわば中途になったままであることを発見した。ここでも全く同様に、置き換えが完全には行われていない。母親と混同されるほどに、顔かたちのよく似ていた妹が前面に出されてはいるが、その背後になおも、原初的な母親の影が幽霊のようにちらついている。この母親はしかし一族全体の母である祖先の女への防衛傾向によって作り出されるのである。この解釈の結果を作品に当てはめて考えるならば、祖先の女の場面、特に、ヤロミールが彼女をベルタと混同する二つの場面はより深い意味を獲得する。陰鬱な最終場面もこの解釈によって心理学的に理解することが出来る。地下納骨堂に姿を現わすのは、彼がともに逃走することを約束していた妹ではなく、母親である祖先の女なのだ。

ヤロミール　愉快な話じゃないか！　お前は
　ぼくの妹だとみんな言っている！
　ぼくの妹だと！　さあ声を出して笑え、
　笑え、笑うんだ！
祖先の女（くぐもった声で）
　いいえ、いいえ、わたしはそなたの妹ではない。(6)
ヤロミール　だがお前の話し方はこんなにも悲しげではないか。
　ぼくの妹だ！――さあ笑っておくれ、
　ぼくの父は――ほかのことはどうでもいい！
　逃亡の準備はすべてできている、
　さあ来るんだ！
祖先の女　そなたの父はどこにいる？
ヤロミール　　　　　　　黙れ！
　ぼくが行けば、お前はぼくについてくる、
　たとえ重い傷を負ったお前の父親がやってきて、
　お前を

このあと彼女は彼の父親がどこにいるのかを、声の調子を高めながら三度尋ねる。殺された父親の所在を尋ねる母親のこの執拗な問は、既に挙げたスコットランドのバラードにおいてエドワードの母親が息子に発するあの問を想い出させる。父親の殺害が母親に対する嫉妬を含んだ愛着からなされたものであるということは、瀕死の重傷を負った父親の腕からでも祖先の女を奪い取るであろう、というヤロミールの言葉が暗示している。

その腕に抱き、
血の滴る大きな口で
人殺し！　人殺し！　とぼくに叫んでも、
お前はぼくの手からは逃れられないだろう。

ここにおいてこの近親相姦的愛の幼児期における根源が認められる。クロノスやハムレットと同様彼も母親の腕のなかにある父親を殺して、これを母親から引き離そうとするのである。――母親との一体化がここでも死の象徴によって表現されている。(7)ヤロミールは母親に激しく迫るが、彼女はこれに抵抗する。


祖先の女　わたしがもってきた花嫁衣装を見るがいい！

（彼女は台を覆っている布をめくる。棺にベルタが横たえられている）

ヤロミール（よろめきながらあとずさる）

おお、なんということだ！――地獄の幻ではないか！

すべては無駄であった！　ぼくはお前を放さない！

い、い、い、い、い、い
これはベルタの顔だ、
ここがぼくのいるべき場所なのだ！

（彼女めがけて進む）

祖先の女　さあおいで！

（腕をひろげる。彼はそのなかに倒れ込む）

ヤロミール（叫び声をあげる）　ああ！

（よろめきながら後退し、膝をがくがくさせながら二、三歩進んで、ベルタの棺のそばでくずおれる）

祖先の女は「彼の上に身を屈め、その額に接吻する。それから棺の覆いを拾い上げ、悲しげに二人の死体の上に広げる。」

ベルタが妹ではないかということを既に予感しながらもなおヤロミールは彼女を所有することを断念しようとしないが、この状況は近親相姦願望をよく表わすものである。

もし彼女が、おれの愛している彼女が、
愛している？——そうではない、おれは求めているのだ、
その彼女がおれの妹だとすれば、
おれを炎のように彼女へと駆り立てる
この熱い情慾はいったいどこからくるのだ？
あれが妹だというのか？　ばかげた妄想だ！
妹が兄をこんなに惹きつけるわけがないではないか！
われわれが結婚の神《ヒューメン》のたいまつに明るく照らし出され、
その腕にかかえられ、
花嫁の寝床に入る時、
その時初めておれは彼女をおれの血と呼ぼう。

妹との近親相姦という意識的な想いも彼には全く驚きを与えない。なぜなら詩人は無意識のなかでは、自分がこのような近親相姦的愛からは自由であることを知っているからである。彼の愛はまさに祖先の女に、母親に向けられているのである。

みずからの強すぎるコンプレックスのなかで書かれたこの初期の作品を規定しているのが何であるかは、詩人の空想生活のいわゆる「純粋さ」を慣れた手つきででっち上げる連中よりは詩人自身の方がよく知っていた。『祖先の女』について彼はその完成一年後に次のように書いた。「人生のなかに歩み入れ、悲しみと苦しみをこの無防備な胸に突撃させろ。そうすればお前は、祖先の女の根底になにかがあることを、またこのなにかが、少なくとも主観的には、

空虚な無ではないということを知って髪の毛が逆立つであろう。」これらの言葉に、このドラマの深い根が自分自身の魂のなかにあるのではないかという詩人の無意識的な予感が表われている。この予感は自伝の次のような箇所にもはっきりと窺える。「(祖先の女の)上演は、素晴らしいものではあったが、私にはなんとも不快な印象をもたらした。まるで悪い夢が現実となって私の眼の前で繰り広げられるような気がした。」また、『罪』の作者であるミュルナーに宛てた一八一八年のある手紙のなかでグリルパルツァーは次のように正直に告白している。「祖先の女に最も多くの効果を与えたものが純粋に主観的なものの荒々しい噴出であったということ、常にそれが登場人物たちの感情よりはむしろ作者の感情であったということを私は自分に隠すことは出来ませんでした。」また彼は、この作品とは全く逆に『サッポー』を純粋に外的な「課題」として自分に課したと言っているが、しかしこの素材さえも「実際に私のなかに生きていたものです」(同じ手紙)と告白せずにはいられない。更にグリルパルツァーは、文学創作を主観的に規定するものについてのこれら個人的な経験を――正当にも――一般化することも忘れなかった。彼がシェイクスピアについて語っている『イギリス文学研究』には次のような文章がみられる。「天才は自分自身のなかに発見したもの以外にはなにひとつ表現することは出来ない。また天才は、彼みずからが人間として自分自身の胸に抱いているのでなければいかなる情熱あるいは信条をも決して描くことはないであろうと私は思う。――私の考えでは途方もない情熱をもった人間のみが劇詩人であり得る。たとえその情熱が理性の手綱によって引き締められ、現実の人生において表面に現われなくとも。」――ここにおいて、グリルパルツァーが友人シュライフォーゲルの勧めに従って加えたといわれる『祖先の女』の初稿の変更――これも一見すれば純粋に外的な事情を考慮に入れて行われたようにみえはするが――の心理学的な根源を指摘する機会が生じる。つまりそれは、しばしば注釈の加えられている祖先の女のモチーフ形成とそのより深い動機付けである。このモチーフは初稿においては単に暗示されるに留まり、やがて詩人に運命悲劇作家というレッテルを貼ることになったのだが、彼はこの分類には非常に強く抵抗した[8]。近親相姦ドラマの概念が運命劇をも完全に含み込んでいるということがやがて明らかになるであろう（本書第二一章参照）。祖先の女という形姿が疑問と動揺のうちに書き進められていったという事実をわれわれが理解するには、その背後にグリルパルツァーの最も秘かな無意識的願望が隠れていて、この「症候」の除去には極めて強力な内面の抵抗が対置されたということを考えてみればよい。作者の最も個人的で、最も深い感情衝動が働く時のこの自信のなさと不安定さをわれわれは既に草案と断片の心理学から知っている。これらの草案や断片も強力な心的抵抗を受けることによって独特な変更を加えられるか、あるいはそもそも未解決のままに終わる（例えばシラーのカルロス草案、アグリッピーナ断片を参照されたい）。――祖先の女が、作者の意識にとって最初は無関係としか思われない二つの「中心」から成立したということは文学的な空想形成の本質をよく物語っている。ベハーゲルによれば（一一頁）、長い間グリルパルツァーの魂のなかには二つの印象が別々に並存していた。そのひとつは、追跡者たちに追われてある城に逃げ込み、そこで侍女と愛の関係をもつが、彼女の部屋で捕えられるという盗賊の物語であり、もうひとつは、ある古い一族の最後の子孫が、亡霊となってさまよう祖先の母親とよく似ていたため、恐ろしい混同を引き起こすもとになるというある民間童話であった。「ある朝のこと」とグリルパルツァーは自伝にしるしている、「寝床に横たわっている時この二つの想念が出会い、相互に補い合った。私が起き出して服を身に着けた時には既に祖先の女のプランは出来あがっていた。」ベハーゲルは次のように付け加えている。「従って、イメージが無意識の内奥で制止することは必ずしもそれが不変であることを意味するものでは決してない。もちろん変化は詩人に意識されないほど小さなものであるかも知れない、……するると今度は空想が、ひとつに合流して妨害しようとするものを分離し、ひとつの原イメージの代りにふたつの統一体を作り出す。」グリルパルツァーが自伝のなかで『祖先の女』の成立について行っている描写は、文学的創作過程の本質、無意識なものの神経症的な発現とこの創作過程との間にみられる類似性の本質にとって極めて興味深いものである。八行から一〇行を書いた後で詩人はベッドに横たわる。「すると奇妙な興奮状態が起こり、高熱が私を襲った。ひと晩中私はベッドのなかで寝返りを打ち続けた。……翌朝私は迫りくる重い病の感覚をもって寝床を出た。その時、詩行を書きつけたあの紙が眼に入った。私は机に向かい、次から次へと書き続けた。想念と詩行がひとりでに湧き出て来た。」――しかしながらここに書かれていることをわれわれは特別な状態であるとは考えない。むしろわれわれはほとんどすべての詩人について、かれらの感情生活の激しい衝動性と調整不可能性を物語るこれと似た告白を知っている（本書序文参照）(9)。

ディルタイは、初稿《ウーア》『ファウスト』を書いていた頃の若きゲーテについて次のように言っている。（『体験と文学』一七六頁）。
「ゲーテは当時のヤコービの眼には、ほとんどいかなる場合にも自分の意志で行動することを許されない、なにかに憑かれた人間のように映った。空想が文学のなかで彼を人生の不安から一時的に解放することがしばしばあった。空想はこの人生を幻の世界へと引き上げるのであった。彼は自分を圧迫しているものを表現することによって心を軽くした。」シラーにおいてもこれと似たような状態が認められている。ゴーリスの銅版彫刻師エントナーは、部屋の床にシラーが手足を伸ばして横たわり、痙攣的に震えているのを発見したと言われるが、ちょうどその時彼はエボリとドン・カルロスの場面を執筆中であった（ミノーア『シラー』五二六頁）。また彼がカール学院で『群盗』の構想を練りながら大きく息をはずませ、足で激しく地を踏み鳴らしたということも伝えられている。――シラー自身、自分は「病的な《パトローギッシュ》」興奮状態においてのみ詩作出来ると言っている。「ヴァレンシュタインには可能な限りしっかりとつかまって離れないつもりです。しかしながら、このような詩作に対する自然の病的な関与は私を疲労困憊させるものを多くもっています。」（一七九七年十二月八日ゲーテ宛）これに対してゲーテは、彼自身の似たような創作方法を明かしながら、次のように答えている。「私にはあなたの詩作なさっているその状態がとてもよくわかります。私もまた激烈な病的関心がない場合には、なんらかの悲劇的状況を描くことは一度も出来ませんでした。ですからこのような場合にはその状況を追い求めるよりはむしろ避けたものです。古代人においては最も高く悲壮なドラマがそのまま詩的に美しいドラマでもあったということは彼らの長所のひとつだったのではないでしょうか。われわれの場合には、このような作品を作り出すためには自然の真理が参加しなければならないのですから。私は自分が本当の悲劇を書けるかどうかわかるほどには充分自分自身を知ってはいません。しかし私はそのようなことを企てるだけでも怖ろしく、それを試みたりするとそれだけでもう自分自身を台なしにするだろうというほとんど確信に近いものをもっています。」（一七九七年十二月九日）[10] ヘッベルもこれと同じようなことを実感していて、それを『ギューゲスとその指輪』完成後ユヒトリッツに書いている。「このような作品からやっとのことで魂を解放された時私はしばらくの間頭も内臓も失くしてしまったような感じになります。創作は私の場合一種の夢遊ともいうべきもので、まるで放血している時のような疲労を与えます。もし私の個々の仕事の間にいつも長い休止時間がなかったなら、私は完全に参ってしまうでしょう。この休止に私は少なからず抵抗を覚えはしますが、しかし最終的にはそれは睡眠と同様に必要なものなのです。」クライストにみられたこれと類似の状態について友人ヴィーラントが報告している。「もうひとつの、そしてもっと由々しい特異な点――というのもそれは時として狂気と境を接するように思われたからだ――は、彼が非常にしばしば食卓でなにやらひとり言を口のなかでもぐもぐとつぶやくことであった。その時の彼は、自分ひとりだけだと信じ込んでいる人間、あるいは自分の想念に別の場所で浸っている人間、また全く別のあらぬ対象について考えている人間のように見えた。とうとう彼は私に、自分はこのような放心状態でいる時には悲劇を作っているのだが、その悲劇のあまりに高い、完全な理想が心に浮かぶので、それを紙に書き留めることは未だかつて一度も出来なかった、と告白せざるを得なかった。」

「ツルゲーネフが創作する際常にそれは、彼を自由に支配し駆り立てる説明し難いある力の強制のもとに生じた。そんな時彼の眼にはある特定な像が見えた。それはある種の光と色彩を帯びて、個々の姿であるいは一群となって現われた。この幻像は間断なく繰り返し現われては彼を何週間も何ヶ月も苦しめ、そして彼に芸術的な形成を要求するのであった。人物たちがその行動、言葉、体験において段々と明確に形成されてゆき、意志と運命が悲劇的結末と解決をもたらした。彼は、書かねばならないという内面の強迫に苦しめられ呻吟した。彼は……この強迫から逃れようと必死になるが、遂には逃れられない強要に屈し、滑稽な絶望の叫びを発しながら机に向かうのであった。」（ライプマイヤー『才能と天才の発展史』一九〇八年）

これと似ているのがアルフレッド・ド・ミュッセにみられる熱に浮かされたような、苦痛に満ちたインスピレーションである。「創作は私を混乱させ、震撼せしめる。自分の望みとは裏腹のあまりにも緩慢な進行が私に恐ろしい心臓の鼓動を引き起こす。涙を流しながら、大声で叫びたいのをやっとの思いで抑えながら私はひとつの着想を生み出す。――この着想が私を夢中にさせるのは一瞬で、翌朝になるとそれはもう私には実に不快なものとなっている。これを作り変えたりすると更にひどくなり、私からするりと逃げて行ってしまう。むしろそれを忘れてしまって、また別のものを待った方がよい。だがこの別の着想というのがまたひどく混沌として測り難いかたちで私を襲い、非力な私にはとてもそれを捉えることが出来ない。これが私を散々拷問にかけて苦しめ、ようやくなんとか目鼻がつくようになる。そうすると今度は生みの痛みという別の苦しみに襲われる。これは私にはとても説明出来ないまさに肉体的苦痛である。私のなかに存在するこの巨大な芸術家によって自分を支配させると、私の人生はこのようになってしまう。だから自分が生きようと思った通りに生き、あらゆる種類の放逸を犯して、私を蝕むこの虫を退治する方がいい。他人はこの虫のことを遠慮がちに〈インスピレーション〉と言ってくれるが、私はこれを全く正直に〈病気〉と名付けている」（G・サンド『彼女と彼』Ｉによる。リボーの『思想の創造力』からの引用。Ｗ・メッケンブルク訳、ボン、一九〇二年）[11]。

　グリルパルツァーの日記には精神錯乱的な苦しみについて次のように書かれている（一八二七年）。「もしいつか私が、綿々と続く自分の心的状態の歴史を書きしるすようなことにでもなれば――だが私は決してそんなことはしないであろう――それを読むひとたちは、それが狂人の病歴の記述だと思うであろう。そこにみられる支離滅裂、矛盾、気紛れなどはあらゆる想像を絶する。今日は氷のように冷たいかと思うと、翌日は炎のごとく熱く燃え上がる。今は精神的無力、肉体的無力の状態にあるのが、次の瞬間には一転して溢れんばかりに無限の力がみなぎる、といった具合である。」そして一年後の日記には次のようにある。「私は自分の現在の状態を、それが主に情緒の面で現われてはいるが、一種の病気であると名付けることが出来る。しかもそれが、私だけの知っている肉体的な症状とも結び付いているのでなおさらそうである。」

　更に、グリルパルツァーの兄弟との幼児的な競合関係を物語るものとして彼の極端な嫉妬心がある。この嫉妬心の源泉が主に幼児的で、たいていは近親相姦的な情動であることをわれわれは学んできた。

　彼はその日記に率直に書いている。「私は復讐心の強い人間だ。しかもそれが極端で、この情熱を完全に満足させることが出来た時にはわれを忘れるほどである。もし自分に加えられた侮辱に対して復讐が出来ないような状態にでもなったら私は死んでしまうだろうと思う。復讐感情が頭をもたげるのは特に嫉妬心が活動する時だ。この嫉妬心は他のすべての感情に勝《まさ》って私の心のなかの最も激烈なものであり、愛も肉の歓びも非常に強くはあるが、これに比肩することは出来ない……だがかつてＫ・アントニエッテに接吻しようとした時ほどにこの嫉妬が私の心に恐ろしく、また忌まわしいものとして現れたことはなかった。あの時の自分の感情を書き表わすことは出来ない。私はまるで高熱におかされた人間のようにわなわなと打ち震え、歯はきつく噛み合わされ、手は固く握られていた！――あの日の想い出を自分の記憶から抹殺することが出来れば、とつくづくそう思う。」

『祖先の女』ならびに、幼児的な兄弟憎悪を基礎とする二つの青春時代の作品――これらについてはこの後すぐに触れられることになる――だけではなく、グリルパルツァーののちの文学創作においても近親相姦コンプレックスは厚いヴェールに覆われたかたちでしか現われず（例えば『夢は人生』）、しかも広範囲に及ぶ感情転移を経ている（例えば『金羊毛皮』におけるメデア）(12)。つまりわれわれはここでも再び、文学的創造力の心理学的理解にとって極めて重要なケースに出会うことになる。即ち、ヘッベル、シラー、クライストその他多くの詩人たちにおけると同じように、思春期に書かれた幾つかの断片と、ひとつないし二つの若書きの作品は幼児期における近親相姦感情に対する衝動的な激しい反動作用として現れ、他方それ以後の創作には程度の差はあれ自由にこのテーマから逃れようとする志向がみられる。がしかし幼児期の関係からなおも活動している情動は依然としてドラマの形成力に糧を与え続けている。もちろんここでもうひとつ別の解釈を、即ち、早い時期（思春期）において支配的で、のちになって、精神生活のこれとは別の諸々の葛藤を満足すべき結末へもたらすところのあのコンプレックスを表出する芸術的な能力がその時点で両親からの離反をなしとげている限りにおいてのみ、近親相姦コンプレックスへの作者の個人的な関与を認めよう、という解釈を主張することが出来るであろう。

芸術創作と神経症とのこの関係は、グリルパルツァーを彼の兄弟たちと比較してみると全く明瞭になる。詩人は長男であった（一七九一年生まれ）。一年後に弟カール、翌年カミロ（一八六五年没）が誕生、一番末はアドルフ（一八〇〇年生まれ）で、彼は一七歳の時（一八一七年）、文学によってみずからを解放しようと試みたが失敗し、神経症を病んで入水自殺をした。グリルパルツァーの母も自殺によって生命を絶ったが、この自殺は精神錯乱のある発作に襲われてなされたものである（グリルパルツァー自身の記述によれば彼女は月経時のヒステリー（Mania menstrualis periodica）に苦しんでいた）。兄弟相互の関係は愛に満ちたものではなかった。グリルパルツァーはその自伝で、われわれ兄弟以上に異なった性格は考えられないと書いている。グリルパルツァーが一七歳の時、つまり『祖先の女』の九年前に書いた二つの初期のドラマにおいては兄弟憎悪が主要なモチーフをなしている。『カスティリアのブランカ』ではフェデリコが腹違いの兄弟でカスティリアの王ドン・ペドロを憎み、その妻ブランカを愛し、彼女もこの愛に応える。同じ女性（普通は姉妹）を巡る二人の兄弟のライヴァル関係というこの典型的なモチーフはもともとは母親に関連している。

もうひとつの作品『ノルマンディー公ロベルト』では、ハインリッヒがその兄弟ロベルトを憎んでいるが、これはフランツとカール・モール（『群盗』）とのアナロギーをなしている。[13] この初期の二つの作品以外ではグリルパルツァーの文学のどこにも兄弟憎悪があからさまなかたちで、また物語の主要モチーフとして現れてはいない。ただ例外は悲劇『ハプスブルク家の兄弟争い』で、そこでは兄弟憎悪が無意識的な同性愛的感情との重要な関連のうちに描かれる。この憎しみは家族の置かれていた状況全体において、また特に弟カール・グリルパルツァーの歩んだ運命のなかにいっそう明瞭に発現している。つまり詩人はこの幼児期の憎悪感情を、熱烈な思春期の作品において満足させることによってその後はかなりうまくこれを抑圧し、のみならずこれを大部分倫理的なものに浄化することにさえ成功したのに対して、この憎しみの防衛に失敗した弟のカールは神経症に陥った。このケースがわれわれに提供してくれる豊かな心理学的認識が彼についての詳細な記述の正しさを認めている。一八三六年三月三十日グリルパルツァーはフランスとイギリスへの休暇旅行に出発した。同年六月彼はウィーンの友人カラヤンから、当時ザルツブルクで税関吏をしていた弟のカール（一七九二年生まれ、一八六一年一月三十日没）[14] が一八三六年五月十三日独断で、しかも秘密裏に仕事及び妻子を放擲し、また狂気の発作に駆られてある職人の徒弟を殺害したと言ってウィーンの裁判所に出頭した、という内容の報告を受け取った。グリルパルツァーは一八三六年六月三十日ミュンヒェンからカラヤンに手紙を書いているが、そのなかで彼は、自分だけは父親の息子たちの家族病を完全にはもらい受けないよう努力するつもりだと言っている。更にこの手紙は次のように続く。「弟は以前にもすでにこれと似たような馬鹿げたことを仕出かしたのだが、それは狂気の所為ではなかった。しかしあとの方の解釈が彼にとってはより好都合です。ですからこのままでいいのです。」一八三六年グリルパルツァーは――ウィーンに帰ってから――『弟カールについてのウィーン刑事裁判所への報告』を書いた。この極めて重要な記録は、ザウアーとグロッシー編纂によるグリルパルツァーの書簡・日記集に収められている。この報告においてグリルパルツァーは弟の行状を解りやすく説明しようと試みており、また――自分自身の無意識的な感情衝動を明らかにしようと努めることによって――、弟の強迫症候の解釈において驚くほどすぐれた考察を行っている。もちろん本当の解決だけは彼の手に負えるものではなかった。それは、この最終的な解明を妨げる彼自身の無意識的な心的状況の所為でもある。私はグリルパルツァーのこの報告を抜粋においてのみ紹介し、その際この症候の理解にとって重要と思われる箇所を太書きしておきたい。

報告の最初は次の通りである。「今日もなお名誉ある追憶のなかに留まりし当地の弁護士ヴェンツェル・グリルパルツァーの第二子カール・グリルパルツァーは既に幼少の頃より自閉的にして、人前に出るのを怖れ、意に満たぬ事柄に直面すればまずは激しく心昂ぶり、やがてはしかし不安と恐怖に打ちひしがれるといった性格の片鱗を示しておりました。ちなみに申し添えるならば彼は善良にして無害、心優しい人間でありました。」次にグリルパルツァーは弟の幼少時代にあった他の出来事を幾つか物語っているが、これらは興味深いものの、しかし分析にとって特別な意味をもつものではない。カールは軍人となった。「ひとつにはフランス人から脱走兵だと思われはしまいか、またひとつには私どもの重病の父親が自分のことを心配して死んでは困るという怖れから彼は、ちょっとわが家に立ち寄って私と話をしたのち直ちにまた出かけて行き、その後八年の間音信を絶ちました。」ナポレオン失脚ののち彼は再びオーストリアへ戻って来た。「私どもの父親はすでに亡くなっていました。私自身ひとりでは彼のために何かをしてやれる状態にはなく、従って彼は以前と同じで、一兵卒に留まっていました。ただ私は可能な限り彼の面倒をみることを心がけ、その時すでにひどい偏頭痛《ヘミクラニー》へと進行していた頭痛を和らげるため彼を陸軍病院へ入れ、更に大学病院で手厚い治療を受けられるようにしてやりました。」弟が兵役を退いた時詩人は彼を税務局に就職させた。「彼の公務期間全体を通じての唯一の服務規律違反罪が彼の心の負担になっておりますが、これは現在彼が犯した犯罪とあまりにもよく類似しており、ある特定の性癖を記述することによって今回の犯罪を極めて明解に説明するものであるゆえ私の看過することの出来ないところのものであります。すなわち彼は、彼の上役でみなから嫌われていた収納係と派手にやり合った後一片の辞表を残し、承認を待たずして職場と家族を放擲してウィーンの私のところへやって参りました。そして彼はもうこれ以上生きるつもりはないとの決意を私に告げましたが、私がなだめ励ましますと突然涙を流し、自分の誤りを認め、まるで子供のようにおいおい泣きながら私に付き添われて家に帰り、そしてまた仕事に戻りました……半ば肉体的な、半ば道徳的な、そして本当の狂気では決してないこの精神障害の発現はかつてはしばしばみられましたが、この一二年ないし一五年は再発しておりません。この障害にいつもみられる特徴は、それが最初は完全な無気力に始まり、やがて一種の荒々しい強情さに変わり、最後は徹底的な悔恨をもって終るということであります……その場合彼を支配しているのは、自分は人間社会から排除され、不幸になるよう定められているのだという想いです。**しかし特に彼を捉えて離さないのは**、彼が唯一の後ろ盾であると考えている**兄のこの私**——そう考えるのはあながち間違ってはいないのですが——**を失うのではないかという、ほとんど盲信的な不安であります**。既に私が昨年、今度終えましたフランス、イギリスへの**旅行**を果たそうとしましたところ彼は私になんとも悲しげな手紙を寄越して、このような旅行には**多くの危険が伴うことをよく考えて欲しい、もし兄さんに事故でもあったら**自分と家族がどんなになるかわかったものではない、と言ってきたものでした。そして私がいろいろな理由を挙げて、そのようなことは決してないと安心させようとしたのですが効果はありませんでした。それゆえ今年三月の末に私が実際に旅立った時私がしなければならなかったことは、彼にこのことを報告し、またなによりも、ひとつには彼の保証金の支払いのために、またひとつには彼の家計を援助するため私が送金していた月々の金が月の初めには間違いなく届くだろうということを確約してやることでした。そして私は、そのあとで発生した彼の混乱状態の原因がまさにこの点に求められると確信いたしております。話によりますと、彼はこの軟化症を起こす六週間ほど前に異常な憂鬱状態に陥り、誰とも口をきかず、誰にも挨拶をせず、終日押し黙ったまま心を閉ざし役所の前を往ったり来たりしていた由であります。この時期は私が旅行に出発した時とぴったり合致いたします。かつての不安が再び頭をもたげてきたのです。**彼は、私が危険に曝されており、自分自身と家族の運命が脅かされていると信じた**

のです。孤独な場所で、慰めてくれる友もなく、妻と二人で――彼女はけなげな女性ではありますが、自分は教養があまり高くないので夫の力になれないと感じています――毎日を送っていた彼のこの不安はやがて固定観念へと高まってゆかざるをえませんでした。五月三日に投函され五日にザルツブルクへ届いた私の全権委任者の手紙とその月の仕送り金が不幸にもやっと十五日になってグロースゲマインに到着したのです。その時彼はすでに（十三日）そこを去って行ったあとでありました。**従って私が不運に見舞われたに違いない**、それが、いつもは非常にきちんとなされていた送金を手間取らせたのだと彼は思ったのです。そして彼がその後で起きた混乱のためウィーンまでやって来たということさえ、当時彼の恐怖が明確なかたちをとっていたこと、また**ウィーンでしか私の運命について確かなことを聞けない**という漠とした想いが彼にあったということを示しております。彼がこの想念の過程を今でも憶えているかどうかは私にはわかりません。しかし実際にこのような状況であったということは、彼の性格と気質とをよく知っている私が誓って申し上げたいと思います。」

この後更に、グリルパルツァーが書いているように、責任能力の欠如がこれに加わった。「このようにしてあらゆる面からこの攻撃に曝された彼の思考力は予期だにしなかったこの打撃にもはや耐えられなかったのです。彼は家と職務を放棄しました。三日間はザルツブルクにいて、一枚の紙を手にしてこれに読み耽ったり、通りをうろうろしている姿が見られましたが、ついに彼はウィーンへ赴き、そこでみずから警察へ出頭し、彼の優しい心情と気質からはおよそ考えられないあの恐ろしい犯罪を自供したのであります。」更にこれに付け加えられるべきものとして、既に述べたカラヤン宛のグリルパルツァーの手紙の次のような箇所がある。「旅行中の自己非難、機械的に彼が足を向けたウィーンでの絶望的状況、――このような場合には彼はいつも私に頼っていたのです――家族に対する気遣い、これらが初めて精神のあの混乱を引き起こしたのですが、これはやがて過ぎ去ることでしょう。」

グリルパルツァーのこの報告と医師たちの鑑定に基づいてカールは、――殺人容疑が誤りであることが判明したので――、「憂鬱性妄想」によるものとして釈放され、税務局から給料の半額を年金として与えられることになった。

この事件は幾つかの点で極めて示唆に富んでいる。グリルパルツァー自身がこれらの症候の解釈において非常にすぐれた見識を示しているのには驚きを禁じ得ない。兄の身に何か起こりはしないかというカールの妄想的な怖れがここでは最も重要な点であるが、これをグリルパルツァーが神経症の重要なモチーフであると強調しているのは全く正当である。しかしこの不安の最も深い根と、職人徒弟殺人帰罪とのもっと広範な関連はもちろん彼にはまだわかってはいない。精神分析は、このような一見馬鹿げた強迫観念や自己非難の無意識的な意味を、身近な人間に対する死の願望の抑圧されたものとして理解することを可能にした。幼児期の競争関係に起因する兄弟憎悪を詩人は芸術的に身をもって表現し、そのようにしてこれを克服することが出来たのであるが、この憎悪は不幸な彼の弟の場合には抑圧を挫折させ、神経症へと発展していった。そしてこのことは、弟たちに対するグリルパルツァーの似たような、同気質ではあるがしかし首尾よく抑圧された憎悪関係を証明するものにほかならない。彼は強迫神経症の理解においては非常に進んでいて、精神分析は終止点を付け加えさえすればよいほどである。もちろんこの終止点から出発すると神経症全体はまた別の光のなかに現れることにはなる。カールの場合、彼がかつて兄と口論した後で家を出て、八年もの間なんの消息も知らせてこなかったという事実が既に、兄に対する憎悪感情の強力な防衛と、この感情の発現への怖れを示している。同じように彼は今度は「評判の悪い上司と派手にやり合った後」職場を離れてウィーンの兄のところへやって来て、もうこれ以上生きるつもりはないことを告げる。この上役のなかに彼が見ていたのは――置き換えの結果――またしても兄にほかならず、事実その頃彼は兄と不愉快な言い争いを行ったことがあった。

しかし兄に向けられた無意識的な憎悪感情と殺害行動が今度は――防衛現象として――自分自身へと向けられたのである（自己処罰）。「自分は人間社会から排除され、不幸になるよう定められている」とする彼の支配的な想いもここに発しており、最後は自己告発へと高まってゆく永遠の自己非難もまた然りである。この意味では充分な根拠をもったこの自己非難は抑圧された憎悪感情と殺人衝動から生まれ、意識のなかにおいては兄の健康と生命への誇張された心遣いという防衛のかたちをとって表われる。無意識的には死ぬほど憎んでいる人物に対する抑圧された死の願望は、この人物への大仰な心遣いという防衛形態をとって表われるが、その表出は典型的な神経症的現象である。われわれはこの現象を既にバイロンの母親において見出したし、またここでは、フロイトが『夢判断』（第一版、一八〇頁）

で、あるヒステリー症の少女の症例に対して行った模範的な分析を挙げておきたい。彼女は躁狂性の錯乱に陥った時母親に対する全く特別な嫌悪を示したが、その反面のちの恐怖症においては、母親に何か危険が降りかかったに違いないという苦しい強迫観念に悩まされた。「彼女はどこに行っていても、母親がまだ生きていることを確かめるため急いで家へ戻って来なければならなかった。」ここで、無意識のなかで憎んでいる人物の旅行は、それが、自分にとって妨害となる敵であり競争相手である男の待ちに待った「不在」というかつての幼児期における観念を実現するものであるがゆえにかくも容易に神経症発現のきっかけになり得るということが完全に明瞭となる。最も自然な意識的想念は恐らく、旅の途次にある人間には家にいるより何か不幸なことが起きる可能性が大きいというそれであろう。このような気遣いにはしかし神経症的な要素自体は全くない。この気遣いが異常に強くなり、他のすべての想念がこの「過大視された」観念によって抑圧される時に初めてその神経症的な要素が現われる。しかしこの神経症的な特徴は、相手に対する無意識的な死の願望の反動作用と、そこから生じる自己非難と一致する。そのようにして、この自己非難が耐え難いほどになるといつもカールは、兄の無事息災を確信する必要に迫られ、それゆえ彼はウィーンの兄を唐突に訪問することがしばしばあった。彼は元気な兄の存在を確認しなければならなかったのである。この確認の可能性は、兄が旅に出ている間は彼から奪われていた。しかしながら、彼がその無意識的な衝動に駆られて再びウィーンへ赴いた（「ウィーンでしか私の運命について確かなことを聞けないという漠とした想いが彼にあった」ので）という事実はまたしても、無意識のなかでは死んでもらいたいと願っている兄の無事を個人的に確信しようという意図を物語るものにほかならない。最後に彼が、兄が不在のウィーンにおいて殺人の罪をみずからに被せたということは、彼が殺したと称している例の職人徒弟の背後に兄フランツが隠されていることを間違いなく推測させる。だがこの「職人徒弟」も偶然に選ばれたものではない。典型的な旅人である漂泊《ヴァンデルン》する職人徒弟というのはよく知られた人物であり（浮浪者《ブルーダー・シュトラウビンガー》）、従って防衛傾向が、兄に向けられていた殺人衝動をこの橋を通して——われわれの知らない他の動機付けが更にこの橋を支柱として支える——典型的な旅人である漂泊する職人徒弟へと置き換えたのかもしれない。カール自身かつては方々を散策し、多くの旅行経験をもっているが、このことは自己処罰傾向の意味で行われた職人徒弟の選択をも間違いなく規定している。無意識的な憎しみとその防衛を基礎としている強迫行為のモチーフを意識のなかへ移し置いてみるならばおおよそ次のように言えるであろう。兄の生命と健康をいつも気にかけている（無意識的な死の願望の反動）カールは兄が旅行中であることを知り、彼についての報告を得られないことに苛立つ。もし実際に兄が旅行の途次不幸に出会っていたならカールは、この不幸は——そうあって欲しいという彼の無意識的な願望によって——自分の責任なのだと固く信じたことだろう。つまり彼は、兄が死んだのは自分がそれを望んだからだと考えるのである[15]。ここから、兄に対する気遣いがすべて説明される。彼は良心に責められることによって、意識のなかでは兄を気遣わねばならなかったのである。ところで、彼は兄の無事を確認することが出来ず、また報告も得られないので、兄は不幸にあったに違いない、死んだに違いないと考える。つまり彼の願望は成就されたのであり、それゆえ彼は兄を殺したことになる。殺人の帰罪はそこから発しており、この帰罪を職人の徒弟に置き換えることは意識へと至る通行許可の条件である。無意識的な衝動はこのように歪曲されれば、みずからを動因として爆発させ実現化することも容易に出来たであろう。もしカールが実際に職人徒弟を殺していたなら、兄のフランツは弟の迷誤を説明することが出来なかったであろう。また裁判官たちも同様で、カールは殺人者として有罪判決を受けたことであろう[16]。しかしながら、その場合にも無意識のメカニズムが全く同じように働いたであろうことは明らかである。ただそれが、高度な抑圧を条件とする内部へ向かっての爆発——これが神経症を引き起こす要因となったのだが——ではなく、外部へ向かっての動因的な爆発（行為）という結果に終っていたであろうと言うことは出来る。こうした観点から考察するとこの事件は、犯罪者、殺人者の心理への深い洞察をわれわれに開示してくれる。殺人にみられる心的なモチーフや事象は表面的に憶測されるほどに明解でもないし自明のものでもない。なかんずく、殺人衝動が、もともとはその対象では全然なかった人物に、無意識的な置き換えの結果その対象となったにすぎない人物に向けられるという場合が比較的頻繁にみられる。私はここでも、犯罪者は常に神経症であると主張するつもりは毛頭ない。だが詩人同様犯罪者はしばしば神経症であり得る。ただ犯罪者の神経症は一種の「能動的」神経症であって、これは受動的な精神神経症者におけるように空想のなかにではなく、行為に現われる。犯罪への神経症のこの関与からは、実際の犯罪者の場合でも、殺人行為のための原動力を提供する巨大かつ途方もなく強烈な情動の源泉は、無意識的な要因についての認識なくしては究明することが出来ない、という重要な確認が生まれる。この情動にして初めて、——もしそれが正しい場所に置かれるならば——本来の動機を解明する鍵を与えてくれる。この場合なら、最も深い殺人衝動は初期幼年時代からの情動、即ち母親を巡るライヴァル関係で生じる兄への憎しみであったろう。自分の邪魔になる競争者の不在を望む子供の願望を行為へ転化させようとする試みがなされる。[17] 犯罪者は幼児的な思考を行為に移すものであるという公式がここで実証される。フロイトの発見によれば、神経症者は思考の幼児的タイプを保持してきたのであるが、犯罪者には、この幼児的思考を行為へ移そうとする傾向があるのだとわれわれは想定しなければならない。だが詩人でさえも、もちろん完成され洗練された方法ではあるが、幼児的な思考を保持してきたのであって、例えばそれは、子供も詩人も共通して韻や語呂合わせを喜ぶということのなかにも表われている。しかし詩人グリルパルツァーが憎い弟を殺すのはそのドラマにおいて、言い換えれば演劇という虚構世界においてであるのに対し、カールの同じ殺害衝動は現実の人生へと入り込んでゆき、文化的に劣った人間という刻印を彼に押すのである。またフランツが『祖先の女』において盗賊殺人者となって（ヤロミール）その憎悪衝動を発散させているのに対し、カールの方はすんでのところで現実の盗賊・殺人者になるところであった。[18] この比較が単なる言葉遊び以上の意味をもっているということを、最後にヘッベルの日記（II）のある箇所に証明してもらうこととしたい。「シェイクスピアが殺人者たちを創作したということは彼の救いであった。彼みずから殺人者となる必要がなかったからである。かりにこれが言い過ぎであるとしても、他の通常の人間においては縛られ、最初から平衡を得ているが、しかし芸術家においてはいましめを解かれ、まだ獲得されていない平衡に頼らざるをえないところの原初的な人生が直接作品となって現われるような破滅的な性格の詩人も大いに考えられる。なぜなら芸術上の産物はみずからのなかで窒息するか、あるいは誕生時に挫折するしかないのだ。」

『祖先の女』型

（美的作用の心理学のために）

立ち去るがいい、この恐ろしい女め！
子供たちを殺し、兄弟を殺し、父親を殺した恐ろしい女！
お前とおれの間にどんな共通点があるというのだ？

グリルパルツァー（『悲劇の女神』）

本書の前半において、両親と子供の間の近親相姦的愛着の文学的な表現について述べた時と同じように、ここでもまた幾つかの典型的なドラマ形式がみられるのだが、それらのうちで父親への憎しみ——姉妹への愛を描くタイプを、このグループでわれわれにとって最も重要な代表作の名前にちなんで祖先の女パターンと名付けることとする。私はこのグループから二つのドラマを選ぶことにする。それはカルデロンの戯曲『十字架への祈り』とヴォルテールの

『マホメット』である。この二つの作品は今なおわれわれの極めて特殊な興味を引くものである。カルデロンのこのドラマはグリルパルツァーが祖先の女を創作する際模範にしたものであり、ヴォルテールの悲劇の方はゲーテによってドイツ語で翻案された。グリルパルツァーは詩人としての衝動が眼覚めた頃のことについて自伝に次のように書いている。「その頃シュレーゲルの翻訳になるカルデロンの戯曲が幾つか出版されたが、そのなかで十字架への祈りが特に私を惹きつけた。」この魅力が、読む側の無意識的な感情衝動に発するものであり、また無意識的に作品に表われている作者のそれに関係しているということをわれわれは知っている。ある特定の素材に対するこのような興味が、作品を美的に享受することだけでは満足させられないで、独立した模作あるいは翻案にまで至るという特殊な場合に接する時われわれは、美的な満足と芸術的効果の諸条件について示唆に富む洞察を獲得することが出来る。この芸術的効果は無意識的なモチーフによって決定的に規定されており、これらのモチーフが自身の作品において現われていない場合にもこの事情は変らない。

カルデロンの悲劇の内容は要約すると次のようなものである。クルシオにはリサルドという息子とユリアという娘があった。ユリアに恋をし、これに近付こうと試みるエウセビオは彼女の兄リサルドから決闘の挑戦を受ける。リサルドはエウセビオの手によって倒れ、クルシオは娘を修道院へ入れる。その間盗賊になっていたエウセビオは修道院に押し入る。ここで、ドラマが始まる以前の話を挿入しなければならない。かつてクルシオは妻を家に残して八ヶ月間留守をしたことがあった。彼が戻った時妻は妊娠しており、生み月を迎えていた。妻が自分に不義を犯したと思った彼は狩りを口実に彼女を奥深い山中へ誘い出して、これを殺そうとする。彼女は、寂しい場所に立っていた十字架にかけて無実を誓った。彼は今にも彼女の足許に身を投げて悔い、許しを求めるところだったが、しかし結局彼の猜疑心と独善が勝ちを占める。短剣をもって彼は何度も彼女に突きかかり、死んだものと思ってこれを十字架のそばに置き去りにした。家へ帰ってみると、彼女がひとりの女の子供（ユリア）を腕に抱えているのがみられた。彼は空を突いていたのだった。そして彼女は十字架のもとで双子を生み落とし、この二人とも胸に赤い十字架のしるしをつけていた。二人のうちの一方であるエウセビオを彼女は荒野に残して来たのであった。つまりここでわれわれは、エウセビオが自分の双子の姉妹であるユリアをそれとは知らずに愛していること、また彼が兄弟になるリサルドをこれまた知らないままに殺したということを知らされる。

ユリアへの彼の愛は非常に激しく、修道院の壁も彼にとっては障害とはならなかった。彼は次のように言う（『祖先の女』におけるヤロミールの台詞と似ている[19]）。

　たとえ稲妻に打たれ盲目になろうとも、
　ぼくはやり遂げるつもりだ。
　炎のなかをくぐって突進するのだ。
　地獄の炎がどんなに押し寄せようと
　ぼくたちの絆を断ち切らせはしない。

ユリアはこの愛に応える。エウセビオが彼女の小房へ侵入してその名前を呼ぶと、彼女は眼覚めながら言う。

　そこでわたしの名前を呼ぶのは誰？
　ああ、こちらに近付いてくるのは、まさか？
　わたしの胸が夢みた妄想、
　わたしの妄想から生まれた幻に違いない、出ておゆき！

しかしエウセビオは引きさがらない。

　ぼくの心のなかで荒れ狂う欲望が、
　いましめを解かれてどっと吹き出すのだ。

やがて彼女は身を任せる気になる。

　わたしの房の
　扉に錠をかけてください、この瞬間が
　あなたにつかの間の幸福を授けますように、

不安は不安によって追い払われるものです。
エウセビオ　ぼくの愛はなんと激しいのだ！
ユリア　わたしの運命はなんと横暴なのでしょう！
しかし彼が愛の幸福を享受しようとした時彼女の胸にしるされた十字架に気付く。それは彼の胸のしるしと同じものであった。彼は驚いて彼女の腕から急いで身を離す。だが既に彼女の情欲は眼覚ている。
どうしたの？　今やっと
あなたの願いがわたしを買収し、
あなたの望みがわたしを打ち負かし、
あなたのため息がわたしを動かし、
あなたの涙がわたしの心を軟化させ、
わたしは、神であられまた夫であられる
あのお方を冒瀆しようとしているのに！
それなのにあなたはわたしの腕を逃れ、
望みが叶う前に逃げ腰になり、
所有する前にはねつけようというの？
（アウグスト・ヴィルヘルム・フォン・シュレーゲル訳）[20]

現実の近親相姦のこの回避——これは近親相姦的な愛に対する心的な防衛衝動の現れである——も既にわれわれには、母親と息子の間の愛（例えばアウゲとテレポス）からよく知られているところのものである。現実の愛の要求を満たしたいという憧れと、決定的な瞬間においてこの要求に応えられない無力は、そこにこの防衛衝動が働いているという点で、神経症的な性の拒絶と共通している。ユリアが抵抗している間は、エウセビオは彼女を激しく求める。彼女がいよいよ身を任せようとすると彼は逃げてゆく。強引に迫る恋人を長い間拒絶してきたユリアの方は、去って行った彼を恋い焦がれる。そこで彼女は彼を訪ねるため修道院を後にする。さてクルシオは農民の一隊を伴って、エウセビオが首領である盗賊団を追跡する。かくして父と息子が――お互いに相手を知らず――戦いの場で顔を合わせ、両者のいずれもが復讐のよい機会を与えてくれた天を讃える。だが間もなく父親と息子のこの憎しみは相手に対する共感の情に場所を譲る（アンビヴァレンツ）。のみならず防衛が非常に強く働いて、最後には憎悪に対する最も強い反動作用、つまり自己処罰への願望が両者に突然現われる。エウセビオは次のように言う。

　わたしは完全に気が狂っていたのだ、
だからわたしは自分を殺して、あなたの仇を取りたいのです。
さあわたしに復讐されるがよい！　わたしの生命は
あなたの足下に投げ出されています。

エウセビオが農民たちに捕まって痛めつけられているのを見ながらクルシオは言う。

　連中はあの男を散々いたぶっている。ああ、エウセビオよ、
わしはお前の生命を救ってやりたいが、
そうすればわし自身も殺されるだろう！

クルシオのとりなしも効を奏せず、怒り狂う農民たちはとうとうこの憎むべき盗賊を打ちのめし瀕死の重傷を与える。傷を調べていたクルシオはエウセビオの胸にしるされた十字架を発見し、彼が自分の息子であることを知る。エウセビオの側に立ってクルシオとその仲間を敵として戦っていたユリアは、エウセビオが自分の兄弟であることを聞かされる。彼女がこの兄弟を愛していたことを知ったクルシオはみずらの手で娘を殺そうとする。彼女は十字架に助けを乞い求め、自分の罪を修道院で贖うことを誓う。「クルシオが彼女を刺し殺そうとした時、エウセビオの墓のそばに立っていた十字架が彼女を抱いて空中へ舞い上がった。」

カルデロンのこの作品においては、無意識的な願望は兄弟に対する憎しみ以外にはなにひとつ完全かつストレートに成就されていない。父親への憎悪は、この衝動を防衛するかたちでしか表われていず、また姉妹との合一も二人の

一体死という観念的なかたちですらなされていない。というのもユリアは天へ昇ってゆくのにエウセビオの死は全く地上的なものである。つまりここでみられるのは、願望の成就即ち実際に行われる近親相姦ではなく、願望の抑圧即ちリサルドに擬人化されているカルデロンの兄弟愛（姉妹に対する）の抹殺なのである。

『十字架への祈り』におけるとほとんど同じ状況がカルデロンの戯曲『一度で三つの復讐を』にみられる。そこでは盗賊のローペがそれとは知らないで自分の姉妹ヴィオランテを愛する。但し実際に近親相姦は行われない。父親（だと思い込んでいる男）への憎しみもここでは非常に弱められている(21)。

カルデロンの生涯、特に家族に対する詩人の関係についてはごくわずかしか知られていない。われわれに確実にわかっているのは、彼にはひとりの姉妹（ドロテア）がいて、小さい時から修道院で孤独な生活を送り（『十字架への祈り』におけるユリアのように）、彼の死後一年して亡くなったということである。また彼には兄（ディエゴ）と弟（ヨゼ）もあって、彼が作品のなかでしばしば描いた女きょうだいへの愛と男きょうだいへの憎しみという強い感情がわれわれには理解されるように思われる（本書第一九章Bも参照されたい）。ここで『祖先の女』を『十字架への祈り』と比較してみると、カルデロンの作品から兄弟憎悪（従ってリサルド）を除外するなら――詩人自身この状況を物語の開始直後に兄弟の嫉妬コンプレックスから作り出している――同じパターンが生まれる。そして両作品の一致は驚くほどである。即ち、老いた父親は長い間男やもめとして娘と二人で暮らしていて、息子は既に子供の時から行方が知れず、いまでは盗賊になっている。偶然によって二人のきょうだいが知り合って深く愛し合う。更に二つのドラマに共通しているものとして、父親によって行われる盗賊団の追跡、息子の負傷、そして二人のきょうだいの死がある。しかしグリルパルツァーの作品では、相手を知らなかったとはいえ息子が自身の父親を殺す。この点と、兄弟殺しを削除したという点においてグリルパルツァーは、彼がカルデロンの作品に見出したパターンからはずれている。しかしこの差異は恣意的に、あるいは美的に根拠付けることは出来ないもので、グリルパルツァーの精神生活において厳密に条件付けられている。われわれは、グリルパルツァーの最も強力な近親相姦感情としての兄弟憎悪を知った。従ってカルデロンのこのドラマで特に彼を惹きつけたのは、殺人というその最も極端なかたちで描かれた兄弟への憎しみであり、これには、父親に対する憎悪という緩和されたかたちもうまく合致したのである。この二つの要因が無意識的な原動力としてグリルパルツァーに、『十字架への祈り』において描かれた近親相姦関係を模倣（体得）[22]させたのである。ここでわれわれには、グリルパルツァーがこれらの関係を根底から変えたのでは全然なくて——一見そのように思われるのだが——このパターンのなかで、彼の精神的構造に沿って、力点を移動させたにすぎないことがわかる。カルデロンにおいて極端に強調されていた兄弟憎悪から彼は力点を完全に取り払い、これを削除する一方、カルデロンの作品では弱められていた父親憎悪のアクセントを強くした。それだけに留まらず、彼は同じ殺人のアクセントを兄弟から父親へとあっさり置き換えている。この転移は典型的なもので、兄弟への憎しみの方が父親への反感より強いことから、従って父親憎悪のストレートな表出に対しては、兄弟憎悪の表出に対してよりも抵抗が弱いことからくるものである。今やわれわれは、どうしてグリルパルツァーが兄弟殺しを祖先の女においてもはや描くことが出来なかったのか、なぜ彼が、自分の心の弱点であるこの感情となんらかのかたちで関連しているすべてを執拗に避けたのかをも理解することが出来る。即ちこの回避は、彼の兄弟憎悪の心的な防衛の表出なのである。ここにおいてわれわれには、祖先の女で描かれている妹への愛を解明してくれるもうひとつの、そして恐らくは最も重要であるかも知れない要因が理解される。グリルパルツァーは姉妹への愛をこのパターンにおいて受け継いだ。だがこの愛はそこでは兄弟憎悪のモチーフとの根源的な関連性の強い痕跡を示している。つまりここでは、彼の心を縛ってはいない姉妹への愛という無関心な感情が、執拗に強調されている兄弟憎悪にいわば代るものとして登場するのである。反対物によって行われるある想念の代用はフロイトによって神経症的な抑圧の典型的な形態として指摘されている。つまり自分を苦しめる想念の抑圧は、抑圧すべきこの想念の反対想念が圧倒的に強化されることによって行われるのである。ここでのそれは文字通りの反対想念ではないが、しかし――反対想念のように――無意識のなかでお互い密接に結び付いている感情衝動である。更にこのような反対物による代用が行われるのは特に愛と憎しみの場合が多い。

ヴォルテールのマホメットも祖先の女と同じパターンを示している(23)。

マホメットの奴隷であるパルミールとザイデは、自分たちがきょうだいであることを知らず愛し合っている。二人の父親はメッカの回教主ソピルで、彼の家にマホメットは二人を人質として残していたのである。父親と子供たちはしかし親子であることに気付かない。マホメットにとってソピルは邪魔な存在となる。この預言者はパルミールを愛しており、そして自分を崇拝している奴隷のザイデに、ソピルを――父親を――殺すようアラーの名で命じる。彼はザイデとパルミールがきょうだいであることを知っているにもかかわらず、もしうまくこの命令を果たしたならその報酬として彼女を与えようと約束する。彼はこの約束を実行するつもりはなく、事が終ったらパルミールを確実に手に入れるためザイデを始末しようと思っている。それとは知らず父親を殺そうとするザイデの最初の試みは失敗する。

この恐ろしい神に引っ張られてお前のところへ
やって来たわたしだが、突然自分が変わったような気がする。
わたしにはお前を憎むことが出来ないのだ!

(ゲーテ訳)

ザイデのこの言葉のなかには父親憎悪の防衛が明瞭に表われている。だが最後に彼はソピルを殺す。死に際して彼は、ザイデとパルミールが自分の子供であることを知らされるが、彼はこのことを既にそれ以前にうすうすと感じてはいた。子供たち自身も、ソピルが父親であることを聞かされる。ザイデは、パルミールを確実に自分のものにしようとするマホメットによって毒殺される。しかしパルミールはマホメットの意図を見破った時自害する。

パルミール　ああ、わたしの血が流れてゆく、喜びに満ちてザイデのために流れてゆく。
マホメット　あの男をそんなに愛しているのか?
パルミール　ハモンがわたしたちを

あなたの聖なる御手にゆだねられたあの日以来、
この愛は静かに強く育ってきたのです。
わたしたちは、まるで生きるのと同じように、自然に愛し合いました。
そして年月が去ってゆき、とうとうわたしたちは、
わたしたちの幸せの甘美な名前を知りました、
そして、わたしたちが心に感じたものを愛と呼ぶようになったのです。

ここでも父親に対する殺人衝動だけが充足を見出しているのだが、一方姉妹との性的な結合は実現されない。古代人における運命、神託、キリスト教中世の神と悪魔に代ってここではアラーの意志が登場し、これが自分自身の無意識的な衝動を代表している。父親を殺したあとでザイデはパルミールに次のように言う。

　あれは自然に起きたことなのだ。
ぼくはなにひとつ罪を犯してはいない、ぼくは従っただけなのだ。
夢中でぼくは彼をつかんだ、彼はもろくも倒れた、
ぼくは切りつけ、早くも二度目の剣を振りあげた。

父親を殺すようにとのマホメットの命令に対して彼は次のように答える。

わたしには神の声が聞こえます、あなたが命じ、
わたしが従うのです。

（1）　これについてはシュテーケルの『文学と神経症。芸術家と芸術作品の心理学のための礎石』Stekel : „Dichtung und Neurose. Bausteine zur Psychologie des Künstlers und des Kunstwerkes“（ヴィースバーデン、一九〇九年）を参照されたい。そこにはグリルパルツァーの他の作品についての考察とともに、『夢は人生』の詳細な分析がみられる。この分析によれば、この作品は両親コンプレックスに起因しているとされる。われわれはここで、この劇はその一連のライトモチーフによって英雄神話の家族小説に照応するものである、とこれを補って言うことが出来る。

（2）母親への愛着の防衛と置き換えから生じるこれと同じ空想は、ヘッベルが一八三八年七月二十九日に日記に書きつけているある夢の根底に横たわっているように思われる。彼にも周知のように女きょうだいはいなかったが、しかし弟に対する幼児期の嫉妬心を彼は遂に一度も克服することが出来なかった。「昨夜は、自分に姉妹がいる夢を見た。」——女きょうだいを求めるこの願望空想が文学上の素材選択にいかに作用するかは、その処女作『バルセロナの結婚式』（本書第一七章、2参照）においてきょうだい愛のモチーフを扱った詩人の次のような言葉が示してくれるであろう。「どうして私がこのモチーフを打ち出したか自分にはよくわかっている。まだ自分が半人前の人間だった頃、恐らくもう少年になっていた頃だと思うが、私は同じ年頃の女きょうだいがいないのがとても悲しかった。なぜなら女きょうだいとの関係の方が男きょうだいのそれよりはるかに甘美であるように自分には思われたからだ。女きょうだいがいなかったというまさにその理由で私は他人の女きょうだいたちに対する眼覚めつつあった性愛的な感情をこの作品のなかへ取り入れたのだ。かつて誰かが言ったように、姉妹は空想を壊すという原則は確かなものである。もし私にこれと同じような姉妹がいたならたとえどんなに遠く離れて住んでいても、このモチーフを魅力あるものとは思わなかったであろう。」この筆者には自分よりはるかに年下の妹がいたが、しかしこの事実は、同年齢の女きょうだいへのこの願望空想の解釈をなんら本質的に変えるものではない。姉妹の創作を決定する最も重要なものはここでも熾烈な兄弟争いであった。

（3）この関連において、グリルパルツァーが明らかな関心をもって日記（一八三九年）に書きつけているある事件についての覚え書きは一筆に価する。「フレーリッヒ家の女中の語ったところによれば、〈彼女がとても好きだった〉父親が死んで、彼女が死体を洗ったり着付けするのを手伝っていた時、その遺骸の硬直した冷たさに驚いたという。それで彼女は、若くて健康な人間がそばに寝てやればまた彼がぬくもりを取り戻すかも知れないと考えた。夜になってみなが寝静まった時彼女はひとりで起き出して、父親のベッドのなかへ入り、そのまま一晩中じっとしていた。翌朝彼女の姿が見えないので家族は家中を捜したところ、父親の死体の傍らで半分硬直しているところを発見された。この逆症療法的な治療の試みの報酬として彼女はしたたか殴打された。この優しい愚行のなかにはなにかぞっとするものを感じるが、しかしまたなにか英雄的なものもみられる。」——ヘッベルの日記のなかのある記述もこれと極めてよく似ている。「Bは生理の始まる前にはいつも下腹部にひどい痛みを覚えていた。その時に父親のベッドに入り、腹の上に彼の手を置いてもらうと痛みが静まるのであった。母親では駄目だった。」

（4）妹ポリーヌに対するナポレオンの愛については既に述べたが、彼も既に九歳の時、父親の従姉妹で三〇歳になる美しい女性が家へ訪ねて来た時これに想いを寄せ、彼女に対する極めて激しい愛情感情が芽生えたということが報告されている（モル『子供の性生活』Moll: „Das Sexualleben des Kindes“ベルリン、一九〇九年、九頁)。

（5）この点に関連して述べておかねばならないのは、グリルパルツァーの作品においてオットカル王がその妻とは「近すぎる血縁関係」にあり、彼女の方がはるかに年上であるということである。

（6）既に引用した次の台詞を想い出していただきたい。

わたしはお前のベルタではない！
わたしはお前の一族の祖先、
お前の母なのだ、罪深い息子よ！

つまり彼女はまさに次のように言っているのである。わたしはお前の妹ではない。お前の母親なのだ、と。

（7）「ベルタ、お前のそばで生きるべきか、
それともお前と並んで死ぬべきか」と
彼は祖先の女に言う。

（8）J. Kohn: „Grillparzers Ahnfrau in ihrer gegenwärtigen und früheren Gestalt“ (Wien 1903)参照。

（9）ベハーゲルが多くの例を挙げている（九頁）。

（10）S. Jakobi: „Über die Beziehung des dichterischen Schaffens zu hysterischen Dämmerzuständen, erläutert an der Art Goethescher Produktivität“. Arch. für Psych., Bd. 34 (1921).

（11）フローベールのこれと似た告白をライク（前掲書）が多数紹介している。

（12）『金羊毛皮』第一幕、客人。フリクススは継母と、彼女に支配されている父親の憎しみを逃れてデルフィへ赴き、ある夢（金羊毛皮）によってコルキスにやって来るが、そこで彼は王アイエテス（父親の代用）とその娘メデア（継母の代用）によって殺される。第二幕、アルゴー船の乗組員。ヨルコスの王で、自分の兄弟を殺害して王座を簒奪し、甥のイアソンに財産譲渡を拒むペリアスは、このイアソンにフリクススの復讐をなして金羊毛皮を奪うよう命じる。フリクススの死以来喪に服していたメデアはイアソンの姿を見て心を動かされ二度にわたり彼の生命を救う。メデアは父親とイアソンとの間に割って入り、彼に愛を告白し、そして羊毛皮の奪取を手伝う。メデアの兄弟は海中に墜落し、父親は自殺する。第三幕、メデア。ギリシャへの逃亡、結婚、二人の子供の誕生。ペリアスから追放された二人はクレオンの宮廷へ赴くが、そこでイアソンは幼友だちを発見し、これに惹かれる。そしてメデアの復讐。

（13）グリルパルツァーとその憎むべきライヴァルである弟の名前がそれぞれフランツとカールであったという事実に注目され

たい。

(14) カールの一人息子は結婚式の数日前にはっきりした理由もなく服毒自殺した。詩人自身その結婚をいつも恐れていたというのは興味深い。

(15) ここでは、この強迫的投影と、建築師ソルネス（イプセン）の、自分の意志の作用に対するほとんど神経症的とも言える信仰との類似性を指摘するに留めておきたい。彼もまた、何かが起きるのは自分がそれを望んだからだと信じている。

(16) 強盗殺人犯の心理学にいくらか光を投げかけるのにふさわしいと思われるものに次のような副次的事実がある。職場を放棄する直前カール・グリルパルツァーは公庫から四一グルデンを不法に引き出した。詩人はこの動機の無効性を説明しようとしているが、これは全く正当なことである。「月々の仕送り金が届かなかった時彼の行った逃亡の原因となったのが、そのことによって生じた金銭的困窮であって、私の運命への気遣いではむしろなかったとする異議も、彼がお金を容易に得られる状態にあったことを考えるならば、その有効性は消滅する。」――このお金をカールは明らかにその現実の価値ゆえにではなく、その心理学的な意味ゆえに受け取っていた。このことは、彼がそれを自分の手許においていて、家計のためには使わなかったという事実からも明らかである。彼はそうすることによって――物質的な意味においてではなく、心理学的なそれにおいて――兄の仕送りを贖い、そしてそれが、彼の自己非難を和らげてくれるところの兄の「生のしるし」だと思い込んだのである。これと同じ目的を彼は、ウィーンの裁判所へ出頭する数日前にザルツブルクの通りをうろつきながら読み耽っていたあの書類をもって達成しようともした。われわれはこのように仮定したいのだが、もしカールが実際に職人の徒弟を殺害していたならば、恐らく彼は、公庫から金を引き出す代りに、今挙げた心理学的な理由でこの男から金を奪い、強盗殺人犯として不名誉な死を与えられたことであろう。ここにおいて、強盗殺人においてみられる「前快感《フォアルスト》」（フロイト）のメカニズムが明らかになる。掠奪品はしばしば、抑圧された殺人衝動を妨げる働きをするところの内的抵抗を克服する場合にのみ有効に作用するものなのである。

(17) 神経症においても兄弟の不在はその死と混同されるが、これは幼児的思考におけると全く同様である。

(18) 文学創作において驚くほど頻繁にみられる「盗賊空想」（シラー、カルデロンなど）が子供時代の遊びや空想にさかのぼるものであることは間違いなく、そこでは盗賊に対して（魔術師に対してのように）スムーズな衝動充足の可能性が与えられているのである。ある男が恋仇を殺すために山賊になるという典型的な例をロンブローソーが報告している（『性科学のための雑誌』、一九〇八年、四二四頁）。同書には、ひとりの少女を巡る二人の兄弟のライヴァル関係の例も挙げられている。

(19) ぼくはあのひとを、そうだ、あのひとを手に入れねばならない、
たとえ天が怒って復讐の稲妻を発し、
地獄が炎を吹きつけ、
恐怖をもってあのひとを取り囲もうとも。
(『祖先の女』第五幕)

(20) それより前既に彼女は次のように言っている。「わたしはもうキリストの花嫁として手と言葉をあのお方に差し出したのです。わたしはあのお方のもの、あなたの愛が一体なんだというのでしょう?」キリストとマリアへの天上的な愛が性的なものに深く根ざしているということ、また地上的なものを超越したこの愛が、求めて得られない地上的な愛のいわば代りをなすものであるということがここで非常に美しく暗示されている。それは高い次元の性的拒絶であり、手の届かない遠くの性対象を夢見ているが、他方では現実の対象を回避する。この天上的な愛をゾラはその長編『司祭の罪』において同じように姉妹への愛と結び付けて描いた。

(21) カルデロンの戯曲『人生は夢』は父親と息子の間の葛藤を、処罰を求める息子の悔恨のうちに描いている。この作品も『不屈の王子』同様グリルパルツァーのお手本となった。

(22) この模倣は意識的な真似《イミタチオン》あるいは模写などではなく、主として無意識のなかで演じられる。これは、ヒステリー患者に他の患者の症候を体得させることを可能にするのと同じ心的メカニズムをもって行われる。これに関しては無意識的な体得についてのフロイトの所見(『夢判断』)と拙著『芸術家』を参照されたい。

(23) ヴォルテールの近親相姦コンプレックスをわれわれは既に彼の初期の作品『エディプ』から知っている(本書七章)。

第二一章　運命悲劇の作家たち

人間がなにかをなすというのか？　なにもなしはしない。
人間の上に隠れた議会が君臨していて、
人間はそれの命じるところを果たさねばならないのだ。
ミュルナー

古代オイディプス伝説にみられる不可避の宿命がある程度具体的に現わしている「運命悲劇」という概念が、近親相姦ドラマのタイプと内容的に完全に一致するものであるということは、われわれの解釈にとっては重要である。このことは単に、文学史において「運命悲劇作家」というレッテルを貼られた詩人に当てはまるのみならず(1)、ロマン派の影響を受けて、オイディプス悲劇において最も純粋に打ち出されている作劇技法を取り入れているすべての作品、例えばシラーの『メッシーナの花嫁』、グリルパルツァーの『祖先の女』、フーケの『巡礼』、アルニムの『大雷鳥』、ティークの『ベルネック』などにも当てはまる。運命悲劇作家が使用する不吉な兆候、前触れ、預言、呪いなどといった神秘的な道具立てはこれすべて古代にみられた運命の理念、神託への信仰、デーモンの観念、悪魔への帰罪などと全く同じく、自分自身の無意識的な感情衝動の具体的な表現以外のなにものでもない。これらの衝動が抑圧のなかから働くと外部への悪しき力の作用として感じられ、また防衛・正当化傾向によって外へ投影される。人間がみずからの意志に反して、防衛された欲動によって否応なく強いられるこの運命は普通、文学的な空想においては、近親相姦コンプレックスの幼児的感情衝動――これは成人の拒絶するところのものである――の成就であることがわかっているが、このことはわれわれの解釈を証明する事実として重要な価値をもっている。[2]

1　ツァハリアス・ヴェルナー

ツァハリアス・ヴェルナーの悲劇『二月二十四日』は文学史において運命劇の雛型としてよく知られているが、その粗筋を簡単に紹介しておきたい。

クンツ・クルトは父親の意に逆らってトゥルーデと結婚していた。ある時老人がこの妻のことをまた悪く言ったのでクンツは彼めがけてナイフを投げつけた。これは父親には当らなかったのだが、しかし怒りと興奮が彼を死に至らしめる。死に臨んで彼は息子とその子孫を呪う。ここでは父親の死が息子のナイフによって直接招来されるのではなく、間接的なものにすぎないが、これは父親殺人衝動の防衛の表現であることが容易に理解出来る。クンツの父親の運命が自業自得のものであるだけになおさらそうである。つまりクンツは自分のこの行為を、父親も――かつて酔いにまかせて息子に話したように――よく自分をいじめていた父親の髪の毛をつかんで引き倒したことがあったということをもって（自分自身に）正当化しているのである。妻のトゥルーデはやがて男の子を生み、五年後には女の子をもうける。七歳になるこの息子がある時、死んだ祖父の命日に、母親がにわとりを殺すのを見ていた。それから彼は妹と「にわとり殺し」をして遊び、彼女の首を切り落とす。もちろんそれは、かつてクンツが自分の父親めがけて投げつけたあのナイフをもってであった。クンツは息子を呪い、激しい怒りに駆られてこれを殺そうとする。しかし母親が彼を救って親戚のところへ預ける。長い歳月が流れ、——両親は今しも経済的な破綻に直面していた——財産家になった息子が故郷へ戻ってくる。そして彼は正体を明かさないで両親の家に宿をとる。ここで三人が交わす会話には血縁関係を暗示する言葉が多くみられ、ソポクレスのオイディプスにおける秘密の露顕を想い出させるものが少しある。この会話の後息子は寝室へ引っ込み、自分が死んだと思われている息子であることを打ち明けるのは翌日に延期する。彼が眠ると、クンツとトゥルーデは不可思議な合図に唆されて彼の金を奪おうと試みる。彼が眠りから覚めて飛び起き、「泥棒！　人殺し！」と叫んだのでクンツはナイフで彼を二度刺した。自分が殺したのが息子であったことを知るが後のまつりであった。だがこれをもって、彼の一族にのしかかっていた呪いは解かれる。

つまりクンツは、これまた自分の父親を虐待していた父親を殺したように、最後は、一度は母親によって救われた息子をも殺してしまう。金品奪取のモチーフは嫉妬心に発する所有の欲望を示している[3]。われわれは、父親と息子の対立の根源が、母親を巡るライヴァル関係であることを知っている。後者はこの作品自体のなかで直接表面に現われてはいないにしても、三代にわたる父親と息子の敵対関係の繰り返しは重要な情動的残滓として、その根底に横たわっている母親への愛着の抑圧されたコンプレックスを示している。このコンプレックスはヴェルナーの特異な愛情生活、即ちドン・ジュアン的女性遍歴、三度に及ぶ結婚生活の破綻、その個人的な強い罪の意識にも表われている。ヴェルナーが母親に心からの愛情を抱いていたことはよく知られている。彼は三番目の妻を伴って、精神を病んでいた母親を看護するためケーニヒスベルクへ旅立ちさえした。一八〇四年に彼女が死んだ日である二月二十四日が彼の悲劇のタイトルとなったのである。この作品は、重要な意味をもつこの「しるし《マルケ》」だけからして既に、抑圧された母親への愛によって誇張され、不自然なまでに強調された父親憎悪を内容とする典型的な近親相姦ドラマの性格を備えている。

2　アードルフ・ミュルナー

一八一〇年ミュルナーはヴァイセンフェルスにアマチュアのための劇場を設立した。彼はここで喜劇を上演させ、時にはみずから俳優として舞台にも立った。一八一二年二月二十四日この劇場でツァハリアス・ヴェルナーの悲劇『二月二十四日』が上演され、ミュルナーは主役の男性を演じた。三ヶ月後に彼はその二月もの『二月二十九日』を書き上げ、同じ年の十月にはドラマ『罪』が完成した。他人の素材をこのように「体得」すること、継承した形式をみずからの精神的内容をもって満たすことは、コンプレックスからの解放と正当化の典型的な手段としてわれわれには周知のものである。またミュルナーが先輩作家の二月ものを引き継いだのは実際は表面的でしかなかったということも明らかである。彼は運命劇の神秘的な雰囲気とヴェルナーの、運命の秘密のヴェールを剥いでゆく巧みな技術を利用したのだが、しかし彼がこれらの形式的な借用を行ったのは、彼自身の強烈なコンプレックスを表現せんがためであった。

ミュルナーはそれゆえ、この素材を取り上げ、近親相姦コンプレックスの意味において更にこれを形成していった時、単に自分自身の無意識的な感情衝動を表わしただけではなく、ヴェルナーの作品においては孤立し、隠されていたモチーフにその本来の意味と心理学的な関連を再び付与したのである。彼のドラマの内容は次のようなものである。

ヴァルター・ホルトはゾフィーと結婚している。二人にはエーミールという一一歳になる男の子がある。ヴァルターの伯父ルートヴィッヒ・ホルトが正体を隠して外国からヴァルターの家へ戻って来て、ゾフィーはお前の妹だと彼に明かす。

外国人（ルートヴィッヒ）　ヴァルター、……わしはお前の伯父だ、
お前の妻はお前の妹なのだ。

……………………………………………………………………

……神が腹を立てておられる、
この結婚は父親を侮辱するものだからだ。
別れることでしかこの罪を贖うことは出来ないのだ。
ヴァルター（飛び上がり、山刀をつかみ）　別れる？
ゾフィー（悲しげに）　別れるですって？
ヴァルター（ゾフィーを抱いて）　絶対にそんなことはしないぞ！
父がそれでたとえ死んだとしても
お前は前と同じようにまだおれのものだ。
お前を手に入れるのにおれは多くのものを犠牲にしてきたのだ。
ゾフィー（訴えるように）　わたしたちが何者なのかわたしたちにわかる筈がなかったではありませんか。

つまり彼らは、自分たちが血縁関係にあることを知っても別れようとはしない。この設定は、血縁関係の隠匿は近親相姦的愛着の防衛の表現にほかならないということを明瞭に物語っている。

この無意識的な兄妹近親相姦が明るみに出たのちに、今度は意識的になった近親相姦が強力な防衛感情を呼び起こし、これが自己処罰を要求する。ヴァルターが自殺しようとすると小さな息子エーミールが叫ぶ。

お父さん、やめて！　ぼくを先に殺して！

……………………………………………………………………

……お願いだからぼくをクレールヒェンと、
ぼくの花嫁と結婚させて！——

クレールヒェンというのは彼の亡くなった妹である。つまりミュルナーはヴァルターの子供たちにも兄妹の近親相姦的な愛を導入している。エーミール少年の死の願望は明らかに性愛的な愛慕の防衛を象徴する表現として理解することが出来る。

エーミール　お父さん、まだおぼえている？　ぼくたちは
いつもこの部屋で夫婦ごっこをして遊んでいたんだ、
お父さんがぼくたちを結婚させてくれたじゃないか！――

最後にヴァルターは小さな息子の胸にナイフを突き刺す。この転換によってヴァルターは自己処罰を回避するのだが、しかしこのことで彼は、息子のなかの禁じられた兄妹の愛を罰することになる。エーミールもまた妹を愛していたのである。母親を偶像のように愛しているエーミールに対するヴァルターの父親としての嫉妬感情が更にこれを強める働きをしている。

子供自身の願望に応じてなされるその殺害と兄妹の結婚がのちになってウィーンの検閲にかかり、ミュルナーはある友人の助言に従って、この近親相姦をただの思い込みにすぎない兄妹結婚へと和らげ、一方子供の殺害は意図的に行われたのではないというふうに変更した。このドラマはのち『妄想』という新しいタイトルでウィーンでも上演された。

つまりヴェルナーが近親相姦的な愛をことごとく回避し、その代り嫉妬的憎悪感情を三倍にして表現したのに対して、ミュルナーは自分の精神生活を支配している兄妹愛のコンプレックスを描き、そして父親と息子のライヴァルコンプレックスを、意図的ではない息子殺しという弱められたかたちで暗示している。

アードルフ・ミュルナーの文学創作の中心をなすのは兄妹近親相姦コンプレックスで、これが彼の文学作品全体の実質的内容として、また原動力として現れている。当時よく上演され、非常に人気のあった悲劇『罪』はミュルナーの最も大きな影響力をもったドラマであるが、この作品における物語の主要モチーフは、同じ女性を巡る兄弟との敵対的なライヴァル関係である。そして、兄妹間の愛がこのテーマと結び付いて描かれているという事実は、その根底に横たわるコンプレックスを示している。ドラマが開始される以前の物語が含んでいる近親相姦コンプレックスの多

様な感情衝動は、独特な技術によって徐々に、またしばしば暗示的にのみヴェールを剝がされてゆくが、このことは、これらの抑圧された願望空想の承認に対する意識の抵抗を反映している。次に内容を、独特な開示技術は別として、総合的に紹介することにしたい。

エリンドゥールの伯爵エドヴィンには長い間子供がなかったのだが、ようやく後継ぎが生まれる見込みとなる。伯爵夫人の傷付き易い健康は保養地への旅行を要求した。そこで彼女はフーゴーという男の子を出産するが、彼は誕生後間もなく死ぬ。伯爵夫人がこの保養地で知り合ったラウラという友人が、この失意の母親に同じ歳の自分の子供を与えて、希望を裏切られたエリンドゥール伯の、心の痛手を軽くしてやろうとする。だがラウラの、一見立派そうに思われるこの行動には、それなりの充分な理由があった。即ち、彼女は「先に生まれた長男を溺愛していた。」ところが、二度目の出産を間近に控えた彼女が息子を腕に抱いて散歩していた時ひとりのジプシー女に会った。夫人がささやかな施しを拒絶したところ、その女は次のような呪いの言葉を発した。

お前が子供を産む時には、
一日中苦しむだろう！
生まれた子供が男なら、
そいつは、先に生まれたお前の子供を絞め殺すだろう。
女の子なら、この長男に殺される、
そしてお前は罪にまみれて死んでゆくのだ！

果たして彼女は一日中苦しんだあと男子を産み落とし、これをオットーと名付けた。呪いの半分がこれで適中したので、あとの半分が成就されるのを怖れた彼女は、忌まわしい運命を回避するためにその子供を手放したのである。だがエリンドゥール伯爵夫人は死んだわが子フーゴーの名前をこの子供につけて、これを自分の息子だと称した。一方ラウラは夫のヴァレロスに、オットーは死んだのだと告げる。エリンドゥール伯夫人は、のちに娘イェルタを産んだ時初めて夫にフーゴーの出生の秘密を打ち明ける。しかしこの領主はフーゴーを正統の世継ぎとする。伯爵エドヴィンの死後フーゴーは自分の生まれたスペインへ赴き、そこで両親を訪ねようと思う。当地で彼はカルロスという男と知り合い、やがて二人は親密な友情で結ばれる。フーゴーと、カルロスの妻エルヴィーレは激しく愛し合うようになる。そして嫉妬の激情に駆られたフーゴーは友人のカルロスを森のなかで撃ち殺す。ところがカルロスはヴァレロスの息子であった。かくしてフーゴーはそれとは知らず自分の兄を殺すことによって運命の預言を成就させたのである。事の真相が判明したあと彼はこの行為をお互いの兄弟憎悪と嫉妬をもって正当化する。

わたしは自分の殺す相手が敵だと思い込んでいたのです。
　それ以上言うべきことはありません。
わたしが犯してもいない罪に復讐しようと、
怒ったカルロスは、
わたしの殺害をもくろんだのです。
　（エルヴィーレを指しながら）
このひとがそっとわたしに
警告してくれたのです。——
エルヴィーレ　ああ神様！——あれは危険に対する
わたしの不安にすぎなかった！
最初の怒りにすぎなかったのです。——
フーゴー　いや、絶対にそうではない！
彼に罪滅ぼしをするためにわたしは旅立ちました。

……………………………………

あなた方は嫉妬というものを知っておいでですか？——
その嫉妬の炎がわたしを森のなかへと駆り立てたのです！

……………………………………

エルヴィーレを妻とするのに、
わたしは指一本動かせばよかったのです。

のちにフーゴーとエルヴィーレは結婚して北方のエリンドゥールの館へ向かう。ここから、ソポクレスのオイディプスと全く同様に、無意識的に行われた犯罪の露顕のみを内容とするドラマが始まる。館ではエリンドゥール伯の娘イェルタが独身で暮らしており、フーゴーの妹として通っていた。にもかかわらず彼女はフーゴーを、妹として以上に愛しており、彼の妻エルヴィーレに言う。

　わたしたちは恋仇なのだわ。
エルヴィーレ（驚いて）　まあなんということを、妹の身でありながら！
イェルタ　フーゴーはあなたの心が作り上げた
　偶像にすぎないのだわ。
（心をこめて）
わたしは――わたしはあのひとを愛しているの、全霊を捧げて、
ちょうど向こうの世界の光のなかで愛するように。

フーゴーが、自分の妹ということになっているイェルタに、自分はおまえの兄ではないと打ち明けるところから一連の事実がヴェールを脱ぎ始める。この告白を聞いた彼女は、フーゴーに対する愛に怖れを抱いて尻込みをする。

……夢の幻が消えてしまった、
そして自然がいましめを解かれた、
もうわたしにはあなたを抱くことは許されない、
あなたはエリンドゥールではないんですもの。
愛と欲望を隔てていた壁が
倒れてしまった！――

フーゴーとイェルタが兄妹でないことを知らされたエルヴィーレは、自分が既に長い間欺かれていたと信じる。

それだからあのひとは今日
厚かましくも
わたしの恋仇だと言ったのね。――

なぜあのひとは
あなたの妹でないことを
友人のこのわたしに
何ヶ月も隠しておいたのだろう。
フーゴー　それはちがう！　ぼくは今日
たった今このことを彼女に話したばかりなんだ。

ドラマの中心をなしている兄殺しの露顕は、エリンドゥールの館へヴァレロスが到着することによって行われる。――カルロスは自殺したということになっているが――、ヴァレロスは、この息子が殺されたのだと確信している。犯人を捜すべく彼は旅に出たのであった。

　犯人から逃げ出すべきか、
あるいは向かってゆくべきか、わたしにはわからぬ。
そんなわたしの眼の前に、
まだ見ぬその男の姿が浮かぶのだ、あるときは優しく、またあるときは荒々しく。
（フーゴーの方へ歩み寄って）エリンドゥール、わしに説明してくれぬか、
自然のこの分裂・葛藤を！――
その男が血にまみれて死んでゆくさまを見たいと思うこともあり、
だがまた――（穏やかに、ほとんど優しい調子で）許してやりたいとも思うのだ。

　捜し求めていた犯人が自分の息子（同時に殺された息子の弟でもある）であってみれば、これらの言葉には息子に対する父親の分裂した立場が無意識のうちに表わされている。息子の殺害者を処罰することへのこのためらいは心理学的によく理解出来る。既に述べたようにヴァレロスの妻ラウラは長男の（殺された）カルロスを溺愛していた。息子に対する母親のこの愛情は、優遇されているこの恋仇に対する父親の嫉妬と憎しみに照応する。ヴァレロスは無意識的に息子の死を願っていた。それゆえに彼は、この

願望を満たしてくれた人間、即ち息子の殺害者を罰することが出来ない。この息子自身が、愛してはいるがしかし憎んでもいる息子と同一人物であるだけになおさらそうである。この彼の自己非難（良心）から、自分の息子の死は自然死ではなかったのだという彼の予感もまた理解することが出来る。ヴァレロスのこの自己非難は次に自己処罰への願望のなかに表われるようになる。つまり彼は息子のフーゴーに決闘を挑み、彼の手にかかって死にたいと願いつつ相手を怒りへと駆り立てる。この挑発にはしかし自己処罰とともに、息子への憎しみもこめられている。

ヴァレロス　わが一門に兄弟殺しがあったとは！

　この汚辱を洗い流すのは

血のほかにはない。――今日はカルロスの命日、

今日のうちにも下手人が、

さもなければこのわしが斃れるのだ！

初めフーゴーは戦うことをためらうが、ヴァレロスに臆病者と言われて怒りに燃えあがる。

フーゴー（われを忘れて剣を拾い上げる）ええ、もう我慢ならぬ！

ヴァレロス（身構えて、剣を鞘から引き抜く）

やっとその気になったか！――さあ抜け、気違い虎め、

そしてわしの胸めがけて突進するんだ！

フーゴー（しばらく休んで気を取りなおし）

いけない！――どんなことがあろうとも

この剣を抜くことは出来ぬ。

　（鞘のすぐ上の柄《つか》を折って、両方とも背後の広間に投げ入れる）

鞘のなかで刃が錆ついてしまっている。

ヴァレロス（怒って）

おのれっ！――受けて立たぬというのか、
この青二才め。よかろう、ならば死ね！
（短剣をもつように、すばやく剣を手で握る）
いずれかが死なねばならんのだ！
（フーゴーを刺そうと襲いかかる。フーゴーは静かに立ったまま。既に部屋に入って来ていたエルヴィーレがこれを見て
飛ぶように走って来る）

彼女は両者を分ける。間もなく二人は自分たちが父親と息子であることをお互いに知り、抱き合って和解する。

フーゴー（深く感動して彼の腕のなかに身を沈める）父上！
ああ、なんという喜び！　わたしを抱いているのは父上の腕なのですね？
ヴァレロス　オットー！　大事なわしの息子――最愛の息子よ！
なにもかも――なにもかも許すことにしよう！

だがフーゴーの心にあるのは自分の犯した罪の贖いだけであった。彼はみずから生命を絶つ。自己処罰としてのこの自害が、兄弟憎悪と、その根底に横たわっている父親憎悪への防衛衝動から出ているということは、瀕死のフーゴーが口にする台詞からも明瞭である。

イェルタ（走り寄って来て、彼の左腕にすがる）
伯爵様！　なんということを？
フーゴー（血にまみれた短剣を彼女の足許に落とす）やったぞ。
だがまずかった――あいつの時にはもっとうまく刺したんだが。

彼は死を前にしてエルヴィーレを救おうと思い、逃げることを勧める。また二人は会えるだろうと彼は言う。

妹も、友も、そして妻をも
ひとつの愛をもって愛せる場所でね。

ここでもわれわれは、血縁関係廃棄を伴った妻と姉妹との同一化を再び見出す。同様にまた心中死の象徴的表現もみられる。というのもエルヴィーレはフーゴーの眼の前で自殺するのである。

ドラマは荒っぽい効果を狙って書かれてはいるが、しかしその形式の拙劣さにもかかわらず随所で深い無意識的な関連が極めて正しく感受されており、われわれはこのドラマがまさに作者自身の心的葛藤の症候的表出にほかならないと考えざるを得ない。ミュルナーの人生と彼の特異な詩人としての発展がこの推論の正しさを余すところなく裏書きしてくれる。一七七四年に生まれた彼は祖母の家で教育を受け、その後（一七九三年から）数年間大学で法律を学んだ。若い頃試みられた彼の文学上の習作はわずかしかない。最も重要なものは二巻ものの長編小説『近親相姦またはアヴィニョンの護り神』で、これは兄と妹の結婚をテーマにしている。のちミュルナーが弁護士となり、ヴァイセンフェルスに居を定め、社会生活に入った頃には彼の創作力の泉は枯渇した。のちになってこの泉は再び勢いよく湧き出ることになる。だがわれわれが彼の作品において繰り返し見出すのは常に同じ心の葛藤である。ゲデッケの概説には次のように書かれている。「同一の女性を巡る兄弟の争いというモチーフが彼の文学創作の狭い枠を形作った。それには恐らく、彼が、腹違いの兄に約束されていたアマーリエ・フォン・ローガウという若くて美しい少女を熱烈に愛し、一方では、すでにプフォルタ学院で彼を邪魔者扱いしていたこの兄を心底から憎んでいたという事実が関係しているのかも知れない。」兄が早くに死んだあと彼は二八歳でアマーリエと結婚した。だが幸福な結婚生活は長続きせず、間もなく夫婦の間には深い溝が生じ、ミュルナーの死まで続いた。創作力の突然の枯渇と、のちになって再びみられた激しい湧出は、一途に求めた愛の対象との結婚、つまり彼の幼児的な願望の成就と極めて深い関係にあると考えることが出来る。そうすると詩的衝動の新たな眼覚めは妻とのこの疎遠な関係に、つまり彼の幼児感情の新たな不充足にその源を求めることが出来るであろうし、またわれわれが知っている外面的な誘因は喚起的な要素でしかなかったと考えられよう。

ミュルナー自身の人生における実際の生活環境並びに彼の置かれていた神経症的な立場を最も明瞭に反映していると思われるのは短編『口径』である。ほとんど精神分析の報告書を読んでいるような印象を受けるこの小説全体は、『罪』におけると同じ秘密の開示テクニックをもって構成されている。ここでは終末部分だけを簡単に紹介しておきたい。

フェルディナント（この人物の背後にはミュルナーが隠されている）は、初め兄のハインリッヒに定められていたマリアーネを熱烈に愛しており、彼女の方でも彼だけに思いを寄せていた。ある時二人の兄弟は森のなかで口論となった。フェルディナントがピストルをもって兄の手に殴りかかったところ、これが暴発してハインリッヒは倒れる。フェルディナントは警察に、自分の兄が殺人者によって射殺されたと告げて、事件の経過を実際とは違った風に説明した。つまり彼は、兄に遅れて歩いていたところ、突然助けを求める叫び声が聞こえた、自分は武器を手にして急いで駆けつけたのだが、このことが殺人者を刺激して、兄を射殺させる結果となってしまった、と供述したのである。彼は取り調べ官の前で、兄の死の責任は自分にあるのだと言って激しく自己非難をしてみせ、防止することが出来たであろうさまざまな副次的状況を事故の原因に仕立て上げた。彼はこの事件で不安定な状態となり、とうとう心の病にかかる。マリアーネとの結婚式を二日後に控えた彼は、兄を殺したのは自分だと告白する。しかしながら最後に、ピストルの口径を調査した結果真犯人が発見される。即ち、フェルディナントの拳銃が兄に向かって暴発したその瞬間に、ひとりの盗賊が藪のなかからハインリッヒを撃ち倒したのであった。兄を殺したのは自分であるとの彼の確信はつまり誤りであって、警察で行った偽の陳述が正しかったのであった。

兄殺しのこの誤った自己告発は、その心的メカニズムにおいてカール・グリルパルツァーのあの自己帰罪と完全に一致する。フェルディナントにおいても、兄を殺したいという強烈な願望の防衛が強迫観念となり、そのため、兄に降りかかる不幸のことごとくが自分のこの願望の作用によるものだと考えるようになる。しかしミュルナーの作品においてはこの強迫観念が暗示されているに留まり、兄殺害――彼はそう思い込んでいた――の場面において強迫観念の心的メカニズムがいわば感覚的に描かれている。ここにはまた金銭との結び付き、兄に対する殺害衝動の反動としての自殺の意図が再びみられる。自己帰罪に基づいて告訴されたフェルディナントは、自分が犯したと思い込んでいる犯罪に対する正当な処罰として死を待望するのである。

われわれがみてきたようにミュルナーは、兄弟とのライヴァル関係というテーマを彼自身の人生からそっくりそのまま彼の文学へ移し入れたのであって、そのため彼の作品はほとんど懺悔を聴いているような印象を読むひとに与える。ただし心的な抵抗があるため、抑圧された感情衝動が直接展開されることは稀にしかみられない。例えばわれわれは『罪』においてミュルナーお気に入りのテーマのほかに、想像にすぎない兄妹愛（イェルタ）というモチーフをも発見したし、また『二月二十九日』には兄弟憎悪のモチーフは全くみられないで、兄妹愛が強く前面に押し出されている。しかしミュルナーの他のドラマでは、『罪』におけるように、同一の女性を巡って敵対し合う兄弟のライヴァル関係が描かれている。例えば『ユングルド王』、そしてミュルナー最後の作品『アルバニアの女』（一八二〇年）[4]がそうである。ミュルナーの妹についてはなにも知られていないので、われわれにはここでもまた、グリルパルツァーやシラーにおけると同じように、反動作用モチーフによる抑圧された想念の代用を示す一例が与えられるであろう。シラーが、自分の姉を奪ったライヴァルであるその夫を兄弟とみなし、また事実そう呼んでいたように、ミュルナーは自分の兄を敵として奪い合った女性を妹と呼んでいる。『罪』のなかでフーゴーが兄カルロスの妻エルヴィーレ（のちに彼自身の妻となる）を「妹」と呼んでいることもこれを物語るものである。第三幕第二場で彼はヴァレロスに、「エルヴィーレはぼくにとって妹のように大切な存在であった」と語る。そして第四幕第八場では彼女自身に向かって次のように言う。

カルロスはぼくの兄だった、
お前はぼくの愛しい妹なのだ！

われわれはシラーとグリルパルツァーの作品において、空想上の人物の背後に隠されている他の人物を指摘することが出来たが、これら他の人物によって行われる愛の対象（母親）の似たような置き換えと代用がミュルナーの兄妹愛においても同時に働いていたということをわれわれは、この二つのメカニズムの知識からここで顧慮に入れて差し支えない。母親へのこの近親相姦的固着からミュルナーはじめ他の多くの詩人たちの性的拒絶も理解されるのであって、この拒絶はたいていのちの人生において、全く手の届かない、あるいは性行為を禁じられた女性への情熱的な愛のなかに現れる。例えばミュルナーにとっても、兄に与えられるよう定められているがゆえに彼が所有することの出来ない女性は、彼が欲望の対象としてはならない女性、即ち妹になるのである。それゆえわれわれは、現実の人生あるいは文学において極端な性的拒絶がみられた場合、たとえそれが自慰的な性生活への沈潜ないしは同性愛的傾向への方向転換によって一見充分な動機付けがなされていようとも、そこには根源的に深く根ざしている母親への固着があるのだと確信をもって断定して差し支えない。というのも成人の性拒絶、つまり現実の愛の要求が成就されることに対する嫌悪——これは対象への過大な憧れや欲求においてみられる——の根のひとつは近親相姦的愛着である。これら幼児的な感情を、最初に愛した最も身近な愛の対象から分離することの出来ない人間は、重症の場合（精神神経症）正常な恋愛が全く不可能となり、軽症の場合でも常にある種の拒絶が残ることになる。後者に属するのが芸術家であって、彼らの近親相姦ドラマは、彼らが近親相姦的感情衝動を完全には脱していないことを物語っており、また彼らは現実の人生においてもほとんど常に「不幸な」恋愛を経験している。

（1） Vgl. E. H. Schmitt: „Moderne und antike Schicksalstragödie", Berlin 1874. Rosikat: „Über das Wesen der Schicksalstragödie", Königsberg 1891/92.

（2） フォン博士はウィーン精神分析学協会（一九一一年一月二十五日）でのある講演において、この事実から、「悲劇的罪過」の根底にある個人的罪意識を心理学的に理解する道を見出そうとの興味ある試みを行った。それ以後のものとしては同じ著者の『悲劇の根源』Ursprung der Tragödie（一九二五年）を参照されたい。

（3）　キュルシュナー国民文学全集の『運命悲劇』の巻における序文でミノーアは、ヴェルナーは『二月二十四日』の素材を『犯罪事件』という見出しの、ある新聞記録から直接採用したと言われている、と述べている。しかし彼以前既にイギリス人のリローが『運命の数奇』The fatal curiosity というドラマでこれと同じ素材を取り扱った。ドイツではモーリッツが、あまり注目されていないその『ブルント』というドラマを書いて彼に続いた。ヴェルナーのこの悲劇に対するゲーテの影響も特に強調されている。それどころか、この素材の選択はゲーテが行ったとさえ主張された。――ちなみに子供を殺す両親のモチーフは既にイェルク・ヴィックラムの長編『良い隣人、悪い隣人』Von guter und böser Nachbarschaft（一五五六年）にみられるが、この作家の『子供の鏡』Knabenspiegel（一五五四年）には息子のさまざまなタイプが描かれている。

（4）　運命悲劇に数え入れられるホーヴァルトの作品にも多くの近親相姦的特徴がみられる。例えば悲劇『似姿』Das Bild（一八一八年）がそうで、この作品ではミュルナーの『アルバニアの女』にみられるような、死んだと思われていた恋人の帰還というモチーフが兄弟憎悪と、ひとりの女性を巡るライヴァル関係のモチーフと結び付いている。

第二二章　ロマン派の作家たち

お前は兄にとっては
妹であり、同時に花嫁なのだ。
ワーグナー（『ワルキューレ』）

ロマン派の作家たちの愛の理想と芸術創作にとって近親相姦コンプレックスがもっている測り知れないほどの大きな意味をその全容において提示しようとするならば、現代のわれわれの芸術にまで作用を及ぼしているこのロマン派――オストヴァルトに言わせるとロマン派は実はある特定の心理学的タイプへの所属を意味するものでしかない――の個々の代表者については運命悲劇の作家たちよりは更に緊急に、詳細かつ深い専門的な検討がわれわれの立場からなされねばならないであろう。[1] しかしここで提供することの出来るものは、近親相姦コンプレックスがまさにロマン派の作家たちの特殊性を示しているという証明のための手掛り以上になることはほとんどあり得ないであろうし、またそれは広範囲に散逸している膨大な資料のことを考えるならば、ロマン派の最も重要な代表者たちにみられる主要観点のスケッチに限定されざるを得ない。

1 ルートヴィッヒ・ティーク

彼はわれわれに、ドラマの形成衝動が近親相姦コンプレックスにおいて初めて発現したということの古典的な例のみならず、近親相姦コンプレックスにおける固着――これはロマン派のタイプにとって固有のものである――を示す最も明瞭な証拠をも与えてくれる。ティークが二〇歳の年で（一七九三年）書いた最初の大きなドラマ『カール・フォン・ベルネック』は近親相姦的な運命悲劇のあらゆる性格を示している[2]。

ベルネックの城と家族には古い呪いがまつわりついていた。聖ヨハネの夜にはいつも白髪の幽霊が館をさまよい歩く。この亡霊は、自分の兄弟を殺した第一代の城主のものである。これに声をかけられたものはその年の内に死ぬことになっている。このような状態が長く続き、やがてある時、家族の二人の兄弟のうちのひとりが他方を殺すという事件が起きる。ところが二人は敵対してはいなかったのである。ドラマは、十六年にわたる遠征から戻って来たメランコリックな性格の老城主ヴァルターが、アイギストスに殺されるアガメムノンのように、妻の愛人によって殺されるところから始まる。彼の息子で次男のカールは父親と同じく、一族に下されている呪わしい運命のため暗鬱な毎日を送っていたが、呪いのかけられている祖先の剣をもって愛人と母親を殺して、これに報いる。彼の兄ラインハルトは明るい性格の人間であったが、自分でも求愛している優しいオルラ・フォン・アーデルハイトをカールが愛しており、また彼女からも愛されているということを知って、弟への烈しい敵意に燃え上がる。嫉妬に駆られた彼は弟の殺害を決意する。彼は眠っているカールを襲おうとするが、突然激しく心を動かされる。彼の殺意は温かい愛に変り、みずから進んで恋人を弟に譲る。だが彼は呪われた運命から逃れることは出来なかった。恋人たちが婚約の手を結び合おうとした時、殺された母親の亡霊が二人の間に姿を現わす。復讐の女神たちに唆されたカールは兄によって殺されることをあくまでも望み、やがて彼は優しく抱擁されながら胸を突き刺される。ラインハルトは修道院へ入る。

この物語の多様に絡み合ったモチーフが近親相姦コンプレックスからの派生物であることをわれわれは既に知っている。前面に押し出されているのは、呪いによって動機付けられた兄弟憎悪であり、これには同一の女性に対する愛が基になっていて、悔恨と防衛の衝動が特に強調されている。即ち、優しい愛へと変ってゆく殺意、兄の手にかかって果てたいというカールの願望、心のこもった優しい抱擁中の殺害などがそれである。また共通の恋人を競争相手に進んで譲るという設定もこの意味で、既にわれわれが許婚者譲渡のモチーフ（本書第四章）においてみたような感傷的な願望空想として解釈することが出来る。ティークの悲劇においても強い兄弟コンプレックスの層の下に両親コンプレックスが明瞭に微かな光を放っている。ハムレットやオレストと同じく彼は情夫だけではなく、帰郷した際に情夫と母親によって殺される父親の復讐者として登場する。オレストと同様カール・フォン・ベルネックは、無意識的な嫉妬の衝動から――この嫉妬衝動は同一の女性（母親）に対する二人の兄弟の共通の愛のなかで意識的なものとなり得る――母親をも殺すが、しかしこれまたオレスト同様殺された人間の復讐の女神によって狂気へと追いやられる。殺された母親の亡霊が婚約者たちの間に割って入る場面は、母親に対する息子の近親相姦的な愛を明瞭に物語っている。つまり彼はすべての女性のなかに母親の姿を認めるがゆえに、従って自分と恋人との間に「母親の亡霊」が立っているがゆえに結婚することも、女性を愛することも出来ない。彼は自分の愛を幼児的なやり方で母親に固着させていたのである。

『ベルネック』において主人公は殺された父親の復讐を果たす人間として登場するが――その相手はハムレットにおけるように母の愛人にして継父というマスクを被らされている――特に早熟であったティークが一八歳の時に書いた最も初期の短編のひとつは父親コンプレックスを直接描いている。『アブダラー』というタイトルの短編（一七九一年）では地獄の悪魔にかどわかされた主人公が父親をその宿敵であるサルタンの手に引き渡し、そのサルタンの娘である恋人を手に入れる。結婚の祝いの席で彼は父親殺害による良心の呵責に襲われるのだが、この描写において若い詩人が表現したのは、厳しい父親に対する幼児的憎悪感情への反動作用にほかならない。このアンビヴァレントな立場から、父親の姿が憎まれる生みの親と、憎むサルタンへと分裂してゆく状況が生まれるのだが――このことによって同時にサルタンの娘は「妹」としての性格を帯びることになろう――、これについては今更改めて指摘するまでもない。結婚式の日に眼覚める父親殺しの良心の呵責は、『ベルネック』にみられるところのこれと対応する現象、つまり婚約者たちの間に割って入る殺された母親の幽霊と同じく、憎悪・殺害衝動の幼児的・嫉妬的な根を示している。

『ベルネック』と同じ年に、この二〇歳の多作な詩人は比較的小さなドラマ作品『別れ』（一七九二年）を書いているが、これは近親相姦的な意味を与えられて『ベルネック』に登場し、またのちの創作においても定着することになる帰郷という彼のお気に入りのモチーフを取り扱っている。故郷へ戻って来た男が、その不在中に彼の恋人の夫となった男によって、彼女ともども殺される。われわれは、帰郷する夫の殺害というモチーフが『ベルネック』においては父親の不在（旅行あるいは死による）という典型的な少年空想の現実化として描かれているのをみたが、ここではこのモチーフがきょうだいコンプレックスの意味で使用されている。ルイーゼは愛していない男と結婚するが、自分の部屋にしまってあった不在中の恋人の写真を夫に見せて、それが亡くなった兄弟の写真だと言う（死亡＝不在＝旅行）。この帰郷する夫のモチーフは、特に民謡において世界文学全体に広まっているが[3]、しかしほとんどの場合近親相姦的な家庭小説にみられるその根幹からは完全に分離されたかたちで現れている。本来このモチーフは幼児的な近親相姦関係に源を発しており、またそこからのみ理解されるものなのである。アガメムノン、オデュッセウス伝説の基礎にもなっているこの帰郷する夫のモチーフが、息子の立場から形成されているということ、また邪悪な競争相手（兄弟――父親）を殺したい、母親を安んじて独占したいという息子の願望空想を表わしているということは、この夫が殺される、あるいはのちになって感傷的に緩和されたかたちで、彼が妻をみずから進んで競争者に譲るという設定から明らかであるのみならず、フェードラ・パターンにおける父親のように死んだと信じられている（即ち死んでいてくればよいがと望まれている）父親の不在ないしは旅立ちについての少年の典型的な空想からも疑いのないところである。だが他方ではこの帰郷モチーフは、のちに改めて父親の立場からなされる形成にとっても好都合であることがわかる。なぜなら夫婦関係を妨害する人間として登場する第三者――彼は妻が夫に忠実でないとみている――のなかに、やがて生まれてくる息子の空想も体現化されているのであり、この息子は母親が兄ないしは父親によって所有されているところへ登場するのである（ローエングリーン伝説についての私の解釈を参照されたい）。

神話伝説（アガメムノン、オデュッセウス）に完全に残されている近親相姦的根源の余韻は個々の伝承に窺われる。『美しきヤーニャ』というセルビアのある歌謡では、夫の母親が嫁のヤーニャを、義理の兄弟と通じていると中傷する。夫は妻を殺すが、しかし彼自身も妻の兄弟によって刺し殺される。近親相姦的な愛と嫉妬が更にはっきり表われているのは、悲劇的な結末とはなっていないが、義理の兄弟をうたった二つのヴェンド族の歌においてである。ほとんどティークの『別れ』を思わせるこの歌では、主人公の少女が、故郷へ戻って来た以前の恋人の心を試すために、自分がさっき話していた若者は新しい愛人だと言って、いかにも浮気な女である振りをする。ところが彼がこの新しい恋人を弓で射殺しようとしたので、驚いた彼女は、これは自分の一番下の弟だと言って彼を安心させる。――ティークの作品のルイーゼもこれと似たようなやり方で、恋人の写真を兄弟のそれだと言って見せる。

帰郷する夫の素材は周知の通りテニスンが『イーノク・アーデン』という詩で扱い、更にモーパッサンが短編『帰郷』で、トルストイが『生ける屍』で、ハンス・フランクが『ハインリッヒ公の帰郷』（ベルリン、一九一一年）でそれぞれ取り上げている。

許婚者譲渡は民謡のほかにもゲレルトの家族小説『スウェーデンの伯爵夫人Gの生涯……』（一七四七年）に見出される。そこでは、自分の夫が死んだものと思い込んだ伯爵夫人が他の男と結婚する。最初の夫が帰還した時彼女は二番目の夫と別れるが、前者は死に臨んで後者に妻を託す（譲渡）。これとは反対の、同じ男性への愛からお互いを犠牲にし合う二人の姉妹のモチーフをゲレルトは喜劇『優しい姉』で取り扱った。死の願望を強調したこれと似たモチーフをズーダーマンも『願い』（『姉妹』シリーズ。これについては本書第二三章参照）という短編に取り入れた。ゲレルトにおけると同じ感傷的な許婚者譲渡はホーヴァルトの一幕物の悲劇『帰郷』にみられるが、ここでは十八年間不在で、死んだものと思われていた夫が戻って来て、妻の二番目の夫を毒殺しようと決意する。だが二人の幸福な姿を見た彼はみずからその毒杯をあおる。エルンスト・ヴィーヘルトはこれと同じ素材をテニスンに依拠しながらリトアニアの物語『死亡宣告』で取り扱った。ここでは争いから逃れるために女性だけが死に、二人の男性ライヴァルは彼女の墓の上で和解する。

妻の二度目の結婚式が行われる時に戻って来る夫のモチーフにシュプレットシュテーサーは独自の一章を割いているが、既に私はこれを二度目の結婚それ自体も含めて、ローエングリーン伝説についての拙論のなかで、近親相姦コンプレックスに起因していると説明した。

帰郷する夫のこの空想はイプセンのドラマ『海の夫人』において女性の立場から描かれている。この作品では「異郷の男」は死んだものとみなされていたが、しかし最後にはヴァンゲルの二番目の妻の前に姿を現わして、彼女を自分に返すよう要求する。妻に対する異郷の男のこの支配力が有する無意識的な意味は——妻は夫を断念さえする——多分父親に対する幼児的な固着の意味であろう。灯台守であった彼女の父親はこの海の男とひとつ人物に合体する。ヴァンゲルははからずも言う。「私はあれよりもはるかに、ずっと年上なのだ。私はあれの父親であるべきだった——。」父親との関係をイプセンは『ロスメルスホルム』でも描いている。

ティークの短編『和解』（一七九五年）では帰郷のモチーフがこの心理学的な意味で用いられている。

異郷から戻って来る夫を迎えるために妻が、男の衣裳を着た友達を同伴して旅に出る。二人の姿を見た夫は、妻が愛人を連れているのだと思い込んで両者をともに殺してしまう。殺された妻の息子は修道院で暮らしていたが、やがて冒険を求めて外界へ出て行く。ある洞窟のなかで彼は、共に殺された同伴者の婚約者であった伯父に出会う。彼はこの伯父から、不用意に犯した殺人を苦にして父親が死に臨んで平安を得られないでいることを知らされる。息子は祈りによって父親に救済をもたらす。

母親を虐待されたことで息子が父親に行う復讐のこの感傷的な緩和はティークの強力な防衛感情に完全に一致す

る。彼の主人公たちはすべて良心の責め苦、心の悩みをたっぷり味わっている。『アブダラー』と『ベルネック』におけるのと同じ体験が、一七九五年から九六年にかけて完成された彼の最初の長編『ウィリアム・ラヴェル』の基礎になっている。そして二〇年後の一八一五年になってもなお詩人は、これらの体験はいつも自分から離れないだろうと言っている。この作品では父親が息子に結婚を許さないところからすべての葛藤が生じる。帰郷のモチーフにふさわしくティークの文学創作において、また部分的にはその実人生においても姉妹への情熱的な愛が主要な役割を演じており、これがほとんどの場合、同じ女性を巡る二人の友（兄弟）のライヴァル関係と結び付いている。近親相姦的なきょうだい愛のモチーフが最も明瞭に描かれているのは、自由な創作になるメールヒェン『金髪のエックベルト』（一七九六年）である。

エックベルトは妻のベルタと二人だけで世界から完全に孤絶して暮らしている。彼の友人ヴァルターが時折二人を訪れるのみであった。ある時ベルタは彼とエックベルトに自分の身の上話をして聞かせる。彼女は子供の時厳しすぎる両親の許を逃げ出し、森を住み家とするある老婆のところへやって来る。しかしのちになって彼女はエックベルトの愛を獲得するためにこの老婆のところから逃れる。話が進んでゆくうちに彼女は、老婆のところで聞いて、今では忘れてしまっていたある名前をヴァルターに想い出させる。それでエックベルトは猜疑と嫉妬の心に駆られてヴァルターを射ち殺す。ベルタは心痛のあまり死ぬ。最後に例の老婆が金髪のエックベルトに、「友人ヴァルター」はほかならぬ自分であった、ベルタはお前の妹だったのだと打ち明ける。エックベルトは狂気に捉われ悶死する。

ここでも作者の強力な防衛感情が表わされているが、それは、知らずして犯した兄妹近親相姦の発見が狂気と死をもって終るという設定にみられる。そもそも詩人は精神の病いと狂気を好んで描くのみならず、極めて卓越したやり方でこれを取り扱っている。つまり彼は自分自身の心的状況を主人公の上に投影し、そのようにして、重苦しくのしかかる罪の意識からみずからを解放するのである。「老婆」という極めて複雑な妥協的人物の本来の意味がどこから発しているのかを究明することは心理学的に特に興味深いことであろう。だがここでは、この混合的な人物は作者にして主人公である人物の両親を、そしてまた兄弟を表わしているということを暗示することしか出来ない。彼女が両親を代表していることについては、彼女がベルタのために親代りになっており、またベルタが、両親の許から逃げ出したように彼女のところから逃げ出したという設定がこれを物語っている。特に彼女が母親を表わしている部分は、既に彼女が「老婆」という表現を与えられていることに、またわれわれが『ベルネック』において既に見出したところの息子による殺害に窺われる。父親に限ってみるならば、『ベルネック』に登場する父親の名前も、この作品において男に変身する老婆のそれと同じくヴァルターである点がこれを示している。父親の殺害は既にわれわれが『アブダラー』においてみたところである。老婆に与えられている兄弟的な要素は友人という名称（緩和、置き換え）が、またこの友人に対する、妹を巡ってのエックベルトの嫉妬がこれを示している。母親の愛と妹の愛との関連（置き換え）がここでも再び暗示されており、この関連は詩人の少年時代を意味深長に物語っているように思われる。なぜならこのメールヒェンの萌芽はティークの母親が書いていた幾つかの短編に発していると一般に考えられているのである。一八二四年に書かれた短編小説『ケニルワースの祭り』はシェイクスピアの青年時代のあるエピソードを扱ったものであるが、この作品で詩人は自身の幼少年時代の回想を取り入れている。即ち彼は父親を厳格なピューリタンとして描き、一方夢多き少年は童話に読み耽っている(4)。空想によってもたらされる放縦はヴィーラントの作品におけるようにティークの主人公たちにおいても最も目立った特徴である。彼らはすべて、自分たちを取り巻く現実世界の葛藤と、空想の要求するものとの矛盾に悩むのである。しかし詩人自身これらの悩みを極めて深刻に受けとめていたということは、われわれの容易に理解出来るところである。なぜならわれわれは、これらの空想が全く特定の性愛的な放縦を助長し、その内容がたいていの場合抑圧と罪悪感情にきっかけを与えるものであるということをわれわれの精神分析から知っているからである。

『エックベルト』で打ち出されているところの、愛する女性を巡る友人との争いのモチーフは幼年時代の近親相姦コンプレックスに由来するものであるが、ティークはこのモチーフを飽くことなくさまざまに変化させた。

ここでは若干の例を挙げるに留めておきたい。『異邦人』（一七九六年）。ある女性に愛を拒絶され傷心のあまり死んだ不幸な恋人が、旅行から戻って来る幸福な恋仇（帰郷のモチーフ）、即ちその女性の婚約者である男の前に郊外の森で姿を現わす。この男は相手がかつての恋仇だとは知らないで、彼を結婚式に招待する。彼は本当に姿を現わし、婚約者は恐怖のあまり即死し、花嫁の方は狂気に陥る。最後の瞬間に嫉妬によって挫折させられる結婚のこの空想は、ほとんど解き難い複雑さをもって、両親に対する嫉妬的な関係を、姉妹を巡る兄弟の争いと融合させる。この空想は、リヒャルト・ワーグナーの最も初期の作品のひとつである『結婚式』が、同一のコンプレックスからなされた、ほとんどこれと同じモチーフ形成を示しているという事情によって更に特別興味深いものになる。――ティークの短編『タンホイザー』（一七九九年）では主人公が狂気に駆られて、かつて愛していた友人の妻を殺し、一方ではこの友人をヴェヌス山へと誘惑する。この作者の後期の創作においても、花嫁奪取というこのモチーフが再びみられる。一八四〇年に書かれた短編『森の静寂』では、静かな森を熱狂的に愛している男が睡眠剤を飲まされて拉致される。しかし彼は危ういところで、婚約者を奪い取ろうという意図をもってひとびとが自分を隔離しているということを知らされる。

一五年後に完成された『愛の魔術』という物語[5]はエックベルトと同じパターンに従って書かれている。但しここではきょうだい近親相姦は覆い隠されたかたちとなっている。ある若い男が偶然、隣の女が彼のために自分のもらい子を愛の犠牲にするのを見て、気も狂わんばかりに仰天する。のちになって彼はこの女性とそれとは知らずに結婚するが、しかしかつての恋人と忘れていた事件を想い出した彼は妻を刺し殺して投身自殺する。ここに『エックベルト』のすべての要素が現れている。即ち、それとは知らないでなされる恋人との結婚、抑圧された記憶のよみがえり、狂気と死などがそれである。

無意識的な兄妹の結婚モチーフが詩人にとって無縁ではなかったということは、エックベルトにおいてだけではなく、このモチーフが、二人が事前に兄妹であることを互いに認識する[6]という防衛のかたちをとって頻繁に用いられている事実が証明している。

一七九五年に書かれた長編小説『ペーター・レーベレヒト。冒険のないある物語』においては、主人公の両親が結婚式の日に、独身生活の利点についての説教を聴き、別れて修道院へ入る。病気療養のためある保養地を訪れた二人がそこで再会し、その結果男と女の双生児が生まれる。二人の子供は離れて成長するが、家庭教師になったペーターは、やはり同じ家で家庭教師を務めていた女性に恋をする。結婚式の日も決められるが、しかしこの花嫁が誘拐される。ペーターは彼女を捜し求め、自分の故郷にやって来る。そこで彼は自分の出生を知らされ、貧しい農夫の娘と結婚する。ようやくにして彼が例の家庭教師と再会した時、彼女が実は妹であることが判明する。両親が体験する特異な運命のなかにわれわれは、むしろ兄妹が体験するにふさわしい運命の代用化を容易に認めることが出来る。即ち、近親相姦的な結婚が行われる直前の別離、お互い別れての生活と最後の再会がそれである。[7]『ヴィルヘルム・マイスター』の手法で書かれ、夢が大きな役割を演じている長編『フランツ・シュテルンバルトのさすらい。ある古ドイツの物語』(一七九八年)においても主人公は奇妙な運命によって恋人から別離するが、しかし最後は妹によって彼女と結ばれる。そのほかここには実現されなかった兄妹結婚のモチーフも見出される。——妹によってなされる恋人とのこの結合は、ティークの他の作品においてなおみられる貧しい農夫の娘との結婚が『レーベレヒト』においても、妹との許されない結婚の代りをなすものであるということを示している。『美しきマゲローネの物語』では同名のペーター(ペーター・レーベレヒトを想い出していただきたい)がある農夫の娘に恋をするが、彼女はペーターに恋人マゲローネそのひとを得させる。『ジグムントの生涯の世にも奇妙な二日間』においてもこれと似たようなかたちで主人公はある娼婦の助力を得て自分の婚約者のもとに達する。母親と姉妹に向けられた娼婦空想は短編『わがままとむら気』(一八三五年)に再び見出される。進歩的な女主人公がここでは、さまざまな愛の冒険を経たのちに最後は娼婦となるのである。彼女は自分の娼家で、それとは知らないで自分自身の妹に強く求愛していた息子に、[8]二人が血縁関係にあることを打ち明ける。そのあとで彼女は毒をあおぎ、息子の方はピストル自殺する。

これらの習作は、詩人の空想がいかに単調に近親相姦テーマの周囲を堂々巡りしているかを物語るに充分である。このテーマは幼児期の印象、体験、空想から発して、彼の精神生活においてこのように強力に作用するに至ったのである。ここにはまた、豊かな想像力に恵まれた早熟な少年が厳格で理性的な父親とぶつかり、温和で優しく、「おはなしの好きな」母親を味方にもっているという、オイディプスコンプレックスを非常に強烈なものにする環境の諸条件が揃っている。ここでもまた間もなく、両親に向けられていた空想の強力な抑圧と、きょうだいコンプレックスへのこの空想の置き換えが行われ、それゆえこのコンプレックスは文学作品においてのみならず、実人生においても非常に強調されたかたちで現われるのである。ティークの兄弟で、のちに彫刻家となったフリードリッヒは、幼児期におけるライヴァル関係の対象として大きくクローズアップされる。これと並んで、生涯にわたってティークが特別な優しさをもって慈しんだ妹ゾフィーとの関係も、ざっとではあるが記述するに価する。この兄妹が寄せ合った親密な愛情は彼らの関係全体をみれば明瞭である。一七九五年と九六年にティークは妹とともにベルリンのローゼンタール門の前にあった避暑用の別荘に住み、そこで二人は楽しい毎日を送り、ティークの兄弟フリードリッヒもそのひとりであった多くの社交仲間たちの中心となった。姉妹と一緒に住みたいという願望は既にバイロン、シラー、クライストなどにおいて、近親相姦的な愛着の典型的な表出として強調されてきた。ティークの社交仲間たちの前では彼の妹は多分「主婦」の役を演じていたのであろう。――一八〇二年の復活祭にティークの両親は一週間のうちに相次いで亡くなった。そして、「一七九九年にベルンハルディと結婚していた愛する妹ゾフィーは激しい興奮状態に陥り、病の床に伏せ、長い間回復が危ぶまれたほどであった。」（クレー序文）既に結婚して数年にもなる人間が両親の死に際してこんなにも激しい興奮状態を示すのは全く正常ではない。これは普通、両親コンプレックスに起因するところの抑圧された敵対感情の新たなよみがえりと関連している。しかしゾフィーの神経症は彼女自身の結婚、それに兄の結婚とも関係がある。彼女の最初の夫は兄の親友ヴァッケンローダーであったが、彼が結婚式の直後に亡くなったあと彼女はベルンハルディと結婚した。しかしこの結婚生活も幸福ではなかった。夫婦は別居し、やがてのちには（一八〇五年）完全な離婚に至る。ゾフィーの結婚生活が不幸であったのは偶然ではない。むしろ神経症の類似現象を顧慮に入れて、血縁者へのリビドーの幼児的な固着はのちになって必ず心的な愛の機能のある種の麻痺あるいは欠陥へ至るということを想起しなければならない。兄に恋していたティークの妹はいかなる結婚においても幸福になれる筈はなかった。これと同じ現象をわれわれはゲーテとシラーの姉妹においてみてきた。ちなみにゾフィーは兄の結婚式の一年後にようやく結婚しており、それは彼女がいわば兄にかけていた希望を既に失った時である。だがティーク自身も長い間結婚をためらっていた（多分ゾフィーと似たような無意識的な動機からであったのだろう）。彼はアマーリエ・アルベルティと結婚するのに（一七九八年）二年もの婚約期間を置いていた。

ティークが妹の不幸な結婚生活を早くもその若い頃の小さなドラマ『別れ』においていわば予感していたということは注目すべきである。われわれがみてきた通り、兄と妹の間には一種の無意識的な連帯感があったことを考えるならば、このことは心理学的に容易に理解される。そして兄への恋情のため妹が不幸な結婚生活を体験しなければならなかったとすれば、ティークの方は多分早い時期において、もし妹が結婚しなければならないのなら好きでない男と結婚して、自分への愛を持ち続けて欲しいという願望を秘かに抱いていたに違いなかろう。この願望を彼は『別れ』において実現するのである。そう考えると、愛していない男と結婚させられたルイーゼの行動も納得出来るものとなる。つまり彼女は、兄だと偽って見せる恋人の写真を現実の満たされない愛の代用と考えるのである。しかし、妹が好きでない男を夫にしてくれればとティークが望んだように、妹自身にも不幸な結婚への同じ秘かな願望があったとわれわれは想定しなければならない。即ち彼女は自分の愛を結婚後も兄に注ぎ続けることが出来るようにと思って、愛してもいない男性を夫に選んだと考えられるのである。他方また、彼女は兄への固着が強かったため彼以外の男性を愛することが全然出来なかった、つまり彼女は必然的に愛していない男と結婚せざるを得なかったということが出来る。結婚そのものについて言えば、外的な要因を除いても、彼女はこれを早く決意したに違いない。彼女は多分、結婚することによって、兄の愛を巡っての希望なき内面のたたかいから解放されたいという無意識的な望みを抱いていたであろうことを考えるならば、なおさらそうであったろう。かくして彼女の選択は全然正しくなかったか、あるいは選択を他人に任せてしまったのかも知れない。たとえそうではあっても彼女の結婚が不幸なものであったのは偶然ではなく、兄に対する愛着と関係している一連の無意識的な要因のために幸福なものとはなり得なかったのである。

夫と別れたあとゾフィーは再び兄に強く惹かれていった。大きく損なわれた健康を取り戻すため一八〇四年の秋イタリアへ旅立たねばならなくなった彼女は、どうしても自分に同伴してくれるよう兄に強く迫り、彼がそれに同意するまでは頑として出発しようとしなかった。このようにして彼女は兄をその家族から取り上げてしまった。つまり彼女は兄を再び独占しようとしてこれを妻から奪ったのである。だが彼女の病状がミュンヒェンでひどく悪化し、二人はそこで冬を越さねばならなくなる。神経症心理学は、彼女の神経症のこの悪化には、愛する兄をもっと長い間、そしてもっと強く自分の許に束縛したいという無意識的な願望が作用したに違いないであろうとの推測をわれわれに許してくれる。春になって今度はティーク自身も病気となった（多分妹のそれと似たような理由からであったろう）。兄妹の病状は、ミュンヒェンにやって来ていたティークの兄弟のフリードリッヒと、のちゾフィーと結婚することになるエストランダー・フォン・クーリングが二人の親密な共同生活を妨害するようになった時初めて快方へ向かったように思われる。一八〇五年の夏二人はようやくイタリアへの旅へ出発し、当地に一年間滞在した。かくして兄妹は二年間にわたって一緒に生活したのであり、また彼らは、誰にも邪魔されない共同生活と二人だけの愛の所有というかつての子供時代の願望を、このような願望をもつ人間に対しては敵意を丸出しにする世間において、少なくともおおよそのところ実現させようという試みを再び行ったことになり、この傾向が生涯にわたって詩人の芸術的空想を支配し、またそれを行動へ移させることとなるのである。

2　アヒム・フォン・アルニム

自伝的な性格が特に強い幾つかの作品において彼は、成就された、あるいは実現には至らなかった近親相姦のモチーフを特別好んで扱った。彼の長編小説『アーリエルの告白』の主人公は紛れもなく作者の特徴的な相貌を備えているが、この作品の第一部の英雄詩『ヘルマンとその子供たち』では近親相姦テーマの苦痛に満ちた形成がみられる。

トイトブルクの英雄の一族を祖先とするヘルマン公は追放の憂き目に遭ってオーディンという名のもとに牧夫として暮らしている。彼には、ある羊飼いの女が彼に生んだハイムダルとフライアという二人の子供がいた。そこへ外国のある英雄が軍隊を率いて現われ、たちまちフライアの愛を獲得した。嫉妬に駆られたハイムダルは父親に、自分は妹と許されぬ関係を結んでいると打ち明ける。かねて息子を犠牲にしようと考えていた気難しい老人は彼をドゥルイーデンの洞窟へ突き落とす。このなかに入ったものはその蒸気のためにたちまち命を失うのである。母親は息子の後を追って死ぬ。そのあとオーディンはフライアと異国から来た男との婚礼に向かう。ところがこの男がヘルマン公二世で、かつてオーディン＝ヘルマンが捨てた息子であることが判明する。しかし事実を知ったにもかかわらず彼は妹フライアとの結婚を強行したので、父親はフライアとハイムダルとの近親相姦関係を明かす。フライアは死に、ヘルマンが彼女をドゥルイーデンの洞窟へ運んでゆく。父親は息子たちの後を追って死に赴く。

この作品において特異なかたちで描かれているところの、妹を巡る兄弟のライヴァル関係——二人の兄弟のうち一方には意識的に彼女を所有することが許され（願望）、他方には彼女が与えられない（防衛）という設定になっている——は作者の実人生においては部分的にしかみられないものである。彼の母親は彼を出産した時に死んでいる。しかし彼は、母親代りを務めてくれた祖母の家で兄とともに育てられ、大学の勉強も兄と一緒であった。父親が死んだ時には既に詩人は大学を終えていた。父親とのライヴァル関係という空想はこの家族状況からして、受動的な悔恨衝動のかたちをとって詩人に現われているように思われる。ここではヘルマンが、近親相姦を犯した自分の息子を犠牲にすることになっているが、アルニムの人形劇『アッペルマン親子』においても父親の憎しみは奇妙な防衛のかたちをとって挿入されている。

シュタールガルトの市長アッペルマンは、恨み深い牧師に唆されて、自分自身の息子を放火犯人として処刑させる。しかし刑吏のヘマーリングは死者を生き返らせるすべを心得ている（防衛、悔恨の表われ）。

四つの筋からなるアルニムの悲劇『大雷鳥』はその形式、内容において運命劇に近付く。

テューリンゲン人たちの祖先アスプリアンは老年になって狩猟に心を奪われ、彼の魂は大雷鳥の体へ乗り移ってしまう。大雷鳥が生きている限り彼の一族が支配することになる。——のち方伯となる鉄のハインリッヒは子供の時この祖先の「恨みの弩《いしゆみ》」を、それとは知らず自分の父親に向けた。このため彼は父親の許から追放され、父親と息子の間に憎しみが生じる。この憎しみをハインリッヒは今度は腹違いの弟や妹たちに移す。彼はある時自分の息子であるハインリッヒ敬虔伯と口論になり、これを殺す。彼は次に「恨みの弩」を大胆不敵のオットーに贈る。この弩はクレーヴェでの射撃大会でオットーに勝利をもたらす。しかし彼はこの弩をもって、彼の一族には禁じられている大雷鳥狩りにも出かけてゆく。まるで妖怪のような一羽の大雷鳥が現われて、彼を婚約者であるクレーヴェのエリーザベトの寝室の窓際へ誘い出す。そこに彼は、一人の僧侶——実はオットーの妹で、変装しているユッタ——が彼女を抱いている光景を眼にする。それで彼は弩で二人を射ち殺そうとする。びっくりしたエリーザベトは、もし生命を救ってくれるなら修道院へ入ろうと誓う。だが方伯はオットーを強要してエリーザベトを修道院から掠奪させる。ところが彼は夜のことと息子を自分の腹違いの兄弟オトニートであると誤認する。このオトニートは一羽の大雷鳥を射止め、その羽を祖父によって定められている婚約者のユッタに贈っていた人物である。ハインリッヒとオットーは互いの剣によって倒れ、オトニートとユッタがテューリンゲンを継承することになる。

このドラマは運命悲劇に固有の近親相姦的な絡み合いを示しているが、これが多義的な感情衝動とその防衛の複雑さを表現している。——実現されなかった兄妹近親相姦をアルニムは、グリュフィウスの『カルデニオとツェリンデ』に倣って書き上げた戯曲

『ハレとイエルサレム』で描いた。カルデニオはオリュンピアを愛しており、自分より有利な立場にある恋仇のリュザンダーを死ぬほど憎んでいる。しかしながら彼は、オリュンピアが愛しているのはリュザンダーだけだということを知っていたので、嫉妬から殺人を犯すことだけは思い留まる。詩人の早く亡くなった母親を意味深長に暗示しているオリュンピアの母の亡霊がさまよい出るが、それはグリルパルツァーの『祖先の女』のそれと同じ印象を与える。彼女の敵はさまようユダヤ人のアハスヴェルスである。最後に、カルデニオはアハスヴェルスとオリュンピアの母親との間の息子であることが明らかになり、このことによって兄妹近親相姦は事前に回避される。――ブランデンブルクの歴史から作られたアルニムのドラマ『偽のヴァルデマル』では父親と娘との近親相姦的な関係がみられる。そのカタストローフェは、かつてヴァルデマルに誘惑され捨てられた王女マゲローネが、結婚したばかりのヴァルデマルに、この彼の花嫁アグネスは彼と自分との間に生まれた娘であることを認めさせるところにある。[9] 辺境伯は生きながらにして棺に入れられるが、この秘密を知っているのはアグネスのみである。彼は死んだものとみなされて皆から悲しまれる。のちになって彼は再び生還する。死から眼覚める市長アッペルマンの息子のように。――『辺境伯カール・フィリップ』というドラマにおいても王フリードリッヒI世とその腹違いの姉妹たちとの忌まわしい関係が、破滅に至る愛の悲劇の暗鬱な背景をなしている。

3　クレーメンス・ブレンターノ

彼の名前をここで挙げるのは、彼が同じロマン派に属しているからだけではなく、彼とアルニムを永遠に結び付けることになる親密な友情と義兄弟関係のためでもある。アルニムは一八一一年ブレンターノの妹ベッティーナ（エリーザベト）と結婚した。クレーメンスは一七七八年三番目の子供として誕生した。ベッティーナは七番目であった。

このあと更に五人の子供が続く。最初の二年間クレーメンスは祖母の許で過ごし、その後コーブレンツ在住の伯母ルイーゼのところへ預けられる。そこで彼は姉のマリア・ゾフィーと一緒に暮らすことになる。一七八六年の終りに二人は両親の家へ戻った。父親が一七九九年に、そしてゾフィーが一八〇〇年の終りにそれぞれ亡くなる。愛する姉の死後クレーメンスはますますベッティーナと親しくなってゆく。彼は一七九八年になって初めてこの妹と一緒になったのだが、その時彼女は既に一三歳になっていた。[10] 妹に対するこの愛着が興味深いのは、一見この愛着には幼児的な要因が欠けているように思われるからであり、またそれが、既にかなりの年齢に達していたブレンターノにとっては突然のものであったため「初恋」のような様相を示しているからである。[11] 幼児的な要素はしかし、亡くなった姉ゾフィーへの愛着が妹ベッティーナへ置き換えられたことに求めることが出来る。間もなくこの兄妹の間に「精神的な友情同盟」が結ばれて発展してゆくが、しかしこの結び付きには深い性愛的な根も欠けてはいなかった。この「精神的な共同生活」――二人はこのように言っていた――は一八〇三年までしか続かなかった。この年の秋にクレーメンスがゾフィー・メローという離婚女性と結婚し、妹は、詩人との精神同盟は彼の妻によって崩れるであろうと予感した。そこには彼女の嫉妬心が働いているが、この予測は至極もっともなものであった。事実、かつての親密な関係は二度と再び回復されることはなかった。一八〇六年の終りにブレンターノの妻が死に、翌年彼は銀行家ブスマンの「いかれた」姪アウグステと結婚する。この結婚生活は非常に不幸なものであった。彼は妻の気違いじみた気紛れに散々悩まされた。彼女はまたしばしば自殺する振りをして夫を脅しもした。一八〇九年彼女はランツフートとミュンヒェンで、ベッティーナの許へ難を逃れていた夫を急襲して、服毒喜劇を演じた。ブレンターノは離婚を主張して行方をくらまし、彼女の方はフランクフルトの親戚の許へ身を寄せた。やがて離婚が成立し、アウグステは一八一六年新たに結婚した。一八三二年春彼女はマイン河で入水自殺をする。詩人がごく幼い頃からずっと生活をともにし、一番最初に愛したゾフィーへの幼児的な固着は、彼女の死の直後になされるブレンターノの愛の選択に明瞭に表われている。ベッティーナといえども結局は、失われた愛する姉の代りを充分に務めることは出来なかった。彼は、今は亡き愛する姉と同じ名前で、同時にその運命が彼の幼児的な愛の理想、即ち母親に合致するような女性を情熱的に恋した。それは八歳年長で、不幸な結婚生活を送っていたゾフィー・メローであった。常に保護を必要としていた彼は、かつて姉のゾフィーや母親に依存していたように、今度はこの女性を自分の拠り所にしていった。彼はこの人妻に情熱的な求愛をもって迫ったが、詩人の得たのは彼女の拒絶でしかなかった。二人は手紙の交換[12]を通して再び接近し、ついにワイマールでの短期間の共同生活によって彼はその願いを成就することになるが、友人のアルニムに宛てたある手紙での告白によれば、この恋人の姿を見て彼はこの時既に深く失望させられたという。にもかかわらず彼はこの女性の心を完全に捉えた。そして情熱の官能的な炎は、短期間の愛の陶酔ののち恋人に宛てた詩人の幾通かの手紙が反映している。しかしながら彼は最も深い内面において当時既に彼女をうとましく思い始めていたに違いない。というのは、自身の拒絶感情の投影であるとしか考えられないような粗野なやり方で彼はこの恋人を、あたかも彼女の方が自分に求愛したかのように、世間の曝し物にしたのである。離婚後彼女はブレンターノと自由な愛のうちに同棲生活を送ったが、早くも一八〇六年十月三十日には三番目の子供を出産した際に他界した。人妻であり母親である不幸な中年女性に対するこの燃えるような激しい愛——但し官能的な欲望は彼女によって拒絶されているように感じられた——は母親コンプレックスの定着化の特徴を示すものである[13]。母親と姉に対する愛の固着はブレンターノの文学創作のなかにも現れており、このことについて専門的な論文が書かれるだけの価値がある。ここでは幾つかの特徴的な作品を簡単に紹介するだけに留めたい。「マリア」という匿名のもとに（これは彼の二番目の名前《フォアナーメ》であり、姉ゾフィーのそれでもあった）出版された彼の最初の長編『ゴドヴィまたは母の石像』ではローマ人が友人ゴドヴィの恋人に、それが自分の母親であるとは知らないで恋をする。「母親の肖像」はしかし詩人の作品と精神生活においてのみならず、その実際の愛情生活においてもひとつの役割を演じた。つまり彼は自分の敬愛するゾフィー・メローに、彼女が彼の求愛を受け入れる以前の時点で、自分の母親の写真を贈っていたのだが、彼はこの写真を、最初の素気ない拒絶を受けた後、兄弟のクリスティアンを通じて彼女に返して欲しいと言っている。なぜなら彼はこの女性がもはや自分の愛には価しないと思ったのである。ところが奇妙なことに、ほかならぬこの写真の返還がきっかけとなって、二人は手紙で率直に心中を打ち明けて語り合い、愛し合うようになった。姉に対する愛着は血縁関係廃棄のモチーフとともに短編『三つのくるみ』に描かれている。嫉妬深いひとりの男が、自分の妻が他の男と仲睦まじくしているところを発見し、その場でこの男を殺す。あれは自分の兄弟だったのだと妻は説明し、夫は処刑される。のちになって、殺されたその男は彼女の兄弟ではなかった、従って夫の処刑は不法であったことが判明する。実現されなかった近親相姦のモチーフはブレンターノの『ロザリオのバラード』にもみられる。『けなげなカスペルルと美しいアンネルルの物語』第二部で、盗みを働いた自分の父親と兄弟を逮捕せざるを得なかった将校が自殺する場面があるが、これは父親・兄弟憎悪衝動の強力な防衛を示している。

4　テオドール・ケルナー

詩人としての彼の存在がわれわれにとって特に興味深いのは、彼が、家族コンプレックスにおける関係が単に文学創作にとってのみならず、実人生にとっても重要なものであるということを身をもって示しているためである。更に、数多い彼の作品は心理学上の研究成果にとって極めて大きな価値をもっている。なぜならそれらはすべて、二十二歳で世を去ったこの詩人の若書きの作品と考えて差し支えないからである。ケルナーの運命を仔細に検討してみると、それが家族コンプレックスと深く関連していることがわかるが、他方この場合はネガティヴな点においても多くの示唆を与えてくれる。つまりこのケースは詩人の家族関係を一見オイディプスコンプレックスとは無関係のところで示しており、またここでは、然るべき素質をもった少年のこの心的状況や固着は両親がどんなに振舞おうともそれによって回避されることはないということが、類稀なほどに善良であった父親によって如実に示されている。もちろんそれが当てはまるのはここでは息子に対する父親の後期の関係のみについてであり、それは他に例をみないほど親密で、極めて友情に満ちたものであった。これに対して息子の方は、手紙でいつも父親のことを友人、親しいひとと呼びかけてはいるが、しかし父親に対するある種の謀叛的な姿勢は隠せない。例えば彼はライプツィッヒの学生時代、父親の意に反し、また彼に知られないでありとあらゆる馬鹿げた、かつまた危険な行動に走った。父親の寛大な態度はもちん彼のこのような振舞いをやめさせることは出来なかった。[14] ウィーンで彼はまたたく間に演劇界、社交界の人気者になったが、そこで彼は女優のアントーニエ・アーダムベルガー――彼は自分のドラマで、ほとんどの役（男装役も）を彼女のために書いた――と婚約する。その際彼は、このような相手との結婚には父親が必ず反対するだろうと思って内密のうちにこれを進めた。そして最後に、リュツォーの義勇兵団に入隊しようという、のちに重大な結果をもたらすことになる彼の決意も父親には知らさずに行われ、これが明るみに出た時反対される。父親は息子を思い留まらせようとするが功を奏しなかった。「繰り返してお願いするが、事前に私と口頭で相談せずに重要な行動を取ることはしないで欲しい……どんなに立派な動機をもっていてもわれわれは空想のイリュージョンの前に安全ではないのです。またもし犠牲が払われねばならない場合には、少なくとも正しい時期を逸してはなりません。」（同書六七頁）彼が想像している父親の意図に対して、またその明瞭な意志に対しても示されたこの絶え間ない反抗的な行為の基盤は、疑いもなく既に最も早い少年時代に築かれたものである。この頃善意に溢れた教育的な父親は、もちろん最上の意図をもって、息子に最初から目的意識のある教育を授けようと思ったのであるが、この教育は落ち着きのない腕白な少年には窮屈で煩わしい強制としか思われなかった。彼が父親の監督から解放され、自由な学生生活に身を投じるやいなや、彼の激しい気性がいっせいに出口を求めて爆発した。父親は反抗心を眼覚めさせないようにしながら、長い手紙を書いては息子を真面目な勉学と市民的な秩序の道へ導こうと試みたが無駄であった。「どんなものでも構わないのだが、なんらかの学問あるいは仕事に対してこんな風に心を向けるということはお前には全然出来ないとでもいうのかね?……つまり文学と並行して、一定の収入が確保される仕事をもつということは可能なことなのだ。」（一八一一年九月）父親コンプレックスのための条件のみならず、女性の近親者への幼児的な固着を暗示するものも伝記のなかに見出すことが出来る。父親は息子をまずちゃんとしたひとりの人間に仕立て上げようとしたのだが、一方母親、伯母のドーラ、姉妹のエンマなどの女性陣はテオドールを初めから素晴らしい天才とみなしていた。子供の時には彼女たちから甘やかされて育ち、美しい青年になってからは姉妹の友人たちからちやほやされ、また同じようにウィーンではあらゆる種類の人間からもてはやされた。このようにしてオイディプスコンプレックスの強化と固着化のための条件が整えられたのであるが、ケルナーの文学創作もこのコンプレックスの強さを示しており、そこから彼の人生もまた理解することが出来る。劇作家としての彼は寓話的な作品を多く書いた。五年三ヶ月にわたるウィーン滞在中に彼が仕上げたのは六つの悲劇、五つの喜劇、五つのオペラである。彼の作品には、同じ女性を巡る父親と息子、あるいは二人の兄弟の争いのモチーフが驚くほど頻繁に登場する。

初期のドラマ作品のひとつで、一八一一年の晩秋にウィーンで書き上げられたものに一幕物の喜劇『花嫁』があるが、ここでは父親と息子が、お互いに相手は知らないままに、同じ女性の求婚者として登場する。また二週間で出来上った（一八一二年九月十日から二十八日）五幕の悲劇『ロザムンデ』においても父親と息子が同じ女性を巡って鉢合わせをする。この素材はパーシーの作品に出てくるイギリスのバラードから取られたもので、既にこれはヴィーラントがオペラ化している。イギリスの王ハインリッヒⅡ世は、フランスのルートヴィッヒⅦ世と離婚したポワトゥーのエレオノーレとの不幸な結婚生活を送っており、秘かにロザムンデ・クリフォードと関係している。ところが王の二番目の息子リヒャルトがたまたまこのロザムンデに出会い、これに恋をする。そして彼女は、自分の恋人が王であることを彼から知らされる。それを聞いた女性は進んで身を退こうと即座に決意するのであるが、しかし作者はここで、グリルパルツァーの『トレドのユダヤ女』を想い出させる悲劇的な結末を導入する。つまりハインリッヒの妻は四人の息子たちと結託してロザムンデをその隠れ家に襲い、毒杯を干すよう強要する。遠征から戻って来た王は瀕死の床にある恋人を眼にする。ティークとホーヴァルトの作品からわれわれが近親相姦のモチーフとして既によく知っている帰郷のテーマをケルナーは『罪』という一幕物で取り扱っている。この作品は明らかに、当時流行していたロマン的な運命劇に依拠している。二人の兄弟の憎しみと、同じ女性を巡る彼らの愛という典型的なモチーフが物語の中心をなしている。これと結び付いたかたちで、父親コンプレックスに発するところの、死んだと思われていた夫の生還というモチーフが現われている。夫の死を信じていた妻はその間に彼の兄弟と結婚している。戻って来た夫が自分の権利を要求すると、やっとのことで恋人を手に入れた兄弟は彼を殺そうとする。ところが彼は誤って愛する女性を殺してしまい、みずからは兄弟であるその夫の刃に倒れる。ここで、妻に対する以前の権利を要求するところの、死んだと思われていて（即ち死んでいてくれればと望まれていた）生還する夫の場所に、――帰郷のモチーフに関するわれわれの解釈を基礎にして――有利な立場にある兄弟の代りに父親を置いてみるならば、この作品においてもまたケルナーの他の作品においても父親と息子の争いは感傷的な和解に終るか、さもなければ息子の死をもって終るかのいずれかであることがはっきりしてくる。

このことは父親に対する敵対的な立場の強力な悔恨・防衛衝動を物語っている。現実の人生においては正当化も糧《かて》をも見出すことのなかったこの息子の立場はいわば自己非難のかたちをとって自分自身に向けられる。罪の意識をもった息子のこの立場はしかし彼の創作を規定したのみならず、彼の運命にとっても決定的なものとなった。みずからの模範としていたマックス・ピッコローミニと同じようにテオドール・ケルナーもまた、自分の罪の意識からすれば禁じられている愛着と、父親によって代表される義務とのたたかいにおいて、祖国のための犠牲的な英雄死を逃げ道として、また自己処罰として選び取ったのである。というのも、このように早くから愛と名誉と幸福の恵みを豊かに与えられた人生を確実な死に捧げようという若者の決意は、両親コンプレックスの無意識的な動機付けからのみ理解され得る。極めて強い犠牲心を伴った、彼の内面生活におけるこの転機が、父親からも認可された彼の幸福な恋愛とともに初めて現れたというのは心理学的にみて特に興味深い。彼の代表作である悲劇『ツリニィ』はこの時期に書かれているが、このドラマでは、家族ともども主君のために犠牲となってゆくハンガリーの英雄が熱烈な愛国精神をもって讃えられている。ケルナー最後の作品となる『ヨーゼフ・ハイデリッヒあるいはドイツ的忠誠』も同じように強い愛国心に満ち満ちている。これは死へと至る犠牲的忠誠心を芸術的に表現しようとする詩人最後の試みであり、その直後主人公である作者はこの空想を実人生において成就しようと決意するのである。その個人的なコンプレックスは、ケルナーが、フランスとの戦いに参加するという決意を父親に伝えたのと全く同じ言葉を、この一幕物の作品において、祖国のための戦いを呼びかける中尉の口から吐かせていることにも既に表われている。突如として発現した愛国精神はケルナーの場合単に大仰な強調によってのみならず[15]、詩人が学生時代には、父親への反抗を考えると当然と言えようが、全く愛国主義的な心情をもってはいなかったということ[16]によっても、これを反動作用であると考えることが出来る。そしてまた、この強烈な愛国精神をみずからの主君、領主《ランデスファーター》に対する反抗と一体化させることが出来たということは彼の個人的なコンプレックスを極めて特徴的に示している。リュツォーの義勇兵団に入隊し、ザクセンを通過した際――ここで家族と会うが、それが最後となる――彼は、当時選帝侯が肩入れしていたナポレオンに対する蜂起を促すための『ザクセン国民に告ぐ』という呼びかけを行った。つまりケルナーは、家臣たちを彼ら自身の領主に対する反乱へと煽動したのである。このようにケルナーの強い愛国精神が、無意識的な自己処罰願望へと高められた罪の感情と結び付いているところの、幼児期における父親とのライヴァル関係の反動作用として現れているとするならば、女優アントーニエへの愛の結果としてのこの悔恨衝動の発現は、このコンプレックス全体が性愛的なもののなかに根を下ろしていることを示している。父親に対する嫉妬的な感情は抑圧された母親への愛着によって育まれ、大きくふくらませられるものであるということをわれわれは知っているのであるから、ケルナーの文学創作において繰り返し現れる父親と息子の間の性的なライヴァル関係というモチーフを拠り所として、愛情生活と結び付いた罪悪感情の根をわれわれは近親相姦コンプレックスに求めなければならない。詩人はアントーニエに対する愛をなにかいわば許されないものと感じていた。そして彼は、この恋人について非常に熱っぽい調子で父親と友人に報告してはいるが、しかし彼女との結婚を実現することは出来なかった。詩人がこの恋人のなかに母親の似姿をみていたということ[17]、つまり結婚へのためらいが近親相姦コンプレックスに発するものであるということを彼はみずから父親宛の手紙で（一八一二年五月二十日）正直に告白している。「お父さん、ぼくは恋をしているのです。ぼくのことはよく御存知の筈ですから、ぼくがどんな風に恋をするかおわかりのことと思います。これは永遠の、無限の恋なのです。彼女はお母さんにとてもよく似ています。この偶然をぼくはお父さんのためにも、またぼくのためにも大変嬉しく思いました。ですからぼくは、トーニは大いに気に入ったよとあなたがぼくに言ってくれる瞬間の幸福を無限に夢見ることが出来るだけに、今回はいっそう大きな憧れをもってあなた方と会える日を心待ちにしています。ああ、なんと熱がこもっていない言葉だろう！――彼女があなたの愛を、あなたの祝福を求められるなんて！……お父さん、彼女はぼくを夢中にさせたようにきっとあなたをも夢中にさせるだろうとぼくは固く信じています。この確信があなたにとって、ぼくの恋、ぼくの選択の保証となってくれればと思っています。」この率直な告白のなかには、母親の似姿を原型とした明瞭な対象選択とともに、父親とのライヴァル関係へのはっきりした願望も表現されている。つまり彼は、父親が自分と同じように恋人に夢中になる様子を見たいと願っているのである。これはゲーテの短編『五〇歳の男』を想い出させる。そこでは息子が――当然のことながら――自分の恋人を父親が自分以上に好きになりはしまいかと恐れる。更にこれは、誰かライヴァルが現われてこの恋人を自分と争ってくれれば事態は悲劇的な色彩を帯びるのだが、という、結婚を前にしたシラーの願望をも想い出させる。対象の選択に際しては、母親との外面上の類似だけではなく、一連の心理学的な条件もともに大きく作用したことは間違いない。有利な立場にあるライヴァルとして描かれた父親のもとにある母親の不実という、典型的な若者空想についても詩人は、厳格な伯母によって監視されていた恋人の実人生のなかにはその拠り所を発見しなかったのであるが、しかしこの空想は彼の作品では頻繁に現れる。例えば彼の最初の生真面目なドラマにおいてそうである。これは驚くべきことに『トーニ』というタイトルで、その素材は、それより二年前に出版されたクライストの短編『聖ドミンゴ島の婚約』から取られたものである。ケルナーはこの素材から悲劇的な効果は削除しているが、しかしながら彼をこの素材に縛りつけて離さなかったのは多分、婚約者によって殺される恋人の不義──実はこの不義は相手の思い込みだったのだが──という空想であったに違いない。これと同じ空想が彼の運命悲劇『罪』において繰り返されているという事実からわれわれはこのように結論して差し支えない。このドラマにおいても二番目の夫が、それとは知らずにではあるが、不実な恋人を殺す。これは、ロザムンデが──悲劇的罪過のすべての法則に反して──父親と息子の不実な恋人として死ぬのと全く同じである。それればかりか、嫉妬によるこの女性殺害は『ツリニィ』のなかのエピソードにおいても描かれている。これは理由もなく誇張されていて、文学的な空想形成がいかに主観的なものによって制約されているかを教えてくれるものである。明らかにシラーのマックスとテクラ（『ヴァレンシュタイン』）を範にしている二人の恋人ユラニッチュとヘレーナは、地上の愛を超越して天上の愛によって結ばれるよう設定されている。即ちユラニッチュは最後の戦《いくさ》に出陣する際、恋人を不義の誘惑に曝したくないため、これを冷めた心をもって刺し殺す。死において実現される恋人たちの合一、つまり死と性との結合は、ケルナーが尊敬し模範としたツァハリアス・ヴェルナーが繰り返し扱ったテーマであるが、このテーマが恋人たちの犠牲死の根底をなしている。この死への憧れが詩人自身の精神生活においていかに愛の欲求と強く結び付いていたかを、ある幼友だちに宛てた一八一二年五月十六日付の手紙が物語っている。そのなかで彼は自分の愛の幸福を次のように描写している。「ついにぼくは完全な、申し分のない幸福を手に入れた。いつ死がぼくを召し上げたって構いはしない！　ぼくはこの地上からこれ以上更に幸福を要求し続けることは出来ない。」あの不幸なクライスト同様にケルナーもまた至高の愛を現実において享受することは出来なかった(18)。それは死との一体化においてのみ体験されたのであった。そもそも彼がいかに自分の愛国主義的・戦闘的な行動全体を性的なものと結び付けているかは、彼の自由の歌が示している。これらは極めて明瞭に愛の歌を代表している。名誉、自由、祖国は繰返し花嫁と呼ばれ、用兵作戦は婚礼に書き換えられる。そして彼の死ぬ日に完成された『剣《つるぎ》の歌』では死の日が結婚式の日として、剣が花嫁として歌われている。

さあ、恋しいひとに歌わせるのだ、
明るい火花が飛び散るように！
婚礼の朝が明けるぞ、
万歳！　鉄の花嫁！
　万歳！

以上のすべてから、詩人は無意識のうちに死を待望し、間接的にこれを求めていたのだという心理学的な結論が強い必然性をもって導き出される。かくして、詩人を最後に、なかんずく最後の日に襲った死の予感もまた、彼を死地へと駆り立てたと同じ無意識的な死の願望の表現であると説明することが出来る(19)。それでもなお疑問が残るというのであれば、最後の会戦にみせたケルナーの行動がこの疑問を解決してくれるであろう。即ち彼は最初から激しく敵に闘志を燃やして、故意に危険を求めていた。彼が――一八一三年八月二十六日――全く取るに足りないある戦闘の際にみずからの過ちによって戦死したことも特徴的である。彼は退却の合図を無視して軽率にも、森のなかへ撤退した敵の後を追跡して行ったのである。彼の死について記述しているさまざまな文献はこれまで一度も彼の最後を明確にすることは出来なかったが、それはまさに彼の無意識的な自殺の意図が顧慮されなかったためである。フロイトがこの事実を強調し、幾つかの例によって実証して以来[20]、このような感情の存在ないしは可能性に対する疑問はもはやほとんどあり得なくなっている。またフロイトは、「戦場というものの状況は、直接みずからの手をもっては果たせない無意識的な自殺の意図にかなうようなそれであること」をも直接指摘し（同書八八頁注）、そして模範として常にケルナーの念頭にあったマックス・ピッコローミニを引き合いに出している。マックスについては、「あの方は死ぬつもりだったのだということです」という台詞が原作にみられる。更にフロイトは、父親に対する敵対感情の反動作用としてケルナーに認められる自己損傷傾向も決定的な役割を演じていると強調する。この意味で、ナポレオンに対する激しい憎悪の表明が、彼が超愛国精神を喧伝していた最後の時期に行われたということは極めて特徴的であると言わねばならない[21]。他の多くのひとびとと同じく彼はこの人物のなかに独裁者的な父親権力の代表者をみていたのである。リュッツォーの義勇軍団に関してナポレオンは、「この向こうみずな企てに参加したものはひとり残らず生かすことなく、これをみせしめとする」意図を表明していたのであるから、「ヨーロッパの支配者」に対する無力なたたかいでの、全く無目的なこの犠牲死はみずから望んだ処罰であるように思われる。それは、怒れる父親の手によって傲慢な息子に下された処罰なのである。

＊　＊　＊

両親コンプレックスが子供の人生と死に及ぼす強力な作用は更に、ロマン派の二番目の代表者によって例示することが出来る[22]。それはギュンデローデ（一七八〇～一八〇六年）で、彼女の手紙と詩集は一八四〇年エリーザベト・ブレンターノによって出版された。ギュンデローデはバーデンのさる宮中顧問官の娘であるが、この父親はみずからも詩作の試みを行っていた。父親が早く死んだのちこの娘は、秘かに文筆活動をしていた母親の監督の許に成長していった。この若い娘が三四歳のクロイツァーに対して抱いた情熱的な愛はわれわれには奇妙なものに思われる。彼自身も一三歳年上の同僚の未亡人と結婚していた。既にこの事実からわれわれは、幼くして親を亡くした子供が中年の既婚男性との恋愛関係のなかに、あまりにも早く奪われた愛する父親の代りの人物を求め、そして発見したのだと推測しても構わないとするならば、クロイツァーとの関係を解消された彼女がみずから死を選び、そうすることによって愛する父親と再び一体化しようとしたことをわれわれが知る時、父親に対する彼女の強力な幼児的固着はもはや疑う余地のないところとなる。彼女が世の男性たちにおいて、常に自分で作り上げたイメージしか愛さなかった、そして現実からは容易に失望させられていたという、もうひとつの別の側面から強調された事実も、少女時代に完成された、消し去ることの出来ない初期のイメージ、最も深いところではかけがえのない父親のイメージを物語っている。彼女が父親コンプレックスにとらわれていて、自殺によって愛する亡き父親との再合一を象徴的に表現したということは、死を超えてなお生き続ける愛のテーマを歌っている彼女の詩の内容が明らかに示している。彼女にとってクロイツァーは無意識においてのみ父親の代理的人物（ユングのいう父親についての幼児的理想像《イマーゴ》）であったということは、彼との関係が始まるずっと以前に彼女が自分のことを捨てられたアリアドネと称していたことからも明らかである。これは死んだ父親との関わり合いでのみ言い得ることである。ここには再び、体験と文学という二つの表現をひとつの共通の根源、即ち無意識的な幼児期感情へと還元するところのあのより深い関連がみられる。従って彼女が自分を捨てられた女として描いたのは、クロイツァーが二人の関係を解消したという理由からだけではなく、父親が彼女の許から姿を消していたからでもあった。そして彼女の若い心は中年の既婚男性に拠り所を求めた。彼は確かに彼女にとって父親に代る存在となり得たが、しかし同時に彼女は、年齢の差と妻帯者としての相手の立場が二人の関係を、かつて父親との関係がそうであったように、不幸な結果に終らせるに違いないと感じないではいられなかったのである。

　実人生の諸環境への適応において隠匿的なかたちでしか現れないところのものも、文学の空想活動においてはより自由に展開させることが許される。かくしてわれわれは、ギュンデローデがその文学のテーマを好んで近親相姦コンプレックスに求めているという事実を、彼女における自殺の象徴的な意味についてのわれわれの解釈の確かな証明とみなして差し支えない。

　ドラマの断片『ヒルデグント』は、婚礼の夜妻によって行われるアッティラの殺害を扱っているが、これはユーディト伝説を想起させる。しかし完成しているのは四つの場面だけで、全体は婚礼の描写の場面で中断されている。しかしながらこれらのわずかな部分が既に作者の個人的なコンプレックスをはっきりと示している。ヒルデグントは父親の許へ逃げ帰るが、アッティラはこの父親を侵略をもって脅迫する。そこで彼女は父親とその国を救うため、ヴァルターを愛していながらアッティラの求婚を受け入れる決心をする。求婚者に対する父親の抵抗は『ウドーラ』というドラマにもみられるが、ここでは肉親の愛のテーマが軽く触れられている。太守は妹だと思い込んでいるネリッサに惹かれている。だがドラマが進行するにつれて、彼女が実際の妹と取り替えられていた敵の娘であることが判明する。しかも太守はこの敵を処刑させていたのである。ウドーラの兄弟が戻って来て、彼女の出生を明らかにした時、彼女は、自分の父親を殺した太守の愛を拒んで、兄弟とともに自分たちの国へ帰って行く。ここでは死んだ父親への愛が主人公を縛っているが、他の作品においては主人公は、作者の悲劇的な運命の前触れを思わすようにみずから死んでゆく。ルキアノスに範をとった死者の対話『不死』の女主人公は、恋仇に向かって振り上げられた自分の恋人の剣のもとへ身を投げ出し、死に至る[23]。またドラマ『マホメット』においても、自殺へと至る無意味な情熱が描かれている。最後に悲劇『魔術と運命』は『メッシーナの花嫁』との類似を示している。ある魔術師の妻が夫に不義を働き、その恋人との間に息子をもうけるが、これが彼女の正式の息子のライヴァルとなる。二人の兄弟は自分たちの関係を知らないままに、相打ちとなって斃れる。

5　リヒャルト・ワーグナー

ワーグナーのドラマ創作に関してはこれまで、フロイト教授の編纂になる『応用心理学のための著作集』のなかに二つの精神分析学上の論文が掲載された[24]。これらはそれぞれ別個の研究ではあるが、ワーグナーの文学創作においては近親相姦コンプレックスに最も大きな意味が与えられているという結論において一致している。それだけにいっそう、この詩人作曲家の内的な創作世界へ慌ただしく光を当てることを試みた次の概略的な記述は、その本来の断片的なかたちで伝えられて構わないであろう。既に述べた通り、ワーグナーのドラマにおいては父親とのライヴァル関係の空想が支配的であるが、それは、作者の分身である主人公がさまざまな伝説上の人物と一体化することによって、恋仇から恋人を奪い取るに至るという願望形式においてみられる。詩人の現実の愛情生活をも支配していたこの願望空想はその個人的な根源を、彼が子供の頃育った家庭環境のなかにもっている。父親は少年の誕生後六ヶ月にして亡くなり、そのため彼は邪魔されることなく母親の愛を享受することが出来たのだが、やがて彼女は父親が死んで数ヶ月ののちに俳優のガイヤーと結婚した。この継父は、息子に対する母親の愛の間に割り込み、またそのことによって無意識的な願望の実現にかけた望みを彼から奪った。少年の最初の敵対的衝動も多分この父親に関係している。父親による母親の奪取は通常、息子の誕生前の時期に当り、詩人たちはこれを継母のモチーフによって彼ら自身が生きた時期のなかへと投影するすべを知っているのだが、この奪取がここでは息子によって現実に体験されたのである。そしてこの幼児体験の後遺症が非常に強かったため、それに対する反動作用の表出はワーグナーの全人生と創作を通して高齢に至るまで追跡することが出来る。成熟した芸術家としての彼は文学的空想のなかで、最も早い幼年期に継父によって失われた母親の埋め合わせを何度も繰り返し行おうとしている。いわば彼は、当時父親[25]が自分から愛する妻であった母親を奪ったことに対して、今度は自分の作り出した主人公たちの姿を借りて他の男たちから愛する妻を奪い取ることで復讐するのである。他の男の妻あるいは婚約者、つまりもはや自由ではなくなった女性を特に好むという傾向をフロイトは幼児期の近親相姦的根源に求めた。つまりそれは父親に対する幼児的な嫉妬の反動なのである。このモチーフは既にワーグナー最初のドラマ草案の基礎をなしている。これは『結婚式』という、多くの関連を想起させるタイトルがつけられており、彼が二〇歳の時のものである。その自伝的スケッチ（著作集、第I巻）のなかで彼はこの草案について次のように書いている。「この中世の素材がどこから私の手に入ったのか、もう憶えていない[26]。恋に狂ったひとりの男が友人の婚約者の寝室へ通じる窓へよじ登る。そこで恋人の来るのを待ち焦がれていた彼女はこの狂気の男に抵抗して、争いとなる。男は彼女に中庭へ突き落とされて即死する。その葬儀の際に彼女は大きな叫び声を発して男の死体の上にくずおれて息絶える。」これと似たようにオランダ人は狩人のエリクから恋人を奪い、マンフレートは彼女をヌレディンから奪い取ろうとする。タンホイザーはヴォルフラム・フォン・エッシェンバッハを打ち負かし、ローエングリーンはテルラムントを決闘で斃してエルザを獲得する。トリスタンはイゾルデをまずその婚約者モロルトから、次にその夫マルケから奪い取る。シュトルツィングはハンス・ザックスから恋人を取り上げ、その上更に求婚者のベックスマイスターを欺す。ジークムントは敵フンディングから妻を奪い、ジークフリートはヴォータンからワルキューレを戦い取り、パルジファルでさえクンドリーをクリングゾールの悪しき力から解放する。しかしこのライヴァル関係のモチーフはワーグナーの実人生のなかへも重要な意味をもって広がってゆく。彼の人生の最も激しく最も深い愛は、既に自由を拘束されていたひとりの女性、彼の友人ヴェーゼンドンクの妻へのそれであった。そして、母親コンプレックスに由来するこの消し難い愛の条件は、既に成熟した男としての彼が友人ハンス・フォン・ビューローの妻との結婚によって、とっくの昔に無意識なものになってしまっていた、他の男性（父親）の妻へのかつての幼児的な願望を実現することが出来た時になって初めてある程度外面的に満たされたように思われる。しかし婚約者奪取のモチーフの防衛的表現もワーグナーの文学においては、禁じられた性的結合を多義的、象徴的に代用するものとして既にわれわれが知っているところの、死において実現される愛し合う者たちの一体化のなかに典型的に現われている。このモチーフは既に『結婚式』において極めて明瞭なかたちで見出され、同じように『リエンツィ』において、『さまよえるオランダ人』において、『タンホイザー』、『ローエングリーン』、『トリスタン』、そしてニーベルングの指輪において繰り返される。そして最後に第三の典型的なモチーフが幼児期の願望空想のかたちで直接実人生から文学への入口を見出した。それは主人公である息子の誕生時における、あるいはその直前における父親の死というモチーフであって、これが最も明瞭に現われているのはトリスタン、ジークフリートそしてパルジファルにおいてである。ちなみに彼らの母親も早い時期に亡くなっている（シラーの『ドン・カルロス』には、「わたしがこの世の光を眼にした時になした初めての行為は母親殺しであった」という、防衛を表わす台詞がある）。子供を作った直後に死ぬ父親というモチーフ[27]があまり明瞭に現われていないところでは——父親についていささかでも言及されている場合（タンホイザー）——父親の立場というものがなにか完全にはしっくりしていないのが常である。折りに触れて父親ガイヤーについてそれとなく当てこすりをしているニーチェは既に『ワーグナーの場合』において、聖杯騎士たちの純潔の誓いを誤解してこれを彼らの王にまで範囲を広げて、皮肉な調子で尋ねている。「パルジファルがローエングリーンの父親であると言う。どのようにして彼はこのようなことをでっち上げたのであろうか？」いずれにしても名前隠匿（ローエングリーン）のモチーフに対するワーグナーの関心は自分の出生への彼の疑念にもその原因が求められるように思われる。学校の名簿には彼の名前はリヒャルト・ガイヤーと記入されていて、のちになって初めて彼は再びワーグナーを名乗るようになった。それゆえ彼の作品のほとんどの主人公の父親、また彼自身の父親があまりにも早く死んでいるということ、つまり彼らが自分たちの父親を知らないということは、作者みずからが父親を知らなかったという個人的な副次的意味をも間違いなくもっている[28]。従って彼の少年時代においては、私が『ローエングリーン伝説』のなかで決定的な意味を賦与したところの、性に関する幼児的な臆測が大きな役割を演じたであろうし、それはまたローエングリーン主題に対する彼の、母親コンプレックスに由来する関心をこの方向においても父親コンプレックスによって規定していたのであろう。いずれにしても、ローエングリーンが母親の死後に書かれ、それが母親の死に対する直接的な心的反動を表現しているということは決定的であろう。『ニーベルングの指輪』においては状況は更に複雑であって、そこには兄妹愛のモチーフが意識的な近親相姦のかたちをとって現われている。姉妹たちに対するワーグナーの並みはずれた優しい関係は非常によく知られており、特にグラーゼナップの詳細な伝記で丹念に描かれている。早くに亡くなった姉妹ロザーリエをワーグナーは心をこめて愛していて、彼女のために『結婚式』を廃棄したのみならず、推測するところ彼女のために作りもしたようである。またもうひとつ別の若い頃の作品で『禁じられた恋』というタイトルの付けられた、シェイクスピアの『尺には尺を』を模して書かれたドラマにおいても、罪を犯した愛する兄弟を祈禱によって救う（タンホイザー・モチーフ）清純なイザベラは作者の姉妹ロザーリエの特徴を備えている。その他の姉妹のなかでワーグナーは後年特にクラーラの面倒をよくみたが、一方彼は兄弟たち、特に長男のアルベルトとはほとんど親密な関係をもたなかった。しかし彼の後半生においては、継父と母親との間に生まれた妹ツェツィーリエ[29]との間柄が最も親しいものとなっていった。彼は既に少年時代からこの妹には極めて強い愛着を抱いていた。ワーグナーが一八五二年十二月三十日チューリッヒからツェツィーリエに宛てて出したある手紙は、この少年時代の愛着の強さとその余韻を物語っており、またそこには、この関係と、ゲーテと妹コルネーリアとのそれとの顕著な類縁性がみられる。

「君がこうしてまたぼくに手紙を書いてくれると、思わず知らずぼくたちの幼かった頃のことが頭に浮かんでくる。なぜといって、ぼくたちが本当に一番強く結ばれていたのはあの頃だったのだから。当時の想い出で、君の姿が織り込まれていないものはなにひとつ浮かんではきません。君がどんな生活を送っていようとも、多分君は現在のさまざまな不本意から、かつて君にとって最も近しい存在であった人間に対しても憧れの想いを抱くことだろう。常にわれわれは若かった頃をより幸せな時だと考えるものです。」（家族書簡）

彼は既に以前、特にドレースデン滞在の初期、パリで結婚生活を送っていた妹を自分のところへ呼び寄せようと何度も試みている。それは彼女と離れてからまだ間もない頃のことであった。彼は妹にテプリッツへ来るよう誘い、そこではどんなに安く生活出来るかを説明し、それに応じない彼女を非難した。「ぼくたちは共同の世帯をもつのだ……ああ、それはどんなに素晴らしいだろう。」（ワーグナーの家族書簡一八四二年五月三日）ここでもわれわれは、女きょうだいとの共同生活への典型的な願望を再び見出す。同じように、既にシラーの場合において指摘されたところの、女きょうだいとの秘かな文通という空想がワーグナーにおいても暗示されている。女きょうだいの夫から愛するひとを奪い取ろうというこの空想はやがて『ワルキューレ』において、その最も完成された芸術的表現を見出した。そこではジークムントが愛する妹をその夫フンディングから拉致し、そして決闘で彼自身をも殺してしまうのである。『禁じられた愛』におけるように『リエンツィ』においてもきょうだい愛のモチーフが打ち出されているが、ここでは、愛する兄の許に留まるイレーネをアリアドノーはどうしても獲得することが出来ず、彼女は死において兄と一体化する。無意識的なきょうだい愛のモチーフは未完の草案『サラセンの女』[30]に極めて明瞭に浮き彫りにされている。そこではマンフレートがそれとは知らず妹のファティーメを愛しているが、死に臨んで彼女は二人の血縁関係を打ち明ける。このモチーフは最後に『ワルキューレ』において積極的な形成をみる。ワーグナーはこの作品に神話伝承からのジークムントとジークリンデとの近親相姦的な愛を継承して採り入れた。この兄妹は自分たちの血縁関係を知らないでお互いに恋し合っているが、しかし兄妹であることが判明したあとも別れようとはしない[31]。ジークムントは妹をその夫から奪い去り、彼女との間に一子をもうけ、その子供はミーメによって育てられる。シラーの場合にもわれわれの注意を引いたところの、女きょうだいの夫（フンディング）とのライヴァル関係と並んで、『ニーベルングの指輪』にみられるきょうだい愛のモチーフと完全な対《つい》をなすものとして、ミーメのアルベリッヒに対する兄弟憎悪もみられる。しかしながら近親相姦空想はここでは、ヴォータンとブリュンヒルデに対するジークフリートの関係(32)によって非常に複雑なものとなっている。ヴォータンはジークムントとジークリンデの父親である、つまりジークフリートの祖父であるが、しかしブリュンヒルデの父親でもある。従ってジークフリートの愛するのは伯母ということになる。しかし詩人が自分の個人的なコンプレックスから神話伝承を直観的に捉えて、この結び付きを母親との近親相姦であると感じ取ったということは、豪胆な主人公が火の海に囲まれているブリュンヒルデを死の眠りから救い出し、そのことによって彼女を妻として獲得する、あの壮大な『ジークフリート』の場面からして明瞭である。一方「侮辱された第三者」は今回は意地悪な「父親」ヴォータンの姿をとって現われ、愛する娘を手放すについては実現不可能な条件を課す。ジークフリートは彼女を接吻によって死の眠りから覚ますのであるが、父親の代理的人物（祖父）から奪い取ったこの女性を、おおらかな若者は自分の母親と考える。眠っているこの女性の姿が、一度も会ったことのない愛する母親への想い出を彼のなかに呼び起こす。

　母よ！　母よ！
　ぼくのことを想い出してくれ！
　……………………………………………………………
おお、母よ！　母よ！
あなたの勇敢な息子のことを！
女性が眠りのなかに横たわっている、
そのひとが彼に、怖れることを教えたのだ！

そして眼覚めたひとが、通常の状況下にあっては母親のみが語るにふさわしい言葉をもって語る時、若者は自分の知覚を呼び覚ましてくれたその女性のなかに母親を見出したと思う。

ブリュンヒルデ
おお、なんという歓び、
わたしがどんなにお前を愛していたか知るまい！
わたしはいつもお前のことを想い、
いつも心にかけていた！
まだお前がおなかに宿る以前から
わたしは可愛いお前をはぐくんでいた。
まだお前が生まれる以前から
わたしの盾はお前を守っていた。
こんなにも長い間わたしはお前を愛しているのだよ、ジークフリート！
ジークフリート（小さな声で、おずおずと）
それじゃあぼくの母は死にはしなかったのですね？
眠っていただけなのですね？
ブリュンヒルデ（にっこり笑って）
可愛い坊や、
お前のお母さんは戻っては来ないのだよ。

（ジークフリート第三幕第三場）

ジークフリートは養母ブリュンヒルデのなかに恋人を見出すのであるが、逆に彼は養父ミーメの方は殺してしまい、またヴォータンを、愛する母親を自分に渡そうとはしない夫としてこれを打ち負かすのである。またもやここでは、憎まれ殺される養父という人物が実人生に発していること、そして、母親への愛着ではあまりにも抵抗があるので、それが養母によって、またきょうだい愛のモチーフによって代用されていることが明らかになる。だが更に近親相姦コンプレックスのもうひとつ別の願望空想がブリュンヒルデという人物においてその最も壮大な表現を見出した。即ちそれは、まさに継母（養母）テーマにおいて表現されたところの典型的な母親若返りへの願望であって、これは一面においては、不快な印象を与える血縁関係を廃棄し、他面では母親を非常に若返らせて、息子の花嫁としてもまだ通用し得るようにさせるものである。この空想はブリュンヒルデ伝説並びにこれと類似の童話伝承群（いばら姫）においては長の年月にわたる眠りによって実現され、この眠りが母親理想像《イマーゴ》を息子のためにいわば若いままに保つ（konservieren）のである。[33] しかもそれは、ブリュンヒルデがジークフリート誕生前に眠りに落ち込み、ジークフリート（息子）だけがこの状態から彼女を解放し得るという前提が付されている、という特徴的な方法で行われる。[34]

ブリュンヒルデに対するジークフリートの「近親相姦的色彩を帯びた愛着に対応する物が、『パルジファル』に認められる。そこでは魔性的な女性が未熟な若者を官能的な愛へと「眼覚めさせ」ようとするが、――フェードラ・パターンに従って――性の拒絶によって毅然とした人間に作られていた主人公によって拒けられる。一方『ジークフリート』においては逆に、母親である恋人が、血気にはやる若者の熱烈な求愛に屈服する前に、「不安の最高の力をもって」彼をはねつける。この拒絶感情は母親と恋人の同一化の特別なメルクマールであり、『パルジファル』においてこの一体化は、クンドリーが「純粋な馬鹿」である主人公に、彼の母親ヘルツェライデとその愛を想い出させることによって彼を誘惑しようと試みるというかたちで暗示されている。

ヘルツェライデの恋の炎がガムレトを
焦がしながら激しく燃えあがった時、彼を包み込んだ
愛を想い出してごらん。

彼女はかつてあなたに
肉体と生命を授けたのです、
死も愚かさも彼女の前では怖れをなす。
今日彼女があなたに——
母親の祝福の最後の挨拶
として——最初の接吻を与えるのです。

彼女が接吻すると「パルジファルは突然驚愕の身振りで立ち上がる。彼の動作は恐ろしい変化を表わしている。彼は、まるで激しい苦痛を克服しようとするかのように両手を胸に強く押し当てる。ついに彼は次のような言葉を発する。」

この傷！——この傷！——
これがぼくの胸のなかで燃えている。
おお！——愛の苦しみよ！——
……………………………………
すべてが罪深い欲望のなかで
震え、わななき、痙攣する！

しかし彼は繰り返しクンドリーを断固として拒絶する。彼がそこで示す性の拒絶は、母親への彼の固着によって理由付けられ、そして抑圧された母親への愛着の防衛に照合する。かくして、最も早い少年期に発する母親への愛着は、老齢期へと入ってゆく男の最後の芸術的告白のなかにその最高の防衛表現を見出すのだが、一方この愛着は、芸術的にはなお未熟であった若者においてはナイーヴな率直さをもって表われている。二一歳のワーグナーが母親に宛てたある手紙には次のようにある。

「ああ、しかし母親の愛に勝るものがどこにあるでしょうか！　ぼくもまた多分、いつもいつも自分の思っているようには話せない人間のひとりなのでしょう。そうでなければあなたはぼくのもっと穏やかな側面を何度も見出したことでしょう。でも気持は変らないままです。――そしてお母さん、いま――あなたから遠く離れているいま、あなたの子供に対するあなたの素晴らしい愛への感謝の気持にぼくは圧倒されています。あなたはこの愛を最後にまたとても心をこめて温かく示してくれたのです。それでぼくはこのことについてあなたに、恋する男がその恋人に向かってするようにとても優しい調子で書き、また話したいと思うのです。」（家族書簡四）

このようにして、人生の最も早い時期に子供によって受け入れられ、作り上げられていった、家庭の印象がいかに無意識的な感情のなかで変ることなくしっかり存在し続けているか、そしてそこから出発して人生と創作をいかに決定的に規定しているか、ということがわれわれにはわかる。われわれは、幼年時代の印象の数少ない本源的な礎石から構築された空想が、倦むことない単調さをもって繰り返し繰り返し同じ願望状況を生産し、そして解体してゆくさまをみる。つまりそれは、ハムレットのように母親の二番目の夫（継父）と一体化しながら、彼らの関係を妨害し、より正当な恋仇から妻を奪って、いわば子供の時に母親を継父によって横取りされたことへの復讐を果たそうとする息子の願望状況である。われわれは、詩人が飽きることなくこの空想を何度も形成し、いやそれどころかこの空想を実現しようと繰り返し試みているのをみる。そのようにしてわれわれは再び、芸術的な営みは、エネルギーと想像力に満ち溢れた人間の心的な贅沢行為などのようなものではなくて、巨大な想像力の代償作用の助けを借りてのみ保持されることの出来る心的自己維持の耐え難いほどの強制から発したものであるということに気付くのである。すべての本物の偉大な芸術家同様、人生に、そして自分自身に深く苦しんだワーグナーは多分この関係をよく知っていたに違いなく、彼はそれを多くの手紙、特にチューリッヒ時代の書簡で繰り返し書いている。リストに宛てられたある手紙においてそれは最も明瞭に語られている。「私はこの頃よく〈芸術〉についての独自な想いに襲われます。そしてたいていは、もしわれわれが人生をもっていればわれわれには芸術は不要であろうと考えずにはいられません。芸術はまさに人生が終るところで、もはやなにものも現存しないところで始まります。その時われわれは芸術のなかで〈私は……したい〉と叫ぶのです。本当に幸福な人間がどうして〈芸術〉をやろうなどという気を起こすのか、私には全く不可解です。人生においてのみひとは〈なし得る〉のです。ならばわれわれの〈芸術〉はインポテンツの告白にすぎないのではないか？　確かにわれわれの芸術の実体は、またわれわれが人生におけるわれわれの現在の不満のなかから想像することの出来るすべての芸術の実体はこのインポテンツにあります！　芸術はすべて、可能な限り明瞭に表現された願望であるにすぎません。」

（1）Fritz Giese : Der romantische Charakter I ,Langensalza 1919.
Alfred Wien : Liebeszauber der Romantik ,Berlin 1916.

（2）内容紹介はティーク選集のクレーによる序文（マイヤーのクラシカー版）からのものである。

（3）W. Splettstösser : „Der heimkehrende Gatte und sein Weib in der Weltliteratur“, Berlin 1898. 参照。

（4）『クリスマスの夜』（一八三四年）という物語においては、息子が定められた研究職に就こうとしないので父親が一冊の本をその頭めがけて投げ付ける。

（5）内容の紹介はミノーアの論文『ティークの短編小説』（一八八四年）による。

（6）初めのうちは結婚相手が母親であること、また姉妹であることが知られていないという状況は『魔女の宴会』Hexensabbath（一八三一年）にも見出される。ここでは教区監督が美しい未亡人カタリーナを狂信的な司教の手に渡すのだが、最後に彼は、このことによって自分が母親と腹違いの妹を魔女裁判にかける結果になったことを知らされて絶望する。

（7）離別していたかつての恋人たちがずっとのちになって再会するという設定はきょうだい近親相姦のカムフラージュ的な実現を示すものであるが、ティークはこの設定をも同じように繰り返し用いている。『月に焦がれる男』Der Mondsüchtige（一八二一年）という短編では甥の恋人が、妻と離婚していた叔父の娘であることが最後に判明する。同じように『家門証明』

Ahnenprobe では息子の恋人が、父親である老伯爵と別れたその恋人の娘であることがわかる。――この二つの作品では近親相姦的な特徴が暗示されている。

（8）逆に四幕物の童話劇『騎士青髭』Ritter Blaubart（一七九六年）ではシモンが、青髭の最後の妻であった妹をその手から救い出す。ティークの『わがままとむら気』と同じテーマをモーパッサンはある短編で取り扱っているが、そこではある船乗りが娼家で自分の妹を発見するのだが、しかし妹だとわかるのは既に性行為の終ったあとで彼女の身の上話を聴かされた時であった。

（9）これはディドローの『女の復讐の奇妙な例』のモチーフである。この作品をシラーは翻訳し、サルドーは『フェルナンド』においてドラマ化した。

（10）ベッティーナは男の子のようなお転婆娘として描かれているが、彼女はのちになっても常に異常なほどの独創性を求めてやまず、また生涯にわたって激しすぎる情熱をもち続けた。最初彼女はゲーテとティークに夢中になり、自分の夫の死後は若いフィリップ・ナトウジウスの母親代りをした。五〇歳になってようやく彼女は文筆活動を始めた。彼女の名前を最も有名にしたのは、ある子供とゲーテとの往復書簡の出版、それに『この本は王様のもの』Dies Buch gehört dem König によってである。

（11）ここで指摘しておきたいのは、本書第一七章で取り扱った作品に現われている兄弟の愛が一様に、二人が一緒に育てられ成長するのではなくて、大人になって初めて知り合うという事態から生じているということである。

（12）クレーメンス・ブレンターノとゾフィー・メローとの往復書簡は一九〇八年になってようやく手稿に従ったかたちでハインツ・アメルングによって出版された（インゼル書店）。

（13）ブレンターノのこの愛は、一〇歳年長のマダム・シュレジンガーに対するフローベールの情熱と極めて大きな類似をもっている（「パーン」一九一一年十一月号掲載のライクの論文『恋するフローベール』Der liebende Flaubert と『フローベールの青春時代の衝動』Flauberts Jugendregungen 参照）。母親コンプレックスに照合する彼の愛の条件は、彼女が自分の子供に乳を飲ませている様子を一七歳の彼が初めて見た時に満たされる。「この女性の乳房を見た私は実に不思議な心の高まりを覚えた。私はそこから眼をそらすことが出来なかった。この乳房にそーっとでいいから触れられたらどんなに嬉しいだろうかと私は思った。もしその上に私の唇を押し当てることが許されていたら、この白い豊かな肉へ私は歯を喰い込ませたに違いないだろうという気がした。」（一八三八年までのフローベールの作品、訳及び解説、パウル・ツィッフェラー、J・C・ブルンス書店、ミンデン、三九二頁）そして彼はこの体験を細やかな心理的感性をもって次のように一般化している（四〇七頁）。「ひとは一三歳にしてたくましい体の女性の豊満なかたちを愛する。なぜなら半人前の少年をなににもまして惹きつけるものは——このことを私は自分の経験から知っている——女性の真っ白い乳房なのである。」激しい恋に燃えた詩人がこの人妻に対して示した控え目な態度が近親相姦的な性拒絶感情から発したものだということは、この関係が『感情教育』において芸術的に描かれていることによって明らかである。そこでは最後に、年取った人妻であり、何人もの子供の母親である女性が作者である主人公の許を訪ねて来るのだが、しかし彼女の白髪は彼を怖じ気させる。「フレデリックは、彼女が自分に体を提供するためにやって来たのではないかと疑った。そして荒々しい狂暴な欲望が以前よりも強く彼を捉えた。しかしながら同時に彼は、自分のなかでこれに逆らう何か説明し難いもの、近親相姦への怖れのようなものを感じた。」恋人を所有することへのこれと似たような怖じ気はE・フェイドーの長編『ファニー』（一八五八年）にみられる。そこでは中年の人妻を愛しているある若い男が、その夫とのライヴァル関係に耐えられなくなるが、しかし彼はなおも彼女に接近してこれを獲得する。ところがそのあと彼は重い病気にかかりこの恋人を拒絶する。フローベールがいかに近親相姦コンプレックスに縛られていたかは、第一章に引用した（モットー）ディドローの言葉を想起させる次のような文章が示している。「ひとびとは君に、父親を愛し、年をとったら面倒をみなければならないと言う……ところが君の生まれた山の向こう側では、もし父親が働けなくなったら殺すようにとこの父親に教えた。そして彼は自分の父親を殺した。彼にはそうすることが全く当然のことに思われたからだ。そして彼に人殺しを教える必要は全然なかった。君は自分の女きょうだいや母親を肉欲をもって愛してはならないと言われて育ってきた。ところが君は、この地上のすべての人間同様近親相姦から生まれたのだ。なぜかといえば最初の人間と最初の妻、彼らとその子供たちはきょうだいだったのだ。また近親相姦が美徳で、父親殺しが義務と考えられている異国の民もあるのだ。」（同書四二一頁）フローベールの近親相姦コンプレックスに関してはライクの『フローベールとその聖アントニウスの誘惑』Flaubert und seine Versuchung des heiligen Antonius も参照されたい（J・C・ブルンス書店、ミンデン、一九一二年）。

(14)「わかっているだろうが、お前のやることに不満な理由はあっても、お前を許さないでいることは私にはなかなか難しくなるだろう（A・ツィッパー『テオドール・ケルナー』詩人伝記集第四巻、レクラム四〇九一番、三三頁）。

(15) ツィッパーは次のように書いている（同書六一頁）。「この作品（ツリニィ）の弱点は、……作者が愛国的な傾向をあまりに強調しすぎているとは一度も思わなかったという事実によって大部分は説明がつく。」

(16)「テオドール・ケルナーは初めのうちは熱烈な愛国者とは全くみえない。一八〇九年彼はシルの大胆な呼びかけを次のような言葉をもって甘受している。〈シルの宣言はしかしながら少しく強すぎる。〉フライベルクで行われたジェローム・ボナパルトによる観兵式は彼の好奇心を満足させ、全く客観的で詳細な描写を行う機会を彼に与えたにすぎない。ある手紙に彼は、その徹底的な冷静さの点で老ゲーテを思わせるような詩行を書いている。」ツィッパー（六五頁）

(17)　解放戦争を戦った他の二人の詩人シェンケンドルフとシュターゲマンも、夫を亡くしたかあるいは離婚したかした中年の女性と結婚しているという事実も注目に価する。このような女性は一般にロマン派作家たちの愛の理想であった。例えば、のちにフリードリッヒ・シュレーゲルの妻となるドロテーア・ファイトは彼より一〇歳年長であった。自由を求めた政治詩人たちには一般的に父親コンプレックスが特に強く現れているが、フェルディナント・フライリヒラートもこのタイプの詩人のひとりである。継母の姉妹で、彼より一〇歳年上の伯母カロリーネ・シュヴォルマンへの彼の愛はわれわれには大変興味深いものである。詩人の母親は彼が七歳の時に亡くなり、二年後彼の父親は再婚している。一五歳になっていた彼はある手紙のなかで（一八二五年八月十六日）、自分をこの伯母の恋人であると称している。また彼ののちの手紙にも彼女に対する熱狂的な愛が語られている（ヴィルヘルム・ブフナー『フライリヒラート、手紙にみられる詩人の生涯』）。のちになって詩人はある友人に向かって、伯母は当時自分が親しく知り合うことの出来たただひとりの女性であったと言ってこの行動を理由付けている。父親は一八二九年に死ぬが、その前に彼は妻の姉妹カロリーネから、もし息子のフェルディナントが彼女に愛を告白するようなことがあってもこれを拒絶しないと言う約束を取り付けていたと言われる。事実詩人の妹ギスベルテは、彼が父の死の直後母親の姉妹と婚約したと報告している。妹の記述によれば、カロリーネへの愛はフライリヒラートのアムステルダム滞在中ある特別な使命を果たしたという。なぜならばこの愛のお陰で、血の気の多い詩人も大都会の誘惑から身を安全に守ることが出来たのである。彼は嫌悪感をもって、自分の仲間たちの馬鹿げた振舞いに背を向けた。伯母と甥との年齢差はほとんど気付かれないほどであったといわれているが、彼女を訪問する時の彼はしかしながら極めて冷静で控え目な態度であった。だが彼は遠くに離れて住んでいたので、ブレンターノの場合そうであったように、昔の情熱が再び強く現れ出た。彼の書いた詩のうちの幾つかはこの伯母に関係していると言われている（魔法の鏡、雪投げ、霜の花）。一八四七年十一月ようやく彼は他の女性と結婚する。彼の内面の愛の葛藤はこの婚約者への日記風の手紙が映し出している。

(18)　一八一二年五月二十日彼は、既に引用した父親宛の手紙で次のように書いている。「……この天使への愛のみがぼくをして、大胆にも衆愚の一群から抜け出させ、次のように言わせることが出来たのです。純な心を守り、いまだかつて肉欲の野獣的な陶酔に冒されたことのないひとりの人間がここにいるのだ、と……」この後すぐ、母親とこの救いの天使との類似を指摘する文章が続く（本文参照）。

(19)　H・ヘラー『死の予感の起源』（「精神分析学のための中央機関誌」Ⅱ、一九一一年、五六〇頁）参照。

(20)『日常生活の精神病理学のために』（第二版、ベルリン、一九〇七年、八五―八八頁）。

(21)『ツリニィ』において憎しみをもって描かれている太守ソリマンはナポレオンの明らかな特徴を備えている。

(22) ちなみに、二〇歳で亡くなったヨアヒム・ヴィルヘルム・ブラーヴェの、ケルナーの運命とよく似た最後が想い出される。彼のブルータス劇については既に触れた。

(23) このモチーフはシラーの『フイエスコ』とクライストの『シュロッフェンシュタイン家』のほかアイヒェンドルフのロマン的な悲劇『ロマーノのエッツェリーノ』（一八二八年）、そしてオーシアンの作品においても見出される。息子が父親と恋人との間に割り込み、彼女は息子に向けられた剣によって斃れる。敵対し合う兄弟がいとこになったクライストの『ギスカール』断片もこれに属する（オットカル・フィッシャー『クライストのギスカール問題』ドルトムント、一九一二年参照）。

(24) ドクター・マックス・グラーフ『〈さまよえるオランダ人〉におけるリヒャルト・ワーグナー。芸術創作の心理学への一寄与』Max Graf: „Richard Wagner im ‚Fliegenden Holländer'. Ein Beitrag zur Psychologie künstlerischen Schaffens“（一九一一年）とランク『ローエングリーン伝説』参照。

(25) ワーグナーが親しい友人たちに向かって、ガイヤーが自分の実の父親であり得る可能性を繰り返し語っているということは（グラーゼナップの伝記参照）、この関係全体の特徴をよく示すものである。彼は一八七〇年一月十四日妹ツェツィーリエに宛てて次のように書いている「だが同時にぼくは、母に宛てたこれらの手紙からこそ、困難な時代にあったこの二人の関係への鋭い洞察を獲得することが出来ました。現在のぼくにはすべてが完全にはっきりと見えるように思われます。もちろんぼくがこの関係をどういう風にみているかについて発言することは極めて難しいと思わざるを得ないことは確かです。ぼくには、ぼくたちの父であるガイヤーが、家族全員のために犠牲を払うことによってある罪を贖っているのだと信じているのではないかという気がするのです。」

(26) 自伝（『わが人生』八五頁）によればワグナーはこの題材を「騎士道に関するビュッシングの本」から取った。そこではある貴婦人が、彼女を愛しているひとりの男に夜襲われることになっている。ワーグナーはこの女性を婚約者に仕立て、二つの名門家族の敵対関係をもってドラマを始めている（このモチーフを彼はその悲劇『ロイバルトとアデライーデ』でも大いに利用している）。ワーグナーのこの若書きのドラマとティークの短編『異邦人』（一七九六年）との顕著な類似性については既に指摘された。ワーグナーはこの草案を姉ロザーリエの希望によって廃棄した。その妖艶で肉欲的な内容が彼女の気に入らなかったのである。

(27) トリスタン　父はわたしを作り、そして死んでいったのだから、母はわたしを生んで亡くなったのだから――
クンドリー　母は父なし子を生んだのです（パルジファル）
ジークフリート　父はどんな様子をしていたのです？
……………………………………………………
でも……母は
どんな様子だったのです？
……………………………………………………
母はぼくを不安のうちに生んだ、
だがどうして死んだのだろう？
グルネマンツ、お前の父親は誰なのだ？――パルジファル、ぼくは知らないのです。

(28) 既に引用した箇所、そしてローエングリーン主題の解釈全体のほか、特に『パルジファル』の次の箇所を参照されたい。

(29) 詩人たちが実人生において（バイロン、ワーグナー、クライストなど）、また創作において（本書第一七章、C・F・マイヤーその他参照）、片親を異とする女きょうだいに対して示すこの特別な愛着は、われわれが継母のテーマにおいて指摘出来たのと似たような妥協的願望にさかのぼることが出来る。つまりそれは名目上の母ないしは女きょうだいであるが、しかしこれらの女性に対する場合は、血縁関係のもつ妨害的な要素は厳密な意味では存在しない。

(30) ワーグナー『遺稿集』。

(31) 女きょうだいとの近親相姦空想は、ポーランドの作曲家カルロヴィッチの、ある純粋に交響曲的な作品の根底にもみられる。オーケストラがスタニスラフとアンナ・オスヴィエシム兄妹の悲劇的運命を語る。プログラムによるとこの二人は不倫の恋に燃え上るが、しかしジークムントとジークリンデのつかの間の至福を味わうこともなく終る。

(32) たまたま、フークバルトという匿名のある気の長い批評家が〔舞台〕という雑誌において、ニーベルングの指輪における血縁関係の縺れを解こうという殊勝な試みを行った。見本として彼の記述の冒頭を紹介しておきたい。「ジークフリートは自分の叔父の息子であり、母親の甥である。彼は伯母の甥であり息子であるから、みずからのいとこである。彼は自分の妻の甥であり、従って自分の叔父であり甥となる。彼は甥と叔父を一身に兼ねる。彼は祖父ヴォータンの娘婿であり、同時に自分の母親でもある伯母とは義理のきょうだい関係をもつことになる。ジークムントは妹ブリュンヒルデの義理の父親であり、息子にとっては義理の兄弟となる。彼は妹の夫であり、妻の義理の父親である。そして彼女の父親は彼の息子の義理の父親となる。ブリュンヒルデは……の嫁であり……」といった具合に延々と続き、うんざりさせられる。これを読んでいると、最近新聞が奇妙な事件として報道したあるおもしろい話を想い出す。

「(複雑な家族関係) ペテルスブルクの新聞が報ずるところによれば、ロシアのヴィテブスク州から次のようなある小さな物語が伝えられている。ディミートリィ・キレニイという一九歳になるある若者が三年前に三五歳の未亡人アンナ・スカルベンと結婚した。彼女には最初の夫との間にカタリーナという一五歳の娘があった。年齢差が大きかったにもかかわらず新婚夫婦は幸福に暮らしていた。ところが五〇歳になるキレニイの父親が若いカタリーナに近付き始めた。教会は結婚には支障があるとしてこれを禁じたので彼は宗務局へ、この娘との結婚を認めて欲しいとの請願書を提出した。宗務局はこれを拒絶する理由がなく、かくして二人の結婚式が行われた。夫婦からは息子がひとり生まれた。この頃から老いた夫は精神障害の兆候を示し始めた。彼は自分が、自分の義理の父親、妻、小さな息子、そして自分自身とどのような血縁関係にあるのだろうかと、脳味噌を絞って懸命に考えた。そして、自分の小さな息子は義理の父親の兄弟であり、自分自身はしかし実の息子の祖父であり、ところが自分の最初の息子は自分にとって義理の父親となり、小さな息子の父親である自分自身は同時にこの息子の義理の祖父である。しかし息子の母親は祖父の嫁であると同時に義理の母親でもある、ところが息子の祖母は彼の義理の姉妹であり、同時に彼女自身の娘の義理の娘であり、少年の母親は同時に義理の祖母である、といった具合にぼんやりわかりかけた時憂鬱病に取り憑かれ始めた……。」

(33) 本書四〇六頁注(24)に引用した、ブリュンヒルデの母親的性格についてのシュトゥッケンの見解参照。

(34) 童話『黄金山の王様』Der König von goldenem Berg (グリム九二番) もこのひとつである。その解釈を私はローエングリーン伝説についての論文で試みた(一六三頁注(22))。——この眠りからの覚醒の意味については現在では『誕生の外傷《トラウマ》』(一〇六頁以下)をも参照されたい。

第二三章　近代文学における近親相姦モチーフ　回顧と展望

病気こそが恐らく、すべての創作衝動の
最も深い根源であったに違いない、
創りながらわたしは治癒することが出来た、
創りながらわたしは健康になっていった。
ハイネ（創造の歌第七番）

典型的な文学上のモチーフとその変転する形成のあとを、神話的な太古の時代から現代へと辿りながらわれわれは、詩人たちが一様な単調さをもって、普遍的に人間的な、それゆえ永遠に新しい近親相姦愛というテーマと取り組むのをみてきたが、このテーマはごく最近に至るまで、単調に繰り返されてきた素材を多くの文学作品のために提供してきた。素材におけるこの強い制約性は形式の驚くべき保守性によって更にいっそう顕著なものとなる。例えばイプセンのドラマは、ほとんど二五〇〇年も前に書かれたソポクレスの『オイディプス王』の分析的な技巧と比べてなんら本質的な進展は示していない(1)。しかしわれわれは、永遠に更新されてゆくある種の素材をその根源的、人間的な源泉から心理学的に理解することが出来るだけでなく、これら素材のその折り折りの取り扱い方と形成の仕方についてもわれわれはこれを、個々の傑出した個人において表明されているところの、その時代時代に達成された抑圧段階の規則的で自然な現れとして解釈することを学んできた。その時々の時代意識を代表するこれら発展境界石の間にわれわれは、発展線からの逸脱、その裂け目を、そしてなかんずくこの発展線への反動の試みを見出す。これらの試みは、神経症へと傾斜する抑圧進行を阻み、中断させ、あるいは逆行させせようとする。(2)

イプセン

ヘンリク・イプセンは文学における「自然主義」の先駆者のひとりとして近代ドラマ文学の入口に立っている。近代の劇作家で最も重要な存在であるイプセンもまたその悲劇的葛藤を、明らかに彼自身の精神生活において特に強調されている家庭コンプレックスからのみ引き出していると言ってよい。(3) しかしながら近親相姦コンプレックスに源を発する感情衝動は、抑圧の進行に伴い、主として微妙な倫理的・心的葛藤のなかで表現されており、これらの葛藤はしばしば精神分析的なやり方で弁証法的、知的に展開され、解決される。近親相姦的な行為や殺人などに代ってここでは抑制された男女の睦み合い、明言されない関係あるいは意見の相違、諸々の議論、意志の葛藤などが登場する。人間は外部の強力な運命によって挫折するのではなく、彼らの内面的な苦悩によって、神経症によって破滅してゆくのである。

一見新しいように思われる形式と表現技術の背後にわれわれは、近親相姦コンプレックスという古くから確証済みの典型的なモチーフを再び見出す。『野鴨』と『幽霊』における父親との葛藤の描写については既に指摘されたし、またこれと関連した、父親の不実によって母親が味わう苦しみを巡っての息子の空想についても同様である。青年期に属するイプセンの「ロマン的な」作品のなかには母親コンプレックスがまだ明瞭な表現を見出している。例えばそれは、母親と恋人とが融合する詩劇『ペール・ギュント』であり、また運命劇のテクニックとモチーフを引き継いでいる初期の作品『エストロートのインゲル夫人』である。こちらでは母親が自分の私生児である息子を溺愛するが、娘たちには嫌悪をしか感じない。

「娘たち！　あの娘たちに対して私が母親らしい心をもっていないことを神がお赦しくださいますよう。妻としての義務は私には奴隷の苦役でした。そんな時にどうして娘たちを愛することが出来ましょう。ああ、息子については全く別でした！　あれは私の魂の子供だった！　あの子は、私が女だった時、女以外のなにものでもなかったあの当時を想い出させてくれる唯一の存在だったのです。その彼をみんなが私から奪ってしまった！」

この息子は偽名を使って彼女の館へやって来る。ところが母親は彼のことを、権力を巡っての息子の競争相手だと信じ込んで[4]、腹心のひとりであるスカクタヴルに暗殺させる。これは息子に対する彼女の愛着の防衛を表わすものであると解釈出来る。彼女が無意識のなかでたたかっている息子への愛着とその防衛とのたたかいは、オラフ・スカクタヴルがステンソンを殺すために部屋のなかへ入ってゆき、インゲル夫人がひとりあとに残される場面にも表現されている。

インゲル（真っ青な顔で震えながら）こんなことをしていいのだろうか――？（部屋のなかから物音が聞こえる）

インゲル（大きな声で叫びながらドアーのところへ走り寄る）いけない、いけない、こんなことは許されない！（奥でどさっと倒れる鈍い音がする）

インゲル（両手を耳にあてがって、狂おしいまなざしで広間をつっきってまた元のところへ走って戻る。暫く間を置いてから両手を用心深く離し、また聞き耳を立てる）さあ、これで終ったわ。奥は静かになったようだ。神様、あなたは御覧になりましたね――わたしはためらっていたのに！　でもオルファ・スカクタヴルが急ぎすぎたのです。

やがてのちになって息子への愛が防衛の記憶と同時に激しい勢いで噴出する。

インゲル（苦しそうに息をつき、激しい調子を増しながら続ける）　あの部屋のなかで何が起きたか、誰ひとり見たものはいない。この私に不利な証言の出来るものは誰もいないのだ。（突然両腕を広げて、囁くように言う。）私の息子よ、愛しい私の子供よ！　さあ私のところへいらっしゃい！　私はここよ！　お聞き！　お前に少し話したいことがあるの！　あそこの向こうでは私は憎まれているのだよ――星の向こう側では――私がお前を生んだために。

自分が殺させたのが息子であることはまだ彼女は知らないが、しかし自分の息子を殺したのではないかという予感の烈しい防衛があまりに強力で、反対願望が幻覚にまで高まってゆく。彼女は葬列を息子の戴冠行列だと思い込み、葬送音楽がファンファーレに聞こえる。息子の死体が運び込まれると、彼女の眼には王座に坐っている彼の姿が見える。だが彼女は、それが息子の死体であるとはまだ知らないのに、棺を見ると大声で言う。

死体だって？（小さな声で）ふん、どうせこれはいやらしい夢に違いない。（席に身を沈める）

指輪によって彼女はとうとうその死体が息子のものであることを知る。

インゲル（飛び上がり）指輪ですって？　指輪だ！（そちらへ駆け寄って、それをひったくる）ステンソンの指輪！（叫び声を上げる）おお、イエズス・クリストゥス！　私の息子！（棺の上に身を投げる）

ここには心中死の象徴も見出される。

インゲル（上半身を起こしながら弱々しく）　私に必要なものは――？　棺をもうひとつ。私の子供の傍らにお墓を！（再び力なく棺の上にくずおれる）

晩年の作品のひとつである『ヨーン・ガブリエル・ボルクマン』にも息子に対する母親の愛が暗示されている。しかしそこでは同時に、息子へのこの愛着が離反してゆかざるをえない必然性も描かれている。普通はひとりの女性を巡ってたたかう敵同士の兄弟[5]の代りにここでは、ひとりの男を二度にわたって奪い合う双生児の姉妹が登場する。[6]グンヒルト（ボルクマン）とエラ（レントハイム）は最初夫を巡って、次に、グンヒルトの息子エアハルトを巡って争う。

つまり今度は母親として、伯母としてである。

エラ　私はエアハルトを愛しているわ。そもそも私がこの年になってひとりの人間を愛するようなやり方でね。
……………………………………………………
だから私は、あの子に何か危険が迫るのを感じると、……例えばあのウィルトン夫人……悲しくなるの、少なくとも心配だわ。

エアハルトを深く愛しているこのウィルトン夫人に対して二人の姉妹はともに嫉妬を抱いている。だがその嫉妬はお互いに対するものではなかった。二人は最後に次のように言う。

あなたよりは彼女の方がまだましだわ！

エラ　私たち姉妹の意見が合ったのは初めてね。

かくして彼女たちはエアハルトを巡る熾烈なたたかいを繰り広げるが、しかし彼はこの二人から結局逃げてゆく。

ボルクマン夫人（脅すように）私たちの間に割り込もうというのね！　母と息子の間に！

エラ　私はあの子をあなたの悪い感化から解放してやりたいの……あなたの権力から……あなたの支配から。…………（熱っぽい調子で）私はあの子の優しい気性……あの子の魂……あの子の心の全部を――

ボルクマン夫人（興奮して）金輪際そんなことはさせませんからね！

だがエラが姉妹に敢えて言わなかったことを彼女は、かつての恋人で、今では姉妹の夫となり、心を病んでいるヨーン・ガブリエル・ボルクマンに話す。

エラ　あなたは私の幸福をひとつ残らず殺してしまった…………少なくとも女としての幸福を全部台なしにしてくれたわ。私のなかにあったあなたの姿が消え始めた時から…………生きた人間を愛することが……私には段々耐えられなくなってきたの…………でもひとりだけは別……もちろんエアハルトよ。……エアハルト、……あなたの息子の、ボルクマン。

きょうだいコンプレックスの二つの典型的な形成もまた、イプセンの創作にみられるきょうだいの認知発見と血縁関係廃棄という、既にわれわれにお馴染みの補充的なモチーフのなかに表現を見出した。きょうだい認知のモチーフの方は「家庭劇」『幽霊』においてみられる。ここではオスワルト・アルヴィングが自分の父親の娘、つまり腹違いの妹であるレジーネにそれとは知らず恋をする。オスワルトは彼女と結婚しようと決心する。彼女によってのみ幸福になれるのだと彼は信じている。レジーネの出生の秘密を知っている彼の母親は、愛する息子のこの幸福にほとんど同意するところであったが、牧師マンデルスは「このような怪しからぬ結婚」の考えに仰天する。それでアルヴィング夫人は、二人にその血縁関係を打ち明ける決心をし、事実を知らされたレジーネは家を出てゆく。またこの作品には、もっと深いところにある母親と息子の間の愛着も暗示されており、他方では父親に対する息子の憎しみが鋭く浮き彫りにされている。[7]

このドラマにおいては、愛する者同士がお互いきょうだいであることを知らされるのだが、『小さなエヨルフ』では、熱烈に愛し合うきょうだいが実は血縁関係にはなかったことが判明する。この血縁関係廃棄にもかかわらず二人は性的拒絶を示して別れるのだが、このことは、防衛モチーフが働いているにもかかわらず高度な抑圧のためもはや成就されえないこの愛着の近親相姦的な深い根を物語っている。防衛の試みは意識的な行為でしかないのに対して、無意識的な感情にとっては血縁関係、そして愛着の近親相姦的な性格はいつまでも存在し続けるのである。

貧しい教師であったアルフレッド・アルメルスは官能的なリタと結婚する。彼女の財産は、彼が望む安定した生活を可能にしてくれた。二人はエヨルフという子供をもうける。ある時子守りをしていたアルメルスをリタが部屋へ導き入れ、彼を誘惑して性交を行う。その間に子供は地面に転落して重傷を負い、杖なしでは歩けなくなる。それ以来アルメルスの気持が暗鬱になってゆく。彼はこの子供を、体は悪くても幸福な人間にすべく教育することによって、自分が子供に対して感じている罪の償いをしようと思う。この使命に彼は自分のすべての時間と力を捧げようとする。彼は長い旅行を経てようやくこの決意に達したのである。ドラマは彼がこの旅行から戻って来たところから始まる。リタは夜彼を、何週間もひたすら夫の帰りだけを待ち続け、愛に渇いた妻のみせるあらゆる手練をもって迎える。薄暗く照明のなされた二人だけの寝室、髪を解き、刺激的なネグリジェを身に着けた妖艶な妻の姿、それにシャンパン。だが彼はこれに反応を示さない。彼女はもはや彼を性の交わりへと誘惑することが出来ない。翌日彼女は象徴的な意味をこめて次のように言う。

「あなたはシャンパンに手をつけなかったわね。」

これに対してアルメルスは「ほとんど邪険に」答える。

「うん、手をつけなかった。」

自分に対する彼のこのような冷淡な態度を彼女は直観的に、片親違いの「妹」アスタに対する彼の愛着のためだと的確に判断する。アルフレッドは結婚するまではこの妹と親密な共同生活を送っていたのである。リタは、アスタがもう自分たちのところへ来ないようにして欲しいとはっきり言う。

アルメルス（びっくりした顔で彼女を凝視し）　なんだって！　お前はアスタを見捨てようというのか？

リタ　そう、アルフレッド！　そうなの！

アルメルス　だがどうしてなんだ、一体？

リタ（腕を狂おしく彼の首に巻きつけて）　そうすればあなたはやっと私ひとりだけのものになるからだわ。

彼女がアルメルスに、子供が自分から夫の愛を奪うくらいなら子供など死んだ方がいい、あるいは生まれてこなかったらよかったのだ、と言うのもこれと同じ理由からである。やがて実際に少年が事故死した時母親は、これは子供の死を願った自分に罪があるのだと自己非難を行う。[8]

この罪の感情はしかしアルメルスにおいては拒絶された性行為に——この行為中に子供は怪我を負ったのである——より深い意味をもって関係している。妻に対してアルフレッドが示した性的拒絶は、作者の深い心理学的な洞察をもって妹への彼のリビドーの幼児的固着によって根拠付けられており、またこの関係と、息子に対する罪の感情との結び付けはエヨルフという妹の名前によって行われている。つまりアルフレッドはかつて愛する妹と一緒に暮らしていた頃には彼女のことを親しみをこめてそう呼んでいたのであり、リタとの打ち解けた会話のなかでこのことを彼女に話したことがあった。それで彼女は無意識のうちに妹への彼の愛を想い出させたのであるが、彼はこの愛の意識的な回想に拒絶的な態度で反応する。

リタ　だってあなたは以前あのひとのことをエヨルフと呼んでいらしたのではなくって？　いつかあなたはそうおっしゃったと思うわ――わたしたちが打ち解けて話をしていた時にそうおっしゃったわ。（近寄って）アルフレッド、あなたはもう忘れてしまったの？――あのように幸福な時がわたしたちにもあったっていうことを。

アルメルス（恐怖に捉えられたようにあとずさりする）なにもおぼえていないね。想い出したくもない。

リタ（あとを追いながら）ちょうどあの時だったわ――あなたのもうひとりのエヨルフがびっこになったのは！――

錯綜を極めるこの感情コンプレックス全体の根底に横たわる無意識的な空想をわれわれは、プフィスターの次のような言葉をもって表現するのが最上であると思う。彼はこの作品を、作者の直観的な心理学的知識を証明するものとして研究対象に選んだのである。[9]「短い愛の陶酔は実は妹に対するものである。妹と同じ名前のこの子供を彼は、妻から授かりたいと望んだのである。それゆえアルメルス夫人は実際この子供を愛することが出来なかった。彼女は、自分と小さな息子の間に伯母が立ちはだかって邪魔をしているのだとみずから説明する[10]……不幸な彼女は、恋仇の妹が愛する夫と抑圧された近親相姦的な愛情関係にあるのではないかと感じる。事実アルメルスの罪悪感情はこの近親相姦的な愛着に起因する……きょうだいコンプレックスは、女きょうだいが他の男性へと移行することを阻止するものでもあるが、このコンプレックスはアルメルスにおいては母親＝父親コンプレックスに発している。即ち彼は、父親が母と妹に対して苛酷であったことを償おうとしているのである。父親の犯した過誤を償おうという努力のなかで彼はますます父親と同一化してゆき、自分自身の妻にひどい仕打ちをすることになる。」

アルメルスが示す性的拒絶が、アスタへの彼の愛着の幼児的固着に関係しているということは、詩人みずからが――無意識的にではあるが――暗示している。

アスタ　さあ、リタのところへ行ってあげて。どうかお願いだから――

アルメルス（激しく彼女から身を振り離す）　いや、いや――そんなことは言わないでくれ！　いいかい、ぼくにはそれが出来ないのだよ。（それまでよりは静かな口調で）　ここのお前のところにいさせてくれ……ぼくはお前のことを愛おしく思ってきたのだ。

アスタ　子供の頃からね。――

しかしアスタの方も彼を愛していて、それゆえに技師のボルクハイムと結婚することが出来ない。

アルメルス　出来るとも、出来るよ――どうして出来ない訳があるんだ？

アスタ　ああ、それが駄目なのよ！　お願いだから、もう聞かないで。そう言われるととても辛いの。

しかし彼女はアルメルスへの愛着を防衛する。

アルメルス　リタとぼくはこれから一緒に暮すことは出来ないのだ。

アスタ　でもあなたは一人立ちの出来るひとではないわ。

アルメルス　なに、出来るさ。昔はだってそうだったじゃないか。

アスタ　そうね、昔はそうだったわ。でもあの頃は私がいましたもの。

アルメルス　そうだったな。それでねアスタ、ぼくは今、もう一度お前のところへ帰ってゆきたいんだよ。

アスタ（彼から身をよけて）　私のところへですって！　いえ、いえ、それは駄目ですわアルフレッド！　そんなことは絶対に出来っこありません。

アルメルス　愛しい、愛しい妹のところへ。ぼくはどうしてもお前の許へ戻ってゆかねばならない。そして結婚生活で汚れた自分を洗い浄め、高めるんだ。

アスタ（怒って）　アルフレッド――それじゃリタが可哀相だとは思わないの？

アルメルス　あれには申し訳ないことをしてきた。だがそれとは関係ないことなんだよ、これは。ねえアスタ、昔のことを想い出してくれ――ぼくたちが一緒に暮していたあの頃を。始めから終りまで、まるでかけがえのない、おごそかな祭日を思わせるような毎日だったね？

アスタ　ええ、そうだったわアルフレッド。でもあのようなことは二度と繰り返せるものではありませんわ。

アルメルス（苦しげに）　それじゃお前は、結婚生活がぼくを取り返しがつかないほどに堕落させたというのかい？

アスタ（静かに）　いいえ、そうは言ってないわ。

アルメルス　よし、それじゃぼくたちは昔の生活をもう一度始めようじゃないか。

アスタ（きっぱりと）　それは出来ないのよ、アルフレッド。

アルメルス　出来るとも。だって兄と妹の愛は――

アスタ（緊張して）　きょうだいの愛がどうだというのです――？

アルメルス　変化の法則に左右されない唯ひとつの関係なんだから。

このあと近親相姦的なきょうだい愛の防衛が続くのだが、それは、二人が本当は兄妹ではなかったという事実の判明のなかに表現される。

アスタはこの事実を、アルメルスが到着した翌朝彼女が持参した古い手紙から知ったのである。しかしアルメルスはまだ知らない。これを正式に打ち明ける前彼女は既に、自分の父親はアルメルスのそれとはひょっとして別なのではないかということを暗示的に言う。

アスタ（小さな声で）　お母さんだって、いつも自分の義務に忠実だったとは言えないわ。

アルメルス　おやじに対して、ということかい？

アスタ　ええ。

そして、きょうだいの愛は変化の法則に支配されない唯一の関係だとアルメルスが言う、あの告白の場面では更に次のような台詞がみられる。

アスタ（震えながら、小さな声で）　でも、もしそのような関係がないとしたら――もし私たちの関係がそうでないとしたら？


…………………………………………

私にはこの名前を――あなたのお父さんの名前を名乗る権利がないの。
あなたは私の兄さんではないのよ、アルフレッド。

ここにみられるのが近親相姦的愛着の防衛であるということは、この告白が、アスタはアルフレッドの実の妹でないばかりか、名目上は腹違いの妹ということになってはいるが血の繋がりさえもないという事実を示していることからも明瞭である。彼女はアルフレッドの父親が再婚してから生まれた子供である。しかしアルフレッドの父親が彼女の父親でもないというのであってみれば、二人の関係は名目上の血縁関係ではなく、血縁関係空想としてのみ存続することになる。アルフレッドは依然として自分のことを彼女の兄と呼び、今後もわれわれのところへ留まって欲しいと言う。


アルメルス（心の昂ぶりを抑えながら）いておくれ――そしてぼくたちと人生を分かちあっておくれ、アスタ、リタと一緒に。ぼくと一緒に。――お前の兄であるこのぼくと一緒に。

アスタ（決然と手を引っ込めて）いいえ。それは出来ません。――

それから彼女は急いで出発の準備をする。別れの場面となる。

アルメルス（緊張して小声で）これはどういうことなんだ、アスタ？　まるで逃げ出すようじゃないか。

アスタ（秘かな不安のうちに）ええ、そうよ。――これはひとつの逃亡なのだわ。

アルメルス　逃亡というのは――ぼくからのかい？

アスタ（囁くように）あなたからの――そして私自身からの。

アルメルス（あとずさりして）ああ！――


ここでは防衛（逃亡）が近親相姦感情よりも強いものとなっている。進行する性的抑圧はイプセンにおいては既にぎりぎりの限界――それは、抑圧のメカニズムが神経症へ至るか、あるいは意識されるかする直前の状態であるのだが、――にまで達していて、この抑圧とともに防衛がますます強く前面に出てくる。例えばゲーテにおいては（『兄妹』）、禁じられた近親相姦的結合から意識を逸らすことによって願望成就がまだ可能であったが、ここではそれが、進行した抑圧によって挫折するのである。

現代文学における近親相姦モチーフ

人間の感受力の円還は、両親とその子供たちとの関係において、愚行や悪徳や神の栄光のなかから完成されることが出来る。――

母親、女きょうだいと敵対している男は妻をも心の底から愛することは決して出来ないであろう。愛のすべての果実はその力を同じ根幹から吸い上げるのである。

ガブリエレ・ロイター

近親相姦モチーフは現代文学においては、われわれがこれまで繰り返し強調し提示してきたところの、人類の全精神生活における抑圧の進行とは一見対立したかたちで現われ、またそれは――驚くほど頻繁に――ありとあらゆるかたちを取り、なかんずく完全に意識的に形成されてゆく。そのため個々の研究にとっては、おおよそでもまとまった展望を提供することすら不可能となる。われわれはそれゆえ比較的重要なわずかの現象に限らざるをえず、そして少なくとも最も重要な幾つかのタイプを性格付けする試みを行わねばならない。しかしながらその前にわれわれは、現代文学に現われる近親相姦モチーフの頻繁さと執拗さを、抑圧の進行という基本原則と一致させる試みをしてみたい。「現代文学は極めて明瞭に、また他のいかなる時代にもまして性的な主題と、その自由な取り扱いに傾いている」という主張がなされているが、[11] これに対してはまず純粋に外的な面で次のように反論することが出来るであろう。即ち、現代文学の考察に際しては、その実質的な作用によって永続的に生き続ける作品と、間もなく忘れ去られてしまう作品とのあの自動的な選別がまだ行われていないということ、またわれわれが、早々と姿を消してしまった他の時代の作品をも読むならば、ひとびとが専ら現代についてのみ主張しようとしているのと似たイメージを他の時代に関しても恐らく得るであろうということである。[12] この可能性――但しこれにはあまり大きなウエイトを置くことは出来ないが――は、心理学的に証明された次の事実によって裏付けられる。即ち、最も早く姿を消すのは、世代ごとに新しくなってゆくあからさまに性的な文学にほかならないのに対して、われわれが示そうと試みたように、高い価値をもった抑圧＝昇華の作業にその成立を負っている作品こそが（例えばハムレット）、進行してゆく抑圧作用――この作用において作者は彼の時代にはるかに先行していたのである――にいつの時代においてもよりよく照応しているがゆえにこそ幾世紀を通していつまでも若さを保ち、そして大きな影響力をもち続けている、という事実である。しかしわれわれはこのことをもって、現代の文学が実際に性的な、なかんずく近親相姦的な主題をあからさまに表現する方向へ大きく傾いているということを否定するつもりはない。われわれはこの事実を精神分析的な観点から評価し、理解することが出来ると信じているだけになおさら否定するつもりはない。われわれは既に序文において、まさに人類の精神生活において進行する抑圧こそがその必然的な代償作用のために意識の進行的拡大をもたらし、そのため原初において抑圧された感情衝動が、増大する抑圧の要求のもとにあってますます意識の支配に隷従せざるを得なくなるということを述べた。かつては無意識的な投影や反動作用などによって芸術作品においてはなお可能であったところの抑圧された（近親相姦）感情の制禦は、抑圧傾向の増大する圧力のもとにますます意識的な把握と処理に委ねられるようになる。近親相姦的なモチーフ形成の発展はこの実践的・精神分析的原則が実現化されていることをおおざっぱに示していて、このことは、われわれの理解が正しいことを保証してくれるものである。しかし他方では、この「抑圧のなかから発する抑圧されたものの再帰」（フロイト）がいかに神経症に近いものであり、また最終的には芸術的生産にいかに抵抗せざるを得ないものであるか、このことをわれわれは本書の最後に、現代文学における近親相姦テーマへの簡単な展望に従って回顧しながら、また将来を望見しながら考察してみたいと思う。

以下に行う粗描においてはもちろん、個々の詩人の精神生活と創造活動全体を詳細に記述することは不可能である。われわれはこれまで何人かの傑出した詩人たちを例にとって、伝記と作品の細部へと深く掘り下げることによってこの二つを相互に比較しながら近親相姦コンプレックスが芸術家の人生と創作にとって有する重要性を指摘してきたのであるが、ここでは逆に、その人間的芸術的な生成過程が全く異なるさまざまな詩人たちにおいても近親相姦テーマがよく好まれ、しばしば取り上げられているという状況を、近親相姦コンプレックス一般の有する心的な重要性の証明であると考え、それとともにこの状況を間接的に個々の作家においてみてゆきたい。

同時代の文学において近親相姦モチーフがいかに頻繁に、またどのような方法で取り扱われているかを明瞭に提示するものとして、本書中に分散している多くの個別的な記述の他に[13]、新しい文学における父親と息子のたたかい（本書二四七頁以下）と、父親と娘の間の愛（本書五二一頁以下）についてのまとめも参照していただきたい。更に本書第一七章の1と2において、きょうだいの認知と血縁関係廃棄のモチーフを取り扱った際に現代文学のなかから挙げた多くの例（ハイマン、クラウス、ツァーン、バール、ハイゼ、イエンゼン、ザックス等々）をも指摘しておきたい。ここではこの二つのモチーフ形成を最初の手掛かりとしたい。まず初めに、近親相姦的な固着が、他人に対する愛と性の不能を表現するために利用されている幾つかの作品を挙げることにする。

アードルフ・ヴィルブラントは『一心同体』（一八八五年）という短編において二人のきょうだいの深い愛着を描いたが、彼らのこの愛はあまりにも強く相互に固着し合い、そのため二人は異性の対象へと移行することが出来なくなってしまう。まず妹が、「ある種の熱狂的な親密さをもって執心していた」兄をある女性の桎梏から解放し、また死から救出する。次に、「最初は妹の恋人に嫉妬を抱く」兄がこの恋人を決闘で殺すことによって彼女を解放する。瀕死のこの男は、自分は最初から兄を殺す意図をもっていたと告白する。きょうだいはそれから親密に、固く結ばれ合って暮らす。「ズザンネのような女性しかぼくには愛せないのだ！」と兄は言う。そしてのちに彼はある女性との結婚を、「彼女はズザンネとは違った種類の女だ、ぼくにはズザンネ・タイプの女性としか一緒に暮らせない、だがそんな女性は見付からない」と言って拒絶する。「〈そうなんだよ！〉と彼は、悲しくもあり嬉しくもありといったような顔を私に向けて続けた。〈あそこにいるあれが（そう言って彼はズザンネを指さす）いつもぼくに他の女たちを嫌いにさせるんだ。これはぼくにとってとても恐ろしく大きなショックなんだ。あれはぼくにちゃんとした恋をさせてくれないのだ〉。」――のちになって兄が、かつて自分の生命を救ってくれた妹を大事に看病することによって死から救い、最後は彼女を燃えさかる家のなかからも救い出す（『賢者ナータン』参照）という設定は、二人のきょうだいが相互に抱いている「救出空想」をよく表わしている。この行為に際して彼は致命傷を負い、そこで妹は彼と一体となって死ぬことを決心する（死の象徴的表現）。

ハインリッヒ・マンは『女優』と題する短編小説（ウィーン書店、一九〇六年）で、近親相姦コンプレックスに縛られることから生ずる男性のインポテンツと女性の無感覚症を心理学的な鋭い洞察力をもって芸術的に描いた。レオーニエは自分を情熱的に求めているいとこに向かって、「気を落ち着けながら、ある秘密を含んだ傲慢な感激をもって」次のように言う。「〈さわらないで！絶対に。私の体は誰にもあげられないわ。私が生きている限りはだめ！……〉彼女は病気だと言いたいのだろうか、と彼は思った……このようなやり方で拒絶されたのは彼ひとりだけではなかった。彼女はすべての男をはねつけた。」ただひとり若いロートハウスにだけは身を捧げようとする。「明日私はあのひとのものになるのだわ。」ところが彼の方でこれを拒絶する。彼女ばかりでなく、すべての女を同じように拒けるのである。「あのひとは愛においては怪物のような人間だわ。」この性的拒絶の最も深い根源として作品のなかから近親相姦的固着が明らかになってくる。それはレオーニエが意味深長に考えるひとつの動機付けである。「私が自分の妹だとあのひとが考えただけでそれは絶対に駄目なのかしら？」[14]この想像は何度も行われる。「その時彼は恋をした。そして妹という言葉が突然洩れた。それはまるで一箇の石のように井戸のなかへ落ちていった。レオーニエはそのような井戸の深みに気が遠くなりながら、それが落ちてゆくのを見送った。」そしてある夜彼女はまたしても大きな期待を裏切られる。「〈私はあなたの妹なの?〉と彼女は尋ねた。暫くして彼はゆっくりと言った。〈あなたはエジプトの王様のことを知っていますか? とても孤独な王様だった。彼は女のひとの体に触ったことが一度もなかった。彼が結婚することが出来たのはただひとりの女性、自分の妹だったのだ……〉〈全くだ〉と彼は言った、〈ぼくたちはファラオじゃないんだから!〉。」また別の箇所には次のような直接的表現がみられる。「それが女性の場合彼女は、恋人よりははるかに多くの存在であった。彼女には妹の魂があった――彼女の性の魔術的魅力は、名付けがたい血縁関係が聖化しているかのような肉のなかに含まれていた。この肉に触れようと考えたものは、近親相姦の周囲に漂う聖なる恐怖に打たれ、たじろいだ。ひとびとは想像のなかで恋をするだけで、手に触れることすらしなかった。このようにして運命はここで……そして彼女の妹のような眼は大きく彼の上に注がれていた。」――しかし彼女の情熱も妹的な側面が強調されており、同様にまた彼女の愛の不能はいとこの拒絶ということによって近親相姦的な理由付けがなされているようにみえる。「〈戻って来て、そして、そうしたいのなら私のことを妹と呼んで。私には逃げるだけの勇気はないわ〉。」――「彼女は彼を愛したのだ! 彼女の感情は妹のもつ感情ではなかった、断じてそうではなかった。自分でそう思い込んでいただけなのだ。」この愛を諦めた彼女は病気になる。

カール・ボロモイス・ハインリッヒの短編『神の加護を受けた人間』（ランゲン書店、ミュンヒェン、一九一〇年）では、のちの神父ボナヴェントゥラであるミエヴィルは自分と驚くほどよく似た伯爵令嬢リオームを愛する。彼女はしかし彼の友人であるフランガルト男爵と結婚し、彼は人生と、自分に好意を寄せている伯爵令嬢を断念するのだが、彼女は彼の片親違いの妹であることが判明する。マンの作品におけると同様ここでも妹への固着がミエヴィル中尉を性的拒絶へと追いやる。「一週間前からぼくは休暇旅行を過ごしています。そしてホテルへ娼婦を呼んだのが今日で七度目になります。毎回違った女を呼びました。彼女たちには一度も触れませんでした。ひとりひとりにぼくは一〇〇フランケンを与えました。そしていつも彼女たちに言ったものです。〈ぼくと一緒にある女性のために祈っておくれ。〉ひとりがぼくに尋ねました。〈これは新しいお遊びなの?〉」この短編は更に若いフランガルト男爵の奇妙な人生を描いている。彼もミエヴィルと極めてよく似た男で、ミエヴィルから父親のような愛を受けている。早くから孤児となったこの少年はミエヴィルとの血縁関係、ミエヴィルに対する彼の母親の秘かな愛をうすうす知っていて、一生を孤独のうちに暮らす。心をこめて接した美しくて優しい母親以外に彼はいかなる女性にも近付かない。多くの女性が彼の美しさに惹かれていたにもかかわらずそうであった。のみならず彼は召使いの若い妻を、「吐気を催させる」という理由で家から追い払ってしまったりもする。また彼はかつての学友シュラークイントヴァイトの友情にもほとんど応えることが出来ない。孤児院から少年をひとり引き取って、かつて自分自身が身に着けていたような服を着させて、「少年と一体になろう」という最後の、ナルシズム的な感情の命じるままに行った彼の試みは失敗する。なぜならこの少年は自分の模範と同一化しないで、ただこれをうまく真似ることしかしなかったのである。そうして次にこの心的状況の防衛が行われる。「……わたしを救ってください、わたしを解放してください……このこだまから、この鏡から、この千変万化の仮面から、このカメレオンから！」同じ作者はその最近の長編『フローリアン』において、悲劇的な結末に終るきょうだい愛のテーマを取り扱っている。――葛藤に満ちたきょうだい近親相姦はアルプレヒト・シェッファーの卓越した短編『格子』（ライプツィッヒ、一九二三年）の主題ともなっている。

イギリスの中世に時代を設定したエーミール・シュトラウスの短編『尼僧オイフェミア』（フィッシャー、ベルリン、一九〇九年）は、実の兄を愛してしまい、全身全霊をもってこれとたたかう王女フィリッパの物語を聖徒伝的な形式をもって描いている。彼女は異国へ逃れ、卑しい下女として働くが、しかし自分を救ってくれた若い男のなかに愛する兄の姿しかみない。彼の方も彼女のことを死んだ妹の代りとして考える。彼女は贖罪して尼僧となるが、甘美で罪深い感情がいつまでも彼女を捉えて離さず、そのために彼女は破滅してゆく。

ベンノ・リュッテンアウエルの『ベルトラーデ。サレモンの僧の年代記』（ミュラー書店、ミュンヒェン、一九一九年）では、半ば無邪気な無意識のうちに、また半ばほとんど非女性的な意識をもって乱暴な兄を愛する妹の物語が語られる。彼女は兄しか愛さないため、彼以外の男性が彼女の心のなかに場所を見出すことが出来ない。彼女は恐ろしい最後を遂げるが、その前に教皇の赦免状が届き、この兄との正当な結婚を許されることによって自分の心の疑念を払拭するという幸福を与えられる。既に三ヶ月前彼女はみずからの責任においてこの結婚を非公式に清算していたのである。イタリアの作家ギド・ダ・ヴェローナはその最も多く読まれている『禁じられた愛』においてアッリーゴとローラ・デル・フェランテの珍しい兄妹を描いたが、そこではこの二人の波乱万丈の悲劇的な運命が語られる。アッリーゴは小市民の家庭に生まれたが、賭博師として、また上流婦人たちの愛人としてイタリアのある大都市の社交界へともぐり込んでいく。もしも、軽薄でひどく官能的な妹が彼に対して近親相姦的な愛を燃やさなかったならば、彼はこの世界で自分の地位を確保するところであった。彼は妹の気持には応えるが、しかし最後まで行きつくことはせず、彼女の許から逃れる。しかしローラはその間に兄のある友人に身を任せる。今度は、激しい嫉妬に狂ったアッリーゴがみずからの生命を絶つ。

オットー・ユーリウス・ビーアバウムの『かっこう王子』では妹を巡る兄のたたかいが最も重要な要素のひとつとなっている。この妹を、この小説の主人公で、いとことしてまた被後見人として少年時代から二人の兄妹と一緒に暮らしていた男が狙い、遂に征服する。兄は妹に固着してはいるが現実の近親相姦にまでは至っていない。この固着は彼の場合他の女性に相対した時の不能《インポテンツ》の原因となり（マンの短編におけるように）、またこれによって彼は同性愛のみに耽ることとなる（ハインリッヒの作品参照）。兄は、金持ちで美男の、またその精力旺盛なため羨まれたり軽蔑されたりしているこの恋仇の殺害を企てるが、逆にみずから殺されてしまう。母親に対する近親相姦のモチーフはより小さな役割しか演じていないが、この作品全体のライトモチーフとなっている家族小説コンプレックスとの関係においては、精神分析学的にみて正しい発展をみている（ドクター・フェダーンの好意ある報告による）。同じ作者による『ソマリオ・バルドゥルス』の物語（クービンによる挿画）においては意識的なきょうだい近親相姦が描かれている。

これをもってわれわれは、新しい文学において非常に頻繁にみられるところの、現実に、そして意識的に行われるきょうだい近親相姦を扱った作品へと移ってゆく。『朝の輝き。大戦の結末』というタイトルのもとにまとめられたシリーズ物の第一部である短編『妨げられた時間』において、数年前に亡くなったJ・ダヴィドは、父親は同じだが母親を別とするきょうだいの意識的な近親相姦を取り扱った。ここでもまた、兄が妹に初めて会った時彼女は既に成人した女性になっており、それで彼は激しく妹に恋をするという典型的なモチーフがみられる。二人は自分たちの愛がなんらやましいものではないと感じているので——時代設定は荒廃した戦時に置かれている——、法律と罰をもって警告する父親にさえも兄は反抗する。情熱的な兄妹の愛とともに父親と息子との鋭い敵対関係が強く前面に押し出され、結局老ヒルシュフォーゲルは自分の子供たちに復讐を企てることになる。

妹に対する兄の激しい、狂気と境を接する情熱をポーランドの作家スタニスラフ・プルツィビスツェヴスキーはその空想小説

『深淵』において描いた。彼はこれを妹と妻に捧げている。主人公は妹アガを愛しており、彼の妻は当然彼女に嫉妬を抱く。「あなたがわたしよりあのひとを強く愛してらっしゃるのが私には怖ろしいのです。」――「あなたに対するあのひとの愛は妹の愛とは全然違います。こんなきょうだいは一度も見たことがありませんわ！」この情熱の幼児期の根を詩人は非常に細やかな手つきで明るみに出してみせる。「あの頃君は一二歳、あるいは一三歳だったかな――君は雷が鳴ると怖がっていつもぼくの寝床へやって来て、童話をせがんだものだった……君はひどく甘えん坊で、いつもぼくのそばで眠った……その時突然ものすごい音が轟いて、ぼくたちの家のすぐそばにあったポプラの木に雷が落ちたんだ！　すると君は震えながらぼくの胸に身を投げて、ぴったりと体を押しつけてきた……今でもぼくは、君のやせた小さな手がぼくの体に巻きつけられているのが、また君の華奢な足が病気のような熱をぼくの体のなかへ伝えているのが感じられるよ。あの時の君は熱があったんだ。君はいつも熱があった。」しかし彼にもこれらの熱の空想が、妹への想いとともに同時に生まれた。それを鎮めるには、この幼児期の状況を再現すること、即ち手を握り合い、体を重ね合わせることで充分であった。「奇妙なことに彼は妻と別れて外出するたびにこの熱に襲われるのだった。今妹が一緒にいてくればいいのだ。彼女の手をしっかり握っているだけで、すべてはうまくなるのだ。そうすればきっとすぐに眠れるだろう。それは、彼女の手に対する病的な憧れ、彼女の体を自分に押し付けたい、自分の顔を彼女の胸に埋ずめたいという狂おしいばかりの渇望であった。彼は妹の手が微かなおののきをもって自分の体の上を滑りながら這ってゆくのをはっきりと感じた。」――「そして突然また新たに、アガへの渇望と憧れの荒々しい発作が彼を襲った。既に彼はこの近親相姦的な快楽の熱の狂乱へと身を投じようとしていた。」「妹の姿は彼の前から消えなかった。いつも彼は自分の間近に、すぐ横にいる彼女が見えた。彼は眼で彼女の衣服を剝いでゆき、その裸体をむさぼるように見つめ、[15]彼女に欲望を感じた。」――この幻想から逃れようとして彼はある夜のこと、まるで夢遊病者のように衣服を身に着けて通りへ出て行き、ひとりの娼婦（「子供」）を家へ連れ込んで、そのかたわらで眠った。だが彼女を性の対象として扱うことはしなかった。妹と娼婦の無意識的な同一化、そこから生じる性的不能を暗示しているこれと同じ設定をわれわれはハインリッヒの物語とマンの短編に見出した。ここでは主人公が、通りで拾った子供を幼い頃の妹の代用であるとはっきり言っているが、これによって作者はこの同一化を明らかに示している。「ぼくはね、いいかい、ぼくの小さなアガを捜していたんだよ。」最後に兄は妹に向かって、彼女に対する性的な情熱を率直に告白する。しかし彼女は強い愛を抱いてはいるが、彼を兄としてしか愛することが出来ない。「〈それは理性のため？　いいえ、ちがうわ！　理性なんて私は大嫌い。それは、私の知らないなにかなの。私は気が狂うほどあなたに焦がれています……何度私はあなたをこの腕に抱いて私の体に押しつけたことでしょう！……見てごらん、この細い私の体を。何度この体があなたの体の上に巻きつけられたことか！……それでも、それでも……〉彼女は当惑したように口ごもった……〈最後の瞬間になにかが私たちの間に割り込んできて、二人を引き裂いてしまうの……それは多分同じ血だからだわ……あなたはそれを感じない？〉」――「二人は沈んでいった、彼らの血のこの物言わぬ情欲のなかへ消えていった。意識も朦朧と、性の恍惚のぞっとするような渦のなかへ真っ逆様に落下していった。」

クルト・ミュンツァーの、燃えるような官能性を強く漂わせる長編『シオンへの道』（アクセル・ユンカー書店、シュトゥットガルト、一九〇七年）では、兄と妹が意識的に近親相姦によって結ばれる。二人はお互いへの官能的な欲望を抑えているが、これが遂にまず妹において爆発する。彼女には、これまで自分が遍歴した肉体の冒険のすべては、完全な精神的結合のための準備であったにすぎないように思われる。この結合に当って彼女は、貞潔な女として、清純な女として兄に受け入れてもらいたいと望む。「二人が別れを告げる時、彼女は兄を抱いて、花嫁がするような口づけをした。〈ねえお兄さん〉、と彼女は囁いた、〈あなたが私のお兄さんでなければ。〉――「〈エフラ〉と、彼女は囁き、兄の両手を取った。そして彼の腕をひろげて深く息をつきながらその胸に体を押しつけた。〈好きよ、お兄さんが！〉……〈レベッカ、レベッカ！〉と彼はうめくような声を発して妹を押しのけた。――」「彼女は兄をそっとつかみ、彼の口を自分の胸にあてがいながら熱っぽく囁いた。〈恥ずかしいことなんかないのよ！　わたしたちは美しい人間なんですもの！〉……彼は唇の下に暖かい肌がわなないているのを感じた。〈レベッカ！〉と彼は驚きに圧倒されながら言った。なにか戦慄すべきものが彼の体のなかに湧き上がってきた。彼はやっとの思いで相手が妹であることを理解し、それを感じることが出来た。」「だが彼女は兄の体を離さないで、我を忘れたように言った。〈自然がわたしたちを同じ胎内《おなか》からこの世に送り出してくれたのは、いつかまたわたしたちをひとつに結び付け、もう決して離れられないようにしてやろうという思し召しがあったからではないの？　生まれてくる前のわたしたちはひとつで、わたしたちの小さな芽は胎内の一番深いところで一緒に眠っていたのだわ。自然は兄であるあなたを私のために、妹である私をあなたのために創ってくれたのではないかしら？〉――〈レベッカ！〉と彼は絶望的に叫んだ。〈そんなふうにぼくの体にさわらないでくれ。〉彼は体を強引に離した……」――「〈お前の心の平和は一体どこへ行ってしまったのだ?〉」——いきなり彼女は兄の首に取りすがった。〈兄さん、あなただけよ〉と彼女は、めらめらと燃え上がる烈しい情熱に身を任せながら囁いた、〈その平和をもう一度私に取り戻してくれることが出来るのは。お兄さんは私に本当の人生を味わわせてくれなきゃいけないわ。私の心の一番深いところにあるものが兄さんを待っているの。そこにある私は誰にも汚されていない清らかな女よ、そこへ私はあなたを迎え入れたいの。〉〈気でも狂ったのか、お前は!〉と彼はびっくりして言った。〈もうやめるんだ!〉彼女は兄を腕から離さなかった。〈自然がわたしたちを導いてひとつにしてくれるのよ〉と彼女は熱っぽい調子で叫んだ。〈生まれる前のわたしたちは一体だったのだわ、兄と妹として! これは罪ではなくって、勝利なのよ。私はあなたから快楽を求めるつもりはないわ、エフライム! わたしたち二人の人生は、わたしたちを結び付ける第三の人生のなかでお互いに点火し合って、燃え尽きる運命にあるの。わたしたちは欲望を満たすのではなく、至上の命令を果たすのよ。私の言うことがわかって、お兄さん?」ついに彼女は、心身ともに破綻をきたした兄に生殖のもつ純粋で神聖なる目的を説いて、これを近親相姦へと決意させることに成功する。だがそのあと兄のなかに妹への情欲が烈しい炎となって燃え上がり、彼女を殺してしまう。「この夜のことはなかったことにしなければならない、どんな痕跡《あとかた》も消してしまわねばならない。〈子供、子供か!〉と彼は叫んで、かん高い声を出して笑った……〈お前はもうおれの前では安全じゃあないんだ。おれはお前を愛してる、愛しているさ。〉……〈さあ、どうしたんだ、清純無垢なお前は? 汚れなき受胎というお前の夢はどこにあるのだ? 男はいつもいつも人間なんだ。〉……〈いまお前は死なねばならん、〉と彼は嗄れ声で言った。〈わかるか? おれもお前も死なねばならんのだ。おれたちの子供を生かそうというのか、汚れた血から生まれるおれたちの子供を?〉」——この詩人の空想が創り出した人物たちと彼との深い個人的な関係は、この小説の「わが妹アデーレへ」という献辞が物語っていよう。(16)

ダヌンツィオはドラマ『死都』において、明瞭な意識をもって兄に恋慕し、そのため自殺する妹を主人公とした。暫くのちに書かれた長編小説『ひょっとして——ひょっとしてちがうかも』(K・フォルメラー訳、インゼル書店、一九一〇年)ではきょうだいが秘かに近親相姦の交わりのうちに暮らしているが、この事実が嫉妬深い妹によって姉の恋人に告げられて最後に発覚する。近親相姦の罪を負わされた彼女は錯乱状態に陥るが、しかしこの状態は彼女の一番近しいひとたちにとってはひとつの深い意味を蔵している。医師は次のように言う。「彼女のなかではひどく荒々しい激動が渦巻いていて、これを鎮めることは彼女の力の及ぶところではありません。どんなに烈しい発作に襲われても彼女はまだ信じ難いほどの自制力を示しています。私にはいつも、良心の奥に隠されている縺れた糸玉を求める内的な努力が彼女のなかにあるのが感じられます。彼女はこの糸玉に向かって全存在をもって突き進み、心の激動を抑え、隠そうとするのです。」しかしながら明瞭な暗示のうちに「コンプレックス」が強く現われ出る。「しばらくの間彼女はまっすぐ前を見つめていたのですが、やがて思いがけない調子で聖書の一行を唱え始めました。〈読んでちょうだい！〉」医師はサムエル書第二章の一節を探し、これを読む。それはアムノンとタマルに関わる場面であった。「〈アムノンというのは誰？〉と私はだしぬけに尋ねました。彼女は次のように答えたのです。〈それは、私を追い払って、戸に鍵をかけた男だわ。〉それから彼女は再び空想に耽り始めました……病人は絶えず、ある中心的な想像を巡らしながらうわごとを言っていました。訳のわからない長いひとりごとを言ったあと彼女は突然とても明瞭な口調で次のように言いましたが、その口調に自分でも驚いたように思われました。〈いいえ、あなたが私に着せている罪を私は犯したのです。弁解の余地はありませんわ！〉それから私は質問を繰り返し、じっと彼女の眼を見つめた。〈アムノンというのは誰？〉彼女は名状しがたい微笑を浮かべ、それからゆっくりまた別の文句を唱えました。それを彼女はまるで火のなかから拾い出すように、苦労しながら記憶のなかから引き出したのですが、それはアムノンが妹タマルへの愛から病気になってしまうというくだりでした。私はもう一度強く私の質問を繰り返しました。〈しかし、アムノンというのは一体誰なんです？〉彼女はまるで灰とおき火のなかから舞い上がる竜巻のような素速い動きをみせて飛び上がり、叫びました。〈お兄さん、私のお兄さんなの！〉」——彼女を追い払った恋人が兄（＝アムノン）と同一化されるこの地点から、この作品のより深い理解への道が始まる。二人の姉妹が争い合っているこの恋人は、二人の姉妹によって愛される兄の代用的人物であることがわかるが、その方が抵抗を与えることが少ないからである。

近親相姦問題を繰り返し取り扱ったゲルハルト・ハウプトマンは『ゾアナの異教徒』（ベルリン、一九一八年）という小説で不思議な兄妹カップルを描いているが、彼らの娘のひとりアガータはのちに司祭フランチェスコへの愛に燃え上がる（彼の最後の長編『神々の母の島』では母親テーマが強く打ち出されている）。このテーマはフリッツ・フォン・ウンルーの悲劇『一族』において際立ったかたちで描かれている。「ある母親が娘と一番下の息子とともに、戦死した二番目の息子を埋葬する。そこへ彼女の他の二人の息子が引っ張られて来る。彼らは戦闘の恐怖で精神に混乱をきたしていた。ひとりは脱走兵となり、もうひとりは抑えていた狂暴性を存分に発揮して強姦犯になっていた。二人は翌日処刑される手筈になっていた。その夜激しい嵐が発生する。息子のひとりは自分の妹の心を奪い、彼女はそのいましめを解いてやる。二人は近親相姦を犯して規律と秩序に荒々しい反抗を示す。母親は一種の再生を体験し、この二人の子供との縁を切る。その狂暴な息子は自殺を遂げ、娘の方はみずからを罰して永遠に不妊の身となる。一番下の息子をも混じえた勝者たちが意気揚々と戦場から戻って来て、処刑を実行しようとする。だが生きていたのは腰抜けの脱走兵だけであった。母親は狂喜の状態に陥り、将軍から指揮棒をひったくって新しい時代の到来を告げる。」

ロシアの若い作家アルツィバシェフの長編小説『サーニン』では主人公が妹に情欲を抱き、自由で、誰にも妨げられないあらゆるかたちの性的献身を要求する。これは明らかに、妹に対する近親相姦願望を正当化し、そして非難されることなくそれを果たさんがためのものである。二人のきょうだいの恋慕と、この愛着を克服せんとする空しいたたかいは『パウラとフェリー』（コネーゲン、ウィーン、一九〇六年）という、ヨーゼフ・シュナイダーのいわば二重肖像である短編でも取り扱われている。兄と妹の近親相姦は、オイレンブルク（前掲書九一頁）が題名なしで挙げているカトゥレ・メンデスのある長編の主題をなしている。

ヘルベルト・オイレンベルクは繰り返し近親相姦テーマに触れてきた。『道なかばにて』ではきょうだい愛ときょうだい婚の問題についての議論がみられる。『妻の取り換え』という戯曲は二人の兄弟が妻を交換し合うという奇妙なテーマを扱っている（『親和力』！）。嫉妬を口実として行われる兄弟殺しはサム・ベリーニの『嘲笑者たちの饗宴』のなかに、同じ女性を巡る二人の兄弟の争いはヘレーネ・フォークト＝ディーデリッヒの短編『ルイーゼ』に、またこれと似たテーマはクルトゥス＝マーラーの『なんじの兄弟の妻』にそれぞれみられる。シュテファン・ツヴァイクの『永遠の兄弟の眼』（インゼル叢書）では、それとは知らないで行われる兄弟殺しが、ペーター・ナンゼンの長編『メンテ兄弟』（ベルリン、一九一六年）ではきょうだい愛の穏やかな描写が、そしてケラーマンの最新の長編小説『シェレンベルク兄弟』では兄弟の葛藤が見出される。

きょうだい近親相姦の無意識的な成就、神経症的な防衛と自由な表現を、更に三つのドラマ文学の例によって示したい。

1　クリスティアン・クラウス『兄妹』[17]。これは三部よりなる戯曲で、第一部の『兄妹』では兄と妹がお互いに相手を知らないで愛し合う。妹は既に、母親と同一化されて、娼婦に身を落としていたが、しかしその後堅気の仕事に就いて暮らすようになっていた。そしてある時彼女は一夜を過ごした恋人のなかに行方不明になっていた兄を認める。彼女は強く彼に惹かれるのを感じるが、それは彼が自分の父親によく似ていたからである。「昨夜私がすぐあなたに惹かれたのはそのためだったのだわ……あなたの顔になにかしら私の父に似たものがあるからなんだわ……あなたは父の兄弟、――でなきゃあ息子と思われてもおかしくないくらいよ。」子供の頃からお互いを捜し求めていた二人のきょうだいは、自分たちが許されぬ関係にあることを知るが、既に遅すぎる。それにもかかわらず彼らは、お互いの愛に生きようとの決意に達する。「彼らはぼくたちのきょうだいの掟を尋ねたことがあったろうか？――ぼくたちを彼らの掟に従わせようというのか？――世間はぼくから妹のお前を奪い取り、お前から兄であるこのぼくを奪ったじゃないか――ぼくたちはきょうだいになることを許されなかったんだ。そして今ぼくたちは恋人同士として出会った――これは世間の方に責任があるんだ。――ぼくはお前のもとにとどまるつもりだ――ぼくたちは一緒に暮らすんだよ、ほかの多くのひとたちと同じようにね。――ぼくたちがきょうだいであることを知っている人間はいやしない。ぼくはお前以外の女は欲しくはない、お前はぼくの幸せなんだ――そしてぼくたちは幸せになるべきなんだ。」

第二部の『真夜中』は、まだ充分成長していない二人のきょうだい相互の官能的な情熱の眼覚めを描いており、幼児的な性欲望が特に強調されている。

幾つかの細部において第一部との類似を示している第三部『愛の死』は、きょうだいとしてしか相手を知らなかった二人の人間の間に生じる情熱の芽生えを主題としている。「ぼくたちは兄と妹のようにして大きくなってきた。そして今ぼくは、ぼくとお前の間にはまだもうひとつ別の愛が存在するということがわかったんだ。」この愛を主人公は自分の兄と争うことになる。この兄は正体を隠して故郷に戻って来ていたのだが、最後には断念する。幼い頃から二人の兄弟に愛されているこの「妹」の名前が二人の兄弟の母親のそれと同じエリーザベトであるという事実は、この作品の根底をなす母親の愛を巡るライヴァル関係を示している。

2　エルンスト・ディドリングのドラマ『大きな賭博』（ベルリン、一九〇九年）は、兄弟の妻に恋い焦がれるあまりこの兄弟を恋仇として死ぬほど憎んでいる男の性的嫉妬を取り扱っている。(18) ここには近親相姦コンプレックスの典型的なモチーフがすべて見出される。憎むべき恋仇との血縁関係の拒絶、愛するひとがライヴァルの腕に抱かれて不幸な毎日を送っているのではないかという空想等々がそれである。「ジグネ　お兄さんのことを言ってらっしゃるの？――グナル　君の夫のことだ。」――「イヴァル　君の兄さんを殺そうというのか？　グナル　おれは、おれが恋い焦がれ、おれのものに定められている女を所有している他人の男を殺すのだ。あいつはおれから彼女を奪い取ったのだ。」――「グナル　君は幸せなのかい？――ジグネ　どうして幸せであってはいけないの？――グナル　そう、君の言う通りだ。」しかしグナルはのちになって、自分に従ってくるよう彼女に激しく迫る。兄は君を愛してはいない、こんなに熱烈に、心をこめて愛することは彼には全然出来ないのだと言う。この犯罪的な情熱からの「治癒」は、主人公が大鹿を狙って撃った弾が兄を殺したのではないかという疑念[19]――これはイヴァルが言い出したことであった――に一晩中苛まれることによって行われる。翌日になって、兄は夜の回診を受けたにすぎないことを知らされた彼は救われたように深く息をついて、兄に対する自分の罪深い殺害衝動が現実のものにならなかったことを喜ぶ。集まった家族を前にして行われる、禁じられた情熱の精神分析的な告白によって「治癒」が果たされる。

最後に、モーリス・ドネがごく最近（一九二五年）その『繰り返し』という戯曲でこのテーマを特異なかたちで描いて舞台にのせた。第一幕は救いようのない、小市民的な環境のなかで演じられる。グベルネール氏はある大きな工場の事務所で薄給の公務員として働いている。彼の娘で美しいアンリエットは長い間不在であったが、数日前から戻って来ている。四年前に小さな田舎町をあとにパリへ赴いたこの若い女性は都で輝かしい成功を手にした。彼女はジャーナリストとなり、そしてパリのある大新聞社の重要なポストを占めるに至った。彼女の母親は、アンリエットがいい職に就けたのは彼女が編集長の情婦になったお陰にすぎないと固く信じている。アンリエットから、その疑いが全く事実無根であると聞かされた母親は幸福を覚える。娘は成功への道をその才能によってのみ切り拓いていったのであった。そこで、すぐれた心の持主であった母親はある打ち明け話をして娘を驚かせる。即ちアンリエットは公務員グベルネールの娘ではなく、かつて彼が雇われていた会社の経営者で、富裕な実業家ルムリールの娘であるというのである。ルムリールはとうに亡くなっており、その息子だけが生きていて、父親から相続した巨額の財産を無駄に浪費していた。第二幕でアンリエットとルムリール二世が出会い、後者はたちまちこの女性に恋をする。だが彼女は容易に陥落しない。そこで彼は結婚を申し込む。もちろんルムリールの家族はこの忌むべき結婚を阻もうとあらゆる策を講じる。しかしながら彼は頑として引き下がらず、アンリエットと結婚する決意を変えない。それでこの若いジャーナリストは、自分が結婚を望んだのは、そうすることによって家族のために経済的利益を確保するためでしかなかったのだと彼に打ち明ける。ルムリールの父親はかつてアンリエットの母親を誘惑し、家庭の幸福を破壊し、父親を乞食にまで貶めた。彼女はその復讐を果たそうとしたのである。ドラマの主人公である彼女は第二幕の終場で観客に向かって大胆にも次のような台詞を投げかける。「一体近親相姦ってなんなのでしょう？　それは中味のない空疎な言葉でしかありません！」息子のルムリールは非常に困難な立場に立たされる。自分と彼女の幸福のため彼は逃げ道を見出す。彼はアンリエットを妹としても愛し始める。二人は自分たちの血縁関係を誰にも明かすことなく、良き友人として生きてゆく。

現代文学にみられる母親近親相姦へ移る前に、父親コンプレックスを描いた興味深い三つの作品について簡単に触れておきたい。

ヨハネス・ラフのドラマ『母性』（S・フィッシャー、ベルリン、一九一一年）はイプセンの『海の夫人』と著しい類似を示しているが、ここではある若い女性のヒステリーが描かれている。彼女には亡き父親へのリビドーの幼児的な固着が強くみられ、そのため彼女は母親と、新しく誕生した自分の子供に対する反感を抱き、また夫との性交ならびに「動物のような」性行為一般を強く嫌悪する。彼女は夢想的な性格の父親と同一化していて、来世では彼と結ばれることを夢見ている。従って彼女はこの来世を極めて具体的に想像している。[20]絶えず彼女の空想は後光で包まれた父親の理想像を巡って回る。もちろん彼女はこの理想像を現実の人生においても見出すことは出来ない。またこの理想像と天上の父（神）の像とが混在しているのも注目すべき点である（一四七頁）。「私の心に光をお与え下さい、天にまします父よ！……私の魂はあなたの前にあり、あなたをひと目……私の魂を解き放って下さい、お父さま、用意は出来ています！（間）パパ、私の可哀相なパパ、私がお祈りするのを手伝ってちょうだい！　今は私のそばにいて、私のためにお願いしてちょうだい！　私の魂が去って行くよう、あなたのもとへ飛んで行くようお願いしてちょうだい！　私の魂はお父さんのものですもの！　お父さん以外の誰にもあげないわ、この魂は。行かせてもらわなければ私の魂は死んでしまうの――沈んでいってしまうの！（恐ろしく不安げに）ああ神さま、私をお護りください、魂が底なしの深みへ沈んでゆく！（顔を両手のなかに埋める）（間）（再び天を仰ぎ見る。突然彼女の表情が、静かな歓びに浸るように明るくなる。彼女の眼に何かが見えてくる）（囁くように）パパ！　そうだわ、私にはお父さんだってことがわかるわ。お父さんの姿が私には見えるの。ああ私のパパ、私の救い主！　おそばにいてくれるのね？　ありがとう、お父さん、ありがとう！」この幻影に姿を借りた父親は――彼の傍らには聖母のいるのが彼女には見える――娘のところへ彼女の子供を導いてくる。子供をいわば父親から（無垢のままで）受け取って（受胎して）初めて彼女は子供への愛着を覚え、子供のために生きることが出来るようになる。――父親コンプレックスにおける固着がここでは細部に至るまで心理学的に忠実に再現されている。

死んだ息子の恋人に対して父親が示す近親相姦への尻込みというモチーフを、父親と息子の間の性的なライヴァル関係のモチーフ（父親による許婚者横奪）と絡み合ったかたちで描いたものにエルンスト・ツァーンの長編小説『ルーカス・ホーホシュトラーサーの家』がある。題名の主人公は息子マルティンの死後（恋仇への殺害願望）、その恋人であった女性を小さな子供とともに自分の家に引き取っていた。やがて二人の間に熱い恋が燃え上がる。彼女は新しく現われたある求婚者を拒絶する。「〈私が自分を委ねることの出来るひとはひとりしかありません〉とブリギッテ・フリースは言って、両の手でルーカスの右手を包み込むように握りしめた。すると不思議な感情が彼を捉えた……」（二九六頁）。しかしながら父親は断念を決意する。明らかに彼は息子が所有していた女性をわがものにすることには耐えられなかったのである。

ジークフリート・トレービッチュのドラマ『母親っ子』（S・フィッシャー、ベルリン、一九一一頁）では画家のリヒャルト・ヴィクトリウスが女流画家ラウラを巡って伯爵とライヴァル関係にある。この伯爵を彼は、母親のほのめかしによって自分の父親だと思っている。「ぼくは自分の出生については確信をもっていたのに、みんながそれをぼくから奪ってしまった。彼らは、ぼくが愛していた女性、ぼくに好意を抱いてくれていた女性を奪った。彼らは、人生を委ねることの出来るただひとりの人間から奪えるすべてのものを奪い取っていったんだ……彼らは人生における最も神聖なもの、母親を暗がりのなかへ投げ込んでしまったのだ。だからぼくの眼にはもう母の姿は見えない……」それで、ラウラが伯爵の方へ心を決めようとした二度目の時リヒャルトは、父親と思い込んでいるこの恋仇に対して暴力を振るおうとさえする。そして、突然姿を現わし、ようやくその時になって彼に一切を打ち明けた正式の父親がなんとかこれを制止する。この場面において二人の父親は、家族小説の空想に発する父親形姿の二つの分裂から、実父及び庇護者として崇められ、また母親の愛を巡る競争相手として憎まれる父親へと合流する。リヒャルトは伯爵とラウラの関係を「近親相姦」だと言っているがこのことは、この父親的立場と、競い求められる愛の対象（ラウラ）の母親性格との特徴をよく示している。「しかしあなたはぼくの父親である男と関係をもつことは出来ないんだ！（考えをまとめながら）そう、出来ないのだ！　そんなことは不可能なんだ！　伯爵と同じ年代の男との関係はいつでも近親相姦になるんだ。だって彼はぼくたちの父親にだってなれる男なんだから。ぼくの父親にも、そしてあなたの父親にもね。」

次に、母親近親相姦の暗示的描写と隠匿的表現をまず新しい文学作品のなかから簡単にみてみたい。

ヤコブセンの『ニールス・リーネ』の主人公は母親、伯母のエデーレ、いとこのフェニモーレを愛する。最後に彼は友人の妻となったこのいとこを自分のものとする。[21]——ライナー・マリア・リルケの『マルテの手記』（ライプツィッヒ、一九一〇年）[22]では、主人公の神経症が幼児的なオイディプス・コンプレックスと関連付けられ、このコンプレックスそのものが明瞭に打ち出されている。少年は、わがままを言って、母親を舞踏会から急いで帰宅させる。「……ママは大きな夜会服にはお構いなくそのまま入って来た。ほとんど走るようにして、その白い毛皮の襟巻きをうしろに脱ぎ捨て、あらわな腕でぼくを抱いてくれた。ぼくはこれまでついぞなかったような驚きと狂おしいばかりの喜びをもって母の髪の毛、手入れのされた小さな顔、耳にさがっている冷たい宝石、花の香のする肩のはじの絹に触った。[23]ぼくたちはそのままのかっこうでじっとしていた。そして静かに泣いて優しく接吻し合った。やがてぼくたちは父がいることに気付いて、離れねばならなかった。」——「……誰かが入って来た時、そのひとに、ぼくたちがしていたことを説明しなければならないのは愉快ではなかった。とくに父に対してはぼくたちはおおげさなほどはっきりと説明した。誰からも邪魔されないことがはっきりし、外がたそがれ始める時にだけぼくと母は想い出に耽ることが出来るのだった。それは二人に共通の想い出で、もうずい分昔のものに思われ、ぼくたちは微笑みながらそれらについて語り合った。あの頃からするとぼくたちは二人ともずいぶん大きくなっていたのだった。」

『婚礼の夜』（一九二一年）という、心理学的に興味深い短編においてフーゴー・ザルスは、子供たちへの両親の近親相姦的固着を描いた。娘の婚礼の夜、官能的な、そしてまだ性的欲求の衰えていない母親が、娘の新しい幸福に自分を同一化させながら夫を性交へと誘うのだが成功しない。「夫は、自分の娘も今ではひとの妻になってしまったのだということを考えたくなかった。そのことを想うと彼の心は苦しくなった。自分の娘が情欲に燃える夫の腕に抱かれているさまを想い浮かべ、夫の征服者のような接吻のもとにおののいているわが子の姿を想像すると彼の胸はうずいた。彼は唇を噛み合わせた。そのことを想い出すのは冒瀆のように彼には思われた。」

母親に捧げられたヴィリー・シュパイヤーの長編『オイディプス』（ベルリン、一九〇七年）は、ある繊細な少年の物語のかたちを借りて、母親への性愛的な固着がもたらす心的作用を描いている。[24] 息子の誕生直後に自殺した主人公の父親は既に娼婦への特別な愛着とともに、「自分の母親に似ていて、自分を救済してくれ、そして新たに生んでくれる女性への憧れ」をもっていた。そして彼はこの女性をベアトリーツェのなかに見出すのであるが、彼女には「自分の子供たち自身の父親がまるで自分の子供になるのではないかという気がした。」実際父親は自分の小さな息子のことを、あたかも自分がちょうどオイディプスのように近親相姦によって作った兄弟と考えていた。そして彼を死へと駆り立てたのが、妻に対する子供としての彼自身の関係を現実の子供によってこのように妨害されたことであったのは明瞭である。「そう、ベアトリーツェには二人の子供がいた。清純な少年と堕落した息子とが。堕落した息子を彼女が憎んだとしても、それは当然ではなかったろうか。」成長した少年は人間のよってきたるところ、また死者たちの運命、なかんずく自分の父親の運命についていろいろ思い悩むようになるが、彼は、その外貌と性格が母親とよく似ているひとりの女性によって救済される。「彼は以前どこでブリギッテに会ったのだろう？　彼は以前何度も彼女に会っていたに違いなかった。健康そうな美しい手をした、一風変わったしっかりした歩き方をする彼女に。オトフリートは数日来、自分がどこで彼女に会ったのかを考えていた。なんてブリギッテは美しいんだろう、と彼は自分に言った。いやそうじゃない、なんてブリギッテは素晴らしいんだろう――いや違う――なんてブリギッテはしっとり落ち着いているんだろう――いや――彼女を正しく言い表わせるような言葉を彼は見出せなかった。」七ヶ月の間彼は遠慮して、この尊敬すべき年金受給者仲間である彼女に挨拶する勇気すらなかったのだが、そのあとある友人との会話によってようやく呪縛から解放される。「〈君は自分の母親を愛しているのかい？〉――〈そうなんだ、オラーフ――ぼくは――母を――愛してるんだ！〉オトフリートは突然眼を大きく見開いた。〈一体どうしたんだ？〉〈ああ、オラーフ、やっとぼくにはわかったよ。――ブリギッテはぼくの母に似ているんだ！」

まだ若々しく美しい母親に対する成長期の若者の、自殺へと至る性愛的な情熱が、青春の恋を強く求める母親の立場からクラーラ・フィービッヒ[25]の短編『春の悩み』において感動的に描かれている（一九一二年五月二十六日付〔ツァイト〕の聖霊降臨祭用付録）。長い間家を留守にしていて、試験を終えて帰宅した息子に母親が散歩の途中で次のように尋ねる。彼は社会から遠ざかっていたのである。「〈一体お前は恋人をどこで見つけたの？〉——〈お母さんがぼくの恋人なんだ！〉母親は腕を息子の腕のなかへおいた。よく帰って来てくれたわ！　この若さに溢れた息子を前にして彼女は少しばかり自分がそぐわない場所にいるような気がした。彼女は更に強く彼の腕にすがった。〈あなたはこの年取った母の許へ帰って来てくれたのね？〉そう言いながら彼女は微笑した。自分でもおかしかったのだ。年取った母親か！——〈年取ってなんかいないじゃないか——ぼくだって年取った母親は好きじゃないさ！〉自分がどんなに激しい調子でそう言ったのかに気付く前に彼は母親を腕に抱いた。彼女は柔らかな頬の上に接吻を感じた。それは男らしさに溢れた接吻であった。他人が見たら二人は恋人同士に思われたかも知れない。」——しかし彼らも実際に自分たちを恋人だと感じているということは、彼女の場合には夫への愛の記憶のよみがえりが、彼の場合には父親との同一化がそれぞれ示している。「彼女はかつてヴィクトールの父親とこのようにして散歩したことがあった——……その時彼は彼女を自分の胸に引き寄せ、熱っぽく尋ねた。〈ぼくが好きかい？〉そして彼女も熱烈な調子で答えたものであった。今でも彼女は、あの時自分の体をぞくっと震わせた聖なる驚きを覚えた。ああそれはなんと遠い昔のことであったろう！　甘美な回想に浸りながら彼女は眼を閉じた。彼女は流されるままに身を任せた。彼女はまるで夢のなかにいるようであった。絶え間ない優しい微笑が彼女の顔には浮かんでいた。」そしてこの散歩の途中に彼は突然小声で尋ねた（何年も前に父親が発したのと同じ言葉で）。「〈ぼくが好き？〉彼はそれを、相手の顔を見ないでほとんどおずおずしながら口にした。〈当り前じゃないの。おかしなひと！〉からかうように彼女は軽く彼の頬を打った。彼は彼女の手を素速く捉えて、それに接吻した。彼女は彼の手を強く握った。〈さあもう行きましょう！〉彼は引き止めた。〈もっとゆっくり歩こうよ！　お母さんと二人だけでいたいんだ。今まで二人きりになるなんてことは全然なかったんだもの——いつだって誰かが一緒だった、いつだって。ぼくは……〉彼は言い澱んだ。彼の声には深い響きがこもっていた。二人だけでいたいという彼の言葉が彼女を喜ばせた。絶えず家を空け、長い間他所に住んでいた彼が、自分からはもう遠い存在になってしまったのではないかと彼女は思い始めていたのである。小さな子供であった頃の彼に感じていた優しい気持がまたよみがえってきたように思われた。彼女は息子のうっとうしい巻き毛を額からかき上げてやった。〈眼を閉じて！〉——軽い接吻が彼の瞼に触れた——接吻は右の眼から左の眼へ、——右の頬から左の頬へ——それから唇へと移っていった。息子が幼かった頃彼女はよくこんな風にして戯れていたのであった。その息子は今、ほとんど息を詰めてじっと動かずにいた。瞼はまだしっかりと閉じたままだった。

〈これで全部よ、もう終り！〉と彼女が笑いながら言った時もまだ彼は眼を開けなかった。〈もっと〉と彼は小声で言った。しかしその声があまりに小さかったので、何を言ったのか彼女にはわからなかった。」夜、多くの男からダンスを申し込まれた母親が、最初は息子と踊ることを約束していたのに、他の男と踊った時息子はやきもちを焼いた。「ヴィクトールは暗い表情を作った。〈なんだってあの男と踊ったの？〉……彼は母親を性急に抱いた。」ダンスの間中「彼は彼女を自分の体に押しつけていた」が、それが終ってから二人は暗い壁のくぼみのなかへ身を隠した。「……彼は呻くような声を発し、あっという間に彼女のそばに滑るようにして倒れ込んだ。そして彼女の体に腕を絡みつかせ、顔を相手の膝に押し当てた。泣いているのだろうか？　ぴくぴく動く彼の体が彼女の体をも揺すぶった。具合がよほど悪いのだろうか?!　びっくりした彼女は彼の方へ身を屈めた。すると彼は顔を上に向けて体をまっすぐに立て、両の腕で彼女の体を自分の方へ引き倒し、そして荒々しい絶望的な接吻を彼女の唇に押しつけた。〈ぼくが好き？〉それはまるで悲鳴のように響いた。彼女は狼狽した。〈さあ、お立ち！〉彼女は頭に血がのぼった……突然不安になって彼女はすばやく彼の腕を体からふりほどこうとした――どうして息子はこんなふうに抱きついたりなどしたのだろう?!　彼女はそっと周りを見やった。誰かに見られはしなかっただろうか？　突然彼女は胸苦しさを覚えた。それは……とても激しいもので……不安などという言葉では表現出来ないほどであった……突然彼がよそよそしい存在に思われた。全く見も知らぬ他人であるように思われた。一体どうしてこんなことになったのだろう?!　震える両手で彼女は彼を押しやった。〈離してちょうだい！〉彼女は相手を突き離し、奥まった壁のくぼみからランプの明るい光のなかへひとりで歩み出て行った。」――それから間もなくして、こめかみを撃ち抜いた彼の死体が家の外で発見された。「でもどうしてこんなことをしたのだろう？　一体なぜ、どうして？　うっすらと生え始めた口ひげの下で固く閉じられていた青白い唇は何も答えなかった。他のひとも答えることは出来なかった。」(26)

ヤーコプ・ヴァッサーマンは『運命を演ずる』（「オースターーツァイト」一九一一年四月十六日）という微妙な心理学的ニュアンスをもつ習作において、母親と息子の間の性愛的な愛着の深い秘密に触れている。ある未亡人がひとりの息子と二人だけでひっそりと暮らしている。「彼女は子供を掌中の玉のように守った。彼女がかつて夫に抱いていた熱烈な愛が、まるで二倍の力となって、そのままの純粋なかたちで息子の上へ移っていったかのようであった。」しかしまた、「成長してゆく若者の方でもこの母親をこの上なく尊敬し、限りない信頼を寄せていた。彼のなかで精神の意識が強くなればなるほど彼はますます母親に心を奪われ、夢にまで見るほどになるのであった。繊細な感受性の持主であった彼は早くから芸術に心惹かれた。彼は絵を描き、詩を作った。しかし彼が画布に描く姿、顔はいつも母親のそれになってしまうのだった。暗鬱な死の予感に満ち、世界と人間は幽霊のようにはるか彼方にしか姿を現わさない彼の詩のなかでも、歌われる対象はやはり母親であった。だが一八歳になった彼にある異常な放心状態と精神的動揺が認められた。」母親は、「恥の感情を伴った、言うに言われぬなにかある願いごとを息子が心に抱いているのではないかと心配した。」彼を誰か他の女性に与えるなどということは、「想像するだにほとんど耐えられないことであった。」また男との友情関係を結ぶことも息子には出来なかった。彼はいつも結局は母親のところへ戻ってくるのであった。それで彼女は、「この人間は永遠に幻滅の運命にあるのだということを感じ始めた。彼の人生の戸口には、充ち溢れる力と調和があったのだが、それはその後彼の人生においてはついぞ見出されることはなかった。彼は母親のところへ戻って来た。それは事実である。だが以前よりはふさぎ込み、また無口になった。彼には自分と世界との間に生じた大きな亀裂が見えた。彼には他の人間と話すことがほとんど出来なかったのである。彼は美とか平和、文学作品とか内的観照にあまりにも慣れ親しんでいたので、日常生活のもつ、うんざりするような騒々しい醜悪さに対しては過剰なほどに怒りを覚えるのだった。そして人妻や若い女性たちの眼差し、声、顔が彼の心を震わせ、夜になって体のなかに血が立ち騒ぎ、若い欲望が意識の届かぬところで蠢動するような時、彼の精神は母親の姿にしっかりと絡みついて離れなかった。そして大きすぎる期待と、繊細すぎる羞恥心が彼を、世界からの逃亡と世界への希求、官能の悶えと心の義務との間の宙吊り状態に置いた。」ある日のたそがれ時、彼はふとした機会から純粋な肉の欲望に駆られて友人の妹と関係する。そのことで彼は心に深い傷を負い、母親の純粋な愛を裏切ったのだと感じて自殺を遂げる。

シュニッツラーはその長編『ベアーテ夫人とその息子』でこのテーマを母親の立場から取り扱っている。彼女は息子の若い友人に——息子の代用として——身を捧げ、また彼の方も老いの兆しが見え始めたこの女優のなかに母親の代用を見出す。この主題は、心理学的には深く捉えられているが、新しいものではない。フランス文学においてそれは繰り返し描かれてきたものである。それが最も見事な表現を見出しているのはアベル・エルマンの『愉快な若者』であろう。そこでは有徳のマロー夫人が息子の代用的人物である青年に狂おしいまでに熱を上げる。そしてこの官能的な情熱をすべて——空想のなかで燃やすのである。これに比べるとアンリ・バタイユの『ママ・コリブリ』は少しばかり固い印象を与える。ハルトレーベンはこのテーマを書簡体の短編『愛しい小さなママ』において、卓越したユーモアーを混じえて描いている。トリスタン・ベルナールの『ジャンヌ・ドレ』はある庶民出の女性の悲劇である。彼女の息子は、ある娼婦の罠にかかり、貪欲な後見人を殺害し、強盗する。処刑の数時間前になって母親が牢獄の格子戸の前に忍び寄ってわが子の方を窺っていると、この不幸な息子は彼女を自分の恋人だと思い込み、別れの接吻を求める。そこでジャンヌは彼のこの最後の幻想をこわすまいとして、渾身の力を振るい、「愛しているわ《ジュテーム》」と囁く。ガブリエレ・ロイターはこの主題を『ある理想主義者の青春』という長編において細やかな心理描写をもって表現した。

エーミール・ルーカスのドラマ『母』は、女性としての愛と母性の合一感情という深いソルヴェーグ・モチーフを扱っている。「わたしたちは彼によって、ひとりの男によって愛されました、世の妻が望むようなかたちで——そしてある朝眼覚めてみると——わたしたちは彼の母となっているのです。これはわたしたちに与えられた永遠の宿命なのです……」この悲しくも幸せな認識をもって女主人公は第二の人生期へと静かに歩み入るのであるが、この認識のなかにこのドラマの深い意味と文学的な魅力が横たわっている。外的な事件は波乱含みに、しかし大きな舞台装置なしで演じられる。土木監督官キュナストはそのナイーヴな、つまり子供らしく男性的なエゴイズムの点で建築士ソルネス（イプセン）の後継者とも言える人物であるが、この彼が重い病いに見舞われる。肉体は衰弱の極に達し、血液は枯渇してしまう。たまたま彼の妻は、新鮮な血液を病人の肉体へ輸血すれば、生命は救われるということを知る。だが採血される人間がそれで生命の危険に曝されるということも彼女は承知していた。それを覚悟の上で彼女は医師たちに頼んで、夫を救うべく自分の血管を切り開いてもらう。アルケスティスがアドメトスにしたように彼女は夫に新しい生命を贈り授ける。彼は健康になり、マルタ夫人も危機を克服する。しかし多量の血液を失った彼女は疲れ易くなり、また年齢以上に老け込む。キュナストは妻の犠牲については何も知らされていない。やがて彼女の運命が成就される。即ち、妻の気高い魂が重荷となっていた夫は老いた彼女から離れてゆく。彼にとって女性の若さと美貌は不可欠のものであった——彼は二二歳になる彼女の妹ケーテを愛するようになる。「ぼくに健康を取り戻してくれ、仕事に喜びをもてるようにしてくれたのは君だけなんだ、君ひとりだけなんだ！」と、何も知らない彼は、新たに眼覚めた生への歓びに浸りながら彼女に告げる。マルタ夫人はかつて生命を犠牲にしようと思った時ほど簡単には心を犠牲にはしなかった。彼女は恋する妻の困難なたたかいをたたかう。しかし最後に勝利するのはその母性であった。「あなたがた男性は」と諦念の道を見出した彼女は自分の医師であり忠実な友人である男に向かって言う、

「あなた方の生き方はまるで正しくないわ！　あなたがたは人生の後を追っかけているにすぎないのよ。――ところが私たち女性は、私たち母親は――私たちは存在しているの！　私たちは血を守り、代々これを伝えてゆくの。一番深くそれを知っているのは私たちよ。私たちは人生そのもの、私たちが現実なの！……子供を生んだ母親は神の加護によってしか生きられないのよ。私が今でも生きていられるのはただただ神の加護によるものだわ。私の人生は充分に豊かな恵みを与えられ、もう傷つくことはないんです。」

マルタ夫人は身を退き、夫とケーテとの幸福を祈る。

ルードルフ・ホルツァーの喜劇『母親たち』でも同じように、世代だけではなく性が問題となっている。母親、特に小市民的な偏狭な環境で教育を受けた母親は、自分自身の生活からして、息子の若い魂を燃え立たせる熱い情熱を共感することは不可能である。この作品には二人の母親が登場する。ひとりは愚昧な市民的勤勉の権化のような人物で、自分の息子をすんでのところで悲惨な死へ追いやるところであった。もうひとりの方は盲目的な子煩悩から娘たちを娼婦の世界へと追いやってしまう。

母親との意識的な近親相姦は三つの新しい小説において典型的に描かれている。これらを詳しく紹介することをもってこの一節を終えることにしたい[27]。

アードルフ・パウルの短編『北方のオイディプス』（ベルリン、一九〇七年）においては、オイディプスコンプレックスのすべての感情がまるでひとつの焦点に集中されたように現われている[28]。一八九二年にまずスウェーデン語で刊行されたこの作品は、作者の注釈によると現実に起きた事件を基に書かれたものである。われわれの研究の過程において明らかにされてきた近親相姦感情の典型的な描写との完全な一致を明瞭に提示するためには、本当はこの約二五頁からなる物語全体をそのまま再録しなければならないであろう。そこでは、父親によって厳しく抑えつけられ虐げられ、母親からは褒めそやされ可愛がられてきた息子が最後は母親との近親相姦を犯し、父親を殺害するに至り、やがて父親と同一化しながら神経症的な悔悛へと駆り立てられて、母親とともに司直の手に引き渡される様子が実に見事に描かれていて、われわれは少なくとも最も重要な部分を紹介せずにはいられないのである。父親との葛藤が公然と始まり、また母親への性愛的な愛着が発現するのは、アンデルスが恋人の許へ行こうとして、父親に力ずくで止められた時点である。彼は自分の部屋へ忍び足で戻る。そこから彼は父親を秘かに観察することが出来るのである（盗み見のモチーフ）。

「ラルソンが暖炉のそばに立っていて、暗い表情でぼんやり前を見付めていた。ベッドのはじにスティーネが下着だけの姿で腰掛けていた。突然アンデルスは、まるで淫蕩な猫のようにうずくまってそこに坐っている母がまだまだ美しいことに気付いて、眼を洗われる想いがした。彼は母から眼をそらすことが出来なかった――白い肌着をまとった、たおやかな女体を彼は凝視し続け、今にも気が遠くなりそうであった。こんなに美しい体を彼は一度も見たことがなかった――一度も――グレーテでさえこれほどではなかった。」

やがて二人は近付いて低い声で囁きを交す。

「アンデルスはピクッと体を震わせ、顔をいっそう強く隙間に押しつけた。白い下着の女性の姿――彼はそれに眼差しを絡みつかせた。彼の耳にはもはや何も聴こえなかった――彼の眼にはもはや何ひとつはっきりしたものは見えなかった――彼が見たもの、聴いたものはひとつに溶解し、血管のなかを駆け巡り――胸とこめかみのなかでハンマーのような音を立てて鼓動し、熱と悪寒を同時にもたらした。

彼の眼差しはその女の姿を狂おしいばかりの力で引き寄せた。文字通り引き寄せたのである――体じゅうを何か奇妙なものが這い回るような感じを覚えた――眼の前には火花が雨と降る――彼はうしろに倒れた――今や彼はそれを手にした――それを自分の腕のなかに感じた、その白い肉体を――それは彼女だった――グレーテ――彼は正気に戻り、自分の寝室へ体を引きずって行き、深い眠りへと落ちていった。この時から彼は昼も夜もグレーテの夢を見るようになった。そして彼は憂鬱症になった。」

だが母親の方も息子を母性愛とはまた異なった感情をもって愛している。彼女は湯浴みをしている息子の近くへそっと忍び寄って、「その白い体を見て楽しんだ……〈立派な若者だわ！　なんて大きいのだろう。ここのどんな男にも負けない！　なんて美しい男！〉」……「……彼女はみずからを恥じて、それは犯罪的な、淫らな好奇心にすぎなかったのだと自分に言いきかせた。彼女は、これまでの結婚生活でついぞ感じたことのない興奮を覚えた……この時以来彼女の想いはいつも息子に向けられるようになった……。」

彼女は夫の不在を利用して息子の寝室へ身を潜ませた。彼の裸体を見た彼女はまたしても混乱状態に陥る。

「それ以上彼女は自分を抑えることが出来なかった――われ知らず彼女は前へ飛び出して、息子の上へ身を投げ、激しく接吻した

――情熱的に。〈お母さん！〉彼女は息子の恥じらいを接吻で追い払い、彼のためらいが消えてしまうまで愛撫を続けた。やがて彼は相手が母親であることを忘れ、ひとりの女であるとしか感じられなくなった――そして彼の方も接吻を始めた。」

この決定的な出来事があって以来、恋仇である父親に対する嫉妬を含んだ敵対感情はますます抗し難いものとなってくる。「階下で二人が言葉を交わしているのを聞くたびにアンデルスはいつも死ぬほど辛い想いをした。すぐに下へ降りて行って彼女を父親の腕から奪い取ってやりたいほどであった――しかし彼は階段の一番下までは降りて行っても、それより進んだことは一度もなかった。そこに彼は立ち尽くし、寒さと嫉妬に身を震わせた。そして、父親が自分の恋人を奪うさまを目撃するのであった。」「……彼は父をペストのように憎み嫌った。絶えず抑えられている憎悪が凝集し、ますます手に負えないものとなっていった。また父親を殴りつけないことにはもはや自制することは出来ないだろうことが彼には既にわかっていた。殴るんだ――ためらうことなんかない！　父親に対する憎しみは母親への愛着と全く同じように不自然であった。」

「父親が次に帰宅して、暴れ始めた時、彼はもはや躊躇しなかった。決意を固めた彼は下へ降りて行った――ドアーを激しく開き、父親の腕にしがみついた。」

しかし彼は父親の前で「母」という言葉は使わないで、彼女の名前を呼ぶ。このことで、既に妻の態度が冷たいことに気付いていた父親は頑なになってゆく。彼は完全に酒浸りとなり、もはや二人のことを気にかけないようになる。それでこの二人はますます大胆に振舞うようになってゆく。ある時、彼が酔っ払ったものと思った二人が彼の前で不用意に仲睦じい態度を取ったことがあった。しかし彼は激しい怒りを爆発させ、二人はほうほうのていで逃げ出さねばならなかった。それから間もなくのこと、父親は斧で二人を殺そうと図るが、酩酊していて倒れたため、二人は共謀して彼を絞め殺し、発作で死亡したのだと申し立てた。

その時以来今度は息子が、かつて父親がそうであったように酒に溺れ始める。そして嫌悪をあらわにして抵抗する母親を殴りつけ、また彼女の意志に反した行動を取るようになる。これもかつて父親が行っていたのと同じ行為で、――更に外見的にも彼は父親とよく似てくる。「アンデルスは父親そっくりであった――歩き方、――ひとを見つめる表情、――物を頼む時の声の調子などすべて同じだった。」父親とのこの同一化が病的な観念や幻覚となって彼を苦しめた。彼は典型的な青年期空想においてのみならず、現実にこの父親の位置に身を置いていたのである。

「あそこの向こうで横たわり、待っていたのは母ではなかったのか？――そうだ、間違いない、あれは母だった――だが彼がいたではないか――彼は一体ここになんの用があったのだろう？――あれは父だったのか？――もちろん――彼が今母を殴っていたのだ――疑う余地はない、あれはラルソンだったのだ。二階の床に身を横たえて、二人を見下ろしていたあの最初の夜の記憶が突然生き生きと彼の眼の前によみがえってきた。今彼は彼女を見ていた――あの記憶を通して――二階の床に横たわっていた。そして彼女が待っているのが見えた。彼が――ラルソンが――彼女のところへ歩み寄る――だが彼自身は――アンデルスは――ここの下にもいたのではなかったのか？　彼はここの下と、あそこの上とに同時にいることが出来たのか？――彼は両方の人物だったのだろうか？――父であり同時に息子だったのか？――」

外面的には刑罰が下されることをもって終るこの短編は、幼年時代の回想のうちに幕を閉じるが、これは極めて特徴的である。発作で倒れた息子を母親は看護する。

「そして彼女はベッドの横に腰掛けて眠らずにいた。彼女は再び母親に返っていた。彼は彼女の小さな子供になっていた。彼女は子守唄をうたって彼を眠らせた。再びすべてがかつてのように素晴らしく、美しいものとなった……彼の少年時代のすべてがこの幾つかの貧弱な音調のなかへひとつとなって集約された。これらの音が他の体験の記憶によって路を開いたのであった。」

農民小説『ニールス・トゥフヴェッソンとその母』においてガイエルスタムは、「息子を誘惑し、その妻を殺害するよう唆した悪しき母親の回想」を描いている。「〔息子に対する〕この支配力を彼女は、息子がもはや少年ではなくなり、かといってまだ一人前の男にはならない時期にこれを犯罪的な愛へと誘惑し、彼を意のままに動かすことによって獲得したのであった。この関係は、病弱だったトラフヴェ・トラフヴェッソンの生存中既に始まっており、彼の死後流されていた悪い噂が本当だったのは、この犯罪的な愛のためであった。」「というのはトラフヴェ・トラフヴェッソンが埋葬されるとニールスは父親の場所であった居間の大きなベッドを占領した。彼は毎晩そこで眠り込み、毎朝そこで眼覚めた。すると怒った運命の女神たちが夜毎に罠の網を織りなして、彼を人生と人間から遠ざけてしまった。」「彼女の手のなかでは彼はまるで蠟《ろう》のようであった。というのも、ずっと早い時期に彼女の官能が完全に彼を虜にしていたのである。そしてこの愛は、特にそれが冒瀆の妖しい深紅の色に染まるとき全能となる。母親の強い力に圧倒され、息子の発したいと思うすべての問いは彼女の微笑に出会うと、腰砕けとなって再び魂のなかへ押し戻されてしまうのであった。そのようにして、これらの問いは解決されないままに放置され、まどろみ、あるいは彼を苦しめていたかもしれなかった。」噂の声がますます大きくなってきた。これを打ち消すために彼女は、「これまで一度も欲望を女に向けたことのない」息子を結婚させることにする。但し彼女は、決して妻には手を触れないという誓言を彼から取り付ける。「母親が誓言を取り付けた時初めて彼は、結婚しても事態は悪くなる一方で、決して良くはならないだろうと予感した。しかし彼は、忘れたいと思うことを好んで人間が無視するように、この考えを無視した。」最後に母親は息子を唆して、その妻を二人で殺害するに至る。

ここでは、非常に重大な心的、社会的な結果をもたらす近親相姦的な愛着は完全に意識的なものであるが、次の作品においては——この作品の紹介をもって、一連の新しい近親相姦文学の終りとしたい——近親相姦的愛着の幼児的、心理学的条件そのものが意識されている。

一九〇九年に出版されたシュテファン・ヴァカーノの長編小説『罪ある幸福』では、母親への息子の情熱的で、あらゆる拒絶の試みにも屈しない恋慕が描かれている。それは最後に禁じられた性行為へと発展し、そして主人公の精神的破滅をもたらす。同性愛的志向をもつ教育者によって少年は性的に啓蒙される。父と母が性的な交わりをするということを知らされた彼は、愛する父としての神がもはや信じられなくなった。啓蒙されることによって、まどろんでいた官能が眼覚める。今では彼は、母親に言い寄る若い男に嫉妬するようになる。「あの男がぼくから母の愛を奪ったように感じられた。ぼくは空想のなかで母を恋人として考えていたんだ。」（二三頁）しかし近親相姦夢についても繰り返し報告される。例えば二〇—二一頁には、不安を伴ったこのような間接的な夢が、また四九—五〇頁では悪夢《アルプトラウム》が描かれている。そもそも近親相姦願望の防衛は不安からの解放をもたらすものなのである。四二頁で主人公は次のように語っている。「女性の見事な乳房に似たあの白い大きな雲がこちらの方へゆっくりと漂い降りてくるのを——ぼくは夢に見た、つまりぼくにはそれが見えたのだ。それはますます低くぼくの上へと垂れこめてきて、ぼくの呼吸を奪い始めた。それはぼくの唇に触れ、ぼくを窒息させようとした。ぼくはその怪物を追い払うため体を一回転させようと試みた。うまくいかない。するとたちまちぼくは、自分が小さな子供になっていた。ぼくは小さな手で母の乳房を探り、たっぷりとそこから乳を飲んだ。ぼくの心の緊張はほぐれた。それまではひどく恐ろしかったあの雲は再び上方へ漂ってゆき、バラ色に輝いた。安堵のため息のようなものが白い乳房のなかから響いた。ぼくは夢から覚めた。」ここでは、不安をもたらす近親相姦的愛着が無害な幼児的性行為によって防衛されているのだが、それは、夢見ている主人公が乳飲み子であるのに早くも性的欲望を示しているという記述（一七頁）によってよりよく理解される。――性教育によって知識を得た少年はある日のこと母親とその恋人との性行為を盗み見する（三二頁以下）。「この夜以来ぼくは母親をもはや自分の母として考えることが出来なくなってしまった……〈あれは女だ〉、そう告げる声がぼくの心のなかに聴かれた……子供の時のぼくにとって母はこの世で一番優しいひと、最も愛すべきひと、最も純粋なひとであった。今の彼女はぼくにはひとりの女になった……ぼくはこの女を避け、この女のことを考えまいと一生懸命になった。」これと似たようなかたちで挫折する防衛の結果としてしばしば青年期において現われるところの一種の夢うつつ状態のなかでこの若者は両親の家を飛び出す。彼は当てもなく放浪を続け、ある旅役者の一座に加わる。そこで彼はある女優に恋をする――それは彼女が母親に似ていたからであった（七二頁）。彼は母親への愛という点に関しては幼児期の典型的な空想を抱いているのだが、ここにおいてもまた、「まるでぼくたちは既に古い昔からお互いを知っていたように二人には思われた」のである。(29) 納屋の暗がりのなかで彼はこの女性に直接「お母さん」と呼びかけている。そして彼女は彼のためにすべての存在になろうとする。「母親、姉妹、そしてすべて。」だが彼は、ひとりの女として彼女に触れることが出来ない。「自分はこの愛らしい女性に、実の母親に対して感じていたぞっとするような愛着を移し置いていたにすぎなかったことを知って怖ろしい気持になった。」事実この愛のなかに母親との関係全体が繰り返される。彼はこの女性の性交をも盗み見し（八二頁以下）、彼女の許からも逃亡する。今度は海辺へ赴き、形見のロケットに入れた母親の肖像によってみずからを興奮させ、自慰に耽りながら孤独な幾夜を過ごした。――最後に彼は、かつて師が普遍的に人間的な経験として教えてくれた真理をはっきりと認識するに至る。「彼が予言していたことが現実となった。ぼくは自分の母親を愛したのだ。〈母親はみんな息子の初恋の相手なのだ〉と言った彼の言葉が想い出された。ぼくはこのことを考えるとぞっとした。」この認識によって力づけられた彼は、もう自分は人間として充分成熟したのだから、家へ戻って、純粋な母親としての愛着だけに甘んじることが出来るものと考える。父親は彼の不在中に自殺を遂げており（息子の殺害空想）、息子は母親のために、父親がかつて彼女にとってそうであったところのものになろうとする。既に以前からスペランザは息子のなかに若かった頃の父親の姿を認め、これを愛していた。「ぼくが大きくなった時、母は時折りぼくを悩ましげな眼差しで眺めながら、奇妙な昂ぶりを示すことがあった。あなたのお父さんはきっと今のあなたみたいだったにちがいないわ、と彼女はそんな時によく言ったものだ。そう言いながら彼女は、なにかある考えを恥ずかしがっているかのように顔を赤らめるのだった。」（一一頁）今や彼女は一人前になった息子を亡くなった夫と完全に同一視するようになり（一七四頁以下）、息子に、「お父さんの代りをそっくりそのまま務めてくれる」よう望む。このようにして禁じられた愛の条件が双方の側から与えられることになる。

「ぼくは愛する女性を強く求めていた……そこでぼくの熱い愛はあの人の上に向けられた。人間の定める掟に従ってぼくが避けなければならなかった唯一の女性の上に（一八九頁）……ぼくがたびたび夢に見たもの、それに焦がれるあまりぼくを病気にし、狂気の一歩手前まで駆り立てたもの……ぼくの罪深いすべての夢が今こうして――現実となったのだ……必ず成就されずにはいない神託のように、すべてが予言通りに実現された。あの先生はこのことを警告し、ぼくはこれから逃れようと、これに対して必死にたたかったのに。抗うことの出来ない、堕落した二人の人間が罪深い幸福のなかにどっぷりと浸り、野獣のような人類の祖先に逆戻りしたのだ。」（一九五頁）

許されぬ情熱の防衛は最後に、われわれの前で懺悔を展開しているこの物語の主人公が、自分の人生はこれすべて一抹の夢にすぎなかったのではなかろうかという不安を払拭出来なかったことのなかに暗示されている。「全然生きてはこなかったのだと考えるのは確かに辛いことだ。だがもしそうだったとしたら亡きひと（母親）への愛もひとつの夢にすぎなかったことになろう。そして、そこには大きな幸福がある。」更に別の箇所（二〇六―七頁）で作者はわれわれに、この物語全体は友人の単なる「夢」として読んでもらいたいと言っている。

ある序文のなかで作者は、この告白を公にする意図はなかったと書いている。「その時ウィーンの医師プロフェッサー・ドクター・ジグムント・フロイトのある著作を私は手にした。それは『性理論のための三つの論文』と題されたものであった。幼児的な性に関する部分を最後まで読んだ時私は、この懺悔を紹介するのは自分の義務だと悟った。」[30]

＊　＊

今やわれわれは、精神分析の境界、また芸術の境界ぎりぎりのところに、それとともにわれわれの課題の最終地点に立っている。

＊

これまで歩んできた長い道程においてわれわれは、性病理学の知識では全く説明がつかない、人間の欲動・精神生活の最も原始的な表出のひとつであるところの近親相姦感情が、現実世界での充足可能性を失ってゆくにつれて、更にまた個人の意識のなかから抑圧されてゆく度合いが強くなるにつれて、——神話・伝承において正当化され、宗教によってその罪意識から解放されるといった過程を経た後——最終的には文学創作への道を見出してゆく経緯を辿ってきた。文学創作は、より強い欲動生活に恵まれた個々の人間にとっては、文化の要求する諸々の掟との軋轢で引き起こされるこの精神的葛藤から解放される最後の可能性なのである。つまり芸術家をとりわけ特徴付けるものは欲動生活の烈しさと強さである。この欲動を文化的に抑制するためには極めて強力な抑圧作業を必要とし、この作業が異常に高度な昇華を達成することもあり得るのである。尤もこの可能性は、比較的小さな障害を抑圧する場合には十全に展開されるところまではゆかず、その前提条件と心的メカニズムの点で類縁関係にある神経症へと至ることが往々にしてある。芸術家はより強い抑圧の要請に際して、自分の強烈な欲動感情を空想のなかで存分に表現し尽くす。それは、原始の人類がこれらの感情を現実から抑圧して神話や宗教において消散させたのと同じである。従って芸術家は、その高度で知的な浄化作業にもかかわらず、情動の面においては個体発生的にもまた系統発生的にも、フロイトが精神神経症の誘発にみられる幼児性への退行と名付けたような退化段階、つまり幼児期での停滞を表現するものである。

もちろんわれわれは、幼児期に固着された強烈な近親相姦感情だけが詩人を詩人たらしめるための力であるなどと言うつもりは毛頭ない。ただわれわれは次の事実を知り得たと思っているにすぎない。即ち、これらの感情が抑圧さ

い、
れた結果生じる心的なエネルギー（情動）が、詩的な創作にとっての主要な原動力のひとつを提供するということ、しかしこれらの情動は、無数にある例においては、抑圧されたコンプレックスを解放するという意味では素材選択にも決定的な作用を及ぼしているということである。このことをわれわれに最も明瞭に示してくれるのは神経症者である。彼らのなかには驚くほど多くのものが文学的活動を行っており、しかも偉大な詩人が卓越した形式をもって普遍的・人間的なものへと形成することの出来るのと同じ原始的な、但し技術的には充分にこなされていないコンプレックスを極めて主観的なかたちで鋭く表現している。しかしながら神経症者あるいはディレッタント作家にみられるこの不充分な技術的表現力はほとんどが、作品の内容と効果をも規定するのと同じコンプレックスの昇華がうまく行われなかった結果である。このように形成上の才能はコンプレックスの内容と強さ、そしてそれらコンプレックスの抑圧と切り離すことは出来ない。われわれは、抑圧されたどんなに強力なコンプレックスをもっていようとも、技術的な力量がなければ芸術家にはなれないということを繰り返し聞かされているが、しかしこれとは逆の命題、つまり、どんなに完成された形成の才をもった人間といえども、彼がその技術の助けを借りて描き、また克服すべき自分固有の魂のたたかいと苦悩をもっていなければ器用な職人以上のなにものでもないという命題の方がはるかに妥当性をもっている。従ってわれわれは——このようによく誤解されるのだが——詩的な能力の本質を近親相姦を扱った小説のなかへ移し置こうというつもりは全くない。われわれは、形式賦与の才能を決して否認する訳ではない（尤も、この才能もまたある種の典型的な抑圧のメカニズムから生じ、容易に理解し得るものなのである）。われわれはまた、詩人には人間を、運命を、状況を、気分を生き生きと、また印象深く描くだけの力があることを無視するものでもない。われわれの言っているのは、詩人にこれらすべてが可能であるのは専ら固有の内省によるものであるということである。詩人は、自分のなかに潜んでいる独自の本質のすべての可能性を、人生からの一種の神経症的離反によって表現するのである。この独自の立場そのものはしかしまた、抑圧からの表出を求める幼児的コンプレックスと空想の強力な固着——これは強い欲動生活から生まれる――に基づいている。文学上のモチーフ形成に関するわれわれの研究から、芸術家は生涯にわたって幼児的な心理的性《プシヒョゼクスアリテート》の最も重要なコンプレックスのもとに苦しんでいるということが明らかになった。そして芸術家の特殊な社会的立場も、彼のリビドーが絶えず自我に課し、豊かな願望・防衛空想によってのみ少なくとも一時的に満たすことが出来るところの強すぎる要求から説明される。このような方法で彼がその作品において解決しようと繰り返し繰り返し試みている悲観的な葛藤は、彼自身の内部において荒れ狂っているところの、抑圧された願望と文化的欲求との軋轢、無意識的な愛着とそれに対する意識的な抵抗との軋轢、要するに、フロイトが自我と性との不調和として明確に表現した欲動と抑圧との間の葛藤に照応する。どのような技術的手段をもって詩人が、その精神生活のこれら悲観的な葛藤を克服してゆくかについてはここで詳細にわたって論述する訳にはいかないし、また、そもそも彼がこれらの葛藤をなぜ芸術によって克服することが出来るのか、なぜ正常な方法ではそれが出来ないのか、あるいはなぜ神経症的な防衛症候に陥らねばならないのかということについての説明も省かざるをえない。既にわれわれは序文において、われわれのこの研究の目指すところは、芸術が展開され創造されてゆくプロセスにおける唯ひとつの段階を理解することに限られるということを強調しておいた。またこのようにテーマが限定された場合には当然であるが、特殊な芸術上の才能や表現手段について心理学の立場から専門的に説明することは不可能である。しかしながらわれわれは、家族コンプレックスにおける異常な固着と、それに照応する願望・防衛空想が芸術上の素材選択と形成に作用し、またこれを規定する限りにおいては――事実このようなケースは、われわれが示した通り極めて広範囲にみられた――これらを、その根底に横たわるメカニズムへと還元しながら心理学的にも説明してきた。なによりもしかしわれわれは、詩人は――ちょうど神話の作り手たちと同じように――、単に借用あるいは継承によってある素材を取り上げるのではなくて、激しく解決を求める深い魂の苦悩からそうせざるをえないのだということを実証し得たと信じている。この意味でわれわれはもはや生まれながらの詩的才能などというものを信じることはほとんど出来ない。昇華の能力は、激しく狂暴な欲動を制禦することから生じるものであることをわれわれは知ったのである。そうなると才能というものはほとんど精神的苦悩の表出であり、そして才能の程度こそがまさに、芸術家の魂《プシケー》のなかで支配的な力をもった電圧を測る尺度であると言ってもよかろう。それゆえすべての偉大な詩人たちは名状し難いほどに人生とおのれ自身に苦しみ、一時的にのみその創作において平安と充足を得ることが出来たにすぎない。かくして、人間の魂の深い識者であったフローベールが、自分の個人的な辛い経験を一般化しながら次のように述べているのはこの上なく正しい。「私の考えるところでは、芸術家というものは自然の外側にあるなにか異常な存在である。神意によって次から次へと彼を見舞うすべての災禍は、彼がこの定理を否定するところからくる。彼はそれで苦しみ、また他人をも苦しめるのだ。このことについて、詩人を愛した女性たちに、また女優に恋した男性たちにたずねてみるがいい。」[31] L・クラーゲス（前掲書）の次の言葉にもこれと似た意味がこめられている。「芸術家は一体どうなったのか？　誰が彼の発展の物語をわれわれに書いてくれるのか？　自然の欲動がどうしてこんなにも内へ向けられることが出来たのか？……ひょっとするとすべての芸術行為は、あり余るほどの、あるいは無理矢理制約された生命力のいわば精神的非常口であるのかも知れない……芸術は生への渇望と強大な自己感情によって燃える。」

われわれは本書において芸術家のこの発展史のための一章をものし得たのではないかと信じている。その際われわれは、詩人は不充分な抑圧から作用する情動によって創作へとたち至るものであることを証明した。これら感情衝動の特殊な内容の一部をなすものが通例幼児的なオイディプスコンプレックスであり、これが文学創作に際しての素材選択とモチーフ形成（形式賦与）にも決定的に作用する。もちろん近親相姦的衝動そのものはまだ芸術的創造行為への動因とはならない。それは、このような事実をそのままあからさまに物語るだけでは芸術作品あるいは神話とはなり得ないのと同様である。圧倒的に強力となったこのような衝動の抑圧と、そこから生じる防衛のたたかいにして初めて、これらの葛藤を無意識のなかから解放して共同体空想へ、神話あるいは芸術作品へと投影することを可能にするのである。

ところで芸術的創作が、抑圧のなかから作用する無意識的な衝動のこのような関与と結び付いているのであってみれば、進行する抑圧と並行して進む意識の拡大化とともに、諸々のコンプレックスの芸術的形成能力も必然的に損なわれざるを得なくなる。これらのコンプレックスは、絶えず増大する抑圧の強制によって意識的な自己抑制という、ますます高度な領域のなかへと移ってゆくのである。近親相姦モチーフにおいてこのような事態がどの程度みられるかをわれわれは、現代文学に至るまでのこのモチーフの発展過程を概観することによって知ることが出来た。しかし、進行してゆく意識拡大化のこの有機的なプロセスへ今度は、神経症に陥った個々人を治療する目的で体系的に意識を拡大することから出発した精神分析運動が強くこれを促すかたちで関与してくる。もちろん精神分析が個々の患者の治療においても、また全体的な予防においてもこれらコンプレックスの完全な根絶を目指した訳ではない。精神分析が志向し、またしかるべき条件のもとで実際に達成していることは、文化のために抑圧すべき感情を意識的に抑制(beherrschen)することである。これらの感情衝動はフロイトの適切な言葉に従えば、ともすれば病因として作用することになる無意識的な抑圧ではなく、意識的な有罪判決の支配下に置かれるべきものである。このような状況のもとではしかしこれらのコンプレックスを芸術的に解放することは不要であるばかりか、不可能でもあるように思われる――少なくとも、抑圧されたコンプレックスに照応する今日の芸術の形式と表現手段をもってしては不可能である。高い抑圧要求をもつ芸術家が、自分自身を意識的なやり方で克服することを学び、それとともに、自分を克服することをわれわれに教えてくれるという事態は、進行してゆく意識拡大化の避けられない結果として現われる。より高い意識段階にかなった芸術が可能なのかどうか、またどの程度にまで可能なのか、そしてそれがどのような手段をもってなされ得るのかについては、今後の発展が示してくれるであろう。[32] しかしながら、驚くべき保守主義をもってソポクレス時代のアテネの悲劇にみられた葛藤と解決に固執しているわれわれの今日の文学芸術は、これらの原始的なコンプレックスが意識領域へ侵入すればたちまちそれらから解放されるであろうということ、このことについては個々人についてのわれわれの精神分析上の経験からして――要するに国民はこれら個人から成り立っているのであるから――ほとんど疑う余地はない。

もちろんわれわれは、近親相姦的衝動が文学創作における最も重要な原動力のひとつであることを明らかにすることで、芸術家の倫理的あるいは知的評価を行おうとした訳ではない。ただわれわれは、文学的な才能というものは、誕生に際して否応なく与えられる有難い天才という贈り物などでは全くなくて、無意識的・幼児的コンプレックスの力から解放されたいという、心的自己保存の必要からやむなく生まれた試みにほかならないということを示そうとしたにすぎない。これらのコンプレックスを正常人はかなりスムーズに克服することが出来るが、神経症者はこれに失敗する。だが神経症者は好都合な状況のもとにあっては精神分析の助けを借りてそれらを意識的に制禦することを学ぶのである。芸術家がそれらを、――同じように好都合な状況のもとでは、――無意識的に消散させるように。

(1) モチーフの単調さはギリシャ人たちの彫刻、絵画、中世の芸術家たちの手になる聖者像、現代の風景画、室内装飾においても全く同様われわれの眼に顕著である。内容と形式の関係という、多分芸術の最も重要であるかもしれないこの問題については現在では『誕生の外傷《トラウマ》』をも参照されたい。

(2) 芸術の社会的機能に関しては拙論『ドン・ジュアン形姿』を参照されたい。

(3) 家族とイプセンとの個人的な関係については、包括的な文献がまだ出されていないので全くと言っていいほど知られていない。われわれが知っているのは、詩人が早い時期に家族との関係をほとんど完全に断ち切り、のちになっても常に身内の者からは孤絶して生きていたということだけである。これは、強すぎた家族コンプレックスへの強力な防衛的反動作用としてわれわれが知っているところの典型的特徴である。ただひとりの姉妹へドヴィッヒとの関係は親密であったが、イプセンの無愛想な態度と対人恐怖のため、彼女に対する愛着をそこに窺い知ることはほとんど出来ない。彼は姉妹から手紙を受け取っても何ヶ月も返事を書かず、また二人の間にある障壁についても手紙で語っている。例えば一八六九年に彼は次のように書いている（九月二十六日ストックホルム発）。「愛するヘドヴィッヒ！　君からの優しい手紙をもらってからもう数ヶ月が経ってしまった——今やっとぼくはその返事を書いている。しかしぼくたちの間には、ぼくと故郷との間には非常に多くのものが立ちはだかっている。……ぼくの眼はぼくの内面へと向けられている。そこがぼくのたたかいの場所なのだ。ある時にはぼくは勝利し、またある時には敗北を喫することもある。だがこれ以上のことは手紙で書くことは出来ません。ぼくの心を変えようなどという試みはしないで欲しい。ぼくは正直でありたいのです。来たるべきものは必ずやって来ます。」イプセンが兄弟たちと疎遠であったことも彼の立場をよく表わしている。イプセンの兄弟で現在もなお生存しているただひとりの人物オーレ・パウス・イプセンがある訪問客に次のように語ったという新聞記事の一節を紹介したい。「もしあなたがヘンリクについてもっと詳しいことをお知りになりたいのなら、私の姉妹であるストンスランド夫人のところへ行かれた方がいいでしょう。彼女は精神的にも私より彼とは近しい存在でした。私の歩んだ人生は彼とは全く別の方向を取ったし、また私たち二人の関心も遠くかけ離れていました。父が亡くなった時私たちの家族はちりぢりになってしまったのです。ヘンリクはグリムスタドの薬屋へ働きに行き、私は海へ出ました。それからというもの私たちは一度も顔を合わせていないばかりか、手紙をやりとりしたこともなく、それがもう六十年も続いています。私は今道で会ってもきっと彼を見分けることは出来ないでしょう。」（この兄弟はその後亡くなった）

（4）近親相姦モチーフのこれと似たような防衛の状況は『デメートリウス』の素材の基礎をもなしている。周知のようにわれわれの二人の最も偉大な劇作家（シラー、ヘッベル）はこの素材を手掛けていた時に死によって奪い去られたのである。

（5）『民衆の敵』においてはオットーとハンスの兄弟が宿敵同士として相対峙する。

（6）柔和な女性とデモーニッシュな女性との間にあって揺れ動く男性というモチーフをわれわれは母親理想の分岐（母親と姉妹）へと帰因させることが出来たが、このモチーフはイプセンのほとんどすべての作品においてみられる。それは、主人公が二人の女性に挟まれる初期のドラマ『カティリーナ』に始まり、最後のドラマ『われら死者のめざめる時』に至る。ここでは芸術家がこのような状況のもとで成長してゆき、最後に挫折する。

（7）自分の娘（とされている）レジーネに対するエングストランドの振舞いも注目すべきものである。彼はこの娘を自分の計画している娼家で働かせようとするのである。父親と虚構の娘とのこれと似たような性的関係を暗示している作品に『社会の柱』がある。領事ベルニックはかつて旅廻りのある女優と関係をもった。醜聞を避けるため、彼の婚約者の兄弟がその責任をかぶり、アメリカへ渡る。再び戻って来た彼は、自分が父親ということになっている女に恋をするが、これに対して世間は激しい非難を浴びせる。また彼には、その後を追ってアメリカへ行っていた腹違いの姉妹ロナ・ヘッセルも性愛的な愛を寄せている。——父親＝娘コンプレックスをわれわれは『海の夫人』のなかに明瞭に見出した。またそれは『ロスメルスホルム』においてもあらわなかたちでみられた。ここで更に付け加えねばならないのは、レベッカ・ウェストが実の父親を愛しているだけではなく、恋愛をする場合常に父親タイプの男性を求めているということである。彼女は他の夫婦のなかへ強引に割り込み、不幸な妻（母）をいわば片付けてしまう。そして彼女はそのことに対する良心の呵責によって破滅してゆく（これは、のちにフロイトが取り上げたテーマである）。

（8）　官能的なこの母親は小さな息子のことを憎んでおり、彼の死を願っている。なぜなら父親はそのすべての愛を少年の上に注ぎ、彼女自身を構ってくれないからである。しかし彼女は息子を殺すことはしないで、その殺人衝動を抑圧する。この衝動が彼女のなかに存在しているということは、息子の死は自分の責任であるという彼女の強迫的自責観念が示している。犯罪が従ってここでは神経症によって取って代られている。根源的に存在する愛の情動は、『ハムレット』におけると同様に殺人衝動を阻止するものなのである。ここではまた、グリルパルツァーの弟カールにみられたところの、願望だけで物事が成就するのだと信じる強迫観念（「思考の全能」）も想い出される。彼は、兄の身に何かが起きてくれればと（無意識のなかで）願ったので、兄の不幸は自分の願望の結果なのだと信じ込み、自責の念（防衛）に苦しむのである。建築師ソルネスのこれと似たような思い込みについては既に指摘した通りである。

（9）〔イマーゴ〕（I、一九一二年、七二頁）。

（10）同じモチーフは、この作品のあとで書かれた『ヨーン・ガブリエル・ボルクマン』にも再びみられる。

（11）Eulenburg : „Sadismus und Masochismus“ (2. Aufl. 1911, Bergmann, Wiesbaden).

（12）例えばフランス・ロココについての本書一二章の記述を参照されたい。

（13）以下を参照されたい。ダヌンツィオとリンバッハのフェードラを素材にした作品、アルトホーフの『聖なるくちづけ』、ビッソンの『異国の女』、ボルングレーバーの『最初の人間たち』、父親とのライヴァル関係を描いたゴーリキーの作品、ハルトの『ニノン』、ヘーゲラーの『牧師クリングハマー』、古代の近親相姦悲劇を模したホーフマンスタールのドラマ、ラングの『ルクレチア・ボルジア』、リュンコイスの母親近親相姦を扱った短編、シュミットボンの『グライヒェン伯爵』、シェーンヘルの『大地』、ショーの『メサリアンス』、ストリンドベリの『父』、ヴェルハーレンの悲劇。

（14）　ストリンドベリの長編小説『ゴシック風の部屋』でも主人公は、なにかによって何度も引き離される自分の婚約者のなかに妹の原像を認めたと信じる。

（15）　彼は嵐のあった後のある朝妹の裸を見ていた。

(16) クルト・ミュンツァーはその長編 Der Ladenprinz（ミュンヒェン、一九一六年）で、それとは知らず母親を愛する息子の愛を描き、また『マムシュカ　わが母の物語』Mamschka, der Roman meiner Mutter（フライブルク、一九二三年）においては母親への恋歌がうたわれている。

(17) „Wir meinten, wir brauchten nicht anders zu werden wie unsere Mütter. So kam's, daß ich schlecht wurde.“

(18) イエンス・キールラントの長編『二人の兄弟』Zwei Brüder も同じ女性を巡る兄弟のライヴァル関係を主題としている。——兄弟殺しと、兄弟の妻に対する愛はズーダーマンの『静かな水車小屋の物語』Geschichte der stillen Mühle の内容でもある。これに対して三部作『きょうだい』の第二部は逆に夫を巡る二人の姉妹の争いを描いている。

(19) 義理の姉妹への愛はハンス・ガンツのドラマ『テレウス』（バルト書店、ベルリン、一九一一年）も扱っている。

(20) この設定はミュルナーの作品（『口径』、『罪』）における似たようなモチーフ形成を想い出させる。

(21) 事態を正しく見抜いた医師が母親に言う。「それどころか私は、来世や死などの問題についてのあなたの娘さんの夢想的な考え方、つまり彼女の精神生活の神秘的な特徴はすべて、間接的にはそのことだけが原因だと言いたいのです。人生の生理的な面において完全に満ちたりている女性は決してそのようなことにはならないものです。」（九一頁）

(22) Hans Blüher : Jacobsens Nils Lyhne und das Problem der Bisexualität (〔Imago〕, 1912).

(23) 〔精神分析学のための中央機関誌〕（Ⅱ、一九一二年、四七二頁）の報告。

これと似たようなことがボードレールにみられる（補遺と日記）。「女性たちへの早熟な愛。私のなかには毛皮製品の匂いと女性の匂いとが溶け合っていた。私は想い出す……要するに私はそのエレガンスゆえに母を愛した。つまり私は早熟なダンディーであった。」（日記、二九頁。）「私の母はすばらしい女性だ。みなは彼女を恐れ、彼女の気に入らねばならない。」（同三二頁。）

(24) 最近ようやく刊行されたこの作家の初期の作品である『領主館ヘルフルト』Das fürstliche Haus Herfurth では殺人と近親相姦が演じられている。「母親」についての大きな章は感動的である。

(25) 更にフィービッヒの長編『母親っ子』（一九〇六年）とドラマ『母親』を参照されたい。

(26) オットマル・エンキングの長編『母親もまた』Auch eine Mutter は養子と養母の間のいや増す愛着を描いているが、それは、故郷の北ドイツ地方で作者自身が体験した若き日の個人的な印象によっている。

(27) 母親と息子の間の近親相姦テーマは「ヒステリー・倒錯小説」『悲しみの聖母』Mater dolorosa も扱っている。

(28) これと非常によく似たガイエルスタムの長編『ニールス・トゥフヴェッソンとその母』も、作者の故郷で裁判が行われた実際の事件を基にしていると言われる。

(29) 「ぼくは自分が無限に遠い過去においてすでに一度生きたことがあり、土に帰り、永遠の時ののち再び人間になったのではないかという気がした。そして悠久のあの太古の時代にスペランザもファラオの国にもう生きていたのだ。われわれは小さい時から遊び友だちであり、次に花婿、花嫁となり、夫と妻になったのだ。われわれは死に際してはお互いの手をとって来世での忠誠を誓い合い、それから幸せな微笑を浮かべながら確かな期待と平安に包まれて長の眠りについた。そして今われわれは神のみ心によって再び生を授けられたのだ——母として、息子として。だがかつての愛はわれわれのなかでは消えてはいなかった。」シュタイン夫人に宛てたゲーテの手紙に次のような箇所がある。「ああ、あなたは前世ではぼくの姉妹あるいは妻だったのです！」

(30) デーケンは自分の『オイディプス』についてこれと似たようなことを言っているが、彼によれば、精神分析はいわば詩人たちに、みずからの空想をもって堂々と世に出る勇気を与えたことになる。更に私はここで注釈的に二つの作品を挙げておきたい。ひとつはクルト・モレックの『イカオステ　母親』Jokaste, die Mutter（ライプツィッヒ、一九一二年）という長編で、これは母親近親相姦を取り扱っている（同じ作者の短編小説『感情の贖罪者』Büßer des Gefühls は兄弟の婚約者、妻である女性への恋慕が主題となっている）。もうひとつはハンス・ルングヴィッツの長編で、例えば『片隅の世界』Welt im Winkel（ベルリン、一九二〇年）にはこのテーマの極めて意識的な心理描写がみられる。

(31) ライク『恋するフローベール』（「パーン」Ⅱ、第四号、一九一一年十一月十六日）よりの引用。

(32) 精神分析的な研究成果の影響を受けている既にかなり多くの文学作品は、芸術家における意識拡大のプロセスが急速に進行していることを示すのみならず、芸術的な表現から科学的な表現への移行がこの発展線の最終点であることを明瞭に物語っている。

訳者あとがき

本書は Otto Rank : Das Inzest-Motiv in Dichtung und Sage. Grundzüge einer Psychologie des dichterischen Schaffens. の全訳である。一九一二年に初版され、その後の増補・改訂を経て一九二六年に再版されたこの大著は、精神分析的方法を最も早く神話、伝説、文学などの領域に応用した労作として知られている。本著においてランクは、基本的にはフロイトのオイディプスコンプレックス理論に基づいて、神話・伝承を含むさまざまな文学的作品のなかに、「抑圧」されて無意識となった幼児期の近親相姦感情空想の発現を認め、この抑圧が、それらの作品を創造した民族・集団や個人においてどのように進んでいったのかを跡付け、考察しようと試みている。その際、この忌まわしい感情の抑圧の進行は人類文化の発展に、また個人に限って言えば、その人間的成長に照応しているとされる。通常の人間はこれらの近親相姦願望を心の隅に追いやってしまい、然るべく社会に順応してゆくのだが、芸術家にあってはそうした願望衝動が激しく出口を求め、彼の心的生活は強い葛藤に曝される。幼児期に源を発するこの、無意識のなかで常に活動し続ける不穏当で反社会的な不滅の願望を意識化し、現実の行動に移すことは極めて困難であるため、芸術家は創作活動によってそれを充足させようとする。そのことによって彼はみずからを、耐え難いほどの心的葛藤から解放するのである。それは、生みの苦しみ、肉体的苦痛を伴ったカタルシス的自家療法とでも言うべきものである。バイロンは、ある作品の成立に関して、もしそれを書いていなかったら「私は自分自身の心を食い尽くして、狂気に陥っていたに違いない」し、「すべての発作は私の場合詩をもって終るのです」と書いている。また、夢遊病者のように『ヴェルテル』を一気に書き上げたゲーテも、この「告白」を行うことによって救われたと言っている。創作に際して詩人たちにみられる、ものに憑かれたような、発作や痙攣にすら至るこうした放心・夢遊病的状態は、この「治療」がいかに苦しいものであるかを物語っている。詩人たちはみずからの創作活動に高い価値を置いているのでは決してなく、これを、心の平安を保つためのやむを得ざる逃げ道であると感じるのである。このような芸術家たちにとって、人生の平穏な幸福は無縁であるとも言えよう。「詩人のどんな偉大さも、幸福に生きるという考えに比べるとなんとちっぽけなものでしょう」とシラーは言っており、ものを書くことは軟弱化、退化の現われ以外のなにものでもないと「確信」していたバイロンは、「まあ一度物書きどもの哀むべき単調な人生をみてみるがいい」と書いている。ワーグナーにとって「本当に幸福な人間がどうして芸術をやろうなどという了見を起こすのか」全く不可解であり、芸術の実体は「インポテンツ」であって、「芸術はこれすべて、可能な限り明瞭に表明された願望にほかならない」のである。

この「願望」を芸術家は、「神から与えられたとしか言いようのない」才能によって美的なものに昇華させながら充足させてゆく。そしてこの創造的浄化の成果たる文学作品は、同じく無意識となった願望衝動を内に宿しながら、その発現を抑えて社会に順応している正常な読者を心のなかのさまざまな緊張から解放する。つまり読者は、詩人たちが激しい心的葛藤とたたかいながら狂気にも近い状態で表現したものを「自責の念も羞恥の心も覚えずに、みずからの白昼夢を見るような」快感をもって受容するのである。読者はみずからの禁じられた空想願望が主人公において正当化されているのをみて、無意識的な罪の感情から解放され、同時にこの詩人の正当化を認可することになる。そこに両者のいわば相互利益的な関係が成立する。

一方、抑圧された無意識的願望衝動をこのように昇華させることに失敗するひとたち、あるいはストレートに実現させようとするひとたちが居て、前者は神経症者として社会的不適応を示し、後者は倒錯者ないしは犯罪者としてその反社会的行為を指弾される。その心的生活において芸術家と神経症者との間にはその前提条件からして親密な類縁関係がみられるということは心理学的研究によってつとに指摘されており、そこに明確な境界を画すことは容易ではない。しかし少なくとも言えるのは、芸術家はみずからを解放しながら同時に社会的に評価される仕事によって、神経症者の無為無能や不穏当な言動からははっきり区別されるということである。詩人は確かに神経症者のまじかに立ってはいるが、まさに彼の芸術的創造によってその神経症を克服する力をまだもっているのだと言ってよかろう。

ランクは、「天才は自分自身のなかに発見したもの以外にはなにひとつ表現することは出来ない」というグリルパルツァーの言葉を引用しているが、文学的創作が詩人の無意識的な感情衝動の投影であるとすれば、それらの作品には作者の実人生における個人的な諸々の体験が強く関与していることは言うまでもない。文学作品の精神分析的な解釈は従って、伝記的な要素を排除することは出来ない。唯しかし、伝記的事実、つまり長じてからの直接的な諸体験そのものが重要なのではない。それらは、忘れ去られていた幼児期の体験や印象、記憶や感情を眼覚めさせ再生させるものとしてしか意味をもたない。詩人の人生とその文学の内容の正確な一致は不可欠ではない。こうした精神分析的な観点に立って本書は、詩人たちの無意識的な近親相姦願望空想がその作品のなかでどのように表現され、どのように充足されているかを検証考察する試みである。

さて、本書で取り扱われている文学作品が、ほとんどと言ってもいいほどドラマであるというのは非常に興味深い。この点については、劇作家たちの多くが純粋に創作するのではなく、神話・伝説的素材――それらのほとんどが近親相姦を主要テーマとしている――に拠って作品を書いているという事実からある程度理解出来ようか（その始祖的なものがギリシャ悲劇『オイディプス王』であることは言うまでもない）。更に、悲劇においては、苦悩する主人公と作者との、また読者・観客との同一化が叙事詩におけるよりもはるかに容易に実現され、また、狙い定めた目標へ向かってダイナミックに直進するハンドゥルングは耐え難いほどの緊張感を生む。それだけに、この苦痛に満ちた荒療治の後に達成される結末（＝解決・解放）の浄化作用（カタルシス）はいっそう強いものとなる。またドラマ形式は、二人の相対する登場人物を通して詩人の願望の実現と、これを阻もうとする防衛的立場とのせめぎ合い、つまり彼の心的葛藤を鮮明に際立たせることが出来るという点でもより効果的である。このドラマジャンルに適った劇作家の特殊な能力は、神話的に伝承された素材をドラマのハンドゥルングの前段階（前史）として継承することのなかで強く発揮される（例えばこれまた『オイディプス王』において）。その際詩人は、心的には同じ立場にある不特定多数の人間によって統一的に形成されていった神話・伝説に、みずからの個人的な近親相姦コンプレックスに従って手を加えるだけでよく、そしてまた彼はそのなかに、神話を作ったひとびとがそうしたように、嫌悪すべき忌まわしい感情衝動の正当化を見出すのである。そこには、詩人の関心を捉える素材と、それをつかみ取る詩人の心の深奥に隠されている空想の内容との密接な、しかし彼には決して意識されない関係が成立する。充足を求める強い願望衝動、深い心的葛藤からみずからを解放しようとする詩人にとってより好都合なのがドラマ形式であろうことは、この点からも理解されよう。『オイディプス王』に典型的にみられるように、進行するドラマ本体においては神話・伝説素材そのものが描かれるのではなく——それは叙事文学の領域に属する——、それらの出来事は作品の前提として、既に生起したものとして、即ち前史（心理学的に言えば一種の夢段階）として取り扱われ、真の劇的葛藤はハンドゥルングにおいて展開され、恐ろしいかたちで解決される。神話的素材に依拠する近親相姦ドラマはすべて、夢に現われたもの、神託や預言によって告げられたもの、即ち主人公たちの無意識的な願望空想の成就を、過去の出来事として解きほぐしながら分析することから成り立っていると言えようか。シラーは『オイディプス王』をいみじくも「分析劇」と評したが、それはこのような意味においてであろうかとも思われる。フロイトも『夢判断』のなかで、「精神分析の仕事にも比べられる」このドラマの魅力は、父親殺しと母親相姦という過去の事実が「刻一刻と迫真力を増しながら、然もまた巧みに先へ引き延ばされながら暴露されてゆく」ことにあると述べている。ランクは、グリルパルツァーなど多くの詩人、劇作家たちは、その直観的洞察力によってすぐれた精神分析家、心理学者でもあると指摘している。

伝承的素材に依拠したこのような近親相姦劇の系譜として『オイディプス王』、『ハムレット』そして『ドン・カルロス』を分析した第二章はまさに圧巻で、本書の核心をなすものである。ここでは、母親に対する性愛的愛着と父親への憎しみの感情という「太古の時代の幼児願望」の成就が、遠く時代を隔てたこの三つのドラマにおいてどのように表現されているか、またその表現に、この不快な感情衝動の抑圧がどのように関わっているかが明らかにされる。同時にこれらのドラマを通して、時代とともに高まってゆく抑圧の世俗的進行が細部にわたって跡付けられてゆく。母親との近親相姦はオイディプスにおいてはまだ――当人がそうとは知らないで、つまり夢のなかでのようにではあるが――実際に行われる。しかし既に抑圧が進んだハムレットにおいては、母親への愛着は嫉妬と憎しみの感情の背後に退き（とは言え決して消えてしまってはいない）、カルロスにおいては更に抵抗が強くなっていて、息子の恋情は母親とは名ばかりの血縁のない女性に向けられ（この「継母」のテーマは、「カルロス型」と「フェードラ型」に属する近親相姦ドラマにおいて考察されることになる）、なおかつ両者の結合はみられない。また父親に対する憎しみというもうひとつの幼児的空想は、オイディプスにおいてはライオス殺害というかたちでまだ実現されるが――これも当人がそれと知らないままに――、ハムレットにあってこの願望の実現は伯父クローディアスによってなされ（だからこそ彼は父親殺害者たるこの人物への復讐をためらうのである）、カルロスに至っては防衛・自己懲罰の傾向が強く働いて、逆にそれは父親による息子の処刑という表現を見出す。ここで指摘される父親＝息子関係の「価値転換」も非常に興味深い。息子感情から父親感情へのこの変化は、みずからが父親になるか、あるいは父親が死ぬことによって詩人の心的活動において決定的にみられ、それが作品に表われるとランクは言う。例えばシェイクスピアがハムレットを書いたのは父親の死の直後とされる（シラーについても同様の検証がなされている）。このこととの関連でランクは、シェイクスピアにおける劇作家と俳優との一体化、合一について述べ、ハムレットの上演に際して彼が主人公ではなく父親の亡霊役を演じ、この役が俳優としての最上の出来を示していたという事実を紹介しながら、俳優の仕事を文学と同じ心理学的観点から考察している。それによると、俳優の仕事は劇作家のそれよりは価値のある心的行為で、それは「精神的問題のより徹底的な処理行為」であり、俳優は劇作家が本来なそうと思うこと、しかし心的な抵抗のためなすことが出来ないことをなし得る、つまり彼は「劇作家が単に〈夢見る〉にすぎないところのものをいわば〈体験〉する」のである。詩人としてのシェイクスピアは、父親に対する不安の混じった憎悪感情を防衛していたのだが、演技者としての彼はこれらの衝動を体現し外部へ表現しながら一体化という手段によって父親の立場に身を置く。即ち彼は、自分を苦しめた父親の亡霊役を演じることでこれと一体化し、逆に息子を非難叱責する。だが彼はこの役を演じながら同時に息子とも一体化（妥協）し、そのことによって息子としての自分の感情を正当化する。こうして彼は、父親についての苦々しい記憶への不安、逆に父親として怖れねばならぬと信じている感情衝動（息子による復讐など）への不安の爆発を、演技によって回避することが出来たのである。シェイクスピアがこの役をそれほどにうまく演じられたのは、彼がこの演技をみずからの「心的平衡を保つ」ため、それどころか自分を「治療する」ために必要としたからであった、とランクは断じている。父親の亡霊役を自分で演じている間は彼自身の父親の亡霊（即ち父親についての苦々しい記憶）は彼の前に現われることはなかった。その間は彼は「安全」だったのである。劇作と演技との関係についてのこのような心理学的解釈は、本書でも挙げられているように、多くの劇作家が同時にすぐれた俳優であったという事実からしても充分な説得力をもっている。

ところで、神話・伝承的素材に依拠する広い意味での史劇はいわゆる政治劇（陰謀劇・謀叛劇）であるのだが、そこには必ず近親相姦モチーフがなんらかのかたちで扱われている。これらのドラマは王、独裁者、支配者に対する叛徒ないし後継者たちのたたかいによって展開される。しかし前者を父親、後者を息子と置き換えても一向に差し支えない、と言うよりもそれは心理学的には自明の前提である。即ち、こうしたドラマは政治劇という衣裳をまとった家庭劇にほかならないのである。『オイディプス王』では息子が父親を殺害して王座に就き、同時に母親を妻とする。『ハムレット』での王位簒奪は父親殺しと母親との同衾を意味し、『ドン・カルロス』では王に対する王子の反逆は父親に対する息子のそれであり、この葛藤が母親への愛着との絡み合いのなかで描かれる。再びシェイクスピアについて言えば、どうみても純粋な政治劇としか思えない『ジュリアス・シーザー』（ハムレットと同じ時期に書かれた）におけるブルータスの息子的性格、更にはその数年後に完成した陰謀劇『マクベス』にみられる、殺害されたバンクォーの亡霊の父親的性格についてのランクの心理学的考察は格別興味深く読むことが出来る。歴史ドラマにおいて独裁者が父親として、これに反抗する者が息子として描かれている、つまり政治劇は必然的に家庭劇であるという見方は、言語的にも根拠付けられる。つまり、支配・統治する者はかつて国父（ランデスファーター）、その臣民は国の子供たち（ランデスキンダー）と呼ばれていた。シラー初期の幾つかのドラマ作品の大きな動因となっているのは、領主カール・オイゲンに対する彼の外面的・内面的抵抗であると思われるが、そのオイゲン公は、みずから創立した学校で自分を父と呼ばせ、シラーもその一員であった生徒たちを息子と呼んでそれらしく振舞ったと言われる。

次に、シラーとは全く対照的な詩人であり、劇作家、特に悲劇作家と呼ぶには大いに抵抗を覚える同時代人ゲーテであるが、本書は彼のドラマ創作と実人生についての心理学的分析にも少なからぬ紙数を費やしている。そこでは比較的若い頃の作品で扱われている近親相姦モチーフが指摘され、特にゲーテの妹コルネリアに対する強いきょうだいコンプレックスが鮮やかに浮き彫りにされる。一幕物の『兄妹』（一七七六年）においては、そのタイトルが示しているように妹に対する彼の幼児期の強い愛着が、無意識に素朴なかたちで表現されている。血縁関係にあるものと思い込んでいた二人が実は他人同士であることが判明し、もはや「妹」との愛の絆を妨げるものはなくなる（血縁関係廃棄のモチーフ）。ゲーテの姉妹コンプレックスは伝承的素材を扱う場合にも強く作用している。それは例えば『イフィゲーニエ』における、復讐の女神たちに苦しめられる母親殺しの弟オレストへの姉の深い治癒的な愛のなかに認められる。この「治癒」という問題の真に深い理解は詩人自身の無意識的な心の営みからのみ可能であるとするランクは、この作品についても徹底的な心理学的分析を試みている。またゲーテの実人生について言えば、その謎に包まれた愛の遍歴、独特な恋愛も、妹に対する幼児期の関係、その後も続く彼女への愛の固着からのみ理解され得るということになる。彼は、短い不幸な生涯を送ったコルネリアに対して、自分は常に不実である（あった）という無意識的な自己非難から、どんな新しい愛の対象からも、一時的な短い恋愛を経たのち再び離れていったのである。唯一の例外は年長のシュタイン夫人で、それは、彼女がゲーテにとって完全に姉妹（そして母親）の代りを務めてくれたからであった。その場合にのみ彼は無意識的な自己非難から解放されるのである。

さて、多くの詩人が素材として拠り所にした神話的伝承が近親相姦モチーフに満ち溢れていることは言うまでもない。太古の世界創造神話に発するさまざまな古代神話、聖書、聖徒伝、民族伝説、童話すべて例外ではない。但し、ランクによれば、まず初めに神話ありきではなく、この神話形成即ち共同社会における近親相姦的願望衝動の集団的充足は、個人的なそれの抑圧があって初めて開始されたとする。個々の人間は文化の要求によって原初的な欲動の満足を断念せざるを得ないのだが、この満足を彼は神話上の神々に託し、彼らと一体化することでみずからにこれを許す。神話は純粋に人間の立場から考え出されたもので、人間がこれに例えば天体などの自然現象を付加することによって、近親相姦空想の淫らな性格が取り除かれ、そこで初めてその存在が正当に認められたのである。つまり、普遍的に人間的な原初の近親相姦モチーフは時代とともに、集団心理学的に正当化しなければならないという必要から諸民族によって天体に投影された。ところが神話学者たちは今では、逆にこの天体からモチーフを読み取ろうとしていて、そのことで彼らは、例えば母親相姦と父親殺しについての観念は、それに照応する人間の身近かな体験がなくても天体から看取出来ると主張する。このように神話のなかに専ら自然現象の擬人化をしかみない伝統的な神話学に対してランクは批判的な立場を取る。神話に描かれている恐ろしい不快な事象は、人類と人間の心的な発展段階としては直視しなければならず、「恥ずかしさに負けて天体に眼をそらせ、安易な正当化でみずからを慰めること」はしてはならない、と彼は言う。

最後に、抑圧されて無意識なものとなった幼児的願望空想の表現がそのまますぐれた、普遍的に高い価値をもった文学作品になり得るのかという問題、即ち心的活動と美的形式賦与の問題について一言。心理学的・精神分析的立場からの作品評価は、「創造的な作品を読む時の快感は、自分の心のなかのさまざまな緊張が解けることから得られる」という点を尺度とするのであるが、その「創造的」とはなにか、またいかにすれば「創造的」な作品が可能となるのか、という問いに対して説得力のある答を見出すことは難しい。真の詩人は表現すべき言葉を神から授かっている人間であることは間違いないにしても、それでは、「ディオニュソス的」な衝動的エネルギーと「アポロン的」な形成力との生産的な相互関係を解き明かすことは出来ない。ランク自身、「心理学的な観点から文学上の業績を質的に評価する権利はなく」、その意図は、「すべての人間において幼児期に生じ、のちになって抑圧されて意識されなくなってしまうこれらの感情衝動が芸術家の人生と創作活動に対して与える永続的かつ決定的な影響を考え指摘することである」と言っている。ランクは、伝統的な美学的解釈と評価――これを彼は全的に否定はしないが、それだけでは真の「創造性」を解き明かすには充分ではないと考える――に対して、あくまでも心理学的に文学作品を分析することを通して、人間の心の不可思議さ（広い意味での精神病をも含めた）に迫ろうとする。そこに本書の、他にはみられない刺激的な深い魅力があると思われる。由来この種の研究が少なからぬ成果をあげているが（ここではK. R. Eissler : Goethe. Eine psychoanalytische Studie. 1775–86. 2 Bd. DTV . München, 1987のみを挙げておきたい）、それらの嚆矢としてもランクのこの労作は大きな意味を有していると言えよう。

それにしても、本書で紹介・考察される神話、伝説、そしてそれらに依拠する文学作品は時空を隔てて実に広範囲に及んでおり、著者ランクの博覧強記振りにはただただ驚くほかない。本書のほとんどが二〇歳代に書かれたことを思えばこの驚きはいっそう大きなものとなる。対象〔作品〕の数の多さ、微に入り細をうがった記述の詳細さ、資料・参考文献の膨大さなど他にあまり類をみない。神話・伝承に登場する数々の英雄・主人公たちの興味深い誕生、数奇な運命に弄ばれる波乱万丈の人生と、その壮絶にして輝かしい滅びについての記述は、近親相姦テーマという枠を超えた読み物としても大きな価値があるように思われる。また世界各地に古くからみられるさまざまな珍しい独特の風俗・習慣、宗教、儀式などについての紹介からは多くのいわば民族学的な知識を得ることが出来たことも訳者にとっては大きな収穫であった。更には、動物も含めた神話上の人物や事象のもつ語源的な、また比喩的な意味等々興趣に尽きるところがない。

終章で扱われる同時代の群小作家たちの作品については、これらに直接接する機会がほとんど失われていて、残念ながら内容を吟味することは難しく、多くは読み飛ばすほかはない。また、現実に起きた近親相姦の証例、それと関連する家庭内外での殺人・傷害事件の数々が次から次へと飽きることなく紹介されているが、致し方ないとは言え、その内容の単調さはいかんともし難い。殊に前者については、そのほとんどが寒村や貧民街など最下層の世界で起きたもので、こうした記録を読んでいるとそのみじめったらしさにうんざりさせられる。神話・伝承や名作ドラマで近親相姦を犯すのはすべて高貴な血統の人物たちであるのとは対照的である。近親相姦はやはり文学の世界でのみ、即ち浄化・昇華されてのみその甘味で刺激に満ちた魅力を発するのであろう。

ここで著者オットー・ランクについて簡単に紹介しておきたい。一八八四年ウィーンの貧しいユダヤ人家庭に生まれたランクは、正規の高等教育は受けず、機械工をしながら独学で勉強した。一九〇二年以来精神分析と関わっていたA・アードラーの教示によってフロイトの著作を貪り読んで感激し、一九〇五年春この高名な研究者の許を訪ねた。その時ランクはすでに『芸術家』の草稿を抱えていた。この小著は、精神分析を芸術・文化の領域で援用しようとするもので、本書の基礎をなしてもいる。一年余りのちランクは、一九〇二年から始まったフロイト宅での「水曜心理学会」の書記として雇われ、同時にフロイトの助手役を務めることにもなった。五〇歳を迎えていたフロイトは「ランク坊や」のすぐれた才能を高く評価し、父親的な態度で接した。師の援助でランクはウィーン大学で学ぶことも出来た。一九〇六年十月彼は「水曜会」において、文学における近親相姦モチーフに関する研究、即ち本書をなしている多くの部分を発表している。このサークルで彼は最も有能な新メンバーとして、また師フロイトの最も誠実で信頼すべき人物としてめきめき頭角を現わしてゆく。一九〇七年スイスから初めて参加したK・アーブラハム、またイギリスのアーネスト・ジョーンズも、他の会員には失望しながらもランクだけは例外として肯定的に評価している。フロイトとランクのこの師弟関係はその後も極めて良好に保たれた。その間ランクは、H・ザックスと協力して雑誌〔イマーゴ〕を発刊した（一九一二年）が、これは精神分析理論の文化研究への応用を目的とする専門学術誌で、すぐれた論文の寄稿が相次ぎ、高い評判を得てフロイトを喜ばせた。その翌年には〔国際精神分析中央機関誌〕の編集長となり、一九一九年には「精神分析出版」（Verlag）の設立に大きく寄与し、ここでも編集長として活躍した。また一九〇九年には、本書と並行して書き進められた『英雄誕生の神話』を発表している（野田倬訳、人文書院、一九八六年）。

しかしながら一九二〇年代半ばになってフロイトとの父親＝息子関係に亀裂が生じる。ランクは、一九二三年に出した『誕生の外傷《トラウマ》』において、すべての人間は母親の胎内帰還願望を抱いているという自説に従って、人間は生まれ出る時に一生のうちで最も大きな心的外傷を負い、これが人間の抱く不安の根源をなしていて、人間の心的活動全体を支配する、と主張した。同時にそれは、母親重視による父親抹殺の方向を取ることで必然的に父親フロイトへの反抗をも示していると言えなくもない。これは、幼児期の体験がその後の心の営みを決定的に左右するという師フロイトの考えに反するものである。更に、ブダペストのS・フェレンツィとの共著『精神分析の発展』（一九二四年）も、分析期間の短縮化を主張している点で、被分析者の幼児体験が軽視されており、分析治療には長く忍耐力を要する分析が欠かせないとするフロイトの意にはやはりそぐわないものであった。こうしたランクの行き方に対してフロイトの他の弟子たちの間に批判や非難が生じ、特にランクには強い反感を抱いていた有力メンバーであるベルリンのアーブラハムとロンドンのジョーンズが強硬な態度を示した。彼らからするとランクの思想はあまりにも大きく道を逸脱していて、決して無視出来ないものであった。当のフロイトは初めの内ランクを弁護し、何度も話し合い、議論を重ねたのだが、結局和解はならず、最後に「父親」は苦しんだ末にではあるが「息子」を勘当する。かつて、最も深く信頼し、強い絆で結ばれていた「息子」ユングをそうしたように。

ついでながら父親関係で言えば、フロイトと娘アンナとのそれもなかなかに興味深いものがある。父親とともに分析家としてすぐれ、その有能な助手でもあった娘は、父親に対する所有欲が非常に強く、娘としての自分の特権的な地位を脅やかそうとする人間すべてに激しく嫉妬した。そして後年は、病気に苦しむフロイトを献身的に支え、母親以上に看護婦の役を果たした。以後この父と娘は、フロイトが一九三九年ロンドンで八三歳の生涯を終えるまでお互いに離れられない存在であり続けた。フロイトはよくアンナのことを自分の「アンティゴネ」と呼んだと言われている。このことは、オイディプスコンプレックス理論の生みの「父親」がみずからを、人類の謎を解いた英雄オイディプスと同一視していたと同時に、最も忠実にして勇敢でもあった人生の伴侶たる娘との近親相姦的とも言える深い関係をも物語っているように思われる。『オイディプス王』の続編である『コロノスのオイディプス』で、盲いた父親の手を引いて異国の地をさすらったのは娘アンティゴネであったのだ。

ちなみに、「原父」殺害に失敗した「息子」ランクは、奇しくも「父親」と同じく一九三九年、こちらは移住先のアメリカで亡くなっている。

本書の訳出作業に際して、非力な訳者は少なからぬ難問に直面した。決して歯切れが良いとは言い難い、総じて難解な長文には大いに手こずり、苦しめられた。また、精神分析に野次馬的な興味を抱いてはいるものの一介の素人・門外漢にすぎない訳者にとって、専門用語・術語を、それらの概念と意味を正しく理解した上で然るべく訳出するのは決して容易なことではなかった。もちろん先人たちの翻訳書や専門用語辞典などを広く参照させていただいたが、多少とも一般読者の方々に容易に理解していただくべく、いささかの不統一を承知の上で、その場に応じて訳し分けることを試みた。また原典にはドイツ語以外の外国語が頻出するが、その際少なからず明らかな誤記が認められ、またそれらの使用・引用がかなり恣意的かつ不統一・不正確で、これにも苦労させられた。更に、例えば『マクベス』（第二幕第三場）とあるのだが、実は（第三幕）であったりといったような具体的な誤まりも散見される。それはともかく、本書には誤訳も含めて不備、欠陥が多々あるに違いないが、これすべて訳者の責任である。忌憚のない御指摘と御批判を乞う次第である。

尚、この「あとがき」では、ピーター・ゲイ『フロイト』1及び2（一九九七年、二〇〇四年、鈴木晶訳、みすず書房刊）を参照させていただいた。付記してお礼申し上げたい。

詳細は省きますが、本訳書が刊行に至るまでには長い紆余曲折がありました。諸般の事情から、一時は断念さえしたものでした。それだけに、今回この企てが実現をみたことは訳者にとって格別感慨深いものがあります。しかしまた訳者は、正直申していささか単調、冗長、難解な部分があるにせよ、本書はきっと少なからぬ方々におもしろく読んでいただけるものと信じています。ささやかながらひとつ使命を果たした喜びと充実感を覚えます。ひとりひとりお名前は挙げませんが、訳出に際してそれぞれの分野で適切な御教示をいただいた多くの方々には深くお礼申し上げます。

また本書の刊行は、中央大学の「学術図書出版助成」制度に負うところ極めて大であることを特記しなければなりません。それなしにはこの膨大な訳書は日の目を見なかっただろうと言っても決して過言ではありません。そのために御尽力下さった方々、なかんずく文学部の同僚の皆様に心からの謝意を表します。最後に、実に厄介なこの仕事に辛抱強くお付き合いいただき、大変な御苦労をおかけした中央大学出版部の平山勝基編集長はじめスタッフの皆様全員に厚くお礼申し上げます。ありがとうございました。

二〇〇六年春

前野光弘

人名索引

ア　行

アーブラハム
Abraham, Karl　69, 71, 169, 305, 763, 831
アイスキュロス
Aischylos　351, 352, 353, 450, 709
アリストテレス　3, 40, 766, 301
アルニム
Arnim, Achim von　896, 897, 898
アルニム・ベッティーナ
Arnim, Bettina　923
アルノビウス
Arnobius　599
アルフィエーリ
Alfieri, Vittorio　200, 203, 204, 243, 556, 557, 560, 818
アンツェングルーバー
Anzengruber　769
アンドレアス・ザロメ
Andreas-Salome, Lou　595
イェレミアス
Jeremias, Alfred　418, 419, 432, 471, 480, 602
イェンゼン
Jensen, Wilhelm　779, 796
イプセン
Ibsen, Henrik　33, 76, 105, 184, 271, 564, 629, 862, 888, 929, 930, 931, 933, 939, 974, 975
インマーマン
Immermann, Karl　776
ヴァイセ
Weiße, Christian　718, 722
ヴァカーノ
Vacano, Stefan　966
ヴァッサーマン
Wassermann, Jacob　43, 959
ヴィーヘルト
Wiechert, Ernst　888
ヴィーラント
Wieland, Christoph Martin　242, 768
ヴィトコフスキー
Witkowski, Georg　748, 738
ヴィルブラント
Wilbrandt, Adolf　942
ヴィンクラー
Winkler　671, 603, 638, 648, 669
ヴィンケルマン
Winckelmann, J. J.　407
ヴィンターシュタイン
Winterstein　880
ウーティッツ
Utitz, Emil　8
ウーラント
Uhland, Ludwig　301
ヴェーデキント
Wedekind, Franz　349, 824
ヴェスターマルク
Westermarck　63, 68, 75, 74, 613, 638, 612
ウェブスター
Webster, John　541
ヴェルギリウス
Vergil　380
ヴェルナー
Werner, Zacharias　866, 867, 870
ヴェルハーレン
Verhaeren, Emil　205, 673
ヴォルテール
Voltaire　357, 381, 717, 731, 735, 768, 852, 858
ヴォルフラム
Wolfram von Eschenbach　426
ウォルポール
Walpole, Horace　515
ウンルー

Unruh, F. v.　950
エウリピデス
Euripides　229, 230, 231, 232, 234, 235, 236, 353, 446, 448, 683, 711, 712, 723
エーレンライヒ
Ehrenreich　415, 655, 673
エッカーマン
Eckermann, J. P.　739, 747
オイレンブルク
Eulenburg, Herbert　951
オヴィーディウス
Ovid　390, 656

カ　行

ガイエルスタム
Geijerstam, G.　171, 566, 965
カエサル
Cäsar, Julius　354, 355, 356, 357, 381
カトウル
Catull　607
カトゥルス
Catullus　413
カルデロン
Calderon　382, 822, 825, 852, 863, 956
カント
Kant, Emanuel　5, 41
キッド
Kyd, Thomas　217
ギュンデローデ
Günderode, Karoline　909, 911
クラーゲス
Klages, L.　7, 38, 45, 972
クライスト
Kleist, Heinrich von　244, 306, 840
クラウス
Krauß, Christian　951
クラウス
Krauß, F. S.　615
グリーン
Green, Robert　221
グリム兄弟
Grimm J. & W.　434, 436, 437,474, 551, 552, 658, 928
グリルパルツァー
Grillparzer, Franz　11, 677, 678, 824, 827, 828, 829, 830, 831, 832, 833, 837, 838, 841, 842, 843, 844, 846, 847, 850, 851, 852, 857, 859, 860, 861, 862, 863, 976
クリンガー
Klinger, Otto　726, 728
ゲーテ
Goethe, J. Wolfgang v.　10, 29, 31, 41, 45, 76, 176, 179, 426, 430, 470, 475, 478, 704, 735, 736, 737, 738, 739, 740, 741, 742, 743, 744, 745, 746, 747, 748, 749, 750, 751, 752, 755, 756, 757, 758, 759, 760, 761, 762, 763, 765, 839, 881
ケーラー
Köhler, Reinhold　504
ケッペル
Koeppel　782
ケラー
Keller, Gottfried　13, 302, 303, 306
ゲルステンベルク
Gerstenberg, H. W. v.　711
ケルナー
Körner, Theodor　901, 903, 904, 905, 906, 907, 908, 909
ゲレルト
Gellert, W　887
ゴーチェ

Gautier, Th.　799
ゴーリキー
Gorki, M.　241
コッツェブー
Kotzebue, August von　768, 769
ゴルトツィーヤー
Goldzieher, Ignaz　411, 418, 467
コルネーユ
Corneille, Horace　215, 358, 359
コンスタン
Constans　359, 361, 363, 382, 489, 512, 601
コンパレッティ
Comparetti　485

サ　行

ザートガー
Sadger, J.　582
ザックス
Sachs, Hans　12
ザックス
Sachs, Otto　774
サド
Sade, Marquis de　617, 618
ザルス
Salus, Hugo　956
サンド
Sand, George　58
ジーケ
Siecke　643, 644
シェイクスピア
Shakespeare, William　15, 80, 84, 97, 309, 312, 313, 314, 315, 316, 317, 318, 319, 320, 321, 322, 323, 328, 329, 331, 333, 334, 335, 336, 338, 339, 340, 341, 342, 343, 344, 346, 347, 357, 539, 542, 587, 594, 624, 850
シェッファー
Schaeffer, Albrecht　945
シェリー
Shelley, P. B.　561, 786, 787, 788, 790, 791, 792, 793, 794, 797, 798, 799, 800
ジムロック
Simrock　344, 347, 553
シャトーブリアン
Chateaubriand, Fr.　767
ジャン・パウル
Jean Paul　16, 106
シュヴァーブ
Schwab, Gustav　706
シューバルト
Schubart, Chr, Fr.　155, 685, 702, 703
シュタイン
Stein, Charlotte von　740
シュテーケル
Stekel, W.　29, 42, 105, 305, 383, 831, 859
シュテルンハイム
Sternheim, Karl　570
シュトゥッケン
Stucken, Ed.　406, 411, 458, 466, 474, 596, 602, 672
シュトラウス
Strauß, Emil　945
シュトル
Stoll　463, 464
シュトルファー
Storfer, A. J.　241, 244, 302, 343, 347, 381, 401, 403, 404, 406, 480, 526, 622, 625
シュニッツラー
Schnitzler, Arthur　568, 960
シュパイヤー
Speyer, W.　957
シュピッテラー　18, 118

シュミット
Schmidt, Bernhard 484
シュルツ
Schultz, W. 419, 468
ショーペンハウアー
Schopenhauer, Arthur 15, 21, 346
ジョーンズ，アーネスト
Jones, Ernest 109, 306, 347, 404, 594
シラー
Schiller, Friedrich 1, 9, 29, 32, 39, 76, 81, 82, 83, 88, 95, 108, 111, 112, 115, 116, 117, 118, 119, 120, 121, 122, 124, 125, 128, 129, 130, 131, 132, 133, 136, 137, 138, 139, 140, 141, 142, 143, 144, 145, 146, 147, 148, 149, 150, 152, 153, 155, 156, 157, 158, 160, 161, 162, 163, 165, 166, 173, 175, 176, 177, 178, 180, 181, 182, 183, 184, 185, 192, 193, 194, 196, 197, 222, 224, 238, 316, 332, 342, 343, 345, 348, 349, 368, 391, 478, 541, 595, 677, 678, 680, 681, 682, 685, 689, 690, 691, 692, 693, 694, 695, 697, 698, 699, 700, 701, 702, 703, 704, 705, 706, 707, 708, 714, 730, 731, 733, 839, 906, 914
シラー・ティーツ
Schiller-Tietz 400, 600, 602, 612, 616
スウィフト
Swift, Jonathan 762
ズーダーマン
Sudermann, Hermann 556
スエトニウス
Sueton 120, 121, 168, 343, 355
スタンダール
Stendhal 57, 73
ストリンドベリ
Strindberg, J. A. 11, 58, 976
セネカ
Seneca 234, 353, 381, 719, 724
セルヴァンテス
Cervantes, Miguel de 823
ソクラテス
Sokrates 40
ソポクレス
Sophokles 79, 263, 264, 265, 266, 267, 268, 269, 349, 391, 402, 555, 595, 713
ゾラ
Zola, Émile 863

タ 行

ターナー
Tourneur, Cyril 217
ダヴィド
David, J. 946
タキトゥス
Tacitus 120, 121, 607, 610
ダヌンチオ，ガブリエレ
D’Annunzio, Gabriele 236, 240, 949
ダンテ 44, 476
チャプマン
Chapman, George , 785, 797
ツァーン
Zahn, Ernst 769, 955
ツヴァイク
Zweig, Stefan 624, 951
ツルゲーネフ
Turgenev, I. S. 840
ティーク
Tieck, Ludwig 884, 885, 887, 888, 889, 890, 891, 892, 893, 894, 895, 922

ディーデリッヒス
Diederichs 492, 494, 495, 496, 497
ディオゲネス
Diogenes 606
ディオドール
Diodor 604
ディドリング
Didring, Ernst 952
ディドロ
Diderot, Denis 136, 172, 617, 923, 924
ディルタイ
Dilthei, Wilhelm 5, 40, 42, 839
テニスン
Tennyson, Alfred 887
ドゥレーヴス
Drews, Artur 17
ドストエフスキー
Dostojewski, F. M. 46, 271, 566
ドネ
Donnay, Maurice 953
ドライデン
Dryden, John 360
トリスタン
Tristan, Bernard 961
トルストイ
Tolstoi, A. 887
トレービッチュ
Trebitsch, S. 955

ナ　行

ナヴァール
Navarre, Marguerite de 514
ナポレオン
Napoleon Bonaparte 619, 860
ニーチェ
Nietzsche, Friedrich 5, 16, 24, 60
ネルケン
Nelken, J. 467

ハ　行

バール
Bahr, Hermann 780
ハイゼ
Heyse, Paul 13, 777
ハイネ
Heine, Heinrich 929
バイロン
Byron, George Gordon 30, 32, 43, 44, 206, 207, 208, 209, 210, 211, 212, 213, 240, 241, 704, 801, 802, 803, 804, 806, 807, 808, 812, 813, 814, 817
ハインリッヒ
Heinrich, K. B. 944
ハウプトマン
Hauptmann, Gerhart 46, 346, 349, 568, 658, 950
パウル
Paul, Adolf 962
バッハオーフェン
Bachofen, J. J. 66, 419, 480
パルテニウス
Partenius 608
ハルトマン
Hartmann von Aue 501
ビーアバウム
Bierbaum, O. J. 946
ヒュギヌス
Hyginus 717, 719
ピュタゴラス
Pythagoras 606
ビンスヴァンガー
Binswanger, Ludwig 582
フィービッヒ
Viebig, Klara 957
フーケ

Fouqué, de la Motte 204, 205, 238
フェレンツィー
Ferenczi, Sándor 271, 583
フォード
Ford, John 783
フォルケルト
Volkelt 8
フォンターネ
Fontane, Theodor 11
プラーテン
Platen, August von 32, 382
フライターク
Freytag, Gustav 766
フライリヒラート
Freiligrath, Ferdinand 925
フラゴーサ
Fragosa, J. d. M. 771
ブランデス
Brandes, Georg 108, 309, 316, 317, 321, 342, 588
フリードリッヒ大王
Friedrich der Große 620, 627
ブルクハルト
Burckhardt, J. 406
プルタルコス
Plutarch 313, 355, 607
プルツィビスツェヴスキー
Przybyszewski, S. 946
フレイザー
Frazer, J. G 416, 526
ブレンターノ
Brentano, Clemens 898, 899, 900, 901, 923
フロイト
Freud, Sigmund 2, 42, 44, 49, 50, 53, 56, 57, 62, 63, 64, 65, 66, 78, 80, 88, 90, 93, 106, 107, 126, 168, 189, 244, 296, 297, 299, 307, 320, 349, 350, 379, 385, 386, 398, 399, 402, 406, 436, 583, 596, 603, 638, 744, 758, 796, 848, 863, 909
ブロイラー
Bleuler, E 54, 303, 585
フローベール
Flaubert, Gustave 23, 58, 170, 409, 421, 511, 555, 923, 924, 972
フロベニウス
Frobenius 413, 414, 475, 639
フンボルト
Humboldt, Wilhelm von 24
ペーターゼン
Petersen, 682
ヘシオドス
Hesiod 417, 421
ヘッベル
Hebbel, Friedrich 13, 14, 30, 39, 41, 44, 77, 106, 194, 270, 274, 372, 373, 374, 375, 376, 377, 378, 383, 840, 860
ベハーゲル
Behaghel, Otto 7, 41, 184, 838
ヘリオドール
Heliodor 233
ヘルダー
Herder, J. G. 745, 760
ヘルダーリン
Hölderlin, Friedrich 363
ベルリオーズ
Berlioz, Hector 240
ヘロドトス
Herodot 216, 476, 529, 538, 601, 610, 636
ヘンティッヒ
Hentig 627, 635
ホーヴァルト
Houwald, Chr. E. 888
ボードレール
Baudelaire, Charles 58, 977

ホーフマンスタール
Hofmannsthal, Hugo von 364, 365, 447, 448, 477
ボーモント・フレッチャー
Beaumont & Fletcher 217, 220, 732, 782
ホッフマイスター
Hoffmeister 690
ホメーロス
Homer 347, 352, 477, 605, 717
ホルツ
Holz, Arno 568
ホルツァー
Holzer, Rudolf 962

マ 行

マーストン
Marston, John 217
マイヤー
Meyer, C. F. 771, 774, 775
マッシンジャー
Massinger, Philip 219, 269, 591, 784, 797
マルクーゼ
Marcuse, M. 68, 70, 404, 572, 613, 616, 621, 622, 626, 663
マン
Mann, Heinrich 943
マン
Mann, Thomas 45
ミケランジェロ
Michelangelo 676
ミノーア
Minor, Jacob 117, 139, 166, 173, 174, 176, 177, 178, 357, 647, 685, 686, 839, 881
ミュッセ
Musset, Alfred de 58, 840
ミュルナー
Müllner, Adolf 865, 868, 870, 877, 878, 879, 880, 881
ミュンツァー
Münzer, Kurt 948, 977
メーテルリンク
Maeterlinck, Maurice 662
モーガン
Morgan, L. 63, 631, 632
モーツアルト
Mozart, Wolfgang Amadeus 41, 733
モーパッサン
Maupassant, Guy de 567, 596, 647, 887, 923
モーリッツ
Moritz, Karl Philipp 383
モリエール
Moliére 570

ヤ 行

ヤコブセン
Jacobsen, J. P. 956
ユーゴー
Hugo, Victor 590
ユング
Jung, C. G. 43, 67, 106, 394, 407, 464

ラ 行

ラーガーレーフ
Lagerlöf, Selma 594
ライク
Reik, Theodor 169, 480, 924, 978
ライストナー
Laistner, L. 394, 401, 661
ライゼヴィッツ
Leisewitz, J 682, 707, 726
ライムント
Raimund, Ferdinand 471

ラシーヌ
Racine, Jean 124, 213, 222, 224, 225, 229, 343, 684, 714, 716, 725
ラフ
Raff, Johannes 954
ランク
Rank, Beate 44, 74, 74, 407, 105, 467
リュッテンアウエル
Rüttenauer, Benno 945
リルケ
Rilke, R. M. 956
ルーカス
Luckas, Emil 961
ルートヴィヒ
Ludwig, Otto 45, 108
ルキアノス
Lukian 218
ルター
Luther, Martin 622
レーナウ
Lenau, Nikolaus 589, 662, 706
レッシング
Lessing, Gotthold Ephraim 187, 194, 216, 367, 368, 370, 371, 382, 768
レンツ
Lenz, M. R. 703, 771
ロイター
Reuter, Gabriele 940, 961
ローペ・デ・ヴェーガ
Lope de Vega 197, 198, 354, 510, 820, 821, 822
ローベルト
Robert, Karl 398, 408
ローレーダー
Rohleder 68, 71, 601, 621, 623, 600
ローレンツ
Lorenz, Emil 408, 469
ロッシャー
Roscher 455, 461, 470
ロラン
Rolland, Romain 676

ワ 行

ワーグナー
Wagner, Richard 11, 12, 32, 46, 912, 106, 176, 179, 349, 385, 406, 883, 891, 913, 914, 915, 916, 921, 926
ワイルド
Wilde, Oskar 556

訳者略歴

一九三八年、岡山県倉敷市生まれ。一九六八年、中央大学大学院文学研究科独文学専攻博士課程中途退学。一九六八～一九七〇年、ドイツ政府給費留学生としてルール大学ボーフムに留学。一九七〇年、中央大学文学部専任講師、一九八一年、同教授、現在に至る。一九九二年一〇月～一九九四年九月、ドイツ・ヴュルツブルク大学客員教授。主な著書・訳書に、『文学の形成』（共著・桜風社）、『哲学の古典一〇一物語』（共著・新書館）、『シェイクスピアは世界をめぐる』（共著・中央大学出版部）、『日本現代小説大事典』（共著・明治書院）、カール・シュミット著『陸と海と』（共訳）、『トーマス・マン全集』X、XI巻の一部（新潮出版社）、『アーブラハム著作集』（共訳・岩崎学術出版社）、スイス山岳研究財団編『山の世界』（小学館）、『パウル・ローゼの構成的造形世界』（共訳・中央公論美術出版社）、その他。

二〇〇六年三月三〇日　初版第一刷発行

オットー・ランク
文学作品と伝説における近親相姦モチーフ

訳　者　前《まえ》野《の》光《みつ》弘《ひろ》
発行者　中　津　靖　夫
発行所　中央大学出版部
東京都八王子市東中野七四二番地一
電　話　〇四二（六七四）二三五一
ＦＡＸ　〇四二（六七四）二三五四
印　刷　株式会社　大森印刷
製　本　大日本法令印刷製本

ISBN4-8057-5163-0
本書の出版は中央大学学術図書出版助成規程による。